VASÁRNAPI KALAUZ

NIHIL OBSTAT.
ATTILA MIKLÓSHÁZY S.J.
CENSOR DEPUTATUS

NR. 1-24/1996 IMPRIMATUR.
CLIFTON, DIE 24 IAN. ANNO 1996
FRANK J. RODIMER J.C.D., D.D
EPISCOPUS PATERSON

A PIARISTA TARTOMÁNYFŐNÖK
1995/09/02 sz. ENGEDÉLYÉVEL

Fordította, összeállította: Meskó Lajos, Sch. P.
Sajtó alá rendezte: Felsővályi Ákos
Grafika: Plugor Sándor
Nyomda: Lilium Aurum Kft., Dunaszerdahely

Felelős kiadó: St. Stephen's Magyar R.C. Church
223 Third St., Passaic, NJ 07055-7894, USA

ISBN 0-9651859-0-7

VASÁRNAPI KALAUZ

Olvasmány magyarázatok és elmélkedések
az A, B, C liturgikus év
vasár- és ünnepnapjaira,
valamint a szentek ünnepeire

A vallás élet legyen, nemzeti élet is legyen. Erőteljes, dicsőséges nemzetek a vallásosság s a tiszta, szigorú erkölcs életét élik; erejüket onnan merítik; szemeiket odafüggesztik; bajaikra gyógyfüvet ott keresnek. Tegyük nemzetivé a keresztény erkölcsöt, azt a szigorú, tiszta erkölcsöt, melyet Szent László élt, s törvényeiben védett.

(Prohászka Ottokár)

TARTALOMJEGYZÉK

SZENTEK ÜNNEPEI

FÜGGELÉK

A „*MAGYAR ÉLETSZENTSÉG*" CÍMŰ SZENTKÉPSOROZAT KÉPEI

AJÁNLÁS ÉS ELŐSZÓ

Keresztény katolikus életünk forrása és csúcspontja a szentmise liturgiája, amin legalább hetente egyszer, vasárnaponkint részt veszünk, hogy így adjunk hálát a Jó Istennek az elmúlt hét ajándékaiért, és erőt merítsünk a következő hétre. A szentmisébe igyekszünk mindnyájan tevékenyen bekapcsolódni, hogy Jézus Krisztus húsvéti titkában részesüljünk. Figyelmesen hallgatjuk a Szentírás szavain keresztül Isten Szavát, aki bennünket gazdagítani akar szeretetből fakadó ajándékaival.

Ennek elősegítésére kalauzra van szükségünk. Erre szolgál a homília, ehhez szeretne ez a Kalauz is segítséget nyújtani. Hasznos lehet mind a lelkészkedő papság számára, mind pedig azon hívőknek, akik nem jutnak magyar szentbeszédhez a nagy szétszórtságban, de szívük mégis a magyar nyelv szépségein keresztül óhajtja dicsérni az Urat.

A jelen Kalauz eredetileg — mintegy 15 évvel ezelőtt — P. Dengl Miklós ferences atya ötlete volt, aki akkor a Katolikus Magyarok Vasárnapja Kiadóvállalat igazgatója volt Youngstownban (USA), és aki ilyen Kalauzzal szerette volna segíteni a szétszórtságban élő magyarok liturgikus életét. Az ötlet megvalósítása viszont nagyrészt P. Meskó Lajos piarista atya munkája, aki a szövegek jelentős részét fordította, kiegészítette a magyar és az egyetemes lelki irodalomból vett szemelvényekkel, beleszőtte a magyar szentek ünnepeit is, és *„Magyar Életszentség"* című külön tanulmányával hazai példákat állított a magyar vallási újjászületés elé. A megvalósítás lelkes mozgatója P. Mustos István piarista atya, a nyomdára való előkészítés hosszadalmas munkáját Felsővályi Ákos végezte, a szentképek és a keresztút művészi grafikáit Plugor István készítette, a lektorálásban Felsővályi Erzsébet és László Gábor segédkezett. Mindnyájuknak hálás köszönetet mondunk rejtett munkájukért. Köszönet illeti a Herder Kiadóvállalatot is, amely engedélyezte a szentírási magyarázatok magyarra való fordítását a népszerű *„Der Grosse Sonntags-Schott"* (Freiburg, Herder, 1975) nép-misekönyvből.

Mindazoknak, akik közreműködtek e könyv előkészítésében, az a hő vágya, hogy a Kalauz használata által magyar híveink a szétszóratásban egyre inkább részesei legyenek annak a liturgikus megújulásnak, melyet a II. Vatikáni Zsinat indított el, és amelynek megvalósítása mindannyiunk szívügye.

Toronto, 1996. január 18-án, Szent Margit ünnepén

† Miklósházy Attila, S.J.
ep. tit. Castellominoritanus
a külföldön élő r. k. magyarok püspöke

BEVEZETÉS

A. A SZENTMISE ÁLDOZAT ÉS ÉRTELME

I. A szent gyülekezet

Amint eljött az idők teljessége, elküldötte Isten az ő Fiát, hogy általa üdvözítse és tökéletesítse a világot. Az előző hosszú évezredek nemcsak tévelygés és romlás ideje voltak, hanem nagy emberi erőfeszítéseké és haladásé is és szenvedélyes igazság-keresésé: Isten-keresésé is. Isten sokféleképp megtaláltatta magát. Főleg Izrael, az Ószövetség népe érezte Isten vezetését, és kapta meg a jövendő Megváltónak, az Üdvözítőnek ígéretét. Az ígéret Jézusban beteljesedett: ő a Krisztus, a Messiás. Emberré válása, szenvedése és föltámadása által a szakadást begyógyította, az egységet helyreállította, és Istennek új népet szerzett. Mennybemenetele és a Szentlélek küldetése után meghirdették a jóhírt minden embernek. Sokan hisznek Jézusban, a Krisztusban, a keresztség által fölvétetnek Isten új népének közösségébe, mint az a 3000, kik az első pünkösdi ünnepen Jeruzsálemben Péter szavait hallották és hittek Jézus nevében.

Azok *közösségét*, kik hisznek Jézusban mint Megváltóban, a Messiásban és Isten Fiában, és szeretettel várják második eljövetelét, „Egyháznak" hívjuk. Ez Isten új népe, ez az új, élő templom, amelyben Istent szívből imádják. Mindenütt, ahol kettő vagy három összejön Jézus nevében, Őmaga is jelen van (Mt 18,20). Ez igaz, főleg akkor, ha a közösség, a helyi egyház összegyűl Isten igéjének meghallgatására és az Oltáriszentség, az Eucharisztia ünneplésére. A hit által ott *él* Krisztus az egybegyűltek szívében, Ő szól hozzájuk a Szentírás Szavaival, Ő van jelen annak személyében, aki a papi szolgálatot teljesíti a közösségben. De elsősorban és valóságosan jelen van a kenyér és bor szentségi színei alatt. Miként az utolsó vacsorán, fölajánlja magát, az igaz húsvéti Bárányt; s önmagát adja övéinek mint az Élet Kenyerét és a Lélek Italát. Így gyűjti össze és szenteli meg minden századon át és minden helyen azt a népet, amely Őáltala és Ővele dicsőíti és imádja az Atyát. Ez pedig minden teremtésnek végső értelme.

Mikor a helyi egyház, a közösség összegyűl az Oltáriszentség ünneplésére, nemcsak parancsnak engedelmeskedve teszi azt. Isten hívására a népek közül mint szent papi nép gyűlik egybe, hogy hittestvéreivel együtt örvendő hitben és szeretetben Ura elé járuljon, és találkozzék a megváltás misztériumával. Ez ama szent ünnepi sereg, melyhez mint saját népéhez szól Isten, s mely az Újszövetség áldozat-lakomáját ünnepli.

II. Úrvacsora és mise-ünnep

Minden szentségi ünneplésben lényegileg az történik, amit Jézus tett az utolsó vacsorán tanítványai körében: *„Vacsora közben vevé a kenyeret és hálát adván, nékik adá és mondá: Vegyétek, ez az Én testem. És vevén a kelyhet, hálát adván, nékik adá, és ivának abból mindnyájan. És mondá nékik: Ez az Én vérem, az Újszövetségé, mely sokakért kiontatik."* (Mk 14,22-24) Ugyanúgy tudósít minket a Máté evangélium (26,26-28), ugyanígy Lukács (22,19-20) és Szent Pál (1Kor 11, 23-26). Hogy mit jelentett az Úrvacsora, az a kereszthalállal lett érthetővé. A kereszthalál értelmét azonban Jézus már az utolsó vacsorán megvilágosította szavaival, cselekedeteivel: a kereszthalál az engedelmesség és szeretet áldozata volt, benne Jézus magára vett minden adósságot és a világgal kiengesztelte Istent. Ezzel az áldozati átadással megalapította az Új Szövetséget és az új emberiség fejévé lett. A keresztáldozatot nem lehet megismételni, nem is szükséges megismételni, mert Krisztusnak azon egy áldozatával egyszer s mindenkorra megváltattunk és megszentelődtünk. De épp *ez* az egyetlen áldozat volt az, melyet Jézus a szenvedése előtti éjjel a vacsorán bemutatott és tanítványaival megünnepelt egy lakoma keretében. És ily módon akar Ő a jövendő századok során velünk együtt ünnepelni, hogy mindenki közvetlen személyes közösségbe léphessen Övele ez áldozati átadásban. Ezért adta a megbízatást: „*Ezt* cselekedjétek az Én emlékezetemre!" (Lk 22,19; 1Kor 11, 24-25) A második vatikáni zsinat kijelenti: „Üdvözítőnk az utolsó vacsorán, azon éjjel, amikor elárultatott, rendelte el testének és vérének eucharisztikus áldozatát, hogy általa a kereszthalált minden időkön át folytassa újra jöveteléig, s hogy vele az Egyházra, szeretett jegyesére, halálának és föltámadásának emlékünnepét bízza: a legkegyesebb irgalom Szentségét, az egység jelét, a szeretet kötelékét; a húsvéti lakomát, amelyben Krisztust élvezi a szív, eltelik kegyelemmel és a mennyei dicsőség zálogát kapja." (Liturgikus konstitúció, 47)

III. Isten Szava és az Oltári Szentség ünneplése

A szentmise lényege, voltaképpeni központja az Úrvacsora-ünnep, a Szentség ünneplése, a nagy Hálaadás és Jézus szenvedéséről, föltámadásáról és mennybemenetéről való emlékezés. Az első idők keresztényei ezenkívül látogatták az olvasással és imádsággal végzett istentiszteleteket is a jeruzsálemi templomban és a zsinagógákban. Miután szakítottak a zsinagógával, továbbra is olvasták saját összegyűjtött szövegeiket az akkori Szentírásból, vagyis az Ószövetségből. Ehhez járultak az „apostolok tanai", főleg a Jézus szavairól és cselekedeteiről való emlékezések, melyeket hamarosan írásba foglaltak. Jusztin vértanú (†165 körül) írja: „Olvassuk az apostolok emlékezéseit vagy a próféták írásait, amennyi idő jut rá."

1. Az Ige Istentisztelete

Ez a mise első főrésze, melynek három foka: olvasmány, válaszos ének és imádság. Tisztábban látjuk, mit szándékol, ha az olvasmányos liturgia eredeti elgondolását nézzük:

a) ószövetségi olvasás — válaszos zsoltár — imacsönd és imádság;

b) újszövetségi olvasás (szentlecke) — alleluja — zsoltár (alleluja-vers);

c) evangélium — homília (írásmagyarázó beszéd) — közösségi ima.

Ezt az eszményi rendet legtisztábban a Húsvétéj igeszolgálata mutatja. Az év vasárnapjain és nagy ünnepein az 1969-es római olvasásrend három szakaszt ír elő: az első főleg *ószövetségi*, a második *újszövetségi* (apostol-levél vagy a Jelenések), a harmadik *evangéliumi*. Hétköznapokon az evangélium előtt mindig csak *egy* szentírás-szakaszt olvasunk. A II. Vatikáni Zsinat rendeletéből bizonyos idő alatt az egész Ó- és Újszövetség fölolvasásra kerül (Liturgikus konstitúció, 51). Az új, 1969-es olvasásrend eszerint *három évre* terjed (A, B, C év) a *vasárnapokat* és *két évre* (I, II év) a *hétköznapokat* tekintve. A 2. függelék táblázata (784. oldal) megmutatja, hogy melyik év van soron. A 3-mal osztható számú év a C év (például 1995, mert 3-mal osztható egy szám, ha számjegyeinek összege osztható 3-mal: 1 + 9 + 9 + 5 = 24, ami 8 x 3), az A és B ebből következik. A hétköznapokat tekintve a páratlan számú évek I. jelűek (például 1995) és a párosak II. (például 1996). Biblia-olvasás a szentmisén főleg nem a tudásunk bővítésére irányul, hanem arra, hogy az egyén és a közösség meghallja Isten hívó szavát benne, és készséggel feleljen rá! Ez a válasz, amelynek lényege belső-lelki, külső formát is kap két új mozzanatban: a közénekben és a közös imában. A döntő válasz azonban az életbevitel, a tett, a megélt kereszténység!

Első közének: a *„válaszos zsoltár"* az első olvasmány után. Ezt visszatérő refrénnel vagy allelujával felelgetve énekeljük. Lehet ugyan olvasni, recitálni is, de semmiképp se legyen merő folytatása az olvasásnak. Olvassa más személy (például „énekes") és nem az, aki az első olvasmányt olvasta („lektor").

A második olvasmányra jön a *második közének* (alleluja-vers), mely átvezet az evangéliumhoz. Ez többnyire evangéliumi idézet, allelujával az elején és végén (böjtidőben az alleluja elmarad). Ezt is énekelni kell, sőt ha nem lehet énekelni, elhagyható.

További „közének" volt még evangélium előtt a *szekvencia*, voltaképp költői kiépítése az alleluja-éneklésnek. A római misekönyv még most is négy szekvenciát tartalmaz: a húsvétit, pünkösdit, úrnapit és a Hétfájdalmú Szűz ünnepére (szeptember 15-re) valót (Victimae Paschali, Veni Creator, Lauda Sion, Stabat Mater). Csak a húsvéti és a pünkösdi szekvencia kötelező.

Az igeszolgálat harmadik szakasza az imádság, amely az evangélium (illetve a krédó: hitvallás) után egyetemes könyörgések alakjában szerepel. A napi ima (könyörgés: oráció) igazában nem része az igeszolgálatnak: ez a „megnyitó részt" zárja be. — Az egyetemes könyörgések a régi római liturgiában csak Nagypénteken maradtak meg, de a II. Vatikáni Zsinat helyreállította: „Az evangélium és szentbeszéd után, főként vasárnap és parancsolt ünnepeken, egyetemes könyörgések" vagy „hívők imája" következzék; a nép részvételével könyörgések mondandók az Egyházért, az államfőkért, a szükségben szenvedőkért, az egész emberiségért, az egész világ üdvéért (Liturgikus konstitúció, 53, vö. 1Tim 2,1-2).

2. Az Eucharisztia ünneplése

Az utolsó vacsorán Jézus meghagyta tanítványainak: *„Ezt cselekedjétek az én emlékezetemre!"* Az Egyház követi Jézus szavait, és az Ő szentségi megjelenésében ünnepli Jézus vacsoráját, az Újszövetség áldozati lakomáját. Az ünneplés három része: a) az adományok előkészítése, b) az Eucharisztikus Főimádság (Áldozati Ima) Jézus értelmező és alapító szavaival, c) a papok és hívők áldozása.

a) Az *adományok előkészítésekor* kenyeret és bort hoznak az oltárra. A korábbi századokban más élelmiszert is odahoztak a hívők (olajat, gyümölcsöt) a közös lakomához. Amikor a közös étkezés elmaradt, a hozott ételt a szegények és a papok között osztották szét. Az „Áldozati Adomány" név csak a kenyeret és bort jelöli az Eucharisztiában: jelei, színei ezek Krisztus föláldozott Testének, kiontott Vérének. Más áldozatunk nincs; még ha mást, például pénzt, anyagi és lelki adományt hozunk is, csak annyiban hívhatjuk őket „áldozatnak", amennyiben lelki készségünket fejezik ki, hogy Jézus áldozatával együtt magunkat és életünket Istennek szenteljük. — Az adományok fölvitelét alkalmas ének is kísérheti, és a fölajánló könyörgés („adományok fölötti imádság", az adomány-ima) zárja azt.

b) Az Áldozati Imát, az *Eucharisztikus Főimádságot* a pap és hívők közt váltakozó hívások kezdik („Az Úr legyen veletek" — „Emeljük föl szívünket"), és a Miatyánk előtti „Nagy Ámen" zárja be. Alapjelleg szerint ez az Áldozati Ima a „hálaadás és megszentelés imája" (Római Misekönyv), melyet a pap mindenek nevében intéz Istenhez, az Atyához. E nagy imának részei: *prefáció* a záró Szent-szent-szenttel (Sanctusszal); Isten erejének (a Szentléleknek) lehívása az áldozati adományra, az *Átváltoztatás*; hálaadó *megemlékezés* mindarra, amit Isten tett Jézus Krisztusban mindnyájunkért; különféle *könyörgések* (az egész Egyházért, pápáért, püspökökért, élőkért és holtakért); majd a bevégző magasztalás („Őáltala Ővele és Őbenne...").

Erre az Áldozati Imára (kánonra) a liturgikus reformig a római mise-szertartásban csak egyféle szöveg volt, a most „római kánonnak" nevezett. Az új misekönyv három továbbit ad, a rómaihoz hasonló szerkezettel és tartalommal. Lehetséges, hogy a jövőben még más három is követi. Általában a pap szabadon választhat a négy főimádság közt.

c) Az Áldozati Ima után rögtön következhetne a szent lakoma: az *áldozás*. Az „asztal megterítve", a kenyér és bor színe alatt, Krisztus megdicsőült, áldozatul fölajánlott Teste előttünk van, és a meghívás is elhangzott: „Vegyétek és egyétek!" De félő, szent tisztelet arra indít, hogy még egyszer magunkba térjünk a Krisztussal való találkozás előtt, ezért imák és énekek készítik elő és követik a szent lakomát.

Előtte elmondjuk, vagy helyesebben, elénekeljük a Miatyánkot és az Agnus Deit: „Isten Bárányát", áldozás alatt pedig az áldozóverset vagy más megfelelő éneket. A régi időben mindenki *két szín* alatt áldozott, kenyér és bor színével vette az Urat.

Később, a II. Vatikáni Zsinat a kehely vételét újra megengedte a hívőknek is, bizonyos *meghatározott esetekben.*

Mikor a pap (vagy áldoztató) a Szentséget nyújtja, azt mondja: „Krisztus Teste" (és „Krisztus Vére"); a hívő pedig a hit és szeretet „Amen"-jét feleli rá. Nem szabad elmaradnia áldozás után egy rövid *csöndes, benső* imára szánt időnek. Ezután mondja a pap az *áldozás utáni imát:* a közösség nevében megköszöni benne a kapott Ajándékot (Eucharisztiát), és kéri, hogy maradandó hatása legyen!

Sz Jusztin őskeresztény író és vértanú egyik hitvédő írásában (amely valószínűleg a hívő pogány Antoninus Pius császárhoz szólott), így ír a szentmiséről:

Inkább, mint bárki más, mi vagyunk segítőid, a béke fönntartásában munkatársaid! Mert valljuk, hogy gonosztevő, kapzsi és hitszegő az Isten elől éppúgy el nem bújhat, mint az erényes jámbor. Hogy mindenekre vagy örök bűnhődés, vagy jutalom jár érdemük szerint.

(65§) A hívő gyülekezet „elüljárója" [írja a pogányhoz, értve ezen a liturgiát végző papot] hálát ad, dicsérvén az Atyát, Fiút, Lelket [„Sanctus"]. A már fölhozott kenyér s bor fölött most maga mond hosszabban hálaadó imát, hogy a szent adományt elfogadja az Úr. A Nagy Hála végén mind a jelenlevő Áment mond. Ez héberül jelenti: Úgy legyen! A szerpap [diakónus] kinek-kinek most részt ad a Hálatét [Eucharisztia] kenyeréből s borából, meg a vízből. [Ma fölajánlás előtt csöppent vizet a pap a konszekrálandó borba!] A gyülekezet eljuttatja az Eucharisztiát a távollévő hittestvéreiknek is.

E táplálékunkat Nagy Hálatétnek [Eucharisztia] hívjuk. Valójában csak az részesül benne, aki hittel vallja Krisztus tanításának igazságát, aki megtisztult a bűnbocsátás és újjászületés fürdőjében, és aki ezek által a Krisztusban élők szent sorába lépett. Mert nem közönséges kenyérként és italként vesszük magunkhoz az áldozati lakoma táplálékát, hanem a Krisztus tanítása szerint elvégzett Hálatét imával a szentségbeli kenyér és bor hitünk tanítása szerint az Ő Testévé és Vérévé válik. Az apostolok írásaikban, amit Jóhírnek [Evangélium] nevezünk, továbbadják, amit Ő rájuk bízott: Jézus vevé a kenyeret, hálát adván mondá: „Tegyétek ezt Rám-emlékezésül, mert ez az Én Testem!" Hasonlóképp vette a kelyhet, hálát adván mondá: „Ez itt az Én Vérem!" És kiosztá csak őnekik...

(67§) A napnak ünnepén [vasárnap] gyűlünk össze, mert ez a teremtés első napja, amelyen Isten megteremtette a világot. És az a nap, amelyen Jézus Krisztus, üdvözítőnk föltámadt halottaiból.

IV. A szentmise kezdete és vége

A hívők nem nézőül jönnek a szentmisére, hanem hogy Isten közösségeként egyesüljenek, hallgassák az Ő szavát, fogadják az Ő ajándékait. Krisztus örök áldozatával neki hódoljanak, és megajándékozva, megtérve, megerősödve a hétköznapok feladataiba térjenek vissza.

Az ünneplés *megnyitásához* kell az érkezők egységbe állása, közösséggé válása. Történik ez térben is, de fontosabb az egység lélekben való kialakulása. A megnyitó szertartás a mai miserendben: 1) megújító ének; 2) keresztvetés, üdvözlés; 3) bűnbánat felindítása (bűnbevallás, bocsánatkérés); 4) Kyrie: „Uram irgalmazz"; 5) Glória: Dicsőség; 6) a napi könyörgés (miseima: oráció). Nem egyformán fontos ez a hat, némelyik kihagyható. A körülmények szerint a megnyitó ének lehet hosszabb, az üdvözlés és alkalmi szavak, esetleg a megnyitó vers egybevonhatók; ugyanígy a bűnbánati ima és Kyrie is. A megnyitó szertartásban a gyülekezet mindenképpen tevékenyen részt vesz a pappal együtt. Felel a pap felhívásaira, felindítja a bánatot, belsőleg is Isten bocsánatát kéri, a Kyriét és Glóriát együtt mondja vagy énekli a pappal, végül a könyörgésre Ámen-nal felel. Így fölkészült a hívősereg az Isten-igéje hallgatására és a Szentség ünneplésére.

A szentmise *befejezése* a megnyitáshoz képest meglehetősen egyszerű. Az „áldozás utáni imádság" még az áldozás része, azt zárja le; de a befejezéshez is számítható. Utána még egyszer köszönti a pap a közösséget („Az Úr legyen veletek!"), lehívja rájuk Isten áldását, és elbocsátja őket: „Menjetek békében!". Nyilvánvaló, hogy az ünneplés nagy isteni-emberi eseménye nem ért véget! Az elbocsátás maga *küldés*! A keresztény vigye Krisztus békéjét a békétlen világba! Krisztusban Isten vált láthatóvá, jött közel a hívőhöz, így a keresztényben is Krisztus legyen jelen, fölismerhető a világ számára!

A szentmise felépítésének összefoglaló táblázatát a 9. függelékben (832. oldal), szövegét pedig (magyar és latin nyelven) a 10. függelékben (834. oldal) találhatjuk.

B. AZ EGYHÁZI ÉV

Az egyházi (liturgikus) évben két ünnepkör van: a karácsonyi és a húsvéti.

1. Húsvéti idő

A keresztény év ősi és először csak egyetlen nagy ünnepe a *Húsvét,* „Pascha Domini": az „Úr átvonulása". Gyökere az Ószövetség Húsvétja, amelyben Izrael az egyiptomi fogságból való szabadulását ünnepelte, Istenének nagy megváltó műveként. A keresztény ünneplés tartalma is szabadítás, új és sokkal nagyobb! Az, melyet Krisztus hozott halálával és föltámadásával az egész emberiségnek. „A mi húsvéti Bárányunk, Krisztus, föláldoztatott." — írja Szent Pál apostol a korintusi keresztényeknek (1Kor 5,7). Valahányszor a keresztény közösség megemlékszik Krisztus haláláról és föltámadásáról a szentmisében, *Húsvétot* ünnepel. S főleg ezt teszi a hét első napján, az Úr napján. Minden vasárnap egy kis húsvéti ünnep.

Az Úr halála és húsvéti föltámadása emlékéhez kapcsolódik az Ő mennybemenetele és a Szentlélek küldése, ezért kísérő ünnepül már korán létrejött Húsvét után Krisztus Mennybemenetele (Áldozócsütörtök) és Pünkösd ünnepe. A nagyböjti időszak Húsvétra készület, a megújulás, a magunkba szállás ideje. Hat héttel Húsvét előtt kezdődik. Így az egész húsvéti ünnepkör az első böjti vasárnaptól (ill. Hamvazószerdától) Pünkösd vasárnapjáig tart. Húsvétnak nincs állandó naptári ideje: az első tavaszi holdtölte utáni vasárnapra esik, az első században kialakult nyugati gyakorlat szerint. Dátumát 2074-ig megadja a 784. oldal táblázata, az első függelék pedig (782—783. oldal) leírja meghatározásának módját az 1600-tól egészen 2999-ig terjedő évekre.

2. Karácsonyi idő

Másik közép- és csúcspontja az egyházi évnek a második főünnep: a *Karácsony,* Krisztus emberré válásának, születésének napja. Ezen az ünnepen Szűz Mária gyermekét, Jézust, mint Isten valóságos Fiát köszöntjük és imádjuk. A megelőző adventi hetek és a lezáró *Úrjelenés* (Epifánia, Vízkereszt) ünnepe kitágítja, elmélyíti Karácsony gondolatát. Advent („Úrjövete") és Epifánia („Úr jelenése") egyaránt az Uralkodó érkezését jelentette, mikor ezeket ünnepelni kezdték: az Ő boldogságígérő bevonulását szent „Városába". Karácsonykor inkább a mi Urunk szegénységben és gyöngeségben való eljöttét szemléljük, az Ő emberi születését; de Adventben és Vízkeresztkor „hatalomban és fönségben" való jövetelét várjuk.

3. Évközi idő

A karácsonyi és húsvéti ünnepkör a közbeeső „évközi vasárnapokkal" (zöld miseszínben) együtt teszi ki az egyházi (liturgikus) évet. Ennek igazi tartalma, lényege, — ahogy az egész világtörténelemé, — *maga Krisztus*, a Föltámadott, aki Egyházában jelen van, és vele együtt járja az évszázadokat. Hogy jobban megismerjük Krisztust, hogy fölfogjuk föltámadásának igazságát és szeretetének hatalmát, és hogy fölkészüljünk eljövetelére az időnk végén: ez az egyházi évnek és minden liturgikus cselekedetnek valóságos, végső értelme.

†

A könyv olvasásának megkezdése előtt tanulmányozzuk át az első függeléket, amely tanácsokat ad a könyv használatához.

A lelkipásztori munka támogatását szolgálja a könyv számítógépes változata. A számítógépes program része a Pázmány Péter Elektronikus Könyvtárnak és minden egyházi intézménynek és személynek gratis rendelkezésére áll.

A részletekről, beleértve az Elektronikus Könyvtárt is, a tizenötödik fejezet ad tájékoztatást.

A ÉV

ADVENT VAGY ÚRJÖVET

Advent elé

A természetnek áprilisa a napsugár s a tavaszi fuvalom; a léleknek áprilisa a mély, bensőséges vágy. Az adventi vágy végigjárja a lelket, kitör indulataiban, elégedetlenkedik, sír és panaszkodik; epedő szemmel, félig nyílt ajkkal, lihegő mellel néz föl az égre s mondja: Rorate coeli desuper... [Harmatozzatok, egek fölülről...] A mi adventi vágyunk eke, mely hantot forgat... erőszak a mennyországért. Hármas irányban kell azt fokoznunk.

a) A szubjektivizmus túltengései ellen. Elfogultság ítéletben, ízlésben gyakori betegség. Rokonszenv s ellenszenv pókhálóiba akadunk bele. Kicsinyeskedés, nevetséges ingerlékenység, apprehenziók, furcsa igények jelentkeznek bennünk elismerésre, kitüntetésre, megbecsültetésre. Belső világunk hasonlít a parókás, copfos, harisnyás barokkhoz; csupa mesterkéltség, *kényesség*, finnyásság. Föl, természetesség s kegyelem lelke, adventi lélek! Ha savanyodom, ha érzékenykedem, ha elringatom magam beteges gondolataimban, föl, föl a hegyekre, szétvetem elzárt gondolat- s érzelemköröm deszkafalait; fölpezsdítem aludt véremet, mely ily halavány érzéseket szuggerál. Utat nyitok az adventi léleknek... utinam coelum disrumperes...! [bárcsak fölszakítnád az eget!]

b) Az *érzékiség* angolbetegsége ellen. Tele vagyunk érzékiséggel, mely ellepi a lelket. A szépség mint forma kápráztat, s megfeledkezünk a tartalomról... elborul lelki szemünk! Érzékiségünk olyan, mint a líciumbokor, kiirthatatlan...

c) A lélek megöregedése ellen. A lélek öregszik, amikor elfárad s tétlenségre hajlik. Fizikai erőnk mindenesetre hanyatlik, s amennyiben a lélek munkájához ilyen erő is kell, annyiban az elöregedés nem baj. De a fődolog a lelki életben nem a fiziológia, hanem a belső világosság, az akarat készsége, az erkölcsi motívumokra való eleven visszahatás! Kell, hogy a lelkünk a hit fényében éljen az élet öreg estéjén is, s hogy érzéseinek világa friss s üde legyen. Kell, hogy ne legyünk laposak, hanem hogy hegyek váltakozzanak lelkünkben völgyekkel... szél zúgjon végig lelki világunkon! *(Prohászka: ÖM, 6:4; 11)*

ADVENT 1. VASÁRNAPJA

1: A népek áradata özönlik az Úr hegye felé. S: Ébredjünk föl a bűn álmából, mert közeledik Krisztus világossága! E: Ne az evilágiaknak éljünk, hanem legyünk készek mindig az Úr eljövetelére!

Ez idő homályában Krisztus napja fénylik. Az ő eljövetele, az ő jelenléte minden történelemnek titkos értelme, a mi életünk értelme. — Mert nyugtalanságra felelet a nyugalom, harcra a szabadság, az öröm és a béke. Az újjövet embere olyan ember, aki bizalommal és hűséggel elébe megy a jövőnek.

Első olvasmányhoz Iz 2,1-5

„Sion" alatt a próféta nem Juda országának politikai székhelyét érti, hanem a Templom hegyét, Isten jelenlétének helyét. Ott látta Izajás „a Királyt, minden urak Urát" (Iz 6), magasztos trónusán. Látja odavándorolni a népeket a messiási időkben, hogy keressék Isten szavát és irányítását. A Krisztus előtti 8. század végén, Juda és Izrael végzetes idején, a próféta nem politikai fogásoktól, nem is katonai hatalomtól várja a megváltást, hanem Istentől, a világmindenség fenntartójától. *(2,1-4: Mik 4,1-3; Jn 4,22; Zak 9,9-10 ▫ 2,5: Iz 60,1-3; Zsolt 119,105)*

Válaszos zsoltár Zsolt 122(121),1-3.4-5.6-7.8-9

Jeruzsálemi zarándoklat

Szentleckéhez Róm 13,11-14

Krisztus eljövetelével megjelent „az utolsó idő", „nappal" lett. Az a fény, melyet a próféta látott (1. olvasmány) itt van, és világít minden embernek. Keresztségünktől kezdve egy új, nagy napnak élünk, amely itt áll előttünk: a Krisztussal való végső találkozás napja ez. Tőle kap életünk irányítást, értelmet. *(13,11-12: 2Kor 6,2; Ef 5,8-16; 6,12-20 ▫ 13,13-14: Róm 12,2; Gal 3,27)*

Evangéliumhoz Mt 24,37-44

Eljön majd az Emberfia, hogy ítélkezzék a világ fölött és lezárja a történelmet, azonban „senki sem tudja ama napot és órát" (24,36). Eljövetelét jelek előzik meg, mégis váratlanul érkezik. Ezt példázza a „Noé napjaira" való emlékeztetés (24,37-39) és a mezőn dolgozó két férfi, meg a malomban őrlő két nő (24,40-41). Visszautasít minden számítgatást az Úr eljövetelére. Így buzdít: „Vigyázzatok! Készen legyetek!" (24,42-44). Mindegyikünkre ott vár az Úrral való találkozás döntő órája! Éberen kell bennünket találnia! Az ébrenlét nem jelenti azt, hogy állandó feszültségben éljünk, hanem hogy híven, türelmesen tegyük Isten akaratát. Munkálkodjunk a ránk bízott tehetséggel, ismerjük föl Krisztust felebarátunkban, főképp a ránk szorulóban, és szolgáljuk őt. Ez a fejezetvégi példabeszéd (24,45-51) tanulsága is. *(Lk 17,26-27.39-40; 1Mz 7,11-22; 1Tesz 5,2-6)*

Szentségre várva

Megjött a mi Urunk, Ő a mindig újra érkező. Ővele találkozunk: szóban Őt halljuk, a Szentségben Őt vesszük, a testvérben Őt szolgáljuk.

Elmélkedés

Krisztus második eljövetele

„És akkor feltűnik az emberfiának jele az égből; és akkor sírnak majd a föld nemzetségei." (Mt 24,15) Az alázatos emberfia dicsőséges eljövetele; leereszkedik ismét, aki elment tőlünk az Olajfák hegyén az első áldozócsütörtökön s akit vártunk és kívántunk; ez az ő fényes adventje. Angyalok viszik zászlaját, a tündöklő keresztet s a napnyugta összes színeinek tüzes pompájában égő felhők az ő diadalszekere; angyalok harsonái zengik végig a tisztuló földön az Isten újrateremtő és föltámasztó akaratát, az új „legyen"-t, melynél fogva lelkek ismét megfelelő testet öltenek; e lelkek mélyéből kiszakad himnusz és panasz, aszerint, amint extatikus öröm, vagy vérfagyasztó rémület tölti el őket. — Térdenállva nézem királyomnak és bírámnak e diadalmenetét: mily szép, mily hatalmas vagy, te „rex tremendae majestatis [rettentő fölségű király]!" Mily édes voltál Betlehemben; mily csendes s igénytelen az Oltáriszentségben; nyelvemen olvadsz el, édességgel töltesz el, te közeli Isten; hitem komolyságával akarok rászolgálni, hogy kegyes bírám légy. Tőlem függ: jöjjetek atyám áldottai, bírjátok a világ kezdetétől nektek készített országot (Mt 25,34).

Jézus megpillantja a krisztusi lelkek tündöklő csoportját; fehér ruhában, pálmákkal kezükben éneklik: Benedictus, qui venit [Áldott, aki jön]... Szeretettel néz rájuk: „Koszorúm, koronám vagytok. Testvéreim, isteni vér! Jöjjetek atyám áldottai; nagy áldás, a teremtő, megváltó, megszentelő Isten áldása teljesült rajtatok. Ti éltétek át az életet dicsőséggé, ti a múló időt örök ifjúsággá, ti a szenvedést örömmé! Bírjátok az országot, melyért imádkoztatok s éltetek és küzdöttetek...

Három áldást említ az evangélium: 1. megáldotta a gyermekeket, a kicsinyeket s az ő képviseletükben mindazokat, kik szívből alázatosak; 2. az Olajfák hegyén mennybemenetelekor a tanítványokat, hogy a búcsúzás keserűségébe beleállítsa szeretetének és összeköttetésének biztosítékát; 3. most megáldja győzelmes híveit. A kezdet, a küzdelem, a végleges, szerencsés kifejlődés áldásai ezek. Lefoglalom magamnak mindhármat.

„Akkor így szól majd azoknak is, kik balfelől lesznek: Távozzatok tőlem átkozottak, az örök tűzre..." (Mt 25,41) A rosszak lelkületét két vonás jellemzi: rémület és átok. Krisztus mondta róluk, hogy itt a földön nincs békéjük; nyugtalanság jellemzi pszichológiájukat; nem biztosak hitetlenségükben; mondják, hogy „primos deos timor fecit", a félelem csinált isteneket, de ez a „timor" az ő folytonos kísérőjük; ez villan ki abban a fanatizmusban is, mellyel a hitet üldözik. Aki nem fél, az nem törődik folyton a rémületes ellenséggel. — Ez a bizonytalanság rémületté lesz a végítéleten; „Életet, irányt, célt tévesztettünk — mondják majd — és mindent elvesztettünk. Az élet nagy kérdései iránt fölületes ellenszenvvel viseltettünk; az Istent tagadtuk s fölségét komolyba nem vettük. Íme a mi ítéletünk." *(Prohászka: ÖM, 7:287; 23)*

†

Noé Istenének puszta szava elég volt neki, hogy higgye azt, amiből semmit se látott. Látszólag jele sem volt a közelgő vízözönnek, mely minden életet elpusztít. Noé mégis építette a bárkát, mivel hitt (Zsid 11,7). Hite bizonyság, hogy a pogányok közt is lehetséges az Istenben való hit, a tudatlanságot el lehet kerülni, épp ezért felelősek vagyunk érte. Isten mindenkinek szívébe írta az Ő törvényét. Mivel Ő Isten, azért hitetlenség és hűtlenség sosem lel rája. Bűn nem állhat meg Isten szentsége mellett. *(Schott)*

†

Advent

Énekeld korán, a hajnal-órán
behizelgés lágy énekével, világ siket fülébe,
énekeld két térdeden s mint fátylon átal, úgy zengjen!
Mint szól anyáknak halk dala, a kisdedüket altatva...
Mert *Erő* meggyöngédült, a Végtelen kicsinnyé mélyült,
Hatalmat most jóságba lágyaszt! A magasságos: most alázat...
Otthonja lett a hajadoni hajlék;
a Szűz ölén új trónra lelt,
s a bölcsődalhoz angyalkar lehajlék.
Ím áhítat napot még nem kelet,
tölt ámulat be éjfelet...
Gyújts, lelkem, gyertyákat, gyújts ujjongásra minden égtájat,
hogy boldog Ávét mondj Őneki, aki Urunkat viseli.

(Gertrud von Le Fort szabad verséből)

†

Miként a Hold a Nap és Föld között ragyog, úgy állíttatott a Szent Szűz Isten s mi közénk, hogy folyton ontsa ránk az isteni kegy özönét. *(Sz Bernát)*

†

Minden bizalmunk kezdete, alapja a Boldogságos Mária! Rábízta Isten minden javak kincsestárát, hadd tudják mindenek, hogy Ő általa jön nekünk minden reményünk, minden kegyelmünk, mind az üdvünk — míg Jézust nyújtja minekünk. Mert így akarta Ő: az Úr, hogy mindent Mária által kapjunk. *(IX. Pius pápa)*

ADVENT 2. VASÁRNAPJA

1: A messiási országban az igazságosság és a béke uralkodik. S: Krisztus minden embert üdvözíteni akar. E: Őszinte bűnbánattal kell készülnünk az Úr eljövetelére.

Isten teremtett minden népet, de folyton újjáteremti magának azt, melyet a maga népének hív. Teremti őt, egyre szólva hozzá és mondva: Enyém vagy te! — Tetszése szerint választ az emberekből, a maga népévé alkotva ezeket. Megszenteli Igéjével, Lelkével és a Bárány vérével.

Első olvasmányhoz Iz 11,1-10

Ha kidől a tölgy, megmarad a gyökér, a tőkéje, amelyből új élet támadhat. Dávid királyi háza végét járja Izajás 11. jövendölésekor; a próféta kijelentései végsősoron nem a trónra föllépő Ezekiásra vonatkoznak, hanem egy eljövendő Fölkentre, aki Jessze, Dávid atyjának törzséből fog támadni. Ő kapja a lélek-adományok teljességét (11,2): bölcs lesz, mint Salamon; okos-erős, mint Dávid; istenfélő, mint Mózes és Ábrahám. Ő teljesíti be az isteni törvényt, és főként, Ő törődik a szegénnyel. A kép, melyet a 6—8. vers vázol, nem állatokat jelent, hanem embereket, népeket: mikor ezek elismerik Isten törvényét és jogát, akkor egymással is békességben élnek. *(11,1-2: Iz 7,14; 9,5-6; 42,1; Mt 3,16 ▫ 11,4: Zsolt 72; 2Tesz 2,8; Jel 19,11 ▫ 11,6-9: Ez 34,25; 37,26; Hab 2,14)*

Válaszos zsoltár Zsolt 72(71),1-2.7-8.12-13.17

A Békekirály és országa

Szentleckéhez Róm 15,4-9

A messiási idő békéjéről szól az 1. olvasmány. Erről a békéről szól Sz Pál római levelének szakasza is, mégpedig a keresztény közösség adott helyzetében. Itt is veszély fenyegeti a békét. Pál beszél az „erősekről" és „gyöngékről" (15,1): liberálisabb haladók és aggódó konzervatívok lehetne a mai nevük. Valószínűleg a pogányságból jött keresztények és zsidó-keresztények közti feszültségről van szó. Mindnyájukat Isten hívta és fogadta be, ezért a közösségben viseljék el egymást, legyenek tekintettel egymásra. A döntő ok, a megértés normája maga Krisztus; az, amit Ő tett és szenvedett értünk. *(15,4: 1Kor 10,6; 2Tim 3,16 ▫ 15,5: Fil 2,2-3 ▫ 15,8-9: Mt 15,24; ApCsel 3,25-26; Zsolt 18,50)*

Evangéliumhoz Mt 3,1-12

Máté (3,2) is hasonló szavakkal foglalja össze János prédikálását. Az Előfutár szól a keresztény közösséghez is, sőt ma még sürgetőbben, hiszen Krisztus jöttével Isten uralma („mennyek országa") már elkezdődött, de vele együtt a válság is, a döntés és ítélet. Ezért követelmény: az egész emberiség térjen meg Istenhez. *(Mk 1,1-8; Lk 3,1-18 ▫ 3,3: Iz 40,3; Jn 1,23 ▫ 3,8-10: Ám 5,18-20; Jn 8,37-40; Róm 9,7-8 ▫ 3,11-12: Mal 3,2-3; ApCsel 1,5)*

Szentségre várva

Jézusban Isten ígéretei beteljesültek. Ő a mi békénk, minden reményünk. Ő keresztel minket tűzzel és Szentlélekkel, valahányszor igéjét hallgatjuk és Testét veszszük. Ő újít meg minket. És általunk megújítja majd és megmenti a világot.

Elmélkedés

Jézus egy közülünk, beáll az emberek sorába. Megjött Ő valóban, megjött! Magából Isten szívéből, ide hozzánk; fölvette emberségét, s azzal, hogy fölvette, elfogadott bennünket úgy, ahogy vagyunk, és egyben értünk és helyettünk Isten akaratát fogadta el a szent Akarat teljes, mindent-követelő súlyával. Isten kinyilatkozása mindig az embernek is a megnyilatkozása. Ahol Isten lép a fénybe, ott a mi szívünket is a fénybe emeli, és ha hagyjuk, hogy szívünket a fénybe emelje, akkor felragyog az Úr dicsősége. Isten szentségét csak úgy ölthetjük magunkra, ha föltárjuk bűneink titkos gyökereit, hogy azáltal Isten fénye kiölje őket. *(Klaus Hemmerle)*

†

Adventi ima

Uram Jézus! te vagy az, kit a sötétségben bolyongó világ négyezer évig epedve várt. E négyezer év emlékezetét az adventi négy hét hajnalaiban üljük meg, a jámbor ősatyák buzgó óhajtásával könyörögve hozzád: Jöjj el, édes Üdvözítőnk! szabadíts ki a bűn rabságából, melybe többszörös ígéretünk után is megint visszaestünk! Tudjuk, hogy már itt az óra az álomból fölkelnünk, mert most közelebb vagyon a mi üdvösségünk. A tudatlanság és tévelygés éjjele elmúlt, az igazság napja feltűnt benned, Uram Jézus! Áraszd ránk kegyelmedet, hogy elvetvén a sötétség cselekedeteit, a világosság fegyvereibe öltözzünk; mint nappal tisztességesen járjunk, szeplőtelen érzéssel, irigykedés nélküli szeretetben. Ah mert te vagy az, ki egykor el fogsz jönni a felhőkben nagy hatalommal és dicsőséggel, mikor jelek lesznek a napban és holdban és csillagokban, és a földön a népek szorongatása, a tenger zúgása és a habok fölháborodásakor; mikor elszáradnak az emberek azok félelme és várása miatt, mik az egész világra következnek. Te mondottad ezt, kinek beszédei az ég és föld elmúltával sem múlnak el.

Uram Jézus! tudjuk, hogy te vagy a világnak megígért váltsága, ki eljövendő valál, s így mást nem kell várnunk. Imádva ismerjük el isteni erődet, te vagy az, ki által a vakok látnak, a sánták járnak, a poklosok tisztulnak, a siketek hallanak, a halottak föltámadnak, a szegényeknek az evangélium hirdettetik. Oszlasd el elménk vakságát, hogy tisztán láthassuk igazságod mennyei fényét; segítsd föl gyarlóságunkat, hogy utaidon ingadozás nélkül járhassunk; nyisd meg füleinket! hogy igédet mindenkor szívesen hallgassuk; tisztíts meg minket a vétek szennyétől; támaszd föl lelkünket, ha talán a bűn halálába süllyedett volna; add híven követnünk evangéliumodat, melyet üdvözítésünkre hirdetsz nekünk, kik isteni Fölséged előtt mindnyájan oly szegények vagyunk. Őrizz meg a könnyelműségtől, hogy ne legyünk ingadozó nádszálak, melyeket az indulatok szele mindenfelé hajt; ne keressük a kényelem megrontó puhaságait, hanem mint előköveted, Keresztelő Szent János, önmegtagadással, kereszteink szíves elviselésével készítsünk Neked utat szíveinkbe.

Közel vagy, Uram, hozzánk, azért örvendünk benned mindenkor, igen örülünk, semmin sem aggódva, hanem minden imádságban és könyörgésben kéréseinket hálaadással terjesztjük isteni színed elé; hogy a te békességed, mely felülhalad minden értelmet, oltalmazza meg szíveinket és elménket tebenned, Uram Jézus Krisztus! kit a próféták megjövendöltek, kit a pusztában kiáltó szent hírnököd oly szívrendítve és alázatossággal hirdetett, arra sem tartva magát méltónak, hogy sarud kötelékét megoldja. Ő a bűnbánat keresztségét hirdette a bűnök bocsánatára; add kegyelmedet, Uram Jézus! hogy kik a te szent keresztséged által új teremtmények lettünk, de lelkünk tiszta ártatlanságát bűneinkkel elvesztettük, töredelmes bűnbánat által méltólag elkészítsük utadat, egyenesekké tegyük ösvényeidet, betöltve minden hiányt, megalázva a kevélység minden hegyét, elegyengetve a gyarlóság minden göröngyeit, és szívünk darabos utait simákká téve: hogy megláthassunk és méltán elfogadhassunk téged, Isten Üdvözítőjét. Jöjj el, jöjj el, édes Üdvözítőnk, s maradj nálunk mindörökké. Amen. *(Tárkányi: Vezércsillag, 204)*

†

Megtérésért

Mutasd, Uram, irgalmadat,
vigasztald véle szívemet!
Engedd, hogy megtaláljalak,
mert lelkem csak Teréd eped!

Nézd, itt van amaz ember,
kit rablók megrohantak,
összetörtek, s mint a holtat,
a Jerikói úton hagytak!

Kegyes Szamaritánusom,
jöjj, hogy karod föltámogasson!
És juhod vagyok: tévelygek elveszetten.
Keress meg, vigy aklodba két kezedben!

Amint vágyol, tégy aként velem:
csak Náladitt maradjak mind ez életen!
Dicsérve mindazok közt Téged,
kik ott fenn Benned találtak öröklétet!

(Sz Jeromos)

†

„Tartsatok bűnbánatot!”

János felhívása örök érvényű. Az egyház átvette a bűnbánat szellemét. Állandóan ki vagyunk téve kísértésnek, magunkban hordozzuk a rosszra való hajlamot, és így vannak botlásaink. Számunkra a Messiás már eljött, jelen van, de mindig jön abban a formában, hogy bennünket is átalakít a maga képmására. Azonkívül nem tudjuk, mikor zárja le eljövetelével a történelem folyását, s azt sem tudjuk, hogy nekünk mikor kell megjelennünk előtte számadásra. Így a bűnbánat az állandó ébrenlétnek, az állandó készenlétnek is az eszköze. *(Jakubinyi: Máté evangéliuma, 38)*

ADVENT 3. VASÁRNAPJA

I: A messiási országot a jólét jellemzi majd, az egyes emberek nyomorúsága is eltűnik. S: Várakozzunk hittel Krisztus eljövetelére! E: Keresztelő János a Megváltó előhírnöke.

A várakozások megváltoztatják életünket, akár egy emberre, akár egy eseményre vagy ünnepre várunk: mássá leszünk, és egyben aggódunk is: mi következik? Megjön-e? Hogyan lesz az? Elfogadja-e, amit fölajánlhatok, az adományaim'... a szívemet? Az Úr közel van! Ne féljetek!

Első olvasmányhoz Iz 35,1-6.10

Ahogy Izajás 24—27. fejezete, úgy a következő 34—35. is apokaliptikus, végidőket megjelenítő szöveg. Isten mentő érkezése a pusztát paradicsommá változtatja. Tövist, bogáncsot, ínséget, kórságot — Ádám bűnének minden átkát (1Mz 3) — legyőzi. „Szabadság, öröm és boldogság": ma ily szavakban nem bízunk, elvesztették hitelüket: látni akarunk, hogy higgyünk. És valóban, itt az mondatik (35,5-6), hogy Isten új látást és hallást, szólni és járni tudást ád nekünk (vö. evangélium): új lehetőségeket, hogy Isten igazságát, való voltát fölfoghassuk. És ez a lényeg! *(35,1-4: Iz 41,19-20; Zsid 12,12; Iz 40,10 ▫ 35,5-6: Iz 29,18-19; Mt 11,5; ApCsel 3,8 ▫ 35,10: Iz 51,11; Zsolt 126)*

Válaszos zsoltár Zsolt 146(145),7.8-9.9-10

Isten az Úr és segítő

Szentleckéhez Jak 5,7-10

A gazdaghoz intézett bíráló beszéd után (Jak 5,1-6), Sz Jakab „testvéreihez", a szegényekhez fordul: álljanak helyt, míg nem jön az Úr. Ő szabadít meg minden elnyomottat (5,7-8). A szegényeknek hitükben a reményük. Csak a szegénynek van igazi reménye, mert a gazdag fél a jövőtől. Az Úr már itt „áll az ajtóban" (5,9), közeli eljövetele újabb intés: bírálgatásnak és elégedetlenkedésnek helye nincs, mert közel az eljövendő ítélet. Az intéseket példák támasztják alá: a szántóvető, ki türelemmel várja az aratást (5,7); a próféták, kik a támadások közt sem fáradtak el, hogy Isten szavát hirdessék (5,10); végül a tűrő Jób (5,11 — ez nincs a mai olvasmányban). *(1Kor 1,8; Mk 4,26-29; Róm 2,6-7; 1Pt 4,7.14; Mt 5,11-12)*

Evangéliumhoz Mt 11,2-11

Az előző fejezetekben Máté evangélista elmondta Jézus szavait és tetteit (5-7, 8-9). Izrael kérdezze magától, Jézus-e az, akinek jönnie kell, Ő-e az „idők végére" várt próféta, kiben beteljesül a Törvény és a próféták. Keresztelő Sz János meghirdette Őt, mint szigorú bírót (Mt 3,12); most fölteszi a döntő kérdést, a többiek nevében: „Te vagy-e az..." *(Lk 7,18-28 ▫ 11,2-6: 5Mz 18,15; Jn 1,21; Iz 35,5-6 ▫ 11,7-11: Mt 3,1-6; 2Mz 23,20; Mal 3,1)*

Szentségre várva

Jézus jön mint bíró és szabadító. Előbb mint szabadító: ezt Keresztelő Jánosnak tudtára adta, ő teszi meg először, amit aztán tanítványaitól elvár: meghívja a szegényeket, bénákat, sántákat, vakokat lakomájára (Lk 14,13). Elég nyomorult vagyok-e én, hogy engem is meghívhasson?

Elmélkedés

„Te vagy-e az?" Az evangélium nemcsak isteni, hanem emberi kinyilatkoztatás is. Megmutatja, hogy mi lakik bennünk (vö. Lk 2,35), a hívőben és abban, aki bosszankodik, megbotránkozik Őrajta, megbotlik Őbenne. Az Írás nemcsak azt mondja meg, mi *volt*, hanem azt is, hogy mi van és lesz!

János kérdésével: „Te vagy-e az?" — máig sem végeztünk. János tanítványainak, talán magának a Keresztelőnek sem volt még Jézus föllépése egyértelműen világos. Másképp képzelték a Messiást. Hát mi? Minket kielégít-e? Mit végzett Ő, mi lett a világból mióta Ő közénk jött? De miért ne tennők föl másképp e kérdést: Mi, keresztények kielégítjük-e Őt azzal, amit az Ő világából építettünk, az Ő üzenetéből megvalósítottunk? Például: miféle „jóhírt" viszünk mi a szegényeknek, *bűnösöknek, tévelygőknek ma?* Izgat-e minket, hogy az emberiség kétharmada éhezik testileg, s még nagyobb része (s ez még fájdalmasabb) — lelkileg? *(Schott)*

†

A várandós Szűz

A Szent Szűz ez állapotában a bensőségnek s elmélyedésnek titka. Magában hordja a misztériumot; tudja, hogy van; tudja, hogy Isten benne van; de az Urat ő sem látta, s csak jelei s angyalai imbolyognak körülötte; érteni őt nem lehet, csak hinni.

Ó titokzatos, szent világ! Lelkünk is terhes Istentől: Isten van bennünk, a mennyország, a kegyelem, az örök élet. Mindezt hordozzuk magunkban, de nem látjuk. Se baj; pesszimisták, hitetlenek mégsem lehetünk; mert ha az Urat nem is látjuk, mindenhonnan a szellemi világ nyomai ragyognak felénk. Angyalok járnak körülöttünk... virágok fakadnak s gyermekek születnek; misztériumban élünk; megoldása e problémának az, hogy hiszünk! E reflexióval kell gyakran tevékenységre s örömre hangolni kedvetlenségünket.

A természet nyílik áprilisban, s az édesanya szíve vágyik gyermeke után, mint örömének tavasza után. A Szent Szűz is mondta: „Ki adja azt nekem, hogy... megcsókoljalak" (Én 8,1), s mondta azt mennyei szenvedéllyel. Vágyott utána! Vannak *beteges* vágyak, vannak *tehetetlen* s éppúgy *egészséges*, *termékeny* vágyak. Krisztust akarta adni nekünk. Nem maradhatott meddő. Minden léleknek és életnek szülnie kell tettet, sok tettet. A tett az édes, a szó a mostoha gyermek. Mi volna a természetből, ha meddő volna, s mi lesz a kegyelemből, ha nem szül szép, meleg, nemes, erős életet? A kegyelem cselekedetei szükségesek az élethez! *(Prohászka: ÖM, 6:56; 76)*

ADVENT 4. VASÁRNAPJA

I: A Messiás szűztől születik. Neve „Emmanu-El" lesz, azaz „Velünk az Isten". S: Jézus Krisztus, Isten egyszülött Fia, test szerint Dávid nemzetségéből származik. E: Jézus, Mária gyermeke, a Szentlélektől van.

Mit végeztünk ebben az adventben? Mit várunk ez év karácsonyától? Emlékeket? Valami újat? Isten egy jelet küld, hogy lássuk, mit tett Ő, mit fog adni, mit vár el. Azt akarja, hogy lessük a Jelét, lássuk meg és fogadjuk be! — A jel: egy Szűz és egy Kisded. Mily közönséges dolog: gyöngeség, szegénység, reménykedés; kegyelme és békéje Istennek, a mi Atyánknak.

Első olvasmányhoz Iz 7,10-14

Dávid királyi házának léte és vele maguk Isten ígéretei forogtak veszélyben, mikor Izajás próféta Kr.e. 735-ben Ákáz királyhoz küldetett. Jelet mutat neki Isten megbízásából, hogy bátorítsa a királyt. De a királynak nem kell jel, nem hisz sem Istennek, sem a prófétának; a maga politikáját akarja folytatni. Isten mégis megadja a jelet Ákáznak, Dávid házának, bár a király nem kívánja, látni sem akarja. Dávidnak majd sarjat küld, kiben teljes valósággá lesz a jelképes név: Emmanu-El („Velünk az Isten"). Ennek az a feltétele, hogy a királyi ház továbbra is fönnáll és örökös születik. Ez azonban csak (7,14) prófétai előjel a Szűznek arra a Fiára, akit az evangélium meghirdet. Hogy ez a fiúgyermek az igazi Messiás, mutatják a jelzők is, melyeknek egy közönséges trónörökösre való alkalmazása istentelen hízelgés lenne. *(Iz 9,5-6; Mik 5,2; Mt 1,23)*

Válaszos zsoltár Zsolt 24(23),1-2.3-4.5-6

A szentélybe vonulás

Szentleckéhez Róm 1,1-7

Szent Pál levelét korának stílusában kezdi: elejére teszi a küldő és a címzett nevét és egy üdvözlést csatol hozzá. A szokásos forma körülbelül ilyen: „Pál — a római testvérekhez — köszöntés." De lám, mennyi mindent beletölt ebbe Pál! Egész evangélium ez, mondhatnók. Nemcsak Pál szerepel, hanem Krisztus is, Isten Fia, Dávid Fia, a Föltámadt és Fölmagasztalt és a közösségében hatalommal jelenlévő Úr. Benne teljesültek be a próféták ígéretei. Gondolhatunk itt Izajás 7-re (1. olvasmány); de az apostol inkább a 2. zsoltárra gondolt (2,7, vö. ApCsel 13,33), a messiási zsoltárra, amelyet a dávidi király trónra lépte napján szoktak énekelni. *(1,1-2: ApCsel 9,15; Gal 1,15; Róm 16,25-26 ▫ 1,3-4: 2Sám 7,1-17; Róm 9,5.33 ▫ 1,5: ApCsel 26,16-18; Róm 6,17; 16,26)*

Evangéliumhoz Mt 1,18-24

„Isten velünk": ez áll a Máté evangélium elején és végén (1,23; 28,20); ez a központi kijelentése a mai szakasznak is. Az evangélista idézi Izajás jövendölését

(7,14, vö. 1. olvasmány), hogy a megtestesülés titkát úgy mutassa be, mint Isten teremtő, megmentő leereszkedését. — Hogy József „igaz" volt, az Írás nyelvén ez azt is jelenti, hogy jóságos. Ezért akarta csöndben elbocsátani Máriát, akinek a titkát nem értette. De most maga is az isteni műnek együtt-tudója, együttműködője lesz. Ákázzal ellentétben (Iz 7,12), József elfogadja a Jelet és Isten ajánlatát: törvényes atyjává lesz Jézusnak, atyjaként ő adja neki a Jézus nevet, aminek jelentése: „Isten üdvözít". *(1,18: Lk 1,27.35 ▫ 1,21: Lk 1,31; Zsolt 130,7-8; ApCsel 4,12 ▫ 1,23: Iz 7,14)*

Szentségre várva

„Velünk az Isten": íme, ebben van minden reményünk, ma is! Mikor az Oltári Szentséget ünnepeljük, azt is tudjuk, hogy Isten *Ez* által és mi általunk akar jelen lenni a világban és a világért.

Elmélkedés

Megoszthatatlan történelem

Az isteni és emberi történést a Szentírás időbeli folyamatosságnak mutatja: a teremtéstől és bűnbeeséstől mindenek beteljesedéséig, Krisztus második eljöveteléig. Ennek az időképnek előnye a jobb megértés: a bölcseleti és hittudományi magyarázatok különben sem érthetők a legtöbb embernek. De ne essünk abba a tévedésbe, mintha a történelmet egyszerűen „előbb" és „utóbb" rendjébe oszthatnók: Krisztus előttre, Krisztus utánra; a megváltatlan és megváltott világ értelmében két félre: teljes sötétre és teljes világosra. Még a mai ember szétválasztása is megváltottra, meg nem váltottra (keresztényre, nem-keresztényre) tévedés lenne. „Csak *egy*, oszthatatlan történelem van, mely teljes egészében az ember gyöngeségét és szánalomra méltó voltát mutatja, másfelől azonban Isten teljes, irgalmazó szeretetét!" *(Josef Ratzinger)*

†

A Szent Szűz Karácsony-estéje

Mint ahogy a májusi erdő a csillagos mennybolt alatt telve van kéjes, illatos élettel, titkos, édes termékenységgel, néma zenével s lefátyolozott szépséggel, olyan volt a Szent Szűz Karácsony-estéje. Finom, mély lelkén a próféták és költők és szentek kedélyének villogásai lobbantak föl, az áhítat, bensőség, imádás, öröm elragadtatásai közt. Lelke átszellemült a leányos s az anyai érzések bájától; öntudata, mint egy ezüst tükröződésű mélység, melyből a legszebb, legédesebb s legharmonikusabb életnek világítása áradt ki; ő is látta Betlehemet, a barlangot, a jászolt, a hívőnek, a prófétának, a szentnek s végre az Istenanyának szemeivel; ah, mily fényben látta! Saját édes, elragadó boldogságának fényében. — Hát lelket adj, édes Szűz, lelket, vagyis nyiss fényforrást bennem, hogy lássak, hogy hittel, szeretettel lássak, hogy a szépséget, hogy az Istent lássam. Édes látnok, nyisd meg szemem karácsonyi vízióra!

S nem veszik föl, mert telve volt Betlehem, telve idegennel, jövevénnyel, pletykával, lármával, vaksággal. Ott neki helye nincs. A szív ily Betlehem lehet;

nincs benne helye Istennek. Fölfogad mindent, csak őt nem; tele szívja magát állóvízzel, mint a pocsolyába esett szivacs!

Tehát elvonul a barlangba, el a csendbe, el az Isten galambjának sziklaréseibe. Ah, itt csend van, itt ünneplő magány van, itt hangosan beszél a szív, itt hallani az Isten léptét. Mily kedves ez neki. Mint az Úrnak kedves a szegény templom, hol egyszerű nép térden állva imádkozik. Szegénység és melegség. A barlang s benne a Szűz, az „arca Dei" [Isten szekrénye]; no lám, megkerült Jeremiás barlangja, hová az Isten szekrényét rejtette; itt a frigyszekrény, itt a cherubszárnyak... mindjárt meglátjátok az Isten dicsőségét!

A Szent Szűz, mint várandós Istenanya, készül fogadni s köszönteni az Urat; várja s hívja őt. Tudja, hogy eljön, tud ő mindent... Látja leszállni az éjet s tudja, hogy tündöklő lelke azért van ideállítva, hogy a közelgő Jézusnak világítson... Látja a barlang aljazott szalmáját s érzi, hogy lelke ki van terítve puha, illatos szőnyegül a belépő Isten lábai elé... néma az éj s ő tudja, hogy a szférák zenéjének is el kell csitulnia az ő üdvözlő, szerető csókjától. Ah igen, végtelenbe emelkedő dagály emeli a szent Szűz érzelmi világát!... A természet s kegyelem első zsenge szeretete ül ünnepet benne. Szent, fölséges, dicsőséges Szűz!

Künn énekeltek Glóriát; de az csak gyönge visszhangja, csak elhaló lüktetése annak a himnusznak, annak az imádásnak, mely a Szűz lelkében kelt; hiszen e lélekben vált ki a legboldogságosabb anyának éneke, melyet Isten magának rendelt üdvözletül. Kívülre nem hangzott; nem baj. A szív dala öröm, hála, édes vigasz, virágos remény; lendületes, kotta nélküli, belső énekek. *(Prohászka: ÖM, 6:59; 79)*

†

Malaszttal, Úrnőnk, úgy megteltél, hogy lehess üdvnek útja nékünk, az égi honba följutásunk eszközlője! *(Sz Atanáz)*

†

Fellegek elborították ég sarkait, űzve napsugarat, terjesztve homályt.
Már közel fénylik jászolod, új lángot gyújt a titkos éj!
Elűzetik a zordon éj, világnak fénye visszatér.

(Sz Ambrus himnuszából)

†

Papság

Figyeljetek jól, testvérek! Ha úgy tiszteljük a Szüzet, — ahogy kell is, — mert hordozá szentséges méhiben Őt, a mi Urunkat! — Ha az áldott Keresztelő megrendült, és illetni sem merte az Isten szent fejét! Ha a sír, hol némi időn át Ő feküdt: oly tisztelt! — Mily szent-igaznak, méltónak kell lennie azon személynek, ki kezeivel fogja folyton Őt, aki szívébe, szájába fogadja, és másoknak nyújtja Őt, hogy mind vegyék magukhoz!? *(Assisi Sz Ferenc)*

DECEMBER 25.

KARÁCSONY: URUNK SZÜLETÉSE VIGÍLIA MISE — SZENTESTE (A,B,C)

I: Választott népében kedvét leli az Úr. S: Szent Pál tanúságot tesz: Krisztus a megígért Megváltó. E: Jézus Krisztus, az Isten Fia, emberi természete szerint Dávid király családjából származott.

Vannak idők, mikor hallgat Isten. Nem hallgat meg, nem válaszol: „elrejti orcáját" — mivel az ember rejtőzik Őtőle, az ember maga nem akarja, hogy Isten meglássa és szóljon hozzá. — De Isten nem marad néma: megszólal a prófétákban és az Ő szeretett Fiában. Jön Ő, már itt van! „Ma éjtszaka megtudjátok..." Mint rejtőző Isten érkezik ma, de „holnap" már hatalomban jön, és akkor meglátjátok az Ő fönségét.

Első olvasmányhoz Iz 62,1-5

A babiloni fogság idején a próféta imádkozik és vigasztal. A hazatérés ügye kétséges. Isten, úgy tűnik, hallgat! És épp ezért nem hallgat a próféta: szüntelenül figyelmezteti Istent népének ínségére. Isten majd meghallgatja, hiszen szereti tulajdon Városát; ez valamiképp drága kincse, az ő ékszere, koronája, melyre szeretettel tekint. Isten maga az építője, egyben Jegyese az új Isten-városnak, Isten közösségének. Ezért új Szövetséget köt vele. *(62,2: Iz 56,5; Jel 2,17 ▫ 62,4: Iz 60,15; Oz 2,25 ▫ 62,8: 5Mz 28,30-33)*

Válaszos zsoltár Zsolt 89(88),4-5.16-17.27 és 29

Dávid házának kiválasztása

Szentleckéhez ApCsel 13,16-17.22-25

Első térítő útján Pál a pizidiai Antiókiába érkezett. Szombaton a zsinagógában a törvény és a próféták olvasása után fölszólították őt, hogy mondjon egy „vigasztaló szót". Ő Izrael történelmére hivatkozik, hogy az Jézusban, Dávid fiában elérte célját. János, az Előfutár, szintén Őrá utalt, és megtérésre buzdította a népet. Ma sem ismerheti föl senki Jézusban Megváltóját és Urát, ha nem kész arra, hogy más emberré legyen. *(13,17: 2Mz 1,7; 6,1; 12,51 ▫ 13,22: Zsolt 89,21; 1Sám 13,14 ▫ 13,23-25: 2Sám 7,12; Lk 1,69.76; Mt 3,11; Jn 1,20-27)*

Evangéliumhoz Mt 1,1-25 vagy Mt 1,18-25

Isten Fia Dávid és Ábrahám fiaként jön a világra. Mint valóságos ember lép be egy bizonyos nép történetébe. E nép története Jézusban eléri voltaképpeni célját, Izrael Őbenne tölti be küldetését. Ő azért jön, hogy letörlessze saját népének és minden népnek adósságát, bűneiknek terhét. — Mária, a megváltó Istennek anyja, már a megváltás teljes ragyogásában áll ott. József, Jézus törvény szerinti atyja, félő-tisztelő hittel néz hitvesének titokzatos küldetésére. *(1,18: Lk 1,27.35 ▫ 1,23: Iz 7,14)*

Szentségre várva

Emmanu-El, „Velünk az Isten": Jézusban vált valóra ez a prófétai név. Isten itt van mivelünk. Jézusban együtt vagyunk az Istennel. Egy közösség vagyunk mindazokkal, akik várjuk végső eljövetelét.

Elmélkedés

„Jöjj, népek ígérete, Úr Jézus! Örvendeztess minket isteni jelenléteddel! Rászorulunk tanácsra, segítségre, oltalomra! Jöjj hát, gyógyítsd vakságunkat, segítsd gyönge, fogyatékos embervoltunkat! Jöjj, Te isteni fönség ragyogása! Jöjj, Isten ereje, Isten bölcsessége! Fordítsad éjünk nappallá, oltalmazz veszélytől, világosítsad vakságunkat, acélozd bátorságunkat, vezess minket hűségben, irányíts Akaratod útján e földi zarándoklásban, míg végre befogadsz az örök Városba, melyet Magad alapoztál s építettél minékünk." *(Nagy Sz Bernát)*

†

Nagyhatalmas Szűz (Virgo Potens)

Oly sokszor tartottad szent karjaidban Őt!
A Kisded-archoz sokszor nyomtad ajkadat!
A kebled bajtól óva, Kincset elfödött...
Mert Istengyermeket is érnek ártalmak!

Ráadtad kis ruháit, arcod Archoz ért,
álomban-ébren; s füled hallhatá: gügyög
kis ajk: „Anyus"... Kacsója, láttad, nyúlt feléd...
Kérő kicsiny szeme csak arcodon függött.

A sok-sok elragadt ujjongást ismeréd
szív mélyén, édes-titkos *múlt* évek során...
Szíved-kibirta! lázzal-szédítő hevét!
Anyám, halandó! Erős Asszony! Nézd *most Őt a Fán*...!

(Boldog Dominici János)

DECEMBER 25.

KARÁCSONY: URUNK SZÜLETÉSE
ÉJFÉLI MISE (A,B,C)

I: Megszületett a Gyermek, eljött közénk az Isten Fia. S: A próféták által megjövendölt Üdvözítő: Jézus Krisztusban megjelent közöttünk. E: Megszületett a Megváltó Dávid városában.

Isten szólott az emberhez, komolyan vette az embert, magához fogadta. Isten leereszkedett hozzánk, mindegyikünkhöz. „Kisded született nékünk": értünk, emberekért Ő emberré lett, mert meg akar menteni, gyógyítani, üdvözíteni. Ő az Elsőszülött, és keresi kis testvéreit, szeret minket!

Első olvasmányhoz Iz 9,1-3.5-6

Izajás korában Galilea népét elhurcolták Asszíriába (Kr.e. 732). A próféta mély sötétbe borultan látja a népet és országot, hasonlónak a holtak sötét korához, vagy a teremtés első napjának sötétségéhez. De ebbe az éjbe beleragyog egy fénysugár: a királyi gyermek születése (vö. 1. olvasmány a 2. és 4. adventi vasárnap). Emberfölötti névvel és tulajdonságokkal ruházza fel Őt, a messzi jövőbe tekintve: ama Kisdedre, aki sokkalta több lesz, mint egy szorongattatásban élő nép szabadítója. Ez a szorongattatás az egész emberiség mélységes nyomorának képe a próféta szemében. *(9,1-3: Mt 4,13-16; Jn 8,12 ▫ 9,5-6: Iz 7,14; 4Mz 24,7.17; Zak 9,9-10)*

Válaszos zsoltár Zsolt 96(95),1-2.2-3.11-12.13

A világ királya és bírája

Szentleckéhez Tit 2,11-14

Isten első megjelenése: kegyelmének fölragyogása Fiának emberré válásában, és az Ő fölségének végső megnyilvánulása között folyik az Egyház földi élete és a mi emberi életünk. Isten kegyelme tanítani akar bennünket. A világnak általunk kell megéreznie Isten jóságát! *(2,11-13: Tit 3,4; 1Jn 2,16; 1Tim 1,11 ▫ 2,14: Zsolt 130,8; 2Mz 19,5; Ez 37,23; 1Pt 2,9; 3,13)*

Evangéliumhoz Lk 2,1-14

Az Ószövetség messiási reményei egyrészt oly országra irányultak, melyben Isten maga a király, másrészt egy Dávid törzséből származó királyra. A Betlehemben megszületett Kisdedben mindkettő valóra vált, mert Dávid fia egyszersmind Isten Fia. Ég és Föld (vagyis angyalok és pásztorok) jönnek hódolni Őneki. Ez a Kisded, mint az angyal hirdeti, „az Úr": Isten nagyságát Ő nyilatkoztatja ki, Ő hoz békességet a világnak (vö. 1. olvasmány). *(1Sám 16,1-13; Mik 5,1-4; Lk 19,38)*

Szentségre várva

Hiába született volna Jézus Betlehemben, ha szívünkben meg nem születik és általunk a világnak meg nem jelenik. Az Oltári Szentség ünneplésében mindkettőnek: Betlehemnek és a Golgotának titka jelenvaló lesz: „a világ életéért”.

Elmélkedés

A Kis Jézus tanítása

Ezen az éjen földről égig támasztaték ama *lajtorja*, melyen fel s alá járnak az Isten angyalai. Ezen mutatá Isten az égi *szivárványt*, az örök békességnek jelét... Ezen a napon az erős „Sámson” Dalilának szerelmétől pólyába kötöztetett; a régi ködök és *felhők*, melyekben megszokott vala Isten jelenni, eloszlottak, mert Emmanu-El: Velünk lakó Istenné lett, akit ez árnyékok jelentettek...

Keresztyének, mi valánk szolgák és *kegyetlen urak szolgái* valánk: a bűnnek, halálnak, ördögnek rabságában; de íme az Isten Fia, mihelyt születik, adófizetésre kötelezi magát, hogy a mi sarcunkat letegye: a császár könyvébe íratik, hogy minket az Élet könyvébe írjon... *Istállója*, jászola kárhoztatá a világi friss palotákat; hogy is illenék ahhoz nagy palota, kinek hamarost hatlábnyi sírba kell tétetnie. *Posztócskája* megszégyenítette a világi friss öltözetek hiúságát: senki abban ne kevélykedjék, amivel Isten büntette! Alkalmatlan *szállása* meggyűlöltette a testi alkalmatosságokat: miért kényeztetnünk azt, mit hamarost férgeknek kell vetnünk. *Siránkozása* földhöz verte a világi mulatságokat, hahotákat, mert ezek nem valók azoknak, kik számkivetésben bujdosnak. Végezetre az Újszülött *szegénysége* megutáltatta a világ gazdagságát, mert úgy sem érdemli fáradságinkat, valamit el nem vihetünk magunkkal, hanem itt kell hagynunk. Új *hadakozás* ez, nagy hatalom jelensége, hogy egy kis gyermecske ily szokatlan és alkalmatlan fegyverekkel meggyőzi és letapodja minden ellenségeinket! *(Pázmány: Karácsonyi 1. beszéd)*

†

Jött Krisztus, hogy fölvegye mi gyöngeségeinket, és ránk adja tulajdon erejét. *(Aranyszavú Sz Péter)*

†

Nyáj tehát a hívősereg, éjszaka e világ, s a pásztorok a papság. — Mert mit érne születésünk, ha *megváltás* nem jön értünk? — A lanyhákban Krisztus „*szunnyad*”, buzgókban Ő fenn vigyáz. *(Sz Ambrus)*

†

Ha a Fiú király, az Anyja, aki világra hozta, joggal és valóban tekinthető Királynénak, Uralkodónak. *(Sz Atanáz)*

DECEMBER 25.

KARÁCSONY: URUNK SZÜLETÉSE HAJNALI MISE (A,B,C)

I: Eljött a Megváltó. S: Krisztus irgalmas szeretetével megváltott minket. E: A pásztorok megtalálják a jászolban fekvő Kisdedet.

Nem azért jöttek a pásztorok Betlehembe, hogy *beszéljenek* Őhozzá. Látni, hinni és imádni jöttek! De beszéltek is, mert teli volt a szívük. És Mária „csodálkozva hallá", amit elmondtak. Ő élete végéig ámulni és hálálkodni fog! — Krisztus, a megmentőnk, itt van. Énekelünk, ámuldozunk és hazatérünk a nagy hírrel: Ő megjött, itt van, együtt járja velünk útjainkat.

Első olvasmányhoz Iz 62,11-12

A próféta fölhívása „Sion leányához" szól, vagyis Jeruzsálem lakóihoz. Nekik hirdet üdvöt: Isten ismét magához fogadta népét, a többi foglyot is hazavezeti a fogságból. Ezt a szabadulást nem a nép „érdemelte" vagy „vívta ki" (62,11): Isten műve ez teljesen. Azok a nevek, melyeket a látnok a megmentett népnek és városnak ad, túlnőnek egy merőben politikai ígéreten és elváráson: csak a megváltás új népére vonatkozhatnak és arra az új Városra, mellyel Isten új, örök Szövetséget köt. *(Mt 21,5; 5Mz 7,6; Iz 60,14)*

Válaszos zsoltár Zsolt 97(96),1 és 6.11-12

A világ uralkodója

Szentleckéhez Tit 3,4-7

Lásd az éjféli mise szentleckéjét (Tit 2,11-14). Jézus Krisztusban Isten jósága lett láthatóvá. Egyben kinyilvánult, hogy Isten szemében egyetlen ember sem volt jó. Minden önelégültség: öncsalás! Isten szava és tette ettől szabadít meg minket. *(3,4: Tit 2,11 ▫ 3,5: Ef 2,8-9; Jn 3,5 ▫ 3,6-7: Róm 6,4; 5,5; 3,24)*

Evangéliumhoz Lk 2,15-20

A pásztorok nem sokra becsült emberek, nem számítanak sem a jómódúakhoz, sem a tanultakhoz, de még a nép „jámboraihoz" sem. És mégis, épp ők hallják elsőnek az öröm üzenetét. Hisznek az igének, fölismerik az Urat, a Megváltót a szegény kisdedben. Mária meghallgatja a pásztorok beszédét; nem ért még mindent, de a hallottakat hívő lélekkel őrzi szívében, és egész életén át fontolgatja azokat (ez a mondat utal rá, hogy az evangélista forrása épp Mária emlékezése volt!). *(Lk 2,51; Jn 17,3)*

Szentségre várva

Hallgatjuk Isten igéjét, és fogadjuk az Élő Kenyeret. Isten Igéje emberré lett, hogy a mindennapi oly szükséges kenyérrel, az Élet Kenyerével tápláljon minket.

Elmélkedés

„Azért *hívja Isten a pásztorokat*, mert nincs lelkükön a világélet terheltsége... ők nem letört, elcsigázott emberek, kiket megmérgez szívben, kedélyben a kultúrmunka s a gazdasági élet harca és gondja. Ők nem fonnyadt, kiélt lelkek, kik belefáradtak és belekeseredtek az életbe; kiknek a hit, a vallás legföljebb ír és vigasz. Isten ments! Csakis írt és vigaszt keresni és jajgatni: az kórházi hangulat; a vallás nem beteges érzület, hanem lelkes szolgálata a mi Urunk Istenünknek. Ne legyünk mi lézengő rekonvaleszcensek [lábadozók], akik az Urat csak betegápolónak nézik. Érte és Neki élünk és halunk! Erőteljes élet a mi Isten-szolgálatunk. Tehát bele ifjú erőkkel, nagy aspirációkkal, — önzetlenül!

Azért hívja a pásztorokat, mert nem elpuhultak. Esőben, szélben, csillagos téli éjben virrasztanak nyájuk mellett. Különös szimpátiája van a lelkek Pásztorának az éjben virrasztó pásztorok iránt. — A kényelem, a kényesség nem a lelkek fészke; száraz ropogós gallyból van az rakva, mint a vadgalambé. Nélkülözésekkel is neveljük a lelket: köves földet szeret. A sziklákat, melyeken lelki világ fejti ki pompáját, meg lehet szeretni. „I nostri benedetti sassi: a mi áldott szikláink" — mondták a vegliaiak, mikor szép, termékeny vidékről vetődtek haza; édes áldott sziklák, a hit magaslatának s az önmegtagadásnak sziklái; áldott sziklák: ha édesebb, nemesebb, lelkibb élet fakad belőlük és rajtuk." *(Prohászka: ÖM, 6:73; 94)*

†

A Kisded megszületik

Mily bíborragyogás, mikor Ő új fényben előlép!
Mária méhéből íme Krisztus, mint szüzi násza
teméből ara jő; tündökletes elbüvölően
lép a világra, s fénybe borult alakon, szelíd ajkán
ömlik el és csordul — Kegyelem, Atyjának Igéje!
Boldog könnyü szülés! S hogy szolgai járma bünöknek
bennünket ne nyomasszon, az Úr ölt szolgai testet.
Azt, ki teremtésben híveit mind kincsbe ruházta,
azt födi most e szegény takaró, kis pólyaruhácska...
Kit nem bír befogadni viharzó tengeri mélység
s földi világ minden tere, széles csillagos égbolt:
egy kicsi gyermektestbe szorúl, szűkös ruhagöngybe.
Keskeny jászolkán meghúzta magát a nagy Isten!

(Sedulius)

†

Mint szűz fogant, és szűzként szült, szűz végig megmaradt. *(Aranyszavú Sz Péter)*

DECEMBER 25.

KARÁCSONY: URUNK SZÜLETÉSE ÜNNEPI MISE (A,B,C)

I: Minden ember meglátja az Üdvözítőt, akit elküld az Isten. S: Fia által szólt hozzánk az Isten. E: Az Ige megtestesült, és köztünk élt.

Nem hívatlan jön Jézus, nem a sötétből. Kiolthatatlan fényben az Atya „kinyilvánítja nekünk Őt". A próféták sejtették, hogy az ő szavuk majd egykor fölemelkedik az Igébe, ki él örökkön és minden embert megvilágosít. — Nem hívatlan jön a Gyermek, a világ sötétjében világító Fény, mégsem fogadják Őt szívesen evilágon. A világtörténelem nem veszi tudomásul születését; halálát is, mint kínos közjátékot, csak pár sorban említi. Mégis ez a szegény Kisded az egész világot hordja isteni Szívében.

Első olvasmányhoz Iz 52,7-10

Izrael királyai nem hoztak üdvöt népüknek, csak bajt. De Isten nem hagyja el népét, megszabadítja, hazaviszi, újra építi neki a feldúlt Jeruzsálemet. „Isten a király", — hangzik most az örömhír; nemcsak az Ő népének királya, hanem a föld minden népéé. Szabadságot és békét ád nekik; — ha fölkészültek arra, hogy az üdvösséget, mely csak Őtőle jöhet, meglássák és befogadják. *(Róm 10,15; Mk 1,15; 16,15-16; Ez 43,1-5; Zsolt 47,3; 97,1)*

Válaszos zsoltár Zsolt 98(97),1.2-3.3-4.5-6

Hódolat és hűség Istenhez

Szentleckéhez Zsid 1,1-6

Istennek minden korábbi kinyilatkoztatása Krisztusban érte el célját. Benne a rejtett Isten ragyogása lett láthatóvá. Ő győzte le a halált és a bűnt, Ő lépett be Isten dicsőségébe. Hiszünk megváltói tettében, mennybemenetelében, hogy az Atya jobbján ül, s ez a hit saját üdvösségünk reménysége. *(Zsolt 110,1; 2,7; 2Sám 7,14; Zsolt 97,7)*

Evangéliumhoz Jn 1,1-18 vagy Jn 1,1-5.9-14

Jézus Isten testté lett Igéje. Már „kezdetben" ott volt Ő, mint örök Fiú, az „Istennél". Benne mondja ki Isten teljes lényegét, általa hívja létre a mindenséget, benne hat át mindent, és általa részesít minden lényt a maga Fényében és Életében. „És az Ige testté lőn": az Isten egész közel jött hozzánk, nálunk lakik. Hogy Isten Igéjét, aki Krisztus, elfogadjuk-e vagy elvetjük: ezen fordul egész életünk itt és odatúl. *(1,1-5: 1Mz 1,1-5; 1Jn 1,1-2; Kol 1,15-20; Jn 8,12 ▫ 1,9-14: Jn 12,46; 1Jn 3,2; 5,13.18; 2Mz 25,8; Jn 17,5 ▫ 1,16-18: Kol 2,9-10; Jn 6,46; Kol 1,15)*

Szentségre várva

„Az Ige Testté lőn;" — hogy a mi napi, életfönntartó Kenyerünk legyen, az „Égből szállott" Kenyér (Zsolt 78,24), a világ életéért. Legyen testté bennem is, a szentáldozásban vett Úr uralkodjék életemen.

Elmélkedés

„Születésekor a farizeusok félremagyarázták az Írásokat, az írástudók nem értették, Heródes pedig nem imádni, hanem megölni kereste Őt! „De nem maradt Ő rejtve a fiak, a serdülő nemzedék előtt" (77. zsoltár): Isten fiai előtt. — És íme, jönnek királyok, hogy imádják az egek Királyát; vitézek, hogy szolgáljanak az égi seregek ura alatt; asszonyok, imádni Őt, aki anyától született és boldogságra váltotta az anyák fájdalmát; szüzek, ujjongva nézni a Szűz Fiát; gyermekek, imádni azt, aki kisdeddé lett, hogy „kisdedek és csecsszopók szájából" hallja dicséretét a nagy Isten; emberek Őhozzá, ki emberré válva magára vette szolgáinak minden nyomorát; pásztorok a jó Pásztorhoz, ki életét adja a juhaiért; papok a Főpaphoz Melkidezek rende szerint; szolgák ahhoz, ki „magára vette a szolga alakját", hogy megáldja a szolgaságot a szabadság jutalmával (Fil 2,7); bűnös nők és férfiak Őhozzá, ki a bűnbánó könnyeivel engedte mosni lábát, hogy mindenkit magához öleljen, mindnyájunkat: bűnösöket. Ő a Bárány, ki elveszi a világ bűneit! — És ezért mind örvend! Én is örvendeni akarok, ujjongó táncban ünnepelni; kezemben nem hárfát-sípot zengetve, nem csörgőt, fáklyát rázva, hanem karjaimba ölelve Krisztus jászolát! Itt az én minden reményem és üdvösségem! Ez az én hárfám és sípom! Szólni nem tudok, csak az angyalokkal éneklem, hogy: „Dicsőség a magasságban Istennek..." *(Aranyszájú Sz János: Karácsony reggelén)*

†

Kilátások a betlehemi barlang szájából

A *római* világba, hol erő, jog és politika országol. E hatalomé az egész föld. Cséplőgépe a nemzeteknek; vasszerkezet, melynek karjai Hercules oszlopaitól Indiáig nyúlnak. Fehér, bíborszegélyű tógákban jár a gőg és a beteg lélek. — „Edictumot" [rendeletet] ad ki, különben pedig nem törődik a kisdeddel. Később apostolainak s híveinek csontjait töreti, de a kisded legyőzi. Óh szent, fölséges, imádandó erő, lélek ereje; nagyobb erő, mint jog és politika! Ez erőnek tógájába öltözködünk.

A *görög* világba, hol ész, elmésség, tarka gondolatok vezetnek; játékszerei a legyőzötteknek! Ah, édes Jézusom! Te több vagy Plátónál, praktikusabb Zenónál, mélyebb Heraklítnál; egy árnyékot azonban hordozasz magadon, mely a világot ijeszti s ez az, hogy te félted a lelkeket a világ bűbájától. Sokan megtévednek, a „fascinatio nugacitatis", az ékes szavak bűbája megzavarja hitüket. De te erős, úttörő és új világteremtő egyéniséged fölségével kijózanítasz, s azt mondod: hát nem vagyok-e én több, mint mindezek? No hát kövess!

A *zsidó* világba, hol megcsontosodott vallási formák alatt szenvednek a lelkek; megtört nemzet, mely a hitből politikát csinál. Nekik rómaiakat legyőző Messiás kell. Olyan nem jött. Jött olyan Messiás, ki az egyéni, a családi, a nemzeti formák fölött érvényesülő, örök életre tanít. Azok elpusztulhatnak; ennek nem szabad elpusztulnia még romjaik közt sem. Ez is ének!

A *kínai*, a *hindu* világba; ezekbe a régi kultúrákba, melyek zsákutcákat teremtettek az emberi szellemnek, fényes, pagodás, porcelán zsákutcákat, tele rezignációval s a haladás lehetetlenségével. Ezek a hangyaboly népek nem várnak Megváltót, mert bár érzik rabságukat, de nincs meg bennük a reménység pátosza. — Mi pedig remélünk nyomorunkból folytonos szabadulást! *(Prohászka: ÖM, 6:61; 82)*

†

Urunk születéséről

Mert akarta, nem mert kellett,
jött Teremtő mint teremtett.
Alkotásként itt jelent meg
Alkotói dicsőség.

Szent Látók Őt elő-mondták;
tér kit nem fog, kor, se korlát,
szűk sorunkon vett új formát,
nem veszítve elsőjét.

Ég a földhöz leszáll véle,
ember s Isten egybefére.
Ez Egységnek szolgál égbe'
angyal: fönti fénylő nép!

Király pappá szenteltetik
mindenségre — s ezt jelentik:
„Földnek béke!" — meghirdetik —
„Magasságba dicsőség!"

Kérded okát, mindnek célját?
Ok: mindenki bűnössé vált,
s Úr akarta igaz-voltát
kegyelembe újítón.

Mily frissítő édes fűszer,
gyógyos írral élni fűt fel,
míg ecetet, epét ízlel
vérbe ázott Megváltónk!

Óh te üdvös szentség-titka!
Igás-hátra minket bízva,
sebünk kente áldott írja,
Szamaritán irgalma!

Elizeus Ő, második!
bűnös-voltra: ránk változik.
Istenember föltámaszt itt,
Él Szunamit fia ma![1]

Erős órjás útnak lendült[2]
halál-törvény tőle ledűlt.
Boldog első Hon! Megkerült
bárányt odavisz vállán.

Istenember él s uralgat!
Almán-vesztőt mélyből ragad!
Örvendj ember, égig haladt!
Teljes Karban tízes szám.[3]

(Szent-Viktori Ádám)

(Eredetije is ilyen: magyaros versformájú, ószövetségi előképekkel; 1: 2Kir 8; 2: 18. zsoltár; 3: a kilenc angyali karhoz lesz tizedik az ember.)

KARÁCSONY NYOLCADA ALATTI VASÁRNAP, VAGY HA ILYEN NINCS, DECEMBER 30.

A SZENT CSALÁD ÜNNEPE (A,B,C)

I: Az istenfélő ember tiszteli szüleit. S: A keresztény családi élet Szent Pál tanítása szerint. E(A év): A Szent Család Egyiptomba menekül, és így beteljesül az Írás szava: Egyiptomból hívtam az én fiamat. E(B év): Jézus bemutatása a templomban. E(C év): A tizenkét éves Jézus a templomban, Atyja házában.

Mit jelenthet a Szent Család a mai családnak: atyának, anyának, gyermekeknek? Hiszen azon időkben minden másként volt... Igazán minden? Ott volt a Gyermek, és szerették Őt: Mária, az anya és József, az „Isten helyetti" atya. És egy volt a három egymás tiszteletében és szeretetében. — Kérdések és kínok várnak a gyermekekre és a szülőkre, mégsem árthat semmi azoknak a gyermekeknek, akiket szeretnek, és azoknak a szülőknek, akik bíznak és készek életüket adni a gyermekekért és egymásért.

Első olvasmányhoz Sir 3,3-7.14-17

Ma nemigen merné bárki is úgy leírni az intéseket, ahogy több, mint kétezer éve Sirák fia megírta. De épp ezért még fontosabb a szülőknek és gyermekeknek, hogy elgondolkodjanak rajtuk. Ez az olvasmány nyilván nem annyira a názáreti Szent Családra vonatkoztatva került ide, hanem okulásul az akkori, mai és mindenkori családoknak. Ma, a tervszerű családbomlasztás korában, mely a szegény ifjúságot prédául dobja felelőtlen erőknek (sajtó, stb.), a szülő joga és kötelessége a nevelésben nagyon is időszerű és szükséges. *(2Mz 20,12; Tób 4,3-21; Ef 6,1-3; Mt 15,4-6)*

Válaszos zsoltár Zsolt 128(127),1-2.3.4-5

Az istenfélelem áldásai

Szentleckéhez Kol 3,12-21

Az olvasmány végső mondatai (3,18-21) röviden felsorolják a nők és férfiak, a gyermekek és szülők kötelességeit. A keresztény erkölcs szabálya maga Krisztus. Ő teszi képessé az embereket arra is, hogy békében éljenek együtt. Ez érvényes családokra is, közösségekre is. Ahol béke lakozik, ott meghallják Krisztus szavát és hálával fogadják; az örömöt is ott lehet megtalálni, közös imában és énekben, közös fárasztó napi munkában... *(3,12-15: 1Pt 2,9; Ef 4,1-2.32; Mt 6,14; Róm 13,8-10; Fil 4,7 ▫ 3,16-17: Ef 4,4; 5,19; 1Kor 10,31 ▫ 3,18-21: Ef 5,22.25; 1Pt 3,1-7; Ef 6,1-9)*

Evangéliumhoz (A év) Mt 2,13-15.19-23

Betlehem, Egyiptom, Názáret: a gyermek Krisztus életének e három állomása nem véletlen. A gyermek Isten oltalma és vezetése alatt áll, egyben szülei gondos szeretetében is. A szentíró mégis kevésbé gondol arra, hogy egy örömben-szenvedésben egyesült családot mutasson, inkább arra tanít, hogy Jézus jövetele döntő esemény Izrael számára. Jézusban teljesül be a történelme és küldetése e népnek, amelyet éppúgy mint Őt, Egyiptomból vezetett Isten Kánaánba (Oz 11,1). Jézus, az új Mózes, új népet fog alkotni Istennek zsidóból és pogányból. *(Oz 11,1; 2Mz 4,19-20; Mt 26,71; ApCsel 2,22)*

Evangéliumhoz (B év) Lk 2,22-40 vagy Lk 2,22.39-40

Izraelben minden elsőszülöttet Istennek kellett szentelni, és áldozattal kellett megváltani. Jézus szülei is megtartják a törvényt; Jézus mégis úgy jő a templomba, mint a Templom Ura, aki a tulajdonába jön. A jámbor zsidóság, melyet az agg Simeon és Anna képvisel, már ott várja Őt, és nyilvánvalóvá válik, hogy Jézus nem „szabadul" Istentől, mint a többi elsőszülött, Simeon hálaéneke (2,29-32) ugyanis komor jóslattal végződik, amely Máriát, a Messiás anyját is érinti (2,34-35). A záróversek (39-40) csak röviden utalnak Jézus rejtett életére Názáretben. Szegénységben él szüleivel, mindennel ők látják el, járni tanul, beszélni, imádkozni és dolgozni. *(2,22-28: 2Mz 13,2.11-16; 34,19-20; 3Mz 12,1-8 ▫ 2,29-32: Iz 52,10; 46,13; 42,1.6; 49,6; Jn 1,9-10; 8,12)*

Evangéliumhoz (C év) Lk 2,41-52

A 12 éves Jézus jeruzsálemi zarándoklata fontos esemény az Ő és szülei egyszerű életében. Jézus szerette szüleit, mégis „kénytelen volt", legalábbis három napra, mennyei Atyja házában maradni. Isten munkája és szava az élet-eleme. Jézus sokat kérdezett a templomban a tanítóktól, és észrevétlen, a kérdező tanítóvá lett... Még szüleinek is kérdés alakjában felel és tanítja őket; nyilvánvaló, hogy Mária és József inkább megdöbbentek, mintsem örültek a szavainak. Időbe telt, míg felfogták értelmét. Jézusnak magának is szüksége volt még néhány évre, hogy küldetésébe belenőjön. *(2,41: 2Mz 23,14-17; 5Mz 16,16 ▫ 2,47: Lk 4,22; Jn 7,15-16 ▫ 2,51-52: Lk 2,19; 1Sám 2,26)*

Szentségre várva

„Tulajdonába jött, de övéi be nem fogadták. Mindenkinek azonban, ki Őt befogadta, megadta a jogot, hogy Isten fiává legyen: mindenkinek, aki hitt az Ő nevében." (Jn 1,11-12) És véglegesen megjött, itt van. Tőle kapjuk ezért a kegyelmet és igazságot, most és mindörökre.

Elmélkedés (A év)

Szülőknek kötelessége a nevelés

Héli főpapnak két fiát említi a Szentírás, kik sok latorságokba merültek. Az ő atyjok megdorgálá őket,... de meg nem zabolázá, meg nem bünteté Isten törvénye szerint,... megelégedék lágy dorgálással. Azért Isten úgy szólla néki: „Mivel inkább böcsüllötted fiaidat, hogysem engemet, szemed előtt egynap mind a két fiadat megölöm..." Úgy is lőn. Mert a két fiát levágták; magának is nyaka szakada: csak azért, mert tudta a vétkét fiainak, és meg nem büntette, noha intéssel szóllította őket. — Tanuljanak az atyák és ne ítéljék [higgyék], hogy hivataluknak eleget tésznek, ha hébe-hóba lágy beszéddel intik fiúkat. Plutarkus írja, hogy mikor Diogenes látta, hogy egy gyermek mohón eszik, a mesterét veré pofon a gyermek vétkeért. A spártai tanács... feslett gyermek vétkeért atyját bünteté. Így az Isten is az atyát ostorozá fiainak gonoszságáért; mert *ennek* vétke volt, hogy rosszul nevelte és zabolárul nem itatta fiait! *(Pázmány: A fiaknak istenes nevelésérűl)*

†

Családi ház

Áll a napfényben. Tiszta, fehér.
Mintha gyémántból volna rakva,
Falán vadszőlő fut tetőig,
S virágok közt vész el alapja.
Dolgoskezű asszony őrzője,
Feszület néz asztalra, ágyra,
Két karja átfogja a házat,
Szeretve, féltve, óva, áldva.
Harang kondul messzi toronyban,
Anyjuk szemében jóság reszket,
Ahogy csendül asztali áldás,
S négy gyermek veti a keresztet.
És míg az ember nyúl kenyérért,
(Mennyi könnybe kerül és harcba!)
Hogy megszegje kereszt jelével,
Mosolyg a szeme, mosolyg az arca.

Áll az estében, álmos, ernyedt.
Körülveszik borongó árnyak.
Felhők lógnak a sebzett égen,
S vihar zenél lombján a fáknak.
Távolbavesző hegyek ormán
Villámfáklyák lobogva gyúlnak,
De az ágy előtt térdepelve
Négy gyermek zeng hálát az Úrnak.
S míg menny dörög, villám cikázik,
Őrző angyalok szárnya rezdül,
Isten szeme vigyázva fénylik
Viharfelhőn, vészen keresztül.
S bár tört gályák úsznak az égen,
Egymást átfogva, törhetetlen
Mosolyg az asszony, mosolyg az ember.

Óh! ez az a ház, melyről egyszer
Himnuszt zengett az égi Doktor,
Akit felejtünk kába szívvel,
S megtagadunk ezernyi sokszor.
Boldogságok Hegyén tanítva
Ő mondotta, jöhet majd orkán,
Kénköves lángú, tüzes szélvész
Veszett poklok röhögő torkán:
E ház várabb minden várnál,
Betonerődnél, labirintnál,
Bár ablakában a szelíd szél
Piros muskátli-ágat himbál,
Hegytetőkön s tengerek mélyén
Nála erősebb semmi sincsen,
Mert az alapja nem homokkő,
Hanem gránit: az Isten, Isten!

(Gáspár Jenő)

Elmélkedés (B év)

Méltán írja Sz Ambrus, hogy barmoknál oktalanabbak, akik gyermeküket jól nem nevelik; mert ha a medve nem szánja fáradságát, hanem goromba kölykeit addig nyalogatja, míg valami formát nem ád nekik: — mért nem kell embernek hasonló bajlódást felvenni gyermekének neveléseért? Aranyszájú Sz János tovább mégyen, és azt meri mondani: amíg atyák jóra nem tanítják gyermekiket, vétkesebbek azoknál, akik kicsiny-korukban megfojtják őket; mert ezek csak testüket ölik meg, de amazok, testestül-lelkestül, örök halálra vetik. Végezetre a Szentlélek azt mondja, hogy minden kegyetlen oktalan-állatnál vadabbak, akik gyermekiket jól nem nevelik, hanem úgy bánnak vélük, mint a struccmadár; kiről Sz Jób írja, hogy letészi tojását és azután semmi gondja nincs reája, mintha övé sem volna... *(Pázmány: A fiaknak istenes neveléséről)*

†

Imádság a szülőkért

Mennynek és földnek Ura! Te azt parancsoltad, hogy tiszteljük atyánkat és anyánkat, kiktől életünket vettük: kérlek, *oltalmazd meg az én szerelmes szülőimet* minden testi-lelki nyavalyáktól. Fogadásod tartja, én Istenem! hogy meggyalázod, aki atyját, anyját nem tiszteli; aki pedig becsüli, meghallgatod minden könyörgéseiben és hosszú életűvé teszed e földön.

Adj azért nekem csendes és szelíd elmét, hogy szüleimet és gondviselőimet tiszteljem, őket meg ne háborítsam, vénségüket és fogyatkozó erejüket meg ne utáljam, mint amaz istentelen Kám; hanem reám való gondviselésökért és fáradságukért holtig úgy szolgáljak nekik, mint uraimnak: tudván, hogy elégségesen meg nem hálálhatom az ő sok fáradságukat és velem való bajlódásukat.

Uram, Jézus Krisztus! minden tökéletes erkölcsnek igaz példája és fényes tüköre, ki a te Szűzanyádnak nagy engedelmességgel szavát fogadtad és keserves kínodban is gondot viselvén reá, szerelmes tanítványodnak ajánltad őt; mennybemeneteled után pedig a Szentlélek ajándékaival meglátogattad: adjad, hogy én is *teljes életemben engedelmesen gondot viseljek szerelmes szüleimre*, kérésöket és kívánságukat semmiben meg ne szegjem. Bocsásd meg, Uram! eddig való engedetlenségeimet és háládatlan voltomat; meg ne emlékezzél ifjúságom vakságáról és gonoszságairól, és áldd meg az én édes szüleimet. Amen. *(Pázmány imája, Sík: DB, 790)*

Elmélkedés (C év)

XI. Pius körlevele a keresztény nevelésről

A szülőket súlyos kötelesség terheli, hogy minden erejükkel gondoskodjanak gyermekeik vallásos, erkölcsi, valamint fizikai és polgári neveléséről és előmozdítsák gyermekeik földi jólétét is.

Az emberi nem általános meggyőződése ebben a pontban annyira összhangzó, hogy nyíltan szembekerülnek vele azok, akik azt mernék vitatni, hogy a gyermek előbb tartozik az államhoz, mint a családhoz, és hogy az államnak abszolút joga van a neveléshez. Tarthatatlan továbbá az érv, amelyet azok felhoznak, hogy az ember polgárnak születik és ezért elsősorban az államé; nem gondolják meg, hogy az embernek először léteznie kell mielőtt polgár lesz, és létezését nem az államtól, hanem a szülőktől nyeri. Bölcsen mondja XIII. Leó: „A gyermek egy darab az atyából, és az anya személyének mintegy folytatása; s ha pontosan akarunk beszélni, nem önmaguktól, hanem a családi közösségen keresztül, amelyben születtek, lépnek a polgári társadalomba".

†

Szülők feladata

Megrendít: felelősség, amely szent borzalommal tölt el. Felelős vagyok értük, testük, lelkük, egész jövőjük, földi és földöntúli sorsuk az én kezembe van letéve azoknak, akiket az Isten nekem adott! De kell-e gondolnom felelősségre? A kötelesség szavánál még erősebben kiált bennem a szeretet. Hogyne tenném meg, ami tőlem telik azokért, akik vér az én véremből, akikben magamat, különb, nagyobbra hivatott énemet kell látnom.

Elmélet és ősi tapasztalat mondja, de lelkem mélyéig át is érzem: a nevelés első legdöntőbb feltétele a példa. Nem is az, amit mondok, nem is az, amit teszek elsősorban: ezeknél a nagy dolgoknál is döntőbben esik latba az, ami vagyok. A lelkek egymásra hatásának nagy törvénye érvényesül itt. Az erősebb hat a gyengére, akár akarja, akár nem. Ami pedig hat, az nem a külső, kifelé fordított fele lényemnek, hanem legbensőbb, *legmélyebb mivoltom*: azok az eszmék és törekvések, amelyek a mélyben irányítják életemet, az az akaraterő és önfegyelem, amelyet kemény munkával kivívtam magamnak, az a gyengédség és jóakarat, amely szívem legbenső mélyéről fakad, az az önfeláldozó szeretet, amelyet lelkemben, életemben, házasságomban kidolgoztam magamban; ez az, ami építően hat, vagy ennek ellenkezője, hiánya, ami rombolóan, akár akarom, akár nem. Az ismert mondás, hogy a gyermek a legjobb emberismerő, nagy igazságot fejez ki „Nem adhatok mást, mint mi lényegem" (Madách), — de nem is tehetem, hogy ne adjam azt, ami lényegem. Amilyen vagyok, amennyire megvalósítottam a keresztény ember lélekformáját magamban, olyan lesz gyermekem.

Amilyenek mi vagyunk, én és hitvesem, amilyen a mi házasságunk, amilyen egymáshoz való viszonyunk, gyöngédségünk, szeretetünk, modorunk, odaadásunk, egymásért való élésünk: olyanok lesznek gyermekeink. A fészek, a családi kör — nem külsőségeivel, nem a „gyerekszoba" higiéniájával, kényelmével, játékaival, hanem legbelsőbb mivoltával, azzal, amennyit megvalósított a keresztény család tiszta, termékeny, felséges légköréből, vagy azzal, amennyire meghamisította, meggyalázta azt: gyermekeinknek egész életére — földi és örök életére — döntő hatással lesz.

Felséges, szentséges gondolata Istennek, felséges, mindennél nagyobb áldása az emberi életnek: a *keresztény családi kör*. Nincs szebb és nincs nélkülözhetetlenebb, mint a család közös vallási élete. Az édesanyától tanult imádkozni a gyermek, és az édesapa imája, a közös családi ima adja meg az imaéletnek a természetesség, a magától értetődés felkenését. *Együtt akarok imádkozni családommal.* Ha lehetséges, reggel is, de minden körülmények között este és asztal előtt és után. Együtt megyünk a templomba vasár- és ünnepnapokon, amikor csak lehet. Együtt járulunk szentségekhez, amikor csak mód van rá.

A példa mellett a nevelés másik alapfeltétele: *a kellő viszony szülő és gyermek közt*. A keresztény apa és anya viszonya gyermekéhez, amelyet szent komolyság, meleg gyöngédség jellemez, amely egyaránt távol van a ridegségtől és a majomszeretettől, a mindenáron való parancsolgatástól és a felelőtlen szabadjára-eresztéstől. *Önfeláldozó szeretet és szent szigor együtt* teszik a keresztény nevelés alapjait. Isten akarata, az erkölcsi törvény mindenekfelett való feltétlen, rám és rájuk egyformán kötelező abszolút tisztelete és érvényesítése. *(Sík: DB, 764)*

Szkalkai Szent András, bencés remete, vértanú, †1009

KARÁCSONY NYOLCADA, JANUÁR 1.

SZŰZ MÁRIA, ISTEN ANYJA ÜNNEPE (A,B,C)

I: Így kell megáldani Isten választott népét. S: Isten elküldötte Szent Fiát, aki édesanyától született. E: Az isteni Gyermek, születése után a nyolcadik napon, a Jézus nevet kapja.

Háromszoros ünnep: évkezdet, karácsony nyolcada, Istenanya ünneplése; sok is egyetlen napra. De maga a nap is sokat hoz, kezdet akar lenni, nemcsak naptárban. Isten nevében, orcája fényében folytatjuk utunk. Tekintetünk előtt Fia, a Kisded néz minket, isteni Szívvel és Édesanyja szemével.

Első olvasmányhoz 4Mz 6,22-27

A teremtés reggelén Isten megáldotta az embereket és az állatokat. Áldásának ajándéka az élet ereje, a föld gyümölcse, a természet harmóniája és az emberek közti béke. Annak, aki ez áldást elfogadja, Isten „fölragyogtatja orcája világosságát", vagyis megadja neki kegyelem-árasztó jelenlétét, maradandó közösségét Ővele életében-halálában. Csak Isten tud áldani igazán: az Ő szeretete tesz mindent éppé, jóvá. Ember úgy áld, hogy Isten nevét és erejét hívja. *(Zsolt 121,7-8; 5Mz 28,6; Zsolt 4,7; 122,6-7; Sir 50,20-21)*

Válaszos zsoltár Zsolt 67(66),2-3.5.6 és 8

Áldás kérése

Szentleckéhez Gal 4,4-7

Krisztus azért jött, hogy szabad emberré tegyen bennünket: szabaddá a sors és a történelem hatalmával szemben, szabaddá az Ószövetség formai törvényeitől is, amelyek csak előkészítésül szolgáltak az Úr megváltó tervében. Isten Fia testvérünk lett. A keresztségben a Fiú lelkét kaptuk, így bizton szólíthatjuk Istent atyánknak. — Ma mély tisztelettel tekintünk az Asszonyra (Gal 4,4), aki arra volt hivatva, hogy Megváltónk Anyja legyen. *(Ef 1,10; Róm 1,3; Jn 1,14; Róm 8,15-17; Jn 3,16-21)*

Evangéliumhoz Lk 2,16-21

Szól ez egyrészt a jászolhoz siető pásztorokról, másrészt a „Jézus" név fölvételéről nyolcadnapon; mert Jézus az Ószövetségbe született, annak törvényei alatt állott (vö. szentlecke). A Kisded nevét (Jézus: „Isten üdvözít") már az angyal megadta és megmagyarázta (Lk 1,31-33, Mt 1,21; vö. Zsid 1,4-5).

Szentségre várva

Jézusban Isten örökké áld minket. A Fiú az Atyának nagy üdvajándéka az egész emberiség számára (Ef 1,3).

Elmélkedés (A év)

Isten Anyja

A megtestesülés szent titkában tehát édesanyja révén ereszkedett le közénk az Úr. Neki köszönhetjük, hogy szívünk óhajának megfelelőleg állunk szemben az Istennel, ki most már nemcsak Atyánk, hanem testvérünk s barátunk lett. Ha a végtelenről gondolkozunk, ha csak száraz fogalmak révén foglalkozunk Istennel,... oly nagy, oly messze van tőlünk; s az a fogalom is jéghideg s átlátszó, hogy nem vált ki tüzet s bizalmat lelkünkben, s hogy nem indítja meg szívünket... Most pedig a mi Istenünk Krisztus, az *Ember* Fia, éppen az ilyen édesanyának fia, amilyen Szűz Mária. A Szent Szűz mint Isten-anya fölemelkedett, de csak azért, hogy ez által Isten leereszkedjék közénk;... nem választó fal köztünk s Isten közt, hanem kapocs és kötelék. Lehetünk-e valamikor közelebb Istenhez, mint mikor benne testvérünket szeretjük s a Szent Szűzre mint anyánkra tekinthetünk?... A Mária-tisztelet vallásosságunkat barátsággá fokozza... A barátság a lelkület hasonlóságát teszi föl, azt, hogy a barátság kölcsönös s abban mindkét félnek adnia és kapnia kellene — s ugyan mit adjunk mi Krisztusnak?! De a Szent Szűzön eligazodom: mit adott Ő? Szeretetet adott! Nagyon-nagyon szeretett... Szeretni az Urat, szeretni híven s áldozatosan! *(Prohászka: ÖM, 19:90; 244)*

†

Jézus neve

A szeretet jogcím „hívásra": Jézus nevére! „Isten neve", — mondja a hittudós, — „Isten lénye"... Az ész nevében ma lenézik a „név-misztikát". Pedig a Név nemcsak röpke szó, az *hívás* is, a nyelvnek csodás emberi (testi-lelki) módján, szociálisan: lelket lélekhez köt. Ezért lett *Istennek* „neve": Jézus. *Ő tudja*, hadd tudjuk mi is: ha e nevet hívjuk, azt kiáltjuk: „Jézus üdvözít; Jézus üdvözíts!" Péter szájából villámként jött, s megedzette „ama bénának inait" (ApCsel 3,7), s a lelkileg vak tömeg szemeit megnyitotta, pedig nem tüzet szórt a földre, csak azt mondotta: „A *Názáreti Jézus nevében* kelj föl és járj!" Jézus neve nemcsak tűz és fény, hanem *étek* is. Nem erősödöl-e folyton, ha hívod? Nem tölti-e be a szívét annak, aki Rája gondol? Mi üdíti jobban a fáradt érzékeket, edzi az erényt, táplálja a jó, méltó szokásokat, gyöngéd érzelmeket, mint ez a Név? Valóban, száraz minden lelki étek, ha ebbe az Olajba nem mártjuk („a Te neved kiöntött olaj", Én 1,3); ízetlen, ha e só nem ízesíti. Bármit írsz, írásodnak nincs számomra zamata, ha nem látom benne *Jézus nevét*... „Jézus" édesség a nyelvnek, dallam a fülnek, öröm a szívnek. De *orvosság* is! Szomorú-e valaki köztetek? Jöjjön szívébe Jézus, jöjjön ajkára Jézus! — és szóródnak a felhők, megtér a béke. Bűnbe esett valaki? Kétségbe esve halál csapdájába futna? Hívja Jézus nevét! — s nem fog-e újraéledve föllélegezni!? *(Sz. Bernát: Jézus nevéről)*

†

Anya az, aki mindenkit helyettesíteni tud, de őt senki se tudja. *(Marian Banducci)*

Kisded Jézus és Szűzanya

Kisded Istent hogyha látom
Édesanyja karjain,
szívem olvadoz szent lángon,
lelkem boldog dalra int.

Vágyik Gyermek, sóvárogja,
Szűzanyám, a kebledet.
Ez a Gyermek fölmosolygva
csókol, simul, ölelget.

Amint ragyog kéklő egén
fénnyel áradozva Nap,
szopva Kisded Anyja keblén,
szent örömre úgy ragad.

Oly szépséges az ily Anya;
s gyönyörűbb a Gyermekkel,
mintha titkos halk ibolya
s liljom: Rózsát ünnepel...

Annyi szívség, annyi jóság —
„dárdákat" Szív szívre vet, —
rétek, amennyi viráguk, hozzák
s gyújtnak csillagot egek.

Óh, ha *egy* a sok „nyílhegyből"
— Édes Kisded! — jutna rám!
mit Anyádra kis szived küld, —
s megsebezne! ... Jézuskám!...

(14—16. századi ismeretlen latin himnusza)

Elmélkedés (B év)

A Szent Szűz és Jézus karácsonya

Mindegyik egy különálló világ! öröm, mélység, bensőség... mindegyik csendes és magányos... mint a hegycsúcsok élete... zavartalan. Mézzel folyó a szent Szűz karácsonya s szívünkhöz legközelebb áll, értjük s tiszteljük. Gyönyörködünk e rózsás, liliomos lelken, mely egyedüli dísze az istállónak; úgy nézzük őt, mint a fölfutó rózsát, mely a barlangot díszíti... Gyönyörködünk e virrasztó szűzön... az Úr szolgálóján. — Minden gondolatot meghalad az Isten karácsonya. Fia megtestesülésének örömére új csillagot tűz ki ragyogó egére; angyalai lágy, bársonyos szárnyakon ereszkednek le, s glóriát énekelnek... S milyen Krisztus karácsonya? Ezt a belső, mélységes világot az élet *háromféle örvénye* jellemzi:

Az első az Istenlátás... „vidit lucem magnam" [láta nagy fényt]. Ádámnak álmokban, Mózesnek, Izajásnak látomásokban szólt az Úr. A tudomány is látni akar, de csak elfödött arcot lát. Az első teremtmény, mely Istenlátó volt, Krisztus lelke. A végtelen neki nyílt meg, örvényes hullámait lábai elé gördítette. Ezt a látást, ezt a fényt, ezt a mennyországot élvezte Krisztus lelke az első karácsonyi éjben.

Szent betlehemi éj, mely e nagy világosságot barlangodba rejted, s kettős sötétséggel födöd s takarod el, belőled kel majd a nap... Szent éj, mely az élet éjét jelképezed, s telve vagy néma kérdésekkel, mily hangos feleletet adsz nekünk, kik a „Napkeletet, az örök világosság sugárzatát" keressük.

Második vonása Krisztus karácsonyának a *bűntelenség*. Nevezhetem finomságnak, tisztaságnak, lelkiségnek a világ hiányos, torzult, zavaros életével szemben. Valami kristályos átlátszóság van a lelken, hol a homálynak nincs helye, csupa harmónia, leheletszerű szépség. Alacsonyra, kisszerűre, nemtelenre nem való. Napsugaras lélek, mely fényre van teremtve, azért leheli a szívtisztaságot Krisztus Jézus karácsonya.

Harmadik jelleg a *szentség*. Szent az, ami Istené... szent a kehely, az oltár... Krisztus lelke az Istenségtől szent. „Lelkem", mondja neki az Isten s elénekli az „Énekek énekét". Senkit sem szeret úgy, mint lelkét. Azért koszorút köt: „coronam gratiarum" [kegyelmek koszorúját], szivárványt lehel homlokára, szépséget arcára, „genae tuae sicut columbae" [orcád mint a galambé], mézet csepegtet ajkára, „et lae in ore ejus" [tej a szádban]; kenetessé teszi.

Szent karácsonyéj, Krisztus öröme! Istentől ittas a te lelked, — az első boldog lélek! Testvérem s királyom! Hamuval behintett fejek fölé emeled koszorús homlokodat, s biztatsz! „Levate capita vestra." [Emeljétek föl fejeteket.] Én Uram, én Istenem! Nemcsak a gyermek könnyeit nézem szemeidben, hanem az Istenlátás izzó napját is; nemcsak istállódat szemlélem, hanem mennyországodat is ragyogó lelkedben; jászolodban diadalszekérre ismerek! Megjelent a mi hősünk! Rex regum [királyok királya], dicsőséges s erős: „gloria Unigeniti a Patre"... [az Atya Egyszülöttjének dicsősége...] Eljött üdvözíteni. Képét lelkünkben hordozzuk, s örömmel indulunk utána! *(Prohászka: ÖM, 6:70; 92)*

†

Jézus neve

Semmi úgy nem fékez dühöt, fojt el gőgöt, rossz indulat sebét beköt, úgy nem béklyóz kicsapongást, szenvedélyt se úgy nem kordáz, kapzsiságot kihunytat, rút képzelgést megfuttat — mint *Jézusnak nagy Neve,* — mert: „Démont űztök Nevembe'". *(Sz Bernát)*

Jézus, Neved méz a szájban, zenél fülben, ujjong szíven! — Ugye, ki hívja Élet Nevét: reá tárul menedék, Életnek szívja be legét! — Ha bármit írsz, ízetlen az nekem, ha Jézust ottan nem lelem. *(Sz Bernát)*

Elmélkedés (C év)

Ima a boldogságos Szűzhöz

Óh Mária, szentebb minden szenteknél, nagyobb minden teremtményeknél. Te vagy az egyetlen, akiben egyesülten ragyog az anyaság és a szüzesség fényessége, mert te vagy az Isten kiválasztott anyja. Űzd el lelkemből a sötétséget és a jótól való gonosz vonakodást. Szent Fiad szívesen hallgat terád: óh édesanya, lépj közbe értem!

Míg tart ez a nyomorúságos élet, védelmezz és oltalmazz, és ha üt az óra, hogy el kell hagynom a testet, állj mellettem, én úrnőm, és vezesd el halhatatlan lelkemet az örökkévaló hajlékba. Találjak ott kegyelmes bírót isteni Fiadban és boldogan jussak el oda, ahol a végnélküli fényesség ragyog minden kiválasztottak számára. Amen. *(Sz Efrém, Sík: DB, 688)*

Ujjongó himnusz Jézus Szent Nevén

Jézus, édes emlékezet,
Neved a szívben élvezet;
de minden méz és ész felett
édesebb: lenni Teveled.

Fül nem hallhat szebb muzsikát,
kedvesebb dalt nem zenghet szánk,
ész gyönyörűbb eszmét nem ád,
mint Jézust, Isten egy Fiát.

Nyelv Róla nem tud rebegni,
betű vagy szó kifejteni,
csak ki átélte, hiheti,
mily jó az: Jézust szeretni.

Te édes íz szív rejtekén,
Igazság Kútja, elme-fény!
Minden más gyönyör oly csekély,
s Te meghaladsz, mit vágy remél.

Ki Téged ízlel, éhesebb;
iszik, és szomja vészesebb,
más minden vágya elveszett,
csak Jézus-Jézusért eseng.

Szívem bezárom! Rejteken
keresem Jézust, odabenn;
titkon vagy nyíltan, tereken
epedve buzgón keresem.

Magdolnával bús hajnalon
a sírnál Jézust kutatom.
Szívem kiáltja panaszom,
nem szemnek: *szívnek* kell nagyon!

Sírját könnyekkel áztatom,
kertjét betölti fájdalom.
S elé hullok, ha láthatom,
szorítva fogja át karom.

A lábnyomához tapadok,
rá forró csókokat adok,
úgy esdeklek bocsánatot,
kegyelmet kérek s bánatot.

Maradj minálunk, Mesterem!
Világoskodj ez estelen,
oszlasd a ködöt lelkemen,
hogy Föld örömmel elteljen!

Mert ha vendégül lát a szív,
Igazság benn világozik,
Föld hívsága leáldozik,
benn szeretet új lángot szít.

Jézus, szerelmed édesség,
mindennél mézebb eleség,
ezerszer több a kedvesség,
mint szó mondhatná vagy beszéd.

Bizonyság rá: Kínszenvedés,
Véred folyása, szent vetés,
melyből arattunk üdvöt és
nagy Isten-látást, -élvezést.

Jóságos Jézusom, tedd meg:
érezzem csordult szerelmed.
Add: lássam jelenlétedet,
dicsőségben Tégedet!

Ezernyi vággyal vágyakozom:
mikor jössz végre, Jézusom?
Mikor vidítsz? Híved busong,
s be nem telik, csak Jézuson.

Lakói égnek, jöjjetek.
Kapukat tárva üljetek
a Győztesünknek ünnepet,
mondván: Királyunk, üdv neked!
Köszöntünk, Jézus, Szeretett!

(Sz Bernát)

Üdvözlégy — Ima Szűz Máriához

Üdvözlégy, ó malaszttal teljes Anya! az Úr van teveled! — De mit cselekszem, ó szent Szűz, midőn az angyal szavával üdvözöllek, anélkül, hogy angyali életet élnék? Valóban megérdemleném, hogy messze űzz magadtól! De lásd: én bízom a te kimondhatatlan nagy jóságodban; s noha arra méltatlan vagyok, mégis így kiáltok fel szeretetedtől hevülve: Üdvözlégy, malaszttal teljes!

Mert a te üdvözletednél elolvad szívem az édességtől; és kinek is ne olvadozna a lelke a szeretettől, ha szellemi szemeivel látja, hogy e köszöntés a te Isten-anyaságod előjele! Mi is hangzott valaha kedvesebben a te szívednek, óh mennyek édes Asszonya! mint e köszöntés, mely által téged Isten anyjául ismerünk. Mert a te akaratod, hogy az emberek úgy örvendezzenek benned, hogy minden szeretetüket Arra irányozzák, aki tőled született.

Óh lelkek édes vadásza, mily sok lelket elragadtál már a pokoli oroszlán elől! Ki tudja magasztalni a te méltóságodat? Hogy aggódol a haldoklók lelkéért, hogy keresed az emberi szíveket, míg a menny tele van dicsőségeddel és az egész mennyei udvar magasztal és dicsőít! Csak az hallgasson a te nagy irgalmadról, ó boldog Szűz! aki szükségében hozzád kiáltott és megvetetted kérelmét!

Azért teljes szívemből könyörgök hozzád és örvendezek nagy irgalmasságodon; mert minden nemzedékek áldanak téged, miután minden nemzedékek megáldattak tebenned! Óh segíts minket, hogy általad elnyerhessük az örök élet gyümölcsét! Légy pártfogónk, ó édes Szűz! hogy az örök Atya élveznünk engedje a te méhed legédesebb gyümölcsét, Jézust, ki az Atyával és Szentlélekkel él és uralkodik örökkön-örökké. Amen. *(Sz Bonaventura, Sík: DB, 692)*

†

Senki nincs ki üdvözülne, csak általad!
Senki bűntől nem szabadul, csak általad.
Senkinek nem jut ajándék, csak általad!
Aki nyújtod szent Fiadat.

(Bizánci Sz Germán)

KARÁCSONY UTÁNI 2. VASÁRNAP (A,B,C)

1: A Bölcsesség Isten népének körében lakik, s velük marad mindörökre. S: Isten kiválasztott minket, hogy Jézus Krisztus által fogadott gyermekei legyünk. E: Az Ige megtestesült, és köztünk élt.

Csöndből ered a jó, sötét hegyek csöndjéből, mint a források. A vészcsapások, zuhanások csattanó zajjal, kiáltással, néha sok beszéddel járnak. Megfoghatatlan csöndben mondja ki Isten az Ő Igéjét, örök Fiát. Az Ige él, örökkön és most. A Fény világít, megvált és irányít. Irányít ez új évben is: — kezdtünk-e valamit?!

Első olvasmányhoz Sir 24,1-4.12-16

Az Ószövetség egyetlen egy Istenről tud. Ő hozta ki Izraelt Egyiptomból, Ő adott törvényt Sínainál. Az Írás későbbi értelmezése szerint (a bölcsesség-könyvek) e Törvény az Isteni Bölcsesség kinyilvánítása Izraelnek. A „Bölcsesség" szállást vett Izraelben, hogy az élet útján vezesse a népet. Az Ószövetség későbbi kijelentései a Bölcsességről, Isten Lelkéről már előkészítés az Újszövetség kinyilatkoztatására: a Szentháromság magasztos titkára. *(Péld 1,20-33; 8,1-36; Bölcs 6,12-21; 7,7-14)*

Válaszos zsoltár Zsolt 147(146-147),12-13.14-15.19-20

Isten jósága Izraelhez

Szentleckéhez Ef 1,3-6.15-18

Az Ószövetség népe köszöni Istennek az Egyiptomból való szabadulást, a Sínai kinyilatkoztatást; az apostol azt a nagy ajándékot köszöni, amit Isten Jézus Krisztusban adott. Őbenne teljesen nekünk adott mindent, amit az Ószövetség adományai jeleztek, előkészítettek. Fiában kiválasztott, megszentelt, megdicsőített, vagyis istenségébe emelt minket. De a hit tiszta szemére és tiszta szívére van szükségünk ahhoz, hogy megfeleljünk hivatásunknak. *(1,3-6: Gal 3,14; Jn 17,24; Kol 1,22; Róm 8,29 ▫ 1,15-18: Róm 11,33-36; Ef 4,4-5; 1Jn 5,20)*

Evangéliumhoz Jn 1,1-18 vagy Jn 1,1-5.9-14

A megtestesülésnek sokféle előkészítése volt. Isten kezdettől fogva belenyúlt az emberi nem történetébe, irányító és mentő kézzel. Törvény és próféták hirdették meg Isten létét és akaratát, Krisztusban azonban Isten ereje és bölcsessége maga jött le hozzánk (1Kor 1,24), hogy fölemelje magához az embert, s hogy utat mutasson. Ő maga járja ez utat, Ő maga az Út (vö. karácsonyi ünnepi mise evangéliuma).

Szentségre várva

Isten hív a vacsorához, melyet Őmaga készített nekünk. Megnyitja szemeinket, hogy Őrá ismerjünk: az Írás szavában őt hallgatván, Kenyér és Bor színében Őt vévén, embertársainkban Ővéle találkozva, ki mindnyájunkért emberré lett és meghalt.

Elmélkedés

„Tulajdonába jöve (az Ige) és az övéi bé nem fogadák." Óh bolond, óh csalárd világ, mily hamar megvetéd Krisztust! Az ökör megisméri urát, a szamár feltalálja ura jászolát; az Ő népe között pedig senki sincs, ki megismérje Szabadítóját, házába fogadja Teremtőjét; hanem egy elvetett istállóban, baromálló rút hajlékban kell születnie az Isten Fiának! Áldott Isten, mit mondana Salamon, ha úgy látná Teremtőjét!... A jeruzsálemi Templom falait aranydarabokkal boríttatá, de meggondolván Istennek felséges nagyvoltát, és hogy minden világi ékesség és dicsőség Őhozzá képest ocsmányság, felkiálta: „Hihető-e, hogy amely Istent az egek egei meg nem foghatnák, ebben a házacskában lakik?" Vajon mit mondana, ha egy rút istállóban, barmok között, kis folt posztócskába takarva látná Teremtőjét? Nem nagyobb csudálkozással kiáltana-e: Ki hiheti, hogy Isten (ki testté lőn és közöttünk lakozék) — *itt* lakjék? Óh emberi kevélység, óh balgatag felfuvalkodottság! — Valaha Uriás felelé Dávidnak, mikor alkalmatos nyugadalomra küldeték: „Az én uram sátor alatt mezőben sanyarog, majd én házamhoz menjek-é, hogy puha ágyamban, asszonyhölgyem mellett nyújtózzam? Mondjuk mi is: a mi Istenünk legalacsonyabb helyre ereszkedett... miért kevélykedjünk, miért telhetetlenkedjünk? Keresztyények, e jászolban fekvő Krisztushoz kell irányulnunk, Őt kell követnünk! *(Pázmány: Karácsonyi 1. beszéd)*

†

„Jesu, gaudium Angelorum!" [Jézus, angyalok öröme!]

Látni a végtelent, mily kicsiny lett... a távoli csillagok urát s a betlehemi istálló csecsemőjét; ez is Ő, az is Ő. Isten született a földnek, tehát gyermek lett, s e gyermek szívébe, szemébe s ereibe belefért egészen! Ó szuverén hatalom, mely „minden"; nagyban s kicsinyben egyaránt! Ez angyaloknak való vízió, kerubimoknak való harmónia; ettől megcsuklottak térdeik, lekonyultak szárnyaik, földreborultak arcaik, s teljesedett a prófétai szó: s imádják őt Isten minden angyalai. Tették régóta ott fönt, háromszor „Sanctust" énekeltek; teszik újra itt lent. Jákob létráján szállnak föl-le, s csodálkozva nézik, hogy melyik hát a tulajdonképpeni mennyország, az ott fönt, vagy ez itt lent? Akár fönt, akár lent, az mindegy; ahol Isten van, ahol a szerető, édes, boldogító Isten van, ott van a mennyország. Ezt a mennyországot hordozd.

Legnagyobb öröme van a karácsony angyalának. Oly áhítatos ő, mint az Annuntiatio [hírüladás] angyala..., oly vágyódó s küzdelmes, mint Dániel látomásának angyala... Talán ugyanaz a Gábor arkangyal a karácsony angyala is... fölvette a legszebb ruháját, s lejött örömben; azért „nagy örömet hirdet". — A lélek ruhája az érzület... barlang, szalma, jászol körül is „nagy öröm" lehet... Bennünk van az erkölcsi nagyság, szépség és öröm; fejlesszük s élvezzük azt.

S vele örvendeznek társai..., az angyali légiók! Mily viharja az örömnek a „coelestis militiá"-ban [égi hadseregben], mely nem ingerekkel dolgozik; életet fonnyasztó, lelket mocskító örömökben elfárad. Ó lelkem, tiszta örömökön nőj nagyra! Becsüld meg véredet s erődet. Az igazi öröm az élet ereje s virága. „Coronemus nos rosis" [koszorúzzuk magunkat rózsával], én is mondom, de erős, vidám, egészséges arcunk rózsáival. Az örömhöz mindenekelőtt nagy lelkiismereti tisztaság kell; erre legyen gondunk. *(Prohászka: ÖM, 6:76; 98)*

Szórád Szent Benedek, bencés remete, †1012

JANUÁR 6.

VÍZKERESZT, URUNK MEGJELENÉSE (A,B,C)

I: Isten népe! Az Úr dicsősége ragyog fölötted. S: Nemcsak a választott nép, hanem a pogányok is meghívást kaptak Isten országába. E: Bölcsek jöttek napkeletről, hogy imádják az újszülött királyt.

Nem angyal szólt a bölcsekhez, de fölragyogott nekik az igaz világosság, amely „megvilágosít minden embert." Útra keltek, hosszú utazásra; keresték és megtalálták az Urat, a rejtőző Királyt. Epifánia: Urunk fölragyogása, megjelenése — számunkra is eljön. Halljuk az üzenet szavait. Szent jelekben elénk jő a világ Királya, aki urunk és szolgálónk is egyben. Emberekben jön elénk, akik szeretnek minket, vagy éppen a *mi szeretetünkre* szorulnak.

Első olvasmányhoz Iz 60,1-6

Izajásnál (9,1) nagy fényről volt szó, mely a sötétben ülő népnek fölragyog (karácsonyi éjféli mise 1. olvasmány). Vagy kétszáz évre rá a „második Izajás" ismét Isten fönségéről szól, amely Sionra fénylik (60,1). Arra a népre, amely fáradozva töri magát, hogy fölépítse a Várost és Templomot a számkivetés után. „Kelj föl, légy világossággá!" — Isten üdvözítő közelségében elmúlik a bú, enyhül a fáradtság. Hozzák a népek a még távolban élő fiakat és lányokat (Izraelét = Egyházét, az Újszövetségben!), kincseiket adják Istennek, ki megmentette és megtisztelte népét. — A bölcsek, akik kincseikkel jönnek Betlehembe, e megjövendölt népek első képviselői, bennük elsőül jelenik meg a népeknek a Világ Világossága: Krisztus. *(Jel 21,10-11.23-24; Iz 9,1; 2,1-4; 49,18-21; Zsolt 42,10)*

Válaszos zsoltár Zsolt 72(71),1-2.7-8.10-11.12-13

A Békekirály és országa

Szentleckéhez Ef 3,2-3.5-6

Az ószövetségi üdvígéretek közvetlen Izraelhez szólnak. Már a próféták jelezték, hogy Isten szándéka túlnyúlik a népén, de ezen utalásokat a zsidóság nem szívlelte meg. Még Sz Pál számára is „isteni titok leleplezése" az, hogy a pogányok is meg vannak híva az üdvösségre. Ámul rajta, hogy épp az ő hivatása, hogy megvigye a „jó hírt" a népeknek. Elfogadjuk-e mi saját hivatásunkat és felelősségünket a „jó hír" terjesztésében? *(3,2-3: Ef 3,7; Kol 1,25-26; Róm 16,25-26 ▫ 3,5-6: 1Pt 1,12; Jn 14,26; Ef 2,12-19; Róm 15,7-13)*

Evangéliumhoz Mt 2,1-12

Isten új népe zsidókból és pogányokból áll. Származás, körülmetélés nem lényeges, csak a hit. A pogányok meghívása a Máté evangélium végén (28,18-20) világos, de már a napkeleti bölcsek története is ezt ábrázolja. Jeruzsálem írástudói tudták ugyan a Szentírásból, hogy hol kell születnie a Messiásnak, de őket nem vezette a hit csillaga az Újszülött jászolához. *(4Mz 24,7; Jn 7,42; Mik 5,1)*

Szentségre várva

Eucharisztia-ünneplésünk azon egységnek a képe, amelybe Krisztus meghívja a népeket. Fölajánlásunk, a Kenyér és Bor színében, egyben hűséget és engedelmességet jelent Krisztus példájára. Csillagunk: a mi hitünk.

Elmélkedés (A év)

A három ajándék és az Út

„Mily *ajándékot* hoz a bölcsek igaz hite? Aranyat — a Királynak, tömjént — Istennek, mirhát — a Halottnak! Az első ugyanis jele a királyi fönségnek, a második az imádandó istenségnek és a harmadik? Az szolgálat az eltemetendő, *értünk föláldozandó* Testnek, melyet a mirha nem roncsol, hanem megőriz: — tehát jelképe a föltámadásnak is! Mi is, akik olvasunk és hallunk ezekről, testvérek, kincseinkből adjunk ilyen ajándékokat, hiszen vannak kincseink, bár „cserép edényben" (2Kor 4,7). Gondold meg: léted nem magadtól, hanem Krisztustól van, nem vagy magadé, az övé vagy! — Mivel viszonozta Ő a bölcsek kincseit? Azzal, hogy föltűnt újra a Csillag, az *Utat* mutató, Krisztus, aki az Út és maga a Csillag, „a ragyogó Hajnalcsillag" (Jel 22,16). Más is utal erre: A bölcsek új úton térnek haza. Hiszen aki látta Krisztust, az megismerte Őt: és hívőbb hittel tér haza. Kétfelé visz az út: egy a pusztulásba, másik az Országba. Egy a bűnösöké, Heródes felé; másik Út: az Krisztus, aki által országába jutunk. *(Sz Ambrus: Epifániáról)*

†

Betlehemi alázat

„Három mágus Jézushoz jön" — nincs jelentés nélkül íme:
Új csillagnak fénye hívja: nem ahhoz, ki ül székébe'
és parancsol démonoknak. Nem, Hozzá, ki holtat támaszt,
ki némának torkát nyitja, vaknak fényt ad, sántát jártat.
Nem látják, ki istenerőt: csodát mutat ámulónak...
Egy szólni sem tudó Kisded az, akinek ők hódolnak!
Hallgat Ő! És rászorul Ő az anyai gondozásra.
Semmi jele hatalomnak! Csak *alázat* nagy csodája!
Fülnek hirdet néma Igét, bűvöl szemet, hívők szivét...
Még emberszót sem szól ajka, s földet *látás* már oktatja.
Mert a mi szent Üdvözítőnk minden dicső győzedelme,
poklot sujtó, föld-hódító, lelket-vonzó nagy szerelme
ily alázattal kezdődött, ily alázat végezte azt.
Földön rendelt napjait ím megnyitotta már üldözés;
s üldözés, mi befejezte; „kifosztottságba-öltözés"...
Megvolt már a Kisdedben is a szenvedés szent türelme,
majdan-szenvedőben ott a kisgyermeki szelíd lélek...
Mert a magas Úristennek Egyszülöttje: Szent Fia
fönségét elhagyni vágyott, tetszett földre szállnia!
Emberként, hogy megszülessék;
s emberektől megölessék...

(Nagy Sz Leó: 37. beszéd)

Elmélkedés (B év)

Körülálljuk a kisded Jézus jászolát, ki magához hívja a nemzeteket s *megvilágítani jött a népeket*, s kérdezzük, honnan van az, hogy ez az epifánia nem lesz hódítóbb, hogy annyi millióhoz el nem jut. Kin múlik, s mit kell tenni, hogy Jézus legyen az Úr a földön? — Az Ige megtestesült, tehát *emberi* igazság lett, s így emberi szív kell hozzá, hogy befogadja, emberi ész, melyben fészket rakjon, emberi lelkesülés, mely küzdjön érte, — emberi szó, mely terjessze... következőleg, először is sok-sok áldozatos, *buzgalmas lélek kell*, akik szócsövei, hordozói, hirdetői legyenek. Kellenek buzgó lelkek, papok és laikusok; ez az epifánia suttogása! Ki ad nekem prófétai lelkeket, erős és puritán keresztényeket, kik nem törődve földi érdekekkel, előléptetéssel, kitüntetéssel, — küzdenek!? Ki nevel apostoli szellemeket, kik keserű vizeken tudnak evezni illatos fűszeres szigetek felé? Úgy-e buzgalom kell?!... Van-e nagyobb cél, mint kereszténység által boldogítani a népeket? Került-e valami több fáradságba s áldozatba? Több vérbe s nemes szívdobbanásba? Megértjük, ha hármat tudunk: *szeretni a halhatatlan lelket*, gyűlölni a bűnt, becsülni a kegyelmet. Xavéri Sz Ferenc nagy jellemét ez az izzó szeretet fejleszti. Az Úr Jézus kegyelme és szeretete, szentséges lelkének első fohásza és utolsó sóhaja a szegény lelkekért van. Tanuljunk szeretni, meghódítani a lelket. A magunkét és a másét. *(Prohászka: ÖM, 6:102; 129)*

†

Keresztények

Fiatal a hitünk, de már minden helyetek megtöltöttük: várost, bérházat, várerődöt, szenátust is — csak templomaitok maradt meg nektek! *„Nézzed* — mondják [a pogányok, az aréna keresztjeire lemutatva] — *miként szeretik ők egymást.* " Mert ők [a pogányok] gyűlölködnek. *„Nézd, hogy kész egyik halni másikért!"* Mert ők [a pogányok] készebbek egymást öldökölni. *(Tertullián)*

Elmélkedés (C év)

Hivatások, hithirdetés

„Emeljétek föl szemeiteket és lássátok" (Jn 4,35): mily fehérsárgák a mezők, aratásra készen, és hozzáfűzi: „Mások dolgoztak, ti az ő munkájukba léptetek be." Dolgozott Ábrahám, Izsák, Jákob, Mózes, mind a próféták, dolgoztak a vetéssel; és az Úr eljöttével érett vetésre talált. Az evangéliumi sarlóval kiküldött aratók az Úrnak szérűjébe hordják kévéiket, hol Istvánt (a vértanút) megtaposták — termésre! Itt aztán csatlakozott az a Pál, s a nemzetekhez küldetett. És nem hallgat ő a kegyelmet magasztalva, mely főként rája áradott. Azt mondja ugyanis írásaiban, hogy oda küldték evangéliumot hirdetni, ahol Krisztusnak nevét sem hallották. — De ha már megvolt az aratás, és nem a zsidóknak megmaradók volt a termés, akkor mi arattatott? Figyelj a termésre, mert mi vagyunk azok, akik a próféták és az apostolok, sőt magának az Úrnak a vetése vagyunk. Hiszen Ő járt az apostolokban és Ő aratott: Krisztus. Mert azoknak semmijük sincs Őnélküle, de Ő tökéletes azok nélkül is! Maga mondta: „Nálam nélkül semmit sem tehettek." (Jn 15,5) Tehát a már pogányok közt szántóvető Krisztus szól magáról: Kiméne a Magvető elvetni jó magvát. Oda küldik az aratókat, ahová a Magvető kiméne buzgón vetni. Nem félt-e, hogy némely mag útszélre hullott, más kősziklára, más tövisek közé? Ha rossz földektől félt volna, a jó földre nem jött volna el! Mi tartozik ránk, mi dolgunk vitázni a zsidókról, beszélni pelyváról? Csak az a dolgunk, hogy mi ne legyünk útszéle, se kőszikla vagy tövis, hanem jó termőtalaj! Kész legyen a szívünk, ahol csépeljenek: hatvanszorost, százszorost, ezerszerest! Itt kevesebb, ott több, de búza mind. Ne legyen járókelőktől eltiport mag, ellenséges madártól fölszedett! Se szikla, hol a sekély föld gyorsan sarjaszt, de a napsugarat nem állja ki. Ne tövise földi vágyaknak, bűnös élet aggódásinak! Mert mi rosszabb olyan gondnál, mely nem enged eljutni az Életre? Mi nyomorultabb, mint életet féltve, életet veszíteni? Mi boldogtalanabb, mint halál-rettegve, halál torkába hullani? Szaggassuk ki a tövist, szántsuk az ugart, fogadjuk a jó magot, érjünk be aratásra, epedjük a végső Szérűt, nehogy a tűztől kelljen félnünk! *(Sz Ágoston: 101. beszéd, BAC, 10:431)*

†

Vérkeresztség

Katekumenok = hittanulók [kik készülnek keresztségre, de közben vértanúvá lesznek]: Ők meg nem fosztattak a keresztség szentségétől, hiszen ők azok, kik a legdicsőbb és legnagyobb keresztséget fogadták, a *vérnek keresztségét! (Sz Ciprián)*

†

Kísértés

Nem törődik azokkal az ördög, akik felől már bizonyos, nem is vesződik azok megszerzésén, akiket már foglyul ejtett. Kiket már elidegenített az Egyháztól, azokra sincs gondja, elmegy mellettük, figyelemre sem méltatva. *(Sz Ciprián)*

VÍZKERESZT UTÁNI VASÁRNAP

URUNK MEGKERESZTELKEDÉSE (A,B,C)

I: Íme, az én választottam: Benne kedvemet találom. S: A keresztségben Isten a Názáreti Jézust eltöltötte Szentlélekkel és hatalommal. E: Jézus megkeresztelkedésekor a Szentlélek tanúságot tesz arról, hogy Krisztus az Isten Fia.

Jézus keresztsége is epifánia: ez Ember alakjában az egész Istenség fölragyogott. Jézus elmegy a bűnösök közé. Az Atya szeretett Fiának hívja, a választottnak. A Lélek rajta nyugszik; Isten Lelke, ki elviszi a pusztába, el Judeába, Jeruzsálembe, föl a Golgotára. A lélek izzása égeti ezt az Áldozatot, amely a világ bűneiért mutattatik föl.

Első olvasmányhoz Iz 42,1-4.6-7

Izajás éneke (42,1-9) isteni szózat alakjában a Szolga hívásáról beszél, valami titokzatos prófétai-királyi eljövendőről. Ő a megbízott, hogy hirdesse minden népnek Isten hűségét és irgalmát. Erre a feladatra Isten Lelke fegyverzi fel. Egy későbbi énekben Izajás a szenvedő Szolgáról ír, ki mindenek bűneit magára vette (52,13-53). Az Újszövetség Jézusban látja a jövendölések beteljesültét. Isten szavai Jézus keresztelkedésekor szintén Izajásra utalnak (42,1). *(42,1-4: Iz 11,1-10; Mt 3,16-17; Jn 1,32-34 ▫ 42,6-7: Jn 8,12; 9,1-7; 8,32)*

Válaszos zsoltár Zsolt 29(28),1-2.3-4.8-10

Isten fönsége a viharban

Szentleckéhez ApCsel 10,34-38

Péter szentbeszéde az apostoli idők igehirdetése: Jézusban adta meg Isten a békét. Jézus ugyan csak a jánosi keresztséget vette föl, de Isten leküldi rá Lelkét, fölkeni Messiássá, tanúsítja, hogy Ő a szeretett Fia. Ez az üzenet, amit nekünk is hirdetnünk és tanúsítanunk kell ma. *(10,34: 5Mz 10,17; Róm 2,11; Gal 2,6 ▫ 10,36: Iz 52,7; Jel 17,14 ▫ 10,38: Iz 61,1; Lk 4,18)*

Evangéliumhoz A év: Mt 3,13-17, B év: Mk 1,6-11, C év: Lk 3,15-16.21-22

János keresztsége a megtérésre való szándék megpecsételése. De miért jön Jézus keresztelkedni? Megfelel erre a János és Jézus közti párbeszéd (Mt 3,14-15). Jézusnak „be kell töltenie minden igazságot", Isten teljes akarata szerint. Ezért, bár bűntelen, beáll a bűnösök sorába, és az engesztelés útjára lép a bűnbánati keresztségben. „Ez az én szeretett Fiam, akiben kedvem telik." — hangzik az égből a szózat, az Atya tiszta örömének megnyilvánulása. *(Jn 1,32-34; Zsolt 2,7; Iz 42,1; Mt 12,18; 17,5)*

Szentségre várva

A bűnbánati keresztséggel Jézus Isten akaratát tölti be. És ezen az úton tovább megy a „vérkeresztségig”. Hív, hogy kövessük Őt: azon az úton, mely halálon keresztül az életbe visz.

Elmélkedés (A év)

Illik beteljesítenünk *minden igazságot*? A „veritas” önmagunknak, tehetségeinknek s bűneinknek fölismerése! A „justitia” ez ismeret átvitele az érzületbe... helyes elhelyezkedés a világban... Átérzett igaz valóság, a harmóniában kialakított lét kell nekünk. — *Önmagammal* szemben *igazságos* leszek, ha sem túlsokat, sem túlkeveset nem követelek magamtól. Mértéket kell tartanom mindenben, az önmagammal való elégedetlenségben is! Aki gyorsan akar valamit,... aki bizonyos hibák miatt, melyek természetéből folynak, fönnakadást szenved tökéletesbülésében s azért aztán tele panaszolja a világot, az nem érti a „justitiát”. Ide tartoznak azok is, akik a természetet a kegyelemmel, s a kegyelmet a természettel ütik agyon: fanatikus zelóták... és tehetetlen finnyás nyavalyások. *Értsük meg magunkat és másokat...* Számtalan csalódástól szabadulunk. *(Prohászka: ÖM, 6:116; 147)*

†

„Vágykeresztség”. Ki üdvözül „Egyházon kívül”?

Mindnyájan tudjuk, hogy akik „legyőzhetetlen tudatlanságban” szenvednek [nem tehetnek vallási *tévhitükről*] a mi szent vallásunk irányában, — ha gondosan megtartják a *természettörvény* parancsait [Isten akaratát, ahogy *legjobb igyekezettel* fölismerik], amely törvényt Isten minden ember szívébe írta, — ha készek szótfogadni Istennek, és ha erkölcsös, *kötelmeiket* betöltő módon élnek — az *isteni* megvilágosítást megkapják a kegyelemmel és *örök életbe* jutnak. *(IX. Pius 1863-i enciklika: Quanto conficiamur moerore)*

†

Választottak száma

Sokan eljutnak a hitre, de kevesen vezettetnek be az öröklétre. Nézzétek csak, mennyi összegyűlt ma a nagy ünnepnapra, zsúfolva töltjük a templomot faltól falig szorongva! De ki tudja, mily kevés van köztetek, aki a választottak seregébe soroztatik! *(Nagy Sz Gergely)*

Elmélkedés (B év)

„Te vagy az én szerelmes Fiam”: Te bűnösnek látszó, bűnbánatot tartó ember, te az igazi Ember, az Istengyermek, te mintaképe s tanítója az igazi szentségnek: szerinted alakuljon mindenki! Érezze mindenegyes ember a maga elégtelenségét, s ragadja meg a Te kegyelmedben az Istennek tetsző élet erejét! Mi Krisztus által, általa szerzett kegyelemben leszünk egész emberek. Magunktól, önerőnkből nem boldogulunk, de általa egész, erős, boldog emberek leszünk... Ebből merítsek vigaszt s öntudatot, hogy soha el ne hagyjam magam... Az én keresztelésemben is megnyílt az ég, lejött a Szentlélek, s Isten fia lettem. Lelkemben azóta is sok lelkierő pihen, felsőbb érzések energiái, Isten fátyolos vonásai: ki kell ezeket fejlesztenem krisztusi életben! *(Prohászka: ÖM, 6:115; 146)*

†

Keresztség

Minden más víz élőket fogad be, s holtan veti ki a testüket. A mi vizünk holtakat fogad, s élve adja vissza őket. Állatiból igazi emberré, emberből angyallá a hívőt szenteli. *(Veronai Sz Zénó)*

†

Keresztség: föltámadás elővétele

Keresztvíz szentségének szolgálatján a föltámadás reménysége ragyog ránk és benne várjuk testünk új életre keltét! A szó maga is nyilvánul jelenté: *Anastasis*, mi nem más: mint újra-élve-állás! A test, mi megromlott és elbomlott és földdé széjjelomlott!... Helyes tehát, hogy helyreálltát az „élők közé fölkelésnek" vallják. Föltámadás nincs halhatatlan lelken, ő azt kapja, hogy testbe megtérhessen... *(Cirusi Theodorétus)*

Elmélkedés (C év)

„S imádkozván *megnyílott az ég*": különben zárva volt. Ki megy föl az égbe? — mondták csüggedve a régiek; mi már tudjuk, hogy ki nyitja meg nekünk az eget. Mások világ-utakat nyitnak, Jézus: égi utat. Páratlan ez az úttörő s ez az út! „A Te utaidat mutasd meg nekem, s ösvényeidre taníts meg engem!" (Zsolt 24,4) Hányan állnak kint, s okoskodnak, s kritizálnak, s elfonnyadnak! Ah, ezek úgy látszik, a Galamb szárnyasuhogását és sugallatát nem érzik. Akik érzik, azok *mennek*, a nyitott ajtón belépnek, Krisztus arcába néznek s fölélednek. „Ich trau den Genius, der mir winkt: Bízom a lángelmében, amely int felém!" A mennyország lépcsőin ül egy ráncos, élesszemű vénasszony, a Kritika. Zsémbes és meddő. Látják ülni, de nem erednek vele szóba a szerető lelkek, a hősök, a művészek és szentek; követik szívüket! Én is! *(Prohászka: ÖM, 6:115; 146)*

†

Keresztség

Mint hirnök én meghirdetem tinéktek:
— Mind jöjjetek, ti pogány népek, nemzetek,
vegyétek a keresztségnek Halhatatlanságát!
Hozzátok szólok, tudatlanság sötétjén lakókhoz,
az Élet ujjongó Hírével: „Vár rabság helyett szabadság!
Jöjj zsarnokságból Királyságra, romlásból a gyógyulásra!"
Hát hogyan jöjjünk? — kérdezed.
Hogyan? Szent Vízen át vezet
az Út és Isten Lelke által!
Ez ama Víz, amely fölött lebeg a Lélek,

ez amely körülöntözött egy régi boldog Édent!
Víz, mely lemos, és ember újjá lesz, mint új teremtmény! —
Egyiktek tán azt kérdi most: hogy lennék szent, csak vízzel mosva le?!
— Előbb tegyed, mit jónak látott Istened!
Aztán a vízből Istennek újulva, újjászületik
első világrajöttöd — a kéjtől fogant, kínba vett, —
víg üdvhozóra, mely föltárja üdvösségedet;
az üdvöt *más úton elérni nem lehet!*
Mert úgy mondotta esküszóval Isteni Próféta:
„Amen! Bizony! ha élő vízből újjá nem születtek
az Atya, Fiú, Szentlélek nevében, soha nem mehettek
a Mennyek Országába!"
Fuss hát, röpülj e Vízhez; rád csorgatva
csak ez, csak ez, mi kiolthatja
a Haragnak Tüzét!
Ha nem keresnék, sőt ha kerülnék
a gyógyulás vizét, — vad őrületnek lelkét hordják!
Ki üdv elől fut, csak veszett kóros az:
Fut Víz elől, mely egyetlenül üdvözítheti!

(Sz Hippolitus)

†

Mi kis halacskák, a mi nagy Halunk módján, vízben születünk, s csak úgy maradunk élve, ha maradunk e vízbe'. [A keresztények titkos neve Krisztusra a görög *„hal"* (ichthus) szó volt, melyet a *Jézus Krisztus, Isten Fia, Megváltó* kifejezés kezdőbetűiből állították össze.] — És el nem fogy ez a „szekta", mert tudd meg róla, annál inkább növekszik, minél jobban látod, hogy öletik. *(Tertullián)*

HAMVAZÓSZERDA (A,B,C)

I: Mindenki tartson bűnbánatot, s az Úr megkegyelmez. S: Itt az idő: engesztelődjünk ki Istennel. E: Helyesen gyakoroljuk az alamizsnálkodás, imádkozás és böjtölés erényeit.

A hamu napja, a nagyböjt (vagyis a húsvéti előkészületi időszak) első napja. Amit mi manapság hamvazószerdán átélünk, csak csekély maradványa annak az ünnepélyes szertartásnak, amelyet régen a püspök a nyilvános vezeklőkkel végzett. Ha valaki súlyos, nyilvános bűnt követett el, a nagyböjt kezdetével vállalnia kellett érte a nyilvános vezeklést is. Így volt ez szokásban az Egyházban a IV. századtól egészen a X. századig. A nyilvános vezeklés mindenekelőtt az eucharisztikus közösségből való kizárásban állott; emellett a vezeklő elégtételi cselekedeteket is gyakorolt: imádságot, önmegtagadást, böjtöt. Mielőtt a vezeklőket az egyházi közösségből kizárták volna, ünnepélyesen átadták nekik a vezeklőruhát, fejüket hamuval hintették meg, s ezután a püspök kikísérte őket a templomból a templom kapuja elé. „A vezeklők kitaszítása" megrázó szertartás volt, ami a hívők számára is komoly prédikációszámba ment. Később enyhített az Egyház a bűnbánati fegyelmen, s ettől kezdve titokban róttták ki az elégtételt. De a középkor óta önként vették magukra az összes hívek a hamuval való meghintés vezeklőszertartását.

A hamut az előző évről maradt szentelt barkákból nyerik. „Emlékezzél meg, ember, hogy por vagy és porrá leszel!" — mondja a pap, miközben a hamuval keresztet rajzol homlokunkra. Gondoljunk csak arra, hogy először a paradicsomban, az ősszülőkhöz hangzottak e szavak — ez volt a föld első szomorú hamvazószerdája! *(Parsch Pius: Üdvösség éve, 2:45)*

Első olvasmányhoz Jo 2,12-18

A sáskajárás természeti csapása (a könyv első része — nem szerepel a mai olvasmányban) az eljövendő végidő hirdetése, Jahve napjára figyelmeztet. A bűnbánat biztosítja a veszedelemből való menekülést. A bűnbánat alól senki sem kivétel. Joel mindenkit: papokat, laikusokat, öregeket, fiatalokat figyelmeztet, hogy mindnyájunknak szüksége van bűnbánatra, megújulásra. S akkor az Úr megkegyelmez népének. Joel, a tizenkét kisebb próféta egyike, a „pünkösd prófétája", de egyúttal a bűnbánaté, a böjté és az imáé is. Imáit a nagyböjt liturgiájában is használjuk. *(2,12: Jer 4,1 ▫ 2,13: 2Mz 34,6 ▫ 2,14: Ám 5,15; Jón 3,9 ▫ 2,17: Zsolt 42,11; 79,10)*

Válaszos zsoltár Zsolt 51(50),3-4.5-6.12-13.14 és 17

Könyörgés Isten bocsánatáért

Szentleckéhez 2Kor 5,20-6,2

Sz Pál kér minket, hogy Krisztus példáját követve gyakoroljuk az erényeket, hogy aztán elnyerjük az üdvösséget. „Most van itt az idő", most, itt a nagyböjtben kell lelkünket előkészíteni a húsvéti ajándékra.

Isten „bűnné" tette Fiát (5,21), mert Krisztus magára vállalta a világ bűneit, és áldozatul adta magát a bűnök levezeklésére. *(5,20: Iz 52,7; 1Kor 4,1 ▫ 5,21: 1Pt 2,22-24; Iz 53,9; Róm 8,3; Gal 3,13; Kol 1,14; Ef 1,6-7; Fil 3,9 ▫ 6,1: 1Kor 3,9 ▫ 6,2: Iz 49,8; Lk 4,19.21)*

Evangéliumhoz Mt 6,1-6.16-18

Az erény legfőbb gyakorlatai a farizeusok számára (és a miénkre is) az alamizsna, az ima és a böjt. A hegyi beszéd során Jézus ezek helyes megélésére tanít.

A szemek kívánságának megfékezésére az *alamizsna* szolgál, de ne fitogtassuk, mint a képmutatók, mert akkor Istentől nem jár jutalom — az emberektől megkaptuk már. Az élet kevélysége ellen megvéd az *ima*, felemeli a lelket Istenhez, a Vele való személyes kapcsolat által. Jézus nem a közös imát ítéli el, hanem a feltűnéstkeltőt, melynek célja Isten dicsérete helyett az emberek elismerésének megszerzése. A test kívánságát a *böjt* töri meg. Itt is az Istenhez vezető személyes kapcsolat a döntő, és kerülnünk kell a farizeusi magamutogatást. Istenért böjtölünk, nem az emberekért. *(Biblia, 1130) (6,3: Mt 25,37.40; Róm 12,8 ▫ 6,16: Iz 58,5-9)*

Szentségre várva

A nagyböjt megújulása ne negyven napig tartó ideiglenes változás legyen. Egész életünkre hasson ki, s fogjunk hozzá azonnal.

Elmélkedés (A év)

Hamut szór fejünkre az Egyház, böjtbe, s Krisztus kínszenvedésének benyomásai alá állít; mindezzel mély megtörődést s penitenciát sürget, valamint nagylelkű szeretetet a szenvedő Jézus iránt.

Meg akarunk alázódni hamuban; a hamu halálunkat hirdeti, hirdeti éltünk elhervadását, érzékiségünk s testiségünk elporladását s bűnösségünk büntetését: por vagy, porrá leszesz! A halál az ember műve; szerencsétlen művész; az első halott a testvérgyilkos áldozata. Ádám rémülten tekintett e műre! A halál is életről beszél, életről, melyet éltünk, s melyet élni fogunk. Nagy kegyelem az életre a halál átérzett jelenlétében visszapillantani. Ha az élet jó volt, akkor a halál oly szép, mint az alkony, telve az erdők s mezők illatával s a munkás emberek fáradt, de bízó szemefényével. Ha pedig az élet rossz volt, akkor a halál olyan, mint a romokat takaró, csillagtalan éj. De ez is, az is magábatérést sürget; ó hisz élsz még, kezedben van még az életfordulás kegyelme! Keveset éltem, sokat elfecséreltem, de még az enyém az élet, a szép élet, mindjárt kezdem.

A völgybe le egy zúgó patak partján
Úgy harminc éve mentem egy hű kezet tartván.
Le végig újra baktatok a völgybe...
A harminc év leszáll, mint erdő ködje... (Tennyson)

Azért szállunk lélekben halálunk percébe, hogy erőteljesebben s örvendezőbben éljünk. Nem, hogy búsuljunk s elhervadjunk, hanem hogy föllelkesedjünk s kivirágozzunk. Szenvedélyem, hogy a jónak morzsáját se hanyagoljam el, hanem földolgozzam, mert még van időm. Íme, e gondolataimban édes érzelem tölti el a szívemet, s a csúnya halálváz szép testet s angyalszárnyakat ölt s az Úrhoz emel föl, ki a lét s elmúlás váltakozásaiba állított, de csak azért, hogy gazdagabban éljek.

Elrontottam-e életemet? Előmunkása voltam-e annak a halálnak, mely torzulás és enyészet? A haláltól tanulok szépséget s az enyészettől életet.

Böjtölni akarok Jézussal, aki negyven napig böjtölt, s megteszem ezt szívesen, mert az egyház, a fegyelmezett lelkek tanítója, parancsolja. Ez önmegtagadásban kitűnő nevelő és fegyelmező eljárás rejlik; mert parancsol a szemek, az íny vágyainak, fölemeli a lelket, s testem is tisztább s hajlékonyabb lesz; az a sűrű, állati, ösztönös vér hígabb, üdébb, energikusabb lesz, s bűneimért penitenciát gyakorolok böjtömben.

Az önmagábatérés s tisztulás szellemével bele akarok hatolni Jézus szenvedésébe. Ehhez lélek, érzékeny, nemes, nagystílű lélek kell. Érteni az áldozat szeretetét, s átérezni, hogy ez értem van. Ó mily elfogódottan ereszkedem e tüzes léleknek, a szenvedő Jézusnak párás, tropikus érzelmi világába; hogyan nézek ez örvényekbe s ez égbemenő csúcsokra; hogyan várom epedve s imádkozva, hogy a bensőség s az elérzékenyülés gyógyító vizeit kavarja föl bennem is a részvétnek angyala! Le a sarukkal; a hely szent föld; lábadjon könnybe szemem, hogy többet lássak, s verjen gyökeret térdem, hogy gyorsabban haladjak a keresztúton. Igazán szent idő; meg akarom szentelni! *(Prohászka: ÖM, 7:464; 238)*

†

Farsang, mulatozás. Ördög pompái és keresztségi fogadalom

Szólsz azután: „Ellentmondok mind az ő pompáinak!"
Ördög pompája a színház! lófuttatás, szín-divat!
Állathajsza cirkuszban és más efféle hiúság.
Szabadulást ettől kér Szent, mondja zsoltár himnuszát [118. zs.]:
— „Fordítsd el én szemeimet! *hiúságot* ne lásson!"
Ne kapj azért dőreségen, bolondozó színházon!
Csúf utálat onnan árad: nőbe ferdült férfiak!
Ugrándozás, vér-pocséklás, s vadállattól hullanak!
„Vadásznak" és — vadásztatnak! Horog húz ki hullákat.
Tán élelmet így szerzenek? Él belőlük: vadállat!
A hasuk egyetlen gondjuk, azért vetik életük
párvíváson, vérkockára! Keresztények! Nézhetjük!?
Lófuttatást éppúgy — fussad! hívő lelket sárba von:
Naplopó zaj, pénzfogadás! — Mennyi jót tennél azon!
— Mindez: ördög pompa *ellen* szóltál esküt fogadón!

(Jeruzsálemi Sz Cirill: Katekézis, versbe téve)

Elmélkedés (B év)

Halál

Majd minden kérdésre, melyet föltesznek neked, azt válaszolhatod: Talán! Lesz-e nagy vagyonod, tehetséged, hosszú életed? „Talán." Utolsó órád Isten barátságában ér-e majd? „Talán." E lelkigyakorlat után sokáig élsz-e majd a kegyelem állapotában? „Talán." Üdvözülsz-e? „Talán."... De meg fogsz *halni?* „Óh bizonyosan, *meghalok*!" *(Loyola Sz Ignác)*

„A színi látványokról" (De spectaculis)

Már annyiszor megbizonyítám: Semmit sem
e látványosságok során nem helyeselhet Isten!
S Isten-hívének megfelelnek, amiktől Ura elfordul?
Ha mind ördögnek készült...
hát „ördögnek pompája" harsog mind e zajban! —
és esküvel vetének el mindezt — *hajdan*... [a keresztségben!]
Mit leesküdtünk: se tett, se szó, se látás, se látvány
formájában ránk ne hozza vissza Sátán!...
Mert senki nem megy át ellenség táborába,
csak hogyha fegyverét mind eldobálja,
ha cserbe hagyja zászlaját, letett hiteskü jét, Urát!
ha átszerződött *túlra*: veszendőkhöz együtt pusztulva!...
Vagy akkor gondol-é az Istenére,
ott ülve, hol Őróla semmisem beszélne?!
Úgy vélem, *„lelki béke"* tölti el,
míg izgul s kocsi-versenyre figyel...
Szemérmet ugye kitanul,
míg színésznőket megbámul.
Minden látványon fő-fő botrány,
hogy miként izgat férfi, nő, egymást hajszolván.
Az „együttérzés", „sikerük", kudarcuk: maga e hajsza —
kéjvágy szikráit lángra ne lobbantsa?
Aztán: mindenki odamenve, arra ácsong [áhítoz],
hogy *lássák* őt és minél többet *„lásson"!*
Míg deklamál a hősszínész,
eszébe jutna próféta-kiáltás, intés?
A női puhányos fuvolázó nyekergések
zsoltári dallamot tán fölidéznek?! [tévé!]
Míg pőre bajnokok egymást ott gyomrozzák,
vajh fölkiált: verőnek fordíts másik orcád!'?
Intést vesz tán az Irgalomról,
ha medve ront be, vicsorogva mormol,
megtép félholtakat —
s hálósok horga beléjük akad...
Térítse Isten el övéitől,
hogy vonzzon ilyen végzetes gyönyör!
Mi dolog az, hogy Isten egyházából
a láb az ördög házába lohol?
Mondják: elhagyja mennyet, keresi posvány-szennyet!
a kezed Istenhez imára fölemelted:
most léha bohócot tapsolva összeverjed?

A *száj*, ki Áment mondott legszentebbre [áldozáskor]
bajvívó gyilkosoknak bőg — éltetve...
„Öröktől-mindörökké éljen"*: jár ki másnak,
mint Istennek csak, és Ő Krisztusának?!
Mért ne lenne ördögök prédája?
Már volt is példa rája — és az Úr tanúm!
A hívő nő, aki színkörbe lihegett,
kijött *sátánnal*: ennek híve lett!
Exorcizmus tisztátlan lelkekre hoz vádat
minduntalan: hogy hívőket megszállnak.
Ez válaszol: „Nos, — joggal tettem:
a magam földjén, magaméba mentem!"

(Tertullián prózája versbe téve
„modern" ízlésű tévé nézők, mozizók javára)

(* Ez görögül van a latin szövegben, a római liturgia nyilván így mondotta!)

Elmélkedés (C év)

Gyónás, bűnbevallás

Jól meggondold: ha *bűneidet* meg nem vallod, nem kerülöd el a poklot! Minden *súlyos bűnt* alá kell vetni az *Egyház „Kulcsának"* [bevallás és feloldás]: s így bármi bűn megbocsáttatik. De a kulcsokhoz folyamodás az egyetlen, szükséges és biztos útja a bocsánatnak. Ha súlyos bűnben leledző nem folyamodik a Kulcsnak Hatalmához, nem remélhet örök üdvösséget. Nyissad föl ajkadat tehát, gyónjad meg bűneid a papnak. Csak bűnbevallás a Mennynek igaz kapuja. — Ha megbocsátást vársz Uradtól, valljad ki bűnöd nyíltan akkor! *(Sz Ágoston)*

†

A bűnbocsánat föloldozásból áll. Mit érne véle a Lázár, a sírjából kijőve, ha nem hangzik felőle: „Oldjátok föl őt, hadd menjen szabadon!" Kötözve jött, nem a maga lábán, tehát más hatalom vezette járván! Tartsd észbe ezt, bűnbánó! Te is, ki hallod a bűnét vallót! Már életre kelt, már íme „járó"! Hallod, föltárja a lelke titkát gyónásában! Már „kint a sírból", de megkötözve még! Mikor oldják föl, ki oldja föl a kötelét? „Bármit föloldotok *ti* földön..." — Ő mondja — „föloldatik menynyekben." (Mt 16,19) Az Egyház joggal kapta bűnnek oldozását. De holt: — nem támad életre, csak lélekmélyben, Úr hívásán élesztve! S ez *első hívás* legbelül: — sok módon Istennek műve... *(Sz Ágoston: 101. zsoltárhoz)*

†

Bűnbevallás

„Bevallom bűnös voltomat." Ha az ember, bűneitől fojtogatva önnön vádolója lesz, mihelyt vádol és bevall: kiokádja bűnét — mint kórokozó mérgét. De jól megnézd, kinek gyónod ki bűnidet. Vizsgáld meg orvosod, kinek föltárnád bajod, és okot. Nézd, tud-e gyöngéd lenni a gyöngével, könnyezni megtört szív könnyével, hogy jártas-e vigasztalás, szilárdítás művészetében. Ha tudós és részvevő orvosnak bizonyul, tedd, amit mond! Tanácsihoz mind igazulj! Ha fontolón megérti kórod jellegét, és úgy ítél, hogy mind az egyház előtt kibeszéld: — kövesd szakértő tanácsit, tán más hívőknek is lélekjavára válik; — s te könnyülsz súlyt átadva és jobban gyógyulsz általa. *(Origenes: Homília a 37. zsoltárra [38. máshol])*

†

Bűnbevallás

Juhok, bakok és borjak áldoztattak értük: meghinté régieket vérük. De érted: *Istennek Fia* lett áldozattá! A lelked reá vinne még, hogy újra vétkezz? S ha elbuktál: nézd, mennyi bűnbocsátó módot a Jóhír fölkínál! *Keresztség* volt, hogy bűneink lemossa! Másodja út: a *vértanúi* vér! Harmadszor ott az *alamizsna*. Negyedszer: *megbocsátasz* magad is, ha vétett a testvér! „Ha meg nem bocsátasz az atyád fiának, Atyád neked meg nem bocsát majd!" (Mt 6,15) Ötödször: bűnöst tévelygésből térítesz; mert maga lelkét is halálból menti s bűnei sokát födözve „rejti" (Jak 5,20). A hatodik, mely a bűnt megbocsátja: a *szeretetnek* sokasága, mert mondá mi Urunk: „Bizonnyal mondom, megbocsáttatik sok bűne, mert nagyon szeretett" (Lk 7,47). Az apostollal: „A szeretet a bűn sokaságát is befedi." (1Pt 4,8) A hetedik, bár súlyos, fárasztó: a *bánkódás*, míg párnát könnyeiddel árasztol, míg éj és nap: csak könny az étked, és nem riadsz, hogy *kimondjad* a vétked *az Úr papjának*, keresve gyógyszert annak módján ki szólt: „Az Úrnak, bűnöm mondván, megvádolom a gonoszságom, — s Te hűtlen szívem megbocsátod."

Rejlik valami csodás abban, hogy *bűnbevallás van ránk parancsolva!* Ki kell vallani, mifélék, kinyilvánítani, szemekhöz kiállítni szív ételyét. Mit titkon elkövettél, mit szóban, gondolatban rejtve tettél, most mind legyen nyilvános!... Szemlére az veti, ki vádló itt és vádlott és csábító együtt. Ki csábított előbb, most önvádon ledőlt: — hogy bánattal kövessük! [A hét mód nem helyettesíti egymást, Origenes szerint se, hanem egyik magával vonja másikát: alamizsna — szeretet — bánat — bevallás a lépések.] *(Origenes: Homília 3Mz-hez)*

†

Világias keresztények

Őket szívük a világhoz hajtja, világ szívükbe visszakergeti! — S a könnyek ideje után hány *visszatér* a gonoszságra.

Hazájuk [mennyország] helyett a száműzetést szeretik, amelyben sínylődnek; és vakságukban, mely nyomorítja őket, úgy tobzódnak, mint a fényözönben.

Íme, a világ már összeaszott, de még virul szívünkben. Mindenünnen csak keserűség árad ránk, de szívünk vakságában szeretjük keserűségeit. Fut előlünk, futunk utána! Elesik, mi a zuhanóba fogódzunk, estében fönn nem tarthatván, véle hullunk, mert rátapadunk zuhantában! *(Nagy Sz Gergely)*

KERESZTÚT

A hívők már a korai századoktól kezdve elzarándokoltak a Szentföldre, ahol imádságos áhítattal végiglátogatták a Krisztus szenvedéseivel megszentelt helyeket. Később, a mohamedán hódítás után, a ferencesek kezdeményezésére, a Szentföldön kívül is felállítottak keresztutakat [Via Dolorosa], amelyek a Kálváriára vezető út állomásait jelképezték. A mai, tizennégy állomásból álló keresztút a XVI. századra alakult ki. Az állomások közül kilenc az evangéliumban is megtalálható, a többi a hagyományokon alapul: Jézus háromszori elesése, találkozása édesanyjával és Veronika kendője.

A keresztúti ájtatosságot nagyböjtben végezzük, állomásról állomásra vonulva. Minden állomásnál: 1. megnevezzük az állomást; 2. térdet hajtunk és mondjuk: *Imádunk Krisztus és áldunk!* (pap), *Mert szent kereszted által megváltottad a világot!* (hívek); 3. felolvassuk a két megadott szentírási részt; 4. majd az elmélkedést; 5. és egy könyörgéssel zárjuk: *Könyörülj rajtunk, Uram!* (pap), *Könyörülj rajtunk!* (hívek). Végül elimádkozhatunk egy *Miatyánkot* és egy *Üdvözlégyet*. Az állomások között egy nagyböjti ének egy-egy versszakát énekeljük.

Teljes búcsút nyer az, aki a kegyelem állapotában végigjárja a keresztúti ájtatosságot. Aki nem tud abban részt venni (például fekvő beteg), az is elnyeri a teljes búcsút, ha legalább fél órán keresztül Jézus szenvedéséről és haláláról olvas, elmélkedik és imádkozik.

I. Jézust halálra ítélik

Mk 14,61-64 ▫ Zsolt 2,2.7-8

Nemcsak a halált vállalta értünk, hanem az elítéltetést is. A főpap istenkáromlónak mondja. A nép, amelyből származott, megtagadja, és a gyilkos Barabbást választja helyette. A római helytartó mossa a kezét, de politikai meggondolásból mégis kimondja rá a halálos ítéletet. Ő ártatlanságának tudatában szótlanul áll bírái előtt. Nem sértődött, nem burkolózik gőgbe. A tömeg kiáltozásából, Kaifás és Pilátus szavából az Atya akaratát igyekszik kiolvasni.

Jézus Krisztus ugyanaz tegnap és ma: mindörökké. Ő áll előttem mindenkiben, akit ártatlanul elítélnek az emberek. És én próbálok-e függetlenedni az emberek véleményétől, ha mások megítéléséről esik szó? Viszont igyekszem-e sértődés nélkül, szelíden fogadni, ha engem bírálnak? Keresem-e az ügyetlen, vagy bár igaztalan emberi szóban az Atya útmutatását?

II. Jézus vállára veszi a keresztet

Jn 19,14-17 ▫ Iz 53,1-3

A meggörnyedő emberi test nem olyan, mint a mérleg. Nem kilóra méri a rárakott terheket. Könnyen emeli azt, amit jókedvvel cipel, sokszorosan nehéz neki az értelmetlen teher. Mi volna keservesebb a kereszthordozásnál? Krisztus akarta látni a láthatatlant: hogy értelmük van ezeknek a botorkáló, utolsó lépéseknek is.

Jézus Krisztus ugyanaz tegnap és ma: mindörökké. Ma is így hangzik a szava: Aki követni akar, vegye föl minden nap a keresztjét, és úgy kövessen. Meglátom-e őt a keresztje alatt roskadozóban? És elfogadom-e — naponta — a magam keresztjét?

III. Jézus elesik a kereszt alatt

Jn 15,18-20 ▫ Iz 63,2-5

Nem az erősek, a hősök, hanem a gyöngék halálával akart meghalni. Mindenben hasonlóvá lett hozzánk, a bűnt kivéve. A gyöngeségben is.

Jézus Krisztus ugyanaz tegnap és ma: mindörökké. Őt akarom látni mindenkiben, aki megszégyenül mellettem testi gyöngesége vagy szellemi képességeinek fogyatékossága miatt. Igyekszem segíteni rajta, gyöngéden, mégis erősen. A magam gyöngeségét pedig próbálom úgy fogadni, ahogyan ő az első elesést. Türelmesen, fölháborodás nélkül, szinte derűsen.

IV. Jézus találkozik édesanyjával

Jn 19,25-27 ▫ Siral 2,13

Máriának Jézus szenvedése fáj, Jézusnak most mindennél jobban az, hogy Máriának szomorúságot kell okoznia. A társadalom kitaszította magából, de vele osztoznia kell a legnehezebben is.

Jézus Krisztus ugyanaz tegnap és ma: mindörökké. A szeretet és a szenvedés titka ma is egymásba fonódik. Tudom-e tisztelni ezeket az egyéni élet szűk határait fölpattantó erőket? Aggódó édesanyámat, barátaim szüleinek fiúkat-féltő szeretetét?

V. Cirénei Simont kényszerítik, hogy segítsen Jézusnak

Mk 15,20-22 ▫ Zsolt 142(141),2-5

Tanítványai elfutottak mellőle. Péter háromszor meg is tagadta. Egy vadidegen ember segítségére szorul. Az is csak kénytelenségből veti vállát a keresztje alá.

Jézus Krisztus ugyanaz tegnap és ma: mindörökké. Akkor van hozzám legközelebb, amikor legjobban szorongat elhagyatottságom fájdalma és szégyene. Ilyenkor az, aki mégis segítségemre siet, bizonyosan az ő követe.

VI. Veronika kendőjét nyújtja Jézusnak

Mt 25,37-40 ▫ Sir 6,14-17

Milyen ügyetlen, alkalmatlan segítség! De Jézus elfogadja és bőkezűen megjutalmazza ezt az asszonyi leleményt, bátorságot. Megtörülközik s a kendőn véres arcának mását ajándékozza Veronikának.

Jézus Krisztus ugyanaz tegnap és ma: mindörökké. Kifosztottan is elég gazdag ahhoz, hogy megjutalmazzon minden szeretetből fakadó cselekedetet, szikrányi bátorságot, villanásnyi leleményt. Nem engedem, hogy legyőzzön a rossz, az „úgyis hiába" egykedvűsége. Nekem kell jóval legyőznöm a rosszat.

VII. Jézus másodszor is elesik a kereszt alatt

Iz 53,4-6 ▫ Iz 53,7-9

Meg kell szoknia, hogy botladozva jár, hogy meg-megcsuklik a térde. Szeme-szája porral teli, s amikor tájékozódni próbál, kavargó lábakat lát mindenfelé.

Jézus Krisztus ugyanaz tegnap és ma: mindörökké. Ráismerek-e az öregekben, akiket porba ránt a betegség s a kor? Vagy úgy gondolom, hogy aki elesett, az megérdemli a sorsát? Figyelmes vagyok-e az elesett iránt, vagy csak bosszankodom, hogy láb alatt van? A szenvedő Jézus szemlélete részvétre és tevékeny, segítő szeretetre nevel.

VIII. Találkozik a síró asszonyokkal

Lk 23,27-28 ▫ Siral 1,12.16

Mária részvétét elfogadta, Veronika figyelmességét gazdagon megjutalmazta. Az asszonyok sopánkodását azonban visszautasítja. „Jeruzsálem leányai, magatokat sirassátok!" (Lk 23,28)

Jézus Krisztus ugyanaz tegnap és ma: mindörökké. A teste megtört a kereszt alatt, s a szíve nem keményedett meg. De el se lágyult. A részvétet elfogadta, de szánalomra nem szorul. Tőlem se levegőverdeső nagy szavakat vár, inkább azt, hogy komolyan magamba nézzek.

IX. A harmadik esés

Zsolt 119(118),25-28 ▫ Zsolt 27(26),1-3

Az utolsó lépések a legnehezebbek. Micsoda „finis" ez, milyen nehéz újra fölállni, összeszedni a test és a lélek legvégső, maradék erejét!

Jézus Krisztus ugyanaz tegnap és ma: mindörökké. Engedelmes volt mindhalálig, mégpedig a kereszthalálig. Tőlünk sem azt kérdezi, hányszor botlottunk el. A hűségünket kéri számon, hogy tudtunk-e fölállni. Hagyja, hogy átéljük a legvégső szorongást, erőnk fogytán, amikor mégis nekivágunk.

X. Jézust megfosztják ruháitól

Mt 27,34-35 ▫ Job 5,17-18; Zsolt 69(68), 21-22

Nem a ruha teszi az embert. De Jézust mégis emberségének utolsó védő páncéljából akarják kiforgatni, amikor levetkőztetik. Nem viselt soha gazdag, pompás ruhát. De varratlan köntösét Mária szőtte. Épp ezért tépik le róla.

Jézus Krisztus ugyanaz tegnap és ma: mindörökké. Amint csupasz testtel megáll az emberek előtt, senkinek sincs kedve ahhoz, hogy kinevesse. Megérzem-e én is, hogy minden okkal vagy ok nélkül megszégyenített emberben az ő méltóságos meztelensége tárul elém?

XI. Jézust rászögezik a keresztre

Lk 23,33-34; Jn 19,18 ▫ Zsolt 22(21),2-3.15-17

Mi következhet ezután? Nehéz volt lépni, elbukni meg fölállni, de a mozdulatlanság még rémítőbb. Elernyednek az izmok, elernyed lassan az akarat is. Végtelennek látszó órák kezdődnek most — s az a másik út, amelyet egy helyben, mozdulatlanul és csak egyetlen egyszer jár végig minden ember, de egyszer végig kell járnia mindenkinek.

Jézus Krisztus ugyanaz tegnap és ma: mindörökké. Úgy szabad, hogy keresztre szögezteti magát. Elnémul, hogy a fájdalom mindenki számára érthető nyelvén tegye szóvá Isten üzenetét. „Ha fölemeltetem, mindeneket magamhoz vonzok." (Jn 12,32)

XII. Jézus meghal a kereszten

Lk 23,44-46; Jn 19,30 ▫ Róm 5,12-21

Kiáltva halt meg: győzelemkiáltással. Azóta a halál — a mi halálunk is — kapu, amely az Atyára nyílik.

Jézus Krisztus ugyanaz tegnap és ma: mindörökké. Értünk halt meg, pedig az igaz emberért is alig hal meg valaki, mi meg bűnösök vagyunk. Térdeljünk le néhány másodpercre ezzel a gondolattal!

XIII. Jézus testét leveszik a keresztről

Jn 19,33-34.38 ▫ Ez 37,12-14

Mária nem jajveszékel. Ő az Úr csöndes szolgálóleánya. Szótlan fájdalommal öleli magához a testet, tapogatja végig a hűlő sebhelyeket.

Jézus Krisztus ugyanaz tegnap és ma: mindörökké. Aki legközelebb van hozzá, azt tünteti ki azzal, hogy szenvedésének és halálának titkába avatja.

XIV. Jézust eltemetik

Mt 27,59-60 ▫ Zsolt 30(29),2-6

Hasonlóvá lett hozzánk a szenvedésben és a halálban, de sírja a húsvéti öröm tanúja lesz. A sürgölődő barátok, akik óvatos árnyként valahonnan most mégis előkerülnek, nem sejtik, hogy harmadnap mire virradnak majd.

Jézus Krisztus ugyanaz tegnap és ma: mindörökké. Mióta ő Istenre nyíló kapuvá tette a halált, azóta minden emberi szenvedés a megváltás eszköze lehet. Azóta minden könnyes arcon földereng a húsvéti öröm ígérete is.

Jézus föltámadt, alleluja!

Mk 16,1-6 ▫ Kol 3,1-4

Köszönjük, Urunk, hogy végigvezettél szenvedéseid állomásain. Add, hogy minden bajunkban a Te keresztutadon tudhassuk magunkat, és a mi életünk útja is a föltámadás dicsőségébe vezessen. Aki élsz és uralkodol mindörökké. Amen *(Jelenits: Betű és lélek, 283)*

Ajánlatos, hogy a községek, nagyvárosok, megfelelő alakban, tartsanak a római stációk szerint stációsünnepeket, főleg a böjti időben. A megyéspüspök vezeti az ilyen stációkat; időül a vasárnapok, esetleg egyes hétköznapok is; helyül pedig a helység fontos ősi temploma, kápolnája, a szentje sírhelye, vagy egy zarándokhely választható.

NAGYBÖJT 1. VASÁRNAPJA

1: Ősszüleink teremtése és bűnbeesése. S: Amikor elhatalmasodott a bűn, — Isten irgalmából — túláradt a kegyelem. E: Jézus legyőzi a kísértőt; az Ő győzelme erőforrás számunkra.

Isten lelke vitte Jézust a pusztába, a magány, éhezés, próba és bizonyítás színhelyére; oda, hol az ember magát és Istenét meg szokta találni. — Jézusnak le kellett győznie a háromféle kísértést: mint „új ember”, aki senki mástól le nem győzetik, csak Istentől: Ő fogja hírül adni az embereknek, hogy Isten Királyuk és Uruk!

Első olvasmányhoz 1Mz 2,7-9; 3,1-7

Elbeszélő alakban mondja el a Genezis (Teremtés könyve) 2. és 3. fejezete a titkos *tényeket*, melyek a közönséges történet síkja felett állnak: az ember teremtését földből és isteni életlehelletből, az édenkertet és a kiűzetést a bűnbeesés után. Mindez természeténél fogva több, mint „elbeszélés”. Tény, hogy az embert úgy teremtette Isten, hogy halandó lesz; ha elvonja tőle lehelletét: visszahull a porba! A megsemmisítő halált Isten nem szánta az embernek: ez azért jött, mert az ember eltávolodott Istentől, szavát nem fogadta meg. Amint a Krisztus-megváltotta ember újra közel kerül Istenhez, a halál sem a megsemmisülés többé, hanem átalakulás és megdicsőülés. *(2,7-9: Préd 3,20-21; Zsolt 104,29-30; 1Kor 15,45.47 ▫ 3,1-7: Bölcs 2,24; Jn 8,44; Róm 5,12-21)*

Válaszos zsoltár Zsolt 51(50),3-4.5-6.12-13.14 és 17

Kérés és megbocsátás

Szentleckéhez Róm 5,12-19 vagy Róm 5,12.17-19

Ádám és Krisztus a főtémája e vasárnap három olvasmányának. Az elsőben csak Ádám, a harmadikban Krisztus jelenik meg; e középsőben a kettő egymás mellé kerül. A római levél 5. fejezetének tanát 5,18 foglalja össze: egyetlen ember vétke mindnyájukra ítéletet hozott, Egyetlennek igaz cselekedete mindre felmentést, megigazulást. Mindenki vétkezett (1,18-3,20), de mindenki számára van üdvösség, hála érte Isten hűségének és Jézus Krisztus megváltó művének (3,21-4,25)! Egyetlen és mind, halál és élet, Ádám és Krisztus — ezekben az ellentétekben mutatja Pál a megváltás méreteit! Mindnyájunkért, vagyis mindnyájunk helyett, mindnyájunk üdvére győzte le Krisztus a halált, hogy minden embernek lehetővé tegye az életet, az Istennel való közösséget. *(5,12-14: Róm 6,23; 1Kor 15,21-22; 1Mz 3,19 ▫ 5,19: Iz 53,11)*

Evangéliumhoz Mt 4,1-11

„Megjött Jézus, hogy minden igazságot betöltsön" (Mt 3,15): a Jordánnál, János keresztségét véve; a pusztában, negyven napig böjtölve és az ördögtől kísértve. Ádám nem állta meg a kísértés próbáját, Izraelt a pusztában negyven éven át maga Isten tette próbára (5Mz 8,2-3), s a nép sem állta meg a próbát. Krisztusban Isten népe és az emberiség újra járja ez utat az Isten Igéje és az Ő királysága alatt. Éhség kenyérre, tiszteletre és hatalomra: maga Jézus is megtapasztalja ezeket az emberi vágyakat — és legyőzi őket. *(Mk 1,12-13; Lk 4,1-13 ▫ 2Mz 24,18; 34,28; 5Mz 6,16; 6,13)*

Szentségre várva

Istentisztelet: Istennek szolgálni, csakis Őt keresni, imádni, az Ő akaratát tenni. Jézus ebben mesterünk és példaképünk. Hív minket az Ő útjára, és Őmaga a kenyér, mely az útján járónak erőt ad.

Elmélkedés

Mértéktelenség, böjt és szegények

Ki győzné előszámlálni, mennyi ostorival büntette Isten a földön a „torkosságot"? Ádámot és Évát „ételért" fosztá meg ártatlanságtól és világi sok nyavalyákra veté... Ki gyomrát étkekben gyönyörködteti, annak mind gyomrát, mind étkét Isten elrontja. — De mindezek semmik, ha másvilági büntetések mellé vettetnek. — Keresztyének, eledelért — miért is veszejtsük lelkünket? Jobb, hogy most fogjuk el magunkat, hogysem örökké éhezzünk és szomjúhozzunk! Úgy ne járjunk mint Ézsaú, ki egy lencse-léven eladá áldását és azután heába ordítá sírásokkal a balgatagságát! — Dőzsöljenek ámbátor a világ fiai, lakodalmakról lakodalmakra járjanak bár, akik a mennyei lakodalomra nem igyekeznek!

Ezeket nem azért mondom, hogy minden tisztességes lakomát tilalmasnak ítélnék: távul légyen! Mert Krisztus elment a menyegző lakodalmába; s a tisztes nyájaskodás: a barátságnak és jóakaratnak alkalmas eszköze. Szabad azért embernek vendégséget tartani, nem a végre, hogy kevélykedjék és mutogassa értékét, vagy részegítse barátját, hanem hogy gondjait könnyebbítse, vigasságot végyen, barátokat szerezzen vagy megtartson, emberséges gazdálkodással. De vigyázván, hogy oly dolog ne essék a jól lakásban, mely az Isten szemeit megbánthassa. Lám, a megszállott várban rekedettek nem hízlalják hasukat, hanem módjával osztják az eledelt... Megnyargatta, sőt megszállotta ama síró-rívó oroszlán a mi várunkat, azért józanok légyünk és vigyázzunk és az ördög horgaira ragasztott eledelt bé ne faljuk! Legyen a mi böjttartásunk egyszersmind az *éhezők táplálása*: „Hallók az evangéliumból, hogy nem várta Krisztus a község kérését, hanem mihelyt látta szakaszkodott állapotjukat, enniök ada. Mert ha a szegény hallgat is: de az ő halvány és elsárgult színe, ösztövér és béesett orcája, szakaszkodott inainak erőtlensége elég kérés az irgalmas ember előtt. Erre erős parancsolattal *kötelez* mindeneket a Szentírás és azt hagyja, hogy necsak jóakarónkat, de halálos ellenségünket is tápláljuk, ha éhezik; innia adjunk, ha szomjúhozik. *(Pázmány: Dobzódásnak ártalmirúl és irgalmasságrúl, 4. böjti vasárnap)*

†

Böjtölés, önfegyelem

Böjtölés gyógyítja gyermeket, józanítja ifjakat, tisztességre díjat ad, emelve a véneket... — Böjtölés a lélek legjobb őre, a testnek biztos kísérője, áhítatra sarkaló. Vezeklőt megszenteli, papot tökélyre emeli. — *Önfegyelem*. Való igaz, királynak teremtődtél, hogy szenvedélyen uralmat betöltsél! Vad bestiák, csúszó-mászó világ fogadja föl megbékítő igád. — Bár jó kormányos kedvére nem csitíthat vihart, megtanulhat zajgó habon uraként haladni; szenvedély is lánca-tépve, ostromolhat embert: — de vezet a Lélek szent-szabadon, csak kormányt jó kéz ragadjon! *(Nagy Sz Vazul: 21. beszéd)*

†

Vigyázz, sohase sodródj *iszákosság* bűnébe; úgy legyalázza halandót, hogy oktalan barom is lenézi!

Tudni, kit és mit *kerülj* — nagy tudomány az üdvösséghöz! *(Aquinói Sz Tamás)*

†

Evilág — Mennyország

Földi dolgok szerelmibe, e madárlépbe, a lélek megragad, Istenhez röpte elmarad!

Óh boldogtalan lélek, te *bármi földi* szerelemnek rabja!

Mily édessé vált *megfosztatnom e léha* világ gyönyöreitől! Mily hasonlítatlan nagy öröm telített ily elszakadás után, amelytől pedig előbb úgy rettegtem! *(Sz Ágoston)*

†

Fegyelem

A lélek állapotját a test mozdulatai kivallják. Test mozdulatiban a lélek nyelve van. — Ki nem lesz szenvedélyének ura, azt féktelen ló viszi-ragadja; — idéstova hányja-veti, — zúzódik az, sebbel teli, — s földre sújtva vége neki. *(Sz Ambrus)*

†

Türelem

Ha valaha lenne egy kolostor bajkeverő, izgága tag nélkül, szükség lenne keresni egyet, fizeti őt — súlyát aranyban! — mert oly hatalmas az a haszon, ami ilyen nyűgösségből árad — csak a testvérek jól tudják javukra fordítani! *(Sz Bernát)*

NAGYBÖJT 2. VASÁRNAPJA

I: Ábrahám Isten parancsára kiköltözött szülőföldjéről. S: Vállaljuk Jézusért a szenvedéseket, hogy Vele együtt elnyerjük az életet és a halhatatlanságot. E: Urunk színeváltozása a mi megdicsőülésünknek is előképe.

Ábrahám a kezdet volt: a terv; Krisztusban vált érthetővé, mit akar Isten az embertől, mit akar adni neki, hogyan akarja magáévá fogadni. Mózes és Illés irányadó állomások voltak ezen az úton; de Krisztus az igazi Út, mivel Ő az Atya Igéje és tökéletes Képmása. Fiában láthatóvá, hallhatóvá lett számunkra az Isten. Követői és megvallói által is legyen Ő látható és hallható!

Első olvasmányhoz 1Mz 12,1-4

A bábeli torony építése után úgy látszott, hogy az emberi történelem zűrzavarba, széthullásba torkollik! De Ábrahám hivatásával elkezdődik az üdvösség története. Ennek fő témája az „áldás" (ötször is előfordul a szövegben). Ábrahám parancsot hall: „Költözzél ki!" és ígéretet: „Meg foglak áldani!" Nincs más biztosítéka, útja sötétjében semmi más fény, csak Isten szava. „És Ábrahám kiköltözött!" Kérdés, kibúvó nélkül. „Hitben megfogadta Isten hívását, hogy vonuljon ki... és kiméne, nem tudván, hova mégyen." (Zsid 11, 8-10). *(4Mz 24,9; Bölcs 10,5; Sir 44,19-21; Gal 3,8)*

Válaszos zsoltár Zsolt 33(32),4-5.18-19.20 és 22

A hű és jóságos Isten

Szentleckéhez 2Tim 1,8-10

Az emberiség történetének célja van: az, hogy az ember részese legyen Isten fogyhatatlan életének (2Tim 1,10). Ez az ember „megmentése", ami Isten műveként, ajándékaként jut osztályrészünkül. Ami Jézus eljöttével és a belé vetett hittel kezdődött, azt Isten az ítéletnapján fejezi majd be. S mivel ez a legfőbb reményünk, egy hittől idegen világ ellenállása nem ijeszthet el bennünket, s főleg azokat nem, akik (mint Timóteus) az evangélium szolgálatára hívattak. *(Róm 1,16; 5,3-4; Ef 3,13; 2,8-9; Tit 2,11; 3,4-5)*

Evangéliumhoz Mt 17,1-9

Isten „fönségéről" sok helyen beszél az Írás: megmutatja Isten nagyságát és szentségét, ahogy ez megnyilvánul természetben, történelemben, emberi életben. De ezt csak a szív éles, tiszta szeme láthatja! Jézusban, inkább mint bárhol, Isten látható lett, mégis csak kevesen ismerték Őt fel. A Színváltozás Hegyén nemcsak arca ragyogott Jézusnak (mint egykor Mózesé: 2Mz 34,29-35), hanem egész testén átfénylett Isten jelenléte, melyet a fényes felhő is jelképez. A felhőből szóló hang helyesli Péter vallomását (előző fejezet: Mt 16,17) és felszólít: „Őt hallgassátok". Ráhallgatni annyi, mint hinni és engedelmeskedni Neki, mikor új Mózesként az Újszövetség törvényét meghirdeti, de akkor is, mikor a szenvedéséről beszél, és hív keresztje felvételére! *(Mk 9,2-10; Lk 9,28-36 ▫ 2Pt 1,16-18; 2Mz 19,16; 24,15-16; Iz 42,1; Jn 14,9; 2Kor 4,6)*

Szentségre várva

Krisztussal, Krisztus által vagyunk mi Ábrahámnak, minden hívők atyjának „fiai", de egyben Isten fiai, szent népe is. Krisztusra hallgatunk, csatlakozunk Hozzá, szenvedésében, föltámadásában, Őt véve a Szentségben.

Elmélkedés

Urunk színváltozása

Péter látja a tündöklést, és mint aki emberi örömet élvez, fölkiált: Uram, jó nekünk itt lennünk! Unva a lenti tolongást, feljött ide a hegyi magányba; közel most Krisztushoz, a lélek Kenyeréhez. Miért menne el valaha is nyűglődésbe, kínba, hisz élhet itt Isten szent szeretetében, s épp ezért igaz életszentségben? Boldog akarok lenni! Építsünk három hajlékot. Jézus nem ad választ! Péternek az Ég felel: nem három kell, csak Egy kell, csak Együnk van; ember ész fölosztaná: de Krisztus az Isten Igéje, Ő az Ige a Törvényben (Mózes), a Prófétákban (Illés). Miért látod őket, Péter, külön? Miért nem egyesítsz mindent: csak Egy létezik! És nem mondja a Szózat: „Ezek", hanem „Ez" az én szerelmes Fiam! A többi fogadott, a többi is *Benne* van! Őt hallod a prófétákban, Ő szólt a Törvényben. Hol nem hallod Őt?! — „És arcra hullottak"... Az Úr kinyújtja kezét, életre kelti a félholtakat. „És nem látnak mást, csak Jézust egymagát!" Jelenti ez azt is, amit Sz Pál mond: Most csak tükörben homályosan látjuk Őt, akkor pedig majd színről-színre. Földre hullásuk a haláluk képe, mert „por vagy és porba térsz"; fölemeltetésük a föltámadásuké. És a föltámadás után minek a törvény, próféták? „Csak" az marad, aki „kezdetben vala az Ige és az Ige Istennél vala..." Isten marad mindenben minden. — Gazdagnak hiszed magad? De ha Istened nincs, mid van? Lehet más szegény: ha Istene van, mije hiányzik? — Most pedig menj le Péter, túl soká voltál a hegy békéjén; menj le, „hirdesd az Igét! Állj elő vele akár tetszik nekik, akár nem, ints, kérj és feddj minden türelemmel!" (2Tim 4,2). Nyűglődj, vesződj, viseld, ami kín jön, hogy betöltvén a szeretetet, eljuss, ahová kívánkoztál! — Lejött a békéből maga az Élet is, hogy megölessék, az „Út" is, hogy elfáradjon, a „Forrás", hogy szomjan epedjen, — ki utasítaná vissza a munkát?! *(Sz Ágoston: 78. beszéd)*

†

Imádság, Szentírás olvasása

Imádság lelket megtisztít, szent olvasás megvilágosít! Mindkettő nagy-jó, — ha bírod; s ha rá nem érsz, *az ima jobb*! Ki mindig Úrhoz áhítoz, gyakorta fogjon imához! Gyakorta kell, hogy olvasson, a szent igéken fölgyúljon! Mikor imánk áhítozik, Úr Istenhez beszél a szív. Ha olvasunk, az Úr maga beszél és hív titkos szava. A *haladáshoz*: olvasás, mélyedt imánk a kútforrás. Amit nem tudsz, betűn tanulod, tanultat élve újjáalakulsz! Imákban nől, ki elmélyed; formálja őt a Szentlélek! *(Szevillai Sz Izidor)*

NAGYBÖJT 3. VASÁRNAPJA

1: A pusztában Isten vizet ad a szomjazó népnek. S: Isten szeretete kiáradt szívünkbe a nekünk ajándékozott Szentlélek által. E: Jézus az örök élet forrása mindazok számára, akik hisznek Őbenne.

Van testi éhség és szomjúság; az ember belehalhat, ha nincs kenyere, nincs itala. Van örök éh-szomj életre és szeretetre is. — Jézus mondja: Én élek, tinektek is élnetek kell! Én vagyok az élő Kenyér; ismét: Aki szomjúhozik, jöjjön Hozzám. Ő az élő vizek Forrása. Aki abból iszik, aki Benne hisz és bízik, az tudja: Nem fogok meghalni. Élek!

Első olvasmányhoz 2Mz 17,3-7

„Velünk-e az Úr vagy sem?" — A pusztában Izraelnek ez létkérdés volt. De a kérdezés módja követelés volt Istenhez, a nép vele „kísértette" Istent, vagyis próbára tette; „morgolódott", azaz hangosan kifejezte elégedetlenségét. Isten hagyta, hogy követelőzzenek: Ő hűségesnek bizonyult, Izrael szilárd sziklája, élő vizek forrása volt (vö. Jn 4). Isten nem tagadja meg adományait attól, aki kiszolgáltatja magát, aki ráhagyatkozik az Ő jóságára és hűségére. Őmaga a legfőbb ajándék (l. szentlecke és evangélium), de vannak kisebbek is, kezdve a vízzel, amelyre szakadatlan rászorulunk. *(4Mz 20,1-13; 2Mz 15,24; 5Mz 6,6; Zsolt 95,1.8-9; Zsid 3,7-9; 1Kor 10,4)*

Válaszos zsoltár Zsolt 95(94),1-2.6-7.8-9

Fölhívás Isten dicsérésére, intelem

Szentleckéhez Róm 5,1-2.5-8

„Krisztus meghalt értünk, mikor még bűnösök voltunk." (Róm 5,8) Minden, amivé a keresztségben lettünk s amink most van, merő ajándék, csupa kegyelem. Isten békéjében, kegyelmében és reményében élünk, Isten fönsége árad ránk, „igazzá" lettünk (e kijelentései a két első versnek utóbb visszatérnek). Isten elfogadott minket, szeret bennünket. Honnan tudjuk mindezt? Kívülről erre semmi bizonyosságunk, belülről tudjuk: a Szentlélektől, e legfontosabb Ajándéktól, kit Krisztus küld az Atyától; maga Krisztus, a keresztre Emelt, az Átszegezett. Ő a szikla, amiből Isten új népének örök életet adó vize fakad (vö. 1. olvasmány, evangélium). *(5,1-2: Róm 3,21-24 ▫ 5,5: Jn 7,37-39; 1Kor 13,13; Róm 8,14-16; Gal 4,6 ▫ 5,6-8: Róm 8,32-34; 1Pt 3,18)*

Evangéliumhoz Jn 4,5-42 vagy 4,5-15.19-26.39.40-42

„Én vagyok az!" — mondja Jézus a szamariai asszonynak. Ez a csúcspontja a mai evangéliumnak. Fáradtan, szomjasan jön Jézus Jákob kútjához, és élő, friss vizet ígér, a nő és a világ mindmáig tartó ámulatára. „A kút bizony mély", mélyebb, mintsem a nő gondolta! Mert e vizeknek forrása maga Isten. Tisztaság, szentség, élet: mindezt Isten adja népének, mely vízből és Lélekből születik. Ez a nép tudja, hol imádják Istent; nem földrajzi helyen, hanem „lélekben és igazságban", a lélek legbelsején, ahol Isten lakozik és imára tanít. Ezzel nincs elutasítva a közös ima, de igazolnia kell magát, hogy „valódi", hogy a szív összecseng a szóval és Isten lelkével. *(4,5-6: 1Mz 33,18-20 ▫ 4,10-15: Jn 3,16; 6,31-32.34-35; 7,37-39; Iz 41,17-20 ▫ 4,20-26: 5Mz 12,5; Róm 9,4-5; 5Mz 18,18; Iz 52,6; Jn 9,37 ▫ 4,34: 5Mz 8,3; Jn 3,17; 6,38-40)*

Szentségre várva

Szomjúhozik Jézus, mikor Jákob kútjánál pihen, mikor a kereszten függ. S mégis Ő a szikla, amely megnyílik (vö. 1. olvasmány és Jn 19,34), hogy élő vizet árasszon minden szomjazóra: igazságot, szeretetet, életet. Szomjúsággal jöjjek Őhozzá!

Elmélkedés

Adj innom! Eltikkadt vándor vagyok, lelkeket keresek; voltaképp ők italom, s az Isten akarata ételem; de téged is kérlek: adj innom. „Sitio" [szomjúhozom] — Jézus lelkeket keres, üdvüket szomjazza; közeledik hozzájuk, szeretetüket kéri... azért Ő kezdi a beszédet; a próféta álruhájában, de az alázatos, apostoli szeretet közvetlenségével lép az asszony lelkéhez; adj innom, annyit jelent: add nekem lelkedet! — Így kell a lelkek után járnom, hozzájuk szólnom; nem röstelkedem; s mint Loyola Sz Ignác mondja: az ő kapujukon akarok bemenni hozzájuk, hogy az én kapumon át vezessem ki őket. — Az elfogult lélek mereven s hidegen áll a Mester útjába, nem érzi a szeretet akcentusát, a szeméből nem olvassa ki az apostol vágyát. — A bűnös lélek ilyen... Nem kaphat így élő vizet. Hogy eressze az Úr posványba a kristályeret? Templom vagyok-e, hogy Isten lakozzék bennem? Kicsiben is sok hűtlenség lehet; fegyelmezetlen vagyok talán imámban s különben is gondolataimban szeszélyes? Könnyelmű vagyok talán nézésben, érzésben, kényességben. S mily finom az Úr Jézus, éppen hogy csak érinti a sebet. Így kell! Ez neveli tisztességre az elvetemültet is. — „Mondá Jézus: Én vagyok az, aki veled szólok." Bemutatkozik s *fölemeli* magához. Máshol, parabolákban csak sejteti kilétét, itt bemutatja nyíltan. Az asszony már csupa fény és tűz; egyet gondol csak: Őt! Korsót, vizet, forrást felejt; már tüzet fogott, fut, siet, *hirdet!* — Én már látok, lássatok ti is! *(Prohászka: ÖM, 6:126; 159)*

†

Szellem és élet

Pünkösdön, a Lélek ünnepén, lejött az égből a fergeteg szárnyain, a szél zúgása az ő beharangozása, villámait lehozta s tüzes nyelvekké olvasztotta; angyalait fönthagyta, de kerubos, szeráfos, bátor lelkeket állított a világba, apostolokat; tüzes szavak, ihletett arcok, megindult tömeg az ő művei. A Lélek a hitnek lelke s ugyancsak az isteni szereteté, a tisztult lelkiségé, a remeklő erkölcsiségé; caritas et spiritualis unctio [szeretet és lelki balzsam].

A Lélek *nem tudomány*. Sokat tudhatunk s még sincs lelkünk. A Lélek az bensőség, melegség, indulat, meggyőződés, életöröm, tetterő, mely az embert áthatja és emeli.

A Lélek *nem műveltség*; az írás-olvasás, a kultúrművek hidegek, nem húznak, nem töltenek ki; a hidak, gépek, emlékek inkább terhek, melyek gyakran lenyomnak igénytelenségünk érzetébe. A Lélek az teltség, élvezet, édesség, lendület.

A *Lélek nem külvilág*, akár pompa, hír, érvényesülés legyen; szép városok, boulevardok, szobrok, diadalívek, mindez szürke és hervadt lehet; feledjük vagy rászokunk; a Lélek az a belső világ, az öntudat az isteni életről s erőről.

A *Lélek nem haladás*; a haladás ködös, göröngyös út, mérhetetlen perspektívákkal, telve rejtelemmel, de céltalansággal is; a Lélek pedig az én édes jelenem s tavaszi reménységem. A haladás az emberiségre nézve olyan, mint a viruló akácfasor, melyen át a gyorsvonat vágtat s virágos ágaiba leheli fojtó füstjét; e fojtó füstöt érzem, s e virágos ákác olyan nekem, mint a menyasszony fátyola, melyet szemfedőből csináltak. Ellenben a Lélek az az örök, fölényes élet, melyet már itt kezdek meg, s biztos vagyok halhatatlan jövőjéről!

A Lélek *nem test, nem érzék*, nem érzéki öröm és élvezet; az mind gyorsan hervadó virág, s hozzá még könnyen kábító s mérges virág; a Lélek test s érzék fölött álló, saját útjain járó, a végtelen Isten felé törekvő hatalom, mely a tisztaságban, az erényben, az öntudat harmóniájában bírja szépségét. *(Prohászka: ÖM, 7:406; 164)*

†

Feddés

A feddés hasznos és többet ér a néma barátságnál; mégha megsértődnék is barátod, intsd meg őt! *(Sz Ambrus)*

†

Tudatlanság, alázat

Nem tudni és *nem akarni tudni* két dolog; az első szeretné, de nem tudja, a másik a fülét szándékkal bedugja! Igazságot egyik távolból is szereti, a másik közelből is megveti. — Inkább eltűri Isten az alázatos tudatlanságot, mintsem a kevély tanultságot. *(Nagy Sz Gergely)*

NAGYBÖJT 4. VASÁRNAPJA

I: Isten Dávidot választja népe királyává. S: Ránk ragyog Krisztus világossága, támadjunk fel a bűn halálából! E: Jézus a Benne hívőket meggyógyítja a lelki vakságból, és látókká teszi.

Az élő Isten látó Isten. Az egész embert látja, a szívet is! — Látásra teremtette az embert, testi szemeket adott neki, a szellem fényét, a szív erejét. Aki nem lát, az szerencsétlen; aki nem *akar* látni, az nyomorultabb. Tisztulnia kell, kimosdania, hogy „lásson". Csak tiszta szem képes Isten világosságát fölfogni, csak tiszta szívekbe képes Jézus bevilágítani.

Első olvasmányhoz 1Sám 16,1.6-7.10-13

Sámuel 1. könyvével (16. fejezet) kezdődik Dávid története, és a 2. könyvvel végződik. Sámuel az utolsó a „bírák" közt, ő keni föl Isten prófétájaként a két első királyt, Sault és Dávidot. A prófétai hagyomány azt erősíti meg, hogy Dávidot Isten választotta: „Vele az Isten!" E választás (1Sám 16,7) mutatja, hogy az ember a külsőt nézi, Isten a szívet. Isten nem a szép termet és a jó képességek alapján ítél. Azoktól, akiket Ő munkatársául hív, mindenek előtt „egyenes szívet" vár. — Az Ószövetségben királyokat és prófétákat kennek föl. Ennek vallási jelentését lásd az olajszentelésben a nagycsütörtöki szentmise bevezetésében. *(2Sám 7,8; Zsolt 78,70; 89,21)*

Válaszos zsoltár Zsolt 23(22),1-3.3-4.5-6

Az Úr az én pásztorom

Szentleckéhez Ef 5,8-14

Akinek életét Krisztus fénye ragyogta be, annak az Isten nélküli világ csak sötétség. S aki e sötétségben él, az még nem ébredt életre, arra, amelyet Isten szánt neki. Az efezusi levél oly olvasókhoz szól, akik szakítottak pogány múltjukkal a megtérésben és a keresztségben. Tudniuk kell, hogy ők a világosság fiai, nem a sötétségé. E kettő közt éles a határ, s ezt semmibe venni lelki károsodáshoz vezet. *(5,8: Kol 1,12-13; Jn 8,12; 1Tesz 5,4-8 ▫ 5,12-13: Jn 3,19-21 ▫ 5,14: Iz 26,19; Róm 13,11; 2Kor 4,6)*

Evangéliumhoz Jn 9,1-41 vagy Jn 9,1-9.13-17.34-38

A vakon született koldusnak akkor teljes a gyógyulása, mikor Jézus még egyszer és más módon láthatóvá teszi magát a számára. Mert az igazi hívő lát: az Isten igazságát, a valóságot látja és fogadja el. E szakasz két első része (9,1-7: gyógyulás, 9,8-34: a nagytanácsi kihallgatás) után érjük el a lényeget: Jézus kinyilatkoztatja magát (9,35-39): „Én vagyok a világ világossága!" — mondta előbb (8,12). A vak meglátta a világosságot, és a világosság fiává lett (vö. 12,36). A farizeusok erősködnek, hogy látnak ők, mégis szemet hunynak a Világosságra, aki e világra jött. Ők az igazi vakok, a fény nekik válságukra lesz, ítéletükre. Nem képesek látni, nem akarnak imádni, meghódolni. Ez a hitetlenség titka. *(9,4-5: Jn 11,9-10; 12,35-36; 8,12 ▫ 9,35-39: Jn 4,26; 1Jn 1,5; Mt 13,13; 15,14)*

Szentségre várva

A hit hallással kezdődik és látásra visz. A hallott szavak, a látott képek jobban meghatározzák egy ember életét, mintsem a kenyér, melyet eszik. Az Élet Kenyere is csak akkor lesz számunkra életadó Kenyér, ha Krisztus szavát befogadjuk és megéljük.

Elmélkedés

Sárral is világosságot hívott elő Jézus, mialatt mi sárral, földies, alacsony gondolkozással elfojtjuk magunkban az isteni világosságot. Mily sötétség mindenfelé! A vallásos lelkekben is, kik nem értik az Isten nagy gondolatait s például azon botránkoznak, hogy Jézus szeret, segít és lelket ad *szombaton*! Mily sötétség, mely üres, oktalan formalitásból elfelejti az Isten nagy, szabad, szerető szellemét s a maga gondolataihoz húzza le a fölségest, a helyett, hogy hozzá emelkednék. — Óh Uram, hozzád, igazságaidhoz akarok emelkedni; vetkőztess ki gyönge hitvány fölfogásomból! Szólj, Uram, hallgat a Te szolgád; szólj, mindenben hódolok! Ne mondd rólam is: „Ítéletre jöttem én e világra, hogy akik nem látnak, lássanak és akik látnak, vakok legyenek!" — „Hiszesz te az Isten Fiában?" Jézus e látásra akarja megnyitni a szemeinket, hogy lássuk benne az Isten Fiát. Ugyancsak megmutatta magát nekünk fölségében, életében, csodáiban. Igen, én is látom Őt! Kiemel és erőt ad. „Mit Meinungen baut man keine gothischen Dome." [A középkornak hite volt, nekünk véleményeink; véleményekkel nem lehet gótikus dómokat építeni.] (Heine), — de e hittel igen! Ezzel nő szárnya a léleknek; a mai etikai káoszból kiemelkedem. — Az én legnagyobb lépésem is — a térdre-esés. *(Prohászka: ÖM, 6:224; 287)*

†

Bűnös, imádkozzál!

„Tudjuk, hogy a bűnösöket nem hallgatja meg az Úr" — mondják a farizeusok. — De ti bűnösök, ti essetek neki az imának; valljátok be bűneitek; esengjetek, hogy eltöröltessenek; kérjétek, hogy csökkenjenek; könyörögjetek, hogy míg ti haladtok, azok lemaradozzanak: csak ne, ne vesszétek a reményt, bűnösként is imádkozzatok! Mert hiszen ki nem vétkezett? Kezdd el a papokon! Azoknak mondhatta az Úr: „Előbb mutassátok be áldozatotok ti bűneitekért, azután a népéért!" (4Mz 18) Ily áldozatok a papok ellen emelnek szót; mert ha egyikük is igaznak, bűntelennek mondaná magát, ezek maguk felelnének: „Mit beszélsz? amit fölajánlasz, az beszéljen; áldozatod ítél rólad. Hogy ajánlhatsz föl bűneidért, nincs semmi bűnöd? Még itt is hazudnál Isten előtt?!" — De tán e papok az Ótörvény papjai voltak, az Újszövetségé nem bűnösök! Bizony testvérek, úgy akarta Isten: én az Ő papja vagyok! És veletek együtt verem a mellemet, veletek könyörgök, veletek várom, hogy Isten irgalmazzon! De tán a szent apostolok, a nyáj vezérbárányai, a Pásztornak pásztortársai, ők tán csak bűntelen valának... Bizony bűnnel voltak ők is! Nem merném mondani, de ők nem haragusznak érte, maguk bevallják. Halld az Urat, ahogy szól apostolaihoz: „Így imádkozzatok" — ahogy ama régi papokra áldozatuk rábizonyít, ezekre imájuk: „Így imádkozzatok... Bocsásd meg a vétkeinket, miképpen mi is megbocsátunk." Mit beszélnek maguk az apostolok? Naponta kérik a saját vétkeik bocsánatát! Jönnek adósként, távoznak föloldozottan és adósként jönnek vissza imára! Íme Péter, mikor az Urat elfogva kínjaira vonszolták, követni merte, ha távolról is, — de ahogy fáradtan a házhoz ért, a tűzhöz ült mert kívül-belül reszketett (Őérte, a Mesterért!), — az ijedség hidegére megfagyott! Kérdezi egy szolgálólány, és ő megtagadja Krisztust! újra kérdik, újra megtagad, és harmadszor is: megtagad! Hála Istennek, nem kérdik tovább. De mondjátok ti magatok, szent Apostolok! A föltámadás után, a Lélek leszállta után, ugye többé nem vétkeztetek?! Mondjátok, kérlellek! És halljuk: Ne csüggedjetek, ti bűnösök, csak folytassátok bűnbánó imátok: Egyik mondja; és ki? Akit „szeretett az Úr", aki az Úr keblénél húzódott meg a végvacsorán, aki az ég nagy titkait itta világ végéről — őt kérdem: Van-e bűnötök vagy se! Felel és mondja: „Ha azt mondjuk, hogy bűntelen vagyunk, saját magunkat csaljuk meg, és nincsen bennünk igazság. De ha bevalljuk bűneinket, Ő, a hűséges igaz, megbocsátja." (1Jn 1,8-9) *(Sz Ágoston: 135. beszéd)*

†

„Bennetek az Isten-ország" (Lk 17,21): csak szeresd, csak tárjad ki! Lelked vágyja! Hadd útjára, Istenéhez szállani. Keresztény szív jóra termett, belül vár az Isten-gyermek. Nőni hagyd, — lesz angyali! Krisztus vezesse szabadon, égbe viszik Karjai! *(Sz Atanáz)*

†

Készen állni

Hogy hanyagul ne tengődjünk, apostol-szót fontoljuk:
„Minden nap halálba megyek." — Úgy intézzük a sorunk:
halni készülsz napról napra... Soha bűnbe nem esel!
Azt jelenti: ébredőn már, gondold: est jön — s nem leszel.
Ha lefekszel, hidd: föl nem kelsz, bizonytalan reggeled.
Egy napodra másik napot Gondviselés rendele!

(Sz Atanáz)

†

Elhagyatottság

Gyakran az Úr akarja, hogy gonosz gondolatok hajszoljanak, sújtsanak, amiket el nem űzhetünk, meg lelki szárazságok szüntelen... Olykor azt is hagyja, hogy a „hüllők" belénk marhassanak, hadd tanuljuk meg, hogy jobban résen álljunk a jövőben! *(Nagy Sz Teréz)*

NAGYBÖJT 5. VASÁRNAPJA

I: Isten a szabadító. Lelket ad, hogy új életre keljünk: nyugodt lakóhelyet biztosít földjeinken. S: Isten, aki Krisztust föltámasztotta, minket is új életre kelt. E: Jézus a föltámadás és az élet.

Jézus nem törölte el a halált. Ő maga ízlelte egész keserűségében, ebben is hasonló lett hozzánk. De a halálban legyőzte a halált; életében holtakat támasztott, ez volt egyik nagy „jele", csodája. — Isten az élők Istene. Idegenből, távolból hív a maga közelébe, sötétből jelenléte fényébe. Jézus utat mutatott nekünk; Ő maga az Út, Ő az Élet.

Első olvasmányhoz Ez 37,12-14

Pünkösd előestjének olvasmányát (Ez 37,1-14) Ezekiel itteni szakaszával kell összevetnünk. Ez magyarázza az előző látomást, a holt csontok életre kelését. Itt azonban nem a holtak föltámadása a lényeg, a csontokkal teleszórt mező Izrael képe, amely inkább holtan, mint élve sínylődik a számkivetésben (37,11). A látomás (37,1-10) és az azt kifejtő szavak (37,11-14) úgy szólnak a népről, mintha az már a sírjában feküdne holtan. Isten azonban kihozza őt a sírjából, hazahozza a foglyokat, mint egykor kihozta őket Egyiptomból. Mégha e látomásban nem is a holtak feltámasztásáról van szó tulajdonképpen, semmi hamisítás nem történt, mikor később így magyarázták. Hiszen a hasonlat alapja: a holtak általános föltámadása éppúgy tény, mint a párhuzam: Izrael helyreállíttatása; s mindkettő több, mint merő külső folyamat. Az Istenhez való visszatérést, a Vele maradó közösséget jelenti. E visszatérés azonban mindenkor az életadó isteni Lélek műve és ajándéka. *(Iz 26,19; Mt 22,29-32)*

Válaszos zsoltár Zsolt 130(129),1-2.3-4.5-6.7-8

A mélységből!

Szentleckéhez Róm 8,8-11

E vasárnap mindhárom olvasmánya a halálról, föltámadásról és életről szól, másmás távlatban. Pál apostol a rómaiakhoz írt levélben (6. fejezet: húsvétéj szentleckéje) a keresztényck haláláról és föltámadásáról szólt, akik hit és keresztség által fölvétettek Krisztus titkába. Az ember, kinek magán kívül semmije sincs, csak Én-je, csak lelke és jóra vagy rosszra való törekvése, — Sz Pál nyelvén: a „test" —, nem tudja átlépni korlátjait: „nem tetszhet Istennek" (8,8). A keresztség folytán Isten Lelke lakik bennünk, a Lélek, ki Jézust holtából föltámasztotta (8,11). De szomorú tapasztalatból tudjuk, hogy Isten Lelke nem hat úgy a mi életünkre, mint a föltámadt Krisztuséra. A mi átalakulásunk még befejezetlen, még nem látható. Hitünk egyben remény is: Isten Lelke majd egyre többet ad erejéből és szabadságából nekünk, ha hagyjuk Őt működni, és átformálja végül egész valónkat, testünket is magához méltó hajlékává. *(1Jn 2,15-16; Jn 3,5-6; 1Kor 3,23; Róm 5,12; 1,4; 1Kor 6,14)*

Evangéliumhoz Jn 11,1-45 vagy Jn 11,3-7.17.20-27.33-45

Lázár föltámasztása az utolsó és legnagyobb Jézus hét „jele" közt, melyekről Sz

János evangéliuma ír. A holt Lázárra, de saját halálára is mondja Jézus: „Én vagyok a Föltámadás és az Élet" (11,25). Ez a föltámadás, ez az élet egyaránt nem távoli remény a farizeusok és Márta számára. „Én vagyok a Föltámadás", itt! — mondja Mártának, mint mondta a szamariai asszonynak: „Én vagyok az!" (Jn 4,26) A hatalom, a teljesség és fönség, amely Jézusban lakik, minden csodájában, jelében megnyilvánult. Már most át- és beléphet Krisztusnak isteni életteljességébe az, „aki hallja igémet és hisz Annak, aki Engem küldött." *(Mt 22,23-33; Jn 8,51; 1Jn 3,14)*

Szentségre várva

Aki eszi az Én Testemet és issza az Én Véremet, annak örök élete van, és Én feltámasztom őt az utolsó napon! Hiszed-e ezt? (Jn 6,54; 11,26)

Elmélkedés

Nagy kínokkal, keserves gyötrődésekkel teljes azok halála, kik készen nem várják, hanem csak a mulandó világhoz ragaszkodnak... azok pedig, akik igazán megfontolják és hívságnak tartják a világot minden kincseivel, kik... azért élnek, hogy az örök boldogságban helyet szerezzenek, akik szívében meghalt a világ és elvált a kívánságuk attul, amivel a rossz világ tartóztatja az emberek kedvét: — nem ilyen rettegésekkel mennek a halálra, hanem víg és csendes elmével várják halálokat; mert noha el nem kerülhetik a halál nyilát, de a halál kínja meg sem illeti őket... Nekik ez kezdete a nyugalomnak, bátorsága az örök boldogságnak.

Az Isten szolgái tudják, hogy az ő halálok elrontatik a boldog feltámadással: azért úgy válnak el a testtül, mint az útramenők a házuktul. Tudják, hogy a halál: ajtaja az örök életnek... Itt úgy laknak, mint a ma-holnap kimenő zsellérek eszökben forgatják, hogy nem házuk, hanem szállásuk ez a test, sőt „tömlöcük", melynek ajtaját halál nyitja fel. Tudják: itt sok harcok s veszedelmek között vitézkednek, sok fáradságokkal lenyomatnak, sok kísértetekkel ostromoltatnak... azért nyereségnek tartják, hogy a világ tőreiből kiszabadulnak. Gyakran kiáltják Sz Dáviddal: Jaj nékem, hogy ennyire hosszabbodik bujdosásom! Óh mely gyönyörűségesek, Uram a Te hajlékid! Ájulva kívánkozik Tehozzád az én lelkem. Mert ha kedves a vitéz embernek harc után való diadalma; ha gyönyörűséges az útonjárók hazamenése, elfáradt munkások estvéli nyugodalma, tengeren hányatottak partra jutása: az igazaknak is kedves, mikor ebbűl a halandó test szolgálatjábul felszabadulnak. — Az igazak halálában csak azoknak vagyon részük, kik az igazak erkölcsét élik... *(Pázmány: Pünkösd után 15. vasárnap)*

†

Imádkozás: egész szívből kiáltozás!

Kiált azért a mi szívünk nem testi hangokon,
de fölcsapó szent lángokkal, erénnyel összehangzón;
a hit kiáltó szava nagy! A fogadott fiúság
Lelkével szív kiált, hogy „Ábba" (Atyám). S Lélek maga zeng, zúg át.
Igazságé: hangos szó! A tisztaságé: hangos!

Még holtaké is égig hat, Isten fülébe hangoz!
De nemcsak szól, hanem mint Ábelé kiáltva *harsog* [Jel 6,10].
Ám igaztalannak bárha a lelke néma; Úrnak *az* holt!...
Te is, ha fogsz imába, *nagy* imát mondj öröklétért!
Ne kérj mulandót, kérd ami Istené, az égé.
Hogy légy, mint égnek angyali... Ne pénzért esdj — ami rozsda;
sem aranyért — mely fagyos fém s a szívedet fagyasztja!
Se birtokért: az föld és sár! Az ilyen esdés nem jut
Isten füléig! Lenn ragad, lesz sár, amelybe megfult...

(Sz Ambrus)

†

Krisztus-keresés (Quaerere Christum)

Kiknek osztatik ki égi malaszt étke?
Lesd szavam, tanuld meg! Nem a tunya népre!
Nem kik városokban, mint a zsinagógán,
vagy világi rangban pompáznak palotán.
Arra, *Krisztus után ki jár* pusztaságba!
Föl nem fuvalkodó lel majd Krisztusára!
Ilyenekhez Isten Igéje tisztán szól,
nem világról, kincsről: hanem Mennyországról.

(Sz Ambrus)

†

Halál megvetése

A Halál már rég fölbomlott. Szent Kereszt letaposta!
Már ereje mind elfoszlott — *holt* igazán ő mostan.
Nem üres szó, ez biztos tény: tudja minden keresztény,
s megveti őt mind a hívő, kineveti szent-büszkén.
Ki fél tőle? Kereszt jele, Krisztus Urunk Szenthite
köddé fosztá, holttá-ronccsá, — küldte őt a semmibe!
Mit csodálod? Tudva tudják: a halállal nem vesznek,
tovább élnek, föltámadva örök éltüvé lesznek.
Az pedig, ki előbb gonosz gúnnyal tombolt: a Sátán,
halálkínunk végin egyre *ő hal*, vonyítva-gyáván!
Míg Krisztus jött, népek rémnek hitték azt a „kimúlást”,
futva tőle hasztalanul... Ám igaz tant és csudást
hozott az Úr: bátorodtak, szívek hitre okultak:
Szembenéznek, futnak halni! Mesterükhöz vonulnak.

(Sz Atanáz)

VIRÁGVASÁRNAP (A,B,C)

KÖRMENET

E: Szenvedése előtt Jézus bevonul Jeruzsálembe. A nép Messiás-királyként ünnepli.

Mindmáig a világ oktalanságnak tekinti Krisztus Egyházát. Megvethetik, durván kezelhetik, nincs hatalma védekezni, gyönge. Próbálkozhat az Egyház triumfalizmussal, fölény tudatával, hogy ő győz a végén; de ezzel csak rontaná helyzetét. — Jézus a megígért Isten-országot a szegényeknek szánta, Őmaga is szegénységben, gyöngeségben, kiszolgáltatottságban élt. Mitsem változtat ezen a mai nap hozsannaujjongása. Tudja Ő jól, hogy hamarosan ellene fordul a tömeg. Még tanítványai is magára hagyják. Jézus: szegény és alázatos Messiás. Így akarja Őmaga.

A év: Mt 21,1-11, B év: Mk 11,1-10 vagy Jn 12,12-16,

Evangéliumhoz C év: Lk 19,28-40

A jeruzsálemi diadalmenetről mind a négy evangélista tudósít. Márk a szűkebb szavú; nem utal Zakariás jövendölésére (9,9), mint Máté és János. A bevonulás nyilván szerény esemény volt, semmi utóhatása: csak később ébrednek a tanítványok a jelentőségére. Jézus királyként vonul városába, de szerény, alázatos királyként. Mégis Dávid fia Ő, úgy jön az „Úr nevében", mint senki más a zarándokok közül.
(Mt 21,5 (Jn 12,15): Iz 62,11; Zak 9,9; Mt 11,29 ▫ Mt 21,9 (= Mk 11,9; Lk 19,38; Jn 12,13): Zsolt 118,25-26)

SZENTMISE

1: A szenvedő Messiást gyalázzák ellenségei, de Isten nem hagyja megszégyenülni. S: Krisztus engedelmességből emberré lett, vállalta a kereszthalált, ezért Isten felmagasztalta Őt.
E: Passió: Jézus Krisztus kínszenvedésének története.

Első olvasmányhoz Iz 50,4-7

Az első ének „Isten szolgájáról" beszél, a meghívásáról (Iz 42; vízkereszt utáni vasárnap); a második ének (Iz 49,1-6) küldetése nehézségeit ábrázolja; a harmadik (a mai olvasmány) tökéletes tanítványnak és hű prófétának mutatja, ki nem fél ellentmondástól, üldöztetéstől, amíg Istent maga mellett tudja (vö. szentlecke).

Válaszos zsoltár Zsolt 22(21),8-9.17-18.19-20.23-24

Panasz és könyörgés

Szentleckéhez Fil 2,6-11

Isten Fia szolgává lett, engedelmesen Atyja akarata szerint, de még evilág hatalmának is alávetette magát. Életének egész a kereszthalálig való átadásában mutatta ki nagyságát. Ezért fölmagasztalta Isten Kyrios-szá, hatalmak, idők és világok fölött való Úrrá. *(2,6-8: Kol 1,15-20; Jn 1,1-2; Mt 26,39-40; Róm 5,19 ▫ 2,9-11: Róm 1,4; Iz 45,23)*

Passióhoz (A év) Mt 26,14-27,66 vagy Mt 27,11-54

A Jézus szenvedéséről és föltámadásáról szóló beszámoló, kezdettől fogva változatlan alakban, lényeges része az evangéliumoknak. Az evangélisták nagy egyezéssel, de itt-ott figyelmet keltő eltérésekkel hagyták ránk. Isteni méltósággal viseli Jézus a legmélyebb megaláztatást, melyben tragikusan összefog ellene emberi aljasság, gyűlölet és gőg, butaság és hitványság. Jézus a halálba megy, mert itt az Ő „ideje", az „órája" (26,18): nem Júdás adja Őt át, hanem szerető Atyja. Ő magát szolgáltatja ki: az utolsó vacsorán feláldozott Testét adja övéinek, mint az Élet Kenyerét, kiöntött Vérét, mint az Újszövetség jelét. A töprengő észnek mindez titok; ami csak ezután jön, az is, mind: Jézus utolsó kiáltásáig a kereszten és föltámadásáig: csak a félő-tisztelő hit láthat bele... *(Mk 14,10-15,47; Lk 22,3-23,56; Jn 13,21-30; 1Kor 11,22-25; Jn 13,36-38; 18,1-19,42)*

Passióhoz (B év) Mk 14,1-15,47 vagy Mk 15,1-39

Jézus szenvedésének Sz Márk evangéliumában központi jelentősége van: ez a csúcspont, ahol kinyilvánul, amit az egész evangéliumon keresztül fátyol takart: hogy Jézus a Messiás-Király, Isten Fia, szóban és tettben hatalmas; Ő „Istenszolgája", mindhalálig engedelmes Atyjának. Jézus ellenségei mitsem kezdhetnek ellene, míg Ő nem akarja. Őmaga határozza meg döntő szavával az elfogatás percét is (14,41-42). Ő ad jelt a halálos ítéletre, mialatt győzelmét hirdeti (14,61-62), és öntudattal, szabadon hal meg (15,37). Népe nem ismerte el, tanítványai nem értették meg. Az egyetlen, aki Sz Márk evangéliumában Isten Fiának nevezi, egy pogány százados: mikor Jézust meghalni látja, így kiált: „Valóban, ez az ember Isten Fia volt!"

Passióhoz (C év) Lk 22,14-23,56 vagy Lk 23,1-49

Az utolsó vacsora nemcsak a szenvedéstörténet bevezetőjéül szolgál. Itt ad Jézus örök érvényű magyarázatot szenvedésére és halálára: „értetek!" (Lk 22, 19). Lukács a szenvedésben mellőz több nyers részletet, melyet Márknál és Máténál megtalálni. De marad a kereszt véres valósága, és az evangélista azon van, hogy rejtett fényeket mutasson föl, melyek a kínok éjébe bevilágítanak. Szenvedésében Jézust az alázatos engedelmesség és szolgáló szeretet mintájául mutatja: hűséges tanújául az irgalmas, megbocsátó isteni szeretetnek. Szerető engedelmesség, irgalmas szeretet: ennek keresztjén halt meg Jézus.

Szentségre várva

Áldozatos önátadás csak úgy lehetséges, ha szeretetből és derűsen történik: „A világ ismerje meg, hogy szeretem az Atyát és úgy cselekszem, ahogy megbízott az Atya." (Jn 14,31)

Elmélkedés

Keresztút. A penitencia királya

Teljes bíbordíszben, koronával fején, jogarral kezében, kísérettel lép föl s vonul el a keresztúton a *penitencia királya.* Aki ezt megérti, sírni kezd, — aki elindul nyomában nem győzi tisztára mosni lelkét.

Jézus alázatba s szenvedésbe öltözve eleget tesz bűneinkért; mélyebben fölfogva bűneimért. Mert akit a penitencia kegyelme megérint, annak szemei előtt a passió izgalmas jeleneteinek alakjai szétfoszlanak, a zaj elcsitul, Jeruzsálem környéke puszta lesz, a két lator keresztje eltűnik s a lélek magára marad Jézusával. Keresztje előtt térdelek, vérének csepegését hallom, összes kínja lelkemre borul; megnyitja ajkait s kérdi: „Ember, mit tettél?" S öntudatom feleli s az egész világnak kiáltja: Vétkeztem! Bűneimet senkivel meg nem oszthatom, értük mások könnyeit föl nem ajánlom; hisz úgy állok itt, mintha az egész világban én magam volnék, mintha nem volna anyám, atyám, barátom! Ezek tényleg most számba nem kerülnek; mert nekem, nekem magamnak kell penitenciát tartanom!

De a penitencia érzése tüzesebb s mélyebb; azt az az öntudat, hogy vétkeztem, nem jellemzi eléggé. Jézus, miután kérdőre vont, magára veszi bűneimet; megrémülve kérdezem: Mit akarsz Uram? Hová mégysz? „Kereszthalálba", feleli. Én voltam a bűnös, de a penitenciát az Úr Jézus tartotta meg helyettem s meghalt *értem.* Értem halt meg. Ne mondd, hogy sokakért halt meg. Minden virág a földön azt mondhatja: A nap értem van az égen. Belőle, általa élek. Úgy az Úr Jézus értem szenved; értem gyullad ki a lelke vérvörösen. S azt mondják a szentek: Értem, értem halt meg, ezt mondja a Szent Szűz a maga módja szerint; ezt mondom én is: Értem, értem szenved; úgy szeret, hogy értem halt meg. Ah, Istenem, van-e melegebb, feneketlenebb mélység, mint ez az igazság: Értem halt meg az Úr!

Erőszakos, szenvedélyes bánattá válik szeretetem, ha hozzágondolom, hogy hol volnék nélküle. Bűnben születtem, s ha jogról van szó, nincs a kegyelemre nagyobb jogom, mint a kannibál négereknek! Örvényből, pokolból emel ki minket Jézus Megváltó szeretete. Ha az Úr nem könyörül rajtunk, „lettünk volna mint Szodoma, és hasonlók volnánk Gomorrához" (Iz 1,9). Azért karolják át a keresztet bűnösök és szentek. Nem, nem szentek; itt nincsenek szentek; a kereszt alatt a ragyogó szentek is mind-mind elkárhozandó lelkek. Az ő kegyelméből lettek szentek, lettek bűnbánó, lettek szerető lelkek! A kereszt alatt megszállja őket is méltatlanságuk érzete, nem találják helyüket. Zsákba öltöznek Jolánta, Margit, Kinga, Erzsébet; penitenciát tartanak és sírnak! Mindnyájan lelkek vagyunk, kikhez lehajolt a keresztrefeszítettnek kegyelme s fölemelt minket. *(Prohászka: ÖM, 7:341; 88)*

†

Imádságra jövök

Nem imádkoznám, ha nem hinnék. De ha igazi lenne a hitem, ezt a lelket megtisztítanám, amelyen át az Isten néz reám: öklömmel ütném mellem, könnyekben ázna két orcám, reszketne hitvány testem, az arcom lenne halovány. Borulnék Lábai előtt a földre; két szemem árját öntve rájuk, bomolt hajammal törülgetném. A Fa tövéhez hullanék, míg függ Keresztjén és sírni, esdeni, ölelni meg nem szűnnék, míg könyörülne Ő, a Fönség! De most, de most, ha imát mondok, gyakran tornácon kinn bolyongok... Eszem jár kamaton, vagy csúf gondolaton mit kimondani is szégyellek!... Jaj én hitem! jaj hol van?! Vélnéd-e Jónás a vad viharban így imádkozott? A három ifjú tűzlángok között? Vagy igen: képmásom, ki Véled együtt haldokol az oldalodnál, az a volt *lator*...? Imádkozván járuljunk mennyek udvarába, hol csillag-trónján ül a Királyok Királya. Körötte számtalan kimondhatatlan fönség: az áldott lelkek égi serege! Mily tisztelet, mily félelem, milyen alázat kell hozzá, ha e féreg előmászik a mocsarából! Hogy' rettegne, esengene! mily megalázott, izgatott, mily végtelen összeszedett lehetne a nyomorult kis emberke: Határtalan Fölséggel néz szembe, — míg megcsap, -éget tűz lehelete: az *angyal*-óriások az *Istent* körben állják ott, s a *szentek*, szentek gyülekezete! *(Sz Jeromos)*

†

Gloria, laus et honor [Glória, hódolat árja]

Glória, hódolat árja, Királyunk Krisztus, eléd fut,
néked a gyermeki kar kezdte Hozsánna dalát!
Izraelen te király, Dávid fia, várt, hires, áldott,
jössz ime Úr neviben, áldva te jössz ma, Király!
Mind magasok, az egekbeli angyal, zengve magasztal,
és a halandó lent, bármi teremtve vagyon.
Pálmadiszű lombokkal jött ki eléd a zsidó nép,
dallal esengve mi is: nép szive árad Eléd!
Ott a halálba menőnek hála dicsérete szólt,
itt mi a trónon-ülőt zengjük öröm-repesőn.
Ők kedvedre valának; szíveld, Uram, ezt a hadunk is!
Szent kegyes Úr! jóság mind a szivedre talál.
Őket a vérbe' rokonság vitte magasba: Tehozzád.
„Átmenet" ez: Húsvét! Vérbe leszünk *mi* tiéd!
Átmenet: itt a világot győzve, az égi dicsőre!
Jámbor erény kiragad, gyatra bünökbül emel!
„Gyermeki" mind bünnek, „haladott kort" érve erényben:
így taniták az Atyák; életutunk legyen *ez!*
El ne fajúljunk ősök-atyák lelkétül e földön:
hajts, kegyelem, minket, járjon utánuk e nép!
Légy, Uram, én „lovasom"! Vigyelek, hű szürke igásod!
Jussunk ketten együtt Isteni Városodig!

(Orleans-i Teodulf)

(Virágvasárnapi körmenet-himnusz mindmáig; az utolsó disztichonát kb. 1600 óta elhagyta a liturgia, bájos-naiv középkori jelképével, mely „mosolykeltő".)

NAGYCSÜTÖRTÖK (A,B,C)

KRIZMASZENTELÉSI MISE

1: Fölkent engem az Úr, hogy örömhírt vigyek az egyszerű embereknek, és megvigasztaljam őket szomorúságukban az öröm olajával. S: Krisztus Vére által lettünk Isten országának népe, és részesedtünk az Ő papságában. E: Beteljesedik Izajás jövendölése a Messiásról: az Úr Lelke eltölti Őt, hogy örömhírt vigyen a szegényeknek.

Nagycsütörtökön, a Nagy Húsvét kezdete előtti napon délelőtt a püspöki templomokban a szentségi olajokat szentelik: krizmát a keresztség utáni fölkenésre, bérmálásra, püspök- és pap-szentelésre, templom és oltár fölavatására. A hitújoncok (katekumenok) olaját keresztséghez, a betegek olaját a betegek kenetéhez.

Első olvasmányhoz Iz 61,1-3.6.8-9

Jótékony hatásáért a Szentírásban az olaj a lelki egészség, öröm, a Lélek erejének, a békés boldogságnak képe (Zsolt 45,8; 23,5; 104,15; Iz 61,3). Az ótörvényben főleg királyokat és papokat kentek föl.

Válaszos zsoltár Zsolt 89(88),21-22.25 és 27

A hű és kegyes Isten

Szentleckéhez Jel 1,5-8

Jézus tanítványai Uruktól kapták nemcsak nevüket: „keresztények", Christiani = „Fölkenthez tartozók", hanem a Lélek kenetét is (2Kor 1,21-22; 1Jn 2,20-27). Krisztus Lelkét fogadták és részesednek az Ő királyi papságában.

Evangéliumhoz Lk 4,16-21

A „Fölkent" (= Krisztus, Messiás) a világvégre várt Megváltó címe. Jézus magára vonatkoztatta Izajást (61,1-2: „Az Úr Lelke én rajtam, azért fölkent engem az Úr", e mise első olvasmánya), mikor a názáreti zsinagógában fölolvasta Izajás e szakaszát.

A HÚSVÉTI SZENT HÁROMNAP (A,B,C)

A MI URUNK KÍNSZENVEDÉSE, HALÁLA ÉS FÖLTÁMADÁSA

Az ünnepben ez a három szent nap hatásában egyetlen napot jelent. E napokon Jézus „fölemeltetésének, az Atyához menetelének" titkát éljük át. — Jézus utolsó vacsorája tanítványaival, kereszthalála és harmadnapon való föltámadása egyetlen fölfoghatatlan valóság. — Isten szereti az embert, szereti még akkor is, ha erről az ember nem is tud, ha nem is akarja. Isten megmenti az emberiséget örökkévaló és emberré-lett Fiának föláldozásával!

NAGYCSÜTÖRTÖK (A,B,C)

AZ UTOLSÓ VACSORA SZENTMISÉJE

I: A húsvéti báránylakoma emlékeztesse a választott népet: hogyan szabadította ki Isten őseiket az egyiptomi rabságból! S: A szentmiseáldozat: Krisztus keresztáldozatának megújítása. E: Mindhalálig szerette övéit.

Első olvasmányhoz 2Mz 12,1-8.11-14

A pászka-ünnep ősrégi pásztorünnep volt. Izrael a kovásztalan kenyér ünnepével ekkor ünnepelte az Egyiptomból való kivonulás emlékét. Minden nemzedék újra átélte a szolgaságból való szabadulás élményét, mikor a föláldozott bárányt fogyasztották. Megemlékezvén Isten szabadító tettéről, új meg új erőre kap a remény egy még nagyobb, végleges üdvözülés felé. *(2Mz 12,21-28; 5Mz 16,1-8)*

Válaszos zsoltár Zsolt 116(114-115),12-13.15-16.17-18

Hála a szabadulásért

Szentleckéhez 1Kor 11,23-26

Az Újszövetség négy helye tudósít Jézus utolsó vacsorájáról: Mt 26, Mk 14, Lk 22, 1Kor 11. Lényegében azonosak e beszámolók: a kis eltérések főleg különféle helyi liturgikus gyakorlatból erednek. E vacsorával Jézus betöltötte és teljesítette az Ószövetség nagy előképeit és ígéreteit. A húsvéti lakomának új, végleges értelmet és tartalmat adott. Ő maga Isten szolgája, aki életét adja sokak bűnéért (Iz 53,4-5; 42,6); Ő a föláldozott Bárány, vérével új szövetséget alapít (2Mz 24,8; Jer 31, 31-34). E lakomában való részesülés: egység Krisztussal az Ő halálában és megdicsőülésében; egység mindazokkal, kik egyazon kenyeret eszik és kikért Krisztus meghalt.

Evangéliumhoz Jn 13,1-15

Jézus szabadon és tudatosan megy elébe „órájának". Az evangélista Jézus útját ezzel fejezi ki: „Mindvégig szerette őket." Élete végéig, s azon túl: a föltámadásig, isteni és emberi lehetőségei szerint. Isteni nagysága éppen megalázódásában tűnik ki, lábmosástól a keresztig. A lábmosás is, mint a vacsora, elővétele és ábrázolása annak, ami a kereszten történik: szolgáló szeretet, halálig odaadás. A szeretet Jézusnak és az Ő Egyházának élettörvénye. *(13,1: Jn 2,4; 7,30; 8,20; 12,23; 17,1 ▫ 13,13-15: Mt 23,8-12; Lk 22,24-30; Fil 2,5.8)*

Szentségre várva

Az Isten Báránya magára vette a világ bűneit, és értünk föláldozta magát. „Ezt cselekedjétek az én emlékezetemre!" — Krisztus szeretete sürget, hogy szolgáljuk, segítsük egymást.

Elmélkedés (A év)

Jézus alázata és áldozata

Íme, Jézus tanítványainak lábainál; ha nem szeretne, nem volna oly alázatos, és viszont, ha nem volna oly alázatos, nem tudna úgy szeretni. Félre a sivár, köves, rideg lelkülettel; úgy akarok szeretni, hogy testvéreim lábait is megcsókolom.

Látja maga előtt a *húsvéti bárányt*, és lelki szemei előtt egy rettenetes éjnek prespektívája nyílik, mikor a kétmilliónyi zsidó nép menekült éjjel; mögötte Fáraó serege, előtte a tenger s a puszta, és egy nagy imádkozó ember, a 80 éves Mózes ráüt botjával a tengerre, és az szétválik, hogy utat nyisson Izraelnek s eltemesse Fáraót. — Ez csak előkép; a valóság pedig az, hogy a bűn éjében örök sírja felé rohan az emberiség, de eléje áll az Isten fia s botjával, keresztjével a boldogulás útjait nyitja és a poklot csukja; e nagy menekülésnek emlékére van az új áldozat, a szentmise. Szabadulásunk emléke, örök sírunk s kárhozatunk záródásának szent jele; fölövezve, útra készen, bottal kezünkben, jelezvén ezzel a lélekkészséget az Úr szolgálatára: akarunk benne résztvenni.

Mindnyájunknak meg kellett volna halni bűneinkért; senki elégtételét nem fogadta volna el az Úr; de Jézust rendelte, hogy áldozata által mindnyájunknak irgalmazzon. Hiszem, Uram s örvendek; de kérdem: Miért akartad így? A felelet ez: Valamint a teremtésben kinyilatkoztatta magát az Úr, s hegyei s tengerei, virágai és örvényei hirdetik nagyságát: úgy Jézus édes, majd érdes és hősies szeretetű életében — e mély, magas, nagystílú erkölcsi teremtésben, — újra kinyilatkoztatta magát, most inkább erkölcsi tulajdonságait, azt, hogy mily szent, igazságos s irgalmas; le akarta szíveinket foglalni és az emberiséget e mély életáramba terelni. — Így nézem Jézust s imádandó áldozatát. Térdenállva nézem s hálát adok, én, ki általa élek.

„Ezt cselekedjétek az én emlékezetemre." Szenvedésemnek, áldozatomnak titokzatos megújítását megmutattam nektek; magamat, életemet, lelkemet rejtem a kenyérbe, véremet és szívem tüzét a borba. Ott hódolok, engesztelek, imádkozom értetek; mutassátok be e nagy kincset az Úrnak s vegyétek magatokhoz. Szeretetem és érdemem Istennél célt nem téveszt; tiszteletem mérve szerint meghallgat; jöjjetek

tehát ti is; ajánljátok általam szívetek gondját, baját, bűnét s ínségét Isten kegyelmébe. „Az én emlékezetem" lesz biztosítástok és vigaszotok. — Nincs is azóta más áldozat a földön; annál inkább mutatjuk be ezt millió oltáron; tartsuk nagyra; használjuk; Jézust megvigasztaljuk, Istent megengeszteljük, önmagunkat gazdagítjuk vele. *(Prohászka: ÖM, 7:293; 32)*

Elmélkedés (B év)

Urunk kínszenvedéséről

Hogy kitárjak, galambszárnyat
ki ad? S lelkem röpüljön?
Szent Kereszt, hogy drága fádat
érje el s ott megüljön...
Hol Jézus van, összezúztan
Világ édes óhaja!
Függ fenn Isten; s botrány itt lenn:
csak gyalázás, — azt hallja!

Szívem, szállj ki! Jézus, tárd ki
Szerelmed nagy teliját!
Örvényébe vonzz, a mélybe,
szent Sebidhez, rejtekért!
A fönséges barlang-éjhez:
kínjaidhoz béfogadj!
Itt ha élnék, nyugtot érnék:
tűnik nyomor, elsorvad!

Én Istenem, én szerelmem!
Te kinlódsz-e helyettem?
Méltatlanért kiontva vért
Jézus, függsz-e kereszten?!
Én: a lator — kiért lakol,
Jézus bitó magasán!
Sok vétkimen itt halsz ingyen,
Élet! — magad átadván!

Érek annyit, Jézus, mennyit
szíved rám költ, túlbecsül?!
Jaj, mért élek, kábult lélek,
rongy a szív, ha nem hevül!
Áldott légyen nagy Szerelem,
Szív! Győztes minden fölött!
Óh mily erős! Halálon győz,
kinél fegyver: mint-ködök!

Megteremtett, újramentett
Nagy Szeretet elveszőt!
Égig lángolsz! Szív-tűz, már hozz
e fagyosra tűzesőt!
Tedd: valóban szív follobban;
add, hogy égőn szeressek!
Beléd tűnjek, élni szűnjek,
s Véled, Jézus, élhessek!

(Késő középkori ismeretlen szerző)

†

„Ez az én testem"

E titok értésére ész nem elég, inspirált ész kell hozzá, mely szeret. Jézus megtette, mert szeretett. A szeretet alkotó erő; akaratot nagyra ez inspirál. Teremtett világot, mert szeretett; új világot teremt ismét, mert szeret. Ez a szeretet inspirál a hitre; aki tud szeretni, az tud hinni; „Nos credidimus caritati" [Hittünk a Szeretetnek]! Minden kérdésemre csak a nagy szeretet felelhet. Van-e Megváltónk? Isten-e Krisztus? Megbocsát-e? Lehet-e lélekért meghalni? Lehet-e hitet mindennél jobban szeretni? Lehet-e végtelenül gyűlölni (pokol)? A szeretet ért hozzá; szeretet nélkül e kérdésekhez nincs kulcs. Hiszesz-e a karácsonyban? Ha igen, hihetsz a húsvétban; és ha abban hiszesz, miért kételkednél a szeretet szentségében?! *(Prohászka: ÖM, 7:294; 33)*

Elmélkedés (C év)

„Ez az én vérem"

Jézus szent vére örök ifjú erő, mert isteni vér; a vértől függ az életenergia, a temperamentum, a típus. „A lélek a vérben van". Ez az a regeneráló, fölfrissítő, fölüdítő erő. E vér éltető erejétől van a kereszténységben és a krisztusi lelkekben a szűzies, tiszta ifjúság üdesége s az a kimeríthetlen termékenység; sem credóján, sem evangéliumán, sem tanán, sem törvényein, sem életén nem venni észre az öregség nyomát. Ez a vér adja a szentek lendületét és izzó érzelmeit.

Ez a vér bátorrá tesz; nem éri be vele, hogy legyen, hanem terjeszkedni, hódítani akar; „bátorságra, merészségre nevel" (Tertullian); a rossz ellen e vér erejében küzdök s biztosan győzök, mert 1. az aktuális szeretet érzelmeivel árasztja el lelkemet; egész valóm érzi, hogy Krisztus szeret, édes, tapadó szeretettel; első szentáldozásomtól, ifjúságom extázisain, meglett korom gyakorlati áldozásain át nagy útiköltségemig érzem ezt. Szeretem és bírom; átkarolom, el nem eresztem, s vele bírom vívmányaim aranybulláját s az örök élet testamentumát. 2. Legyőzöm a rosszat örömmel; az örvendező léleknek nincsenek nehézségei; az öröm a győzelem záloga; még meghalni is tudunk vele; a halál sötétségében is biztos utat nyit nekünk: Proficiscere anima christiana [Utazzál el keresztény lélek]... Menj még a halálba is bizalommal, keresztény lélek! Szeretettel s örömmel győzöm le nehézségeimet.

Sziénai Sz Katalin vérpadra kísért egy lovagot s fejét igazította a bárd alá; azután eléje térdelt s fölfogta kötényében a levágott fejet. „Valami szenvedélyesen édes szeretet fogott el, — írja gyóntatójának, — mikor a kivégzettnek a vére fröccsent rám és folyt végig rajtam, mert arra gondoltam, hogy más valaki úgy szeretett, hogy önként ontotta vérét értem." — A szentáldozás egyre szemeim elé állítja azt a más valakit, aki úgy szeret, hogy vérét ontja, vérében mossa meg lelkemet. „Ó vér és tűz, ó véres tűz, ó tüzes vér!" *(Prohászka: ÖM, 7:295-296; 34)*

†

Szentáldozással annak a testébe változunk át, aki átvette megtestesülve a mi testünket. *(Nagy Sz Leó)*

NAGYPÉNTEK (A,B,C)

I: A Megváltó a mi gonoszságainkért szenvedett. S: Krisztus engedelmes volt a halálig. Ezzel üdvösséget szerzett mindazoknak, akik az Ő szavát követik. E: Passió: Jézus Krisztus kínszenvedésének története.

„A szent húsvéti eseményben az Úr Krisztus megváltotta az embert, és tökéletes módon tisztelte Istent. Halálával legyőzte halálunkat, föltámadásával újjáteremtette az életet. Az Úr szenvedésének, halottaiból föltámadásának három napja ezért az egész egyházi év csúcspontja." (Római misekönyv)

I. rész: Az Ige Istentisztelete

Első olvasmányhoz Iz 52,13-53,12

Az „Isten szolgájáról" szóló 4. ének Isten szavával kezdődik, és párbeszédben folytatódik a nép (népek) és a próféta között. Isten második megszólalása zárja az éneket. — Ki hinné és értené, hogy Isten terve teljesült, hatalma kinyilvánult a Szolga szenvedésében? A szenvedés útja Izrael népének történetére és Jeremiás megpróbáltatásaira emlékeztet. De teljes értelmében csak azóta értjük meg e *prófétai* éneket, mióta Krisztusban minden beteljesedett. Ő a fájdalmak embere, Ő viselte mindnyájunk bűne terhét és Ő vezekelte le. Halála út volt a fölemelkedéshez, és nekünk üdvösséget, életet hozott.

Válaszos zsoltár Zsolt 31(30),2 és 6.12-13.15-16.17 és 25

Panasz és bizalom

Szentleckéhez Zsid 4,14-16;5,7-9

Jézusban oly főpapunk van, akiben bízhatunk. Egyedülálló méltóságának alapja, hogy Ő az Isten Fia. Egyben *egy* Ő közülünk! Megtanulta gyöngeségünket, velünk tud érezni! Bár bűntelen volt, bűneinket méltón törleszthette mint *egy közülünk*. Egy személyben Áldozat és áldozó Pap. És mert kereszthalála után Istennel közvetlen egyesült (mint ember is), — emberi főpapunkként közbenjárhat értünk. *(Zsid 7,1-10)*

Passióhoz Jn 18,1-19,42

A szenvedés-történet több merő közlésnél: értelmezés és üzenet is, nemcsak azt mondja, ami történt, hanem azt is: miért és mi végre történt. Sz János evangéliuma az előzőknél (l. Virágvasárnap) még tisztábban mutatja, hogy Jézus teljes tudattal, önként adta át magát a halálra. Fensőbbségesen áll vádlói és bírái elé. Senki el nem ragadhatja tőle életét, Ő maga adja át. János értesítése szerint épp azon órában hal meg, mikor a Templomban húsvéti áldozatul leölik a bárányokat. Ő az igazi húsvéti Bárány, Vérével fizet mindnyájunk megváltásáért. *(Mt 26,3-27,61; Mk 14,26-15,47; Lk 22,39-23,56)*

II. rész: Hódolat a Szent Kereszt előtt

III. rész: Szentáldozás

Szentségre várva

Ott állunk Jézus keresztjénél, mint Mária és János, tanúi vagyunk az Ő halál-áldozatának. „Valahányszor e Kenyeret eszitek, és e kelyhet isszátok, az Úr halálát hirdetitek, míg újra el nem jő." (1Kor 11,26)

Elmélkedés (A év)

Én lelkem szeretője, mily nagy változást látok benned! Akinek mennyországban angyalok udvarolnak, akit e földön a szent apostolok tisztelnek, most a Kálvárián latrok között függesz! A bűnösök helyén, bűnösök között, bűnösök kínjával gyaláztatol! Elvesztéd életedet, hogy mi éljünk; elvesztéd emberek előtt tisztességedet, hogy megnyerjed Isten előtt mi böcsületünket! Óh áldott kereszt, azelőtt gyalázatos voltál, de azóta, hogy Krisztus testét illetéd, királyok koronáján és minden szentek homlokán fényeskedel! Igazán, te vagy ama drága fa, melynek magassága felséges, levele szépséges, gyümölcse édességes... Óh keresztfára magasztalt áldott Jézus, mivel azt fogadád, hogy mindeneket hozzád vonzasz, mikor fölemeltetel földről, vond íme hozzád a mi akaratunkat, hogy kiálthassuk Szent Pállal: Én is Krisztussal megfeszültem a világi kívánságoknak. *(Pázmány: Nagypéntek 1. beszéd)*

†

Keresztfa köszöntése (Crux benedicta nitet)

Tündököl áldva Kereszt, min testben az Ég Ura függött,
S mosta piros vérrel, mosta le rút sebeink'.
Szent Szive lángja tüzelte halálig: im áldozat értünk!
Bárány farkastól elragadá juhait.
Átszegzett keze áld: vésztől megváltja világot;
szünteti holtával gyászra-halálba menést!
Kéz: ez a vérző, átszögezett, — ez a Kéz volt:
Pétert menti haláltól, Pált ragad el büniből.
Drága nemes Fa, te oly termő, dús élet-adó vagy!
mert szent ágadon uj égi gyümölcs pirosul!
Illata tölti világot, holtat a sírból előhív,
kezdenek uj éltet, kiknek a napja letűnt.
Nyár tüze nem perzsel hűs lombja alatt eme Fának.
Hold se fagyaszt éjjel, délben a Nap se fulaszt.
Vízfolyamok partján csillogsz harmattal üdítve
hintesz; s új Koszorú drága virága diszít...
Szőlőfürtje futott ágadra, s e fürtből
édes-mámoritón csordul a bor pirosa...

(Venantius Fortunatus)

Elmélkedés (B év)

Urunk kínszenvedéséről

Szeretet hű Szívednek mily nagy tőrt fölállít!
Emberért, hogy meghalnál; Téged arra lázít.
Tetszetős csalétke is szerelmeddel játszik:
lelkeket kapsz, végig ha elmégy: Keresztfáig!
Jól látod a horgot, cselt; nincs titok előtted.
Ám döfése, mély sebe nem bánt, meg se döbbent...
Sőt még inkább vonzó lett: *adhatsz* véle többet!
Mert csalétek: Áldozat! — vonzza szeretőket!
Így énértem: nyomorért! — csak mert úgy szerettél,
vad haláltól kíntövist, tudva, szívre vettél!
Áldozatként Atyádnak magad odavetvén
önvéredben mostál meg; hull szennyemre szent Vér!
Óh te ember! Krisztus szent-ajándéka kínját
mért nem hordod szem előtt, szívbe mért ne írnád!?
Azzal tépett hálót szét, rabló nép amit hányt,
azzal gazdagít Urad s árad minden kincs rád...
Tulajdon szent Testivel, ha lankadtál, éltet.
Csordult piros Véribe, szennytől megmos téged.
Végre édes hű Szíve tárul lándzsa-tépett!
hogy már észre vedd, szegény, hogy szeret-becézget...
Óh mily frissítő fürdőt, édes étket leltünk!
Méltón véve Téged — menny-táró kulcsod nyerjük.
Kiket felüdítsz vele: — egy munka se terhük!
„Egyhangúnak" únja bár szív, a gyáva, petyhüdt.
Gyáva lélek nemigen veszi föl, fontolja,
mért is *tépte* föl szívét Krisztus, elénk dobva!
Kereszt szárnya kitárva! — S *az* néz unalomba':
hogy üdít, ont vért e Szív, s nyújtja, rád unszolja...
Valahányszor hívogatsz, fölpiroslik Véred:
jámbor lélek annyiszor Hozzád tapad, éled.
Mint a sólyom: éhesen piros húsod-véred'
nyeldesi... Sír boldogan! Csak Jézusból élhet!

(Sz Bonaventura himnusza)

†

Mi dolog ez, édes Üdvözítőm? Sírva, kiáltva, imádkozva, fejed hajtva adod ki lelkedet? Óh végtelen szeretet! Óh böcsülhetetlen kegyelmesség! Nem sirattad, Uram, nem sirattad magadat, hanem az én sok bűneimet; nem kesergetted kínszenvedéseidet, hanem az én gonoszságaimat. És mivel születésedben nem volt bölcsőd, életedben nem volt házad, halálod óráján sincsen inged; hanem ágyad a kemény keresztfa, vánkosid a vasszegek, függönyöd az egek. Semmi kedves könnyebbséget nem kerestél testednek; hanem csak Istenhez kiáltottál, csak könyörgöttél és fejed meghajtván, igaz engedelmességgel, az Isten akaratjára kibocsátád lelkedet. — Ezt kell a keresztyén embernek halála óráján követni, életében keresni: nem a test kedvét, nem a világon kapdosni, hanem Istenhez folyamodni, bűnünk bocsánatját sírással Tőle kérni, az Ő szent akaratjához mindeneket alkalmazni. — Én kemény szívem! Látod-é mint béestek szent szemei, megkékültek szép orcái, megmerevedtek hideg tetemi,... lábbal tapodtatik földre folyt szent Vére? Folyjatok én szemem könnyhullatási, ha vérrel folynak a Krisztus sebeinek forrási. *(Pázmány: Nagypéntek 1. beszéd)*

Elmélkedés (C év)

A keresztfa alatt

Ott állok magamban... az Isten végtelen szeretetének igézetében; lelkemet elfogja a könyörület s az imádás mély érzése, szemembe könny gyűl; lehajtanám fejemet, de a kereszt vonz, késztet, hogy nézzek rá; mert „rám néznek és sírnak...", ígéri.

Mit adtunk neked, Uram, neked, kit szeretnünk s imádnunk kellett volna. Eljöttél s barlangba szorultál; körülnéztél s Egyiptomba futottál; álruhában járó, faragó ács voltál. Egyszer indultunk eléd pálmaágakkal, s te sírtál; egyszer bíztad magad ránk, s Barabbást választottuk; egyszer akartunk koszorút kötni neked, s tövisből kötöttük; egy arcképedet vettük, s az „Ecce homo" [Íme az ember] arca maradt ránk; egyszer tűnt föl, hogy anyád is van, s íme, fájdalmas anya lett belőle; egyszer kértél inni, s ecetet nyújtottunk. Ó, ki hitte volna, hogy ez legyen köztünk sorsod, hogy ilyen legyen utad. S most függsz itt, mint megfagyott imádság, mint megkövült, kiáltó szó. Kitárt karokkal s nyílt ajkkal kiáltasz irgalomért. Sok hegyen imádkoztál; de az ezen hegyen végzett imád az örök „interpellatio" kiáltása. A végtelen nagy Isten bús haragjának éjjelében megfagyott ajkadon a fohász. Nagy, szent az Úr, ki önfiának sem kegyelmezett...! Mily rémséges fölségben hirdeti ezt a kereszt! Emberek, féljétek az Istent s szeressétek Krisztust. Ezt kiáltja ő felétek, kiáltja a végkimerülésig. Ó, ha valamikor, hát ma halljátok meg szavát; esd, hogy kíméljétek s becsüljétek meg lelketeket.

Mélységesen meghat e meztelen alakon az az egyetlen „dísz", a töviskoszorú. Kiindult mint jegyes, mint hős, neki tehát koszorú kellett; ő küzdött a koszorúért, s ezt kapta. Dicsőség s szeretet helyett az átok koszorújával koszorúzták... Mily átok: ez a bűn, a pokol, a gyűlölet átka. S ő ezt mind magára hárította, csakhogy minket ne sújtson. — Winkelried magába döfött néhány ellenséges dárdát; Krisztus pedig koszorúba kötötte az egész világra szóló átkot, hogy fejére vegye. Töviskoszorú, pusztaságban égő csipkebokrunk, végtelenül édes és erős szeretet tüze lángol benned, serceg, fölcsap... itt is hallom a szózatot: szent a föld, ahol állsz; vesd le lábad saruit! De mennyire szent! S ez a mi Mózesunk nem ellenzi népe megváltásának misszióját, hanem meghajtja töviskoszorús fejét az Isten szent akarata, az áldozat szent törvénye alatt. Csipkebokrunk vagy keresztrefeszített Úr Jézus, halványpirosak, édesek rózsáid, a te szent sebeid, de a keresztfád ugyancsak tövises! Tövis is kell, szépség is kell, hogy a lélek kivirágozzék.

Jézus vérének áldása s ereje mély szent titok, „mysterium fidei" [a hit titka]. Uram, csak egy cseppet! Ez a tüzes vér, ez a véres tűz kiéget mérget, kínt, bűnt, halált! Minden cseppje örök tavaszt fakaszt lelkünkben; ez az édes vér szomjat olt! Homlokunkon mint királyi kenet ragyog, mely elől kitér a bosszú s az öldöklés angyala. Ajkon ez a vér isteni édesség és örök mosoly. Szívben hősök vére. Mi volnék nélküled, édes isteni vér? Mi volna nemzetségem, ha nem te pezsegnél bennem, s mily átok sötétednék rajtam, ha nem a te véred volna rajtam s testvéreimen? Mikor gyónni megyek, e vérben mosom meg lelkemet; mikor áldozom, ezt veszem, s arcomon piroslik tüze. *(Prohászka: ÖM, 7:348; 95)*

†

Kiüresíté Önmagát („Szeretsz-e?")

Szolgaformája nem volt csak külruha, ember is volt Ő maga! Istennek hát kínlódnia, eltűrni kellett mindent: szenved, hogy magán tapasztaljon is mindent meg! Kellett, hogy sivatagban éhezzék! Kellett, hogy haláltusán szomjazzék! Kellett halálos holtán elhagyottság. (Fokozva élni mind övéi sorsát!) Mind teljesen átélve, amit legalsóbb teremtménye. „Íme az Ember!" — igazán! Szenvedése nemcsak haláláé; de egész élete kínok hosszú története. A Szeretet maga, ki megszenved. Szeretet, aki mindent ád, az maga végszükséget lát. Milyen csodás önátadás! Bár a tanítvány legyen legalsó közt, de mégis Ő az, ki *aggódva* kérdi és epedve: — „Mondd, igazán szeretsz-e?!" Mert tudja, hol fenyeget a veszély — a szív is csak beszél; — de azt is: minden könnyű kíntalan „közelítés": felszín; csalódhat, ingatag... A tanítvány ezt nem érti talán, — megrendül, sír, erősködik, hogy „szeret igazán". *(Kierkegaard)*

NAGYSZOMBAT (A,B,C)

Liturgiátlan idő. Jézus valóban meghalt. Leszállott a legmélyebb emberi nyomorúságba, „a holtak birodalmába". Kivette a mi halálunkból a keserűséget. Már tudjuk, Krisztussal való közösségünk túléli a halált. — Ő a mi életünk és föltámadásunk. Legyen ez látható a jelen életünkben: az örömben, amely reményből és szeretetből születik.

HÚSVÉTVASÁRNAP (A,B,C)

URUNK FELTÁMADÁSÁNAK ÜNNEPE

HÚSVÉTÉJ ÜNNEPLÉSE

1: Isten teremtett mindent az égen és a földön. Kezdetben minden jó volt. 2: Ábrahám, Isten parancsára, kész feláldozni egyszülött fiát, az ígéret gyermekét. 3: Isten megmentette népét: épségben átvonultak a tenger közepén, ellenségük pedig elveszett a hullámokban. 4: Örök irgalommal megkönyörül népén az Úr. 5: Az Úr szólítja népét: irgalmasan szövetségre lép velük és megígéri nekik az örök életet. 6: A próféta megtérésre hívja fel Isten népét, hogy az Ő útján az örök világosság fényénél járjon. 7: Isten megígéri, hogy tiszta vizet hint választottaira, és új szívet teremt beléjük. S: A föltámadt Krisztus végleg legyőzi a halált. E: Jézus feltámadása öröm és béke övéinek és a világnak.

Mikor Izrael kivonult Egyiptomból, úgy ünnepelte a pászka éjét, az „átvonulás éjét", mint „az Úr tiszteletére való virrasztást" (2Mz 12,42).

Az egyháznak egészen új húsvétja van: Krisztus az új, az igazi húsvéti Bárány. Halálával megváltott minket, és igaz szabadságra vezetett, amelynek az Egyiptomból való kivonulás csak előképe és ígérete volt. Megváltó érkezésére várunk húsvét éjén — inkább, mint máskor —, ezen a legrégibb és legszentebb vigílián.

I. rész: A Fény ünnepe

II. rész: Az Ige istentisztelete

Első olvasmányhoz 1Mz 1,1-2,2 vagy 1Mz 1,1. 26-31

A világ teremtéséről szóló írást nem úgy tekintjük, mint valami tudományos értekezést, hanem mint vallásos tanítást Istenről, az Isten-teremtette világról, főleg az emberről és annak Istenhez és a világhoz való viszonyáról. A nyelv magasztos, ünnepi, mert az Isten művének tökéletességét kell tükröznie. Nyilvánvaló, hogy középpontjában az ember teremtése áll. Bölcsesség és szeretet által a maga képére alkotta őt Isten és alávetette neki a teremtett világot. Az engedelmeskedjen az embernek, de az ember kormányozza a világot Isten rendje szerint.

Válaszos zsoltár

A Teremtő magasztalása — Zsolt 104(103),1-2.5-6.10 és 12.13-14.24 és 35
vagy
A hű és jóságos Isten — Zsolt 33(32),4-5.6-7.12-13.20-22

Második olvasmányhoz 1Mz 22,1-18 vagy 22,1-2.9.10-13.15-18

Az üdvtörténet kezdete Ábrahám meghívása, mely közvetlen neki szól, de ezen túl minden népnek. Ábrahám hitének a legkeményebb próbát kell kiállnia, és ő kész engedelmeskedni. Egyetlen fiát, a szeretett Izsákot kell feláldoznia, pedig az az isteni ígéret hordozója. Isten megkíméli Izsákot, de nem saját egyetlen Fiát: föláldozza Őt a világ üdvéért. *(Jn 3,16; Róm 8,32)*

Válaszos zsoltár Zsolt 16(15),5 és 8.9-10.11

A bizalom imája

Harmadik olvasmányhoz 2Mz 14,15-15,1

Az egyiptomi kivonulás úgy él Izrael tudatában, mint a kezdet alapvető üdvélménye. Egyiptom a szolgaság volt, a Vörös tenger Izrael halála lett volna, ha Isten bele nem avatkozik Izrael sorsába. Sz Pál „keresztségnek" nevezi a tengeren átvonulást, mert előképe a keresztségnek, amiben mi Krisztussal meghalunk és föltámadunk. A tengertől való megmentés egyben előképe Isten világvégi megmentő eljövetelének (Jel 15, 3-4) is. *(1Kor 10,1-2)*

Válaszos zsoltár 2Mz 15,1-2.3-4.5-6.17-18

Éneket zengjünk Urunk fönségének

Negyedik olvasmányhoz Iz 54,5-14

Mint hajdan Egyiptomban, a babiloni fogságban is Isten népének léte forgott veszélyben. A sújtó ítélet után Isten irgalmazó szeretetébe fogadja az Úr népét. Mert Istennek a népe: „első szerelmének asszonya", hiszen már a Sínai hegynél szövetséget kötött népével, eljegyezte magát. Csak ideiglen lökte el elhűtlenült „hitvesét"; most azonban, mikor a nép megtért a fogságban, hazahozza és újabb szövetségre lép vele (Oz 2,18-22). — A vigasztaló szó a rombadőlt Jeruzsálemre utal, de előre is mutat a jövőbe, az új Jeruzsálemre, Isten megújult népére.

Válaszos zsoltár Zsolt 30(29),2 és 4.5-6.11-13

Hála a megszabadításért

Ötödik olvasmányhoz Iz 55,1-11

A korábbi üdvígéretek (Iz 40-53) szabadulásról, pusztai utazásról, hazatérésről szóltak. Izajás (54-55) a meghirdetett üdvösséget új szövetségként említi. Beteljesedése lesz a szövetségnek és ígéretnek, melyeket Isten Dávidnak tett (2Sám 23, 5). Nemcsak alkalmilag segít majd Isten: örök szövetség lesz az (Iz 55,3-5). A néptől ehhez határozott föltételeket vár el (55,1-3): érezze éhét-szomját, azaz a maga nyomorát, és táruljon ki Isten ajándékára. A 6—7. vers intés: őszintén keressék Istent, higgyék a szavát. Isten megtartja ígéreteit (2Kor 1,20). Biztosíték erre saját nagysága és szavainak súlya-ereje.

Válaszos zsoltár Iz 12,2-3.4.5-6

Háladal

Hatodik olvasmányhoz Bár 3,9-15.32-4,4

Izrael fennmaradásának titka nem hatalom és gazdagság volt; a hatalmasok tönkrementek, mert nem látták a lényeget. Igaz bölcsességre ember nem jöhet rá; csak Isten ismeri a maga titkát és minden dolgok igazságát. Bölcsességét átadta népének: a tízparancsolattal nyílt meg az emberek értelme. A Sínai törvény azonban Krisztusra utal, kiben megjelent személyesen Isten bölcsessége és hatalma (1Kor 1,23-25). Mindeneknek Ő az Út, az Igazság és az Élet (Jn 14,6).

Válaszos zsoltár Zsolt 19(18),8.9.10.11

Öröm Isten törvényén

Hetedik olvasmányhoz Ez 36,16-28

Jeruzsálem pusztulása után a próféta isteni szót hall, amely megmagyarázza neki a történteket, és felfedi a jövendőt. Isten haragja valójában csak az Ő szeretetének a másik oldala. Isten nem tudja népét magára hagyni, kell hogy az Ő útjára visszahívja, még szigorral is. Ezzel tartozik „szent nevének", amelyet kinyilvánított Sínainál. A nép megszabadítása nemcsak abban áll, hogy honába hazatérhet; belső megtérés, megújulás is kell. De ez nem áll az ember hatalmában, ezért maga Isten ad majd neki új szívet és új lelket (Jer 32,37-40). Az újjá alkotott néppel új szövetséget fog kötni.

Válaszos zsoltár

Epedés Isten után Zsolt 42(41),3.5; 43(42),3.4

vagy

Könyörgés megbocsátásért és újjáteremtésért Zsolt 51(50),12-13.14-15.18-19

Szentleckéhez Róm 6,3-11

Krisztus egyszeri halálával mindenkorra legyőzte a halált, föltámadott: élete isteni élet. Krisztusnak e tettében mi a keresztség által részesedünk: Őbenne és Ővele Isten mindent nekünk ajándékozott. De amit kaptunk, azt meg is kell valósítanunk azzal, hogy egyre újra átéljük Krisztus halálát: a hit és engedelmesség „igenjében". Életünk halál és megdicsőülés közti feszültség.

Válaszos zsoltár Zsolt 118(117),1-2.16-17.22-23

Ünnepi háladal

Evangéliumhoz (A év) Mt 28,1-10

Krisztus feltámadásának nem volt más tanúja, csak a húsvétéj csöndje. Ehhez Máté beszámolója hatol legközelebb, de ő is azt írja le, ami közvetlen utána történt. A húsvéti jóhírben a legfontosabb az angyal szava (28,5-7), s aztán magának az Úrnak a találkozása az asszonyokkal (28,10). A „halott", akit keresnek: él! Mindjárt újra maga köré gyűjti tanítványait: „testvéreit" (12,50; Zsolt 22,23). Mindent megbocsátott nekik, ismét magához veszi őket, ő általuk hirdeti „a jövendő népnek" (Zsolt 22,32), mit cselekedett Isten értünk! Félelem és kitörő öröm: ez a húsvéti események első hatása az evangélium szerint (28,8). *(Mk 16,1-8; Lk 24,1-10; Jn 20,1)*

Evangéliumhoz (B év) Mk 16,1-8

Jézus elfogatása után tanítványai szétfutottak (Mk 14,27-28.50). Nem vártak ők semmiféle feltámadást! Az asszonyok sem várnak angyali üzenetet, mikor a hét első napján hajnalban a sírhoz mennek. Sőt az üres sír megzavarja őket, és megrémülnek! Ennek az evangéliumi szakasznak a vége éppen nem húsvéti: „mert igen nagyon rettegtek!" Hogy Jézus újra összegyűjti tanítványait, hogy ezek Őbenne, a Föltámadottban hinni kezdenek, hogy tanúságuk hithez vezette az embereket az elkövetkező századokon át: ezek Istennek éppoly „nagytéteményei" (magnalia Dei), mint maga a föltámadás (ApCsel 2,11).

Evangéliumhoz (C év) Lk 24,1-12

Kevésbé meghökkentően, mint Márk, de éppoly világosan tudósít Lukács a tanítványok tanácstalanságáról, hitetlenségéről húsvét hajnalán. Az asszonyok beszédét üres fecsegésnek tartják. Elsőnek Péter szedi össze magát, végére akar járni a dolognak, de csak üres sírt és halotti lepleket talál. Nem volt ez még elég bizonyosság neki a feltámadásról. Visszamegy a házhoz, tele álmélkodással, mi is történhetett — írja Lukács (24,12). Az ámulatba meghökkenés, riadtság vegyül, korántsem „hit" ez még. Kell, hogy maga Jézus nyissa meg szemeiket. Neki kell a mienket is megnyitnia, különben csak üres talányokat látunk ahelyett, hogy a Föltámadottal találkoznánk.

III. rész: Keresztségi ünnep

IV. rész: Eucharisztia ünneplése

Szentségre várva

Föltámadtunk Krisztussal. Megjelent közöttünk, jelen van velünk. Köszönetünk Általa száll az Atyához; Őt kérjük: tegyen minket is föltámadása hiteles tanúivá!

Elmélkedés (A év)

Föltámadási himnusz (Salve festa dies, toto venerabilis aero)

Üdv neked, ünnepi nap! Minden korok lelkibe' tisztelt!
Úr ma pokolt letapos, győztesen égbe hatol.
Üdv neked, ünnepi nap! Minden korok lelkibe' tisztelt!

Ím tavaszúl ki világ: — kegyelem jele föltüne földön,
Fölkel az Úr, s kegye mind visszajön Övele most.
Úr ma pokolt letapos, győztesen égbe hatol.

Nézd, diadalmat ül itt Krisztussal, gyászteli poklon
szerte liget zöldűl; hajt ki virágba mező.
Üdv neked, ünnepi nap! Minden korok lelkibe' tisztelt!

Szűnt pokol és lehuzó törvény: Isten vonul! Ura föltör egébe,
Isten előtt hódol: föld-vizek-éj-Nap-egek!
Úr ma pokolt letapos, győztesen égbe hatol.

Az, Ki keresztre feszült: Úr az Isten mindeneken fönn.
Esdi Teremtőjét, s mind a világ leborul.
Üdv neked, ünnepi nap! Minden korok lelkibe' tisztelt!

(Venantius Fortunatus)

(Refrénje arra utal, hogy valószínűleg liturgikus használatra szánták.)

Elmélkedés (B év)

Krisztus föltámadása!

Kelj föl, siess! Csak 37 óráig van Jézus a sírban; a három nap és három éj ugyancsak összeszorult. Jézus földi élete s a végtelen örökkévalóság közt ez a sötét mesgye vonul; azt is hogy keskenyítette! Siet; korán reggel támad föl. Ő a mi hajnalunk, az örök élet hajnala. Ő a mi ünnepünk; ezt a föltámadást hirdeti minden vasárnapunk! Siess jó nap, ragyogj ránk; hasadj ránk fölséges vasárnap; akár a bűn éje, akár a vigasztalanság éje kurta legyen. Az lesz, ha vasárnapi lelkek leszünk.

Jézus lelkével a lelkek vonulnak a sírhoz, kiket a pokol előtornácából kiszabadított, mint hajnali fényes felhő... költöző lelkek csoportja ezüst szárnyakon. Mily néma zene! Elvonul a föld fölött az örök élet. Jézus örül; a fölszabadulás énekét zengik körülötte a lelkek; „Cantemus Domino, gloriose enim magnificatus est!" [Énekeljetek az Úrnak, mert dicsőségesen fölmagasztaltatott!] Ez az első föltámadási processzió! Jézus most szembenéz a halállal, úgy ahogy ő tud nézni, nem passive, hanem pathetice; a diadal páthoszával: halál, — mondja — megtörlek, meghaltam, hogy az élet föltámadjon. Ez a sír a te sírod, itt te rothadsz el; én, az élet, föltámadok. Imádandó, szent hatalom, mely a rosszat legyőzi. Akik nem hisznek, azok csak passive, mint áldozatok nézik a halált és viszik a szenvedést. Nálunk nem; nálunk a halál mögött is élet int felénk! *Jézusom, életem, erőm, győzelmem!* Azután Krisztus lelke ismét megeleveníti testét, azzal az erővel, mellyel a megdicsőült lélek tudja lefoglalni s átváltoztatni az anyagot. A Táboron megmutatta, itt végleg megvalósította. Szépségbe, fénybe öltöztette; átszellemesítette; akaratának hajlítható eszközévé és szervévé változtatta. — Mit tesz a lélek a hipnózisban, mily érzékenységet, lelkiséget lehel a testbe az extázisban! A megdicsőülésben meg éppen áthatja a testet s abban új energiákat léptet föl. Ezentúl át tud hatni ajtón, kövön; megjelenik, ahol akar; elváltozik úgy, hogy meg nem ismerik. — Ó fölséges, szép, dicsőséges Jézus, létünk eszménye és példája; szemeidből villan ki a megdicsőült élet sugara; te érezted át először az örök dicsőséget idegeidben; erőd, szépséged benned vált az örök ifjúság örömévé. Üdvözlégy elsőszülött testvérünk, te újjászülött! A megdicsőült élet után epedünk. Lelkünk valamiképpen átszellemesíti testét, és akkor átéljük a te húsvétedet. Azért akarjuk már most a lélek győzelmét kivívni testünk, ösztönösségünk fölött; fegyelmezni akarjuk magunkat; a lélek uralmát akarjuk biztosítani a halandó testben a szép, erős halhatatlanságért!

A föltámadt testnek sajátságai: 1. A *fényesség*, mellyel a lélek árasztja el a testet. Van fényesség karácsonyéjjel, van a Táboron; az apokalipszis víziói is fényben úsznak; a szentek is szépek és fényesek, például Pazzi Sz Magdolna s a valenciai imádkozó, kinek fényétől ragyogott éjjel a templom; Jézus leírhatatlan szépségben ragyog. 2. Azért többé nem is szenvedhet; a szenvedés, a szomorúság, keserűség meg nem környékezi. Arca nem esik be, nincs rajta a savanyúság s elégületlenség kifejezése. Ó, hogy szántja s szaggatja a lelket a szenvedély és hervasztja a szenvedés! 3. Gyors, mint a szellem, a tér korlátait nem érzi; az erény útjaira is, azokra a sokszor egyhangú, göröngyös, nehéz utakra részvéttel néz le és biztat: Csak rajta, előre! Kik sírva vetnek, örvendve aratnak majd! 4. Teste átszellemült. Mily különbség a pocsolya sara s a virág szirma közt; ez át van járva élettel, az meg nem. A lélek egyre jobban járhat át testet, míg végre a test átszellemül tőle. Átszellemülni, magunkra ölteni a szépség, a készség, a fegyelem lelkét! Ezek a föltámadás jellegei. Minél többet belőlük, hogy tűnjék el az „állati ember". *(Prohászka: ÖM, 7:360;112)*

Elmélkedés (C év)

A föltámadott Krisztus új emberiséget hord magában, Istennek végső, fönséges Igen-jét az új emberhez. — Bár emberfaj még régiben él, de útja már kifelé a régiből; bár itt él még a halál világában, de már halálon túl tart útja; bár itt él még a bűnök világában, de már az útja bűnből kifelé visz. Az éjtszaka még el nem múlott, de hajnallik már! *(Dietrich Bonhoeffer)*

†

Nyilvánvaló igaznak kell lennie, hogy még a szerfölötti makacsokhoz is eljött Krisztus, s hogy Ő megvilágosítа teljességgel minden lelket az Ő fényével, és mindnek közölte az igaz isteni tant az Ő Atyjáról. A világ miden része, minden irányban tanítása fényében ragyog! [E szilárd bibliai tanból következik: A megváltás és tőle a belső megvilágosítás valami isteni módon minden lélekhez eljut. Több, mint a „természeti törvény" ismerete!] *(Sz Atanáz)*

HÚSVÉTVASÁRNAP (A,B,C)

ÜNNEPI MISE

1: Péter apostol tanúságot tesz, hogy Jézus valóban feltámadt. S1: Az apostol figyelmeztet: a földi dolgok ne tereljék el figyelmünket az égiekről. S2: Az apostol felszólít: vessük el a bűn fertőző kovászát, hogy Krisztusban megújulhassunk. E: Péter és János apostol megérti, hogy Jézusnak fel kellett támadnia a halálból.

Kezdet és vég, múlt és jövő él az örök *Má*-ban, mely a Föltámadotté (Sz Ágoston: „aeternum Nunc", az isteni Most), azé, aki „Halott volt és íme él" (Jel 2,8). A megölt Bárány az Úr, aki eljövendő, hogy befejezze a világ történelmét. — A Krisztus föltámadása és fenségben való kinyilvánulása közt fut a „mi időnk", a mi utunk. A hit fényében járunk, avagy — a hit homályában is, de szilárd hittel. Hitünk azok tanúságára támaszkodik, akik látták a Föltámadottat, de az Ő Lelkére is, akit belénk küldött. A körülöttünk levő világ, de a jövendő nemzedékek is azon hitben élnek, amit mi vallunk és tanúsítunk életünkkel.

Első olvasmányhoz ApCsel 10,34.37-43

Rövid, tartalmas mondatok foglalják itt össze a Jézusról tett tanúságot. Középpontja a halál és föltámadás üzenete. „Isten föltámasztotta Őt." E tanúságban gyökerezik a mi húsvéti hitünk és minden reményünk. Jézus él, itt és most. Isten bírául állította Őt élők és holtak fölé. A vádló bíró megváltó is, mert aki hisz benne, élni fog. Annak „megbocsáttatnak az ő bűnei".

Válaszos zsoltár Zsolt 118(117),1-2.16-17.22-23

Köszönet és dicséret

Szentleckéhez Kol 3,1-4

Keresztségünk *követelménye*: amivé lettünk, *az legyünk* is, azt éljük is (húvétéji szentlecke: Róm 6,3-11). De a keresztség *ígéret* is, egyfajta előleg is: máris a miénk a Föltámadottnak örök, halál-hatalmát megtörő élete, bár még nem „nyilvános", közvetlen érzékelhető vagy látható. Életünknek a „Krisztus napjára", az újrajövetelére várás ad értelmet és nagyszerűséget.

vagy:

Szentleckéhez 1Kor 5,6-8

A húsvéti bárány leölése előtt a zsidó házakból kivetették a „régi kovászt": mert új, kovásztalan kenyérrel, pászkával ünnepelték a húsvéti lakomát. Az apostol ebből veszi hasonlatát: az igazi húsvéti Lakoma maga Krisztus, Isten Báránya, aki elveszi a világ bűneit. Ő a mi új ünnepünk, a mi lakománk. A régi „kovász" (romlás, bűn) tűnjön el ezért az életünkből. A húsvét egy új élet kezdetének napja!

Evangéliumhoz Jn 20,1-9

Mit láttak az apostolok Jézus föltámadásából? Két dolgot: az üres sírt és magát a Föltámadottat! Az üres sír „jel" volt, amely értelmet csak akkor nyert, mikor az élő Úrral találkoztak. De a találkozó csak úgy lehetséges, ha kész a szívünk látni és hinni. (Az övék csak a találkozás által vált képessé arra.) A szeretet képesít erre. — *Magdolna* nagy reggeli találkozása mellett ugyanezt tanítja az *emmauszi* vándorok elbeszélése (Lk 24,13-35): az égő szív megérzi az Úr közellétét és megérti az Írások igazát. *(Mt 28,1-8; Mk 16,1-8; Lk 24,1-11)*

Szentségre várva

A Szentség ünneplésében hitünk központi titkát látjuk és halljuk: az Úr halálát és feltámadását. Már most találkozunk Vele személyesen, aki jönni fog fönségben bíróul és boldogítóul.

Elmélkedés (A év)

Vigasz Emmauszban

Mint a pásztortűz foltja a májusi réten, olyan a hitetlen lélek a világban; csúnya, szomorú, fáradt, reménytelen. Íme az emmauszi úton is baktat két ilyen fáradt ember s a világ útjain sok jár ilyen. Hittünk, reméltünk; most nem hiszünk, nem remélünk. Kínjainkkal a szórakozás, a világ felé fordulunk; szeretnők elfelejteni magunkat. Ez nem az Isten útja. Minket is elfog néha a csüggedés s az unalom s a világhoz fordulunk enyhülésért. Kereshetünk vigaszt a természetben, szórakozásban, jó barátainknál, de azután térjünk ismét vissza Jeruzsálembe, a szent városba; Jézus lesz a mi igazi vigasztalónk. Mily vigaszt találtak volna a tanítványok Emmauszban, ha Jézus nem jön feléjük? Tehát szórakozni Isten akarata szerint, vagyis hogy lelki ruganyosságunkat megóvhassuk; gazdálkodjunk erőinkkel s okosan fejlesszük azokat.

Az Úr Jézus csatlakozik hozzájuk s nem ismerték meg őt s kérdezi őket: „*Micsoda beszédek ezek, melyeket egymással váltotok útközben és szomorúak vagytok?*" Jézus lelke a húsvéti reggel örömében úszik, ragyog is, boldog is, de azért nagy részvéttel nézi ezeket a lehangolt lelkeket és örül, hogy elpanaszolják előtte szomorúságukat. Még biztatja is őket: Micsoda beszédek ezek, amelyeket váltotok? A tanítványok engednek a biztatásnak és előadják szívük fájdalmát. Mily jól eshettek szavaik Jézusnak, főleg melyek őreá vonatkoztak: „...ki próféta-férfiú volt, hatalmas a cselekedetekben és beszédben Isten és az egész nép előtt". Nagyszerű dicséret volt ez, ennél szebb tanúságot nem tehettek volna róla. Jézus tőlem is azt akarja, hogy meditációimban, naponkinti lelkiismeret-vizsgálataimban adjam elő részletesen bajaimat. Ez nagyon bizalmassá teszi Istenhez való viszonyomat s fölvilágosít és nevel.

„*Mi pedig reménylők, hogy ő megváltja Izraelt.*" Mert ugyancsak rászorultunk. Vártunk Megváltót, mert sok a bajunk, a kínunk. A szívnek ez a régi várandósága, mely kínból, bajból menekülést remél, a mi örökségünk is volt.

Igen, az övék volt s a mienk is. Nekünk is megváltás kell. E bamba, bűnös lét, mely először bepiszkolódik, azután elrothad, érthetetlen s elviselhetetlen. Ez óriási ellentmondás a törvény s a bűn, az eszmény s az alávalóság, a halál s az örök élet vágya közt, kiegyenlítést sürget s ez csak isteni, kegyelmes tett lehet. Ezt reméljük! Azonkívül remélünk kiutat és segítséget hozzá, remélünk erényt és érdemet az örök élet koszorújára. Mindezt Jézus adja nekünk. Maradunk ez úton; lelkesít az örök élet reménye! Ez boldogít már itt is s kedvet s kitartást ad küzdelmeinkben!

„Óh balgatag és késedelmes szívűek" (Lk 24,25). Jézus fölségesen kezeli az eltévelyedteket; erejének öntudatában képes kiemelni őket deprimált hangulatukból. Föléleszti bennük az Isten nagy gondolatait; kitárja a hitnek fölséges perspektíváit; inti, de feddi is őket. „Óh balgatag és késedelmes lelkek." S a két tanítvány érzi az idegen vándor lelkének fölségét, érzi azt a friss, üde légáramot, melyet lelke lehel; jól hat rájuk, jót tesz nekik. Csak lélek nyúljon a lélekhez; a lélek, az élet, az erő fölényével lehet csak gyógyítani; veszekedéssel, zsémbeskedéssel nem. Aki lent van, ahhoz le kell ereszkednünk. Tegyünk, mint a nap tesz, mely magasságból le nem száll, de leküldi sugarait. A mi magasságunk a lélek jósága, nemessége; ne jöjjünk le veszekedni s bepiszkolódni. Tisztítsunk másokat saját lelkünk előkelőségével, amely az Övé bennünk. *(Prohászka: ÖM, 7:369-370; 123)*

Elmélkedés (B év)

Föltámadott

(63. zsoltár) Rengett a föld, s az Úr föltámadt. A Sír lett tája oly csodáknak, hogy katonák maguk is, kik ottan őrként állottak, tanúvá lettek általa. — Ha ugyan ajkukról igazság szólana! De kapzsiság — mely tanítványt is a rabjává tett, — elfogta sírőrző vitézeket! „Lepénzelünk — szóltak nekik — s mondjátok, míg itt aluvátok, a tanítványok jöttenek és ellopták Őt tőletek!" Valóban zsoltár teljesül: „Fürkész agyak kifogytak fürkészetükbűl (63,7). Mit is mondtál, boldogtalan eszesség?! Úgy elhagyád jámborság fényes mécsét, hogy berántott az álnok ravasz mélység! Tanácsolád: „aludtunk; jöttek s ellopták". Ti *alvó szemtanúkat* hoztok! Ti magatok alusztok, kik fürge fürkészetbe szörnyen fogyatkoztok! Mert: hogy láthatnak, akik szundítnak? Ha mitse láttak, mit is tanúsítnak!? *(Sz Ágoston)*

†

Húsvéti Óda

Jertek, igyunk azon új folyamból!
Nem kiaszott sivatag „csuda kútja":
életadó Forrás ez! örökre csobog-foly:
Úrnak a sírjából fakad, itt ránk jutva.

Mind a világra világít a fénye.
Föld ragyog és ami föld alatt van!
Mind a Teremtés ünnepel égi fénybe'
Támada Krisztus föl, ki teremté hajdan!

Tegnapon én Veled élni szűntem.
Újra kelőn Veled él, ki meghal!
Tegnap együtt: a Sírodba dűltem.
Most egekig magasítsz magaddal!

(Damaszkuszi Sz János)

Elmélkedés (C év)

Mária Magdolna a sírnál

Mária pedig kinn álla a sírboltnál, sírván. Midőn tehát sírt, lehajolván a sírba tekinte, és két angyalt láta fehér ruhában ülni... Mondák neki azok: Asszony! mit sírsz? Mondá nekik: Mert elvitték az én Uramat, és nem tudom, hová tették őt. Midőn ezeket mondotta, hátrafordula és látá Jézust ott állani, de nem tudá, hogy az Jézus. Mondá neki Jézus: Asszony, mit sírsz? kit keressz? Amaz vélvén, hogy ez kertész, mondá neki: Uram, ha te vitted el őt, mondd meg nekem, hová tetted, s én elviszem őt. Mondá neki Jézus: Mária. Megfordulván amaz, mondá neki: Rabboni! Mondá neki Jézus: Ne illess engem... (Jn 20,11)

Mária szeret, szorgos; a holtat keresi, látni akarja, szolgálni szeretne neki még most is, el akarná vinni; mint Tóbiás vitte temetésre holtjait, mint a régi „fossores" [sírásók] vitték a katakombákba halottjaikat, úgy ez az erős, mert szerető asszony is el akarja vinni őt. Kit? őt! Ah, ennek szíve van! Mások is sürgölődnek a sír körül, Péter is, János is, de ez az egy itt gyökeret ver, és néz és sír és félrebeszél. — Az intuíció s az érzelmi mélység a tettek forrása; az okoskodás pedig a tett halála. De talán túloz Mária? S ha túlozna, mi baj volna? De hol van túlzás a szent és hű szeretetben?! Óh dolgozzunk szívvel, szeressünk, örvendjünk, sírjunk, epedjünk. Saját tapasztalatunk az, hogy nehezebben dolgozunk lelkünk üdvén, mikor okoskodunk, s könnyebben, mikor imádkozunk. Vannak munkák, melyeket csak a szív végezhet! A nagy, odaadó, hű szeretet a szívnek zsenialitása.

Ezt a hű, vágyódó, tapadó lelket vigasztalja meg Jézus. Fölséges Szent Márkban az a sor: „Feltámadván pedig reggel a hét első napján, megjelenék először Mária Magdolnának, kiből hét ördögöt űzött vala ki" (16,9). E sorban lüktet az evangélium pátosza, Jézus szívének nagy s fölényes szeretete. Sok kurta tekintetű lélek fönnakad ezen s kérdi: Tehát jobban szereti-e Krisztus a megtért bűnöst, mint a szeplőtelent? De ezen nem akadnak fönn azok a szeplőtelenek, kik Jézust nagylelkűen szeretik, s szeretetükben összehasonlításokra s alkudozásokra rá nem érnek. Mi szeretünk, és senkire sem irigykedünk. Nem hányjuk föl, hogy mindig tiszták voltunk, hanem örülünk neki; ez nekünk nem teher, hanem kegyelem, s ebből előjogokat nem kovácsolunk. Óh örvendjünk, ha el nem buktunk. Mily kegyelem ez, mellyel Magdolna nem bírt! Azután pedig szeressünk, szeressünk jobban, lelkesebben, hiszen el nem buktunk, hiszen többel tartozunk. — Ha pedig oly szerencsétlenek voltunk, mint Magdolna, ó legyünk azután oly buzgók, mint ő, s Jézus meg nem vet. Íme megmutatta. Egy szót szólt, egyetlent, s Mária térdrerogyott. Sugárzó szót mondott, melyben lelke vibrált. Óh Mester, Mester, hogy tudsz te szólni! Óh szólj, beszélj s lelkünk meghódol neked! — Mária át akarta karolni lábait, de a Mester mondotta: Ne illess! A lelkek a túlvilágon mind fölségek, arisztokratikus szellemek. Itt a földön az ember mint a gyerek; nagyon érzéki, mindent szájához emel és majszol. Bizonyos szent tartózkodást parancsol az Úr, mely a nagyságot önmagunkban tisztelettel környékezi s piedesztálján megtartja. Kell ez nekünk; kell belénk szent, alázatos tisztelet Jézus iránt. Ezt érvényesítenünk kell mindenütt, imáinkban s kivált szent áldozásainkban. *(Prohászka: ÖM, 7:367; 121)*

HÚSVÉTHÉTFŐ (A,B,C)

1: Péter apostol tanúságot tesz Jézus föltámadásáról. E: A feltámadt Jézus üzeni tanítványainak, hogy menjenek Galileába, és ott meglátják Őt.

Jézus föltámadása hitünk és reményünk alapja. „Krisztus meghalt a mi bűneinkért (1Kor 15,3), helyettünk és értünk bűnhődve. Föltámadása egy új teremtés első napja. „És lőn világosság..." Krisztus a mi világosságunk most. Ő nyitja meg szemünket, Ő ád új szívet, melyben az Ő igéje ragyog és izzik. Ő jár velünk az úton, vezet. Ahol Ő van, ott kell nekünk is lennünk (Jn 14,4).

Első olvasmányhoz ApCsel 2,14.22-32

Péter pünkösdi prédikációjának (ApCsel 2,14-39) magva a beszámoló Jézus haláláról és feltámadásáról. A feltámadást nemcsak tanúk igazolják, akik látták Őt, Péter írásbeli bizonyítékot is ad: a 16. zsoltár 8—11. verse Krisztusról szól. Ez a zsoltár oly ember bizakodó imája, ki veszélyben látja az életét. De mint a többi zsoltár, ez is csak Krisztusban kapta meg teljes értelmét: Isten a hozzája hű lelket nem engedi át romlásra, a halált legyőzi az élet. Mi is elimádkozhatjuk ezt a zsoltárt a föltámadásba vetett hitünk, reményünk jeleként, Istennel való örök közösségünk zálogául. *(2,22-24: Jn 3,2; ApCsel 10,38; Lk 24,19-20.26; ApCsel 3,15 ▫ 2,25-28: Zsolt 16,8-11 ▫ 2,29-32: Zsolt 132,11; 2Sám 7,12-13; Lk 24,48; ApCsel 1,8)*

Válaszos zsoltár Zsolt 16(15),1-2 és 5.7-8.9-10.11

Isten vezet és oltalmaz minket

Evangéliumhoz Mt 28,8-15

A föltámadott Krisztus megjelenései megmutatták, hogy valódi teste volt. Nem valamilyen álom, hallucináció vagy látvány volt — abban az időben jól ismerték ezek között a különbséget. Ezek a megjelenések bizonyították: az emberekkel együtt élt Názáreti Jézus és a föltámadott, megdicsőült Jézus egy és ugyanaz. Érdekes, hogy Jézus mindig megszakítja ezeket a megjelenéseket. Célja az lehetett, hogy erősítse a már meglevő hitet. Nem azt akarta, hogy az apostolok az üres sírt tiszteljék, hanem hogy hirdessék a tömegeknek az örömhírt.

A húsvéti szent háromnap eseményei (Krisztus szenvedése, halála s föltámadása) körül forognak saját életünk legfontosabb eseményei is. Az apostolok tapasztalata nyomán, mi is erősítsük meg hitünket és még nagyobb buzgalommal dolgozzunk a mennyei királyság megvalósításán. *(Krempa: Daily Homilies, 3;107) (28,13: Mt 27,64)*

Szentségre várva

„A bűnök bocsánatára" — halt meg Jézus, és „értetek és mindenekért" — énértem is támadott föl. Találkozom most Vele az Oltáriszentségben!

Elmélkedés (A év) (Lásd a Húsvétéjre valót is.)

A föltámadt Krisztus győz a hitetlenségen

„De menjetek, mondjátok meg tanítványainak és Péternek... Azok pedig elfutának a sírtól, mert elfogta őket a rettegés és félelem." (Mk 16,7) A fölfordított sírkövön mint piedesztálon mutatkozik be az a titokzatos, halált és bűnt legyőző hatalom s minket is valami szent borzalom száll meg. Krisztus győzelme megrendítő! Győzött a hitetlenségen.

Diadala az a fényes világosság, mely a kételyt eloszlatja, az a rendületlen megnyugvás, mely a föltorlódott hullámokat elsimítja, az a biztonság, mellyel összes aggodalmainkra azt feleljük: Ő az Isten Fia. Már nagypénteken este ragyog föl ez a sugár, de az csak esthajnal volt; ott mondta a százados: Valóban az Isten fia volt. De ami ott alkony, az itt ragyogó napkelet. Nem a keresztfán, hanem a dicsőséges föltámadásban kaptuk meg az Isten kinyilatkoztatását, hogy Krisztus az Isten Fia. A hitetlenség, a keresztrefeszítés szentségtörése, a tagadás diadalmi mámora szükségessé tette ezt a legfőbb kinyilatkoztatást: föltámadott, tehát Isten.

Krisztus is titokzatos valójának e fejlődésére mutat rá. Suttog körülötte a kétség; a halandó lét s a halál kettős homályt borít rá: igaz, hogy a hit mécsét tartja mellette az apostol, aki mondja: Te vagy Krisztus, az élő Isten fia. De a mécses kialudt nagypénteken. A Messiás meghalt, vége van! A bizalom pálmaága elhervadt az apostolok kezében is. Meg kell tehát újra gyújtani a mécsest, de nem földi tűzzel, hanem örök fénnyel, „lux perpetua"-val. Krisztus sírjában Isten gyújtja meg azt s megmutatja nekünk: „Lumen Christi! Deo gratias!" [Krisztus világossága! Hála légyen az Istennek!]

Mindennek így kellett történnie; így, páratlanul. A halál kapujában kellett Krisztusnak győzelmi zászlaját leszúrnia; az élet urának a halál keretében kellett bemutatkoznia; ez a fekete keret ezt a glóriás képet ezerszer vakítóbbnak mutatja be a világnak, mint a betlehemi éjfél a szent karácsonyt. Csak dühöngjetek, van nekem trónom, van zsámolyom; gyöngykoszorúmat abból a mélységből hozom, melyben ti mindnyájan hajótörést szenvedtek, mind, mind, fáraók, cézárok, satrapák, bölcsek, próféták, költők, szépségek; s babérom lengő szálát az örök élet virányairól tépem. Meglátjátok, mily „győzelmet" éneklek; megsüketültök, megvakultok, ha nem szerettek; de ha szerettek, elragadtatásban tágranyílt szemmel néztek s lelkendeztek: Jézus, Jézus, utaid a dicsőség magányos útjai, csak te járhatsz rajtuk; be jó, hogy a dicsőség s erő ez útjain hozzánk jössz s értünk jössz. *(Prohászka: ÖM, 7:368; 122)*

Elmélkedés (B év)

Liturgikus imádság

Urunk, ki szereted embernépet, ragyogj szívünkbe isteni tudással tiszta fényként! Elménknek nyissad föl szemét, hogy a jó hírt értse! Áldott parancsaid félelmét szívünkbe vésd be, hogy minden földi kéjvágyat taposva, lelkünk a belső élet útját fussa! Hogy akarja s tegye is mindazt, mi eljut égi tetszésedre! Mert Te vagy lelkünk Napja-fényessége! Úr Krisztusunk, ezért magasztalunk örök Atyáddal együtt;

s Vigasztalónkat a mindenszent és jó, és szentélet-adó Szentlelkedet, most és örökkön együtt Teveled. Amen. *(Aranyszájú Sz János)*

†

A fény naponta kioltva egyre fölragyog, éjek is elvonulnak és megtérnek. Elhaló csillagzatok kigyúlva *újra élnek.* Idők végződnek s már kezdődnek. Gyümölcsök fogynak-hullnak-szaporodnak. Bizony a magvak, csak hogyha földbe haltak, szétrohadtak — csak úgy sarjadnak még bővebben! Mindenek, a pusztulással, a pusztulásból mentve, visszaélednek. S te, ember, oly nagy név! — mindezek ura, halóknak-éledőknek azért múlnál ki, hogy végleg tűnj és ne élj többet? *(Tertullián)*

Elmélkedés (C év)

„Resurrexit" (Föltámadott!) — Péter meghirdeti

„Szombat elmultával szürkületkor pedig... nagy földindulás lőn, mert az Úr angyala leszálla mennyből, és oda járulván, elhengeríté a követ és ráüle. Vala pedig az ő tekintete mint a villámlás, és ruhája mint a hó. Tőle való féltökben pedig megrettenének az őrök, és lőnek mint a holtak. Felelvén pedig az angyal, mondá az asszonyoknak: Ne féljetek ti, mert tudom, hogy Jézust keresitek, ki megfeszíttetett. Nincs itt, mert feltámadott, amint megmondotta" (Mt 28,1-6).

Ti ne féljetek, kik Krisztust keresitek, sőt vigadjatok s örömöt üljetek... a sírban is, mert végtelenül nagy, hatalmas és dicsőséges a ti Uratok. Ő a föltámadás s az élet, s a fölfordított sírkövön nem márványalak, hanem én, a Fölségesnek eleven angyala vagyok emléke. Mint karácsonykor a pásztoroknak a megtestesülés angyala hirdette a „nagy örömöt": úgy húsvétkor a föltámadás angyala hirdette az erő és győzelem evangéliumát, azt, hogy „Föltámadott". A hitetlen, diadalt ülő világban, hol Jézus végleg tönkrement s reá a Messiásra csak akasztófa és sír emlékeztettek, a hivatalosan, ünnepélyesen, nyilvánosan, millió ember értesülésével, három törvényszék beleegyezésével lepecsételt sírkövet harmadnapra elhengerítette az Úr keze, s Jeruzsálemnek fülébe dörgi az üres sír s a legújabb evangélium: „Nincs itt, föltámadt". Ez minden tekintetben a legnagyobb „signum" [jel]. Krisztus legnyilvánosabb csodája. Egy csodában sincs a nyilvánosság úgy lefogva, mint ebben; e csodájához kíséri Krisztust millió hitetlen ember, e csodájára figyelmeztet a zsidóság minden intézménye, a leglármásabb felvonulás riasztja fel a pascha emelkedett hangulatú népét s meghívja, hogy lássák Krisztus meggyaláztatását, hogy tanúi legyenek kereszthalálának, de tanúi egyszersmind üres sírjának. Szent Péter mondja: „Zsidó férfiak és mindnyájan, kik Jeruzsálemben laktok: a názáreti Jézust, az Istentől tiköztetek erők és csodák és jelek által igazolt férfiút megöltétek. Kit az Isten föltámasztott halottaiból... Ezt a Jézust föltámasztotta Isten, minek mi mindnyájan tanúi vagyunk. Ezeket hallván, megilletődének szívükben és mondák: mit cselekedjünk?"

Ez egyszersmind a kereszténység legünnepélyesebb proklamációja, ezen csodában lett a kereszténységből a legnyilvánosabb tény. E csoda lefoglalt 3000, azután 5000 lelket ugyanabban a Jeruzsálemben, mely a Golgotán a keresztet és a kertben a sírt látta: tanúságuk hangos és világos, hagyományuk folytonos és ünnepélyes volt, s midőn Szent János állítja, „quod vidimus et manus nostrae contrectavere", amit láttunk és megtapogattunk, nem érti azt egymagáról, hanem érti százakról, kik mind tanúi Krisztusnak.

Ez a legnagyobb csoda, mert legistenibb, legalább legkevésbé emberi, hisz benne megszűnt, elveszett az ember! S Krisztus ehhez kötötte hitelét, az ember bukásához, hogy ne kételkedjünk istenségében. Tudjuk, hogy mennyire tehetetlen a halott; annyira, hogy azt kell róla mondani: „volt". Az ember csak erejében, lelke, teste épségében, szava ékesszólásában, szíve melegében, szeme tüzében tehet nagyot, amint Krisztus is tett életében „vir potens in opere et sermone"; de ő különb lett, mert a saját érvényesülésére a halálban kimutatott erejét használta föl. Ha lenyugszom, akkor támadok fel; ha tönkremegyek, akkor győzök; ha meghalok, ha nem leszek, ha az ember-Krisztus nincs többé, akkor meglátjátok, hogy Isten vagyok! Uram, hiszek benned; hiszek csodáid miatt. „Operibus credite" [higgyetek a cselekedeteimben] (Jn 14,10). Apostolai nem fáradnak ki hirdetni a csodák világraszóló tanúságát, ezt hirdetik a keresztény községek s az egyes keresztények a szájukkal, vérükkel. Máté 42, Márk 37, Lukács 43, János 14 csodáról tesz említést. Az evangéliumban tehát, mely kis 8-adrétben alig 200 lapot számlál, több mint 100 csoda van fölsorolva: halottak föltámasztása, gyógyítások, kenyérszaporítás, s végül a föltámadás! Hiszek benned Jézusom, mert ugyancsak kinyilatkoztattad magadat. *(Prohászka: ÖM, 7:366; 119)*

HÚSVÉT 2. VASÁRNAPJA: FEHÉRVASÁRNAP

I: Az első keresztényeket az asztal és a szeretet közössége jellemezte. S: Hitünknek és reményünknek Jézus Krisztus feltámadása adja a biztos alapot. E: Jézus feltámadása után megjelenik a hitetlenkedő Tamásnak is: Boldogok, akik nem látnak, és mégis hisznek.

A Föltámadt Krisztusba vetett hitből élnek a tanítványok: az egyesek élő hitéből és a közös hitből. Ez a hit csodálkozás és öröm, hála és hűség. Egyben szükség és aggodalom is, hogy elviseljék a tanítványok, ami nekik a legnehezebb: az elkülönülést közösségtől, közös istentisztelettől és Isten-dicséréstől, közös föladatoktól, közös örömöktől; hisz a hitre meghívatás egyben közösségbeli meghívatás is.

Első olvasmányhoz ApCsel 2,42-47

Az Apostolok Cselekedetei (2,42-5,42) a jeruzsálemi ősegyház életképét mutatja. A mai szakaszt részben kiegészíti a másik (ApCsel 4,32-35). A „közösség" abban állt, hogy mindent együtt birtokoltak, egymással megosztottak (2,44). Az „apostolok tanítására" és istentiszteletre még a Főtemplomba járnak. A kis csoport vidám jóságával, nagylelkűségével mindenkit erősen vonzott. Így Isten megsokasította őket. Az utolsó mondat (2,47) röviden, szabatosan összefoglalja, mi a titka minden sikeres missziós munkának. *(Lk 24,53; ApCsel 5,12-16)*

Válaszos zsoltár Zsolt 118(117),2-4.13-15.22-24

Hála és dicséret

Szentleckéhez 1Pt 1,3-9

Sz Péter első levele a kisázsiai keresztényekhez szól. Vigasztaló és intő írás a pogányságból megtértekhez, kiket üldözés fenyeget. A levél Isten dicséretével kezdődik himnikus, liturgikus nyelvezetben. A már elnyert isteni üdvajándékok még nagyobb kegyelemnek és reménynek zálogai. A keresztségben Isten a fiaivá fogadott („újra nemzett": 1,3) minket. Ez az új élet, mint tökéletes valóság, persze még nem a miénk, csak élő remény, amely Jézus föltámadásán alapul. De ennek gyümölcse öröm és biztonság, még külső veszély és belső szorongatás, szükség idején is. — A következő vasárnapokon e levél folytatását olvassuk, fölidézve a húsvéti és keresztségi élményeket. *(1,3-5: 1Pt 1,23; Jn 3,5; Kol 1,5.12; 3,3-4 ▫ 1,6-9: Jak 1,2-3; Zsid 12,11; 1Kor 3,13; 1Jn 4,20)*

Evangéliumhoz Jn 20,19-31

A hét első napján, vasárnap támadt föl Jézus, és jelent meg tanítványainak. Ahogy az első teremtés, úgy ez a második is Isten szavával és életalkotó Lelkével kezdődik (1Mz 1,2). Az isteni Lélek ereje a rend és szépség világát alkotta az őskáoszból. Ugyanaz a Lélek győzi le most a tudatlanság és bűn zűrzavarát, teremt új embert, az apostoloknak adott bűnbocsátó oldó-kötő hatalommal is. Ez a Lélek ad nekünk kegyelmet, hogy Tamással higgyünk Abban, akit szemeink még nem látnak!

(Mk 16,14-18; Lk 24,36-49 ▫ 20,19-20: Jn 20,1; 16,16.20-22 ▫ 20,21-23: Jn 17,18; Mt 16,19; 18,18 ▫ 20,29: 1Pt 1,8 ▫ 20,31: Jn 3,15; 1Jn 5,13)

Szentségre várva

Jézus szavai és „jelei" (csodái) nem a múlté, jelen vannak Egyházában és szentségeiben. Hozzánk is szól ma az Úr: „Békesség nektek!" Ő maga a mi békénk. Tamás apostoltól tanuljuk a hit válaszát, míg a szent testet érintjük: „Én Uram és én Istenem!"

Elmélkedés

Boldogok akik hisznek (eretnekség ellen)

Mint már mondtam, az Egyház megkapván e tanítást és e hitet Krisztustól, világszerte hirdeté, mégis úgy megőrizé, mintha csak *egy* ház lenne. Éppígy a hitet úgy *hiszi*, mint aki egylelkű és egyszívű.... Mert más és más a világnak nyelve, de a hagyománynak tekintélye egyazon és egyhitű. Sem a germánok közti egyház nem tart más hitet-hagyományt, sem ibérek vagy kelták közt, avagy a messzi keleten, Egyiptomon és Líbián, vagy kik lakoznak e világ legközépi földtáján [200 előtt már így elterjedt a hír! „Legközépi táj" = India? vagy épp Róma?].

Mint Isten műve: égi Nap csak egyazon a tájakon, a földön szerte: úgy a *Hit* meghirdetése bárhol is: ragyog-világít bárkinek, ki Igazságra szomjazik.... Nagy Polikárp, kit oktatott az apostolok ön-szava, sok Krisztus-látottal beszélt, lőn Smyrna város püspöke, apostoloktól tétetvén! *Én láttam őt még ifjontan*; hosszú kort megért a szent, vénen hagyá ez életet, mint dicső fénylő vértanú... Egyszer eretnek Marcion véle találkozván megszólítá: „Megismersz ugye engemet?" És Polikárp ígyen válaszolt: „Megismerlek még, igenis, te Sátán első szülöttje!"... Nem kell keresned másfelé az Igazságot: Egyháznál oly könnyen Őt te megleled! Apostolok, — mint bankba dúsgazdag, — Önála mindent letettek, ami az Igazságot illeti. És bárki, aki szomjaz rá, ihat Őtőle életet (Jel 22,17). *Egyház* az Élet kapuja, mind a többi rabló és tolvaj, kit gonddal el kell kerülni, míg nagy buzgóan ápolni, amit az Egyház tárol itt! S ragaszkodjunk az igazhit ránk hagyományozott kincséhez! Nos hát? ha bármin vita kél, nem kell legősibb Egyházak kútfőihez futnunk vajon? Apostolokkal ismerős helyektől nemde kérdenünk, mi tiszta, biztos a vitán? S ha apostolok nem hagytak írást ez ügyről mireánk? Ugye, hogy *hagyomány rendjét* kell követnünk, amint azt kézről-kézre leadták, akikre ők bízták reá!? *(Sz Iréneus híres szövege: Depositum Fidei = Hit-letétről)*

†

Tamás *hitetlensége* többet használt hitünknek, mint a többi tanítvány hite! Ahogy tapintja Krisztusát s meggyőződik a hitben, szétfoszlik mind a kétség, szilárdul tőle a mi hitünk. Tehát a kétkedő tanítvány, ki érinté a Szent Sebeket, lesz erősítő tanúság a *Föltámadás* mellett! *(Nagy Sz Gergely)*

†

Hit és kötelesség

A *hit* dolgában semmiképp se várhatjuk változásnak, vagy [eltérő] fejlődésnek vagy *bármi* módosításnak lehetőségét. A Hitvallás, a Krédó *örökre* ugyanaz marad! *(VI. Pál pápa)*

†

A hit őrzése püspöki kötelesség

Vajon a püspökök szabadon taníthatják-e, ami leginkább tetszésükre van a hit dolgában, vagy azt, amitől úgy várják, legtetszetősebb bizonyos ma dívó nézetek követőinek, kik minden hittan ellenzői? Bizonnyal nem. A *püspökségnek* legfőbb dolga és *kötelme*, hogy szoros hűséggel továbbadja Krisztusnak eredeti, *valódi üzenetét!* Az igazság teljes egészét, mit Ő nyilatkoztatott ki, mit Ő bízott rá apostolaira, mint az üdvösséghez *okvetlen szükségeset! (VI. Pál pápa)*

†

A hitről

Nem gyakorolva hitünk sorvad s meghal hamarosan! — Az igazságnak nemcsak az az árulója, ki megtagadja, hanem ki nyíltan meg nem vallja! *(Sz Ambrus)*

Sértetlen igaz hit hatalmas oltalom, senki hozzá nem tehet, el senki belőle nem vehet: mert ha nem egy és ugyanaz, megszűnt már hitnek lenni az. *(Nagy Sz Leó)*

Világfiak mi mást gondolhatnak, csak azt, hogy bolondot játszunk, attól futva, amit úgy óhajt a világ, s mitől ők futnak, azt mi vágyjuk. Olyanok vagyunk, mint bohócaik, komédiázók, kik tótágast járva föltűnést kihívnak! Vidám egy játék, igen, a miénk, de illedelmes, fontos és csodás! Gyönyörködik rajta azoknak szeme, kik lesik az egekből. E szűzies, buzgó *hit* a játékot játssza, ki elmondja az apostolokkal: „Látványossága lettünk mi az angyaloknak s embereknek!” *(Sz Bernát)*

HÚSVÉT 3. VASÁRNAPJA

I: Jézus Krisztusban beteljesedik a próféták jövendölése: szenvedése és halála bizonyítja, hogy Isten a rosszat is jóra változtatja. S: Krisztusnak, a szeplőtelen Báránynak drága vére váltott meg minket. E: Jézust a kenyértörés, vagyis a szentáldozás ismerteti meg velünk igazán.

A halál nem lehet mindennek a vége, hiszen Isten szeret minket! A szeretet öröklétet akar. A szerető Isten örökkévalóságot teremt a halandó embernek: nem engedi, hogy a sírba vesszünk. Ezért az egész életet átjáró húsvéti öröm a keresztények alapállapota. Sok minden nehéz és komor ma is, de él Jézus, Isten szeret minket! Reményben élünk!

Első olvasmányhoz ApCsel 2,14.22-28

Péter pünkösdi beszédének központja Jézus halála és föltámadása. A föltámadást nemcsak szemtanúk igazolják, olyanok, akik látták Őt; Péter írással is bizonyít: a 16. zsoltárt (8-11) idézi Jézusról. Ez a zsoltár oly ember bizakodó imája, ki veszélyben látja az életét. De mint a többi zsoltár, ez is csak Krisztusban kapta meg teljes értelmét: Isten a Hozzája hű lelket nem engedi át a romlásnak, a halált legyőzi az élet. Mi is elimádkozhatjuk ezt a zsoltárt mint a föltámadásba vetett hitünk, reményünk, valamint az Istennel való örök közösségünk kifejezését. *(2,22-24: Jn 3,2; ApCsel 10,38; Lk 24,19-20.26; ApCsel 3,15 ▫ 2,25-28: Zsolt 16,8-11)*

Válaszos zsoltár Zsolt 16(15),1-2 és 5.7-8.9-10.11

A bizalom imája

Szentleckéhez 1Pt 1,17-21

Keresztségünk óta Istent Atyánknak hívjuk. De mégse feledjük, hogy Ő a szentséges Isten, aki szentségre hív minket (1Pt 1,16; 3Mz 19,2). Szentségre *kötelez* minket Jézusnak, a húsvéti Báránynak föláldozása is. — Az 1,20-21 vers vallomás Krisztusról, Isten Fiáról, ki mindenkor Istennél volt. Ő tette láthatóvá nekünk Isten belső lényét. Most elhihetjük, hogy Isten szeret bennünket. *(1,17-19: Mt 6,9; Lk 11,2; 5Mz 10,17; Róm 6,11; 1Kor 6,20; Zsid 9,12 ▫ 1,20-21: Ef 1,4; Gal 4,4; Róm 5,1-2; 8,11-12)*

Evangéliumhoz Lk 24,13-35

A Föltámadt oly prófétaként jelenik meg a tanítványok előtt, aki ismeri és hatalommal magyarázza az Írásokat. A vacsoránál látják a kenyértörés mozdulatát. Oly ismerős ez! És mennyit mond ez nekik most! Él Ő, Jézus, a megfeszített, az eltemetett! Itt van, keresi őket, újjászületik az elveszett közösség. Ebből a vacsorából erőt merítve el tudnak indulni és égő szívvel tanúskodni: Jézus föltámadt, Jézus él! *(Mk 16,12-13; 1Kor 15,3-5)*

Szentségre várva

Isten nem kényszeríti ránk magát. De ha kérjük Őt, fölfedi titkát nekünk. Fiában láthatjuk Őt: benne teremt minket újjá. „Jöjj, jöjj, Uram Jézus!"

Elmélkedés (Lásd a Húsvétéjre valót is.)

Húsvéti himnusz (Chorus Novae Jerusalem)

Új Jeruzsálem kórusa,
újabb mézédes himnuszba,
üld bölcs örömmel e napot,
rád húsvétünnep virradott!
Krisztus győzhetetlen Oroszlán,
fölkél a sárkányt tapósván,
és zengő hangja széthatol,
régholtakat hív föld alól.
Kit elnyelt: — átkozott pokol
zsákmányt felad és meghódol.
Kiszabadulnak börtönből
S mind Jézus után özönöl.

Az Úr diadalt, fényest ül,
a tárt világ jut részeül:
föld, csillag, Nap, sarkok honát!
egy s mind övé a Fényország.
Dalok hódolva hangozzák
Királyunk'! S kérjük, katonák:
dicső Várába fölvegyen,
„sorozzon" ő be kegyesen.
Határ-nemlátó öröklét
zeng Atyának, a dicsőség,
és hála zengi hű dalát
Fiú- s Léleknek egyaránt.

(Fulbert)

†

Maradj velünk

„Nem ezeket kellet-e szenvedni a Krisztusnak és úgy menni be az ő dicsőségébe? És elkezdvén Mózesen és mind a prófétákon, fejtegeté mind, amik az írásban felőle szóltanak." Isten Messiását másképp gondolta el, mint ti; szóval: Isten gondolatai nem a ti gondolataitok. Az ő alakján oly vonások is vannak, melyeket ti szívesen feledtek, az önmegtagadás és a szenvedés; de hát nem nektek van igazatok, hanem neki. Hányszor leledzünk mi is e hibában! Azt gondoljuk, hogy az evangélium csak vigaszt helyez kilátásba s áldozatot nem kér. Ha Jézus a szenvedés útján ment be dicsőségébe, nem kell-e nekem is ez úton, az ő útján járnom? Tépjük már egyszer szét az öntudatlanság káprázatát; állj lábaidra — mondja a próféta — s beszélj s tégy, mint férfias lélekhez illik!

„És elérkezének a helységhez, ahová mennek vala és ő tovább látszék tartani. De kényszeríték őt mondván: Maradj velünk, mert esteledik és már hanyatlik a nap. És betére velök." Jézus úgy tett, mintha tovább akart volna menni, pedig szíve vonzotta, hogy őket a legnagyobb kegyelemben részesítse; kívánta mindazonáltal, hogy ez a nagy kegyelem alázatos kérelemnek legyen a jutalma; akarta, hogy kérjék: Maradj velünk!

Üdvözítőnk vágya, hogy velünk lehessen s lelkünkben lakozhassék. El akar minket halmozni kegyelmének áldásaival, de kívánja, hogy kérjük a kegyelmet s forró imáinkkal tartóztassuk őt magunknál. Sokszor azért vagyunk levertek, mert nem iparkodunk eléggé buzgón imáinkkal Jézust magunknál tartóztatni. Ne viseltessünk csak passzíve; tegyünk! Vizsgáljuk meg magunkat, vajon van-e forró óhajunk az Üdvözítő kegyelme után? Ha azt találnók, hogy nincs, kérjük buzgón; kérjük, hogy maradjon mindig velünk, kivált amidőn a kísértések felhői tornyosulnak fejünk fölött, mikor a kétely és a szenvedés éjszakája borul reánk, de legfőképpen halálunk óráján. „Maradj velünk, mert esteledik és már hanyatlik a nap." *(Prohászka: ÖM, 7:370; 124)*

Boldog Vác, remete, †1050

HÚSVÉT 4. VASÁRNAPJA

I: Jézus halálának mi is okozói voltunk; méltán kérdezhetjük: „Mit tegyünk hát...?" S: Tegyünk jót, és türelmesen viseljük el a szenvedést! E: Jézus övéinek jó pásztora és üdvözítője.

„Felnőtt" keresztények vagyunk; azt akarjuk, hogy meggyőzzenek előbb. Kétségbe vonjuk a „tekintélyt", nem követjük azt, aki érvekkel nem győz meg.

S ezt épp Jézus iskolájában tanultuk. Ő int olyanoktól, akik igényt tartanak a vezetésre: Vizsgáljátok a hangot! — mondja Ő — Figyeljétek csengését és szavait. — Keresztségben a Lelket fogadtuk. Valaki meghalt értünk: a Jó Pásztor! És él! Ahol az *Ő* hangját halljuk, fölfigyelünk. Ha *Ő* jár előttünk, megnyugodva követjük.

Első olvasmányhoz ApCsel 2,14.36-41

Péter pünkösdi beszéde missziós térítő szentbeszéd, az első, melyet ismerünk az Újszövetségben. — Jézus megalázkodásával az „Isten-Szolgájáról" való jövendölések beteljesültek (ApCsel 2,22-24). De föltámadását is megjósolta az Írás (2,24-31), és az apostolok a tanúi, hogy Isten föltámasztotta Jézust. Jézus él, Ő a fönséges Úr: ez a döntő kijelentés. Mindenkinek, aki Őt hallja, állást kell foglalnia. Saját népének, elsősorban Izraelnek! Annak a népnek is, mely megfeszítette Jézust, üdvöt hirdet: neki és mindeneknek, kiket az Úr távolból hív üdvözítő közelségébe. *(2,36: ApCsel 5,30-31; Fil 2,11 ▫ 2,37-38: Lk 3,10; ApCsel 3,19 ▫ 2,39: Iz 57,19; Ef 2,17-18)*

Válaszos zsoltár Zsolt 23(22),1-3.3-4.5.6

Az Úr az én Pásztorom

Szentleckéhez 1Pt 2,20-25

A mai szakasz Péternek a rabszolgákhoz szóló intése, de érvényes minden keresztényre. Szenvedésével Krisztus a türelem nagy példáját adta mindnyájunknak. Mindnyájunkért meghalt: itt oly ünnepélyes nyelven jelenti ki ezt, amely az izajási Szenvedő Isten-Szolga énekére hasonlít. A záró mondatban ehhez járul, a tévelygő bárány kapcsán, a Jó Pásztor képe, aki jól ismeri nyáját, és minden egyes rábízottal törődik. „Őhozzá fordultatok": megtérésben és keresztségben. Ez határozza meg további utunkat: az Út, melyen pásztorunk elől ment halálon át az életbe. *(2,21: Jn 13,15; Mt 16,24 ▫ 2,22-25: Iz 53,5-12; Ez 34,5-6; Mt 9,36)*

Evangéliumhoz Jn 10,1-10

„Talán mi is vakok vagyunk?" — kérdezte kihívóan az egyik farizeus (Jn 9,40). Ehhez intézte Jézus a Jó Pásztor példabeszédet (Jn 10). Az 1—5. vers parabola, amely még nem érthető, ezért magyarázat követi (7-18): Jézus maga a kapu, Ő a pásztor; a *Jó Pásztor*. Pásztor és nyáj érthető kép oly pásztornépnél, melyhez szól, „uralkodó és népe", vagy „tanító és tanítványai" értelemben. Isten is népe pásztoraként szerepel (Zsolt 95,7;78,70-72). A mi szakaszunkban a pásztor és a kapu képe egybefolyik, de ez nem zavaró. A mondanivaló világos: Jézuson kívül nincs kinyilatkoztatás, nincs üdvözítő igazság, nincs út az üdvösségre. Erős állítás ez! Ahol csak élet van, Őrajta keresztül jön, és Isten igazsága az Ő szaván keresztül jut el az emberekhez. Aki egy közösségben, az Egyházban vagy csak általában az emberek közt vezetőül, szabadítóul föllép: az Ő szolgálatában, a Jó Pásztor „joghatósága" alatt áll. *(10,1-6: Ez 34; Jn 10,27 ▫ 10,7-10: Jer 23,1-2; Jn 14,6)*

Szentségre várva

„Ő a kapu, ki az Atyához visz; e kapun át vonultak Ábrahám, Izsák, Jákob, a próféták és az apostolok, e kapun keresztül vonul az egész Egyház" *(Antiókiai Sz Ignác levele, Kr.u. 107)*. Belépek, a Jó Pásztor karjaiba futok.

Elmélkedés

„Én vagyok a Jó Pásztor". És miért *jó* pásztor, rögtön rámutat. „Ő az életét adja övéiért." Ő tehát a Jó Pásztor. De mi akkor Péter? Ugye az is „jó pásztor", az is életét adta juhaiért? Mi Pál és a többi apostol? A következő korok boldog vértanú püspökei? Ez a mi Sz Cipriánunk? A mi vértanú püspökünk? Ugye, hogy jó pásztorok, dehogy is olyan béresek, akik „elvették földi jutalmunkat". Nemcsak mert vérüket ontották, hanem mert a juhaikért ontották! Nem rangért, dicsőségért — szeretetből éltek, és haltak. — Feleljen az Úr: Micsoda Péter? Pásztor-e, jó vagy rossz? „Mondá neki Jézus: Szeretsz-e engem?" és ő felelt: Te tudod, hogy szeretlek! „Legeltesd tehát juhaimat." Te, te Uram, magad, kérdéssel és szavad pecsétjével tetted a Téged szeretőt pásztoroddá, kire nyájadat bíztad.

Miért hát, Uram, hogy a sok pásztorodnak egyetlen Jó Pásztort rendelsz? Miért, ha csak nem azért, hogy az egy főben az *egységet* tanítsad? „Én vagyok a Jó Pásztor", mind a többi jó pásztor Hozzám tartozik, a Test tagjai. Egy a Fő, egy a Pásztor, egy Krisztus. Ő a pásztorok Pásztora, és azok a Pásztor pásztorai, a juhokkal együtt övéi. — „Egyetlen vagyok," — mondja — „mind ők velem egységben egyek. És aki Rajtam *kívül* legeltet, Én ellenem pásztorkodik: és aki nem gyűjti Velem a nyájat, az szétszórja!" — Mily helyesen fordul ehhez a pásztorok Pásztorához az Ő szerelmese és jegyese (az Egyház, a lélek), a Szép, — de aki Őáltala lett széppé, előtte vétkeiben csúf volt, most az Ő kegyelmében ragyogó, — méltán szól Hozzá ez szeretve és lángolón: „Hol legeltetsz" (Én 1,7)... Meghallják a szavát, akik szeretik a Krisztust. „Hol legeltetsz? Hol delelsz a nyájjal?" Mi ez a *„dél"*? Nagy buzgóság heve és nagy ragyogás! Mondd tehát nekem, kik a Te bölcseid, a lángoló lelkűek, a tanokkal tündöklők!? *(Sz Ágoston: 138. beszéd)*.

†

Bölcsességről, hogyha szólunk, *Krisztust* mondjuk mindenképp. Az erényről szólva, Krisztust mondja burkolt-nyílt beszéd. Igazságost mondunk, s Krisztust mondja vele ajakunk. Békét mondva, Krisztust mondunk. „Igazság és élet" — mondjuk —, és „megváltás"-Krisztust mondtunk — mindig Őróla vallunk. *(Sz Ambrus)*

†

Jó Pásztorhoz

Pásztor, kinek szerelmes pásztori danája
szívem fölverte kábult mély álmából!
ki faragtad botod az „átkos fából",
melyen hatalmas két karod soká volt tárva:

Vigy irgalommal folyton csorduló forráshoz!
Hisz Pásztorom vagy, ki terelgetsz, Őr a nyájba!
Meghallom szódat, meglátom majd nemsokára:
Hegyekbe jön szépséges Lábad, s békét rám hoz*...

Halld Pásztorom! ki szereted nyájad halálig,
mosd skarlát bűneim le!... Hiszen örömet lelsz
a tévedt bárányodnak visszatért sírásán.

Óh visszavágy! e tört lélek karodba vágyik.
Jöjj Pásztorom! (De szegény lélek, kit is kérlelsz?)
A lába leszögzett! S Ő vár, hogy jön-e kósza bárány...

(Lope de Vega)

(Róm 10,15: Mily szépek a békehirdetők lábai a hegyekben.)*

†

Mert gyakran, amint olvastátok, a leggyarlóbb az, kit az Isteni Fönség kegyekben részesít: amelyeket — úgy vélem — föl nem cserélnek ezek mindama szilárdsággal, mely jut másoknak, kik szárazságban helytállnak, haladnak. Mi bizony jobb szeretjük az *édességet* Urunk keresztjinél! *(Nagy Sz Teréz)*

HÚSVÉT 5. VASÁRNAPJA

1: Az apostolok segítőtársakat választanak. S: Isten népe, szent nemzetség, királyi papság vagyunk! E: Jézus az Út, az Igazság és az Élet.

Ha a kereszténység csak egy szabály- és előírásgyűjtemény lenne, könnyű volna megérteni és teljesíteni, de még könnyebb helyettesíteni és követni. — De Jézus azt mondja: *„Én vagyok"*. Ő a Szikla, az Alap, Ő a Pásztor, ki előttünk jár életben és halálban. És Ő az Élet, és Ő az Út. Ki Őt követi, Isten örömét nyeri el — már útja közben, — és az Ő szabadságát. Nincs abban félelem többé, hiszen Isten igazságában és hűségében van a hajléka.

Első olvasmányhoz ApCsel 6,1-7

A jeruzsálemi egyház fokozatosan növekszik, de nőnek nehézségei is. A zsidókeresztényeken kívül vannak „hellénjei" is: nemzsidó eredetűek, kik előbb, mint „prozeliták", ki voltak zárva a zsidóságból (ApCsel 2,11;6,5). Köztük számos özvegy lehetett, akik jámborságból Jeruzsálemben a templom közelében telepedtek le. Érdekes módon ezek segítettek az egyházszervezet fejlődésében. A diakónusoknak (szerpapoknak) nem volt szertartási szerepük, ahogy a későbbi Egyházban; ellenben a „liturgiát" és „diakoniát" két fajta működésre osztották az apostolok és a diakónusok között. A diakónusok az egyházközség és az apostolok megbízottai voltak, az özvegyek gondját viselték és a szegényebbek érdekeit védték. *(ApCsel 1,14; 2,42; 13,3; 1Tim 4,14)*

Válaszos zsoltár Zsolt 33(32),1-2.4-5.18-19

A hű és jóságos Isten

Szentleckéhez 1Pt 2,4-9

Krisztus az alapkő, az Egyház a templom, melyet Isten az Alapkőre épített; a hívők az élő épületkövek, egyben „szent nép és királyi papság" is ők. Gondolatok és képek halmozódnak, tolulnak és kölcsönösen magyarázzák egymást. — Krisztus az élő Szegletkő, elvetették Őt, megölték, de íme él, s aki Őbenne hisz, él, és mint Őt, azt is „tiszteli Isten". Krisztus a kereszten élő, lelki áldozatként föláldozta magát: tökéletesen végrehajtotta Atyjának, Istennek akaratát. Most mi oly áldozatot hozhatunk neki Krisztus által, amelyet elfogad: hitünket, szeretetünk szolgálatát, az életünk odaadását, ahogy Isten kívánja tőlünk. A papi szolgálathoz az is hozzátartozik, hogy Istent dicsérjük a nagy jótéteményért, amit értünk tett: hogy minket a maga szent népévé emelt. *(2,4-6: Ef 2,20-22; Iz 28,16 ▫ 2,7-8: Zsolt 118,22; Iz 8,14-15 ▫ 2,9: 2Mz 19,5-6; Ef 1,14; Kol 1,12-13)*

Evangéliumhoz Jn 14,1-12

Jézus előkészíti övéit a távozására. Halálán keresztül (mondja még az utolsó vasorán) Atyjához megy. A tanítványok nehezen értik az Atyához való „visszatérés" súlyát. A János 14,1-4 verse vigasz és figyelmeztetés. A magunkra-maradottság aggodalmát legyőzi az Istenbe és Jézusba vetett hit. A vigasz az ígéretből fakad, hogy Jézus nem hagyja el őket, visszatér és hazaviszi őket magával a „dicsőségébe", amelyben Atyjával él. A közbenső időben sincs a hívő magára hagyva, mert tudja célját, ismeri útját. Ismeri vajon? Tudja a célt? Tamás és Fülöp kérdései (14,5 és 8) alkalmul szolgálnak Jézusnak, hogy tüzetesen szóljon az Útról és a Célról: e kettő nem választható el. Jézus az Út Istenhez (vö. 10,9: a Kapu). Ő a cél is: az igazság és az élet. Isten Igazsága tehát nem elméleti tan, hanem élő Személy, maga az Élet. Minden ember annyira ragadja meg ezeket az igazságokat, amennyire hagyja, hogy az igazságok *őt* megragadják és irányítsák. *(14,1-4: Jn 14,27; 10,28-30 ▫ 14,5-7: Zsid 10,20; Jn 8,19 ▫ 14,10: Jn 10,30.38; 12,49)*

Szentségre várva

Kereszténynek lenni nemcsak annyi, mint egy tant vallani, egy erkölcsöt követni. A kereszténység hit Krisztusban, az Ő követése, a Vele való találkozás igéiben, együttélés Vele a Szentségben, „a hitünk Titkában".

Elmélkedés

Te egyedül

Kihez kiáltsak Uram?
Kihez vegyem én menedék futásom,
ha nem Tehozzád?
A mindenség, ami nem Isten,
az én reményem be nem töltheti!
Istent magát szomjúhozom, csak Őt, Őt keresem!
Egyedül csak Tehozzád, Istenem,
fordulok én, hogy Hozzád érjek el!
Te egyedül tudtad teremteni a lelkem;
Te egyedül tudtad beléje vésni képedet;
Te egyedül tudod még újra-vésni,
hogy elmosódott szent *Orcádat* égessed belé:
aki a Jézus Krisztus.
Én üdvözítőm, a Te képed Mása,
Te lényednek örök Jele!

(Pascal)

†

„*Meg ne háborodjék szívetek*: Ha *másképp volna*, megmondtam volna nektek." (Jn 14,1) Megmondanám most, mert elmegyek. Véres kereszthalál előtt állok: *nem csallak meg*! Megmondtam volna nektek. A szeretet őszinteségével és az áldozat erejével, hitével biztosítlak titeket, hogy igazat mondtam; még egy bizonyítékot nyertek a föltámadásban, hogy halálom meg ne zavarjon. Kell-e nekünk más bizonyíték, s nem talál-e szívünk teljes megnyugvást? Ismételjük néha: „Ha *nem* így volna, megmondta volna nekünk. Hiszek neki, mert szeretett engem!” *(Prohászka: ÖM, 7:307; 46)*

†

Bizalom

Essél az Ő *karjaiba*! Isten nem húzódik el, hogy földre elessél; s mit fél, ki karjai közt nyugszik? Amit itt tűr, üdvére tűri, nem kárára! A hadvezérnél őrt áll két apród és nem fél ez: halandó őriz halandót s az biztonságot érez! Halandót hogyha Halhatatlan véd, hogy merné félsz elfogni annak a szívét? (26. zsoltár) Mit akar Isten házában a háborgó bizalmatlan szív? *(Sz Ágoston)*

†

Mennyország: bizalom!

Immár nem is a maga szavaival, Szent Pál a tieiddel beszél; mert elküldötted a magasságokból Lelkedet az által, aki felment a mennyekbe és megindította a kegyelmek árját, hogy az öröm zúgó vizei borítsák el városodat. Őutána vágyakozik a „vőlegény barátja”; megkapta ugyan már a „lélek zsengéit” őáltala, de azért még sóhajtozva várja, hogy Isten gyermekévé legyen és teste szerint is elnyerje megváltását. Őutána vágyakozik, hisz tagja a jegyes-Egyháznak; érette buzgólkodik, hisz barátja a vőlegénynek.

Nem magáért, őérette buzgólkodik; íme nem a maga szavával, hanem a te vizeid zúgásával szólongatja a földi élet örvényében vergődőket, mert remeg sorsuk miatt, nehogy „valamint a kígyó megcsalta Évát az ő álnokságával, az ő értelmük is megromoljon a te Egyetlen Fiadnak, a vőlegénynek egyszerűségétől” (2Kor 11,3).

Óh milyen ragyogó lesz a valóság, amikor majd színről-színre látjuk őt. Akkor majd elapad a könnyhullatás, amely immár kenyerem nekem éjjel is, nappal is, mert „naponkint mondják nekem: hol vagyon a te Istened?” (42. zsoltár)

Sőt belőlem is kiszakad a kérdés: hol van az én Istenem? Pedig tudom, hol vagy.

Meg is pihenek benned egy-egy keveset, olyankor, amikor „kitárom lelkemet magam fölé az öröm és hála szavával”, ünnepi vigadozó hanggal. Most még szomorúság a lelkem bére, mert el-elhanyatlik, örvénnyé válik, vagy inkább érzi, hogy még mindig örvény. Hitem pedig, amelyet kigyújtottál lépéseim elé az élet éjszakájában, azt mondogatja, „miért vagy szomorú, én lelkem, miért háborgatsz engem? *Bízzál az Úrban*, íme, hisz az ő igéje a te utad megvilágosítója. Bízzál, ne csüggödj! Majd csak elmúlik az éj, a gonoszság szülőanyja; majd csak elfordul az Úr haragja, amelynek mi is magzatjai voltunk sötétség-korunkban. A sötétség maradványait hurcoljuk a bűn miatt halálraszánt testben, de majd csak fölragyog a mi napunk is, és eloszlik a sötétség.

Bízzál az Úrban! *(Sz Ágoston: Vallomások, 13:13)*

HÚSVÉT 6. VASÁRNAPJA

1: Péter és János Szamariában bérmálnak. S: Keresztény életünkkel tegyünk tanúságot Krisztusról! E: Jézus megígéri a Szentlelket mindazoknak, akik szeretik Őt.

Missziós Egyház és üldözött Egyház; kemény munkába feszült és belsőleg Istenbe kapcsolódó, Vele élő Egyház: mindez nem ellenmondás, nem összeférhetetlen! Egyikre is, másikra is képes az Egyház, mert Krisztus Lelkét kapta, azt hordozza. Isteni nyugtalanság van benne és lendület e feszültségben. — A Föltámadott az élet teljességét adja nekünk. Annyit ad, amennyit készek vagyunk befogadni!

Első olvasmányhoz ApCsel 8,5-8.14-17

István vértanúhalála után a jeruzsálemi Egyházat üldözni kezdik. A hívők, főleg a „görög-keresztények" (ApCsel 6,1) Judea és Szamaria városaiba menekültek. Ott mindenhol Jézusról beszéltek, a megfeszített és föltámadt Üdvözítőről. Fülöp, a hét szerpap (diakónus) egyike, Szamariában hirdette az igét. Sikere volt, sőt csodák hitelesítették szavait. Nagy öröm követi e missziós hatást (8,8). Jeruzsálemből eljön Péter és Pál, hogy bérmáljon (mai szóval), vagyis hogy a megtértekre lehívja a Szentlelket és az Egyház egységét biztosítsa. *(8,5-8: Mt 10,5-6; Jn 4,9-10.38-39; ApCsel 1,8 ▫ 8,14-17: ApCsel 10,44-48; 2,38)*

Válaszos zsoltár Zsolt 66(65),1-3.4-5.6-7.16 és 20

Fölhívás dicsőítésre

Szentleckéhez 1Pt 3,15-18

A keresztény abban különbözik a pogánytól, hogy reménykedik (1Pt 3,15; Ef 2, 12). Krisztusban látható számára az Élet és Szeretet hatalma. Ezért tud felelni hitéről nyugodt bizonyossággal, felelősséggel, amellyel Istennek és bárki kérdezőnek tartozik. Az sem kedvetleníti el, ha visszautasítják és hitéért szenvednie kell: Krisztus is (3,18) átélte a visszautasítást. *(Iz 8,12-13; Róm 5,5-6; 6,10-11)*

Evangéliumhoz Jn 14,15-21

Szeretni Jézust nemcsak annyi, mint ragaszkodni látható vagy érezhető jelenlétéhez, hanem tenni is akaratát, „megtartani parancsait". A Vele való személyes kapcsolat vágya nincs ezzel egyszerűen félretolva; hiszen még a „távollevő" Úr sincs messze, vigaszunk és támaszunk a Lélek, kit az Atya küld. Sz János evangéliuma Paraklétusnak, Vigasztalónak nevezi: Segítőnek, Szószólónak, „Ügyvédőnknek". Nem védelemről van szó Isten ítélőszéke előtt (kivéve 1Jn 2,1), hanem az emberekkel szemben (Mt 10,19-20) és általában szükségben, nehézségekben, amelyeknek a keresztények e világon kétségkívül ki vannak téve. A vigasz és segítség ígéretét másik is követi: Jézus maga fog jönni! (14,18-20). Ez nem megadott időben teljesedik; állandóan tapasztalja az, aki hisz és szeret! *(14,15-17: 5Mz 6,4-9; 1Jn 2,3-6; Jn 14,26 ▫ 14,18-21: Jn 8,21; 16,16; 10,30; 17,11)*

Szentségre várva

Mennyei Atyánk! „Erősíts minket szent Fiad Testével és Vérével, töltsd belénk Szentlelkedet, hogy egy test, egy lélek lehessünk Krisztusban." (A 3. áldozati ima)

Elmélkedés

A szeretet otthona

„Aki engem szeret, az én beszédeimet megtartja és Atyám is szereti őt és hozzája megyünk: lakóhelyet szerzünk nála" (Jn 14,23). Szeressük az Úr Jézust nagyon; legyen lelkületünk vele szemben odaadás, készség, hűség. Lehet Jézust lanyhán is szeretni s nem tartani meg beszédét, de azt az Úr nem nevezi szeretetnek; aki igazán szeret, az mélyen érez és híven tesz. Az ilyen léleknek kijelenti magát az Úr, s ugyan hogyan? Hozzá megy s lakóhelyet szerez nála, vagyis otthon van nála. „Otthon", mily édes valóság! Az otthon nem fal, nem bútor, hanem biztonság, megnyugvás, bizalom, szeretet. Ott szeretik az Urat, ahol úgy van, mint otthon; ahol becsülik, értik; ahol Ő az Úr, a családatya, s mi mint gyermekei az ő térdein ülünk, az ő nyakán lógunk; négyszemközt beszélünk vele s elmondunk neki mindent, ami szívünkön fekszik. Óh végtelen kegyelem: Isten otthon akar lenni nálam, s úgy szeretni engem s úgy szerettetni tőlem, mint otthon! Tiszta szív, te legédesebb otthon, Isten otthona! *(Prohászka: ÖM, 7:308; 46)*

†

Fagyos szív hajts ki! Május már ajtódban itt áll. Örökre holt maradsz, ha most és itt ki nem virítnál!

Ha szem nem lenne Nap-szerű, fényt soha meg nem látna. Ha lélek nem Istenszerű, miért volna Isten-álma? *(Angelus Silesius)*

†

Bolond oly sokba sűr-forr-eljár, de minden dolga *bölcsnek* ez csak, s ez tízszer több: *szeress*, *szemlélj*, nyugodjál.

Örök *szeretet!* szívem' megadom! E szív örökkön át tiéd maradjon!

A szeretet a leggyorsabb, magában mindent megtehet, egy pillanat és elérhet legfelső mennyeket.

Fiam, ne törtess túlmagasra elbízottan! A legjobb bölcs, ki épp nem bölcs ezen napokban.

Forrás a *bölcsesség*: minél inkább iszod, annál erősebb-több belőle fölbuzog!

Világ a tengerem. Az Úr Szentlelke fogja kormányt. Hajó a test. És lelkem tár hazafelé vitorlát!

Világ nagy csatatér; az érdemrend, babér csak annak jut, ki el nem fut, s ott fenn majd osztva bér…

Testvér, ezt ismerd el világnak: úgy megy, ahogy akarja! De minden műve semmi más csak: szomorújáték, a legalja… *(Angelus Silesius)*

†

A Szentlélek hívása

Óh nagyhatalmú Főpap, hogy most az Atya jobbján ülsz, győzelmed, hatalmad teljét élvezőn, esengj Atyádhoz, ígéreted szerint, küldje ránk a „másik Vigasztalót"! Emberséged kínszenvedésén, ezt a malasztot kiérdemléd nekünk. Atyád meghallgat Téged, mert szeret! Hiszen Te vagy az Ő kedvelt Fia, leküldi Véled ama Lelket, kit prófétákkal megígért: „Kiöntöm majd a Kegyelemnek és imának Lelkét ‚Jeruzsálem' minden lakosira." — Jöjj el, Szentlélek Úristen, áradj reánk kegyelmesen! — ismételgessük e forró esdeklést! *(Marmion: Krisztus az Ő titkaiban)*

†

Törve *Hajónk* sose lesz, mert Fája: Keresztjin a Krisztus őrt áll! Végibe' kormányoz Úr-Atya, Lélek elől! Húz hat-hat evezőt révpart fele Tőle föledzett püspök-apostoli kar; és ama látnoki más ősi tizenkettő, meg a Négy Vén, s Négy Örök-ifjú [négy nagy próféta, négy evangélium]. Száll a világ-végig, nem merül, nem töretik... Zászlaja Krisztus: a Hír, az Irány, az Igazság. S Lelke vitorlát hajt! Óh örökégi Hajónk! *(Sz Ambrus)*

†

A szív, hol Isten lakozik

A szív, hol Isten lakozik,
mely templom szentebb nála?!
Az ég Urának az lesz itt
világba-járó sátra...
Mily távolságra onnan ég?
Nem nagyon nagy, barátom!
Egyetlen szívbe-tett lépés
a célhoz juttat, átvon...
S bár százszor megszülethetett
ott Krisztus, Betlehembe',
ha benned meg nem született,
el vagy örökre veszve...
Kereszt, a magas Golgotán,
meg sosem menti lelked' —
Kereszt, szívedbe fúródván,
égig csak az emelhet.

Megállj! Hová futsz?! Nem tudod:
belül az Isten-ország?!
Őt másfelé ha kutatod,
meg sose látod arcát.
Óh bárcsak lenne hű szívünk
a születőnek jászla!
Ő jönne újra közibünk,
Kisdedként, lealázva...
Te lépj *ki!* s Istened *bejő!*
Te halj meg, s Ő él itt benn!
Ne légy, és minden Ő lesz, Ő!
Csak várj: s ad mindent Isten...
Gyalázat, jaj, selyemkukac
fon-fon, míg nől ki szárnya...
De te, szegény szív, lenn maradsz,
— vén sárrögödbe zárva...

(Angelus Silesius)

ÁLDOZÓCSÜTÖRTÖK (A,B,C):

URUNK MENNYBEMENETELÉNEK ÜNNEPE

I: Jézus az apostolok szeme láttára fölemelkedett az égbe. S: Krisztus Atyjának jobbján ül, és uralkodik a világ fölött. E: A megdicsőült Krisztus elküldi apostolait, hogy kereszteljenek és tanítsanak.

Krisztus nem egyszerűen „visszatért" a mennybe. Ő mindig Atyjánál *van*, mint Fia, — aztán mint Megtestesült és Megfeszített, mint Főpapunk és Közbenjárónk. E „visszatéréssel" a mi emberi természetünk fölvétetett a szentháromságos Isten életközösségébe, mely Atyától Fiúra, Fiútól Atyára „sugárzik" a Szentlélek izzásában. — A földről sem egyszerűen „távozott" Krisztus, mert jelen marad Egyházában, a Szentségben, s ezáltal a világban a világért. Az Egyház jelenlévőnek tudja Őt magában: az Urat, Kyrios-t, akihez kiált: Kyrie eleison — Uram irgalmazz! Akit hordoz a Szentségben...

Első olvasmányhoz ApCsel 1,11

Sz Lukács evangéliumában Jézus tetteit és tanításait írja le, az Apostolok Cselekedeteiben az Egyház megszületését. A húsvét és a mennybemenetel közti időben Jézus az „Isten országáról" tanít, fölkészítve tanítványait föladataikra. Aztán eltávozik szemük elől Isten rejtett fönségébe. Utolsó szavai ígéret és megbízatás egyben. Vigyétek szét a jó hírt szerte az egész földön. A Lélek pünkösdi „leküldése" erőt ad majd ennek betöltésére. Az Úr újrajöveteléig Egyháza missziót teljesít. *(1,1-5: Lk 1,1-4; Mt 28,19-20; Lk 24,42-43.49; 3,16 ▫ 1,6-11: Mt 24,36; Lk 24,48.50-51; Mk 16,19; Ef 4,8-10; Zsolt 110,1)*

Válaszos zsoltár Zsolt 47(46),2-3.6-7.8-9

Minden népek királya

Szentleckéhez Ef 1,17-23

Az apostol imájából fontosat tudunk meg Isten hatalmáról és gazdagságáról, amely Krisztus fölmagasztalásában mutatkozik meg. Isten föltámasztotta Őt „halottaiból", és Fejévé tette az Egyháznak és a Mindenségnek. Az Egyház az Ő titokzatos Teste, elválaszthatatlanul hozzáforrva, és Vele együtt az isteni életközösségbe bevonva. Az Egyház egyben a tér is, amelyben a világ Megváltója jelen van, másszóval az Egyház Krisztus megtestesülése a világban. *(1,17-18: Kol 1,9-10; Ef 4,4 ▫ 1,19-21: Zsolt 110,1; Fil 2,9-11; Kol 1,16 ▫ 1,22-23: Zsolt 8,6; Ef 4,10.15; Kol 1,18-19)*

Evangéliumhoz (A év) Mt 28,16-20

Míg az Apostolok Cselekedetei megmutatja, hogy megy föl Krisztus Atyja dicsőségébe, Sz Máté evangéliumának vége azt mondja meg, hogyan van jelen a Föltámadott az Egyházban. Ez evangélium elején (1,23) ott állt az ígéret: „Isten velünk", és a végén bizonyságul: „Veletek vagyok mindennap!" (28,20). Galilea Máténál, Izajás nyomán, a „pogányok tartománya" (4,15; Iz 8,23-9,1). Az, hogy Jézus ott gyűjti össze utoljára híveit, utal Egyháza egyetemes kiterjesztésére, amely a tanítványok feladata lesz. Minden népnek Jézus tanítványává kell lennie. Azzá lesz az ember a keresztségben, és marad tanítványnak, ha az Ő szavai szerint él. *(Mt 26,32; Dán 7,14; Jn 3,35; 17,2; Mt 18,20; Jn 14,23)*

Evangéliumhoz (B év) Mk 16,15-20

Úgy tűnik, hogy Sz Márk evangéliumának vége később íródott a műhöz a többi evangélium (főleg Lukács) és a hagyomány alapján. A 14—20. vers Jézus utolsó megjelenéséről szól, mikor megfeddi a tizenegyet hitetlenségéért (16,14), de egyben missziós küldetést ad nekik: „Az egész világnak,... minden teremtmény" számára hirdessék a jó hírt. Az egész emberiség meg van hívva az üdvösségre, és választás előtt áll. Az üdv hirdetőinek Jézus megígéri közelségét és segítségét. A mennybemenetel nincs leírva, csak annyi, hogy „mennybe fölvétetett". A 110. zsoltár teológiai értelmezése: a Messiás-király trónra lép, megkezdi uralmát. *(Mt 28,16-20; Lk 24,36-49; Jn 20,19-23)*

Evangéliumhoz (C év) Lk 24,46-53

A húsvéti események Lukácsnál mintegy összezsúfolódnak „egyetlen napba": az emmauszi úton való találkozás Jézussal (24,13-35), megjelenése a tanítványok közt (36-43), utolsó parancsai és a missziós küldetés (44-49), végül a mennybemenet (50-53). — Az Írásnak (Ószövetségnek) teljesülnie kell, nemcsak az Úr halálában és föltámadásában, hanem a jóhír terjesztésében is minden néphez (Iz 42,6; 49,6). Jézus távozása itt csak röviden van említve. Befejezte művét és földi „liturgiáját": szolgálatát azzal zárja, hogy megáldja övéit. Végül is nem gyász tölti el a tanítványokat a Mester távozásán, hanem öröm a megdicsőült Úr maradandó közelségén. *(Zsolt 24; 68,16-22.29-36)*

Szentségre várva

Jézus Krisztussal, mint *emberrel*, megkezdődött a *mi* jövőnk. Nem ragaszkodott életéhez, föláldozta azt, követve Atyja akaratát. Mennybemenetelével közelebb került hozzánk, épp a Szentség, a szentáldozás által. Megváltoztatta a világot és főleg a mi életünket.

Elmélkedés (A év)

Krisztus más világba ment

Más világba, egészen másba. Az ember a föld szülöttje, világa ez a föld s ez a naprendszer; érzékei e világ benyomásai; fogalmait érzelmek, ösztönök, hangulatok színezik. Ő e világ exponense, funkciója, ő a rezgő fóliája. E világ nyelvét beszéli, érzelmeit, igényeit, reményeit érti. De van más világ is. Ha majd kiszakadunk érzékiségünk kategóriáiból s a földgömb s a csillagok ködbe vesznek; ha az éterrezgés nem lesz többé szín, s ha a hang nem üti meg fülünket; mikor a valóság az érthetőség mély, isteni fényében mutatkozik majd be: akkor megismerjük azt a másik világot. Mily látás lesz ez, mily szemlélet! Mily életfakadás s mily világ-fölényesség és uralom! Lelkem új energiái ébrednek majd a lét ez új tavaszában! Mint ahogy a gyermekben kifejlődik az öntudat csodálatos világa: úgy bontakoznak ki a kiköltözött lélekben is az örök élet mélységes világai.

„Atyám házában sok lakóhely vagyon” (Jn 14,2). A mi városunk s házunk az, ahol otthon vagyunk, ahová belenőttünk. Az anyagi lét korlátaiból kikelve pedig más házunk, más fogalmaink, más vágyaink, más ízlésünk lesz. Áthatolunk a léten, elmerülünk nagyságába s szépségébe, s Istent magát s teremtését szemlélni fogjuk. Minden fűszál, minden levél extázisba ragad, mert telve lesz Istennel s keze remeklésével. A földön túl a sok csillag „mansiones multae” [sok lakóhely]. Az ember most csak sejti e teremtéseket, azután élvezi majd. Földünkről fölnézünk a lelkek úszó szigeteire.

Mily titok a lelkem, akárcsak az évülő gyökér a téli avarban, vagy a mag téli álmában! Lekötött szellemi világ vagyok, mely egykor fölszabadul, s színeivel, világosságával, vonalainak harmóniájával, bájával halhatatlan, szép életet párosít. Ez értelemben is igaz, hogy elásott kincs, ismeretlen gyöngy a lelkem. Mikor jövök, mikor lépek eléd, Istenem? Mikor indítod meg bennem ezt a csodálatos metamorfózist, hogy földiből égi legyek? Jöjj, Úr Jézus! Erősen dolgozom, hogy a föld ne rontsa el az eget bennem! *(Prohászka: ÖM, 7:390; 146)*

†

Mennyország

Szívünk verésével halkan Hozzája verődünk. — *Önmagát*, kinél jobb, nagyobb semmisem lehet, önmagát ígérte! — Szombatunk, melyre nem jő este, hanem az Úrnak napja, miként amaz örök nyolcadnap, melyet Krisztus föltámadása szentelt meg, nemcsak lelkeknek, hanem testeknek is örök nyugalmát előre példázva. — „Odatúl majd látunk” és szívünk örvend. — De ő (Izajás) nem mondja, mit látunk. Mit hát? Ugye csakis Istent! — Ő leszen végcélja minden vágyainknak, Ő, Kit majd vég nélkül szemlélünk, unalom nélkül szeretünk, fáradtság nélkül ünnepelünk. — *Ott* nyugoszunk és csodálkozunk, csodálkozván szeretünk; ott szeretünk és magasztalunk. Ím ez lészen ott végül is végtelen. Hisz mi más is a mi végcélunk, ha csak nem: megérkezni Annak országába, kinek sosem lesz vége. *(Sz Ágoston: Isten Városa)*

Elmélkedés (B év)

Égbe-nézésünk a mennybemenetel után

Hogy nézték őt a Szent Szűz s a hívek; hogy nézünk mi is még utána! Ha egy ragyogó felhőt látunk, gondoljuk: íme Krisztus bárkája az égnek mélységén! Nézünk az égre ezentúl is. Nem pesszimista elfordulás a világtól irányítja tekintetünket, hanem az örök szeretet. Eljött hozzánk, hogy oda irányítsa szívünket. Célt ért. Bizony nézünk is, megyünk is feléje; folyton őt keressük. „Nem keresnél — mondja az Úr —, ha már valamiképp nem volnék benned”. Igaz; hite, képe, emléke, érzelme, kegyelme bennünk van, s minél inkább nézünk feléje, annál több lesz bennünk belőle.

Fölnézünk. Jézus akarta, hogy nagy, erős vágyunk legyen Isten, üdvösség, kegyelem s erő után. Különben is érezzük, hogy a világ lefolyik rólunk, s mi kimeredünk az időből, mint a vándorszikla a lapályból; kimeredünk a térből, melynek korlátjain átlátunk. A világ nekünk mint a ketrec a sasnak; ez is mindenütt kiált, de szárnyát ki nem bonthatja, neki más kiterjedések kellenek. Kicsiny nekünk minden itt lenn; azért vágyódunk a lét, az élet, a boldogság ösztönével az örök, szép élet után. De ez a vágyunk visszahat itteni életünk nemesbítésére s az örök élet erejét és szépségét fekteti bele; a meggyőződés üdeségét s a gyakorlat közvetlenségét éli át már itt. Át kell élnem már itt az isteni, meleg bensőséges életet; ez az az örök élet, melyet más kiadásban élek majd ott túl.

Fölnézünk, mert e diadalmenet nekünk öröm és vigasz. Mily nagy s erős az a Krisztus, kinek lábai alatt ködde foszlik a dicsőség, s ponttá vékonyul a világ. Hogy néz vissza innen a kísértések hegyére, ahol hallotta: Mindezt neked adom, ha imádsz engem!... Hogy érzi ki a hitvány hazugságot! Visszanéz a boldogságok hegyére!... Hogy élvezi azok erejét. Visszanéz a Táborra... s a Golgotára! „Montes Dei", de a hegyek s ormok fölött ez az ő hegye; dicsőségének, örömének hegye, s mi is e hegyen állunk, mert ott nagyok vagyunk s kicsiny lesz szemünkben a föld. De azért lemegyünk s dolgozunk s küzdünk a lapályban. Egy-egy tekintet a dicsőség hegyére fölemel; megcsap magaslatairól az örök élet biztató lehelete. *(Prohászka: ÖM, 7:389; 146)*

†

Csillagfényes Ég

Nézd, nézd: a csillagok! Nézz fel, egekbe fel!
Mind ott a tűz-nép! magasokba települt!
fényvárak ezre, tündök őrség mind begyűlt!
És: éj-vadon, tündérhad les tűz-szemekkel...
Homály-mezőkön jég — arany-ezüstben ég.
Fény-út, széljárta, nyárfa-sor fenn, lángolón.
Szikrás galambhad röpdös szét csűr-ormokon.
...Nos hát: mind eladó, *díjul* kitűzeték!
Vedd, licitálj! Min?! Ima, tűrés, böjt, jótett...
Május siet, nézd, mennyi sok *gyümölcsös* ág!
Nézd, tavasz-bimbók, sárgabolyhú fűzbarkák!
Igaz: *csűr* ez *csak!* Beljebb: *Ház*, a kinccsel telt...
Kábulj! e fénygarád, egy váró Jegyest rejt:
Jézust! Szűz anyját! Győztes Mindszentek hadát!

(Gerald M. Hopkins)

Elmélkedés (C év)

„Íme, én veletek vagyok mindennap a világ végéig" (Mt 28,20)

Ez kimondhatatlan vigaszunk, melyet a legteljesebben lefoglalunk magunknak, mert mindenben s mindenütt s élénken és közvetlenül érintkezni akarunk vele. Érezzük jelenlétét, szinte megcsap lehelete; fényes árnyék gyanánt kísér akár szőnyegen, akár gyaluforgácson vagy törésföldön járjunk. Szavai csengnek fülünkben; virág, madárdal, hajnal, alkony, harangszó és lelkünkön átvillanó gondolatok figyelmeztetnek rá. Beszélünk vele, rendeleteit vesszük, ellátogatunk hozzá az Oltáriszentségben. Üdvünket intéztetjük szolgái által; a gyónásban vérével hintjük meg lelkünket, a szentáldozásban az egyesülés szeretetét és melegét élvezzük. Mindez a hit azt hirdeti: itt a Krisztus; minden vigasz így szól: *Itt a Krisztus*. Hideg, sötét van máshol; nálunk Krisztus szeme és lelke ragyog; máshol csupasz templomok, poros bibliák, üres oltárok; nálunk nemcsak a háza, hanem ő maga a házban. Telve van a világ Istennel, gondolataival, műveivel, erejével; nálunk azonkívül telve és telítve van minden Krisztussal; az ő ügye, céljai, dicsősége, szentségei, egyháza... mindenünk.

Ez kimondhatatlan erőnk. Nem vért és sín, kard és fal, hanem lélek és érzés; behatol értelmünkbe és akaratunkba. Gondolatai rügyeznek; érzései, vágyai feszülnek bennünk. Aki átadja magát neki, az a tavaszt átéli önmagában. Minél fogékonyabb és tisztelettudóbb a lélek, annál édesebben és önkéntesebben fejlenek ki benne Krisztus gondolatai és érzései. Vihar és napsugár, béke és harc, siker és kudarc váltakoznak fölötte is; de hűsége és ragaszkodása, szorgossága, istentisztelete átsegíti mindezen. Jézus a mi csendes, mély, kitartó erőnk. Hívek, kitartók tudunk lenni általa vigasztalanságunkban is; tudunk várni az éjben is a napra.

Ez kimondhatatlan lelkesülésünk. Jézus velünkléte ugyanis egyre bensőségesebb egyesülést sürget, s ez az egyesülés egybeforraszt, áthevít és tisztít. Úgy érezzük, hogy immár nem szakíthat el semmi Krisztustól, sem kard, sem szenvedés, sem élet, sem halál; a bűn erőszakos szív- és lélekrepesztésnek, öngyilkosságnak látszik. Jézus velünk léte idomítja a mi zsémbes, elfogult, hideg, egyoldalúan szubjektív, másokat meg nem értő, nem méltányló, tüskés, szögletes természetünket, és kezdünk örülni azon, hogy másokra szeretettel gondolunk, jóságosan tekintünk, hogy előzékeny, derült, meleg, nemes indulatú lelkek vagyunk. „Nektek, kik az én nevemet félitek, föltámad az igazság napja és üdvözülés jár sugaraival" (Mal 4,2). *(Prohászka: ÖM, 7:384; 140)*

†

Mennyország: ábránd?

„Úgy vélem — mondja Sz Pál —, hogy a jelen szenvedései hozzá sem foghatók a boldog dicsőséghez, mely ki fog nyilvánulni bennünk" (Róm 8,18). — Ha ez tény, *e szenvedésről írt* könyvem, nem szólva a mennyországról, kihagyná a számadásból az összképnek épp lényeges oldalát. Írás és Hagyomány rendesen latba veti az ég örömeit a földi nyomorúság ellen, és nem keresztény a szenvedésnek oly megoldása, mely ezt mellőzné. — Mainap igen szégyenlősek vagyunk még csak szóba is hozni a *mennyet*. Félünk a gúnytól: „Pástétom a Tejúton" (pie in the sky; „torta az égi Holdba'"), — s hogy ránk mondják, „szökünk" a kötelesség elől, hogy itt és most boldogítsuk a világot, szökünk egy másvilági boldog ábrándba.

De: *vagy ott van* az a „pástétom" vagy nincs! Ha nincs, nemcsak a mennyország, de az egész kereszténység is *ámítás*, mert e tan át meg átszövi, — ez lényege! Ha pedig *van*, akkor e ténnyel szembe kell nézni, mint minden ténnyel, de *épp ezzel* először! Akár hasznos a pártgyűléseknek, akár nem... Aztán az riogat, hogy a menny talán valami *megvesztegetés*, és ha odatörekszünk, már nem leszünk „önzetlenek". Szó sincs róla! A mennyország semmi kecsegtetőt nem ajánl bérenc-lelkeknek. Jó mondani a tisztalelkűeknek, hogy meglátják az Istent, mert csak a tisztalelkű akarja igazán Őt! Vannak jutalmak, melyek nem szennyezik a bajnokot. A szerelmes férfi nem „bérenc", mert nőül akarja venni a szeretett nőt; aki költőket szeret, nem „bérenc", mert olvassa őket. — A Szeretet — természete szerint — birtokára törekszik annak, amit, akit szeret.

Vannak idők, mikor úgy érezzük, kell is nekünk örök élet! De sokkal többször azon tűnődünk, vajon szívünk legszívében vágyunk-e valaha is *másra!?* — Még játékos kedvteléseidben (hobbikban) is nem volt-e valami titkos vonzás, amit mások, furcsán, meg nem érthettek? — Valami megmagyarázhatatlan, de mindig épp a fölszín alatt bújó (a friss forgácsszag műhelyedben, a víz csobbanása csónakodhoz...). Feltűnik valami, valaki, és érzed, és úgy sejlik, ez volt, aminek vágyával születtél! És más vágy hullámzásai alatt, és hangos szenvedélyek közti percnyi csöndben, éjjel-nappal, évről évre, gyermekkortól vénségig — ez az, amit lestél, kerestél, a mélyben erre hallgatóztál...? Sosem kaptad meg! *Eddig*... De ha hirtelen visszhang jönne vágyadra, a kétely szikrája nélkül, kiáltanád: „Végre itt van, ez az, amire lettem!" Mert nem beszélhetünk erről egymásnak. Minden lelken ez titkos jegy, közölhetetlen és kielégülhetetlen igény, az amit akartunk, mielőtt hitvesünket megismertük, vagy barátra leltünk vagy hivatásra, s amit halálos ágyunkon is megesengünk, mikor feleség, barát, munka, kiveszett a tudatunkból. Amiért *vagyunk*, ez az! Ha ezt elvesztjük, minden elveszett! (S ez érzések még nem a Szentlélek ajándékai, a kegyelemben élőké — ezek nem külön „szent", csak rendes „emberi" érzések!)

Ez a *megbélyegzés* minden lelken tán öröklött, tán környezet hatása, — de hát öröklés és környezet azok az eszközök, amiket Isten hozzánk teremtett... Minden lelket egyetlen különlegességül alkotott. Ha nem kellett volna neki ez a sok különféleség, nem látom be, miért teremtett többet belőlünk, miért nem csak egyet. De légy meggyőződve, egyéniségednek minden előtted is rejtelmes csínja-bínja, az Őneki nem titok — és egy nap neked se lesz. — Isten úgy tekint *minden* lélekre, mint *első szerelmére*, mert Ő a léleknek is első szerelme. Ily szemszögből *értem a poklot* is: megfosztás a legfőbb jótól; magunk elvetjük a magunk-epedte jót... Ott lenn csak igényét, űrjét éreztük. *Az* maga sosem ölt testet, sem gondolatban, sem szóban, képben vagy érzésben. Mindig valahogy *kihívott* önmagadból. És ha nem *keltél ki*, utánajárva, ha csak a *vágyán* éldelegtél, a vágy maga is megszökött tőled. — *Amire vágyol, elhív önmagadtól!* Még a földiek vágya is, csak úgy marad meg, ha lemondasz róluk! Ez a végtörvény: a mag meghal, hogy éljen, kenyeret vízre kell szórni, az életét elveszteni, hogy megmentsük. — „Annak, aki győz, egy Fehér

Követ adok, melyre új név van írva, új, senki sem ismerte név, csak az ismeri, aki kapja." (Jel 2,17) — Egy hézag van minden lélekben, azt csak Isten töltheti be. Egyesülni Vele: ez folytonos önfeledés, önátadás. — *Azért vagyunk, hogy övé legyünk. (C.S. Lewis: A szenvedés problémája)*

Boldog Gizella, első királynénk, †1059

HÚSVÉT 7. VASÁRNAPJA

I: Az apostolok állhatatosan imádkozva egy szívvel-lélekkel várták a Szentlelket. S: Ha részünk lesz Krisztussal a szenvedésben, részünk lesz vele a dicsőségben is. E: A búcsúzó Jézus imádkozik a világban maradó tanítványaiért.

Jézus nem azért jött, hogy e föld minden baját megoldja. Alapjában véve csak egyetlen probléma létezik: hogy az ember „ember" marad-e; vagy: hogy igazi emberré lesz-e. Ez az Isten iránti tisztelet kifejeződése. Jézus utat mutatott: Ő maga az Isten útja az emberhez és az ember útja Istenhez. — Istent megláthatjuk az ember-Jézus személyében, az Ő (lelki) arcában Isten arcát. De hol láthatjuk Jézust? Azt akarja, hogy fölismerjük Őt az *Egyházban*, a szentmise *Szentségében* és végül: *embertársainkban, akiket naponta látunk!* Nincs istenkeresés, Istenre lelés, ha mellőzzük embertársainkat, testvérünket, akiért Ő meghalt...

Első olvasmányhoz ApCsel 1,12-14

Jézus távoztával az apostolok visszatérnek Jeruzsálembe. Most már véglegesen tudják, hogy életük teljesen a megdicsőült Úr szolgálatában áll. Először is az ígért Lélek eljövetelét várják. A felső szoba, a cénákulum (1,13) tán az utolsó vacsora terme. Lukács fölsorolja az apostolok nevét (6,14-16). Mind ott voltak, Jézus anyja és más tanítványok is. Hogy minden egyéb különbség dacára „egy lélekkel állhatatosak" az imában, azt nem a pillanat hangulata, a várakozás nagysága magyarázza, hanem főként az, hogy Jézus velük van és a Szentlélek máris szoros közösségbe köti őket. *(Lk 24,50-52; 6,14-16; ApCsel 2,46; Róm 12,12)*

Válaszos zsoltár Zsolt 27(26),1.4.7-8

Istenbe vetett bizalom

Szentleckéhez 1Pt 4,13-16

Sz Péter első levelének végső intései foglalják össze a levelet. A jelen világ mulandóságának tudata és a jövendő várása igazi realistává teszi a keresztényt (4,7), aki a dolgokat valódi értékük szerint méri. Közel van a földi dolgok vége: ez egyben Krisztus dicsőségének, vagyis az Ő hatalmának és nagyságának felragyogását jelenti. A jelenben azonban Isten hatalma és Krisztus fönsége oly embereken látszik, akik készek szenvedni az Úrért a Lélek erejéből, amelyet Tőle kaptak. *(ApCsel 5,41; Mt 5,11-12; Iz 11,2; Róm 5,3-5; Kol 3,4; Jak 1,2-4)*

Evangéliumhoz Jn 17,1-11

Búcsúbeszéde után Jézus a búcsúimát, „főpapi imádságát" mondja el (Jn 17,1-26). Eljött az „óra", melyre Jézus egész élete irányult. A nagy imádság fő célja az, hogy az „óra" betöltse értelmét, hogy a keresztáldozat meghozza gyümölcsét. Jézus kéri „megdicsőülését", az övéi megóvását és megszentelését és minden hívők egységét (17,20-26). Kéri, dicsőítse meg őt Atyja a halál által, vagyis örök Fiát fölvett emberi természetével együtt emelje az Istenségbe. Ezzel maga Isten is megdicsőül: az emberek megismerik, tisztelik az Atyát és a Fiút. Így a Fiú megdicsőülése az Atyáé, és jelenti az emberiség üdvözítését is! Az emberekért szól az ima többi része. Amennyiben Jézus magáért könyörög, teszi ezt övéiért, s amíg övéiért teszi, szól imája mindazokért, kik majd hinni fognak. *(17,1: Mt 26,45; Jn 2,4; 12,23; 13,1.31-32 ▫ 17,3: Jer 31,34; Jn 14,7-9; 1Jn 5,20 ▫ 17,5: Fil 2,6-11; Jn 1,14)*

Szentségre várva

Jézus értünk könyörgött, értünk halt meg. Ránk bízta igéit, üdvözítő igazságait. Kiválasztott bennünket a világból, hogy tanítványaiként szolgálhassuk a világot. Az oltárról vett végtelen Ajándék a miénk és mindenkié, így vegyük.

Elmélkedés

Imádságok keresztény egységért

Irgalmas Isten, ki minket egy örök életnek reménységére hívtál, hogy amint te egy vagy, és egy a tetőled rendelt keresztség, úgy mindnyájan egy hitben, *egy szívvel szolgáljunk neked*: adj szívünkbe Szent Lelket, hogy mindnyájan egyet értsünk, egyet valljunk és a te akaratodban való egységet szorgalmatosan megtartsuk. Add, hogy mindnyájan egy akolban legyünk az egy pásztornak gondviselése alatt és téged minden visszavonás, gyűlölség és egymás rágalmazása nélkül dicsérjünk.

Térítsd meg, Uram, a te elszéledett juhaidat, *vedd el a homályt szívükről*, nyisd meg a siketek fülét, világosítsd meg a vakok szemeit, és a te igaz hitedre tanítsad meg a tévelygőket. A te szerelmes szent Fiad, a mi Urunk Jézus Krisztus által. Amen. *(Pázmány imája, Sík: DB, 676)*

Óh Uram, te imádkoztál tanítványaidért, hogy mind az idők végéig egyek legyenek, amint te egy vagy az Atyával és az Atya veled. Nézz le, Uram, részvéttel arra a sok szakadásra, mely azok között éktelenkedik, akik tiednek vallják magukat, és *vezesd haza őket abba a közösségbe*, amelyet te alapítottál kezdetben: szent, katolikus, apostoli Egyházadba. Hogy amint az égben egy a szentek egysége, idelenn is csak egy legyen, szentséges neved megvallásában és dicséretében. Amen. *(Newman bíboros imája, Sík: DB, 677)*

†

Egyház: Krisztus Teste

Állj meg elámulva! Ujjongj föl! *Krisztussá váltunk mi!* Mert ha Ő a Fej, mi a tagjai: Ő meg mi tesszük az egész Embert. Így Krisztus teljessége Főből s tagokból áll. Mi az a „Fő" és mi az, hogy tagok? Krisztus és mi, az *Egyház! (Sz Ágoston)*

†

Aki többet kap a *Dicsőség Ragyogásából* [Istenlátás], tökélyesebben látja Istent. És többet kap, kiben több van a szeretetből. *(Aquinói Sz Tamás)*

PÜNKÖSDVASÁRNAP

VIGÍLIA MISE (A,B,C)

1: Mikor az emberi gőg az eget ostromolta, Isten összezavarta a kevélyek nyelvét. 2: Az Úr leszállt a Sínai hegyre, hogy törvényt adjon népének. 3: Isten Lelke új életet áraszt a halott csontokba; — föltámasztja porig alázott népét! 4: Az Úr kiárasztja Lelkét minden emberre. S: A Szentlélek segít minket, hogy győzzünk emberi gyöngeségeink fölött. E: A Szentlélek az isteni élet forrása bennünk.

Az Újszövetség törvénye nem kőtáblákra van vésve. Nem is könyvekben és okmányokban van elsősorban, mert nem betű az, hanem szellem és élet. Isten Lelke és Élete. Az a kísértés, hogy a világ különféle dolgaiba vessük magunkat és ebben megrögződjünk, keresztényre is éppoly nagy, mint az Ótörvény emberére — és éppoly végzetes. „A test mitsem használ; a Lélek az, ami életet ád." (Jn 6,63)

Első olvasmányhoz 1Mz 11,1-9

Bábel, a hatalmas város, a szentíró szemében az emberi elbizakodottság megtestesítője. Ott állt a város istenének, Marduknak temploma, hétemeletes tornyával, melynek gőgös neve „Égnek és Földnek alapja". De emberi erőlködés nem teremthet egységet, inkább erőszakká fajul és pusztulásba torkollik. A nyelv egysége fölbomlik. Ahol a hazugságot tették alapelvvé, ott a szellem is megbomlik. Csak az igazságban gyökerezhet egység.

vagy:

Első olvasmányhoz 2Mz 19,3-8.16-20

Pünkösdkor, ötven nappal húsvét után ünnepelte a kései zsidóság az aratási hálaünnep mellett a Sínai-törvényhozást. A Sínainál történtekkel az Egyiptomból való kivonulás csúcspontjához érkezett, és bizonyos eredményeket is elért: Izrael Isten tulajdonává, szent népévé lett. A jeruzsálemi keresztény közösség a húsvét utáni ötvenedik napon egy új pünkösdöt ért meg. Krisztus több, mint Mózes, Ő nem Sínaira, hanem az Égbe emelkedett föl, és isteni kegyelméből elküdte a megígért Lelket, aki az új szövetség törvénye.

vagy:

Első olvasmányhoz Ez 37,1-14

A csontvázak életrekelésének víziója Izrael népeinek hazatérésére és feléledésére utal. A száműzetésben a népnek nem sok reménye lehetett, de Isten a halottakat is életre tudja kelteni (vö. Róm 4,17-18). — Hogy érthetőbb legyen: a héber nyelvben a „lélek" és a „szél" (atem, odem), hasonlóan a göröghöz (pneuma), ugyanaz a szó (vö. Jn 3,8). Az ígéret nemcsak a nemzeti feltámadásra vonatkozik, hanem a népek lelki megújulására is. Mindenkinek látnia és értenie kell, hogy Izrael Istene, Jahve, a valóságos, teremtő Isten. Az Ő alkotó szelleme megújítja a Föld arculatát. (vö. Zsolt 104,30).

vagy:

Első olvasmányhoz Jo 3,1-5 (2,28-32)

Joel azt ígéri a végidőkre, amire Mózes úgy vágyott (4Mz 11,29): az egész népet Isten Lelke ragadja meg. Nehéz megpróbáltatás, végső döntés napjai lesznek azok, de aki hittel, bizalommal fordul az Úrhoz, az üdvözül. Péter apostol pünkösdi beszédében (ApCsel 2,16-21) említi Joel jóslatát. A pünkösdi Lélek ajándéka Isten legnagyobb ajándéka a történelem utolsó napjaiban.

Válaszos zsoltár Zsolt 104(103),1-2.24 és 35.27-28.29-30

A Teremtő dicsérete

Szentleckéhez Róm 8,22-27

Meg vagyunk váltva, de még nem látszik külsőleg rajtunk. A magunk életében és szerte a világban gyöngeség, kín, bűn, halál! Honnan tudjuk hát, hogy a megváltás valóság? Isten szava ez, abban hiszünk! Isten Lelke pedig, akit a keresztségben fogadtunk, erőt ad e hitre, reményre, s imádságra. Ő maga könyörög bennünk, értünk; jobban tudja nálunk szívünk szükségeit és vágyódásait!

Evangéliumhoz Jn 7,37-39

A sátoros ünnep utolsó nagy napján Jézus felfedi magát a népnek (ahogy már Jákob kútjánál a szamariai asszonynak, Jn 4,10): Ő az élő vizek Forrása. A víz a lélegzet és a vihar mellett a Szentlélek jelképe. A pusztai vízfakasztás és a vízbemerülés az ünnepen rejtett utalások voltak Isten igazi nagy adományára, a Szent Lélekre, az „Úrra és Életadóra". A keresztre feszített Jézus oldalából vér és víz folyt (Jn 19,34, vö. 1Jn 5,6-8). Aki a megdicsőült Úrban hisz, Lelkét kapja Tőle, és részese az Ő isteni életének. *(1Kor 15,45; 2Kor 4,11)*

Szentségre várva

Az ember-Jézusban is Isten teljessége lakozott, a Szentháromság misztériuma. A drága edényt, isteni Testet, meg kellett törni, Jézusnak meg kellett dicsőülnie, hogy mindannyiunkra kiáradjon az Ő gazdagsága. Erre nyitom meg lelkem a szentáldozásban.

Elmélkedés

Lásd az ünnepi szentmise elmélkedését (156. oldal).

PÜNKÖSDVASÁRNAP

ÜNNEPI MISE (A,B,C)

1: A Szentlélek lángnyelvek alakjában alászáll az apostolokra. S: A keresztség által az egy Lélekben egy testté lettünk. E: Jézus elküldi tanítványainak a Szentlelket, és átadja nekik a bűnbocsátó hatalmat.

A hagyomány szerint az ötven nap Föltámadás vasárnapjától pünkösdig *egyetlen ünnepnap*, az Úr „nagy napja" (Római Misekönyv [1970], vö. Lukács evangéliuma [lásd Áldozócsütörtök C év], amely Jézus összes megjelenéseit „egy napként" sűríti). Az Ószövetségben pünkösd vidám arató ünnep volt. Nekünk új pünkösdünk van új húsvéttal együtt, amelynek gyümölcse e pünkösd, beteljesítése, megerősítése a Föltámadásnak, az Atyához való fölemeltetésnek és főleg Jézus maradandó jelenlétének! — Fogadván a Lelket, tudjuk és tanúsítjuk: Jézus a Messiás, a Krisztus, Ő az Úr. Tudjuk, hogy a nyelvek és népek sokfélesége közt is Isten *egy* népe vagyunk. „A Szentlélek kinyilatkoztatása azonban mindegyikünk hasznára adatik." (1Kor 12, 7)

Első olvasmányhoz ApCsel 2,1-11

Joel próféta jövendölése (ApCsel 2,16-21) és főként Jézus ígérete (Jn 14,16-26) pünkösdkor teljesül. A Lélek eljöttét a fül viharzúgásban, a szem lángnyelvekben észleli. E külső jelek ideiglenesek, de maradandó az újonnan teremtett valóság: a kicsi, rettegő tanítványseregből világra terjedő missziós Egyház lett. Ami pünkösdkor történt, ma is történik, egyre új és megfoghatatlan. Krisztus Egyházát a benne működő Lélekről ismerni meg. A Lélek segíti terjeszteni a jóhírt minden népnek, minden időben. *(2,1-4: Mt 3,11; Lk 3,16; Jn 20,22; ApCsel 4,31)*

Válaszos zsoltár Zsolt 104(103),1 és 24.29-30.31 és 34

A Teremtő dicsérete

Szentleckéhez 1Kor 12,3-7.12-13

A vallomásban: „Jézus az Úr!" fejezték ki a tanítványok a Jézus föltámadásába és az Atyja oldalára való fölemeltetésébe vetett hitüket (Fil 2,9-11). Jézust Úrnak vallani csak a Lélek erejéből lehetséges, a Lélekéből, kit az Atyja küld. A hit és a hitvallások egységét megteremtő Lélek működik az Egyház adottságainak, képességeinek és hivatalainak sokféleségében. De minden Krisztushoz tartozó egyetlen testet alkot, és mindegyik az összesnek szolgálatában áll adományaival és képességeivel. *(12,3: Róm 10,9; Fil 2,11 ▫ 12,7: ApCsel 1,8; 1Kor 12,28-30; Róm 12,6-8; Ef 4,11-13 ▫ 12,12-13: Róm 12,4-5; Ef 4,4-6)*

Evangéliumhoz Jn 20,19-23

Nagypéntek, Húsvét, Áldozócsütörtök (mennybemenet), Pünkösd: ez időbeli egymásutánban ünnepeljük Jézus „megdicsőülésének" húsvéti misztériumát és megváltásunkat. A Lélek elküldése is húsvéti esemény, s ezért Sz János evangéliuma Húsvéthoz kapcsolja. A Föltámadott húsvéti köszöntése „Békesség!", húsvéti ajándéka az öröm. Mindkettő a Szentlélek ajándéka (vö. Gal 5,22), ki maga nagy húsvéti ajándék: a mindent összefoglaló. Ő köti össze örökre a tanítványokat a Föltámadt Úrral, egyesíti őket, és új világot teremt bűnbocsánattal. *(20,19-20: Lk 24,36-43; Jn 14,27; 15,11; 16,22 ▫ 20,21-23: Jn 17,18; Mt 28,19; 16,19; 18,18)*

Szentségre várva

A Lélek tűz gyanánt szállt le az apostolokra. Ma az áldozati adományok (Eucharisztia) által érkezik és mi általunk, kik az oltár köré gyülekszünk. Kérjük Őt, hogy bennünk is végezze el a megváltozás és egyesülés művét.

Elmélkedés (A év)

Isten ajándéka: Szentlélek

A Szentlélek a „fölséges Isten ajándéka", nekünk is ajándékot hoz; élettel kedveskedik, édes, szép gyöngyélettel. A földi élet akkor édes, ha nem üres s ha nincs telve mulandósággal. A mulandóság fájós érzéssel tölti el öntudatunkat s ez telíti a világias lelket. Nem szeret szétnézni; magaslatokra nem emelkedik; a jövőbe nézni fél, a mélységet kerüli; ha pedig tényleg a mélybe néz, borzad s elváltozik arca. Amily mértékben nőnek rajta a mulandóság öreg estéjének árnyai, abban a mértékben vigasztalan. Van-e szomorúbb látvány, mint egy ledér öreg embernek arca? Ellenben a Szentlélek a legmélyebb, a legerőteljesebb, a legöntudatosabb életnek lelke... Ő is édes élettel kedveskedik, de ajándékai az élet teljét hozzák: életet ad az Isten s megeleveníti; egészséget ad; erő megy ki belőle s a vérfolyásos lelkek, kiknek életük szétfolyik, meggyógyulnak; tiszta vért ad; szemvilágot ad: „respice", nézz rám s ismerj föl. Hitet ad, erőt, megindulást, megolvadást, ad könnyeket, lelkesülést, halhatatlan reményt.

Tűzzel jön a világ szelleme is; de tüze emészt; füstös és sötét; szenvedélyes; energiát ébreszt; erőlködéseket végez; nagy port ver föl; nagy lármát csap. Az emberek dolgoznak, lótnak-futnak, de kiélik magukat s minden ilyen élet olyan, mint a pásztortűz helye a virágzó rét közepén. Másnak juttatják életük erejét: az ifjúkor a gyönyörnek, a férfikor az érdeknek él, s miután kiadták erejüket, nem marad nekik más, mint a bánat s blazírtság. Szegény, leperzselt lelkek. Ellenben a Szentlélek tüze, a bensőség melege, a lelkesülés helye, az élet jótékony melege kiégeti a salakot, a rosszat! Emészti azt, amit a Szentírás rossz értelemben testnek mond: mert ahol az uralkodik, ott meg nem marad; nem marad meg lelkem az emberben — mondja az Úr — mert test; de ezt a testi embert elpusztítom majd s kiöntöm lelkemet a nehézkes, érzékies emberekre s prófétákat nevelek; kidörzsölöm szemeikből az álmot s mámort. Ez a tűz ég bennünk, belénk ég s nem akarunk szabadulni jótékony melegétől. Ez az élet melege!

A világ lelke is akar világot teremteni, megújítani, átváltoztatni s nagy kultúrmunkát végezni, nagy intézményeket teremteni; de a földbe növeszti őket, „és elfordítják elméjöket és lesütik szemeiket, hogy ne lássák az eget" (Dán 13,9).

Ellenben az Isten lelke a világot belülről, belső elveiből, a jóság- s igazságból akarja kialakítani, s azért aztán szépségbe fejleszti. Lelkeket szabadít föl szabadságra, melyek kevéssel beérik, s a világot, a munkát, az észt s vívmányait csak arra használják, hogy a lélek élete szépen, nemesen kifejlődjék. Méltóságot, lázas önemésztést sehol, soha. Így kell járni a világban istenszerető, igénytelen lélekkel: úgy kell nézni minden virág szemébe, hogy mondja: azért vagyok, hogy én is ilyen szép legyek; úgy kell leülni a forrás mellé az árnyékos pázsitra s szeretettel gondolni az isteni mélységek forrásaira, melyek bennünk mint gondolatok s érzések fakadnak. *(Prohászka: ÖM, 7:404; 162)*

†

Pünkösdi himnusz (Beata nobis gaudia)

Boldog örömre visszatért
az évköre nagy ünnepért!
Midőn a Lélek vígasza
suhant le tanítványira.
A Tűz lobogó lángokon
titkos jelt: nyelvet rájuk ont.
Hogy szívük áradó legyen,
szeretve égjen tüzesen!
Mindenki nyelvén szólának;
riadva hallja pogányhad!
Hiszi: hívőket bor hevít, —
de lelkük Lélektől telik!

Küld ezzel Isten titkos jelt,
hogy Húsvét szentidő letelt.
Nagy Ötvenes — lejárt körén
Sínáról fénylik új Törvény*...
Most, — kegyárasztó Istenünk —
arcúl borulva esdeklünk:
Égből még egyre ránk bocsásd
Szentlelked', kincs-kiáradást...
Egykor, megszentelt szíveket
Jóság malaszttal töltetett...
Bocsáss meg minden bűnt nekünk,
békélt szív ülje ünnepünk'!

(Sz Hiláriusnak tulajdonított himnusz)

(Az ötven jubiláris szent szám; adósság engedés, rabszabadítás az 50. évben; a Vörös tengeren átkelés 50. napján, a Sínai hegynél köt Isten szövetséget, ád Tízparancsolatot.)*

†

A teremtő szeretet

Isten olyasformán *teremté* a világot, ahogy mi nehezen tartunk magunkban titkot. *Jó dolgot nehéz* lezárva tartani! A rózsa: érték, hirdeti is titkát az illatával. A nap jó, titkát fény és hő kimondja. Az ember: jó, kifejezi jósága titkát gondolatának szavával. És Isten végtelen Jó, tehát végtelen szeret. Mért ne törhetne ki szeretete *szabad kiáradtán* s létesíthetne új világokat? „Nem türtőzhette” magát, úgy szólván, szeretete nagy titkát kivallotta a Teremtésben. *(Sheen)*

Elmélkedés (B év)

Tűz és Galamb

Fussuk át, kedves testvéreim, az evangélium szavait, hogy hosszabban időzhessünk e nagy ünnepről elmélkedvén. Mert ma hirtelen zúgással és tűzzel a Szent Lélek szállott le a tanítványokra, és a földies elméket a maga szeretetére gyullasztotta, s míg kívül tűznyelvek villództak, belül a szívek lánggal égtek. Mert az Istent tűz képében befogadván, szeretetében édesen hevültek. Hiszen a Szentlélek maga a szeretet. Ezért mondja János: „Isten a Szeretet" (1Jn 4,8). Aki tehát teljes lélekkel Istenre áhítozik, valóban már birtokolja azt, akit vágyódva szeret. És senki sem tudná Istent szeretni, ha már nem hordaná szívében azt, akit szeret. Így ha bármelyitektől megkérdeznék, szereti-e Istent, egész bizalommal, nyugodt lélekkel felelheti: Szeretem! Épp az olvasmány elején hallottátok, mit mond az Igazság: „Ha valaki szeret engem, megtartja beszédeimet." (Jn 14,23) Tehát a szeretet bizonysága: tetteink tanúsága. Ezért ugyanezt mondja János a levelében: „Aki azt mondja: Szeretem Istent és a parancsait nem tartja meg, az hazug." (1Jn 4,20) Igazán akkor szeretjük Istent, parancsait akkor tartjuk meg, ha tartózkodunk saját kényünk-kedvünk követésétől. Aki még tiltott vágyai és ösztönei után szaladoz, bizonnyal nem szereti az Istent, mert ellene mond neki saját akaratával. — „És Atyám is szeretni fogja, és hozzája megyünk és lakóhelyet szerzünk Őnála" — (az igazságban szeretőnél). Fontoljátok meg, kedves testvéreim, mekkora méltóság az, ha szívünk hajlékába maga Isten száll meg. Ha házunkba valami dúsgazdag vagy nagyhatalmú jó barát jönne, az egész házat nagy sietséggel takarítani kezdenénk, netalán bármi kivetni valóba is ütközzék barátunk szeme. Súrolja-mossa le hát rossz tetteinek mocskát az, aki a lelke hajlékát Istennek készíti föl. De lássátok mit mind az Igazság: „Eljövünk és *hajlékot* készítünk nála!" Mert némely szívbe eljön ugyan, de hajléka nem lesz ott: mert Istenre várva bánkódnak ugyan bűneiken, de újabb kísértés jön és feladnak mindent! Úgy esnek vissza a bűnök gyakorlatába, mintha sohase bánkódtak volna. *(Nagy Sz Gergely: 30. homília)*

†

Szentlélek ajándékai: az Istenhez fölszállás

Hét lépcsőn jutsz a kapuhoz, mert a Lélek hétféle *Kegyelmével* tár kaput: lépj égi Úr közelébe! — Felhágásnak első foka az isteni *Félelem*. Második *Jámborság* lelke, harmadik *Tudós* szellem. — Majd jön *Bátorság*, *Jótanács*, hatodikként *Értelem*, Hetedik *Bölcsesség* maga, mely elárad léleken... — Van benn tehát *Félelem* is, Úr félelme szívében! De milyen a félés, hogyha a *Jámborság* nincs véle!? — Ki nyomorút szánni nem tud s messze űzi részvétet, ennek félsze Úr szemébe semmis. Följebb nem léphet — jámborságra! S ronthat *ez* is: zavart irgalom kegye hajt tévelybe, ha kímélne, s kíméletnek nincs helye! — Bűntől, pokolra mely vihet, ne sajnáld az ütleget! Van kiferdült jóindulat: kímél s végül elveszejt. — Benn Jámborság rendezetté úgy lesz: fölsőbb fokra hág, hol *Tudomány* elítélni s tud fölmenteni egyaránt. — Tetterő ha nincsen benne, mit tud végrehajtani? *Bátorságnak* jöjj rá Lelke! s nem retteg kiállani. — Jót megvédi, bűnt ítéli: — önmagával nem gondol, mert jó harcos ront a harchoz... De tán ferde oldalról? — Elbízott tán? *Jótanács* jöjj, vond följebb a katonád! Igazgasd, irányítsd, hogy jól végig víjja a csatát. — *Értelem* kell! Lássa: ez jó, az hibás. Mert másképpen mit javítson magánmáson maradandó egészen?! — Jótanács jár Értelemmel — éles szemmel őrködik... S Bölcsességben szent: *kiérik*: „mersz" és mérsék ösztönzik... — Heted Lépcső:

Bölcsességé! *Lélek* tesz már mindent benn! A Kegyelem hét szent kincse ott ragyog már Istenben... *(Nagy Sz Gergely: Homíliák, 2:7)*

Elmélkedés (C év)

Pünkösd kegyelmei

A pünkösd a legmélyebb értelmű ünnep, mert jóllehet minden ünnepen szellem és lélek ünneppel, de itt az áttüzesedett Lélek árad ki; innen indul hódítani, alakítani, teremteni... Különösen *három nagy kegyelem alakjában*:

Az első a *szeretet*. A Szentlélek a szeretet lelke, és a pünkösd a szeretet legfölségesebb kinyilatkoztatása. Megjelenik mint gyermekszeretet karácsonykor, szenvedő szeretetté fokozódik a Golgotán; izzó, hódító, diadalmas szeretetté pünkösdkor... Szeretet, mely a legjobbat adja (datum optimum), a lelki életet s a leghathatósabban adja. Jézus lehelte (insufflavit), és viharzó impulzusokban megy végig a világon; kigyullad Pálban, Ágnesben, Perpetuában, Teréziában, Ferencben, Néri Fülöpben... Mint lávafolyam, mely nem hűl ki soha... „Caritas diffusa", a kiömlött, tüzes szeretet. Ó, én is szeretek, s szeretni akarok mindjobban; aki szeret az erős; azért erős, mert szeret; aki gyönge, azért gyönge, mert nem szeret.

A második kegyelem a *buzgóság*. Jézus keresztségnek nevezi, tűzkeresztségnek. A szeretetnek hódítania kell. Jézus tüzet hozott, és akarta, hogy égjen; parazsat hullatott szívünkre; de hogy a parázsból tűzláng legyen, ahhoz szító, viharos fuvalom kell, „spiritus vehemens"; így lesz belőle nagyobb szeretet (diligis plus his: jobban szeretsz ezeknél?). Ez a tűz ég az Egyház ereiben, ettől „suspirat et aspirat ad sanctitatem", fohászkodik és törekszik a szentségre. Nincs nyugta. Kibocsátja rajait: apostolokat, kik Szent Pállal bemutatkoznak, hogy „kitágult a szívem felétek, korintusiak"; „kitágult szív" jellemzi az apostolt, belefér a világ. A szeretet tágította ki s buzgóságra nevelte... „suspirare, aspirare" [föl- és ráóhajtani] tanította.

A harmadik pünkösdi kegyelem az *imádság lelke*. Az ima a Szentlélek atmoszférája. Ima várta, ima hívta, ima kísérte, és a Lélek maga „imádkozik bennünk kifejezhetetlen nyögésekkel", „gemitibus". „Gemitus", ah ez az igazi szó, olyan mint gerlebúgás és esti harangszó! Bensőséges, mély, lágy érzelem! Nincs bensőségesebb, mint a hő ima. Hogy fest, hogy sugárzik, hogy lágyít, hevít s boldogít! Mel et oleum, méz és olaj! Enyhít és édes. Az ima lelkét kérnünk kell és féltékenyen óvnunk kell; mikor megnyertük, meg kell köszönnünk; ha nélkülözzük, utána kell járnunk. „Spiritus gratiae et precum" [a kegyelem és imádság lelke], az egy; a kegyelem és imádság együtt jár. A szentek az ima stilítesei, oszlopos szentjei! Tehát imádkozzunk, vagyis vágyódjunk, törekedjünk, fohászkodjunk, esedezzünk, alázódjunk meg mélyen, hogy lehajoljon hozzánk az Úr! *(Prohászka: ÖM, 7:402; 160)*

†

Szentlélek: folytonos pünkösdünk

Azóta pedig a Szentlélek az Egyházban lakik állandó fogyhatatlan módon, szüntelen éltet és megszentel. „Ő majd bennetek lakozik és veletek". Tévedhetetlenné teszi az Egyházat tanaiban. „Ha majd Ő, az Igazság Lelke eljő, megtanít minden igazságra!” — és megőriz a tévelytől.

Történelem szerint, a látható leszállás, a Pünkösd, véget ért, de a belső működése, folytonos ereje örökre hat, kegyelme itt marad. — Nézd, hogy üli az Egyház az Áldozót, a Mennybementet. Mi az imája, miután dicsőíti az Isteni Jegyest, örvendve örült diadalán? „Óh Dicsőség Királya, Seregek Ura, ki ma diadallal egek legmagasába szállottál, ne hagyj árvául minket itt, hanem küldd le ránk az Igazság Lelkét, akit ígértél Atyádtól!” *(Marmion)*

†

Hajnali himnusz (Lucis largitor splendide)

Te fényes fény-osztó Urunk!
kinek szelíd sugárinál
éj elsuhantán nappalunk
elárad s minden fölvirrad.

Világnak igaz fényhozó!
nem az, ki holmi égitest-
jövést kis fénybe megjelez
csekélyke „hajnalcsillagzó”.

De minden Napnál ragyogóbb,
Magad Te: fény és nappal is!
Lelkünkön legbelsőbb zugot
átjársz, sugárral földerítsz.

Állj mellénk, minden-Alkotó,
Atyád fényének szent dicse,
kinek kegyelme-jöttire
kitárul szívek rejteke.

És telve Tüzes Lelkeddel,
magával hordja Istenét,
hogy álnok üdv-elragadó
pokol cselén ne sebzené!

Hogy evilági gondokon
amikre élet rászorít,
minden bűnöktől szabadon
hű Törvényidbe’ járjunk itt...

Szűz lelkiség: vásott-zilált
test kéjeit tiporja szét!
A tiszta testnek Templomát
Szent Lélek óvja, s tűzhelyét!

Remélik ezt esdő szavak,
ezt fogadalmi áldozat, —
hogy hajnal fénye hasson át
vigyázva minden éjtszakát.

(Sz Hilárius)

PÜNKÖSDHÉTFŐ (A,B,C)

1: Kornélius megkeresztelése: Krisztus mindenkit hív az üdvösségre, zsidót, pogányt egyaránt. S: Egy az Úr, egy a hit, egy a keresztség azok számára, akik egybetartoznak Krisztusban. E: Az apostolok gyengék, de majd az Igazság Lelkével tesznek tanúságot — a világ gyűlölni fogja őket.

A szentlélek műve és ajándéka, hogy Krisztust ismerik és elismerik az emberek. A Lélek szól és hat az Egyházban. „A Szentlélek közössége" nem üres szó. A Lélek teremti az egység közösségét, Ő adja a közös és egyéni ima és ének örömét, Ő segít a hiteles keresztény életre.

Az egyes ember is, a közösség is megnyílhat a Lélek hatásainak, de merev mozdulatlanságba is zárkózhat. „Akik Isten Lelkétől vezettetik magukat, azok Isten gyermekei."

Első olvasmányhoz ApCsel 10,34.42-48

Egy látomásnak kellett Pétert rábírnia, hogy Kornéliust, a pogány római tisztet fölkeresse és megkeresztelje. Egy keresztséget megelőző Lélek-áradás — mondhatni egy kis pünkösd — legyőz minden kétséget, amely még fennállhatott a zsidó-keresztények közt. Ledőlt a fal zsidók és pogányok közt, mert Isten előtt nincs különbség, minden népet meghív a megtérésre és az üdvösségre. *(10,42-43: ApCsel 2,35; Jn 5,22.27; ApCsel 2,38 ▫ 10,44-48: ApCsel 8,36; 11,17-18)*

Válaszos zsoltár Zsolt 117(116),1.2

Dicsérő ének

Szentleckéhez Ef 4,2-6

A keresztények egysége nemcsak az emberi jóakaraton múlik. A kereszten Krisztus maga győzött le minden ellentétet, ami az emberek, valamint Isten és az emberek között fennállt. A keresztények egyesítője a Lélek, kit Isten az Egyházára áraszt. Ő az öröm, béke és egység; hatalmasabb Ő minden széthúzó erőnél. *(Kol 3,12-15; 1Kor 12,12; 13,13; Róm 12,5; 1Kor 12,4-6)*

Evangéliumhoz Jn 15,26-27; 16,1-3.12-15

Jézus ellenkezéssel találkozott e világon, tanítványai sem járhatnak másképp. A „Jézus elleni pör" nem zárult le: évszázadokon át tanítványai tanúskodnak Isten igazsága mellett, amely Jézusban jelent meg. Az „Igazság Lelke" lakik bennük, Ő ad szavuknak meggyőző erőt. Övéi nemcsak tanúsítják, amit Jézus mondott és tett, Jézus ott *él* az Atyja dicsőségében és ugyanakkor övéi szívében is. Erről tanúskodik az Igazság Lelke a tanítványok szava és tette által. *(15,26-27: Jn 14,26; Mt 10,18-20 ▫ 16,1-3: Jn 8,19; 15,21; 13,19; 14,29 ▫ 16,15: Jn 17,10; Lk 15,31)*

Szentségre várva

Az *egy* kenyérben való részesedés Krisztus egy Testévé tesz minket. Egység híján méltatlanul vennénk Krisztus szent Testét (vö. 1Kor 11,29), csakúgy mint aki súlyos bűnnel terhelve veszi Őt.

Elmélkedés

A Szentlélek az Egyházban

A Lélek ünnepét *üljük meg* ma: „megüljük", hogy folytonos maradjon bennünk, amire emlékezünk [solemnitas: solemus]. *Folytonos* ez az ünnep bennünk, ahogy a *folyam*, mely nyáron sem szárad ki; folyton folyik lelkünkön az ünneplő Lélek... Tizenkettőnek ígérte, tízszerezve gyűltek imára, mert vágyakoztak már egyazon hittel egyazon könyörgésben, egyazon lelki sóvárgással. „Új tömlő" voltak, mely újbort várt az égből — és ez megjött... Hallottátok, hogy felelt nekik a nagy csoda! Mind, akik együtt voltak, egy nyelvet tanultak, rájuk szállt a Szentlélek és beteltek, szólni kezdtek minden népek nyelvein, amiket sosem tanultak. De tanított Ő, aki jött, annyi nyelven is *egyet* mondani... Akik odacsődültek, ámultak, mások gúnyolódtak: „Teli vannak édes musttal!" Nevettek és valamiképp jól mondták: Megteltek a sóvárgó tömlők újborral. Olvastuk egyszer az evangéliumban: „Senki sem tölt újbort ócska tömlőbe." (pl. Mt 9,17) A testi ember nem fogja föl a lelkieket. A testiesség: régiség, a Kegyelem: újság. Minél inkább megújul valaki; annál behatóbban fölfogja, amit igaznak tud. És forrt a must és a musttal forrván áradtak a népek nyelvei... Kérdezhetnétek, testvérek, ma nem száll le a Szentlélek? Aki ezt hinné, nem lenne méltó Őt fogadni. Mert *ma is* leszáll. Miért nem szólhatunk hát nyelveken? Mert amit az jelképezett, az már valóság lett. Akkor egy *háznyi* volt az Egyház, amely kapta a Lelket, de a kevésben a földkerekség jelen volt. Ennek képe voltak a nyelvek... Tudjátok, mint művel a lélek a földi testben! Élteti minden tagját: általa szem lát, a fül hall, a nyelv szólal, a kéz művel... De mindegyik a magáét: nem hall a szem, nem lát a fül. Így van Isten Egyházában is: van szentje, kivel csodát művel, más szentjében igazságot hirdet, másban a szüzességet őrzi, ismét másban a hitvesi tisztaságot, egyikben ezt, másikban azt; mindegyik a „maga művét" végzi, de egyformán és *Egyből* élnek... És lássatok meg mást is: mire vigyázzatok, mitől féljetek! Megesik, hogy az emberi testben, a testről *leszakad egy tag*, kéz, ujj, láb. Követi-e talán a lélek a levágottat? Lám, míg a Testben volt, élt; levágták és elhalt... Így a keresztény is — katolikus — míg a Testben él; leszakadva lélektelen, „szakadár".

Ha tehát a Szentlélekből akartok élni, tartsátok a szeretetet, kívánjátok az egységet, szeressétek az igazságot, hogy eljussatok az örök életre. Amen. *(Sz Ágoston: 267. beszéd)*

†

Ima a Szentlélekhez, aki az Egyház élete

Imádlak téged, Úristen, a legszentebb Szentháromságnak harmadik Személye, aki oly messze világító hegyi fényességet állítottál fel e bűnös világ számára. Te alapítottad, te rendezted be, te tartod meg az Egyházat. Te töltöd el állandóan ajándékaiddal, hogy az emberek lássák, közelítsenek hozzá, belépjenek kebelébe és éljenek benne. Bizonyos értelemben mintegy földre hoztad az eget és csodálatos közösséget alapítottál, amelyben, mint Jákob létráján, fel- és lejárnak az angyalok. *Jelenléteddel helyreállítottad a közösséget Isten és az ember között.* Megadtad az embernek a kegyelem fényességét, amelynek egykor át kell majd mennie a dicsőség fényességébe. Dicsérlek és áldlak téged hozzánk, bűnösökhöz való határtalan irgalmasságodért.

Különösképpen imádlak azonban isteni Vigasztaló, hogy végtelen jóságodban *fölvettél engem ebbe az Egyházba*, természetfeletti mindenhatóságod e művébe. Semmiféle jogom nem volt hozzá, hogy kívánhassam tőled ezt a csodálatos kegyelmet, amely a világ minden javainál több. Sok ember volt akik természettől jobbak voltak nálam, akiket kedvesebb természeti adományok ékesítenek és kevesebb bűn szennyez, és te mégis engem választottál ki kifürkészhetetlen szeretetedben és elvezettél nyájadba.

Amit te cselekszel, annak megvan a maga alapja, és én tudom, hogy az én meghivatásomban is végtelenül bölcs elhatározás rejlik, ha szabad emberi módon szólnom, — de jól tudom azt is, hogy ez az alap nem énbennem van. Én semmit sem tettem érte, hanem mindent csak ellene. Én mindent megtettem, hogy akadályozzam terveidet, azért *mindent csak a te kegyelmednek köszönhetek.* A te hozzám való megfoghatatlan szereteted nélkül bűnben és homályban kellett volna élnem és halnom, egyre rosszabb és rosszabb lettem volna, végre talán az istentagadásig és az istengyűlöletig jutottam volna és végül is a pokol örök tüzébe hullottam volna. Csak te mentettél meg engem ettől, én Istenem, én győzelmes szerelmem! Van-e istentelenebb élet, mint az én életem egy része? Nem ingereltelek-e a végsőkig? Hogyan küzdöttem és harcoltam, csakhogy megszabadulhassak tőled! Ámde te erősebb voltál nálam és győztél. Számomra nincs más hátra, mint alázatosságban és imádásban porig hajolni szeretetednek és irgalmasságodnak mélysége előtt.

Ám kegyelmed végül is egyházadba vezetett. Most már csak azt a kegyelmet add meg nekem, hogy ezt a hivatást egészen kihasználjam és üdvösségemre fordítsam. *Vezess engem* és vonj engem szüntelenül magad felé, végtelen irgalmasságod mélységes forrásai felé, élő, égő imádással töltekező lélekkel. Mélyen oltsd lelkembe igaz szeretetet szentségeid és intézményeid iránt. Taníts meg, hogy *helyesen értékeljem* a bűnbocsánatot, amelyet mindig újra megadsz nekem és az oltáron való fölséges jelenlétedet, ezeket a megbecsülhetetlen értékeket. *Semmit sem tehetek nélküled*, és te ott vársz rám egyházadban és az ő szentségeiben. Engedd, hogy mindig bennük találjam támaszomat, amíg csak be nem teljesednek kimondhatatlanul az örökkévaló élet glóriájával. Amen. *(Newman bíboros imája, Sík: DB, 157)*

PÜNKÖSD UTÁNI ELSŐ VASÁRNAP

SZENTHÁROMSÁG VASÁRNAPJA

I: Az Úr irgalmas és kegyes Isten. S: Krisztus által részesülünk az Atya szeretetében és a Szentlélek erejében. E: Isten üdvözíti azokat, akik hisznek az Ő Egyszülött Fiában.

A szentháromságos Isten: az Atya, Fiú és Szentlélek Hármas Egysége nem valami távoli, megközelíthetetlen titok. Titok is, mindenestül az; de egyben oly Isten is, aki „leszáll", megnyílik, közli magát. „Láttuk az Ő fönségét" — írja Sz János: a Fiú dicsőségét, amely azonos az Atyáéval; szentsége ragyogását, szeretete hatalmát. Isten fölfoghatatlan titkához tartozik az Ő sosem fáradó, fölülmúlhatatlan érdeklődése az ember iránt. Gondol ránk, mindannyiunkra; nem mond le rólunk, nem „ad föl minket", inkább a Fiát adja *értünk*: áldozatul, ajándékul...

Első olvasmányhoz 2Mz 34,4-6.8-9

A Sínai hegynél Isten Mózesnek és az egész népnek élő és jelenlévő Istenként mutatkozott meg. Magában sokféle vonást egyesít: szent és meg nem közelíthető; de mégis: közeli és irgalmas Isten. Az Ő irgalmához, hosszú tűréséhez és hűségéhez újra meg újra kiáltanak segélyt- és bocsánatot kérő imák az Ószövetségben. Megbocsát és segíti hűtlen népét, kíséri híven őt pusztai útján és a történelem folyamán. *(2Mz 33,18-23; 4Mz 14,17-18; Zsolt 86,15; 103,3-4; Jo 2,13; Jón 4,2; 2Mz 32,11-14; 4Mz 14,14)*

Válaszos zsoltár Dán 3,52.53.54.55.56

Dicsérő ének

Szentleckéhez 2Kor 13,11-13

A szentlecke örömmel kezdődik, és a kegyelem, szeretet, egység hármasával végződik. Jézusnak és Egyházának valódi mivolta csak a Szentháromság tanából érthető. „Isten szeretete" nyilvánult meg „az Úr Jézus Krisztus kegyelmében", és mutatja erejét az Egyházban, „a Szentlélek közösségében". Ahol e közösség él, ahol a keresztényeknek egy a szívük-lelkük és békében élnek (2Kor 13,11), ott az öröm oly öröm, amit sosem „unni meg": új mindig, nagy mindig adásban is, kérésben is. Ebbe a levélzáradékba beletette Pál az egész evangéliumot... Neki a Szentháromság nem távoli, megközelíthetetlen titok. Jézus Krisztusban a rejtett Isten látható Istenné lett, a mi jelenünk és jövőnk Istenévé. *(Fil 3,1; 4,4; Róm 16,16; 2Kor 6,11; Fil 2,1-2; Ef 4,4-6)*

Evangéliumhoz Jn 3,16-18

Isten, a Fiú, a Szeretet: ez a Háromság, melyről ez az evangélium szól. A Fiú megváltói művét Isten és a Szeretet hordozza: az Atya és a Szentlélek. Tanúskodhat róla az evangélista, mert tudja, mert látta (3,11). Jézus személyében lett az Atya láthatóvá és az Ő valóságos szeretete érezhetővé (Jn 14,9). A Szeretet kilép Istenből és a világnak „adatik" a Fiúban. Megváltani, nem megvádolni jön. A világ nem tehet mást: *hagyja magát* megváltatni, elfogadván Isten ajándékát. A hit annyi, mint megnyílni Isten előtt, átengedi magunkat! Aki az Igazság és Isten Szeretete elől bezárul, annak nem kell többé vád vagy ítélet: önmaga zárta ki magát Isten életéből. *(Mt 21,37; Róm 8,32; 1Jn 4,9-10; Jn 4,42; 12,47; 2Kor 5,19; Jn 5,24)*

Szentségre várva

Jézus az „Ő Atyjáról" és a „Mi Atyánkról" beszél. De szavát csak akkor értjük, ha Lelke bennünk lakik. Az emberek is csak úgy értik szavunkat és kél bennük válasz, ha él bennünk az Atya Lelke, ki föltámasztotta Jézust (Róm 8,11). Az a Lélek, akit minden szentmisén újra fogadunk.

Elmélkedés

Óh Isten, magadért teremtettél engem, hogy a *magam módján szolgáljak neked.* Hivatásos életművet gondoltál ki számomra, különbözőt mindattól, amit mások elé tűztél. Csak egy kis szeme vagyok a láncnak, egy kis tagja a szellemi lények nagy közösségének, de nem semmiért teremtettél engem: tennem kell a jót. Munkálkodnom kell műveden.

Így akarom magamat átadni teneked egészen. Akárhol vagyok, akármi vagyok, ettől el nem szabad tántoríttatnom magam. Ha megpróbáltatás ér, szolgáljon neked megpróbáltatásom. Ha hosszú életet adsz, ha rövidet: te tudod, miért. Te mindig, mindenről tudod, hogy mire jó.

Isteni Megváltóm, azért jöttél erre a világra, hogy Atyádnak akaratát cselekedd, nem a magadét.

Óh add meg nekem is, hogy *tökéletes gyermeki egyszerűséggel vessem alá magam* az isteni akaratnak, a tiednek és Atyádénak! Nem kívánhatok jobbat, mint követni akarlak, akárhová mégy, nem a magam okosságára. Azért megígérem neked, Uram, kegyelmed segítségével: követni akarlak akárhová mégy, nem magam akarom megszabni utamat. Nem akarok türelmetlen lenni. Ha egyszer homályban és kétségben hagysz, ha szükség vagy megpróbáltatás ér, nem akarok panaszkodni, morgolódni. Tudom, hogy nem hagyod el soha azt, aki Téged keres, hogy sohasem csalatkozhatik, aki benned bízik.

Hozzád kiáltok, hozzád könyörgök: mindenek előtt *védelmezz meg önmagamtól*, hogy más akaratot ne kövessek a tiéd helyett!

Átadom magam neked és rád bízom magam egészen. Te bölcsebb vagy nálam és jobban szeretsz, mint én magamat. Teljesítsd rajtam kegyelmesen felséges szándékodat, akármi legyen az! *Cselekedjél bennem és általam*! Azért vagyok a világon, hogy neked szolgáljak, hozzád tartozzam, a Te szerszámod legyek. Hadd legyek vak eszközöd! Nem kérem, hogy lássak, nem kérem, hogy tudjak, csak hogy szerszámod lehessek.

Óh megfoghatatlan Teremtő, *imádlak*. Olyan vagyok előtted, mint egy porszem, a tegnap jószága, a most elmúlt óra teremtménye. Egy-két évre kell csak visszanéznem, és nem voltam. Én nem voltam, és a dolgok mentek a maguk útján nélkülem is. Te azonban öröktől fogva vagy.

Óh nagy Isten, Te elég voltál magadnak öröktől fogva. Az Atya elég volt a Fiúnak és a Fiú az Atyának. Hát ne lennél elég nekem, szegény teremtményednek: Te, aki oly nagy vagy, nekem, aki oly kicsiny vagyok! *Benned megtalálok mindent*, amit óhajthatok. Elég nekem, ha Te az enyém vagy. Ez bőségesen, kicsordulón betölti minden vágyamat.

Add hát nekem magad, mint én neked adom magamat, én Istenem! Magadat add nekem! Kegyelmednek mennyei munkája szívemben oly bensőséges, olyan jelenvaló, oly mindent átjáró, amilyen munkálkodásod az egész világon. Benne vagy minden képességemben, minden hajlamomban, minden tervemben, minden művemben. Erősíts hát, óh hatalmas Isten bensőséges erőddel, vigasztalj állandó békéddel, tölts arcod szépségével, világosíts meg teremtetlen fényességeddel, tisztíts meg kimondhatatlan szentséged illatával. Engedd, hogy elmerüljek benned, adj innom kegyelmed árjából, amennyire egy halandó ember ezt kívánhatja, — abból az áradatból, amely az Atyából és a Fiúból forrásozik, a valódat tükröző örökkévaló Szeretet kegyelméből. Amen. *(Newman bíboros imája, Sík: DB, 37)*

†

Szentháromság Himnusza (Oxyrhynchusi papyrus)

Hajnal fényéről *nem* zengeni senkise merjen!
Tündök-csillagokat mert illeti zengve dicséret.
Mind a folyók forrási zúgó szent dallamuk ontsák:
Szent Atya és Fia és Lélek, hódolva imádtán!
Földnek minden erői kiáltva kiáltsanak Áment!
Tisztelet és hatalom, s dicséret az Isteni Úrnak,
minden jót egyedül aki ád! Ámen! Örök Ámen!

(Egyiptomi ismeretlen)

SZENTHÁROMSÁG VASÁRNAPJA UTÁNI VASÁRNAP

KRISZTUS SZENT TESTE ÉS VÉRE ÜNNEPE: ÚRNAPJA

1: Az Úr kenyeret adott a pusztában éhező népének. S: Akik az egy Kenyérből táplálkozunk, egy testet alkotunk Krisztusban. E: Jézus Teste valóban étel, Jézus Vére valóban ital.

Mikor az Egyház az Oltári Szentséget ünnepli, arra a nagy üdvözítő műre emlékezik, amelyből él: Jézus keresztáldozatára és föltámadására. Az ünneplő gyülekezetben nemcsak emlékben és hitben van jelen Krisztus, hanem személyesen is. A vatikáni zsinat többféle igazi *jelenlétről* szól: a pap személyében, aki a misét bemutatja; az Isten igéjében; az imádkozó-éneklő közösségben; s *főként* testi-lelki emberségében és istenségében a Kenyér és Bor színe alatt. Maga a közösség is „Krisztus teste" lesz az Eucharisztia által, és *az* marad a szentségi közösségben Krisztussal és mindazokkal, akik ugyanazt a Kenyeret veszik.

Első olvasmányhoz 5Mz 8,2-3.14-16

Pusztai útján Isten népe sokat tapasztalt, és olyan ismeretekre tett szert, melyek további évszázadokon át tartó útján is érvényesnek bizonyultak, kiváltképp azt, hogy teljes egészében Istentől függnek. E függés jelképe, — egyben Isten szerető gondoskodásának bizonyítéka — volt a *manna.* A fölszólítás: „Gondoljatok rá..." (5Mz 8, 2), „ne felejtsétek" (8,14) múltra és jövőre utal. A pusztai vándorlás során felkészültek a történelem megpróbáltatásaira. Isten neveli, kipróbálja népét, hogy javakban részesíthesse (8,16). Mózes 5. könyvében már egy jólétben élő néphez szól: tudnia kell, hogy nemcsak kenyérrel él az ember. Az igaz mannát, „melyet nem ismertél és atyáid sem ismertek" (5Mz 8,3), Jézus adja majd Isten új népének. *(8,2-3: 5Mz 2,7; Ám 8,11; 2Mz 16; Mt 4,4; Jn 4,34 ▫ 8,14-16: Jer 2,6; 4Mz 21,6; 2Mz 17,1-7; 4Mz 11,7-9; 20,1-13)*

Válaszos zsoltár Zsolt 147(146-147),12-13.14-15.19-20

Isten jósága az Ő népéhez

Szentleckéhez 1Kor 10,16-17

A szentségi lakoma részesülés Krisztus vérében, a húsvéti Bárány kiontott vérében, és részesülés az Ő testében, mely „értünk adatott" helyettesítő és engesztelő áldozatul. Krisztus Teste egy, ezért mi, a sokaság, akik az egy Testet vesszük, *egységet* alkotunk: Krisztus Testét. Egy vagyunk, a *Főn keresztül.* Ez nem hasonlat, nem is egyszerű szókép, hanem fontos tény, és sokféle következménye van. Aki „nem különbözteti meg" Krisztus testét (1Kor 11,29), aki Isten Egyházát és minden tagját Krisztus Testeként nem tiszteli, „az ítéletet eszik és iszik magára". (Az Egyház a halálos bűnben áldozóra érti, de ez ugyanaz, mert minden bűn a Test ellen vét: a Főben, a testvér-tagokban, a maga tagjában.) E tannak más következménye

Sz Pálnál: aki Krisztussal egy, nem tarthat közösséget démonokkal is: fussatok a bálványimádástól! (10,14). Mit jelent ez ma? Legalábbis annyit, hogy hívő keresztény nem lehet „mindenben benne"; nem érthet egyet mindennel, nem cselekedhet úgy, mint a világ. Ez nem korlátozza szabadságát, ez életének *alaptörvénye,* és inkább fölszabadítja lehetőségeit a végtelenbe. *(1Kor 11,23-26; Mt 26,26-28; 1Kor 12,12-13; Ef 4,4; 2Kor 5,14-15)*

Evangéliumhoz Jn 6,51-58

Jézus megalapítja az Eucharisztiát. Nemcsak a maga személyében való hitet követeli, hanem valóságos vételét a Kenyérnek, amely Őmaga. Még nyersebben megmondja: Ahhoz, hogy éljünk, szükséges *ennünk* az Emberfia testét, innunk az Ő vérét. Lehetséges ez? Ha „testileg", biológiailag értjük: nem; a Lélek tesz élővé (Jn 6,63). Vagy csak szellemileg értsük, csak az Őbenne való hitre? Hallgatói jól értették, hogy valami mást mondott, azért is a fölindulás közöttük, mikor a „magyarázat" elmarad, és csak ismétli a Teste fizikai vételének szüségességét. Csak az utolsó vacsorán értik majd meg a tanítványok Jézus szavainak jelentését. Távozta után ünneplik majd az „Úr vacsoráját" (1Kor 11,20), amely az *egy* Testet vevő sokból is Krisztus egyetlen Testét formálja. *(Mt 26,26-27; Lk 22,19; 1Kor 11,24; Jn 15,4-5; 5,26; 14,19)*

Szentségre várva

Jézus szeretetre tanított minket. Mikor megosztjuk egymás közt az Ő Kenyerét, a mi saját kenyerünket is, ketten-hárman, többen, Ő köztünk van. De neki, a végtelennek, mindegyikünk: egyetlenje. Ma jobban átélem az Ő jelenlétét!

Elmélkedés

Mindenek üdvösségére

A keresztoltárán Jézus a Testét engesztelő áldozatul adta Atyjának: váltságdíjul és tisztító fürdőnkül kiontotta a vérét. Nyomorult rabszolgaságból akart kiváltani, és bűnünk adósságából tisztára mosni. — E nagy kegyelem-művére tartós emlékezésül hagyta híveinek a maga Testét ételül, a maga Vérét italul, a kenyér és bor színe alatt. — Mit lehetne drágábbat adni ennél az asztalközösségnél?! Nincs szentség oly üdvhozó, mint ez: mert itt eltörlődik a bűnadósság, sokasodnak az erények, s a lélek eltelik minden égi adománnyal. — Az Egyház élőkért és holtakért bemutatja a Szentséget, hogy mindenek javára tegyen, hiszen mindnyájunk üdvösségére alapíttatott. Nyelv nem képes kifejezni e Szentség drága értékét. Emlékét idézzük benne a mindent meghaladó szeretetnek, melyet szenvedésében mutat Krisztus mi irántunk. — Hogy a hívők szívébe e nagyszerű szeretetet tartósabban belevésse: azért rendelte ezt a Szentséget a végvacsorán, miután a régi húsvéti bárány szertartását befejezte tanítványaival és e világból az Atyához átmenőben volt.

Kínszenvedése állandó emlékéül akarta, ősi előképek beteljesüléséül, minden csodái legnagyobbjának. Hátrahagyott ezzel tanítványainak — kik búslakodtak az Ő eltávozásán, — egy egyedülálló Vigaszt, Önmagát. *(Aquinói Sz Tamás)*

†

Oltári Szentség titka

Ha nem érted és fel nem fogod, ami alattad van, hogy érheted fel eszeddel, ami fölötted van? — Hódolj meg Istennek, hajtsd meg értelmedet a hitnek és Isten megáld a tudomány világosságával, amennyire neked hasznos és szükséges lesz. — Némelyek kemény kísértéseket szenvednek a hitre és e szentségre nézve; de ezt nem nekik, hanem az ellenségnek kell betudni. — Ne gondolj és ne vitatkozzál efféle gondolatokkal, se ne felelj az ördögsúgta kérdésekre, hanem higgy Isten szavának, az ő szentjeinek és prófétáinak és elfut tőled a gonosz ellenség. — Sokszor nagyon hasznos, hogy efféléт szenved az Isten szolgája. — Mert a hitetleneket és gonoszokat nemigen kísérti, hiszen már amúgy is hatalmában vannak; de a jámbor hívőket sokféleképpen kísérti és háborgatja. — Maradj meg tehát egyszerű és tántoríthatatlan hitedben és imádó tisztelettel járulj e nagy szentséghez. — És amit fel nem érsz eszeddel, bármi is az, bízvást hagyd a mindenható Istenre. — Meg nem csal az Isten; csalatkozik pedig, aki önmagának sokat hisz. — Isten az egyszerűekkel jár, az alázatosaknak jelenti ki magát, a kisdedeknek ad értelmet, a tisztaszívűek szemét nyitja meg; de elrejti kegyelmét a kíváncsiak és a kevélyek előtt. — Az emberi ész nagyon gyarló és könnyen csalatkozik, de az igaz hit nem csalatkozhatik. — Minden ész és természetes vizsgálat követni köteles a hitet, nem pedig megelőzni vagy megrontani. — A hit és szeretet ugyanis ebben a legszentebb és legfelségesebb szentségben az első helyet foglalja el és titkos módon munkálkodik. — Az örökkévaló, megmérhetetlen és véghetetlen hatalmas Isten nagy és kifürkészhetetlen dolgokat művel az égben és a földön, nincs is az a teremtmény, aki végére járhatna csodálatos művének. — Ha Isten művei olyanok volnának, hogy az emberi ész könnyen felfoghatná, nem volnának már csodálatosak, nem is lehetne őket kimondhatatlannak nevezni. *(Kempis: KK, 4:18)*

†

Oltári Szentség: Krisztus teste két módon: kenyér színében, Egyházközösségben!

Amit látsz, az kenyér, kehely: ezt szemed útján vallod. De mit a hit kötelez elfogadnod: hogy e kenyér a Krisztus teste, hogy Krisztus Vére van kehelybe'. A *Tan* röviden hangzik itt, de oktatást keres a *Hit*. Hogyan: Ő Teste a kenyér? A kehely — vagyis mi benn' piroslik, miként a Vére? Testvérek, ím ez „elemek" hordozzák nagy Szentség nevét. Szentség: Titok! Más, amit látsz, más, mit mögötte értesz. A látható-„nyitott": a testi „szín" [species], a jelenség; az értendő: lélek gyümölcse, a tápláló. Tehát ha vágyol átal érteni a Krisztus Testét, az Apostolt halld, hívőkhöz hogyan beszélt: „Ti, mindenképp, *ti* vagytok Krisztus [teljes] Teste, a Testnek tagjai" (1Kor 12,27). Ezért ha Teste vagytok, ha tagjai: timagatoknak titka van Úrasztalán elénk állítva! „Úr teste" — ezzel osztják [áldozási rítus], a szád meg ily választ ad: hogy „Ámen!" Aláírád e válasszal! Hallod: „Úr Teste"; hited szól: „Úgy vagyon!" *(Sz Ágoston: 272. beszéd)*

Ezüst kivált téged barbárok kezéből, pénzed vált meg első halálos veszélyből. Urunk Vére vált meg második haláltól... *Volt* Őneki *vére*, hogy téged kiváltson!

Testté lőn, hogy legyen Vére, mit kiöntsön! *Vér*: ha elfogadod, éretted adatott. Ha nem tetszik, nem lesz tiéd: megtagadod. De szólhatsz: „Istennek *volt* megváltó Vére, de már rég kiszenvedt, elfolyt a keresztfa tövébe. Mit hagyott rám mára, mit adhatna *értem*?"... Ez a nagy Titok itt: adta egyszer régen s örök marad, újul, minden Tőle éljen! Krisztus Vére üdv az Őt akaróknak; s kiknek nem kell, átok, az Őt tagadóknak [Sanguis Christi volenti salus, nolenti supplícium]. *(Sz Ágoston: 344. beszéd)*

Szent Piroska-Iréne, bizánci császárné, †1134

PÜNKÖSD MÁSODIK VASÁRNAPJA UTÁNI PÉNTEK

JÉZUS SZENT SZÍVE ÜNNEPE

I: Nem a magatok érdeméből, hanem Isten irgalmából lettetek az Ő választott népe. Tartsátok meg szövetségét hűségesen! S: Isten a szeretet: szeretetből küldte el Szent Fiát. E: Istent és az Ő igazságait csak jóakaratú, alázatos emberek ismerhetik meg.

Isten megnyilatkozása fokozatos, és okvetlenül az emberi fölfogó erőhöz van mérve. Nem jelenti ez azt, hogy az ember egyre jobban fölfogja Istent, épp ellenkezőleg, egyre inkább be kell látnia, mily fölfoghatatlan, és hogy a legillőbb megszólalás Istenről voltaképp a — hallgatás lenne... Az Ótörvény prófétái Isten legnagyobb titkának az Ő szeretetét tartották, mégpedig „szerelmét" a népéhez, amely viszont egyre szökött e szerelem elől. Jézusban az isteni szeretet emberi alakot öltött, hallható szót; és „a kereszten balgasággá" lett. Ellentmondás jele, de egyszersmind az ínségtől és szorongástól kínzott ember egyetlen reménye.

Első olvasmányhoz 5Mz 7,6-11

Ha Isten népe a maga történelmét és helyzetét a népek között számba vette, tisztán látta, hogy az gyökeresen más, mint a többié. Úgy látta, hogy ő Isten népe, és az Isten vezeti őt. Miért szemelte ki Isten épp őket? Erre a kérdésre csak egy a válasz, akkor is és most is; ennek az „érthetetlennek" a neve: szeretet. Az isteni szeretet előzménye nem az, hogy egy nép vagy ember „szeretetre méltó"; a Szeretet maga teszi azzá a választottját — azzal, hogy magához vonja. Isten adakozó-hívó szeretetéhez képest az emberi szeretet csak nyomorúságos kis ügy. Mégis azon áll életünk, vajon tudunk-e hűséggel és engedelmességgel válaszolni a hozzánk hajló isteni szeretetre (5Mz 7,11). Egyetlen Embernek, az Isten-ember Jézusnak Szíve volt képes tökéletes választ adni. *(7,6: 2Mz 19,6; 5Mz 14,2; 62,12; Jer 2,3; Ám 3,2 ▫ 7,7-9: 1Kor 1,26-29; 1Jn 4,10; 5Mz 4,35; 2Mz 34,6-7; Ez 14,12-23)*

Válaszos zsoltár Zsolt 103(102),1-2.3-4.6-7.8 és 10

A jóságos, megbocsátó Isten

Szentleckéhez 1Jn 4,7-16

A Krisztusban felénk áradó szeretet egészen más, mint amit emberben szeretetnek szoktunk nevezni. Az övé eredetében és módjában isteni. Mégsem szorítja ki az embert, nem zúzza össze, hanem a tiszta izzás parazsát és az abszolútumnak, az öröknek pecsétjét adja rá. Hogy befogadjuk-e Isten szeretetét, az abból látszik majd meg igazán, hogy testvérként befogadjuk-e életünkbe embertársunkat. Ha idegenként hagyjuk „kint állani", Isten szeretetét lökjük vissza. Isten Fia emberré lett, Őbenne mondta Isten mindnyájunkra szeretetének szent Igen-jét. Jézusban hinni: a szeretetben hinni. Valójában csak az tud hinni, aki szeret. *(4,7-10: 1Tesz 4,9; Jn 3,16-17; Róm 8,31-32; 5,8; 1Jn 2,2 ▫ 4,11-16: Mt 18,33; Jn 4,42; 17,6)*

Evangéliumhoz Mt 11,25-30

Jézusnak az a megnyilatkozása, amellyel az Atyához fordul „ujjongó kiáltással", a Máté evangéliumban különlegesen magasztos jelenet. Mint Fia, Jézus mindent megkapott Atyjától: Isten ismeretét, a hatalmából való részesedést. Okoskodó „bölcsek", kik Istenről-világról kész véleménnyel jönnek, ezt a megdöbbentő üzenetet sosem fogják érteni. Jézus mindeneknél jobban ismeri Atyja titkát, és azokkal közli, akik képesek felfogni (11,28-29): a szegényekkel, az éhes, fáradt emberekkel... Nekik szól Jézus meghívása és ígérete. *(11,25-27: Lk 10,21-22; 1Kor 1,26-29; Mt 28,18; Jn 3,35; 17,2; 10,15 ▫ 11,28-30: Jer 31,25; 6,16; Iz 28,12; 1Jn 5,3)*

Szentségre várva

Krisztus, mikor még gyöngék, bűnös istentelenek voltunk, meghalt értünk. Benne kaptunk kiengesztelődést Istennel (Róm 5,6-11).

Elmélkedés

Óh mily mély bepillantást engednek az Úr Jézus fájdalmas Szívébe a szentségtörésektől romban heverő oltárok, az eldugult kegyelemforrások... a régi erény füstölgő szilánkjai. Egy rettenetes átok pusztít a szent helyen, a tisztátlanság kísértete... hallani a kitombolt, de ki nem elégített szenvedély tördelt panaszát... Elsuhognak gyászos árnyak gyanánt az elcsábított fiatal, gyenge lelkek... Halotti sápadtságban lézengenek a hajdan erőteljes eszmények... Óh élet, hová lettél? Hova lett lelkesülésed; mily fertőbe estek rózsáid; mily szennybe fúlt bele lelked?!

A tisztaság, a szüzesség védangyala az Eucharisztiának, őrszelleme az oltároknak... a liliom címere valamennyi áldozatos műnek.

Mitto vos sicut oves inter lupos [Küldelek titeket mint juhokat farkasok közé]. Új hadakozás... lélek ereje. Csakis az! Sokszor nem tudjuk, mit képzeljünk az alatt „sicut oves" [mint juhokat], de hozzá kell gondolni Jézus Szívéből kivált lelkeket, s minden érthető. A lélek Istennel telt, s akkor mert nagy, csak „ovis" [juh] lehet. A nagyság nem erőszakos, csak hódító, nem éri be, ha szétmarcangolja ellenét, hanem ha szívét meghódítja; s meghódítani szíveket csak az Istenből kiinduló s Istenért lelkesülő szeretet, a lelkek üdvét munkáló, rugalmas türelem képes. Hisz ez csupa szellem, csupa élet: ha az erőszak őt sziklához csapja, mint gyöngyöző hullámtaréj törik meg, pezseg, hűs leheletet, harmatos párázatot lehel s tovább siklik; ha sebet ütsz rajta, nem seb az, hanem édes hasadás, melyből illat, az erény illata árad! Alakokat támaszt benne minden ütés, csapás... legszebbeket a nagy szenvedés!

Óh tehát valóságos harc; de milyen! Amilyennel az esti csillag harcol a tobzódó ellen, a csillagos ég a kétkedő ellen, a virág a bús lélek ellen, a gyermekszem és arc a bukott lélek ellen! *(Prohászka: ÖM, 23:156)*

†

Jézus Szíve tisztelet

Hogy a Jézus Szíve-ájtatosságnak meglegyen a kívánt hatása, *két lényeges cselekedetből* kell állania; ezek: a szeretet és a jóvátétel. — A szeretet az első és főkötelesség, és pedig mind Alacoque Sz Margit, mind Eudes Sz János szerint. Az előbbi a következőképpen számol be P. Croiset-nek a második nagy jelenésről: „Kijelentette, hogy az a nagy óhajtása, hogy az emberektől szeretve legyen és visszahúzza őket a pusztulás útjáról, ösztönözte arra az elhatározásra, hogy kinyilvánítsa szívét az embereknek, a szeretetnek, az irgalmasságnak, a kegyelemnek, a megszentelésnek és az üdvösségnek minden kincseivel egyetemben, hogy mindazokat, akik megadják neki és előmozdítják a tiszteletet, gazdagítsa az Isten Szívének." És egy levélben ezeket írja: „Szeressük tehát lelkünknek eme egyetlen szerelmét, mert ő előbb szeretett minket és még mindig szeret folyton égő szeretettel a legméltóságosabb Oltári Szentségben. Csak szeretni kell ezt a Szentek Szentjét, és ez elég ahhoz, hogy magunk is szentté legyünk. Ki akadályozhat meg tehát abban, hogy azzá legyünk, *hiszen van szívünk, hogy szeressen, és van testünk, hogy szenvedjen...* Csakis az ő tiszta szeretete az, amely megtételi velünk mindazt, ami neki tetszik, csakis ez a tökéletes szeretet az, amely olyan módon tételi meg velünk, ahogyan neki tetszik; és csakis ez a tökéletes szeretet tétethet meg velünk minden dolgot akkor, amikor neki tetszik. — Másik kötelességünk a jóvátétel. Mert Jézus szeretetét megbántotta az emberek hálátlansága, amint maga az Úr Jézus jelentette ki harmadik nagy megjelenésekor: „Nézd e *Szívet*, mely az embereket annyira szerette, hogy *semmit sem kímélt*, hanem magát kimerítette és feláldozta, hogy irántuk való szeretetét kimutassa, és hála gyanánt a legnagyobb részüktől *csak hálátlanságot nyerek*, mert tiszteletlenséggel, szentségtöréssel, hidegséggel és megvetéssel illetnek a szeretet ilyen nagy szentségében." *(Tanquerey: Aszkétika és misztika, 801)*

†

Így szeretett az Isten

Az élet küzdelmeibe bele kell világítania az öntudatnak, hogy szeret az Isten; kell ez, mert meleg, nagy szívre van szükségünk s a nagy szívnek temperamentuma az Istenszeretet öntudata. Ez ad türelmet, örömet és erőt; ez támaszt hitet és lelkesülést; ez indít áldozatra. — Isten egyre hirdeti, hogy szeret. A próféták kemény emberek, de e kemény arcok közt is az isteni szeretet mint jegyes mutatkozik be s az „énekek énekét" énekli. Az örök bölcsesség [sapientia] utánunk kiált s kér: „Add nekem, fiam, szívedet." (Péld 23,26) S a régi „Sapientia" azután köztünk megjelent, belenézett szemünkbe mint gyermek s nálunk lakott, s a szomszédság közelségét élvezte, azután föllépett s beszélt, s szavai, mint a szerető lélek dalai, s parabolázott s praeludált [példázott], az irgalmas szamaritánusban, a tékozló fiú atyjában, a jó pásztorban; sejtették, hogy nagy szeretet lakik benne s kitört belőlük ez a tudat, mikor Lázár sírjánál sírni látták: s mondták „Íme, mennyire szerette őt!" Nekem ez mind ének és öröm!

Azután az „excessusra", a szeretet kihágására készült. Arról beszélt elragadtatásában a Táboron is. Koszorút font, „diadémát" s mirrhás csokrot kötött magának;

odatűzette magát is a fához, mint a szőlőtövet a karóhoz s öt gerezdből csepegett aztán Vére; megtört a szíve s illatárban áradt szét lelke. — Ez lett a szeretet revelációja; így szeret az Isten! Aki fölnéz, annak szívéből kienged a fagy s mindenki azt hajtogatja: dilexit, dilexit [szeretett]. Magdolna, Péter, János, Pál apostol, Assisi Sz Ferenc, Sziénai Katalin szeráfokká válnak s szárnyaikkal a keresztet keretezik. — Ránk is árad ez ismeret, ez érzelem, ez elragadtatás... dilexit, dilexit: szeretett!

S ez „excessusban" tönkrement. Mint ahogy sötétben tűzzel adnak jelt; úgy itt is, a világ éjszakájában, a kétely homályában a kereszt tűzoszlopát állította föl az Úr. Szeretett-e, kérdem én is; igen, úgy, hogy fölemésztette magát: „szeretett s odaadta magát értem." Égett és elégett; de belém is égett. A kereszt alatt a legmélyebb érzés az, hogy Krisztus értem halt meg; ne bánkódjam ott a fölött, hogy a világ ilyen, olyan; ott az én gyötrődésem nem más, mint az én saját lelkem s az a megsemmisítő öntudat, hogy Krisztus meghalt értem. Elfelejtek mást, csak az én lelkem sebeire gondolok, hiúságomra, kevélységemre, kényeimre; ezeket siratom, mert szeretek. *(Prohászka: ÖM, 7:349; 96)*

†

„Az én igám édes."

A rabbik írásai a törvény betartását igához hasonlították. A hívő zsidónak vállalnia kellett a törvény „igáját". De célzást találhatunk arra is, hogy az írástudók aprólékos magyarázataikkal a törvényt szinte teljesíthetetlenné tették. Jézus ezzel állítja szembe a maga igáját. Ő nem azért jött, hogy fölösleges terhet rakjon az élet küzdelmeiben elfáradt emberre, hanem azért, hogy megváltást, szabadulást, enyhületet hozzon. Az ő igája az Isten országának elfogadása. De ez nem jelent újabb megterhelést, hanem inkább könnyebbé teszi az életet. Idézi Jer 6,16-ot, amely lelki nyugalmat ígér azoknak, akik az „ősi utat" követik, vagyis kitartanak a hagyományos istenes élet mellett. De a kijelentés Jézus messiási küldetésére is vonatkozik. A történelemből nem ismerünk olyan embert, aki hasonló enyhületet ígért volna az emberiségnek. Ezt csak olyan valaki tehette meg, akinek az Atya valóban mindent átadott, s aki azért jött, hogy megmentse a világot, nem elveszítse. Ő valóban úgy áll előttünk az evangéliumban, mint vonzó egyéniség. Olyat ígér, amit csak Isten adhat. Ezért követelményei is egyúttal ígéretek. Az egyház igehirdetésének ezt a hangot nem szabad szem elől tévesztenie. *(Jakubinyi: Máté evangéliuma, 143)*

†

Mindenünk Krisztus

Mindenünk Krisztus minekünk. Ha sebre vágyol gyógyulást, Őbenne orvost találsz. Ha láz hevít, Forrás Ő, és üdít. Ha bűnöd súlya fojt: Ő igazulásod. Ha kell segítség: Ő erősség. Halál rettegtet: Ő az Élet! Az égbe hív vágy: Ő az Út, — hogy járjad! Sötéttől félő: nézd, a Fény Ő. Ha kínoz éhed, Ő az Étked. Ízleljétek tehát és lássátok, mily édes a ti uratok! *(Sz Ambrus)*

ÉVKÖZI 2. VASÁRNAP

I: Az eljövendő Megváltó a nemzetek világossága és az egész világ üdvössége lesz. S: Krisztus mindnyájunkat meghívott az üdvösségre. E: Keresztelő János tanúsítja, hogy Jézus az Isten Báránya!

A mi világunk nem a legjobb. Sosem is volt! Segíthetünk-e rajta? — Az Ószövetség látnokai beszéltek egy eljövendő üdvözítőről. Keresztelő Sz János Őrá mutat, aki már megjött: „Láttam Őt, tanúskodom: Ő az!" — A Bárány, aki elveszi a világ bűneit: válasz-e ez a mi sokféle ínségünkre, igazi válasz-e? Csak akkor, ha ráébredünk igazi bajunkra! Meg vagyunk-e váltva, üdvözítve? Így is kérdezhetné valaki: Tudunk-e *szívből* énekelni? Imádkozni, imádni? Ilyesfélék az igazi kérdések!

Első olvasmányhoz Iz 49,3.5-6

Az „Isten-szolgáról" szóló második éneket egészében (Iz 49,1-6) nagyhét keddjén olvassuk. A mai evangéliumi szakasz is ehhez kapcsolódik: A Keresztelő elismeri Jézust Isten Bárányának, „Isten (vezeklő) Szolgájának" — mert e kettő az ő nyelvén és bemutatásában egyet jelent. Isten a „pogányok világosságává" tette szolgáját (Iz 49,6), üdvösségszerzőnek a föld minden népe számára. János pedig azért jött, „hogy tanúságot tegyen a világosságról" (Jn 1,7-8). *(49,3: Iz 42,1-4 ▫ 49,5: Fil 2,8-11; Zsolt 18,2-3 ▫ 49,6: Lk 2,32; ApCsel 13,47)*

Válaszos zsoltár Zsolt 40(39),2 és 4.7-8.8-9.10

Öröm Isten akaratán

Szentleckéhez 1Kor 1,1-3

Rövid, súlyos nyitánnyal kezdődik az első korintusi levél olvasmánya, mely a következő vasárnapokon folytatódik (a 8. vasárnapig). Sz Pál figyelmezteti az általa alapított egyházközséget, hogy ő Jézus Krisztus apostola, ugyanazon Isten akaratából és hívására, akinek a korintusi hívők Isten szent népévé való meghívatásukat köszönhetik. „Szentek, megszenteltek" ők, mert Isten magához hívta őket Krisztus halála és föltámadása által. Az apostol és a közösség szintén elválaszthatatlan Isten akaratából. Pál apostoli tekintélye és a hívekkel való mély együttérzése ad e levél olykor kemény kitételeinek súlyt és építő erőt. *(1Kor 6,11; ApCsel 2,21)*

Evangéliumhoz Jn 1,29-34

Három fontos kijelentés hangzik egymás mellett: 1. Jézus az Isten Báránya, aki elveszi a világ bűneit; 2. leszállt rá a Szentlélek és Vele maradt; 3. Ő Isten választottja (Isten Fia). E három tétel elválaszthatatlan János Messiás-képében. Mindhárom az Izajástól megjövendölt „Isten-Szolgájára" (Ebed-Jahve) utal. Iz 53 szól a mások bűneiért szenvedő szolgáról, ki szelíd bárányként megnémul kínzói előtt; Isten pedig választottjának hívja őt, akire Lelkét küldi (Iz 42,1). Egy benső hang mondja a Keresztelőnek: Ez *az!* E felismerés hatóerejét csak akkor sejthetjük, ha volt valaha hasonló rádöbbenésünk. *(1,29-30: Iz 53,6-7; 1Pt 1,18-19 ▫ 1,32-33: Iz 11,2; Mt 3,16; Jn 3,5; Iz 42,1)*

Szentségre várva

A Keresztelő tanúságot tesz Isten Szolgájáról, Bárányáról és a Lélekről, ki leszállt Jézusra, Vele maradt, és áldozatul szentelte föl. E Bárány lakomájára vagyunk most hivatalosak (Jel 19,9). Mi is tanúskodunk: Ő a választott, Ő az Isten Fia... aki minket, engem választott most („Én választottalak titeket." — Jn 15,16).

Elmélkedés

A Szentlélekhez, aki a szeretet forrása

Imádlak téged, harmadik isteni Személy, mint aki maga vagy a szeretet. Te vagy az Atyának és a Fiúnak élő szeretete és minden természetfölötti szeretet szerzője szívünkben: Fons vivus, ignis, caritas, — *eleven kútfő, tűz, szeretet*. Tűz alakjában szállottál le pünkösd napján, és te vagy a tűz, amely kiégeti szívünkből a bűn és hiúság salakját és felgyújtja bennünk az imádásnak és az odaadó szeretetnek tiszta lángját. Te az eget egyesíted a földdel, amikor megmutatod nekünk az isteni természet dicsőségét és szépségét. Imádlak téged, örök, teremtetlen tűz, amely által a lelkek élnek, és amelyben egyedül válnak méltókká a mennyországra.

Isteni vigasztaló, megismerem benned a természetfölötti szeretetnek a szerzőjét, amely egyetlen menedékünk. Az ember természettől vak és keményszívű minden dolog iránt. Hogy érhetné el magától a mennyet! Csak a te kegyelmed tüze újítja meg teljességgel és teszi fogékonnyá, hogy örülni tudjon annak, amiben nélküled nem lelné kedvét. Te, ó mindenható Vigasztaló, te maga a teremtő erő, te vagy a vértanúk számára fájdalmaik közepette az *erő és a kitartás*. Te vagy hitvallóidnak támasza, egy rejtett élet hosszú, egyhangú és alacsony munkáin át. Te vagy a tűz, amellyel az igehirdetők megnyerik a lelkeket és a hittérítők munkájuk közben elfelejtkeznek önmagukról. Te általad ébredünk fel a bűnnek halálából, hogy a teremtmények alacsony cselédi szolgálatát felcseréljük a Teremtőnek tiszta szeretetével. Általad ébresztjük fel magunkban a hitet, a reményt, a szeretetet és bánatot. Általad élhetünk ennek a földnek mérgezett levegőjében és maradunk mégis *mentek a fertőzéstől*. Általad tudjuk magunkat a szent szolgálatnak szentelni és teljesíteni *felséges kötelességeinket*. Te gyújtottad meg lelkünkben a tüzet, amely által imádkozunk, elmélkedünk, bűnt bánunk. Ha te elhagysz bennünket, éppoly kevéssé tudunk élni, mint ahogy nem élhetne a test, ha kialszik a nap *fényessége*.

Óh én szentséges és *szenttétevő Uram*! Ami jó van bennem, csak tőled származik, nélküled évről-évre rosszabbá lennék és végül is valóságos ördög válna belőlem. Ha valamiképpen különbözöm a világtól, csak azért van, mert te választottál el tőle és szívembe oltottad az Isten iránti szeretetet. Ha még olyan nagyon különbözöm a szentektől, onnan van, hogy az élet különböző helyzeteiben nem elég állhatatosan imádkozom kegyelmeidért, és azokat a kegyelmeket, amelyeket juttattál nekem, nem használom fel eléggé. Sokasítsd meg bennem méltatlanságom ellenére is a *szeretet kegyelmét*. Drágább kincs az a világ minden javánál, és én lemondok érette mindenről, amit a világ nyújthat. Add meg nekem ezt a szeretetet, ó Istenem, mert ez a szeretet az életem. Amen. *(Newman bíboros imája, Sík: DB, 160)*

†

A keresztségi fogadalom felújítása

Uram, Jézus Krisztus! Méltatlan, szegény bűnös vagyok ugyan, de azért hívő *szívvel-lélekkel vallom a szent katolikus hitet*, annak minden egyes tételét, úgy amint szeretett anyánk, a római, szent, katolikus és apostoli Egyház hirdeti, tanítja és vallja.

De mivel az élet alkonyán oly sok a veszély és a kísértés, kijelentem most mindenkorra, a te szent Fölséged előtt, a dicsőséges Szűz Mária előtt, őrzőangyalom és minden szentek előtt: még ha a végső alkalommal elmémnek valamilyen zavara miatt el is találnék távolodni ettől a szent hittől, mindenkor ebben a *szent katolikus hitben akarok élni és halni* a szentegyháznak ölében, mely nem zárja el szívét egy megtérő előtt sem, és szándékosan egyetlen vétket sem akarok elkövetni. Amen. *(Ferreri Sz Vince, Sík: DB, 470)*

†

Szentlélek

[Lélek] betöltötte, s az üldözőt a Nemzetek Apostolává tette! Betöltötte a vámszedőt, Jóhírszerzővé tette őt! Óh mily nagy Művész az a Szentlélek! A szívet alighogy érinti, s már tanítja, — csak érintett, s az már tanítva, Tanító lett. *(Nagy Sz Gergely)*

Akiket a Szentlélek vezérel, jó eszmékkel, igaz hitben élnek. Ezért van sok tanulatlan ember, aki bölcsebb, mint tudós személyek. Ki bennük él: Szentlélek, világosság, erő, élet. *(Vianney Sz János)*

†

Szentlélekhez fohász

Lehelj reám, óh Szentlélek, hogy gondolatom mind szentté legyen! Működj bennem, óh Szentlélek, hogy minden munkám szentté legyen! Vonj szívedre, óh Szentlélek, csak azt szeressem, ami szent, mindenekben! Erősíts meg, óh Szentlélek, hogy mind ami szent, megvédjem! Őrizz engem, óh Szentlélek, hogy mindig szent legyen a lelkem! *(Sz Ágoston)*

†

Emberi szív

Óh szégyene az emberi szívnek! A teherhordó barom leroskad és mindig jut irgalmas kéz neki, hogy föltámogassa. És egy lélek, — nem, hanem *lelkek* milliói hullanak bűnbe, hullnak kárhozatra minden nap! — és senki sem szán rájuk egy gondolatot! *(Sz Bernát)*

ÉVKÖZI 3. VASÁRNAP

I: Az eljövendő Messiás fényességet, örömet és szabadulást hoz népének. S: Az apostol egyetértésre buzdít. E: Jézus Kafarnaumban hirdeti, hogy beteljesedett az Írás szava: közel a mennyek országa.

Az evangélium „jó hír", de még több: örvendetes üzenet annak, aki szívére veszi, magába engedi az igét, helyet ád neki életében. — Jézus „megtérést" vár el tőlünk, hogy megváltozzunk, végre igazi magunkká legyünk, tiszta, egész emberré, — Isten emberévé. Jézusban ez az emberi eszmény lett láthatóvá.

Első olvasmányhoz Iz 8,23-9,3

A zsidó föld északi nagy részét Kr.e. 732-ben az asszír birodalom hódította meg és Galilea (Zabulon és Neftali törzsek) lakosságát elhurcolta. De a vigasztalan sötétbe belevilágít egy fénysugár (l. karácsonyéji mise 1. olvasmány): van remény, mert Gyermek született, aki Dávid trónját foglalja majd el. Neve, Emmanu-El („Velünk az Isten"), Isten segítő jelenlétét ígéri. Sz Máté evangéliuma az ígéret beteljesedését látja abban, hogy Jézus épp e vidékről, Galileából jön, Isten uralmát hirdeti és megtérésre szólít. *(8,23: Mt 4,15-16 ▫ 9,1-2: Zsolt 112,4; Jn 8,12; Zsolt 126 ▫ 9,3: Iz 10,25-26; Bír 7,15-25)*

Válaszos zsoltár Zsolt 27(26),1.4.13-14

Bizalom Istenben

Szentleckéhez 1Kor 1,10-13.17

A korintusi egyház meghasonlott, bár még nem bomlott föl, — hisz Pál még az egész közösséghez szól. Vetélkedés dúl csoportok, köröcskék, „klikkek" között, melyek más-más igehirdetőre vagy tanítóra hivatkoznak (melybe személyes rajongás is vegyül). Három kérdéssel mutat rá Sz Pál, mily oktalan emberekre esküdni: vele Krisztust osztják meg, s az evangélium eszközét, útját dúlják föl. Ez az eszköz nem egyes prédikátorok személyes kiváltsága (karizmája), hanem Jézus Krisztus keresztje. Csak ebből él az egyház. És ez ma is szól nékünk, a „mi Urunk Jézus Krisztus nevében!" *(1Kor 3,4.21-23)*

Evangéliumhoz Mt 4,12-23 vagy Mt 4,12-17

Jézus nyilvános működését épp akkor kezdi, mikor János visszalép attól. Keresztelő Sz János bebörtönzéséről Sz Máté szól (14,3-12). Jézust is majd „kiszolgáltatják": ez a próféta-sors. Annak, hogy a Messiás Galileában lép föl és nem Judeában — ahogy azt várni lehetett — kettős az oka: a Keresztelő elfogatása Judeában és Izajás jövendölése (Iz 8,23-9,1; 1. olvasmány). E szakasz vége összegezi Jézus működését: meghirdeti Isten királyságát és gyógyítja a betegeket. Így kétféleképp hoz világosságot a sötét földre: ige és csoda együttesen lesznek hatékony jelei a jövendő üdvnek. — De mindenek előtt Máté elbeszéli az első tanítványok meghívását (4,18-

22); ezek Péter és András, Jakab és János, két-két testvér. Hallják a hívást és szívükkel értik meg, mielőtt eszük tudná, mit hoz számukra Krisztus követése, megaláztatásban és nagyságban. *(4,12-17: Mk 1,14-15; Lk 4,14-15; Jn 4,43; Iz 8,23; 9,1-2 □ 4,18-22: Mk 1,16-20; Lk 5,1-11; Jn 1,35-42)*

Szentségre várva

A világosság — az öröm és a remény — Jézus evangéliuma és keresztje által jön e világra. A „kereszt balgaságában" lett láthatóvá Isten bölcsessége: az Ő szeretete és szentsége.

Elmélkedés

„Térjetek meg!"

Szörnyű volt e belső küzdelem. Elszántan vívtam lelkemmel, szívem volt közös csataterünk. Arcomon, lelkemen a küzdelem nyomaival nekirontok Alypiusnak. „Hát lehet ezt tűrni? — kiáltom. — Mit szólsz ahhoz, amit hallottunk? Műveletlen emberek talpra állnak és elragadják a mennyországot, mi meg minden tudományunkkal együtt itt fetrengünk test-vér-mivoltunkban! Talán szégyen követni őket, mert megelőztek? Nem kell-e inkább szégyenkeznünk, hogy még követni sem tudjuk őket!?" Nem tudom, mi mindent mondtam még neki ilyen értelemben. Ijedten, szó nélkül nézett rám, engem meg kihajtott mellőle izgatottságom.

Lelkem mélyéig megrendültem s iszonyú haraggal támadtam magamra azért, hogy nem lépek szövetségre veled, Istenem. Akarok-e menni, akarok-e erősen és egészen? S nem csak ide-oda kapkodni derékontört akarattal, s engedni, hogy az akarás a nemakarással erőlködve küszködjék! Különben meg e kínos határozatlanságom folyamán is nem végeztem-e testemmel temérdek olyan dolgot, amit az emberek akarnak ugyan néha, de nem tudnak végrehajtani, mert vagy tagjaik hiányoznak, vagy bilincsekben vannak, vagy betegség miatt erőtlenek, vagy bármi más akasztja őket. Hajamat téptem, homlokon ütöttem magamat, összekulcsoltam kezeimet és átöleltem térdeimet. Mindezt azért tettem, mert akartam. Ha tagjaim mozgékonyság híján nem engedelmeskedtek volna, akarhattam, de nem cselekedhettem volna. Sok mindent tettem tehát, amiben az *akarás és képesség nem* volt egy és *ugyanaz.*

Micsoda ellenmondás ez! S mi a magyarázata? A lélek parancsol, s a test huzakodás nélkül engedelmeskedik. Parancsol önmagának, s kész az ellenállás! Mik tartóztattak? Értéktelen csecsebecsék, páváskodó hiábavalóságok: régi barátnőim. Rángatták testemet, mint a köpenyt, s fülembe sugdostak: Igazán elküldesz minket?

De ez a hang már erőtlen volt. Onnan ugyanis, amerre arcomat fordítottam, s ahova féltem átpártolni, elém tűnt az önmegtartóztatás tiszta fönsége. Derült volt illetlen vidámság nélkül. Kedves mosollyal hívogatott, hogy csak menjek, ne kételkedjek. Felém nyújtotta szent kezeit, hogy elfogadjon és magához vonjon. Óh, a gyönyörű példáknak micsoda teljességét mutatta nekem! Temérdek fiú és leánygyermek, a nagyszámú ifjúsággal együtt minden kor, tisztes özvegyek, pártás aggok, valamennyien a szent tisztasággal ékesen, amely semmiképpen sem volt gyümölcstelen bennük, mert termékeny méhéből s tőled, jegyesétől, Uram, gazdagon fakadtak örömeik.

Rám mosolygott, s mosolya buzdítás volt, mintha mondta volna: S te nem tudnád megtenni, amit ezek a férfiak és nők megtettek? Azt hiszed talán, hogy ezek maguktól *erősek*, s nem *Uruk Istenüktől*? Támaszkodjál egészen az Úrra! Ne félj, nem tér ki előled, nem enged elesni! Tedd bizalommal s meglátod, felkarol és meggyógyít. Felugrottam Alypius mellől és elmentem olyan messze, hogy jelenléte immár nem lehetett terhemre. Úgyis észrevett már valamit rajtam; azt hiszem ugyanis, hogy mondottam neki valamit, s hangom rezgése megmutatta neki, hogy tele vagyok könnyekkel. Eltávoztam tehát mellőle, ő meg ottmaradt ülőhelyünkön s mérték nélkül csudálkozott. Leroskadtam, azt sem tudom, hogyan, az egyik fügefa alá, s szabadon eresztettem könnyeimet. Mert éreztem, hogy bűneim rabja vagyok, és panaszos szóval kiáltoztam: Mikor lesz vége ennek az örökös holnapra hagyatkozásnak? Miért nem most mindjárt? Miért nem szakajtja meg ez az óra életem gyalázatosságát? — Így sóhajtoztam, s szívem a legkeserűbb bánat könnyeit sírta. Egyszercsak fiú- vagy leányhangot hallok a szomszéd házból. Énekelt s ezt ismételgette: Tolle, lege! Tolle, lege! Vedd, olvasd! Vedd, olvasd! Arcom pillanat alatt megváltozott s lázasan kutattam emlékezetemben, van-e valami olyan játékfajta, amelyben a gyermekek ehhez hasonló éneket szoktak énekelni, de nem emlékeztem, hogy bármikor hallottam volna.

Visszanyomtam könnyeim áradatát s felugrottam, mert semmi mást, égi parancsot láttam e jelben, hogy nyissam ki a Szentírást s olvassam el a szemembe ötlő legelső fejezetet. Visszasiettem oda, ahol Alypius ült, mert odatettem az Apostol könyvét, mikor fölkeltem onnan. Fölkaptam, kinyitottam s egyetlen hang nélkül olvastam azt, amire tekintetem legelőször esett: *„Nem tobzódásokban és részegeskedésekben, hanem öltözzetek az Úr Jézus Krisztusba."* (Róm 13,13) Nem akartam tovább olvasni. Nem is volt szükséges. Amint ugyanis a mondat végére értem, mintha a biztos megnyugvás fénye árasztotta volna el szívemet, a kételkedésnek utolsó árnyéka is eloszlott belőlem. Ujjamat vagy egyéb valami jelet odatéve betettem a könyvet, s immár egész nyugodtan mindent elmondtam Alypiusnak. Azt, hogy őbenne mi ment végbe, — nekem sejtelmem sem volt róla, — a következő módon közölte velem. Először is látni akarta, mit olvastam. Megmutattam. Elolvasta, de tovább, mint én. Nem is tudtam, mi a mondat folytatása. Ez volt: *„A hitben erőtlent pedig karoljátok fel."* Ő meg ezt a mondást vonatkoztatta magára, s ezt meg is mondta nekem.

Onnan anyámhoz siettünk. Jelentjük a dolgot. Örül. Elmondjuk, hogyan történt. Ujjong örömében, győzelmet emleget s áldást mond Neked, ki „mindent megtehetsz bőven azon túl is, amit kérünk vagy értünk" (Ef 3,20). Mert látta, hogy sokkal többet megadtál bennem, mint amennyit panaszos könnyeivel és sóhajtásaival kérni szokott tőled részemre. *(Sz Ágoston: Vallomások, 8:9)*

†

Mit kertelsz-hümmögsz? Szólott az Isten! Az Ő szava nekem az érvek érve. *(Kasszián)*

ÉVKÖZI 4. VASÁRNAP

I: Megtéréssel készüljünk az ítéletre, amellyel az alázatosakat megdicsőíti az Úr. S: Isten a világ szemében gyengéket választotta ki, hogy „aki dicsekszik, az Úrban dicsekedjék!" E: Jézus a hegyi beszédben meghirdeti az eszményi keresztény életet.

Igaz-e, hogy Isten jobban szereti a szegényt, mint a gazdagot, jobban az éhezőt a jóllakottnál? Isten mindegyikét szereti, még a bűnöst is, bűne ellenére. De a gazdag úgy hiszi — ő „nem szorul Isten szeretetére". Nem meri elfogadni a szeretetet, attól fél, kemény szíve talán megpuhul tőle, s vagyona elolvad... — De aki józanul elgondolkodik, ráeszmél, igazánban milyen szegény. Bankbetétje hiába ámítja. Nem az boldog, akinek pénze van, hanem az, akit szeretnek és szeret; végül is: aki tudja, hogy Isten „igent" mond neki.

Első olvasmányhoz Szof 2,3;3,12-13

Itt a próféta a jámborokhoz fordul: „Keressétek az Urat!" Ez érthetőbb a következőből: „Keressétek az igazságosságot, az alázatot." Ez annyi, mint lemondani az önkényességről, az önigazolásról, önteltségről Isten felé. Ha a nép megfogadja az intést, reménye lehet, hogy elkerüli az összeomlást. Ennél többet nem mondhat a próféta. Mindenképp köteles az ember Istent tisztelni, az Ő szavát megfogadni, — még ha az ítéletet nem kerüli is el. Tán kell a vész tisztító tüze. „Szegény és alázatos" népnek reményt ígér a próféta (Szof 3,12-13). A „szegénység" a próféták és zsoltárok nyelvén majdnem egy az alázattal! Ez azok lelkülete, akik Isten színe előtt tudják, hogy ők semmik és semmire se képesek. *(2,3: Ám 5,4; Iz 57,15; Jer 13,15-16 ▫ 3,12-13: Iz 53,9; Jel 14,5; 1Pt 1,19)*

Válaszos zsoltár Zsolt 146(145),7.8-9.9-10

Isten: Úr és segítő

Szentleckéhez 1Kor 1,26-31

Az emberi bölcsesség számára a kereszt üzenete ostoba és bosszantó. De Isten semmibe veszi az ilyen „bölcsességet". Sz Pál ezt mondja az egyházhoz írt levélben (1Kor 1,26): Ugyan hány előkelő, hatalmas vagy tanult ember van azok közt, akik keresztényé lettek? Isten új népe, akárcsak a régi: Ő a semmiből alkot magának népet (1,28). Isten a gyöngékhez, a megvetettekhez fordul, ezeket választja. Így Isten előtt semmi gőg nem kérkedhet, csak alázatos hálát rebeghet megsemmisülve. *(1,26-27: Mt 11,25; Jak 2,5; 2Kor 4,7 ▫ 1,29: Róm 3,27; Ef 2,9 ▫ 1,31: Jer 9,22-23; 2Kor 10,17)*

Evangéliumhoz Mt 5,1-12

A hegyi beszédben új Mózesként lép föl Jézus, új igazságot hirdetve (5,20). A boldogságok fölsorolása egyszerre óhajt, kívánságot fejez ki, s az Isten országába való bejutás föltételeit. Talán a rövidebb, Sz Lukácsnál rögzített alak az eredetibb (6,20), a Máté-féle hosszabb, már magyarázatot fűz hozzá, a következő mondanivalójához képest. A „szegények és éhezők” nemcsak egy társadalmi, gazdasági réteg, hanem olyanok, akik („Isten színe előtt”) tudják és *vallják*, hogy semmijük sincs, semmit se tudnak, egészen Őrá szorulnak! De nem a tétlen, magukat elhagyókat érti, hanem azokat, akik kiállnak igazság és béke mellett. Mindez nem csupán a tanítványoknak szól, hanem Isten jövendő népének (5,1). *(5,3-6: Iz 61,2-3; Zsolt 37,11 ▫ 5,7-10: Mt 18,33; Jak 2,13; 3,18; 1Pt 3,14 ▫ 5,11-12: Mt 10,22; 1Pt 4,14)*

Szentségre várva

Isten előtt koldusszegények vagyunk. Amink van, azt az Ő bőségéből kaptuk. Többet is ad, ha szegénységünkből mi is készséggel adunk. A kenyérszegésben megleljük Istenünket és tulajdon boldogságunkat.

Elmélkedés

„Boldogok...”

„Boldogok, akik éhezik és szomjúhozzák az igazságot, mert ők megelégíttetnek.” Nem szereti azokat, kik magukkal s tökéletességükkel beérik, kiknek nincsen vágyuk a több, a jobb után; ezek hullák. Ki érheti be Krisztus szerint a már elért lelkiséggel? Ki lehet vágyak s törekvések nélkül? Mily hegyek emelkednek előttünk? A valóság, a fölség, az ismeret, a fennköltség hegyei! Ez az éhség a lelki egészség jele, az erőnek szimptómája, mely feszül, dolgozik s újra töltekezik; ez a mi utunk. Hiszek abban, hogy mindig jobb lehetek.

„Boldogok az irgalmasok, mert ők irgalmasságot nyernek.” Az irgalomnak mindig találunk helyet. Összetört szíveket, hajótörötteket, a bűn tudatában szenvedő embereket föl kell emelnünk. „Az Úr irgalmasságának nincs határa.” Nála találok otthont én magam, ki tudom, hogy jó föltételek dacára mi a bűntudat s a nyomorúság, nála tanulok irgalmat a testi-lelki szenvedők iránt. E néven fölismerem a koldusban is az Isten-gyermeket; misszióm lesz az irgalmasság balzsamát csepegtetni mások szívébe s az élet bölcsessége, a türelem követi lépteimet.

„Boldogok a tisztaszívűek, mert ők meglátják az Istent.” Van sokféle szem; egyik keveset lát, másik többet; van, akinek szemében színpompássá, csodássá, mélységessé, műremekké válik bokor, hegy, erdő, táj; lelke van hozzá. A tisztaszívűnek szeme ily mélyreható, ily kinéző szem; csodálatos, finom orgánum: látja az Istent; ráismer; másképp fest neki a világ, virág, tövis, csillag; ahol más ködöt lát, ő azon át napot lát, s ahol más csak sötétséget, ő ott csillagot is; látja az Urat: Dominus est...! Ne tompítsuk el lelkünk szemét porral, sárral, földdel; az állati ember nem látja az isteni vonást! Mily élvezet látni az istenit s majd egykor az Istent.

„Boldogok a békességesek, mert Isten fiainak hivatnak.” Jézus mindig a fölényes lelkiséget s nem a bamba passzivitást magasztalja: a békességet, mely a jóakarat gyümölcse, az erős, türelmes, okos, mérsékelt jóakaraté s nem a támadó, erőszakoskodó hatalmaskodásé. E békességért sokat kell küzdenünk, ez a béke is egyik kezében kardot, másikban pálmát lenget. Legyen békém először Istennel, vagyis legyen tiszta szívem; legyek békében embertársaimmal. Kár az idegeskedésért; minden veszekedés után belátom, hogy jobb lett volna abba bele nem menni. *(Prohászka: ÖM, 6:145; 186)*

Alázat

A választottságnak nagy *jele* a szent alázat, a gőg elvetettségbe zuhanásnak. — A szent alázat igaz „pénz": az Isten országában csak ez a pénznem járja. — Legbiztosabb ösvény a szent alázat útja: az Úr ajándoka és malasztja rajta szívünkbe érkezik! Minden más út hiú vesződés, lelket vesztébe hajtja. Csöndes alázat az, mely viszi lelket előbbre, tökélyre: végül az égbe! — Az önkeresőknek azonban a gőgje ellanyhít itt lenn s végre pokolra taszít. Sokra magát aki tartja, alázattól aki fázik, békét itt sose lát, sem maga ismeretét! — Jobb alázatos egyszerű konyhacselédnek lenni, mintsem gőgteli nagyszerű papnak. — Csekély alázat: önmagába bízás, a nagy bűnöknek lejtőjére vonszol. — Önszeretet kitaszítja alázatot emberi szívből; csak *neve* „szerzetes", enélkül csak csal, neve álnév. — Jobb, ha szakácsinasul éltél, mintsem önbecsülő, öntelt papként, csodája a népnek... — Egyetlen út az égbe a szent alázaté! Jó szívbe vésni: mind, ki itt magát meg nem veté, a büszke *ott túl* semmi lesz; kiszórják, szent kapuk elé... — Isten szent szeretetére csak mély alázat ér el, önnön-nyomorának ismeretével. — Nem visz az égbe egyéb, csak a hű szeretet; ki-ki mily nagy szívvel jön föl oda, „akkora" mennybe talál. — Szorgos gonddal ügyeljünk rá, nehogy bárki *terhére* legyünk; hogy a testvért szeretve *szolgáljuk*, mitse törődve azzal, hogy valamit veszítünk a magunkéból; még kevésbé jusson eszünkbe, máséra epedni... — *Tettén*, nem szaván ismerszik, kibe ki-s-mi leledzik! — Egyre nagyobb békén s *türelemmel* imádjad az Istent: itt amit eltűrünk, rövid az, de jutalma örök lesz! *(Kalazanci Sz József)*

Roppant orvosszer, mely fönntart üdvösségre: az alázat! *(Sz Atanáz)*

†

Egyszerűség

Térjünk, térjünk vissza a mi egyszerűségünkre ünneplésben, fussunk a hiúságtól, zenétől, költekező pompától, melyekben több az evilági fényelgés, mintsem áhítat és elmélyedés! *(Kalazanci Sz József)*

†

Sokat elhagyott, ki magának semmit meg nem tartott. Mi bizonnyal: amink van, ragaszkodva birtokoljuk, amink meg éppen nincs, mohó vággyal hajszoljuk. Sokat elhagyott, ki bármi keveset, de teljesen föladott. *(Nagy Sz Gergely)*

†

A Szentírás kimondja, hogy nem juthatunk örök életbe a parancsok megtartása nélkül. Ne hidd, hogy igaz voltod csak abból áll, hogy kerülöd a gonoszt; mert *nem tenni* a jót már maga is gonosz, és a törvényt megszegheted mindkét módon [tettel s mulasztással]. *(Sz Atanáz)*

ÉVKÖZI 5. VASÁRNAP

1: Az irgalmasság gyakorlása tesz kedvessé az Úr előtt. S: Szent Pál, amikor az evangéliumot hirdeti, a megfeszített Krisztusról tesz tanúságot. E: Krisztus hívei példás életükkel tegyenek tanúságot a világ előtt!

Istent úgy tiszteljük, hogy komolyan vesszük a szavát: megtesszük, amit kíván, hisszük, amit ígér. A tett számít, nem a szó. A szó elhangzik, de a tettek világítanak és világot újítanak. „Amit ma teszünk, az dönti el, hogy milyen lesz holnap a világ." (Boris Pasternak) — Nem okvetlen nagyok e tettek. Isten alkotja a nagy műveket kisemberek kis tetteivel. Ha miattam valaki megérzi Isten közelségét, akkor Isten általam tett nagyot.

Első olvasmányhoz Iz 58,7-10

Izajás szava intés és ígéret a néphez, amely a számkivetésből való visszatérés után (Kr.e. 537 körül) azon kesereg, hogy semmire sem jutnak, és Isten segítsége is elmaradt. Minden böjt és ima hasztalannak látszik, míg nem teljesítik első kötelességüket a gyöngék, szegények, éhezők iránt. Isten kívánsága: igazság az elnyomottnak, kenyér az éhezőnek, szabadság a honfitársnak, akik ínségükben talán szolgaságra jutottak (58,6). Ez tiszteli Istent, nem „jámbor gyakorlatok", melyek üresek, ha tett nem követi őket. Csak így épül Isten közössége (vö. hívások és válaszok) — akkor is, mindig is. *(Tób 4,16; Mt 25,35-36; Zsolt 85,14; 145,18; Iz 52,12)*

Válaszos zsoltár Zsolt 112(111),4-5.6-7.8-9

Az istenfélelem áldásai

Szentleckéhez 1Kor 2,1-5

A kereszt üzenete az evangélium. Meglátszik ez azon, ahogy Krisztus kiválogatja hírnökeit és munkatársait. Gyöngeség, félelem, félszegség (1Kor 2,3): így lép-e föl Isten hírnöke, tanúja? Pál korintusi föllépése mutatja: Isten szegényes eszközökkel dolgozik (vö. 4. vasárnap, 1,26-31), csakhogy kitessék, az evangélium ereje Isten tulajdon hatalma. A mai Egyházról is elmondhatni ezt: sem műszaki felszerelés, sem ragyogó „szakértelem", sem hatásos föllépés nem teszi az evangéliumot hihetővé, csakis Isten Lelke és ereje. *(2,1-2: 1Kor 1,17; 2Kor 11,6; Gal 6,14 □ 2,3-5: ApCsel 1,8; 1Tesz 1,5; Róm 1,16; 2Kor 12,12)*

Evangéliumhoz Mt 5,13-16

A „föld sója", a „világ világossága" szavak jelzik a tanítványok felelősségét, feladatát e világban. A fény világítson, a só ízt adjon! A tanítványok dolga, hogy Isten országa megvalósul-e. A keresztények jó cselekedeteiért az emberek dicsőítik majd a mennyei Atyát — ez persze csak az egyik lehetőség, a másik (5,11-12) a gúny és üldözés. A tanítvány osztozik a Mester sorsában, aki maga volt a világ

Világossága (Jn 8,12). *(5,13: Mk 9,50; Lk 14,34-35 ▫ 5,14-15: Mk 4,21; Lk 8,16; 11,33 ▫ 5,16: Jn 3,21; Ef 5,8-9)*

Szentségre várva

Uram, óvj engem tespedéstől és sorvadástól! Hogy lehetnék máskülönben a föld sója? Élj bennem, ragyogj belőlem, tégy átlátszóvá a Te fényeddel, izzóvá a Te melegedtől!

Elmélkedés

Világosság fiai: megigazulás

A mi földünk is puszta és üres vala, s a tudatlanság borúja ködlött rajta, mielőtt a kinyilatkoztatás formája ékesítette. Mert „a gonoszságért dorgálod az embert", s „a te ítéleteid nagy mélység"; íme azonban lelked a vizek fölött lebeg vala, s irgalmasságod nem hagyta el nyavalyás mivoltunkat, hanem azt mondtad: legyen világosság.

Legyen világosság, — vagyis: „tartsatok bűnbánatot, mert elközelgetett a menynyek országa". És mivel „lelkünk megháborodott bennünk, megemlékeztünk rólad, Uram, Jordán földéről", a hegy lábánál, amely veled egyenlő, de alázatos lett miérettünk, — s elbúsultuk magunkat sötétségünk miatt, megtértünk hozzád, s íme: meglett a világosság!

„*Sötétség* voltunk valamikor, s íme, így lettünk világosság az Úrban!"

Világosság vagyunk, nem ugyan a színről-színre való látás útján, hanem hitünk által. „Mert a reménység által tartatunk meg. A reménység pedig, mihelyt látjuk, nem reménység." Most még olyan az életünk, hogy egyik leselkedő örvény zúgása beleszakad a másikéba, de már túlharsogja őket a te vízeséseid hangja.

Itt a földön még az Apostol is, ki így panaszkodik; „nem szólhattam nektek mint lelkieknek, hanem mint testieknek", mondom, ő is óvakodik azt gondolni, hogy immár célhoz jutott, hanem elfeledvén, amik mögötte vannak, s azokra terjeszkedvén, amik előtte vannak, ugyan sóhajtozik terhei alatt és szomjúhozó lélekkel vágyakozik az élő Istenhez, valamint a szarvas a vízforrásokhoz: „mikor jutok el oda?" Mennyei lakóházába óhajt átköltözni, s a még mélyebb örvényben lakókat hívogató szóval bíztatja: „Ne szabjátok magatokat e világhoz, hanem változzatok el a ti értelmetek megújulása által. Ne legyetek, atyámfiai, gyermekek értelemre nézve, a gonoszságra nézve lehettek ugyan gyermekek, de az értelem dolgában tökéletesek legyetek." *(Sz Ágoston: Vallomások, 13:12)*

†

Ima munkás életért

Mindenható Isten, hallgasd meg mindennapi, minden órai imámat. Töltsd be szívemet angyali tiszta szeretettel irántad s hazám, embertársaim s honfitársaim iránt. Világosíts fel engem egy kerub lángszellemével, erős eszével. Engedj a jövőbe pillantanom s *megkülönböztetni a jónak magvát a gonosztól.* Add tudtomra, mit tegyek s miként kezdjem, hogy Neked egykor a reám bízott tőkéről beszámolhassak.

Gondolkodni akarok és dolgozni, éjjel és nappal, egész életemen át. *Segítsd sikerre azt, ami jó, tipord el* csirájában azt, *aminek rossz gyümölcse lehetne*. Nyújtsd segélyedet, hogy minden heves indulatot elnyomhassak magamban. Engedd, hogy igazi lelki alázattal tekintsek mindent a világon, s úgy fogjak hozzá akármihez. Egész imám pedig nemcsak szóval legyen elmondva, hanem *tetteimben nyilvánuljon* s legyen szüntelen az éghez bocsátva. *(Széchenyi imája, Sík: DB, 303)*

†

Független lélek csak az igazé

Ha bárki jelen dicsőségre tör,
valóban retteg megvetésektől!
Ha ki haszonra folyton leskél,
mindig a kártól ijedez, fél!
Mert ha valamit kap, vigaszát annak érzi,
s az: elveszítve, biztos sebbel vérzi!
Kit, változóhoz kötve, veszendő jó leláncol,
van messzi mélybe lenn a biztonságos Vártól!
Viszont akit csak öröklét vonz s vágya ihlet,
azt sem siker, sem balsor nem rendít meg!
Míg semmije sincs idelenn, — mik vágyakkal lefognák,
földtől nem fél a boldog „idegen",
nem tartja itten semmi fogság…

(Nagy Sz Gergely)

†

Igaz alázat ha gyaláznak…

Ki-ki milyen, önmagunknak rejtve az!
Ér gyalázat és kiderül, hogy mi *igaz*.
Mint kevélyek bűne, sajna, rangba nő,
úgy a hű alázat: víg, gyalázat rá ha jő.
Hogy „silány" ő más szemében; jól esik!
Aminek hitték önmagukat: azzal „egyezik"!
Más becsmérli, s úgy ítéli, rászolgált,
Istennél is, jaj, így látja önmagát!

(Nagy Sz Gergely)

ÉVKÖZI 6. VASÁRNAP

I: Ha megtartjuk a parancsokat, azok is megtartanak minket. S: Isten a világ szemében oktalannak látszó igehirdetéssel akarja üdvözíteni a hívőket. E: Jézus tökéletessé teszi az Ószövetség tanításait és parancsait.

Cselekedeteinkben döntenünk kell jó vagy rossz között. Nincs közömbös dolog. A szabadság abban áll, hogy képesek vagyunk (külső vagy belső korlát nélkül) a jót tenni és jól megtenni. — Nem ölni, nem házasságot törni, nem hamisan esküdni: e törvények csak egy sövényt, keretet jelentettek és jelentenek ma is. Aki épp a határig elmegy, az át-átlépi: a lelkiismeret őrszemei fogynak és álmosodnak. Szükséges a jót magáért fölösen is tenni, hogy a rossztól távolodjunk. A szeretet, hűség, szolgálat, igazlelkűség, önfegyelem szükséges és hasznos.

Első olvasmányhoz Sir 15,15-20

Két tévedés ellen szól a bölcsességíró, Sirák-fia. Az egyik: állítani, hogy a bűn elkerülhetetlen, sőt hogy Isten az oka; a másik: hinni, hogy Isten mitsem törődik az emberekkel és a bűneikkel. Így beszélnek az „esztelenek", azaz a bűnösök. A szakasz kijelenti: az ember szabadon választ jó és rossz, élet és halál között. De Isten mégsem hagyja magára az embert, azt akarja, hogy az élet útját válassza. *(15,16-17: 5Mz 11,26-28; 30,15-20; Jer 21,8 ▫ 15,18-19: Zsolt 33,13-15; 34,16; Péld 15,3)*

Válaszos zsoltár Zsolt 119(118),1-2.4-5.17-18.33-34

Öröm Isten szaván

Szentleckéhez 1Kor 2,6-10

Emberi gyöngeség jellemzi a korintusi egyház kezdeteit, az apostol és az új keresztények részéről egyaránt. Így kell lennie. Pál ezt mondja az igényes szellemű korintusiaknak: Igen, van bölcsesség, világosság, hatalom az evangéliumban, de csak a „tökéletes" (2,6): az érett és kipróbált lelki ember képes fölfogni Isten bölcsességét. *(2,7: Róm 16,25; Kol 1,26 ▫ 2,8: Ef 3,10; 1Pt 1,12 ▫ 2,9-10: 5Mz 29,28; Iz 64,3; 52,15; Mt 13,11)*

Evangéliumhoz Mt 5,17-37 vagy Mt 5,20-22.27-28.33-34.37

E szakaszból tisztán látni, hogyan viszonyul Jézus az ószövetségi törvényhez. A „Törvényt és a prófétákat" egységnek és az isteni akarat kinyilatkoztatásának tekinti. Beteljesíti a Törvényt és a prófétákat, azaz megvalósítja és tökéletesíti őket. Isten eredeti, hamisítatlan akarata mindenestül teljesedjék. Aztán hatszoros szembeállításban mutatja e fölemelt igazságot: a gyilkosságtól az ellenség szeretetéig (vö. 7. vasárnap). Nem a külső tett a mérvadó, a belső a fő: a „szív", a szándék. *(5,17-19: Lk 16,17; Jak 2,10 ▫ 5,21-26: 2Mz 20,13; Ef 4,26; 1Jn 3,15; Lk 12,58-59 ▫ 5,27-30: 2Mz 20,14; Mt 18,8-9 ▫ 5,31-32: 5Mz 24,1; Mt 19,7-9; Mk 10,11-12; Lk 16,18; 1Kor 7,10-11)*

Szentségre várva

Igazi szabadságunk nem abban áll, hogy rosszat tehetünk, hanem hogy képesek vagyunk tenni a jót, igazi valónk és Isten szándéka szerint. „Jöttem, hogy betöltsem a Te akaratodat." (Zsid 10,7) — Ez volt Jézus lelkülete, áldozata, mely megváltott és elkötelezett bennünket.

Elmélkedés

A harag minden gonoszságokkal teli tölti az embert! Mert a haragos minden bűnökre hajlandó... Nem ok nélkül mondja a Bölcs, hogy a harag bűnökre és veszedelmekre dönti az indulatos embereket. Mint, amely követ a hegy tetején elindítnak, meg nem tarthatni: úgy akit harag elragad, minden gonoszságon átalmégyen, valamíg a veszedelmek fenekét nem érzi. Nem is volt az emberi nemzetnek károsabb döge a haragnál, mely annyi vért ontott, annyi városokat rontott, országokat pusztított, nemzeteket fogyatott... A többi vétkek késztetnek és taszigálnak a gonoszra: a harag nyakra-főre taszít; a többi vétkek ellenkeznek az okossággal, a harag megfoszt tőle... A Szentírás a csöndesen tűrő embert csodáltatja, hirdeti, hogy böcsületesebb, aki magát meggyőzi, mintsem ki ellenségét földhöz veri és erős városokat megvészen. A haragosak barátságát és vélük, mint ragályosakkal, az együttjárást tilalmazza!... Julius császárban inkább csudálták a bölcsek, hogy győzedelme után a legyőzött Pompejus leveles ládáját megégette, nem akarván tudni, kik voltak ellenkezői, hogysem harcokon való bátorságát... Azért ha valaki háborgat és rágalmaz, Istenhez emeljük szívünket: Édes Teremtőm, én elébb vétettem Te ellened!... Mint a labda annál feljebb ugrik, mennél keményebben földhöz ütik, úgy az emberektől szenvedett kevés bosszúság is fölemel engem! *(Pázmány: Pünkösd után 5. vasárnap)*

†

Testvéri szeretet

Óh tűz, mely mindig lángolsz és soha ki nem alszol! Óh *szeretet*, mely szüntelen lobogsz és soha el nem hamvadsz! Gyullassz föl engem, s lángolni fogok! Gyullassz, óh gyullassz föl, hogy csakis Érted égjek mindenestől! — Mit nem a hit s szeretet szült, az nem jó! Ketten egyedül, egyedül ők szülei az erénynek! — A hit az Isten házát alapozza, remény a falát húzza föl magosra, a szeretet tetőzi s lesz lakosa. — A világ és önmaga megvetésével gyarapszik a lélek Isten és felebarát szeretetében. — Szeretet a lélek szépsége: minél inkább nő a szeretet, annál jobban szépül a lelked. — Rövid törvény az, mely eléd van szabva: Szeress és tégy, amit akarsz! — Ahol megvan a szeretet, ugyan mi is hiányzik onnét? Ahol nincs, ugyan mit is ér nélküle minden egyéb? — Az igazi szeretet nem fér össze érzékiséggel; ha ezt tövestül ki nem irtjuk, azt szívünkbe be nem gyökerezhetjük. *(Sz Ágoston műveiből)*

†

Édesdeden tudnak ők beszélni, kik megtanultak őszintén szeretni. *(Nagy Sz Gergely)*

Imádság szeretetért

Uram Jézus Krisztus, esengek: olvasszon föl magába
Szerelmed lángoló, édes mézzel-folyó nagy hatalma!
Hogy szerelmed szerelmébe haljak bele;
mert szerető szereteted értem kínhalált szenvede.

(Assisi Sz Ferenc)

†

Szeretet himnusz

Uram, tégy engem *békéd* eszközévé!
Hol gyűlölet az úr,
hadd vessek ott szeretetet!
Ahol a háborúság dúl
és düh és bántás,
ott békét, megbocsátást!
Ahol a kétség, ott hitet!
Hol vak reménytelenség, ott reményt;
hol sötét bú, ott vidámságot, fényt...

Jó Mesterem, add meg nekem,
ne azt keressem: vigasztaljanak,
hanem, hogy vigaszt én adjak!
Ne azt, hogy engem értsenek,
hanem, hogy mást én értsek meg!
Ne azt, hogy ők szeressenek,
hanem, hogy őket (s Téged) én szeresselek!

Mert csak az adás, amiben kapunk,
a megbocsátás, ahol megbocsáttatunk,
s csak meghalván, elvesztve életünk,
leszen, hogy öröklétre születünk. Amen.

(Assisi Sz Ferenc)

ÉVKÖZI 7. VASÁRNAP

1: Szeresd felebarátodat, mint önmagadat! S: Minden a miénk, mi Krisztuséi vagyunk, Krisztus pedig az Istené! E: A rosszindulatot ne viszonozd rosszindulattal!

Az embernek alapvető joga, hogy védekezzék az igazságtalanság ellen. De hogy a megtorlás a védelemnek hatásos vagy egyáltalán jó eszköze-e, az más kérdés. Talán csak az előző jogtalansághoz ad újabbat és mindenképp gyűlöletet szít. — Jézus dicséri azt, aki kerüli az erőszakot (Mt 5,5), és Sz Pál int: Ne győzesd le magad a gonosztól, de győzz rajta a jó által. — Nem a legjobb az, ha jogainkat mindenáron „kivívjuk". Aki odáig jut, hogy jogáról keserűség nélkül lemond, az nagy sikert aratott: békét és belső szabadságot. De persze csak saját egyéni jogunkról mondhatunk le, nem embertestvérünkéről, az elnyomottakéról.

Első olvasmányhoz 3Mz 19,1-2.17-18

Mózes 3. könyve 17—25. fejezete törvények gyűjteménye, „szentségi törvények" néven. Isten szentséget követel a népétől! A követelés alapja ennyi: „Én vagyok az Isten (Jahve)", vagy: „ Én vagyok az Úr, a ti Istenetek, aki kihoztalak Egyiptom földjéről" (3Mz 19,18; 19,36). Isten népe szent, mert Isten megszentelte, és szívén viseli őt. Ebből folynak az együttélés szabályai a „testvérek", e nép tagjai számára. Az Ószövetség sehol sem parancsolja az ellenség gyűlöletét, csak abból következtette ezt a nép, hogy a szeretet törvénye szó szerint a „felebarátok", a „testvérek" közt érvényes. Jézus nem tesz különbséget „felebarát" és „ellenség" között. „Minden ember felebarátunk, akár jóakarónk, akár ellenségünk!" (Kiskatekizmus) *(19,2: 3Mz 11,44 ▫ 19,17: Ez 33,1-9; Mt 18,15 ▫ 19,18: Mt 5,43; Róm 13,9; Gal 5,14)*

Válaszos zsoltár Zsolt 103(102),1-2.3-4.8 és 10.12-13

A jóságos, megbocsátó Isten

Szentleckéhez 1Kor 3,16-23

Az ültetés és házépítés képével magyarázza Pál, hogy kell érteni és végezni az apostoli szolgálatot. Az egész egyházközösség „Isten temploma", melyet szentté tesz a benne lakó Szentlélek. Aki megrontja az egységet, azt Isten is meg fogja rontani (3,17). Ahol a Szentlélek van jelen, ott nem lehet embereket bálványozni, vagy egymás ellen kijátszani. Egyedül Krisztus ura a közösségnek, amely Őbelőle veszi Isten bölcsességét és hatalmát, Őáltala maga is isteni valóság e világon. *(3,16: 1Kor 6,19; 2Kor 6,16; Ef 2,20-22 ▫ Jób 5,13; Zsolt 94,11)*

Evangéliumhoz Mt 5,38-48

E szakasz az előző vasárnapinak a befejezése. — Hasonlót hasonlóval megtorolni ésszerűnek látszik, és egykor teljes igazságnak számított. Ez megengedhető volt a múltban egy keményszívű népnek (Mt 19,8), de többé nem mondhatjuk Isten akaratának. Minden önkeresés, önigénylés ellen Jézus új követelményt támaszt: „Engedd át... Menj együtt... Add oda..." Adj, ha a másik kölcsön sem ad (5,40-42). A csúcsa mindennek a parancs: „Szeressétek ellenségeiteket" (5,44). Ez a felebaráti szeretet radikális, mindent fölülmúló értelme és végső oka, Isten saját lénye és magatartása. *(5,38-42: 2Mz 21,24; Lk 6,29-30; 1Pt 3,9 ▫ 5,43-48: 3Mz 19,18; Lk 6,32-33; Róm 12,14.20)*

Szentségre várva

A viselkedésünk oly mértékben lesz igazán keresztényi, amennyire Jézus lelkületébe éljük magunkat. Úgy szeressek, ahogy Ő szeretett — ezt nem tudom megtenni. De ha példáját tekintem, lassanként Hozzá hasonulok. Ő nemcsak tanította a szeretetet, hanem le is győzte a gonoszt mindent fölülmúló szeretetével.

Elmélkedés

Szeretni, nem disputálni

Azokat az erényhősöket becsülje-e Isten, kik nagyokat mondanak, vagy azokat-e, kik nagyot tesznek? A szép szavak, a nagy mondások tehetetlenek; a magasröptű tanok hidegek; melegítsétek föl ezeknek a szegény, szenvedő embereknek szívét, gyújtsatok bennük tudományotok tűzoszlopaival, frázisaitok zsarátnokaival csak egy szikra reménységet, melyet a szenvedés fenékhulláma el nem olt, s a halál éje el nem nyel. A szavak tehetetlenek; ha tehetségesek volnának, akkor a pogányok erkölcse gyönyörűen pompáznék, s az újkor hitetlensége fölvirágoztatná az erényt. De a pogány erkölcs csütörtököt mondott, s az újkor erkölcstelensége példabeszéddé lesz!

Mi nem disputálunk sokat; nem fogadkozunk, hogy mi mindent akarunk tenni; mi igénytelenségben, alázatban akarunk élni; másoknak engedjük át a nagy mondásokat, magunknak csak azt az egyet kívánjuk, hogy amit a régi keresztényekről mondtak, azt rólunk ismételjék: „Nézzétek, mennyire szeretik egymást!" Az új szavak s új tanok helyett keressük s idézzük föl a régi tetteket; mindenekelőtt azt a nagy tettet: „Nézzétek, mennyire szeretik egymást", s e nagy tettnél még azt a nagyobbat, mely minden nagynak alapja és tetőzete, gyökere és virága: nézzétek, mennyire szeretik az Istent! Nézzétek, mennyire szeretik Jézust, lelkük vőlegényét; mennyire szeretik s hogyan szeretik! Mily bizalmasan, mily alázatosan; kebelén sírják el bajaikat; szívébe öntik keservüket; sebeiből szívják az áldozatot! Csoda-e, ha nem lankadnak, ha nem hátrálnak? A legfölségesebb, megfeszített szeretet, ez lelküknek vőlegénye! *(Prohászka: ÖM, 17:280)*

†

Én [Isten], vagyok a bíró, én ismerem a titkos gondolatokat, én tudom, hogy történt a dolog; én látom, ki az, aki bánt és ki az, aki a bántott. — Tőlem eredt a szó, az én engedelmemmel történt, hogy napfényre jöjjenek sok szív gondolatai. — Én ítélem meg majd a bűnöst is, az ártatlant is; de előbb mindkettőt titkos ítélet által próbára akartam tenni. — Az ember tanúbizonysága gyakran csal; az én ítéletem pedig igaz, mindig fönnmarad és soha meg nem dönthető. — Azért minden ítéletben hozzám kell folyamodnod és tulajdon véleményedre nem kell támaszkodnod. — Mert az igaz fel nem háborodik, akármit bocsát rá az Isten. Ha szinte hamisan ráfognak is valamit, nem sokat törődik vele. — De azon sem örül kérkedve, ha mások őt helyes okokkal mentegetik. — Mert meggondolja azt, hogy én vagyok, aki a veséket és szíveket vizsgálom és nem ítélek a külső szín és emberi látszat szerint. — Mert az én szemem sokszor kivetnivalót talál abban, amit az emberek ítélete dicséretesnek tart. — [Lélek:] Úristen, igaz, hatalmas, türelmes bíró, aki ismered az emberek gyarlóságát és gonoszságát, légy az én erősségem és teljes bizodalmam; mert lelkiismeretem nem nyugtat meg tökéletesen. — Te tudod, amit én nem tudok, azért meg kellett volna magamat aláznom és szelíden tűrnöm. — Bocsásd meg kegyelmesen, valahányszor nem így cselekedtem, s adj új malasztot nagyobb béketűrésre. *(Kempis: KK, 3:46)*

†

Szeretet, irgalom

Jézus a gyűlölettel szembehelyezi a szeretetet, és semmiféle különbséget nem tesz zsidó és pogány között. Mindenkit szeretni kell, még az ellenséget is. Ellenségen olyanokat ért, akik üldözik a tanítványokat. Isten a maga gondviselésében nem tesz különbséget jók és rosszak között, amikor napsütést vagy esőt ad. A tanítványnak is ilyen egyformán kell kiárasztania szeretetét. Ha így viselkedik, akkor úgy jár el, mint Isten gyermeke. Ez a kijelentés összhangban van az egész evangéliummal. Semmi annyiszor nem fordul elő, mint az Atya irgalma. Isten valóban atyaságát, elkötelezettségét akarta kinyilvánítani az ember előtt. Viszont ha atyaságának fő vonása a megbocsátás és az irgalom, akkor az embernek is elsősorban ezt kell utánozni. Ezáltal ölti magára az isteni vonásokat. *(Jakubinyi: Máté evangéliuma, 70)*

†

(Egy óvilágból itt maradtnak jellemzése:) Az, aki még emlékszik rá, mikor a jótékonyság erény volt, nem pedig (állam)szervezet. *(Angol ismeretlen)*

†

Könnyű a szegénynek válla; téged, dús, lehúz a málha. Adj hát neki a terhedbül és mindkettő megkönnyebbül... Isten elébe jön nem akarónak, hogy *akarjon*, s követi őt, az akarót, hogy hasztalan ne akarjon. *(Sz Ágoston)*

†

Nem vesznek el tetteink, e magvak, s az öröklétre majd kihajtnak. *(Sz Bernát)*

†

Végítélet: Isten lesz a bírád ott, önlelked lesz tanú ott! *(Sz Ágoston)*

†

Szeretet nélkül senki sincsen! Világot szeretsz vagy az Istent! *(Nagy Sz Leó)*

ÉVKÖZI 8. VASÁRNAP

I: Isten senkiről sem feledkezik el. S: Istené az ítélkezés, mert Ő ismeri a szívek szándékait. E: Bízzunk mennyei Atyánk gondviselő jóságában!

Komolyan számba vesszük-e, hogy Istennek gondja van ránk ma és holnap és azután? Az az Isten, akiről Jézus azt mondotta, hogy *Atyánk*? Talán csak a keresztény népek Atyja Ő, talán csak a gazdagoké? Vagy azt, amit úgy hívnak, „Isteni Gondviselés", ma már helyettesítette a Haladás, Technika, Szervezés? A látszat nem kedvez a Gondviselésbe vetett rendíthetetlen hitnek. S ha kedvezne, miféle Gondviselés, milyen Isten lenne az? A mi hitünk Istene, Jézus Krisztus Atyja és a mi Atyánk nem kenyérosztogató. Ő az Úr! És Ő mondja mindegyikünknek: Tedd meg a magadét! Segítsd testvéredet!... (A Gondviselés titka még ezentúl is titok, csak messzi távlatból fogjuk megérteni.)

Első olvasmányhoz Iz 49,14-15

Nem könnyű a prófétának elhitetnie a néppel a babiloni fogságban, hogy Isten majd megszabadítja és hazavezeti őket. Ezzel hatalmát bizonyítja (Iz 45 és 46): a világ Alkotójának, a történelem Urának nincs lehetetlen. De most a panaszkodó nép példálózva vitatja, hogy Isten nem is akar segíteni, elhagyta és elfelejtette őket (49,14). Az üdv meghirdetője felel rá (49,15-20, a vita elejét olvassuk itt): miért nem felejtheti Isten a népét, miért fog segíteni. A szeretet oka megmagyarázhatatlan, csak tapasztalni lehet és beszélni róla. Az Ószövetség meglep bennünket azt mondván, hogy Isten nemcsak atyailag szeret, hanem szeretete egy anyáéhoz is hasonló (vö. evangélium). *(Iz 40,27; 54,6.8; Zsolt 77,10; Jer 31,20; Oz 11,8-9)*

Válaszos zsoltár Zsolt 62(61),2-3.6-7.8-9

Isteni menedékhely

Szentleckéhez 1Kor 4,1-5

Az apostol és munkatársai nem urai a közösségnek, hanem szolgái; azt adják tovább, amit maguk is kaptak: Isten igazságát és szeretetét. Pál mindig így értette küldetését. A szolgálatáról szóló végérvényes ítélet azonban nem az ő vagy más ember dolga. Kitűnik majd az ítéletkor, ki végezte szolgálatát tisztább szándékkal. Feltűnő, mily tartózkodással nézi Sz Pál saját lelkiismerete „felmentő" ítéletét. *(Lk 12,42-44; 2Kor 5,10-11; Róm 2,16; Jn 5,44; Lk 12,2-3)*

Evangéliumhoz Mt 6,24-34

A szegénység alapkövetelése (Mt 5,3) megfelel annak, hogy a napi kenyérért könyörgünk (6,11) és az intésnek: Ne aggódjatok! (6,19-34) Aki szívével Istenre irányul és igazán számít Isten szeretetére, nem lesz rabszolgája a gondjainak. — A mai szakasz két egyenlőtlen részből áll: a „két úr: Isten és Mammon" kijelentése és a példasor az ég madarairól meg a mezők liliomairól. Mammon a bálványzott vagyon, az imádott pénz. Nem szolgálhatunk Istennek és Mammonnak: ez a tény, ma éppúgy, mint egykor, nyilvánvaló. Isten is, a vagyon is egész embert követel, bár más módon. Mammon a rabszolgájává tesz, Isten fölszabadít — úgy is, hogy ésszerűen éljünk a vagyonnal. *(6,24: Lk 16,9.13; Mt 19,21 ▫ 6,25-33: Lk 12,22-31; Fil 4,6; 1Kir 10; Iz 51,1 ▫ 6,34: Jak 4,13-14)*

Szentségre várva

A keresztény imádkozik mindennapi kenyeréért: a pillanatnyi és az örök élet kenyeréért. Nemcsak magának kéri, azt mondja: Add meg *nekünk!* De az imával a testvére kenyere gondját nem hárítja Istenre, „együtt felelős" a szegényért: testi és lelki kenyérben! Ezzel az imával épp ő lesz a Gondviselés eszközévé, ha hűséggel veszi a Kenyeret...

Elmélkedés

„*Ne aggódjatok azért* életetekről." (Mt 6,25) „Azért": mi ez, mire vonatkozik? A súlyos büntetésre: hogy nem tudtok majd szolgálni Istennek és Mammonnak; s károtok a halálos seb, amit a kapzsiság ejt, és üdvösségtek életét veszélyezteti. „*Azért* mondom ne aggódjatok, mert aggódván elszakadtok Isteneketől!" — „Nézzétek az ég madarait!" Adhatott volna példát emberekről is: Illésről, kit holló táplált, Mózesről és Jánosról a pusztában, sok másról, kik nem aggódtak élelmükről... De akkor azt felelnétek, ti még nem vagytok olyan nagy szentek! Jézus tehát hallgat a szentekről, csak a madarakról beszél, hogy ne legyen mentségtek... „Nem szőnek, nem fonnak, csűrbe nem hordanak." Mondaná valamelyiktek: hát akkor ne szőjünk, ne dolgozzunk? Ő, a mester azonban nem a munka, hanem az aggódás, gyötrődés ellen szól. Dolgozzunk, de ne kislelkűen, mintha minden tőlünk függene; ne nyűjük el magunkat a gondban! Parancsolta, hogy együnk, de ne módfeletti érdeklődéssel: lesz-e, mi lesz? A hajdani Dávid titokzatosan mondta: „Megnyitod kezedet, Isten, és minden élőt betöltesz áldással" (Zsolt 144,16), és ismét: „Ő ad enni a baromnak, a Hozzá kiáltozó hollófiókáknak." (Zsolt 146,9) Ez a hit volt az apostolokban, mikor mindent odahagytak, ez volt az ötezerben, a háromezerben (ApCsel 2,45; 4,4). — De ha mindezt hallván, mégsem tudtok szabadulni a gond fojtogató kötelétől, csak gondoljátok meg, mily hiábavaló öngyötrés ez! „Melyiktek vethet gondjai által termetéhez csak egy könyöknyit is?" (Mt 6,27) Táplálkoztok, de aki növeszt, az az Isten. Még élelmet sem gyűjtesz nélküle, bár másképp hiszed. Nem a *mi* törődésünk visz sikerre, hanem a Gondviselés, még azokban is, amiken dolgozunk... Nélküle sem gond, sem töprengés, sem munka nem ér sikert, minden erőlködésünk semmibe veszne... *(Aranyszájú Sz János, 21. homília)*

†

Gondviselés

Legfőbb balgaságnak vélem, ha dolgozván Isten szent nevében, — ahogy mi dolgozunk(!), — várunk rá jutalmat, hogy majd tán itt lenn kapunk... Még hozzá földiektül! Mert amily fajta munkánk: lelki és rejtett, — tudom-hiszem szilárdan, szentül: ez a *Gondviselésre* nagy *sértés* is egybe! Ki égi madarakra visel gondot, hogy abban annyira se bíznánk! — Pedig sok éve érezzük, hogy hozzánk mily külön jó volt és velünk mennyit gondolt! *(Kalazanci Sz József leveleiből)*

†

Világi javak gondja

A világ javairúl azt mondja a Szentlélek, hogy annyit használnak kívánságink enyhítésére, amennyi haszna vagyon az éh embernek, mikor álmában jól lakik, de üres a gyomra: Mert soha ezekkel annyira nem töltözhetik ember, hogy kívánságát megelégítse, hanem örökké éhezteti és fárasztja.

Erre nézve Szent János, mikor azt írja, hogy egyéb nincs a világon, hanem testnek, szemnek kívánsága és életnek kevélysége (1Jn 2,16); nem mondja, hogy e világon testi gyönyörűségek, gazdag birodalmok, felséges méltóságok vannak: hanem, hogy ezeknek kívánságival teljes a világ; és egyéb nincs e világon, hanem olthatatlan szomjúság, telhetetlen éhezés, végetlen vágyódás. Mert a világ, nem elégíthetvén embert javaival, azoknak kívánásával kínozza és nyughatatlan fáradsággal pusztítja. Ezért mondja Szent Dávid, a világ-szeretőkrül, hogy „mint az ebek, mindenkor koplalnak és kerengenek", hogy eledelt találjanak, mellyel engeszteljék ugató gyomrukat, valamit kapnak, azt semminek tartják; hanem, amihez nem juthatnak, azután szakad kívánságok nyughatatlansága. Azért, a kívánságok állhatatlan változása, „fel- s aláforgatja őket" (Bölcs 4,12).

Ezt a világi kívánságok nyughatatlan és állhatatlan forgását, két szép hasonlatossággal adja elõnkbe a Szentlélek: először azt mondja; hogy aki Istentűl elszakad és a világ útjain jár, *Pascit ventos*, szelek pásztora (Oz 12,2) és azokat őrzi. A széllel emberi erő nem bír; senki azt bé nem rekesztheti; kedve szerint nem forgathatja: hanem „ott fúj, ahol akarja: nem tudja senki, honnan jő s hová mégyen" (Jn 3,8). Azért, aki szelet őriz, szükség, hogy szünetlen és állhatatlanul, hol ide, hol amoda forduljon; hol egy-, hol másfelé fusson és soha ne nyugodjék. Ilyen, aki világi kívánságok után jár. Másodszor, azt mondja Szent Dávid, hogy a világszeretői olyanok, *ut rota*, mint a kerék (Zsolt 82,14), melynek minden része fel s alá forog mindenkor és csak az állhatatlan változásokban állhatatos; azaz; „oly kerengőben járnak, melynek mindenkor az elein, vagy fején vannak" (Zsolt 139, 10). Sehol vége nincsen a kerengőnek: azért, aki kerengőben végig akar menni, munkáját munka követi, fáradság újítva: aki kerengőben jár, mégyen és fárad, de elég nem mégyen, hanem ugyanott marad. És noha igen megfárad a gonoszság kerengőjében: de „semmi nyugodalom nem adatik néki": hanem, mint a Sísifus kínjában, a munka munkához ragad; és akkor kezdődik elől, mikor gondolnád, hogy vége vagyon.

Ilyen a világ fáradsága; ilyenek a világ javai. Mégis ezekért az emberek ennyit munkálkodnak és soha fáradságoktúl meg nem szűnnek: hanem egynéhány pénzért és kevés fizetésért; valami rossz nyereségért; egy kis tisztességért; valami rút gyönyörűségért, éjet nappá tésznek, hevet, hideget szenvednek, veszedelemtől és haláltúl nem félnek.

Ah, mennyivel illendőbb nékünk a tiszta, valóságos jókért, az örökké-maradó jókért, a mennyei boldogságnak elnyeréséért, az Isten kedvéért, a tökéletes jóságokért; melyek „megelégítik a lelket": szünetlen munkálkodnunk és az Isten terhének viseléséhez naponként vastagodnunk. *(Pázmány: VM, 2:188)*

Boldog Bánfi Lukács, bencés, az Egyház szabadságát védő érsekprímás, †1178

ÉVKÖZI 9. VASÁRNAP

I: Isten áldása kísér benneteket, ha megtartjátok törvényeit, de átok, ha nem engedelmeskedtek Neki. S: A hit által nyerjük el a megigazulást, vagyis a kegyelmi állapotot. E: Aki Jézus tanítását követi, biztos alapra épít.

Csak akinek „szíve" van, az tud teljesen odafigyelni, ha szólnak valamiről neki. A „szív" az Írásban az ember legbelseje, az a „hely" ahol igazán megérti, belátja az igazságot és ahol a hit terem; a „hely", ahol az életre szóló döntések történnek. — Jézus szavát akkor halljuk meg igazán, ha szívünket ragadja meg. Akkor a hallás hitre vezet, és a hit tettre. A hallás bizalmat tételez föl és bizalmat eredményez. Jó „kritikusan" hallgatni, de bíráljunk csak mindkét irányban: a hallottak felé és a magunk előítéletei felé is.

Első olvasmányhoz 5Mz 11,18.26-28

Egyiptomból való kivonulása óta Isten népének történelmét a Sínai szövetségkötés irányítja. Isten megmutatta népének merre menjen, a pusztai utat is az Ígéret Földjéig, de a hűség belső útját is, a szövetség és a törvény felé. Isten az Ő népét többé el nem ereszti, el nem hagyja. A nép hűség és elpártolás közt csapong majd, mondhatni: áldás és átok közt. Megmondja Mózes 5. könyve (11,16-17; 22-25, még részletesebben 5Mz 27-28) mit jelent e kettő: életet és halált. A törvény Isten iránti hűséggel való olvasása — és a történelmi helyzet is — minden nemzedéket újra döntés elé állít. *(11,18: 5Mz 6,6-9; 2Mz 13,9.16; Mt 23,5 ▫ 11,26-28: 5Mz 30,15-20)*

Válaszos zsoltár Zsolt 31(30),2-3.3-4.17 és 25

Istenbe rejtőzve

Szentleckéhez Róm 3,21-25.28

Minden ember, zsidó vagy pogány, adósság terhével áll Isten előtt. Sz Pál a római levél elején hatásosan megmutatta ezt. Adós, bűnös, tehát elítélt: ez lenne a logikus következés. „De most" egész más jön (3,21): az adós, a bűnös igazzá lesz, fölmentést kap. E fölmentés több mint futni-hagyás Isten részéről: ez az isteni fönség visszaállítása az emberben (3,23)! Mindenkiben, aki a Jézus Krisztusban való megváltást hiszi. A levél folytatása rámutat, hogy ez korántsem „olcsó" megoldás, sem Isten, sem ember részéről. *(3,21-22: ApCsel 10,43; Róm 1,17 ▫ 3,24-25: Ef 1,7; 2,8 ▫ 3,28: Gal 2,16; 5,6; Róm 8,2)*

Evangéliumhoz Mt 7,21-27

Jézus nemcsak tanító, úgy beszél Ő, mint akinek hatalma van. Szava és személye előtt az ember dönteni kénytelen, nem jámbor szavakkal, hanem tettel, élettel. De könnyen összekeverjük a tettet a sikerrel, teljesítménnyel. Némely siker-fiának, karrieristának — még az Egyházban is — Jézus bíróként eljőve azt fogja mondani:

Nem ismerlek! Csak az Jézus tanítványa, aki úgy teszi Isten akaratát, ahogy Jézus a hegyibeszédben (Mt 5-7) elénk adta. — A záró hasonlat a két házról ezt ismétli meg. Itt Jézus a próféta és bölcsesség-író nyelvén szól (vö. Ez 33,31; Péld 10,8). Az ember okosságát és oktalanságát az isteni Bíró aszerint ítéli majd meg, vajon „e szavaimat meghallgatta-e és követte-e"! *(7,21-23: Lk 6,46; 13,26-27; Mt 25,11-12 ▫ 7,24-27: Lk 6,47-49; Péld 10,25; Ez 13,10-14)*

Szentségre várva

Isten igéje eledelünk, amely éltet; ha ezt nem fogadjuk be, a szentségi Kenyér sem lesz élő Kenyér számunkra. Jézus „kenyere" is ez volt: Atyja akaratát tenni; és meghalt ezért!

Elmélkedés

Krisztus kegyelmében kell élni

„Nem minden, aki mondja nekem: Uram, Uram! megyen be mennyeknek országába, hanem, aki Atyám akaratát cselekszi, az megyen be mennyeknek országába" (Mt 7,21).

Jézust szeretjük, ha kegyelmében élünk. A kegyelem a „semen Dei", Isten-csíra; isteni élet lekötött erőképpen; istenülés kikezdésképpen! Ez a lekötött erő fölfölszabadul; ez a csíra csírázik s bontogatja szikeit, kialakul az Isten-csírából a természetfölötti ember, kialakul termete, arca: a Krisztus-arc. Ez a reális természetfölötti erőkészlet Jézus kincse bennünk, ő adja; ahol az nincs, ott neki sincs része, nincs otthona. Ezek a lekötött, természetfölötti erők öntudatunkba lépnek a hit gondolataiban, a meggyőződés erejében, az érzések nagylelkűségében, vonzalmakban, vágyakban, ragaszkodásban. A kegyelemből való a kegyelmes, vagyis isteni érzület. Azért sürgeti Jézus a kegyelmet. Mit akarunk tehát kegyelem nélkül? Hogyan fejlődjünk, ha az Isten-csíra, ha Jézus ereje nincs bennünk? Mit dolgozunk, ha levegőt faragunk? Füst, levegő, köd, illúzió lesz életünk! Járjon át ez érzés! Kegyelem szeretete s a bűn gyűlölete Jézus szívverése bennünk! A komoly keresztény öntudatnak mindenekelőtt arra van gondja, hogy a megszentelő malaszt állapotában legyen.

Jézust szeretjük, ha e kegyelmi életet öntudatos, őszinte barátsággá fejlesztjük. Jézus a mi barátunk, s nemcsak hogy el nem szakadunk tőle, hanem még megszomorítani sem akarjuk, oly közel áll hozzánk. E hűséges, édes barátságban könnyű pontosan teljesíteni kötelességeinket, jóindulattal lenni, nem hazudni, elnézőnek, okosnak, kíméletesnek lenni; az egész életet a reggeli mosakodástól az esti lefekvésig *krisztusilag* stilizálni; családot, hivatást, munkát isteni színvonalra emelni érzéseink révén, s az élet apró követelményeinek fölényes s meleg lélekkel megfelelni.

Püspök, próféta, csodatevő elveszhet, ha csak a hivatás s a hivatal kegyeire támaszkodik; mindenkinek a megszentesülést, a tökéletesbülést kell magában fokoznia. Mily nagy baj s botrány az, ha a „hivatalosak" nem szentek; hiábavaló az Uram-Uram szó ajkukon, s az Isten szimbóluma ruháikon; a fölséges Úr az isteni értéket keresi a fényes takarók alatt. Mindenkinek szól az is, hogy ne bízzunk az áhítat lelkesülésében, mikor tetteinkkel nem szolgáljuk az Urat. Isten akaratát tedd, tökéletességedet azon mérd; úgy leszesz reális ember; önámítás az, ha könnyekben, megindulásokban, elérzékenyülésekben keresünk tökéletességet s a tetteket mellőzzük. *(Prohászka: ÖM, 6:164; 211)*

†

Bölcsesség Isten szerint

Boldog mindaz, aki Isten szemében bölcs!
Boldog életű, ki Istennel ismerős.
Ismeri az Istent, aki jótettben erényes,
Jótett gyümölcsözik boldog örökléthez.
Ki világ szerint bölcs, Istennél oktalan,
Tudomány elseje: Istent fontoló tan!
Aztán tisztes éltet ártatlanul élni!
Úrban nem teljes bölcs, föld búját ki féli.
Nem veszi semmibe a földiek gondját
ég fele tart útja, isteniek vonzzák.
Nem kis tudás várát vítta ki a lélek,
ha megérti: Isten titkához *nem* férhet!
Jól ismered Őt, ha vallod: ismeretjén
tökélyre sohasem juthat a teremtmény.
Hasznos: sokat tudni *és* igazul élni.
Kinek sok a kettő, jobb: *éltet* igényli!
Életre jó-igaz a nagytudás helyett
az örökléthez nem a sok ismeret;
az se vezet: hogy *tudsz* mekkora élvezet!
Nagy dolog, boldog csak: hogy Istent *élheted!*

(Szevillai Sz Izidor: Sententiae [Mondások könyve], II. 1.)

ÉVKÖZI 10. VASÁRNAP

1: Attól függ örök sorsunk, hogy az ítéletkor irgalmas szívet talál-e bennünk az Úr. S: Ábrahám a hitből merített erőt, és ezért bízott Isten ígéretének teljesülésében. E: Jézus azért jött, hogy megmentse a bűnösöket.

Az irgalmasság a mai nyelvben nehézkes szó, a mai életben nehéz gyakorlat! Amit merő irgalomból teszünk, azt nem érezzük kötelezőnek, és alkalmasint épp e szerint tesszük is vagy nem... „Irgalom" helyett mondjunk „megértést" rászorulók iránt, tevékeny részvétet, segítő szeretetet; mindenképp olyasmi ez, ami a szívből fakad, s amit jól csak teljes szívvel lehet tenni. Törvény és előírások nem tudnak erre indítani. De Jézus újra mondja, amit a régi próféták megmondtak: irgalom nélkül (vagy bármint hívjuk), szeretet nélkül, amely a gyönge, esett rászorulót gondjába veszi — minden szertartás és istentisztelet semmi.

Első olvasmányhoz Oz 6,3-6

Isten népe történelmében megtapasztalta a távoli, nem-mutatkozó Istent is, épp akkor, mikor futott tőle és homlokegyenest mást tett, mint kellett volna. Ozeás bánat-énekében (6,1-3) az Istenhez való visszatérésről szól és az üdvösségről, melyet a nép remél vezeklő istentisztelete gyümölcséül. De oly szertartás nem érdekli Istent, amelyben valójában mi sem történik és ami lehetőleg kíméli a megtérés megerőltetésétől híveit. Nem kell Neki véres áldozat, hanem szeretet, vagyis hűség az isteni szövetséghez. „Isten ismerete" itt (6,6) élő ismeretet jelent a jelenlevő, követelő és ajándékozó Istenről. *(6,3-5: Zsolt 72,6; 143,6; Oz 13,3; Jer 1,10; 5,14 ▫ 6,6: Oz 2,21-22; 8,13; 1Sám 15,22; Ám 5,21-27; Mt 9,13; 12,7)*

Válaszos zsoltár Zsolt 50(49),1 és 8.12-13.14-15

A helyes istentisztelet

Szentleckéhez Róm 4,18-25

Nem a mózesi szertartástörvények betöltése tesz igazzá Isten előtt, hanem a hit Jézusban (Róm 3,22). Mi a „hit"? Nyilván nem egy tannak ésszerű belátáson nyugvó igenlése, vagy csak valami múlt esemény elfogadása. Több ennél! Ábrahámnak nem volt egyebe, mint az Istentől kapott ígérete, és minden földi oka megvolt rá, hogy bizonytalanság töltse el. De „tisztelte Istent", és olyannak ismerte el, aki holtat tud támasztani, aki igazzá teheti szavát. A bízó hit: magunkat az élő, kiszámíthatatlan, de mégis hű Isten kezébe adni. Aki így mond igent Istennek, az az „igaz", a megigazult. *(4,18-22: 1Mz 15,5-6; 17,17; Zsid 11,11-12 ▫ 4,25: 1Kor 15,17; Iz 53,4-6)*

Evangéliumhoz Mt 9,9-13

Jézus nem jámbor-tekintélyes férfiakat hív követésére. Meghívja a vámos Mátét; asztalhoz ül vámosokkal és bűnösökkel. A törvénytartó farizeusok ezen megbotránkoznak és bosszankodnak. Jézus igazolását három szópár foglalja össze: egészséges és beteg; igaz és bűnös; irgalom és áldozat. Orvosul jön a beteghez, megváltóként a bűnöshöz; így van Márknál is. E mellett Máténál Jézus még Ozeásra hivatkozik a farizeusokkal szemben: a szeretet és a hűség fontosabb, mint a törvény szabályainak betartása. Tettei és szavai által Jézus teljhatalommal értelmezi és érvényesíti Isten akaratát. *(9,9-13: Mk 2,13-17; Lk 5,27-32 ▫ 9,10-11: Mt 11,19; Lk 15,1-2 ▫ 9,13: Oz 6,6; Mt 12,7)*

Szentségre várva

Akkor is, ma is, „vámosokkal" és bűnösökkel eszik együtt Jézus. De leül a „jámborokkal" is, ha ezek odaülnek a bűnös mellé és együtt mondják: „Uram, nem vagyok méltó!" Ki méltó? S ki inkább vagy kevésbé az? — Te tudod, Uram!

Elmélkedés

Ima bűnösökért, lelki halottakért

Lázár nem kérte Tőled, hogy támaszd életre. Megtetted Uram, egy volt bűnösért; íme, Istenem, itt látsz magad előtt egy annál rosszabbat: ragyogtasd újra irgalmadat. Akármilyen nyomorult legyek is, ezt kérem Tőled azok nevében, akik nem akarnak kérésükkel Hozzád fordulni. Hiszen látod, én Királyom, nekem kimondhatatlanul fáj, hogy ők annyira nem törődnek azokkal a rettenetes gyötrelmekkel, amelyeket örökké szenvedni fognak, ha nem térnek vissza hozzád. Óh ti, akik annyira megszoktátok az örömöket és élvezeteket, a kényelmet és azt, hogy mindenben a magatok feje szerint járjatok el, könyörüljetek meg magatokon! Vegyétek fontolóra, hogy az a bíró fordul most hozzátok kérésével, aki majdan el fog ítélni benneteket, és hogy éltetek egy pillanatra sem biztos. Miért nem akartok örökké élni? Óh milyen kemények ez emberi szívek! Lágyítsa meg őket a Te végtelen jóságod, Istenem.

Óh én Istenem, Ó én Istenem! micsoda rettenetes gondolat nekem, ha elképzelem, mit fog majd érezni az a lélek, akit itt a földön tiszteltek, szerettek, nagyrabecsültek és kényeztettek, mikor a halál pillanatában egyszerre csak azt látja, hogy mindörökre el van veszve és világosan megérti, hogy kínjainak sohasem lesz vége. Ott nem fogja azt megtehetni, hogy nem törődik a vallással, mint ahogyan a földön szokta, s ott majd úgy fog előtte feltűnni, mintha csak éppen elkezdte a földi örömök élvezetét és már el is kellett volna azokat hagynia. És ez csakugyan így is van, mert hiszen a földi élet villámsebesen múlt el és most ott találja magát abban a rettenetes és kegyetlen társaságban, amellyel mindörökké kell szenvednie; a nyomorúságos sötétségben, amelyben nem látni mást, mint ami kínt és fájdalmat okoz és ahol nincs más világosság, mint a pokoli tűznek sötét lángjai.

Óh milyen gyönge vázlat ez a valósághoz képest! Óh én Uram, vajon ki homályosítja el az ilyen lélek szemeit annyira, hogy mindezt ne lássa előre mindaddig, amíg idekerül? Uram, vajon ki dugta be füleit, hogy ne hallja, amit annyiszor hangoztattak előtte ezekről az örökkétartó kínokról. Óh élet, amely sohasem fog véget érni! Óh végnélküli gyötrelem! Óh végnélküli gyötrelem! Hogyan lehetséges az, hogy tetőled nem félnek azok, akik nem mernének kemény ágyba feküdni, nehogy testüknek egy kis fájdalmat okozzanak. *(Nagy Sz Teréz: A lélek fohászai Istenhez, ÖM, 3:452)*

Jézus és a bűnösök

Sokszor hangoztatják: könnyű az embereket szeretni, amíg nem ismerjük őket, amíg távol vannak tőlünk. Viszont ismerni az embereket és mégis szeretni őket: a legnagyobb heroizmus. Nos, az Úr Jézus félelmetesen *ismeri az embert*. Tudja, mik fakadnak az ember szívében, ismeri a rossz gondolatok és bűnök egész vészes, szörnyű tenyészetét. Nincsenek illúziói az emberekről, még tanítványairól sem. Két példa rávilágít, mennyire ismeri az Úr az embert. Az egyik a búzáról és konkolyról szóló példabeszéd, amelyben rámutat arra a mélységes, döbbenetes valóságra, hogy az ember jó és rossz tulajdonságai közös gyökérből fakadnak. Nem olyan könnyű kitépni a konkolyt anélkül, hogy a búzát is el ne pusztítanánk. A másik a Hegyi Beszéd „túlzásai", amikor a gondolati bűnök mélyére tapint. Ő mélyebben lát, mint azok a félpszichológusok, félpedagógusok, akik ezen megbotránkoztak. Egyedül Krisztus illetékes arra, hogy morált adjon az emberiségnek — mert Ő ismeri az embert legjobban. Igen, az Úr Jézusnak nincsenek illúziói az emberekről, és mégis úgy szeret, hogy „életét adja barátaiért". Tudja, hogy bűnösök vagyunk, „gonosz és házasságtörő nemzedék"; még tanítványait is megrója: „Ó hitetlen nemzedék, meddig leszek még veletek? meddig tűrjelek titeket?" (Mk 9,19). De tisztában van azzal is, hogy gyöngék vagyunk. A lélek kész lehet, de a test erőtlen. Milyen megható, amikor a Getszemáni kertben azt mondja tanítványainak: „Vigyázzatok és imádkozzatok, hogy kísértésbe ne essetek." Ő tudja, mi az emberi gyengeség, átélte a kísértés idején a pusztában és átélte a szenvedésben, lélekben már a getszemáni éjszakán. Nincs illúziója: amikor hozsannáznak, nagyon jól tudja, mit fognak rá ugyanezek az emberek kiabálni néhány nap múlva; tudja, hogy Júdás elárulja, Péter megtagadja — de Ő nem szűnik meg szeretni. Ez a krisztusi szeretet egészen más, mint a romantikus, szentimentális emberek elgondolják. Nem ítél, és nekünk is azt mondja, hogy ne ítéljünk. Amikor az apostolok tüzet akarnak kérni a városra, amely nem akarja őket befogadni, megrója őket. Azt mondja: „Az Emberfia nem jött lelkeket elveszteni, hanem megmenteni" (Lk 9,52-56). Amikor pedig Péter kérdi, hányszor bocsásson meg vétkező atyjafiának, hétszer-e? — „Nem hétszer, — hangzik a válasz, — hanem hetvenhétszer" (Mt 18,22). Utolsó szava a keresztfán: „Atyám, bocsáss meg nekik, mert nem tudják, mit cselekszenek." Hogy a szeretetnek milyen tapintata és milyen emberismeret lakozik benne, arról a legékesebben az evangéliumnak a házasságtörő asszonnyal való jelenete beszél. Az Úr még csak rá sem néz, nem akarja megszégyeníteni; lehajtja fejét és a homokba ír. Vádlóinak pedig nem mond mást, mint hogy: az vessen rá követ, aki ártatlan. És amikor feltekint, már csak azt mondja az asszonynak: „Én sem ítéllek el" (Jn 8).

Ha pedig azt kérdezzük, kiket részesít előnyben az Úr Jézusnak ez a paradox szeretete: kétségtelen, hogy *elsősorban a kisembert*, a kivetettet, a szegényt, a lenézetteket, elnyomottakat, betegeket, bűnösöket. Ezek vannak szívéhez legközelebb. Ezekkel érintkezik főképp, ezekkel barátkozik, mint ahogy a farizeusok és írástudók szemére vetik. *(Sík: A kettős végtelen, 2:32)*

ÉVKÖZI 11. VASÁRNAP

I: Ha megtartjátok szövetségemet, ti lesztek az én papi királyságom és szent népem. S: Krisztus kiengesztelte halálával a mennyei Atyát és az örök élet részesévé tett bennünket. E: Jézus irgalmas, és segít a nép nyomorán.

A szent Isten nem tartogatja magának a szentséget, nem él megközelíthetetlen távol. Megosztja szentségét teremtményeivel, kinek-kinek a maga mértéke szerint. Isten ószövetségi neve, Jahve épp ezt jelenti, Isten az emberért *van jelen,* együtt jár vele, segíti. — Mikor valakit szolgálatába fogad, nem állítja azt valamilyen kiváltságos helyzetbe. A meghívottnak felelőssége van mások iránt. Minden megkeresztelt világos küldetést kap egy elvégzendő feladatra. Minden keresztényben Krisztus jelen akar lenni az emberek számára.

Első olvasmányhoz 2Mz 19,2-6

Sínainál a nép Isten birtoka lett, az Ő szent népe, papi nemzet. Így Isten népe az a föld népei számára, ami a papság Isten népének. Minden nép, minden törzs Istené, de Ő kiválasztott egyet a többi közül e feladatra. Amit Isten népe kapott Istentől: szövetség, törvény, kultusz, ígéretek (Róm 9,4-5), mind e papi hivatást szolgálja. Isten népe és annak történelme által legyen Isten nagysága és közelsége minden nép számára érzékelhető; ez volt az Ő terve a régi Izraellel, ez a maival: az Ő Egyházával. *(19,4: 5Mz 4,34; 29,2; 32,11 ▫ 19,5-6: 5Mz 10,14-15; 1Pt 2,9; Jel 5,10)*

Válaszos zsoltár Zsolt 100(99),2.3.5

Dicsének

Szentleckéhez Róm 5,6-11

A keresztények jelenjét a múlt nagy eseményei határozzák meg, és a nagy jövő irányítja. „Most", a jelenben „igazulunk meg" (Róm 5,9). Nemcsak a jóhír, de a belső lelki szó is megmondja a hívőnek, hogy Isten szereti őt. Mindig szeretett bennünket, csakhogy amint voltunk, nem tudott magához fogadni. Ezért nyújtott segítséget. A Fiú áldozatában az apostol fölismeri az Atya szeretetét, annyira Egység számára az Atya és a Fiú. „A harag ítélete" már mögöttünk van. Krisztus vére, vagyis halála, igazzá tett minket, elfogadhatóvá Istennél. Többé nem a félelem uralkodik életünkön, hanem a remény. *(5,6: Róm 3,26; 1Pt 3,18 ▫ 5,8: Róm 8,32; Jn 3,16; 15,13; 1Jn 4,10.19 ▫ 5,10: 2Kor 5,18-19)*

Evangéliumhoz Mt 9,36-10,8

A gazdátlan nyáj iránti szánalom: ez Jézus egész működésének és a tanítványok küldetésének is főmozgatója (Mt 9,36-38). — „Az aratás" az eljövendő ítélet képe. Isten a csűrébe gyűjti búzáját, ebbe az aratásba hívja övéit — munkásul. A küldő beszéd (10,5-42) elején Jézus csak Izraelre szorítja küldöttjei feladatát, de föltámadása után már minden néphez küldi őket (28,19). Isten országa eljöttét kell hirdetniök, és az Ország jeleit kitűzni: gyógyulások, holtak föltámadása, ördögök kiűzése jeleit. Ahol az igét hirdetik, ott üdvösségre is hívnak, de ez egyben már az aratás ideje is. A világ az evangélium ítélete alatt áll, nemcsak az „utolsó napon", hanem már ma is. *(9,36-38: Mk 6,34; 8,2; Lk 10,2; Jn 4,35-38 ▫ 10,1-4: Mt 3,13-19; Lk 9,1; 6,12-16; ApCsel 1,13 ▫ 10,5: Mt 15,24; Lk 9,52-53 ▫ 10,6-8: Mt 3,2; 4,17; Lk 10,9.11)*

Szentségre várva

„Nagy erővel" tanúsítják az apostolok a föltámadást (ApCsel 4,33). Nemcsak saját meggyőződésük viszi őket: mögöttük állt az egyház, Isten papi népe, melynek küldetése, hogy a világban láthatóvá, hallhatóvá lett üdvösségről tanúskodjék: jön Isten és üdvözít.

Elmélkedés

Munkásokat az Úr aratásába!

„Ezek után pedig rendele az Úr más hetvenkettőt is, és elküldé őket kettőnként maga előtt s mondá nekik: Az aratás nagyon sok, de a munkás kevés." (Lk 10,2) A mezők fehérlenek, az aratás nagy. Jézus végignéz lélekben a világon. Beletekint nyomorába, bűneinek, szenvedélyeinek sötétségébe; élénken átérzi bajait; rokonérző, nagylelkű szívvel segíteni akar, azért arra utal, amire legnagyobb szükség van: kérjétek, hogy az Isten apostoli férfiakat küldjön; jelzi is, hogy milyeneket: erőszak és érdek nélkül, tisztalelkű embereket, kiknek a ragadozó, kegyetlen, önző világ temperamentumában nincsen részük; mezítlábú, békés embereket, kikből sugárzik a lélek, kiknek a világgal szemben csak egy tényük van, hogy vegye a békét, melyet ők adnak, s adjon viszont kenyeret. — Jézus lelkéből való a kereszténység; terjesztésére, fönntartására szintén hasonlelkű, „kongeniális" emberek kellenek. — Nézd e Krisztus-típust; tekints kristályos mélyeibe; töltsön el téged is ez a lélek; ha ez van benned, akkor nézz bizalommal a nagy aratásra, s suttogd magadban: Isten küld, lelke űz: megyek.

„Kérjétek azért az aratás urát, hogy küldjön munkásokat az ő aratásába." Kérjétek az ilyen munkásokat. A „kongeniális" lelkek, a krisztusi rokonság nagy kegyelem, azt kérni kell. — Néha e géniuszból valami jelenik meg köztetek, s máris elragad; gondolhatjátok, ha a típus nem sötéten, nem egyoldalúan, nem tolsztoji passzivitásban, nem ibseni ködben, hanem az „Emberfia" eredeti szépségében köszönt be hozzátok, mennyire hódítja meg majd szíveteket. Szentjeink e típus variációi. Kérjetek, kérjetek apostolokat, szenteket, s necsak kérjetek, hanem neveljetek. Hátha gyermekeitek arcán, ha Krisztusnak nevelitek, kiverődik a krisztusi hasonlóság! *(Prohászka: ÖM, 6:218; 279)*

†

Apostolkodás

A lélek értékéhez semmisem hasonlítható, az egész világ sem! Osszad bár szét a szegényeknek nagy tömeg pénzed, mégsem tettél annyit, mint ha egyetlen lelket megtérítettél. — Azt emészti buzgalom az Isten házáért, ki javít minden rosszakon, amikhez hozzáfért; s ha erre nem képes, gyötrődik, szenved, elvérez. — Az tökélyesebb *Isten-szerető*, ki több lelket tett Isten-szeretővé: mert az Istennek legtetszőbb áldozat, mely lelkek üdvéért elhamvad. *(Sz Ágoston)*

Szent Pál, a kunok apostola, domonkos vértanú, †1242

ÉVKÖZI 12. VASÁRNAP

I: Megszabadít minket az Úr a gonoszok kezéből. S: A bűn halált okoz, a kegyelem azonban örök életet ad. E: Krisztus követői bátran nézzenek szembe az üldözésekkel!

Félni kell Istent vagy szeretni inkább? Nincs válasz erre, mert nem lehet így fölvetni a kérdést. Nem teljesen igaz, hogy az Ótörvényben a félelem volt az úr, a szeretet csak az Újban érvényesült. Mindig a szeretet volt a fő. De hogyan szerethetné valaki az olyan Istent, akitől semmi félni való nincs? Aki „féli" Őt, — vagyis Istenül elismeri, — az tudja igazán szeretni is. Hasonló a gyermeki félő-rajongó szeretet egy kedves atya iránt. És a szeretet csodálatosan fölszabadít: nincs földi hatalom, nincs rém, amitől félnie kellene.

Első olvasmányhoz Jer 20,10-13

A próféta Isten hírnöke. Sokszor el kell ismételni az emberek fülébe, amit nem akarnak hallani, hinni. Jeremiásnak hirdetnie kell Jeruzsálem pusztulását, a babiloni fogságot. Mint a nép ellenségét és fölségárulót ezért el akarják ítélni! Maga is szenved az üzenet miatt, melyet mégis hirdetnie kell, és áll egymaga mindenek ellen. Olykor maga is kételkedhetett Istenében, aki küldi. A mai szakasz előtti versek ilyen kínos hivatási válságról szólnak (20,7-9). De aztán újra érzi a mentő isteni közelséget, az ígéretet első hívása órájában (1,9). Képes tovább járni magános útját. *(Zsolt 31,14; 41,6; 109,29; Jer 11,20)*

Válaszos zsoltár Zsolt 69(68),8-10.14 és 17.33-35

Segélykiáltás

Szentleckéhez Róm 5,12-15

Krisztussal új emberiség kezdődik. Megváltó műve valóban „mindenekért" való, mint ahogy Ádám bukása mindnyájunkra súlyosan hatott. Ez egyszerűen hangzik, de az ember történetének egész tragédiája rejlik e mondatban. Nehéz e szakasz fejtegetéseit követni; még Pálnak is munkájába kerül, hogy eszméit rendbe szedje és kifejezze. Világos, hogy kezdettől kín és halál uralkodik az emberiségen. Ezt az ember nem veheti „természet adta ténynek", ahogy az állat veszi. Igazi bűntudata van és megváltásért kiált. Krisztus új kezdés, Ő új ember-nemet alkot. A keresztény egy ugyan minden emberrel a régi világ halálos esettségében, de sokkal fontosabb az, hogy „egy Embernek, Jézus Krisztusnak kegyelmi művével" a bűn alapjában le van győzve, s a halál elvesztette hatalmát. *(1Mz 3,19; Bölcs 2,24; 1Kor 15,21-22.45-49; Róm 3,21-26; 6,23; 8,20-23; 4,15; 7,7)*

Evangéliumhoz Mt 10,26-33

A küldetési, missziós beszéd folytatásaként Máté Jézus bíztatását üzeni: „Ne féljetek!" Az előbbi részben szólt az emberek üldözéséről (10,17-25). Ezekről az „emberekről" beszél a 32. vers is: nemcsak Izraelben, hanem mindenütt, ahová eljut az Ember Fiának üzenete, ellenkezésbe és elutasításba ütközik. De ne aggódjanak sem az üzenetért, sem a maguk életéért a tanítványok! Az igét mégis befogadja majd a világ (10,28-31). A végén ígéret hangzik az igehirdetőnek is, a hallgatóinak is: Aki megvallja Jézust, azt Jézus is meg fogja vallani! Magáénak fogja vallani! *(Lk 12,2-9 ▫ 10,26-27: Mk 4,22; Lk 8,17 ▫ 10,28: 1Pt 3,14; Jel 2,10 ▫ 10,33: Mk 8,38; Lk 9,26; 2Tim 2,12; Jel 3,5)*

Szentségre várva

Áldozatával Jézus utat nyitott nekünk Isten szentélyébe (Zsid 10,19-20). De emberek felé sincs más út, csak az áldozaté. Csak *az* az evangélium jó hírnöke, aki őszinte szívvel, félelem és hamis várakozások nélkül adja tovább, amit kapott, s ami magának is élete tartalma lett.

Elmélkedés

„Én győztem a világon." Jézus ítél!

„Fenségesnek és imádandónak hirdeti magát, s íme én nem hódolok Neki; bölcsnek tartja magát, és én fittyet hányok bölcsességének s tudományának s magam esze s kénye szerint teszek". — Így szabadul ki a világ az Isten kezéből s magárahagyja a parancsoló, fenyegető, bűnt bocsátó Isten!

De végre üt az óra! A hosszantűrő Isten fölkel, hogy kipótolja dicsőségének veszteségeit, jóvátegye a világ ballépéseit, helyrehozza a bűn förtelmeit, szóval, hogy kimutassa azt; hogy ő az Úr! Ego Dominus! Ezeket a szavakat adja Izajás az Úr ajkaira: „elégtételt veszek magamnak s megbosszulom magamat ellenségeimen!" Ez az elégtétel s ez a bosszú nem a szenvedély kitörése, hanem az örökkévaló rendnek követelménye, melynél fogva elengedhetlen szükségesség, hogy Isten legyen az Úr, s neki ellent ne állhasson hatalom! Az Isten pedig ezt az ő legfőbb hatalmát kimutatja azáltal, hogy összetöri ellenségeit, a dacoló s meg nem térő bűnöst, s hogy tűzben megtisztítja ezt a földet, melyet a bűn taposott s összezúzza s kioltja a napot, holdat és csillagokat, hogy azontúl új legyen minden.

Ez lesz a világ temetése, melyet maga az Isten fog végezni. Mikor meghalt XIV. Lajos, a királyi udvar fölkérte Bossuet-t, hogy tartson a király fölött gyászbeszédet. És Bossuet a fontos pillanatban, mikor rajta függtek mindenek szemei, megütötte pásztorbotjával a koporsót s így szólott: *„Nagy az Isten és senki más"*. A közönség megrendült, mert hatalmasabb szót mondani nem lehetett. Nézzétek, hogy mi a leghatalmasabb francia király? Por és hamu; e por és hamu fölött fölragyog az Isten nagysága. Éppenúgy: nézzétek, mi a világ, a ragyogó nap s a csillogó csillagok, a föld s az ember hatalma? Rájuk üt az Úr, s porba hullnak az ítélet napján, mert nagy az Isten, és senki más! Nézzétek, mi lett színházaitokból, palotáitokból? Hová lettek a kertek és mulatóhelyek? Mivé olvadtak kincseitek? Hová veszett jövedelmetek? Mindennek vége van; nem maradt belőlük más, mint rom és hamu. Íme akkor fölocsúdnak álmaikból a hívságos lelkek, azok, kikről az Írás mondja: „Emberek fiai, miért szeretitek a hiúságot és keresitek a hazudságot?" (Zsolt 4,3)

Íme akkor világos lesz a világ előtt, hogy nagy az Isten és senki más!

De van az ítélet leírásában valami, ami azt még borzalmasabbá s az Isten haragját még rettenetesebbé teszi, s ez az, hogy a *kereszt jele* tűnik föl az égen. A kereszt annak a Megváltó Istennek, annak az irgalmas Istennek címere; a kereszt annak a Bírónak botja, aki, hogy ítélni ne kényszerüljön, szenvedett, vérét ontotta, meghalt; a kereszt annak a vándor-intőnek, Tanítónak botja, ki, hogy Isten haragjától megóvjon, járt utánunk, fölajánlta nekünk szeretetét, hívogatott magához. Mit jelent most az a kereszt az égen? Mit olvas le róla a bűnös, aki az Úr szeretetét megvetette, könnyeit nevette, vérét taposta? Mi villámlik a keresztfáról szerteszéjjel az Istent, Krisztust, az egyházat, a szentségeket megvető világba? Vajon a vigasz s a remény mécsének sugarai-e azok, melyek leolvadnak abban a végleges éjben a keresztről, vagy a haragvó Isten szemének villámai?

Nincs kétségünk eziránt, kedves hívek! A *szeretet, melyet megvetünk*, gyűlöletté, a vér, melyet szívünkbe föl nem fogadunk, méreggé változik; Krisztus vére is, ha azt tapossuk, fejünkre hull átok gyanánt, s a kereszt, ha útmutatónak el nem fogadtuk, vasvesszővé válik, hogy összetörjön. Ne gondoljuk, hogy így csak az ember gondolkozik; nem, nem; ez az isteni szívnek s igazságosságnak is törvénye, s a Szentírás biztosít róla, mert a zsidókról mondja a Szentlélek: „És mint azelőtt örvendezett az Úr rajtatok, jól tévén veletek: úgy fog örvendezni, midőn eltöröl titeket és kiirt, hogy elvesszetek a földről" (5Mz 28,63). Halljátok: azelőtt örvendezett az Úr rajtatok, jól tévén veletek; annyira szeretett, hogy meghalt értetek, s most miután megvetettétek őt, most ismét örvendez, midőn eltöröl titeket. Sőt a Szentírás az Isten végtelen haragját még erősebben fejezi ki, midőn mondja: „az Úr kineveti őket" (Bölcs 4,18); „nevetni fogok veszteteken", mondja másutt, és Ezekiel az Urat úgy mutatja be, mint aki tapsol örömében: „Én is összecsapom kezeimet és kitöltöm bosszúságomat; én, az Úr, szólottam ezt" (21,17). Fájni fog a kárhozottak lelke, hogy Isten összetöri őket; de mennyivel inkább fog nekik fájni az, hogy annak az irgalmas Istennek szívében számukra már nincs hely, s hogy megveti s kineveti haszontalan, céltalan, de rémséges fájdalmukat. Ebben a fájdalomban kiáltják majd a szerencsétlenek: hegyek boruljatok reánk, dombok, halmok temessetek el.

Íme kedves hívek! a haragvó Isten képe! Nem a képzeletből merítettük e vonásokat, hanem a Szentírásból s magának az Úr Jézusnak szavaiból. Ez az isteni harag borong minden bűnös feje fölött s végső enyészettel fenyegeti őt. Az idő múlik, s mi sietünk az utolsó ítélet nagy napja felé. *(Prohászka: ÖM, 17:326)*

†

Mondom teljes meggyőződve, nem élsz a jámbor igaz hitbe', ha üldözést keveset *tűrsz* te. *(Nagy Sz Gergely)*

A Jónak győzni kell

Nehéz dolgozni Isten dolgain.
Kiállni küzdve oldalán,
e földi csatatért megállani
s itt-ott nem ingani talán...

Rejtőzik oly csodásan földitől,
nem volna mintha Isten Ő!
Ha minden gonosz feltör, szertedúl:
Ő legkevésbé lelhető!

Vagy, cserbehagy a válság perciben,
mikor tusánk már *épp* veszít.
Úgy látszik, önerőnkre hagy, míg harc
legjobban forr, s Ő kéne itt!

Rossz: győz a jón! Jó (látszat ez?) átvált
gonoszra; romlik könnyedén...
S mi legrosszabb: jó jónak ellenáll;
ütköznek célok, vélemény!...

Jaj, Isten más, mint magunk gondolnánk,
Magasban járnak útjai.
Eszünk sövényin túl, fölül! Hová
csak gyermek-szívvel juthatni!...

Isten munkása! mégse csüggedezz!
Tanuld meg, milyen Istened!
S a legvadabb tusád közt majd tudod,
csapásid *hova üssenek*!

Háromszor áldott, kinek adatott
jó ösztön; s érzi: ott van Ő
a harc sűrűjén, Isten! szemnek míg
leginkább: nincs! oly rejtező!

És boldog az, ki Jót megsejtheti:
mely „párton", ügyben merre van?
S merészen oly félen kiáll, ami
„veszett, rossz", — nézve vaksian...

Mert: *jó a Jó*! *Isten*, ki Istened!
S a jó küzdelme végül győz!
Kétkedni ebben *hűtlenséggel* egy!
S ki hátrál: hitszegő bűnös.

(Frederick W. Faber)

ÉVKÖZI 13. VASÁRNAP

1: Isten megjutalmazza a sunemi asszonyt, aki segíti az Isten emberét. S: A keresztség által meghaltunk a bűn számára, éljünk új életet Krisztusban! E: Krisztus követése súlyos áldozatokat is követelhet.

Aki komolyan Jézus mellé áll, azt is vállalja és kapja, hogy sokan, talán legközelebbi hozzátartozói is elidegenülnek. Megesik ez ma hagyományos keresztény vidékeken is, katolikus családokban, közösségekben is! Nem szeretik a nyugtalanítót, a „fanatikust". — Jézus tanítványa nem fanatikus, nem rajongó. Boldog, hogy Jézusra talált, és nem tud arról hallgatni, akivel tele a szíve. Nem lép föl igényekkel: de aki jó hozzá, annak maga az Isten hálás.

Első olvasmányhoz 2Kir 4,8-11.14-16

Elizeus próféta nagy csodatévő, mindenki tiszteli és féli is, akárcsak elődjét, Illést. A sunemi asszony szívesen szállást ad neki, mert Isten szentemberét látja benne. Hogy a gyermektelen nő valamiképp anyai szeretettel kezeli, az természetes és még rokonszenvesebb előttünk. Elizeus hálás a vendégszeretetért (a próféták is emberek!); és Isten is megáldja érte az asszonyt és a férjét: teljesül legforróbb vágyuk. Jézus evangéliumi igéje: Aki prófétát fogad be, a próféta jutalmát kapja, — igaz volt az Ószövetségben is. *(1Mz 18,10; Mt 10,40-41)*

Válaszos zsoltár Zsolt 89(88),2-3.16-17.18-19

Hódolat és hűség Istenhez

Szentleckéhez Róm 6,3-4.8-11

Isten újra visszafogad magához. A bűn arra szolgált, hogy Isten irgalmát jobban fölragyogtassa. A keresztség Jézus halálába való alámerülés volt és az Ő életére való ébredés. Mai állapotunk hasonló a föltámadottéhoz, de nem teljesen azonos vele. Új valóságba kerültünk ugyan, Krisztusban és Krisztus által Isten mindent megadott, de a kapottakat a hit és engedelmesség igenjével kell megerősítenünk. Élnünk kell az elnyert lelki szabadsággal, bele kell tanulnunk az új életbe. Halál és megdicsőülés közt feszül ki jelen életünk. *(6,3-4: Gal 3,27; Kol 2,12 □ 6,8-11: ApCsel 13,34; 1Kor 15,26; Zsid 2,14-15; Róm 3,7-8; 5,20; 2Kor 5,17-19)*

Evangéliumhoz Mt 10,37-42

Nem minden tanítványra vár vértanúság, erőszakos halál a hitért. De Jézus követése mindazoknak, akik Őt komolyan veszik, állandó elszakadások sora, mintegy halálon átmenő élet. Ez nemcsak szerzetesekre igaz. A küldetés-beszéd vége (Mt 10, 40-42) a kezdéshez tér vissza: a tanítványok küldetése Jézus küldetésének folytatása, sem több, sem kevesebb. „Próféták és az igazak" Máté evangéliumában az Ótörvény isteni emberei. Hozzájuk hasonlítja az Úr a tanítványokat: aki őket befogadja, annak Isten maga lesz hálás. (Próféták és igazak: Mt 13,17; 23,29-35) *(10,37-39: Lk*

14,26-27; Mt 16,24-25; Mk 8,34-35; Lk 9,23-24; 17,33; Jn 12,25 ▫ 10,40-42: Lk 10,16; Mk 9,37; Jn 12,44; Mk 9,41)

Szentségre várva

A befogadott vendég Isten hírnöke, akár Isten gazdagságáról szól, akár az ember szegénységéről. Boldog vagy, ha nem tudja megfizetni, amit neki Isten kedvéért teszel. Akkor téged is úgy fogad be Isten — ingyen.

Elmélkedés

Keresztdhordozás

„Ki nem veszi föl keresztjét, nem méltó Hozzám." „Mi okáért ment Krisztus ily nagy pompával szenvedésére Jeruzsálembe?" — Botránkozások juthatnak eszünkbe Krisztus keresztiből, kínszenvedéséből... Krisztus mindenek láttára vígan ment hóhéri közé. És hogy megértenők, mily nagy örömmel ment a halálra, kínszenvedése napját királyi koronázásának és mennyegzője napjának nevezte... Szenvedése előtt is megmondta, hogy „kívánva kívánta" ezt a napot: szorongatással várta eljövetelét és szorgalmazta Júdást, hogy hamar bánjék dolgával. Óh csodálatos szeretet!... Ha világi dicsőségre jönne és ily örömmel jönne hozzánk a mi Istenünk, úgy is kimondhatatlan kegyesség volna. Ha pedig szenvedésre ily vígan jő érettünk, meggyőzi irgalmasságával minden hálaadásunkat... — Megtanít, hogy minden világi dicsőséges állapot keserűségekkel elegyedik mindenkor; minden nevetség: fájdalommal elegy, és az öröm vége: sírás. Hamis csaplár e világ, vízzel elegyíti, ha bort ád is... Necsak kincseidet, de saját testi ruhádat se kíméljed Krisztustól, lába elé terítsed, szolgálatára fordítsad! — De még inkább feslett erkölcsökből, a „régi embernek" belső öltözékeiből vetkőződjünk — vessük lába alá, ővéle tapodtassuk régi rossz erkölcseinket; mert méltó, hogy akik e szent napokban igaz penitencia által *Krisztusba* öltözünk, ezt a drága penitencia-öltözetet tiszta szeretettel viseljük. *(Pázmány: Virágvasárnapi 1. beszéd)*

†

Hordozni a keresztet: harc ez

Urunk kínszenvedése mindezen világ végéig eltart, amint Őt tisztelik a szentjeiben, s Őt szeretik. Szegényben Őt ruházzák, Őt is táplálják — úgy mindegyikben, igazságért aki szenved, Őt bántják! „Mert mind, aki jámborul Krisztusban élni vágyik, mind üldözést az szenved!" (2Tim 3,12) — eljut keresztfáig... Kimondják e szavak, hogy mindaz tunya-lagymatag, akit *nem* bánt semmi üldözés, bár béke avagy harc alatt... Csak evilágnak szeretői tudnak véle vígan évelődni... A jogtalanság és igazság között nincs semmi „jó barátság". Nincs igaz szónak és hazugnak sem „kiegyezése". Sötétség, Világosság alkuvásra hogy is lépne? Bár jóknak jámborsága a rosszat téríteni vágyja és általuk a Kegyelem sok gonoszat megszánna: de Gonosz Lélek nem szűnik a jóra leskelődni, titkos cselekben, nyílt harcterekben vad rohamokkal mélyekből a sötét angyalok rátörnek, gyötrik szent apostolt és jóakarót... Mert minden, ami helyes, — őnekik: „ellenség", és minden szent a pokolnak ijedség! Ám nem árthatnak, csak addig, míg Ég azt hagyja, s az igazságot megpróbálja, hogy *fegyelmezze*, megjavítsa, hogy türelemre megtanítsa... De Gonosz *legravaszabb* cselszövénye árthat úgy, hogy nem „büntet": hogy „kímél"! „Kegygyel" jön az ön-fajának! Jaj sokakat a Hízelgő olyannyira elámít, hogy félik vad dühét, hogy keresik kegyét, hogy sokjuk véle „békét" áhít... Pedig a démon legsimább kegye legártóbb mérgű; s az őrült vágy, hogy démon „hű csókját" vegye: — tüzes sebet kap: égetőt örökre... Ezerszer biztosabb, ha ördög gyűlöl minket, mint békét kötni, míg ő készíti vesztünket. „Kereszted vedd föl!" annyi ez: hogy öld ki kéjre vágyod, hogy irtsad ki a becézett hibádat, hogy törd le hiú dölyfödet, s tagadd meg minden tévelyed! *(Nagy Sz Leó 58. és 37. beszédéből)*

†

Krisztus követése: keresztihordozás

A kereszt itt szerepel először a Máté evangéliumban. Krisztus követése esetleg többet is kíván, mint elszakadást a földi kötelékektől. Az apostoli igehirdetés a teljes és odaadó követést már azzal foglalta képbe, hogy fel kell tudni venni az ő keresztjét. Az evangélium örömhír, és az üdvösség ígéretét hozza, s minden hívő így fogadja azt el, nem pedig úgy, mint nekikeseredett vállalkozást. Attól tehát óvakodnunk kell, hogy a hit melletti döntést sötét színekbe állítsuk be. Inkább arról van itt szó, hogy akkor sem szabad visszariadni és akkor is ki kell tartani, ha a követés áldozatba kerül. Akkor is van vigasztalás: éppen az, hogy Krisztus keresztjét vettük magunkra. Annak hordozása pedig érték, hiszen része a megváltás megvalósulásának. Ha pedig az ő keresztjét vesszük magunkra, akkor erőt ad annak hordozására is. *(Jakubinyi: Máté evangéliuma, 132)*

†

Vezeklés

Mi zordonságot illeti, félek, hogy nemigen öltök vezeklő ingeket, nem alszom puszta földön, nem élek vízen és kenyéren, stb., — mert sietek már 60-ik évemhöz, és testi jólétem is letörőben. Nem hiszem, efféli kemény módokat sokáig állnék. Mégis, ha egy bölcs lelki ember ajánlaná őket, úgy vélem — hacsak önszeretet nem áltat el, — elég készséggel venném föl az ilyen „önfenyítőt". *(Bellarmin Sz Róbert)*

Sz Ignácot fölhatalmazás nélküli, utcai prédikálásaiért a salamancai hatóság bebörtönzi, bilincsek közé! Mendoza — utóbb bíboros — meglátogatja ott, és sajnálkozik rajta. Ignác: „Önnek is mondom, amit épp előbb egy szánakozó hölgynek: Úgy látszik nagyon kevés a Krisztushoz való szeretet szívében, különben nem vélné oly nehéznek e pár bilincset Őérte! Kijelentem önnek: egész Salamancának nincs annyi bilincse, lánca és kötele, amennyit én viselni vágyom Isten szerelméért."

†

Szentek: Utánozni ne szégyelljük, mit örömmel megünneplünk. *(Sz Ágoston)*

†

Történelmen csak azon ügyek-eszmék gyöngék s halnak, — mikért halandók halni nem akarnak. *(Sheen)*

ÉVKÖZI 14. VASÁRNAP

I: Az eljövendő Megváltó egészen szegényen jön hozzánk: a béke fejedelme lesz, aki a boldog jövőt hozza. S: Ne a test szerint éljünk! Isten Lelke irányítson bennünket! E: Istent és az Ő igazságait csak jóakaratú, alázatos emberek ismerhetik meg.

A politikában és a magánéletben is csak a keményeknek van reményük sikerre; az egyszerű, egyenes lélek „naivnak” számít. A jólelkűt és önzetlent pedig kihasználják. — Jézus lemondott a hatalom fitogtatásáról és az erőszak alkalmazásáról. Tudós vagy költő gyanánt sem csodáltatta magát. Szava hatalmas volt, Ő mégsem a siker fia. Jólelkű, önzetlen volt, és így jelölte ki a mi utunkat is — nem a siker, hanem a béke felé. A keresztény hordja belül a békét, és sugározza azt kifelé.

Első olvasmányhoz Zak 9,9-10

Zakariás próféta idején már nem volt király Izraelben. Mikor a korábbi prófétákat követvén a Messiást királynak mutatja be, ennek fölléptét egészen másnak írja le, mint a föld hatalmasainak jelentkezését és sikerre törését. Ezt a mi királyunkat még el is vetik és népe megöli: — a nép, melyért Ő meghal. Hasonlót mond a „Másod-Izajás” az Isten-szolgáról (Iz 42,1-4; 53). Mivel alázatos és igaz, Isten győzelemre segíti Őt a halálon keresztül és megváltójává teszi a nép maradékának és minden népnek. — Zakariás jövendölését az Újszövetség több helyütt is Krisztusra érti. Vajon készek a keresztények és „keresztény népek” elfogadni egy alázatos, szegény Messiást? Messiást, aki erőszak nélkül hoz békét? *(9,9: Szof 3,12-13.14-18; 1Mz 49,11; Mt 21,5; Jn 12,15 ▫ 9,10: Mik 5,9; Iz 11,6-9; Oz 2,20; Zsolt 72,8; Ef 2,17)*

Válaszos zsoltár Zsolt 145(144),1-2.8-9.10-11.13-14

Isten nagy jósága

Szentleckéhez Róm 8,9.11-13

Sz Pál nyelvén az oly ember, aki Isten elől elrejtőzik és elzárkózik, mint Ádám, — „test”. Korántsem azonos e szó az anyagi testtel. Lehet, hogy a mai embernek a „test cselekedetei” (Róm 8,13) inkább érhető, mintsem a „test”; és ezeket jellemük szerint bálványozzák vagy elkárhoztatják. Pál szerint azonban az ember lelke is éppúgy lehet „test, testi”, mint a „halandó teste” (8,11): ha nem kész befogadni Krisztus szellemét és hagyni, hogy ez átváltoztassa (8,9); — a test és lélek különbsége megfelel a halál- és életének. A jelen emberében feszültség van test és lélek, élet s halál közt. A lélek Isten életereje; s a feszültség a „halandó test” és a megújult lélek közt nem azzal oldódik meg, hogy a lélek megszabadul a testtől, hanem, hogy Isten Lelke a halandó testet is élővé és szellemivé teszi. *(8,9: Róm 7,5-6; Zsolt 51,13; Jn 3,5-6 ▫ 8,11-13: Róm 6,4.8-11; Gal 6,8; Ef 4,22-24)*

Evangéliumhoz Mt 11,25-30

Az „ujjongó kiáltás”, mellyel Jézus Atyjához fordul, Jézus föltárulása, amely a Máté evangéliumban különleges magasztos pillanat. Mint Fia, Jézus mindent megkapott Atyjától: Isten ismeretét, hatalmában való részesedést. Okoskodó „bölcsek", kik Istenről-világról kész véleménnyel vannak, ezt a megdöbbentő üzenetet sosem fogják érteni. Jézus mindeneknél jobban ismeri Atyja titkát és azokkal közli, akik képesek felfogni (11,28-29): a szegényekkel, éhes, fáradt emberekkel... Nekik szól Jézus meghívása és ígérete. *(11,25-27: Lk 10,21-22; 1Kor 1,26-29; Mt 28,18; Jn 3,35; 17,2; 10,15 ▫ 11,28-30: Jer 31,25; 6,16; Iz 28,12; 1Jn 5,3)*

Szentségre várva

A test mitsem ér, a lélek az, mely elevenít. — A Lélek gyümölcsei: szeretet, öröm, béke, hosszú tűrés, nyájasság, jóság, hűség, önzetlenség.

Elmélkedés

Kinevetik az igaznak egyszerű voltát

Kigúnyolják a jámbornak együgyűségét! E világ bölcsessége: cselfogásokkal takarni a szívet; szavakkal leplezni érzéseket; a hamisat igaznak föltüntetni, az igazat hamisnak. Effajta okosságot nagy gyakorlattal űznek az ifjak, pénzért tanulnak a gyermekek. Aki ért ehhez, a többit megvetve pöffeszkedik; aki nem ért hozzá, azt mint esetlen-félénket bámulja a többség; mert ezek szeretik a kétszínű álnokságot szép névbe takargatni: a szív elvetemültségét ugyanis városias „csiszoltságnak" hívják. Ez a hódolóinak azt parancsolja, hogy tisztség polcaira törjenek; ha elérik a múló dicsőség hívságát, örvendjenek; ha másoktól sérelmet szenvednek, sokszorosan torolják vissza! Ha győzik erővel, senki ellenállót ne tűrjenek! erejük fogytán, ha mit ádázan nem tudtak elérni, békés nyájasságot színlelve kíséreljék meg. — Az *igazak bölcsessége* viszont ez: semmit sem játszanak meg „affektálva"; föltárják szavuk, ahogy éreznek; szeretik, ahogy van, a valódi dolgot; kerülik a hamisat; inkább tűrik, mintsem teszik a rosszat; sérelemért nem állnak bosszút; és az igazságért gyaláztatni: — nyereségnek tartják... De ezt az együgyűségét a jámbornak gúnyolja a világ, mert bölcsei azt hiszik: az erényes tisztaság: — bambaság! Szemükben minden ártatlan tett: nyilvánvaló butaság... Mi is ostobább *e világnak*, mint őszintén szólni, nem színlelni, sőt rágalmazókért imádkozni, szegénységet szeretni, vagyont odahagyni, erőszaknak ellen nem állani; s az arcul verőnek másik orcánkat odafordítani? *(Nagy Sz Gergely: Moralia, 10:16)*

†

Keresztények élete

A keresztények egyetlen Istent ismernek: mindenek Teremtő- alkotóját, vele egy Isten egyszülött Fiát s a Szentlelket. Kívüle más isteneket nem imádnak. Parancsokat követnek; az Úr Jézus Krisztus maga véste a szívükbe s ők híven tartják, várván a holtak föltámadását és egy jövendő örök életet. Házasságot sose törnek, se fajtalanná le nem züllenek, hamis tanúként sose szólnak, másoktól nem kívánják el a jókat. Tisztelik atyjukat-anyjukat, szeretik feletársukat és igazsággal ítélnek. Mit önmaguknak ők tétetni nem kívánnak, azt ők se teszik senki másnak. Megkérlelik, ha ki őket bántja, szert tesznek benne jó barátra! Mohón jót tesznek ellenüknek; jó indulattal válaszolnak. Törvénytelen üzlettől távol állnak, minden tisztátlan dolgokat utálnak. Nem nézik le az özvegyet, nyomorgó árvát. De akinek van, bőkezű azokhoz, akiknek nincsen semmijük. Jövevényt ha látnak: a födél alá bébocsátnak, úgy örvendezve rajta, mintha testvérük volna. És Krisztusuk nevéért az életük átadni készek. *(Athéni Arisztides hitvédő művéből)*

Boldog Bánfi Buzád, domonkos vértanú, †1243

ÉVKÖZI 15. VASÁRNAP

I: Az isteni szó újjáteremtő erő, amely üdvösségre vezet. Minden beteljesedik. S: Az egész teremtett világ a végső megdicsőülést várja. E: Isten igéje csak készséges lélekben hozza meg termését.

Isten embereken keresztül és emberi nyelven szól az emberekhez. De a mi nyelvünk emberi; csak a teremtmény igazságát mondhatja. Kimondható-e egyáltalán *Szóval* az Isten igazsága? — Csak egy *Ige* van, ami Isten igazságát valóban képes kimondani, az örök és megtestesült Ige: a Fiú. Minden más csak hasonlat. Minden szóról és jelről kérdeznünk kell, mit jelent voltaképp. Az igazságot, melyet Jézus hasonlataival és szavaival kinyilatkoztatott, olyan mértékben fogjuk megérteni, amennyire egyetértünk velük és Ővele...

Első olvasmányhoz Iz 55,10-11

Izajás 55,10-11 versei: mindannak végső értelme és alapja, amit Isten tett népéért történelme folyamán. A második rész végén állva, visszanyúlnak a kezdetnek fölséges témájába: „a mi Istenünk igéje pedig örökre megmarad" (40,8). Isten Igéje: ez az Ő örök gondolata és akarata, amely meghatározott időben kilépett Isten csöndjéből és ellenállhatatlanul „elvégzi azt, amire Én küldöm" (55,11). A szent szöveg esőhöz hasonlítja az igét: itatja és termékenyíti a földet. — A mai evangéliumban Isten igéje maga a mag, mely földbe hull, és termést hoz, ha jó talajba esett. *(5Mz 32,2; Iz 9,7; 45,8; 2Kor 9,10; Bölcs 18,14-15; Jn 1,1-4)*

Válaszos zsoltár Zsolt 65(64),10.10-11.12-13.14

Hála és dicsének

Szentleckéhez Róm 8,18-23

A szenvedés jelen van életünkben. Nem enyhül azzal, hogy az emberen kívül is föllelhető. Sőt az ember az, aki meghallja a természet „nyögését, sóhaját", tudja, hogy ő a felelős, ezért a szabadító választ is ő neki kell adnia — és adós marad. Korunk emberéről talán még azt is elmondhatni; bedugta fülét, hogy ne halljon, és hogy durván érvényesítse magát még a természeten is! De az ember azzal nem tökéletesedik, ha pusztítója ennek, csak ha papja, szószólója és közbenjárója. Az ember által kell az egész teremtésnek Isten öröklétében részesülnie, azzal, hogy „megváltja testét" Isten gyermekeinek szabadságára és dicsőségére (Róm 8,21.23). Az ember és a teremtés közös szenvedése: ez az új teremtés vajúdási kínja. *(8,18-19: Róm 5,2-5; 2Kor 4,17; Kol 3,3-4; 1Jn 3,2 ▫ 8,20-23: 1Mz 3,17; Oz 4,1-3; 2Pt 3,11-13; Jel 21,1; 2Kor 5,2-5)*

Evangéliumhoz Mt 13,1-23 vagy Mt 13,1-9

Sz Máté 13. fejezetében hét hasonlat szól a mennyek országáról, azaz Isten királyságáról. Az első a magvetőről szóló példabeszéd (13,3-9) és annak magyarázata. Közben a példákban való szólás céljáról is beszél (13,10-17). A magvető és a konkoly példabeszédét megmagyarázza az Úr övéinek. Miért? És miért szól rejtvényekben? Máténál kevésbé keményen indokolja Jézus, mint Márknál (4,11-12). Abból indul ki, mint a fenti Izajás szöveg, hogy az emberek igazában nem hallanak. Nem tudnak hinni, mert nem készek engedelmeskedni, a „szót *megfogadni*". A „mennyek országa titkai", vagyis Jézus tanítása Isten igényéről és ígéretéről csak annak érthető, aki Jézusban hisz, és Őbenne találkozik a titkosan megnyilatkozó Istennel. *(13,1-9: Mk 4,1-9; Lk 8,4-8 ▫ 13,9: Mt 11,15; Jel 2,7 ▫ 13,10-17: Mk 4,10-12; Lk 8,9-10; Mt 25,29; Lk 8,18; Iz 6,9-10; Jn 12,40 ▫ 13,18-23: Mk 4,13-20; Lk 8,11-15; Jn 15,16; Gal 5,22)*

Szentségre várva

A példabeszédben több igazság van, mintsem a szavak közvetlen értelme: így van a Szentséggel is. A szentségi jelekben (kenyér és bor) rejtőzik az istenemberi jelenlét titka, de csak hívő szem láthatja. Isten országa és dicsősége ebben is kinyilvánul és valóság lesz.

Elmélkedés

Konkolyhintő (és zavar-keltése) ma

Egyház és a „kor". Hogy viselkedik ma a világ a háború közepén [II. világháború]?! Hogyan megváltozott! Ötven éve folyton azt hangoztatta: Nem kell a lelki tekintély! Ne szóljon bele ügyeinkbe! — Az utóbbi években [és mind azóta] azt nyögi: „Miért nem hat nagyobb tekintéllyel a lelki hatalom?!" Jó 150 évig azon volt a világ, hogy kiűzze a hit erejét a közéletből; most azon dühöng: a hit miért nem csinál békét a „házban", — ott, ahonnan őt kiverte! Épp ők, kik 20 éve mindent elkövettek Őt gyengíteni, most nyöszörögnek, hogy hol hát az Ő ereje? — *Érték* ma azonosult a mértékkel; ezért jutottak oda, hogy ami nem mérhető, számokra nem szedhető, az meg sem ismerhető! Így őnáluk az ilyen ismeretlen annyi, mint *valótlan!* — Azt hiszi a nép, a *Gonosz* okvetlen kórcsíra, baktérium, bomba, légitámadás, robbanás, vonatroncsok, vagy csődvallott bankok jelmezében állít be. Felejtik, hogy a legfőbb baj emberre — jöhet bizony és jön bizonnyal ember-*eszmék* öltönyében. — Mihelyt a Rossz világba lépett, a *halál* áldásnak tűnt föl, mert ha ez nem jönne, a Rossz vég nélkül nyomorítana! Ezért állított az Úr lángpallosú angyalt az Éden kapujába, nehogy az *esett* ember a „Halhatatlanság fájáról gyümölcsöt éve", gonosz-voltát örökéltűvé tegye! De a halál miatt a gonosz nem folytathatja vég nélkül az ő átkos művét.

Krédónkat életünk módjához igazítjuk inkább, semhogy a Krédóhoz életünket! *Hitünket* tetteinkhez szabjuk, nem pedig tetteinket a hit mércéjéhez. „Elméleti síkon" még tartanánk a vallásunkat, nehogy ez szemünkre hányja erkölcsünket! De ott ülünk az élet zongorája előtt és dühödten valljuk, hogy *minden* hang amit leütünk, *helyes*, dallamos, csak azért, mert *mi* ütöttük le. Hitünk hiányát is igazolhatjuk. — „Nem járok templomba, de jobb vagyok azoknál, akik odajárnak!" — Kényelmes szülők nagy tévhite, hogy gyermekeik nevelése az *iskolától* függ! De az iskola nem fő nevelő, csak másodlagos, csak hozzá pótol. Tanítói tekintélyt is a *szülő* ruházott rája, delegált korlátolt jogot, az apa-anya alapvető jogából töredéket [amit ezek vissza is vehetnek]. Nincs oly iskola, mely szülőket helyettesíthet.

Világ sosincs *válságok*: krízis nélkül; mert a krízis az „ítélet" (vö. kritika), ítélet azon, ahogyan él, ahogy vélekszik, ahogy másokkal cselekszik. Minden ítélő krízis főpróba a Végítélethez! — A „félreutak": juttatás, csúsztatás, egyéb kilengés mentsége két fajta. Első: *Mindenki* így tesz! Az a feltevés itt, hogy a jó vagy rossz kérdését a tömeg dönti el, nem pedig egy örök mérték. Pedig ami helyes, akkor is helyes, ha senki sem követi, senki sem „helyesli", a rossz meg rossz, ha mindenki abban leledzik is! — A *jövő ütközetje* az *Istenben* hívők és az *államban* hívők között fog lezajlani, Krisztus és Antikrisztus közt, a *politika* álarcában. *(Sheen püspök több szövegéből)*

†

A magvető

„Íme a magvető kiméne vetni és midőn vetett, némely mag az útfélre esék, és eljövén az égi madarak, megevék azt. Némely pedig köves helyekre esék, hol nem vala sok földe és hamar kikele, mert nem vala mélyen a földben; de a nap hőségében kiége... és némely a tövisek közé esék és felnövén, a tövisek elfojták azt... és némely jó földbe esék és kikelvén, termést adott és terme némely harminc-, némely hatvan- és némely százannyit" (Mk 4,3). A magvető vet; magva az Isten igéje s a kegyelmi benyomások, a hitből való gondolatok s indulatok. Kezéből a mag ki nem fogy; kegyelme reng a lelken, mint csendes esőben a fa ágain a cseppek; fénylik, reszket, mint az őszi réten a pókháló szálai. „Lélekkel van telítve minden" a belső világban, mint spórákkal, magvakkal a természetben; csupa életcsíra; pálmák, füvek, fenyők, borókák lesznek belőlük; erő és gyöngeség, vagy szépség és kórság. Függ az égtől, a melegtől, a rátermettségtől; függ a készségtől, a pihentségtől, az üdeségtől, az odaadástól. Jaj, Istenem, lelkem a föld, s te vagy magvetője; szánts fel, öntözz meg, boronálj föl; menj végig rajtam imádságos gondolataiddal, kegyelmed napsugarával, elérzékenyülésed harmatával, vágyaid szellőjével; add ezt mind, s mondd; földem, édes szántóföldem, nem csalsz meg!

„Némely útfélre esik"... az út is föl van törve, de keréknyom s nem barázda van rajta. Tapossa buta talp, sarok, pata, csülök; jön-megy rajta a világ. — Van ilyen lélek is, melyben ki-be jár sok oktalan, sáros gondolat, melyre rávetődik a hír és benyomás. Vannak lelkek, melyek olyanok, mint a korcsmák vagy a cigánysátrak az útfélen; ott elmélyedést, elmerülést, magábatérést hiába keresünk; ott nem gyökeresedik meg semmi. A madarak, melyek az Isten magvait megeszik, a könnyelmű, szárnyaló, elrebbenő indulatok. A napnak tarkasága, a szeszély és rossz (vagy) jó kedv csipkedik el a szemet. Össze kell magamat szednem, magamba kell térnem, ha akarom, hogy az Isten kegyelme gyümölcsöt hozzon.

„Némely pedig köves helyekre esék"... „Ez az, ki az igét hallja és mindjárt örömmel fogadja, de nincs gyökere": ha van készség a jóra, de kitartás, belső izzás nélkül; ha tudunk lelkesülni, de ha a lelkesülésnek nincs tüze. „Humusz" kell a termékenységhez s „humor" is. Be kell vennünk Isten igéit s erőit, s magunkévá tennünk, s az ellenkező behatások ellen élénk ellentállást kell kifejtenünk. Legyen

örömünk az erős s kitartó akaratban!

„Ami pedig tövisek közé vettetett, az, ki az igét hallja, de e világi szorgoskodás és a gazdagság csalárdsága elfojtja az igét és gyümölcstelenné leszen" (Mt 13,22). Ó tövises lelkek, hol a gazdagság s az élvezet gondjai éktelenkednek vagy ahol az izgalmas életharc, a kapkodó munka s a keserű szegénység ijeszt. A gazdagság küzdeni elfelejt; az élvezet alacsony, nemtelen lelkületet nevel; a keserű szegénység pedig elzsibbasztja a szívet. Ezek mind akadályai a szerencsés lelki fejlődésnek. Ne adj, Uram, gazdagságot, de a szegénységtől is óvj meg engem; tövis mind a kettő, mely könnyen széthasítja a lélek lombját s virágát.

Ami pedig jó földbe esett s eltemetkezett s fölszívta magába a föld nedvét s fölébredt az ég melegétől s kibontotta szikeit s fölegyenesedett s kinyújtotta szárát s földolgozta az energiát, az 30- és 60- és 100-szoros gyümölcsöt hozott a belső képesség s a külső segítség szerint. S az mind jó volt. Isten várja a gyümölcsöt tőlem is; sokat adott; abban a tudatban kell élnem, hogy hitvány ember volnék, ha minden erőmből nem gyümölcsöztetném kegyelmeit. Tekintsek lelkembe: tehetnék-e még 30-, 60-, 100-szor annyit, mint amennyit most teszek? nem a sokféleséget, de a hitből vett lelkületet, a nemes érzést, a buzgalmat s a szeretetet véve. Bizonyosan van még fokozat erre bennem! *(Prohászka: ÖM, 6:174; 224)*

†

„A mennyek országa titkai"

Az evangéliumokban a görög „müszterion" (titok) szó csak itt fordul elő (vö. Mk 4,11; Lk 8,10). Jánosnál nem szerepel. A szó maga mély titkot jelent, amelyet nem lehet egészen felfogni, csak meglepődve szemlélni. Isten országának titka: az ország megérkezése, ahogy azt a próféták megjövendölték. Az ország Jézussal érkezik el, ő tárja fel titkait, amelyek el voltak rejtve a világ teremtése óta (13,35). Ezért ő a kinyilatkoztatás záróköve, benne mentek teljesedésbe az ígéretek. Ettől kezdve beáll az elkülönülés: a tanítványok elfogadják, azért meg is értik a példabeszédek tanítását. Nem saját erejükből, hanem kegyelmi ajándékként („adatik"). A kívülállók („nekik") ezt az ajándékot utasítják el, ezért ők a példabeszédekben rejlő tanítást sem akarják megérteni vagyis elfogadni. *(Jakubinyi: Máté evangéliuma, 160)*

†

Annyira munkál mibennünk Isten, amennyire mi bízunk Őbenne. *(Nagy Sz Vazul)*

ÉVKÖZI 16. VASÁRNAP

1: Isten bölcs mérséklettel kormányozza a világot, és reménnyel tölti el a bűnbánó embert. S: Az Istennek tetsző imádságot a Szentlélek sugalmazza bennünk. E: A jók és rosszak szétválasztása az ítélet napján következik be.

A mezőn búza és konkoly keveredik. Így van az Egyházban is: mindig bűnösökből és szentekből állott. Hol e kettő közt a határ? Ki dönthet erről? Túlbuzgók nekiesnének minden konkolyt azonnal kigyomlálni, ők oly jól tudják, hol a konkoly! De Isten nagyobb, Ő ráér, várhat. Mindenkit hagy, járja végig a maga útját, nőjön a konkoly is. Csak aratás napján fogjuk tudni, mi volt konkoly és mi búza. Az aztán jó nagy meglepetés lesz!

Első olvasmányhoz Bölcs 12,13.16-19

Sok módon lett láthatóvá Isten bölcsessége népe történetében: hatalmas segítségben, ítéletben, irgalomban. Legnehezebb érteni, ha az Úr éppoly türelmes és belátó a rosszhoz, mint a jóhoz. Gyöngeség az vagy közöny, hogy Isten kíméli ellenségét? De hát ki az Ő ellensége? A jámbor zsidó (s alkalmasint a jámbor keresztény is) hajlandó jókra és rosszakra osztani az emberséget. S a „rossz", az mindig a másik! Isten jobban tudja. Bölcsessége és hatalma éppúgy megnyilvánul türelmes kivárásban, mint büntető ítéletben. És „az igazak" is rászorulnak az isteni irgalomra! *(12,13: 5Mz 32,39; Jób 34,12-15 ▫ 12,18-19: Zsolt 115,3; 135,6; Bölcs 11,23)*

Válaszos zsoltár Zsolt 86(85),5-6.9-10.15-16

Az irgalmas Isten

Szentleckéhez Róm 8,26-27

„Hit" helyett Sz Pál „reményt" is mondhatna (Róm 8,24). Ez jelzi, hogy földi keresztény életünk még tökéletlen, nem kész. Nőnie, érnie kell, mint egy gyermeknek. A Szentlélek új életet adott, és tanít ez életnek kezdő lépéseire, alapműveleteire. A Háromságban Ő a „lélegzet", Ő tanít minket is lélegzeni: imádkozni! Ismeri az Istenség mélységét és az emberszív titkait is, jobban, mint mi magunk. Mivel még nem jutottunk Isten szabadságára és végtelenségébe, imánk is életünk szűk voltától, ellentmondásaitól, visszásságaitól szenved. Csak nyögdel és sóhajt a szabadulás és a beteljesülés utáni vágytól. A „szentek", vagyis a hívők gyöngék, azért „akadozik bennük a Szentlélek munkája". De a Lélek velük marad, hiszen Őtőle „szentek". *(Zsid 11,1; Róm 5,5; 8,15; 1Kor 2,10; Gal 4,6; Jer 11,20)*

Evangéliumhoz Mt 13,24-43 vagy Mt 13,24-30

Ahogy a magvetőét, úgy itt a konkoly példáját is magyarázat követi. Mindkét példázat vetés-aratás körül forog. A jelen idő az Egyházban a vetésé és a növekedésé. Az aratás az ítélet napja, amely szétválasztja a jókat és gonoszokat. Nem mindenki, aki az Egyházban él és virul, kiválasztott és örök életre született. Ugyanezt mondja majd a halfogás példája (13,47-50) is. Amennyiben e hasonlatok Isten igéjéről szólnak és Isten országának történelembeli sikeréről és kudarcáról, annyiban magáról Istenről és világkormányzó eljárásáról is nyilatkoznak. Türelemmel, belátással működik, de egyben ellenállhatatlan erővel hat az igéje. Ezt mutatja a mustármag és a kovász közbeiktatott példája. *(13,30: Mt 3,12; Jn 15,6 ▫ 13,31-32: Mk 4,30-32; Lk 13,18-19; Ez 17,23; Dán 4,9.18 ▫ 13,33: Lk 13,20-21; ▫ 13,34-35: Mk 4,33-34; Zsolt 78,2 ▫ 13,36-43: 1Jn 3,10; Dán 3,6; 12,3)*

Szentségre várva

A Jó e világon nem tenyészik „zárt kultúrában", üvegházban, sem a magánéletünkben, sem a közösségben. Együtt létezik a rosszal. „Jó és rossz ember" felől ítélni nem mi vagyunk illetékesek. Isten elfogad minket és „adományainkat", nem mert jók vagyunk, hanem mert Ő jó, s mert Jézus meghalt miértünk, mindnyájunkért.

Elmélkedés

Ítélni lélek szerint

A lelki ember mindent meg tud ítélni, vagyis tudja, hogy (nem alattvalója e világnak, hanem) hatalma vagyon (uralkodni) a tenger halai, az ég madarai, a földkerekség barmai, vadjai és csúszómászói fölött, valamennyi csak mozog a föld hátán. Ez tisztára értelmi munka eredménye, amellyel fölismeri Isten gondolatait a világban, viszont ennek híján az ember értetlenül viseli ember-méltóságát, „olyan, mint az oktalan állatok és hasonló azokhoz" (Zsolt 48,13).

Mivel azért alkottál minket, Uram, hogy jót cselekedjünk, bőséges kegyelmet adtál Egyházadnak. E kegyelem erejében a lélek szerint elöljárók is, meg a lélek szerint nekik alárendeltek is *természetfölötti módon, lélek szerint ítélnek.* Mire vonatkozik ez a lelki ítélni-tudás?

a) Nem vonatkozik a kinyilatkoztatott igazságokra, amelyek firmamentumunkon ragyognak, mert sem okunk, sem jogunk nincs arra, hogy a legmagasabb tekintély felől ítélkezzünk.

b) Nem vonatkozik Szentírásodra sem. Lehet ugyan, hogy egy és más nem világos benne, de mivel értelmünket alávetjük neki, rendületlenül hisszük, hogy az is, amibe pillantásunk be nem hatolhat, biztos és csalhatatlan igazság. S különben is az ember, jóllehet immár lélek szerint él és „meg is újhodott Isten ismerete és annak képmása szerint, aki őt teremtette" (Kol 3,10), ne akarjon „ítélője lenni a törvénynek, hanem legyen teljesítője" (Jak 4,11).

c) Nem vonatkozik arra a különbségtételre sem, hogy kik a lelki, és kik a testi emberek, hacsak a te pillantásod ismeri őket, a mi szemünk láttára pedig még semmi olyant nem műveltek, hogy gyümölcseikből megismerhetnők mivoltukat. Te ellenben ismered a tieidet, különválasztottad és titkos terved szerint meghívtad őket, mielőtt megvolt volna az egek erőssége.

d) Nem vonatkozik végül, akármennyire lelki ember is valaki, a világban nyughatatlankodó embertömegek örök sorsára sem. „Mi köze azokhoz, akik kívül vannak?" (1Kor 5,12) Úgysem tudja, ki jut el közülük kegyelmed boldogságába s ki öröködik meg az Istentől való elrugaszkodás keserű állapotában!

Az ember tehát, akit kegyelmed hasonlatosságodra újjáalkotott, nem kapott hatalmat az egünkön világoskodó (a) alapigazságokra; sem (b) az Ég titkainak könyvére; sem (c) arra, hogy megállapítsa, kik a te ősmeghívásod szerint a világosság és sötétség fiai; sem (d) az ember-tengerek örök sorsának fürkészésére; — ellenben kapott hatalmat a tenger halaira, az ég madaraira, a földkerekség barmaira és csúszómászóira, valamennyi csak mozog a föld hátán.

Ezen a téren ítél. Helyesli, ami jót, elveti, ami rosszat talál. Ítélőképességének forrásai ezek: a) A szentségekben való részesedés. Ezekkel avatod föl mindazokat, akiket könyörülő kezed a „nagy vizekből" partra segít. b) A hal lakomája. A mélységekből felmagasztalt halat szokta ugyanis a föld (az Egyház) nagy áhítattal fogyasztani. c) Az igék értelme és ama beszédek, amelyek Írásod tekintélye és mintegy annak firmamentuma alatt elhangzanak. Mik ezek? Igehirdetés, igemagyarázat, fejtegetés, bizonyítás, hálaadás és könyörgés, amelyek szolgáid ajkairól eleven beszédben elhangzanak úgy, hogy a hívek gyülekezete rámondhatja: Amen. Az ok, ami miatt e temérdek beszédet érzékekkel jól felfogható módon elő kell adni, az, hogy örvény a világ és vak a test: nem tud gondolatokkal foglalkozni, hanem valósággal bele kell az igazságot a fülekbe harsonázni. Íme tehát a szárnyasok, ámbár eredetük a tenger, csakugyan a szárazföldön sokasodnak.

A lelki ember ítél, helyeselvén, ami jót, elvetvén, ami rosszat talál, a hívek cselekedeteiről, erkölcseiről és alamizsnáiról is, mert ezek a föld (Egyház) gyümölcsei. Ítél az eleven lélek dolgairól, amelynek indulatait tisztaság, böjt, jámbor elmélkedések fegyelmezik. Ítél mindenről, amit érzékei útján felfoghat.

Egy szóval: azt akarom mondani, hogy *mindenbe van beleszólása, amiben ereje és módja vagyon javítani. (Sz Ágoston: Vallomások, 13:23)*

†

Aratás napja: ítélet napja

Nagy munkára, folytonos éberségre van szükségünk, hogy e világi szellem káros befolyását ítéleteinkre s hajlamainkra ellensúlyozzuk! Őserdővel állunk szemben, mely kipusztítva újra hajt, mert csupa eleven gyökérszál a földje. Aki letöri s a világ ítéletét megveti, bizalommal áll majd meg az Isten ítélőszéke előtt. — Ez aztán az *ítélőszék*! Micsoda leleplezések lesznek itt, s mily ürességek s kiábrándulások foglalnak majd tért épp ott, ahol az ember sokat várt. Az Isten ítélete a szolid, az önzetlen erényt keresi s illeti, s nem a lármát. A földi dicsőségből nem kérek. Inkább a félelemhez szegődöm. Mint bősz tengert, mely mindent szétmos és elsöpör, úgy tekintem a végtelen Istent, úgy félek ítéletétől, melyet nem tudok elviselni. Dávid zsoltárai egyre ezt a félelmet hangoztatják: „beláttam Uram, igazság minden ítéleted, igazságodban megaláztál engem!" Dávid zsoltárai óta ezredek múltak, de helyzetünk az Isten ítéleteivel szemben nem változott. Aki az Isten ítéleteitől nem fél, az istenesen nem fél; az nem sejti, hogy mily végzetes baj az, ha az egész élet kapkodásnak, szappanbuborék-eregetésnek bizonyul.

Ugyanezt az Isten-félelmet lehelik a középkor fenséges szentjei, főleg az a két jó barát, egyik koldustarisznyával nyakában, a másik Franciaország trónján, két rokon: Szent Lajos az egyik, Assisi Szent Ferenc a másik. Félelemről, rettegésről, ítéletről suttog mindkettő még haldokolva is, hogy lelkét mély alázatba és alázatos bizodalomba ringassa. Ne tartsuk ezen érzületeket extravaganciáknak, ne túlzásoknak; az örökkévalóság örvényei fölött állni, a végtelen szentség közeledtét érezni és saját öntudatunkba pillantani önmegsemmisülés nélkül nem lehet. Aki nem tud félni Istentől, azt még az örökkévalóság szele sem csapta meg, az még vad lélek, a természetfelettinek még küszöbét sem érte el. Hanem aki bizalmatlankodik önmagában, aki tudja, hogy folyton csalja magát, abban kezd mozogni a lélek, mert közelebb van hozzá az Isten.

Három ítélőszék előtt jelenik meg az ember. A két elsőt, földieket, nevetheti; a harmadikat ne nevesse; komoly az, mint maga az örökkévalóság. Akarunk dolgozni a világban, józan, igaz erényre törekedni s önmagunkban bizalmatlankodni. Szent alázatban akarom rostálni az önzés polyvájától az én vetésemet, aratásomat; gyanakodva akarok vigyázni lelkem mozdulataira, hogy ne az ideigvalónak, hanem az örökkévalónak szolgáljanak. Akkor életemen kifejlik az Isten gondolata, s megnyerem a kegyelmet, hogy szerencsés kézzel dolgozzam megtestesülésén. Gondolatait utána gondolom, — érzelmeit átérzem, életét átélem, hogy ítéletét kiálljam s örvendjek fölötte. *(Prohászka: ÖM, 17:332)*

ÉVKÖZI 17. VASÁRNAP

1: Salamon trónraléptekor bölcsességet kér népe javára. S: Isten öröktől fogva meghívott minket az üdvösségre: legyünk hasonlóvá Fiához! E: Isten országa többet ér minden földi kincsnél.

A mai világ kevésre becsüli a bölcsességet és „nem fizeti meg". Nem is tudják, mi az; talán tapasztalattal és öregséggel járó valami. Több az „életművészetnél"! A bölcsesség: járni tudni az Isten és ember útját öröm és szenvedés közt és megérteni önmagunkat. Ez nem életkor kérdése. Nem is tehetségé vagy jóakaraté. A bölcsesség Isten ajándéka, szükséges ajándéka, ahhoz, hogy sikeresen éljünk. Megkapja az, aki őszintén keresi és alázattal kéri.

Első olvasmányhoz 1Kir 3,5.7-12

Salamon a történelem bölcs királya. Trónra lépve elzarándokol Gibeonba és bölcsességet kér Istentől, értve ezen főleg azt, hogy nehéz körülményekben helyesen ítéljen, okos legyen a kormányzásban. Már az jele a bölcsességének, hogy nem mást kért, csak „figyelő fület", mellyel észreveszi a jó és rossz közti különbséget és jól tud bíráskodni. Isten teljesíti nagy kérését, de még hozzáad néhány apróságot: gazdagságot, hosszú életet (1Kir 3,13-14). *(2Krón 1,3-12; Bölcs 9,1-18 ▫ 3,9: Zsolt 72,1-2; Péld 2,6-9; Bölcs 7,7; Jak 1,5)*

Válaszos zsoltár Zsolt 119(118),57 és 72.76-77.127-128.129-130

Öröm Isten igéjén

Szentleckéhez Róm 8,28-30

Mint aranylánc, úgy függ össze ez a gondolatsor, amely üdvösségünk kezdetét és végét írja le: Isten eleve elismert bennünket, kiválasztott, elrendelt, hívott, megigazulttá tett, megdicsőített. Életünk nem szorul össze születés és halál közé, örök kezdete (terve) és örök célja van. Eleve elrendeltettünk, hogy részesei legyünk a Fiú „teljes lényének és alakjának". Ez a megdicsőülésünk, melyről Pál azt mondja, hogy máris megtörtént: mert a bennünk lakó Lélek Isten fiaivá tett, s Ő befejezi, amit megkezdett. „*Tudjuk*" — így kezdi ez a szakasz. Hitünk és szeretetünk mértéke szerint *tudjuk*, hogy Isten céljához tereli életünket a szenvedésen és a halálon keresztül. *(Ef 1,3-14; Jak 1,12; Jer 1,5; 1Kor 15,49; 2Kor 3,18; Fil 3,21; Kol 1,18; 1Jn 3,2)*

Evangéliumhoz Mt 13,44-52 vagy Mt 13,44-46

Példabeszéd-sorozata végén Jézus kérdi: Mind megértettétek? Övéitől kérdi, de Máté szerint övéi mindazok, akik Isten országa tanát meghallják és szívükbe fogadják: értik. Ez a szív dolga, a készségé, hogy az igének helyt adjunk, vele nőjünk és gyümölcsét megteremjük. — Az utolsó példa a halfogásé, a búza és a konkoly parabolájához hasonló. Isten nem fog mindent elismerni, amit a mező terem, vagy a háló begyűjt az Egyházba. — A két első példa szorosan egybetartozik: a földbe rejtett kincs, az értékes gyöngy megtalálója úgy elveszti a fejét, hogy mindent odaad értük. Az evangéliumi „jó hír" öröme és követelése tisztán áll előttünk e példákból. *(13,44-46: Péld 2,1-5; Mt 19,21; Péld 4,7 ▫ 13,50: Mt 8,12; 13,42)*

Szentségre várva

Keresztény az, aki „megtaláltatja" magát Jézussal, vagy — ami ugyanaz — akit Jézus megtalál. E fölfedezés ujjongása mellett elhalványul minden valótlan érték, és a valódi új fénnyel ragyog föl. Az első keresztények alapélménye az *öröm* volt. Örömtelen hit, örömtelen istentisztelet nem lenne hit, sem Isten megtisztelése. S az öröm központja e Szentség!

Elmélkedés

Apostoli buzgóság

A *buzgósághoz* mindenekelőtt a bajt mélyen *átértő* lélek kell; melybe másnak nyomorúsága szinte belevette magát, úgyhogy ahol jár-kel, magával viszi s nem tudja feledni. Vannak lelkek, melyekre rávetődnek a benyomások mint hideg tükrökre, melyek oly simák is, mint a tükrök s a benyomást fölfogják ugyan, de magukévá nem teszik. Ezekben az egyik gondolat kiszorítja a másikat, s a benyomások kölcsönösen eltörlik egymást. De vannak lelkek, melyekbe a gondolat beleég, s úgy követi s kíséri őket, hogy eleven darabjává lesz lelki életüknek, s elmondhatják róla: ez az én gondolatom.

Valamint fölértik a bajt s a nyomorúságot, úgy át is *érzik* azt, s ez második eleme a buzgóságnak. A gondolatból érzelem lesz, s a szív lesz betegje. Az ily betegség áldás és szerencse; *érzékenység, lágyság, gyengédség* kell hozzá, s körülmények, tapasztalatok, benyomások nevelik ki őszinte, igaz részvétté. E részvét éget és gyötör, sőt emészt: maga az Úr mondja: Zelus domus tuae comedit me [Házad buzgalma fölemészt]. E részvét teher, hiszen mondjuk, hogy ez meg az szívemen fekszik, s a lélek olyan, mint az irgalmas szamaritánus, ki a maga hátán viszi nyomorult felebarátját. Ha tehát buzgók akarunk lenni, ereszkedjünk le a mélybe, az emberi lélek veszedelmeinek s szenvedéseinek mélységébe. Az apostoli lélek hasonlít az evangélium rossz szelleméhez, ambulans per loca inaquosa, quaerens requiem et non inveniens [járva puszta helyeken, nem talál nyugalmat]; jár vigasztalan régiókban, hol a bűn s a gond lakik s nem talál tőlük nyugalmat; de azért nem fut, nem menekszik előlük, sőt inkább beleéli magát, s a veszedelem lépten-nyomon kiált felé: figyelmezz rám s segíts!

Akár a ruténeken akar segíteni, akár a tuberkulózison, a buzgó ember egy gondolatnak él. Ez a gondolat az ő rögeszméje, belerögzik és szenved tőle. Így szenvedett az Úr, így az apostolok, így a szentek, kik sírva, epedve, szenvedve jártak körül.

De van a buzgóság lelkének még egy érzelme, melyet kifelejteni nem szabad. A buzgóság *erő* s a részvét, a szenvedés az inkább gyöngeség. Részvétből lehet buzgóság, de a részvét önmagában véve még nem az. Erő, ellentállás, visszahatás kell a nyomorúság ellen; reakció kell hozzá s elszántság, mely mondja: ezt nem tűröm, ezt le akarom győzni! Ez *elszánt, törekvő, küszködő részvét* érdemli meg a buzgóság nevét. A buzgó lelkek a veszedelemnek mennek neki, hogy azt föltartóztassák; a sötét gondok éjében vigaszra derítik a bánkódó, csüggedő lelket; a támadó nyomorúságnak testükön át lehet csak diadalútját folytatnia s le kell győznie a buzgóságot, mely hirdeti: él az Úr, nem engedek; győzni vágyom, hiszen erősebb vagyok! Ez a fegyver a lélekben, amelyet buzgalomnak hívunk. Ettől lángoltak a buzgó emberek, kik a lelkeket szerették s az emberi nyomor ellen hősiesen küzdöttek. Nézzük Szent Bernátot, Amiensi Pétert, mikor keresztes hadat hirdetnek. Nézzük Illést és Szent Pált, nézzük a Makkabeusokat; a négereknek, árváknak, a szegényeknek apostolait! Égető, emésztő gondolatok hajtják őket: az Isten dicsősége s szenvedő testvéreik emléke. E gondolatokat élesztik a jóindulat, a testvériség, a nagy, fölséges emberi tekintetek, de kivált az isteni szeretet s a bizalom, mely azt súgja: rajta, segíts, Isten is úgy akarja. Szemük előtt lebegnek testvéreiknek szenvedései, de főleg az epedő Krisztus-arc, melynek ajkairól hangzik a szó: amit egynek a *legkisebbek* közül tettetek, azt *Nekem* tettétek. S ez arc s e szó nagy bizalmat inspirál, s a buzgóságba bizalmat, lelkesülést ont. Nincs buzgóság remény nélkül. Hiszen elsorvadna, ha félne, győznie nem lehet. Kevesen vannak a buzgók, tengernyi pedig a léha, lanyha lélek, s a buzgók mégsem csüggednek; tudják ők, hogy a buzgóság kegyelem, s hogyha a géniusz csókja is ritka homlokon csattan el, ritkák azok is, kiket a kegyelem a nagy tömegből isteni érzelmeknek hordozóivá szemel ki.

Így akarta ezt az Úr! Talán ki akarta vele mutatni, hogy nem a tömeg teszi, hanem a kegyelem; talán ki akarta tüntetni, hogy ajándékait választott lelkeknek adja, akinek akarja; talán gyönyörködik a titáni harcban, mit a szellem vív a névtelen ezrekkel; nem tudom, mit akart, de azt látom, hogy a buzgó lelkeknek sorsa egyrészt a jótett a nyomorulttal, másrészt a bajvívás a léháknak érzéketlenségével. Küzdenek Kinizsiképpen két karddal; az egyik oldalról a nyomorúsággal, a másik oldalon a lélek terhével: az érzéketlenséggel, lanyhasággal és saját lelkük szomorúságával. *(Prohászka: ÖM, 17:266)*

†

Hősi elszántság Krisztus szerelméből

„Örömében eladja mindenét...” Akiben Krisztus tüze fölcsapott, olyanná lészen, mint az elhagyott, ki él itt földön egymaga: ügyet se vet az apróságokra! Dicső vagy dicstelen: az *egy* neki. Ki valóban csak maga élne, kit is félne, kit is dicsérne? Kísértés, börtön, ostor, — oly külsőleg hat, mint hogyha érne másokat... Vagy teste lenne gyémánt-vasból. Föld kényeit csak neveti, oly hűvösen veszi, mintha halottnak osztanák, vagy álommá foszolna mánk. Oly távol attól, bármi rája hasson; mint színarany, a tűzben edzett, s szennyet, bármit lök ki, elvet! Lásd, akiben ég e fönti Láng, miként érez mind föld iránt: „Nekem a világ megfeszíttetett.” (Gal 6,14) És én mindennek, ami a világ! E nagy világ holt nékem, s én is holt a világnak szemében! Ismét: „Még élek én, de már nem *én*! Mert él a Krisztus bennem.” (Gal 2, 20) Csak Pál mondhatta ezt! De mi kicsik, oly távol esve tőle, mint földiek az égtől, — mi bújjunk megsemmisülve egy zugba, szájunkat se merjük nyitni! *(Aranyszájú Sz János: 52. homília)*

ÉVKÖZI 18. VASÁRNAP

1: Vegyetek és egyetek! S: Semmi sem választhat el bennünket Isten szeretetétől, amely Jézus Krisztusban egészen a miénk lett. E: Jézust könyörületre indítja az emberek lelki és testi ínsége.

Akik Jézust szólni hallották, még inkább vágytak Rá. Utána vándoroltak. Mert szava s kedvessége minden mást elfeledtetett velük, még a betevő kenyér gondját is. — Boldogok az éhezők, mert kielégíttetnek: ez nem népjóléti szabály, ez ígéret, hogy Isten a szegények oldalán áll! S ez feladat a mindig jóllakottaknak, kik igazán még sosem éheztek. Vajon megérzi-e egyszer szívük az éhét egy nagyobb adománynak: az isteni Igének, az Élet Kenyerének? Megtanulnak-e valaha köszönetet mondani? Elgondolkodunk-e egyáltalán a szavakon, mikor a misében elhangzanak: „Adjunk hálát Urunknak — Istenünknek!"?

Első olvasmányhoz Iz 55,1-3

Izajás üdv-üzenetéből (55,1-5) csak az első részt hozza az olvasmány. (Teljességben lásd húsvét-éji 5. olvasmány.) — A száműzetés népe éhezik és szomjazik. Talán volt elég élelmük, de más éhség gyötörte őket (kellett volna gyötörnie őket!), amit a záró vers mutat: az élő Isten közelének éhe-szomja. Az lehet a veszély (55,2), hogy valami pótlékkal beérik, amely mégsem elégíti ki őket, mint például a babiloni bálvány-kultusz. Minden kornak megvannak a maga bálványai, amik csak arra jók, hogy az élő Isten utáni éhünket és szomjunkat eltompítsák. *(Iz 12,3; Zsolt 36,10; Mt 10,8; Jn 4,10-14; 7,37-39; Jel 21,6; 22,17; Zsolt 81,9; Péld 9,1-6; Sir 24,19-22; Jn 6,35; Jer 32,40)*

Válaszos zsoltár Zsolt 145(144),8-9.15-16.17-18

Isten nagy jósága

Szentleckéhez Róm 8,35.37-39

A hívő maradandó életet kapott Jézusban: Istennel való közösséget. A római levél (5—8. fejezet) főtémája volt ez. Lezárva ezt, Sz Pál még egyszer visszanéz olyan erőkre, melyek veszélyeztetik minden nyereségünk. Kétszer is sorbaszedi mindazt, ami elválaszthat Krisztustól és az Isten szerelmétől, de sikerre nem vezetnek. Mert Pál olyanokhoz szól, akik *hisznek* Krisztusban. Mások számára az elmondottak és ami jön még: értelmetlen. De a rárontó szükségektől és erőktől, melyek magasból és mélységből fenyegetik, a hívő is meginoghat: vajon Isten szeretetében áll-e, megmarad-e ő? Nem segít ilyenkor sem szentírási szöveg, sem lelkesítő eszme. Pál maga felel a 31—35. vers kérdéseire, s nem érvekkel, hanem, ami több, magasztalással. Mert a hit élménye erősebb földi tényeknél, „realitásoknál". *(Jn 16,33; Ef 1,21; 3,18)*

Evangéliumhoz Mt 14,13-21

„Kenyér" ezen szakaszok (Mt 14,13-16,12) fő témája: kezdődik kenyérszaporítással (14,13-21), azzal is folytatódik (15,32-39), a vége pedig utal a két csodára (16,9-12). Jézus „szánja a sereget", ezért oktatja (Mt 6,34), betegeket gyógyít (Mt 14,14), s ezért nem küldi el őket éhesen. De nemcsak az éhező tömegre gondol; tanítványaira is, kiknek meg kell érteniök, *ki* Jézus, és meg kell tanulniok, hogy mi a teendőjük. Nem szabad nekik sem elküldeniök a testi-lelki éhezőket, hanem adjanak, amíg telik, és higgyék, hogy telik majd mindenre. A szentíró a maga kora egyházának (és a miénknek) helyzetét nézi. Jézus hívei nem lesznek szegényebbek, ha nagylelkűen szétosztják, amit kaptak: a test kenyerét, az ige kenyerét és a Szentséget. *(Mk 6,32-44; Lk 9,10-17; Jn 6,1-15; Zsolt 78,29; Bölcs 16,20-21)*

Szentségre várva

Jézus gyógyítja bajainkat, kielégíti éhségünket. Csak miután meggyógyított, akkor kezdünk az élő Kenyérre éhezni, az élő Istenre szomjazni.

Elmélkedés

A kenyérszaporítás

Jézusnak ezt a csodáját mind a négy evangélium elbeszéli, sőt Márk s őt követve Máté kétszer is. Az apostoli Egyház különös jelentőséget tulajdonított ennek a csodának. Ősrégi festmények azt bizonyítják, hogy ez az érdeklődés később sem lankadt: a hal és kenyér vagy később maga a kenyérszaporítás jelenete gyakran megjelenik a katakombák falán vagy később a templomokban.

Vajon miért jutott ennyire központi szerephez épp ennek a csodának a története? Hiszen az elbeszélés hallatlanul szerény. Igaz, sok embert vendégel meg benne az Üdvözítő, de még a csoda részesei közt is lehettek elegen, akik jóllaktak anélkül, hogy egyáltalán észrevették volna, mi történik velük, körülöttük. (Amint a kánai menyegzőn is csak a beavatottak tudták, hogy csoda történt.) Vagy igaza volna a negyedik evangélium szerzőjének, aki arról számol be, hogy a jóllakott sokaság nagyon is tudta, mi történt, s királlyá akarta tenni Jézust (Jn 6,1-15)?

De ha mindenki odafigyelt is; milyen szegényes csoda kenyeret s halat adni az éhes tömegnek! A mesékben ilyenkor asztal terül válogatott ételekkel, mindennel, ami szemnek, szájnak ingere. A kenyérszaporítás jelentőségét nem annyira az esemény látványos volta, természet rendjét megtörő csodálatossága adta, hanem inkább Jézus tettének gesztus-értéke. Aki kenyeret ad, az uralkodói módon viselkedik. Ennyiben a kenyérszaporítás hasonlít a jeruzsálemi ünnepélyes bevonuláshoz, s csaknem zászlóbontás-értékű messiási tett. Úgy látszik, valami igazság mégiscsak van a negyedik evangélium beállításában.

Az elbeszélés bevezető mondatai: „Amikor (Jézus) ... látta a nagy tömeget, megesett rajtuk a szíve. Olyanok voltak, mint a pásztor nélkül való juhok." (Mk 6,34) Az elbeszélés megfogalmazói Jézus tettét pásztori tettnek tekintik, s ez már nagyon közel vezet ahhoz, amit megint csak Jánosnál olvashatunk, hogy a kenyérszaporításkor szétosztott s megsokasított kenyér a mannát, a pusztai vándorlás csodálatos kenyerét idézi.

Lehet, hogy később, évtizedek múlva el is homályosult a kenyérszaporításról szóló elbeszélésnek ez a legősibb jelentése. Akkor azonban előtérbe lépett egy másik hasonlóság, s az újra aláhúzta ennek a történetnek sajátos jelentőségét. Az evangéliumi elbeszélés szövege nemcsak ószövetségi emlékeket villant föl, hanem előre is utal az utolsó vacsora történetére. Figyeljük csak meg! Kenyérről s halról esik szó, de a kettő közül mindvégig a kenyérre irányul a figyelmünk, Jézusnak vele kapcsolatos mozdulatait látjuk magunk előtt. „Fogta..., hálát adott (eucharisztészasz)..., megtörte..., odaadta..." ezek az igék mind fontos szerepet játszanak majd az utolsó vacsorán, az Oltáriszentség alapításakor. Az elbeszélő olyan szavakkal idézi föl a kenyérszaporítás csodáját, amelyekben keresztény olvasó ráismer a szentmise kulcsszavaira. A csodálatosan megsokasított kenyér fölidézte a manna-csoda emléket. De maga mégsem Jézus igazi, végleges ajándéka, mint a jóllakottak hiszik, hanem megint csak *előkép*. Előreutal arra a kenyérre, amelyet azóta is tör s oszt az apostoli Egyház Jézus nevében és Jézus megbízásából, s amely valóban táplálja Isten népét a történelem sivatagi útján.

Érdemes figyelnünk a csoda apró, emberi mozzanataira. Ilyen az például, hogy Jézus csodatettének kiindulópontja egy önként odakínált adomány: az a néhány hal és árpakenyér. Ha beleképzeljük magunkat a névtelen adakozó helyzetébe, egészen elámulunk. Ő maga jóllakhatott volna azzal az élelemmel, még néhány barátját is megvendégelhette volna. De milyen reménnyel adta közre ezt a keveset; neki se lesz, másnak meg mi jut belőle? Provokálni akarta a csodát? Ha valami, hát az áldozatkész szeretet bátor s nagylelkű gesztusai provokálhatják ma is Isten csodatevő kedvét. *(Jelenits: Betű és lélek, 45)*

†

Oltári Szentség: folytonos életadás

Sokan álltak Leonardo da Vinci Utolsó-vacsorájának lassan-lassan tönkremenő freskója előtt, s úgy érezték, mintha igazán este volna, amikor leáldozóban van egy műremeke a százados civilizációnak, s mintha ez a leáldozó napsugaras műremek szimbólumául szolgálna magának a civilizáció leáldozásának, mely a műremeket megrepesztette. Minden leáldozik majd annak idején s még a szellem kreálásai és nyomai is, amennyiben anyagon vannak megörökítve.

Jó, hogy az az igazi utolsó vacsora, melyet az Úr szerzett, nem kép; s jó, hogy azt az Úr nem a coenaculum [ebédlő] falaira festette. Azok a falak látták ugyan, rájuk vetődtek az Úr s az apostolok árnyai, de amit az Úr itt szerzett, azt nem vonalak, gesztusok és színek őrzik, hanem az egy folytonos akció, az misztérium, mely nem kövekhez s nem is helyekhez tapad, hanem élet és szellem, olyan friss és lüktető, mint Krisztus misztikus testének szíve dobbanása, olyan jelenvaló s most fakadó, mint az egyház érzelmi, liturgikus élete.

Ott kezdődött, azon az estéjén a Nisan hónapnak, mikor a teli hold tavaszi fénye elömlött Judeán, hogy lámpául szolgáljon az utolsó érvényes zsidó húsvétnak, amelynek most kellett leáldoznia, mint ahogy megszűnik a jelképezés, a szimbolizálás, mikor megjelenik a valóság. Ezt a mi húsvéti vacsoránkat szerzi az Úr. Elképzelhetjük Leonardo da Vinci gyönyörű fejét, félig lehunyt, a kenyérre s kehelyre szegzett szemét s az egész coenaculumot betöltő fényeit az isteni elgondolásnak s lángjait a szeretet lángadozásának s kiáradását az önmagát-odaadásnak, melynek nem egyszer és itt kell megtörténnie, hanem mindvégig: Ezt cselekedjétek..., ezt, ezt az odaadást fogadjátok, ettől a kigyúlástól gyulladjatok ki. És így lesz köztetek, ez lesz ételetek s italotok, ez forrása és sodra a krisztusi életáramnak.

Ez az a nagy keresztény húsvéti misztérium, a nagy ajándék s a nagy vigasz, a legmélyebb intimitás, a misztérium homályából kivillanó fényesség s egy letakart, de ki-kitörő enthuziazmus, mely mindent győz, harcot és munkát, árulót és zivatart és ragadozót és erőt és halált s a lapos, szürke hétköznapiságban is az aszcenziót, az utat a csillagokba.

De van-e egyáltalában a világon valami, amit ez utolsó vacsorához mélység, bensőséges erő, méltóság, emelkedettség és átszellemülés tekintetében hozzáhasonlíthatni? Távlatai a szentségnek, a lelki erőnek, színeváltozásai a léleknek, az inkarnáció misztikus megismétlése... a nagy transitus Domini [az Úr átváltozása] folytonossága — hisz ez a Pascha. *(Prohászka: ÖM, 24:8; 276)*

†

Oltári Szentség

Ha bárhol is kiomlik Krisztus Vére, a bűnök bocsánatára omlik, — én, ki annyit vétkeztem, — épp én kell, hogy gyakran Őt vegyem! Oly szükségem van gyakorta orvosságra. — E Kenyérről mondatott: „Mind, ki Tőled távolra megy, az elvész!" (Zsolt 72,27) Ha távol tartod Tőle magadat, te is majd el fogsz veszni. — Az elvesződet önhanyagságuk veszti el! *(Sz Ambrus)*

Az Úrnak kelyhe úgy mámorítja azt, ki issza, hogy józanítja; elméjét a lelki bölcsességre igazítja. — Nem emberfaj szokását kell követnünk, hanem az Isten igazságát! *(Sz Ciprián)*

ÉVKÖZI 19. VASÁRNAP

I: Illés prófétának csendes szellő suttogásában jelenik meg az Isten. S: Izrael népe — Isten nagy ajándékai ellenére is elutasította Krisztust. Az apostol szívesen vállalna mindent népe üdvösségéért. E: Jézus a vízen járva tanúságot tesz isteni hatalmáról.

Talán minden rendben levőnek és jónak látszik nekünk, amíg egybegyűlve, közös imával, énekkel ünnepeljük a Szentséget; de aztán magunkra maradunk, a védő közösség nélkül, s vihar tör ránk: kétely, baj, veszély, még tán gyűlölet és ellenzés is. — Az istenközelség talán csak látszat volt, az együttlét hazugság, hitünk csalódás? Nem kielégítő válasz erre az egyszerű „igen" vagy „nem". Meg kell vizsgálnunk magunkat, befelé nézve. S mint Péter, Jézustól várni a szót: „Jöjj!" Ha nagy az ínség, nem Tőle el, hanem Hozzá fussunk.

Első olvasmányhoz 1Kir 19,9.11-13

Illés legyőzte a bálványpapokat a Kármelen, hagyta leöletésüket. Bűn és bűnös azonos volt előtte buzgalma izzásában; nem irgalmazhatott. De aztán éreztette Isten vele, mily gyönge ő egyedül, ha múlik a lelkesedése. A hórebi istenjelenés megmutatta, hogy nem vihar, földrengés, tűz mondja ki az Isten legmélyét: a szellő halk suttogásában is megjelenik az Úr. „Szívesebben föltűnik Isten a szív meleg leheletében, mintsem tűzben és viharban dúlva." (A. Deissler) *(2Mz 33,18-23; 13,22; 19,16; 1Mz 3,8; Jób 4,16; 2Mz 3,6)*

Válaszos zsoltár Zsolt 85(84),9-10.11-12.13-14

Üdvösségre könyörgés

Szentleckéhez Róm 9,1-5

„Az evangélium Isten ereje, s üdvözít minden hívőt, a zsidót előbb, aztán a görögöt (pogányt) is." (Róm 1,16) Pál hitt a rangsorban, hogy a zsidóság Isten üdvözítő tervében elöl jár. E levél más helyén (Róm 3,1) abban látja népe kiválasztottságát, hogy Isten igéje rájuk volt bízva: az ígéret, a törvény és a próféták kinyilatkoztatásai. Itt felsorolja, miket kapott e nép Istentől, s a legnagyobb a végső kegy: a Messiás. Mindezért hálát ad a nemzetéhez hű Pál. De Izrael sok kedvezményére gondolva, szomorúság gyűl szívére népe miatt, hogy ez mégsem ismerte el Jézust Messiásnak. Három nagy fejezetet (9—11.) e levélben úgy hívhatnánk: „Izrael problémája". *(9,3: 2Mz 32,32 ▫ 9,4: Róm 3,1-2; Ef 2,12; 2Mz 4,22; 40,34-35; 1Mz 15,17; 17,2; 2Mz 24,7-8; 2Sám 7,12-16)*

Evangéliumhoz Mt 14,22-33

Máté kevesebbet szól a tanítványok értetlenségéről, hitük hiányáról, mint Márk. Látni, hallani, érteni és hinni: ez tesz tanítvánnyá, e nélkül nincs keresztény közösség, Egyház. De ismerik ők a kételyt is, a gyöngeséget is. Csónakjukat elég gyakran ide-oda hányja a szél. A kenyérosztás utáni viharról Márk és János is szól, mindegyikük más tanulságot von le belőle. Mindnél Jézus a csónakhoz jön: Márknál rémüldöznek és nem értik (6,51-52), Jánosnál örömmel fölveszik (6,21), Mátenál ez is ott van: térdre hullanak és vallják: Te az Isten Fia vagy! (Márk, aki Péter tanítványa s annak emlékezését közli, a legrövidebb, s kihagyja Péter szerepét!) *(Mk 6,45-52; Jn 6,16-22 ▫ 14,23: Lk 6,12; Jn 6,15 ▫ 14,26: Lk 24,37 ▫ 14,29: Jn 21,7 ▫ 14,30-31: Mt 8,25-26 ▫ 14,32-33: Mk 4,39; Mt 16,16; 26,63; 27,54; Jn 1,49)*

Szentségre várva

Hányódó hajón tanítványok: ezek vagyunk mi. Mikor vihar támad, és vadul dobál, kiszállni nem lehet, és nem is segítene. Csak az Úr közelségében való hit segít. Itt van, egyre újra megjön. Tartsuk éberen szívünket, hogy fölismerje Őt!

Elmélkedés

Jézus, a magányos, a hegyi imádkozó

Jézusnak a gondoskodó, meleg, emberi szeretete nyilvánul meg akkor is, amikor elfogják és azt mondja: „Én vagyok! Ha engem kerestek, hagyjátok ezeket elmenni." Még az utolsó percben is meg akarja menteni barátait.

Ebben a szeretetben nincsen semmi rossz értelemben ösztönös, testies, semmi, ami gyanús volna; csak úgy csillog benne a tisztaság. Nincs benne semmi üzemszerű; egyenként foglalkozik mindenkivel. Nincs semmi szentimentális, cukrosvíz-szerű, semmi rajongás, semmi exaltáció, semmi idealizmus a szónak abban az értelmében, hogy idealizálni akarná az embert.

Mert mindezek ellenére ne felejtsük el, hogy az Úr Jézus valójában *magányos ember*. Szereti a magányt. Amikor igazán önmaga akar lenni, akkor felmegy a hegyre, vagy ki a tó partjára, egyedül. De nemcsak külsőleg, hanem lélekben is egyedül van. Elszakad családjától, édesanyjától, atyjafiaitól. Voltaképpen senkije sincs, aki egészen közel volna hozzá. Legközelebb van hozzá János és Péter. Együtt él a tizenkettővel éveken át, de sehol sem látjuk, hogy tanácsukat kérné, hogy szüksége volna rájuk, vagy vigasztalásukat óhajtaná. Egyszer hívta őket a Getszemáni kertben, akkor is hiába. Az emberek között van, de egyedül van köztük.

Az előbb azt mondtam, hogy az Úr Jézus szeret magában lenni. Csak emberileg igaz ez, valójában nem. Ő maga mondja: „Nem vagyok egyedül, mert az én Atyám, aki küldött, velem van mindig" (Jn 8,16). „Én semmit sem cselekszem magamtól, hanem azt mondom, amire Atyám tanított. Aki küldött engem, velem van. Nem hagyott magamra, mert én mindenkor azt teszem, ami neki kedves" (Jn 8,28-29). Ez a „velem van" és „nem hagyott magamra" az első, ami az Úr Jézusnak Istenhez való viszonyát jellemzi. Valami *teljes bensőség* ez. Az imádság levegőjében él. Az evangélium huszonhat helyen említi, hogy imádkozik. Imádkozott a kereszteléskor, imádkozott a tanítványok választása előtt, imádkozott, amikor szétküldte tanítványait, amikor visszajöttek, amikor elbúcsúzott tőlük, imádkozott sok csodatétele előtt... Hogy milyen bensőséggel tud imádkozni: olvassuk el János 17. fejezetét, a főpapi imádságot. Ezt a teljes bensőséget voltaképpen ő teremtette meg. Meglátjuk ezt, ha Jézus imáját összehasonlítjuk a legnagyszerűbb zsoltárokkal. — Van azután ebben az imádságban valami megható férfias szemérem. Az Úr Jézus nem szeret a tömegben imádkozni. Amikor úgy szíve szerint imádkozni akar, akkor félrevonul. Nekünk is azt mondja: „Te pedig, amikor imádkozol, menj be a kamrádba, zárd be az ajtót..." (Mt 6,6). Valami roppant közvetlenség is van benne. „Isten nem úgy beszél hozzá, mint valaki rajta kívülálló, Isten benne van; szívéből veszi, amit Atyja mond neki. Isten keblében él minden pillanatban, teljes közösségben." (Renan) Tulajdonképpeni imája és Istenhez való viszonya azonban nem szavakban mutatkozik meg, hanem abban a *tökéletes átadásban*, ahogyan az Atyának odaadja magát. „Az én eledelem, hogy annak akaratát cselekedjem, aki engem küldött" (Jn 4,34). A tizenkét éves Jézus megkezdi ezt, és a kereszten utolsó szava: „Beteljesedett!" Teljesítettem Atyám akaratát. „Atyám, kezedbe ajánlom lelkemet." *(Sík: A kettős végtelen, 2:32—35)*

†

„Hányódó hajón": a viszontagságok haszna

Javunkra szolgál, hogy néha bajaink, kellemetlenségeink vannak, mert ezek az embert gyakran észretérítik, hogy megismerje számkivetett voltát s ne helyezze reményét e világon semmibe. — Javunkra van az is, hogy néha ellentmondások támadnak s rólunk helytelenül és gonoszul ítélnek, még ha jó is a szándékunk és jót is cselekszünk. — Ezek minket gyakran alázatosságra segítenek és a hiú nagyravágyástól megoltalmaznak. — Mert hamarabb folyamodunk akkor belső tanúnkhoz, Istenhez, amikor külsőképpen csekélybe vesznek az emberek és nem jót gondolnak rólunk. — Azért úgy kellene az embernek Istenre támaszkodnia, hogy ne legyen kénytelen sok emberi vigasztalást keresgélni. — Mikor a jólelkű embert sanyargatás éri, vagy kísértések ostromolják, vagy gonosz gondolatok kínozzák, akkor érti, hogy Istenre leginkább szüksége van, aki nélkül semmi jót sem tehet. — Akkor szomorkodik, sóhajt, esedezik a rajta esett nyomorúság miatt. — Akkor megunja további életét és halálát kívánja, hogy feloszolhasson és Krisztussal lehessen. — Akkor az is világos előtte, hogy tökéletes biztonság és teljes békesség e világon nem lehet. *(Kempis: KK, 1:12)*

†

Egyház: legyőzhetetlen

Párja az Egyháznak nincsen; fegyvert, falat emlegetél-e?
Dönt falat ám az Idő! s meg nem öregszik Anyánk!
Barbár is falat elzúz; Rajta pokol dühe sem győz.
Nem gőgnek szava ez! bizonyítja a Múlt, a valóság!
Szembe ki Véle szegült, végül a porba merült.
Túl az egeknek egén ér Istenig, oly nagy az Egyház!
Támadják s diadalt ül; felröpül, át cseleken!
Szidja-gyalázza világ, s ragyogóbban áll ki elébük.
Ütnek mély sebeket; s edzve, üdébb-virulóbb!
Hányja dühös tajték, sose tudja süllyeszteni mélybe.
Döngeti tenger, vész; s nem törik égi Hajónk.
Küszködik és nem inog-dől; vívatik: s áll, halad épen.
— S Jézusa révibe fut nép, a Halász, — a Hajó...

(Aranyszájú Sz János költői beszéde Eutrópius üldöző bukásakor)

ÉVKÖZI 20. VASÁRNAP

I: Övéit maga köré gyűjti az Úr. S: Isten megadja kegyelmi ajándékait minden nép és minden kor számára. E: Jézus meggyógyítja egy kánaáni pogány asszony leányát.

Szent Pál, a zsidó gondolkozást követve, két csoportba osztja az emberiséget: zsidókra és pogányokra; másként: Izraelre és más népekre. Reméli, hogy hamarosan minden pogány s aztán a zsidók is Krisztushoz térnek. Ma, mintegy 2000 év múltán, nem úgy tűnik, mintha a világ hamarosan keresztényé válna. (Talán 30, 40 éve több remény ígérkezett!) S mi, akik keresztények hívjuk magunkat? Családunk, közösségünk, istentiszteletünk: meghívás-e a nem keresztényeknek, példa-e arra, hogy Őt keressék és Benne higgyenek?

Első olvasmányhoz Iz 56,1.6-7

Izajás utolsó tizenegy fejezete (56—66.) különféle prófétai szövegeket tartalmaz. Legrégebbije (talán Kr.e. 530-ból való) a fogságból megtért zsidóság helyzetét elég sötéten festi. A templom újraépítése nem halad, a szociális és vallási helyzet siralmas (vö. 56,9-12; 58,1-5). Ekkor szól a néphez, hogy közel az üdvösség! Hogy Isten segít, mert „igaz" Ő; de csak úgy számíthattok segítségére, ha ti is igazak vagytok. Isten igaz volta azoknak válik üdvükre, akik igazak embertársaikhoz. — A második szakasz lazán kapcsolódik az előbbihez. Itt hangzik el a mondat, melyet Jézus a templom-tisztításkor idéz: „Az Én házam imádság háza minden népnek!" (Mk 11,17). Minden népnek, tehát már nem a származás dönti el, ki Isten népe, hanem az egy Istenben való hit és a törvényéhez való hűség (vö. evangélium). *(56,1: Iz 46,13; 51,6.8 ▫ 56,6-7: 1Kir 8,41-43; Mk 11,17)*

Válaszos zsoltár Zsolt 67(66),2-3.5.6 és 8

Hála és áldáskérés

Szentleckéhez Róm 11,13-15.29-32

Miután Istennek minden ígérete teljesedett, Izrael, az ígéretek letéteményese, most félreáll! Helyébe Krisztus a pogányokat hívja, és a hit által üdvözíti őket. Kirekedt tehát Izrael az ígéretekből és az üdvösségből? „Elvetette Isten a népét?" Korántsem, feleli az apostol (Róm 11,1). Isten nem válhat hűtlenné, még ha Izrael azzá lesz is! Már most van a népnek egy töredéke, mely nem vettetett el, Pál is ehhez tartozik. Bár Izrael elutasította a Jézusról, mint Messiásról szóló hírt, ez tovább terjed a pogányok közé, s így Izrael ideiglenes elvetettsége a többi nép üdvére válik. S mindenek előtt — ezt a bizonyosságot kapta a Pogányok Apostola: Izrael az „Isten szeretettje" és az is marad (11,28). Ő is üdvözül, miután a pogányság belépett Isten országába, mégpedig az „egész nép" (11,26) *nem kiváltság* vagy igény alapján, hanem csakis Istennek irgalmából, akárcsak a pogányok. *(11,15: Lk 15,24.32 ▫ 11,29-32: 4Mz 23,19; Ez 18,23; Róm 9,6; Gal 3,22; 1Tim 2,4)*

Evangéliumhoz Mt 15,21-28

Ez a szakasz is „kenyérről" szól. A kenyérszaporításkor azt mondták a tanítványok Jézusnak: „Küldd el a népet!"; éppúgy most is mondják: „Küldjed el őt!" — mármint az asszonyt, aki leányának koldul segítséget. Már-már úgy látszik, hogy Jézus igazat ad nekik: a „kenyér a gyermekeknek való, nem a kutyáknak". De a nagyhitű asszony sejti, hogy a kenyérosztónál még van „maradék kenyér" (Mt 14, 20). A szentíró tudja és üzeni nekünk: A pogányokra is kiterjed Isten irgalma, ők is kapnak az üdv kenyeréből. Míg az Úr asztala köré gyűlő Egyházban egyeseket másodrangúnak számítunk, nem értjük meg Isten akaratát. *(Mk 7,24-30 ▫ 15,22: Mt 9,27; 20,30; Mk 10,47 ▫ 15,24: Mt 10,6 ▫ 15,28: Mt 8,10.13)*

Szentségre várva

Még keresztények közt is van keményszívűség, megvetés máshitű, más arcszínű, más gondolkodású, másnyelvű iránt. Úgy fogad be minket Krisztus, ahogy mi egymást. Mind idegenek és hontalanok vagyunk e világon: Ő ad Otthont és Kenyeret...

Elmélkedés

Egy pogány nő kezd könyörögni leánya egészségéért, és az Úr süket fülre veszi! Úgy látszik, mintha megvetné, csakhogy kitűnjék ennek hite. Nézd, hogy halogat; amit mégis adandó, hogyan rejtegeti tőle! — csakhogy kicsalja szívéből az igét, amely méltóvá teszi a kegyre. A tanítványok sürgetik: „Küldjed már el, mert jelenetet csapva kiáltozik!" S mondja az Úr: „Nem jó a fiak kenyerét az ebeknek odavetni!" Lám, hogyan egyezik ez a paranccsal: „Ne vessétek a szent dolgot ebeknek, sem a gyöngyöket sertések elé!" — Mert Én csak Izrael elveszett juhai után járok! A nő pedig pogány. Majd egyszer eljön az idő, hogy a jóhírt a pogányoknak is hirdetik, eljön majd Pál a nemzetekhez, de csak az Úr kínszenvedése és föltámadása után. Jönnek szerte a bálványoktól s az „elvetett kő szögletkővé leszen."... S íme itt egy asszony, aki előre siet, előképe a nemzetek egyházának! Kér és válaszul azt kapja: „Nem jó a fiak kenyerét az ebeknek odavetni." Tolakodva, kiáltozva kért, megkapta az eb nevet. És a nő, — ha gyalázó igéül fogadja azt, ami az Igazság szájából jött, — megharagszik és sértődve távozik, szívében zúgolódva: „Én csak kegyét kértem, ha akarja adja meg; nem akarja: miért vagyok azért kutya? Mi rosszat tettem a kéréssel, mi rosszat azzal, hogy kegyéért jöttem?" De tudta, Kit kért; s amit szóban kapott, — elfogadja, lázongás nélkül, és tovább, sürgetőbben esdekel! Elismeri azt, aminek mondják: „Igen Uram, jól mondtad, csak kutya vagyok", s mivel fiak kenyeréről volt szó, nem csak kutyának ismeri magát, hanem gazdáiul azokat, akik a „fiak". „De ugye a kutyák is ehetnek gazdáik asztala hulladékából?..." Mit láttok testvérek? Hevesen kért, vadul esdekelt, nagyon zörgetett! S mivel nagyon kérni tudott, már nem „kutya". Nem veti az Úr „kutyák elé a szent dolgot". Mert szívvel esdekelt, zörgetett, az Úr megmutatja, nem az már, akinek nem vetendő oda a szent dolog... Tartja szavát: „Kérjetek, esdjetek, zörgessetek és kaptok!" (Mt 7,7) Nem sértődött ez meg a sértésen, alázattal mindennek vallja magát, az Úr tehát levette gyalázatát... Az alázatos vámos is elismerte magáról, amivel a farizeus vádolta: aki „nem volt olyan bűnös, mint ez a vámos itt!" S mert elismerte, hogy bűnös, már nem volt bűnös: „megigazultan távozott". — A pogány asszony mit hall az Úrtól? Már nem kutya, hanem mi? „*Nagyhitű* asszony!" — Nagy a te hited, asszony! Legyen neked, ahogy kívánod! Ne legyünk testvérek, rágalmakkal ugató ebek, kiknek nem juthat szent dolog, sem testi kéjek posványában fetrengő sertések. Alázatos bevallással, bízó zörgetéssel győzzük le az Úr szívét, mint a kananeus nő! *(Sz Ágoston: 26. beszéd)*

†

Alázat fokai

1. Alázatnak első foka az *Isteni Félelem*.
Mindig ezt szem előtt tartja, nem felejti sohasem.
Mindig tudja, mit parancsol néki Istene-Ura!
Szeret félve, meg ne sértse, kire szíve tárula.
S örök élet — akik félnek Urat, — vár fönn, égbe hív.
Ezt fontolja, folyton gondja, minden órán őrizvén,
bűn vagy hiba ne rútítsa, lelkét szennyel fertőzvén:
Gondolat, szó, keze lába, önakarat, testi vágy!
Érzi tudja: *nézi Ura*, égből Aki földig lát!
Mindenhol és minden tette, Tekintete alatt van:
Atyás hű Szem néz, s angyalnép, róla üzen untalan!...
2. Második fok *nem keresi önszándékit*, óhajit.
„Nem a magam akaratját tenni jöttem, de Azét
Aki küldött!"[1]: *Atyjáét...* S *én* hogy' tehetném magamét?!...
3. Harmadik mindenekben *engedelmes, Ura nyomán*; mint igét
ád Apostol: „Engedelmes lőn, mégpedig: halálig!"[2]
4. Negyedik ha oktalan-*sértő dolgok* jönnek, tartja: „övé! ez *kijár*!"
a buzgalma nem lankad el, munkájában meg sem áll...
5. Ötödik: mind rossz gondolat, belül s úton rátorladt,
s titkon esett ha vétkes tett: *megvallja* gyóntatónak.
6. Hatodik fok: mind mi silány *kisebbítés: legalja*
munka nyűgben: ez kijár a „rossz és hitvány szolgának"...
7. Hetedik, ha mindenkinél nemcsak nyelve, — szíve is
silányabbnak vallja magát, meggyőződve érvvel is!...
8. Nyolcadik, hogy nem fog másba, csak Szabálya szent szaván,
vagy mi *példát* nagy ősatyák adtak — híven másolván...
9. Kilencedik: nyelvet fékez, *hallgatag* lesz, mást hallgat
(belül is!), csak szólítván szól, szelíd-csöndes szavakat...
10. Tizedik, hogy nem egykönnyen *nevet*; sosem üt kacajt.
Nem tűnik föl furcsa-különc módon, mozgón, csapva zajt...
11. Tizenegy: ha ajkát nyitja, esnek komoly és *halk szók*,
s alázattal, kevés-jelentős, mit mond — s nem harsogó!...

12. Tizenkettedik: alázat nemcsak szívben, de *testén*
szintén lássék: egyszerűnek. Ülve-állva: fejhajtva meghúzódjék.
Higgye: bűnös minden órán, szem elé nem kerülhet!
Higgye: már itt vár Ítélet, szegény fejen — „tort ülnek!”...

Mind e tucat lépcsőfoknak megjárván a lépteit,
hívő majdnem az Isteni Szeretethez érkezik:
tökélyeshez, mely kiűzi mind a szegény Félelmet[3],
melybe mindazt, amit némi félelem közt végezett,
kín-baj nélkül, jószokásból, *önként* gyakorolni kezd!
Nem „pokol-félsz” hajt, de Krisztus tüze, s öröm a Kereszt!

(Sz Benedek reguláí)

([1] Jn 6,38; [2] Fil 2,8; [3] 1Jn 4,18)

†

Szentek az alázatról

Sokat hangoztatjuk, hogy „semmik vagyunk”. De nagyon rosszul esne, ha szavunkon fognának! Megjátsszuk, hogy elhúzódunk, hogy rejtőzünk, hogy a világ hozzánk fusson, hogy szeressen... Igazi *alázat* nem mutatkozik, nem alázkodik szóban sem, mert rejti nemcsak mind erényit, hanem főleg önmagát. *(Szalézi Sz Ferenc)*

Tökély az, ha lélek legyalázást úgy vesz, mint magasztalást. *(Lajtorjás Sz János)*

Hidd, hogy mások jobbak nálad lelkük mélyén, bár kívül tán te jobbnak látszol. — Van valami az alázatban, ami különös módon fölmagasztalja szívünk. — Büszkeség a fölmagasztalás kiferdült vágya..., hogy maga magának legyen oka és alapja. — Isten Városának, míg e világon zarándokol, legajánlatosabb az *alázat.* — Fölfuvalkodás lefelé húz, alázkodás fölfelé. *(Sz Ágoston)*

Aki nagyobb alázatban, az tökéletesebben, aki kisebb abban, az kevésbé tökéletesen fogja Őt bírni... Nem képzelhető alázatosság szeretet nélkül, sem szeretet alázat nélkül. *(Nagy Sz Teréz)*

†

Kegyelem

A kegyelem eső: völgyét vájjátok ki, az esőt felfogni! Az alacsonyja [alázatos] megtelik, fölvigaszik [gyógyul], magassa halott kő, mely kiaszik. *(Sz Ágoston)*

ÉVKÖZI 21. VASÁRNAP

1: Az eljövendő Messiás lesz Dávid házának — Isten népének — teljhatalmú Ura. S: Minden Istentől, Isten által és Istenért van! E: Péter hitvallásáért ígéretet kap arra, hogy ő lesz az Egyház sziklaalapja.

Krisztus Egyháza misztérium, isteni — pontosabban: istenemberi — valóság e világon. Minél jobban megértjük a titkát, annál érthetetlenebbnek, sőt ellentmondásosnak látszik. Lényegére és küldetésére sok képes kifejezés utal: Isten háza, Isten népe, s ami több jelképnél: Krisztus Teste. Az, ami szilárdan áll és otthont ád. „Nem tudjátok, hogy Isten temploma vagytok?" — az egyes ember is, az Egyház is! A ház szilárdságát falai adják, s főleg alapja, a szegletkő. Az igaz Egyház apostoli: az apostolok alapkövén, a Sziklán épül, az apostoli hiten és tanításon, de végső fokon magán Krisztuson. Ő maga a Szikla.

Első olvasmányhoz Iz 22,19-23

A pogány szomszéd népek elleni fenyegető jóslatok közé iktatva áll Izajás 22. fejezete panasz és elítélő szavakkal a könnyelmű, javíthatatlan Jeruzsálem, valamint az egy ideig mindenható palota-főnök, Sebna ellen. Erről nagyjából csak annyit tudunk, amit e szakasz (és a rákövetkező két vers: 22,24-25) mond. A próféta udvariasan figyelmezteti Sebnát: teljhatalmat adott neki Isten, de Jeruzsálem és Juda érdekében! A „mennyek országa kulcsairól" (Mt 16,19) Jézus is beszél, amikor megadja Simon Péternek a kötés és oltás („nyitás és zárás") hatalmát. *(2Kir 18,18; Jel 3,7; Jób 12,14)*

Válaszos zsoltár Zsolt 138(137),1-2.2-3.6 és 8

Bizalom Isten segítségében

Szentleckéhez Róm 11,33-36

Isten a pogányokat hívta meg „Isten népe", a zsidóság helyébe, melynek pedig az ígéreteit adta és ahonnan a Messiás jött. De a zsidók nincsenek végleg kizárva. Isten irgalma éppúgy kiterjed az egyikre, mint a másikra. Az üdvtörténetnek ez a menete oly gyökeresen különbözik mindentől, amit emberi ész elképzel, hogy az apostol bámulva, dadogva áll meg előtte. Persze mindez intésül szól a pogányoknak is („a nemzeteknek"), akikből Isten új népe áll: rájuk is hasonló ítélet vár, ha megtagadják a hit engedelmességét (Róm 1,5). Pedig Isten minden embert üdvözíteni akar. *(11,33: Iz 55,8; Zsolt 139,6 ▫ 11,34-35: Iz 40,13; Jób 15,8; Jer 23,18; 1Kor 2,16 ▫ 11,36: Kol 1,16-17)*

Evangéliumhoz Mt 16,13-20

A Jézus kérdésére — mit tartanak Róla az emberek — adott válaszok (a népéé, a tanítványoké és Péteré) a hit három fokát tárják elénk. (A hitetlenségről a 12,24-25 vers szól.) Jézus Emberfiának nevezi magát, ami voltaképp ugyanaz, mint „ember", de Ezekiel és Dániel óta nem akármi ember. Ha a tanítványok megértették Jézus tanítását (16,12), akkor az Ő személyét is tisztán kell látniok. Jézus azért kérdez, hogy e tisztánlátást megteremtse: „Kinek tartják az emberek az Emberfiát?" A választól függ minden. Sz Márk evangéliumában csak Péter apostol válasza hangzik: „Te vagy a Messiás!" (ez az evangélium Péter tanításán alapul!); Máténál a teljes mondat: „A Messiás, az élő Isten Fia!" Amit a tanítványok az éjnek egy hirtelen világosságában vallottak (Mt 14,33), azt most Simon Péter fényes nappal hirdeti. Jézus helyben hagyja e hitét, és Péter lesz a Szikla, akiben az Egyház alapja és erőssége áll az Úr újra-jöveteléig. „Az Én Egyházam" — mondja az „Élő Isten Fia": Őmagán sem lesz többé a halálnak hatalma (Róm 6,9), s Egyházát sem döntik meg a halálos erők rohamai, viharárak és szorongattatások, amelyek megelőzik az Emberfia jöttét. Az evangéliumi szakasz folytatása Jézus szenvedésének megjövendöléséről szól. *(Mk 8,27-30; Lk 9,18-21 ▫ 16,14: Mk 6,14-15; Lk 9,7-8 ▫ 16,16: Mt 14,33; 27,54; Jn 1,49 ▫ 16,17-19: Jn 1,42; Ef 2,20; Mt 18,18; Jn 20,23; Iz 22,22; Jel 3,7)*

Szentségre várva

Jézus imádkozott Péterért, hogy meg ne fogyatkozzék Péter hite (Lk 22,32). Minden szentmisén imádkozunk Péter utódjáért és mindazokért, kik felelősek az Egyházban hitért, erkölcsért. Tudatában vagyunk-e a magunk felelősségének az Egyházban? Főleg a helyi egyházközösségben, amelyben a Szentséget ünnepeljük, vesszük, — éljük?...

Elmélkedés

„E kőszálon fogom építeni anyaszentegyházamat."

„Én is mondom neked, hogy te Péter vagy és e kőszálon fogom építeni anyaszentegyházamat és a pokol kapui nem vesznek erőt rajta. És neked adom a mennyek országa kulcsait. " (Mt 16,18-19) Én is mondom neked s úgy mondom, hogy megteszem, sziklává teszlek. Krisztus háza sziklán épült ház. A szikla erőt jelent, melyet ki nem forgatnak, kemény ellentállást jelent, melyet meg nem puhítnak. A hitet, evangéliumát, tanát, szellemét, kegyelmét akarta biztosítani számunkra az Úr; azokat nem betűre bízta, mely öl; nem könyvre, melyet széttépnek; nem tudományra, melyet emberi gondolat kiforgat; hanem intézményre, az egyházra s hogy ez erős legyen, sziklává teszi fejét; erőssé, csalhatatlanná a hitben, a tanításban. Íme lelkem háza és otthona; az igazság édes mécse ki nem alszik benne; első kiválósága az, hogy alapja szirt. Innen nézem a tenger hullámzását, a nézetek káoszát, a szellemek harcát. E házban jó lennem! Szeretem, tisztelem e sziklát; csókolom a lábát. E szikla szentséges Atyánk, kiben Péter él, akin az egyház, lelkem otthona áll.

E házban vannak többi kincseink letéve. Itt születünk újjá; itt nevelnek s kennek föl hőssé; itt van asztala az angyali Kenyérrel; itt leng lehelete, mellyel apostolaira lehelt, mondván: vegyétek a Szentlelket; itt gyógyul meg lelkünk sebeitől; szóval ez a ház az Isten gyermekeinek háza. E házban környékez minket Jézus láthatlanul; áldása reng szentelt vízen, tömjénfüstön, gyertyán, pálmaágon; hullámzik harangszóban. S íme a ház alapja, feje és sáfárja Péter. Jézus az ő kezeire bízta kincseit s neki adta kulcsait s e kulcsok az ég kapuit nyitják. Az apostoli küldetés, mellyel püspököket s papokat küld, a hatalom, mellyel bűnös lelkeket old, mind reá van bízva. Ő nyit és csuk, ő köt és old. Ő kapcsa a soknyelvű és fajú kereszténységnek, eleven központja a hitéletnek. Hogyne védenők s ne segítenők tőlünk telhetőleg!

„Én mondom: Te kőszál vagy." Erős vagy kegyelmemből s *nem önerődből*; erős vagy imám áldásából, mert Simon, Simon, az ördög kikért titeket, hogy megrostáljon s elszakítson tőlem, de én érted imádkoztam, hogy ne fogyatkozzék meg a te hited s *általad* kapcsolódjanak hozzám testvéreid. *(Prohászka: ÖM, 6:202; 258)*

†

XII. Pius az Egyházról

Az *Egyház látható*, mert „test". Ezért elkóválygnak az isteni igazságtól, kik úgy képzelik, hogy az Egyház olyas valami, ami foghatatlan-láthatatlan, valami merőben „szellemi" — ahogy mondjuk — oly *Egyház, melyhez* sok más keresztény közösség is *tartozhat*, bár hitben egymástól különböznek, összekötve állhatnak együtt egy nem-érzékelhető kötelék révén. Mily szörnyen tévednek, akik egy rejtett, láthatatlan Egyházat képzelnek önnön tervezésükben...

Amint Krisztus az *Egyház* feje, úgy a Szentlélek annak lelke... Csak azok valódi tagjai az Egyháznak, akik megkeresztelkedtek és az igaz hitet vallják, akik szerencsétlenként el nem hagyták a Testet, vagy súlyos bűnükkel törvény szerint ki nem zárattak... Ebből következik, hogy akik hitben vagy kormányzatban el vannak választva, nem élhetnek a Testben és élhetik az egy, isteni Lélek életét.

†

Egyház és állam

A katolikus Egyház jelenléte a világ polgári hatalmai közt megváltoztatta a világnak egész politikai rendjét. Oly törvényhozást, bírói és végrehajtó fórumot állított a földre, melyek *függetlenek* minden emberi *tekintélytől*. Kivonta emberi törvények kezéből a hitnek és lelkiismeretnek egész „tartományát". Csak Istentől függenek ezek! Ő a maga hatósága alá vetette mindezt, ráruházta e hatóságot a *Tőle irányított Egyházra*. Itt a probléma megoldása, melyet a föld el nem végezhet. Egyház előtt meghajlani: szabadság; és azért szabadság, mert az nem tévedhet, s félre nem vezethet sem egyest, sem népeket. Ha nem lehetne tévedhetetlen, akkor a neki engedelmesség legfojtóbb rabság lenne. Ez *„ultramontánság"* [pápapártiság az ellenfél nevezte így], vagyis az igaz Egyháztól isteniieg biztosított lélek szabad volta! Az a valódi mérséklés, fék a *cézarizmus* fölött, mint ahogy a cézarizmus [állam, vagy király abszolút fősége lelkeken is, amilyen az angol királyé egyháza fölött] a valódi ellenfele Isten fönségének.

Mi a különbség pogány és keresztény *cézarizmus* között? 1. Az első önmaga *művének* nézi államát, a második Isten művének! — 2. Az első *föltétlen* s egyetlen úr, főpap, király minden test, lélek fölött; a második a lélek minden dolgán az Isten törvénye és Jézusnak Egyháza alatt áll. — 3. Elsőnél a vallás is az *állam szerve*, ügyosztálya; a másodiknál a vallás az államhatalom korlátja, *emberszabadság oltalmára*. — 4. Az első az Egyházat maga *alattvalójának* tekinti; a második polgári államát is Isten és égi törvény alattvalójának, — amely törvénynek őre és értelmezője az Egyház. — 5. Az elsőnél: „minden hatalom, civil s vallási, a *néptől* származik; a második szerint a civil hatalom is forma(tartalom)ban Istentől van [nép csak kijelölheti, ki hordozná ezt!], a lelki főség kizárólag Istentől — és csakis Istentől — függ és neki felelős. — Ez hát az ún. „ultramontánság": a lényege, hogy az Egyház isteni intézmény, Isten óvja tévelyektől, hatáskörében független a földi úrtól. Isteni törvényt őriz, tolmácsol s bírói joghatalma van a lelken, nemzeten *azokban* amik a hitet-erkölcsöt illetik. Ultramontanizmust gúnyul mondanak ránk, de nem egyéb ez, mint hű katolicizmus — és teljes kereszténység. *(Henry E. Manning: Egyház és állam)*

Boldog Özséb, remete, a pálos rend alapítója, †1270

ÉVKÖZI 22. VASÁRNAP

I: A prófétai sors nem könnyű: Isten igéje emésztő tűzként égeti szívét. S: Éljünk úgy, hogy életünk áldozata kedves legyen Isten előtt! E: Aki követni akarja Jézust, vegye fel keresztjét!

Akit Isten a szolgálatába fogad, azt iskolájába is fölveszi, s akinek sokat adott, attól sokat is követel. Tanítványainak meg kell tanulniok, hogy vállalva értsék a rájuk bízott munkát, a fáradozást, kínt és kudarcot. — Ehhez mindenkinek idő kell, és szívének minden energiájára szüksége van. Hagynia kell, hogy szívét átizzítsa, megtisztítsa, átalakítsa Istennek Lelke, a Szentlélek.

Első olvasmányhoz Jer 20,7-9

Jeremiás szabadkozik prófétai meghívása ellen (1,6), de aztán enged Isten világos parancsának. Természete mintha nem a hivatásra szánná: lágy kedélyű volt és majdnem összeroppant Isten terhe alatt. Tiltakoznia kellett kora vallási és szociális visszaélései ellen, hirdetnie a közelgő katasztrófát. Bár ez váratott magára, nem maradt el viszont a gúny és üldözés. Jeremiás keserű órákat élt át, mikor Istennek tett szemrehányást, és önmagát elátkozta (15,10-21). Másoknak is, kiket Isten a szolgálatára hív, vannak hasonló élményeik, ők is átélnek hasonló válságokat, és csak úgy győzik le azokat, ha nem futnak el Isten elől, hanem Jeremiásként Hozzá menekülnek. *(Jer 1,4-10; 17,14-18; 23,29; Ám 3,8; 1Kor 9,16)*

Válaszos zsoltár Zsolt 63(62),2.3-4.5-6.8-9

Istenre várva

Szentleckéhez Róm 12,1-2

Jézus jóhírében Isten végleg meghirdette üdvözítő akaratát és uralkodói jogát. Erről Pál oly részletesen szól (Róm 1-11), mint sehol máshol az Újszövetség. Záradékul Pál megfogalmazza az ember teendőit, melyek Isten irgalmából következnek. Az új követelmény röviden: „igazi, lelketekhez szabott istentisztelet". Ez nem egy közönséges adomány: önmagunkat kell fölajánlanunk testestül-lelkestül! Ez az a dicsőítés, melyben az egész teremtés betölti értelmét és megleli üdvét. A második vers kifejti az elsőt: minden igaz áldozat az adomány átváltozásában áll; az ember legbelseje, gondolkozása és akarata megújul, Krisztuséhoz hasonul. Így lesz képes a keresztény ítélettel vizsgálni és dönteni, s nem hull vissza többé e világ hatalmi köreibe. E helyett inkább fölemeli azt, ami jó a világban, és bevonja a maga lelkiessé átalakult életszintjébe. Így folytatódik e világon Krisztus megváltói műve a keresztény életében. *(12,1: Róm 1,9; 15,16; 1Pt 2,5 ▫ 12,2: Róm 8,5; Ef 4,22-24; 5,10.17; Fil 1,9-10)*

Evangéliumhoz Mt 16,21-27

Péter vallomásához (21. vasárnap) szorosan hozzátartozik mindhárom szentírónál (Mt, Mk, Lk) a kínszenvedés megjövendölése és a kereszt követésére szóló felhívás.

Jézus tudja, hogy mint Messiásra szenvedés vár, és ezt tanítványainak is tudniuk kell. Ismét Péter az, aki előlép, most azonban Jézus megbotránkozik szavain. Hogy Jézusnak — aki Krisztus, az Isten Fia, és Isten-szolgája is — szenvednie kelljen, nemcsak Péternek megfoghatatlan. De Jézus az Egyházát is nagy határozottsággal a szenvedés törvénye alá veti! Nem *a földön* diadalmaskodó Egyházat alapított. (Az Ő és övéi diadala máshol van: „Az Én országom nem e világból való." — Jn 18, 36) *(Mk 8,31-38; Lk 9,22-26 ▫ 16,21-23: Mt 17,22-23; 20,17-19; Lk 9,44; 18,31-33; 24,7.44-46 ▫ 16,24-26: Lk 14,27; 17,33; Jn 12,25-26 ▫ 16,27: Mt 25,31; 2Tesz 1,7)*

Szentségre várva

Mivel Krisztus *él*, itt, most is, azért él Péter, azért él az Egyháza. Rátok bízta Krisztus az igéit, szentségeit, küldi nektek Szentlelkét. Jézus mindenható imája szólt Péterért és Péteren keresztül az Egyházért, hogy meg ne fogyatkozzék hite (Lk 22,32), s hogy élő hit fogadja az élő Kenyeret.

Elmélkedés

A Szent Kereszt királyi útja

Sok ember előtt keménynek látszik ez a szó: „Tagadd meg magad, vedd föl keresztedet és kövesd Jézust! (Mt 16,24) — De sokkal keményebb lesz amaz utolsó szót hallani: „Távozzatok tőlem, átkozottak, az örök tűzre!" (Mt 25,41) — Akik most örömest hallják és követik a kereszt szavát, akkor nem félnek az örök kárhozat hallásától. — Ez a keresztjel lesz az égen, mikor az Úr eljön az ítéletre. — Akkor majd a kereszt szolgái, kik a keresztrefeszített Krisztushoz szabták életüket, nagy bizalommal járulnak az ítélő Krisztushoz. — Miért rettegsz hát a kereszt elvállalásától; hisz ezen az úton mégy a mennyországba? — A keresztben van az üdvösség, a keresztben az élet, a keresztben oltalom az ellenségtől; a keresztben a mennyei édességnek áradása, a keresztben lelkünk ereje, a keresztben szívünk öröme, a keresztben az erény színe-java; a keresztben a szentség tökéletessége. — Nincs lelki üdvösség, sem az örök élethez remény, csak a keresztben. — Vedd fel tehát a keresztedet, kövesd Jézust és bemégy az örök életre. — Ő elől ment, vállán hordozta keresztjét és meghalt éretted a keresztfán, hogy te is viseld a magad keresztjét és a keresztfán meghalni kívánj. — Mert ha vele meghalsz, vele együtt élsz is; és ha a kínszenvedésben társa vagy, a dicsőségben is az leszel. — Íme, a kereszten fordul meg minden, és az a lényeges, hogy magunknak meghaljunk. Nincs is más út az életre és az igazi belső békére, mint csak a szent kereszt és a mindennapi önmegtagadás útja. *(Kempis: KK, 2:12)*

†

Szenvedés Istentől küldve

Láttátok-e, mint bánnak az orvosok a betegekkel? — Akinek életét meg akarják tartani, vassal, tűzzel kínozzák, éhséggel, szomjúsággal fárasztják, csontjokat szedik, tagokat metélik, keserű italokkal kérődtetik, egy szóval úgy bánnak a szegény beteggel, mintha szegődségük arra volna, hogy kínozzák őtet. De mikor látják, hogy a betegség meggyőzte a természetet és nincs reménység a felgyógyulásban: nemhogy nehéz itallal erőltetnék, vagy kedves eledeltől tilalmaznák a beteget; de sőt valamit kíván, mindenben kedvét töltik és kétségbe esvén gyógyulásáról, néki vetik a zabolát. Nagy dolog ez! Senki sem csudálja, hogy e világi orvos tűzzel és vassal, éhséggel és szomjúsággal orvosol; azon pedig annyin csodálkozunk, törődünk, hogy Isten itt égeti, vagdalja az igazakat, hogy meggyógyítsa és örökké megtartsa; a gonoszokat pedig kedvekre bocsátja, de boldogságából kirekeszti. *(Pázmány)*

†

Rázzák, tépázzák, fosztják...

Rázzák, tépázzák, fosztják
a gyümölcstermő lombos fát,
gyümölcstelent meg hagyják békén,
míg ki nem vágják a legvégén.

Jármozzák, űzik hajtják
az életre szánt marhát,
a leölendő meg hason
hever a hűvös hidason,
amíg halálra nem hízlalják...

A reménytelen nagybeteggel
finom sok csemegét etetnek,
s gyógyíthatónak: orvos rendel
keserű szörpöt, füvet, retket.

Gonoszok is a szerencsének
minden javában fürdenek;
balsorsban, meghajszoltan élnek
a hű és igaz emberek...

Ki értelmes, az ért belőle,
csak hangoskodjék még a dőre.

(Nagy Sz Gergely példázata)

ÉVKÖZI 23. VASÁRNAP

I: A próféta nem hallgatja el az Úr szavát, különben az elpusztultakért is ő felelős. S: A törvény tökéletes teljesítése: a szeretet. E: Testvéri szeretettel intsük azt, aki minket megbántott.

A hamis tanok is veszélyeztetik az Egyház lelkiségét, életét, de még gyakrabban a hamis tett és a jótett elhanyagolása. Tudjuk-e, hogy mind felelősek vagyunk, ha egyikünk rossz útra téved? „Az ő dolga" — mondjuk talán, — vagy: „Tiszteljük mindenki szabadságát!" Ez igaz, de valaki szabadsága és magára hagyottsága két különböző dolog. Egy jóságos, de egyenes szót szólni ahhoz, aki hibázott, együttérezni vele, utat mutatni, egyengetni neki, — mindez nagy alázatot, szelíd szeretetet kíván tőlünk. De ezzel tartozunk egymásnak — hisz testvérnek hívjuk egymást!

Első olvasmányhoz Ez 33,7-9

Ezekielnek intenie kellet Izrael házát, mint előbb Jeremiásnak is. A nép nem hallgatott a prófétára és lehanyatlott. De maradékai még élnek, számkivetésben és otthon. Isten nem váltja be fenyegetéseit, viszont újra inti a népet, de a prófétát is: ha hallgat ez, mint a néma eb, maga is bűnös! Saját életét csak azzal menti meg, ha hű hivatásához és megbízatásához. *(Ez 3,17-21; 33,11; Jer 6,17; 25,3-4; Mt 18,15)*

Válaszos zsoltár Zsolt 95(94),1-2.6-7.8-9

Felhívás Isten dicséretére; intés

Szentleckéhez Róm 13,8-10

Az igazságosság követelménye: kinek-kinek a magáét, senkinek ne maradj adósa! Ezzel az elvvel egyértelmű és világos rendet lehet teremteni, de Isten törvényét ez még nem tölti be. Hegyi beszédében Jézus a törvény „szívéül" a szeretetet hirdette meg. Ez csak akkor lett érthető, mikor látható lett Őbenne. Azért jött, hogy a törvényt beteljesítse és tökéletesítse. S mióta kiáradt szívünkre a Szentlélek által Isten szeretete (Róm 5,5), már nem számít, zsidó vagy pogány származású-e valaki, egyik vagy másik fajhoz, társadalmi csoporthoz tartozik-e, csak az számít, hogy hisz, hogy tevékeny a szeretetben (Gal 5,6). *(13,8: Jn 13,34; Gal 5,14 ▫ 13,9-10: 2Mz 20,13-14; 5Mz 5,17; 3Mz 19,18; 1Kor 13,4-7)*

Evangéliumhoz Mt 18,15-20

Az Egyház nem a tökéletes, szent emberek közössége: bűn is akad a kebelében. De a bűnöst testvérül kell kezelni; „a te testvéred" — ez szól mindenkihez az Egyházban. A bűnös testvér megtérítése mindnyájunk felelőssége és föladata. Előfordulhat, hogy sem az egyes hívőnek, sem az „egyháznak" (helyi közösségnek) nem sikerül őt visszahívnia. — Nemcsak Péter (Mt 16,19), de a hívők egyháza is a kötés és oldás hatalmával bír, s e kettős hatalmával élnie kell. Nincs itt szó arról, vajon a közösség döntése végleges-e, de e szakasz és az egész evangélium célzata világos:

a büntetés az utolsó kísérlet a bűnös észre térítésére! Ugyanakkor kötelessége az *egyházi* közösségnek, hogy a megtévedt, kizárt testvérért imádkozzék, ha egyebet már nem is tehet érte! *(18,15-18: 3Mz 19,17; Lk 17,3; 5Mz 19,15; Mt 16,19; Jn 20,23 ▫ 18,19-20: Mt 7,7; Jn 15,7.16; Mt 28,20)*

Szentségre várva

Csak szabad lélek ünnepelheti a Szentséget: akinek megbocsátottak és aki meg tud bocsátani. A Kenyér közössége csak ott igaz szentségi egység, ahol a Lélek élteti: a béke, s a szeretet Lelke.

Elmélkedés

Nemcsak a hivatalban levők kötelessége, hogy mind szelíd feddéssel, mind kemény dorgálással eltiltsák a rájuk bízottakat a bűnöktől, hanem minden embereket kötelezett Isten, hogy mikor intéssel-feddéssel a bűnök távoztatására vagy bűnből felkelésre segíthetnek, — el ne mulasszák! Tanítja Krisztus: ha felebarátod vétkezik ellened, először magát intsed. Ha megjavul, ördög torkából kinyerted atyádfiát és... Istennek áldása gerjed a dorgálóra is. De ha kétségünk támad, hogy csak fát rakunk a tűzre, és nemcsak reánk dühödik, hanem inkább elátalkodik, akit intünk, nem kell arra vesztegetnünk haszontalan szókat,... békét hagyjunk az olyan dorgálásnak, mely csak idegenséget szerez; mert az intésnek célja felebarátunk jobbulása!... Vajha jól meggondolnók, mily drága az ember lelke, melyért Krisztus életét adta! Vajha szívünkben volna az isteni szeretetnek tüze! Nem elégednénk bezzeg azzal, hogy magunk szolgálnánk Istennek, hanem mindeneknek kiáltanánk: „Jertek ti is, szolgáljatok Istennek!" Mert miképpen a tűz mindent megéget és soha meg nem elégszik, miképpen a mágnes vonzza a vasat és soha el nem fárad: úgy az Isten szeretetének tüze, ahol vagyon, meg nem szűnik a lelkek segítésének kívánásától. Kérem az Úr Istent, gerjessze mindnyájunk szívében ezt a buzgó indulatot, hogy a lelkekért életünket is készséggel letégyük! *(Pázmány: A lelki irgalmasságrúl és lelkek nyerésének kívánásárúl)*

†

Testvéri feddés

E szavakra: „Hol van testvéred, Ábel?" (1Mz 4,9), megértette Gertrúd, hogy az Úr minden szerzetestől számonkéri azt, amit társa a rendszabály ellen vétett, ha módjában állt neki valami módon megakadályozni, akár olyképpen, hogy őt magát *figyelmeztette*, akár pedig azáltal, hogy az elüljáróval közölte. Megértette, hogy az a mentegetődzés, mellyel némelyek előhozakodnak: nincs rám bízva mások megfeddése, azután meg: én magam rosszabb vagyok nála — éppoly keveset használ neki Isten előtt, mint Kainnak, aki azt mondta: „Talán bizony őrzője vagyok én az öcsémnek?" (1Mz 4,9) Mert mindenki köteles Isten előtt testvérét a gonosztól visszatartani s a jóra segíteni. Ha ezt lelkiismerete ellenére elhanyagolja, Isten ellen vétkezik. Nem használ neki semmit az a kifogás, hogy nincs rábízva, mert valójában rábízta Isten, mint ahogy lelkiismerete is mutatja neki. És ha elhanyagolja, az ő lelkétől kéri számon majd az Úr és pedig néha még jobban, mint az elüljáró lelkétől, aki talán nincs jelen, vagy ha jelen van, nem veszi észre a dolgot. Azért mondja az Írás ezeket a fenyegető szavakat: „Jaj annak, aki cselekszi, s kétszeresen jaj annak, aki beleegyezik.” Beleegyezéssel az követi el a bűnt, aki eltitkolja, holott kinyilvánítva Isten dicsőségét szolgálná.

Egyszer meg azt kérdezte Gertrúd az Úrtól, mit használ barátainak, hogy anynyiszor imádkozik értük, holott nem veszi észre rajtuk az *imádságnak semmi eredményét*. Erre az Úr a következő hasonlattal oktatta Gertrúdot: „Ha egy kisgyermeket mérhetetlen birtokkal megajándékozva visznek el a császártól, a nézők közül senki sem látja azonnal az adományozásnak valami gyümölcsét a gyermek alakján. A tanúk előtt azonban nem titok, mily hatalmassá lesz, ha felnő a nyert gazdagság következtében. Ne csodálkozzál tehát, hogy testi szemeiddel nem látod imádságaid gyümölcsét azokon, amelyben én őket örök bölcsességem szerint nagyobb hasznukra részesítem. Mert minél többször imádkoznak valakiért, annál nagyobb lesz a boldogsága, mivel a hitből származó imádság sohasem marad gyümölcs nélkül, jólehet, a módja sokszor rejtett az emberek előtt. *(Nagy Sz Gertrúd: Az isteni szeretet követe, 3:26; 196)*

†

Az Egyház hűtlen fiaiért

Jézus Krisztus, én Megváltóm, tekints le rám irgalommal felséged trónjáról! Hiszen te váltottál meg bennünket az örök életre drága véred árán. A te mennyei Atyád nekünk is atyánk. *Test szerint testvérünk vagy.*

Menjen-e tönkre lelkünk? Te megmenthetsz bennünket. Tekints a szent Egyháznak, a te jegyesednek könnyeire, és engedd, hogy mi, tagjai, mindig egyességben legyünk vele. Vezesd vissza hozzá azokat a gyermekeit is, akik elhagyták: *áraszd ki minden tévelygőre a hitnek világosságát*, amely üdvösségünk és életünk. És ha én nem vagyok rá érdemes, hogy meghallgass, mert bűnös vagyok, akkor hallgasd meg Máriának, az irgalmasság hatalmas Anyjának értünk való könyörgéseit. Ő könyörögjön értünk, hogy mindenki megtérjen hozzád, és mindenki téged dicsérjen és áldjon. Amen. *(Hofbauer Sz Kelemen imája, Sík: DB, 681)*

†

Bármikor meglátva vétkezőt, vonjuk ki bűnök mély verméből őt, nehogy mi bűnözvén, bűnhődjünk másnak vesztén. *(Aranyszájú Sz János)*

ÉVKÖZI 24. VASÁRNAP

I: Csak az nyer bocsánatot Istentől, aki maga is megbocsát megbántóinak. S: Életünkben és halálunkban egyaránt az Úré vagyunk. E: Jézus tanítása szerint újból és újból meg kell bocsátanunk az ellenünk vétőknek.

A bölcseket talán rá lehet venni, hogy lemondjanak bosszúról; beláttatni, hogy az ütés és visszaütés végzetes láncát egyszer meg kell szakítani, ha élni akarunk. De mennyi a bölcs ma? Sajnos semmi jogunk, hogy nevessünk a régi szabályon, amely korlátozni próbálta a bosszúvágyat: szemet szemért, fogat fogért... Jézus nemcsak a minden bosszúról való lemondást sürgeti, hanem éppen a megbocsátást, mégpedig a mérték és határ nélkülit. Ki teszi ezt? Ki képes rá? Azoktól követeli, akik maguk is várják, hogy Isten megbocsásson nekik, akik tudják, hogy rászorulnak bocsánatára. Akik ezt sem tudják, — azokon nehéz segíteni...

Első olvasmányhoz Sir 27,30-28,7

Sirák könyve számos utasítást ad arra, hogy ne nehezteljünk embertársainkra és ne éljünk bosszúvággyal irántuk. A bölcsesség-író annyiban még hű az Ótörvény eszméihez, hogy nem veti el a megtorlást. Számol a bosszú bevett módjával a maga életében. Annál meglepőbb, amit a bosszúszomjról mond: „Csak a bűnös ragaszkodik ehhez" (27,30), ugyanaz, „aki elvárja, hogy Isten megbocsásson neki." (28,3) Az intés: „Bocsáss meg, s te is bocsánatot kapsz!" — már evangéliumi. A Miatyánkot idézi eszünkbe. Az Ószövetség hívének is elég oka volt, hogy megbocsásson felebarátjának. „Gondolj a halálra, a parancsokra, a Legfenségesebb szövetségre!" (Sir 28,6-7) Az isteni megtorlás visszatarthatja a bosszúszomjast, de a hála és Isten követése is lehet indíték. A „szövetség" története az isteni türelemnek és megbocsátásnak hosszú sora. *(2Mz 21,24; 3Mz 24,19-20; Mt 5,23-24; 6,12.14-15; 3Mz 19,17-18)*

Válaszos zsoltár Zsolt 103(102),1-2.3-4.8 és 10.12-13

A jóságos, megbocsátó Isten

Szentleckéhez Róm 14,7-9

Itt nincs intés, csak ritmusszerű kijelentések; mint régi liturgikus szöveg-töredékek. E mondatok azonban élő helyzetről szólnak. A római egyháznak voltak „gyöngéi és erősei". A magukat „erősnek" érző többség olyanokat hívott „gyöngének", akik kötelességüknek hitték a hústól és bortól való tartózkodást, és ragaszkodtak jó pár hagyományos zsidó szokáshoz. Pál nem helyesli ezeket, de a meghasonlást sem, vagy az egyformaság kényszerét sem. Magát az „erősekhez" sorolja, és szabadnak érzi a „gyöngék" aggályaitól. De a lényegtelen véleménykülönbségeknél fontosabb a tény, hogy Krisztus mindenkit egyformán szeret, mindenkiért meghalt, mindenkit magához fogad. Mindenki az Ő halálába és föltámadásába keresztelkedett: Ő az Egyház élő középpontja. *(Róm 6,8-11; Gal 2,19; 2Kor 5,15; 5,10; ApCsel 10,42)*

Evangéliumhoz Mt 18,21-35

E szakasz egyetlen parancsa a határtalan megbocsátás. A szabályt az irgalmatlan adós példája alapozza meg. Péter kérdi a megbocsátás mértékét, meddig mehet ez, hisz neki jutott az oldás-kötés hatalma. Nos, nincs mérték, határ! Mind abból élünk, hogy Isten folyton, „szívből" megbocsát! (Az „őszintén" szó gyönge fordítás a görög eredetire, kifejezőbb a „szívből".) Ahogy Isten szíve merő irgalom, úgy kell az emberszívnek is, nemcsak a szájnak, megbocsátania: teljesen, őszintén. Az Istentől kapott bocsánat kötelez, felelősséget jelent. Az irgalmas Isten eltaszítja magától azt, aki nem irgalmaz, társának meg nem bocsát. *(18,21-22: Lk 17,3-4; Mt 6,12.14-15; 2Kor 5,18-20; Kol 3,13; 1Mz 4,24)*

Szentségre várva

„Ha ajándékod az oltárra viszed, s ott eszedbe jut, hogy testvérednek valami panasza van ellened, hagyd ott ajándékod az oltár előtt, siess előbb megbékélni atyádfiával, és akkor jöjj és ajánld föl áldozatodat!" (Mt 5,23-24: az Úr nem nézi, hogy te, avagy ő az „oka"... S hogy ki a „testvér". Őmaga is az!)

Elmélkedés

Mi is megbocsátunk...

Megbocsátani többféleképpen lehet. Nagyvonalúan, fölényesen: „Ugyan kérem, szót sem érdemel!" Vértanú-képpel, szenvelegve: „Lám, ekkora kárt, fájdalmat okoztál. Nem, nem haragszom, de a sebeim véreznek." Gőgösen: „Nem veszlek annyiba, hogy képes volnék haragudni rád. Mindig tudtam, mi lakik benned, most végre te is rájöhetsz arra, hogy ki vagyok én." Bakafántosan: „Megbocsátok, de kérj bocsánatot!" Vagy hajszoltan, kényszeredetten: „Megbocsátok, mert ez a kötelességem. De felejteni, azt nem tudok." És mohón: „Megbocsátok, de számítok arra, hogy mindent sokszorosan jóváteszel."

A megbocsátásnak ezek a formái *torzképek*, egy alapvető keresztény „erénynek" — a valóságban sajnos nagyon gyakran előforduló — torz és kompromittáló utánzatai. „Kegyetlen kegyelem" az ilyenfajta megbocsátás, még ha jóindulatból fakad is, sosem építő, boldogító nagylelkűség, igen sokszor egyenest a kegyetlenségnek valamiféle perverz változata. A bűnöst nemhogy kiemelné a nyomorúságából, inkább még mélyebbre taszítja. Aki a „megbocsátásnak" csak efféle változataival találkozott, annak könnyen elmehet a kedve attól is, hogy „megbocsásson", attól is, hogy mások bocsánatára számot tartson. Az ilyen ember szokta mondogatni: „Jobb egy tisztességes ellenség tucatnyi hazug jó barátnál. Egészségesebb a harag és a megtorlást igénylő szemet szemért, fogat fogért metsző hideg szele ennek a megbocsátásnak miazmás, köhögtető légkörénél."

Az evangélium-olvasó ember mégsem feledheti, hogy Jézusnak alapkövetelése volt, majdnem az egyetlen, amelyből soha semmi áron nem engedett, hogy az, aki tanítványának mondja magát, hajlandó legyen megbocsátani az ellene vétkezőnek. „Hétszer?" — kérdezte Péter. „Hetvenszer hétszer" — hangzott Jézus felelete.

De a parancshoz Jézus példát és motivációt is adott. Mikor a tékozló fiú atyjáról beszélt, vagy amikor maga fordult a házasságtörő asszonyhoz: „Én sem ítéllek el. Menj, és többé ne vétkezzél!"

A krisztusi megbocsátás nem a rossznak udvarias hallatlanra vétele vagy éppen kimosdatása. A bűn bűn, a sértés, kár, ártalom megoldásra vár, nem arra, hogy egyszerűen fátylat borítsanak rá. A krisztusi megbocsátás Istenre nyílik, még ha nem emlegeti is ezt föltétlenül. Arra, aki „nagyobb a mi szívünknél", és eléggé hatalmas ahhoz, hogy jóvátegye a bűn-okozta roncsolásokat — a megsértettben és a sértés szerzőjében egyaránt. És a krisztusi megbocsátás testvéri mozdulat. A testvér a kegyelem egét úgy nyitja az esemény és a benne részesek fölé, mint maga is kegyelemre szoruló. „Szolgatárs", aki az evangéliumi példabeszéd szerint maga is adósság-elengedésre szorul, az irgalom erőterében él, hogyne igyekezném tehát irgalmasnak bizonyulni. A testvér testvére bűnében mindig bűnrészes is. „Mi bűnösök" nemcsak hasonlítunk egymáshoz abban, hogy irgalomra szorulunk, hanem felelősek is vagyunk egymásért. Valamelyest az én vétkem az a vétek is, amely ellenem irányul.

A megbocsátásnak ez a krisztusi módja elsősorban lelkület kérdése. Nem a külsőségeit kell ellesni, lehet megtanulni, hanem a belső tartalmát. De azt tanulni kell, mert senki sem születik rá. A *hit*, az élet megrendüléseit Istenhez emelő, imádságos-elmélkedő gyakorlat alakíthatja ki. S ha valaki úgy érzi, hogy *képtelen* rá? Igyekeznie kell, és kérnie a hozzá szükségeseket. A külső formát azután — nagyon-nagyon változatosan — magától teremti meg ez a belső tartalom. Talán ügyetlenül, tapogatózva, de nemegyszer váratlan zsenialitással is. Néha szavak nélkül kell megbocsátani. Érteni a szavakban ki nem fejezett bánat és a jóvátételre igyekvő szándék apró jeleit, s jelekkel felelni a jelekre. Felejteni ott, ahol feledésre van szükség, megróni máskor azt, akinek szüksége van a megrovásra. Az igazi megbocsátás, mint a szeretet általában, intelligens és leleményes. És alázatos is, *legfőképpen talán alázatos. (Jelenits István: Élet és evangélium, 49)*

†

Megbocsátás

Kimenvén pedig a szolga szolgatársai közé, a nagy, Fölséges Úrnak magaslatairól leszállván az alacsony érzések régiójába, hol szolga-, kufárlelkek gyötrik egymást, kegyetlen lett s megfeledkezett az irgalomról. Íme a szolgalélek nyomai a sárban! Jézus lelke a legnagyobb hivatás fölségével, az isteni érzések áldásával jön felénk. Lelkében szenvedéllyé fejlett az örök halál veszedelmének aggodalma s az örök élet közlésének vágya: Jön átkot eloszlatni, poklot zárni, végtelen adósságot elengedni; jön az élet legsötétebb gondját eloszlatni; jön erővel s hatalommal; győzi. Lélekkiáradással, pünkösdi tűzzel szemében, karácsonyéj mézével ajkán, a megtestesülés áhítatával szívében jön felénk; könnyeket, irgalmat, könyörületet, tisztaságot, erőt, halhatatlanságot hozott s a szolgaember mindezt felejti s 100 pénzért fojtogat, keserít, üldöz, öl... s pokolba jut! Az az Istengyermek, ez a szolgatípus!

„Látván pedig szolgatársai a történteket, igen megszomorodának..." A szolgatársak, kiket a kegyetlen önzés el nem állatiasított, szomorkodnak; a világ az ő

kínjuk, az az alacsony, mellén kúszó, földet érő kígyóvilág. Ők tesznek ellene, dolgoznak, küzdenek és sírnak, de nem szabad elernyedniök s nem szabad a sasok magaslatairól a kígyók csapásaira térniök. Menjenek csak bízvást Krisztus után, még ha könnyes szemmel is. Menjenek s érvényesítsék tőlük telhetően a szeretet harmonizáló erejét; foglalják énekekbe, himnuszokba az élet diszharmóniáit; sugározzák ki lelküket; a lélek sugarai az igazság, jóság, szentség, szépség, erő, öröm, élet. Tegyék széppé a világot; rongyokba, vityillókba hozzák magukkal a tündérmeséket elhalaványító krisztusi világosságot; árasszanak ki tájékra, mezőre, szérűre redves kerti palánkokra, líceumbokrokra poézist; járjon velük utcákon, folyosókon, szalonokban, kapuk alatt, pince- és padláslakásokban az élet lelkesülése s azért, mert szomorkodniok kell, ne felejtsék, hogy ők voltaképp a lét s az élet ittas élvezői. Ez nem filozófia, hanem kereszténység. *(Prohászka: ÖM, 6:217; 278)*

†

Bocsánatkérés

Mondd, mi ketten hogy nézünk majd az Ítélet nappal szembe? A *Nap* is tanúja, hogy *lement*, nem is egyszer a *haragunk fölött* és hogy sok éven át! Jaj nekem, undok roncsnak! És mondjam-e, hogy tenéked is?!

Most újra kérlek, mint egy éve a levelemben. Hamarosan, hamarosan a helyreállott béke, — vagy a megtört és elvetett, a Szék előtt áll, és jutalmat kap vagy elvettetést! Hát jó, ha most kinyújtott kezem ellököd, a bűn súlya nem az én fejem fölött lesz. Mihelyt elolvastad e levelem, add bűnömre a fölmentésedet! *(Sz Jeromos levele sértődött rokonához)*

†

Isten irgalma elsősorban a megváltásban mutatkozott meg. Jézus Krisztus elégtételét elfogadta a világ bűneiért. Azért hangoztatja az apostol is, hogy „bocsássatok meg egymásnak, ahogy Isten is megbocsátott nektek" (Ef 4,32). Aki nem így tesz, az kizárja magát Isten irgalmából, s eléri a „harag", vagyis az ítélet. Az isteni irgalom megtapasztalása kell, hogy átalakítson bennünket. *(Jakubinyi: Máté evangéliuma, 212)*

†

A szentek nem hordoztak gyűlöletet vagy keserűséget. Ők mindent *megbocsátottak,* és úgy hitték, a vétkeik miatt Istennél több bocsánatra szorulnak. *(Vianney Sz János)*

ÉVKÖZI 25. VASÁRNAP

1: A mi gondolataink nem az Úr gondolatai. S: Életünk és halálunk egyaránt Krisztusé legyen! E: Isten ingyen kínálja fel kegyelmét mindnyájunknak.

Mondd meg, milyennek látod Istenedet, s megmondom, ki vagy! Az Isten képére alkotott ember hajlamos Istent a maga képére formálni: hamis istenné! Ilyesmit mondtak az ógörögök az istenek irigységéről: nem adnak ezek embernek jót, nem sokat! Hogy jutottak ilyen eszmére? — Jézus Krisztus Istene áradó jóságú: ad és megbocsát. Az Írás tanítja, hogy Ő jutalmaz és büntet, de ezt isteni módon teszi. Isten igazságosságában is ott a „jó hír". Isten busásan tudja azt is jutalmazni, aki nemigen érdemli. Ez pedig főleg életünk alkonyán a vigaszunk!

Első olvasmányhoz Iz 55,6-9

(Vö. húsvétéj 5. olvasmány.) „Keressétek az Urat": ez örök érvényű felszólítás, bár egy történelmi helyzetben hangzik el. Végét járják a fogság évei, és a nép egész jövője attól függ, hogy fölfogja-e az óra nagyságát és sürgősségét. Nem külső fejlemények, nem Cirus perzsa király sikere vagy kegye menti meg a népet. A hazatérés föltétele: visszatérés Istenhez! Ő valósítja meg terveit a világ történéseiben, s nyilatkoztatja ki nagyságát (Sir 36,4). Csak az tapasztalja ezt, aki lerázza a maga szűkre mért „bölcsességét", és így felismeri Isten nagyságát és végtelen hatalmát. *(55,6-7: Zsolt 145,18; Jer 29,13; Jn 7,34; Zak 1,3-4; Lk 15,20 ▫ 55,8-9: 1Sám 16,7; Mik 4,12; Zsolt 103,10-11)*

Válaszos zsoltár Zsolt 145(144),2-3.8-9.17-18

Isten nagy jósága

Szentleckéhez Fil 1,20-24.27

Pál fogságban sínylődik, számol a halállal. Kétféle vágy gyötri: „feloldódjék-e", vagyis meghaljon, hogy Krisztussal legyen, vagy élve maradjon, hogy az Egyházzal legyen. Krisztusért dolgozni vagy Krisztussal lenni — hiszen ez nem ellentét. Ő az út, Ő a cél is. A vértanúság mintegy rövid, egyenes út Őhozzá, ezért Pálnak „nyereség" (Fil 1,21). De Pál reméli, semmiképp sem éri szégyen (1,20), mert akár a továbbélésben és munkában, akár a halálban, Krisztus fénye ragyog. Egyetlen gondja ebben csendül ki: az Egyház életében is látható legyen az evangélium és Krisztus ereje, érezhető Krisztus békéje. *(1,20-22: 1Pt 4,16; 1Kor 6,20; Gal 2,20; Kol 3,3-4 ▫ 1,23-24: 2Kor 5,6-9; Róm 14,8 ▫ 1,27: Ef 4,1; Kol 1,10; 1Tesz 2,14)*

Evangéliumhoz Mt 20,1-16

A szőlőművesek példája Isten országáról szól. Isten szíve tárul föl ebben, de az emberi szív is, mely jogok és számítások gondolataival van tele, mint az írástudók, farizeusok és némely tanítvány szíve is. Igazság-e egyenlően bánni utolsóval és elsővel? Igazság-e kaput tárni vámosoknak, utcai nőknek, pogányoknak? A példázat vége megismétli az elsőkről és utolsókról szóló kijelentést (Mt 19,30). Mint ahogy a tékozló fiú példájában, bátyja bezárkózik atyjuk öröme elől, úgy a koránjött munkások teljesítményük fitogtatásával és szűkkeblűséggükkel elvesztik igazukat, és lesznek „utolsóvá". Isten a maga isteni mércéje szerint igazságos. Az emberi irigység és önkeresés szembeszegül Isten határtalan jóságával. *(20,8: 3Mz 19,13; 5Mz 24,14-15 ▫ 20,13-14: Lk 17,10; Róm 9,19-21 ▫ 20,16: Mt 19,30; Mk 10,31; Lk 13,30)*

Szentségre várva

Ha érdemeinkkel kérkedünk és igényekkel tolakszunk, Istent meggátoljuk abban, hogy nagy titkát kinyilatkoztassa nekünk; telve vagyunk önmagunkkal, ám Ő csak az éhesen üres lelket táplálhatja! Kegyelemből választott minket, „nem műveink alapján, különben az ingyenes kegy nem volna kegy többé" (Róm 11,6).

Elmélkedés

Munka Istenért. A szőlőmíveseket fogadó családos ember

„Hasonló mennyeknek országa a családos emberhez, ki jókor reggel kiment míveseket fogadni szőlőjébe..." (Mt 20,1) Az Isten országa munkakedv és tevékenység, melyre Isten lelkesít s melyért ő fizet. Akarja, hogy dolgozzunk, hogy erőinket munkában kiváltsuk; ahhoz erő és lélek kell; egészség és jókedv. A lélek és jókedv visz, kitartást ad s jó fogást biztosít. Nélküle iga s nyögés az élet. A munkában fejlik ki erőnkkel egyéniségünk is; szóval munka által az élet kinccsé lesz, s a világ is körülöttünk jobb lesz. Fájdalmas és szomorú a dologtalanok sorsa: Mit álltok itt egész nap hivalkodva? Az erők s energiák Istene méltán veti a renyhék szemére a dologtalanságot; Isten ments, hogy ez nekem is szóljon. De soknak szól! Főleg a jobbmódú asszonyoknak és a magasabb társadalmi rétegekből való leányoknak, kik munkátlanul töltik vagy dilettantizmussal rontják életüket; unatkoznak, idegesek, keserűek lesznek. Álljunk ki érző szívvel a világ piacára; érezzük át felebarátaink sokféle baját, s megcsendül az Isten szava, mely munkát jelöl ki majd nekünk is.

„Menjetek ti is szőlőmbe." Szőlőjébe küld. Az Isten szőlője az élet a maga sokféle hivatásaival s örök céljával. Itt dolgozik mindenki a maga helyén, a társadalom, hivatal, család, intézmények keretében. Dolgozunk Isten gondolatain, dolgozunk a jobb világon. Tegyük ezt öntudattal; bármit teszünk, tegyük a krisztusi egyéniségnek tisztult, nemes, emelkedett fölfogásával. — Van sok munkánk, sok dolgunk s vállalatunk, melyet az idő folyása talán üresnek s látszat szerint hiábavalónak tüntet föl; de csak iparkodjunk azon, hogy erőnket jól fölhasználjuk, s hogy ne inspiráljon minket soha önzés, makacsság, szűkkeblűség, elfogultság. Állítsuk bele a nemes egyéniséget mindenbe, hogy szórakozásunk is erkölcsi tett legyen. Tegyünk jót s tegyük a jót jól, s a jó alatt ne csak böjtöt, imát, alamizsnát értsünk, hanem mindent, amit öntudattal végzünk. Kérdezzük gyakran: mit tegyek most legjobb tudásom s legnemesebb indulatom szerint?! *(Prohászka: ÖM, 6:263; 334)*

†

„Jutalmazd meg a szolgádat!"

Nem különös, nem is tolakodó, ha bért Dávid Urától kér a nagy munkáiért. A hit, igazság előjoga egyedül: jutalmat kérni s Isten kegyelmét. Ezért kapott megrovást Péter, mikor a vízen járni kezdve bizalom helyett kétség környékezte! Bizalom hajtson apostolt és ne kétely! Írás tanít, hogy higgyünk vissza nem riadva, oly föladatról, mely halandó erőt meghaladna! Nem hetyke gőg ez, de ártatlan szívtudat: mely hagyatkozik Arra, s Attól kér jutalmat, ki munkáin a hű szolgát futtatja... Hadd csüggedjen a léha lomha! Remél a hű munka, és vár a jutalomra! *(Sz Ambrus kommentára a 118. zsoltárhoz)*

[NB: Vád a keresztény hívőre, hogy jutalomért szolgál, nem szeretetből. De jó hívő szeretetből szolgál és Akit szeret: jutalma *az* lesz! — „Kötelességből kell szolgálni!" — a bölcselőnél! *Ki* kötelez? Valaki-valami *kiszabja* kötelmünket. Teszed, mert félsz tőle? jutalmat vársz? szeretsz? A kanti bölcs kibújt nagyhangú jeligével a válasz alól. A hívő mindháromra nagy Igennel felel]

†

Időfecsérlés: fecsegés

Valami gyönyör van a *társalgásban*, hogy csak *időt ölünk* vele! Időt ölni! Fecsérelni órákat fecsegve! Nézd ez órát megadta Isten, hogy bűneid bánjad, bocsánatát esdjed, erényt szerezz, az eljövendő dicsőséget érdemeljed! Ezt a mostani órát arra fordítsad, hogy Isten erejét kikönyörögd, siess az angyali társasághoz, sóhajtozz vesztett örökséged után, tunya akaratodat fölrázd, sírj a bűneiden!... S mire vesztegetjük földi életünk? Henye-üres fecsegésre! És hányszor ezen vész el tán egész örök életünk! *(Nagy Sz Bernát)*

†

Egyetlen buzgó, munkás hívő sokkal többet ér, mint langyos, kényelmes had, mely fecseg és henyél. *(Kalazanci Sz József)*

†

Munkátlanság

A tétlenségen összetorlanak: minden kísértés, romlott gondolat. Tétlenség minden bűn csírája, szív vétke, léleknek halála. — A tétlenség az ördög kapuja, min bűnre késztő csábítással lapulva legtisztább lelkekbe is besurran. — Miként gödörben álló víz megposhad, nyúlós hínárral, békanyállal fűlik: úgy tétlen test, mely álomkórba roskad, tenyészi ösztönök és kéjvágy bűnit. *(Sz Bernát)*

ÉVKÖZI 26. VASÁRNAP

I: Az Úr ítéletei igazságosak: megbocsát a megtérő bűnösnek, de megbünteti a bűnbeeső igazat. S: Ugyanaz a lelkület legyen bennünk, amely Krisztusban volt. E: Ne szavakkal, hanem tettekkel szeressük az Istent.

Mindenki valamiképp öröklötten visel valamilyen terhet, és csak részben szabad a cselekedeteiben. Jó környezet, jó nevelés, saját erőfeszítése és főleg a kegyelem nagyobb szabadságra segítheti, de a belsőleg megszabott korlátok megmaradnak. Mennyire felelős tetteiért? Saját lelkiismerete, s még inkább: Isten tudja, senki más! Várható-e ésszerűen, hogy megjavul?

A próféták megtérést sürgettek. Jézus nagy, új lehetőségként hirdeti a megtérést. Újra Istenhez fordulhatunk, mert Ő Jézusban új módon fordult hozzánk. Nem lesz okvetlenül könnyű a megtérés, de Isten türelmes hozzánk, segít minket.

Első olvasmányhoz Ez 18,25-28

„Az Úr eljárása nem helyes" — ily gonosz vélemény keringett Izraelben. — „Atyáink ették a zöld szőlőt s a fiaknak foga vásott meg belé." (Ez 18,2) A próféta válasza: Isten igazságos. Nem a halált akarja, hanem az életet. Nem bünteti a fiakat atyáik bűnéért (18,1-20). Még az egyén által tett jó vagy rossz sem hat gépiesen tovább az ember egész életében. Isten ítél és kegyelmez a szerint, ami az ember *most*, nem ami talán azelőtt volt (18,21-29). Nem puszta tárgyi kijelentésként hangzik ez, hanem okulásunkra és bátorításunkra szolgál: „Térjetek meg, akkor megmenekültök!" (Vö. 18,30-32) *(Ez 33,11; Oz 11,9; Mt 4,17)*

Válaszos zsoltár Zsolt 25(24),4-5.6-7.8-9

Kérelem az Úr irányításáért

Szentleckéhez Fil 2,1-11 vagy Fil 2,1-5

Az apostol intése a Krisztus-élményből kapja a súlyát: „Ahogy Krisztus evangéliumához illő" — int egységre (Fil 1,27-30). Egyetértésre, megértő tiszteletre való felhívását ez okolja meg és összegezi: „Legyetek oly érzülettel, amilyent a Krisztus Jézusban való élet megkíván!" Értelmileg így is fordítható: „Ahogy azokhoz illik, akik Krisztus uralma alatt állnak." — A szentlecke második fele Krisztusról szóló himnusz: nagy vonalakban mutatkozik az új valóság, amely Jézus megalázódása és megdicsőülése által jött létre. Az ember Jézusban a láthatatlan Isten jött hozzánk közel, lett látható. Isten hatalmat adott Neki minden ember, minden világ, minden idők fölött. Új rendet kapott a világ és új szabadságot, mely csak ott tapasztalható meg, ahol Krisztust követik megalázottságban, és ahol Őt urukként, királyukként magasztalják. *(2,1-4: 1Kor 1,10; Gal 5,26 ▫ 2,6-7: Jn 1,1-2; 17,5; Kol 1,15-20; Zsid 1,3-4; 2Kor 8,9; Iz 53; Róm 8,3 ▫ 2,8-9: Róm 5,19; Zsid 5,8; Jn 10,17-18; Róm 1,4; Ef 1,20-23 ▫ 2,10-11: Iz 45,23; ApCsel 5,3; Róm 10,9; 1Kor 12,3)*

Evangéliumhoz Mt 21,28-32

A két különböző fiú példája a gonosz szőlőművesek és a királyi mennyegző sorozatába tartozik (Mt 21,33-43; 22,1-16). E három kiegészíti, és magyarázza egymást. A mai példa (az *igen*-t és a *nem*-et mondó fiakról) nincs teljesen befejezve, Jézus megszakítja azt ezzel a kérdéssel: Melyik tette az atyja akaratát? A válasz világos: nem az igent mondás, hanem az „igent cselekvés" a döntő! Vámosok és bűnösök végül megértik ezt, és az „igazság útjára" lépnek. A hit „hivatalosainak" akkor is, később is, nehezükre esett, hogy saját igaz voltukat kétségbe vonják! A „később" szóval az evangélista a korabeli zsidóságra utal, de a példa minden korra szól. *(Lk 15,11-32; 7,29-30; 18,9-14; 19,1-12; 3,12)*

Szentségre várva

Mikor Krisztus testét vesszük, azt mondjuk: Amen. Igen-t mondunk, de minden attól függ, *tudjuk-e,* mit mondunk ezzel, és mit *teszünk* utána!

Elmélkedés

Tenni és áldozatot hozni: „Igen" szavam a Szentséghez (egy csöpp víz)

Gondoljuk el, mily édes, vigaszos műve és fogása és adása az irgalmas providenciának, mely közénk áll, köztünk él s szinte belénk sziporkázza, s lehetetlen, hogy elhagyjon minket. Egy nagy protestációja a Krisztus szeretetének a világ desperát hiedelme ellen, hogy ő elhagyott; az érzéstelenség s a szárazság sivatagja ellen, mikor annyi az oázis ahány szentségház; a gyöngeség, a tikkadás, az elhalás kútkiszáradása ellen, mikor élő vizek forrásai fakadnak nyomában.

Gondoljunk hívásaira. Itt hív Isten! Nézz föl az oltárra: itt! Néhány lépésnyire tőled... itt! Nemde lángolt a mi szívünk, mikor az úton így együtt megyünk, saját kis énünk s torzonborz lelkivilágunk kietlenségében, s mikor ezek az igék öntudatunkban, jelentésben, súlyban testesülnek meg? Jelentenek, előbb nem jelentettek... Súlyuk van... ah, a hegyek súlya... a montes Dei, az Isten nagy műveinek súlya nehezedik ránk. De ettől a súlytól mi is s a lelkünk s az életünk tartalmasabb lesz, a semmitmondás, a fölületesség súlytalanságának rettenetes terhétől fölszabadulunk s emelkedünk.

Évek előtt egy papot kísértem meredek úton egy magasan fekvő kápolnához, ott akart misézni. Az ostyát s a bort hátizsákba tettük, s mentünk hallgatagon, csak az erdő zúgott egy-egy szélrohamtól meghajtva. Most egy erdőtisztáson álltunk meg, melyre a kopasz szirttetők reggeli napsugarai jókedvükben néztek le. Akkor eszünkbe jutott, hogy vizet nem hoztunk, s le kellett mennem jó darabon, ahol az erdei forrásból merítettem egy kis vizet. Igazán kevés kellett, hiszen egy-két csepp elég.

Egy-két csepp víz — s anélkül nincs szentmise!

De hát a mi szívünk odaadása is nem-e csak egy vízcsepp az Úristen vére kelyhében? Mi semmik sem vagyunk, csak vízcsepp, — ő minden. De ő akarja, hogy szeretetünk az ő nagy közbenjárásának művében résztvegyen, hogy az Atyához együtt menjünk, mi vele s ő velünk. Mikor az áldozár a csepp vizet a kehely borába önti, azt mondja: Ó, Isten, aki az emberi természet méltóságát csodálatosan megalkottad, s még csodálatosabban megújítottad, add meg nekünk e kenyér s bor titka által, hogy annak istenségében legyünk részesek, aki kegyes volt emberségünk részesévé lenni, Jézus Krisztus, a te Fiad, a mi Urunk...

Ó, adjuk oda Jézusnak a mi gyarló emberi voltunkat, újítsuk meg naponkint a mi csendes, de hű felajánlásainkat, — az odaadást szent akaratának. Naggyá lesz életünk, ha az örök főpap áldozatával egyesítjük! Néha panaszkodunk, s szárazságban tengődünk, hogy nem tudunk mit csinálni. Azt mondja erre: forgasd a meglátások e lapjait, a szeretet apokalipszisét... nézd a távlatokat, e nagyszerű kinyilatkoztatásokat... Úgy-e kicsiny vagy? No lám s mégis szeretned kell, mert te ide való vagy, s ez mind érted, s ez a te sorsod s nem szabadulsz...

Akkor előtörnek az érzések s akkor elváltozik a világ; az idő eltűnik s a lélek beszél, és beszél és elmond és imád és kér és nagyon szeret... S előáll az a lelki állapot, amelynek természetes, hogy szívből szeretjük az Urat...

Ségur megvakult... röstelte, hogy nem tarthat szentséglátogatást. Elkerült IX. Piushoz: három kegyelemért hálát akarok adni; kettőt már kaptam, a harmadikat kérem. A kettő: pap, azután vak lettem. Most a harmadikat kérem, hogy az Oltáriszentséget tarthassam. A pápa azt mondta: az sok, az rendkívüli kegy, nem lehet. Ségur mélyen szomorú lett. Ekkor a pápának megesett a szíve s mondá: megadom — ad consolationem tuam [a vigasztalásodra]. Ségur azt behímeztette a tabernakulum vélumára [leplére]: ad consolationem tuam.

Mily óriási tudat s mily közvetlen nagy adat: ad consolationem nostram [a vigasztalásunkra] van itt. *(Prohászka: ÖM, 24; 383)*

†

Engedelmesség

Alázatnak első fokán áll, ki rögtön szótfogad.
Illik ahhoz, Krisztusnál ki semmit többre sose tart!
Hajta azt a szolgálat, ki Érte mindent vállalt;
hajtja a kárhozattól félelem;
Öröklétbe szent vágyódás ösztönzi a lelkeket.
Alig hangzott el parancs-szó: mintha *Úrtól hangzana*,
teljesítik; semmi késést nem tűr hű szív buzgalma!
Mindeneket rögtön hagyva, önakaratot elejtve,
kezük ott hagy, amit fogott, marad munka is félbe.
Lábuk fut a parancs útra; akként teljesítenek,
mintha azon percbe lenne szó kiadva s téve meg!
Így tanítvány, tanúsítván, siettén Úr-félelmét,
szó s betölte egyidőbe adja egymásnak értelmét...
Így siet sok szerető szív öröklétre Urához,
szűk, de rövid út kell nekik, nem öntetszés határoz.
Nem önvágyuk, sem élv-vágyuk hajtja őket s élteti.
Más döntésin, Úrnak fényin járnak Isten népei.
Kérik s vallják: nékik Apát mondja Úr akaratját.

(Sz Benedek bencés alapító Reguláì kezdete)

Engedelmesség

Joggal fölébb teszi az *engedelmességet* a Szentírás az áldozatnál. Mert *áldozatban mást* éget hívő! — a szóra hajtván pedig önakaratját, az önlelküket áldozzák, kik maguk ott átadják!

Tetszőbb az Istennek, engesztelőbb Égnek, ki akaratját megtöri, gőgöt, dacot fölégeti, Szent parancs kardjával — mintegy magát döfi átal. *(Nagy Sz Gergely: Morália, 35:12)*

Az engedelmesség alázat és béke szülője. — Krisztus „anyja" vagyunk, ha szívünkben hordjuk Őt, szeretetben és tiszta őszinte lelkitudatban. Életet adunk Neki szent munkáinkban, melyek másokra jó példa fényit ontják. *(Assisi Sz Ferenc)*

Kutatás az elüljárók dolga, engedelmesség az alattvalóké! — Igazán engedelmes nem húz és halaszt teendőt, hanem füle kész hallásra, nyelve szóra, lába útra, kezei munkára. Összeszedi bensejét, hogy minden parancsot pontosan betöltsön. *(Sz Bernát)*

†

Engedetlenség

Engedetlennek büntetése az, hogy majd önmagának sem engedelmeskedik. — Ha ember Istennek nem szolgál, a lelke sem lesz úr a testén, az értelem sem bűnökön! — Akarod, hogy tested szolgáljon a lelkednek? Szolgáljon hát lelked is az Istennek! Szolgálj, hogy uralkodhassál! *(Sz Ágoston)*

†

Jóakarat

Gazdagabb ajándék Istennek nem adható a jóakaratnál! Mert forrása ez minden jónak bennünk, ez anyja mind az erénynek. Akiben fölkél ez a jóakarat, minden segítőt megnyert, hogy jól lefolyjon élete. *(Nagy Sz Albert)*

Mentsd legalább szándékát, tettét menteni hogyha nem tudod is! *(Nagy Sz Gergely)*

Amennyire haladsz a jóban, majd annyi jót lelsz másokban! *(Nagy Sz Gergely)*

ÉVKÖZI 27. VASÁRNAP

1: Választott népét jelképes menyasszonyának tekinti az Úr; a földjüket pedig szőlőskertjeként gondozza. S: Mindig azt tegyük, ami kedves Isten előtt, és az Ő békéje mindenkor velünk lesz! E: A választott nép hűtlenségével méltatlanná lett az Isten országára.

Századokon át vezette és nevelte Isten a „választott népét”, s mit ért el? Rossz nevelő volt? Másik kérdés: Mit ért el új népével, melyet pogányból és zsidóból alkotott? Jobb a kereszténység, mint a régi zsidóság? Az új nép is, akárcsak a régi, Isten ítélőszéke előtt áll! — Mi hát a különbség régi és új közt? Semmi, *ha* nem jött volna, nem lenne köztünk Krisztus, a Fiú. Most Isten igazán velünk van, de ezzel nagyobb a felelősségünk is. A szeretet kötelez. Örökre adósai vagyunk, jobban, mint bárki más, bármelyik nép!

Első olvasmányhoz Iz 5,1-7

A szőlőskertnek ez az éneke szerelmi dalként kezdődik: a próféta, mint később Keresztelő János, a vőlegény barátjaként lép föl (Jn 3,29). Barátja viszonzatlan szerelméről dalol, aki odaadóan gondozta szőlejét, de csak hűtlenséget, hálátlanságot kapott érte. A fenyegetés és a megelőző feddés (Iz 5,5-6) még képben van leplezve, és csak a végén halljuk meghökkenve, miről, kiről van szó. A jó barát, kit megénekel a próféta, maga Isten; és az Ő kertje, hűtlen szerelmese: az Ő népe (Oz 10,1; Jer 2,21; Ez 15,1-8). Izrael nem törődött Isten ajándékaival, gondoskodásával, nem tanult igaz voltot. Társadalmi visszásságok, jogok tiprása több a látnok szemében, mintsem emberi kapcsolatok feldúlása. Maga Isten érzi magát sebezve általuk. *(5,1-2: Iz 27,2-5; Mt 21,33; Jn 15,1-2 ▫ 5,4-7: Jer 5,10-11; Zsolt 80; Ez 19,10-14; Iz 3,14)*

Válaszos zsoltár Zsolt 80(79),9 és 12.13-14.15-16.19-20

Isten népe: Isten szőleje

Szentleckéhez Fil 4,6-9

A keresztény napi gondjai hasonlóak a többi emberéhez, de ugyanakkor Isten meghívottjaként kell élnie a világban. „Ne aggódjatok” — szól Sz Pál. Ha aggodalmainkat és gondjainkat imában Isten elé terjesztjük, eláraszt Isten békéje és a Krisztussal való folytonos együttlét bizonyossága (Fil 4,5-7). „Közel az Úr!” — az egész vasárnapi olvasmány ennek fényében él; még a 8. vers intései is, melyeknek nincs különleges keresztény vonatkozásuk. A természetes értékek és erények a Krisztussal való együttlétben megőrződnek, megnemesülnek, mint Kánában a borrá változott víz. *(4,6-7: Mt 6,25-34; 1Pt 5,7; Kol 4,2; 3,15; Jn 14,27 ▫ 4,9: 1Tesz 2,13; 1Kor 11,1)*

Evangéliumhoz Mt 21,33-43

A két fiú példáját a gonosz vincelléreké követi. Izajásnál (l. fentebb) a szőlőskert Isten népe, melyet Ő ültet, gondoz, és nem kap gyümölcsöt tőle. Máténál ez Isten országa, melyet elvesz a gonosz művesektől és oly népnek adja, amelyik jó termést érlel. Oly átlátszó a példa, hogy a főpapok és farizeusok is azonnal fölfogják, kire vonatkozik. Isten elküldte szolgáit, a prófétákat, és egyre királyi jogait követelte, végül Fiát küldte. De a szőlő bérlői megölték Őt is. Most az Úr új népet alkot magának a bűnösökből, vámosokból, pogányokból (akik szintén „bűnösök": Gal 2,15). Az új néptől is hasonló igaz lelket vár el, mint a régitől, de ez megtermi gyümölcsét: Isten törvényeit befogadják, és teljesítik akaratát. *(Mk 12,1-12; Lk 20,9-19 ▫ 21,33-41: Iz 5; Jer 7,24-26; Mt 23,34-36; Jn 3,16-17 ▫ 21,42-43: Zsolt 118,22-23; ApCsel 4,11; Iz 28,16; 1Pt 2,4-7; Róm 11,11)*

Szentségre várva

Jézus az igaz Szőlőtő. Aki Őbenne marad, szavára hallgat és benne él, az jó termést terem, amilyent a szőlő ura elvár. „Ezzel dicsőül meg az Én Atyám." (Jn 15, 8) — „Isten örök életet adott nékünk; aki a Fiúhoz tartozik, annak élete van!" (1Jn 5,12)

Elmélkedés

Érdemszerző tettek Jézusban

Jézus érdekeit keressük, a lelkek javát, Isten dicsőségét. Látjuk a munkák, teendők tömegét; és hogy mily kevés az időnk rá, mily kicsi az erőnk hozzá! Mohón kell vágyni kegyelemre, s amit benne végezhetünk. Édes Urunk, hiszen Érted kell, és akarunk dolgozni, ezért megállás nélkül keményen meg kell fognunk a munkát. Elkezdjük; aztán — lelohad minden! Pedig ha összeszedettséggel tennénk, Jézussal együtt, Neki ajánlva (minden reggel legalább is!) akkor kedves, éltető lesz. Isten végtelen erejével Őbenne! Ki az a fösvény, aki nem járatná egész nap aranypénzverdéjét, ha tudná? Pedig épp ez az, amit *mi* tehetünk a Megtestesülés elkábító titka által legreálisabban. Minden *legkisebb* jótettünk: Jézus tette (a Szőlőtő termése!), és végtelen értékű. A nagy Sz Tamás tanítja, hogy Krisztus a kettős áldozat oltára: a holokausztumé (egész-elégőé) és a tömjénáldozaté: maga által ajánlja föl a mi erényeinket, önmegtagadásainkat — elégő áldozatul; és lelkünk sóvárgásait — tömjénként. Sz Ignác kívánja, hogy Isten fiai egyre újítsák meg helyes szándékukat, egy-egy tevékenységen belül is. „A fölajánlás, megújulás lehet csak egy szó is: ,akarom; átadom; Teérted Atyám!', amit váltogathatunk" — tanítja Boldog Faber Péter, — aszerint, hogyan lelkel és éltet jobban minket. Így dolgozva a jón, Jézussal együtt egy kicsiség is többet ér, mint a hosszú elmélkedések! *(Frederick W. Faber: Mindent Jézusért, 192)*

†

A tizenkét apostol tanai

Két út vagyon: egy életé a másik halálé! És nagy a különbség kettejük közt. Az élet útja ím ez: Először szeressed az Istent, aki alkotott; másodszor szeressed felebarátodat, mint tenmagadat! Mit nem akarsz, hogy néked tégyenek, ne tedd azt másnak. Ezen igék így tanítanak: Áldjad őket, kik átkoznak, imádkozz ellenségeidért! *Böjtölj az üldözőidért!*

(2§) A *Tan parancsai*: Ne ölj! Házasságot ne törj! Ifjakat el ne csábíts! Ne paráználkodj! Ne lopj! Ne űzz varázslatot! Ne élj bűvitalokkal! Részed ne legyen *magzat elhajtásban*! Sem újszülött megöltében.

(3§) Kettős ne légyen se elméd, se szavaid: mert kétszínű nyelv a halálnak tőre! Ne légy hamis vagy hívságos, hiú szavú; de szódat tettel váltsad be!

(4§) Valljad be *vétkeid* az Egyházban! Ne menj imára rossz lélektudattal! Ez ím az Élet útja!

(18§) *Imádság*. És miként a megtörött *kenyér* elvetteték előbb a halmokon, majd egybegyűjteték és eggyé lőn: — úgy Te az *Egyházad* is *gyűjtsed össze* idők végzetén az Országodba! Emlékezz, Uram, Egyházadról! Minden gonosztól óvjad meg! Tökélyesítsd a szeretetben! A négy széltájról gyűjtsed egybe, az Országodra fölszenteld! Mindarra, amit Akaratod őneki rendelt! Mert tiéd a hatalom és dicsőség mindörökre! Jöjjön már el a *Kegyelem*, és múljék el már evilág! Ha szent valaki, jöjjön föl; ha ki nem szent, bánattal térjen bűniből. Marana Tha [„Jöjj Uram" — őskeresztény arámi nyelven]. Amen! (Ez az imánk!) De a „Lélek-prófétálók", hálát hadd adjanak, a saját szívük akaratján!

(16§) A *végnapokban* a hamis próféták és rontók megsokasodnak. A nyáj farkascsordává fordul, a szeretet gyűlöletbe. Amint a törvénytiprás megnő, emberfiak gyűlölködnek, egymást üldözik és elárulják. És akkor megjelenik a nagy *világcsaló*, mint egy „Isten-fia". Tesz jeleket és csodákat, és kezére adatik mindezen világ! És végül is: föltűnik majd az Igazság Jele! *(Őskeresztény írás ismeretlen szerzőtől)*

†

Keresztények

(5§) Minden idegen föld nekik hazájuk; *hazájuk* is csak átmenő tanyájuk. Mint bárki más, ők is házasodnak, de nem vetik ki, gondját veszik *magzatuknak! Asztaluk* bárkivel megosztják, de senkivel a nyoszolyájuk. Sorsuk őket testbe rendelé, de nem élnek a test szerint. Itt köztünk *földön* élnek, de polgárai már az égnek. Megtartják a kiszabott *törvényeket*, de életük túlszárnyal törvények felett.

(11§) Ők mindenkit *szeretnek*, és mindjüktől üldözést szenvednek. Kik őket nem ismerik, tudatlan *elítélik*. Halálra hurcoltatnak, s örök *életre* jutnak. Semmitlenek, s megosztják a kincseiket. Oly nyomorultak, és mindenben dúsak! Nincs becsületjük, s e hiány nekik csak dicséretjük! Gyaláztatnak, de (egyszer) fölmentést kapnak. Átok becsmérli őket, ők áldással felelnek. Kik őket sértegetik, azokat tisztelettel visszafizetik. Ha bár jók-szelídek, de bűnhődnek mint gonosztevők! Míg így halállal bűnhődnek, vígak, mint akik életbe megjöttek. Háborút visznek a zsidók rájuk, idegen gyanánt a görög üldözi fajtájuk, bár okot nem talált! Mert íme, mind, kik üldözik, fennakadnak, ha okát kérdezik.

(6§) Röviden: ami *testben a lélek*, világban az: a keresztények. Betölti az a testnek minden részit, keresztény is Föld városit-vidékit. A lélek testben lakozik, de mégsem ő a test; keresztény is itt él a világon, de nem világ az, ahol él. A lélek láthatatlan, s a testbe rejlik. Keresztényt látni: itt vannak közöttünk, de hitük láthatatlan, mint lélek leng fölöttünk... *(Diognétus-levél, őskeresztény névtelentől)*

ÉVKÖZI 28. VASÁRNAP

I: Isten bőséges lakomát készít népének, és letöröl szeméről minden könnyet. S: Isten erejében mindent elviselhetünk és megtehetünk. E: Isten mindenkit hív az Egyházba és az örök üdvösségre.

„Szürke hétköznap", mondják. A szürke nem ünnepi szín. A mai embernek egyre nehezebb igazán ünnepelni. A szükséges kellékek: képzelőerő, szabad kedv, derű és főleg: közös öröm. Anyagi szegénység itt épp nem akadály, sőt — a vagyon az! Ifjak, fiatal keresztények is sóvárognak ünnep után, és ezerszer igazuk van! Oly Egyházról álmodnak, amely lehet talán szegény és erőtlen, de befogad mindenkit, és egy nagy, hívogató közösség minden ember számára. Ez volna az ünnep! Nos, a meghívás elhangzott, miért ne mennénk, miért ne azonnal?

Első olvasmányhoz Iz 25,6-10

Izajás 24—27. fejezete (láthatóan különböző időkből származó) „apokaliptikus" szöveg. Isten a végső időkről és az örök országáról beszél. Ítélet lesz ég és föld erői fölött, utána Isten „kinyilvánítja dicsőségét" a választottaknak, és összehívja a népeket a „koronázó-lakomára" (vö. evangélium). Lelki vakságuktól megszabadulnak, a halál vereséget szenved. De Isten végső szava nem ítélet lesz az emberi történelem fölött, hanem üdvösség és ujjongás (vö. Jel 21). *(Mt 8,11; Jn 6,51.54; Oz 13,14; 1Kor 15,26.54-55; Jel 7,17; 21,4; Iz 35,10)*

Válaszos zsoltár Zsolt 23(22),1-3.3-4.5.6

Az Úr az én Pásztorom

Szentleckéhez Fil 4,12-14.19-20

A szentlecke központja a Filippi-levél 4,13 verse: „Mindent elviselek Abban, aki erőt ád." A minden: bőség és ínség, szabadság és fogság, élet és halál. A fogoly Pál ajándékot kapott filippibeli híveitől, el is fogadta, noha igyekezett, hogy senkitől se függjön. Köszönete az ajándékozóhoz inkább hálája Istenhez, aki annak megengedte a kegyelmet, hogy adhat! A jövőben is Ő ad majd neki minden szükségest. „Az én Istenem" — mondja itt Pál, mert jobban, mint bármikor, a fogságban *egy* ő az Istenével, és szeretné, hogy a filippibeli testvérek tudják ezt a titkát. *(Zsid 13,5; 2Kor 12,9-10; Kol 1,29)*

Evangéliumhoz Mt 22,1-14 vagy Mt 22,1-10

Sz Máté evangéliuma hangsúlyozza legerősebben az ítéletre várást, az intéssel együtt, hogy tegyük Isten akaratát! Az Egyházhoz való gépies odatartozás nem ad biztonságot az Ítéletkor! A királyi menyegző példázatának két főpontja: az új vendégek meghívása, miután az elsők vonakodtak jönni, és a menyegzős ruha nélküliek kiutasítása. A Fiú, kinek a király — a mennyei Atya — menyegzőt rendez, ugyanaz, akit az előző példa vincellérei megölnek. A király tehát nemcsak gyümölcsöt követel szőlőjéből, hanem meghívót is küld vendégségére. Annál súlyosabban számít a meghívottak elmaradása! Az ítélet: Jeruzsálem lerombolása (l. 22,7 a példa *közvetlen* alkalmazásaként). Aztán sok mást meghívnak a föld minden népéből. Hogy e meghívottakból, „hivatalosakból" hány lesz választott, azt az ünneplő köntös (megszentelő kegyelem) dönti el; ahogy a szőlőművesek példájában a gyümölcs: megtették-e az Atya akaratát? *(Lk 14,16-24; Péld 9,1-6; Mt 8,11-12; 21,34-35; Jel 19,7-9)*

Szentségre várva

Bűnösöket, pogányokat hív meg Isten. Ha túlságosan aggódunk, „jó társaságban vagyunk-e", megeshet, hogy utolsóvá csúszunk le, sőt észrevétlen, már nem is „benn", hanem „kinn" vagyunk... (Ha ez vagy az jó az Istennek, miért ne lenne jó nekem?!)

Elmélkedés

„A hivatalosak meghívást kaptak és visszautasították." Olvasták a prófétákat, írásokat, és megölték Krisztust (a kereszten ott; lelkükben ma). De mikor megölték, öntudatlan is, vacsorát szereztek. Íme kész a vacsora, föláldozva a Bárány! Krisztus föltámadása után — mint tudják a hívők — fölajánlva az Úr vacsorája, a Maga kezével készítve, szájával erősítve; és küldetnek az apostolok, kikhez még előbb a próféták jöttek: „Jertek vacsorámra!"

Ugye, e *három ürügy* alá esik minden magakimentés, mely távol tart lelkeket a lakomától!? Vizsgáljuk csak, és vegyük észre, azért, hogy elkerülhessük! A *telek* vételében uralom van; a gőgöt feddi az Úr. Birtokolni, parancsolgatni alattvalóknak, hatalmon lenni, ez élvezet! Gonosz hiba! Az első ember is uralkodni akart („lenni mint az Isten"), nem akart Urat maga fölött. Mi más uralkodni, mint hatalmon örvendeni? De van magasabb Hatalom, vessük alá magunkat, hogy bizton lehessünk... „Telket vettem, ments ki!" Belebonyolódott a gőgbe, nem akart menni. „*Öt iga* ökröt kipróbálni": a test *öt érzékének* jelképe, mellyel beletapodunk e világba földi kíváncsiság, érdek, lekötöttség, birtoklás által... Tamás tapogatott így öt ujjával: Lássak, érintsek, ujjaim belébocsássam. „De érted haltam, Tamás, hogy megmentselek: Íme az Én oldalamba bocsásd ujjaidat, öt Sebemet próbáld, és ne légy hitetlen, földbe tapodó!" A Vérem folyt el azon át, amit tapintani akarsz, hogy mentselek! Mit kétkedel még? „Hacsak nem érintesz!? Ezt is megkapod: érints és higgy; — gyógyulj ki Sebeimmel e világból."

„*Feleséget* vettem!" De csak a test kívánságából. Benne van mind a föld élvezete: „Együnk, igyunk, lagzit üljünk, holnap úgyis meghalunk!" Hatalomra jutottál; birtokolsz; szeretsz e földön! Pedig: szeretete e világnak, lépvesszeje lelki szárnynak! Elfogott a kívánság, és leragadtál. „Ki ad már neked szárnyakat, mint a galambnak? Mikor röpülsz oda, hol igazán megpihenj?" (Zsolt 54,7) Lám itt megragadtál, gonoszul-ferdén nyugodni akartál. „Mert mind, ami evilágé: a test kívánsága, a szemek kívánsága s e világ kevélysége!" (1Jn 2,15-17) Feleséget vettem, ökröket vásároltam, földesúr lettem... Jöjjenek hát a koldusok ahhoz, aki értük lett szegény; jöjjenek a betegek, hisz ők szorulnak orvosra, nem az élvező egészséges; jöjjenek a sánták, hogy „lépteiket igaz ösvényre igazítsa" (Zsolt 16,5), és a vakok, esdeklőn: „Világosítsd meg szemeim, hogy halálba ne szunnyadjak!" (Zsolt 12,4) *(Sz Ágoston: 112. beszéd)*

†

Hívás Jézustól

Jézushoz fut az ifjú telve szeretettel s lelkesüléssel — Jézus pedig buzdítja, hívja: jöjj közelebb és egyre közelebb, és ha helyén van szíved, szegődjél hozzám egészen...

Hitben kötöm magam az Úrhoz; nem mint fogalomhoz, hanem mint a lét forrásához és az érthetőség kulcsához. Ez alapon van létemben egység és termékenység. Ez alapon szívesen tartom meg a parancsokat; itt kikerülöm a veszedelmet: „lenni egy folyton nőni hivatott óriás, ki szűk börtönbe zárva korccsá nyomorodik". Ez alapon tovább akarok nőni s fejlődni, Jézushoz hasonulni. Aki feléje halad, az tagadások, lemondások, korlatozások, csupa „nem", „nem" közt mozog, de e „nem"-ben erőteljes „igen" rejlik; e korlátozások a szépségnek körvonalai; mikor tagadok, akkor letörök egy-egy darab természetet a szellemi szépségért és erőért. Ez a megtagadásnak filozófiája.

„Ezeket mind megtartottam ifjúságomtól." Nagy kegyelem, mikor *Isten hív* „a juventute mea" [fiatalságomtól] s valaki megérti. Ez az öntudat földi mennyország. Tiszteljük, szeressük s tartsuk meg a parancsolatokat. Tartalmat a lélek nem a külső parancsoktól s törvényektől nyer, hanem törvény, parancs igazítja, öntudatra segíti életnyilvánulásait; kialakítani segíti belső szépségét. A törvény csak akkor érvényesül, mikor önakaratomban megtestesül. Így lesz a törvény s a morális az én tulajdonom, valami, amit akarok s átélek. Így lesz az eszmény az én javam, mely kitölt, gazdagít s boldogít. Ha akarsz erőt s boldogságot, teljesítsd az isteni akaratot. Jézus reád fog tekinteni kedvteléssel, s megszeret.

„Amaz, hallván ezeket, megszomorodék..." Megszomorodék, mert csak a lemondást nézte. Aki a krisztusi életben csak a lemondást s a törvény békóját érzi, az még nem élte át az azokban rejlő szépséget; az a formában még csak korlátot és a körvonalakban csak tagadást lát. De hát tagadás-e a madonna-arc körvonala? Az is korlát, határ, de ez a határ és korlát a harmónia sugallatából, egy belső törvényességből való. Minden formának és törvénynek akaratomból, szeretetemből kell fakadnia, akkor válik morálisommá; hajlamaimmal, szenvedélyeimmel — melyek vakok, formátlanok, immorálisok — ütközhetik; de az nem baj. Bízó szeretettel fogom át a szép formát, értékemmé s szépségemmé változtatom. Ezáltal tartalmat s erőt érzek, átélvezem s örülök neki; úrrá, királlyá, krisztusivá leszek. „Ki bennem hisz, annak szívében élő vizek folyamai, erők s örömök fakadnak." (Jn 4,14) *(Prohászka: ÖM, 6:261; 331)*

ÉVKÖZI 29. VASÁRNAP

I: Az Úr legyőzhetetlen erőt ad Círusnak, hogy felszabadítsa Isten népét. S: Az apostol állandó gondja, hogy a keresztények gyarapodjanak a hitben, a reményben és a szeretetben. E: Adjátok meg a császárnak, ami a császáré, és az Istennek, ami az Istené!

Krisztus nem magánszemély, az egyház nem „egyesület". A keresztnek sem csak magán és lelki életünkben van helye, hanem ott áll kint örökre Jeruzsálem kapui előtt mint botrány s mint ígéret. Éppúgy köze van a politikai, állami világhoz, mint mindegyikünk személyes döntéseihez. Ahol Jézus üzenete elhangzik, ott szükségszerűen szembekerül a társadalmi, politikai tényezőkkel. — A keresztény nincs gépiesen „megelégedve" állami és társadalmi megoldásokkal. Tudja, hogy mily átmeneti és elégtelen minden. Ennek folyománya nem tagadás, okvetetlen forradalmiság, hanem bíráló elemzés a lelkiismeret *felelős* együttműködésével.

Első olvasmányhoz Iz 45,1.4-6

E szakasz főalakja Círus (Kűrosz) perzsa király. Pogány, s csak hallomásból tud az igaz Istenről. De Isten ismeri őt és szolgálatába vonja. „Kézen ragadja", hatalmat ad neki a népek fölött. A próféta meg éppen „az Úr fölkentjének" nevezi, oly címmel, mely a Dávid-háza királyainak jár ki. A babiloni fogság végén vagyunk, Isten népének reménye most (Kr.e. 538) a győzhetetlen Círusban van, aki meghódítja Babilont, és a fogoly zsidóságnak szabadulást hoz. De mint Nebukadnezár, úgy Círus is csak báb Isten nagy „játékában", mely Isten népéért és végül is az Ő nevéért folyik: hogy kelet és nyugat ismerje és tisztelje Őt! *(Iz 41,1-5; Zsolt 105,6; 2Mz 15,11; Iz 44,6; 2Sám 7,22)*

Válaszos zsoltár Zsolt 96(95),1 és 3.4-5.7-8.9-10

A világ királya és bírája

Szentleckéhez 1Tesz 1,1-5

Az első tesszalonikai levelet Sz Pál Korintusból írja (Kr.u. 51), kb. 20 évvel Jézus halála után. Ez Pálnak s talán az egész Újszövetségnek első írása. — Sz Pálnak oka van köszönetre és csodálkozásra. Csak pár hete volt Tesszalonikában Jézust hirdetve. Igéje hitet keltett, s ez, az ő hirtelen távozása után, életképes maradt. Isten ereje kezdettől működött e közösségben, s Pál ebben látja a jelét, „hogy választottak vagytok". Az első három fejezet emlékezés és hála, mert csak a hálás szív fogja föl a kapott kegyelem nagyságát. A hálás emlékezés azt is megmutatja, hogy mi legyen a keresztények és az egyházközség útja: a hit műve, a szeretet erőfeszítése és helytállás a reményben: várva az Úr eljövetelét. *(1,1-3: ApCsel 17,1-9; Fil 1,3; 1Kor 13,13 ▫ 1,5: 1Kor 2,4)*

Evangéliumhoz Mt 22,15-21

Aki kérdést intéz Jézushoz, kiteszi magát annak, hogy többet kap válaszul a vártnál. A Kr.u. 6. évtől a rómaiak fölemelték a fejadót. Volt-e joga a császárnak ilyen adót egyáltalán kivetni Isten népére? A kérdés teli politikai és vallási töltettel. Mint oly gyakran teszi, Jézus nem kijelentéssel, hanem fölszólítással válaszol: „Adjátok a császárnak, ami a császáré és Istennek, ami Istené!” Ez csak látszatra két parancs, mert egész súlya a másodikban van. Nem császár, nem adó a fontos, hanem hogy mit vár el Isten! Az Ő uralma nemcsak az ember adományát kívánja, hanem magát az embert is. Minden más ebből következik... *(Mk 12,13-17; Lk 20,20-26; Mk 3,6; Jer 18,18; Lk 11,53-54; Róm 13,1-7)*

Szentségre várva

„Istennek, ami Istené”, csak azt jelenti: *mindent* Neki adni! Neki, akivel naponta, óránkint találkozunk. S ezzel megadjuk a világnak is („a császárnak”), amire az leginkább rászorul: Isten hatásos jelenlétét. Istennel találkozunk embertársainkban, ez felelősség. Ővele a Szentségben, ez erőforrás...

Elmélkedés

Állam-hatalom ma

Kitekintések. Bizonyára más választék is lesz, mint a világias „újkonzervatizmus” a politikára, és ez felel meg a kérdésekre. A kultúra integritása természetfölötti *felelősségen* épül. E nélkül, politikai „jobboldal és baloldal” csak egyazon romboló áramnak váltogató megjelenései. A 60-as évek *„Isten halála”* mozgalom egyik vezére a halála előtt meggyőződött, hogy Krisztus Turini Sírleple hiteles: megtért! S egy hittudós, aki 1965-ban „dicsőítė” a *„Világi Várost”* (Secular City), most könyvet írt, melyben arra számít, hogy a világi város hullását a vallás majd túléli. Azoké a legmeggyőzőbb szó, kik rég mondják: az élet oly fontos, hogy megéri *föláldozását* is, csakhogy biztosítsuk! A *spanyol* polgárháborúban (1938—39) több pap halt vértanúként az oltár előtt, mint Néró és Décius alatt... 1981—84 közt *két albán püspököt* halálra kínoztak. Az utolsó 30 évben *Kína* keresztény vértanúi *száma megszámlálhatatlan*: sok millió! Majdnem tíz millió örmény katolikust leöltek 1917 óta — ezek a század legjobban *eltitkolt* tényei! [A „mindenható” sajtóban.]

Társadalmi intézményeink minden téren majdnem kényszerrel szorítanak rá, hogy *középszerűek* legyünk. Kevés kivétellel, vezetőink „arcnélküliek”, *„hőseink”* antihérók: ellenhősök, az útmutatók bizonytalanok, és a nagyokat lerágcsálják a törpék. A nagyság veszélyei nem újak, de az eláradt társadalmi megalkuvás: *szövetség a silánysággal* — ez új jelenség! Ilyen környezetben a felnövő nemzedék nemigen találhat egyenes válaszokat.

Törvény, jó és rossz. Minden politikai tett erkölcsi választás; azt mondani: *„Állam nem hozhat törvényt erkölcsre”*, ugyanazt mondja, mint: „nem hozhatsz törvényt”: *nem lehet törvény*! Ez oly szembetűnő tény, mint az ember orra! De erre mondhatod: sosem láttam az orrom! Egyetlen ismeretségemet vele tükrön át, „viszszásan” kötöttem, tehát nem látok meg képtelent, ha az az *én* képtelenem. Reflexióban (tükrözve), teljesen értelmes. Az ötlet, hogy nem lehet törvény erkölcsre, sült képtelenség... „Egy értelmes” következés épülhet a teljes képtelenség futóhomokjára, hogy *némely* erkölcsi törvényhozás nem tanácsos, tehát egy sem tanácsos...

Az egyénieskedő amerikai főbíró, Douglas így kente el az Alkotmányt: „Ezen jogokat az első póttörvény [amendment] védi, és szerintem, ezek abszolút jogok, kivételt nem tűrnek." De ez *egy* nézet, nem is okvetlen gondolat; s ha döntéssé válik, széttördeli az egyetemes erkölcs normáit önkényúri különcségekre. Ami ma a *bírói gyakorlat* ragálya... A bírónak „jóindulatú semlegessége" voltaképp finoman kendőzött erkölcsi despotizmus. A *jogszolgáltatás* jóindulatú semlegessége lenézi a természet föllebbező fórumát. A promiszkuitás és pornográfia nem abban egy, hogy pőrék, hanem hogy észtiprók.

Nem kell több törvény nékünk, de több *a Törvényből*, ahogy a puhánynak nem több csont kell, hanem egyetlen kemény *gerinc!* Ezt jelenti, hogy *értjük* a természetet. Ha valaki így szól: „Törvény kéne rája!" — már nagyobb erővel hatott, mint amire a politikus képes lenne... A természeti törvény kizárása végül szolipszizmusra vezet [„csak én vagyok!"] — a mindenség tagadására.

A modern szekularista az, aki tagadja a *természettörvény* ésszerű voltát. Nem azért, mert távollátásban szenved, s megveti a láthatatlan Istent, hanem mert közellátásban megveti a látható *embert*. Jogi pozitivizmust termel [jogos, amit annak hisz a „tömeg" = a bírói kar], mert nem becsüli az emberi természetet. *(George W. Rutler: Beyond modernity)*

†

Az egyházi és világi elöljárókért

Mindenható Úristen! ki gondviselésed eszközeiül gyarló embereket választván, ily módon is kitünteted isteni hatalmadat a világ kormányzásában, áraszd ránk kegyelmedet, hogy ki imádva elismerem benned a legfőbb hatalmasságot és minden hatalom kútfejét: annak általad rendelt egyházi és világi képviselőit köteles engedelmességgel tiszteljem, s így isteni törvényednek készséggel hódolva, teljesítsem szent akaratodat. Te, ki minden híveidnek főpásztora és kormányzója vagy, tekints kegyelmesen fölkent szolgádra, kit anyaszentegyházad látható fejévé, Krisztus Jézus földi helytartójává rendeltél; add őt szóval és példával alattvalóinak áldásává lenni; tartsd meg vele egyességben; támogasd és vezéreld többi egyházi elöljáróinkat is: hogy keresztény nyájad, mely általok kormányoztatik, az igaz hit érdemében folyvást növekedvén, az örök boldogságot velök együtt elnyerhesse. Áraszd ki kegyelmed áldását világi elöljáróinkra is, hogy a te szent törvényeddel megegyezőleg kormányozhassák földi ügyeinket. Lebegtesd előttök szüntelen hivatásuk fönségét, hogy ahhoz méltólag, lelkiismeretesen teljesítsék kötelmeiket az emberiség boldogítására. Világosítsd föl őket Szentlelkeddel, hogy az igazat megismervén, azt mint csalhatatlan vezérfényt híven kövessék, attól semmi emberi tekintet miatt el ne távozzanak, hanem azt részrehajlás nélkül szolgáltassák ki egyaránt mindenkinek; hogy midőn majd igazságos ítélőszéked előtt meg kell jelenniök, ne az elnyomott igaz ügy kérjen tőled bosszút az ő kárhoztatásukra: hanem a védett ártatlanság esdekeljen tőled irgalmat az ő üdvözítésökre. Segíts meg, Uram! hogy a tekintély és engedelmesség, az igazság és szeretet karöltve működvén, magasztalja e földön isteni bölcsességedet. A mi Urunk Jézus Krisztus által. Amen. *(Tárkányi: Vezércsillag, 417)*

†

Világi álnokság

„Akkor elmenvén a farizeusok, tanácsot tartának, hogy megfogják őt beszédében. És hozzája küldék tanítványaikat a heródiánusokkal" (Mt 22,15). Mennyi torzalak nyüzsög Krisztus körül; mily fölfogások, ítéletek, ellenszenvek! Lehet, mert az egyén veszi a benyomást, s az alakítja ki magában a maga képére: így az imádandó Jézust meg lehet vetni, a szép Jézus eltorzulhat, Ő, az életteljes, gyönge, beteges alakká válhatik. Mit nem tud a lélek csinálni és elcsinálni! Ó Jézusom, fájdalmas érzéssel nézek rád e lehetőségek szomorú környezetéből. Én is tükör vagyok, majd domború, majd homorú; én is eltorzítom a te nagy gondolataidat és megbénítom kegyelmeidet. Mennyire kell fegyelmeznem egyéni érzéseimet s benyomásaimat; mennyire kell tisztítanom, áthevítenem, átalakítanom azokat!

„Mondván: Mester, tudjuk, hogy igazmondó vagy, és az Isten útját igazságban tanítod és nem törődöl senkivel, mert nem tekinted az emberek személyét. Mondd meg tehát nekünk, mit állítasz: Szabad-e adót adni a császárnak, vagy sem?" (Mt 22,16). Hurok minden szó, verem minden kérdés... álarc és cselszövény. A szó hazug, a szándék gonosz, az ember álarcban jár. A száj édes, de a szív mérges. A szó hímes, de fullánkot rejt. „Mester!" ó igen, mester, te tudod, hogy mennyire nem tartanak téged mesternek; „tudjuk, hogy igazmondó vagy", ó igen, te tudod, hogy álprófétának, népámítónak néznek, de hízelegnek. — Hogyan állja körül a lelket a világ cselvetéssel, illúzióval, rémítgetéssel, hazugsággal, csábos szóval, altató példával, ernyesztő lanyhasággal, rosszindulattal, és meg akarja fogni. S mily könnyen fog meg, könnyen botlunk, bukunk, nem félünk tőle eléggé! Főleg az ifjúság hisz és csalódik. Nevelője a léha társaság, ott hallja a nyomorúság igéit. Vesd meg és kerüld, mint a sima, ragyogó, de utálatos kígyót.

„Az Isten útját igazságban tanítod". Te nem teóriát adsz, hanem valóságot mutatsz s arra vezetsz rá. Teória van sok, program untig elég; de nekünk az „Isten útja" kell, a reális, erényes életút. Mily erő ez a lehetetlenséggel szemben, a szóvirágos, nagyképűsködő, erőtlen életbölcsességgel szemben, ahol érvényesül „die Melancholie des Besserwollens und des Schlechtermachens" [jobb szándék és rosszabb cselekvés mélabúja]. Komolyan kell vennem az evangéliumot, s okosan kell azt életembe átültetnem. Híven, önmegtagadással, fegyelmezetten és türelemmel.

„Tudván pedig Jézus az ő álnokságukat, mondá: Mit kísértetek engem? Képmutatók! Mutassátok meg nekem az adópénzt. Azok pedig előhozának neki egy tizest. És mondá nekik Jézus: Kié ez a kép és e fölírás? Felelék neki: A császáré. Akkor mondá nekik: Adjátok meg tehát, ami a császáré, a császárnak, és ami Istené, az Istennek". Jézus nem jött nekünk törvényeket adni gazdasági problémáinkban, sem irányt adni politikánkban. Jézus nem felel a kérdésre, hogy a zsidó nép iparkodjék-e vagy sem Rómától függetleníteni magát; ő magasabb törvényeket hirdet. Adjátok meg a császárnak, ami a császáré; a politikai, a gazdasági fejlődést én nem szabom meg evangéliumomban, hanem a hullámzó élet tengere fölé emelem ki a törekvő lelket; lelki függetlenségre, szabadságra, Isten-hűségre nevelem őket. A világfejlődés a maga útján jár; de akár klasszikus korszak, akár középkor, reneszánsz, vagy újkor jár fölöttünk, legyünk az Isten gyermekei; hordozzuk lelkünkön az ő képét. Nem

változtathatunk egykönnyen a világon, de mint Isten-gyermekek járjunk benne! *(Prohászka: ÖM, 7:281; 15)*

Boldog Veszprémi Ilona, a Krisztus sebhelyeivel megajándékozott domonkos szűz, †1270

ÉVKÖZI 30. VASÁRNAP

I: Ne légy irgalmatlan embertársaddal szemben, mert te is rászorulsz Isten irgalmára! S: A keresztény nem a bálványoknak, hanem az élő Istennek szolgál, mert várja Urunk Jézus Krisztus dicsőséges eljöttét. E: Legfontosabb dolgunk a földön: szeretni Istent és embertársainkat.

Volt idő, mikor odamutattak a keresztényekre, s mondták: Nézzétek, hogyan szeretik egymást! Ezek a keresztények nem ültek a világ befolyásos állásaiban, és hatalomban. Szegények voltak, de hitüknek toborzó ereje volt, mert szeretetben mutatkozott meg. A hit és szeretet örömében valósul meg Isten országa e földön.

Aki Istenhez fordul, az „Orcája Fényéhez"; aki Őt önmagáért keresi, az már meg is találta. S nem tarthatja csak a maga számára, viszi az emberekhez, képes lesz felebarátot, szomszédot szeretni, hisz őt is szereti Isten!

Első olvasmányhoz 2Mz 22,20-26

Mózes második könyve (2Mz 20,22-23,33) különféle jogi döntések gyűjteménye. Mégsem „polgári törvénykönyv" ez, e szabályok mind isteni követelmények a néphez, és Isten meg a nép közti szövetségben gyökereznek. Ezért iktatták őket ide, a Sínai események közé. Szólnak a szegények oltalmáról (22,20-23,9). A mai szakasz egyszerű, inkább földműves, mintsem városi helyzetre utal, de időszerűségük máig fennáll. Az idegent (ma talán „vendégmunkást") kihasználják, megcsalják, ami szomorú valóság. Özvegyek, árvák az Ószövetség szegényei és hátralököttjei, s ezek Isten különös oltalma alatt vannak (akkor is, most is!). Aki a szegény jogait megveti, annak Istennel lesz számadása. *(22,20-23: 2Mz 23,9; 3Mz 19,33-34; 5Mz 10,18-19; 24,17-22; 27,19; Zsolt 146,9; Iz 1,17 ▫ 22,24-26: 3Mz 25,35-38; 5Mz 23,20-21; 24,10-13.17)*

Válaszos zsoltár Zsolt 18(17),2-3.3-4.47 és 51

Háladal

Szentleckéhez 1Tesz 1,5-10

Aki megnyílik az evangéliumra, az Isten örömét élvezi. Oly szabadságot nyer, melyet előbb nem is sejtett. Az eddig szolgált bálványok elhalványulnak, és ha az ember az „igaz és élő Istent" imádja, maga is igaz, élő lesz. Csak az élő Isten üdvözíti, juttatja előre az embert. Ott fecsegnek csak „halott Istenről, Isten haláláról", ahol az ember visszautasítja, hogy üdvözítse, előre vigye őt Isten. Így az Isten-ellenes világban a keresztények az ínség és szorongatás napjait élik, de a hitét is, reményét is, az új híveket vonzó örömét is... *(1,6-7: 2Tesz 3,7-8; ApCsel 17,5-9 ▫ 1,9-10: ApCsel 14,15; 17,31; Gal 4,8-9; 2Tesz 1,6-8; Tit 2,13; 1Tesz 5,9)*

Evangéliumhoz Mt 22,34-40

Hogy „próbára tegye", vagyis hogy tőrbe csalja, a törvénytudós megkérdi Jézust a legfőbb parancs felől. A rabbik 248 parancsot és 365 tilalmat tartottak számon. Egyforma-e mind, van-e köztük első helyre való? Jézus válasza vitathatatlanul helyes. Előbb is az volt, de most mindörökre a tudatunkba vésődik. Nemcsak, hogy ez a legfőbb parancs, de mind a többit is magában hordja. Istenszeretet nélkül semmi más parancsot igazában nem teljesítünk, azok „üresen" maradnak. Csak a szeretet tölti be őket. A szeretet parancsa egybeöleli Isten- és a felebarát-szeretetet. Megvolt mindkettő az Ótörvényben, de egymástól távol. Jézus összekapcsolja őket — szavaival is, tetteivel is. *(Mk 12,28-31; Lk 10,25-28; 5Mz 6,5; 3Mz 19,18; Jn 13,34-35; Mt 5,43)*

Szentségre várva

A nagyparancs nekünk is „próbakérdés". Ha a testvérben nem Krisztussal találkozunk, hogyan találkozhatunk Ővele a Szentségben? „Nemde az evilágon szegényeket választotta ki Isten, hogy gazdagok legyenek a hitben és örökösei amaz országnak, melyet Isten az Őt szeretőknek ígért?" (Jak 2,5)

Elmélkedés

A főparancsolat

„*És kérdé őt egy törvénytudó, kísértvén őt: Mester, melyik a főparancsolat a törvényben? Mondá neki Jézus: Szeressed a te Uradat, Istenedet teljes szívedből és teljes lelkedből és teljes elmédből*" (Mt 22,35). Szeresd a te Uradat; amit szeretsz s szerethetsz, az mind belőle való; szíved is a szeretet ösztönével, a viszontszeretet igényével s boldogításával belőle való. Szeresd, benne találsz mindent; azért önmagáért szeretheted csak igazán. „Istenem, mindenem" — hajtogatta Assisi Sz Ferenc. „Isten a szeretet", mondotta Szent János evangélista. Boldogsága a végtelen, tevékeny szeretet; parancsai szeretetből valók; — mikor büntet s próbára vet, akkor is szeret. — Parancsa nagyon egyszerű: szeress teljes szívből s lélekből, melegen, bensőséggel, érzéssel; szeress engem s minden embert értem. Szeress minden erődből; ne csak szóval, ne csak érzelegve, hanem tettel. — Tégy minél többet a szeretet indító-okából, így: Szeretlek Uram, azért teszem vagy tűröm ezt, járok el így vagy úgy. Nem emberi tekintetből, önzésből, haszonért, dicséretvágyból; hanem érted, feléd fordítva, azonnal rád vetve mindkét szememet.

„*A második pedig hasonló ehhez: Szeresd felebarátodat, mint tennenmagadat*". Boldog volna a világ, ha ezt a törvényt ismernők s átélnők; de nagyon távol vagyunk tőle. A világ tele van kegyetlenséggel. Lesz-e ez másképp valamikor?! Nem filozofálok, de az én körömben a szeretet lángját élesztem; s tegye ezt mindenki tőle telhetőleg. „Ha minden orosz egy-egy fát ültetne életében, Oroszországból kert válnék, s ha minden ember csak egy valakit boldogítana életében, a világból paradicsom volna" (Dosztojevszkij). Ez evangéliumi gondolat. Kevés ember osztja; a többi gyűlölködik. De akik értik, azok tudják, hogy ez a világ boldogulásának útja. — Szeress minden embert, tekintet nélkül országra, fajra, vallásra; szeresd őket: 1. viseltessél jóindulattal irántuk; 2. a polgári élet egész vonalán; 3. ha miniszter, orvos, bíró, tanító, hivatalnok vagy, hivatalod jól betöltése által; 4. szeresd az egyest, a társadalmat s a hazát.

„*E két parancsolaton függ az egész törvény s a próféták*". Ez a két parancsolat magában foglal minden egyebet. Aki tehát szeret, az magában hordja a törvénykönyvet, s érzi, hogy mit kell tennie. Senkinek sincs szüksége sok tudományra, sem könyvtárakra, hogy jó ember legyen. Pedig ez az én hivatásom s földi célom. Szeretek tehát, s ezáltal leszek jó ember; s minél több türelemmel s önzetlenebbül szeretek, annál jobb ember leszek s jobban hasonlítok az Úrhoz, aki szeretett s elviselt engem, hálátlan bűnöst.

Jól kell szeretni. Felebarátunknak teste s lelke van; elsősorban lelkére van tekintetem; nevelem gondolkozását s érzületét, vezetem igazságra, megszerettetem vele az erényt, vigasztalom, meglátogatom s a testi irgalmasság gyakorlatait is végzem. — Senkit sem tartok rossznak, kiről biztosan nem tudom; de mindenkit úgy kezelek, mint aki többé-kevésbé rosszra is hajlandó; mindenkit okosan, kímélettel, óvatosan kezelek. — Nem szabad jóindulatommal fukarkodnom és bizalmatlankodnom, hogy megérdemli-e ez vagy az szeretetemet s nem csal-e meg. Hisz Istenért szeretek embert! Aki sokat okoskodik, az keveset szeret. — Okosnak kell lennem, alamizsna helyett inkább munkát adnom, — az emberek bizalmát megnyernem, — nekik kedvet csinálnom az élethez, akadályaikat, nehézségeiket elhárítanom. *(Prohászka: ÖM, 7:282; 16)*

†

Szeretetről a szentek

Nem mondatott az tinektek: Keleten vándorolva kutassátok a Szeretetet! Hajózzatok avagy Nyugatra, a szeretetet felkutatva! *Belül,* a szívben vár az itt, kihez betérni ki-ki hívatik! *(Sz Jeromos: Máté evangélium)*

Nem kell törődnünk egyenlőséggel, de azt hiszem, a *szeretet vértanúsága* nem tehető második helyre, mert a „Szeretet erős, miként a halál" (Én 8,6). A szeretetmártírok sokkal többet szenvednek, itt lenn életbe' maradván, hogy Istenért tehessenek, mintsem ha ezerszer halnának hitük, szívük, hűségük tanúságául. *(Chantal Sz Franciska)*

Minél jobban megismerjük az embert, annál kevésbe szerethetjük. Istennel homlokegyenest más a dolog, ha egyre jobban ismered, mind forróban szereted. *(Vianney Sz János)*

Testvéri szeretetünk' e három képezi: mind több jót kívánni mindeneknek, művelni jót, mikor lehet és tehetjük, és elviselni, mentegetni, rejtegetni más hibáit. *(Vianney Sz János)*

A szeretet szokás, nem ötlet, nem „érzemény". A szeretet az erény, nem kedvek vagy szeszély percnyi műve; az léleknek tulajdona inkább, semmint egy elszigetelt jótett. *(Sheen)*

A „Szeplőtelen Lovagja" nem korlátozza szívét önmagára, sem családra, rokonságra, szomszédra, jó barátra, honfitársra, de magához *öleli egész világot*, mindegyes lelket, mert kivétel nélkül, mind Jézusának Vérén váltattak meg. Mind a mi vértestvéreink! E lovag igaz boldogságot kíván bárkinek; a hitnek fényét, a bűntől tisztulást, szívük föllángolását Istennek szerelmén és testvéri átölelő szeretetet, senkit ki nem zárva. *(Kolbe Sz Miksa)*

ÉVKÖZI 31. VASÁRNAP

1: Tiszta áldozatot és tisztaszívű papokat kíván az Isten. S: Az apostol nemcsak Isten evangéliumát, hanem a saját életét is híveinek adja. E: Aki fölmagasztalja magát, azt megalázzák.

Ma sokat emlegetik a „hihetőséget, hitelt érdemlést", talán mert kevés van belőle a közéletben, sajtóban, magánéletben. Kinek-kinek megvan a kicsi vagy nagy szerepe, játssza, ahogy tudja: államférfi, üzletember, művész — és pap is. Mind igaznak mondja, amit mond. Sokan úgy is hiszik, sokaknál igaz is. Jézus elnézi a kis emberek kis hibáit. De ha valaki Isten (vagy a nép) nevében lép föl, akár kegyes beszéddel, igazat szólva is, — de meggyőződés nélkül, magára nem alkalmazva, — az ilyen a legszigorúbb ítélet alá esik.

Első olvasmányhoz Mal 1,14-2,2.8-10

Malakiás próféta idején újra fölépült a Templom (Kr.e. 515), de az istentisztelet benne nem tisztelet volt, inkább gyalázás. A próféta feddi, fenyegeti a papokat, hogy megvetik Jahve nevét, feldúlják Lévi szövetségét, s tanaikkal sok hívő bukását okozzák. A papság Lévi-szövetsége hű szolgálatot, megbízható, hithű tanítást követel. Ha a papság ezt elhanyagolja, a népben sem lesz többé tisztelet és hűség. Mai értékű olvasmány! *(Zsolt 102,16; Oz 4,6; 5Mz 28,15; Mt 23,3.13; Ef 4,6)*

Válaszos zsoltár Zsolt 131(130),1.2.3

Béke Istenben

Szentleckéhez 1Tesz 2,7-9.13

Isten igéjét emberek hirdetik. Hogyan ismerhetni meg, hogy Istentől ered? Hogy hallja ki ember a hirdetésből Isten hangját? Sz Pál válasza: maga az ige oly élő és hatalmas, hogy behatol a szellem és lélek határáig (Zsid 4,12). Az egyszer befogadott ige hatóerejéről szól ez a levél is. De nagy részben függ az igehirdetőtől is, hogy az igét Istentől származónak ismerjék föl. Pál éjjel-nappal dolgozott: nappal sátorkészítéssel kereste kenyerét, este, éjjel az Igét szolgálta. A hithirdetés igéje munka, és munkája igévé lesz, ha hűséges szolgálatban végzi. *(1Kor 3,2; Gal 4,19; 2,20; 1Tesz 4,11; ApCsel 18,3; 2Tesz 3,7-9; Róm 1,16)*

Evangéliumhoz Mt 23,1-12

Hegyi beszédében Jézus meghirdette a valódi „igaz voltot", jámborságot és boldogságot. E fejezetben leszámol a hamis „igaz volttal", melyet hét jaj-kiáltás követ (23,13-36). A farizeusokat és írástudókat feddi, majd a tanítványoknak ad életszabályokat. A farizeusok elleni vád lényegében a „képmutatás" vádja. Tanításuk kiáltó ellentétben van tetteikkel. A „képmutató" szó a színpadi, vásári nyelvből ered. — Az ilyen ember szerepet játszik, s a farizeus is ezt teszi. Álarc, kép mögé rejti igazi lényét, szándékait, gondolatait — „Isten elől", emberektől, tán önmagától is! Nyilván voltak derék farizeusok is Jézus idejében, kik becsületes, egyenes utat jártak. Jézus vádjai és „jajai" pedig nemcsak kortársainak szólnak; minden időkre az áljámborság tükrét tartja Ő a tanítványai elé. *(23,1-7: Lk 11,46; Mt 6,1-18; Mk 12,37-40; Lk 20,45-47; 2Mz 13,9; 4Mz 15,38-39; Lk 11,43; 14,7 ◦ 23,8-12: Jn 13,13; Mt 20,26-27; Lk 14,11; 1,52-53)*

Szentségre várva

„Tegyetek le minden rosszindulatot, álnokságot és képmutatást, minden irigységet és rágalmazást! Mint most született kisdedek, az Ige hamisítatlan tejére vágyódjatok, hogy az Ige által növekedjetek az üdvösségben. Hisz megízleltétek, mily édes az Úr!" (1Pt 2,1-3)

Elmélkedés

Farizeus lélek

Te farizeus-lélek, kívülre valaminek látszol, tiszteletet követelsz, becsületet színlelsz, de belül aláváló vagy! Ti fehérre meszelt sírok... mondotta Krisztus: rothadás s undokság van bennetek; érzitek ti ezt jól, mert bensőtök piszkos és aláváló, s kívül akartok érvényesülni. Ne keressétek az élet értékét külső művekben, foglalkozásban, szereplésben, hivatalban. Az élet értéke a motívum átélt szépsége és melege. Jézus mondotta az özvegyről, hogy két fillérjében több, nagyobb érték rejlik, mint a farizeusok aranyaiban. Ezeknek arany az adományuk, annak arany, erő, szépség a szíve. Ezek nem élték át az adományozás erkölcsiségét, az átélte; ezek hidegen adták, az melegen.

„Jaj nektek, mert tisztogatjátok a pohár és a tál külsejét, belül pedig tele vagytok ragadmánnyal és tisztátlansággal." Ha szép világot, ha kultúrát teremtenék iparkodásommal, ha kiáradnék szóban, vállalatokban, ha tömeget mozgatnék, de magamnak, lelkem szeretetének nem élnék, a lét céljára rá nem nyitottam. Istenem, hát magamban kell élnem; cselekvéseim jóságának, nemességének, tisztaságának öntudatában kell élnem; annak az öntudatnak telinek kell lennie fénnyel, nemes, meleg motívumokkal, önzetlen jóindulattal, szándékokkal! Csak akkor élek igazán. E nélkül automata, a külső világ kényszerzubbonyába szorított rab vagyok. Egyszóval éljek azért, hogy mindennap jobb legyek.

„Jaj nektek, kik bezárjátok mennyeknek országát az emberek előtt. Mert ti nem mentek be s a bemenőket sem hagyjátok bejutni." Nem mentek be, hanem kerülgetitek. Per avia et devia... úttalan utakon, zsákutcában jártok és vezettek másokat. Törvényt, parancsot, hagyományt, szokást akartatok... és annak teljesítésére unszoljátok az embert, de a mechanikus elvégzésére szorítkoztok e dolognak, s a behatolásra, átélésre és átélvezésre időt nem adtok. Formalizmussá válik így törvénytek és vallástok, s a sok lim-lom elrekeszti előttetek az utat. Mert zsidóvá teszitek a prozelitát, de nem teszitek bensőségessé; a tömegben, a számban dicsekedhettek, de több-lelket nem neveltek. Külső összetartást, hatalmat sürgettek, de öntudatot, akaratot, bensőséget, érzést nem gondoztok. Többet mondok: magatok buzgólkodtok, prozelitálkodtok s önmagatok édes bensőségét élvezni rá nem értek. Nem elég, hogy meg vagyok keresztelve: a krisztusi életet is át kell élnem. Mit használ,

ha csak keresztelek, de a belső embert ki nem nevelem. Igazán rám illik: magam nem megyek a mennyországba s másokat be nem vezetek. Tehát élni s átélvezni a legkisebb cselekedetet öntudatos moralitásában, ez a titok. Örülni annak, hogy tiszta vagyok s Isten van bennem; szívvel dolgozni erkölcsi tisztulásomon, ha bűnös vagyok; jót tenni átélvezett jóindulattal; örülni a hitnek, a jóakaratnak, a kísértések fölött való győzelemnek. Örülni, hogy Jézus van itt az Oltáriszentségben, úgy menni hozzá, mint a nyílt paradicsomba. Örülök, ha azt mondom: Jézusom, szívből szeretlek téged. Beteghez, gyermekhez, emberhez öntudatos jóindulattal közeledem. Ily lelkek nyomában elváltozik a világ! *(Prohászka: ÖM, 7:283; 18)*

†

Önkereséstől menekülj (Öncsaló jámborság!)

Istenre bízlak, s kívánom, te is Reája bízva magad átaladjad! Vársz-e máshol Őrajta kívül nyugalmat? Őneki zárod a szíved, ellökve Irgalmat magadtól? De: „Ki az, ki ellenállott Istennek s élt volna békén?" (Jób 9,4) Útra kell hát kelned, a tékozlónak útján. Add föl már magad! Rohanj Feléje! Késésben minden pillanat egy új kis árulás... Szívem szorong fölötted, távol állsz, — pedig reméltem, megvigasztal visszajöttöd... Tanácsot másnak osztogatsz, s magad megragadsz a semmikbe! Fölizgat minden; folyton félsz, hogy „vétkezel", vagy öntudatlan „bajt okozol". Vad-élénk képzelődésbe túlzol, sok kis silány ügy egyre kétségbe hajt. Kész vagy: „másoknak áldozni magad", de ebből is bálványodat faragod! Innen a rejtett önbálványozás, mit Isten majd letapos, megaláz! Erőszakos lesz ez, de szükséges! Járj világ végig: lesd a szíved elégülését: csak kórságod gyarapul — vigasz helyett! Kínodnak oka tenszíved: ellökted konokul az Isten Kezét! Csak önszerelmed, amire hallgatsz, így mérget hordasz és mérgezésbe halsz bele. Nos menj, amerre kedved tartja! Elér mindenhol Istened haragja! *(Fénelon)*

†

Más a színe a dolognak, más a szándéka. Nem kerülik a rút bűnt, hanem csak a rút színét. Nyilván szabad nálatok, aki felebarátját talpig legyalázza, csak hímesíthesse, hogy jobbítani akart rajta; szabad valakit véresíteni, megölni, csak oly színt adhasson gyilkosságának, hogy azzal magát akarta védelmezni; a bírák kegyetlenkedhetnek az igazság folytatása színével, a fösvények a takarékosság örvével mentegethetik magokat. *(Faludi Ferenc: Leander álma)*

ÉVKÖZI 32. VASÁRNAP

1: Az igazi bölcsesség elébe megy annak, aki a szeretet útján vágyva keresi, és a keresőt boldoggá teszi. S: Isten föltámasztja azokat, akik Jézusban hunytak el. E: A keresztényeknek éberen kell Krisztust eljövetelét várniuk.

Életünk és történelmünk értelme: várakozás az Istennel való találkozásra. Keresztények ez így hangzik: Krisztus-várás. Eljön az idők végén, s jön minden nap. Jön, mikor nem is várjuk, s jön úgy, ahogy Ő akar. — Találkozunk Vele a közös szentmisén is. Isten szent népeként „hallgatjuk szavát, vesszük" Őt a Szentségben. Kiáltjuk: „Kyrie eleison! Uram, irgalmazz!" — Őhozzá, aki köztünk van, s aki naponta sokféleképp találkozik majd velünk.

Első olvasmányhoz Bölcs 6,12-16

Aki bölcsességet keres, vagyis Istenben gyökerező igazságot, az bizonyosan rátalál, „mert a Bölcsesség emberszerető lélek" (Bölcs 1,6). Mindenben, amit gondolunk és felfedezünk, az isteni Igazság nyomait kutatja; Ő áll minden teremtés kezdetén. A János evangélium azonosnak jelenti ki ez isteni Bölcsességet az Igével, ki által minden lett. Ez az Ige „testté lőn": ily közel jött hozzánk Isten Bölcsessége! *(6,12-14: Jer 29,13-14; Péld 8,17; Sir 6,27.36 ▫ 6,15-16: Péld 1,20-21; 8,2-3; Sir 15,2; Iz 65,1-2.24; 1Kor 1,30; Kol 2,2-3)*

Válaszos zsoltár Zsolt 63(62),2.3-4.5-6.7-8

Isten-várás

Szentleckéhez 1Tesz 4,13-18 vagy 1Tesz 4,13-14

Az Úr jöttéről (parúzia, megjelenés), ötször szól Sz Pál e levelében. Föltámadása és újrajötte közt folyik le az Egyház földi élete, de a történelmet is e két esemény határozza meg, akár tudomásul veszik, akár nem. Újrajövetele az „Úr napján" történik (1Tesz 5,2), „bármi napon" (2Tesz 1,10). E nagy nap leírásában különbség teendő a hittény kijelentése és a jelképes-szellemi, „apokaliptus" ábrázolás közt (az arkangyal kiáltása, Isten harsonái, felhőkbe elragadás). A hit ténye: Jézus meghalt, és föltámadott. Mikor újra eljön, elébe járulnak azok, akik „Krisztusban" (megkeresztelve) haltak meg és akik hitükkel Őbenne éltek, — hogy örökre Vele maradjanak. Ez a mi reményünk, ezért lehetetlen nekünk szomorkodnunk. A „többieknek" nincs reményük, mert nem ismerik Isten hatalmát, és nem hallgatnak az Evangéliumra (2Tesz 1,8). Heroizmussal (vagy heroinnal, kábítószerrel) kísérleteznek, s ez csak egyik alakja a kétségbeesésnek... *(4,13-14: Ef 2,12; Kol 1,27; Róm 1,4; 8,11; 10,9; 1Kor 15 ▫ 4,15-17: Mt 24,30-31; 2Tesz 1,7-8; Jn 14,2-3; 17,24)*

Evangéliumhoz Mt 25,1-13

Nem szüzekről, hanem Isten országáról és várakozó éberségről, illetve nagyobb összefüggésben a világvégről, az ítéletről és a beteljesedésről szól ez a szakasz. Azt kérdezték a tanítványok: „Mikor lesz mindez, mik a jelei jöttödnek s a világ végének?" (Mt 24,3) Erre válaszol Jézus beszéde végén, éberségre intve. Az éberek okosak, a szunnyadozók „balgák". A példában az okosak is egyaránt elalszanak, mivel elhúzódik az Úr érkezése. Mindkét csoportnak hirtelen, váratlanul jön el Ő. De míg a balgák üres lámpással, üres kézzel állnak, az okosak lámpása töltve olajjal. Készen állnak, mert hallgattak az evangéliumra, és szerinte éltek. Az oktalanoknak nem használ az üres „Uram, Uram" kiáltozás. *(Lk 12,35-38; Mt 7,22; Lk 13,25; Mt 24,42; Mk 13,33-37)*

Szentségre várva

Nem várunk semmit — talán azért nem is találkozunk semmivel és senkivel. Mire várunk, mikor a Szentség ünneplésére egybejövünk? *Kire* várunk?

Elmélkedés

A tíz szűz, — azt mondja nekünk Isten sugallata, — nem bármi lélek jelképe, hanem a katolikus hívőé, aki méghozzá jócselekedetekben is gazdag. „Szüzek", mert tiltott érzékiességtől tartózkodtak, „lámpásaik vannak", azaz jótetteik; mert ezekről mondja az Úr: „Úgy világoskodjék cselekedettek az embereknél, hogy lássák jó műveiteket!" (Mt 5,16) Ha tehát szüzek is, jótettek lámpását is hordozzák, és mégis többjük nem juthat be a Mennyegzőre: jaj, hol találja magát az, aki nem őrizte magát szűzen a bűnös testiségtől, és sötétben jár, nem lévén gondja jótettekre!? — „Jöjjetek Ő elébe!" A vőlegény elé menni: szívvel futni, várni a jöttét. — „És Ő késett", és ezalatt *mind* elszunnyadtak. Mind? Igen, okos és balga egyaránt! Mi ez az alvás? Bizony, mikor késik Ő, akkor „elárad a gonoszság, meghűl sokakban a szeretet" (Mt 24,12). — Jézus hozzátette azonban: „Aki pedig mindvégig állhatatos, az üdvözül." Hova tegyük az okosakat? Ugye a mindvégig helytállókhoz. Semmi másért, semmi másért be nem engednek, csak a mindvégig helytállásért! Az okosakban nem hűlt meg a szeretet, hanem izzik mindvégig. — De azoknak „olajuk nincs", csak lámpásuk, akik embereknek akarnak tetszeni, és azért végeznek dicső tetteket: nincs azonban belül olajuk. Elszunnyadáskor kialszik az ilyen lámpás. Az okosaké ég a belső olajtól, a lelkiismeret biztos hevén, belső szeretettől... Égett ugyan egy darabig a balgáké is, mert dicsérték ezeket az embereket, de az ébredés, a föltámadás óráján üres a lámpásuk. „Menjetek, vásároljatok!" — azért voltatok jók, mert mások dicsértek, „eladtak olajat" nektek; dicséreteket! Vegyetek hát most is! „Mert tán nekünk se elég!" — mondják az okosak józan és szent alázattal, hisz még ők is félnek a nagy órától. „Magunkról sem tudjuk, elég-e, hogy tudhatnánk rólatok"... Vesződünk ma szelekben, lobog lámpásunk; de izzón égjen belső szeretettől! A szélroham, kísértés akkor csak növeli, s nem oltja ki a tüzet!" *(Sz Ágoston: 93. beszéd)*

†

Istenben-élés

Minden szeretet, minden vágyódás, minden tanulmány, minden igyekezet, mind, ami ismeret, bennünk minden, mit megélünk, amit mondunk és lehelünk — Isten lesz [ha él Ő bennünk]. *(Kasszián)*

Mindig készen! Újulva naponta

Mélyre sülyed, ki tetőhöz nem tör, *újulva naponta,*
Mint aki víz sodrán evezőt hajt, fölfelé szembe:
folyton karja feszül, árt veri, visszahúzót!
Azt ki kezet lógat: viszi vissza, sodorja a hármas:
Test, e-világ, ördög!... Tartsd karomat, te Uram!

(Kasszián)

†

Istenhez ragaszkodjál!

Mózes: „Az Istenhez folyton tapadás, a szivedben
szemlélés, tudatos Vele-lét!" Ez testbe kötöttnek
nem lehet! Ám tudnunk lehet azt: szándék hova tartson,
Célra szögezve, mig útba' futunk, — ezt egyre figyeljük —
fel-felújult vággyal. Ha szivünk ide eljut, — örüljünk!
Hogyha felejti, s az elme csapong, szomorodva siessen
vissza, föl égre sohajtva! „Lehullt" — érezze — a legjobb
Jótul, ahányszor veszti szeméből Urát, — ugy ítélje
már így „adulter": násza-törő, hűtlen Jegyeséhöz,
percekig is ha csak Istent nem szemlélte szivében!

(Kasszián: Lelki társalgások)

†

„Íme, jő a Jegyes"

Öröklét szüntelen nagy jelenlét: fogyhatatlan Mában látja magát és Istenét! Óriási folyam, melynek forrása nincsen. Öröktől árad, ömlik a folyása. Torkolat sincs: a tenger, melybe suhanna, az parttalan: S mindig éppen „indulóban" leszünk benne valahol, az öröklétben, évtelen. „Idők" sora, sok százezernyi ezreden sosem múlik... *Perc* ott boldog pihenés és fogyhatatlan! Őbenne nyugszunk, aki sohasem enyész! *(Szvorényi Józseftől, átszövegezve)*

†

Imádság keresztény erényekért

Engedd, irgalmas Isten, hogy mindazt, ami Neked tetszik, hőn óhajtsam, okosan keressem, igazán megismerjem, tökéletesen megtegyem Neved dicséretére és dicsőségére.

Rendezd, óh Istenem, állapotomat és add tudnom, amit tőlem kívánsz, hogy megcselekedjem, és add, hogy véghez is vihessem úgy, amint kell és lelkemnek hasznára válik.

Add, Uram, hogy jó- vagy balsorsban egyaránt megállhassam helyemet, hogy abban el ne bizakodjam, ebben el ne csüggedjek.

Semmin se örüljek, vagy sajnálkozzam, csak azon, ami Hozzád vezet, vagy

Tőled elszakít. Senkinek se kívánjak tetszeni, se ne féljek nemtetszeni, csak Neked.

Legyen előttem, Uram, silány minden, ami mulandó, legyen kedves nekem, ami örökkétartó. Legyen unalmas az öröm, mely Kívüled vár, semmit ne kívánjak, ami Nélküled van. Teljék örömöm a munkában, mely Érted van, legyen unalmas minden pihenés, mely Nélküled van.

Add, Uram, hogy szívemet Hozzád irányítsam, és ha lankadnék és botlanék, a javulás szent föltételével állandóan tápláljam.

Tégy engem, Uram, engedelmessé minden ellenmondás nélkül; tedd, hogy szegény legyek minden levertség nélkül; tiszta legyek sérelem nélkül, türelmes zúgolódás nélkül; alázatos színlelés nélkül, vidám pajkosság nélkül, megfontolt nehézség nélkül; féljek tőled kétségbeesés nélkül; igazmondó legyek kétszínűség nélkül; jót cselekvő elbizakodás nélkül; felebarátomat megintsem büszkeség nélkül; épülésére szolgáljak szóval és példával, képmutatás nélkül.

Adj, Uram, igen éber szívet, hogy annak figyelmét semmi kíváncsi gondolat Tőled el ne terelje; adj nemes szívet, hogy azt semmi hitvány érzelem földre ne teperje; adj egyenes szívet, hogy azt semmiféle mellékszándék el ne görbítse, maga felé ne hajlítsa, adj erős szívet, hogy azt semmi viszontagság meg ne törje; adj szabad szívet, hogy azt semmiféle erőszakos érzelem magához ne fűzhesse.

Adj, Uram, Istenem, Téged megismerő értelmet, Téged kereső buzgalmat, Téged megtaláló bölcsességet; add, hogy életem Előtted kedves legyen, állhatatosságom téged bízvást várjon; és adj bizodalmat, mely Téged végtére átkarolhasson.

Add, hogy büntetéseidet itt a bűnbánat szellemében fogadjam, jótéteményeidet földi zarándoklásomban kegyelmeddel jól felhasználjam, és örömeidet élvezhessem az örök hazában. Amen. *(Aquinói Sz Tamás)*

†

Örök sorsunkkal, az élet céljával nem lehet megalkudni. A lehetőség viszont megvan, hogy magunkkal hordozzuk a „kegyelmi élet olaját”. *(Jakubinyi: Máté evangéliuma, 277)*

ÉVKÖZI 33. VASÁRNAP

I: A hűség, a szorgalmas munka és az istenfélelem teszi az asszonyt igazán értékessé. S: Legyünk állandóan készenlétben, mert váratlanul jön el az Úr! E: Isten ránkbízott adományairól számadással tartozunk.

Eszeveszett lenne, ha az óceánt egy pohárba akarnók önteni. Az emberi képességek különböznek, és így van ez jól! Mindnyájunk számára azonban van egy fölső határ, ameddig tanulásban, tettben, érzésben eljuthatunk. Azon túl erőlködni buta gőg, de a határig menni kötelesség, amit egyszer számon kérnek!

Nem tudjuk, hogy mikor jön az Úr napja, a vég és a teljesedés napja. De eljön minden ember számára, talán gyorsabban is, mint ahogy gondoljuk. Addig pedig hűségesen kell munkálkodnunk. A hűség: nemcsak megtartani azt, amit kaptunk, hanem munkálkodni, nőni és érni általa; felkészülni, hogy minél többre jussunk Isten-adta képességeinkkel.

Első olvasmányhoz Péld 31,10-13.19-20.30-31

A Példabeszédek könyvének vége a női eszményről szól. Olyan ez, mint emberi megvalósítása a „Bölcsesség úrnőnek", akiről a könyv előbb szólt. Az ilyen asszony drága hitves, gondos háziasszony, igazi kincs, a ház szerencséje, „üdvöskéje". Övé a valódi bölcsesség, ahogy e könyv érti: az istenfélelem! Isten nagyságának s közelvoltának félő-tisztelő tudatában él. Nemcsak övéinek dolgozik, bőkezű a szegényekhez is. Boldog, ha adhat, segíthet, így tehát Istenhez hasonlít. *(Péld 9,1-6; 12,4; Sir 26,1-18)*

Válaszos zsoltár Zsolt 128(127),1-2.3.4-5

Az istenfélelem áldása

Szentleckéhez 1Tesz 5,1-6

A kereszténynek jövője és reménye van. A jövő fénye, mely megvilágítja a jelent is: az „Úr napja" (1Tesz 5,2). Sz Pált kérdezik a „napja és órája" felől, s ő úgy felel, mint Jézus. Nem az időpont a fontos, hanem a tény: maga az Úr! Jön mint Bíró és Üdvözítő, vádló és megváltó. Azok számára, kiknek nincs reményük, az Úr jötte „hirtelen romlás" lesz. Jelen világunkban együtt van „fény és sötétség", de az Úr napja kinyilvánítja, ki tartozik a világossághoz. „Ti mind", szól Pál a megkereszteltekhez, már „nem vagytok az éjszakáé, hanem a nappalé, aki Krisztus". De ezeknek is szól a figyelmeztetés: Legyetek éberek, józanok! Hit, szeretet, remény kell, hogy el ne pusztuljon a világ (keresztényekkel együtt) részeg kábultságban, önáltató hamis biztonságban. *(5,1-3: Lk 12,39-40; Mt 24,36.42-44; 2Pt 3,10; Jel 3,3; Jer 6,14; Lk 21,36; Jer 4,31 ▫ 5,4-6: Ef 5,8-9; Róm 13,12-13; 1Pt 1,13; 4,7; 5,8)*

Evangéliumhoz Mt 25,14-30 vagy Mt 25,14-15.19-21

Mint az okos és balga szüzek hasonlatában a későn érkező vőlegény, úgy itt a talentumok példájában is, az Úr csak hosszú idő után jön vissza. Mindkét példa felteszi, hogy az Úr érkezése elhúzódik. De egyszercsak váratlan megjön, s mindenkit tettei szerint ítél. A szolgákra képességeik arányában több vagy kevesebb talentum volt bízva (egy arany talentum = 6.000 drachma = kb. 4.000 dollár). Mindenkinek a maga küldetését kell járnia, de jutalmat nem a kapott talentum, hanem a hűség arányában nyer. „Jó és hű" az okos szolga, aki nem fárad bele az Úr várásába, és nemcsak a jövőről ábrándozik, hanem a jelen feladatai közt él, és hasznosítja talentumait. Nincs itt „érdem", mindig „haszontalan szolgák" maradunk. Az Úr jutalmaz, mert egyedül Ő a jó, s a jutalom Ő maga. A lakoma az Ő boldogító társasága. *(Lk 19,11-27; Mk 13,34; Mt 24,45-51; 18,23; 2Kor 5,10; Lk 16,10; Jn 15,11; 17,24; Mt 13,12; Lk 8,18)*

Szentségre várva

Mindenki megkapja Istentől a magáét, nem „érdem" szerint, hanem hogy mit képes befogadni. A Szentség lakomáján mind az élő Kenyeret vesszük, de élővé és éltetővé kinek-kinek hite és szeretete szerint válik.

Elmélkedés

A talentumok

Talentum sokféle van; egyiknek öt, másiknak kettő, vagy egy. Ezek természetes s természetfölötti erők és adatok, melyekkel szemben állok „én", akinek e talentumokat egyéni, szép életemmé kell földolgoznom; dolgozzatok, szerezzetek, alkossatok, — mondja az Úr, — senki sem megy be „Ura örömébe" azért, mert öt, vagy két talentuma van, valamint az egy talentum nem akadály abban, hogy valaki az örömbe bemenjen. Isten ide állított, így szerelt föl, s bármilyen legyek, van erőm hozzá, hogy bemenjek örömébe. Az „én", a lélek a fő; ez a lélek a maga öntudatában szemben áll saját maga tehetségeivel is, melyek nem tőle vannak, s boldogsága attól függ, hogy föleszmél és mondja: Íme Uram, itt vagyok; hálát adok és örülök, hogy vagyok, fölhasználom tehetségeimet s szolgálok neked!

Azért sem ment be senki „Ura örömébe", mert öt új, vagy két új talentumot szerzett, ha ezalatt külső műveket, vagy sikert értünk, pl. tudományos műveket, szónoki sikereket, gazdagságot, hírt, találmányokat. A rajtam kívül álló mű, a tudomány, vagy külső érvényesülés nem az én egyéniségem, hanem inkább csak egy-egy funkcióm. Mindez több oly föltételtől és kelléktől függ, ami nem én. — Ha a mű, a siker volna az érték, akkor nem az ember volna a cél, hanem a mű, és az ember eszköz volna hozzá. — Azután meg, kielégít-e valakit a külső mű, a siker? „Nem igen volt nagy szellem, ki a szándék és teljesítés közti szakadékot kínzón ne érezte volna, ki nem akart sokkal többet mondani, mint amit tudott." — A művek csak tükrözései, csak csipetei a belső világnak. Ne szolgáljak tehát sikernek, hírnek és ne bántson, ha e részben szerencsés nem vagyok.

A lét súlypontja nincs a talentumokban, sem a sikerben; nem azért élünk, hogy tudósok, művészek, technikusok, kultúremberek legyünk; ezek mind a nagy világfejlődés relatív adatai; hanem a lét értéke maga az Isten dicsőségére folytatott, tehetségeinknek megfelelő *munka*. Az én értékem nem az, hogy öt talentumom van, s értéktelenségem sem az, hogy egy talentumom van, hanem az, hogy kötelességet s szolgálatot híven teljesítek, s várom az Úr örömét. Tudom, hogy Isten adta, amim van; tudom, hogy hasonulnom kell hozzá erőim kialakításában, gondolatban, akaratban, érzésben, hitben, szeretetben; tudom, hogy az életnek végtelen jelentősége van; erre felé járok bízó, munkás életben.

„Vegyétek el tehát tőle a talentumot, és adjátok annak, kinek tíz talentuma vagyon... Mert mindannak, kinek vagyon, adatik, attól pedig, akinek nincs, amivel bírni látszik is, elvétetik tőle". Aki fölhasználja a tehetséget az isteni, szép, belső világ kialakítására, az egyre bővelkedik; egyre több, mélyebb, tisztább öröme lesz; aki pedig a világért, az utcáért, az ingerért dolgozik, egyre szegényebb lesz; minél öregebb, annál szomorúbb lesz, „s míg (reményeid) lepkeszárnyát kergeted, lezúg hiába életed, és állasz pályád szélén" [Kölcsey]. *(Prohászka: ÖM, 7:292; 30)*

†

Jóban-restség

A jóba-restség lélek-lazulása, ész elpetyhüdése, szívnek bénulása;
hit dolgával mitsem-törődés, csak önkereső felőrlődés.
Gyűlölve néz már hivatásra, föld hívságát nézi magasztalással...
Az Úr ügyének ócsárlása jön, hogy mily „nehéz, könyörtelen"?
Úgy beleunt a zsoltárlásba... Vidám napot csak Föld terem...
Szolgálatban ő rozsdás vas, kérgesült, de kül-dolgokban érdeke feszült.
Kívül nyüzsög, belül megáporul. Törvénynek hajlad, de csak látszatbul.
Ki híven szótfogad, nem tudja, mi a renyheség!
Kül-tettein is: tökélyes, hogy Urának tessék!
Mert tunya szív és hívő-lélek egymással össze sose férnek.
Magánost ámde egyre kísért röstség;
holtáig kell, hogy ezzel elküszködjék!
A tunyának tetszik vendégeskedés,
víg cimborákkal kedélyeskedés.
„Röst-ördög" sürgeti, hogy gyűjtsön „eztet-aztat"
„alamizsnára" (s inni) jó, ha kissé gazdag.
De önzetlen szív éleszthet halódó lelket,
míg önző lusta, gyáván kárhozatba veszhet...

(Lajtorjás Sz János: Paradicsom lajtorjája)

†

Lelkiismeret

Dicséret éppúgy nem gyógyíthat rossz beltudatot, mint gyalázás sem sebezheti a jót. — *Ítélőszék van tebenned*: Isten a bíró felőled, lelked vádló, benső rettegés a büntető bitó (57. zs.). — Bűnnek rabja hova fusson? Önmagával hordja magát, bármi rejtekbe is jusson. Rossz beltudat meg nem futhat: nincs menedék, magát űzi! Múlik gyönyör és letűn', egy marad meg, csak a bűn! *(Sz Ágoston)*

Elmúlt korábbi, s nem lett múlt; kisiklott kézből, szívből el nem hullt. A megtörténtből nem lesz meg nem történt! A szív rá későn döbben: mi tétetett időben, az tett marad, míg tart öröklét! — Ugyan mit adhat Ő jobbat magánál? — Isten leszen mindennek mindene; az értelme fénynek telije; akaratra béke, végtelen: emlékezetre folytonos jelen! *(Sz Bernát)*

Ráruházva minden erkölcsi mérlegelést az *egyéni* „magán" *lelkiismeretre*, mely féltékenyen magát befalazta önmagába és föltétlen bírájává tette önnön döntésinek, — az *„Új Morális"* majd végleg elfordul Krisztustól. *(XII. Pius, 1952-ben)*

Lelkiismeret a szabad lélek jó kalauza, de ez korlátlanul nem szabad. Isten segít, hogy valódi szabadságra jussunk az *igazság* által. Nem szolgálja az „üres szabadságot" — mondhatnám, a csak létező (exisztenciális) eszméjét — hanem a lelket igazsághoz kötelezi. A lelkiismeret kétségkívül *felelős* — Istennek és a Tőle állított tekintélynek! *(Frank Morriss)*

†

Gonoszság nyolc szelleme

Tudod testvér, *nyolc* gonosz elme-kísértet,
mely tör, lerántja, zaklatja a bűnre! Beszéltek
szentatyák régóta róla, hogyan támad a *silány nyolc!*

Egy a *torokra* jön: unszolja: nyalakodna! — Sikamlós
undok *kéjvágy* folyton les rád. Harmadik: a *fukar* kincs szomja:
sose telt be! — Négy: a ferde szem *irigye*, bús gondja a máson!
Ötös: *harag*, önszívébe aki harap s a testvérbe!
Hat: a *restség*, tömi testét, s lopja napját henyélve...
Hetes: hiú *dicsvágy*, magát bárki fölé föltoló,
Nyolcas: *gőg*, ki megvet mindent, s Ég föld néki hódoljon!

Hogy az őrült gyalázatos vágyaktól megszabadulj;
fékezz testet, megtörj lelket! Virrassz és kegyelmet koldulj!
Imádság a lelke ennek! Óvd szemérmet: szád és szemed'!
S ne ítélj, ne firtass: *„álló* féljen, még eleshet!" Hát követ
ne vess másra, bukott embertársra! Halált fontold s bús véget!
Tűrj szívesen fáradtságot, szomjakat és éhségeket.
Mitse tégy, hiú dicsőség hogyha hajszol,
titkon tedd a jó tettedet, csak az Úrnak láttán!
Vigyázz, ne vonzzon dicséret, emberek közt tisztelet:
díszruhák és első helyek, kamasz-lázát kiheverd!
Sőt a legdrágább kincsnek azt vedd: gyaláz gonosz, támad és fedd!
Rágalom ér, vétkell vádlón: mint a Mester, „függsz Fádon..."
Sőt: magad *hidd*: bűnös vétkit a magadé meghaladja!
(Kaptál, ugye, benn több kegyelmet! S hogy feleltél a malasztra!?)

(Damaszkuszi Sz János tanítása ritmizálva)

ÉVKÖZI 34. (UTOLSÓ) VASÁRNAP KRISZTUS KIRÁLY ÜNNEPE

I: Az eljövendő Megváltó jó Pásztora lesz Isten népének, de ítélő bírája is. S: Isten az egész világot átadta a megdicsőült Krisztusnak. E: Valahányszor jót teszünk csak eggyel is a segítségre szoruló embertársaink közül, azt Jézussal tesszük.

A „Krisztus királysága" kifejezés csak részben fedi a valódi értelmet: „abszolút királyság" ez, Krisztusnak, az örök Fiúnak korlátlan uralma az egész teremtésen. Minden teremtés Őáltala létesült és Őbenne áll fenn. Ő az erő, mely mindenben hat, Ő a szíve és központja a teremtett valóságnak, mely Tőle kapja egységét, értelmét. És ez a Krisztus emberré lett, meghalt, föltámadott. Benne *látható* e világ értelme és célja. Ő hozta vissza, főleg a maga személyében, az emberiséget Isten rendjébe. Mikor e visszatérés, ez Istenbe térés, egyszer majd teljessé lesz, akkor teljes fényében ragyog Krisztus Királysága, üdvözítő ereje, és Őt magát elismeri a mindenség hatalmas megváltójául.

Első olvasmányhoz Ez 34,11-12.15-17

Izrael „pásztorai": királyai s egész vezetése csődbe jutott. Ahelyett, hogy a szegények és gyöngék gondját viselték volna, magukat hízlalták (Ez 34,1-6). Eljött ezért rájuk az ítéletnap, a „sötét, komor nap", vagyis Jeruzsálem feldúlása (Kr.e. 587). Most Isten maga lesz a nép pásztora. Veszett népét újra összegyűjti, földjére visszahozza. S főleg a gyöngére, a tévelygőre lesz gondja. — A 34,17 vers új szakaszt kezd és nem a pásztorokról, hanem a nyájról szól. A jó Pásztor a gyöngék jogával törődik, amiket kihasználnak az erősek. A következő rész jelzi: Isten egyetlen Pásztort ád majd, és Vele új szövetséget köt (34,23-25). Ennek idejét és módját a szentíró nem mondja meg; az ígéret beteljesedése Jézus személye. *(Jer 23,1-6; Jn 10 ▫ 34,16: Iz 40,11; Lk 15,4-7 ▫ 34,17: Mt 25,32-34)*

Válaszos zsoltár Zsolt 23(22),1-2.2-3.5-6

Az Úr az én pásztorom

Szentleckéhez 1Kor 15,20-26.28

Isten uralma annyit jelent, hogy Ő sokféleképp beleszól a történelembe, s utoljára szent Fia által, aki Isten „utolsó szava": a testté lett és megfeszített Ige. Isten Őt föltámasztotta halottaiból, és „mindent lábai alá vetett" (ez régi politikai, hadi szólás). Királlyá tette, hatalomra, méltóságra emelte. Teljes lesz Krisztus győzelme, mikor „utolsó ellenségét", a Halált is legyőzi a föltámadásban. A jelenben az Egyház a keresztséggel és az ebből nyert élettel győz a halálon. Végleges pedig Krisztus győzelme akkor lesz, mikor már nincs többé bűn, nincs halál. Akkor az Atya a Fiú királyságát magával egyenlőként magába öleli, hogy mindenkin és mindenben uralkodjanak; vagy: hogy mindenben Isten legyen minden. Ezzel a kijelentéssel Sz Pál elment az emberi értés, kimondhatás határáig. *(15,20-23: Róm 8,11.20-21; Fil 3,20-21; Kol 1,18; 1Tesz 4,14; Róm 5,12-21; 1Kor 15,45-49; 1Tesz 4,16 ▫ 15,25-26: Zsolt 110,1; Jel 20,14; 21,4; Zsolt 8,7 ▫ 15,28: Kol 3,11)*

Evangéliumhoz Mt 25,31-46

Az Emberfia megjelenik majd a Király, Pásztor és Bíró méltóságában, és összegyűjti a Föld népeit. Az ítélet a jókra is meglepetés, akárcsak a rosszakra, és nyilvánvaló lesz, hogy az elválasztás minden népet és csoportot érint. Nemcsak a hit helyességéről lesz szó, hanem elsősorban a szeretet tetteiről. Az igazak egyenest megvallják, hogy nem ismerték meg Jézust a szegényben, betegben, s mégis azt mondja az Úr: „Nekem tettétek", s jobbjára állítja őket. Jónéhány, aki jámboran beszélt és még tán csodákat is művelt, a „fekete" kecskék (bakok) közt leli magát. Hogy egyik és másik oldalon mennyi áll majd, arról nem szól az Írás. *(25,31-33: Mt 16,27; Jel 3,21; Ez 34,17 ▫ 25,34-40: Iz 58,7; Mt 10,40; 18,5 ▫ 25,41-46: Mt 7,23; Jel 20,10; Dán 12,12; Jn 5,29)*

Szentségre várva

Krisztus nem valami elnök vagy „főtitkár". *Ami* Ő: arra szegény a földi nyelv! Több Ő mint „Úr, Király" — ma már mit is mondana e két szó?! „Urunk" Ő mégis, emberek Megváltója, „Királya". Ő gyűjt oltára köré, ahol meghal értünk, és Ő küld a világba is, hogy általunk lássa az egész világ: Krisztus „él és uralkodik" most és mindörökké.

Elmélkedés

Isten országa

Isten országa? Uram, hol van a te országod, miután mi azt egyre esdjük: Jöjjön el a te országod. Hol van a te országod? Megmondta Krisztus: Az Isten országa nem kő, hegy, melyet mérni lehet; nem óceán, melyen hajózni lehet; az Isten országa bennetek van. Az Isten országa nincs a térben, hanem a lélekben. Ha kérdezed, hogy hol az Isten országa: én vagyok az, s ha ti az én életemet átviszitek lelketekbe, ti is az Isten országa lesztek. Mert az Isten országa, ismétlem, nem ezüst, nem arany, nem ágyú, nem kard, hanem szellem és élet. Az Isten országa az Isten gondolatai szerint alakított élet.

De hát megcsodálni való dolog-e ez? Már a Bölcsesség könyve mondja, hogy a bölcsességet többre becsültem királyi székeknél és országoknál; tehát hogy a belső világ hatalmasabb s gazdagabb ország, mint a királyságok. S Kornélia, a Gracchusok anyja, mikor Róma hölgyei kérdezték őt: hol vannak a te kincseid, szintén ilyesmit mond, hogy az ő gyöngyei az ő fiai. Kérdezd meg az Istent: Hol van a te országod, a te hatalmad, hol van a te aranyad? S ő is az eleven életre mutat, a „gloriosum regnum"-ra [dicsőséges királyságra], a szentekre: ez az én országom! Az én *országom Szent Pál*: vas electionis [választott edény]; az én országom *Szent Péter* azon gyönyörű, fenséges jellemzésben, mellyel Sienkiewicz őt elénk állítja: ez a szenvedő, s mégis törhetlen, ez az alázatos öreg ember, ez az Isten országa. Ez az ember, aki nyög Néró kegyetlenkedései alatt, de ugyanakkor úgy beszél a szenvedő keresztényeknek, hogy megnyugtatja őket, s a háborgó tengerből sima tükör lesz, melyen tündöklik az örök remény. Ne beszélj nekem aranyról, hisz az gyerekjáték; nézd, ez a hatalmas élet az Isten országa; ez a felség, mely háborítatlanul megy át az életen, szenved, könnyez, de győz. Mondj még szebbet, tökéletesebbet, hatalmasabbat. Nézd *Ágnest*, azt a római klasszikus leányt, aki római hősiességben lépteti fel a keresztény gondolatokat, aki beszél koszorúról, melyet Krisztus fűz homlokára, viruló pírról, melyet Krisztus vére fest arcára; gyűrűről, melyet Krisztus húz az ő ujjára; gyöngyökről, brokát-ezüst ruháról; s ezzel mind azt jelzi, hogy Krisztus szerelme elragadta őt. Mit beszélsz nekem Kapitoliumról, hősökről; mutass szebbet. Ez az Isten országa. Nézd meg *Agathát*, a szicíliai görög leányt; felbuzog benne a görög vér, s mondja a praetornak: én nemes leány vagyok, hogy mersz engem bántalmazni? Mit, nemes vagy? Hisz szolgáló vagy! Ne beszélj praetor — feleli Agatha — több büszkeség van bennem, mint benned, csakhogy az én büszkeségem az isteni élet önérzete, a te büszkeséged pedig fölfuvalkodottságod. Ah, ez nemes vér, görög. Hát mi ezzel szemben Themistokles, vagy más görög hős; mutassatok nagyobbat! Ez az Isten országa. Vagy Carthágó-t említitek?... Szemeim előtt feltűnik *Perpétua* fiatal házas asszony kis csecsemőjével kebelén, az a mosolygó, édes Perpétua, aki azután haza küldi gyermekét, mert azt mondja, „félek, hogy Krisztus szeretetében, most mikor az arénába készülök, akadályul szolgál nekem!" Megcsókolja s mondja: Isten veled, gyermek. Mi pedig menjünk. „Hová menjünk?" Az arénába. „Előadásra?" Igen. „A patricius páholyba?" Nem, hanem le a küzdtérre. „S nem félsz a vad bikáktól?" Majd én végzek velük. Ó, valóban ez az Isten országa. Igen, ez az Isten országa.

Most már csak az a kérdés, hogyan lehessen megteremteni az Isten országát? Az Isten országa nem nő magától, hanem az kézmű: azt úgy kell kialakítani apró részletekig, mint ahogy Ráfael festi képeit s Michelangelo vési szobrait: minden vonás, minden kalapácsütés kézmű. Az Isten országát ki kell gyúrni, ki kell idomítani, mert az egy folytonos törekvés, folytonos munka; csupa elégedetlenség, de egyszersmind mély béke. Béke abban, amit bírok; elégedetlenség az iránt, amit akarok. Az Isten országa megpihenés az erényben, melyet bírok; s megfeszülés, kifeszülés az erény után, melyet óhajtok. Operor, dolgozom, ego... Munkában s harcban állok, s folyton küzdök, mert törvényt érzek magamban, mely hadakozik a lélek törvénye ellen. Pöröly és üllő közt üti ki az ötvös arany és réz lemezből a kelyhet, vagy tálcát; mikor elkészült művével, akkor gondolatot alakított ki rajta. Éppúgy az ember kiveri magán folytonos ütögetéssel, folytonos kalapácsolgatással az Isten gondolatát.

Dolgozni kell! Aki az Isten országába hív minket, az azt is mondja: dolgozzál, törekedjél, törd magadat és ne röstelkedjél, s elsősorban nem azért a mennyországért ott fenn, hanem azért itt lenn, mert az a fönt levő öledbe hull, ha megalakítod mennyországodat szívedben. Ha a mag kikel s szépen feslett szét levele, ne féltsd, annak meglesz a virága és a gyümölcse. Az örök dicsőség, az is: „cetera adjicientur vobis" [a többi hozzáadatik nektek], azt megkapod ráadásul. Kant s mások kifogásolják, hogy mi bérért dolgozunk. Igen, de azért a mennyországért elsősorban, amelyet magunkban hordozunk; a mennyországért, hogy az Isten gondolatai bennünk kiemelkedjenek, s a lélek ne nyögjön az érzékiség terhe alatt; a mennyországért, hogy a buzgóság, lelkesítés hevítsen, s ne cammogjunk egyre csak hóvízben, az ízetlen gondolatok hóvízében! *(Prohászka: ÖM, 18:97)*

†

Egyház: Krisztus országa itt lenn

Beszél a lélek
Úgy estem hited Törvény-tőrébe, mint kivont kardélbe.
Átdöfte elmémet, agyam fényébe hasítóan mélyedt.
Már nem járhatok többé a szemem csillagán,
kezembe görcsös bottal ballagván...
Elszaggattad a partomat, földet föltépted lábaim alatt.
Hajóim tengered sodorta ki;
te rángatád fel a kötélzetet,
széttörtek gondolatom láncai,
és himbálóznak mélységek felett...
Sötétbe-vert madár, csapongok Atyám házánál,
kutatva rést, hol furcsa fényed rám talál...
De itt e földön semmise,
csak lelkem mély sebe...
Úgy estem hited Törvény-tőrébe, mint kivont kardélbe....

Töviseidből mégis mily erő sugárzik,
mélységeidből mily zene visszhangzik?
Árnyékaid, mint rózsabokrok, takarják szívem', ezt a bomlót...
S mint mámoros bor: éjsötéted!
Szeretni foglak akkor is,
beléd szerelmem hogyha messze téved.
Az *Én* ahol kezdődik, ott én szűnök;
s ahol Beléd szűnök, örökkön ott én megülök.
Hol lábam kullog, s vinni nem akar, —
hol cserbe hagy kéz, — csüngve kar, —
leszek ködpára ősz dölyfös derébe és hó simája kételyek telébe.
Mint hólepte sírokban, a félelmek nyugosznak holtan.
Porrá leszek Tanod Sziklája alatt.
Hamuba veszek, ha Parancsid lángja csap!
Karomat eltöröm, ha árnya is utánad kap...

S az Egyház felel
Amit én török, az nem törött; mit porba hajítok, magasba, égig ért!
Ha *kegyelmetlen* voltam hozzád: a *Kegyelem* kedviért!
És irgalomból maradtam hozzád irgalmatlan.

Kápráztatlak, vakítlak: veszíts korlátid, mert avittak!
Sötétbe árnyékoltalak! Ne leljed védfalad!
Mint tenger nyel be szigetet,
elöntöm szívedet,
hogy öröklétbe ellebegj...
Gúny lettem értelmedre, erőszak ösztönödre:
hogy bezárjalak börtönödbe, vonszoljalak kapudon ön-kívülre!
Hová legbensőbb szomjad hajszolt: a földi forrási ott szárazok...
Hol szürkén foszlik rég honvágyad: Idő órája mind megállott.
...Ím szárnyaim hozzák a Minden-más fehérlő árnyait.
Homlokra fú túlpartok lehe-illata...
Igen, ezért kell, hogy legyek vadon és vad az elméddel!
Legyek: — a Semmi ajkadon!
De lelkednek én Induló vagyok, az Út haza!
Az Úr szivárványán Békéd ragyog, a felhőid felett.

(Gertrud von Le Fort: Vissza az Egyházba)

†

Napóleon Montholon grófhoz: Sándor, Cézár, Nagy Károly, meg én, nagy birodalmat alapítottunk. De min alapult tehetségünknek ilyen alkotása? Csupán erőszakon! *Jézus* az Ő *birodalmát* szereteten, csak szereteten alapozta; és mindmáig milliók készek halni Érte!... Gondolom, értek valamelyest az emberi természethez; én mondom önnek, mindazok csak emberek voltak, ahogy én is ember vagyok, semmi más. Jézus Krisztus azonban több volt, mint csak ember! ...1800 évnek szakadékán át Jézus Krisztus küld egy igényt ránk, aminek mindennél nehezebb megfelelni... Mert Ő az embernek a szívét kívánja, kívánja teljesen, föltételek nélkül, és íme az igénye rögtön teljesítve van!... Ez a *tény* bizonyítja nékem tiszta meggyőzően az Úr Jézus Krisztus *istenségét. (Liddon Bumpton levelei: Napoleon beszélgetései, III, 147)*

†

Jézus Krisztus mindenkiben

Szabad és kell keresnünk Krisztust mindenkiben! És az Őban az Újszövetség szerint Őt föllelnem! Ádámban álom ráborul, hogy Éva keljen ki az álmibul! Krisztusra ráhull kereszt kínhalála, hogy Egyházát szent oldalából megformálja. Mint Éva kél az alvó oldalábul, — úgy kél az Egyház, hol Krisztus oldalán amíg a kéz titkos lándzsát fúr! A Szentség titkai ott folynak ki a Szívből, amíg az Egyház születik: tisztító víz és éltető Vér ahogy kiömlik. Akad-e hát még valaki, hogy kétségbe vonja: a múltban ott rejlik Jövő, az Ótörvény lett az Újért! Mert vallja Apostol maga: Ádám az Eljövendő előképe: „Ő volt képe annak, Akinek jönnie kell" (Róm 5,14). *(Sz Ágoston: 124. beszéd)*

B ÉV

ADVENT VAGY ÚRJÖVET

Krisztus előtti idők

Három visszapillantás a szent éjbe. Lelkemben visszaszállok a múltba, s szemlélem ennek az én szülőföldemnek határát, mikor az első karácsonyest ereszkedett a világra. Ez a nagy Duna úgy folyt akkor, mint most; Garam völgyének mocsarai az alkony elhaló világosságát tükröztették; a márianosztrai csúcsos hegyek, a Pilis, a Duna trachitszegélye részvétlenül merültek el a homályban; a Lázkereszt sziklája alatt zsongott a hullám, de keresztet még nem látott csúcsán; vadludak gágogó csataélei vonultak el fölötte, a római legionárius megitatta lovát s nyugalomra készült; túl a Dunán kigyúltak a barbár táborok tüzei. Mily világ! S most a bazilika nagyharangja zúg, s elnémítja a Garam hídján robogó gyorsvonat zörgését; a lakóházakban kigyúlnak a karácsonyfák illatos gyertyái; városok és faluk életébe bele van szőve annak az első karácsonynak áldása... Ezt mind a betlehemi gyermek tette; elváltoztatta a világot. Mint vízben a cukor s tűzben a vas s napsugárban a jég megolvad; úgy olvad el kezei közt s szeme édes tekintetétől a kemény, a jeges, a vasas világ... Óh Uram, folytasd művedet... bennem s körülöttem!

Nézem, szemlélem azt a másik világot, azt a darab mennyországot, melyet a szent Szűz hordozott az első karácsonyestén lelkében. Mély, szép, meleg, édes! Elmélyed az Isten gondolataiban, s végtelen szerelmét élvezi. Lelke a környezetből kiemelkedik, s Fiának heroizmusa szállja meg az anyát. — Világ, intézmények, környezet, szokások, mind-mind elváltoznak, nem szabad hozzájuk tapadnunk, úgy, hogy lekössenek. Lelkemnek nem szabad szenvednie tőlük! Óh te édes, szomnambul [alvajáró] idegen, te lélek, ébredj; akkor ébredsz, ha meglátod magadat, páratlan, szinte idegenszerű voltodat, melynek a világ csak fészek, fészek arra, hogy mennyország fejlődjék ki minden lélekben!...

Vetek egy tekintetet magamra is. A szent Szűz nekem nyújtja gyermekét. Barlang, istálló, jászol, szalma, elhagyatottság, szegénység a kerete ez isteni adománynak. Mindenkinek lehet isteni édessége, még ha istállóban lakik is. Ne lakjék ott; helyes; de mivel a világ fejlődését parancsszóra megcsinálni s kínt és nélkülözést egy legyintéssel száműzni nem lehet, állítsuk bele minden állásba s életembe az Isten erkölcsi erőit; mert mi nem gazdagságtól várjuk a jót, hanem jók akarunk lenni szegénységben s gazdagságban, betegségben s egészségben egyaránt. Ah, bennünk van a jóság forrása, bennünk fakad a jó, az isteni akarat. Ez kell mindenek előtt! *(Prohászka: ÖM, 6:60; 81)*

ADVENT 1. VASÁRNAPJA

I: Az alázatos lélek imája: bárcsak megnyílna az ég, és mennyei Atyánk elküldené az üdvösséget. S: A mi Urunk Jézus Krisztus dicsőséges eljövetelére készülünk. E: Mindig készen kell állnunk, mert nem tudhatjuk, hogy Urunk mikor érkezik.

Nem kell szégyenkeznünk, ha advent szokatlan érzéseket és reményeket kelt bennünk. Jelenünk sötét, nyomasztó, majdnem kilátástalan, de az advent jövőről beszél: a történelemnek még nincs vége, nem marad minden úgy, ahogy most van, még valami új vár ránk.

Hát akkor meneküljünk a zord jelenből egy szebb jövőbe? Krisztus nem arra bíztat, hogy napjainkból meneküljünk, sem arra, hogy egy szebb jövőről ábrándozzunk, hanem hogy éberek legyünk: munkára, amelytől a jelen földerül, emberibb s egyben istenibb lesz. Ezzel készüljünk Krisztus napjára!

Első olvasmányhoz Iz 63,16-17.19;64,3-8

Az imádság Izajásnál (63,15-64,11) zsoltár, az imádkozó népe nevében Istenhez fordul panasszal, bűnei megvallásával, bizalommal, könyörgéssel. Jeruzsálem pusztulása, a Templom feldúlása (Kr.e. 587), a nép ínsége a babiloni fogságban: ezek nyomasztják a lelket. Isten — úgy látszik — elfordult népétől, de valójában Ő az Úr, aki bűnt megbocsát, és jövőt ád (Jer 29,11). „Mi Atyánknak" szólítjuk; Neki népe elsőszülöttje (2Mz 4,22), kivezette népét Egyiptomból, s Ő a „mi Megváltónk" mindörökre. Az ősatyák, Ábrahám és Jákob (Izrael) nem segíthetnek már, de él az Isten, s meghallja népe segélykiáltását. *(63,16-17: 5Mz 1,31; 32,9; Jer 31,9; Oz 11,1 ▫ 63,19: Zsolt 18,10; 144,5 ▫ 64,3-7: 1Kor 2,9)*

Válaszos zsoltár Zsolt 80(79),2-3.15-16.18-19

Segítség és oltalom-kérés

Szentleckéhez 1Kor 1,3-9

Az Ószövetség jámborai sem sejtették, hogy mennyire közel van Isten azokhoz, akik keresik Őt. S főleg azokhoz, akik hisznek Jézusban, és e hit szerint élnek. Ezt köszöni meg az apostol a levele kezdetén, amelyben különben kemény igazságokat kell mondania a korintusiaknak: életük botrányos, nem keresztényi, és nem gyakorolják a testvéri szeretetet. Értsék végre meg hivatásuk nagyságát, ami életük kezdete, közepe és végcélja! Minden napjukon máris ott van Krisztus végső megjelenésének jegye és követelménye. *(1,5: 2Kor 8,7-9 ▫ 1,6-7: 2Kor 6,10; 1Tesz 3,13; 1Jn 2,28 ▫ 1,8-9: 1Kor 3,13; 2Kor 1,21-22; Fil 1,6.10; 1Jn 1,3)*

Evangéliumhoz Mk 13,33-37

A végidők leírásában Sz Márk célja éberségre intés. A kezdés rövid hasonlata hangsúlyozza: Vigyázzatok! Vannak oly őrök, kiknek méginkább dolguk a vigyázás:

a „kapuőrző" az apostol és utódjai; de mindenegyes hívő felelős a rábízott munkáért. — Várni az Úrra, az Eljövendőre — ez nem élettelen jövőbe meredés. Az órát, amelybe Isten beállított minket, arra adta, hogy felelősségtudattal éljünk benne és vele. *(Mt 25,13-15; 24,42; Lk 19,12-13; 12,38-40)*

Szentségre várva

Az a parancsunk, hogy éberen virrasszunk: tisztán lássuk a valóságot, amiben élünk, és a tényeket, melyek felé haladunk. A nagy valóságot úgy hívják: Jézus Krisztus. S Ő máris velünk van, igéjében, Szentségében, testvérünkben.

Elmélkedés

Adventi várás

Az Advent várakozásteljes, sejtelmes idő. Jól illik hozzá az a novemberi, decemberi reggel, mely nem tud kibontakozni ködből s sötétségből; elnyújtja a lélek vágyát is. E hosszú elnyújtott keltegetés egyszersmind kikezdés; az egyházi év Adventtel kezdődik. Kópiázza a Krisztus előtti évek borongós homályát. Tehát várakozás, keltegetés, kikezdés, ezek az Advent jellegei, melyeket Szent Pál is említett: Nox praecessit, dies appropinquavit... tűnik az éj, hasad a nap; ébredjünk erőteljes, szent életre, mely Krisztus felé siet.

Várakozunk, mert az Úr jön; boldog a szolga, ki Urát várja. Vigília az élet, szent virrasztás; virrasztó éje az evangéliumi jegyeseknek: „Olajjal telt lámpák velünk, Jézus elé siethetünk". Virrasztó éje a nagy ünnepeknek, mikor Krisztust tényleg meglátjuk. Gót dómnak kapuzatában állunk; próféták, apostolok s az evangélium kerubjai várnak ránk; de a kapu még zárva van; az élet izgalma fut végig rajtunk. Expectantes beatam spem [várván a boldog reményt]... várakozunk, reménykedünk, szemünk az örök világosság kapuin függ... Jöjj el Úr Jézus.

Készülünk. Először is egy szent, kedves ünnepre, a kegyelmek, az ajándékok ünnepére, a szent Karácsonyra. Három gyakorlatra lesz gondunk: a) penitenciára, hogy tiszta legyen a szívünk; b) összeszedettségre, hogy valamint a természet most magába vonul és készül új tavaszra: mi is magunkbatérve jobban lássunk s erősebben akarjunk; c) a természetfölötti élet vágyainak ébresztésére: harmatozzatok égi magasok... Isten, én Istenem, hozzád ébredek... nem felejtlek.

Különösen pedig ismét kezdők akarunk lenni. Jézus buzdít: kezdj! Mint ahogy a napsugár sziporkázik a zúzmarás fák bóbitáin s ingerkedve süt be jégvirágos ablaktáblákon át szobánkba, mintha fölszólítana: kezdjünk hát élni; úgy Krisztus. Kezdjünk sokszor! Furcsa kívánság, de rendkívül fontos. A kezdetnek sajátlagos mozgalma s lendülete van. Még nem ismer fáradtságot s csalódást. Van kedve. Gondolj a kikelet kezdetére; hajt a százéves tölgy és bükk is: puhul, fakad a kenettől. Nem hajtana, ha kemény és száraz maradna. Az Isten keni föl a lelket... „propterea unxit te Deus..." a jó kedv kenetével „oleo laetitiae". Nagy a föladatunk; a kezdet kezdetén állunk. Szent Pállal, amik előttünk vannak, azok után törekszünk! *(Prohászka: ÖM, 6:6; 14)*

ADVENT 2. VASÁRNAPJA

I: Készítsük az Úr útját a magunk és embertársaink szívében! S: Várjuk az új eget és új földet, amely Krisztus végső eljövetelekor valósul meg! E: Bűnbánattal készüljünk a Megváltó eljövetelére!

Krisztus újra-jövetelét s a világ végét dús képzelettel ki lehet színezni, de oly nehéz elgondolni. A fizikai világ a maga törvényei szerint járja az útját. Az emberiség tán hallott valamit Krisztus első eljöttéről, de az Ő hatalmából és fönségéből mitse látni: hogy is lehetne az másképp?

A mai keresztényt nem kevésbé faggatják, kérdezik, mint az első századit (Péter máodik levele). Milyen fölvilágosítást ad Ő hitéről és reményéről? Nem kell semmit sem mondania, amit nem tud. De tudnia kell, hogy e világ történelme Isten története; hogy Isten fogja befejezni a világot, tökéletesítve, nem elpusztítva; és hogy Isten fönségének kinyilvánítását az ember készíti elő, oly emberek, kik Istenhez fordulnak és a jövő felé haladnak.

Első olvasmányhoz Iz 40,1-5.9-11

Jahve, a választott nép Istene gondol népére, és nemcsak szavakkal vigasztalja a babiloni száműzetés ínségében, hanem újra hazavezeti őket, ahogy valaha Egyiptomból. Ő maga vonul majd népével, innen a felszólítás: készítsetek utat az Úrnak! (Iz 40,3-4) A fölszólítás az égi hatalmakhoz szól, mert maga a nép nem képes rá. Isten kimutatja azzal szeretetét, hogy népének minden bűnét megbocsátja. Megmutatja hatalmát azzal, hogy otthonába visszaviszi. Sion, vagyis Jeruzsálem ne essék kétségbe, higgyen az örömhírben, és hirdesse azt tovább. *(40,1-2: Iz 52,7-12; 2Mz 6,7; Jer 31,33; Iz 43,25 ▫ 40,3-5: Iz 43,1-7; 45,2; Mt 3,3; Jn 1,23; 2Mz 24,16; Jn 1,14 ▫ 49,10-11: Iz 35,4; 62,11; Mik 2,12-13; Ez 34,11-16; Jn 10,11-18)*

Válaszos zsoltár Zsolt 85(84),9-10.11-12.13-14

Az ígért üdvösség kérése

Szentleckéhez 2Pt 3,8-14

A korai keresztények az Úr visszatértét várták (1Tesz 4,17), de az váratott magára. Az első keresztény nemzedék, de talán már a második is („atyák") kihalt, és mégsem történt meg. Alkalom ez gúnyra és Krisztus visszatértének sommás tagadására (2Pt 3,4). Mások nyugtalanul kérdezik, miért késlekedik, és mit jelent ez a keresztények életére. A válasz: a késés csak látszólagos, és oka Isten türelme, hogy mindenkinek időt adjon megtérésre, mert mindenkit üdvözíteni akar. De az idő korlátolt, s a keresztényre már most érvényes a jövendő új világ törvénye, mely lelkületünk és cselekedeteink tisztaságát sürgeti. Béke és igazságosság töltse el életünket. *(3,8-10: Zsolt 90,4; Lk 18,7-8; 2Pt 1,3-4; 1Tesz 5,2 ▫ 3,11-14: Iz 34,4; Jel 6,13-17; 21,1.27)*

Evangéliumhoz Mk 1,1-8

„Evangélium": Jó Hír, az örvendetes üzenet maga Jézus személye! Igéjében és tettében Isten szól az emberhez. De az „evangélium" jelenti egyben a Jézusról szóló keresztény üzenetet is. Az alapvető kijelentés Róla pedig ez: Ő a Krisztus, az ígért Szabadító és Megváltó, és Ő az Isten Fia. Az evangélium, mint élmény és üzenet, Keresztelő Szent János föllépével kezdődik. Ő az útkészítő, aki mindenkitől őszinte megtérést és Istenhez fordulást követel: a keresztség és a bűnbocsánat előfeltételeit. Jézusra mutat, a nála Erősebbre, aki utána jön. *(Mt 3,1-6.11-12; Lk 3,3-6.15-17; Jn 1,19-28 ▫ „Isten Fia", 1,1: Mk 1,11; 3,11; 9,7; 14,61; 15,39 ▫ 1,2-3: Mal 3,1; Iz 40,3 ▫ 1,8: Jn 1,26.33; ApCsel 1,5; 11,16)*

Szentségre várva

Jézus megígérte nekünk az üdvösséget: Isten szeretetét és az Istennel való együttlétet. Reményt adott a jövőre, de ez a jövő a hívőnek már megkezdődött: a Szentség újra meg újra megpecsételi Istennel való egységünket a Szentlélekben.

Elmélkedés

Nem az ember ád elégtételt bűnéért, bárhogyan vezekeljen is, hanem Isten az, aki elegendőnek ítéli azt a büntetés fejében. Nem az ember készít Istenének utat, hanem Isten maga épít magának utat az emberhez. Nem az ember tudja saját fáradozásaival megismerni az Istent, hanem Isten kinyilatkozva fönségében, szabad ajándékából ismerteti magát az emberrel. Nem az ember teszi hatékonnyá Isten igéjét, hanem Isten igéje hat és érvényesíti magát az emberi vonakodás dacára. Nem ember megy el Istenhez, hanem Isten jön le az emberhez. *(Notker Füglister)*

†

Keresztelő Szent János független, hatalmas lélek. Királyi paloták, puha, csipkés ruhák, szőnyeg, kerevetek nem imponálnak neki; sőt ellenszenve van ellenük; kevés lelket lát a puha életben. Teveszőrruhájának érdességében hirdeti a lélek szabadságharcát. Királyának ruhája ez; annak az Úr szőlőjében kapáló erőteljes munkásnak zubbonya. Penitenciát tartsatok; feszüljön meg a lélek bennetek, mert a mennyek országa erőszakot szenved! Segítsük magunkat a lélek magaslataira penitenciánk s önmegtagadásunk által. Követeljük az önmegtagadásban a szellem adóját a túltengő testtől! S tegyünk mindent a mi szép, szebb, erősebb egyéniségünkért. Pro libertate! Szemünk, képzeletünk, ösztöneink, ínyünk fegyelmezettségében teljék örömünk! Ó, nyíljék meg szemünk, hogy lássunk, lássuk öntudatunk nemes, bűntelen, tiszta, korrekt tartalmában Istenünket, kincsünket, mindenségünket. Dolgozzunk rajta, hogy ez öntudat tisztult, kristályos, mélységes, fényes, bűvös tengerszem legyen, virágzó partoktól, titokzatos erdőktől, az örökkévalóság hegyeitől környékezve, s ne csak tükrözzék rajta, hanem merüljön el benne a mennyország! Szószerint igaz, hogy a hívő s szerető lélek szépségében s erejében nyilatkozik meg az Isten-közelség.

Az ilyen lélek szükségképpen Istennel teljes, Istentől lelkesített, vagyis próféta. Az örökkévalóság hegyvidéke az ő hazája, s mikor onnan lejön, megérzik rajta, hogy a magasból való, az Isten angyala. „Ez az, kiről írva vagyon: Íme én elküldöm angyalomat színed előtt, ki elkészíti előtted a te utadat" (Lk 7,27). Az Isten kegyelme kíséri, s számtalan lelket boldogít. Az Isten jár nyomaiban, s az Úrjövet jellemző alakja lesz, „készíti az Úr útját”. Minden prófétai lélek Adventen, Úrjöveten dolgozik. Buzdítja, inti, emeli az embereket, hogy Istenhez közeledjenek.

A próféta olyan, mint a hegy, kiemelkedő ember; a nagy gondolatok, a lelkesülés embere. Rajta pihen az Isten gondolatainak napsugara; ő állítja meg a szellemi világ felhőit, s megindítja az ég áldását a földre... folyamok szakadnak belőle... hűs, erdős illatot lehel. — Hogy készül a próféta? Izajás leírta a 4. és 5. fejezetben. Tisztulnia kell; az Isten igéje s kegyelme égeti, s az Isten lelke tölti el bátorsággal! Tisztulok, bátor leszek, prófétai nyomokon járok... S ha szenved körülöttem a kételkedő s kislelkű világ, azt mondom: így járnak az Isten, a mélység, a benősség aposztatái [hitehagyottjai]; annál inkább akarok ragaszkodni én hozzád, hogy próféta, vagyis az Isten embere legyek. Óh Uram, édes kincsem, szólj hozzám, beszélj velem.

Sőt, prófétánál is nagyobb Szent János, mert az „Isten angyala”; tehát Isten követe; ki az ő ügyének él, s önérdek nem vezeti; hű szolga mindenben, ki egész életét e szolgálatba fekteti; szárnyai vannak, vagyis lelki készsége van Ura akaratának teljesítésére. S mindez mint erő és szépség jelentkezik benne és rajta. — A lelki értékeket tényleg így kell átélnünk; van erőnk, Isten adja, s ebben percig sem kételkedünk; ezt az erőt éreznünk kell. Ugyancsak legszebb a világon az Istenben megnyugodott s megtisztult lélek; ezt a szépséget és harmóniát élveznünk kell. *(Prohászka: ÖM, 6:170; 220)*

†

Loyola Sz Ignác két imádsága

Uram, taníts nagylelkűségre! Taníts, hogy úgy szolgáljalak erőm szerint, amint Te megérdemled! Hogy adjak, nem számolgatván, mibe kerül! Harcoljak, mitse törődvén sebekkel! Hogy törjem magam, nyugalmat nem keresve! Dolgozzam, bértjutalmat sose kérve; csak azt az egyet: hogy tudjam, teszem a Te szent akaratod’.

Vedd át, Uram, mind szabadságom! Fogadd minden emlékezetem, értelmem és minden akaratom’! Bármim van s mit birtokolnék: Tőled kaptam, visszaadom teljesen ma Néked, amint tetszik, akaratod rendelkezzék vélük! Egyet adj csak: szerelmedet malasztoddal együtt, s gazdag leszek mindeléggé, semmi többet nem kívánok!

†

Egy hű lélek jóvátehet, irgalmat nyerhet sok-sok hűtlennek. Minden lélek eszköz lehet ilyen fönséges jóvátevő műveletben. Semmi nagyra nincs szükség, elég a legapróbb tett, egy lépés, egy fölvett szalmaszál, egy megfékezett kíváncsi tekintet, egy kis segítség, egy szíves mosoly... Mindez a Szeretetnek ajánlva: valójában nagy nyereség, haszon a lelkeknek, a kegyelmek áradatát hívja le számukra! *(Josefa Menéndez)*

†

Mert folyton bukdosom, legyen állandó orvosom [bűnbánat szentségben]. *(Sz Ambrus)*

ADVENT 3. VASÁRNAPJA

I: Egyedül a Megváltó hozza meg az igazi boldogságot. S: Testben-lélekben felkészülten várjuk az Úr érkezését! E: A Megváltó máris köztünk van, de sokan nem ismerik föl.

Keresztelő Szent János szemében Jézus volt a „nagyobb", aki előtte volt és őt követi, a várva várt Megváltó, az Úr! A jeruzsálemi vezetőknek Jézus a nagy ismeretlen volt, és annak is maradt. A világ nem ismerte föl Jézust Messiásnak, hanem megölte Őt.

Mi tudjuk-e ki Jézus? Mit felelnénk, ha minket, esetleg éppen minket kérdeznének? Meg tudnánk-e felelni hitünkért? A kérdezősködők nemcsak azt akarják tudni, amit „hivatalosan" hiszünk, hanem azt is, mit érzünk igazán a szívünkben Jézusról. A kérdés az, életünk fogható, konkrét megélésében számít-e Jézus: az, aki már eljött, az, aki *van, itt van*, s az, aki újra eljő?

Első olvasmányhoz Iz 61,1-2.10-11

Az első részben (Iz 61,1-2) a próféta a meghívatásáról és lélek-élményéről szól. Nyilván egyben az isteni igére utal (Iz 42,1): „Íme, az Én szolgám, kézen tartom őt... neki adtam az Én Lelkemet!" Isten felfogadta őt szolgálatába: királyi, papi, prófétai feladatot rótt rá (61,4-9, nincs a mai szövegben). Jézus a názáreti zsinagógában e szakaszt magára alkalmazza (Lk 4,18), Ő az, aki jóhírt hoz a szegénynek, és általa értik majd meg azt. Az olvasmány második felét az ószövetségi Magnificatnak nevezhetnők. Mint Mária dicsőítő himnuszát, ezt is a „szegények" zengik, akik Isten irgalmazó szeretetét megtapasztalták. *(61,1-2: Iz 42,1; 11,2-4; Zsolt 72,13-14; Mt 11,28-30; Iz 49,8 ▫ 61,10-11: 1Sám 2,1; Lk 1,46-47; Jel 21,2; Iz 42,9; 55,10-11; 5Mz 26,19)*

Válaszos zsoltár Lk 1,46-48.49-50.53-54

Magnificat

Szentleckéhez 1Tesz 5,16-24

„A mi Urunk, Jézus Krisztus eljövetele" irányítja és alakítja a keresztények életét. A közösségben és az egyes emberekben élő Lélek megnyilvánulásai az öröm, a mindig érvényes ima, az Isten iránti hála és a többi ember tulajdonságainak és szokásainak tiszteletben tartása. Még a közösség dolgainak bírálata is a Lélek ajándéka. Aki bírálni, javítani akar, annak Isten Lelkével kell azt tennie, s Isten a béke Istene. Csak mikor lényünk minden rétegét és ízét (szellemünket, lelkünket, testünket) átjárja és megvilágosítja a Lélek, akkor tudunk megállni Krisztus előtt. Akkor majd minden nyilvánvaló lesz számunkra... *(5,16-19: Róm 12,12; Ef 6,18; 1Jn 4,1-3; Gal 5,22-23 ▫ 5,23-24: 1Tesz 3,13; 1Kor 1,9; 2Tesz 3,3)*

Evangéliumhoz Jn 1,6-8.19-28

Keresztelő Szent János bizonyságot tett a világosságról, amely Jézusban, az emberré lett Igében teljesedett be. A zsidó hatóság kérdezi: „Ki vagy te?” János előbb tagadólag felel: Nem én vagyok; nem vagyok sem az Úr Fölkentje, sem Illés, sem a várt próféta (l. 5Mz 18,15; Jn 6,14). Az ezt követő igenlő válasz arra mutat, aki már *ott van*, de az emberek nem ismerik föl. Ott volt Ő János előtt is, és Ő jön János után is: az Úr, akinek János egyengeti az útját. Keresztelő János nagysága először azon meghívásában rejlik, hogy rámutasson a Megváltóra, de aztán abban a tökéletes hűségben is, amellyel betölti szent föladatát. *(1,8: Jn 1,15.19-34; Mk 1,7 ▫ „zsidók", 1,19: Jn 5,10.18; 7,1 ▫ 1,21: Mal 3,22-23; Mt 17,10-13; 16,14; 5Mz 18,15 ▫ 1,23: Iz 40,3)*

Szentségre várva

Oly soká nem ismertük föl Krisztusunkat, mintha nem értettük volna meg, hogy hiszen *itt* van miközöttünk: akik az oltár köré gyűlünk, akik vesszük Őt; de itt van életünk napi vesződségei, munkái közt is.

Elmélkedés

„Ne szomorítsátok meg az Isten Szentlelkét.” (Ef 4,30) Megragadja a lelkemet a gondolat, hogy megszomoríthatjuk őt. Ha megszomoríthatjuk, akkor hát szeret, törődik velünk. S valóban, mily mélyek megszomorodásai! Első a pokol, az ő „elbúsult haragja”; második a halál, mely a szép életre akarata ellenére szállt; harmadik a bűn, mert a „fegyelem Szentlelke elriasztatik az érkező hamisságtól” (Bölcs 1,4). Ha őt megszomorítjuk, akkor voltaképp magunk szomorodunk el; elvesznek lassanként igazi örömeink, melyek az Istennel telt lelkekben fakadnak; érzékünk, hajlamaink földízűek lesznek. Lélek, szellem, kegyelem átlátszó ködképekké válnak, s kiverődnek rajtunk az unalom s az öregség vonásai; meghasonlunk. Isten ments! Szolgáljunk az Úrnak „in laetitia” [örömben].

„A lelket el ne oltsátok” (1Tesz 5,19). A Szentlélek tűzláng, de a tüzet is ki lehet oltani; ki lehet ölni a lelket. A bocsánatos vétkek gyakori s könnyelmű elkövetése ki-kioltja a bensőség s ragaszkodás érzetét, lehűti ezt a finom, kényes lelket; „res delicata Spiritus” [kényes valami a Lélek]. Nem csoda, ha a könnyelmű lélek, mely kis bűnökkel nem törődik, halálos bűnbe is esik. Azért vigyázok, s minden készakaratos istenmegbántást kerülök; kényesnek kell lennem életemre.

El ne riasszátok a lelket... alacsony, nemtelen viselkedéstek által. Átérzem, hogy a Szentlélek figyelmet, készséget, előzékenységet érdemel, s nekem mindig az előkelő érzés e magaslatán kell állnom. A lélek is eldurvulhat, elvesztheti az érintetlenség méltóságát s a korrektség szépségét, s a Lélek indításait alig érzi meg. Íme, érzékenységem által a Szentlélek orgánuma lehetek, s ő bennem lakik, eszköze lehetek, s ő általam dolgozik; de lehetek tört lant s eliszaposodott laguna is. Figyelek tehát a Szentlélek indítására s sugallataira! *(Prohászka: ÖM, 7:405; 163)*

†

A mi Otthonunk a *Mennyország*. Úgy vagyunk e földön, mint általutazók valami szállodában. Ha valaki távol jár-kél, mindig a hazatérést, otthonát forgatja szívében. *(Vianney Sz János)*

ADVENT 4. VASÁRNAPJA

I: Dávid királysága a családjából származó Messiás révén szilárdan áll mindörökké. S: Krisztusban nyilvánvalóvá lett, és beteljesedett Isten üdvözítő szándéka. E: Isten megígéri a Megváltó születését, aki Király mindörökké.

Sok embernek Isten a „Mindenható" és semmi más. A Szentírás is Isten végtelen hatalmáról, nagyságáról és fönségéről szól. De e mellett ott van sok más nyilatkozat, s főleg azt ne feledjük, hogy a biblia a földi ember gondolkodásmódját követi, és a hallgatóság nyelvét használja. Kezdetben ez a hatalom úgy jelentkezik, mint ami megkülönbözteti az Istenséget a „gyönge, halandó" embertől. Később Isten hatalmát és nagyságát gyöngeségben nyilvánította ki: Jézusunk születésében, életében és szenvedésében.

Ha Isten titkához közelebb akarunk jutni, gyökeresen meg kell változtatnunk elképzelésünket hatalomról és nagyságról. Át kell alakítanunk eszméinket, az erőszakot mint „erőt" elvetni, hogy a tehetetlenségben, mintegy a szeretet apró tényeiben ismerhessük meg Isten hatalmát.

Első olvasmányhoz 2Sám 7,1-5.8-11.16

Isten, ki Egyiptomból kihozta a népét, és a Sínainál szövetséget kötött vele (2Mz 20,2;24,3-8), Dávidot népe királyává tette. Dávid az Ő választottja, az Ő kedves „szolgája" (2Sám 7,5), az, aki más módon, de Mózes feladatát folytatja. Dávid épít majd templomot a frigyládának, amely jele Isten üdvözítő jelenlétének népe közt. Isten nem szorul kőtemplomra; Ő jelen van minden helyen és minden embernek. Maga Isten fog Dávidnak „házat" építeni, vagyis családját fönntartani az idők beteljesüléséig, addig, míg Szűz Mária világra hozza Dávid igazi trónörökösét. *(1Krón 17,1-15 ▫ 7,1-3: 5Mz 12,9-10; Zsolt 132,1-5 ▫ 7,8-11: 1Sám 16,11; Zsolt 78,70-71; 89,4.28-30 ▫ 7,16: 2Sám 23,5; Lk 1,32-33)*

Válaszos zsoltár Zsolt 89(88),2-3.4-5.27 és 29

Dávid házának kiválasztása

Szentleckéhez Róm 16,25-27

A rómaiakhoz írt levél Istent dicsőítő himnusszal zárul, Istentől egyedül kapja az evangélium meggyőző és megváltó erejét. Isten hozta létre a szent közösséget, Ő ad erőt neki, hogy értse a jóhírt és aszerint éljen. Az Ószövetségben csak utalás volt Isten szándékaira, de az evangéliumban a titok kinyilvánult. Fia elküldésével Isten belenyúlt a történelembe; most minden nép az Ő népe, kiket a hitre meghívott. Nyilván, Isten az emberiség problémáit nem iktatta ki a világból, nem mutatott külső, látható hatalmat. De képessé tett bennünket, a „kereszt dőresége által", hogy ezután nyomorúságunkat megértsük és legyőzzük. *(Ef 3,20-21; 1Kor 1,8; Kol 2,7; 1,26-27; Ef 3,3-12)*

Evangéliumhoz Lk 1,26-38

Isten a Dávid királynak adott ígéretét, — túl minden emberi hűtlenségen, — beteljesítette. Végérvényesen betöltötte Jézusban, Dávid fiában. Nem kellett ehhez Istennek semmilyen hatalmi eszköz, csak egy kellett, a Szűz beleegyezése, kit Ő szemelt ki arra, hogy a Megváltó Anyja legyen. És Mária, képviselve az egész emberi nemet, kimondotta az Igen-t. *(1,26-28: Mt 1,18; Szof 3,14-15; Zak 2,14 ▫ 1,31-33: Iz 7,14; 2Sám 7; Iz 9,6 ▫ 1,35: 2Mz 24,15-16; Lk 9,34 ▫ 1,37: 1Mz 18,14; Jer 32,17)*

Szentségre várva

Mária hite lehetővé tette, hogy Isten örök Igéje emberré legyen, és közöttünk lakozzék. „Íme, ez Isten hajléka az emberek közt! Ő közöttük fog lakozni, és azok az Ő népévé lesznek!" (Jel 21,3)

Elmélkedés

„Küldeték... Istentől" (Lk 1,26). Isten akart édesanyától születni, hogy mindnyájunkkal közölje önmagát. — Az Ige emberré lévén, azt az emberi természetet, azt a páratlan, krisztusi lelket fölemelte magához... Anyától születvén, az édes Szent Szüzet istenanyai méltóságra emelte... Közülünk való lévén, mindnyájunkat testvéreinek ismert el, Isten-testvéri méltóságra emelt. Mily dicsőség, mily öröm: Isten, Isten-anya, Isten-testvérek együtt! E vérből serkentünk, kunyhókból emelkedtünk ily méltóságra. Ezt is át kell élni s át kell élvezni.

„Üdvözlégy malaszttal teljes." Éva a paradicsomban találkozik a sötét angyallal, a Szent Szüzet szobájában keresi föl a világosság angyala. Az nem fél, ez óvatos és tartózkodó; ott a kígyó zörög, itt angyali szépség hódít mély tisztelettel. — Nézd a Szent Szűznek áhítatba merült arcát, harmatos, csillogó szemét; tekints lelkének elzárt kertjébe; szebb „paradisus" az, mint ahol a kíváncsi Éva áll; az Isten gyermekének mélysége, együgyűsége. E kedves vonásokat kópiázom, mikor az örvendetes olvasót imádkozom, elmerülök beléjük, s átviszem lelkembe.

„Ne félj Mária"... mondja az angyal. Bizalmatlankodni jó, mert sokféle szellem jár ki-be az ember lelkében, s jónak látszik, ami rossz, s természetesnek, ami bűn, mert egyoldalúan nézzük, szuggesztiók alatt állunk. De mikor alázatos és erős vagy, akkor ne félj, hogy csalódol. Ez a lelkület kizárja a kaprict, a szeszélyt, az erőszakos, ösztönös lelket; ugyancsak kizárja a félelmet. Az Isten angyalával szemben légy bizalmas, mint Jákob; a sötétségével szemben bizalmatlan, mint Jób. Alázódjunk meg úgy bűnösségünk s gyarlóságunk fölött, hogy az Isten segélyére való tekintetből ugyanakkor bátrabbak, lelkesebbek legyünk. Ami az embert élettelenné s gyávává teszi, az nem az Isten szelleme.

„Kegyelmet találtál az Úrnál." Tetszettél neki; ő teremtett úgy, hogy megnyugodhassék benned, s te élvezed e mennyországot. Nem lépsz ki belőle soha. — Nekem keresnem kell ez elásott kincset; sokszor kerülő utakon jutok el csak ismeretére; — akkor fogom föl, hogy mily jó, mily édes, mikor hiányát érzem. Szeress, Uram, engem is; add, hogy megtaláljalak téged. Szeress úgy, hogy ne oltsa ki hideg lelkem szeretetedet. Szeress és vonzz hathatósan. *(Prohászka: ÖM, 6:44; 64)*

„Malaszttal teljes"

„Üdvözlégy, malaszttal teljes!" Haragszunk a malaszt szóra, s helyébe rakjuk a kegyelmet: mintha ezzel érthetővé tettük volna a titkot! A kegyelem épp azért félrevezető, mert van köznyelvi jelentése is: de milyen szegényes! Az a kegyelem vagy malaszt, amelyben Mária részesült, nem a bűn és a büntetés elengedése, hanem sokkal több annál. Az a Lélek vezette, nevelte fogantatásának pillanata óta, aki most egészen árnyékába veszi, s teremtő hatalmával elindítja benne Jézus életét.

Sokan sokféle embert megtapsolnak, dobogóra állítanak. Rendszerint a teljesítményükért: tudósokat, művészeket, űrutasokat, sportolókat. Mi keresztények Gábor angyal köszöntő szavát ismételgetjük, s legmelegebb gratulációnkat Máriának tartjuk fönn, aki nem teljesítményével szárnyalta túl a többi embert, hanem kegyelemből kapott többet mindenki másnál. Milyen alázatos elsőség ez! *(Jelenits: Betű és lélek, 17)*

†

Óh bűnös, el ne csüggedj, minden bajodban Máriához menekedj! Hívd Őt segélyül, mert ez az Isteni Akarat, hogy Ő (Jézusa kezibül), minden szükségben legyen oltalmad. *(Nagy Sz Vazul)*

†

Tisztaság

A sértetlen szüzesség angyali ajándék, rothandó testben az Örök Romolhatatlan mása. — Ki tagadná: a szűzi élet mennyei, e földön csak azóta lelhetni, mióta Isten embertestbe szállott le. — Szüzek: értetek angyalok küzdenek, mert angyalok erkölcsével vitézkedtek. — Illő, hogy minél szűzibb a leány, annál alázatosabb. Alázatnak legyen mesternője, ki a szűziségnek hirdetője. *(Sz Ambrus)*

Tisztátalanság

Mihelyt elkezd valaki buján élni, igaz hitét is lassan elfecsérli. *(Sz Ambrus)*

Ajánlatos, hogy a községek, nagyvárosok, megfelelő alakban, tartsanak a római stációk szerint stációsünnepeket, főleg a böjti időben. A megyéspüspök vezeti az ilyen stációkat; időül a vasárnapok, esetleg egyes hétköznapok is; helyül pedig a helység fontos ősi temploma, kápolnája, a szentje sírhelye vagy egy zarándokhely választható.

NAGYBÖJT 1. VASÁRNAPJA

I: Isten a vízözön után szövetséget köt Noéval és utódaival. S: A vízözön előképe a keresztségnek, mert a keresztség vize megadja nekünk a bűnök eltörlését. E: Keresztsége után Jézus hirdetni kezdi az üdvösség jó hírét.

A tudomány és a technika haladása az ember hatalmát soha nem sejtett mértékben megnövelte, de az ember maga sem jobbá, sem boldogabbá nem vált. Az ember életében szorongás uralkodik. Rettegés a végcsapástól, melyről nem tudni, mikor és hogyan szakad ránk.

Az Isten üzenetében való hit nem oldja meg a világ problémáit, amelyektől szenvedünk. De annál jóval többet tesz: más emberré változtat minket. Oly emberré, aki többé már nem retteg, mert tudjuk, hogy szeret az Isten és hűséges.

Első olvasmányhoz 1Mz 9,8-15

A paradicsomi világ, melyben nincs halál, nincs szenvedés, nem tartozik a történelem idejébe. Itt csak egy rendje-bomlott és sokféle veszély közt hánykódó világ létezik. És e világ kerül Isten ítélete alá, amelynek ősmintája az özönvíz; de Isten hűsége és irgalmas szeretete is kiterjed a világra. A Genezis 9. fejezetének olvasmánya az „örök időkre szóló szövetségről” beszél (9,12), melyet Isten Noénak és utódainak (az egész emberiségnek) ígért az özönvíz után. Bár a gonosz a jövőben is tényező marad, Isten nem pusztítja el a világot újra. Ebből hitet és reményt meríthetünk, annak elenére, hogy a pusztulás jelei vesznek körül. Még a végcsapásban is érvényes az isteni hűség üzenete. *(9,8-11: 1Mz 6,18; Oz 2,20; Iz 11,5-9; 54,9-10; Sir 44,18; Róm 11,29 ▫ 9,12-15: Ez 1,28; Jel 4,3)*

Válaszos zsoltár Zsolt 25(24),4-5.6-7.8-9

Könyörgés vezetésért

Szentleckéhez 1Pt 3,18-22

Szent Péter levelének e szakasza az ősi hitvallás alapnyilatkozata: Krisztus meghalt, a halál birodalmába leszállott, és föltámadott; Isten jobbjára emeltetett, és ítélni fog élőket és holtakat. Miután Krisztus a halálig teljesen megjárta az ember útját, az ember már képes rá, hogy a keresztség által az élet útjára lépjen. A keresztség, mely itt a vízözön ellenképeként szerepel, tiszta lelkiismeretet biztosít nekünk, és odairányít, ahonnan Krisztus kiindult értünk. *(3,18: Róm 5,6; 6,9-11; Iz 53,11; Róm 1,3-4 ▫ 3,20: 1Mz 6,8-7,7; 2Pt 2,5 ▫ 3,21: Róm 6,4; Kol 2,12-13 ▫ 3,22: Ef 1,20-21; Kol 1,16-18)*

Evangéliumhoz Mk 1,12-15

Krisztus megkeresztelésével, pusztai megkísértésével és Keresztelő János működésének végével bevégződik az előkészítő idő, közel van az idők nagy fordulata. Azzal jött közel, hogy Jézus föllép, és meghirdeti „Isten Evangéliumát (Jó Hírét)". Azzal, hogy Krisztus a pusztában megállotta a kísértést, a szorongatás és a harc ideje ugyan még nem fejeződött be, de Jézusnak, a második Ádámnak, az új embernek győzelmében már a mi győzelmünk is megadatott: többé már nem kell vereséget szenvednünk. A fölszólítás a megtérésre hitre és bizalomra is hív. *(1,12-13: Mt 4,1-11; Lk 4,1-13; Iz 11,6-9; Zsolt 91,11-13 ▫ 1,14-15: Mt 4,12-17; Lk 4,14-15; Gal 4,4; Róm 3,25-26)*

Szentségre várva

Itt és most hirdettetik Isten evangéliuma, az a jó hír, hogy van számunkra jövő és menekvés. Az üdvözítés, akárcsak a jóhír, egyedül Istentől jön, Jézus Krisztus által. Ő az új kezdet, Őbenne kezdődik a mi új életünk.

Elmélkedés

Önmegtagadás (aszkézis, böjt): a szeretet és öröm forrása

Szükségünk van szeretetre. Krisztus azért jött, hogy megadja nekünk, mintául megélte nekünk e szeretetet. Ezért ölelt magához mindent a földön mérhetetlen mélységű szeretettel: Anyját és bennünket, testvéreit, hazáját s a világ minden lelkét; a napot az égen s a virágokat a mezőn; a tékozló fiút, Zakeust, Mártát, Máriát. A szeretet tüzét hozta a földre, hogy az egész világ, az egész emberi nem felgyulladjon. Értsük meg ezt jól. Ha csak tépelődünk, okoskodnunk, mindig szörnyű gondterheltek vagyunk, és ezt soha fel nem fogjuk. Itt nemcsak érteni kell. Itt égni kell, itt a lángnak belénk kell kapnia. A kultúra, mely ebből a lángból támad, végtelenül magasabb minden értelmi kultúránál.

Ez a kultúra aszkézist és örömet mond egyszerre. Az igazi keresztény aszkézis az öröm formája, a lét rendetlenségét szabályozó, körülrajzoló, mérsékelő, arányosító tevékenység. A léleknek a maga teljesedését kereső kiömlései az örömök rendetlen állóvízeivé pocsolyásodnának, az aszkézis pedig a maga megállító, terelő, elfordító, kényszerítő hatalmaival ezt a kiáradást útválasztó, tengerkereső mederbe gyűjti. Az aszkézis a lélek eleven vizeinek bölcs folyószabályozása, s a legmagasabb értelemben vett örömgyűjtés, örömvezetés a nagy célok felé. Alaphangja, hogy a gyötrődés, a nyomorgás nem cél, hogy a gátak, a fékek, a tilalmak nem önmagukért kellenek, hogy a szenvedés nem a vergődésért van, melyen átvonszol, hanem a diadalért, mellyel a lélekerő leigázza. Az aszkézis a lélekmintázó véső, mely sebezve formál, de célja nem romboló sebzés, hanem a diadalmas forma.

A tettek az aszkézis munkás műszerei. Semmi sem alakít bennünket más, mint a tett. Merengéssel idegpályákat ki nem járunk, tétlen örömmel öntudatos reflex-hidainkat meg nem építjük. Az aszkézis a cselekvés fegyelme, feladata a tettek hordozóját, a testet, a lélek szófogadó orgánumává tenni. A lélek emlékezik és teremt, mindkettővel túlárad önmagán, s áradása öröm. Ez a habzó színtenger, ez az immateriális valóságfolyam eleven idegkészülékbe fogódzik, és részt vesz annak sorsában. Élő gépezete csalja, rontja, ő pedig míg egyrészt építi, másrészt bontja és emészti is saját szerkezetét. Ez a koncert magára hagyottan ösztönös tetteket, vagy tétlen álmodozást termelne. Az aszkézis e csodálatos együttesnek szabályozó készüléke. Munkaeszközei az örömök fegyelmezése és a szenvedések elvállalása. Eredménye a mérték, a harmónia fönsége, az a felsőbbrendű kultúra, mely a test és lélek összjátékát üresen pergő tengelyek szövedékéből erkölcsi alkotó, termelő erővé teszi. *(Prohászka: ÖM, 7:25; 354)*

†

A kísértések elviselése

Amíg e világon élünk, nyomorúság és kísértés nélkül nem lehetünk. — Innen van az írás szent Jóbnál: „Küzdelem az ember élete a földön." — Azért mindenkinek kellene a kísértésekkel gondolnia és virrasztania az imádságban, hogy alkalmat ne találjon ámításra az ördög, ki sohasem alszik, hanem körüljár, keresve, kit nyeljen el. — Senki sincs oly tökéletes és szent, hogy valamikor kísértései ne lennének, teljesen kísértések nélkül nem maradhatunk. — De azért a kísértések gyakran igen hasznosak, noha terhesek és kellemetlenek; mert az ember a kísértésben megalázódik, megtisztul és tanul. — A szentek mindnyájan sok mindenféle nyomorúságon és kísértésen mentek keresztül, de növekedtek is a jóban. — Akik pedig ki nem állották a kísértéseket, megromlottak és végképp elpártoltak. — Nincs olyan szent szerzet, sem oly titkos rejtek, ahol kísértések és kedvünk ellen való dolgok ne volnának. — Nincs az az ember, aki teljesen biztos a kísértésektől, míg e földön él. — Először puszta gondolat tűnik elmédbe, aztán erős képzelet, erre gyönyörködés és tán beleegyezés. — Mindjárt elején kell tehát küzdeni ellene. Minél tovább késlekedik valaki, annál erőtlenebb lesz. — Sokan elég gyönge kísértéseket éreznek, Isten bölcs és kegyes gondviselése szerint, ki az emberek állapotát és érdemeit nézi és mindent választottainak üdvösségére rendel. — Azért nem kell kétségbe esnünk, mikor kísértés ér, hanem annál buzgóbban könyörögjünk Istenhez, hogy minden szenvedésünkben rajtunk segíteni méltóztassék, aki Szent Pál szavai szerint a „kísértésekkel együtt kegyelmet is ad", hogy azokat elviselhessük (1Kor 10,13). — Alázzuk meg tehát lelkünket Isten keze alatt minden kísértésben és háborúságban; mert az alázatos szívűeket megszabadítja és felmagasztalja. — A kísértések és háborúságok próbálják meg az embert, mennyire halad; ezek által növekszik érdeme és világosabban kitűnik az erénye. — Nem nagy dolog, ha ájtatos és buzgó az ember, mikor semmi sem bántja, de ha a háborúság idején békével tűr, nagy a remény előmeneteléhez. — Némelyek megmenekednek a nagy kísértésektől, de mindennapi apróságokban gyakran megbotlanak, hogy megalázódjanak és nagy dolgoknál magukban ne bízzanak, mikor már apróságokban oly gyöngék. *(Kempis: KK, 1:13)*

†

Az élet kevélysége

„A kevélység — mondja Bossuet* — mélyreható rendetlenség: aki benne leledzik, az önelégült ember; önszeretetének túlzásában *a maga istenének nézi magát.*" Elfelejti, hogy Isten az ő létrehozója és végső célja, magát túlértékeli, igazi, vagy vélt kiválóságait Isten kizárásával egészen magának tulajdonítja. Innen származik a függetlenségnek és önrendelkezésnek az a szelleme, amely szereti kivonni magát Istennek, vagy Isten helyetteseinek felsőbbsége alól, az az önzés, amely mindent kizárólag önmagáért tesz, mintha ő volna a maga végső célja, az a hiú tetszelgés, amely gyönyörködik kiválóságaiban, mintha nem Isten volna valamennyinek a szerzője; amely kéjeleg jó cselekedeteiben, mintha azokat elsősorban nem a bennünk dolgozó isteni kegyelem művelné. Innen az a hajlama az embernek, hogy jó tulajdonságait túlozza, nem létezőket is tulajdonítson magának, magát mások elébe helyezze, sőt nem egyszer, hogy másokat lenézzen, mint a farizeus is tette.

Ehhez a kevélységhez hozzájárul a *hiúság*, amely rendetlen módon keresi a mások jó véleményét, dicséretét, magasztalását. Ezt nevezik hiú dicsőségnek. Mert amint Bossuet megjegyzi, „ha ezek a dicséretek hazugok, vagy túlzottak, milyen eltévelyedés bennük tetszelegni! Ha pedig igazak, honnét az a másik eltévelyedésem, hogy kevésbé örülök az igazságnak, mint az emberek tanúságtételének, mellyel azt elismerik?" Valóban különös dolog: az ember jobban örül az emberek jó véleményének, mint magának az erénynek, és az ember jobban szégyenkezik egy nyilvános, mint egy titkos hiba miatt. Ha úrrá hagyjuk lenni magunk fölött ezt a hibát, nemsokára másokat hív létre: a dicsekvést, amely szeret beszélni önmagáról, sikereiről, a feltűnési viszketegséget, amely pompával, cifrasággal magára szereti terelni a közfigyelmet, a képmutatást, amely szeret olyan erények színében tündökölni, amelyeket esze ágában sincs gyakorolni.

A *kevélység orvossága* Bossuet-nál: „Ne bízzatok semmit magatokban, mert innen kezdődik minden bűn... Ne keressetek dicsőséget az embereknél, mert ezzel már elveszitek jutalmatokat; úgy, hogy ezentúl csak büntetés vár reátok. Ne dicsekedjetek: mert mindazt, amit jócselekedetetek érdeméből magatoknak tulajdoníttok, Istentől lopjátok el, aki azok szerzője, és magatokat állítjátok az ő helyébe. Ne rázzátok le az Úr igáját, ne mondjátok magatokban, mint a megátalkodott kevély: Nem szolgálok. Mert ha nem szolgáljátok az erényt, szolgái lesztek a bűnnek és fiai a halálnak." *(Tanquerey: A tökéletes élet; * Bossuet francia hitszónok Tanquerey művében)*

NAGYBÖJT 2. VASÁRNAPJA

1: Ábrahám Isten parancsára kész feláldozni fiát, az ígéret gyermekét. S: Isten egyszülött Fiát adta áldozatul értünk. E: A kereszthalál előtt az Atya tanúskodik arról, hogy Jézus az Ő szeretett Fia.

Mikor azt mondjuk valamire, hogy „emberi", elsősorban emberi gyöngeséget értünk, amit számba kell venni és megbocsátani. Ilyen kicsinyre becsüljük az embert! De Krisztus által nyilvánvaló lett, hogy *mi* valóban az ember és *mivé lehet*, mivé *kell* lennie Teremtője akaratából.

Krisztus tökéletes ember volt, az igazi ember, akiben Isten kedvét lelte. Ugyanakkor kinyilvánult Benne az Ő saját lénye, szentsége és fönsége is.

Első olvasmányhoz 1Mz 22,1-2.9.10-13.15-18

Ábrahám hitének „szakító próbája" volt a parancs: egyetlen fiát áldozza föl. Ezzel Isten látszólag saját ígéretét és Ábrahám jövőjét is kérdésessé tette. Ilyen kiszámíthatatlan, hatalomféhes, kegyetlen hát az Isten? Szüksége van-e ilyen próbákra, hogy tudja, mi lakozik az emberben? Istennek nincs szüksége rá, sokkal inkább az embernek kell megsejtenie, hogy Isten ijesztően hatalmas, felfoghatatlanul más! Kín és lemondás által kell az embernek bensőleg nőnie, s elérnie azt a belső szabadságot, mely voltaképp egyedül teszi őt emberré. *(Sir 44,20; Zsid 11,17-19; Jak 2,21-22; Jn 3,16; Róm 8,32)*

Válaszos zsoltár Zsolt 116(114-115),10.15.16-17.18-19

Hála a megmentésért

Szentleckéhez Róm 8,31-34

Isten népe Ábrahámban látta a hívő ember mintaképét. Az iszlám hívei számára is ő az első és „tökéletes muzulmán", — mert teljesen ráhagyatkozott Isten akaratára. De a keresztény hit emellett Izsákban, az egyetlen Fiúban, aki fölÁldoztatására megy, Krisztus képét ismeri föl. Izsák valójában nem lett áldozat, az ő helyébe és miértünk, mindnyájunkért Isten egyetlen Fiát adta át. Szemünkben ez érthetetlen titok, mert nincs sem Isten szentségéről, sem igazságosságáról, sem az Ő végtelen szeretetéről eléggé beható fogalmunk. Csak azt „tudjuk" (Róm 8,28), hogy Istennek minden tette az Ő szeretetéből folyik, és elég hatalmas arra, hogy megmentsen mindenkit, aki Benne bízik. *(8,32: 1Mz 22,16; Róm 5,6-11; 1Jn 4,10; Jn 3,16 ▫ 8,33-34: Iz 50,8-9; Zsid 7,25)*

Evangéliumhoz Mk 9,2-10

Jézus táborhegyi megdicsőülésének leírását megelőzi Péter vallomása az Ő Messiás voltáról (Mk 8,29), de Jézus kínszenvedésének előrejelzése és keresztjének követésére szóló meghívás is! A Jézusról szóló teljes kijelentéshez mindkettő hozzátartozik: a Kereszt és a Megdicsőülés. A felhőből hangzó szózat Jézust Messiásnak jelenti ki, akárcsak a keresztelésekor (Mk 9,7; 1,11). Jézus a Mózes jövendölte próféta (Mk 9,7; 5Mz 18,15): Ő nagyobb Mózesnél és Illésnél. De csak föltámadása után értik meg majd tanítványai, hogy voltaképp ki Ő, és csak akkor lesznek képesek szólni Őróla és mindenről, ami történt és amit hallottak Tőle. *(9,2-8: Mt 17,1-8; Lk 9,28-36; 2Mz 24,16-18; Mk 16,5; 2Pt 1,16-18; 2Kor 3,18 ▫ 9,9-10: Mt 17,9-13)*

Szentségre várva

A hit képes rá, hogy Istennek a kenyér és bor színe alatt rejtőző fönségét fölragyogni lássa. Krisztussal egységben a mi testünk is, a mi egész lényünk át fog változni, és Őhozzá leszünk hasonlóvá.

Elmélkedés

Urunk színe-változása

„Fénylék orcája mint a nap, ruhái pedig fehérek lőnek, mint a hó. Felelvén pedig Péter, mondá Jézusnak: Uram, jó nekünk itt lennünk!" (Mt 17,1-10).

Lelkétől, imában áthevült lelkétől változott el színe, „s midőn imádkozott, ábrázata más színű lőn" (Lk 9,29). Ez az Isten-egyesülésben boldogított lélek színeváltozása; a test és vér, a földi lét nehézsége és sötétsége lélekbe öltözik. Egyre azon dolgozunk, hogy több lélek áradjon ki a testre, az ösztönre, több lélek a munkára, társadalmi intézményekre. A léleknek testet, ösztönt természetfölötti szépségbe s fénybe öltöztető munkáját imának hívjuk; imáinkban dolgozunk azon, hogy átformálódjunk s tisztábbak, nemesebbek, lelkiebbek legyünk. Az erkölcsi erőkifejtés első lépése a színeváltozás felé az alázatos, meleg, erős ima!

Mikor e meleg áramlat a lélekben megindul, s felsőbb, édes világosság szűrönközik életünkbe, akkor Péterrel kiáltjuk: Uram, jó nekünk itt lennünk, itt a lelki emelkedettség magas hegyén, itt az isteni fölvilágosítások régiójában, itt az imádság fényes felhőjében, itt a világtól messze s közel az Istenhez; jó, jó nekünk itt lenni, s használjuk is föl a vigaszok e tavaszi virágfakadását, de tartsuk szem előtt, hogy a hegyről le kell jönnünk a poros, lapos világba. Jöjjünk úgy le, mint kiknek fényes a lelkük s telítve van lelkük a magaslatok fűszeres levegőjével.

S a másik színeváltozás? *„és maga mellé vévén Pétert és Zebedeus két fiát, kezde bánkódni és szomorkodni s orcájára borula imdákozván: Atyám, ha lehetséges, múljék el a pohár tőlem; és méne tanítványaihoz és alva talála őket"* (Mt 26,36-40). Itt a vérrel verejtékező „facies" [arc]; ez a szomorú lélek kiáradása a testre; a vigasztalanság és elsötétülés állapota. A földi ember irtózik tőle s alszik; boldog, ha magát felejti. Krisztus itt is imádkozik, küzd, s az Isten szent akaratán megnyugszik. Te akarod, Uram, kezedből veszem e kelyhet; ha vigaszt nem is érzek, mindegy; öntudatomba zárom a dicsőség biztosítékát, hogy a vigasztalanságban teljesített isteni akarat az örök életnek s minden kegyelemnek magva. *(Prohászka: ÖM, 6:208; 267)*

†

Bűnbánó ima

Megborzad a lelkem, Uram, ha visszagondolok mindarra, amit a Te kegyelmednél fogva be kell vallanom, és félek azokra gondolni, mikben egykor gyönyörködtem. Igaz, Uram, *mennél jobban megszeretteted magad velem, annál inkább fájlalom gyalázatosságokban elmúlt életemet.* De hisz igazságos dolog, hogy féljek Tőled, mert én ember vagyok, és irgalmadnak kincseit fölötte törékeny cserépedényben hordozom; meg nem is szabadítottál meg ellenségeimtől.

Nincs-e körülöttem a szánalmas hús, a férgeknek eledele? Tudom is, igen sokszor érzem, mert minden pillanatban leselkedik rám a rossz lélek, hogy csak egyedül néked vagyok adós én Megváltóm, azért, hogy megzabolázod bennem a testnek ösztönét azon időtől fogva, amióta első vallomásomat tettem; de még most sem távozott el tőlem; élek, és ezért félelemben és rettegésben kell cselekednem.

Látom, Uram, hogy *jobban nem vesz körül egy alattomos ellenség sem, mint a hatalmas önszeretet*, melynek igája alatt az eszem használata óta sóhajtozom, és az érzéki bűnök terhe, súlya. De mire való a bűnök összehasonlítása! Mind egyenlő volt, mert legkisebbikük is sokkal többet nyomott, mint szeretetem súlya. Adj, Uram, nekem könnyeket, hogy megsirassam őket, érzem ugyanis, hogy még nem bántam meg eddig eléggé. Óh, végtelen a Te jóságod bűneimmel szemben, Uram! Felteszem magamban, hogy a Te támogató kegyelmeddel életemnek minden napján megbánom őket.

Óh hányszor csalt ki szememből akaratom ellenére is könnyeket hazám iránti szeretetem gyöngédsége, vagy más dolgok iránti bűnös indulat. *Hát most miért száradtok ki, könnyek, midőn a Megváltó Istennek kell megmutatnom szívem töredelmességét?* Ha emberi és bűnös indulatoknak bizonyságai voltatok, miért álltok ellen a megbánás indulatának?

Tekints lelkembe, Uram, lásd, méltán félek-e, hiszen még máig is, akaratom ellenére, ellened lázonganak tagjaim.

Védj meg engem, én lelkemnek Üdvössége, minden hiú képzelgéstől és tetszelgéstől! Rajtad függök, és egyedül csak tebenned bízom! Amen. *(II. Rákóczi Ferenc imája, Sík: DB, 509)*

†

Valóban, ki olyan erős, hogy sosem tántorodhat meg a kísértésben? Ha jól végiggondolod, az igaz is csak éppenhogy üdvözül. *(Sz Ambrus)*

NAGYBÖJT 3. VASÁRNAPJA

1: Isten a Sínai hegyen kihirdeti a tízparancsolatot. S: A megfeszített Krisztus minden népnek üdvösséget szerzett. E: Jézus isteni küldetésének legfőbb bizonyítéka, hogy harmadnapra föltámadt.

„Mit kell tennünk?" Ezt a kérdést mindig megelőzi egy másik: *Mik* vagyunk? A teremtett világban az ember az a lény, akit Isten különösképp magáénak kíván és egyre újra igényel. És ez nemcsak a keresztényekre áll. Hogy ez a ránk tartott igény közlés, ígéret vagy követelés formáját ölti-e, az nem sok különbséget jelent. Az ígéret is fölszólítás, a fölszólítás egyben kinyilatkoztatás és ígéret.

Nem szeretjük, ha parancsokra figyelmeztetnek, mert az az érzésünk, hogy valamit kívülről ránk kényszerítenek. De Isten belülről szól, és meg kell értenünk, hogy Istennek minden parancsa fölszólítás s egyben nagyszerű fölkínálás is.

Első olvasmányhoz 2Mz 20,1-17 vagy 2Mz 20,1-3.7-8.12-17

A tízparancs kihirdetésének a Sínai-élmény évenkénti ünneplésében volt meg a kultusza: a szövetségkötésről és a törvényadásról való emlékünnepben. Isten kivezette a népét Egyiptomból, a Sínai hegyi szövetségben önnön népévé tette, és mint élethez szükséges rendet, a parancsokat adta neki. Eredeti alakjában a tízparancsolat valószínűleg kissé rövidebb volt a mai szövegénél, és mind ezzel kezdődött: *Ne...* Az alapvető követelés az, hogy a nép álljon egészen Isten, Jahve mellé, és csakis Őt tisztelje. A többi parancsolat tisztázza, hogyan kell Isten népének szolgálnia Istent, hogyan éljen békében, rendben, mint Isten népe. A parancsokat úgy kell tekinteni, mint a legkülsőbb korlátokat; ezeken belül azonban oly tág tér nyílik a Jóra, hogy benne az Újszövetségnek szorosabban Istenhez ölelő törvénye is helyet talál. *(2Mz 34,14-26; 5Mz 5,6-21; 2Mz 20,22-23,19; 5Mz 27,15-26 ▫ Mk 12,29-34; Róm 13,8-10; Gal 5,14)*

Válaszos zsoltár Zsolt 19(18),8.9.10.11

Öröm Isten törvényén

Szentleckéhez 1Kor 1,22-25

Krisztus keresztje nem valami kiagyalt tan, hanem életélmény: Jézus kereszthalála Isten üdvözítő akaratát tette láthatóvá és váltotta tettre. Ehhez a döbbenetes tényhez nincs előkészítés a zsidók messiási várakozásaiban, mert ezek egy tündöklő, diadalmas Messiást reméltek, és ezért az Írás utalásait a szenvedő Messiásra nem értették, mellőzték. De a pogányok bölcselő tanai sem sejtettek ilyent; semmilyen filozófiai kérdésünk, eszmélésünk és kutatásunk nem hatolhat el a kereszt titkáig. Nagy az Isten, és legnagyobb művét gyöngeségben és megalázkodásban tette teljessé. De azt csak a hit fogja föl és fogadja el! Az út nem az értéstől visz a hit felé, hanem a hittől az értés felé. Sz Ágoston mondja: „Higgy, akkor majd értesz!" *(Mk 8,11-12; Jn 4,48; 6,30; Gal 3,1; 1Kor 1,18-25; Jn 6,35; 2Kor 12,10; 13,4)*

Evangéliumhoz Jn 2,13-25

Jézus alapvetően nincs ellene az istentisztelet külső formájának. Szereti Jeruzsálem templomát, Atyja házának hívja. De épp ezért Ő, a Fiú, nem tűrheti e templom megszentségtelenítését, profanizálását. „Templomtisztító" haragja kifejezi Atyja iránti szenvedélyes szeretetét. S mikor fölhatalmazását firtatják, leplezett utalással felel haláláról és harmadnapon való föltámadásáról szólva. Ezt a tanítványok is csak akkor értették meg, mikor Jézus halottaiból föltámadt és a Szentlélek emlékeztette őket. *(Mt 21,12-13; Mk 11,11.15-17; Lk 19,45-46 ▫ 2,13-18: Mal 3,1-4; Zsolt 69,10 ▫ 2,19-22: Jn 4,48; 6,30; Jn 1,14; 4,21; 7,37-39)*

Szentségre várva

Ott az igazi templom, Isten szentélye, ahol Istent lélekben és igazságban imádják. Jézus maga az igazi, élő Templom, Ő az igazi imádó is. Őáltala és Ővele imádkozunk mi is az Atyához.

Elmélkedés

„A megfeszített... a meghívottaknak Isten ereje és Isten bölcsessége" (1Kor 1,24). Tulajdon cselekedete Istennek az irgalmazás. Mikor pedig igazsága kívánja, hogy valakit ostorozzon, mint idegen munkát és nem a maga indulatjából, hanem az emberi gonoszság kényszeréből,... szívfájdalommal cselekszi azt... Ezek mind igazak és bátorítanak, hogy bűneinkre nézve reménységünk ne habozzon, és kétségbeeséssel az ördög meg ne tántorítson, hanem Krisztus kínszenvedésének gondolatjával erősítse szent *reménységünket*. Isten nem kedvezett tulajdon Fiának, hanem váltságul keserves kínszenvedésekkel és gyalázatokkal tetézett halálra adta Őtet! Hogy gondolhatunk hát arra, hogy Övéle együtt nem részesített minket is minden javaiban? És ha akkor, mikor ellenségei voltunk, mikor halált és büntetést érdemeltünk, mikor Ő ellene tusakodtunk: Ő szent Fiát adta értünk, és könyörületes szemét ránk vetette; nem sokkal inkább üdvözít-e szent Fiának haláláért minket most, mikor fiaivá fogadott? Mikor elfutottunk előle, mikor szép intéseivel tusakodtunk, mikor parancsolataival ellenkeztünk: akkor felkeresett, magához szólított, megszabadított! Mivel szent Fiának vérével s halálával kellett végbe menni szabadulásunknak, most, mikor Őt keressük és szomjúhozzuk, eltaszigál-e szent Fiának keresztfájától!? Nem fér az Isten kegyelméhez, nem illik a Krisztus érdeméhez, hogy ezt gondoljuk! Hanem inkább nagy bizodalommal járuljunk az Ő kegyelmességének királyi székihez! És kiáltsuk a Krisztus jegyesével: Ha világi jóknak telhetetlensége gyújtogat, ha az ördög kísértetinek lángja perzsel, ha bűneimnek sokasága rettegtet: nem futok a világ árnyékába, hogy ott hűvösödjem, mert az csak olyan, mint a Jónás árnyéktartó borostyánja, mely egy nap tartott és ottan elszáradott..., hanem a megfeszített Krisztus árnyéka alá futok, hogy ott megnyugodjék fáradtságom, megszáradjon izzadásom... Ha Krisztus szárnyának árnyéka nem oltalmazna, ki állhatna ellene az ördög csalogatásinak, a test kívánságinak, a sok különböző kísérteteknek? De a Krisztus keresztjében győzedelmes oltalmunk vagyon. *(Pázmány: Nagypénteki 2. beszéd)*

A Kereszt Himnusza

Most minden földi szenvedés
dicsérje az Urat:
Dicsérje Őt szegénység és száműzetés,
Dicsérje Őt csalódás, kitagadtság, hontalanság,
Dicsérje Őt oltatlan szomj és nyugtalanság.
Dicsérje Őt fénnyel tusázó kincs elme,
Dicsérje Őt a Természet sötét gyötrelme...
Dicsérje Őt szeretet kínja: szent és drága.
Dicsérje Őt a lélek árvasága.
Dicsérje Őt a lelki börtön, szellemek fogsága.
Dicsérje Őt a bűnnek mardosása.
Dicsérje Őt a bűnbánóknak sóhaja.
Dicsérje Őt múlások vontatott jaja.
Dicsérje Őt halál keserves végcsapása is...
Mert boldog lett a földi kín:
beléje szeretett
a Szeretet...
Íme a Kereszt fája, min
a világ Üdve megfeszíttetett...

(Gertrud von Le Fort)

†

Feddés

Ha látod: ő javulni nem akar, kerüld, ahogy tudod! Ez legjobb mindkettőtökre. — Oly alázattal ints másokat, hogy magadat tekintsed bennük, kiket javítasz! *(Nagy Sz Gergely)*

Ki vétkes társát nem dorgálja, a bűnre bátorítja! *(Sz Ambrus)*

Hallgatni beleegyezés, mikor dorgálnod kell; tudod, egyazon büntetés vár vétkesre és a beleegyezőre! — A dorgálónak tanúja légyen igazság, atyja szelídség, bírája igazságosság! *(Sz Bernát)*

†

Kapzsiság

Aszályt, éhínséget panaszolsz föl, mintha nagyobb éhséget okozna szárazság, mint a kapzsiság. Panaszod, hogy eget bezárják fellegek; a földön ezért zárva csűrök s üresek! Panaszod, hogy kevés a terméstek, — mintha ami terem is, jutna az ínségnek! *(Sz Ciprián)*

†

Nagy, igen nagy baj bizony: A bűnösök jobban sóvárognak veszélyes dolgokra, — mintsem mi hasznosakra: ők gyorsabban sietnek a halál fele, mintsem mi az életre. *(Sz Bernát)*

NAGYBÖJT 4. VASÁRNAPJA

1: Isten igazságos haragját és irgalmát mutatja a választott nép száműzetése és megszabadulása. S: Isten kegyelme feltámaszt minket a lelki halálból. E: Isten a mi üdvösségünkért küldte el egyszülött Fiát a világba.

Élni annyi, mint tovább haladni: egyik ismeretről a másikra, egyik döntéstől a másikig. Amin túlmentünk — döntés, tett, késlekedés, mulasztás — azt hátra hagytuk, elmúlt. A cél, a feladat előttünk áll.

Tovább haladni annyi, mint fölszabadítani magunkat a nyűgöktől. Az élet a „régi ember" szakadatlan meghalása, hogy az új ember létre jöhessen. Élni annyi, mint emberré válni, krisztusivá válni. Annyi, mint nőni a hitben, szeretetben, hűségben. Sose jutunk célhoz itt lenn, sosem állunk a végnél. Ha szívünk éber, nincsen nyugta, amíg meg nem nyugszik Abban, akitől minden nyugtalansága származott, — a Hívóban és reá Váróban.

Első olvasmányhoz 2Krón 36,14-16.19-23

A Krónikák 2. könyvének záró fejezete Isten népének történetét visszatekintő teológiával értelmezi. Ez a történelem Jeruzsálem büntető elítélésével ér véget (Kr.e. 581). A krónikaíró azonosul Jeremiás és Ezekiel próféták ítéletével. Isten a prófétái által egyre intett és óvott. De a királyok és papok nem hallgattak a prófétákra, s övék a fő felelősség a nép bukásáért. Végül jött az ítélet: Jeruzsálemet feldúlták, s a nép nagy részét száműzetésbe vetették. De Isten utolsó szava a bűnös fölött nem ítélet, hanem irgalom. Ezt tapasztalta Izrael történelme folyamán gyakorta, mint Istennek e nagy büntető ítéletében is. Ha Isten büntet, nem pusztítani akar, hanem eszmélésre és megtérésre hív. *(1Krón 28,9; Jer 7,25-26; 29,19; Ez 33,30-33; 2Kir 25,9-10; 1Kor 10,11)*

Válaszos zsoltár Zsolt 137(136),1-2.3.4-5.6

Vágyakozás Jeruzsálem után

Szentleckéhez Ef 2,4-10

Az ember eltávolodott az Istentől, s ezért közelebb áll a halálhoz, mint az élethez (Ef 2,1-3). Ehhez a kijelentéshez csatlakozik a mai olvasmány: „De Isten föltámasztott minket Krisztussal, és a mennyben Ő mellette helyet adott nekünk". Halott az ember, ki elfordult Istentől, és a maga Én-jébe zuhant. Az ilyennek megszabadításához nagyobb csoda kell, mint a világ teremtése volt. Csak szeretet művelheti ezt a csodát — és meg is tette. A megváltottakban ez a szeretet láthatóvá lesz, megnyilvánul abban, ami jót cselekszünk; ez az Úristen örök szándéka, s napi feladatunk. *(2,4-6: Róm 6,3-5; Kol 2,12-13; 3,1-4; Róm 8,11 ▫ 2,7-10: Róm 9,23-24; 1,16; 1Kor 1,28-30; 2Kor 5,17-18)*

Evangéliumhoz Jn 3,14-21

A János evangélium szerint Jézus keresztre feszítése egyszersmind az Ő isteni fönségre való magasztalása (Jn 12,32; 17,1-2). Halála órája az Ő fölmagasztaltatása. Ami pedig Jézussal történt, az közvetlen velünk is történik: a hívő Őáltala az örök élet részese. Ezt az életet ember semmiképp nem érdemelheti ki, mert a szeretetet nem lehet „kiérdemelni". De tárulkozzék föl, határozza el, akarja-e befogadni az életet és művelni az igazságot. Az örök élet nem a földi élet valamilyen meghosszabbítása; az az egész embernek Isten igazságába és valóságába fordulása. Annak az Istennek, ki Jézusban megnyilatkozott. Az ilyen megújult ember „nem ítéltetik meg", mert már nem áll szemben Istennel, benne él Istenben, már átment halálból az életbe. *(3,14-17: 4Mz 21,4-9; Jn 1,4; 5,24.26 ▫ 3,18-21: Jn 12,47; 1Jn 2,2; Jn 8,12)*

Szentségre várva

„Isten úgy szerette a világot, hogy Egyszülöttjét adta oda, hogy mindenki, aki hiszen benne... az örök élet részese legyen." (Jn 3,16) Ezek az igék magukban hordozzák az egész evangéliumot.

Elmélkedés

Jézusban végzett tettek: Jézus érdekei e világon

Nézzük Jézus Jegyesét: az Ő Egyházát! Nézzük elsőnek a *diadalmas, égi Egyházat*. „Érdeke" ott Jézusnak, hogy a legszentebb Háromság dicsősége minden lehető módon növekedjék, éj és nap minden óráján. És e dicsőség (úgy hívják: Isten „járulékos dicsősége") növekszik minden jótettel, jó szóval, jó gondolattal, minden kegyelemre válaszoló „igennel", minden kísértésre mondott „nemmel", minden imádással; minden szentség helyes kiszolgáltatásával és alázatos vételével; a szeretet és hűség minden Mária iránti megnyilvánulásával; szentek segélyül hívásával, minden szentolvasó szemmel; minden keresztvetéssel, minden türelmesen viselt kínnal, szelíden tűrt sértéssel, jó kívánsággal — bár tán csak kívánság marad és sosem jut kivitelre — föltéve, ha mindezt a mi édes *Urunk érdemeivel egyesülve* végezzük!...

Nézzük a *Szenvedő Egyházat!* Minden Istennek ajánlott elégtétel, ima, misehallgatás értük, szentáldozás fölajánlása, önkéntes áldozat, búcsúima, „De Profundis" [a mélységből kiáltok...] sóhaja, alamizsna értük. Jézus végtelen érdemei, Máriáé, a mártíroké, szenteké: mily hálás a mi Urunk ezek fölajánlásáért!

És a *földön küzdő Egyház!* Óh itt elég bőségesek Jézus érdekei. Teendők és *elhagyandók*! Szívek meggyőzésre és lebeszélésre! Annyi a tennivaló, azt se tudni, mivel kezdjük, mi legyen az első! Haldoklók, percenként köröskörül a világban! A halálos ágyakon a mi Urunknak mily drága érdekei forognak veszélyben! Hogy leskel a gonosz: a kísértések sűrűbbek a nagy havazásnál; az egyre dúló harc a lelkekért; s Jézus vagy az Ellenség győz, egy-egy lélekre ez végleges! Nincs harcújítás. Nagy, súlyos bűnök, egyre vadabbul! Isten felejtve teljesen, kitörölve a szótárból, szívből, az emberiség óriási többségében! Nem is lázadnak már. Csak vállvonva továbbállnak, semmibe veszik. „Kellemetlenkedik" Ő a *saját* világában, tolakodó tulajdon teremtményeinél. Tehát gyorsan félrelökik: idejétmúlt bálvány lett! Tudomány, politika, üzlet — legillőbb itt hallgatni Róla, neveletlenség Őt szóba is hozni... És a „lelkiemberek”?! A „jámborok”! Akik egy percre se gondolják magukról *mily szégyeneid* ők neked, Uram!... *(Frederick W. Faber: Mindent Jézusért, 18)*

†

Gondold meg

Gondold meg, míg haragra gerjednél,
hogy Ő: Isten s legszentebb ember föld hátán,
— ott áll, a gúnyolt, korbácsolt, a csupa-vér!
S latorként, két lator közt, függ a fán...

Szidalmak, szégyen zúdul rá. És függ némán, —
Haragnak, vádnak jele nincs, — szaván-szívén
a Minden-kínját, terhét tűrin viselvén!

Gondold az Elhagyottat, tépő gyötrelmén!
Szánalmas Fán elvérző Uradat!
Kiárad vér egy-csöppig minden tört erén...

A Szívét gondold: megszakad bűnök terhén.
Gondold: megváltásodra mindez áldozat.
Tán *elveszítsen*? míg érted mindent átal ad?!

(Mirandola)

†

Nagy balgaság nem hinni evangéliumnak, melynek igazát vértanúk vére hirdeti, apostolok szava zengi, tanúsítják a sok csodák, megerősíti értelem, bizonyítja minden elem, a démonok hiszik s ostromolják! De még nagyobb balgaság, hogy nem is kétkedel, de *hiszel*: s mégis úgy élsz, cselekedel, mint hogyha tudnád szentül: a Jó Hír téves mindenestül! *(Mirandola)*

NAGYBÖJT 5. VASÁRNAPJA

I: Az Úr szövetséget köt népével; az új törvényt a szívekbe írja. S: Krisztus kereszthalálát az engedelmesség tette üdvösségszerző áldozattá. E: Jézus meghirdeti, hogy a halálon keresztül dicsőül meg.

A kiengesztelődés annyi, mint Isten gyermekeivé válni. Elveszett gyermekei voltunk, talán most is azok vagyunk. De ott van egy Atya, aki vár ránk, ott van egy Fiú, „minden teremtés elsőszülöttje", ki hozza nekünk a kiengesztelődés hírét és üdvajándékát. Ő maga fizette meg az árát, Ő maga vette magára adósságunkat. Jézus az Ószövetség főpapja, Ő egyben az áldozat, amely megszentel minket. Ő a búzamag, mely a földbe hullott és meghalt. E halál gyümölcse a miénk, sőt mi magunk vagyunk a gyümölcse, az új emberségünk. Mivel Ő meghalt, nekünk életünk van.

Első olvasmányhoz Jer 31,31-34

Egy új szövetség ígérete Jeremiásnál (31. fejezet): üdvösség igéje a vallási megújulás idejéből Juda királyságában (Kr.e. 622-től), Józsiás király alatt. Isten népének története a Sínai szövetséggel kezdődik. „Én vagyok a ti Istenetek, ti az Én népem!", ez volt röviden a szövetség formája. Többet nem adhatni még a jövőben sem. De ezt az ó szövetséget már százszorta megszegték; csak Isten képes új kezdetet adni. Így az új szövetség mindenek előtt a *megbocsátó* szeretet szövetsége Isten részéről. Az ember részéről gyökeres megtérés és benső megújulás az új szövetség föltétele; de ez is az Ő adománya, az Ő kegye. A szövetség: „Én, Jahve vagyok a ti Istenetek, a te Istened — ti (és te) az Én népem" egy új, sokkal nagyobb módon válik valóvá. *(Zsid 8,8-12 ▫ 31,31-32: 2Mz 24,3-8; Lk 22,20 ▫ 31,33: Zsid 10,16; Jer 32,39-40; Ez 11,19; 36,26; Zsolt 51,8-12; 2Kor 3,3 ▫ 31,34: Oz 2,22; 6,6; 1Jn 2,27; Zsid 10,17)*

Válaszos zsoltár Zsolt 51(50),3-4.12-13.14-15

Könyörgés megbocsátásért

Szentleckéhez Zsid 5,7-9

Mivel Jézus a tökéletes Főpap, Isten Fia, közvetítő lehet Isten és ember közt (Zsid 4,14; 9,15; 1Tim 2,5). Noha Isten Fia, „szenvedése által engedelmességet tanult". Imádsága meghallgattatott. Ereje volt, hogy megtegye Isten akaratát és meghaljon a kereszten a „sokaság bűneiért". Áldozata elfogadtatásra talált, az Ő számára fölmagasztalása útja lett ez, nekünk pedig meghozta az „üdvösséget": bűnbocsánatot és Isten-közösséget. *(5,7-8: Mk 14,32-42; Jn 4,34; Zsid 10,5-7; Fil 2,6-8 ▫ 5,9: Zsid 2,10; 1Kor 8,6; Jn 17,19)*

Evangéliumhoz Jn 12,20-33

Néhány görög, egyben a pogány világ képviselői, meg akarta ismerni Jézust. Olyan választ kaptak, amely messze túlszárnyalt kérdésük láthatárán. Jézus az Ő

„órájáról" szól, a „fölemeltetés" órájáról: egybefogva kínszenvedést, halált és föltámadást. A kánai mennyegző óta mind egyre erről az „órájáról" beszél, *ezért él*. És most, hogy maga előtt látja, megrendül. János evangéliuma nem az Olajfák hegyi óráról beszél. De ebben a kifejezésben: „most megrendült az én lelkem", — megsejtünk valamit az Ő útja nehéz voltáról, engedelmessége nagyságáról. A pogányok, igen, „látni fogják Jézust", az ő órájuk is közel vagyon. A kereszten Fölmagasztosult, a megdicsőült Emberfia mindeneket magához fog ölelni. A tanítványok Jézussal való közössége nem bomlik föl az Ő halálával, hanem tökéletessé válik. *(12,21: Jn 12,32 ▫ az „óra", 12,23: Jn 2,4; 7,30; 8,20; 12,23.27; 13,1; 17,1 ▫ 12,24-26: Iz 53,10-12; Mk 8,35; Mt 16,24-25 ▫ 12,27-28: Mk 14,33-36; Zsid 5,7-8; Jn 18,11; 17,6)*

Szentségre várva

Jézust látni! Most erre itt az óra, a hit órája, az imádás és a Vele való egyesülés órája. Mikor Vele és egymással közösségben vagyunk, akkor miénk Isten élete és öröme.

Elmélkedés

„Látni akarjuk Jézust". Kortársaink is vágyakoznak rá, hogy találkozzanak ma az *élő* Krisztussal. Szemükkel akarják látni, kezükkel érinteni.

Ahogy a görög származású zarándokok, kik Jeruzsálembe fölmentek, Fülöp apostolhoz fordultak kérésükkel: „Látni akarjuk Jézust!" — úgy akarnak kortársaink is közvetlen Övele szembenállni. Nyugtalanító lehet ránk, keresztényekre nézve, hogy ők Krisztust mindannyiunkban látni kívánják: s nekünk úgy kell átragyogtatni Őt magunkon, ahogy a színes templomablak a ragyogó napot. — Nem azt veti szemünkre a hitetlen, hogy keresztények vagyunk, hanem hogy nem vagyunk eléggé azok, nem krisztusiak — és ebben van a tragédia. Mikor Gandhi olvasta az evangéliumot, megrendült, és már-már keresztény lett. De visszatartotta a „keresztények" szemlélete, és lassan visszahúzódott. Ebben rejlik, valóban, a mi legnagyobb felelősségünk. *(Leon J. Suenens)*

†

Milyen a Krisztus fölmagasztaltatása e földről?

S mivel azt hallotta Heródes, hogy magát királynak nevezte: régi rongyos bársonyköntösbe öltözteté Ötet, mint valami farsangos királykát, és nagy-sok nevetséges tréfákkal visszaküldé Pilátushoz... Nézzétek, keresztyének a ti Uratokat bolond ruhában! Ki tudná előszámlálni, mennyi süvöltést, hajigálást, taszigálást szenvedett ebben a bolond öltözetben az Isten Bölcsessége? Az ünnepekre felgyülekezett sokaság csudájára futott, mikor az utcákon bolond-ruhában hordozták Üdvözítőnket,... ki orrát pattogtatta, ki taszigálta, ki illetlen tréfákkal csúfolta. Óh szent Isten, mennyire megaláztad magad! Így kellett a mi kevélységünket megrontani; így kellett a mi balgatagságunkat észre hozni.

[Ostorozás:] Aztán a nagy fájdalmak és vérontások miatt lábai nem bírván bágyadtan a földre dőle, s mindaddig szent vérében úsza, míg a kegyetlen hóhérok felrángatván, imígy-amúgy ruháját reája veték. Mivel pedig Krisztus szerelme telhetetlen volt az érettünk való szenvedésben, nem azt írták az Ő oszlopára, amit a Herkules oszlopira (Gibraltárnál): „Non plus ultra: Elég eddig, ne menjünk tovább!" — hanem: Tovább menjünk! Mert tovább: ott vár a nagy Oltár, a szent Kereszt.

[Keresztfán:] Dicsőséges Jézus! Óh én lelkem szeretője, mily nagy változást látok benned! Akinek mennyben angyalok udvarolnak: most a Kálvárián latrok közt függesz! A bűnösök helyén, bűnösök között, bűnösök kínjával gyaláztatol! Elvesztéd lelkedet, hogy mi éljünk; elvesztéd emberek előtt tisztességedet, hogy megnyerjed Isten előtt a mi böcsülletünket. Óh áldott kereszt, azelőtt gyalázatos voltál, latrok vállán hordoztattál, de azóta, hogy Krisztus testét illetéd, királyok koronáján és minden szentek homlokán fényeskedel. Igazán te vagy ama drága fa, melynek magassága felséges, levele szépséges, gyümölcse édességes... Óh keresztfára magasztaltatott áldott Jézus, mivel azt fogadád, hogy mindeneket hozzád vonzasz, mikor felemeltetel a földtűl, vond hozzád a mi akaratunkat, hogy kiálthassuk Szent Pállal: Én is Krisztussal megfeszültem a világi kívánságoknak. *(Pázmány: Nagypénteki 1. beszéd)*

†

Lelki élet

Ha erényről hallasz, testvér, ne féld nevét, s ne csudáld! Nem valami távoli! Belül hordod magad, csiráját. Könnyen kihajt, csak te akard: add neki át magadat! Görög bejár tengert: tanul tudományt, csillagokat. Nem kell messze menni neked, belül van a Mennyország. Erényt se kell túl keresned: eljött rég ő tehozzád! *(Sz Atanáz)*

HÚSVÉT 2. VASÁRNAPJA (FEHÉRVASÁRNAP)

1: Az igazi keresztények egy szívvel, egy lélekkel szeretik egymást. S: A keresztség kegyelme által győzelmet aratunk a bűn fölött. E: A feltámadt Jézus bűnbocsátó hatalmat ad az apostoloknak, és megjelenik a hitetlenkedő Tamásnak.

Nincs hit, még kevésbé húsvéti hit, amely egyben öröm is ne lenne, egyre újabb elámulás azon, hogy igen, ez az igaz: Krisztus él, és itt van. Krisztus, az Ő átvert kezeivel és lábaival, az Ő megsebzett Szívével! Az Istenség teljessége Őbenne lakozik, és megosztja azokkal, akik hozzája jönnek.

„Jézushoz jönni" annyi, mint hinni, hogy Őbenne az Isten jön hozzánk. Aki nem hisz, az nem lát. Aki pedig szeret, az mindent fölfog.

Első olvasmányhoz ApCsel 4,32-35

Az Egyház egysége a Krisztusban, a Föltámadottban való közös hiten alapul. Az Egyház közös imádságban fejezi ki magát (ApCsel 4,24-31), de segítő készségében is a közösség szegényebb tagjai felé (4,32-34). Belső hajtó ereje az így megélt hitnek a Szentlélek: Ő emlékezteti az Egyházat felelősségére is a világ felé, vagyis a nem-keresztények irányában, akik Krisztustól nemcsak az Ige üzenetét várják, hanem az egység és egyesség példáját is! *(ApCsel 2,42-47; 5,12-16 ▫ 4,32: Jn 17,21.23 ▫ 4,33: ApCsel 1,8; 10,38-39 ▫ 4,34-35: 5Mz 15,4-5; Lk 12,33)*

Válaszos zsoltár Zsolt 118(117),2-4.16-18.22-24

Hála és dicséret

Szentleckéhez 1Jn 5,1-6

A szeretet, melyről János apostol szól, nem holmi érzelgés, jó érzés, hanem életforma és élethatalom. Aki Atyjaként szereti Istent, az szereti embertársait is, mert ezek Isten teremtményei, gyermekei. Ezzel a szeretettel áll szemben a „világ", mely kívánságaival, mohóságával, gőgjével össze akarja zúzni az emberek szabadságát. Aki azonban hisz Jézusban, mint a Megváltó Krisztusban és Isten Fiában, az erősebb a világnál és ennek minden démoni hatalom-szervezeténél. Az meggyőzi, legyőzi a világot, azon nincs a világnak hatalma, kifelé viszont Krisztus szeretetének hatalmát tanúsítja. E világ hatalma megtört azóta, hogy Jézus oldalából vér és víz áradott ki. *(5,1-4: 1Jn 1,3; 3,14-19; 4,20; Róm 13,9; 5Mz 30,11; Mt 11,30; Jn 16,33 ▫ 5,5-6: Jn 19,34; 14,26)*

Evangéliumhoz Jn 20,19-31

Sok van egybezsúfolva ebbe az evangéliumi szakaszba. Azzal, hogy a Föltámadott a hét első napján jelent meg többször is, ez a nap mindörökre „az Úr napja", a hit napja, az örömé, a közösségé. A tanítványok látják Jézust. Megismerik: Ő az, aki a kereszten meghalt, és hisznek. Az öröm ismertető jele benső hitüknek. Tamás is, a „Hitetlen" — hisz! Az ő hitvallása és Jézus ígérete számunkra szól, akik szemeinkkel nem látjuk a Föltámadottat, és mégis hiszünk a lélek erejében, amelyet Ő ad nekünk. (L. A év, húsvét utáni 2. vasárnap evangéliuma.)

Szentségre várva

Jeruzsálem keresztényei „egy szív és egy lélek voltak". Bizonyára megvoltak nekik is a nehézségeik, de egy volt a hitük, amely húsvéti örömmel telítette őket, és egy volt a szent Kenyér, Jézusuk, aki Krisztus egy Testévé forrasztotta őket.

Elmélkedés

„Mondá neki Tamás: Én Uram s én Istenem!" (Jn 20,28)

Tamás átélte e pillanatban azt, amit a latin úgy mond, hogy „Deum pati", Istent átélni. Nagy az Isten; világomnak kis méreteiből nézem a végtelent. Korlátoltságom bizonyítja őt. Világról beszélek ugyan, de nem bírok vele. Kis mozaikdarabka az én világom. Mily keveset foglalok le a valóságból képzeteimmel, fogalmaim tartalmával... Ez a nagyság rám borul; értelmem, érzésem, kedélyem, akaratom reagál, és ami e reakcióban lesz gondolattá, lelkületté, imádássá, lendületté, odaadássá, azt vallásnak hívjuk. Ezt Ő, a végtelen tapogatja ki bennem; ez az ő érintése, közlekedése, behatása... És ha a lét mélységeibe ereszkedem, nem tartom ki nélküle; íme átfog, lefoglal, vonz... Deum pati! S mikor magamba veszem gondolatait, akkor tisztulok, akkor bűnt bánok s hódolok.

Annyira nagy, hogy egyedül önmagában való; a világ szétfoszlik vele szemben. Mint ahogy „a nap a jó Isten árnyéka", úgy az egész mindenség ily árny, ily nyom; valami a végtelennel szemben, ami szinte nem esik latba. „Tu solus sanctus, tu solus Dominus, tu solus Altissimus" [Egyedül Te vagy szent, egyedül Te vagy az Úr, Te vagy a fenséges]... Rám erőszakolja magát, még pedig joggal, minél mélyebb s lelkibb vagyok, annál inkább. Uralkodik értelmemen, szívemen, akaratomon, és én azt mondom: Uram, Istenem, te vagy az egyedüli, igazi valóság, jóság, szépség, szentség. Így lesznek a próféták, kik belenéznek, s csakis bele; apostolok, kik róla beszélnek, és csakis róla; szentek, kik neki élnek, és csakis neki; nagy lelkek, kiket ő szerencsésen lefoglalt magának.

S ha Uram és Istenem vagy, akkor legyen meg a te akaratod. Mi a te akaratod? Ez a főkérdés, főérdek, főkötelesség. Mi az Isten akarata állásomban, hivatásomban, életem jelen körülményei közt? Mi az Isten akarata kísértéseimben, csábítások, nehézségek közt? Csak ez nyom a latban! Aki magát odaadja az Istennek, azt az Isten visszaadja önmagának, életének, tevékenységének. Annak lelke erőforrás lesz. Add oda magadat és visszakapod magad csordultig örömmel, erővel! Azért vagy szegény, mert keveset adsz az Úrnak! *(Prohászka: ÖM, 7:376; 132)*

†

Öröm (földi és égi öröm óriási különbsége)

Mily másfajta öröm: e-világé s más a szivünké!
Földi öröm távol kívánatos, húzza az embert,
míg ha betölt: untat, szád keserítve gyötör!
Távol, szívbelit unsz neve-hallva, de bírva— oly édes!
Nől éhséged evén, többhöz jutsz, s többre esengel!
Ott csak a vágy, ami vonz, élvezet egybe taszít!
Kisded a vágy *itten*. Hogy bételik: nem fogy az étvágy!
Mert ha belép Szeretet, mást nem lát többet a szem már!
Istentűz kigyullad, s gyújtogat új tüzeket...

(Nagy Sz Gergely)

†

Senki sem élhet meg örömnek híján; ezért a *lelki örömök* nélkül való a testi gyönyörhöz és kéjhez fordul. *(Aquinói Sz Tamás)*

†

Szomorúságról

S mondta a Pásztor: „Űzd ki szívedbül a *Bút*, aki húga
Kételynek s Haragoknak!" — „Nővér, hogy lehet ez mind?!
— kérdem — Nem más-más a Harag, Kétely, Szomorúság?"
— Oktalan ember vagy, szent titkokat érteni lomha!
Leggonoszabb minden rosszlelkek közt szomorúság!
Isten híveinek ki legártóbb, és ki leginkább
öldösi hű embert, üldözve szivébül a Lelket!
Ölts fel azért örömet, mert szent derü tetszik Urunknak!
Szív, ha vidám, jót tesz; jó indulat alkot, elűzve
mind tunya Bút. Aki bús, gonoszúl tesz. Megszomorítja
Szentlelket, ki örömmel szállt a szivünkbe! Imádság
s elmarad Úr-megvallás. Jön bünös élet, a vesztünk...
Mert szomorú szívből nem kél ima tiszta erővel,
S nem röpül el bizalommal Urunk oltára tüzére.

(Hermás: Pásztor)

HÚSVÉT 3. VASÁRNAPJA

I: Megöltétek az élet szerzőjét, de Isten föltámasztotta Őt a halálból. S: Jézus engesztelő áldozata elegendő az egész világ bűneinek eltörlésére. E: Jézusnak Isten örök tervei szerint kellett meghalnia és feltámadnia.

Kell-e egy kereszténynek megtérnie Krisztushoz? — ez valami különös, de nagyon szükséges kérdés. „Megtérni" ez esetben mégis azt jelenti: hinni Krisztusban és általa Istenhez fordulni. Oly elhatározás ez, amely már mögöttünk van a múltban — gondolnánk. De azt mondottuk: „Hiszek!" És kimondtuk ezt újra a húsvét éjjelén.

Mégis minden nap újra elhatározás előtt állunk. A keresztségi fogadalom ígéret volt a jövőre, és azon iparkodunk, hogy életünk naponkénti tetteivel az „előre küldött" szót, ígéretet utolérjük! A megtérés annyit tesz, mint jobbá válni. Szükségünk van-e rá?...

Első olvasmányhoz ApCsel 3,13-15.17-19

A béna koldus meggyógyítása és Péter rákövetkező beszéde (ApCsel 3,1-10 és 3,11-26) az első összeütközést vonta maga után az apostolok és a jeruzsálemi nagytanács között. „Jézus nevében" gyógyította meg Péter a bénát, és most kijelenti a sokaság előtt: Isten vitte végbe ezt a csodát, hogy vele megdicsőítse Jézust, olyannak bizonyítsa Őt, aki él, és olyan nevet szerezzen Neki, amely fölülmúl minden más nevet (vö. Fil 2,9-11). Sz Péter az összesereglett zsidók elé tárja bűnüket, de aztán arról beszél, hogy ők most is Isten népe! Ha föleszmélnek és Jézushoz térnek, számukra is kész a megbocsátás és megváltás. *(3,13-15: 2Mz 3,6; Iz 52,13; Lk 23,17-25 ▫ 3,17-19: Lk 23,34; 1Tim 1,13; Mt 3,2; ApCsel 2,38)*

Válaszos zsoltár Zsolt 4,2.4.7-8.9

Isten oltalmazó közelsége

Szentleckéhez 1Jn 2,1-5

A Sz János első leveléből vett szakasz figyelmeztetés és fölvilágosító óvás. Figyelmeztet, hogy szakítsunk a bűnnel, biztat egyszersmind a vigasszal, hogy van közbenjárónk és szószólónk Istennél: Ő, aki a világ bűnét magára vette és megbűnhődte. Ezután a fölvilágosítás: az egész kereszténység lényege Krisztus megismerése. De mit jelent az, hogy megismerni? Sem tudományos kutatás, sem hideg okoskodás nem vezet célra, hanem egyedül a Jézusba és az Ő megváltó tettébe vetett hit. A hit a Krisztus igéjéhez való hűségben nyilvánul meg, s mindenek előtt a testvéri szeretetben — ezzel behatóbban foglalkozik majd a fejezet folytatása. *(2,1-2: 1Jn 3,6; Róm 8,34; Zsid 7,25; 1Pt 3,18 ▫ 2,3-5: Oz 2,2; Jn 14,20-21; 17,3)*

Evangéliumhoz Lk 24,35-48

Az üres sírról való hírhozás nem volt elég, hogy a tanítványokat meggyőzze Jézus föltámadásáról. Személyes jelenléte és segítő szavai kellettek, hogy szemeik megnyíljanak és szívük a hitre kész legyen. A Föltámadt Jézusban való hit csak magának a Föltámadottnak és az Ő Lelkének ajándékaképp lehetséges. E hit része az is, hogy az Írás mélyebb értelmét, vagyis Isten szándékát megértjük. Jézus föltámadásával nem végződik „Isten története az emberek számára", hanem ez a közepe. Mostantól fogva meghív Isten mindenkit a bűnbocsánatra, kiengesztelődésre „Jézus nevében". *(Jn 20,19-23 ▫ 24,36-43: Lk 24,16; Jn 21,5-10; ApCsel 10,40 ▫ 24,44-48: Lk 9,22; 24,26-27; Mt 28,19-20)*

Szentségre várva

Isten szolgája, Élet szerzője, Közbenjáró az Atyánál, Bűnhődés a bűneinkért: Én vagyok mindez! — mondja Jézus. A kenyérszegésben fölismerték Jézust a tanítványok. „Én vagyok az!" — Szól hozzánk is, mikor maga adja át nekünk az Élet Kenyerét!

Elmélkedés

Hit

A hit nem menhely, az örökkévalóság nem pótlék a történelmi világ helyett a diszgusztált emberek részére, kik az életet elviselni s a történeten dolgozni nem bírnak. A hit nem cella, nem kolostorkert magas falak közt, hanem egy fölségesen konstruált nagy világ, melyben poklok izznak, tisztító tüzek világítanak s utak szaladnak, ösvények s via Appiá-k fölfelé s lefelé.

A hit nemcsak viaskodás az anyag, ösztön s erőszak, a bűn s az ész problémáival, hanem felsőbb erők hatalmában alakítás úgyis, hogy alakítja az alacsonyt szebbé (görög művészet), úgyis hogy a szelleminek formát igyekszik adni (kereszténység). Ott a természet ölt szebb alakot, itt a megtestesülés gondolata világít.

A kereszténység szellem s lélekáradás, a Szentlélek kiáradása. Azért a motívumok „Verbum ex alto" [égből alászállt Ige]. Itt nem a finomodó természet s a lumen naturae [természet fénye] tapogatózik forma után, hanem a lélek teljessége vívódik alakítás után. Ez a különbség a Parthenon s a kölni dóm közt. Ez a földből nő ki, s lent marad, Erdengeist [földi szellem]; itt az égből ereszkedik a Himmelsgeist [égi szellem].

A hit ez a kész, teljes gazdag világ, mely inspirációit küldi. Úgyis mondhatom, mint ahogy az ásványvíz fenekéről fölfelé gyöngyöznek a léggyöngyök, úgy a kereszténység inspirációi mint a napsugarak felülről jönnek. Ez nem ellenkezik azzal, hogy szívünkben jelentkeznek.

A hit munka és tevékenység. Nem ölbe tett, nemcsak kulcsoló kezek, hanem erők. Kell foglalniok, nagyot tenniök. Iramban, rohamban, hódító s térfoglaló lendületben vannak.

A hit nagy gravitáció el a világtól, amennyiben korlát, látóhatár, vég akar lenni. Mi ezeket törjük s tördeljük. Mi tagadjuk a korlátot, a látóhatárt, a véget. Túlsúlyban van bennünk az örökkévaló, de le van kötve, paralizálva a természeti lét által, a természeti feladatok által; de a hívőben, bárki legyen az, e túlsúly jelentkezik. Valahogy ki kell nőni a szomatikus világból a pneumába. *(Prohászka: ÖM, 24:17; 312)*

Sz Ágoston az imáról

Igaz imája kulcs: a mennyet tárja. Fölszáll ima, leszáll az Isten irgalma. — Magasan fönt az ég, s mélyen a föld alant; eléri Istennek fülét a gyönge emberhang. — Isten jobban sóvárog, hogy kiöntse áldásait, mintsem mi, hogy ránk áradjanak. — Ki jól tud élni, jól tud imádkozni. — Úgy akarod: röpüljön imád. Két szárnyra szereljed. Böjt és alamizsna a szárny. S az Úr szívéig száll imád. — Jó az ismételgetés, hogy szívünkből el ne mossa feledés!

Csehországi Szent Ágnes, Árpád-házi Konstancia leánya, †1282

HÚSVÉT 4. VASÁRNAPJA

I: Jézus az üdvösség egyetlen forrása. S: Isten gyermekei majd színről színre látják a mennyei Atyát. E: A jó Pásztor életét adja juhaiért.

Csodáljuk azt, aki életét odaadja, hogy mást megmentsen, talán egy szerettét, vagy bárkit, aki veszélyben forog. Ilyen ember több van, mintsem gondolnánk. A nagy óra meghozza a hősiség lelkét. A nagy órának megvan a maga hősi lelke, beszélnek róla az emberek. De van hősiesség a kis segítségekben és szolgálatokban is, a csöndes, mentő tettekben, melyeknek maga a megmentett sincs tudatában.

Jézus odaadta életét, vállalta a halált, keserves, súlyos halált. Többet tett értünk, mint a pásztor tehet nyájáért. Ismeri szükségleteinket, ismer bennünket, szeret minket.

Első olvasmányhoz ApCsel 4,8-12

Pétert és Jánost kihallgatják egy béna meggyógyításáért. Ismét (már harmadszor pünkösd óta) Péter az, aki beszél. Nemcsak bíráihoz fordul, hanem „Izrael egész népéhez" (ApCsel 3,2: húsvét 3. vasárnapja). Inkább missziós beszéd az, amit mond, mintsem védekezés. Középpontja Jézusnak, a Megfeszítettnek és a Föltámadottnak a hirdetése. Csak az Ő nevében és az Őbenne gyökerező hit által van számunkra gyógyulás és üdvösség. *(ApCsel 3,6.16; Zsolt 118,22; Iz 28,16; Mt 21,42)*

Válaszos zsoltár Zsolt 118(117),1 és 8-9.21-23.26 és 28-29

Hála és dicséret

Szentleckéhez 1Jn 3,1-2

Aki nem hisz Istenben, aki nem ismeri Krisztust, az sosem érti meg, hogy mi az: Isten gyermekei vagyunk. De még mi, hívők is sokszor nehezen fogjuk ezt föl. Csak amikor megéljük, akkor fogjuk föl lassan, hogy igazság ez, nem csupán szép kifejezés. Azért ne legyünk világtól elszakadt álmodozók; e világ lakóiként meg kell ismernünk kötelességünket és vállalnunk felelősségünket. Csak így remélhetjük, hogy istengyermekségünk valaha Krisztus ragyogásában kiteljesül. *(3,1: Róm 8,14-17; Jn 1,12; Ef 1,5; Jn 15,21; 17,25 ◻ 3,2: Kol 3,4; Fil 3,21)*

Evangéliumhoz Jn 10,11-18

A népek királyai, fejedelmei az ókorban „pásztornak" nevezték magukat (vö. Ez 34). Jézus a Jó Pásztora Izraelnek, minden népnek: hűséges övéihez egészen élete odaadásáig. Csak a húsvét fényében (halála és föltámadása által) tárja föl a Jó Pásztor példabeszéde egész mélységét és igazságát: az egységet Jézus és Atyja és azon közösség közt, amely tanítványaihoz köti. Két komoly intés a Jó Pásztor példázata: intés mindenkihez hit- és szeretet-egységre; intés a pásztorokhoz, hogy kövessék a Jó Pásztor példáját a rájuk bízott „nyáj" odaadó szolgálatában. Szolgálni másoknak annyi, mint *értük* lenni, dolgozni, élni és szenvedni.

Szentségre várva

Halljuk a hangját, és jól tudjuk, *Ő* az! Itt van! Mikor befogadjuk a Szentségben, akkor fölemel bennünket közösségébe, tulajdon életébe.

Elmélkedés

Jó Pásztor! Ki a jó pásztor, ki a béres? Látjátok, testvéreim, a mi Fejünknek irántunk való szeretetét! Már a mennyben van, és íme itt szenved, valahányszor az Egyháza és tagjai itt szenvednek. Itt éhezik Krisztus, itt szomjúhozik, ruhátlan és jövevény, beteg és börtönben sínylődő. Mert bármit szenved itt az Ő teste, Ő maga szenvedi; és a végén, jobb oldalra állítva az Ő testét és balra a többit, akik ma tapossák, azt mondja majd: „Jöjjetek, Atyám áldottai, vegyétek a nektek készített országot... Mert éheztem és ennem adtatok"... És mind a többit. A nem értőknek pedig felel: „Amit a legkisebbnek tettetek, Nekem tettétek".

S mikor az Úr sürgette Pétert: „Szeretsz-e engem?" — mintha mondta volna: Mit adsz nekem, mi *jelét* adod, hogy szeretsz? Ugyan mit adhatott szegény Péter a Föltámadott Úrnak, a mennybe szállottnak, az Atya jobbján ülőnek?! Jézus pedig mintegy mondá: azt adod jelül, ha szeretsz, hogy legelteted az én juhaimat; hogy az akol ajtaján lépsz be s nem csalárd módra, másunnan osonsz be! Hallottátok imént az evangélium olvasásában: „Aki az Ajtón keresztül lép be, az a pásztor; aki pedig másfelől lopódzik be, az tolvaj és rabló. Az szétszórni akar és széleszteni és ragadozni." Ki lép be az Ajtón át? Aki Krisztus által lép be. És ki az ilyen? Aki Krisztus szenvedését ölti föl, aki megtanulja alázatát annak a Krisztusnak, ki Isten létére emberré lett érettünk.

Nem az hangzik neked: Légy kevesebb annál, ami vagy, — hanem: Ismerd meg, mi vagy! Ismerd meg, hogy beteg, gyönge ember vagy, hogy bűnös vagy. — A pásztor aki felfuvalkodik, az másfelől kapaszkodik a karámba, aki pedig megalázkodik, az Ajtón át lép be, fejét meghajtva. Azért erről azt mondja: belép, arról hameg, hogy: kapaszkodik. Aki kapaszkodik, látjátok, az fölfelé tör, nem lép be, hanem beesik. Aki pedig mélyre hajol, hogy a kisajtón bejusson, nem esik el, — ő a pásztor.

Három személyről szól az Úr: a pásztorról, a béresről és a tolvajról. Ha fölismeritek e hármat, megtaláljátok egyszersmind azokat, akiket szeressetek, akiket eltűrjetek, akiket kerüljetek. Szeretni kell a pásztort, tűrni a bérest, óvakodni a tolvajtól. Vannak olyanok az Egyházban, az apostol szavával: akiknek alkalom az igehirdetés, a maguk javát keresik a hívektől, akár pénzben, akár méltóságban vagy emberi dicséretben. Bármiképp csak előnyre vágyva hirdetik az evangéliumot, és nem azoknak üdvét keresik, akikhez szólnak, hanem a maguk javát. De az üdvösséget hallgató, az üdvtelen béres hírnökre figyelvén, annak fog hinni, *akit* a béres hirdet, s nem abba veti reményét, *aki* hirdeti, s így a hirdető kárát vallja és akinek meg hirdeti, hasznát. *(Sz Ágoston: 157. beszéd)*

HÚSVÉT 5. VASÁRNAPJA

I: Sault Krisztus megjelenése alakította üldözőből apostollá. S: Isten azt kívánja tőlünk, hogy hitben és szeretetben éljünk. E: Jézus az igazi szőlőtő. Kegyelmi életünk a vele való közösségből fakad.

Sokan, keresztények és nem-keresztények nehezen tudnak hinni Krisztus föltámadásában, nem is annyira maga az esemény miatt, hanem mert látszólag oly hatástalan. Megváltoztak-e az emberek? Javult-e a világ? Többet ér-e a húsvéti, megváltott emberről szóló üzenet, mint az élet minőségéről szóló beszéd?

Ilyen kérdésekre mi elsősorban *Krisztusnak*, a Föltámadottnak tartozunk válasszal! De felelnünk kell az embereknek is, hisz a kérdés nem rossz akaratból ered, és alapjában véve saját magunknak is ez a kérdésünk.

Igazságot csak igazsággal lehet bizonyítani. Jézus maga az Isten Igazsága, Isten tette, ténye mindnyájunk számára. Aki teszi az Ő igazságát, aki megtisztul, fölvilágosul az Ő igéje által, az tiszteli Istent és segíti az Isten-keresőket.

Első olvasmányhoz ApCsel 9,26-31

Szent Pál (Saul) megtérése utáni első évéről ő maga másként számol be (Gal 1, 16-24), mint Sz Lukács az Apostolok Cselekedeteiben (9,26-30). Lukács szempontjából az a fontos, hogy Pál összeköttetést keresett a jeruzsálemi egyházzal és Barnabás útján talált is végül: az apostolok hittestvérükül fogadják, és a hit hírnökéül ismerik el. A testvéri egység azáltal is lehetséges volt az ősegyházban, hogy hagyták érvényesülni egyesek más-más eljárását és hivatását, továbbá az egységes hit és erkölcs megőrzésén túl is bíztak a Szentlélek működésében. Saullal Jeruzsálemben olyan csoport állt szemben, amelyik (Saul beleegyezésével) megkövezte István vértanút. Egész életében ezután Pálnak számolnia kell e „buzgó" zsidókkal. Üldöztetés lesz általában az Egyház sorsa; a béke idői (ApCsel 9,31) csak föllélegzésszünetek, nem arra valók, hogy a világba beleilleszkedjünk vagy viszályokban szétforgácsolódjunk. *(9,27: ApCsel 4,36-37; 9,1-9.19-22 □ 9,31: ApCsel 4,32-35; 5,12-16)*

Válaszos zsoltár Zsolt 22(21),26-27.28 és 30.31-32

Hála a szabadításért

Szentleckéhez 1Jn 3,18-24

Hogy csakugyan miénk-e Isten Igazsága, tényleg és tényezőként és nemcsak szavakkal, azt testvéri szeretetünkről ismerjük meg és a békéről, amely bennünk lakik és melyet másokra árasztunk. A béke az egész embert követeli, idejét és erejét, de többet ád, mint amennyit követel. Megadja a léleknek a bizonyosságot, hogy egységben van Istennel és számíthat Őreá, még akkor is, mikor bocsánatát kell kérnie. „Nagyobb az Isten a mi szívünknél!" *(3,18: Mt 7,21; Jak 2,15-16 □ 3,22: Mt 7,7-11; 21,22; Jn 14,13-14; 16,23-24 □ 3,23-24: Jn 13,34; 15,12.17; 1Jn 4,13)*

Evangéliumhoz Jn 15,1-8

Jézus az igazi manna, a Jó Pásztor, Ő az igaz Szőlőtő. A szőlőtő kifejezésnek az Ószövetségben van a gyökere. A szövetség népe, Isten népe: a szőlőskert, melyet Isten sok szeretettel ültetett, amelyben azonban kevés örömét lelte (Iz 5,1-7; Jer 2,21). — A tulajdonképpeni jó Szőlőtő maga Jézus, az Újszövetség közvetítője, az új isteni nép kezdete. Isten és népe: ez volt az Ószövetség. Az Atya, a Fiú és tanítványai — ez az új valóság.

A Fiú áll a középpontban; aki egy Vele, annak élete van. Így Jézus a kinyilatkoztató beszédben, melyben megmondja, hogy *ki* és *mi* Ő számunkra, közvetlenül az ígéret szavaihoz csatlakozik: aki Őbenne marad, annak gyümölcshozó lesz élete. A Benne-maradásnak egy az eszköze, mely egyúttal biztos ismertetőjele is: hallgatni az Ő szavára. *(15,1-2: Mt 20,1-8; 21,28-31.33-41; 26,29; Jn 15,12-17 ▫ „maradni", 15,4-6: Jn 6,56; 8,31; 15,9-10; továbbá: 6,35.47; 8,12 ▫ 15,7-8: Jn 14,13; 1Jn 5,14; Róm 7,4)*

Szentségre várva

Jézushoz jönni annyi, mint Jézusban hinni. Őbenne maradni nem érzelem dolga, nem hangulat, hanem élő tevékenység: *élni* a hitet, *tenni* a szeretetet!

Elmélkedés

Ha valaki szeret...

Nem kíván Ő mást, mint ezt az elszántságot, amely Őt úrrá teszi szabad akaratunk fölött, mert hiszen a mi saját *erőlködésünkre* egyáltalában *nem szorul* rá. Sőt ellenkezőleg, Ő Szent Felsége éppen a gyöngékben szereti ragyogtatni hatalmát, mert ilyenekben az jobban érvényesül, és Ő nagyobb mértékben elégítheti ki abbeli hő vágyát, hogy nekünk kegyelmeket osztogathasson.

Azok az erények, amelyeket Istentől kaptatok, szolgáljanak arra, hogy *elszántan* cselekedjetek; hogy vessétek meg értelmetek okoskodásait és ne törődjetek gyöngeségtekkel. Ne növeljétek ez utóbbit azzal a fontolgatással, hogy vajon a dolgotok *sikerül-e, vagy sem.* Ne engedjetek helyet ilyenféle csüggeteg gondolatoknak, hogy mivel ilyen meg olyan bűnösök vagytok, nem érdemlitek meg, hogy az Úr nektek is adjon erőt, amiként adott másoknak.

Ha valami nagyon megtisztelő dolgot akarnának nektek adni; ha az ördög biztatna benneteket kényelmes életre vagy más hasonló dolgokra: akkor igen, jussanak eszetekbe bűneitek, és gondoljátok meg, hogy azok miatt mindez nem nektek való. Ellenben, ha arra nyílik alkalom, hogy a mi Urunkért, vagy embertársunkért szenvedjünk valamit, akkor sose féljünk a bűneink miatt. *Egyetlenegy* ilyen dolgot *akkora szeretettel* lehet megtenni, hogy az Úr megbocsátja érte összes bűneiteket, és éppen ettől fél az ördög, s azért igyekszik azokat ilyenkor eszetekbe juttatni. Legyetek arról meggyőződve, hogy az Úr sohasem fogja cserbehagyni azokat, akik Őt szeretik, olyankor, amidőn az Ő kedvéért teszik ki magukat veszedelemnek. Ha egyéb céljaik vannak; ha a maguk érdekére dolgoznak: az egészen más; azonban itt én csak azokról beszélek, akik a lehető legtökéletesebben igyekeznek az Úrnak kedvére tenni.

Ismertem egyet, akibe az Úr ilyen rendkívüli szeretetet öntött. Sokat sírt szegény, mert nem akarták neki megengedni, hogy egy fogoly helyett rabságba menjen. Sarutlan ferencrendi szerzetes volt, Alcantarai Péter testvér reformjából. Azért jött hozzám, hogy megbeszélje velem ezt a dolgot. Végre sok könyörgés után sikerült megszereznie rendfőnökének engedélyét, s el is indult, hogy tervét végrehajtsa, azonban Algiernál az Úr magához vette. Egy bizonyos, hogy gazdag jutalmat kapott! Pedig hány okos ember mondhatta neki, hogy vállalkozása dőreség. Holott mennyivel nagyobb dőreség, ha valaki e földi élet álmát túlzott okossággal végzi be! *(Nagy Sz Teréz: Gondolatok az Énekek Énekéről, ÖM, 3:358)*

†

Ti vagytok a szőlővesszők...

Én vagyok a szőlőtő, ti vagytok a szőlővesszők... A szebbnél-szebb példabeszédekből kiemelkedik a szőlőtő és a szőlővessző példabeszéde. Szép a jó pásztor és a juhoknak a kapcsolata, de azért a pásztor és a juh mégis két külön létező. És vannak eltévedt juhok... Az atya, anya és gyermek kapcsolatában is van tékozló fiú, jóllehet a gyermek az atyának, anyának a nyelve szerint csont az ő csontjából és vér az ő véréből, és mondhatja azt is, amit a fiatal Toldi Miklósnak mondott találkozásukkor édesanyja: „Lelkemből lelkezett gyönyörű magzatom. Csakhogy szép orcádat még egyszer láthatom! Be szép vagy, be nagyon illesz leventének, Isten se teremtett tégedet egyébnek." Ezt a közeli gyermeket, ezt is elveszi először az iskola. Utána jönnek a vőlegények és a menyasszonyok, azok is elveszik a szülőktől a gyermeket. De más a szőlőtő és a szőlővessző kapcsolata! Persze ehhez érteni kell a szőlőművesek életét és elfoglaltságát. A szőlőművelés ősi dolog. Már ott van az emberiség életének a kezdetén. Noé szőlőt ültet a vízözön után, de még nem ismerte a szőlő termésének erejét, és megártott neki a szőlőből származó bor. S aztán látjuk azt, hogy ennek a bornak mi a jelentősége: mikor Ábrahám győzedelmeskedik, és megmenti Lótot, találkozik Melkizedek főpappal, aki nemcsak kenyeret, hanem bort is ajánlott fel a győzelemért a Mindenhatónak. Mert a szőlőtőn fakad az Oltáriszentség egyik alapeleme, a bor, amiből Krisztus vére lesz. És a hívő szőlőművesek a maguk büszkeségének tartják, hogy kezüknek munkájával, szorgalmával ők adják a szent áldozathoz, Krisztus véréhez az áldozat alapanyagát, a bort. Nincs foglalkozás, amit az Úr így kitüntetett volna, mint a szőlőművesekét és persze a föld népéét, a kenyértermelőkét.

Ősszel, amikor a természet téli álomra készül, akkor az együtt lévő szőlőtőt és rajta a szőlővesszőt gondozásba veszi a szőlőműves. Felkapált földdel takarja be a szőlőtőt, hogy a gyökerek el ne fagyjanak. A szőlővesszők maradnak takaratlanul. A szőlőtőn keresztül van meg a védelme a szőlővesszőnek. Tavasszal aztán nyitják a szőlőt, jön a szőlőműves a metszőollóval. És akkor történik a szőlőmetszés: a satnya szőlővesszőket levágják. Ettől kezdve már ezt nem szőlővesszőnek, hanem venyigének hívják. A venyige száraz, haszontalan, gyepűt csinálnak belőle, vagy pedig kemencébe vetik, elégetik haszontalan volta miatt. Pedig de nagy érték volt, amíg rajta volt a szőlőtőn! Aztán permetezik a szőlőt, hogy megvédjék a sok kártékony elemtől. Aztán úgy nyaranta megjelenik a szőlővesszőkön egy-egy szőlőfürt. Amelyiken nincs szőlőfürt, az haszontalan és a szőlőműves már elhatározza: Na, te se fogsz több esztendőt itt élni a szőlőtőn! És azután permetezik, óvják. Kánikulában és még inkább a vénasszonyok nyarában megjelennek a darazsak, és eszik, pusztítják a szőlőfürtöt. És aztán eljön a szüret, a munkának az öröme, amikor sajtolják ki a szőlőszemekből a bort, a családnak éltető erejét. A bor fogyasztása magában nem alkoholizmus, a bor rendkívül nagy érték a természet rendjében, de persze mértékkel, mert minden túlzás, minden mértéken-túl-lépés ártalmas és romboló.

Ilyen a szőlőnek a gondozása. A szőlőtő és a szőlővessző együtt vannak. Jaj annak a szőlővesszőnek, amelyikből venyige lesz! Elvesztette értelmét, célját, rendeltetését Isten országában. *Vigyázzunk, hogy soha venyige ne legyen belőlünk. Nekünk meg kell maradnunk szőlővesszőnek a szőlőtőn.*

Az Úr Jézus azt mondja: „Maradjatok énbennem, mint ahogy a szőlővessző rajtmarad a szőlőtőn; nálam nélkül semmit sem tehettek." (Jn 15,4) Hogyan van az együttes élete a szőlőtőnek és a szőlővesszőnek? Egyszerű dolog: hittel, reménnyel, szeretettel, azután az erényeknek a szőlőfürtjével, hitvallással, tíz- és öt parancsolattal és a hét szentséggel: különösen, mint megkereszteltek, immár bűnbánattal és azzal, ami a szőlőtő terméséből átváltozással érkezett: Krisztus vérével! Ha ez így van, akkor nyugodtak lehetünk a szőlőtőnek és a szőlővesszőnek, már mint mi magunknak az együtteséről; akkor nyugodtan mehetünk a halál elé, és megérkezünk az örökkévalóság kapujába. Nagyon fontos ez az egység. Ha 1944—45-ben nem lett volna egység mibennünk a szőlőtővel, akkor, amikor közel 1.000.000 tisztességes édesanyát, érintetlen leányt részeg mongolok, kirgizek letepertek itt, akkor őrjöngés és öngyilkosság lett volna magyar földön. De együtt volt, Istennek hála, a szőlőtő és a szőlővessző. És ez a világ földi életében a legnagyobb érték: együtt a szőlőtő és a szőlővessző; és a világ fiai, akik ezt nem ismerik, azok mind venyigék, azok mind értéktelenek Krisztus szemében. Vigyázzunk a darazsakra, amelyek eszik, rágják, pusztítják, előre megszedik a szőlőszemeket! A világ szelleme folyton küzd ez ellen az egység ellen, és nekünk akarnunk kell, hogy a tört remények után is megmaradjon a jövőbe vetett reményünk, és teljesítsük azt, amit az Üdvözítő meghagy nekünk a mai evangéliumi részlettel: Maradjatok bennem és én tibennetek maradok. Amen. *(Mindszenty József szentbeszédéből, amit a bécsi Pázmáneumban tartott, 1973. május 20-án)*

†

Amely percben ráeszméltem, hogy van, igen *van Isten,* már tudtam, nincs más dolgom nekem, csak egy: egészen Néki élnem! *(Foucauld Károly)*

HÚSVÉT 6. VASÁRNAPJA

I: Isten minden népet meghívott az Egyházba. S: Isten a szeretet. E: Az önfeláldozás a legnagyobb szeretet tanújele.

Jézus parancsai nem egy törvény paragrafusai. Jézus utat és lehetőségeket mutat, megmondja, hogy mire vagyunk képesek és mit vár tőlünk Isten.

Jézus által tudjuk, mi a szeretet; benne a szeretet, az Istentől származó szeretet, emberi alakot öltött. Jézus nem kérdezi, ki érdemli legjobban az Ő szeretetét, vagy ki lesz hálás érte. A szeretet semmit sem vár magának. Szabad és tágszívű és fölszabadít, azt is, *aki* szeret, azt is, *akit* szeretnek. Erről ismerni meg a szeretetet!

Első olvasmányhoz ApCsel 10,25-26.34-35.44-48

Nem véletlen, hogy Kornélius megtérésének a leírása a leghosszabb történet az Apostolok Cselekedeteiben. A római százados keresztségével döntő lépést tesz a keresztény Egyház a pogány népek világába. Leszáll a pünkösd Lelke, csodálatot és ijedséget hozva a jámbor zsidó-keresztényeknek a pogány Kornélius és családja megtérésével. Ami akkor történt, folytonosan történik. Isten ott van minden nép, minden társadalmi osztály és minden vallásfelekezet olyan tagjai közt, akik őszintén keresik Őt. Egység, vagyis közösség Isten szava meghallásában, Jézus Krisztusban, a Benne való hitben és az imádságban: mindez a Szentlélek műve és ismérve. Ezt nemcsak a múlt eseményeire visszatekintve kell megállapítanunk, hanem a jelenre és a jövőre is hinnünk kell. *(10,34-35: 5Mz 10,17; Róm 2,1; 1Pt 1,17 ▫ 10,44-48: ApCsel 2,33; 8,16; 2,4; 11,17)*

Válaszos zsoltár Zsolt 98(97),1.2-3.3-4

Hódolat és hűség Istenhez

Szentleckéhez 1Jn 4,7-10

A szeretet, mely Krisztusban felénk árad, gyökeresen különbözik attól, amit általában szeretetnek hívnak. Mégsem foglalja el az emberi szeretet helyét, nem rombolja szét, hanem fölgyújtja benne a tisztán izzást, és ráüti a bevégzettség pecsétjét. Azon látszik meg, befogadtuk-e Isten szeretetét, hogy embertársunkat életünkbe fogadjuk-e testvérül, felebarátul. Ha kívül hagyjuk ácsorogni, mint „mást", mint idegent, azzal visszautasítjuk az Isten szeretetét. *(4,7-8: 1Tesz 4,9; 1Jn 4,16 ▫ 4,9-10: Iz 54,7-8; Jn 3,16)*

Evangéliumhoz Jn 15,9-17

A mai szakasz folytatja az igaz Szőlőtőről szóló példabeszédet (Jn 15,1-8; húsvét 5. vasárnapja). Szőlőtő és szőlővessző eleven egységben van, így árad az élet is: a szeretet az Atyától a Fiúig, a Fiútól a tanítványokba. Ez egységben, melyet a keresztségben kapunk ajándékba, meg kell maradnunk. Ennek jelei: hűség a hithez és az engedelmességhez. Gyümölcse a tanítványok közössége az öröm és bizalom légkörében. *(15,9-10: Jn 3,35; 10,14-15; 1Jn 2,5; 5,3 ▫ 15,12-13: Jn 13,34; 1Jn 3,11.16; Róm 5,6-8 ▫ 15,16: 5Mz 7,6-8; Róm 6,20-23; Jn 15,2)*

Szentségre várva

Fogyhatatlanul ég a szeretet, mellyel az Atya a Fiát szereti és azokat is, akik Fiával egységben vannak. Egyetlen határa a mi képességünk, hogy ezt a szeretetet elfogadjuk és fölfogjuk. A képesség pedig oly arányban nő, ahogy mi egymás közti egységben és szeretetben növekszünk. Az oltáriszentségi Lakoma bensősége így próbaköve Krisztussal való egységünknek és Krisztusban egymással való közösségünknek.

Elmélkedés

Szeressétek egymást

Mire vélekedjünk, édes testvéreim? Vajon csak arról szól a parancs, hogy egymást szeressük? Ugye, hogy ott az még főbb, hogy Istent szeressük! Vagy csak azt adta parancsul, hogy Istent szeressük, hogy mással ne törődjünk? Három dolgot köt lelkünkre az Apostol, mondván: „Megmarad most a hit, a remény és a szeretet, a három, közülük pedig legnagyobb a szeretet" (1Kor 13,13). És ha magában a szeretetben a két másik bennfoglaltatik, nagyobbnak nevezi az Írás, de nem egyedülinek. Mert mennyi parancsunk szól a hitre, mennyi a reményre? Ki számolhatná össze a parancsokat? De ugyanaz az Apostol íme mit mond: „A törvények beteljesítése a szeretet". Ahol szeretet van, ott minek érezhetni hiányát? Ahol pedig nincsen, ott ugyan minek vehetni hasznát? Az ördög hisz, de nem szeret; és senki sem szeret, aki nem hisz. És bár hiába remélhet bocsánatot az, aki nem szeret; de senki nem vesztheti el reményét, aki szeret. Tehát ahol a szeretet, ott szükségképpen megvan a hit és a remény. Ahol a felebarát szeretete megvan, szükségképpen jelen van Isten szeretete is. Mert aki nem szeretné Istent, hogy tudná szeretni úgy a felebarátját, mint önnön magát? Mert hiszen az ilyen voltaképp magát sem szereti. Gonosz és istentelen ugyanis, márpedig: „Aki szereti a gonoszságot, az gyűlöli önnön lelkét", nem hogy szeretné. — Csak aki azért és úgy szereti magát, hogy Istenhez jusson, az szereti magát. Tehát márcsak önszeretet érdekéből is szereti Istent... *Ez a* szeretet nincs meg minden lélekben, kevesen szeretik úgy és azért magukat, *hogy Isten legyen mindenben minden! (Sz Ágoston: 83. beszéd)*

†

Homo Dei

Azt mondta Montforti Simon az albigi harcokban, mikor nyolcszáz lovagja élén állt tízezer emberrel szemben s biztatták, hogy okvetlenül vonuljon vissza: „Az egész Egyház imádkozik értem, nem hátrálhatok. Tiltja lovagias becsületem, hogy mikor tudom, hogy az egész Egyház imádkozik értem, kételkedjem a győzelemben." Harcból a mi korunkban is van elég; oly harcok, amelyekben még az albii harcoknak arányát is fölülmúlja a hadfelek egyenlőtlen száma; nos, és imádság nincs? Imádkozunk széles e földön; az egész egyház imádkozik értünk. A kántorböjtben az egyház imádkozik és böjtöl. Hol van tehát a hiba; min múlik, hogy nincs meg az a szellem, mely nem fél, mely hősi, mely lovagias, mely hátrálni nem tud? Az rajtunk múlik. Fel kell szítanunk az öntudatot, hogy mik vagyunk, vagy ha még nem vagyunk, hogy miknek kell lennünk. Mindenkinek be kell telnie bátorsággal, meggyőződéssel és hősies lélekkel. És én ez alkalommal tisztelettel félreteszem a szentatyákat és konciliumokat és becsapom a fóliánsokat, és csak közvetlen benyomásokból akarok beszélni, melyeket az evangéliumból és a világ gondolkozásából veszek; öntudatukra akarom hozni, hogy minek kell lennie a buzgó papnak (Isten bármilyen választottjának).

Nekem *egy* vezető gondolatom van, mely a szentírás régi és új lapjain egyaránt tündöklik, ez a gondolat az, hogy Isten választott ki: electus, quem elegi. *„Én választottalak ki titeket"* (Jn 15,16), következőleg nektek választott embereknek kell lennetek. Mikor az Isten választ, követi szíve vágyát; szíve vágyát csak fölséges, mély gondolatok vezetik. Ami az Úrnak tetszik, azt választja. „Ostende, mondja a község, quem elegeris", mutasd meg nekünk azt, hogy kit választottál ki. Mikor az Úr Jézus apostolokat akar maga mellé venni, akkor választ; mikor kiválasztotta és apostolságukra figyelmezteti, választásra hivatkozik: „Én választottalak titeket". Mintha mondaná, gondolhatjátok, hogy milyeneknek kell lennetek, mikor én választottalak ki titeket. Júdás helyett kell más valakit állítani; ki állítsa oda? Azt csak az Úr teheti: „Mutasd meg, kit választottál!" Mert hiszen tőled függ, te választasz. És valóban Szent Pálnál megint előfordul a jellemző szó, mely megmondja, mi ő: vas electionis [kiválasztott edény, eszköz]. Itt is az Úr választott: Segregate mihi Saulum et Barnabam [Szemeljétek ki nekem Sault és Barnabást]. Következőleg a Szentírás hirdeti, hogy minek kell lennie a választottnak, minek kell magát éreznie, és ha még nem az, hogy mire kell törekednie. Ezt hirdeti a neve is „clericus"; mi annyit jelent, mint pars haereditas, az Úrnak része.

Már most azt gondolom, hogy az Istent a kiválasztásban kiváltképpen két jellemvonás vezeti és vonzza: a *tisztaság* s az *előkelőség*, s hogy az Úr csak ilyeneket választhat ki. *(Prohászka: ÖM, 17:272)*

HÚSVÉT 7. VASÁRNAPJA

1: Az apostolok Júdás helyébe tizenkettediknek Mátyást választják, hogy ő is tanúságot tegyen a föltámadásról. S: Aki szeretetben él, Istenben él. E: Jézus tanítványai egyek legyenek, amint Ő is egy az Atyával.

A szeretet s egyszersmind az öröm is oly tényekhez kapcsolódik, amelyek „megmaradnak". Ezt Sz János evangéliuma és levelei ismételten megállapítják. Saját tapasztalatunk talán ellenkezőjéről szól. S így kérdeznünk kell, van-e a szeretetről és az örömről helyes fogalmunk. Érzelmek, hangulatok, szenvedélyek — mindez múlékony. Egyáltalán, mi „maradandó"? Minek van tartama, maradása, életünk egész idejére s azon is túl?

Mikor Isten szeret, igényel és magához von minket, akkor azt Ő komolyan veszi! Szeret, igényel isteni, örökre elszánt komolysággal, isteni, ujjongó örömmel. Az örök Szeretettől igényelt, vágyott, befogadott lelkek vagyunk — mindörökre!

Első olvasmányhoz ApCsel 1,15-17.20-26

Az első hívők száma, amellyel a jeruzsálemi egyház a történelembe lép, mintegy 120, tízszerese az apostolokénak. Az apostolok 12-es száma megfelel Izrael 12 törzsének, mert az Újszövetség előképe és kezdete az Ószövetség; az Ó az Újban teljesedik ki. Hogy ezt kifejezzék, helyre kell állítani a 12-t Júdás kiesése után; csak utóbb a pogány népek jelentkezésével marad el a 12-es szám. A tizenegyhez hozzáválasztott apostolnak tehát föltétele, hogy tanúja volt Jézus életének keresztelkedésétől mennybemenetéig. S az apostolság alapvető teendője, „hogy velünk együtt tanúja legyen a Föltámadásnak!" Az apostoli tanúságtételen épül az Egyház hite. *(1,16: Lk 22,47 ▫ 1,20: Zsolt 109,8 ▫ 1,26: 1Sám 14,41; Mk 3,14-19)*

Válaszos zsoltár Zsolt 103(102),1-2.11-12.19-20

A jóságos, a megbocsátó Isten

Szentleckéhez 1Jn 4,11-16

Honnan tudjuk, hogy Istennel egységben vagyunk, hogy Istenben élünk és Ő mibennünk? Nem gondolkodás és okoskodás által; jámbor, érzelgő hangulatok, még rendkívüli lelki tapasztalatok is megcsalhatnak. Sz János két ismertető jellel szolgál, hogy Isten Lelke lakozik bennünk: hiszünk Jézusban, mint Isten Fiában, és testvérként szeretjük embertársainkat. Isten szeretete sötét titok marad számunkra, még a krisztusi történet után is; sok-sok kifogásunkra a „szerető Isten" ellen nem jön válasz, csak ez az egy: Isten Jézusban odaállt a szegény bűnös, a szerencsétlen, az elesett oldalára, s a világ megmentésére tulajdon Fiát küldte. Láttuk mi ezt tulajdon szemünkkel, és tanúsítjuk — hirdeti János. Mi magunk? Attól függ ez, vajon a befogadott szeretetet megtartjuk-e, és tovább árasztjuk-e másokra. *(4,11-13: Mt 18,33; Jn 1,18; 5,37; 1Jn 4,17; Róm 5,5 ▫ 4,16: Jn 17,6; 1Jn 4,7-8)*

Evangéliumhoz Jn 17,11-19

Nagy búcsúimájában Jézus a tanítványaiért könyörög, megadja nekik az Atya a hit és szeretet egységét (Jn 17,6-19). Az Egyház félreismerhetetlen jegye az öröm kell, hogy legyen; nélküle nincs sem hit, sem szeretet. „Az Én örömöm" — mondja Jézus. Azon életteljesség kitörése ez, amelyet az Atyával való egysége ad. A Fiúnak az Atyával való ilyen egysége a tanítványokat is magába vonja. Még e világban élnek, amely azonban merően másként gondolkozik és cselekszik. De meg vannak szentelve, Isten tulajdonába vonva, s onnan árad ki küldetésük a világba, hogy tanúságot tegyenek az igazságról és Isten öröméről. *(17,11-13: Jn 3,35; 10,28-20; 6,39; 13,18; Zsolt 41,10; Jn 15,11 ▫ 17,14-16: Jn 15,18-19; 8,23 ▫ 17,17-19: 1Pt 1,22; Jn 20,21; Zsid 10,9-10.12-14)*

Szentségre várva

Krisztus Igéje és az Ő áldozata mindnyájunkat megszentelt. Isten ismer minket, Övéi vagyunk. Az emberek nem is oly igazságtalanok, ha szokatlanul magas színvonalat várnak el attól, aki Krisztusénak vallja magát.

Elmélkedés

„Nem e világból!"

„Ők nem e világból valók, amint én sem vagyok e világból." (Jn 17,16) Mit nyújt a világ? Ámít, s nem enged a valóságra rányitnunk. Szóval tart, frázissal; beszél s belénk nevel érzéseket. Beszél odaadásról, hűségről, tiszta becsületről, beszél, és a szó mögött rejlő semmiségbe pillantani nem enged. Ámít, és mire kiábrándulunk, látjuk, hogy csalódtunk. Nincs tartalom, nincs érték a mi csinált világunkban. Fölfogásunkat, érzületünket ránk kényszerítette, megcsalt; nagyítóüveget és kaleidoszkópot használt, és mutogatta azt, ami üres, hitvány, kicsiny, lapos, s úgy mutatta azt, hogy mi azt mind nagynak, szépnek és bűvösnek néztük. Lelkek, félre a csalfa pápaszemmel! Az evangélium mondja: legyen a te szemed egyszerű, az legyen egészséges, jó, erős érzék, lásson keresztül a szemfényvesztésen, a tükrözésen, a délibábokon át; lásd, hogy az élet célratörekvés, még pedig örök életcélra; lásd, hogy az út oda Isten- s emberszeretet, szeretet tettben s nem szóban; szeretni Istenért embert, életet, munkát, és szeretni az emberben, a hitvesben, a gyermekben, a jó barátban, a felebarátban az Istent. Konkrétan szeretni; szeretni itt és most, ma; és szeretni, vagyis szívességet tenni, elviselni, jóindulattal megítélni, megérteni; híven, lovagiasan, nemesen érezni s viselkedni szemben is, meg az ember háta mögött is.

Bűvös itallal kínál; az élvezet mámorával szokott hódítani. Édes dalokkal lefog, de méregkeverő, mint Kirké [a homéroszi mondák varázslónője]. Szítja bennünk a rossz irányt a nemi élet téves fölfogása által, melynek hatalma alá hajt gondolatot, művészetet; a képzeletet és az érzést beteggé teszi. Idealizálja téves irányban a nőt, csakhogy ingerelje ösztöneinket. Ez az egész ideológia színpadias, mesterkélt és értéktelen alkotás. Tűzijáték, mely a lelkeknek lepörköli szárnyát, s megnyomorítva tenyészéletre kárhoztatja őket; ha ugyan nem asznak össze csontvázakká, vagy nem pusztulnak el a métely gombáitól. Íme a bálványozás vége. „Es stirbt der Mensch an seinen Göttern." [Az ember belehal isteneibe.] Szeplőtelen, erős érzést mindenbe, nemi viszonyainkba is. Fegyelmezni magát, nem prüdériával, de erős önmegtagadással... *(Prohászka: ÖM, 7:316; 58)*

PÜNKÖSD UTÁNI ELSŐ VASÁRNAP

SZENTHÁROMSÁG VASÁRNAPJA

I: Csak egy Isten van, az ég és föld ura. S: A mennyei Atya a bennünk lakó Szentlélek által fiaivá fogadott, és országának örököseivé tett. E: Jézus egyetemes küldetést ad apostolainak, és megígéri, hogy velük marad a világ végéig.

A Szentháromság nem valami örökre önmagában nyugvó titok. Isten a kezdetek óta kinyilvánítja igéjét a teremtett világnak. Az Igében Lelkének ereje lakozik. És az idő végezetéig a háromságos Isten erejében hirdettetni fog az Evangélium és kiosztatni a szent keresztség.

A misszió nemcsak parancs az Egyház számára, hanem belső törvénye is, amint Jézus élettörvénye is volt. A világ a termőföld, mely gyümölcsöt terem az Ige vetőmagjából.

Első olvasmányhoz 5Mz 4,32-34.39-40

Jahve, az egyetlen Isten, kivezette a népét Egyiptomból, szólt hozzá Sínainál, s tulajdonába adta Kánaán földjét. Ezek a hagyomány szerinti nagy üdv-tettek, amelyek örökre rányomták a népre bélyegüket. Isten oly törvényt adott népének, amilyent akkor az fölfoghatott; de az ajándék, amit igazában adni fog, az Ő Szent Lelke, aki belülről újítja meg, tanítja és vezeti az embert. Isten nemcsak a választott nép Istene. Az egész világon közel van az Őt keresőkhöz, azokhoz, akik megváltó jelenlétére föltárulkoznak. — A mai olvasmány ihletést árasztó tan és intés, amely többszörösen rokon szellemű Izajás műve második felével. *(4,32-34: 5Mz 4,7; 2Mz 33,20; 5Mz 5,24-26; 7,6 ▫ 4,39-40: 5Mz 6,4; Zsolt 83,19; Iz 43,10)*

Válaszos zsoltár Zsolt 33(32),4-5.6 és 9.18-19.20 és 22

Hű és jóságos Isten

Szentleckéhez Róm 8,14-17

Jézus Istent Atyjának nevezte, másként, mint minden teremtmény. Ő Istennek Fia, egészen Atyjából és Atyjának él. Az Atyából kiáradó Lélek eltölti Őt, vezeti és megdicsőíti (vö. Mt 4,1; Zsid 9,14; Jn 16,14). Ugyanezt a Lelket fogadja a hívő a keresztségben, bevonja ez az Atyja és Fiú közti életáramba, s a Fiúban hasonlóképp ő is Isten fia lesz. Miből tudjuk meg, hogy Isten fiaivá lettünk? Abból, hogy hagyjuk magunkat mozgatni és vezettetni a Lélektől, mint Jézus, és a bizalomból, amellyel máris mondani tudjuk Istennek: „Abba, kedves Atyám!" Mint gyermekei, szabadok vagyunk, nincs okunk félelemre. Mint gyermekei, „örökösei" is vagyunk Istennek. Ez az „örökség" igazában az, amit az Ószövetség Ígéret földjének hív, az Újszövetség pedig Isten uralmának, országának: a Vele való életközösség. *(8,14-15: Jn 1,12; Gal 5,18; 4,4-7; Jn 15,15 ▫ 8,17: Gal 3,26-29; Fil 3,10-11; 1Pt 4,13)*

Evangéliumhoz Mt 28,16-20

Galileában, végső megjelenésében a hegyen a Föltámadott kinyilatkoztatja magát: Ő az Emberfia, akinek minden hatalom átadatott (vö. Dán 7,14; Róm 1,4). — E teljhatalmából kifolyólag adja tanítványainak a missziós parancsot, és ígéri meg maradandó, segítő jelenlétét, a közelségét. A tanítványok feladata: 1. mindenkit tanítvánnyá tenni, a Krisztussal való találkozásra vezetni és a közösségbe bevonni; 2. keresztelniök kell az embereket és 3. Jézus parancsaira megtanítani őket. A korábbi, Izraelre korlátozott küldetéssel szemben (Mt 10,5-6; 15,24), most a föltámadott Krisztus egyetemességének megfelelően a küldetés, a missziós parancs tér és idő szerint korlátlan, határtalan. A keresztség szavai — „Az Atyának, Fiúnak és Szent Léleknek nevében" — nyilvánvalóvá teszik, hogy a keresztség nemcsak személyes közösséget, egységet teremt Krisztussal az Ő halálában és föltámadásában, hanem egyben közösséget és egyesülést a háromságos egy Istennel. *(Mt 26,32; Jn 3,35; 17,2; Mt 18,20; Jn 14,23)*

Szentségre várva

A megdicsőült Krisztus által, ki jelen van az Eucharisztiában, egységben vagyunk az Atyával és a Szentlélekkel. Megragad bennünket a szeretet hatalma, amely maga a háromságos Isten élete. Isten gyermekei vagyunk, ha Lelke szabad működésének magunkban tért adunk, ha átengedjük Neki magunkat.

Elmélkedés

Ima az Atyaistenhez

Életünk célja az Atya. Minden Tőle jön. Minden Őhozzá megy. Hozzá akar bennünket vezetni a Megváltó. „Én vagyok az Út" — mondotta, az út, amely odavezet az Atyához, aki véghetetlen magasságban trónol és mindent átölel szeretetében. Őhozzá igazodjék életünk, mint ahogyan az úton arra a csúcsra szegezzük tekintetünket, amelyre eljutni akarunk. Nála van a végső beteljesülés, a béke.

Örök Atya, minden Tőled jön, minden Hozzád megy. Atyám, szívem legbelsejében Hozzád kapaszkodom fel, a Te magasságodba, minden alacsonyság fölé. Hívj engem, ebből a sokféle mulandó dologból a Te örökkévalóságod felé. Nálad van a világosság, az élet beteljesülése, az otthon. Atyám, minden a Te kezedben van. Bízom benned. A Te gondviselésednek adom át enyéimet és munkámat.

Hatalmas, örök Király, teljesedjék a Te akaratod, növekedjék a Te országod, általam is. Ami vagyok, amit e napon teszek, ami velem történik, Téged dicsőítsen és szolgálja a Te országodat.

A Szentháromságot akarjuk imádni, a hármas-egy Istent. Ez a titkok titka, minden dicsőség foglalatja. Szentséges Szentháromság, Te fölötte vagy minden értelemnek és tudománynak. Az igazság összessége, a szeretet kútfeje, a végtelen szépség. Te vagy az élet, Te a közösség, a boldog hármas Egység.

Meghajlok előtted, imádlak. Tied a hatalom, a dicsőség és az uralkodás. Amen. *(Guardini imája, Sík: DB, 34).*

†

Isten hatalma és gondviselése

Istennek hatalmassága nyilván kitetszik a világnak megtartásából. Mert miképpen a világosság függ a nap és gyertya erejétűl, úgy, hogy mihelyt a nap elenyészik vagy kivitetik a gyertya, ottan mindjárt elvész a házban való világosság is: hasonlóképpen Istentől függnek minden állatok, létezők, hogy mindjárt semmivé lésznek, miként tőle nem tartatnak... Hogyha csak orcáját elfordítja vagy „szemét béhunyja" is az Isten, mindjárt porrá lészen és elvész e világ. Ugyanezent jelentgeti másutt is a Szentírás, midőn azt mondja: mindeneket az Ő hatalmas szavával (Igéjével) hordoz az Isten; mindeneket tenyerében tart és a Földet három ujján viseli... Ha tenyerünkben egy nagy követ fenntartunk, miként elvonjuk kezünket a kő alól, magától mindjárt leesik a kő, — ugyanúgy, ha az Isten keze nem tartaná e világot, ottan semmivé lenne! — Ez okon nevezték a bölcsek az Istent „e világ lelkének", amint Sz Ágoston írása magyarázza: olyan a világ Isten nélkül, mint a test lélek nélkül... Ezekből pedig két szép tanulságot vegyünk: Elsőt azt: hogy mikor az isteni cselekedetekről szólunk, ne fontoljuk, ne mérsékeljük ezeket a mi rövid értelmünkkel. Ne alítsuk [véljük], hogy amit föl nem érünk a mi kurta gondolatunkkal, azt az Istennek mindenható ereje véghez nem viheti... Mikor cselekedetit fel nem érjük, szükség, hogy fejet hajtsunk, és a mi okoskodásinknak erőtlen szárnyát lebocsássuk az Isten szavára. — Második tanulságot azt vegyük: hogyha ennek a mindenható Úrnak kedvesen szolgálunk, nagy bátorságos bizodalommal lehetünk minden veszedelmes ügyünkben és szükségünkben... Azt is meggondoljuk, mily nagy szemtelen vakságban leledzik a bűnös ember, midőn az ő Istenétől vett erővel az ő jótevő Ura ellen viaskodik! és azt bosszantja, akinek kezétől függ mind élete s mind örök veszedelme! Bizony ha egy magas toronynak tetejéről egy kötélen leeresztene valaki engemet, és úgy tartana csüggőben: meggondolván, hogy ha ereszt, ottan szörnyű halállal kell vesznem, nemcsak nem haragítanám, bosszantanám és rágalmaznám, akinek kezétűl függ életem, hanem inkább alázatos kéréssel, sok kedves ígéretekkel és minden tehetségemmel engesztelném őtet. Ha azért a gyarló embert... haragra nem merem indítani, minemű magafeledett bolondság lészen, ha az ellen törekedem és bűneimmel azt bosszantom, akinek segítsége nélkül még csak lélegzetet sem vehetek! *(Pázmány: Kalauz, 1:5; Az Isten mindenható)*

SZENTHÁROMSÁG VASÁRNAPJA UTÁNI VASÁRNAP

KRISZTUS SZENT TESTE ÉS VÉRE ÜNNEPE: ÚRNAPJA

I: Ez annak a szövetségnek vére, melyet az Úr kötött veletek. S: Az új szövetséget Jézus kötötte saját Vére által a megváltott emberiséggel. E: Jézus az utolsó vacsorán saját Testét és Vérét adja apostolainak.

Isten emberré válása nem végződött be Jézus életével; a szentségekben folytatódik. És mindenek fölött ott áll egyetlen Szentség, amelyben az Isten minden embernek a legközelebbi, a lelki felebarátja akar lenni. Isten jön szembe velünk, szeretete megalázódásában: lelkünk számára az Élet Kenyerévé tette magát.

Itt van Krisztus. Ő a középpont, Isten nagy „Igen" szava az emberhez, s Ő az ember válasza és „Ámen"-je a kinyilvánult örök szeretetre. Mind, akik kimondják ezt az Áment, igent mondanak az új és örök szövetségre is. Ez a szentségi Lakoma egységre és hűségre kötelez.

Első olvasmányhoz 2Mz 24,3-8

A Sínai hegyi Isten-megjelenés célja a szövetségkötés volt Isten és a népe közt. Isten ajánlja föl e szövetséget, s a nép elfogadja, hogy az „Úr szavait és jogi szabályait" kövesse. Záradékul, a szövetség-okmány fölolvasása előtt (2Mz 24,7) előbb az oltárt, mint Isten képviselőjét, meghintik az áldozati állat vérével, és az olvasás után Mózes meghinti a vér másik felével az egész népet. Mózes szavára: „Ez a szövetség vére" — hivatkozott Jézus, mikor az Új Szövetséget saját vérével pecsételte meg (Mt 26,28; Lk 22,20). A Sínai szövetség a nép állandó közösségét jelentette Istennel, aki ezt a szövetséget fölajánlotta nekik. A szövetség egyúttal a nép tagjainak mélyebb és szorosabb közösségét is jelentette. *(24,3: Józs 24,16-24; 2Mz 34,27-28; Zsolt 50,5; Zsid 9,18-20)*

Válaszos zsoltár Zsolt 116(114-115),12-13.15-16.17 18

Hála a megmentésért

Szentleckéhez Zsid 9,11-15

A zsidókhoz írt levél az ószövetségi papságot, istentiszteletet az égi valóságok utánzatainak tekinti, érzékelhető utalásnak a „jelen időkre" (Zsid 9,9). Mióta Krisztus belépett a mennyei Szentélybe, és Vérét, vagyis önmagát föláldozta az „örök Lélek erejéből", a Szentlélek által (9,14), — lezárult az ószövetségi papi szolgálat és az áldozat-kultusz ideje. Áldozata által Krisztus megtisztított minket, képessé tett arra, hogy az Újszövetség igazi áldozatát bemutassuk. *(9,11-12: 3Mz 16; Zsid 7,26-27; 4,14; Mt 26,28 ▫ 9,13: 4Mz 19,2-10.17-20 ▫ 9,14-15: Róm 1,4; 8,11; 1Pt 1,18-19; Zsid 10,10; 8,6)*

Evangéliumhoz Mk 14,12-16.22-26

A szentíró Jézus utolsó vacsoráját tanítványaival húsvéti lakomának nevezi, melyet Jézus a közeljövő tiszta előrelátásával ünnepel. A vacsora lefolyásából csak a páratlan új eseményt mondja el. A tudósítás oly szűkszavú, hogy megértéséhez a többi beszámolót is olvasnunk kell: Mt 26,26-29; Lk 22,15-20; 1Kor 11,23-26. Mindezeket Jézus föltámadása után írták, amikor a keresztény közösségben a szentségi lakomát (szentmisét) már meg-megülték. Hogyan kell az ilyen lakomát és magát az utolsó vacsorát értenünk, az mindenek előtt Jézus szavából adódik: „Ez (itt) az Én Testem, ez az Én Vérem..." A bibliai szóhasználatból tudjuk, hogy a „testen" az egész személyt kell érteni. „Az Én Vérem" kifejezés „a szövetség Vére, mely sokakért kiontatik" hozzáadással világossá teszi, hogy a föláldozott Testről, Vérről van szó, tehát a föláldozott és áldozati átadásával megdicsőült Úrról! Nem áldozati állatok vére által, hanem magának Krisztusnak vérével pecsételődik meg az Újszövetség (vö. első olvasmány és szentlecke).

Szentségre várva

„Az áldás kelyhe, melyet megáldunk, nemde Krisztus Vérében való részesülés? És a kenyér, melyet megtörünk, nemde az Úr testében való részesülés és közösség? Mert egy kenyér, egy test vagyunk sokan, mindnyájan, kik egy testben részesülünk." (1Kor 10,16-17)

Elmélkedés

Hálaadás a szentáldozás után

Első érzelmem mélységes hódolatom: Jön a király, a Fölség! Dobog a szívem s csuklik a térdem. A Mekkából jövő zarándokjáratok elé borulnak a mozlimok, hogy lovak, tevék menjenek el rajtok. Bevonuló királyom elé terjesztem ki érzelmeim szőnyegét; eléje szórom virágaimat. — Por vagyok, tehát lábaid alá való. — Majd ismét a trónon, szívem trónján ülő királyt látom, ki szeretettel nézi törekvésemet. Mily vízió! Mily hegyek, „montes Dei"! — De végre is az emberséges Úr előtt állok, és hajlékomba vezetem; tiszta a házam, muskátli és szekfű van ablakaimban. Üdvözlégy! Leborulok előtted, mint Ábrahám, mint Judit, mint Szalome,... mint Szűz Mária.

Azután kitör lelkemből a dicséret; mert itt a mennyország, kell tehát angyalének, a „Szent, Szent, Szent". S hol vannak az angyalok? Ah Uram, még próféta sem vagyok, hanem gyarlószívű szolgád csak. De azért a tilinkót meg nem veted. Angyalok énekeltek fönt, pásztorok tilinkóztak lent. Szívemben is visszhangzik a Glória... A szeretet kemencéjében vagyok, és a három ifjúval énekelek! Nem fojtom el dalaimat!

Megnyugszom, megpihenek e keblen, egyesülök vele szeretetben. Minden szerető így tesz, átkarol, átölel, csókot ad, s te is vártad azt Simon farizeustól s nem kifogásoltad Júdásban sem. „Haec requies mea.": Itt megnyugszom. Érzem, hogy szeretsz, változhatatlan, örök szeretettel. S te eltűrsz, sőt mondod: Ne keltsétek föl szívem szerelmesét, hadd pihenjen nálam. Óh szívem, hát elszakadhatnám valamikor Jézustól?! Még a gondolat is bánt; gondol-e a jegyes válásra az oltár előtt? Hát én sem gondolok, beleélem magamat Jézus szeretetébe, és boldogságom lesz öntudatlan föltétele hűségemnek. *(Prohászka: ÖM, 7:304; 43)*

†

Az áldozás

A misézõ pap fölébe hajlik Krisztus szent testének, végső előkészület gyanánt az áldozás előtt még három imádságot mond, és azután mély tisztelettel magához veszi az Urat, majd kiosztja a keresztény híveknek is.

Az őskeresztény időkben aki jelen volt a szentmisén, egyben áldozott is. Ki is mert volna Krisztus testének erősítése nélkül maradni, mikor nem tudta, hogy nem kell-e aznap szembenéznie az üldözéssel, nem kell-e aznap vértanúhalált halnia? A pap áldozása után tehát megindult az oltár felé a hívek második processziója, hogy amit az offertóriumban felajánlottak, most mint az Isten Fia testét vegyék magukhoz. Az Eucharisztiát a misézõ a hívek kitárt tenyerére helyezte e szavakkal: „Corpus Christi", „Krisztus teste", ők pedig fejüket alázatosan meghajtva, feleltek: „Amen". És magukhoz vették az Urat.

Hála Istennek, napjainkban megint kezd visszatérni az őskeresztények gyakori áldozása!

Mikor a misézõ pap megáldozott, halk neszezés és mozgás támad a hívek között. Eddig néma csendben imádkozott mindenki, most egyszerre mozgolódás észlelhető: szent menet indul el az áldoztató rács felé.

Megindító nézni ezt a menetet. Kicsinyek és nagyok, férfiak és nők, szegények és gazdagok, tanultak és tudatlanok, mennek... mennek... meghajtott fővel, kimért lépéssel. Ahány megy, annyi eleven tabernaculum, annyi élő oltárszekrény. Tiszta, fehér, bűnnélküli, tündöklően fényes oltárszekrények indulnak befogadni magukba az Oltáriszentséget. Letérdelnek, és fölemelik arcukat az áldoztató pap felé. De micsoda arcok! Micsoda tekintetek! Ilyen sugárzó szemet, ilyen átszellemült nézést, ilyen boldogságban úszó arcot nem lát sehol soha máskor a föld: az apostolok arca fénylett így a Tábor hegyén. Olyanok mint a virág, mikor kelyhét bontja az első hajnali napsugárra. Olyanok, mint a hegycsúcs, mikor ég rajtuk az alpesi nap lángja. Olyanok, mint az esthajnali csillag szelíd fénye. Olyanok, mint... de mit hozzak újabb hasonlatokat?... olyanok, mint az Istenére talált ember, mikor Isten arca újra felfénylik az emberi arcon.

Áldozás után a misézõ rövid hálaadó imát mond, majd a hívek felé fordulva, elbocsátja őket ezekkel a szavakkal: Ite, missa est! Menjetek, vége van a misének! *(Tóth Tihamér: Üdvözlégy, Oltári Szentség!, 131)*

PÜNKÖSD MÁSODIK VASÁRNAPJA UTÁNI PÉNTEK

JÉZUS SZENT SZÍVE ÜNNEPE

1: Isten megbocsátó irgalma népe iránt való első — és egyben örök — szeretetéből fakad. S: Krisztus szeretete felmérhetetlen. E: A katona lándzsája megnyitja Jézus oldalát, hogy Szíve örök menedékünk legyen.

Rossz, ha mindenünk megvan, ami szükséges! Csak nézzük a mi jóléti társadalmunkat, amely kapzsi vágy és rettegés közt rángatózva, legjobb úton van, hogy a csömör társadalma legyen. (Talán hamarosan ezt a mondatot nem is értik majd meg.) Akinek pénze van, elérhet valamit magának. Senkihez sem kell könyörögnie. Istenre sincs szüksége...

Istennek „nincs pénze". Sokkal jobbja van: van Szíve, szerető és szeretetre szomjas Szíve. Ez Jézusban lett láthatóvá. Őbenne Isten Szíve jelent meg, a megsebzett és örökre szerető Szív.

Első olvasmányhoz Oz 11,1.3-4.8-9

Isten kivezette népét Egyiptomból a szabadságba, és Sínainál szövetséget kötött vele (2Mz 24: úrnapi 1. olvasmány). Ez a szövetség sokkal több merő szerződésnél, amely törvényes viszonyokat szabályoz. Ozeás próféta szemében személyes kapcsolat, amilyen az atya és fia, sőt az anya és gyermeke közt áll fenn. Isten népének első élménye Istennek gondoskodó szeretete. De már régóta a népe nem hűséggel válaszolt, hanem zúgolódással és gyakran elpártolással. Isten büntette népét, de csak azért, hogy bűnbánatot tartson és Őt kövesse.

Minden fáradsága hiába volt (Oz 11,4-7). Az a megfoghatatlan, hogy mindennek dacára Isten mégsem hagyja végleg magára népét, újra meg újra feléje fordítja örök szívét, vagyis az Ő mélységes, megfoghatatlan, fölmérhetetlen szeretetét. *(11,1: Jer 2,1-3; 5Mz 4,37; 7,7-9 ▫ 11,3-4: 5Mz 1,31; 32,6 ▫ 11,8-9: Jer 31,20; Iz 54,8; 6,3)*

Válaszos zsoltár Iz 12,2-3.4.5-6

Háladal

Szentleckéhez Ef 3,8-12.14-19

Isten titka, misztériuma Krisztusban kinyilvánult, és Sz Pálnak hivatása, hogy a pogányoknak hirdesse. Isten szeretetének örök tervéről van szó, hogy meghívja a pogányokat is, akárcsak a zsidókat, a hitre és az Istennel való egyesülésre. A mindenség Teremtője egyben Megváltó is, és csak a megváltott teremtésben lesz majd nyilvánvaló a Teremtő ragyogása. — Az olvasmány második felében (Ef 3, 14-19) az apostol kijelentései imádságba emelkednek: az egyházak számára oly megismerést kér, mely az Istenség mélyeibe hatol. Ilyen tudás egyszerre hit is és szeretet is. Általa Krisztus lakik az emberi szívekben és Vele az Istenség teljessége. Így lesz képes az Egyház, mint egység, hogy átadja a világnak Isten végtelen szeretetének üzenetét. *(3,8-9: 1Kor 15,8-10; Kol 1,26-29; Gal 1,15-16; Ef 1,7; Róm 16,25 ▫ 3,10-12: 1Pt 1,12; 1Kor 2,7-9 ▫ 3,16-19: Róm 5,5; Jn 14,23; Kol 2,7)*

Evangéliumhoz Jn 19,31-37

A három első evangélista a rendkívüli jelekről szól, melyek Jézus halálakor történtek. János ezek helyett egy jelenségről szól, melynek értelmét csak az eszmélődő hit fogja meglátni: „Egy katona lándzsával megnyitá oldalát és legottan vér és víz jöve ki." Készületi idő volt, ugyanezen órán ölték le a templomban a húsvéti bárányokat (vö. 2Mz 12), mikor Isten Báránya, ki elveszi a világ bűneit, a kereszten meghalt. Jézus szívének átdöfésében Sz János két szentírási szöveg beteljesülését látja. Jézus a húsvéti bárány, kinek csontjait nem szabad megtörni (2Mz 12,46), és Ő a pásztor, kiről Zakariás Izajáshoz hasonlóan mint Isten szenvedő Szolgájáról szól (Zak 12,10), akit a kínszenvedésében fölismert: „Látni fogják, kit vertenek által." A Jézus oldalából kifolyó vér és víz Krisztus kiáradó szeretetéről beszél, amely a kereszten ragyog föl legtündöklőbben, s megváltja mindazokat, akik hívőn, bízón föltekintenek hozzá, a Fölmagasultra. *(19,31: 5Mz 21,22-23; Gal 3,13 ▫ 19,34: Ez 47,1; Jn 7,37-39; 1Jn 5,6-8 ▫ 19,36-37: 2Mz 12,46; 4Mz 9,12; Zak 12,10; Jel 1,7)*

Szentségre várva

Jézus Szíve ünnepe tulajdonképp nem különleges titok ünnepe: napról napra megüljük, valahányszor hitben és az Úr Szentségében találkozunk Vele, és az Ő teljességéből életet merítünk.

Elmélkedés

Értelemmel nem tudja az ember fölfogni Istent, de szeretettel oly mélyen és teljesen bírhatja, hogy Avilai (Nagy) Szent Teréz igazán szólhatott így: Isten egymaga elegendő!

†

Óh tűz, mely folyvást lobog és soha ki nem alszik! Óh örökkön égő izzás, mely sosem hűl le; gyújts föl engem is, hogy a Te szeretetedben, csak Téged magadat szeresselek! *(Sz Ágoston)*

†

Jézus Szíve és az Egyház

Hogy az új Ádám, a kereszten alvó Krisztus oldalából kikeljen az Egyház, és beteljesüljön az Írás: „Látják majd azt, akit átaldöftek", — megengedte az isteni rendelés, hogy egy a katonák közül lándzsával azt a szent mellet átdöfje, *megnyissa* és így vízzel keverve a szent Vér, a mi üdvösségünk ára kiömöljék. Ez pedig kitörvén a Forrásból, vagyis a Szív rejtekéből, erőt sugározzon az Egyház szentségeibe, hogy az élet kegyelmét árasszák, hogy legyen már a Krisztusból élők számára kelyhe élő vizeknek, melyek örök életbe szökellenek. Kelj föl azért, lélek, Krisztus szent jegyese, ébren őrködni ne szűnjél! Tedd ajkad oda, hogy „fölüdülj az Üdvözítő forrásaiból." *(Sz Bonaventura: Élet fájának könyve)*

†

Mivel egyszer már végre eljutottunk Urunk Jézus édességes Szívéhez, és jó nekünk itt lennünk, — ne szakadjunk el egykönnyen tőle! Óh milyen jó és kedves ebben a Szívben lakni! Jó kincs, drága gyöngy a Te Szíved, jóságos Jézus, gyöngy, amit megleltünk Tested földjébe szántva. Ki vetné el ezt a gyöngyöt? Sőt inkább elcserélek minden más gyöngyöt, minden gondolatom és érzelmeim átváltom, és megveszem ezt magamnak, belevetvén minden gondolatom és gondom a jóságos Jézus Szívébe, és a Szív hűségesen eltart engem. Így megtalálván a Te Szívedet és a magamét, édes Jézus, én Istenem, kérni foglak, bocsásd be könyörgésemet meghallgatásod szentélyébe, sőt egész valómat vond be a Szívedbe! Mert a végre döfték át a Te oldalad, hogy bejuthatás táruljon minekünk. Ezért sebződött meg a Szíved, hogy külső háborgatásoktól mentve, ott benn lakhassunk. Bizonyára azért is megsebződött, hogy a látható seben át szerelmed láthatatlan sebét meglássuk... A testi seb a lélek sebét mutatja. Ki ne szeretné az így megsebzett szívet? Viszontszeretni ki ne tudná az ennyire szeretőt? Ki ne ölelné át az ennyire tisztát?... Mi tehát könyörögjünk, hogy szívünket, ezt az oly kemény és konok szívet méltóztassék szerelme kötelékével magához láncolni, tüzes dárdájával megsebezni. *(Sz Bonaventura: A titkos szőlőtő)*

†

Szeretet

Mármost a hű szeretet, a tartós barátság egyféle alkalmasságot kíván; az Urunk részéről tudjuk, ez teljes, tökéletes. De minálunk: ádáz, érzéki, hálátlan a lélek — így nem tudjuk elérni, hogy úgy szeressük Őt, ahogy Ő minket — mi: én, te, meg amaz — nem vagyunk rá képesek. *(Nagy Sz Teréz)*

†

Az isteni szeretet lehajló nagysága

„Világ leggyöngébbjeit választotta" (1Kor 1,27). Ez itt szillogizmus. Szeretet (igazi, nem az önszeretet, sem az, mely kitűnőt, vonzót, gyönyörködtetőt szeret, vagyis, mely önszeretet szintén!), — a szeretet fordítva arányos a tárgya nagyságával, a „kiváló" voltával. Tehát ha *végtelen,* de *végtelen* kicsiny vagyok és jelentéktelen, maga a nyomorúság, — aminek érzem is magam: az emberfaj legalja, — akkor az örökre-örökre bizonyos, hogy Isten szeretni fog! Krisztus mondja: Veréb se hullhat le Ő akaratja nélkül. Én még alábbra „licitálnék": ha Isten szemében kevesebb vagyok verébnél, akkor az Ő gondja-szeretete még sokkal *biztosabb!* [Embernyomor: a bűn maga alább vet minden állat s anyag voltnál!] Hiszem, az érvelés és folyománya is elég szilárd. Az orosz cár úgy érzi tán, hogy Isten „átnéz" fölötte, kinek oly sokra kell gondolnia, ügyeljen csak e „legfőbbre"? Veréb nem érzi, bár szeretet rá is száll. De fontos egy cár mégis, ha nem veréb is! Isten: Szeretet. A szeretet fordított arányában áll a tárgya nagy becsült voltával!

Elveszettnek látod magad nagy nyomorodban! „Veled senki nem törődik!" S jaj rád tolul, hogy szív vergődik: „Isten se gondol énvelem!" Bolond! Te kábolygó bolond! — ha így szólnál Uradhoz... Nem, nem! Ha van valaki, kiről szó szerint áll, hogy legesettebb, legfeledtebb, s ha csöpp vigasz még élne benne, s az is füstbe menne, elrabolnák: — azon szent pillanatban megjelenne legbiztosabb bizonyság, hogy ráragyog most Isten végtelen szerelme! *(Kierkegaard)*

ÉVKÖZI 2. VASÁRNAP

I: Szólj, Uram, mert hallja a Te szolgád! S: A megkeresztelt ember Krisztus tagja és a Szentlélek temploma. E: Boldog, aki Jézus nyomába szegődik, és Nála marad.

Aki manapság érvényesülni akar, annak egész életén keresztül tanulnia kell. Képesnek kell lennie, hogy halljon, lásson, értsen és aztán megfelelően cselekedjen. Ki megszűnik tanulni, elkezd haldokolni. Addig vagyunk ember, amíg készségesek vagyunk azzá lenni.

A keresztények emberré válását nem szabad elválasztani kereszténnyé válásuktól. Tulajdonképpen egyik folyamat sem fejeződhet be. Az élet hajt, Krisztus hív! Nem kell rendkívüli hivatásnak lennie. Az lenne nagyszerű, ha minden nap, minden órában tudnánk: Íme, itt ez az én feladatom, ez az én utam, amelyen Krisztus szembejön velem, — most vagy soha!

Első olvasmányhoz 1Sám 3,3-10.19

Sámuel Isten választottja és meghívottja. Anyja már korán a silói szentély szolgálatára ajánlotta föl, ahogy megígérte (1Sám 1,21-28). Még mielőtt a gyermek Sámuel megérthette, Isten nehéz prófétai föladattal küldte őt Héli főpaphoz. Sámuel szíve egész összeszedettségével és erejével hallja a szót, melyet Isten mond neki. Élete hosszat mást se tesz majd, csak hallgatja a szót és híven továbbadja, akár alkalmas, kellő az, akár kelletlen. *(2Mz 25,22; Iz 6)*

Válaszos zsoltár Zsolt 40(39),2 és 4.7-8.8-9.10

Öröm Isten akaratán

Szentleckéhez 1Kor 6,13-15.17-20

Sz Pál nem vitatja el a korintusi keresztényektől szabadságukat. Hiszem maga prédikált nekik erről! De jól tudja, hogy mennyire veszélyeztetik a szabadságot a nemi élet kicsapongásai! A keresztény se meg ne vesse a testét, se bálványává ne tegye. A test, vagyis az egész ember a jelen fogható létében meg van váltva Krisztus vére árán, és fölvéve megdicsőült Urunk életszintjébe. A kéjvágy rabszolgájává lenni annyi, mint Krisztust meggyalázni magunkban. Viszont Istent, Krisztust tisztelni annyi, mint nagyságát és jelenlétét elismerni minden következményével. *(6,13: 1Tesz 4,3-5; 1Kor 10,31 ▫ 6,14: 1Kor 15,12-15; 2Kor 4,14; Róm 8,11 ▫ 6,15: Róm 12,5; 1Kor 12,27)*

Evangéliumhoz Jn 1,35-42

Keresztelő János tanítványai hallják az igét Isten Bárányáról (Jn 1,36), és követik Jézust. Ő feléjük fordul, rájuk tekint, s meghívja őket: jöjjetek, lássatok! Nem elég, hogy Jézusról és az Ő útjáról tudomást szerzünk, vele kell járni, nála kell maradni. Akkor látja meg az ember, hol lakik és ki Ő. Egy napfényes délután szerezte Jézus első tanítványait. A Keresztelő rámutatott: Ő az! És aztán a meghívások története tovább folyik: testvérek és jó barátok, egyike mondja a másikának. És így történnek, folynak ma is a meghívások. *(Mt 4,18-22; Mk 1,16-20; Lk 5,1-11 ▫ 1,35-36: Jn 1,6-8; 1Pt 1,19; Iz 53,7)*

Szentségre várva

A Bárány, ki elveszi a világ bűneit (Jn 1,29), Jézus az, aki hozzánk fordul, ránk tekint és meghív: maradj nálam. Mindebből annyit értünk, amennyire készek vagyunk Vele járni, követni a Bárányt, „bárhová megyen" (Jel 14,4).

Elmélkedés

Uram, égi Atya! Örök szereteted által, mely az emberi természethez hajlik, hajolj le hozzám!

Uram Jézus Krisztus! A hűség által, mellyel elvégezted művedet Atyád dicséretére és tiszteletére, tedd bennem is Atyád dicséretét tökéletessé!

Uram Jézus Krisztus! Szent Anyád tisztelete és kínhalálod ereje által ölj ki belőlem minden istentelent és ültesd belém isteni képmásodat a Te dicséretedre! *(Eckhart János)*

†

Jézus egyénisége

Kétségtelen, hogy az Úr Jézus mindenkire, aki találkozott Vele, — nem aki úgy ment el mellette, mint nyilván a legtöbb ember ma is, hanem aki igazán találkozott Vele, — *óriási benyomást* tett. Olyat, ami egyszer s mindenkorra szól. Tanítványaira rájuk néz: Kövess! — és azok otthagynak mindent: otthont, családot, munkát, és mennek utána. Ilyen benyomást tesz másokra is: a szamaritánus nőre, Magdolnára, még Pilátusra is; érezzük ezt a szavakon keresztül, amelyek a megörökített párbeszédben elhangzanak.

Úgy tanítja őket, „mint akinek hatalma van" (Mt 7,29). Márk, aki a legközvetlenebb benyomás-visszaadó, nemegyszer megjegyzi egy-egy nagyobb jelentőségű mondat előtt, hogy az Úr Jézus rájuk tekintett és úgy mondta. Mi lehet e mögött a „rájuk tekintett" mögött? Nemcsak a tekintet, ami elég volt Péternek, hogy sírjon és megbánja tagadását. Úgy szokás mondani, „édes Jézus". Valami *melegség, vonzás*, ami belamarkol az ember szívébe és a szívet fogja meg. Ha végiggondoljuk a nagy képeket, amelyek az evangéliumból maradtak ránk, azok többé-kevésbé ezt lehelik. A kis Jézus, amint gyermekmosolya mögül ránk néz, Isten arca, amint a család körében látjuk, amint az emberek között szelíden tanít, betegeket gyógyít, jót tesz, halottakat támaszt, amint tanítványainak lábát mossa és elrendeli az Eucharisztiát... A keresztről is, amint ölelésre tárja ki karját, valahogyan ez szól felénk. Nem utasíthatjuk vissza ezt a benyomást. Maga mondja: „Tanuljatok tőlem, mert szelíd vagyok és alázatos szívű" (Mt 11,29). Ugyancsak magára alkalmazza Izajás szavait: „A megroppant nádat nem töri össze, és a füstölgő mécset nem oltja ki" (Mt 12,20). Igen, ő az, a szelíd és alázatosszívű Jézus, aki hív bennünket, fáradt és megterhelt embereket, hogy megenyhítsen.

De legalább ugyanilyen benyomásuknak kellett lenni a tanítványoknak az ellenkezőjéről is. Van az Úr Jézus jellemében valami nagyon *kemény*, határozott, férfias, könyörtelenül egyenes is. Nem véletlen és nem érdektelen, hogy amikor kérdezi, kinek tartják őt az emberek, csupa kemény jellemet emlegetnek. Keresztelő Szent Jánosnak, Illésnek, Jeremiásnak, vagy egynek a próféták közül — akik éppen nem szelíd, kedves és kellemes emberek. Megmutatkozik ez hivatástudatának nagy határozottságában is. Első ismert szava, tizenkétéves korában a templomban, szinte kegyetlenül határozott: „Nem tudjátok-e, hogy abban kell lennem, ami Atyámé?" — mondja az érte aggódó, féltő szülőknek. Kemény, határozott céltudatosság: „Nem békét jöttem hozni a földre, hanem kardot" (Mt 10,34). „Tüzet jöttem bocsátani a földre" (Lk 12,49). „Ne gondoljátok, hogy fölbontani jöttem a törvényt; nem fölbontani jöttem, hanem beteljesíteni" (Mt 5,17). Tele van az evangélium ilyenekkel. Amikor kifejti tanítását, az ószövetségi törvény ismertetése után („hallottátok, hogy mondatott a régieknek") egyszerűen kijelenti: „Én pedig mondom nektek..." Semmi ingadozás, semmi kételkedés vagy tapogatózás, hanem a legteljesebb határozottság...

De legjobban a *szeretet* jellemzi. A szeretet, amely egyetemes, kivételt nem ismerő, amely bensőséges, amely heroikus mint ellenségszeretet, a főparancs, az egyetlen nagy, mindent magába foglaló követelmény. Tanítja és megteszi. Amint Szent Pál mondja: „A mi Istenünk jósága és emberszeretete jelent meg Krisztus Jézusban" (Tit 3,4). „Körüljárt jót cselekedvén" — így foglalják össze életét a tanítványok. Minden, amit tesz, a szeretet cselekedete, egészen odáig, hogy „nagyobb szeretete senkinek sincs, mint aki életét adja oda barátaiért" (Jn 15,13).

Milyen az Úr Jézus szeretete? Cselekvő szeretet; hiszen nyugalma sincs a szeretet cselekedeteitől, se éjjele, se nappala, fáradhatatlan a jótettekben. Emberien meleg. Szinte valami ösztönös jóság is van benne. Ahogyan rámosolyog a gyermekekre, ahogyan sír Lázár sírja előtt! Kétszer is mondja az evangélium, hogy „megrendült", amikor barátja sírjához ment. Szinte látjuk a részvétet az arcán, amikor elmegy Jairushoz, és az édesanya szíve nyilatkozik meg benne, amikor a naimi özveggyel találkozik. Végigvehetnénk az ismert jeleneteket: amikor „szánja a tömeget"... Egyik legmeghatóbb mondata az evangéliumnak — talán nem is a mondat értelme, hanem már a kifejezésmód is mutatja a meleg szeretetet — amikor felsóhajt: „Jeruzsálem, Jeruzsálem! hányszor akartam összegyűjteni gyermekeidet, mint ahogyan a kotlóstyúk gyűjti össze csibéit szárnyai alá, de te nem akartad!" (Mt 23,37). Ha van hasonlat a világon, amelyből csak úgy árad az anyai szív melege, akkor ez az. *(Sík: A kettős végtelen, 2:26—31)*

ÉVKÖZI 3. VASÁRNAP

1: Ninive lakói megtérnek Jónás szavára. S: Minden földi érték mulandó. E: Jézus meghívja első tanítványait; övéitől hitet és megtérést kíván.

Jézus tanítványai megérezték a Jézusból áradó erőt, de nehezebb volt nekik megérteniök küldetését. Messiási reményeikben egyre csalódtak. Jézus nem a hatalom és fönség Messiása volt, nem olyan, akire vártak.

Krisztus Egyházában és minden közösségében valami hasonló történik. A felelősek kiábrándulnak, mikor évekig tartó vesződségüknek oly kevés a látszatja. És a közösség minden tagjának oka van elégedetlenségre. De kettőt kell megfontolni: „Siker — e név nincs Isten nevei közt!" (Buber), és aztán: mennyire hagytuk életünkbe mélyedni a megtérés fölhívását, a tevékeny hit hajtóerejét?

Első olvasmányhoz Jón 3,1-5.10

Jónás kis könyve tanulságos elbeszélés, amely teljes egészében vallási mondanivalójáért hangzik el. Isten nemcsak Izraelnek Istene, Ő minden nép üdvösségét akarja. Egy nép, egy lélek sincs kizárva irgalmazó, megbocsátó szeretetéből. Ninive itt általában a pogány népeket jelképezi. Jónás prédikálására az egész város bűnbánatot tart, ezzel szemben Jeremiás jeruzsálemi bűnbánati fölhívása nem termett gyümölcsöt (Jer 36,25). A megtérés maga: a kegyelem ajándéka. Aki megkapja és megtér Istenhez, tudja majd, hogy Isten szeretete öröktől fogva várt reája. *(3,1-5: Mt 12,41; Lk 11,32 ▫ 3,10: 1Mz 6,6; Jer 26,3)*

Válaszos zsoltár Zsolt 25(24),4-5.6-7.8-9

Kérés vezetésért

Szentleckéhez 1Kor 7,29-31

Sz Pál e szakaszban nem értekezést ír a házasságról, hanem a korintusiak konkrét alkalmi kérdéseire felel. A házasság rangja, állása az egyik kérdés. Az apostol visszautasítja a testnek és a nemiségnek bármi megvetését. Ha nem teljesen mond „igent" a házasságra, ennek oka nem a házasságban rejlik, hanem abban a helyzetben, amely a keresztényeké Krisztus első és második (világvégi) eljövetele közt. „Az idő rövid." E rövid időnkben házasság és szüzesség: gyász és öröm, vagyon és vagyontalanság — minden relatív, viszonylagos.

A keresztény szüzesség (amennyiben igazán keresztény) nem menekülés önző, egyéni biztonságba, hanem a ránk közelgő végidőknek, az örök életnek nyugtalanító jele. Értelme az, hogy az ember szabadon rendelkezésére áll „Krisztus ügyének", egészen átadva önmagát Krisztusnak. *(7,29: Róm 13,11; 2Kor 6,2.8-10 ▫ 7,31: 1Jn 2,16-17)*

Evangéliumhoz Mk 1,14-20

Majdnem minden B évi vasárnap Sz Márk evangéliumát olvassuk. Ez az evangélium a Jézus szavairól és tetteiről szóló őskeresztény hagyománynak legősibb tanúsága. Az evangéliumban úgy szól és tesz Krisztus, mint „akinek hatalma van" (Mk

1,22). Három kimagasló helyen „Isten Fia" a neve (1,1; 9,7; 15,39), de egyik tanítvány sem hívja így; egész haláláig szemünk előtt rejtve maradt az Ő titka. Márk Jézus egész igehirdetését az „evangélium" szóval foglalja össze. Azonban maga Jézus személye, a Megfeszített és Föltámadott is tartalma az evangéliumnak: Ő maga az „Isten evangéliuma" (örömhíre), a jó üzenet, amelyet Isten küldött nekünk az eleve-megszabott időben („az idő teljességében"). Jézus föllépésével, szavaival és tetteivel az Isten országa, Isten uralma, elérkezett. Jézus maga vezeti be. Megtérésre, bűnbánatra szóló fölhívása úgy hangzik, mintha a régi prófétákat követné. De az Ő fölhívása „jó hír", a megtérés annyi, mint hinni az evangéliumban, s e hit a kegyelem erőit, az istengyermekség új életét hozza, amiket a régi próféták a végső napokra ígértek. A hit maga *tett,* de Isten kegyelme is, ha az ember meghallja a hívást, és fenntartás nélkül követi. *(1,14-15: Mt 4,12-17; Lk 4,14-15; Mk 6,17-18; Dán 7,22; Gal 4,4 ▫ 1,16-20: Mt 4,18-22; Lk 5,1-11)*

Szentségre várva

Az evangéliumban hinni ugyanaz, mint Jézusban hinni: Abban, aki eljött és hozzám egyre jön. E hit hajtóereje a remény, és lelke a szeretet az iránt, aki közösségébe, követésére hív, lelki egyesülésre.

Elmélkedés

„Íme, mi mindent elhagytunk."

„Akkor felelvén Péter, mondá neki: Íme, mi mindent elhagytunk, és téged követtünk; mi lesz hát velünk?" (Mt 19,27). „Mindent elhagytunk" — mondja Péter — halászkunyhót, hálót, sajkát, mindent. Nem gazdagságot, állást, rangot, de azt, ami szabadságunkban, hozzád való közeledésünkben, veled való egyesülésünkben akadályozhatott volna. Mi lesz tehát velünk? Királyok lesztek, és világot ítéltek! Mindenről lemondani nagy tett; aki ezt megteszi, megdicsőül, megítéli s megszégyeníti a röghöz, ingerekhez, élvezetekhez tapadt világot. — Le kell mondanom 1. mindarról, ami bűnre visz és csábít; 2. az önmegtagadást azzal a szándékkal kell gyakorolnom, hogy az a lelkiséget, a szabadságot, az Istenhez való közeledést mozdítsa elő bennem. Az önmegtagadás fokain közeledünk Istenhez, ezek a mi királyi székünknek lépcsői. Menjünk bízvást föl rajtuk.

„Jézus pedig mondá: Bizony mondom nektek, hogy ti, kik engem követtetek... és mindaz, ki elhagyja házát, vagy atyját, vagy anyját, vagy feleségét, vagy fiát, vagy szántóföldjét az én nevemért, százannyit nyer, és az örök életet fogja bírni." Nemcsak apostoloknál, hanem mindenkinél sürgeti az evangélium a lemondást s az odaadást Istenért. — Jó a lemondás; a szakítás a földdel a nagy lelkek útja; ezt ki nem törülhetjük az evangéliumból. — Szülő, férj, feleség, tán zokon veszik, kíméletleneknek nézik Krisztus e kijelentéseit, de ne ütközzenek meg ezen; testben hozunk áldozatot lélekért; életben, egészségben, vagyonért, tudásért, tehát ugyancsak a tökéletességért. — Ne higgyünk a lágymeleg csitítóknak, kik elidegenítenek az áldozatos iránytól; ne hallgassunk a szirénekre, szentimentális idealistákra, kik arra buzdítanak, hogy „éljük ki magunkat". Nincs lelki műveltség erő s áldozat nélkül. Az élvezetvágy a népek elfajulását vonja maga után. Elsősorban tehát ennek letö-

résére nevelem magamat.

A szebb, nemesebb élet még inkább sürget áldozatokat. Hozzuk meg ezeket mély átérzésével annak, hogy Istenért hozzuk, a Fölség kedvéért. Ez a mi dicsőségünk, ha dicsőségére valamit adhatunk, vagy tehetünk; nagy a mi tartozásunk; örüljünk, ha hálából neki valamit fölajánlhatunk; rémes a mi adósságunk; érezzük magunkat boldogoknak, ha engesztelésül valamiről lemondhatunk. Mit nem tennék én is Krisztus véréért, a kegyelemért, Krisztusnak hasonlóságáért?! *(Prohászka: ÖM, 6:262; 333)*

†

Micsoda szív *Jézus Szíve*! A szeretetnek micsoda óceánja van benne és, ömlik ki belőle az egész földkerekségre! Óh minden szeretetnek bőséges és kiapadhatatlan forrása! Óh minden istentiszteletnek mély és kimeríthetetlen kútfeje! Óh minden szívnek isteni központja!... Óh Jézus, engedd meg, hogy imádhassalak téged lényed belsejében, hogy imádhassalak áldott lelkedben, hogy imádhassam Szívedet, amelyet ma reggel is láttam. Szeretném leírni, de nem tudom, annyira elragadó. Úgy láttam, mint egy eget, amely telve van világossággal, szeretettel, hálával, dicséretekkel. Magasztalta Istent, dicsérve emlegette nagyságát és felségét. *(Olier atya, Tanquerey Aszkétika és misztika c. művéből, 800)*

†

Semmi ne bántson, jaj ne riasszon.
Minden itt elmúl, Isten sose másul!
Jó türelemmel mindent győz ember.
Ki hordja Istenét: az hiányt sose lát.
S csak az Isten elég!

(Nagy Sz Teréz „jelmondata")

†

A szegénység

Szegénynek lenni, magában üdvös eligazítás megszentülésünk útján a sok belopódzó és makacs akadály közt. Gazdagság megrészegíti a szívet; a rendes lüktetését magasabbra fokozza, az elme vágyait fölszítja, lázba hozza. Még a hibátlan és derék gazdagok is teli vannak mesterkélt érzelmekkel, hamis részvéttel, a szükségletek, az illem és a helyes valótlan fölmérésével. A vagyon eltávolítja őket a közösségből, s úgy neveli, hogy kóros és torzult módon elszigetelődnek az emberiség valódi igényeitől, gondjaitól, fájdalmai, félelmei és reményei átélésétől. A vagyon kétségkívül elzárja tőlük a megalázódás szokott észrevétlen gyakorlatát, az önmegtagadást, a maga-fegyelmezést, pedig ezek nélkül a szentségben sosem jutnak magasabbra. Nemcsak a kényeztetett és fényűző, hanem a könnyen-élő és mindent bíró is sok furcsa vágyat ápolgat, túlzó aggodalmak, rendetlen óhajok, bolondos gondok közt él. Hát a szegénység minderre nagyon hasznos orvosság: maró valóban és durva az ínyünkre, de teli hatékony erőkkel. Egyfajta jó fegyelem az! Isteni Gondviselésünk aszketikus regulája. *(Henry E. Manning)*

ÉVKÖZI 4. VASÁRNAP

I: Hallgass a prófétak szavára, akiket Isten küld hozzád! S: Aki Isten országáért lemond a családi életről, az szabadabb lélekkel szolgálhat az Úrnak. E: Jézus tanításában megmutatkozik isteni hatalma.

Minduntalan találkozunk ma azzal a fölfogással, hogy fontosabb megtenni, amit Jézus mond, mintsem azon vitatkozni, ki volt Ő. Ez még féligazságnak is kevés! Számomra pontosan azért kötelező Jézus tanítása, mert Ő nem akárki, valami próféta vagy egy bölcs, egy jóakaratú ember.

A démonok megremegnek Jézus előtt, ők tudják — a gyűlölet és rossz lelkiismeret szimatjával —, kicsoda Ő: „Istennek Szentje". Isten az, aki itt jár, beszél, működik. Épp ezért nekünk az Ő tana nemcsak bámulatos, hanem erő van e tanban megmentésünkre.

Első olvasmányhoz 5Mz 18,15-20

Isten az emberekhez emberek által szól. Sínainál Mózes közölte Isten szavait a néppel. Utána a próféták voltak Izrael számára „Isten szája". Őáltaluk adja tudtul minden nemzedéknek, ki Ő, mit tesz és mit vár el népétől. Ezekre a prófétákra hallgasson Isten népe, ne jelmagyarázókra, álomfejtőkre és jósokra. Nem kíváncsisággal jutunk közelebb Istenhez, hanem azzal az erőfeszítéssel, amivel az Ő akaratát megértjük és megtesszük. Mózes szavát: „hozzám hasonló próféta", a későbbi zsidóság mindig egy egészen különleges prófétára értette, magára a Messiásra. *(5Mz 12,30-31; 4Mz 12,6; 23,23; 5Mz 34,10; Iz 42,1-4; 49,2; 50,4)*

Válaszos zsoltár Zsolt 95(94),1-2.6-7.8-9

Fölhívás Isten-dicsőítésre; intés

Szentleckéhez 1Kor 7,32-35

A következő szakasz a múlt vasárnapi olvasmány folytatása, és ezzel összefüggésben kell megérteni. Az a kérdés, amire Pál felel a korintusiaknak, közben voltaképp már nem kérdés: a házasság meg van engedve, még az Úr közelgő újrajövetelét tekintve is. A szüzesség értékesebb, mert jele a keresztény reménynek és az Egyház szolgálatát segíti. Napjainkban Pálnak a házasságról egy más kérdésre is válaszolnia kellene, és bizonyára gyakrabban mondaná: Erre nincs megbízásom az Úrtól, de a magam véleményét megmondom. Néhány alapigazságból kiindulva, mi keresztények Krisztusban Isten irgalmát éreztük, az Ő Lelke lakik bennünk; Krisztus szabaddá tett bennünket, és nem járja, hogy ezt a krisztusi szabadságot ürügyül használjuk önkényességünk és felelőtlenségünk takargatására.

Evangéliumhoz Mk 1,21-28

Jézus igéje esemény és tett. Sz Márk semmit sem mond Jézus kafarnaumi beszédének tartalmáról, csak a hatását írja le: ámulat és megbotránkozás. Hallgatói érzik beszéde erejét, de nem jutnak el a hithez. A démonok elismerik Őt „Isten Szentjének", még parancsára is hajlanak, de engedelmességük csak menekülés a sötétségbe. A hit szófogadása viszont a világosságra visszatérés, Isten igazságában és szentségében való részesedés. *(Lk 4,31-37 ▫ 1,22: Mt 7,28-29 ▫ 1,24: Iz 6,3; Lk 1,35; Jn 6,69)*

Szentségre várva

Teljes hatalommal szól Jézus, akkor is, ma is. Ma és itt érezzük igéje hatalmát, megtisztítja azt, aki hallgat az igére, egységbe fogja össze magával és mindenkivel, aki befogadja.

Elmélkedés

„Isten". Minden emberi szó közt a legtöbb terhet viseli. Nincs más, annyira bemocskolt, annyira ronggyá tépett. És épp ezért nem szabad lemondanom róla! Az emberi nemzetségek szorongatott életük miden terhét erre a szóra gördítették rá, földig lenyomták, porban hever, és minden nyűgös terhüket hordja... De majd ha minden őrület és ámítás szertehull, és mikor Ővele állnak szemben a legmagányosabb sötétben, és ha nem azt mondják majd: „Ő, Ő," — hanem azt sóhajtják: „Te, óh Te!" — és *kiáltják* azt, hogy „Te", mind-mind ők azt az Egyet; és ha majd hozzáteszik megtörten: „Isten!" — vajon nem az igazi Isten lesz, akit hívnak, az egyetlen Élő, az Ő halandó gyermekeinek Istene? Nem Ő az, aki hallgatja őket? Nem Ő, aki meghallgat? És nem épp ezzel szenteltetik meg az a szó „Isten", a kiáltó hívás szava, a *Névvé* lett szó, minden emberi nyelven, minden időkre nem a hívással lett-e „szentté"?! *(Martin Buber)*

†

Jézus szerénysége: „Tudom, ki vagy Te. Istennek szentje!" Jézus pedig megfeddé őt: „Hallgass!"

†

Az alázatosság kegyelméért

Uram, Jézus Krisztus, élő Istennek szent Fia, igaz Isten, minden élőlénynek teremtője és táplálója, ki az alázatosságnak példáját akarván hagyni, égből alászálltál; megaláztad és megüresítetted magadat, szolgai ábrázatba öltöztél, elvetett rongyunkat és nyomorúságos állapotunkat magadra vetted, istállóban születtél, a bűnösökkel megkereszteltettél, tanítványaid lábát megmostad, Barabás latornál alábbvalónak ítéltettél, megpökdöstettél, megostoroztattál; s végre mint gonosztevő, a latrok között a királyi városban iszonyú gyalázattal megfeszíttettél. Kérlek téged, Uram, világosítsd meg az én lelki szemeimet, hogy megismerjem testemnek undok gyarlóságát, lelkemnek fogyatkozásait, bűneim sokaságát, e világi szépségnek, becsületnek, gazdagságnak hiúságát, mely mint az álom és árnyék, mulandó. Adjad, hogy tiszta szívből megalázzam magamat. Mert ugyanis miben kevélykedhetik a föld és hamu te előtted? Ki nem szégyenli az ő fölfuvalkodott dagályát, ha megtekinti a te alázatosságodat, én megváltó Istenem?

Ha valami jó bennem vagyon, a te ajándékodból vagyon; és mindenekért csak téged illik becsülni és tisztelni, ki a kevélyeket távol nézed és ellenük állasz, az alázatosakat pedig megáldod, és a szemétből fölemeled. Tudom, én Istenem! hogy aki fölfuvalkodik, megaláztatik, mert a kevélység minden veszedelemnek kezdete, és ezért könyörgök Fölségednek, adj Szentlelket nekem, hogy tiszta szívből megalázzam magamat; örömmel szenvedjem, mikor érdemem szerint gyaláztatom: mert nincs olyan megalázás, melyet bűneimmel meg nem érdemlettem volna. Őrizz meg engem minden hiábavaló dicsekedéstől és tisztesség-kívánástól. Adjad, hogy magamat igazán megismerjem, s ami jó bennem vagyon, azt csak neked tulajdonítsam, ajándékaidban fel ne fuvalkodjam, se magamat ne mutogassam; senkit meg ne ítéljek, se meg ne utáljak, hanem a te szent és hatalmas kezed alatt, mint a por és hamu megalázzam magamat mindenekben. Amen. *(Pázmány imája, Sík: DB, 245)*

†

Kevély

Vond meg a hivatalt azoktól, kik keresik, ajánld azoknak, kik kerülik. — Soványul böjtbe testünk, de fölfuvalkodott a lelkünk; testet rongyokba burkoljuk, lelkünknek gőgjét ám bíborban hordjuk. Szánkon önalázás, szívünkön fennhéjázás. Jaj, farkasfogakat rejt bárány-arculat! *(Nagy Sz Gergely)*

Önismeret hiánya visz elbizakodásra, Isten ismeretének hiánya kétségbeesésre. — Apró hiba szemre ugyan a nagyravágyás, de titkon ölő méreg, bujkáló, rút ragály; hízelgésnek anyja, áskálódás atyja, bűnök szülőoka; gaztett szomjazója, erénynek rozsdája, életszentség molya, szív tántorítója — mely az orvosságtul betegebbé fordul. — Zordonság és arc, a bútól árnyazott, jele: szerénység a szívtől távozott. — Ha gőgre kísért a jótett, mondjad: Nem miattad kezdtem hozzá, nem is fogom miattad abbahagyni. *(Sz Bernát)*

†

Gőg

Gőgös barát nem szorul más démonra, önmagának démonja, megrontója. — Gőg, önteltség: a lélek végső nyomora. — A büszke minden erénytől idegen. Mint tolvaj kerüli a napfényt, úgy gőgös megveti a szelídet, szerényt. *(Lajtorjás Sz János)*

ÉVKÖZI 5. VASÁRNAP

I: Isten nélkül az élet csak értelmetlen küszködés. S: Isten apostola önzetlenül fáradozik embertársai üdvösségéért. E: Jézus betegeket gyógyít, és mindenkinek hirdeti az evangéliumot.

Jézus együtt imádkozott szüleivel, mint bármelyik gyermek egy *hívő* zsidó családban. Később együtt imádkozott tanítványaival, barátaival. De újra meg újra csak a magányba vonul imájával. A földi Jézus ezzel teljesíti azt, ami Isten örök Fiának az élete: a tökéletes Atyjához fordulás. Mindegyikünket igénybe vesz az élet. „Nem érünk rá" — mondjuk. Igaz: nem érünk rá, nincs vesztegetni való időnk! De vajon elvesztegetett idő-e az, ha egyre ahhoz a forráshoz térünk vissza, Akiből élünk?

Első olvasmányhoz Jób 7,1-4.6-7

Jóbot súlyosan megpróbálta Isten. Jönnek barátai, hogy vigasztalják (Jób 2,11), de nem tudnak vigaszszót. Szemére vetik Jóbnak, hogy bizonyára bűneiért kell szenvednie. Magának Jóbnak is megoldhatatlan a kérdés, hogy miért sújtja őt az Isten. Olvasmányunk egy részlet Jób válaszbeszédéből. Keserűséggel szól általában az emberélet nyomorú voltáról és különösképpen a maga sorsáról. Végül imával próbálkozik: Ne kísértse őt Isten túl keményen, hagyjon néki egy kis békességet még! — A szenvedés értelmének kérdésére az Ószövetség még nem ad elégséges választ. Az embernek csak a hit válasza marad — ha képes rá. Az, hogy Isten igazságos és irgalmas! *(7,1-4: Sir 40,1-2; 30,17; 40,5; 5Mz 28,67 ▫ 7,6-7: Zsolt 39,5-6; Iz 38,12; Zsolt 78,39; 89,48)*

Válaszos zsoltár Zsolt 147(146-147),1-2.3-4.5-6

Isten nagysága és jósága

Szentleckéhez 1Kor 9,16-19.22-23

Voltak Korintusban és Rómában is (mindenhol akadnak) oly keresztények, akik körültekintés nélkül sürgetik jogaikat, hogy szabadon érvényesítsék saját lelkiismeretük szerint. Hogyan adjuk értésükre, jobban tennék, ha olykor lemondanának jogaikról (ami talán csakugyan létezik)? Pál a saját példájára utal: Ő apostol, minden idejét és erejét az evangéliumnak szenteli, joga volna, hogy ebből a munkájából meg is éljen. De ehhez a joghoz olyannyira nem ragaszkodik, hogy még a látszatát is elkerüli, hogy pénzért hirdeti az igét! Egyetlen célja, hogy a küldetés megőrizze hitelességét és megtalálja útját a szívekbe! *(9,16-17: Jer 20,9; ApCsel 9,15-16; 22,14-15 ▫ 9,19: Mt 20,26-27)*

Evangéliumhoz Mk 1,29-39

Jézus tettei beszédesek: megmondják, ki Ő és mit kíván. Péter anyósa, a Márk evangéliumban szereplő első nő, megtapasztalja Jézus gyógyító erejét, és szolgálni kezd neki és tanítványainak. A szolgálatban fejezi ki hitét, így követi Krisztust. Este

Jézus újra betegeket gyógyít és ördögöket űz. A démonok elismerik Őt, de Jézus nem akar vallomást tőlük. Az ember érdekli Őt, az emberhez „jött Ő ki" (Mk 1, 38). És újra meg újra visszatér a csöndbe, az Ő csöndjébe; — az ember Jézus igényli a magányos imádság óráit, a legmélyebb egységet Atyjával. Aztán újra visszatérhet az emberekhez. A tanítványok ezt látták és megtanulták. *(1,29-31: Mt 8,14-15; Lk 4,38-39 ▫ 1,32-34: Mt 8,16; Lk 4,40-41 ▫ 1,35-39: Lk 4,42-44; Mt 14,23; Lk 6,12; 9,18; Jn 13,3; 16,27-28)*

Szentségre várva

Szüntelenül azon munkál Isten, hogy gyógyítsa a megsebzett teremtést. Ahová Jézus jön, onnan tágulnak a sötét hatalmak. — Gyógyíts, Uram, és ép, erős leszek; segíts meg, és megleszen igaz segítségem. Mert Te vagy az én Reményem. (Jer 17, 13-14)

Elmélkedés

„És egy magános helyre vonult imádkozni."

Mit csináljunk az imádság és a szentségimádás percei alatt? Két egészen egyszerű, könnyű dolgot: Csukjuk be a lelket és nyissuk ki a lelket, — ennyi az egész. Hogy kell ezt értenünk?

a) *Csukjuk be a lelket.* Egy úr megy az utcán. Hirtelen eszébe jut, hogy valamit sürgősen közölnie kell távollevő barátjával. Bemegy a nyilvános távbeszélő fülkébe és felhívja. Beszélnek, beszélnek, de nem értik egymás szavát. Végre is a barátja jön rá az okára és beleszól a telefonba: „Te, csukd be magad mögött az ajtót. Azért nem értjük egymást!" Csakugyan: mihelyt kizárta az utca lármáját, mindjárt jól megértették egymást.

Vannak, akik panaszkodnak, hogy „nem tudnak imádkozni az Oltáriszentség előtt", „hogy mindjárt elkalandozik az eszük", hogy nem „hallják meg Krisztus szavát". Nem az-e a baj, hogy emberi hangok, emberi vágyak, tervek szólnak bele az Istennel folytatott beszélgetésükbe? Nem az-e a baj, hogy mielőtt imádkozni kezdenek, elfelejtik becsukni az ajtót?

Testvérek! Csukjuk be az ajtót: a lelkünket minden földi zavar és lárma elől.

b) *És nyissuk ki a lelket*! Mit csináljak én az Oltáriszentség előtt, mit mondjak, mit imádkozzam? Úgy irigylem azokat az embereket, akik olyan szépen gördülő mondatokban tudják kifejezni érzelmeiket, akik olyan szépen tudnak imádkozni! De én nem tudok... Így hallunk néha panaszkodni egyeseket.

Pedig, Testvér, ne felejtsd el, hogy az Úr Jézus nem a szép szavakat várja tőled, hanem a lelkedet. És ha még egyetlen egy mondatot sem tudnál összehozni a tabernákulum előtt, azt csak te is meg tudod tenni, amit az arsi földműves megtett. Hosszú-hosszú órákon át imádkozott egy egyszerű földműves az Oltáriszentség előtt. Az arsi szent plébános végül is megkérdezte:

— Mit csinálsz ez alatt az idő alatt?

— Je le vis, il me vis — volt a naiv felelet. Én nézem Őt, Ő néz engem. Ennyi az egész.

Tehát mit csinálsz te egy negyedórát, félórát ott a Szentség előtt, vagy lelkedben „távolról" vele? Nézed és folyton csak nézed?...

— Igen: nézem és mintázom Krisztust a lelkemen. Ugye, ha valakit lefestenek vagy szoborba mintáznak, a művész százszor meg százszor tekint az illetőre: és minél tovább tekint és minél többször, annál jobban sikerül a kép. Nos, így mintázom én az Úr Jézus áldott képét a saját lelkemre, mialatt csendben, némán, szótlanul nézek Reá. *(Tóth Tihamér: Üdvözlégy, Oltári Szentség!, 214)*

†

Oltári Szentségről

Amint Isten Igéje, Üdvözítőnk Jézus Krisztus testté lőn és vált Testté-Vérré, üdvösségünkért: — úgy a *Kenyér* is [és a Bor], az Általa rendelt imádság igéjével áldva, a megtestesült Jézusnak Teste-Vére lesz! *(Sz Jusztin, a Vértanú hitvédő írása, valószínűleg Antoninus Pius császárhoz intézve)*

†

Imáról

Aki keveset szeret, keveset imádkozik; sokat imádkozik, aki sokat szeret. *(Sz Ciprián)*

Ne képzelődj, hogy ha sok időd lenne, többet fordítanál imára. Hagyd ezt az eszmét! Isten minduntalan többet ád egy pillanatban, mintsem hosszú időkön át, mert az Ő műveit nem mérheti idő. *(Nagy Sz Teréz)*

Isten mindig többet ád, mint amennyit kért imád. *(Sz Ambrus)*

Szükség embernek szüntelen *imádság*, hogy a mennybe juthasson. — Jobban kinyilvánul Istenről nekünk, hogy mi *nem* Ő, mintsem, hogy *mi*! — Egyazon tűz gyötri a kárhozottakat pokolban s az igazakat tisztulat-helyén. *(Aquinói Sz Tamás)*

Ne szűnjél te se, testvér, mígnem megkapod, amiért esdél! A kérelemnek véghatára az Úr kegyének megadása! *(Aranyszájú Sz János)*

ÉVKÖZI 6. VASÁRNAP

I: A leprást ki kellett vetni az emberi társadalomból. S: Kövessük Pál apostol példáját, mert ő Krisztus követője! E: Jézus egyetlen szavával meggyógyít egy leprást.

A részvét erény, amelyen a magasabb rendű ember, az „Übermensch" csak gúnyolódik. S valóban, a részvét nem „jövedelmez". Jézusnak sem volt belőle haszna. De épp ebben rejlik ennek az erénynek emberi nagysága!

„Együttérzés": ezt már szívesebben halljuk. De így vagy úgy, az a kérdés, hajlandók vagyunk-e arra, hogy embertársainkat komolyan vegyük ínségükben, nyomorúságukban, hogy megértéssel legyünk feléjük, hogy segítsünk valamiben nekik. „Boldogok az irgalmasok..."

Első olvasmányhoz 3Mz 13,1-2.44-46

A régi időkben nehezen különböztették meg a bélpoklosságot, leprát a többi betegségtől, mert soknak hasonló kórjelei voltak. A törvényhozó főleg az érintési fertőzést akarta elhárítani, azért szigorúan elkülönítették a leprásokat. Tehetetlenül állottak a betegséggel szemben. A mai orvostudomány képes ugyan legyőzni a leprát, mégis sok millió leprás van még. Kevés a pénzbeli segítség, s kevés a hősi lélek, aki vállalja a lepra-veszélyt. *(5Mz 24,8-9; 4Mz 12,10-15)*

Válaszos zsoltár Zsolt 32(31),1-2.5.11

Köszönet a bocsánatért

Szentleckéhez 1Kor 10,31-11,1

Az előbbi fejezetekben (1Kor 8-10), Sz Pál a felmerült gyakorlati kérdésekre felelt a korintusi egyháznak. A mai olvasmány lezárja azt a kérdést, hogy szabad-e olyan húst enni, amit előbb áldozatul ajánlottak föl pogány bálványoknak. Ilyen összefüggésben mondja Sz Pál: „Minden szabad, de nem minden szolgál javunkra" (10,23). A kereszténynek legyen szabad, de világosan látó lelkiismerete. Nem használ neki, ha másoknak talán aggályos lelkületét veszi mértékül. De még a maga „szabadságával" szemben is szabad legyen, hogy le tudjon mondani róla, ha másokra kell tekintettel lennie! A szabályt, „Tégy mindent Isten dicsőségére" kiegészíti, megvilágítja a másik szabály: Kövesd Krisztust, s ne csak a magad hasznára gondolj, hanem inkább szolgáld mindenki javát. *(10,31-32: Kol 3,17; 1Pt 4,11; 1Kor 9,20-22; Róm 15,2 ▫ 10,33-11,1: 1Kor 4,16; Fil 3,17)*

Evangéliumhoz Mk 1,40-45

Jézus csodái a hatalmát és a közelgő Isten-országát jelzik. De ne felejtsük el közben az emberi és személyes vonatkozásait sem. Jézus melegszívű ember, és ahol emberi nyomort lát, elfogja a részvét, és kötelességének érzi, hogy segítsen. A leprások, a kiközösítettek is közelébe kerülvén megérzik emberi jóságát és a gyógyítás isteni erejét. Miért viselkedik hát keményebben Jézus a mai evangélium kiközösítettjeivel szemben? Ez titok. Az is föltűnő, hogy Jézus megtiltja a csoda hirdetését (gyakran előfordul a Márk evangéliumban)! Mitsem használ az embereknek, ha Jézus csodáiról kíváncsiságukat legeltetve hallanak, sőt ha éppen magukon tapasztalják a csodát — amíg Jézus személyének titkához el nem jutnak. *(Mt 8,2-4; Lk 5,12-16 ▫ 3Mz 14,1-32)*

Szentségre várva

Jézusé a hatalom, Ő pedig teli van részvéttel. Hozzá tódulnak mind, akik nyomorúságukkal senki máshoz nem mehetnek. Nekem is szabad az utam Őhozzá, a Szentségében magát tárja elém. Vajon nyomoruk terhével hozzám jöhetnek-e szerencsétlen felebarátaim?

Elmélkedés

Isten megértő szeretete

„Jézus részvétre indult iránta, kinyújtá kezét és megérinté." „Oh Uram, én a te szolgád, a te szolgád és szolgálód fia vagyok. Szétszakasztottad bilincseimet: dicsérő áldozatot áldozok neked. Szívem is, nyelvem is téged dicsérjen, s minden csontom ezt kiáltsa: Uram, ki hasonló hozzád? Szóljanak, Te pedig felelj és mondd, kérlek, lelkemnek: Én vagyok üdvösséged."

Mi voltam, és jaj, milyen voltam én?

Van-e bűn, amit cselekedettel, vagy ha nem: beszéddel, vagy, ha ezzel sem, gondolattal, vagy legalább szándékkal el nem követtem? Te azonban Uram, jó voltál hozzám, megkönyörültél rajtam. Megmérted halálig leromlásomat, s jobbod fenékig kiürítette szívemből örvénylő gonoszságomat.

S mi volt e változás?

Az, hogy immár teljességgel elszakadtam mindentől, amihez azelőtt ragaszkodtam, s arra igazítottam akaratomat, amit Te akartál. Jaj, hol volt annyi időn keresztül akaratom szabadsága? Micsoda mély és titkos rejtekből került most egy pillanat alatt elő, hogy belehajtsa nyakamat szelíd igádba s hátamra rakja könnyű terhedet, én Krisztus Jézusom, segítőm és megváltóm?! *(Sz Ágoston: Vallomások, 9:1)*

†

Jézusnak hatalma van

Az a leprás, aki Jézusnál gyógyulást keresett, megszegte a szabályokat: egészen közel merészkedett Jézushoz. De aztán letérdelt előtte, s bizakodó szavával hitvallást tett Jézus isteni hatalmáról. Amikor — a Királyok könyve szerint — a szíriai Naamán keresett leprájára orvoslást Izraelben, s megérkezett királya levelével Izrael királyához, az így kiáltott: „Hát Isten vagyok én, hogy halált vagy életet tudjak osztogatni?" (2Kir 5,7) Ez az evangéliumi leprás hitte, hogy Jézusnak van *hatalma* erre, csak akaratán múlik, hogy meggyógyítsa őt. *(Jelenits: Betű és lélek, 42)*

†

Bűnbánat

Vétkeztél? Siess, mosd le bűnödet a szentegyházba'!
Ahányszor elcsúsznál a piacon, tán újra nem állsz lábra?
Éppúgy: bűnöztél — bánd meg mielőbb hát, és ne csüggedj!
Remény hajt! Újra bűn ha jön, új bánatoddal űzzed!
Ne ess közönybe! Hív erény! Az örök jók még várnak!
Bukdácsolsz, — Mester orvosol; gyógyít bűnvalló bánat!
Vagy görnyedt vén, s még vétkezvén? Fuss Hozzá, szívből bánva!
Mert vár rád itt az Orvos Ház, nem rideg börtön zára!
Nem törvényszék, hogy életed elveszejtsék,
de kegyelem, bocsánat: rád örök Jóság árad!
Mondd bűnöd el: az Úr az, aki rád figyel.
Mondd: „Csak Előtted vétkezém,
Gonoszat orcádba vetém!"*
Törődött szívvel míg a bűnit vallja bánat:
Jön Égből mindig új kegy, új bocsánat...

(Aranyszájú Sz János: Bűnbánatról, 3. homília)

(* Zsolt 50,6)

†

Új teremtmény

A mulandókat nem szeretni; szívünkkel, legmélyéből, alázattal Istenünk és testvérünk elé borulni; a nyomorgóknak magunkét széjjelosztani; másét korántsem megóhajtani; barátainkat Istenben szeretni — ez amaz *Új Teremtmény! (Nagy Sz Gergely)*

†

Szabad vagy nemszabad akarat?

Az egyszerű szó: „Köszönöm" mindig tüntetőn kiáll, mint a determinizmus cáfolata. Azt sugallja: tettek valamit nekünk, amit hagyhattak volna meg nem téve. *(Sheen)*

ÉVKÖZI 7. VASÁRNAP

I: Isten eltörli bűneinket, mert irgalmas. S: Isten valóra váltotta bennünk minden ígéretét Jézus Krisztus által. E: Jézus csodával bizonyítja bűnbocsátó hatalmát.

Az adósságot meg kell fizetni: ez elég világos tény. Akinek bűn-adóssága van, annak büntetés jár: ezzel az adósság „letudódik", az adós föl van mentve, adóssága jóvá van téve. Legalábbis ez a büntetés célja az emberek között.

Isten igazságossága ennél nagyobb: végtelen. Ő azzal menti föl az embereket, hogy megbocsátja „adósságukat", a bűnüket. Mindnyájunknak megbocsát. Ezt sose feledjük! Nem szabad, hogy bántson, nyugtalanítson ez a tény, hanem épp ellenkezőleg: tegyen szabaddá és jólelkűvé a felé, aki a mi megbocsátásunkra szorul.

Első olvasmányhoz Iz 43,18-19.21-22.24-25

Izrael sorsán látjuk Isten ítéletének súlyosságát, de egyben hűségének hatalmát is. Az üdv meghirdetése Izajásnál a népnek szól, amely a babiloni fogságban, számkivetésben él, és nem tudja, van-e jövője. Isten maga fog beleavatkozni népe sorsába, ahogy tette a hajdani időkben, mikor kivezette őket az egyiptomi fogságból. Isten újra népéhez fordul majd, és megbocsátja bűneit. Ez az „újdonság" a régihez képest, a tulajdonképpeni megszabadítás. Először belső megtérésre indítja a népet, s csak aztán lehetséges a külső hazatérés a fogságból. *(43,18-19: Iz 65,17; 2Kor 5,17; Jel 21,5 ▫ 43,21: 1Pt 2,9-10)*

Válaszos zsoltár Zsolt 41(40),2-3.4-5.13-14

Könyörgés gyógyulásért és megőrzésért

Szentleckéhez 2Kor 1,18-22

Az apostolnak oka van, hogy a korintusiakkal szemben hivatkozzék a maga kifogástalan életmódjára és szavai egyenességére. A meghirdetett látogatás elmaradt, és ezért ellenségei megbízhatatlannak nevezték. Az ilyen vád nemcsak Pált érinti, hanem az evangéliumot is, amelynek ő a hírnöke. Pál nem olyan ember, aki igent mond és nemet gondol. Isten követein kell, hogy áttündököljön Istennek saját igazsága és egyenessége. Isten a tökéletes Igen: biztosít erről megtestesült Fia, akiben Isten ígéretei megvalósultak, biztosít minket a Szentlélek is, akit a keresztségben befogadtunk. Most hát oly világosnak, tisztának kell lennie életünknek, mint az ámen, melyet a liturgia ünneplésében, a Szentség vételekor mondunk ugyanazon Léleknek erejében. *(1,19: ApCsel 18,5; 16,1; Mt 5,37 ▫ 1,20: Jel 3,14 ▫ 1,21-22: 1Jn 2,20.27; Ef 1,13-14; 4,30; Róm 5,5; 8,16)*

Evangéliumhoz Mk 2,1-12

A mai szent szakasz közepén ott a bűnbocsánat kijelentése. Jézusnak tehát nemcsak tanításra van hatalma, nemcsak ördögűzésre és betegek gyógyítására (Mk 1,

21-45). Jogot tulajdonít magának a bűnök megbocsátására, s ez nemcsak szokatlan, hanem az írástudók szemében istenkáromlás is! És igazuk van: senki sem bocsáthat meg bűnt, csak maga az Isten. Jézus nem vitatja ezt. Nem javítja ki őket, de a beteg meggyógyításával isteni teljhatalmát bizonyítja nekik. Először jelennek meg itt Sz Márknál az írástudók, és rögvest kitűnik ádáz, makacs ellenkezésük. *(Mt 9,1-8; Lk 5,17-36 ▫ 2,5: Iz 33,24; Jer 31,34; Mt 1,21; 26,28; 16,19; 18,18)*

Szentségre várva

Jézusban miénk a bűnbocsánat, az Ő szava és vére által, „mely értetek és sokakért kiontatik". Ez a Vér köt egységbe minket Ővele és rajta keresztül egymással, hogy mindig tudatában legyünk, mindnyájan bocsánatot nyertünk és bocsánatot kell adnunk.

Elmélkedés

„Megbocsáttatnak a te bűneid." Jézus szíve, bűnösök menedéke

Óh e szívből források törtek elő, hogy a világot minden bűntől tisztára mossák. Az áldozati bárány szívéből imádat és fönséges dicséret szállott a Legmagasabbnak trónusához, mint a bűntelen, a szent Istenfiúnak hatalmas válasza a bűnös ember lázadására. A lelkek hajójának szédítő erejű kormánycsavarodása ez, végleges elfordulás a bűn miazmás szigeteitől, és szent beirányulás a tisztaság és világosság örök kontinensei felé.

A Getszemaniban Jézus mindnyájunkért gyászol nagy engesztelő fájdalommal. Melyik szív maradna itt hideg? Isten értünk reszket, értünk szomorú, értünk zokog, mert szeret. Odaadja magát, mert szeret. Mélységes fájdalom ül Isten-arcán, szépséges vonásait mint gyászfátyol borítja. Ajkán engesztelő panasz; hallom, — óh nekem szól, egyenesen nekem, senki másnak, mint nekem. „Te is megterheltél engem; te is fájdalmammá lettél, keserű, szomorú színjátékká nekem. Nézd, téged is visellek; nézd, átölellek, felemellek, kiveszlek a bűn nyomorából. Tudod, hogy honnan mentelek? Tudod, hogy merre vitt sok szörnyű elesésed? Most fogom a kezed, most tiszta vagy, mert áldozat lettem helyetted, mert nagyon szerettelek. És tudod, hogy a szeretetem erősebb, mint a vágyad: Tudod, hogy a szívemnek kiszökkenő szikrája életfogytiglan éget? Tudod, hogy az én áldozatos szívem, a boldogságos szenvedések- és gyötrelmes örömöknek szánt kohója téged vár, téged keres? Gondolj, óh gondolj erre mindig."

Ez a fényesség megremegtet engem. Lelkemnek legmélyén eszmélek rá, milyen számlálhatatlanok a bűneim, a botlásaim, mennyi szeretetlenség vádol, mennyi közönyösség tompítja Isten-szolgálatomat, mennyi hanyagság, elfeledkezés, mennyi lélektelenség szűrődik tetteim közé, mily tévedtek a gondolataim, milyen szétszórt az áhítatom. Ó beh szomorú, beh szomorú színjáték vagyok neked Uram!

De te eljöttél, a bűneimért jöttél. Értem jöttél, s hogy tiszta legyek, elviszed a bűneimet. Óh, mi vérharmatos szőlőtőkénk! Óh mi verítékes magvetőnk! Óh hogy bűneink emléke izzítsa ki szeretetünket, és minden ízünkben reszketve érezzük meg alázatos függőségünket, és örökké kielégíthetetlenül tudhassuk, hogy tüzesebben kell szeretnünk, forróbban ölelnünk téged, hogy minden lángunk halvány mécsvilág a te szívednek sugárzó napkorongja mellett. A Szív mellett, melynek lobogó tiszta vérét az értünk való gyötrelem verítékcseppekben sajtolta ki arcodon! *(Prohászka: ÖM, 7:11; 286)*

†

Kérdezhetjük: hol a helyünk ebben az evangéliumi történetben. Talán a négy tanítvány között, s a barátunkat kell Jézus elé vinnünk — leleményes és bátor hittel. Akár úgy, hogy helyette is mi higgyünk. Vagy mi magunk vagyunk bénák, s mások cipelnének elébe. De az sem lehetetlen, hogy csak tanúi lehetnénk efféle találkozásoknak, ha éberebbek volnánk. Az elbeszélést mindenesetre élő, jelenre villanó figyelemmel olvassuk. Jézus hatalma azóta sem kisebb, s ha tetőt megnyitó hittel találkozik, mosolyogva teszi a legnagyobbat is. *(Jelenits: Betű és lélek, 39)*

†

Bűnbánatról

Könyörgőn kérlek, kedves, jó testvérek, mindnyájatok vallja be bűnét, amíg tart éltetek, s amíg még *gyónástokat* végezhetitek s penitenciátok; és a paptól nyert föloldozás még tetsző az Úr előtt! *(Sz Ciprián)*

Vétkezett Dávid, mint királyok szokták, de bűnbánatot tartott, mit nem szoktak királyok! *(Sz Ambrus)*

Akikre Jézus rátekint, fakad a sírásra mind [miként Péter]. *(Sz Ambrus)*

Tedd szentté magad, és szentté lesz a közösség. — Ha magadat mentegeted, Isten vádol téged. Ha vádolod magad, Isten lesz mentséged. *(Assisi Sz Ferenc)*

Mégha egyetlen „kicsi bűnt" követtem volna is, — bőséges okom volna, hogy életen át sírjak rajta. *(Assisi Sz Ferenc)*

Bűnbánatban keresztségünk megújítjuk. Bűnbánat Istennel szerződés szívünkben, új életre kezdőn. — A bűnbánat [szentsége] remény leánya, reményvesztés lerázása. Bűnbánat: minden csapásunknak önkéntes, hű elviselése. *(Lajtorjás Sz János)*

†

Ha bűnözőt látsz, bűnre indulót, hullj térdre ő előtte: a lábait ölelve rimánkodj, sírj, hogy megmentsd őt. *(Aranyszájú Sz János)*

ÉVKÖZI 8. VASÁRNAP

I: Isten úgy szereti népét, mint jegyesét a vőlegény. S: A keresztény hívek életükkel tanúskodnak az apostol megbízható tanítása mellett. E: Jézus az Újszövetség szerzője: övéit már nem kötelezik a régi előírások.

Ünnephez öröm illik, böjthöz bánat. A menyegzőn nem lehet böjtölni. De hát van-e egyáltalán értelme a böjtnek számunkra, keresztényeknek?

Jézus és tanítványai nem böjtöltek a farizeusok módján. Hiszen ez az öröm ideje volt, mert ahol Jézus, ott az öröm — még a fájdalomban is. De már korán az őskeresztények péntekenként böjtölni kezdtek, azon a napon, amikor a „Vőlegény elvétetett". Nem kell a böjt szolgáivá lennünk, éppannyira nem, mint a szombat rabszolgáivá sem. A böjtöt azonban nem szabad elhagynunk. Az ember böjtölhet szeretetből, hiúságból, engedelmességből is.

Első olvasmányhoz Oz 2,16.17.21-22

Az Egyiptomból való kivonulás óta Jahve Izrael Istene (Oz 12,10; 13,4). A nép ifjúkora az Istenhez való töretlen hűség és szeretet kora is volt. A nép nem ismert más istent, nem akart tudni más istenről. Ragaszkodásuk az Úrhoz alapvetően megváltozott Kánaán földjén. Itt Isten gazdaggá tette a népet (Oz 2,10), és a jólét eltérítette őket Istentől: a kultúra javai váltak az isteneikké. Isten nem halott, él, és egyre szereti a népét, a „hűtlen hitvest". Próféták által intéseket küld neki, hívogatást, ígéretet. Hogy megszabadítsa népét a jólét szolgaságából, újra kivezeti majd a „pusztába", akkor a nép majd elfelejti bálványait. Újra tanulja a szeretetet és a hűséget, és visszatalál Istenéhez. *(2,16-17: Oz 12,10; 13,4; 5Mz 5,6-7; Zsolt 136 ▫ 2,21-22: Jer 31,31-34; Ez 36,26-27; Oz 6,6)*

Válaszos zsoltár Zsolt 103(102),1-2.3-4.8 és 10.12-13

A jóságos, megbocsátó Isten

Szentleckéhez 2Kor 3,1-6

Némelyek Korintusban kétségbe vonták Sz Pál apostolságát, és mikor védekezett, fontoskodást hánytak a szemére. Erre különösen szeretetre méltóan felel: „Semmi okom, hogy kérkedjek, ti magatok vagytok az én dicsőségem az egész világ előtt, ti a hitetekkel élő tanúság vagytok, hogy énbennem Isten Lelke működik." És ezzel az apostol már egy másik olyan kérdésre is megfelel, amely tulajdon szívéből támad, s mindmáig nem vesztette el időszerűségét: Ki képes egyáltalán ilyen szolgálatra? Senki, hacsak Isten Lelke nem képesíti rá! *(3,3: 2Mz 24,12; Ez 36,26; Jer 31,33 ▫ 3,6: Ef 3,7; Kol 1,25)*

Evangéliumhoz Mk 2,18-22

A bűnök megbocsátása után (l. a legutóbbi vasárnap evangéliuma) most a böjt kérdését fejtegeti a szent szakasz. A menyegző képe ószövetségi (vö. 1. olvasmány). Isten szövetségre lépett a népével, ezt a próféták házassághoz hasonlítják. A „hitves": Isten népe, százszor is megszegte a szövetséget, de Isten új szövetséget köt majd. Mikor Jézus azt állítja, most van a menyegző napja, ugyanazt a hatalmat gyakorolja, mint mikor bűnt bocsát meg. Ezt csak Isten teheti, és Isten a „vőlegénye, férje" is új népének. — A menyegző képéhez két másik csatlakozik: a régi ruhára vetett folté és az ó tömlőkbe öntött új boré. Mindezekből forradalmi derűlátás árad: Isten lehetségesnek, sőt szükségesnek tartja, hogy a világot és emberiséget alapjában megújítsa. *(Mt 9,14-17; Lk 5,33-38 ▫ 2,19-20: Jn 3,29)*

Szentségre várva

Az Eucharisztia, az Oltáriszentség öröm, hála és dicsőítés. Krisztus itt van köztünk. Rajta keresztül és együtt Ővele mondunk köszönetet Istennek, az Atyának, hogy mindenünnen összehozott minket ide, magához.

Elmélkedés

„Nem töltenek új bort ó tömlőkbe!" Az igazi, *mindig-új* élet

Valami újat kellene már írni az Eucharisztiáról! Újat, nem mint fogalmat s tant; azt nem lehet, hanem újat, mint meglátást, mint finom megérzéstől s tapintattól inspirált élményt! Rá kellene találni titkos utakra, az örök szeretetnek új megkörnyékezésére, utakra, melyeken elfogódva s elérzékenyülve, csakúgy lábujjhegyen közeledünk a szent helyhez. Valami olyan karikára nyílt két szemmel való nézéseket kellene eltanulnunk, mint ahogy néznek a szentek az égő csipkebokrokra s mint ahogy megrögződnek nem-szentek is erdők sziklapadja alatt fakadó forrásoknál!

Igen, jó volna valami újat mondani; de lehet-e azt egyáltalában? Nemcsak lehet, hanem annyira lehet, hogy régit, avittat mondani amúgy igazában egyáltalában nem lehet. Ahogy nem lehet a tegnapi életet ma élni, — az volt s nincs, — s ahogy nem lehet a tegnapi énekeket énekelni, úgy nem lehet az Oltáriszentségről tegnapit s régit mondani, hogy az igazán mondás, vagyis lélekkifejezés s lélekkiáramlás legyen. Az ének, ha igazán ének, akkor érzelemfakadás, s ha most énekelünk, hát most fakadunk; az egészen új lélekáramlás. „Énekeljetek új éneket", mondja a zsoltár, azt a mindig új, mert ma és most fakadó éneket, — fakadjatok a forrásnak azzal a most kibuggyanó bugyborékolásával, — folyjatok a pataknak azzal a most lendülő iramlásával; — a fakadás, a forrás, a folyás mindig új.

A mindig új s mindig folyamatos szellemi életben én is ott úszom, sőt én is lejtő hulláma vagyok. Az óriási természetfölötti életáram a kereszténység folyamágyában végighömpölyög a földön. Az is mindig új s mindig más. Azután ez oly folyam is, melynek tükrén a vérnek s a liliomos fehérségnek, a tűznek s izzásnak reflexei váltakoznak. Sziénai Sz Katalin szemeivel nézem s önfeledve s elmélázva vele ismételgetem: vér és tűz, tüzes vér, véres tűz. S nemcsak ez, hanem víz és tűz; hullámzó lángok s lángoló hullámok.

Mi is ez áramban úszunk. Senki se mondja, hogy nem lehet olyan, mint azok a temperamentumos hullámok s lángadozások. Igaz; senki; csak az lehet olyan, kinek

Isten ezt a mértéket szánta; de hogy az áramban mi is lendüljünk, s hogy lelkünk, ha nem a „felices ignes" közé — Dante nevezi a „boldog tüzeknek" az ég lakóit — legalább a „felices scintillae", a „boldog szikrák" közé tartozzék, hogy izzék és égjen, azt igen, azt az Úr akarta s akarja.

Szabad-e néhányra rámutatnom, kikről az élet, az akció, a tűz és lendület ingerét vennünk lehetne, — azokra az égő csipkebokrokra, kik végig a történelmen égnek s el nem égnek, s kiktől világos a világ?! Szabad-e rámutatnom a fölséges görög lányra, Agathára, a szentre, a hősi naivára, aki ilyen *lelke* szerint, de nem a színpadon, hanem a martiriumban. Hogy tud édesen odasimulni az őt segítő Istenhez s az őt börtönében meglátogató Szent Péterhez, — hogy tud félénken s aztán alázattal nekibátorodva imádkozni... „Agonem suum Domino commendavit", alázattal ajánlotta Isten kegyelmébe s őt megerősíteni tudó erejébe az ő küzdelmét, a szenvedését.

Hány ily lángoló hullám csapott föl a magasba a 300 éves keresztény martiriumból! *(Prohászka: ÖM, 24:1; 243)*

†

Senki szentté nem lett egy csapásra: fokról-fokra hágva jutsz el létra legcsúcsára, nem ugorva, szállva. — Az igaz sosem véli, hogy célhoz már elért. A buzgó sose mondja, hogy: elég! Ő folyton éhezi és szomjúhozza nagyobb igazság vételét! *(Sz Bernát)*

†

E mai nap...

Egy viszályt békíts el!
Egy elfelejtett jóbarátot keress fel!
Egy gyanút oszlass; bizalomra változtasd!
Írj levelet neki, mert oly régen hiányol!
Egy ifjút bátoríts, ki hitet vesztett!
Mit rég ígértél, végre tedd meg!
Egy vén neheztelést ma ejts el!
Mit másoktól kívánsz, azt nézd át és rövidítsd a „listát"!
Egy igaz elvért síkra szállj!
Egy jóért hálás szót találj!
A régi félszed győzd le!
Két percet szánj a szép természet arcán gyönyörködve!
Mondd néki meg, hogy szereted!
És mondd megint,
megint s megint...

(Amerikai ismeretlen)

ÉVKÖZI 9. VASÁRNAP

1: Ne feledkezzél meg az Úr jótéteményeiről, és tartsd meg a parancsait! S: Testünkben Jézus kínszenvedését hordozzuk szüntelen, hogy Jézus élete is megnyilvánuljon testünkön. E: Jézus ura a szombatnak is.

Isten népe számára a szombat volt (s a zsidóságnak ma is az) a szabadulás és az Istennel való szövetség jele. Nekünk, keresztényeknek Krisztus, maga az Istenfia és az Emberfia a jele annak, hogy Isten megszabadított, és a maga szent népévé tett minket. Ezért helyettesíti a vasárnap, az Úr föltámadása napja, a régi szombatot.

Nemcsak azzal szenteljük meg a vasárnapot, hogy semmi munkát nem végzünk ezen a napon. A nem-dolgozás értelme, hogy ez *ünnep*: találkozás Krisztussal. Vele találkozunk az igében és a Szentségben, de embertársainkban is, akik talán épp most, vasárnap szorulnak rá segítségünkre.

Első olvasmányhoz 5Mz 5,12-15

A szombati nyugalom parancsa az Ószövetség minden törvénygyűjteményében ott van (2Mz 23,12; 31,12-17; 34,21 stb.), s már a legrégibb próféták említik (Ám 8,5; Oz 2,13). Vannak helyek, tárgyak, emberek, amiket és akiket különös módon Istennek szentelünk. Ugyanígy Isten is az idő folytonosságából úgyszólván „kivett" bizonyos napokat, hogy ezeket Neki kell szentelni, fönntartani. A szombat parancsa ebben a szakaszban még főleg az Egyiptomból való szabaduláson alapszik (hasonlóképp a Húsvét is). Csak szabad nép és szabad lelkek ülhetnek ünnepet. És csak úgy jó ez a pihenő és ünneplés, ha a társadalom minden rétege részesül benne. Az Úr iránti elkötelezettségen kívül mély szociális érzés is árad Mózes könyvének e törvényéből, ahogy a többi előírásból is. *(5,12: 2Mz 35,2.3; 4Mz 15,32-36; 2Mz 20,10-11 ▫ 5,13-14: 1Mz 2,2; 2Mz 23,12; 35,2-3; 3Mz 23,3 ▫ 5,15: 5Mz 6,21)*

Válaszos zsoltár Zsolt 81(80),3-4.5-6.6-8.10-11

Egyedül Isten a mi segítőnk

Szentleckéhez 2Kor 4,6-11

Az apostol létének alapja Krisztus, és az apostoli igehirdetés mondanivalója és célja is maga Krisztus. Sz Pál Krisztusban látta fölragyogni Isten világosságát (ApCsel 9,3), és attól fogva életét Krisztus világosságának tündöklése tölti el. Nyilván, ilyen nagy kincshez minden edény túl szűk: kínosan érzi ezt az emberi gyöngeség és korlátozottság. De a „gyönge edény" repedésein átragyog az evangélium isteni fénye. Végül is össze kell roppannia az edénynek, s csak a halálban nyilvánul majd meg az új élet ereje. *(4,6: 1Mz 1,3; 2Kor 3,18; Ef 1,18 ▫ 4,8-9: 2Kor 1,8; 6,4-10; 1Kor 4,9-13 ▫ 4,10-11: Kol 1,24; 1Kor 15,31)*

Evangéliumhoz Mk 2,23-3,6 vagy Mk 2,23-28

A mai evangélium először egy vitát idéz a szombatról, annak kapcsán, hogy a tanítványok kalászt szaggattak. Utána beszámol egy szombati gyógyításról, amely ugyanúgy a szombati munka kérdését hozza elő. De e konkrét esetek mögött ott áll a nyugtalanító kérdés: ki Jézus, honnan a hatalma? — A törvénytanítók a szombati nyugalom parancsát kicsinyes szabályokkal fogták körül, amelyeket a legaprólékosabban meg kellett tartani. Jézus e törvényt értelmezi. Nyugtalanít a kérdése, mert könnyebb a betűhöz ragaszkodni, mintsem egyre az értelmet kérdezni, és saját felelősségünkkel dönteni. — E viták végén (Mk 2,1-3,6) a farizeusoknak kétségtelen: ettől az embertől szabadulni kell! Jézus pedig tele van haraggal és szomorúsággal: bűnösöket meg tud menteni, de a „jámborok" öntelt „igazságtudatával" szemben „erőtlen" még Ő is. *(2,23-28: Mt 12,1-8; Lk 6,1-5; 5Mz 23,26; 2Mz 31,14; 1Sám 21,7 ▫ 3,1-6: Mt 12,9-14; Lk 6,6-11; 3Mz 24,9)*

Szentségre várva

Krisztust befogadhatjuk vagy elutasíthatjuk, de nem oszthatjuk részekre. Az *egész* Krisztussal mindenestül találkozni akarok: Igéjével és személyével, istenségével és emberségével...

Elmélkedés

Szombat, vasárnap

Az ószövetségi törvény szombatnapra igen szigorú munkaszünetet írt elő. Természetesen tilos volt szombaton aratni. Jézus korára a törvény előírásait aggályos törvénymagyarázók pontosították. A szombatnapi aratás tilalmát például odáig, hogy tilalmasnak állították a kalászoknak kézzel való leszaggatását is, azt is aratásszámba vették.

Jézus tanítványai éhesek: így hát a gabonatáblák között haladva — szombatnapon — mégis kalászt szaggatnak, s rágcsálják az érett magvakat. A farizeusok nyomban szemrehányást tesznek a Mesternek. Jézus megfelel nekik, mégpedig azzal, hogy saját személyének rendbontó fontosságára mutat rá. Ezek az emberek miatta éheztek meg. Ő pedig fontosabb a szombatnapi nyugalmat védő szabályoknál. *Ura a szombatnak is.*

Jézus halála s föltámadása után a kereszténység egykettőre kiszakadt Izrael vallási közösségéből, s Jézus szavára emlékezve nem tartotta kötelezőnek magára nézve a szombat megülését. Szombat helyett mi a vasárnapot ünnepeljük meg, azt a napot, amelyen Jézus föltámadt a halálból, elsőszülöttként a halottak közül, hogy minden ember fölé odanyissa az örök üdvösség égboltját. A szombat a hatnapos teremtéstörténet szerint a világteremtés zárónapja. Az, hogy Jézus ura a szombatnak, azt jelenti, hogy ő nemcsak a teremtést teljesíti be, hanem újat, minden teremtett jónál nagyobb jót ad nekünk: épp Istent magát. A szombat a visszatekintés napja, a vasárnapból előre nyílik kilátás: az új égre s új földre, amelyeknek megalkotása húsvét hajnalban kezdődött s most is folyik.

Az Egyház szabályokkal vette körül a vasárnap keresztény megünneplését is, majdnem ugyanúgy, mint valamikor Izrael a szombatnapét. A szentmisén való részvétel, a munkaszünet megtartása minden katolikust kötelez. De a mi vasárnapra vonatkozó előírásaink mégsem merevedhetnek úgy meg, mint az izraeliták szombatnapi törvényei. Mert vasárnapunk középpontjában Jézus áll, s az előírásokat mind ő magyarázza, a feledhetetlen elvvel is: „a szombat van az emberért, nem az ember a szombatért". Nem jelenti ez azt, hogy szabad az út minden lustaságra, megalkuvásra. De azt mindenképpen, hogy a törvény betűje nem válhatik embertelenné, nem fordulhat a törvényhozó szándéka s a törvénytől szabályozott élet ellen. *(Jelenits: Betű és lélek, 128)*

†

„Krisztus kínszenvedését mindig magunkkal hordjuk testünkben" (2Kor 4,10). Részvét és szánalom

A szenvedő Jézus legmegindítóbb érzelme a mély részvét volt irántunk. „Menj és segíts rajtuk", ez volt missziója, és e missziótól hősies érzelmekkel telt el lelke. A szenvedélyes, áldozatos vágyak útjain járt vele; ment, könnyét, verejtékét elkapta a szél. Lelke kigyulladt a nagy könyörület órájában. Oly könyörületes volt, mint a nagy szamaritán, ki szirtes utakon jön segíteni a haldokló emberiségen; olyan volt, mint az a nagy segítő, kire mérhetlen időkön át várt az inaszakadt ember. „Ha akarod, megmented őket", ez isteni meghagyás zsongott lelkében; „különben elvesznek"; más nem szeretheti őket úgy, hogy üdvözüljenek; nélküled „kiég a szívük, elvész a lelkük." Ettől gyulladt ki a „caritas patiens Christi" [Krisztus gyötrődő szeretete]; kompasszív [együttérző] lett.

Jézus szenvedése nekünk is a szánakozó szeretet iskolája. „Szeretsz-e?" — kérdi az Úr — „ó, ha szeretsz, szánj meg". S íme, a szerető lelkek a szánakozás élő szobrai lettek. Első a szűz, kinek lelkét átjárja a tőr! Mellette Szent János, Szent Magdolna! Szent Pál érti, hogy azt „kell éreznünk, amit Krisztus érzett", kompasszív lélekké kell válnunk; hogy szereti, hogy engeszteli, hogy szánja föl magát érte! Szent Péter, a könnyes arcú ember, Assisi Sz Ferenc és a szánalom szent jegyesei telve vannak részvéttel a szenvedő Úr Jézus iránt. Boldog Varánó Kamillával én is legalább egy könnyet sírok naponként az Úrnak. — Ez az út az Istenszeretetnek legkönnyebb, legtermészetesebb útja; szánni a szenvedőt, ez természetes szenvedélyünk. Jézus akarja, hogy megszánjuk; azért szenved, hogy az Isten-szeretet a legkönnyebb szeretet legyen; hogy ne legyen szív, mely elzárkózzék szeretete elől. Kereszteden tanítasz szeretni, mert késztetsz szánakozni.

S ez tetszik Jézusnak. A szív keménységét fölpanaszolja: „És vártam, ki szánakozzék, és nem volt; és ki megvigasztaljon, és nem találtam" (Zsolt 68,21). Kéri a neki édes részvétet: „Emlékezzél meg ínségemről, az ürömről és epéről" (Sir 3,19). Óh bár felelhetném: „Megemlékezve megemlékezem erről, és lelkem eleped bennem" (3,20). Folignói Angelának mondja Krisztus: Áldjon meg Atyám azért, hogy szánakoztál fájdalmaimon. Szent Ferenc kérdezi, mit tiszteljen és szeressen mindenekelőtt, és háromszor hallja: „Passio Domini nostri Jesu Christi" [A mi Urunk Jézus Krisztus kínszenvedése]. — Végezzük a keresztutat. Térdeljünk le mind a 14 állomásnál külön-külön; ébresszük magunkba Krisztus érzelmeit! *(Prohászka: ÖM, 7:323; 67)*

ÉVKÖZI 10. VASÁRNAP

1: Isten megváltót ígér a bűnbeesett embernek. S: Isten, aki Jézust feltámasztotta, Jézussal együtt minket is feltámaszt. E: Krisztus megtörte a sátán hatalmát.

Sokszor nehéz megértenünk Jézus kortársait. Még hagyján, hogy nem értik meg Őt; bizonyára mi sem vagyunk különbek ebben. De hogy őrültnek nevezik, ördöngösnek bélyegzik, ez szinte hihetetlennek tűnik.

Jézust ez nem lepte meg. Ismerte az embereket, és ismerte a vén „Ellentmondót" (diabolus = az ellenkező, a sátán). Jézus számításba vette a Gonoszt, a butaság ördögét, a tisztátlanság és a hazugság démonát, a gyűlölet sátánját. Mi is jól tesszük, ha számításba veszünk ilyen erőket. De tudjuk, tudnunk kell, hogy a mi Jézusunk az erősebb, s Ő szabaddá tesz bennünket.

Első olvasmányhoz 1Mz 3,9-15

A bűnbeesés bibliai története elmondja, hogy mi történt, és mi történik egyre ma is. Szűkszavú mondatokban írja le az ember szörnyű útját ártatlanságból a bűnbe, bűnből a rettegésbe. Nemcsak egy egykori esemény leírásáról van szó: az ember újra meg újra a tiltott gyümölcs felé nyúl. Szerez tudást, szerez hatalmat, de szabaddá, boldoggá, vagy épp Istenhez hasonlóvá nem lesz általa. Isten azonban szelíd bíró, nem az embert átkozza meg, hanem a kígyót (akit az Írás máshol az ördöggel azonosít: Bölcs 2,24). Az eredendő bűn tana nem folyik közvetlenül a bűnbeesés itteni leírásából (1Mz 3), hanem a kinyilatkoztatás összefüggéseiből (Sz Pálnál: Róm 5,12). E szakasz messiási jövendölése (az asszony ivadéka: a Messiás) legalábbis az Újszövetségben beteljesedett. A gonoszság (és a Gonosz) elleni harcot azonban nemcsak egyetlen határozott ember fogja vívni, föladata ez az asszony (Éva) minden ivadékának. *(3,13: Jel 12,9 ▫ 3,14: Iz 65,25; Mik 7,17 ▫ 3,15: 1Jn 3,8)*

Válaszos zsoltár Zsolt 130(129),1-2.3-4.4-6.7-8

Mélységből kiáltás

Szentleckéhez 2Kor 4,13-5,1

Sz Pál tisztában van az apostoli hivatás nagyszerűségével, de ismeri terhét és keserűségét is, a kifáradás és csüggedés vele járó veszélyeit is. A „Hit Lelke" az, ami helytállást ad neki. Ez itt nem a „hívő lelkületet" jelenti, hanem Isten erejét és sugalmazását. Ez teszi képessé a hitre és a „beszédre", vagyis hogy tanúskodjon arról és hirdesse azt, amit hisz. A hittel jön a remény, hogy találkozunk az Úrral újrajövetelén. Akkor az, amit most a kegyelem terheként szenvedünk, mint az isteni fönség „örök súlya" nyilvánul majd ki. S amit az apostol és egyháza kegyelemben és ismeretben ajándékul kapott, az visszatér majd Ősforrásához a fönséget dicsérő hálaénekben. *(4,13-15: Zsolt 116,10; Róm 6,5; 8,11; 1Kor 6,14; 2Kor 3,6 ▫ 4,16-18: Ef 3,16; Róm 8,17-18.24-25 ▫ 5,1: Jób 4,19; 2Kor 4,7)*

Evangéliumhoz Mk 3,20-35

A mai evangélium három részre oszlik: Mk 3,20-21: Jézus és hozzátartozói; Mk 3,22-30: Jézus és az írástudók; Mk 3,31-35: Jézus és rokonai („testvérei" = atyjafiai). „Hozzátartozói" (övéi) lehetnek rokonai is, de talán néhány a követői közül is. Időnként övéi is megzavarodnak tettei láttán, és azt mondják, nem beszámítható. Az írástudók egyenesen kimondják, az ördög szállotta meg. Jézus példabeszédben válaszol a vádra. Ez a példa csak annak érthető, aki kész tanulni és Őt követni. Beszédének mélyebb jelentése van, és hallgatóitól az értelem és a szív válaszát várja. Csak az őszinte hallgató érti meg, hogy az „erősebb" maga Jézus, neki van hatalma a Gonosz fölött és az emberben rejlő gonoszságon. És az az igazi rokona Jézusnak, aki Isten szavát meghallja és akaratát megteszi. Mária méltósága ezzel nem kisebbedik: ő mindkét módon, testiekben és lelkiekben is legközelebb van Jézushoz. *(3,20-21: Mk 6,31; Jn 7,5 □ 3,22-30: Mt 12,24-32; Lk 11,15-23 □ 3,31-35: Mt 12,46-50; Lk 8,19-21)*

Szentségre várva

Lehetséges-e az, hogy hiszünk Krisztus valóságos jelenlétében a szentségi színek alatt, és mégsem vonunk le semmi következtetést belőle? Hogyan lehet ez? Egyszer okvetlen végig kell ezt gondolnunk — az Ő jelenlétében.

Elmélkedés

Elutasítják Istent azzal, hogy korlátozza az embert és nem veszik észre, hogy az ember éppen Istenbe kapcsolódva a végtelenből valamit magába fogad. Elutasítják Istent azzal, hogy az embert szolgává teszi, és nem veszik észre, hogy épp Istenbe kapcsolódva szabadul minden szolgaságtól. Elutasítják Istent azzal, hogy kényszeríti az embert, mondjon mindenre Igent, és nem veszik észre, hogy az ember újra meg újra épp ezzel az Istenhez kapcsolódással kap korlátlan képességet arra, hogy Nem-et mondhasson. *(Henri de Lubac)*

†

Önkéntes engedelmesség

Az engedelmességnek két neme vagyon, egyik szükséges, a másik önkéntes. Szükséges engedelmességgel tartozunk az egyházi és világi hatóságnak. Önkéntes engedelmességgel pedig mindazoknak, kiket önnönmagunk választottunk kormányzásunkra. (Aki szeretetből hódol meg Istennek, ilyen önkéntes engedelmességgel adja át a maga akaratát.) — Általában minden elöljárónak engedelmeskednünk kell, de mindeniknek csak abban a dologban, melyben főnökünk és fölénk rendeltetett. — Boldogok az engedelmesek, nem engedi az Isten őket megbotlani, vagy elesni. *(Szalézi Sz Ferenc: Filótea, 3:11)*

Aki arra tör, hogy magát kivonja az engedelmesség alól, az kivonja magát Isten kegyelme alól. — Aki nem örömest és önként veti magát alá följebbvalójának, jele, hogy a természet indulatjai még nincsenek egészen hatalmában, hanem gyakran ellene kelnek és zúdulnak. — Tanulj tehát elöljáródnak gyors engedelmességgel hódolni, ha magad indulatján erőt akarsz venni. *(Kempis: KK, 3:13)*

Parancs és engedelmesség

Minden nehéz, ami akaratunk ellen parancsoltatik. Majdnem minden isteni igének megvan a maga versenytársa. Ahány féle parancs van, annyiféle az ellenkezés. Ha bőkezűséget parancsol az Úr, haragszik a fösvény; ha takarékosságot kíván, káromkodik a pazarló; a szentbeszédeket a gonoszok ellenségül tartják; a rablók iszonyodnak mindentől, ami az igazságról íratik; a kevélyek ki nem állhatják, amit az alázat parancsol; ahol szűzi tisztaságot parancsolnak, ott a fajtalanok mondanak ellen. Tehát vagy semmit sem kell mondanunk, vagy akármit mondjunk, a most említett emberek valamelyikének nem fog tetszeni. Minden gonosz ember inkább szidja a törvényt, hogysem megjavítsa magát, inkább gyűlöli a parancsokat, hogysem a vétkeket. E szerint mit tegyenek, kiknek Krisztus parancsa szerint kötelességök szólani? Nem tetszenek az Istennek, ha hallgatnak, nem az embereknek, ha szólnak. *Hanem inkább kell engedelmeskedni Istennek, mintsem az embereknek! (Marseille-i Salvianus: A fösvénység ellen)*

†

Gonosz a jó álruhájában

Még föltéve is, hogy rossz, *erkölcstelen könyvek* irodalmilag jól vannak megírva, hadd kérdezzem: meginnál-e olyan italt, amelyről tudod, hogy mérgezett, mégha jóízűen, aranypohárban készítenék is neked? *(Bosco Sz János)*

†

Béke

Mindenki a hadviseléssel *békét* akar elérni, de senki háborút békeszerzéssel. — A halandó ember és az Isten *békéje*: hitben szabályozott engedelmesség az örök törvény alatt. — Értelmes *lélek békéje*: jól tudás és jól tevés összhangja. — Az *állam békéje*: a polgárnak parancsadásban és megfogadásában rendezett összhangja. — A béke a lélek vidámsága és nyugalma, szívnek egyszerűsége, szeretet köteléke. — A béke a rend nyugalma. — A béke a tiszta kedély látható jele. *(Sz Ágoston)*

ÉVKÖZI 11. VASÁRNAP

1: Az Úr megalázza a magas cédrusokat, de fölmagasztalja a sarjadó gyenge ágacskát.
S: Földi életünk a vándorlás ideje, amelynek folyamán kiérdemeljük örök otthonunkat Istennél.
E: Isten országa parányi magból fejlődik hatalmas fává.

Mikor azt hisszük, hogy megértettük Jézus hasonlatát, mikor minden oly világosnak látszik, akkor majdnem bizonyos, hogy igazában nem értettük meg. Jézus nem mond magától értődőt, nyilvánvalót. Ő váratlant mond, sőt földiek számára szavai nem is érthetők tökéletesen.

Meg kell értenünk, hogy Isten *más*, másként jár el, mint az emberek. Egyben azonban oly emberi, hogy az, aki valamit is megértett, kénytelen azt mondani: Igen, így van! Így kell lennie! Ez nekem szól, ezt meg kell tanulnom!

Első olvasmányhoz Ez 17,22-24

Ezekiel üdvhirdetése Juda királya elleni ítélettel zárul (17,1-21). A döntő szó teljesült, Jeruzsálem és a Templom elpusztult (Kr.e. 587), a lakosság nagy részét Babilonba hurcolták. Most kapja a próféta az üdv igéjét (amely a könyvben egyenest az ítélet-mondásra következik). Az üdvösség teljesen Istentől jön; majd Ő újra betelepíti népét hazai talajába, mint ahogy egy facsemetét, egy magas cédrust talán, beültetnek földjébe. A fa nő és virul majd, úgy, hogy Izrael határain túl is a népek megismerik Isten hatalmát és nagyságát. Az ígéret a messiási végidőkre szól: e vasárnap Jézusnak a mustármagról mondott példájához illeszkedik. *(Iz 2,2-4; Zsolt 113,7-13; Lk 1,51-53)*

Válaszos zsoltár Zsolt 92(91),2-3.13-14.15-16

Isten hűségének dicsőítő éneke

Szentleckéhez 2Kor 5,6-10

Mint bárki, az apostol is feszültséggel, nem éppen félelem nélkül várja a maga halálát. A hit fényében nézve az hazatérés lesz az idegenből, a távolból a közellétbe; másrészt az elválás ettől az „idegentől", kiszakadás jelen testünkből és számadás Krisztus ítélőszéke előtt. Mindez még a hívőnek is sötét és félelmetes esemény. Pál nem kísérli meg, hogy a halál gondolatát elfojtsa tudatában, józanul beleillesztette az életébe. És épp ez ád életének határozott irányt, nagy hajtóerőt. *(1Kor 13,12; Róm 5,1-5; 8,20-24; Fil 1,21-23; 1Tim 4,8)*

Evangéliumhoz Mk 4,26-34

Az a tény, hogy Jézus az igét hasonlatokban hirdeti (Mk 4,33), az evangélistának éppoly fontos, mint a hasonlatok tartalma maga. A tartalom: Isten országának titka — ha megértenénk is — egyre felülmúlja az emberi képzeletet. De már a hirdetésnek ilyen módja is kétfelé választja az embereket: lesznek, akik „kívül", és lesznek,

akik „belül" vannak. Mert a megértés nem a nagyobb eszességen, hanem a nagyobb hiten múlik. — A növekvő vetés hasonlatát csak Sz Márknál találjuk (de vö. Mt 13, 24-30). A vetés az evangéliumi ige. A maga erejéből nő titokzatosan, kiszámíthatatlanul, de biztosan az aratás napjáig, az ítélet napjáig. — A mustármag hasonlatából kitűnik az isteni hatalom óriási ereje a látszólag oly gyönge evangéliumi ige által.
(4,26-29: Jo 4,13; Jel 14,15-16 ▫ 4,30-32: Mt 13,31-32; Lk 13,18-19 ▫ 4,33-34: Mt 13,34-35)

Szentségre várva

Jézust ismerni annyi, mint folyton úton lenni Őfelé, úton befelé abba a misztériumba, amely Ő maga. Ő a kulcsa is ennek a titoknak: csak aki „belülre" jut, az leli meg Őt. Puszta kíváncsiság hiába fürkészik.

Elmélkedés

A hit fölénye

Valami világ- s létfölényes erő, mely nem hallgat a felületek csacskaságára, hanem a mélységbe fúr bele. A szemek, színek, az érzékek nyelve, hangja, zsivaja neki vásár; ő a mélységek nyelvét, a szilenciumot érti, az mond neki sokat, újat... Ő más világok vonzásaiban áll, s azoknak fényét hordozza lelkében. S azért meg nem ütközik, hogy ebben a materiális világban, e burokban, e hüvelyekben sok mindenféle el van rejtve — nem látni... Amit pedig lát, azon nem botránkozik.

Vegyük a három királyt. Óriási hegyei a meggyőződésnek s Messiás-keresésnek emelkednek lelkükben... az ezeket fénnyel besugárzó csillag az éjtszakát nappallá, a sivatagot kertektől szegélyzett úttá varázsolja... Mennek vakondtúrások közt... oda se néznek a jeruzsálemi közönynek, a heródesi huncutságnak és alamusziságnak... a papok papiroson- és betűn-rágódásának s annak, hogy azok zsidók és papok, és ott gubbasztanak és magyaráznak. De hát lehet-e másképp annak tenni, *kinek a csillag világít*... égi jelekben beszél... fölszántja fénysugár-ekével a hosszú várakozás és epedés porondját. Tehet-e az másképp, ki más világok fénypostáját, híradását veszi, s ki látja, hogy igen, a végtelen, ki e földet, e világot igazítja, az még más hatókkal is dolgozik. Van neki még mondanivalója, van neki más világa, s azt a világtörténelembe beleállítja s tud szántani, ébreszteni, meglelkesíteni...

Azért a hegyek, a belső nagy világ adottsága mozognak tovább... A csillag fölragyog s fölkapja s kiemeli a közöny, az intrika, a politika, a gőg, a fásultság világából s viszi nagy örömben.

S ők megint meg nem ütköznek Betlehemben istállón, jászolon — ezek hüvelyek és szimbólumok; s meg nem botránkoznak, hogy (a Messiás) síró gyermek, és szopik és tehetetlen s az édesanya szeretetére van bízva.

S át kell szúrnia a hit villámló szemének a szenvedésen... ezt a jeget, ezt a sziklakérget is át kell törnie. Hiszen e törpítő színek a szellemi valóságot mindenek fölé emelik: a gyermekben Istent, a szenvedésben a megváltót, az áldozatban a váltságot. Ez az átértékelése az értékeknek: a világi lét s erő lehanyatlásában az isteni akarat s szeretet útirányát látni. — A lélek diadala... *(Prohászka: ÖM, 24:21; 324)*

„Magától" — bizalom Istenben

A jóra törekvő ember sokszor érzi úgy, hogy az ő életére is érvényes a balladabeli kőművesek tapasztalata: „Amit reggel raktak, az délre leomlott, amit délben raktak, estére leomlott." Milyen gyönge és tünékeny a jó, amit nagy fáradsággal próbálunk fölépíteni, s mekkora hatalma van a rossznak, amit nem hívunk, nem keresünk, mégis minduntalan megjelenik, mintha mindegyre kikacagná buzgólkodásunkat.

Az efféle tapasztalatok között élő ember meglepve, majdnem hitetlenkedve olvassa az Isten országáról szóló példabeszédek között azt, amelyik a magától növekedő vetéshez mondja hasonlónak az Isten országát. „A föld magától terem" — jelenti ki Jézus, görögül számunkra is ismerős szóval: automaté, automatikusan.

Mit tegyünk mást, Jézusnak mégis el kell hinnünk, hogy életünk igazán fontos története nem a mi vergődő, kudarcokkal teli, nemegyszer kétségbeesett küzdelmünk a gyönge, tünékeny jóért, hanem Isten kegyelmének, szavának meggyökerezése, szárba szökése, termőre fordulása bennünk.

Miért mondta el Jézus ezt a példabeszédet? Talán a cselekvés lázában élő embereket akarta csöndre, békességre inteni. De még valószínűbb, hogy egyszerűen bizakodást akart ébreszteni bennünk. *Magunkban annyiszor csalódtunk, de nem is magunkban kell bizakodnunk, hanem Őbenne! (Jelenits: Betű és lélek, 66)*

†

Az egész élet nem más, mint egy rossz vendégfogadóban töltött éjtszaka. — Minden bűn a hit hiányából ered. — Mind, aki akar, megtalálhat Téged, én Uram, de aki nem keres, az nem talál. — Bánat gyötört oly sok lélekért, kik pokolra taszítják magukat, az újhitűek főleg. Láttam özönnel hullni lelkeket pokolra, mint hópelyheket. *(Nagy Sz Teréz)*

†

Ha le akarják *rombolni a vallást*, támadni a papokkal kezdik; mert ha nincs pap, akkor nincs szent áldozat [Kereszthalál a szentmisével], és ha áldozat nincs, vallás sincsen. *(Vianney Sz János)*

ÉVKÖZI 12. VASÁRNAP

1: Isten a teremtés Ura; Ő az, aki mindennek határt szab. S: Isten — Jézus Krisztus által — mindent megújít. E: Jézusnak a háborgó tenger is engedelmeskedik.

Jézus nemcsak hasonlatokban szólott, hasonlatokban is cselekedett. Amit csodának hívunk az egyben jel is, és csak akkor éri el célját, ha a jelet meglátják, és a mögötte rejlő jelentést felfogják.

Ha csak azt kérdezzük Jézus csodáiról, valóban megtörténtek-e — nem fogtuk föl *teljes* értelmüket, amely a valóságos történeti eseményen túlnyúlik; a történeti valóság okvetlen megvan, de csak alapjául egy nagyobb titoknak. A csodák igazsága sokkal mélyebb a történeti múltnál: Isten mélységébe nyúlnak, és a magunk életének mélyébe.

Első olvasmányhoz Jób 38,1.8-11

A megpróbált Jób panaszai nem maradnak válaszolatlan. Jönnek barátai, hogy vigasztalják, de nem találnak vigasztaló szót. Isten válaszol (Jób 38,1-42,6). Itt még nincs szó arról, hogy a szenvedés kérdését megoldják. De aki láthatja Isten nagyságát és hatalmát, és érezheti a Vele való közösséget, az új fényben látja a kérdést, és ki tud békülni a szenvedéssel. Az Ószövetség nem adta meg a végleges választ; Krisztus saját kínszenvedésében teljesen új feleletet hoz majd. Jób könyvének e részletének felolvasását a mai evangéliumi passzus támasztja alá, melyben Jézus kimondja hatalmát tenger és vihar fölött, és mindezek urának bizonyítja magát. *(Zsolt 104,6-9; Jer 5,22)*

Válaszos zsoltár Zsolt 107(106),23-24.25-26.28-29.30-31

A megszabadultak hálaéneke

Szentleckéhez 2Kor 5,14-17

A Krisztus ítélőszékétől való félelem bizonyára jelent valamit Sz Pál életében (2Kor 5,9-10); de az apostolt voltaképp a szeretete hajtja-űzi, ez nem hagy neki nyugtot. Ha Jézus mindenekért meghalt és mindenekért föltámadott, akkor ez az „élőknek", vagyis azoknak, akik Jézus halála által megmenekültek, egy egészen új helyzetet teremt. A világ is egészen mássá lett. Krisztussal közösségben, tehát hit és keresztség révén, „új teremtéssé" lettünk, s mint ilyenek, már többé nem élhetünk önmagunknak, ahogy addig tettük. A szeretet választ, viszonzást vár! *(5,14-15: Jn 15,13; Róm 6,4-11 ▫ 5,16-17: Gal 6,15; Ef 2,10.15-16; Iz 43,18-19)*

Evangéliumhoz Mk 4,35-41

A hasonlatok után a negyedik fejezetben Márk Jézus csodáiról tudósít. A csodák magukban még nem kényszerítő bizonyítékok istensége mellett; a mai bíráló és „tudományosan gondolkodó" ember nem okvetlen úgy tekint rájuk; és mint a történet vége mutatja, Jézus kortársai szemében sem voltak véglegesen döntők. Nincs kétség afelől, hogy Jézus csodákat művelt. A csoda lényege számunkra nem az, hogy valami különös vagy „lehetetlen" történt, hanem az, hogy Isten szól az emberhez a megtörtént jelben. A szó nem hat, ahol senki sem hallja, és így ahol nincs hit, ott Jézus nem tesz csodát. „Hát nektek sincs hitetek?” — kérdi Jézus a tanítványait, miután nyugalmat parancsolt a tengerre. Aggodalmaskodtak, mert gyönge volt hitük. De megvolt a csíra, a kezdés, és ez fejeződik ki kérdésükben: „Kicsoda ez az ember?” *(Mt 8,18.23-27; Lk 8,22-25; Jn 1,3-16)*

Szentségre várva

Jézus nem magának élt. Élete minden pillanata ajándék volt, áldozati fölajánlás, fölkészülés, elógyakorlat a nagy áldozathoz, a Keresztfához... Az én életemnek is fölkészülésnek, előgyakorlatnak kell lennie; s minden gyakorlat állandó ismétlést jelent!

Elmélkedés

A hétköznapi dolgok is csodák, megszokott csodák; ezek is, a rendkívüliek is Isten akaratától függenek. *(Sz Ágoston)*

†

Csoda és a modern mániákus „tudós”; a csodálkozó gyermek és a valóság

A pápaszemes tudósok azokat a valóságos dolgokat, amelyek a világon történnek — mint például alkonyat, halál stb. — mindig úgy tárgyalják, mintha azok ésszerűek és kikerülhetetlenek volnának. Mindig úgy beszélnek, mintha az a tény, hogy a fa gyümölcsöt hoz, éppen olyan szükségszerű volna, mint az a tény, hogy kettő meg egy az három. Csakhogy ez nem úgy van! A kettő között óriási a különbség, amit éppen „Tündérország” bizonyít, vagyis amit a képzelet bizonyít. Nem lehet elképzelni azt, hogy kettő meg egy nem három. De nagyon könnyen el lehet képzelni, hogy a fa nem hoz gyümölcsöt; el lehet képzelni, hogy arany gyertyatartók nőnek rajta, vagy tigrisek, amelyek a farkuknál fogva lógnak a gallyon. Azok a pápaszemes tudós urak sokat beszélnek egy Newton nevezetű emberről, akit eltalált egy alma s aki feltalált egy törvényt. De a világért sem tudták belátni, hogy mi a különbség egy igazi törvény, egy ésszerű törvény s a között a puszta tény között, hogy az alma lehull a fáról. A mi tündérmeséinkben mindig megtalálhatjuk az éles megkülönböztetést egyrészt a tisztán elmebeli tudományok között, ahol igazán vannak törvények, másrészt a *természeti tények* tudománya között, ahol *nincsenek törvények, csakis különös ismétlődések*. Hiszünk testi csodákban, de nem elmebeli képtelenségekben. Hiszünk a borsószárban, amely fölkapaszkodott az égig; de ez egyáltalán nem ingatja meg arról a filozófiai kérdésről való meggyőződésünket, hogy hány borsót kell összeadnunk, hogy öt legyen.

És ebben rejlik a dajkamesék igézetének és igazságának csodálatos tökéletessége. A tudomány embere azt mondja, „Mesd el az ágat és az alma lehull”: de ezt olyan nyugodtan mondja, mintha az egyik gondolat igazán hozzákapcsolódnék a másikhoz. A tündérmese azt mondja: „Fújd meg a kürtöt és az óriás vára összeomlik”; de azt nem úgy mondja, mintha itt az eredmény nyilvánvalóan következnék az okból. *Nem mond* le sem a józan észről, sem a *csudáról*. Sohasem kótyagoskodik meg a feje annyira, hogy szükségszerű észbeli kapcsolatot találjon a kürt és a várösszeomlás között. De a tudós embereknek annyira megkótyagosodik a fejük, hogy végül már szükségszerű észbeli kapcsolatot fedeznek föl a fáról lehulló és a földre ütődő alma között. Igazán úgy beszélnek, mintha nemcsak egy csudálatos ténysorozatot találtak volna, hanem egy igazságot is, mely azokat a tényeket összefűzi. Úgy beszélnek, mintha két különös tény fizikai összetartozósága magával hozná filozófiai összetartozóságukat. És mert egy érthetetlen dolog állandóan nyomában jár egy másik érthetetlen dolognak, úgy érzik, hogy a kettő együttvéve valahogy mégis érthető. *(Chesterton: A mániákus ember)*

Szent Kinga, IV. Béla leánya, fejedelemnő,
majd klarissza apáca, †1292

ÉVKÖZI 13. VASÁRNAP

1: A halál a sátán irigységének műve: a bűn következménye. S: A testvéri szeretet egyenlőséget teremt. E: Jézusból erő árad, amely legyőzi a betegséget és a halált.

„Csodák mindig történnek — csak észre kell venned, mikor találkozol velük!" Ma is történnek csodák (Lourdes, Padre Pio, Lanciano...), csak ne ott keressük őket, ahol nagy a lárma és a hírverés; ne ott, ahol van ugyan valami bámulni való, de semmi hinni való. Mire hát a csoda, ha nincs semmi mondanivalója? Isten semmit sem tesz hiába!

A mai világban is vannak emberek, akik hisznek Krisztusban minden üres filozófiák és teológiák dacára; emberek, akik szeretik Krisztust izzó szívvel, minden körüláradó jeges fagyvilág dacára; emberek, akik másokért föláldozzák magukat, anélkül, hogy beszélnének róla...

Első olvasmányhoz Bölcs 1,13-15;2,23-24

A Bölcsesség Könyvének első fejezete az igazságosságról szól, minden uralkodónak lelkére kötve; de tágabb értelemben, mint amit ma igazságosságon értünk. Abban áll ez, hogy az ember őszinte szívvel keresi Istent (Mt 6,33). Ha valaki egyszerűen Istennek rója föl a szenvedést, betegséget, halált — megrágalmazza Őt, és nem találta még meg az igazságot, vagyis az igazi bölcsességet.

Isten arra teremtette az embert, hogy boldog legyen és halhatalan. A halál „az ördög irigysége folytán" jött a világba; s a Szentírás szerzője ezt a kígyó alakjában mutatja be a bűnbeesés történetében. Az emberen múlik, vajon az egyik vagy másik utat választja-e élete útjául. *(1,13-15: Bölcs 11,24-26; 12,1; Ez 33,11 ▫ 2,23-24: 1Mz 1,26; 3,4; Jn 8,44; Róm 5,12)*

Válaszos zsoltár Zsolt 30(29),2 és 4.5-6.11-13

Hála a szabadulásért

Szentleckéhez 2Kor 8,7.9.13-15

A 2. korintusi levél második felében elég sok helyet foglal el a szegény jeruzsálemi egyházközség javára való gyűjtés. A korintusiak már rég elhatároztak egy ilyen gyűjtést, ahogy mai közösségek is szoktak. Pál lekötelezettje a jeruzsálemi ősi egyházközségnek, és azt akarja, hogy a tervezett gyűjtést halogatás nélkül folytassák le. Pénzről van itt szó, de Sz Pál nem pénzről beszél, hanem „szeretetműről", „szeretettényről", „szolgálatról, közösségről, áldásról". Ezek a kifejezések nem az apostol zavarát leplezik. Nekünk is így kell értenünk; a gyűjtést nem terhes zaklatásnak kell vennünk, hanem szent alkalomnak, hogy az adás, elfogadás csodálatos szép körforgásába jussunk, amelynek forrása, mozgatója maga Isten, és amelyben Jézusnak adhatunk valamit. Aki ad, testvéri közösséget teremt, és Istenhez válik hasonlóvá, mert Isten lénye az ajándékozó szeretet. *(1Kor 16,1-6; Mt 8,20; Fil 2,6-7; 2Mz 16,18)*

Evangéliumhoz Mk 5,21-43 vagy Mk 5,21-24.35-43

Itt Sz Márknál két csoda története van egybefoglalva: egy gyógyítás és egy halott leányka föltámasztása. A gyógyításban a hangsúly az asszony hitén van. A lányka atyjának is ezt mondja az Úr: „Ne félj, csak higgy!" De itt a csodán van a hangsúly: Jézusnak hatalma van a halálon is. Az olyan ember, aki a halálnak is parancsol, majdnem ijesztőbb, mint maga a halál! A szentíró arról tudósít, hogy a nép megrémült. Hogy hitre tértek-e, arról nincs szó. És a tanítványok, úgy látszik, éppúgy reagáltak, mint a „népség". Csakúgy, mint a vihar lecsendesítése után, itt sem jutnak tovább a kérdésnél: Miféle ember ez?! *(Mt 9,18-26; Lk 8,40-56)*

Szentségre várva

Oly jó az, hogy Istennek mindig és mindenért hálát adunk. Köszönetet *mondani*, csak mondani, magában nem elég. „Tennünk" is kell a hálát, igen, el kell érkeznünk idáig. Ujjongó hálában élni: ez az Eucharisztia („jó hálaadás"), a Szentség Krisztusban és Krisztussal!

Elmélkedés

A rendkívüli csoda és a mindennapi csoda

1.

Ha megengedjük, hogy történnek bizonyos átváltozások, akkor az a fontos, hogy a „tündérmesék" filozófiai módszerével, nem pedig a tudománynak és a *„természeti törvényeknek" filozófiátlan módszerével* közeledjünk hozzájuk. Ha megkérdezik tőlünk, hogy miért lesz a tojásból madár s miért hull a gyümölcs ősszel, szakasztott úgy kell felelnünk, mint a jó tündér felelne: „hogy ez csoda". Nem „törvény", mert hiszen általános formuláját nem értjük. Nem szükségszerűség, mert ámbár valósággal mindenkor számíthatunk rája, még sincsen jogunk azt állítani, hogy mindig így kell történnie. De, hogy mindenkor számítunk a dolgok rendes menetére, ez nem bizonyít a változhatatlan törvényszerűség mellett, *ahogy a materialista Huxley képzelte.* Mi nem is számítunk rája; *mi fogadunk rája.* De mindig kitesszük magunkat egy távoli lehetőségnek; egy csodának, mint ahogy lehetséges a mérgezett palacsinta és a világpusztító üstökös. Mi ezt számításon kívül hagyjuk, nem azért, mert csoda, ennélfogva lehetetlenség, hanem mert csoda, ennélfogva kivétel. Mindazok a kifejezések, amelyek tudományos munkákban használatosak, „törvény", „szükségszerűség", „szabály", „irány" és így tovább, igazán nem logikusak, mert olyan *belső szintézist tételeznek föl, amellyel nem rendelkezünk.* A Természetről szóló leírásokban engem mindig is csak az ilyen szavak tudtak kielégíteni: „báj", „igézet", *„varázs".* Mert ezek igazán kifejezik a ténynek önkényes voltát és egyben misztériumát. A fa azért hoz gyümölcsöt, mert bűvös fa. A víz azért rohan le a lejtőn, mert meg van babonázva. A nap is azért süt, mert meg van babonázva.

Kereken tagadom, hogy mindez fantasztikus, vagy éppen misztikus. Majd később egy kis miszticizmussal is lesz dolgunk; de a *„tündérmese"* nyelve, amikor a dolgokról beszél, teljesen *ésszerű és agnosztikus*. *(Chesterton: A mániákus tudós, 264)*

2.

Valamennyien szeretjük a csudálatos históriákat, mert a *csudálkozás ősi ösztönének* húrját hozzák rezgésbe. Bizonysága ennek az a tény, hogy nagyon kicsi korunkban nem kívánjuk a tündéries történeteket, csakis történeteket kívánunk. A mindennapi élet is tud érdekelni bennünket. A hétéves gyermeket izgatja, ha elmondják neki, hogy Tomi benyitott egy ajtón és meglátta a sárkányt. De a hároméves gyermeket már az is izgatja, ha elmondják neki, hogy Tomi benyitott egy ajtón. A fiúk szeretik a regényes történeteket; de a kis gyermekek szeretik a való történeteket, — mert regényesnek találják. Igazán, egy kis gyermek körülbelül az egyetlen emberi lény, aki halálos unalom nélkül tudna végighallgatni egy modern realisztikus regényt. Ez bizonyítja, hogy még a dajkamese is csak visszhangja az álmélkodás és érdeklődés szinte prenatális ösztönének. Ezek a mesék csak azért emlegetnek aranyalmákat, hogy fölújítsák bennünk azt az elfelejtett pillanatot, amikor először fedeztük föl, hogy az alma zöld. A mese bort folyat a folyó medrében csak azért, hogy egy fantasztikus pillanatban ráeszmélhessünk, hogy víz folyik benne. Mondottam, hogy mindez teljesen ésszerű, sőt agnosztikus. És ebben az egy pontban a magasabbrendű agnoszticizmus mellett vagyok; a jobbik nevén Tudományosságnak hívják. Tudományos munkákban, sőt regényekben is valamennyien olvastuk annak az embernek a történetét, aki elfelejtette saját nevét. Nos hát minden ember olyan, mint ez az egyszeri ember. Minden ember elfelejtette azt, hogy ő kicsoda. Valaki nagyon jól megértheti a kozmoszt, de sohasem értheti az „én"-t; az „én" sokkal távolabb van tőlünk, mint bármely csillag. Szeresd az Urat, a te Istenedet; de sohase ismerhessed meg tenmagadat. Mindnyájan ugyanegy szellemi balsors alatt nyögünk; valamennyien elfelejtettük, hogy mik vagyunk igazán. Mindaz, amit józanésznek és ésszerűségnek és gyakorlatiasságnak és pozitivizmusnak mondanak, csakis annyit jelent, hogy életünknek bizonyos holt területén elfelejtjük azt, hogy felejtettünk. S mindaz, amit szellemnek és művészetnek és extázisnak nevezünk, annyit jelent, hogy egy-egy nagyszerű pillanatban ráeszmélünk arra, hogy felejtünk.

Bár (mint az az egyszeri ember, akinek nincs emlékezőtehetsége) félig eszméletlen csudálkozással járunk az utcán, ez mégis csak csudálkozás... A gyermeki lélek: csodálkozás, hála, meghódolás. *(Chesterton: „Tündérország" etikája)*

ÉVKÖZI 14. VASÁRNAP

1: A választott nép ellenszegül a kegyelemnek, de az Úr irgalmas, és prófétákat küld megmentésükre. S: A kegyelem erejével minden kísértést legyőzhetünk. E: A názáretiek nem ismerik fel Jézusban a Megváltót, mert nincs hitük.

Könnyebb messziről hinni és szeretni, mint közelről. Közelről minden és mindenki valóságos, és állandóan összeütközésbe kerülünk velük.

Könnyebb Jézusban hinni nekünk, mint a názáretieknek az Ő idejében, legalábbis addig, míg *távolról* hiszünk Benne. Közelről nehezebb! Áldozáskor *Áment* mondani még tudunk, de Áment mondani a mellettem állóra, a velem együtt élőre itt a templomban, otthon, a munkahelyen, és abban hinni, hogy ő Krisztus számomra, — az már sokkal nehezebb!

Első olvasmányhoz Ez 2,2-5

Meghívása órájában Ezekielt „emberfia" névvel illetik, s ez csak „embert" jelent, szegény kis emberkét, akit mégis követjének, szóvivőjének hív az Isten. Az Úr Izrael maradékához küldi, amely részint számkivetésben él, részint a Szentföldön. Ezekielnek ugyanazon tapasztalatai lesznek, mint az előtte járt és az utána jövő prófétáknak — és Jézusnak sem lesz más sorsa! Az „atyák napjai óta", vagyis az Egyiptomból való kivonulás óta Isten minduntalan szól az emberekhez, de azok nem hallgatnak rá. Hallgatni Rá annyi lenne, mint szavát befogadni és aszerint élni. Ha Isten hallgat, nem azért teszi, mert halott lenne, hanem azért, mert üzenetére nem figyelnek; azért, mert az emberek — a szöveg szerint — orcátlanok és megrögzöttek („keményszívűek"), és így képtelenek meghallani Őt. *(2,3: 5Mz 9,7.24; Zsolt 81,12-13 ▫ 2,5: Ez 33,33; 5Mz 18,15-20)*

Válaszos zsoltár Zsolt 123(122),1-2.2.3-4

Istenre föltekintés

Szentleckéhez 2Kor 12,7-10

Sz Pál hivatkozhat, és kell is hivatkoznia előnyeire, teljesítményeire, eredményeire. Azért teszi, hogy a gyöngeség vádjától védje magát. És mégis épp e gyöngeség az oka, hogy vidám és „dicsekszik". Magától gyönge és esendő, és ezért tudja, hogy egyes-egyedül Isten kegyelmének és erejének köszönhet mindent. — A „sátán követjén" (12,7) talán valami betegséget ért, amiről semmi bizonyosat nem tudunk; valamit, ami az apostolt különösen megalázza és munkáját nehezíti. Meghívottjait, választottjait Isten nem szabadítja meg minden gyöngeségtől vagy tehertől. Hagyja azt is, hogy a meghívottja reményvesztve lemondjon munkája folytatásáról. Isten műveit nem emberi erő vagy nagyság tartja fönn. *(2Kor 4,7; Iz 40,28-29; Kol 1,24.29; Fil 4,13)*

Evangéliumhoz Mk 6,1-6

Jézus názáreti, otthoni föllépésével zárja le Sz Márk a csodatételek egy csoportját. A végeredmény: Jézust elutasítják. Földijei csodálkoznak ugyan tanain, hallottak is rendkívüli tetteiről, de — mondják — ez mégis csak az az iparosfiú, akit ismerünk; ismerjük rokonságát is, mi különösebb lenne ő? Sőt épp szemére hányják bölcsességét és csodáit! Mit képzel magáról?! És itt Jézus egyetlen csodát sem tehet, csodái nem érnék el tulajdonképpeni céljukat, hogy nyugtalanítsák az embert, és kérdeztessék: Ki ez az ember? A názáretiek pedig már készek a felelettel. Megütköznek azon, hogy Jézus *közülük* való, „csak" a názáretiek egyike! Zátonyra jutnak azon, hogy Isten nem úgy lép föl, ahogy ők elgondolják. *(Mt 13,53-58; Lk 4,16-30 ▫ Jn 7,15; 6,42; Mt 8,10)*

Szentségre várva

Isten hatalma, segítő szeretete a mindennapi dolgokban jön elénk. A kenyér és bor színe alatt is a „hit titka" történik, a hétköznapok Istene vesz át föltűnés nélkül minket, s mi Őt. Dolgainkban és embertársainkban, akikben éppen nem számítunk Rá, Vele találkozunk.

Elmélkedés

Sz Pál: „Örömest dicsekszem erőtlenségeimmel, hogy Krisztus ereje lakjék bennem" (2Kor 12,9).

†

Betegségünk fölajánlása

„Érzem, hogy kezdem hivatásomat betölteni, hogy úgy szerettessem meg másokkal a jó Istent, ahogy én szerettem Őt, hogy megmutassam a lelkeknek az én kicsi ösvényemet. Ha vágyaim teljesülnek, akkor az én mennyországom a világ végéig a földön lesz. Igen, azzal akarom tölteni mennyországomat, hogy jót tegyek a földön. És ez nem is lehetetlen, hisz az angyalok is a boldogító szemlélődés párnáin pihenve őrködnek fölöttünk."

„Nem, nem tudok pihenni a világ végéig: ameddig csak lehet, lelkeket menteni. Csak ha majd az angyal megjelenik és hirdetni fogja, hogy idő nem leszen többé (Jel 10,6), akkor fogok nyugodni és örvendeni, mert teljes lesz a választottak száma, az örömbe és békébe mindnyájan bementek. Szívem reszket az örömtől erre a gondolatra..."

Kértem, magyarázza meg, melyik az az út, melyet halála után meg akar a lelkekkel ismertetni.

„Anyám, a lelki gyermekség útja ez, a bizalom és a teljes odaadás ösvénye. Meg akarom velük ismertetni azokat az apró eszközöket, melyek oly tökéletesen beváltak nálam; meg akarom nekik mondani, hogy csak egy dolgunk van itt lent a földön: apró áldozataink virágait hinteni Jézus lábai elé, hogy kedveskedéseinkkel megnyerjük Őt, én is így hódítottam meg Őt, és ezért fogad majd olyan szeretettel engem."

„Lelki életem mint beteg? Hát ez nem jelent mást, mint szenvedni és ez az egész!... Nem vagyok képes magamat megkötni, és azt mondani: Istenem, ezt most az Egyházért, Istenem, ezt most a hazáért ajánlom fel stb... A jó Isten jól tudja, hova fordítsa érdemeimet: mindent odaadtam, hogy örömöt szerezzek neki. Aztán ki is fárasztana, ha minden pillanatban azt mondanám neki: Juttasd ezt Péternek, juttasd ezt Pálnak! Csak akkor teszem ezt meg hamarosan, ha valamelyik nővér megkér, és utána már nem is gondolok rá. Ha misszionárius testvéreimért imádkozom, nem ajánlom fel értük szenvedéseimet, egyszerűen csak azt mondom: Istenem, add meg nekik mindazt, amit magamnak is kívánok... *(Egy szent végső szavai: Liziői Kis Sz Teréz utolsó hónapjaiból [1897], 68, 96)*

†

Otthonaink

Jézus sokféle emberi örömről lemondott, amikor a világba lépett, de gyermekkorában nem akart otthontalanul nevelkedni. A názáreti házat otthonának ismerte, Máriát, Józsefet apja-anyjaként tisztelte-szerette, beilleszkedett a rokonság körébe, és szűkebb hazájaként ismerte-becsülte Galileát. Amikor azonban fölnőtt, vállalta a közmondásos próféta-sorsot. Elhagyta Mária házát, szembekerült a rokonaival, a názáretiek, akiknek addig talán házát-padlását építgette, kiutasították maguk közül, hazájában nem talált elegendő hitre. Ez is hozzátartozott ahhoz az áldozathoz, amelyet értünk magára vállalt. Hogy mi is megtaláljuk otthonunkkal azt a kapcsolatot, amely Istennek legjobban tetszik, és éljen bennünk annak az otthonnak vágya-szeretete, amelyet Ő készít nekünk az Atyánál. *(Jelenits: Betű és lélek, 168)*

†

Isten erősebb jelenvoltára leghívebb bizonyság a bőségesebb kegyelemre epedés! *(Sz Bernát)*

†

Jámborság

A valódi jámborság együtt szenved, a hamis, megjátszott, méltatlankodva megvet! — Az igaz jámborok is olykor „üldözést" indítanak, de szeretetből, szívük belsejét szelíden tartva. Jobbnak vélik maguknál azokat, akiket megbírálnak. *(Nagy Sz Gergely)*

†

Ítélet másokon

Rút, visszás, máson ha bíróként olyan tolakszik, ki nem állhat törvényt! — Bírótól bújik, s bírót játszik, míg tette nem tűr napfényt! — Istentelen, ha bírószékbe ül oly ember, ki bírószéket magán nem tűr, állni nem mer! *(Nagy Sz Gergely)*

ÉVKÖZI 15. VASÁRNAP

1: A prófétákat Isten küldi népe tanítására. S: Isten választottai vagyunk: fogadott fiai Krisztusban. E: Az apostolok Krisztustól gyógyító hatalmat kapnak és küldetést az evangélium hirdetésére.

Világunkat, melyben élünk, úgy telibeszélik, agyonfecsegik, mint még soha. Minden úton-módon szók és szózatok áradnak a fogyasztók fülébe. Az „ige" pénzzé lett... Jó annak, aki győzi szóval.

Milyen alakot öltsön Isten országának Igéje, ha meg akar érkezni, „befutni" e világba? Igaz legyen teljes egyszerűségében! De hát nem ilyen magától is? Csak az *átélt* ige az igazi! Ha a megélt valóság, a tényleges életünk ellentmond a kimondott szónak, akkor a szót, még Isten igéjét is, a kimondója hazugságnak bélyegzi.

Első olvasmányhoz Ám 7,12-15

Prófétává nem szakmai tanulás, nem is valami családhoz, csoporthoz való tartozás tesz, nem is saját akaratból történő elhatározás, hanem meghívás és küldetés. A próféta Isten szóvivője, meghívott Hívó-Kiáltó. Már Ámosz, a legrégibb író-próféta is így érti a maga prófétai működését. Nem kenyérkeresetül, nem valami magán-meggondolásból lett ő próféta. A nyáj mellől ragadta el a Hang, és bízta meg, legyen Istennek irányító, eligazító szava. Az Újszövetségben a prófétaság szorosan a papsághoz van kötve, de Isten minden rendből és állásból támaszthat hívókat és feddőket: próféta küldöttjeit. *(7,12-13: 1Sám 9,9; 1Kir 12,28-30 ▫ 7,14-15: Ám 3,3-8; 2Sám 7,8)*

Válaszos zsoltár Zsolt 85(84),9-10.11-12.13-14

Könyörgés a megígért üdvösségért

Szentleckéhez Ef 1,3-14 vagy Ef 1,3-10

Az efezusi levél eszméltetni akar az alapokra, a gyökérvesztés és bomlás olyan korában, amely nem sokban különbözött a maitól. Mi a legmélyebb alapja a keresztény létnek, és milyen felelősséget hordoz ez? A levél ünnepi dicsőítéssel indul, ez Isten minden művét az „áldás" szóban foglalja össze. Isten minden embernek ki akarja jelenteni az Ő örök szeretetét, és akaratának végül is csak egy a célja, hogy „kegyelmének fönsége megdicsőüljön" (1,6.12.14). E szeretet ajándékai egyenként: gyermekévé fogadás, bűnbocsánat, akarata titkába való betekintés, bizonyosság választott voltunkról, valamint részesülésünk Isten országában és fönségében. Mindezt Krisztus által valósítja meg Isten, mert Krisztus a középpontja és feje az egész teremtésnek. Megváltásunk záloga, Istenhez tartozásunk megpecsételője pedig a Szentlélek, akit a keresztségben kaptunk. *(1,3-6: Gal 3,14; Jn 17,24; 1Pt 1,20; Róm 8,29 ▫ 1,7-12: Kol 1,13-14; Róm 16,25; Gal 4,4; Kol 1,16.20 ▫ 1,13-14: Kol 1,5; Ef 4,30; Róm 5,5; 2Kor 1,22; 1Pt 2,9)*

Evangéliumhoz Mk 6,7-13

Jézus megsokszorozza működését azzal, hogy tanítványokat küld a világba. A „tizenkettő" a szűkebb tanítványi, apostoli kör neve. Kiválasztotta, és aztán kiküldte őket a világba (Mk 3,14). Jézus küldetését kell tovább vinniök, az embereket megtérésre bírniuk, oly lelkületre, amely megfelel az új valóságnak, a Jézus fellépésével kezdődő Isten-uralomnak. A küldetési beszédet Sz Máté bővebben közli (10,5-14), ez egyezik az ősegyház missziós rendjével. Az Egyház hithirdető működése folytatja azt, amit Jézus az apostolokra bízott. A hithirdető (misszionárius), mint Jézus, prédikál szóval és segítő tettel. Így az evangélium Isten erejévé lesz, azok megmentőjévé, akik hisznek (Róm 1,16). *(Mt 10,1.9-14; Lk 9,1-6 □ 6,7: Mk 3,13-19; 6,30 □ 6,13: Jak 5,14)*

Szentségre várva

Jézus Krisztus által köszönetet mondunk Istennek azért, hogy kinyilatkoztatta nekünk az Ő örök titkát, szeretetének szándékát, és hogy fölvett bennünket szolgálatába. Legyen a mi életünk „fönségének dicsőítése"!

Elmélkedés

„Ebben van számunkra a megváltás: az *Ő Vére által*, a bűnbocsánat kegyelmének gazdagságában." (Ef 1,7)

†

Sponsus sanguinum [Vér jegyese]

Az Úr Jézus a bűnbe merült, érzékies világban az új, a tiszta, az isteni embert szolgálja. Ez az ő gondja, melyet szívében hordoz, mint a művész ideálját, mint az anya gyermekét. E gond beszédes lesz ajkán; beszél Istengyermekről s Isten országáról. Ez új világ megteremtésére küldte őt az Úr: az Úr lelke rajta. A próféta is biztatja: Csak ezt keresd. Apostolait erre oktatta; a lelket jegyesének tartotta; Szent Pál tanú rá, hogy úgy szerette a lelkeket, mint a jegyes jegyesét. Éjjeli imái, hegycsúcsok és erdők tanúi e vágyódó szeretetnek: bűnt irtani, embert nemesíteni. Ez kegyetlen, nehéz, szomorú napszám; elhervadunk, megőszülünk, vérrel verejtékezünk tőle. Ment-e sokra vele? Óh mesterem és vigaszom!

De neki győzelmesen kellett a világgal megküzdenie; az éjbe fényözönt, a mocsárba kristályforrást árasztania; föl kellett ráznia az érzékies, a nehézkes világot; öntudatára kellett hoznia, hogy mi a bűn, s azért fájdalomba öltözött. Szétszaggatva, megtörve, sebekkel tetézve, fölszántva áll elénk: olvassátok le rólam, — mondja — mi a bűn! Ostorozzák, tövissel koszorúzzák. Nézzétek lelketek e fáradt munkását a keresztfán! S áll e szent jel az érzékies, a szabados, az élvezetvágyó, a szabadszerelemről félrebeszélő, orgiákat ülő, színházaiban, művészetében megmételyezett világ szemei előtt; áll az út mellett a bűnnek sikamlós országútjai mellett; támolyog mellette a bódult, rohan el mellette a sóvár világ; áll a városok bulevárjai mellett, a prostitúció éjjeli ösvényei mellett, hol a bűn már tüdővészbe, infekcióba öltözködött. E bódulatban, e kábulatban, ez élvezeti mámorban áll a kereszt, az Isten gyűlöletét s szeretetét, a bűn büntetését és bocsánatát hirdető szent jel. Óh ti mindnyájan, kik általmentek..., figyeljetek, tekintsetek föl rám!

Azután leemeli sebzett kezeit s lábait az Úr Jézus a szegekről, lelép a keresztről, s elindul a bódult világba, melyre oly nehéz a szíve, s véres kezeivel borogatja az ifjúság fölhevült homlokát, meghinti a tiszta leánylelkek liliomait, a rothadó világ fekélyeire ráborítja lázas sebeit, s mint Elizeus hajdan a halott fiúra, úgy borul rá a szenvedő Krisztus sebzett testével a világra. Végigmegy a családok szentélyein, parketten és taposott földön; a családi otthonok falára fölakasztja töviskoszorús arcának képét. Elmegy a múzeumok, színházak, tánctermek, klinikák, szanatóriumok, tébolydák mellett; megrendül és sír, mint egykor Jeruzsálem fölött. Óh jöjjetek utánam s küzdjetek; jöjjetek közelebb, ha gyöngék vagytok; érezzétek meleg szívem s vérem lehét. Küzdjetek a vérontásig, s kérjétek a kegyelmet szenvedésemre való tekintettel, győzni fogtok! *(Prohászka: ÖM, 7:357; 108)*

Boldog Csák Mór, domonkos misztikus, †1336

ÉVKÖZI 16. VASÁRNAP

1: Az Úr összegyűjti országába a választott nép szétszórt fiait, mint a jó pásztor az elszéledt juhokat.
S: Krisztus békét szerzett nekünk Vére ontásával, és mindnyájunkat meghív országába.
E: Jézus megértő szeretettel fordul az emberekhez, mert olyanok, mint a pásztor nélküli juhok.

A mi jelen társadalmunkban minden ember annyit ér, amennyit elér, teljesít, sőt: annyit ér, amennyi pénzt keres. De még a sokat kereső „boldogok" is — milyen boldogok ők igazában? Átizgulják az életet, és izgatják magukat minden és mindenki miatt. És magukban élnek mindvégig. Sajnálatra méltók!

Isten szabadnak teremtett minket, nem rabszolgának. Komolyan kell dolgoznunk, de szabadnak kell maradnunk, hogy olyasmit is tegyünk, tehessünk, ami „semmit sem jövedelmez", például: hallgassuk a csönd üzenetét...

Első olvasmányhoz Jer 23,1-6

Jeruzsálem királyai rossz pásztorok voltak, nem törődtek nyájukkal, ezért büntetés fenyegeti őket (Iz 23,1-2). De a népek közt szétszórt nyájnak hazatérésre és üdvösségre szól az ígéret. Jahve maga fog népéről gondoskodni, és jó pásztorokat küldeni. A szakasz vége üdvről szóló jövendölés: Dávidnak egy ivadéka jogot hoz, és igazságot tesz az országban. Uralkodói neve: „Az Úr (Jahve) a mi igazságtételünk", magába foglalja egész uralmi programját (mint uralmi név vö. Iz 9,5). Igazi király lesz, általa valósítja meg Jahve a királyságát. *(23,1-4: Jer 33,12; Ez 34,1-31; Iz 3,14-15 ▫ 23,5-6: Jer 33,14-17; Lk 15,3-7; Jn 10,1-18)*

Válaszos zsoltár Zsolt 23(22),1-3.3-4.5.6

Az Úr az én Pásztorom

Szentleckéhez Ef 2,13-18

Istenhez való viszonyunk mint távolság és közelség jellemezhető, Isten-megismerésünk és Istenhez kötöttségünk foka szerint. A pogányok valaha, a zsidóságból nézve, „távol" voltak, de Krisztus „közelbe" hozta őket a megváltás tettével. Ő általa Isten minden embert meghívott az üdvösségre. A válaszfal ledőlt zsidók és pogányok közt. Isten többé nem tesz különbséget: zsidókat és pogányokat egyaránt az üdvösségre hív Krisztus; mindenkiért ontotta vérét, és mindenkit „új emberré" tett. *(2,13: Ef 2,11-12; 1,10; Kol 1,20 ▫ 2,14-16: Iz 9,5-6; Gal 3,28; Kol 2,14; 2Kor 5,17; Ef 4,4; Kol 1,22 ▫ 2,17: Iz 57,19)*

Evangéliumhoz Mk 6,30-34

A tizenkettőt, kiket Jézus szétküld a világba (Mk 6,7), e szakasz apostoloknak nevezi. Ez annyit jelent, „követek". Követségüket tettben és szóban végezték (6, 30). Most visszatérnek lelkesen és fáradtan. Magányra és pihenőre van szükségük. Jézus tanítványainak azt is meg kell tanulniok, hogy a megfeszített munka után kell a *nyugalom s a belső csönd*. Missziós munkája után a tizenkettő újra tanítvánnyá, tanulóvá lesz (6,34-35). — Az utolsó mondatok a kenyérszaporításhoz vezetnek át (Mt 6,35-44). A szerzőtől megtudjuk, Jézus együtt érez a tömeggel, és tanítja őket.

Ez lesz a tanítványok dolga is: az ige és a szentségek kenyerét osszák, és egyben tehetségük szerint s főfeladatukat sosem feledve a testi éhséget is csillapítsák. *(6,32-34: Mt 14,13-14; Lk 9,10-11; Jn 6,1-2 ▫ 6,34: Mt 9,36; 4Mz 27,17; Jer 23,2; Ez 34,5)*

Szentségre várva

Amit tegnap tettem és mondtam talán jó volt, de szívesen javítanék ma rajta, ha lehetne. De egyet megtehetek: a múltat és jövendőt a jelenem fényébe állítom, s azzal megszentelem.

Elmélkedés

A lélek békéje és szabadsága

— Négy dolog szerez nagy *lelki békét*. Fiam, most már megtanítlak a béke és az igazi szabadság útjára.

— Tedd meg, Uram, amit mondasz, mert szíves-örömest hallgatom.

— Igyekezzél, fiam, inkább más akaratát tenni, mint a magadét. Válaszd mindig a kevesebbet, ne a többet. Törekedjél mindig az utolsó helyre jutni és mindenkinek alárendelve lenni. Kívánd és kérd szüntelen, hogy benned Isten akarata egészen teljesedjék. Íme, az ilyen ember jut el a béke és a nyugalom földjére.

— Uram, rövid a beszéded, de nagy tökéletességet foglal magában. Rövid a szava, de mélységes az értelme és bőséges a gyümölcse. Mert ha híven megtartanám, nem egykönnyen keletkeznék bennem nyugtalanság. Mert valahányszor érzem, hogy nyugtalan és levert vagyok, azt találom, hogy a tanítástól eltértem. De Te, aki mindent megtehetsz és a lélek előmenetelét mindig szereted, növeld bennem kegyelmedet, hogy végrehajthassam tanításodat és üdvösségemet munkálhassam! Úristen, a szegényeket, alázatosakat és a világtól megvetetteket választottad meghitt barátaiddá és házad lakóivá. Bizonyságok erre apostolaid, kiket az „egész földkerekség fejedelmévé tettél" (Zsolt 44,17). Mégis panasz nélkül éltek e földön, oly alázatosan és egyszerűen, minden álnokság és csalárdság nélkül, hogy még örültek, mikor nevedért gyalázatot szenvedtek, és amitől a nagy világ irtózik, kívánsággal fogadták. Azért aki téged szeret és jótéteményeidet elismeri, semminek sem örvendez annyira, mint a te akaratodnak és örök végzésed tetszésének. Ezzel pedig annyira be kell érnie és megvigasztalódnia, hogy éppoly örömest akar a legkisebb, mint más a legnagyobb lenni. Éppoly nyugodt és megelégedett az utolsó helyen, mint a legelsőn, és szintoly jónéven veszi, ha ócsárolják és megvetik, ha sem híre, sem neve, mintha másoknál nagyobb tiszteletben és méltóságban állna a világ előtt. Mert szükséges, hogy a te akaratod és a te dicsőséged szeretete mindent fölülmúljon, és hogy ez nagyobb örömére és nagyobb vigasztalására szolgáljon, mint minden jótétemény, amelyben részesült vagy részesülni fog. *(Kempis: KK, 3:23)*

†

Modern napjainkon uralkodó a *Sátán*, s még inkább így lesz a jövőben! E harcot a pokollal *ember* meg nem vívja, bármily tanult, eszes legyen. *(Kolbe Sz Miksa)*

ÉVKÖZI 17. VASÁRNAP

1: Elizeus próféta húsz árpakenyérrel jóllakatja a népet, sőt még marad is belőle. S: Egy az Úr, egy a hit, egy a keresztség azok számára, akik egybetartoznak Krisztusban. E: Jézus hirdeti az evangéliumot, és csodálatosan megszaporított kenyérrel táplálja az embereket.

Akinek megvan a mindennapi betevő falat kenyere, az megélhet. De akinek folyton azon kell aggódnia, hogy meglesz-e, az nem szegénységben él, hanem nyomorban. A szegénységet alapkövetelményül állítja Jézus, a nyomor azonban szégyen — a gazdagokra.

Azok, akiket Jézus csodásan megvendégelt, nem voltak nyomorgók: de hogy Jézust hallhassák, kockáztattak, és vállaltak egynapi éhezést is. Nem voltak szentek, mégcsak hívők sem. Jézus jóllakatta őket: legyen ez számukra jel, emlékeztető, követésre hívó, hitre segítő.

Első olvasmányhoz 2Kir 4,42-44

Elizeus próféta Illés után az egyik legnagyobb csodatevő az Ószövetségben. Úgy látszik, megismétlődnek az Egyiptomból való kivonulás csodái. A kenyérszaporítás csodája a pusztai mannára emlékeztet (2Mz 16), s egyben előképe Jézus kenyérszaporításának is. A fölösleg túláradás, — a kenyér adománya ennek a jele, — a messiási idő ismertetője; nem olyan bőség, melybe belefúl az ember, hanem a béke, a gondtalanság és az öröm bősége. *(Mk 6,31-44; Jn 6,1-13)*

Válaszos zsoltár Zsolt 145(144),10-11.15-16.17-18

Isten nagy jósága

Szentleckéhez Ef 4,1-6

Milyen legyen azok élete, akik meghívást kaptak a hitre és a Krisztussal való közösségre? Első helyen Sz Pál az egységet parancsolja. Ez egyenest lényegi törvénye az Egyháznak. Kétszeri említése ezt csak megerősíti. Egy test, egy Lélek, egy reménység — ez Krisztus Egyháza; egy szív, egy hit, egy keresztség — ez az a forrás, amelyből folyton újjászületik. Egységet minden különbözőség és ellentétén túl úgy lehet elérni, hogy mind „elviselik egymást szeretetben". *(4,1-3: Kol 3,12-15; Fil 1,27 ◻ 4,4-6: Róm 12,5; Ef 2,16.18; 1Kor 1,13; 8,6; 12,4-6)*

Evangéliumhoz Jn 6,1-15

A mai és a következő négy vasárnapon Sz János 6. fejezete az olvasmány: Jézus kenyérszaporítása, vízen járása, nagy kafarnaumi beszéde, s végül válság a tanítványok közt. — A kenyérszaporítást a szentíró húsvét és az eucharisztikus vacsora közelébe helyezi (6,4 és 6,11). Ahogy korábbi csodái, úgy ez is jel Jézus személyének titkára (Istenemberség). A jelet mindenki látja; egy pillanatra készek Jézust azon prófétának elismerni, ki „a világra eljövendő", a Messiás. De a Messiásról és az üdvösségről való elképzeléseik még messze elmaradnak Jézus küldetésének igazi megértésétől. *(14,13-21; Mk 6,32-44; Lk 9,10-17 ▫ 6,2: Jn 2,23; 3,2 ▫ 6,5-9: 4Mz 11,13.22; 2Kir 4,42-44 ▫ 6,14: 5Mz 18,15.18; Jn 1,21)*

Szentségre várva

Isten csak azokat elégítheti ki és tarthatja jól, akik éhesek. A megelégedettek, önmagukba zárultak mitsem kaphatnak Tőle. A csoda az lesz, ha éhséget kelt bennük. Uram, add, hogy éhezzelek és szomjúhozzalak Téged, az élő Istent!

Elmélkedés

A földi kenyér és élő Kenyér

Nagy csoda a kenyérszaporítás. De nem nagyon csodáljuk a tettet, ha a megtevőjét nézzük. Az sokasította meg a kenyértördelők kezén az öt kenyeret, aki a föld ölén a sarjadó magvakat sokasítja, hogy kevéske mag széthulljon, és a téli csűr gazdaguljon. De mivel ezt Ő minden évben megteszi, senki sem csodálkozik. Ámulatunkat feledteti nem a tett csekélysége, hanem folytonos visszatérése...

Nézzük Azt, aki véghez vitte. Ő maga az élő Kenyér, ki az égből szállott alá, de olyan, aki életet ád, s maga nem veszít; Kenyér, akit lehet fogyasztani, de sosem elfogyasztani. Ezért írva van: „Égi kenyeret adott nekik, angyalok kenyerét ette az ember" (Zsolt 77,24). Ki más az égi kenyér, mint Krisztus! De hogy angyalok kenyerét ehesse az ember, az angyalok Ura emberré lett; ha nem lett volna köztünk testében, nem vennők őt oltárunkról kenyér színében...

Testvérem, vágyakozzunk Krisztus életére, hiszen ma zálogul kaptuk Krisztus halálát. Hogy ne adná nekünk a maga javait, aki elszenvedte a mi bajaink?! Ezen a földön, e romlott világon mi más van bőven, mint bajra születés, küszködés és halál? Vizsgáljátok földi sorunkat, s mondjátok, hogy nincs igazam!? Nézzetek minden embert, van-e más e világon, mint születni küszködésre és halálra?! Ezek a mi tájaink „termékei", ezekből van itt bőven. És ezekhez az árukhoz szállott le az a Kalmár hozzánk. S mert minden kalmár vesz és elad, adja, amije van, veszi, amije nincs, Krisztus is ezen a mi piacunkon adott és vett. Mit vett? Ami bőviben van itt: bajra születni, kínnal küszködni, halállal halni. És mit adott? Újjászületést, föltámadást és örökre uralmat. Óh jóságos Kalmárunk, végy meg minket! Mit mondok, végy meg? Hiszen hálát kell adnunk: már megvettél! Megfizeted árunkat, isszuk a Te véred, megadod nekünk a mi vételárunk. Már tied vagyunk, szolgáid, teremtményeid, teremtettél és megvettél... Nagy áron megvett Ő minket, nehogy örökre foglyok maradjunk. Mert e világ fejedelmének kezébe estünk, az elcsábította Ádámot, rabbá tette, s kezdett minket rabszolgáiként kihasználni. De eljött a Megváltó és legyőzetett az Ámító...

Szeressük hát Megváltónkat, mert jóságos és édes. „Ízleljétek és lássátok, mily édes az Úr!" Féljétek is, de még inkább: szeressétek! Szinte nehéz hinni, hogy erre a nyomorra született ember eljusson amaz életre, hol sosincs többé halál. Ez az, amit szívünket fölrázva, hiszünk, fölrázva, igen s lerázva e világ porát, hogy ne lepje por a hit szemét! Mert képes „angyallá tenni" az embert az az Isten, aki földi, silány magvakból emberré tette. Mivé leszünk? Angyalokká! Mik voltunk? Szégyen csak ráemlékezni is: de kénytelen vagyok és pirulok kimondani. Mik voltunk? Miből alkotta Isten az embert? És mik voltunk, mikor még egyáltalán lettünk volna? Semmi, semmi. S most *éltek*; de füvek, fák is élnek. Ti *éreztek* is; de lelketlen barmok is éreznek. Ti emberek vagytok, több a földi állatnál, fölöttük vagytok, mert *megértitek*, mennyit adott Ő nekünk! Éltek, éreztek, értetek: ember vagytok! És ezt a nagy adományt mi múlhatja fölül? Az, hogy keresztények vagytok! És ha ezt meg nem kaptuk volna, mit érne nékünk embernek lennünk? De keresztények vagyunk és Krisztushoz tartozunk! Dühönghet e világ, meg nem tör minket, mert Krisztushoz tartozunk! Hízeleghet a világ, el nem csábít, mert Krisztushoz tartozunk. S jönnek majd az elmúlhatatlan javak, küszködéseken, bajokon át jutunk hozzájuk. S mikor majd megérkeztünk, senki onnan el nem szakíthat. Bezárulnak kapui Jeruzsálemnek... Kapu-zárva, reteszeit lebocsátva, senki barátja onnan ki nem jő, senki ellensége be nem jő. Ott lesz igaz és bizonyos biztonságunk, ha itt el nem vesztegetjük a mi Igazságunk. *(Sz Ágoston: 130. beszéd)*

†

Oltáriszentség

Ez a mi „mindennapi Kenyerünk". Vegyed naponkint, hogy naponkint használjon neked! Élj úgy, hogy méltó légy naponta befogadni Őt! *(Sz Ágoston)*

Mikor a mi Urunk látja, tiszta lelkek hogyan jönnek-sietnek, hogy látogassák Őt az Áldott *Szentségében*, rájuk mosolyog. Oly egyenes egyszerűséggel járulnak Őhozzá, hogy (kicsiny voltukban) nagy örömét leli. *(Vianney Sz János)*

A távoztán elszomorultaknak egyedülálló nagy vigaszt hagy hátra. — A *kegyelem* ajándéka nagyobb javunk, mint egész világmindenség java. *(Aquinói Sz Tamás)*

†

Tanítás

Ha tanítás, prédikálás a te dolgod, előbb buzgón tanulj, mindent megtégy: forgódj, hogy munkálkodj majd ügyesen, Isten szerint. Úgy hirdessed az igét, hogy előbb te azt megéld! Ha nem teszed, nép azt látja! A szavával *ezt* hirdeti, életében *amazt* teszi! Szavad bizony gúnyt, nevetést kelt közöttük, nép fejet ráz, megvet: s igéd légbe zendült. *(Borromei Sz Károly)*

Mind, aki *tanításra* vállalkozik, kell, hogy eltöltve légyen mély szeretettel, legnagyobb türelemmel és legfőként: mélységes alázattal! Munkájuk' végezzék legodaadóbb buzgalommal. És így, alázatos imáik által, az Úr méltónak leli őket, hogy munkatársai legyenek Őneki az Igazság és lelkek ügyében. *(Kalazanci Sz József)*

ÉVKÖZI 18. VASÁRNAP

I: Isten az éhező népnek kenyeret ad a mennyből. S: Legyünk új emberekké Krisztusban!
E: Jézus a testet tápláló kenyérről a lelki kenyér fontosságára hívja fel az emberek figyelmét.

Hírverés adja tudtunkra naponta, mi mindent kell „okvetlen" összevásárolnunk, csak hogy több jusson az életből, egészségünk megmaradjon, vagy egyszerűen „modernek" legyünk. De azt nem mondja meg, mi kell ahhoz, hogy „emberek" legyünk, hogy igazán azzá váljunk.

A „modern" ember — ha megkérdeznők Sz Pált — már rég nem az az „új" ember, akinek Isten akarja őt. Az új ember nem zárja be magát sem a jelen, sem a jövő korlátai közé, neki az öröklét kell! Nem elégszik meg azzal, hogy „még" él, tudja, hogy „már" él. Ő már elkezdte élni az örök életet. Mert azt mondja Jézus: „Én vagyok az Élet Kenyere".

Első olvasmányhoz 2Mz 16,2-4.12-15

Izrael pusztai vándorlása során (ahogy Isten népének útján az évszázadokon át) ott van a nép zúgolódása, zűrzavar és viszály; de ott van Isten irányítása és hatalmas gondoskodása is! A zúgolódás elégedetlenséget, szemrehányást és kéréseket is tartalmaz. A kérés csak közvetve és durván kerül elő, de Isten így is meghallgatja és teljesíti. „Égből szállott kenyeret" (Zsolt 78,24) adott nekik: ez költői szólás. A manna nem égből hullott, csak fentről (vö. Jn 6,32). Isten úgy is művel csodát, hogy a földi valóságot veszi igénybe (a szentségekben is így működik). Épp ezzel mutatja ki, hogy a teremtésnek Ura Ő. *(16,2-4: 2Mz 5,20-21; 14,11-12; 15,24; 16,2-3; 4Mz 11,4-9; 5Mz 8,3.16 ▫ 16,15: Zsolt 147,16; Sir 43,19)*

Válaszos zsoltár Zsolt 78(77),3-4.23-24.25 és 54

Emlékezés Isten nagy tételményeire

Szentleckéhez Ef 4,17.20-24

Krisztus az új, isteni ember, benne teljesen igaz az Írás szava, hogy az Ember Isten képére van teremtve. Az emberiség azonban „vakságban és bűnben" élt. A „régi embert" le kell vetnünk, mint egy ócska ruhát, és helyébe az új embert fölöltenünk. A levetés, fölöltés képe nekünk szokatlan, fölteszi, hogy az öltözködéshez hasonlóan jellemző lesz az egész emberre. Az új ember létformája épp ellentéte a régi „őrült ábrándnak, elvakultságnak és vágyakozásoknak" — tehát: igazság, világosság, fegyelem, rend és szentség. *(4,17: Róm 1,21 ▫ 4,22-24: Kol 2,6-7; 3,9-10; Gal 6,8; Ef 2,15; Gal 3,27; Róm 13,14)*

Evangéliumhoz Jn 6,24-35

„Uram, add nekem ezt az élő vizet!" — mondta a szamaritán asszony (Jn 4,15). „Uram, add nekünk ezt a kenyeret!" — mondják most a zsidók. Jézus sugallta ezt a kérést, mikor oly életről beszélt nekik, amely nem romlik meg, mint a manna (vö. 1. olvasmány), és amely örök életet ad. A manna, amelyet a 78. zsoltár „mennyei kenyérnek" hív, az Emberfiában való hitre készített elő, mert Ő az a kenyér, ki valóban a mennyből szállt alá. Ezt a Kenyeret csak ajándékul kaphatjuk Istentől, munkával ki nem érdemelhetjük. Ami egyedül szükséges: hívő lélekkel megnyílni Isten valósága előtt, készen várni, hogy még a megfoghatatlant is befogadjuk. Némelyek rosszul teszik föl a kérdést, vajon Jézus az Igében való hitről szól-e, vagy a Szentség vételéről („enni a Kenyeret"), — mert beszéde folyamán egyre világosabb, hogy a kettő elválaszthatatlan. *(6,27: 2Mz 16,20-21; Iz 55,2-3; Mt 3,16; Jn 1,32-34 ▫ 6,30-31: Mt 12,38-39; 16,1-4; Zsolt 78,23-24; Bölcs 16,20-22; 1Kor 10,3-4 ▫ 6,35: Péld 9,5-6; Sir 24,19-22; Jn 4,10.14)*

Szentségre várva

Isten jön szembe velünk, fölülmúlva emberi természetünket és értelmünket. A szomjazónak élő vizül, az éhezőnek Igazi Kenyérül adja magát. „Valóban méltó és igazságos, illő és üdvös, hogy mindig és mindenütt hálát adjunk Néked!"

Elmélkedés

Jeruzsálemi Sz Cirill (†387) oktatása az Oltári Szentségről: „Azáltal, hogy részt vettetek a szent misztériumban (szentmise és áldozás), Krisztussal lettetek egytestűvé és egyvérűvé..."

†

Az ősegyház és az Oltáriszentség

„Valamikor a galileai Kánában isteni hatalmával borrá változtatta a vizet, és most ne hinnénk neki, midőn a bort vérré változtatja?... Ezért tehát biztonságos hittel vegyük az ő testét és vérét. Mert a kenyér jelében veszed az ő testét, a bor jelében veszed az ő vérét, és miután vetted a testet és a vért, Krisztussal lész egytestűvé és egyvérűvé. Így leszünk Krisztus-viselőkké (christophoroi), miután tagjainkba az ő teste és vére száll. Így leszünk Szent Péter szerint az isteni természet részeseivé"...

Aranyszájú Szent János (†407) azt írja (In Matthaeum 26,26): „Krisztus nem azt mondta: Ez az én testem *jelképe*, hanem azt: Ez az én testem. Ezzel tanít arra, hogy mi nem a tárgy (kenyér, bor) természetét látjuk a szentségben, hanem az az eucharisztikus imádság által átváltozott Krisztus testévé és vérévé".

Ebből a hitből táplálkozott áhítatos viselkedésük az Oltáriszentséggel szemben. Tertullianus (†230) írja, hogy a hívek vigyáznak arra, nehogy valami is földre hulljon a szent kenyérből és borból. (De corona, 3.) Origenes (†254) is arról tanúskodik, hogy a hívek, midőn az Úr testét tenyerükre kapják, óvatosan és tisztelettel őrzik, hogy még morzsája se essék le...

Amit ma hiszünk, ugyanazt hitték az első század végének hívei, midőn az apostolok közül már csak Szent János volt életben. Ebben az időben (Kr.u. 95k) gyűjtötték össze a „Tizenkét Apostol Tanítását" egy kis könyvben (Didakhé) a hívek számára. Évszázadokig olvasták, használták ezt a Tanítást. A hívekhez szól, őket oktatja. Szól az Eucharisztiáról is 9., 10. és 14. fejezetében, de nem közli az egész akkori szertartást (ezt a püspök, vagy megbízásából a pap úgy rögtönözte, „tehetsége szerint"), hanem — mai hasonlattal élve — ún. miseájtatosságot állít össze a hívek számára. Áldozás utáni imádságát ma is jó volna imádságos könyveinkbe foglalni:

„Miután beteltetek (az áldozás után), így adjatok hálát: Hálát adunk neked, Szentséges Atya, a Te szent nevedért, melynek szívünkben helyet készítettél, a tudásért, hitért és halhatatlanságért, melyet Fiad, Jézus által nekünk kinyilatkoztattál. Dicsőség Neked mindörökké. Mindenható Úr, Te alkottál mindent a Te nevedért, ételt és italt adtál az embereknek, hogy ízleljék és Neked hálát adjanak. Nekünk azonban szellemi ételt és italt adtál és az örök életet szent Fiad, Jézus által. Hálát adunk neked mindenekelőtt, mert hatalmas vagy. Dicsőség Neked mindörökké. Emlékezzél meg Urunk, Egyházadról, védd meg minden bajtól, és szilárdítsd meg szeretetedben, gyűjtsd össze a négy világtáj felől országodba, melyet számára készítettél. Mert tied a hatalom és dicsőség mindörökké. Jöjjön el a kegyelem és vesszen el a jelen világ! Hozsanna Dávid fiának."

Az Eucharisztia szellemi étele és itala tudást, hitet, halhatatlanságot ád. Védi az Egyházat minden bajtól, megszilárdítja a szeretetben. Összegyűjti a négy világtájról az emberiséget az Isten országába. Napjainkban valósul meg az, amiért az I. század végén így imádkozott az Egyház (Didakhé, 9): „Mint ahogy ez a kenyér előbb szét volt hintve a dombokon és a búzaszemek összegyűjtése után eggyé vált: úgy egyesüljön a Te Egyházad a föld széleiről a Te országodba..." *(Kühár Flóris cikke, l. Bangha: Eucharisztia, 102)*

†

Oltáriszentség

Tegyük csak föl: eljött a Végnap, s a Fő-Szentségről tanításunk, — kiderül, — hamis volt és „abszurd"! Ha Urunk ottan szemrehányón kérdi: „Mért hitted mindezt Szentségemről? Mért imádtad a fehér Ostyát?" — nem válaszolhatnánk-e rá nyugodtan: „Igen! ám, Uram, de ha megcsalódtam s mind mi szent egységbe: Te vezettél félre! Hallottuk a szavad: *„Ez az Én Testem"* — a kenyér fölött; ki hitt Neked, hát bűnözött? E mondott „tévedésbe" száz csoda és jel is kísérte, csoda, minő csak Tőled jöhet — itt tündöklött! Egyházad egy szóval kiálta tanúságot nékünk, hogy helyes hitben élünk s a hitben, amit szentül hittünk, minden szentjeid és jámborid nyomát követtük!" *(Bellarmin Sz Róbert)*

Senki ne merjen közelítni e Szent Asztalhoz tisztelő, mély áhítat nélkül, igazi bánat nélkül, vagy eszébe ne idézné a megváltás drága titkát. *(Aquinói Sz Tamás)*

Óh szeretet szent Titka! Óh Egységnek jele! Szívhűség köteléke! Ki életre áhítozik, valóban Életet lel itt, hogy benne éljen, Életet, hogy általa éljen. *(Sz Ágoston)*

ÉVKÖZI 19. VASÁRNAP

1: Az angyali kenyér erőt ad Illés prófétának, hogy eljusson az Isten hegyére. S: Éljünk szeretetben, amint Krisztus is szeretett minket! E: Maga Jézus a mi égből szállott kenyerünk.

Ha az orvos azt mondja betegének: „Nem fog meghalni", — persze csak azt érti: „Nem ebben a bajban, nem most hal meg." S még ezért is hálás a beteg.

Jézus mondja: „Aki ebből a Kenyérből eszik, nem hal meg, hanem örökké él". — Ezzel a testi halált nem szüntette meg, mégcsak nem is csökkentette fájdalmait. Biológiailag az ember, ez a mostani ember, nem számíthat örök jövőre. De az az ember, akire Isten rátekint, akihez Ő szólott, az, akinek élete eggyé vált az emberré lett Istenfia életével, az bejutott az Életbe, és megmarad örökre.

Első olvasmányhoz 1Kir 19,4-8

Illés a pusztába fut Jezabel királyné haragja elől, hogy életét megmentse. Ott már a halált kívánja magára! Ismétlődnek rajta Izrael pusztai vándorlásának élményei: fáradtság és csüggedés. Minden prófétának át kell mennie ezen a lelki éjen. De Isten nem hagyja el; Illés megérzi, hogy Isten közel van és segít. Eszi a kenyeret, melyet Isten követje hoz neki, és megteszi útját egészen a céljáig, Isten hegyéig, Hórebig (Sínai), ahol hajdan Isten megjelent Mózesnek. Illés visszafelé megjárja az utat Izrael és az istenhit forrásáig. *(19,8: 2Mz 24,18; Mt 4,1)*

Válaszos zsoltár Zsolt 34(33),2-3.4-5.6-7.8-9

Bizalom Istenben

Szentleckéhez Ef 4,30-5,2

Megváltásunk pecsétje és záloga a Szentlélek, a szeretet Lelke, aki Isten legbenső lényegéből ered. Ezt a Lelket megszomoríthatjuk, sőt ki is olthatjuk, sok rút, kicsinyes embertelenséggel (felsorolja Ef 4,31). Isten egészen más, és csak Ő mérvadó azoknak az embereknek a megítélésében, akiket szeretett, gyermekeivé fogadott és Lelkével megbélyegzett. Kétféle norma szerint élni teljességgel lehetetlen. Vagy Istennel élünk, vagy kerüljük a közelségét, és messze Tőle elvesztjük önmagunkat. *(4,30-32: Iz 63,10; Ef 1,13-14; 4,4; Kol 3,8.12-13; Mt 6,14 ▫ 5,1-2: Mt 5,48; Gal 2,20; Zsid 10,10; 1Jn 3,16)*

Evangéliumhoz Jn 6,41-51

Jézus testével, lelkével, vérével teljes ember volt, ismerték Őt és a családját (Mk 6,1-6: 14. vasárnap). Kortársainak ez nehezítette meg, hogy hallatlan üzenetét felismerjék. Hogy jöhetett ez az ember „a mennyből"? Ki tudja ezt, ha nem is érteni, de legalább elhinni? Jézus azt feleli: „Senki, hacsak nem indítja rá az Atya, aki Engem küldött." Tehát hagynunk kell, hogy Ő indítson és vezessen minket. Ez az a nagy megtérés, mely nélkül nincs hit. A kafarnaumiak keményszívűek, mozdíthatatlanok voltak, akárcsak atyáik a pusztában. *(6,44-45: Mt 16,17; Iz 54,13; Jer 31,33-34 ▫ 6,46: 2Mz 33,20; Jn 1,18; 7,29 ▫ 6,51: Lk 22,19; 1Kor 11,24)*

Szentségre várva

Minden ember számára Jézus *az* Ember. Ő a szegények ínsége, az éhezők reménye, a szeretők öröme. Ő az élő Kenyér, akit nem az Őt befogadó hasonít magához, hanem Ő vesz át minket, a tápláltakat, magába, titokzatos Testébe, hogy mindenki mindenben Krisztus legyen. Ő az Ámen. Ki Őbenne bízik, az üdvözül.

Elmélkedés

Aberkiosz őskeresztény püspök sírfölirata az Oltári Szentségről

Mindenki előtt, aki az őskeresztények jelkép-kedvelő nyelvét ismeri, első olvasásra nyilvánvaló e fölirat keresztény jellege:

Én, a kiválasztott Város polgára rakattam,
még élvén, e követ, testem honaképp a jövőre.
Névre: *Aberkiosz* én, kit a *Pásztor*, a Tiszta, tanított:
Ő ki legelteti nyájait üde mezőn s a hegyekben.
Nagy szeme van, s ellát vele mindenüvé a világon!
Ő tanitott vala *Élet* igaz tudományira engem,
Ő küldött Rómába, *Királyság*-látni szememmel,
látni *Királynőt* ott, stólája, sarúja aranyból!
Láttam a népet is ott: *jelt* minden homlokon, égőt!
Jártam Szíria földjét s városait, Nizibiszt is.
Keltem Eufraton át, s *meghitteket* szerte találtam.
Pál utitársammal vitt mindenüvé a Hit útja,
ételül adva igaz forrási *Halat* az a táj mind.
Tiszta, hatalmas Hal, született ki a tiszta Szűzünktől,
mert ez adá a szerettinek Őt, örök étekül adván.
Legjava Bort is adott együtt készítve *Kenyérrel.*
Mindezeket jelül én rendeltem, Aberkiosz, írni;
most töltvén a koromnak hatvankettedik évét.
Értsd ezeket s *érezve* velem mondd *értem* imádat!
Senki pedig mást szót síromra rakatni ne merjen,
mert ki mer, adnia kell kétezret a Rómaiknak,
s drága hazámnak is, ád Szentvárnak (Hieropolis) is, ezret aranyban!

(Kr.u. 200 körül; fölfedezte: W. Ramsay 1882-ben, Frigiában)

A „kiválasztott városnak polgára" több szentírási helyre emlékeztet, és a mennyország örökösét jelenti. Egyéb, vitán felüli keresztény föliratokon is előfordul. A harmadik sor „tiszta Pásztor"-ában sem nehéz arra a Jó Pásztorra ráismerni, „aki életét adja bárányaiért". A 6. sor Sz Péter szavait juttatja eszünkbe: „az örök élet igéi Nálad (Krisztus Urunknál) vannak". A Pásztor (Krisztus) küldi Rómába, hogy a „Királyságot" lássa, ami ismét nem egyéb, mint az Üdvözítő által annyiszor kiemelt „Isten országa". — A következő sorokban említett „Királynő" csak megszemélyesítés lehet és az Egyházat jelenti... E szavak: „Nyújtott ételül mindenütt Halat... akit tiszta Szűz szült... legjobb Borral... Kenyérrel" — az Oltári Szentségnek egyik legrégibb és leghitelesebb őskeresztény emlékét jelentik. *(Artner Edgár cikke, l. Bangha: Eucharisztia, 126; a fölirat szövege itt versbe téve)*

†

Mindennapi Kenyerünket...

Mert vajon melyik Atya egyeznék abba bele, hogy a Fia — hozzá egy olyan Fiú — maradjon nálunk, s újabb sérelmeknek legyen kitéve, miután már egyszer ide adta őt nekünk, mi pedig oly kegyetlenül bántunk vele? Bizonyára egy sem, Uram, a Tiedet kivéve. Nagyon jól tudod Te, hogy kihez intézed kérésedet! Óh Istenem, mekkora szeretet van a Fiúban, mekkora szeretet az Atyában!

Az édes Jézus részéről ez nem is lep meg annyira, mert ha egyszer kimondta azt, hogy „Legyen meg a Te akaratod", akkor természetesen, amilyen Ő, nem hagyhatta teljesítés nélkül.

Ellenben Te, örök Atya, hogyan tudtál ebbe beleegyezni? Hogyan nézheted, hogy a Te Fiad nap-nap után olyan hitvány kezekbe kerüljön? Hogy egyszer megengedted, még hagyján: de mindennap! Látod, akkor is hogyan bántak vele! Hogyan tűrheti a Te atyai szíved, hogy szüntelenül új sértésekkel illessék? Pedig mennyit követnek el ellene a legszentebb *Oltárszentségben*! Hányszor látja Őt a mennyei Atya ellenséges kezekben! Mennyi tiszteletlenség éri ezen eretnekek részéről.

Óh örökké élő Úristen! Hogyan fogadhatod szívesen ezt a kérelmet? Hogyan hallgathatod meg? Nem látod az Ő végtelen szeretetét? Hiszen csupán azért, hogy tökéletesen teljesítse akaratodat és hogy mindent megtegyen értünk, azt is eltűrné, hogy naponkint darabokra szagassák! A Te dolgod, Uram, ezzel törődni, ha már Ő maga nem gondol semmivel! Miért adja meg Ő az árát minden boldogságunknak? Miért hallgat mindenhez? Miért nem tudja felemelni a szavát a maga érdekében is, nemcsak a miénkben? De meg azután, hát senki se legyen, aki védelmére kel ennek a szerető Báránynak?

Sokat gondolkoztam azon, hogy miért fejezi ki ebben a kérelemben kétszer ugyanazt a gondolatot. Azt kéri ugyanis, hogy add meg nekünk a *mindennapi* kenyerünket, s azután meg azt mondja, hogy add meg azt nekünk *ma*. Mintha csak azt akarná kifejezni, hogy az Atya egyszer már odaadta Őt nekünk s hogy most azután ne vegye el tőlunk a világ végéig, hanem adja nekünk naponként. Indítsa ez a szíveteket, leányaim, arra, hogy szeressétek Jegyeseteket. Hol van az a rabszolga, aki jókedvvel vallaná magát rabnak: az édes Jézus pedig úgy látszik, mintha dicsekednék vele. *(Nagy Sz Teréz: A tökéletesség útja, ÖM, 1:189)*

ÉVKÖZI 20. VASÁRNAP

I: Az örök isteni Bölcsesség jelképes étellel és itallal várja meghívott vendégeit. S: A keresztény okosság abban áll, hogy mindenkor felismerjük Isten akaratát. E: Jézus Teste valóban étel, az Ő Vére valóban ital.

Jézus beszéde egyszerű, nincsenek benne tudományos vagy idegen szavak, bonyolult körmondatok. Azt sem tehetjük föl, hogy szántszándékkal homályosan vagy kétértelműen beszélt. Ő az igazság, Ő az élet. Az Ő igazsága maga az élet. Ezért nem lehet Őt csak oly egyszerűen tudomásul venni, mint valami közlést. Jézus igazsága, az Evangélium: Ő maga. Csak aki elfogadja Őt, az érti meg.

A Kenyér, melyet Ő ad, élő, életadó, ha kézségesen hagyjuk, hogy átalakítson minket.

Első olvasmányhoz Péld 9,1-6

Ki ez a „Bölcsesség", aki lakomára hív? Drága erény ő (Péld 8,11), aki által az ember becsülethez és hosszú élethez jut (Péld 4,8-10). Képzelhetni személynek is; e mai szakaszban oly asszony, aki nagy házat tart. A 8. fejezetben úgy látszik inkább az isteni, mintsem a teremtett világ tagja: mert már „kezdetben" Istennél volt kísérőül, mint teremtő ereje (Péld 8,22). Hogy tulajdonképp isteni lény, azt az Ószövetség nem mondja ki egyenest, ahogy az Isten Igéjéről sem beszél. A lakoma, melyre a Bölcsesség hív, önmaga: Isten és emberek „útjainak" tudománya. Krisztus nagyobb lakomára hívott meg minket: Őbenne testesült meg Isten örök Bölcsessége, az Ige, hogy az Élet Kenyere legyen számunkra. *(Mt 22,1-14; Jn 6,51-58)*

Válaszos zsoltár Zsolt 34(33),2-3.10-11.12-13.14-15

Bizalom Istenben

Szentleckéhez Ef 5,15-20

A keresztények evilági „okossága" abban áll, hogy megérti az időt és a helyzetet, amelyben él, és hogy Istennek tetsző módon cselekszik. A szakasz második fele konkrét és központi tényre mutat: a Szentlélek működésére az Egyházban. Isten Lelke nemcsak tisztánlátást és jó akaratot ád, hanem képessé is tesz, hogy szűk mivoltunkból kiemelkedjünk, hogy szívből hálát adjunk Istennek, és józan lelki ittassággal dicsőítsük Őt. *(5,16-17: Kol 4,5; Róm 12,2; Kol 1,9 ▫ 5,18-20: Péld 23,31; Kol 3,15-17; Zsolt 33,2-3; 1Tesz 5,18)*

Evangéliumhoz Jn 6,51-58

A nagy oltáriszentségi, eucharisztiás beszéde utolsó részében Jézus nemcsak hitet sürget a maga személyében, hanem valóságos fogyasztását a Kenyérnek, amely Őmaga. Még nyersebben kimondja: Testét („húsát") kell ennünk, és vérét kell innunk! De lehet ez? Nem, ha „test szerint" értjük, mert a „Lélek éltet" (6,63).

Akkor hát tisztán szellemileg értsük, mint valami lakomát, amelyre a Bölcsesség hív és bölcsességgel tart jól (vö. 1. olvasmány)? Ilyen értelmezés sincs kizárva az eddigiek szerint, de Jézus tanítványai helyesen megérzik, hogy Ő *többet* akar mondani, épp ezért háborodnak föl. A folytatásból kitűnik, hogy Jézus valóban többet mond (l. a következő vasárnap evangéliuma). „Ti is el akartok menni" megbotránkozva azon, hogy ételül adom magam? Ám menjen, aki nem hisz, és maradjon, aki nem értve is, de hisz! A súlyos oltáriszentségi beszéd teljes horderejét a tanítványok csak az utolsó vacsorán értik meg. És mennybemenetele után fognak össze-összegyűlni, hogy a szent Lakomát megüljék, „az Úr halálának és föltámadásának titkát" (vagyis a meghalt és föltámadt Urat vegyék a misztériumban), amíg csak el nem jő. *(6,51: Lk 22,19; 1Kor 11,24 □ 6,54: Jn 1,14; 6,39-40; 11,25)*

Szentségre várva

Jézus nagy ígérete az Élet: örök élet, isteni élet, úgy ahogy az Isten örök Fia bírja az életet Atyjától. Jézus az Atyja által és az Atyának él, örök közösségben, egységben Vele. És ezt az életet akarja nekünk is megadni!

Elmélkedés

Krisztus megígéri az Oltáriszentséget

„Fáradozzatok, de ne olyan eledelért, mely veszendő, hanem azért, mely megmarad az örök életre, melyet majd az Emberfia ád nektek" (Jn 6,27). Az emberek felfigyelnek: miféle eledelt fog nekünk adni, ha nem kenyeret? És Jézus most már nyíltan megmondja: „Én vagyok az élő kenyér... A kenyér, melyet majd én adok, az én testem a világ életéért" (Jn 6,51-52). „A világ életéért!" Vagyis a kenyér színe alatt azt a testet adom majd nektek, amely a keresztfán fog szenvedni a világ megváltásáért. Hallgatói szóról-szóra értették — úgy, ahogy ma is érti az Egyház — és éppen ezért nagy vita támadt köztük: „Hogyan adhatja ez nekünk az ő testét eledelül?" (Jn 6,53). Akárcsak a mai hitetleneket hallanók: Ugyan, hogy képzeltek olyat, hogy az a mozdulatlan kis ostya az élő Krisztus legyen?... Az Úr látja a mozgolódást, hallja a vitatkozást, — és mit csinál? Ha beszédét nem szóról-szóra akarta volna értetni, föltétlenül ki kellett volna javítania szavait: Ne vitatkozzatok, nem így értettem. De vajon kijavította-e? Annyira nem, hogy inkább még erősebben megismétli, amit első ízben mondott. „Bizony, bizony mondom nektek: Ha nem eszitek az Emberfia testét és nem isszátok az ő vérét, nem leszen élet tibennetek."

...Egyenesen elképzelhetetlen, hogy Krisztus egy ennyire fontos, ennyire alapvető kérdésben tévedésben hagyta volna apostolait és általuk a hívek százmillióit egész a világ végéig! Krisztus soha nem szedett rá minket; csak ebben a legfontosabb hittételben tette volna meg? Ha Krisztus nincs jelen az Oltáriszentségben, akkor bálványozás, a legszörnyűbb bálványozás, amit mi a misében, amit az áldozásnál csinálunk! És Krisztus mindezt előre tudta, — hát megengedte volna, szó nélkül elnézte volna ezt a tévedésünket? Pedig nézzük csak, mit tesz Krisztus? Nem javít ki semmit! Nem von vissza semmit! Ellenben odafordul a legbensőbb barátaihoz, a tizenkettőhöz: „Csak nem akartok ti is elmenni?" (Jn 6,68) Mintha mondaná:

Tudjátok, mennyire szeretlek titeket; ha azonban ti sem hiszitek, amit mondok, inkább menjetek el ti is, de szavaimból vissza nem vonok semmit!

Az utolsó vacsorán eljött az alapítás ideje.

Az Eucharisztiáról szóló egész katolikus hit, az egész eucharisztia-tan, az Úr Jézusnak három rövidke mondatán épül. Ez a három mondat: „Ez az én testem", „ez az én vérem", és „ezt cselekedjétek az én emlékezetemre". Ez a három mondat egy egységbe olvad össze, és forrása mindannak, amit az Oltáriszentségről tanít a katolikus Egyház. És mit tanít? Valami egészen páratlan, egészen fölfoghatatlan, egészen megrendítő fönséges dolgot. „Ez az én testem", „ez az én vérem". A kenyér és bor külső megjelenési formája, íze, illata, alakja, súlya, szóval a kenyér és bor színei megmaradtak, de nem maradt meg a kenyér lényege: átváltozott Krisztus testévé és vérévé. És hogy ez ne csak egyszer történt légyen, az utolsó vacsorán, erről intézkedik az Úr parancsa: „Ezt cselekedjétek az én emlékezetemre".

A világ ilyen döntő fontosságú szavakat még nem hallott. Páratlanul fönséges szavak voltak azok is, amik a világ teremtésekor elhagyták a Teremtő ajkát: „Legyen világosság! És lőn világosság" (1Mz 1,3); de ezek csak a világosságot hívták le a földre, míg amazok magát a világosság Teremtőjét hívják közénk. Nagyszerű szavak voltak azok, amiket Szűz Mária mondott az angyalnak: „Legyen nekem a te igéd szerint" (Lk 1,38); nagyszerűek, mert lehívták Krisztust a földre; de csak egyszer hívták le. Ellenben e szavak óta: „Ezt cselekedjétek az én emlékezetemre", bármikor közénk hívhatjuk, mintegy állandóan fogva tarthatjuk Krisztust a földön. *(Tóth Tihamér: Üdvözlégy, Oltári Szentség!, 20)*

†

Oltáriszentség

Krisztus Teste és Vére vételével a lélek azzá változott, amit magához fogadott. — Ne szabj határt a szeretetnek, ki Istent szereted, a legfőbb jót, a minden határokat fölülmúlót! *(Nagy Sz Leó)*

Hogy jól végezz szentségimádást, észbe tartsd. E Szentség: Jézus Krisztus, múlt-jelen-jövő! A Szentség a Megtestesülés utolsó foka, Urunk földi életének végső, végigtartó fázisa. Hogy e Szentségben minden kegyével eláraszt. Hogy minden hitigazság itt van, ide tart, ide torkollik. Hogy semmit nem kell hozzátennünk, míg mondjuk: Eucharisztia — az Oltár Szentsége — mert az maga Jézus Krisztus. *(Eymard Sz Péter)*

Ha Szentségi Jézusnak szerelme nem nyeri meg szívünket, akkor Jézus legyőzve, vesztett! Hálátlanságunk nagyobb az Ő jóságánál; gonoszságunk hatalmasabb az Ő nagy szeretetén él! Imádjad, látogasd a magános, az elhagyott Jézust, szerelmének e Szentségében a földiek meg se látják... Mindenre van idejük, csak Istenük-Uruk meglátogatni nincs! Itt vár, eped értünk Szentség házában. Utcákon, szórakozóhelyeken a nép nyüzsög. Istennek háza üres, elhagyott. *(Eymard Sz Péter)*

ÉVKÖZI 21. VASÁRNAP

I: A választott nép megígéri, hogy az Úr lesz az Istene, és mindig Őt fogják szolgálni. S: A házastársak látható egysége szent dolog, mert Krisztus és az Egyház láthatatlan kapcsolatát jelképezi. E: Jézus a legkiválóbb tanítómester: szavai az örök életre vezetnek.

Egy erős egyéniség mindig ellentmondást vált ki azokból, akik nem hajlandók mások véleménye és vezetése alá vetni magukat. Az ellenállásnak lehet tárgyi vagy személyes oka, és gyakran nehéz a kettőt megkülönböztetni.

Jézus sok hallgatója „keménynek" találta szavait, és otthagyták Őt. Mások maradtak. Ki tudja, vajon ezek voltak-e a „jobbak", hiszen Júdás is maradt — legalábbis külsőleg. Maradjak vagy eltávozzam: e választás elé valójában nem valamilyen Egyházzal vagy közösséggel kapcsolatos probléma állít minket, hanem maga Jézus szava.

Első olvasmányhoz Józs 24,1-2.15-17.18

Isten meghívta Ábrahámot, kivezette Izrael népét Egyiptomból, és birtokukba adta Kánaán földjét (Józs 24,2-13). Búcsúbeszédében ezekre emlékezteti Izrael törzseit Józsué, Mózes utódja. Az emlékezés választásra hív föl. Mint minden nép és egyén, így Izrael is választhat, megvan a lehetősége, hogy elfelejtse korábbi útjait, hagyományait, Istenét, és új utak, új istenek mellett döntsön. Izrael számára ott voltak akkor Kánaán pogány istenei, akik szerencsét, pénzt, jólétet ígértek tisztelőiknek, — tulajdonképpen ugyanazok a bálványok, amelyek minden korban szolgaságba hajtják az embert. *(5Mz 6,21-24; 26,5-9)*

Válaszos zsoltár Zsolt 34(33),2-3.16-17.18-19.20-21.22-23

Bizalom Istenben

Szentleckéhez Ef 5,21-32

Mindenhol, ahol keresztények keresztény módon élnek, Isten titkából valami láthatóvá lesz a világban. Ez főleg a hívő keresztény családra áll, amelyről az efezusi levél vége (5—6. fejezet) szól részletesen. Az alapszabály: „Vesse alá magát egyik a másiknak Krisztus félelmében". A mai gondolkodásnak a nő alárendeltsége, amelyet a 22—24. vers látszólag egyoldalúan sürget, nem oly magától értődő, mint a korabeli szentírónak és olvasónak. Az apostol nem támadja kora szociális helyzetét, hanem belülről, csöndben változtatja meg. A házasságot illetőleg mindent egy mélyebb titok fényébe állít, amelyet úgy hív: „Krisztus és az Ő Egyháza" (5,32). Krisztus félelme és a Hozzá vonzó szeretet határozza meg a házastársak viszonyát, és teszi házasságukat annak a bensőséges kapcsolatnak a másává, mely Krisztus és „jegyese", az Ő Egyháza közt fennáll. *(5,21-24: Kol 3,18; 1Pt 3,1-6; 1Kor 11,2-3 ▫ 5,25-32: Kol 3,19; 1Pt 3,7; Róm 6,4; 2Kor 11,2; Jel 19,7-8; 1Mz 2,24)*

Evangéliumhoz Jn 6,60-69

„Ki e kenyeret eszi, örökkön él" (Jn 6,59). Ez ígéret, s egyben követelmény. A tanítványok megérzik, hogy választás előtt állnak. Azonban számukra is „kemény beszéd ez", nehéz felfogni, még nehezebb elfogadni. Jézus látja szorongó kétségüket, mégsem von vissza semmit. Sőt kiegészíti a megdicsőüléséről szóló jövendöléssel. Ezzel a tanítványoknak aligha lett tisztább a kép. De nekünk értenünk kell, hogy Jézus emberré válása, keresztáldozata és mennybemenetele (megdicsőülése) egyetlen titok három állomása, és az Élet Kenyerében az egész testté lett, föláldozott és égbetért Krisztus van jelen: embersége, áldozata, fönsége. Hitbeli döntésünk a Szentség színe előtt nem valami tannak szól, hanem Krisztus egész igazságának és valóságának. *(6,62: Jn 6,33.38.51; 12,32 ▫ 6,63: Jn 3,6)*

Szentségre várva

Jézus nemcsak beszélt, hanem át is adta magát teljesen élete föláldozásáig, ezért nemcsak szavai „szellem és élet", hanem valóságos Teste és Vére is „szellem és élet" lett számunkra. Testének magunkhoz vétele azt jelenti, hogy éljük a szentmisét, mivel szava nekünk szellem, Isten ereje, mely indít, mozgat és átalakít minket.

Elmélkedés

Az Úr Teste és Vére

Test, mely értetek adatik. Értetek, hogy ti ne menjetek tönkre; helyettetek állok én ki az Isten igazságossága elé; haragja engem zúz össze. Nem igazságtalanság ez, hanem az elegettevő s engesztelő szeretetnek tüzes kinyilatkoztatása. Szemléljétek e kápráztató színekben égő tüzet; én gyújtottam azt meg, hogy megmelegedjetek, s általam s bennem Istent új, tüzes szeretettel szeressétek. — Ez áldozati érzelmekkel van jelen Krisztus a szentmisében, ezekkel lép Isten elé, közénk s közéje áll, és szeretetért s ragyogó sebeiért kérünk és remélünk Istentől kegyelmet... Értünk adja oda magát Krisztus... milyen öröm, mily kincs ez nekünk, s mily áldozat a szentmise!

Jézus vére végtelen kincs, „pretium magnum", lelkünk nagy ára! Isten végtelen irgalma, e szent kehely keretje. Honnan e vér? Isten kegyelméből. Tekintsd a forrást; szent szíve dobogásával indult meg keringése, azután kifeccsent; azután kiömlött... Tekintsd sziklás útját, párázatában a Szentlélek kegyelmeinek szivárványát. Tekintsd örök erejét; a „pondus aeternitatis", az örökkévalóság energiája dolgozik benne. Hogy nézik a szentek az égből és a szenvedő lelkek a tisztító tűzből e szent vérnek szivárgását lelkeinkre? Én is így nézem, áhítatos csodálattal és hálával.

Vére rajtunk; megtisztít; ez lelkünk harmata, ki nem száradunk. Megpermetezzük vele szentáldozásainkban érzelmeinket, jó föltételeinket; áldását lekérjük mindenre, cselekedeteinkre és a szenvedő lelkekre. „Vér, vér olthatja ki csak a kínt", mondotta Suso Henriknek [német domonkosrendi misztikus író, †1366] egy elhalt társa. Fölhasználom én is.

Vére bennünk. „Én vagyok a szőlőtő, ti a vesszők", mintha mondotta volna: Véremből éltek. Meleg élete árad belénk; mi szívjuk. Vére ég ereinkben s hevül arcunk pírjában. Ágnes mondotta: „Vére piroslik arcomon". Vérét kíméljük, ha a mienket nagylelkűen fölajánljuk; mert nem szeretet az, ha pazaroljuk Krisztus vérét s kíméljük a magunkét. *(Prohászka: ÖM, 7:294,296; 34)*

†

Az ősegyház és az Oltáriszentség

Az ősegyház kultusza főleg abban különbözött a középkoritól és a maitól, hogy bár istentiszteletének *középpontja az Eucharisztia volt*, de hiányoztak benne azok a cselekmények, melyekben — mint a szentségkitétel, szentségi körmenetek stb. — az imádás közvetlenül az Oltáriszentségre irányul. Hogy azonban az Eucharisztiában jelenlévő Jézust imádás illeti, azt az ősegyház is felismerte. A 98. zsoltárhoz írt magyarázatában Szent Ágoston (†430) azt a sort akarja megvilágítani (Zsolt 98,5): „Magasztaljátok a mi Urunkat Istenünket, imádjátok lábai zsámolyát, mert szent az." Erről így ír: „Tűnődve fordulok Krisztushoz... és megtalálom azt, hogyan imádjuk istentelenség nélkül a földet, imádjuk az Úr lábainak zsámolyát. Mert hiszen a földből földet vett magára, hisz a test a földből vétetik. Mária testéből ő is testet öltött. És mivel e testben járt a földön és a testet adta nekünk eledelül üdvösségünkre és senki sem eszi a testet a nélkül, hogy előbb ne imádná: már könnyű belátni, hogyan „imádjuk a földet", az Úr lábainak zsámolyát (a testté lett Igét: Krisztust!). Nemhogy imádásával vétkeznénk, hanem: nemimádásával követnénk el bűnt." Az ősegyház pietása is imádta a szentségben jelenvaló Krisztust; imádták a hívek, mielőtt magukhoz vették.

Ágoston ugyanazt a hitet vallja, mint elődei, a nagy görög és latin szentatyák. Őt azonban a szentáldozás hatásai érdeklik, és ezen a ponton ő ád legtöbb felvilágosítást a szentatyák közül. Az Úr szavaira (Jn 6,64) támaszkodva fejti ki az Eucharisztia szellemi gyümölcseit. Szent János evangéliumához írt magyarázatában (Tractatus in Joannem 26,13) így ír (Jn 6,51-hez):

„Én vagyok az élő kenyér, amely az égből szálltam alá. Azért vagyok élő, mert az égből szálltam alá." Az égből szállt alá a manna is. Ám a manna árnyék volt, ez pedig igazság.

Aki eszik ebből a kenyérből, örökké élni fog, s a kenyér, melyet én adandó vagyok, az én testem a világ életéért. Mikor foghatja fel a test, hogy Ő a kenyeret testnek mondja? Ettől riadtak vissza a zsidók; erre mondták, hogy sok nekik; erről hitték, hogy nem lehetséges.

Az én testem — úgymond — a világ életéért. Megismerik a hívek Krisztus testét, ha szüntelenül Krisztus testévé lesznek. Legyenek Krisztus testévé, ha Krisztus lelkéből akarnak élni. Krisztus lelkéből csak Krisztus teste él.

Értsétek meg testvéreim, mit mondok. Van láthatatlan lelked, és van látható tested. Mondd meg nekem, melyik él a másik által? Lelked él-e tested által, avagy tested él-e lelked által? Mindenki, aki él, úgy felel erre, — és ha nem tud rá felelni, nem tudom él-e — mit felel mindenki, aki él? Azt, hogy igenis: testem él lelkem által. Már most akarsz-e hát te is Krisztus által élni? Akkor légy Krisztus testében!

De hát élhet-e az én lelkem a Te tested által? Hiszen az enyém az én lelkem által él, a tied meg a te lelked által. Krisztus teste pedig csak Krisztus lelke által élhet. Azért mondja Szent Pál apostol is ennek a kenyérnek magyarázataképpen: Egy kenyér, egy test vagyunk sokan (1Kor 10,17).

Óh, szentsége a jámborságnak, titkos jele az egységnek, köteléke a szeretetnek! (O sacramentum pietatis, signum unitatis, vinculum caritatis!) Aki élni akar, már van, hol élhet, már van, miből élhet. Lépjen hozzá, higgyen benne, forradjon vele egybe egy testté, hogy életre támadjon. Ne riadjon vissza a tagok kötelékétől; ne legyen rothadt tag, amely levágást érdemel, ne legyen torz tag, hogy szégyenkeznie kelljen miatta. Legyen szép, beleillő, egészséges tag, forrjon össze a testtel, éljen Istenből Istenben, és úgy fáradozzék a földön, hogy utóbb uralkodhassék az égben." *(Kühár Flóris cikke, Bangha: Eucharisztia, 112)*

Boldog Ifjabb Erzsébet Szűz, apáca,
az utolsó Árpád-házi, †1336

ÉVKÖZI 22. VASÁRNAP

I: Tartsátok meg pontosan és lelkiismeretesen az Isten parancsait! S: Jézus tanítását tettekre kell váltanunk. E: Isten parancsa fontosabb, mint az ősök hagyománya.

Aki nem vágyik sem vagyonra, sem hatalomra, aki sem embertől, sem haláltól nem fél, az megtámadhatatlan, az szabad ember. Alávetheti magát törvényeknek, lehet másoknak engedelmes, mégis szabad és független.

Jézus szabadsága függetlenség, világosság és jóság. Vannak olyanok, akik félnek, hogy éppen szabadságuk foglyává lesznek; inkább meglapulnak törvények és előírások fedezékében, ott nem éri meglepetés őket. Az ilyen engedelmesség sokszor önzés, mert önféltés és gyávaság. Aki szeretetből engedelmes, az szabad. Aki Jézushoz szegődik tanítványul, szabadságot tanul.

Első olvasmányhoz 5Mz 4,1-2.6-8

Isten népe a törvényt nem súlyos teherként, hanem Isten ajándékaként fogadta, útjelzőül a népnek és egyénnek. Isten irányítását úgy akarja elismerni és követni, ahogy Isten adta. Semmit hozzá nem tenni, semmit el nem venni: ez ma is, akkor is érvényes, és nem rabszolgaság, hanem egyenesség és szabadság.

Az 5Mz 4,6-8-hoz: Más népek (egyiptomiak, görögök) büszkék lehettek filozófusaik bölcsességére, Isten népének kiválósága viszont a Törvény. Benne Isten bölcsessége, igen, maga Isten van népe közt oly módon, amilyet csak Fiának emberré válása és a Szentlélek leszállása múlhatott fölül. Bennünket keresztényeket gondolkozóba ejthet, hogy a hívő zsidóság ma is még a „Törvény örömének ünnepét" üli. *(4,1-2: 5Mz 5,1; 6,1; 8,1; 11,8-9; 3Mz 18,5 ▫ 4,6-8: Zsolt 19,8; Sir 1,14-16; 5Mz 4,32-34)*

Válaszos zsoltár Zsolt 15(14),2-3.3-4.5

Lelkiismeret kérdései

Szentleckéhez Jak 1,17-18.21-22.27

Isten, mindenek teremtője („a csillagzatok Atyja": Jak 1,17) teljesen tiszta lényében, és egyértelmű működésében. Nem állít csapdát nekünk. Istentől csak jót kapunk, ez a hit kijelentése. Ez olykor látszólag ellentétben áll tapasztalati tényekkel, de ezek helyes magyarázatát belátja az, aki megkapta Isten legnagyobb ajándékát, „az Igazság Igéjét": Jézus Krisztus evangéliumát. A szentlecke második felében ehhez egy intés csatlakozik: A keresztény, aki eljutott a hitre, megkeresztelkedett, és vele „új teremtéssé" lett, s a tetteivel igazolja azt. Mindig nyitott szívvel hallgassa az igét, és fordítsa tettekre! *(1,17-18: Mt 7,11; 1Mz 1,14-18; Zsolt 136,7; Iz 55,11; 1Pt 1,23; Jn 1,12-13 ▫ 1,21: 1Pt 2,1-2; 1Tesz 2,13; Mt 11,29 ▫ 1,22: Mt 7,24-26; Róm 2,13 ▫ 1,27: 2Mz 22,21-22; Iz 1,17)*

Evangéliumhoz Mk 7,1-8.14-15.21-23

E szakaszban az evangélista vitabeszédbe foglalja össze Jézus igéit a tisztaság és tisztátalanság kérdéséről; ehhez járul melléktárgyként, hogy mi a viszony Isten törvényei és az emberek szabályai, vagyis a „régiek hagyományai" közt. Jézus először a farizeusokhoz és írástudókhoz szól, aztán a néphez s végül övéihez. Nemcsak Jézus kortársaira jellemző, hogy Isten törvényeit félretéve lesik a kordivat gyakorlatát és szokásait, ez ma is fönnáll. Jézus a „tiszta és tisztátalan" magyarázatával csatlakozik a próféták sorához, akik tiszta emberszíveket kerestek, nem pedig külső tettekben fitogtatott tisztaságot! *(7,1-8: Mt 15,1-9; Lk 11,38-39; Iz 29,13 ▫ 7,14-15: Mt 15,10-11 ▫ 7,21-23: Mt 15,19-20; Róm 1,29-31; Gal 5,19-21)*

Szentségre várva

Isten, a végtelen Szent előtt csak az állhat meg, aki szíve mélyéig őszinte és jó. Ki merné ezt állítani magáról? — „Tiszta szívet teremts belém, Istenem, adj belém új, állhatatos lelket!" (Zsolt 51,12)

Elmélkedés

„Belül tele ragadománnyal". Igazi realizmus lelkünk megítélésében

Első érzésünk az legyen, hogy töméntelen *sok a hibánk.* Isten felé iparkodunk, de szórakozottságunk világosan mutatja, hogy a kezdet kezdeténél akadozunk; szeretetünknek iránta tettben s áldozatban kevés kifejezést adunk. Az érzékiség buján nő lelkünkben, és mint a vadrepce a búzatermést, úgy lepi el és teríti le a földre az érzékiség a lelket. Fontold meg, mily nehezen tűröd az ignorálást [semmibe vevést], mily idegen érzelem nálad a türelem, hiú és meg nem tagadott lélek vagy; kívánod, hogy mások kezeiken hordozzanak, s úgy jársz az erény, az alázat iskolájába, hogy prémiumot keresel. Tekintsd, mily nehézkes vagy a penitenciatartásban, mily szorgos az evésben, ivásban, alvásban, mily becézett babának nézed testedet, és ha ételed túlságosan sós vagy cukros, vagy száraz vagy kozmás, ha zsíros vagy kisült, elégiára hangolod lelked húrjait. Mily visszataszító vagy néha társalgásodban, megfontolatlan feleleteidben, nehézkes az engedelmességben, ellenkező másokkal való engedékenységben, tervtelen és céltalan foglalkozásaidban, önző számításaidban, dilettáns kötelességeid teljesítésében, szétszórt imáidban; hallgatni nem szeretsz, beszélni nem tudsz, világias vagy viselkedésedben, fegyelmezetlen gondolataidban; affektálsz, koldus vagy belső életedben. Hányszor győz rajtunk a restség, és mily kevésszer szállunk ki ellene erélyesen síkra. Hányszor panaszkodol elöljáróidra! Hányszor hanyagolod el a jót emberi tekintetből! Mennyi pelyva és pozdorja, szemét, kóró, forgács... a tisztítótűz élesztésére! Csillagokba nézünk egy beláthatatlan nagy kórház tömkelegéből, mely mindenestül egészen beleszorult lelkünkbe.

De nemcsak hibáink, hanem bűneink is vannak; nemcsak kórházról, de hullaházról van itt szó. Bár ne volna rajtunk a halál szaga; de a múlt alighanem számtalan sötét emléket mutat, melyek mindegyike megérdemelte a poklot... Ne botránkozzunk meg ezen; a vértanúk is a pokolra gondolnak. Gondoltak örök dicsőségre, Krisztus szerelmére, a lelkiismeret tisztaságának fölségére, Isten kegyelmére; de gondoltak a pokolra is. Ne hidd, hogy csak nagy bűnösöknek való. Puha a pázsitos, mohos erdő, de sziklák a bordái. Ha csodákat művelnél is, akkor is vigyázz! Krisztus mondotta.

Realizmusunk harmadik adata a szent kereszt, a kínszenvedés. Hogy bevilágít ez a puha, kislelkű lélekbe! Isten szereti fiát, de a kereszt felé tereli útját. Mi sem ágyazhatjuk meg úgy életünket, hogy házunk mestergerendája ne a kereszt legyen. Ne ijedezzünk tőle; nem erős ház az, melynek hiányzik ez a mestergerendája. Gerenda is (kemény, durva), de mester is; tanít sokra; különösen pedig nevel szép, erős, formás, életre. *(Prohászka: ÖM, 7:284; 19)*

†

Konokságról és képmutatásról

Kérdezed, mi a kemény szív? Ha nem félsz e csapástól, a tiéd máris az! — Ki becstelenebb? Az ki becstelen voltát bevallja? vagy aki életszentség színével takarja? *(Nagy Sz Bernát)*

†

Hagyomány

Törvényszegés, csak egyetlen szóval is eltérni az evangéliumi-apostoli tantól; vagy másképp gondolkodni [hitről], mint ahogy az áldott apostolok s ahogy atyáink azt tanulták s tanították a Szentírás felől! *(Nagy Sz Leó: 82. levél — Marciánus császárhoz)*

†

Megváltás

Óh ti zsidók! Hitetlenségtek üdvösségünket szolgálta. Krisztus halála fölszabadít bennünket, vádol titeket. Csak ti egyedül — és jogosan — vagytok híjával annak, ami egyébként mindenünknek elveszett kincs lett volna! *(Nagy Sz Leó)*

†

Üdvözülés

Ha valaki meg akarja lelkét menteni, csak annyi a teendője, hogy átvizsgálja lelkiismeretét, szembesítve az Egyház örök erkölcstanával. *(XXIII. János pápa)*

ÉVKÖZI 23. VASÁRNAP

1: A messiási országban Isten orvosolja az emberi nyomorúságot. S: Isten a világ szemében szegényeket választotta ki, hogy gazdagokká tegye őket a hitben. E: Jézus megnyitja a süketek fülét, és megoldja a némák nyelvét.

Ha csak látunk valakit, talán van róla valami elképzelésünk, benyomásunk, de sokat még nem tudunk és könnyen csalódhatunk. Aztán ez az ember felém fordul, szól hozzám, hallom szavait, figyelem hanghordozását, — s akkor történik valami: már nem vagyunk idegenek, már beszélgetünk, talán barátságot is kötünk majd.

Némelyikünk nem néma ugyan, de nehezen találja meg a szót, amely embertársához vezetné. Legalább kezdjük azzal, hogy hallgatunk a másikra, szavát beeresztjük bensőnkbe, és választ keresünk rá. S még valami: hagyjuk hívő lélekkel, hogy Jézus megérintsen szavával és gyógyító kezével!

Első olvasmányhoz Iz 35,4-7

E szakasz Izajás próféta üdvösség-szózata, inkább ének, mintsem olvasmány. Tartalma jövendölés a végidőről, melyben Isten hatalma láthatóvá lesz, királysága beteljesül. Isten „bosszúja" az, hogy végrehajtja ítéletét: ez szabadulás, üdvözülés Isten népe számára, s büntető megtorlás ellenségeire. A jövendölések fényt vetnek Izajás idejére: most vak az emberiség, süket és béna, de: „Ne féljetek, él az Isten, itt az Isten, és segíteni fog". Nekünk is szól ez az üzenet. *(35,4: Iz 40,10 ▫ 35,5-6: Iz 43,19-20; 48,21; Mt 11,5; 15,29-31; Mk 7,37; ApCsel 3,8)*

Válaszos zsoltár Zsolt 146(145),7.8-9.9-10

Isten: az Úr, a segítő

Szentleckéhez Jak 2,1-5

„Istennél nincs személyválogatás" (Róm 2,11). A jognak Istene Ő; nincs nála pártosság, s főleg nem a szegények rovására (Sir 35,15-17). Ott állnak a szegények üres kézzel Isten és az emberek előtt, semmit sem mutathatnak föl — ezért lesznek ők részesei a mennyek országának. Isten adományát ugyanis csak ajándékként kaphatjuk, ezért nem jut azoknak belőle, akik vagyonukat és tekintélyüket fitogtatják. Az Egyház és minden közösség hite abban mutatkozik meg, hogy tiszteli-e, szereti-e a szegényeket. *(2,1: 5Mz 1,17; 3Mz 19,15; Jak 2,9 ▫ 2,5: 1Kor 1,26-29; Jak 1,9-10; Gal 3,26-29)*

Evangéliumhoz Mk 7,31-37

E szakasz közepén ott az arámi szó „*Effeta* — nyílj meg!" E szóval működik Isten hatalma és bölcsessége (Bölcs 10,21). Jézus az idők végén helyreállítja azt, ami kezdetben jónak, egészségesnek teremtődött. Az ember beszélő és halló képessége természete teljességéhez tartozik. Az Isten és ember közötti kapcsolat abban áll, hogy az ember meghallja és megérti Isten szavát, felel Neki hittel és megvallással. De az emberek sem alkothatnak közösséget, ha nem beszélnek egymással, és nem hallgatják meg egymást. *(Mt 15,29-31 ▫ 7,32: Mk 5,23; 8,23-25; 1Tim 4,14 ▫ 7,36: Mk 1,44-45; 5,43 ▫ 7,37: Iz 35,5-6)*

Szentségre várva

Tiszteljük Istent azzal, hogy nagy tetteit és adományait felidézzük, a jelenbe hozzuk. Ő maga jön akkor, életének gyógyító, megszentelő erejével. A Szentségben is „emlékét idézzük" („Ezt cselekedjétek az Én emlékezetemre"), és akkor az élő, teljes, szerető Krisztus valóságban megjelenik. Szól hozzánk, válaszol, segít, magába fogad.

Elmélkedés

Megszólás helyett magunk hibáit javítsuk!

Az ördög úgy dolgozik, mint a nesztelen reszelő... Idejében kell leleplEznünk, nehogy baj legyen... Van, akiben túlbuzgóságot és nagy lelkesedést éleszt a tökéletesség iránt. Ez ellen nem lehet senkinek kifogása. De ha ez a lelkesedés odafajul, hogy az a jó lélek a többiek minden legkisebb hibájában súlyos törvényszegést lát; hogy mást sem tesz, mint megfigyeli őket, és siet beárulni hibáikat az elöljárónak, ha hozzá még az is megtörténik, hogy neki magának is vannak hibái, s ezekkel szemben vak: a többi aligha fogja méltányolni buzgalmát, s valószínűleg nagyon rossz néven veszi akadékoskodását.

Értsük meg végre, az igazi tökéletesség nem egyéb, mint az Isten és felebarátunk iránti szeretet. Minél tökéletesebben teljesítjük az erre vonatkozó két parancsot, annál tökéletesebbek vagyunk. Őrizkedjünk tehát az oktalan túlbuzgóságtól, mert ezzel csak ártunk magunknak. Mindenki törődjék saját magával. Erről azonban másutt részletesen beszéltem, s így nem akarok róla itt többet mondani. A kölcsönös szeretet annyira lényeges, hogy ennek ápolásáról sohasem szabad megfeledkeznetek. Észrevenni másokon minden csekélységet — sokszor olyan dolgot, ami nem is tökéletlenség, hanem csak azért szúr nekünk szemet, mert nem értjük meg — ez nem helyes. Az ilyen eljárás aláássa lelkünk békességét és megzavarja a másokét. Mit ér azután az ilyen tökéletesség?

Nagyon vigyázzunk arra, hogy a hibákat ne tárgyaljuk egymás között, mert különben csakugyan az ördögnek volna belőle haszna. Az ilyesmiből származnak ugyanis a szokásos zúgolódások. Másnak hibáját csak annak mondjuk el, aki azon segíteni tud. Nálunk, tekintve, hogy oly pontosan megtartjuk az előírt hallgatást, az ilyen megszólalásokra nem igen nyílik alkalom, de azért mindig jó, ha résen állunk. *(Nagy Sz Teréz: A belső várkastély, ÖM, 1:266)*

†

Szeretet

A szeretet Istenhez hasonulás, amennyire halandók képesek. A szeretet valami lelki ittasság. A szeretet forrása tűrés szakadékos mélye, az alázatnak tengere. *(Lajtorjás Sz János)*

ÉVKÖZI 24. VASÁRNAP

I: A megígért Megváltó: Isten szolgája, a fájdalmak férfia. Szenvedése végül diadalt arat.
S: Ahogy lélek nélkül halott a test, a hit is halott a belőle fakadó jócselekedetek nélkül.
E: A Messiás hivatása, hogy önként vállalt szenvedéssel váltsa meg a világot.

Oly sokszor hallottuk Jézus szavait, hogy most, mikor fölolvassák nekünk, már alig halljuk. Többé már nem indítanak meg. Hová is jut az ember!...

Jézus közvetlenül és egyenesen szól hozzánk. Azon fordul egész életünk, hogy mi is közvetlenül és egyenesen válaszolunk Neki.

Első olvasmányhoz Iz 50,5-9

Az Izajás-könyv második felében négy helyen van szó „Isten szolgájáról" (Ebed-Jahve: a szenvedő Messiás). A mai szakaszban prófétaként lép elénk. Fülét és egész lényét kitárta Isten szavára, és a szolgálatába állt. Ez üldözést és durvaságot hozott fejére, és végül halálát okozta (a 29. vasárnap 1. olvasmánya). De Istennel egynek tudja magát, és így semmi sem ijeszti. A szöveg nem mondja, hogy ki az a „szenvedő szolga", aki itt magáról beszél. Jézus tárja föl az értelmet, mikor ezt az ószövetségi szöveget magára vonatkoztatja; Ő fogja össze a maga személyében minden próféta küldetését és sorsát. Életét és főleg szenvedését, halálát az emberek szolgálatának, megváltásának szenteli. *(50,6: Mk 15,16-20 ▫ 50,7: Ez 3,8-9 ▫ 50,8: Róm 8,31-33)*

Válaszos zsoltár Zsolt 116(114-115),1-2.3-4.5-6.8-9

Hála a megmentésért

Szentleckéhez Jak 2,14-18

A hit önmagában, tettek nélkül, csak halott hit és nem üdvözít. Jakab apostol tevékeny kereszténységet sürget. A helyes hit még nem ajánlólevél a mennyek országába. A hitnél is fontosabb az ember cselekedete, amely a hit alapjaira épül. Csak tetteinkben lesz láthatóvá, hitünk igaz-e és hatékony-e. Az apostol említette példa nem légből kapott. Még a mi szentmise-liturgiánkban is az elbocsátó mondat: „Menjetek békével" — hazugsággá lehet... Szegények nálunk is akadnak... *(2,14: Róm 30,20-31; Gal 2,16; 5,6 ▫ 2,15: Mt 25,41-45; 1Jn 3,17)*

Evangéliumhoz Mk 8,27-35

Jézus e résztől kezdve nem példabeszédekben szól, hanem legbensőbb titkait kezdi föltárni az apostoloknak. De ők még most sem értik. A mai szakasz három részből áll: Sz Péter vallomása a Messiásról, a kínszenvedés első megjövendölése és fölhívás a kereszt követésére. A kijelentés, hogy az Emberfiának szenvednie kell, szükséges kiegészítése és kiigazítása Péter vallomásának: „Te vagy a Messiás". A Messiás cím „Fölkent"-et jelent, ahogy olajjal felkenték a királyokat koronázás helyett. Jézus ritkán alkalmazza e címet magára, mert abban az időben elferdült politikai-nacionalista elképzelések terhelték meg a címet. Ellenben a Szenvedő Isten-szolgáról szóló jövendölésben (1. olvasmány) látja a maga útját. És aki tanítványa akar lenni, az ezen a sötét, göröngyös úton kell, hogy kövesse, — ahol az egyetlen fény az Isten szavában való szilárd hit. *(8,27-30: Mt 16,13-20; Lk 9,18-21 ▫ 8,31-33: Mt 16,21-23; Lk 9,22; Mt 21,42; Mk 9,31-32; 10,32-34 ▫ 8,34-35: Mt 16,24-28; Lk 9,23-27)*

Szentségre várva

Jézus az asztalának és útjának (keresztútjának) közösségébe hív bennünket. Csak a Szentség és a kereszt követője tudja, ki Ő; s minél tovább jár Vele, annál inkább csak egyetlen nagy gondja és kérése van: Engedd, hogy örökre Veled maradhassak.

Elmélkedés

Lehet szeretni a szenvedést?

Lehet-e a szenvedést *szeretni*?! Mert ez megoldás volna. És itt eszembe jut a szentek életének egy epizódja, amelyet nem lehet megrendülés nélkül olvasni. Amikor Chantal Szent Franciska még mint világi, gazdag nő, ott van a nagy vadászaton, amikor férje halálra sebesült, és nem lehet mozdítani a sebesültet, és ott látja a ragyogó szépségű, előkelő, gazdag főúri hölgy csorogni és folyni az ura vérét, akit olyan szenvedélyesen szeret; látja, hogy csak percek kérdése a halál, és kétségbeesik: akkor az ura rámosolyog és azt mondja — mosolyogva! — „Szeretni kell a jó Isten akaratát!"

A szenvedést, a keresztet: lehet szeretni?... Első pillantásra azt mondja bennem a lélek: nem lehet szeretni. Ami keserű, arra nem mondjuk, hogy édes. Semmi meg nem változtatja az emberi természetet és a szájíznek az érzékenységét: ami fáj, arra nem tudom mondani, hogy nem fáj, és nem öröm a fájdalom! De lehet szeretni a keserűt is talán, hogyha egy édes kéz nyújtja; ha az édesanyám keze nyújtja az orvosságot, akkor talán még valahogy jónak érzem; de ha nem érzem is jónak, mégis szívesen fogadom el, azért *aki* nyújtja. Egyetlenegy módon lehet fölébe kerekednünk a szenvedésnek, egy módon lehet szeretni a szenvedést, nincsen megoldás más semmi földi problémára: csak a szeretet segít! Szeretni lehet a szenvedést az okáért, szeretni lehet a céljáért, azért, amiért van; vagy legalább örömmel vállalni. Miért lehet szeretni? Szeretni a kézért, amely nyújtja: szerető kéz nyújtja, Atyám keze nyújtja! Tudom, hogy az méri rám a szenvedést, aki engem a legjobban szeret, jobban mint én magamat.

És látok még valakit, aki megédesítteti velem a szenvedést. A Nagy Szenvedőt, az Úr Jézus Krisztust látom szenvedni. Belénk döbben Szent Pálnak egy csodálatos mondata, amely talán hívatva van arra, hogy világosságot derítsen, mindennél nagyobb világosságot, a szenvedés problémájára. Azt írja: *„Most örömest szenvedek értetek, és beteljesítem, kiegészítem testemben azt, ami híja van a Krisztus szenvedéseinek, az ő testének, az Egyháznak javára."* Tehát Szent Pál szerint Krisztus megváltott bennünket, de hagyott valamit még nekünk is; mintegy — vakmerő szó, de megérti mindenki, hogy mit akarok vele mondani — részt hagyott még nekünk a megváltásban: mi is szenvedhetjük a Krisztus szenvedéseinek részét, a megváltó szenvedés részét. Miért? — „értetek; az ő testének, az Egyháznak javára." Íme a szenvedésnek egy mérhetetlenül mély értelme! Engesztelés! — a legnagyobb gondolat. Engesztelés: másokért szenvedni! És mennyire ideillik a Miatyánk utolsó szava:

az *Amen*. „Amen" annyit jelent, mint „úgy van", elfogadom, igaz, úgy legyen! Annyit jelent, hogy „igen". Micsoda nagyszerű dolog, hogy a keresztény Egyház igennel végzi imádságait! Nagyszerűen illik hozzá: minden „igen" a kereszténységben, semmi sem „nem", minden pozitívum, minden építő, semmi nem romboló, semmi nem negatívum! Pozitívum a szenvedés is, ha engeszteléssé válik. Ha nemcsak tűrés — a tűrés még csak negatívum — hanem ha szeretetből tesszük, ha engeszteléssé válik. Cselekvés, pozitívum, világmegváltó, világépítő erő! *(Sík: A kettős végtelen, 2:40)*

†

Élő hit

Mikor életről, szeretetről, lelkesülésről, odaadásról s egymásba olvadásról csak beszélnek, ott megvannak ezeknek a valóságoknak a fogalmaik, a neveik, mondjuk a szimbólumaik, de ők maguk nincsenek. Éppenúgy míg én csak hiszek és térdet hajtok s a fénylő ostyát csak nézem, s áldozom is és recitálom imáimat, de a realitásig, az élő Krisztusig s annak fölszívásáig s ennek a nagy realitásnak a két karommal s forró ajkammal való lefoglalásáig nem jutok: addig többé-kevésbé a szimbólumnál tartok, a históriánál s az emlékezetnél; tudom, hogy ő ki volt s hol s hogyan járt; ismerem tanait, megvannak fogalmaim róla, ezek a képek s képletek, de őt még nem bírom igazán.

Úgy vagyok vele, mint az, kinek aranyat ígértek, s a csengő arany helyett papírszeletre írva az arany képletét adják neki; vagy az, akinek ígérték, hogy koncertbe vezetik s ahelyett zeneműkereskedésbe ültetik. Ah, a valóság nem fogalom, nem kép, nem képlet, nem szimbólum, hanem konkrét lét és konkrét akció. Az eucharisztia a krisztusi életközösségnek, az egységes életnek, az életnek róla reám-való s tőle belém-való ömlésének szimbóluma. Ezen szimbólum alatt a krisztusi élet folyama lüktet és vágtat, mint a Lánchíd alatt az eleven Duna. Nekünk nem a hidat, a szimbólumot kell néznünk, hanem le kell ereszkednünk az élő, a lejtő áramhoz. Minden szimbólum valami forma, valami, amit megcsináltak, megkonstruáltak, valami, ami szilárd keret s állandó jel; ilyenek az eucharisztiában is a kenyér és bor színei, melyek előttünk állnak s melyeket látunk; de a krisztusi élet, a belénk ömlő s minket ragadó élet — az más; az nem álló, merev forma, hanem akció. Az olyan, mint a vér. A vér addig vér, míg folyik és lüktet és kering; de mihelyt megállt, nem vér többé. Aludt vér nem vér. Az aludt vér megkérgesül s merev formát ölt, s már nem vér többé.

Így vagyunk minden élettel, a szellemivel is. Élet csak élő élet lehet; élő élet pedig érzés, akció, élettudat és életirányulás, vágyak, akarások, lélek-reakciók mindenre, ami környékez! fogalmak, képek, keretek fölött él a megérzés. Ezt érti az apostol az élet alatt s erre hív föl, hogy érezzük azt meg s érezzük át s éljük meg, amit a Krisztus átérzett és átélt. S erre az átélésre s megérzésre akarunk iparkodni az eucharisztiával szemben is. Mi a fogalmakat szívesen vesszük róla, de nekünk e fogalmak csak szimbólumok s csak stimulánsok, mert azokon túl magát az életet s az érzést keressük, — azt a meleg, bensőséges s áramló valóságot, mely a lelket kitölti s kiárad belőle. *(Prohászka: ÖM, 24:22; 330)*

Ha birtokom kívánod: viheted; ha testem elragadni — készen engedek; ha vasra verni vágyol vagy megölni: az is jó nekem! Hívőknek, népnek oltalma alá nem futok, mentségül oltárt nem szorongatok. Sőt az kell nékem: áldoztassam föl oltárnak védelmében. *(Sz Ambrus)*

Boldog Hedvig, lengyel királyné
s a litvánok apostola, †1399

ÉVKÖZI 25. VASÁRNAP

I: A gonoszok az igazak vesztére törnek. S: A békességszerző ember az igazságosság magvetője. E: Isten országában az az első, aki embertársait szolgálja.

Ami történt az újra megtörténik — mindig és mindenütt. Jézus nekünk is *kortársunk*. De hosszú, talán túl hosszú időre van szükségünk, hogy felismerjük Őt és megértsük útját.

Meg kell találnunk helyünket, szerepünket, elhatározásra kell jutnunk. Amíg csak szemlélő és hallgató közönség vagyunk, addig nem értjük Jézus útját. Ő arra vár, hogy csatlakozzunk hozzá, együtt vigyük a keresztet, osztozzunk a szenvedésben. És akkor föltárul nekünk a titka.

Első olvasmányhoz Bölcs 2,12.17-20

Az „igaz" a Bölcsesség könyvében olyan ember, aki komolyan veszi Istenét és hiszi, hogy Isten is komolyan veszi őt. „Isten fia" az Ószövetségben Isten népének a neve (Oz 11,1). Később ebből azt következtették, hogy e népnek egy-egy tagja is Isten fiának tekinthető, olyannak, akit Isten magáénak fogad és szeret. A hitetlenek, az „istentelenek" szemében az ilyen igény tűrhetetlen és lehetetlen volt. De Jézus egészen különös értelemben hívja magát Isten Fiának, mert Ő eredete és lénye szerint isteni. A hitetlennek ismét egyszerűen képtelenség ez; a zsidó igazhitűség őreinek szemében pedig halálbüntetést érdemlő káromlás. *(2,12: Jer 11,19; Jn 5,16.18; Mk 14,1-2; 9,31 ▫ 2,18-19: Zsolt 22,9; Mt 27,43; 26,67-68; Iz 53,7)*

Válaszos zsoltár Zsolt 54(53),3-4.5.6-8

Segítséghívás az ínségben

Szentleckéhez Jak 3,16-4,3

A becsvággyal és irigységgel szemben a „bölcsesség" jó gyümölcseivel mutatja ki fölényét. Ez igaz akkor is, ha a hatalomért vívott harcban nem a bölcsesség, hanem a büszkeség győz. Megesik ez keresztény közösségekben is! A második rész hevesen kikel az egyházközségben előforduló viszályok ellen. Ha mindenki vaktában törtet a maga célja felé, az nem keresztény élet, és nyilvánvalóan az imádság sem lehetséges többé. *(3,17-18: Péld 2,6; Bölcs 7,22-23; Zsid 12,11; Mt 5,9 ▫ 4,1-3: Róm 7,23; 1Pt 2,11; Zsolt 66,18; Mt 6,5-6.33)*

Evangéliumhoz Mk 9,30-37

Már másodszor szól arról Jézus, hogy Ő, az Emberfia és Isten Szolgája, az „emberek kezére adatik". Megölik majd, de Isten föltámasztja. Ez alkalommal nem tiltakoznak a tanítványok (vö. Mk 8,32), de most is éppúgy érthetetlen és idegen nekik az ilyen beszéd. — Márk a következő részben Jézus több megnyilatkozását összefüggő tanításba fűzte (9,33-50). Jézus beszéde a tizenkettőnek szól, de a jövendő tanítványokra is érvényes. A szakasz végén a hatalmi és érvényesülési harcról beszél, és ez bizony mindmáig időszerű! Nem véletlen, hogy amit Jézus a szolgálatról és utolsó helyre való ülésről mond, többféle kapcsolatban és szövegösszefüggésben maradt ránk. A hatalmi törtetés és az „igazam van" kórsága földúlja az egyházközösséget, és elhomályosítja még Krisztus képét is (ahogy ezt a történelem is tanúsítja). Ő azért jött, hogy szolgáljon. A kicsinynek, a gyöngének, az elnyomottnak oldalán áll. *(9,30-32: Mt 17,22-23; Lk 9,44-45; Mk 8,31; 10,33-34 ▫ 9,33-37: Mt 18,1-5; Lk 9,46-48 ▫ 9,35: Mk 10,43; Lk 22,24-27)*

Szentségre várva

Jézus szavai közelgő szenvedéséről különösen csengenek. Nemcsak mondotta e szavakat, hanem élte és szenvedte is őket. Szavaiban a nagy „Igen, Atyám!" elszántsága és odaadása tör föl.

Elmélkedés

Alázat és szentség

Csodálatos paradoxon, nehezen érthető dolog. Aki szent és jámbor, vajon vak és bolond, hogy nem ismeri javait? És ha nem isméri, hogy adhat Istennek hálákat reája terjesztett javaiért? Ha pedig érti és tudja javait, miért ítéli a pogánynál és a cégéres gonosznál magát alábbvalónak?

Keresztények! Az alázatosság sem vakká és bolonddá, sem háládatlanná nem tészi az embert; hanem arra viszi, amit a nagy szentek cselekedtek, és amit Isten parancsolt. Sz Pál azt tartja magáról, hogy az apostolok legkisebbje, legalacsonyabbja és nem méltó, hogy apostol nevet viseljen. Tovább mégyen, és azt hirdeti, hogy ő a keresztyének között utolsóbb és kisebb. Ez sem elég! Azt hirdeti, hogy ő a keresztyének között legutolsó... ő semmi... Sz Gergely attúl fél, hogy az ő bűneit országos romlással ne verje Isten! Hasonlóan Sz Bonaventura, a földi szerafin, kinek szentségét nem győzi csudálni a világ, nyíltan mondotta, hogy ő rosszabb és gonoszabb mindeneknél. Ezeket pedig nem hazugul és képmutatásból, hanem értelmük és ítéletük igazságával mondották!

Az alázatos Sz Pál tudta és hálaadással értette, minemű nagy kincseket rakott Isten őbelé: oly nagy tudományt, melyet senki a világi bölcsességnek fejedelmi közül nem tudott... De hozzátette, hogy nem őtőle való, hanem Isten ajándékából. Azt írta-e, hogy nem kisebb a többi apostoloknál? Így mindjárt megorvosolta a kevélység ellen és mellé írta, hogy ő ugyancsak semmi.

Négy oka vagyon, amelyért akárkiben akármennyi sok jó légyen, magát azokért mások eleibe nem teheti.

Először: aki látja, mi őbenne *Istené* és mi tulajdon magáé, az megérti, hogy csak az dicséretes őbenne, ami Istené; ami pedig sajátja, az csak gyarlóság, fogyatkozás, vétek. Ami másé, azzal nem dicsekedhetünk...

Másodszor: senki közülünk nem tudja *mások szüve* járását és bűneiben kitérését; senki nem láthatja, minemű ajándéki vannak az Istennek másokban. A maga vétkeit és fogyatkozásit viszont ki-ki látja s érzi...

Harmadszor: mennél nagyobb szentségre emeltetik ember, annál nagyobb menynyei *világossága* vagyon: annál jobban érti bármely apró vétek rútságát, annál több fogyatkozást talál magában. Ha a verőfény sugára bé nem jő házunkba, port nem látunk; de ha egy kis lyukacskán befúrja magát a fényesség, sűrű por látszik!... Mi is akkor értjük fogyatkozásinkat, ha Isten előtt forgunk, mikor az Ő szépsége mellé támasztja rútságunkat, mikor az Ő világosságával lelkünk setétsége megtisztíttatik.

Negyedszer: azt gondolják a szent emberek, hogy ha Isten úgy megvonná tőlük kegyelmes segítségét, mint a gonoszoktúl, s olyan kísértéseket bocsátana rájuk, milyenekben a legnagyobb bűnösök vannak: talán olyan és annál is *nagyobb vétkekbe esnének*... Azt sem felejtik, hogy aki az egyik órában elesett, a másikban felkelhet! Ezért nem úgy jár, mint aki megutálá a vámszedőt és megítélé Mária Magdolnát, mert példájukból megtanulta, hogy másnál jobbnak ne vélje magát! Mert könnyű Istennek a kemény kövekből Ábrahám fiait szerezni!... Amely fának ágai terhesek gyümölccsel, alákonyulnak: az üres vesszők mennek föl sudáran. Teli vagyunk alázás okaival, és ha Isten előtt nincs utálatosabb, mint a szegény kevély, akkor méltán gyűlölséget érdemlünk, ha megismervén fogyatkozásainkat, mégis kevélykedünk. Kitűl oltalmazzon az Atya, Fiú, Szentlélek Isten. Amen. *(Pázmány: Az alázatosságrúl, advent 3. vasárnap, 1. beszéd)*

†

Vigasztalanság idején semmit sem szabad változtatni, tartsuk szilárd-makacsul elhatározásaink', melyek e bús napok előtt vezettek; vagy döntéseket, miket követtünk korábbi vigasz idején. Mert épp ahogy a jó lélek irányít, fölvidít vigaszban, a gonosz úgy akar vezetni, „tanácsolni” csüggedés alatt. *(Loyola Sz Ignác)*

†

Alázat annak fölismerése, kik és mik vagyunk. Csak ezt követheti az őszinte kísérlet, hogy azzá váljunk, amivé válhatunk. — Mások hibáinak megvallása nem szolgál lelki könnyebbségre. Kinek-kinek a maga hibáit kell megvallania! *(Alcoholic Anonymous)*

†

Adj, Uram, lelki békét, azt elfogadni, amin változtatni nem tudok; bátorságot, azon változtatni, amin tudok; és bölcsességet, felismerni a köztük levő különbséget! De a Te akaratod legyen, ne az enyém! *(Assisi Sz Ferenc)*

†

Engedelmesség: Ha akarod, hogy lelkednek szolgáljon test: úgy lelked' Istennek híven alája vesd! Kell, úr az Úr uralma alatt álljon, Isten király minden királyon! *(Sz Ágoston)*

†

Bőszavú „főnöklést” senkin se tudok helyeselni: Tettekben, példában vezessen az, ki elöljár! — Hogyha *elöljáró* hiszi, hogy „neki átadatott mind földön-egen hatalom”: megcsalja magát, s önimádó! *(Kalazanci Sz József)*

ÉVKÖZI 26. VASÁRNAP

I: Józsue féltékenykedik azokra, akik rendkívüli úton kapták meg Isten kegyelmét. Mózes viszont annak örül, ha minél többen szolgálják Istent. S: Az apostol a gazdagság mulandóságára hívja fel a figyelmet, és sürgeti a jogtalanul visszatartott munkabér megfizetését. E: Mindenkit szeressünk, de határozottan forduljunk el attól, aki vagy ami bűnre visz!

Nekünk, keresztényeknek sokszor nehezünkre esik keresztüllátnunk jámbor képzeteink ködén, és elismernünk, hogy másoknál is működhet a Szentlélek, olyanoknál, akik másként jámborok és másként hívők. Sőt még azok sem tesznek mindent gonoszságból, akik éppenséggel támadják a kereszténységet. Talán csak azt támadják, amit mi jogtalanul tartunk és mutatunk a „kereszténység" részének, vagy amit ők hibásan hisznek „kereszténynek".

Ember és ember közt nemcsak a konokul merev „vagy-vagy" lehetséges: „vagy barátom vagy, vagy ellenségem!" Keresztény közösségben fontosabb a kérdés: Milyen kapcsolatban állsz Krisztussal? S még fontosabb: Hogyan lát minket Krisztus?! Ki is válaszolhat e kérdésekre?

Első olvasmányhoz 4Mz 11,25-29

Mózes küldetése Isten népének kiszabadítása, s ezt a föladatát csak azért tudta ellátni, mert Isten megadta neki a maga Lelkét és erejét (vö. Iz 63,11). Hetven segítőtársa is részesült a Léleknek ilyen adományában. Fölismeri ezt Mózes a prófétai lelkesülésben, mikor ujjongva táncolni kezdenek, és Istent magasztalják. Nincs fölháborodva, amikor jelentik, hogy két „kívülálló" is „prófétál". Mózes éppenséggel azt kívánja, hogy bár az egész népet elragadná Isten prófétai Lelke. Joel próféta később ilyen általános lélekkiáradást hirdet a végső messiási időkre, és Sz Péter apostol a pünkösdi történésben látja ennek a jóslatnak teljesülését. *(11,25: 4Mz 11,17; 5Mz 34,10; 1Sám 10,9-13; 19,20-24 ▫ 11,28: Mk 9,38-39 ▫ 11,29: Jo 3,1-2; ApCsel 2,4.16-18)*

Válaszos zsoltár Zsolt 19(18),8.10.12-13.14

Öröm Isten törvényén

Szentleckéhez Jak 5,1-6

E szakasz fenyegető beszéd olyan gazdagok ellen, akik fölöslegüket nem akarják megosztani a szűkölködőkkel, még most sem, „az utolsó időkben" sem, Isten ítélete előtt. Ezek a gazdagok vakok, nem látják sem a szegények nyomorát, sem az idők jeleit! Mindezt Sz Jakab hozzánk intézi, akik többé-kevésbé jámbor keresztények vagyunk! Nem számít, hogy sok vagy kevés pénzünk van-e; a végítéleten az Emberfia azt kérdi majd tőlünk, hogyan bántunk a szegénnyel és a „legkisebbel" az Ő testvérei közül. Ez a „legkisebb" nem okvetlen a legkevesebb pénzű, hanem talán a meg se született, a legmegvetettebb, a legelfeledtebb, a legbűnösebb, a legüldözöttebb, a legutáltabb — az Ő testvére! *(5,1-3: Lk 6,24-25; Mt 6,19-20; Sir 29,10; Péld 11,4.28 ▫ 5,4-6: Ám 8,4-8; 5Mz 24,14-15; Sir 34,21-22(25-26); 3Mz 19,13; Mal 3,5)*

Evangéliumhoz Mk 9,38-43.45.47-48

A mai evangélium első felében különös szó hangzik el: „Aki nincs ellenünk, velünk van!" Sz Máténál fordítva szól: „Aki nincs Énvelem, az ellenem van." (Mt 12,30 és hasonlóan Lk 11,23) Jézus elmondhatja mindkettőt, különféle helyzetre persze. Ő harcban áll a gonosszal, de ha emberekről van szó, akkor nincs szívében korlátolt fanatizmus. Ha valaki Jézusra hivatkozva valami jót tesz, hagyjuk érvényesülni, még ha az Egyházon kívül teszi is! Jézus beszél Isten irgalmáról azok iránt is, akik bár nem keresztények, de emberiességből jót tesznek Jézus bármelyik rászoruló hívével. — A második rész vezérszava: megbotránkoztatás. Botrányt okozni itt annyi, mint valakinek megingatni a hitét, vagy általában, valakit rosszra vezetni. (Ez a „botrány" evangéliumi értelme, nem pedig a mai: „fölháborodás, megütközés".) *(9,38-40: Lk 9,49-50; 4Mz 11,28; 1Kor 12,3 ▫ 9,41: Mt 10,42; 1Kor 3,23 ▫ 9,42-48: Mt 18,6-9; Lk 17,1-2 ▫ 9,48: Iz 66,24)*

Szentségre várva

Isten jöhet követeléssel hozzánk, hiszen Ő ajándékozó, jóságos és szerető Isten. Az Ő útja mifelénk a legnagyobb áldozat: tulajdon Fiát adta halálra értünk. És ez a mi utunk Ő felé...

Elmélkedés

Isten irgalma és a pokol

Éppen az irgalom és szeretet mélyebb pszichológiája külön *kulcsot ád* kezünkbe a kárhozat valóságának átértésére. Ha szabad egy egészen transzcendens [természettúli] igazságnak emberszabású fogalmazást adni: A kárhozatot éppen a megbántott, megcsúfolt, kárvallott szeretet teszi érthetővé, sőt szükségessé.

„Úgy szerette Isten a világot, hogy egyszülött Fiát adta érette." Ez az egyszülött Fiú úgy szerette a világot, hogy önmagát adta érette, mindenestül, egészen a kereszthalálig. Ebben a fönntartás nélküli odaadásban benne van az a nagy vallomás: az ember csakugyan sokféleképpen kísértve van a bűnre. Kísérti természete, gyarlósága, a világ csábítása, húzza az érzéki világnak hármas karja: a test kívánsága, a szemek kívánsága, az élet kevélysége; sodorja vészes oksággal a gonoszságnak már kialakult országa, mely félelmes, felsőbbséges hatalmát megmutatta már az első emberrel szemben (1Mz 3). De a bűnre-csábítás ezer szavát túlharsogja az ellentállásra való az a fölhívás és a hűségre való az az indítás, mely az Úr Krisztus megtestesülésének, életének, evangéliumának és kereszthalálának titkából szól. És ha mindennek dacára marad bűn, bűnös Isten-elvetés és megátalkodás: lehet-e a szeretetnek erre más felelete, ha igazán szeretet, véres, piros, tüzes, élő szeretet, és nem élettelen árnyék, mint ami minden megsértett és lábbal tiport szeretetnek felelete: Mit kellett volna még cselekednem az én szőlőmmel, és nem cselekedtem vele? Talán mivel vártam, hogy szőlőt teremjen, és vadszőlőt termett? Most tehát megmutatom, mit cselekszem az én szőlőmmel! Elhordom sövényét, hadd pusztítsák; lerontom kerítését, hadd tiporják. És parlaggá teszem: nem metszik és nem kapálják többé, és fölveri a burján és tövis. És a felhőknek megparancsolom, hogy esőt ne hullassanak reá (Iz 5,6).

Így válik csak érthetővé, hogy a pokol tüze végelemzésben nem más, mint annak az isteni szeretetnek tüze, mely a mennyország boldogsága. Ugyanaz a nappali világosság gyönyörűség az ép szemnek és kín a betegnek; ugyanaz a fagyos januári szél üdülés az ép szervezetnek és halál a sorvadtnak. Ugyanaz a szent, szerető Isten szeretet, bizalom, boldogság az őt szerető léleknek; rettenet, folytonos szemrehányás és ítélet a kárhozottnak. Az ítéletben és mindenegyes elítéltnek lelkiismeretében kigyullad az ítélet megokolása: Nem Isten ítélt el engem, hanem magam; nem Isten irgalmán múlt, hanem az én igyekezetemen.

Amikor tehát megkörnyékeznek a kárhozat kínos árnyai („circumdederunt me dolores inferni"), akkor van teljes okunk és jogunk összeszedni minden hitünket, minden reményünket és szeretni-tudásunkat, — és rendületlenül bízni, amint ez a Tauler idézte koldus mély katolikus igazsággal mondta: — Nekem két erős karom van: az egyik az Isten akaratában való megnyugvás, a másik az őszinte Istenkeresés. Ezzel a két karommal erősen átölelem az Istent és nem engedem el, még ha a kárhozatra akarna is taszítani. S inkább volnék a pokolban Istennel, mint a mennyországban Isten nélkül. *(Schütz: Örökkévalóság, 257)*

†

Csak nézzük saját magunk fogyatkozásait, s hagyjuk békén a másokét. Mert azok bíz', kik gonddal rendben élnek, könnyen fölháborodnak bármiken. És nagyon fontos leckét vehetünk épp azoktól, akik fölháborítanak! *(Nagy Sz Teréz)*

†

Rossz a jó álruhájában

Hogy vonzó legyen a *rossz*, a jónak alább is *álruháját* kell felöltenie. A poklot „égi arannyal" kell kifényezni, másképp sosem kél el a gonosz! S ha a rosszat mindig tulajdon nevén neveznék, sokat veszítene vonzerejéből! (Például „születésszabályozás" = életfojtás, magzatölés; „új életmód" = sodomásság; „ballépés" = házasságtörés, hűtlenség; „hozzányúl" = ellop, stb.) *(Sheen)*

Erkölcsbe taposó *undorító* könyvekre azt mondják: „bátor"; amik morális renden dúlnak, azokat úgy hirdetik: „merész" és jövőbe-néző, „haladó"; Isten-támadók neve „progresszív", „korszak-alkotó". *Rothadó nemzedéknek* mindig szokása volt, hogy a pokol kapuit a paradicsom aranyszínére fesse! *(Sheen)*

†

Mind aki *rágalmaz*, mind aki hallgatja, az ördög hajléka! Annak a nyelvében, ennek a fülében ott ül vigyorogva. — A *fösvénység* oly furcsa láz: annál kevésbé érzed, minél forróbban éget, minél vadabbul összeráz! *(Szalézi Sz Ferenc)*

†

Ha valami szeretetlen hangzik el a füled hallatára, szólalj föl rögtön a távollévő védelmére, vagy távozz, vagy ha megtehetni, szakítsad félbe társalgásuk! *(Vianney Sz János)*

ÉVKÖZI 27. VASÁRNAP

I: A házastársak Isten akarata szerint egy emberpárrá lesznek. S: Isten kegyelméből egy testet alkotunk Krisztussal. E: Jézus tanítja, hogy a házasság felbonthatatlan.

Az Isten képére teremtett embernek hatalma és felelőssége van. Építhet, rombolhat. Az ember végzete a világnak, amelyben él. És azoknak, akikkel együtt él. A házasság több merő szerződésnél. Az emberi élet alapvető rendje az. Benne az ember megpróbáltatik, benne az ember éretté válhat. A szeretet, szerelem szigorú iskolájában tanulja férj és feleség az emberi és isteni erényeket.

Első olvasmányhoz 1Mz 2,18-24

Kezdetben férfivá és asszonnyá teremté őket Isten. Erről a kezdetről szól Mózes 1. könyve (2—3. fejezet) kora képszerű tanításával. Célja, hogy megmagyarázza az ember mai helyzetét, főleg a férfi és nő viszonyát. Minden teremtmény közül csak a nő a „férfi segítője, aki hozzá való". Egymás számára teremtődtek és egymásra szorulnak. A házastársi szeretet erősebb bármi más emberi kapocsnál és természeténél fogva egyszeri, egyetlen mindenki számára. Ebből pedig következik egysége és fölbonthatatlansága. *(1Kor 11,8-9; 1Tim 2,13; Ef 5,31; 1Kor 6,16)*

Válaszos zsoltár Zsolt 128(127),1-2.3.4-5.6

Az istenfélelem áldásai

Szentleckéhez Zsid 2,9-11

A zsidókhoz írt levél utasítás és intés oly keresztényeknek, akiknek hite vagy reménye az eltévelyedés veszélyében forog. A szentíró olvasói számára főleg Jézus mindenek fölötti fontosságát és papságát emeli ki. A szakasz eleje (2,5-16) rámutat, hogy Jézus ugyan rövid időre osztozott velünk az emberi szomorúságban, de magasan fölébe emelkedik az angyaloknak. Minden, amit a 8. zsoltár általában mondott az ember alacsony és magasztos voltáról, nem sejtett módon Krisztusban valóra vált. Testvérünkké lett, emberi természetünk és sorsunk részese, a halálban is, amelyet magára vállalt, azért, hogy megtörje a halál uralmát és „megszenteljen" minket, azaz közvetlen közelébe vigyen az isteni valóságnak (a „fönségben"). *(2,9: Zsolt 8,5-7; Fil 2,6-11 ▫ 2,10: Róm 11,36; 1Kor 8,6; Zsid 4,15; 5,2-3.9-10 ▫ 2,11: Jn 17,19; Zsid 2,17-18; Zsolt 22,23)*

Evangéliumhoz Mk 10,2-16 vagy Mk 10,2-12

A mózesi törvény a házastársak elválását lehetségesnek tartja oly értelemben, hogy a férj elbocsáthatja feleségét, de elváló okiratot kell írnia a számára. Jézus nem elégszik meg a *törvényben* megengedettel, Ő *erkölcsi* parancsot akar, és ez megvan magának a teremtésnek a rendjében, ahogy Mózes I. első két fejezete bemutatja. Isten a férfit és a nőt egyenrangú társul személyi (nem pedig csak sexuális) közösségbe teremtette, és ez természete szerint megváltozhatatlan. Némelyek szerint Jézus nem szigorú paranccsal állítja, hogy a házasságot nem szabad fölbontani, hanem csak magasabb erkölcsi követelményül. Jézus azonban itt voltaképpen Isten eredeti akaratát jelenti ki, ez pedig keresztényekre szigorúan kötelező. — Az evangéliumi szakasz záradéka további részlet tanításából: ahogy a hegyi beszédben Isten országát a szegények, alázatosak, tisztaszívűek, az igazságot szomjazók, üldözöttek osztályrészéül jelenti ki, úgy itt Isten országa a kisdedeké; azoké, akik nem tudnak semmi „teljesítményre" hivatkozni, csak üres kezüket tarthatják feléje, alázatos, gyermeki bizalommal. *(10,2-12: Mt 19,1-9 ▫ 10,4: 5Mz 24,1 ▫ 10,6-8: 1Mz 1,27; 2,24 ▫ 10,11: Mt 5,32; Lk 16,18 ▫ 10,13-16: Mt 11,25; 18,3; 19,13-15; Mk 9,37; Lk 18,15-17)*

Szentségre várva

Csak miután megismerkedett más személyekkel maga körül, akkor ébred rá a kisded, a fejlődő ember önmagára; tanulja meg, hogyan birtokolja és ajándékozza meg önmagát. De minden emberi „te" továbbmutat a végtelen nagy, örök „Te" felé, aki viszont arcával, egész Szívével felénk fordul Krisztus által és Krisztusban.

Elmélkedés

Holtomiglan, holtáiglan. (A házasság alapjellege)

Lehetetlen mélységes megilletődés nélkül hallgatni a magyar házassági szertartásnak végét, az „esküvőt": „Isten engem úgy segéljen, Nagyasszonyunk, a szeplőtelen Szűz Mária, Istennek minden szentjei, hogy a jelenlevő *N-t* szeretem, szeretetből magamhoz veszem feleségül (hozzámegyek feleségül), és hogy őt el nem hagyom holtomiglan, holtáiglan, semminemű viszontagságában. Isten engem úgy segéljen!"

Akik ezt az esküt mondják, úgy érzik ott az oltár előtt, hogy ez a szó híven kifejezi, ami lelküket akkor eltölti. S mégis, aki föleszmél, szinte megborzong, mikor az állhatatlan ember-ajakról, az idő ingatag gyermekétől hallja az örökkévalóságnak ezt a beszédjét, melyet voltaképpen mégis az Egyház diktál, és a házasulók csak utána mondanak. Olyan formán vagyunk vele, mint Pizarróval, a conquistadorral, aki kiköt egy ismeretlen, vésszel és végzettel teli világnak partjain, és fölgyújtja hajóit: nincs többé vissza! S talán maguk az ifjú házasok is az első idők mámora után úgy hallják tulajdon szavukat „holtomiglan, holtáiglan", mint távoli zárcsikordulást: becsukódott egy ajtó és vele az egyéni szabadság és új életalakító lehetőség; holtomiglan, holtáiglan...

Ezt a vegyes, szorongó hangulatot használja föl a modern naturalista, hédonista házassági reform és propaganda, mikor a válásnak teljes szabadságát követeli. Nincs a házasság problematikájának még egy pontja, ahol oly élesen ütköznek össze az ellentétek, mint itt. Nem túlzás, ha azt mondom: ezen a ponton dől el a csata, hogy melyik szellem alakítja majd a házasság erkölcsét. Ezért mindenekelőtt rögzítjük a katolikus álláspontot és azután szemébe nézünk a naturalizmus érveinek.

Az Üdvözítő beszédje éppen ebben a kérdésben rendkívül határozott és ebben a félre nem magyarázható szóban cseng ki: Amit tehát Isten egybekötött, ember el ne válassza! S az Egyház példátlan következetességgel és elszántsággal járta az Alapítótól megjelölt utat...

1. S csakugyan, a házasság fölbonthatatlansága nyilván következik rendelte-

téséből. A gyermekben kézzelfoghatóan megjelenik a harmadikkal szemben való elkötelezettség, mely lényegesen kihív és kiutal az egyéni érdekkörből és a házasságot lényegesen *énfölötti* közösséggé teszi. A gyermek a szülőkre való utaltság megtestesítője: nevelése a nemzésnek elutasíthatatlan folytatása. Elvált szülők gyermekei bitang jószágként bolyonganak idegenben, küszöbről-küszöbre, az otthon áldott bensősége s melege nélkül, és két versengő szülő kényeztetése közepett elkényesednek és gyökeresen elromlanak.

2. A házasság két személynek egészen intim és felelős én-te-közössége. Az ilyen közösségek természetszerűen az egész személyt ölelik át annak egész tartalmával, minden felelősségével és méltóságával. A személyiséghez pedig lényegesen hozzátartozik a tartama, minthogy a személyesség a halhatatlan szellemi léleknek kiválósága. *Tárgyakat lehet használhatóságuk határidejéig birtokba venni, személyt csak örökre. (Schütz: A házasság, 134)*

†

A házasságról

Házasságot kötni annyi, mint elfogadni egymást, egyesülni egymással a lét három szintjén: a fizikai, érzelmi és lelki szinten. — A hitvestársak testi egyesülése azt jelenti, hogy egymásnak tudatosan, önként, szerelemből *odaadják* magukat, azért, hogy egymásnak és egy harmadiknak: a gyermeknek *ajándékozzák* önmagukat; ez tehát lényegében véve kizárja az önző gyönyört. — Egyesülni lelkileg annyi, mint bizalommal kicserélni egymással *minden* gondolatot, érzelmet, benyomást, kételyt, bánatot, tervet, álmot, örömöt, csüggedést... közössé tenni egész belső világotokat egész fejlődésében. — Egyesülni lelkileg annyi, mint kölcsönösen megteremteni egymásban ugyanazt az akaratot, hogy befogadjátok és szeressétek testvéreiteket, hogy találkozzatok és egyesüljetek Istennel. — Egyesülni lelkileg annyi, mint egymás számára lemeztelenítve és áttetszően megjelenni együttesen Isten előtt, mint két imára kulcsolt kéz.

Ha csak egy *testet* jegyzel el, hamarosan megismered, és már másikat kívánsz meg. Ha csak egy *szívet* jegyzel el, hamarosan kimeríted, és egy másik szív fog vonzani. Ha egy *embert* jegyzel el, még többet mondok: *Isten gyermekét*, akkor, ha te is úgy akarod, szerelmed örök lesz. Mert a végtelen, amely túlmutat a férfin és nőn, lehetővé teszi számukra, hogy örökkévalóvá tegyék szerelmüket.

Nem az én hibám, megváltozott! Nem te változtál meg?... És ha megváltozott, miért csodálkozol? Élővel kötöttél házasságot, nem pedig márványszoborral. A szerelem nem egy pillanatra szóló, hanem örökre szóló választás. — Szeretni egy férfit, egy asszonyt annyi, mint egy tökéletlen lényt, egy beteget, egy gyengét, bűnöst szeretni. Ha valóban szereted, meggyógyítod, támogatod, megmented. — Házasságunkat elfogadni annyi, mint hitvestársunkat elfogadni, — de végső fokon annyi is, mint Jézus Krisztust, a Megváltót elfogadni. *(Michel Quoist: Így élni jó, 173)*

ÉVKÖZI 28. VASÁRNAP

I: Az örök bölcsességhez képest a gazdagság semmiség. S: Isten igéje lelkünk mélyéig hatol. E: Az önkéntes szegénység az akadálytalan krisztuskövetés útja.

Mikor egy bölcs, jóságos ember ránk néz, úgy érezzük, hogy vizsgázunk, keresztüllát rajtunk. És csak akkor tudjuk elviselni tekintetét, ha minden rendben van velünk.

A gazdag érdeklődik Jézusnál az örök életről, és őszintén érti is, csakhogy ő nem szabad: rabja a gazdagságának. Ezért nem tud megállni Jézus áthatóan tiszta, szerető tekintete előtt. Elszomorodva megy el. A gazdagság nem szokta fölvidítani a birtokosát; megakadályozza abban, hogy szabadon saját maga tudjon lenni.

Első olvasmányhoz Bölcs 7,7-11

A bölcsesség dicséretét itt (és a bölcsességért való imát a 9. fejezetben) Salamon szájából halljuk. A szentíró becsülni tud hatalmat, gazdagságot, egészséget, szépséget, de egyik sem állandó, és bölcsesség nélkül mit sem érnek. A nap csak nappal ragyog, de a bölcsesség (amely Isten ismerete és közösség, egység Vele) „örök fényül" megmarad az embernek, és még a halálon túl is világít. *(7,7: 1Kir 3,6-9.12; Sir 47,12-17 ▫ 7,10: Iz 60,19-20; Jel 21,23 ▫ 7,11: 1Kir 3,13; Sir 47,18)*

Válaszos zsoltár Zsolt 90(89),12-13.14-15.16-17

Az örök és jóságos Isten

Szentleckéhez Zsid 4,12-13

Isten igéjéről szóló himnusszal (4,12-23) zárul a zsidókhoz írt levél e része. Előbb próféták által szólt az Isten; a „napok végső idején" a saját Fia által, aki a maga volt isteni Igéje. Valójában a történelmet kezdettől fogva Isten Igéje alakította és határozta meg. Élő és hatékony ige ez! Az ige az a mód, az az út, amellyel Isten belenyúl a történelembe. A kinyilatkoztatás igéje is, melyet az Egyház hirdet, nemcsak Istenről szóló tanítás. Az maga Isten, aki ebben az „eleven Igében" közeledik hozzánk. Igéjével ajánlja föl nekünk az üdvösséget, de egyidejűleg már megkezdi ítélkezését is. Nem csupán a végítéleten, hanem már most, szakadatlanul számadást kell adnunk Neki (és számot ad az ige hirdetője is)... *(Zsolt 95,7-11; 1Pt 1,23; Ef 6,17; Jel 1,16; Jn 12,48; Jób 34,21-22; Zsolt 139,11-12)*

Evangéliumhoz Mk 10,17-30 vagy Mk 10,17-27

Jézus a követésére szólít fel mindenkit, s ebből az ősegyház minden hívőnek szóló parancsot hall ki. Nem mindenkit hív egyformán a követésre: nem mindenkinek kell mindenét odaadnia, ahogy nem mindenki hívatik meg a vértanúságra sem. A gazdagnak, aki Jézustól az örök élet biztos útját kérdezte, minden vagyonáról le kellett volna mondania ahhoz, hogy Krisztust követhesse. Követni csak az képes, aki megérti, hogy egyedül Isten nagy, minden más kicsi, jelentéktelen, mulandó. De már az kegyelem, hogy ezt megértjük, nem pedig a saját teljesítményünk.

A szakasz végén nyilvánvaló lenne a kérdés: mi a jutalma a követésnek? De, legalábbis Sz Márknál, a kérdés nem vetődik föl. Jézus válasza nem annyira ígéret, inkább buzdítás, bátorítás: aki csatlakozik követőihez, az tapasztalni fogja, hogy Isten a nagylelkűvel szemben szintén nagylelkűnek bizonyul; nem győzhető le nagylelkűségben. *(Mt 19,16-29; Lk 18,15-30 ▫ 10,19: 2Mz 20,12-16; 5Mz 5,16-20 ▫ 10,27: 1Mz 18,14; Zak 8,6-7)*

Szentségre várva

Az örök életről való kérdés magát az élő Istent kérdi, kutatja és a Vele való végleges együttlétet. Őnélküle az „örök élet" inkább az örök halál nevét viselhetné. De az az élet, amit remélünk, már itt kezdődik, azzal, hogy Istenhez fordulunk, és Ő magáévá fogad minket.

Elmélkedés

Szent igénytelenség: Szabadság

„Nézzétek a mezei liliomokat... nem munkálkodnak és nem fonnak" (Mt 6,28-29). Dolgozni, ez az első evangélium, melyet a Teremtő hirdetett. Krisztus ezzel nem ellenkezik, hanem elítéli azt a lázas, önző, egoista kegyetlenséget, melyben az ember töri magát s tönkretesz mást; azt az aggódó, versenyző, izgalmas gazdasági harcot; azt az esztelen gazdagodási vágyat, mely minél többet akar, s ezáltal szétszedi saját lelke szépségét s a világ harmóniáját. Minek fokozni az igényeket ételben, ruházatban? Van-e szebb élet, mint az egyszerű énekes s virágos természet?

Kivált apostolaitól kívánja ezt az Úr: Tudjatok morzsákból élni! „Ki nem tud morzsákon élni s egy kardért mindenről lemondani, az nem küldetett az igazság szolgálatára." Mi lesz az evangéliumból, ha az apostolok pénzt keresnek? Az egyszerű élet, az igénytelenség adja a „pondus Evangelii"-t, az erkölcsi komolyságot. Lesznek mindig, kik az evangéliumért minden egyebet odaadnak. Valamint a harcos, midőn a tárogató szól, kibontakozik nejének s gyermekeinek karjaiból, elhagyja házát s otthonát: úgy az apostoli ihletű lelkek is tudnak lemondani mindenről s tarisznya s bot nélkül nekiindulni a világnak. Ez Jézus gondolata s kívánsága!

„Tekintsétek az égi madarakat... nem vetnek, nem aratnak." Íme a szárnyaló madár, a természetnek ünnepnapi köntösbe öltözött kegyeltje; földet, létet arra használ, hogy emelkedjék és szárnyaljon. Emelkedni... töltekezni... imádkozni. De az emelkedés s a repülés nagy energia. Mily fölséges látvány az ég mélyein úszó sas! Mi kell tehát nekünk: 1. Függetleníteni a lelket a lelkiek lángoló szeretete által. Úgy szeretni, hogy el ne hanyagoljuk magunkat, még ha gondok ostromolnak is. 2. Úgy nevelni magunkat s másokat, hogy kevés igényünk legyen. Jézus így nevelte apostolait, s mégis kérdezni merte: szenvedtetek-e hiányt valamiben? úgy-e nem? 3. Nagy bizalom és megnyugvás Istenben: többször átélvezni a 90. zsoltárt: „Aki a Fölséges segítségében lakik, a menny Istenének oltalmában marad." *(Prohászka: ÖM, 6:159; 205)*

†

Szent Ágoston a gazdagságról

Az az igazi „szegény", ki gazdag kíván lenni. — Isten azt nézi, vágyban kinek gazdag vagy szegény a szíve, nem hogy kinek dús a háza vagy zsebe *(68. zsoltár-*

hoz). — Ne tartsuk rossznak a vagyont, mert jók is megkaphatják; s ne tartsuk nagynak, sőt a legnagyobbnak, hiszen kijut a gonoszaknak *(Epist. 20).* — Mulandó javak-kincsek szakadatlan zaklatnak minket, amíg meg nem szereztük őket. Megrontanak szerezve, gyötörnek ők elvesztve, kívánva lángra gyújtanak, bírva pedig elsilányulnak, elveszítve észt földúlnak *(Verba Apost.).* — Az ember addig gazdag, míg mély álmát alussza, az álom gazdagítja, az ébredés [életvég!] kifosztja *(35. zsoltárhoz).*

Hunyadi János, a kereszténység oltalma,
törökverő Szűz Máriás hős, †1456

ÉVKÖZI 29. VASÁRNAP

I: A Megváltó szenvedéseinek gyümölcse az üdvözültek nagy száma. S: Járuljunk bizalommal a kegyelmet adó Istenhez. E: A Megváltó azért jött, hogy szenvedése árán szolgálja a világ üdvösségét.

Évekig együtt élünk egy emberrel, bizalmasunk, mindenről beszélhettünk és beszéltünk neki, ami csak megindít, reményt ébreszt, amit félünk és várunk — és aztán egyszerre világosan kiderül, hogy ez az ember egyáltalán nem ért meg, sosem értett, és esze ágában sincs, hogy közös utat járjon velünk: — ez bizony keserű és megrendítő.

Jézus megtapasztalta ezt tanítványaival, és egyre tapasztalja ezt velünk is. És mégis, — ezt már alig lehet érteni —, változatlanul szeret bennünket.

Első olvasmányhoz Iz 53,10-11

A szenvedő Istenszolgáról szóló 4. éneket teljes egészében Nagypénteken olvassuk. Most csak a végső rész egy szakaszát halljuk. A szemelvényt az evangélium magyarázza, ahol Jézus a szenvedéséről jövendöl. Azért jött, hogy „sokakért", a sokaságért, azaz minden emberért magára vegye a bűnadósságot, és mindenekért halált szenvedjen. (L. még Nagypéntek 1. olvasmányának magyarázata.)

Válaszos zsoltár Zsolt 33(32),4-5.18-19.20 és 22

A hűséges, jóságos Isten

Szentleckéhez Zsid 4,14-16

A zsidókhoz írt levél e szakasza egy nagy kijelentést és kettős intést tartalmaz. A kijelentés: Főpapunk van, aki értünk Isten legbensőbb szentélyébe lépett be, de együtt is szenved és érez velünk, mert minden emberi nyomorúságot önmagán tapasztalt meg. Jézus megnyitotta nekünk az Istenhez vezető utat, és közbenjár értünk Istennél, — e két tény, az Ószövetségre utalva, főpapi működését jelenti. Mondhatni ezt más szóval is: Jézus a Kapu, Ő a Pásztor, az Út, a Tanító, az Orvos. Ő lehet mindez, mert teljes értelemben ember és örök igazsággal Istennek Fia, tehát a legrátermettebb közvetítő Isten és ember között. — A nagy kijelentést intések követik: legyetek hűségesek a hit megvallásában és bízzatok Isten irgalmában. *(4,14: Zsid 8,1-4; 9,11-15; 12,22-24 ▫ 4,15: Zsid 2,17-18; 5,7; Jn 8,46; 2Kor 5,21 ▫ 4,16: Zsid 7,25; 10,19; Róm 5,2; Kol 1,22)*

Evangéliumhoz Mk 10,35-45 vagy Mk 10,42-45

Harmadszor szólt Jézus a közeli szenvedésről. A szentírónak nem nehéz minket elgondolkoztatnia, de a tanítványok egyre kevésbé értik, mit is akar Jézus igazán. Jézus élesen korholja törtetésüket az „első helyért", és inkább arra hívja őket, járják Ővele szenvedése útját. A „pohár" szó itt ugyanazt jelenti, amit a „keresztség" — a kínszenvedést, amit mindnyájunk bűnéért, mindannyiunk helyett át fog élni. Útját maga úgy magyarázza, mint az Isten alázatos szolgálatát, amelyben életét váltságdíjul adja sokakért. *(10,35-40: Mt 20,20-23; Jn 18,11; Lk 12,50 ▫ 10,41-45: Mt 20,24-28; Lk 22,24-27; Iz 53,10-12; Róm 3,23-25)*

Szentségre várva

A két fő szentség: a keresztség és az Oltáriszentség Krisztus keresztjében gyökerezik, és Tőle kapja értelmét, erejét. Aki kész végigjárni Ővele az utat, aki kész szolgálni, és ha kell, életét adni, az bejut Isten országába és részesül Krisztus megdicsőülésében.

Elmélkedés

Krisztus örömmel megy kínszenvedésébe, mert szeret

Amit szeretettel és kívánva várunk, mikor eljő, ahhoz örömmel és vonakodás nélkül nyúlunk. Ezt is Krisztus Urunkban megtapasztaljuk. Mert soha életében pompát nem követelt: de mikor halálra ment, virágvasárnap hódolatot szerzett és szokatlan készülettel, szándékkal ment Jeruzsálembe. Máskor együtt járt az apostolokkal, de azt írja Sz Márk, hogy mikor Jeruzsálembe ment, nagy sietve az apostolok előtt ment úgy, hogy ezek csudálva és rettegve nézték, mily nagy kedvvel ment a halálra. Mikor az „óra" eljött, nem futott el, mint Illyés Ákáb király elől, hanem szántszándékkal a kertbe ment étszakának idején, hogy zendülés nélkül megfoghassák. Mikor közeledtek a poroszlók, könnyen elbújhatott volna a setét étszakában, de elébük ment... Heródes előtt csudát nem cselekedett, Pilátus előtt mentséget nem keresett, nehogy akadályt állítson szenvedésinek. És utoljára, mikor már úgy tetszett, hogy megelégedett keserűségekkel, akkor kiáltja, hogy szomjúhozék és a szenvedésnek vízárjai el nem olthatták szerelmének lángját. Mert ahogy a tűz soha nem elégszik meg a reá hányt fával, úgy a Krisztus szerelme sem elégedett mind ennyi szenvedéssel. Ha Jákobnak a hosszú esztendők egynéhány rövid napnak tetszettek, Rákelhez való nagy szerelméből: a mi Urunk sok kínjai sem fárasztották vagy fogyatták a szenvedéshez való kedvét... És az ő szenvedése nemcsak külső kínokat és gyalázatokat, hanem belső rettegéseket, keserűséges bánatokat és sanyargatásokat is magába kapcsol. Ezeknek sokasága annyi volt, hogy ha valaminemű kínok sanyarúsága, valami tagok fájdalma, valami gyalázat csak lehet akármely mártíromságban: az mind benne volt Krisztus kínjában. *(Pázmány: Nagypénteki 2. beszéd)*

†

Kínszenvedés (O admirabilis potentia Crucis...)

Óh Keresztnek csodálatos hatalma! Óh szenvedés kimondhatatlan diadalma! Benne van az Úrnak bírószéke, a világnak ítéltetése, a Megfeszített nagy fönsége! Mert „mindeneket magadhoz vonzottál Uram" (Jn 12,32). S midőn egész nap két karod kitártad a nemhívő népsokaságnak, az ellened mondóknak: — mind e világ érzésére ébredt a szent Fönségnek, hogy kénytelen is megvalljon Téged!

Krisztusban együtt meghaltunk, együtt temettetének, együtt is támadunk föl... Az istenség, mely ott volt a Szenvedőben, nem volt a szenvedésben. [Jézus mint ember fizetett az emberfaj bűneiért, az isteni szenvedhetlen személy érdemével!] — Ismerd föl, hívő lélek, nagy méltóságod! Az isteni természet részeddé lett, — a régi silányságod mélyére vissza ne süllyedj! — Krisztus *mennybemenete* mindnyájunkat fölemelte, és hová előrement a Fej fönsége, oda fölhívatik a Test reménye. — Krisztusban mi is fölhatoltunk a magasokba. *(Nagy Sz Leó)*

†

A kereszt nékem biztos *üdvösségem*. Keresztet, akin én Uram van jelen, imádok szüntelen! Örök Királyom keresztje mindig itt van nálam. A Kereszt nékem biztos menedékem. *(Aquinói Sz Tamás)*

†

Szenvedés

Kit Isten nagyon szeret, azt méltónak találja, hogy sok szenvedést mérjen rája. Kinek még kicsiny a szeretete, arról látja, hogy kevés szenvedést bír el. — Istennel való egyesüléshez csak az egyszerűség és alázat vezet el. *(Nagy Sz Teréz)*

Ha Isten sok szenvedést küld rád, jele, hogy nagy tervei vannak veled, s bizonyára szentjének kiszemelt! És ha Őérte szentté akarsz lenni, esdekelj minél több szenvedésért! Nincs jobb fa, a szent szeretet lángját éleszteni, mint a keresztnek fája — Krisztusunk határtalan szeretetének áldozatja égett rajta. *(Loyola Sz Ignác)*

Ahogy a mennyben nincs édesebb, mint Urunkhoz hasonulni dicsőségben, úgy itt e földön nincs előnyösebb, mint hasonulni szenvedéséhez! *(Bellarmin Sz Róbert)*

Bőséggel van keresztem; több, mint képes volnék hordani, majdnem több... S akkor kezdem kérni a keresztnek vonzalmát, szerelmét — és boldog lettem hirtelen! *(Vianney Sz János)*

Nem próbatétel-e az emberélet itt a földön? Ki vágyik bajra, nehézségre? Te is Uram, úgy hagytad meg, hogy tűrjük el, nem, hogy „szeressük". Senki sem szereti, *amit* „eltűr", bár igen szeretheti azt, hogy *tűrhet!* *(Nólai Sz Paulin)*

ÉVKÖZI 30. VASÁRNAP

I: Isten visszavezeti népét a fogságból; gondja van a nyomorultakra is. S: Jézus, a mi Főpapunk, ismeri gyarló emberi természetünket. E: Jézus visszaadja a vak látását, az pedig követi Őt.

Az emberi szabadság és fejlődési lehetőség korlátozott. Már múltunknál fogva is meghatározott irányba kell haladnunk: őseink által, de a saját személyes (már megtett vagy egyre halogatott) döntéseink által is korlátozva van utunk. Egyes jelenségeket látunk, és talán égető érdeklődéssel nézünk, míg másokra vakok, süketek vagyunk.

Ha Isten felé nyitva a szívünk, ha képesek vagyunk látni és hallani, akkor ez éppenséggel óriási szerencse. Kegyelem! S ez a szerencse, a kegyelem kötelez.

Első olvasmányhoz Jer 31,7-9

Jeremiás üdvösségi jövendölése eredetileg, úgy látszik, az északi királyságról, Izraelről szólt — ennek népét Szamaria eleste után (Kr.e. 721) Asszíriába hurcolták. Jeruzsálem bukásával (Kr.e. 587) az üdv meghirdetését a déli országra, Judára is vonatkoztatták. Isten, népe Pásztora és Atyja, minden szétszórtakat újra egybegyűjt; meggyógyítja és megvigasztalja őket. Más prófétai szövegek is a messiási időre a vakok és bénák gyógyulását ígérik. Isten megsegíti népét, s ez Hozsannát zeng neki (vagyis „Segíts mégis!": Zsolt 118,25; Mk 11,9). *(31,7-8: Iz 4,3; Jer 3,14; 5,18 ▫ 31,9: Zsolt 126,5-6; Iz 40,3; Jer 3,19; 5Mz 1,31; 32,5-6)*

Válaszos zsoltár Zsolt 126(125),1-2.2-3.4-5.6

Könnyek és ujjongás

Szentleckéhez Zsid 5,1-6

Az 5. fejezettől a zsidók levele egyenként kifejti, amit előbb (4,14-16: előző vasárnap szentleckéje) összefoglalva mondott. Az ószövetségi papságra vonatkozóan először is elsorolja a főpapi méltóság feltételeit, melyek az Isten és ember közti közvetítő állásból folynak: együtt kell éreznie az emberek gyöngeségeivel, bajaival és Istentől kell hivatását kapnia. Mind a két föltétel Jézusban olyannyira beteljesült, hogy főpapsága messze túlterjed az Ószövetségen. Hogy Jézus együtt tud érezni és szenvedni a mi gyöngeségeinkkel, azt mindenek fölött az Ő haláltusája, vergődése mutatta (5. böjti vasárnap, szentlecke). Hogy Istentől volt hivatása, arra a szentíró két zsoltárt idéz, amelyek messiási értelműek és Jézusban, Dávid fiában teljesültek be. *(5,1-2: Zsid 8,3; 2,17; 4,15 ▫ 5,3-4: 3Mz 9,7; 16,6; 2Mz 28,1 ▫ 5,5-6: Zsolt 2,7; 110,4)*

Evangéliumhoz Mk 10,46-52

Jézus Jeruzsálembe vezető útja a jerikói vak gyógyításával végződik (Sz Márknál ez az utolsó csoda-elbeszélés). A tanítványok még egyre vakok, ahogy a kenyérszaporításkor voltak (Mk 8,21-22) és ahogy — jobban, mint valaha, — a keresztre feszítéskor lesznek, mikor csak egy pogány százados az egyetlen, aki felismeri: Ez az ember valóban Isten Fia volt!... A jerikói vak azonban tudta magáról, hogy vak, kiáltozott segítségért, látóvá lett, és Jézus követőjévé szegődött. — „Dávid fia" a várva várt Messiás népszerű címe volt. *(Mt 20,19-34; Lk 18,35-43 ▫ 10,48: Mk 11,9-10 ▫ 10,51-52: Jn 20,16; Mk 5,34; Mt 9,22; Lk 7,50)*

Szentségre várva

Jézus útját akkor értjük meg, ha maga nyitja föl szemünket, és ha követni kezdjük Őt az útján, a keresztúton. A keresztség tett látóvá bennünket, hitünk és hálánk pedig Krisztus követésére indít — ha élő a hitünk.

Elmélkedés

A jerikói vak

„Mondák pedig neki, hogy a názáreti Jézus megyen által. És kiálta, mondván: Jézus, Dávidnak fia! könyörülj rajtam." (Lk 18,39) Mily szánalomra méltó s gyakori kép ez: vak koldus az országúton; nem látja az égi világosságban fürdő világot, sem Krisztust. — Hány a vak, ki nem ismeri az élet célját, az élet s a küzdelem tartalmát, ki nem látja Krisztust! Pedig az országúton, sőt a hadak útján ül, mellette vonulnak lelkes, bízó, Krisztushoz ragaszkodó seregek, de ő nem látja. Az ilyen lelkület természetesen szegényes is, koldusos is, ha kincses lelkek kavarognak is körülötte. — Hadak útja a kereszténységnek, a szentek példáinak útja, s a hitetlenség, a szkepszis és erkölcstelenség vak koldusokkal szegélyezi széleit! Csak előre! A koldusokhoz le nem ülünk, az árokba le nem kerülünk; dolgunk van; Krisztus megy elől, mi utána; a koldus-ének nem a mi énekünk!

„És midőn hallotta az átmenő sereget, kérdezé..." Nem lát, de hall; nem jár, de értésére jut a járók lelkesülése és kérdezi, hogy ki ez, ki a seregeket vonzza s indítja, ki ez, ki a tömegekben ennyi kedvet s tüzet éleszt? „Óh bár én is mehetnék veled Krisztus, bár láthatnálak; bár nem az útszél s a maradiság, hanem a törtető erő és a te nyomaid volnának az én részeim is; bár ne tapadnék sárhoz s árokhoz és ne tengődném alamizsnán s könyörületen" s fölkiált: Dávidnak fia, könyörülj rajtam! „Kiálts, ne hadd abba", kiáltson szemed s szád! Neked is mondja: kövess engem! Tehát akar s vonz téged is, s majd belső sugallattal, majd a természet vagy történelem révén magához terel.

„És akik elől menének, feddék őt, hogy hallgasson. Ő pedig annál jobban kiálta: Dávidnak fia, könyörülj rajtam." Annál jobban kell kiáltanunk s a világgal nem sokat törődnünk; az hamar kárhoztat, de hamar dicsér is, ha sikereket lát. Úgy kell szeretnem lelkemet, hogy nem szabad félnem még mások neheztelésétől sem. *(Prohászka: ÖM, 6:266; 338)*

†

Miatyánk Isten!

Földi lelkek, mért szóródunk
szét, mint megrémült juh-nyáj?
Balga szívek, mért kóborlunk
el nagy Szívtől? szomjún vár!

Isten Ő! szeret s hatalmas,
hatalmasabb, mint hinnők.
S mi Atyánk Ő, atya-szívvel,
mit nem tud álmodni föld!

Széles-tág az Ő irgalma,
S mint a tenger-végtelen!
Jóság van igazságában,
szabadságnál több az fenn!

Nincs hely, hol a Föld bajára
néz több részvét, mint mennyen.
Nincs hely, hol sok földi botlás
jobb ítélést lelhessen.

S van elég malaszt ezreknek,
kérje bármi sok világ.
Van tér új sok teremtésre
fönti honban üdvvel áld.

Úr szerelme bővebb, mint az
emberész szűk mérete!
Az Öröknek szíve jóság
legcsodásabb tengere.

Csak ne mérjük szűk szívünkkel
oly szorosra a határt!
Fölnagyítjuk zordonságát,
ám az Ő két karja *tárt*!

Lenne szívünk egyszerűbb csak,
s fognánk Őt mi szent szaván:
önt ki napfényt életünkre,
édességet: *mi Atyánk!*

(Frederick W. Faber)

ÉVKÖZI 31. VASÁRNAP

I: Szeresd az Urat, a te Istenedet, teljes szívedből! S: Krisztus a mi örök Főpapunk, és engesztelő áldozata is örök értékű. E: A főparancs: a szeretet Isten és embertársaink iránt.

Ismerünk olyanokat, — talán mi is közéjük tartozunk, — akikről semmi rossz se mondható. Illedelmesek, jótermészetűek, teszik a kötelességüket; és mégsem érezzük igazán jól magunkat a társaságukban. Talán nincsenek híjával barátságos kedvnek sem, talán van valami természetes vonzóerejük is, mégis hiányzik valami, amit semmi más nem pótolhat.

Nem elég illemet tudni, kötelességet megtenni. Már az Ószövetségben is az első és legnagyobb parancs a szeretet volt. Az életet csak ez teheti derűssé, életre és szeretetre méltóvá.

Első olvasmányhoz 5Mz 6,2-6

A Deuteronómium (Mózes 5. könyve) ugyan nagyrészt törvények gyűjteménye, ahogy a mai szakasz is mutatja, mégsem csupán az. Egyre újabb kiegészítéseket kapott, ilyen a királyok korából a mai szakasz, mely újra figyelmezteti a népet, hogy Istenhez tartozik, Isten tulajdona. Értse meg végre különleges hivatása értelmét és következményeit! A már letelepült és tehetős nép folyton idegen istenek után fut. A vidék sokféle természet-istenségei vonzóbbak, mintsem az a nagy és komor Isten, aki kihozta Izraelt Egyiptomból. Ennek a süket népnek fülébe kell dörögni: „Halljad Izrael! Az Úr, a mi Istenünk, az egyetlen Isten!" E szavakat a jámbor zsidó máig ismétli napi imájában. És mi? Készen vagyunk-e mi, hogy meghalljuk ezt és feleljünk? *(6,2-3: Józs 24,14; Péld 1,7; Jer 32,39; 2Mz 15,26; Lk 11,28 ▫ 6,4-6: 2Mz 3,14; Oz 12,6; Ám 4,13; 5,8; Mt 22,37; Mk 12,29; Lk 10,27; Jer 31,33)*

Válaszos zsoltár Zsolt 18(17),2-3.3-4.47 és 51

Hálaének

Szentleckéhez Zsid 7,23-28

Jézus papsága gyökerestül különbözik az ószövetségi levita papságtól (vö. 30. vasárnap szentleckéje). Jézus nem Áron rendje szerinti pap, hanem „Melkizedek rendje szerint" (Zsid 5,6), nem származása szerint, hanem Isten igéje és fölhatalmazása folytán. Isten szava örökre megmarad, és Krisztus is pap marad mindörökké, míg az ószövetségi papok egymás után mind meghalnak. Megdicsőült Urunk, Krisztus által teremtette Isten a végleges üdvösség-rendet. Mostantól fogva csak Ő az egyetlen közvetítő, aki közbenjár értünk és örökre megment. — Az utolsó mondatok lelkes visszatekintés Jézus üdvözítő művére, a Főpapéra, ki egészen Isten eszménye szerint való, és egészen megfelel a mi szükségünknek. *(7,23-25: Zsolt 110,4; Róm 5,2; 8,34; Zsid 4,14-16; 10,19 ▫ 7,26-28: Zsid 9,25-28; 10,11-14; Róm 6,10; Zsid 9,12.26.28; 10,10; 1Pt 3,18)*

Evangéliumhoz Mk 12,28-34

Az írástudó, úgy látszik, komoly szándékkal kérdezi melyik az első, vagyis legfontosabb parancsolat; nem úgy, mint az egyéb kérdésekben, melyeket a zsidóság vallási vezetői csapdául állítanak Jézus elé. Jézus válasza oly ismerős, hogy külön figyelmet kíván meghallani és súlyát megérezni. Első fele, hogy Istent mindenek fölött szeressük, annak a hitvallásnak a következménye, amelyet a zsidóság minden nap, még ma is, elmond. „Istent szeretni" annyi, mint Egyetlennek elismerni a magunk számára is, izzásától annyira elragadtatni magunkat, hogy felebarátunknak, embertársunknak is jut valami rész ebből az izzó istenszeretetből, az Őbenne való örömből. Nem érzelmekről, meghatódásról van szó, hanem arról, hogy Isten hatalma és fönsége tapasztalható és tettekre indító lesz az emberi léleknek is. *(Mt 22,34-40; Lk 10,25-28 ▫ 12,29-30: 5Mz 6,4-5; 3Mz 19,18 ▫ 12,32-33: 5Mz 4,35; 6,4-5; 1Sám 15,22; Ám 5,21; Zsolt 40,7-9)*

Szentségre várva

Az Isten-szeretet és a felebaráti szeretet azt is jelenti, hogy Isten szeret és felebarátjának tekint minden embert. Szeretete megfoghatatlan módon lehajlik hozzánk, keres minket — és megtalál Jézusban, az Egyetlenben, aki tudta, mi az igazi szeretet.

Elmélkedés

„Ha arra vársz, hogy angyallá változzál, azért, hogy a szeretethez föl tudj emelkedni, akkor sem fogsz szeretni Engem! Még ha minduntalan visszaesel is hibáidba, még ha gyönge vagy is kötelességeid teljesítésére és az erényekre: *nem tiltom* meg neked, Én a te Istened, hogy szeress engem. Szeress *úgy, ahogy vagy* — nyomorultul és bűnös létedre — szeress! Minden percedben, minden élethelyzetben, belső izzásban vagy szárazságban, hűséged vagy hűtlenséged közepette. Szeress Engem egyszerűen, úgy ahogy vagy. Vágyódom a te szegény bűnös, tétova szíved szerelmére. Ha egyre csak arra vársz, hogy tökéletes légy, sosem fogsz szeretni Engem..." *(Schott)*

†

„Ha valaki nagyon szeret..."

Ha a lélek azt látja, hogy valami jobban kedvére van Jézusának, mint valami más, akkor egyszerre annyira lobbot vet benne a szeretet és az a vágy, hogy *neki örömet szerezzen*, hogy ügyet sem vet értelmének érvelésére, sem azokra a veszedelmekre, amelyekkel ez utóbbi ijesztgeti. Engedi, hogy hite szabadon működjék, nem tekinti saját érdekét és kényelmét, mert meg van arról győződve, hogy ez az *önmagáról való* teljes *megfeledkezés* a legjobb reá nézve.

Azt gondolhatnátok, testvéreim, hogy ez így nincs rendjén, mert hiszen annyira dicséretes dolog az, ha valaki józan megfontolással tesz mindent. Igaz, — azonban itt nem ez a fődolog. Ha egyszer megértettétek őt (már tudniillik amennyire idelent meg lehet érteni), — akkor ne legyetek *semmire sem tekintettel*; akkor feledkezzetek meg teljesen magatokról, és egyedül arra legyen gondotok, hogy örömet szerezzetek ennek az édes Jegyesnek. Azokkal, akik ezt a kegyelmet megkapták, Ő Szent Felsége sokféleképpen érezteti működését. Az egyik ilyen hatás az, hogy megvetnek minden földi dolgot, mert meg vannak győződve *értéktelenségükről*; nem érzik magukat jól más társaságban, mint az olyanokéban, akik szeretik az isteni Mestert, a földi életet unják, a gazdagságot annyiba veszik, amennyit ér és más hasonló érzülettel vannak eltelve, amelyre az tanítja lelküket, aki fölvezette őket erre a színvonalra.

Óh, hatalmas szeretete az Úristennek! Mennyire igaz az, hogy ha valaki szeret, akkor semmit sem tart lehetetlennek! Óh, boldog lélek, amely Istentől ilyen békességet kapott! Magasan fölötte áll minden szenvedésnek és a világ összes veszedelmeinek. Nem fél semmitől, ha arról van szó, hogy ennek az ő jó Jegyesének és Urának szolgálatot tegyen, és ebben teljesen okosan jár el. Bizonyára olvastátok annak a szentnek* esetét, aki nem a fiáért s még csak nem is jó barátjáért ment rabszolgaságba, hanem azért, mert miután az Úristen bizonyára megadta neki ezt a békét, kedvében akart járni Ő Szent Felségének s némileg utánozni kívánta Őt abban, amit miérettünk tett. Ezért ment el cserébe a mórok földjére, egy özvegyasszony fiáért, aki őhozzá fordult keserves bánatában. *(Nagy Sz Teréz: Gondolatok az Énekek Énekéről, ÖM, 3:356)*

(* Sz Paulin nólai püspök (354—431) tette meg. Hősies tette annyira meghatotta a barbár vandálok lelkét, hogy szabadon bocsátották őt és az összes foglyokat, akik az ő egyházmegyéjébe valók voltak, sőt még több hajórakomány gabonával is megajándékozták.)

†

Isten szeretete

Kezdjünk, atyámfiai, már kedvire járni az Úrnak! Kezdjünk! Eddigelé oly keveset haladtunk. *(Mondta Assisi Sz Ferenc élete vége felé)*

Kezdők türelmesen, haladók szívesen hordják Krisztus keresztjét. A szentek lelkesen átölelik. *(Sz Bernát)*

Ellenséget szeretni inkább isteni, mintsem emberi. — Az istenszeretet határa: Istent határ nélkül szeretni. *(Sz Bernát)*

Óh mily nagy dolog a *szeretet!* Óh isteni szeretet, te rohamos, heves, égő isteni szeretet, mely nem hagy másra gondolni sem, csak Tereád; mely megvet minden mást, mindent semmibe vesz, ami nem a Te akaratod! Te áthidalsz minden távot, Te nem törődöl semmi szokással, átgázolsz Te minden mérséklő korláton. Az Énekek Énekén mindenütt e szerelem szól. Ha érteni vágyjuk szavait: szeretnünk kell, szerelemmel szeretni! *(Sz Bernát)*

Nem evilági javak; az Isten csak! Nem gazdagság; az Isten csak! Nem méltóság; az Isten csak! Nem tisztelet; az Isten csak! Nem cím és rang; az Isten csak! Nem karrier; az Isten csak! Mindenér', mindég Isten; Ő mindenben. *(Pallotti Sz Vince)*

A *szeretetet* alázat őrzi. — Hogy valaki jó ember-e, nem azt kérdik, mit hisz ő, mit remél, csak annyit: mit szeret! — Abban, amit szeret az ember, vagy nem szenved, vagy magát a kínt is szereti. — Nincs semmi oly kemény, amit szeretet tüze le nem győzne. *(Sz Ágoston)*

ÉVKÖZI 32. VASÁRNAP

1: Az özvegy utolsó marék lisztjéből készít kenyeret az éhező prófétának. S: Krisztus egyetlen áldozata eleget tett a világ minden bűnéért. E: Aki szegénységéből csak egy keveset is adakozik, az többet ad, mint a bőkezű gazdagok.

Sosem volt könnyű „egyszerűen" jónak lenni és a jót tenni. A mai világban, amely teli a hatalmasok hazudozásaival, a kicsinyek kapzsi hunyászkodásaival, csupa önkereséssel és kéjhajszolással — ma különösen nehéz „jónak lenni". Nehéz annak is, aki köteles ezt másoknak hirdetni. És ezért, — ezért is! — oly nehéz ma az igét hirdetni.

Jézus korának is megvoltak írástudói és farizeusai. Volt köztük jó, Jézus ismerte, elismerte őket, barátjuk volt. Mások álszentségbe süllyedtek, megjátszott jóságba bújtak igazi helyett. Jézus nem gyűlölte őket, csak harag és részvét volt szívében nyomorúságuk iránt.

Első olvasmányhoz 1Kir 17,10-16

Az özvegy azok közé tartozik a Bibliában, akit újra meg újra a hatalmasok oltalmába és mindenkinek jóindulatába kell ajánlani. Nem mondhatni, hogy ilyesféle ajánlásra ma már nem lenne szükség: törvények aligha szokták és tudják enyhíteni a legnagyobb nehézségeket. Az Írás a szegény özvegyet nemcsak nyomorúságában mutatja be. Mikor az ilyen szegény lelkileg fölülkerekedik súlyos anyagi és társadalmi helyzetén, és belsőleg elfogadja azt, akkor őrá is áll, épp őrá, ami általában a szegényekről mondatott: boldog! Oly belső szabadságra tesz szert, amit a gazdag aligha érhet el (l. evangélium). Meg tudja különböztetni a maradandót a mulandótól, és biztos szívvel tudja, hogy Isten törődik vele. A mai Illés-történet példa erre. *(2Kir 4,1-7; Lk 4,25-26; Mk 12,41-44)*

Válaszos zsoltár Zsolt 146(145),7.8-9.9-10

Isten az Úr és segítő

Szentleckéhez Zsid 9,24-28

Halálán keresztül lépett Jézus a mennyei szentélybe, és most „értünk áll" Isten színe előtt. Ezzel a világ végleges rendjébe jutott, elérte üdvösségét, beteljesülését. Isten ítélete a bűnös világon nem végleges: Egynek engedelmessége és áldozata által megbocsáttattak mindenek bűnei. Krisztus másodszor is eljön a világra, de nem azért, hogy újra meghaljon a világért, hanem hogy véglegesítse azok üdvösségét, akik várnak Rá. Akkor lesz nyilvános valósággá a beteljesülés, amelyet papi szolgálatával Krisztus már alapjaiban elvégzett. *(9,24: Zsid 4,14; 9,11; 10,20 ▫ 9,25: Zsid 7,25; 10,19; Róm 8,34; 1Jn 2,1 ▫ 9,26: Gal 4,4; Zsid 1,2; 1Pt 1,20 ▫ 9,28: Iz 53,12; 1Kor 15,23; 1Tim 6,14)*

Evangéliumhoz Mk 12,38-44 vagy 12,41-44

A hatalmon lévő számára mindig ott a kísértés, hogy visszaéljen hatalmával. Ez persze nemcsak világi hatalomra érvényes. Különösen utálatos Isten és az emberek szemében az, ha valaki egyházi rangjával visszaél, és személyes érdekekre használja azt föl. Már az ószövetségi próféták is „antiklerikálisok" voltak e szempontból, helyesebben: a papság közt burjánzó képmutatás ostorozói, és Jézus is csatlakozik hozzájuk. — Az özvegy két fillérjéről szóló történet e szakasz elejével csak az „özvegy" szóban egyezik. Az az özvegy két fillérjével többet adott a gazdag adományozónál. Bőségből, fölöslegből adni nem nagy érdem. Kevésből csak az tud adni, aki önmagát adja át Istennek. *(12,38-40: Mt 23,1.6-7.14; Lk 20,45-47; 11,43 ▫ 12,41-44: Lk 21,1-4)*

Szentségre várva

Az istentisztelet lényege az, hogy Istent *tiszteljük*, vagyis Őt keressük, nem önmagunkat; Őt imádjuk, nem idegen isteneket és önérdekeinket; az Ő akaratát szeretjük és tesszük, nem a sajátunkat. Erre az útra hív minket Jézus, ezen jár előttünk, vezetve minket.

Elmélkedés

Kis áldozatok, jótettek nagy szeretetből

Az ördög olykor nagyon magasztos vágyakat kelt bennünk, csak azért, hogy elhagyva az Úr szolgálatában a reánk nézve kivihető s éppen a kezünk ügyében levő dolgokat, a kivihetetlenek után sóvárogjunk s ebbeli vágyainkat sokra becsüljük. Nem akarok arról beszélni, hogy mi mindent érhettek el imával; csupán arra kérlek, hogy ne akarjátok imátokkal az egész világot föllendíteni, hanem fordítsátok azt azok javára, akikkel együtt éltek. Így azután nagyon helyesen cselekesztek, mert hiszen ezen személyekkel szemben vagytok leginkább lekötelezve. A nagy testvéri szeretet és az Úrhoz való ragaszkodás, amelyet a többiek rajtatok látnak, úgy hatna reájuk, mint a gyújtó tűz, és lángra lobbantaná valamennyit, ha a többi erényetek is folyton újra és újra erényekre sarkalná őket. Sőt nagyon is nagy és kellemes szolgálatot tennétek ezzel az Úrnak, s hozzá, ha ti megteszitek azt, amit tehettek, azzal megmutatjátok Ő Szent Felségének, hogy sokkal többet is megtennétek, ha alkalom nyílnék rá!

Végül pedig, testvéreim — s ez legyen az utolsó megjegyzésem — ne építsünk tornyokat alapok nélkül. Az Úr nem annyira a tettek nagyságát nézi, mint azt a szeretetet, amellyel őket végrehajtjuk. Ha tehát megtesszük azt, amit tehetünk, az Úr meg fog bennünket segíteni, hogy napról-napra többre legyünk képesek. Ezért ne veszítsük el bátorságunkat mindjárt kezdetben, hanem ameddig ez a rövid élet tart — pedig talán rövidebb lesz, mint egyik-másik gondolná — ajánljuk fel a mi Urunknak belsőleg és külsőleg azt az áldozatot, amelynek felajánlása hatalmunkban van. Ő Szent Felsége majd egyesíti ezt azzal az áldozattal, amelyet miérettünk ajánlott fel mennyei Atyjának a kereszten, és így bármi csekélység legyen is az, amit tettünk, olyan értéket kölcsönöz neki, amekkorát szeretetünk megérdemel.

Nekem pedig adja meg az Ő szent Fiának érdemeire való tekintettel azt a kegyelmet, hogy tegyek meg legalább valamit abból, amit nektek tanácsolok. *(Nagy Sz Teréz: A belső várkastély, ÖM, 1:479)*

†

Sz Ágoston mondatai a szeretetről

Szeressünk, óh ingyen szeressünk. Mert az Urat szeretjük, kinél senki jobbat nem lelhetünk! Tett mutassa, hogy a szív szeret! Gyümölcstelen ne bitorolj nevet! Hogy nem lehet halál ott, ha te, Szeretet a földről elmégy? Tehát a Szeretet hatalmas, miként a Halál! Mi is hatalmasabb Őnála, hisz győzve tapos a Halálra! *(Tractatus in Joannem, 15,2)*

Szeress és tarts ki, hűn szeretve! Nem hagyom cserbe, — mondja Ő, — szerelmedet, ki megtisztítám szívedet. *(Tractatus in Joannem, 21,15)*

Akik szeretnek, *választatnak*, csak mert szeretnek. A démon hisz, de nem szeret. És senki sem szeret, aki nem hisz! *(Tractatus in Joannem, 76,83)*

Van szívnek is valamely gyönyöre, édes kenyér a szívnek amaz égi. Adj *szeretőt*, s az érzi, amit mondok; adj sóvárgót, adj ily sivatagban vándorlót és szomjazót és örök hazája forrására epedőt, adj-mutass ilyent: ő tudja majd, mit mondtam. Ha fagyosnak szólok, nem tudja, mit is mondok. *(De Trinitate in Jn, 26,4)*

Ahol *szeretet*, ott mi hiány lehet? Ahol pedig ez nincs meg, van bármi, hogy segítne? Mitől kél szívbe szeretet? ugye, hogy előbb szerettetett? *(Tractatus in Joannem, 82,2)*

Szeressetek! de vigyázzatok, mit szerettek! A szeretet egymaga szünetelni képtelen. Hullák, restek, megvetni való nyomorúk ti lesztek, ha semmit sem *szerettek*! Minden előtt a vallomás szól, aztán a szeretet, az lángol. Quis bonus, nisi diligendo efficiatur? [Kicsoda lesz jó, hacsak nem szeretetével?] *(Tractatus in Joannem 37)*

Mért szükséges annak hit,
aki már szemmel lát?
Remény is semmibe tűnik:
karolja Birtokát.
De szeretetben nemcsak semmi fogyaték,
de égőn fölcsap legfőbb lángra még!
Mert amaz egyetlen
és igaz Szépséget már látva,
jobban szereti-vágyja:
Ezen életünk után: csak maga a Szeretet! *(Solil. 1,7)*

ÉVKÖZI 33. VASÁRNAP

1: Amikor a világ végén eljön az Úr, Isten népe megdicsőül. S: Jézus egyetlen áldozattal örök üdvösséget szerzett a választottaknak. E: Jézus a világ végén újra eljön dicsőségben, és maga köré gyűjti választottjait.

Nehéz elképzelnünk az utolsó ítéletet. Ahogy régi festmények ábrázolják, úgy nyilván nem lehet, — azok emberi elképzelések. Azoknál nagyobb lesz, istenibb és egyben emberibb!

A természeti csapások, a történelmi összeomlás még nem a végítélet. Ezek csak előjelei annak. A nagy esemény, amelyre várva várunk, s amire már most föl kell készülnünk, az Emberfia eljövetele! Akkor az Ő dicsősége fölragyog, s azzal minden kérdés választ kap, minden cselekedet megítéltetik.

Első olvasmányhoz Dán 12,1-3

Dániel könyvének olvasmánya a végidő eseményeiről szól. Szörnyű ínség és szorongattatás ideje lesz (vö. evangélium). Életre-halálra szól. Isten népének igazai („kik az élet könyvébe be vannak írva") túlélik a végső tusákat, és üdvözülnek. A korábbi idők igazai, kik a holtak világában tengődtek („a por országában"), föltámadnak, s örökké élnek. A bűnösök viszont (kik nincsenek az „élet könyvébe írva") nyomorultul végzik; ha azon időben már holtak lesznek, előbb föltámadnak, de csak gyalázatukra! — Ez ennek a nehéz olvasmánynak a mondanivalója, ha összevetjük a Szentírás más, hasonló részeivel (például 1Tesz 4,13-14). A holtak föltámadásáról az Ószövetség ritkán és csak a késői írásokban szól, amelyek már Jézus korához közelítenek. Csak a Krisztus-élmény vetett tiszta fényt a halál utáni élet kérdésére, a halhatatlanságra és föltámadásra. *(12,1: Dán 10,13; Zak 3,1-2; Júd 9; Jo 2,2; Mk 13,9; 2Mz 32,32-33; Jel 20,12 ▫ 12,2: 2Mak 7,9; 12,44; Jn 5,28-29 ▫ 12,3: Bölcs 3,7; Mt 13,43; 1Kor 15,41-42)*

Válaszos zsoltár Zsolt 16(15),5 és 8.9-10.11

A bizalom imája

Szentleckéhez Zsid 10,11-14.18

Krisztus áldozata tett képessé minket, hogy tiszta lelkiismerettel szolgálhassuk az élő Istent (Zsid 9,14). Krisztus tette abban különbözik az ószövetségi áldozatoktól, hogy az övé egyszer s mindenkorra érvényes és hatékony, tehát nem kell és nem is lehet megismételni. Nem lehet tökéletesíteni azt, amit Krisztus elért önátadásával. Új szövetség lépett a régi helyébe, azt fölváltva. Most már csak arról lehet szó, hogy Jézust követjük egészen a végcélig, ahová előrement. *(Zsid 10,1-4; 7,27-28; Zsolt 110,1)*

Evangéliumhoz Mk 13,24-32

Sz Márk 13. fejezete Jézus nagy beszédét közli, a Máténál és Lukácsnál megírthoz hasonlót. Alkalom rá a tanítványok kérdése (Mk 13,4), hogy mikor lesz a zsidó templom földúlása, Jeruzsálem pusztulása, s mik lesznek ezek előjelei. Jézus együtt beszél Jeruzsálem és a világ végéről. A két esemény nem illik bele egyszerűen a történelembe: túlvannak az érthető és kiszámítható világtörténelmen („azt az órát a Fiú sem tudja" az ember számára érthető módon). A végső eseményben ezenkívül Krisztus, az Emberfia kinyilatkoztatásáról van szó, aki megváltóul és beteljesítőül jön. Mikor Ő eljön, az az aratás-idő! Az addig való idő pedig a növekvés, az érlelődés értékes ideje. — Az egyházi év végén el kell gondolkoznunk azon, hogy a „vég itt áll az ajtó előtt", a végünk közel van, egyre közelebb; s kérdezzük magunktól, vajon készen állunk-e. *(13,24-27: Mt 24,29-31; Lk 21,25-28; Iz 13,10; 34,4; Jel 6,12-14; Dán 7,13-14 ▫ 13,28-32: Mt 24,32-36; Lk 21,29-33; Mt 5,18)*

Szentségre várva

Jézus Krisztus áldozata egyszeri, megismételhetetlen. De mégis, tértől és időtől függetlenül mindig jelen lesz azoknak, akik összegyűlnek Krisztus hitében, második eljövetelének várásában és az Eucharisztia ünneplésében.

Elmélkedés

A világítélet

Nem lesz ott pör-, vád- vagy védbeszéd; minden tárva lesz az Isten és világ előtt. Csontokig ható megvilágításban lesz hiúságom, önzésem, kevélységem, kislelkűségem, hamisságom, és fölkiáltok: Isten, neked van igazad; te jót akartál! — Jót akarok én is, jót, szívből, igazán, nemesen, egyenesen; jót, mely érték Isten előtt.

A világítéleten kitűnik majd, hogy *mit tett az Isten* az emberért, és hogy mennyi kegyelemben részesítette az egyest a keresztségtől az utolsó leheletig; hogy hány magot hullatott földjére; hány munkást küldött szőlőjébe; mily féltékenyen nevelte és óvta; mily példaképek áldásában részesítette. Óh hány magja hullott a nagy szántóvetőnek tövises földre, és mily későn s mily nyomorék módon serkent ki! Kegyelem, kegyelem, mily kegyetlen utakon jársz... Óh ne rontsuk el az Isten műveit! Nem panaszlom föl, hogy sok a rossz, hanem teszek minél több jót.

A világítéleten kitűnik majd, hogy mennyi az a jó, amit tényleg jószándékkal, Istenért végeztünk, s *mennyi a pelyva* és pozdorja az élet szérűjén. A pszichológia homályos, csalfa, bizonytalan világ, tele ösztönösséggel, látszattal és illúzióval; ezeket csak a komoly önvizsgálat s megfigyelés és fegyelmezett önnevelés képes megtörni. Csak ez lehet némileg tisztában magával; csak ez látja igazán fátyolozatlanul saját képét. Vizsgáljuk meg magunkat, hogy mennyi az ösztönös, öntudatlan, csalfa, nemtelen elem a mi érzületünkben; tartsuk szemmel, hogy színezik, zavarják s hozzák forrongásba az öntudatnak tisztuló mélységeit. Fegyelmezni s folyton nevelni önmagát.

Az utolsó ítéleten Krisztus nemcsak szívünk-lelkünk titkait tárja ki, hanem rámutat a *nagy szociális föladatra*, az éhezők, szomjazók, meztelenek, betegek, bűnösök fölkarolására, kiknek elgyötört lelke a keresztény kötelességteljesítésnek szinte természetes útjaira mutatott rá. Ébredjünk tudatára a szent, komoly Istenakaratnak. Isten akarja, hogy könyörüljünk rajtuk. Krisztus azonosította magát velük! *(Prohászka: ÖM, 7:288; 25)*

†

Számvetés magunkkal

Óh, szerencsétlen és oktalan bűnös, mit fogsz felelni Istennek, aki minden gonoszságodat ismeri, holott sokszor a haragragyúlt ember színétől is rettegsz? — Ugyan miért nem készülsz az ítélet napjára, melyen senki nem mentegethet, sem meg nem oltalmazhat, hanem mindenki elég terhe lesz önmagának? — Most még hasznos a fáradtságod, kedves a siránkozásod, foganatos a fohászkodásod, elégtételre és tisztogatásra sokat érő a kesergésed. — Elég nagy és üdvös tisztítótüze van a béketűrő embernek, aki mikor bántalmakkal illetik, inkább ellensége gonoszságán szánakozik, mint a maga baján. — Ki ellenségeiért örömest imádkozik, és szívből megbocsátja az ellene elkövetett vétket; ki nem késik mástól bocsánatot kérni, ki hajlandóbb a könyörületességre, mint a bosszúállásra. — Ki gyakran megtagadja magát és azon igyekszik, hogy testét a léleknek egészen alávesse. — Jobb most megtisztulnunk a bűntől, és a vétkeket kiirtogatnunk, mint a tisztulást a másvilágra halogatnunk. — Bizony csak magunkat csaljuk a rendetlen szeretettel, amellyel testünknek hízelgünk. — Mi egyebet fog emészteni ama tűz, ha nem csak bűneidet? — Minél többet kedvezel most magadnak és követed testedet, annyival keményebben lakolsz érte, és több égetnivalót gyűjtesz. — Amiben az ember többet vétett, abban súlyosabban bűnhődik. — Nincs az a bűn, amelynek nem lenne a maga tulajdon gyötrelme. — Ott a kevélyeket nagy szégyen-gyalázat éri, a fösvényeket a legszomorúbb szegénység szorongatja. — Ott a kínokban gyötrelmesebb lesz egy óra, mint itt száz esztendő a legszigorúbb bűnbánatban. — Ott semmi nyugodalmuk, semmi vigasztalásuk nincsen a kárhozottaknak; itt mégis néha szünete van a fáradtságnak, és jóakaróink vigasztalásaitól felüdülünk. — *Most aggódjál tehát, most bánd meg bűneid! (Kempis: KK, 1:24)*

†

Nincs igaz vagyona annak, ki örök életben kételkedik. *(Sz Ágoston)*

ÉVKÖZI 34. (UTOLSÓ) VASÁRNAP: KRISZTUS KIRÁLY ÜNNEPE

I: Az eljövendő Emberfiának — Krisztus Királynak — országa mindörökre fennmarad. S: Krisztus a mindenség Királya, mi pedig az Ő népe, és papságának részesei vagyunk. E: Krisztus — Pilátus előtt — megkötözve is megvallja, hogy Ő a mindenség Királya.

Vannak igazságok, melyeket meg lehet ismerni, és vannak, amelyeket meg kell ismernünk és birtokolnunk kell ahhoz, hogy az életben helyt tudjunk állni. Az igazságoknak megvan a rangsoruk: a fecsegés üres, meddő igazságától egészen a nagy beszédek lelkesítő, világformáló igazságáig. De túl minden rangsorban létezik *az* Igazság, ami több, mint az összes igazságok összege.

Az Igazság egy, egyetlen, nincs többes száma. Ezt nem tudjuk birtokolni, lefoglalni, csak részesülhetünk Benne, míg Ő vesz birtokába minket, míg elfogadjuk és szolgálatába szegődünk. Ez az Igazság szabaddá tesz minket. Ez az Isten Igazsága, az Ő őstulajdon valósága, az Ő szentségének, életének, hűségének hatalma. És az Igazság láthatón megjelent, az Ige testté lőn, és miköztünk lakozék.

Első olvasmányhoz Dán 7,13-14

Dániel 7. fejezete először egy látomást ír le a „négy hatalmas vadállatról", amik a tengermélyből buktak föl. A négy pogány világhatalmat jelentik ezek, királyaikkal együtt (7,17). Ezek a vadállatok alulról jönnek, de az Emberfia az „ég felhőiben", mert az isteni világhoz tartozik. Olyan, „mint egyike az ember fiainak", és Benne testesül meg Isten népe, amely a sok szenvedés után készen áll, hogy Isten őt magához emelje. — Jézus mikor szenvedéséről és hatalomban-fönségben való visszajöveteléről szól, az Emberfia címet leginkább magának igényelte (vö. 33. vasárnap evangéliuma). Oly cím ez, mely egyszerre mond alacsony voltot és fönséget, de erősebben hangsúlyozza az isteni fönséget. *(7,13: Mk 13,26; 14,62; Jel 1,7; 14,14 ▫ 7,14: Dán 2,44; 3,33 (vagy 3,100, a számozástól függően); 4,31)*

Válaszos zsoltár Zsolt 93(92),1.1-2.5

Isten királysága

Szentleckéhez Jel 1,5-8

Az áldás mondatában, amely megelőzi a kisázsiai egyházakhoz küldött két levelet (Jel 1-2), Jézust három messiási cím illeti: „hű Tanú", „Elsőszülött a halottak közül" és „Uralkodó a föld királyai fölött". Krisztus a hű, megbízható tanú, arról tesz bizonyosságot, amit látott, és tanúságtételének igazságáért halálba megy; nem marad a holtak közt, él örökké, és Ő általa a miénk is a föltámadás és az élet. Uralma az igazság és szeretet erején alapszik, és akkor lesz tökéletes, ha az ember az Ő igazságára hittel, a szeretetére pedig hűséggel válaszol. Ő, a fölfeszített szabadított meg minket a bűntől, és részt juttat nekünk királyi papságából. *(1,5-6: Zsolt 89,38.28; Iz 55,4;*

2Kor 1,20; Jel 3,14; Kol 1,18; 1Kor 15,28; Jel 19,16; 1Pt 2,9-10 ▫ 1,7: Jel 14,14; Dán 7,13; Zak 12,10.14; Jn 19,37 ▫ 1,8: Iz 41,4; 44,6; Jel 22,13)

Evangéliumhoz Jn 18,33-37

„Te vagy-e a zsidók Királya?" — a római helytartó kérdezi ezt, és politikai értelemben érti. „Ha nem lenne bűnöző, nem szolgáltattuk volna őt ki neked!" — mondták a zsidók Pilátusnak. Jézus tisztán rámutat, mi *nem* és mi *igen* az Ő királysága. Azért jött a világba, hogy tanúskodjék Isten „igazságáról", hogy Isten királyi uralmát kikiáltsa és érvényt szerezzen neki. Az „Igazság" itt magának Istennek a valóságát jelenti, nevezhetni „világosságnak" vagy „életnek" is — mindezek a szók ugyanazt jelentik, és csak elégtelenül fejezik ki a lényeget. Ez az „Igazság" lett Jézusban láthatóvá, hallhatóvá; ez jött e világra, amely Isten világosságától elzárkózott, és azért „sötétség" is e világnak neve. És az Igazságot megfeszítették, de halálában győzött, és halálában kezdte meg királyi uralmát. *(18,36: Jn 1,10-11; 8,23; 12,32 ▫ 18,37: Jn 8,26-29; 10,3.26-27; 17,17-19; Jel 1,5)*

Szentségre várva

Isten Igazsága eljött e világra. Mindig is ott volt benne, de most úgy jött el, hogy váltságdíjul adja magát. Vád alá veti magát, tövissel koronáztatja, megfeszítteti magát. Hagyja mindezt, de többé soha nem hagy nyugtot a világnak. És Ő az én szívemnek nyugtalansága; és Ő egyben az én nyugodalmam.

Elmélkedés

Krisztus Királysága

A királyi méltóság alapelemei, mozzanatai: hatalom és föladatok; ország; és jogcím. Mikor most arról van szó, hogy ezeket a mozzanatokat átvigyük Krisztus királyságára, olyanformán vagyunk vele, mint az óceánjáró, mikor átlépi az egyenlítőt. Egyszerre új világ tárul föl előtte, új, addig nem látott csillagok és csillagképek ragyognak föl ámuló tekintete előtt. Krisztusban is a királyi méltóság egészen új színekben ragyog föl, melyek az egyetlenség jegyét nyomják reá.

Szerzett *jogcíme* az örök jogcímen túl: Krisztus e hódító tevékenységének egészen sajátos vonása, mely egyúttal királyi hatalmának jellegére is világot vet, hogy az ő hódítása nem erőszakos. Az ő hódító útját nem vér, pusztítás és rabság jelzi, mint a Hódító Vilmosokét, hanem ő beférkőzik minden alattvalójának szívébe, és egyenként megnyeri őket. Álruhában jár köztük, Isten létére emberként; osztozik sorsukban, vállalja szenvedéseiket, nem veti meg szerény örömeiket (kánai menyegző), és így közvetlen közelből, tulajdon tapasztalásból megismeri bajaikat, mint azok a népszerű királyok (Hollós Mátyás), akik álruhában a nép közé vegyülnek, köztül élnek, s ennek az együttélésnek inspirációiból hozzák meg törvényeiket; s ezért nem félelem és rettegés, hanem gyermeki bizalom fogadja őket és rendelkezéseiket.

Német fejedelmek egyszer versengtek, ki a leggazdagabb köztük. Az egyik emlegette bányáit, erdőit, a másik borát, búzáját, a harmadik népe fegyveres erejét. A württembergi gróf (Eberhardt im Bart) megvallotta, csak egy kincse van: bármely alattvalójának ölébe nyugodtan teheti le fejét. S a fejedelmek erre egyhangúlag fölkiáltottak: „Szakállas gróf, te vagy a leggazdagabb fejedelem!" Hasonlíthatatlan nagyobb mértékben *ez* Krisztus királyságának gazdagsága: nyugodtan lehajthatja fejét minden igaz alattvalójának ölébe, sőt ott ütheti föl trónját. Jézus szívek királya a szó legszebb és legteljesebb értelmében.

Még egy harmadik mozzanata van Krisztus szerzett királyi jogcímének: egyéni kiválósága. Az emberrel veleszületett az igény meghajolni nagyobbak előtt. Krisztusnál fordítva van: minél közelebb kerül valaki hozzája csak szeretésben és sejtésben is, annál nagyobb arányokba tágul előtte a méltósága.

A királyi jogcím megpecsételése a király megkoronázása. Krisztusnak, kettős jogcíme van az ő páratlan királyságára; mindegyiknek megfelel egy sajátos koronázási tény.

Első koronázása ott történt a názáreti ház rejtett kamrájában; akkor, mikor a köszöntő angyal szavára elhangzott Szűz Máriának az a szava, melyet várt ég és föld, melyen függött akkor a világ sorsa: Íme az Úrnak szolgálólánya, legyen nekem a te igéd szerint. Akkor lett az Isten emberré és akkor ragyogott föl a személyes Isten-közösségbe fölvett emberen a mindenség királyának koronája. S ha a koronázásokat népek ujjongása, kitörő öröme és tapsa kíséri, azon a koronázáson is fölhangzott az angyali seregnek szent örömrivalgása.

Ez a király a láthatatlan koronával a fején, vagyis a személyes Isten-közösségben, először mint kisded jelent meg. Ha igaza van von Gagernnek, hogy az első királyi korona az ősz haj volt, akkor bizonyos, hogy ez az első korona, mely előtt hódolatnak egész új nemével borultak le a napkeleti királyok, és azóta a karácsonyünneplő egész emberiség, az aranyos gyemekfürtök....

Az Üdvözítő szerzett jogcímének megpecsételése, második koronázása akkor történt meg szimbolikusan, mikor Pilátus pribékjei fejébe nyomták a töviskoronát. A keresztáldozat által szerezte meg ugyanis Krisztus a megváltottak fölött a teljes jogcímet, és mikor megjelent Pilátus pitvarában a töviskoronával a fején, rongyos bíborban és nád-jogarral — örök víziója lett a megilletődött emberiségnek, ez az „Ecce Homo". Két emberi vonás van, mely biztosan térdre kényszerít mindenkit, aki embersége utolsó szemerjét el nem vesztette: a gyermek mosolya és a szeretet töviskoronája. Mindkettő ott ragyog Krisztus fején páratlan szépséggel és fölséggel. *(Schütz: Krisztus, 212—220)*

†

Munkáim végéhez jutottam. És mind, amiket összeírtam, úgy tűnik most mint csupán szalma, azokhoz képest, amik nekem kinyilatkoztattak! *(Aquinói Sz Tamás)*

C ÉV

ADVENT VAGY ÚRJÖVET

Mária Úrváró lelke

E nagyságot jellemzi az *Isten-közelség*. Minden lélek annyiban nagy és szép, amennyiben Istenhez közel áll, s e közelségét érzi és élvezi. Senki sincs oly közel Istenhez először a test és vér kapcsán s azután épp ezért az érzület s a lelkület s isteni gondolat, érzés s elmélyedés révén, mint a Szent Szűz. Mózesnél közelebb, Illésnél s a víziós prófétáknál s az Istennel közlekedő szenteknél; oly közel hozzá, mint saját gyermekéhez; azok dörgésben, villámlásban, ködben, füstben, szimbólumokban érintkeztek vele; míg ellenben a Szent Szűz gyermekének gőgicsélésében, édes tekintetében, mosolygó arcában vette kinyilatkoztatásait.

Jellemzi őt a természetfölötti világgal való páratlan érintkezés. Itt szívek ömlenek egymásba. Ő az első szőlővesszeje annak a tőkének, — első virágos vesszeje a megtestesülés titokzatos gyökerének; minden lélekkel telt benne; azért érzi az ember; Deum patitur... Istent bír el!

Jellemzi *páratlan hivatása*. Amint vért és tejet szolgáltatott az Úrnak, s szépségét, kellemét Jézus belőle vette, s általa lett „speciosus inter filios hominum" [szépséges az emberek fiai közt]; úgy a kereszténységnek is a Szent Szűz kölcsönöz bájt, varázst, illatot. A betlehemi barlangnak ő a mécsese, a szent éjnek a legszebb csillaga, az ő fohásza a legédesebb „glória". Názáret nem lenne Jézus otthona, ha nincs az otthonnak édesanyja s angyala; a Golgota nem volna oly csodálatosan megrendítő, ha Jézus a kereszt mellé nem ülteti a gyöngyvirágot, melyet elsőnek hint meg vérével, s ezt a rózsát, mely odatapad s felfut a keresztfán s kínos érzésében kivirágzik. — A Szent Szűz eszközli ki az első csodát, — ő járja az első keresztutat, — ő zárja szívébe egymaga a kiszenvedett Krisztusba s művébe lefektetett hitet, ő csókolja meg elsőnek az örök üdvösség vágyával, megnyugvásával Jézus sebeit; ő tartja egymaga az első feltámadás vigíliáját. Ő várta 33 év előtt egymaga az Igét a Gyümölcsoltó Boldogasszony nap éjjelén; ő fogadta egymaga Betlehem karácsonyában; ő várta őt egymaga a föltámadás hajnalán; ő, csak ő. Una est dilecta, amica, speciosa mea! [Egy az én választottam, barátnőm és szépem!] *(Prohászka: ÖM, 6:32; 49)*

ADVENT 1. VASÁRNAPJA

1: Isten elküldi a Messiást, aki Dávid nemzetségéből születik. S: Krisztus eljövetelére erősítse meg szívünket az Úr. E: Közeledik megváltástok.

Szent Pál apostol egyszer azzal jellemezte pogány kortársait és minden idők pogányait, hogy nincs Istenük és nincsen reményük. Talán „isteneik", bálványaik vannak, ezek azonban reménytelen istenségek. Hogyan áll ez a mai *keresztényekkel*, és hogyan az ő reményükkel?

A hívő keresztény nem áltatja magát ábrándokkal, sem a világ, sem önmaga felől. De többet tud annál, amit újságban olvasni, vagy rádióból hallani. Ő valami nagyra, valami egészen újra vár. Ő *Valakire* vár. Arra, aki volt és van és lészen eljövendő, hogy e világot a teljességre vezesse.

Első olvasmányhoz Jer 33,14-16

Jeremiás jövendölésének ez a szakasza a babiloni fogság idejébe vetíti a hallgatót (némelyek szerint talán egy késői hozzáírás) — Jeremiás korábbi ígéretéhez (23,5-6) fűződik, és biztosítja a hazatérendőt, hogy Isten mindenképp beváltja szavát: Elküldi a Megváltót Dávid házából. A jövendő üdvösség még csak „Juda" és „Jeruzsálem" számára ragyog föl e szövegből, és majd csak a Krisztusban való beteljesüléséből fog kitűnni az isteni jóakarat nagysága és kiterjedése a végtelenbe. *(33,15: 2Sám 7,1-16; Iz 4,2-3)*

Válaszos zsoltár Zsolt 25(24),4-5.8-9.10 és 14

Kérés vezetésért

Szentleckéhez 1Tesz 3,12-4,2

A Krisztus-hit ereje a keresztények egymás és minden ember iránti szeretetében nyilvánul meg. A keresztény Isten jelenlétének világosságában és Krisztus második eljövetelének várakozásában él. Tudja tehát, hogy drágák földi napjai, fel kell használnia azokat „Isten tetszésére". Azt is tudja, hogy a világ még nem áll készen arra, hogy Istennek tetszhessék, s így éberen kész bármely pillanat feladatára és lehetőségére. *(3,12-13: 1Tesz 4,9; 5,15; Róm 12,17-18; Gal 6,10; 2Tesz 1,7.10; Zak 14,5 ▫ 4,1-2: 2Tesz 3,6.12; Róm 12,1-2; 1Tesz 4,7-8)*

Evangéliumhoz Lk 21,25-28.34-36

E fejezetben Sz Lukács Jézus beszédét közli a világvégről, Márk 13. fejezetéhez kiegészítőül. Jeruzsálem földúlása még nem lesz a vég; a véget súlyos kozmikus megrendülés vezeti be. Az „emberek", a pogányok, rémültükben elsorvadnak, de a keresztény nézzen föl az Emberfiára, aki már jön ítélni a világ fölött és pontot tenni rá. E szakasz mondanivalója: A kereszténynek tudnia kell, hogy ő nincs kiszolgáltatva a dúlás és pusztulás hatalmainak. Erejét a helytállásra nem bölcselő vagy politikai jelszavakból meríti, hanem Krisztus örök igéjéből. *(21,25-28: Mt 24,29-31; Mk 13,24-27; Dán 7,13-14; ApCsel 1,9.11; 1Tesz 5,1-11 ▫ 21,34-36: Lk 17,26-30; 8,14; 1Tesz 5,3; Mk 13,33; Jel 6,17)*

Szentségre várva

Krisztus nem hív el bennünket a jelen világból, hanem éppen beleállít. Azt kívánja, hogy itt, e világban a rendet, igazságot és szeretetet mozdítsuk elő, és így építsük a jövendő világot, melyet a Szentséget ünnepelve hívunk: „Halálodat hirdetjük Urunk, és hittel valljuk föltámadásodat, amíg el nem jössz!"

Elmélkedés

Három ítélőszék

Ha minden az Isten gondolata, nemde akkor az emberi élet is az lesz. Csak az a különös, hogy az Úristen az ő gondolatait nem állítja bele készen a világba, hanem kikezdésképpen. Nem készen lenni, hanem folyni, fejlődni, alakulni, ez a világ jellege. Következőleg az Isten gondolatai csak mint magok és csírák vannak a világban elhintve.

Azt is mondhatnám, hogy minden emberi lélek műhelyben lakik s ott dolgozik az Istennek képén. Minden emberi élet oly munka, mely isteni vonások kialakításában folyik, de a szobor be van ponyvázva; a lepel az élet tarkasága, a változatok, hangulatok játéka, az élet hullámzása. Egyszer majd *leleplezik a művet,* és *ez lesz az ítélet.* Lehull a lepel, hogy mindenki lássa, hogy a műhelyben min dolgoztak és mily műértéssel. Akkor odalép a művész, kinek kritikáját nem lehet megfellebbezni, aki nem változó ízlés, hanem igazság szerint ítél: az Úristen, és kimondja, hogy az ő képe-e vagy nem. És ami az ő képe, azt átteszi a mennybe, ami nem az övé, azt ledobja a kárhozat örvényébe. Nagy, fontos döntés. Ez az ítélet.

Ha citálnám Humboldtot, meglehet jobban imponálna, ha nem egyébért, talán azért, hogy a világi tudomány sem tud jobbat és szebbet gondolni, mint amit a Szentírás naiv szavakkal ismételget. „Minden emberi élet arra való", mondja Humboldt, „hogy az Isten gondolatait önmagán kifejtse". Hány emberi élet széljárta műhely, ahol nem dolgoznak, hanem káromkodnak; ahol nincs eszme, nincs gondolat, hanem kétségbeejtő szegénység; ahol csak szél jár, de szeretet nem honol. Az Isten ítéletével szemben, melyet ki nem kerülhetünk, oly szigorú, hogy megdermeszt, oly fenséges, hogy megfagyunk benne, oly magas, hogy utolérhetetlen, oly mély, hogy elszédül még Szent Pál is, s remegve int, hogy fogjunk hozzá az isteni mű kialakításához, merítsünk hozzá eszmét az Úr Jézus példáiból, komolyságot a legnagyobb gondolatok mély járásából és aszerint érezzünk s tegyünk...

Három ítélőszéknél kell az embernek megfordulnia, a *világ*, *önmagunk* s az *Isten* előtt. Az erőteljes, jellemes és az Isten kegyelmétől hordozott léleknek e három ítélőszékkel szemben három erős érzelme van. Az elsőt neveti, mint az anarchista a mi modern ítélőszékeinket; a másodikat megveti, mert tudja, hogy fizetett bírák ülnek rajta, a harmadiktól fél, s meghajlik előtte. Azt mondom, hogy ezt teszik erőteljes lelkek és jól teszik. *(Prohászka: ÖM, 17:328)*

A végítéletről. Apokreosz kánonja

Ez félelmes nap, néma ijedelmek napja,
mikor ítélni jössz élőkre halottakra.
Eszem rágondol: borzong,
Isten, mi lesz ott sorsom!?

Hogy érkezel s angyalhadak, ezer ezernyi:
a „légiók", kürt, harsonák! Föld kezd recsegni...
Felhőkből Krisztus, nézz rám!
végy szentjeid közé tán!...

Zokogj, te lélek, míg nagy óra, nagy nap nincs itt:
hol Isten néz rád s *bújod* tündöklésit!
Bűnödre fény! S Ő enged?
Zord bírótól ki ment meg?

Óh rémület, pokoltüzek. Én, átalkodtam!
mert maró férgek-, fogcsikorgásig jutottam,
Idáig?! Krisztus, megbocsáss!
Jaj védj! Ne sújts! Jaj „jobbnak" láss!

Hadd halljam mégis áldott szód: „áldottnak" hívót,
hol igazat (s engem?) Atyád Honába hívod...
Oly jó Urunk! S *beloptat*
a Fényhez, mit szó nem mondhat!

Ne lépj ítélni tetteimhez! Ne légy Bírám!
Szándék és ötlet csapong! Vádad ne zúdítsd rám!
Bocsáss meg, ments meg *akkor*
dühös-sötét angyaltól!

Mi másért jöttél?! *Menteni* elhullt emberfit,
Léteknek léttetője, erők ereje! Sír, eseng itt
e koldus... Hallj meg, Egy-Háromság:
Atya, Fiú és Lélek — Jóság!

(Studita Sz Tivadar)

ADVENT 2. VASÁRNAPJA

I: Véget ér a fogság: boldog élet várja Isten népét. S: Legyetek tiszták és kifogástalanok Krisztus napjára! E: Minden ember meglátja az Üdvözítőt, akit elküld az Isten.

„A vallás magánügy" — ezzel a sunyi mondattal hozakodnak elő azok, akik a vallás elhalását óhajtják. Ha még keresztények is utánuk szajkózzák ezt, csak azt hihetjük: nem tudják, mit cselekszenek.

Az a keresztény, aki nem érez felelősséget embertársai iránt, az az Egyház, amelyik megmarad falai mögött és a világot magára hagyja, — elvesztette hivatása értelmét, eltévesztette föladatát!

Első olvasmányhoz Bár 5,1-9

A babiloni fogság után is (Kr.e. 538) sok zsidó továbbra is a pogányok közt szétszórva élt. Hazájukhoz és a jeruzsálemi templomhoz szoros kötődést éreztek, és Isten népének dicső jövőjét várva éltek. A próféta Jeruzsálemhez fordul, de mondanivalója mindenkihez szól, ki a nagy ígéretek teljesültét várja: A mai Jeruzsálem még csak a kezdet, de bízzatok és örvendezzetek, mert irgalmas az Isten és igazságos — mondja a próféta. Segítő hatalmát akkor és attól teszi függővé, hogy Isten népe meghallja-e az Ő igéjét és hivatására eszmél-e. *(5,1-4: Iz 52,1; 61,10; 56,1; 33,16; 48,5; 62,4 ▫ 5,5-9: Iz 60,4; 49,22; 2Mz 13,21; Iz 42,16-17; 41,19)*

Válaszos zsoltár Zsolt 126(125),1-2.2-3.4-5.6

Könnyek és ujjongás

Szentleckéhez Fil 1,4-6.8-11

A Filippi-levél címzettjei éppoly közönséges keresztények voltak, mint mi. Pál különösen közel érezte őket magához. S a filippiek is magukévá tették Sz Pál ügyét: ellenséges környezetben is megőrizték a hit örömét. Sz Pál Istennek köszöni ezt. Hozzá imádkozik, hogy fejezze be megkezdett művét. Itt is megvoltak a nehézségek; hiányzott az összetartás. Az apostol felszólítja őket, növekedjenek bensőleg, érjenek meg. „Krisztus napja" az aratás napja lesz. Addig is növekedjenek a hitben és a szeretetben! *(1,4-6: Fil 1,27-30; 2,13; 1Kor 1,8-9; Fil 2,16 ▫ 1,8-11: 2Kor 5,14; Róm 1,9; Fil 2,5-11; Róm 12,2; Ef 5,10.17)*

Evangéliumhoz Lk 3,1-6

Keresztelő Sz János még az Ószövetségé (Lk 16,16): előfutár ő, próféta, ki a Messiás útját készíti elő. Lukács a világtörténelem és üdvtörténet keretébe állítja János hivatását, ahogy Krisztus egyetemes küldetésébe illik. A Keresztelő szavaiból már kiérthető, milyen lesz az az „isteni üdv", melyet a Messiás hoz: Istennel való kiengesztelődés lesz Jézus Krisztus által, ez pedig föltételezi, hogy az ember kész a megtérésre, a mássá és jobbá válásra. *(Mt 3,1-6; Mk 1,1-6 ▫ 3,1-3: Jer 1,1-5; Lk 2,1-3; 1,80 ▫ 3,4-6: Iz 40,3-5; Jn 1,23)*

Szentségre várva

A Szentség minden ünneplése fölveti számunkra a kérdést: kész, méltó-e lelkünk az Úrral találkozni, és ezt a nagy találkozót tetteink és szavaink által is tanúsítani.

Elmélkedés

Szerencsétlen az ember, ha teli van hibával. Azonban még szerencsétlenebb, ha tudni sem akar erről. Ez azt jelenti, hogy szándékosan meg is csalja magát. *(Pascal)*

†

Készíts utat az Úrnak

Keresztelő Sz János az Úr útjainak előkészítője. „Az Úr színe előtt jársz majd" (Lk 1,76). „Angelus faciei" [Arcának angyala] világít az embereknek, hogy eltaláljanak az Úr útjaira. Ő maga kóválygó lángja az Isten megközelíthetetlen tüzének; melegét érezzük beszédeiben, tetteiben és egyéniségében. Ilyen útkészítők kellenek. — Baj, nagy baj, ha az Úr útjai előkészítőinek lámpája füstösen ég, ha nemcsak a világ, hanem ők is fáradtak. Ha világosságuk olyan, mint az utcai ködben a reggelig nyitott kávéházak tűzfoltjai, vagy a halotti koporsógyertyák lángja. Uram, adj hívőket, kiknek kezükben van a virrasztó léleknek *lámpája*, az illési s pünkösdi tüzek melegét óhajtjuk. Csak így lehet az Úr útjait előkészítenünk. Égjen a lelkünk mélysége, abból tör ki majd a lelkeket melegítő tűz! A lélek égő mélysége a vértanúi hit... A lelkünket átizzító Isten!

De nemcsak mécs van az úttaposó kezében, hanem napszámának szerszáma is, a *csákány*, hogy a sziklaszíveket fölszaggassa; van kalapács, hogy összetörje; van fejsze, melyet már a fa gyökerére illesztget, mert „minden fa, mely jó gyümölcsöt nem terem, kivágatik s tűzre vettetik" (Mt 3,10); van szórólapát, mellyel fölfölszórja az életet, hogy a pelyvát az enyészet szele vigye s a magot a világbíró csűrébe takarítsa. Ocsúdjatok föl tespedéstekből, hisz árnyékot öleltek, délibábot kergettek s lelketeket veszítitek el. Lelketeket bűnök kötelékei tartják fogva; szakítsatok rajtuk olyat, hogy szakadjanak; szakítsatok, még ha fáj is. Ó, föl, ki a fölburjánzott gazból, ki a posványból az élet dicsőséges útjaira! — Igen, látni akarom lelkem nyomorát, látni bűnös voltomat s azután szakítani vele. Minden erényes önmeggyőzés egy-egy szakítás a bűn kötelékeivel. *(Prohászka: ÖM, 6:8; 17)*

†

Könyörgő ének Angelusra

Hajnalban, délben, alkonyon
hallottad Mária, dalom.
Bú, öröm közt, jó-rossz ha ér,
Úr Anyja, itt vagy hívednél...
Ha órák fénybe futnak át,
Ha felhőm rontja égboltját —
jó-, balsor meg ne bódítson:
Te óvtál, vittél jó úton.
Most ím vihar gyűl feketén,
jelent és múltam veszejtvén, —
Te jövőm még rám fényleted!
Te vagy reményem; s Gyermeked!

(Edgar Allen Poe)

ADVENT 3. VASÁRNAPJA

I: Örvendjetek! Győzelmet aratott az Úr! S: Közel van az Úr, örüljetek! E: Hogyan készüljünk a Megváltó eljövetelére?

Hinni akarjuk, akkor is, ha nem érezzük, hogy Isten itt van, közel, jelen az életünkben, hogy ismer és szeret minket. Emberi élményeink sokféle magyarázatot megengednek. De ha létünk mélységeibe betekintünk, akkor tudjuk, kezdjük látni: Ott van Ő.

Mióta Urunk eljött, még többet tudunk: Isten az Érkező! „Krisztusnak Napján" kilép rejtettségéből még nyilvánvalóbban, mint Fia emberré-váltában elénk lépett. E napért élünk, adventben is, az év, az élet minden napján is. Még a „sötét napok" sem lesznek eztán teljesen sötétek...

Első olvasmányhoz Szof 3,14-18

Szofóniás könyvének zárószakasza örömre szólít föl, és vigasztaló szavakat mond Jeruzsálemről. — Mindkettőre a 14. vers adja meg az okot: „Jahve, Izrael királya, veled van!" Fölfüggesztette vétkes népére kiszabott ítéletét, megmenti őket, mert megfoghatatlan szeretettel van irántuk. Izrael királya ő, de királya a föld minden népének is. Királyi uralmának teljes kinyilvánításával még vár, a jelen üdvtörténet azonban jele, kezdete és elővétele mindannak, ami eljövendő. Az örömre hívásban intés is van: Ne félj, ne hagyd lehanyatlani karod! A jelen súlyos talán; de ha az élő és hatalmas Istenben hiszel, nincs okod, nincs jogod kételkedni! *(3,14-15: Iz 12,6; Zak 2,14; 9,9; Iz 40,2; 44,21-23 ▫ 3,17: 5Mz 7,21; 20,4; 30,9; Jer 32,41; Iz 62,5; 65,19)*

Válaszos zsoltár Iz 12,2-3.4.5-6

A megmentett nép háladala

Szentleckéhez Fil 4,4-7

Egy mondattal okolja meg az apostol a minden embernek szóló örömre-hívást és a jóságra intést: „Az Úr közel vagyon!"... Sz Pál börtönben ül, míg e levelét írja. Gondol a kedves filippi hívőkre, mindenkire, és gondol Krisztusra, Rá, aki őt meghívta, s életét egyre inkább kitöltötte. Pál számol vele, hogy Krisztus újrajöttének napja számára a saját holta napja lesz! Erre is „igent" mond! S így láncok közt is szabad és vidám ember. *(„Öröm", 4,4: Fil 1,4.18.25-26; 2,2.17-18; 3,1; 4,1.10; Róm 12,12; 14,17 ▫ 4,5: 1Kor 16,22; Jel 22,20; Róm 13,12; 1Pt 4,7 ▫ 4,7: Kol 3,15; Jn 14,27)*

Evangéliumhoz Lk 3,10-18

Keresztelő Sz János munkássága kettős: igehirdetés és keresztelés. A „térjetek meg!" felhívása nemcsak belső bűnbocsánatot jelent, hanem tényleges *visszatérést* Isten útjaira. Ez pedig tettekben nyilvánul meg. Háromszor kérdezik, mit tegyenek hát, s háromszor felel János. Mindet inti a segítő felebaráti szeretetre; a vámosokat igazságosságra, a katonákat emberiességre. A következő mondatokban (3,15-18) prófétai hivatása még jobban látható. Rámutat a nála Nagyobbra, aki utána jő. Az

Szentlélekkel és tűzzel keresztel majd; egyeseknek megszentelésére és üdvére, másoknak ítéletére. *(3,15-18: Mt 3,11-12; Mk 1,7-8; Jn 1,25-28)*

Szentségre várva

Közel az Úr! Itt van, jön! Örömöt, jóságot, békét és baráti együttlétet ád és jelez az ittléte. Erről érezzék meg embertársaink, hogy a Nagy Szentséget vettük — ünnepeltük...

Elmélkedés

„Az Úr közel vagyon... A ti szerénységtek ismeretes legyen minden ember előtt" (Fil 4,5). Testvéreim, lássék meg rajtatok az örvendező hit s a bízó remény. Éljetek úgy, mint akik teljesen a béke s a szent öröm csillagai alatt járnak, mert hisz tudjátok, hogy az Úr közel van. Ruhátok is, tartástok is szerény legyen, de nemes s előkelő is; nézzétek meg, hová ültök, hogyan forgolódtok, kivel álltok szóba... mert idegen, előkelő vendégek vagytok a világ szegény-házában... Érjétek be kevéssel; éppen hogy; mert minek itt költekezni... Nagy fölháborodásba ne essetek... Minek? hiszen úton vagytok... Minden igazán keresztény lélek szerény is, szerény a lét nagyságától s az ég csillagaitól... A szépség is szerény, mert harmonikus... nem rikít, nem rikácsol, nem tüntet. — A fegyelem is szerény...

Szerénnyé tesz: a *hit*. Öntudatunkra hozza létünk szerénységét, korlátoltságát. A végtelen lehel ránk. Mint a liliom az ég alatt s a csillag az éjben, olyan a lélek a végtelenben; mint a lótuszvirág az óceán végtelen tükrén. Ha reflektálunk s magunknak tüzet s világot gyújtani akarunk, csakhamar észrevesszük, hogy sötétben vagyunk. Akit a lét sötétsége vesz körül, az csak szerény lehet. Aki vak, az szerény; az éj szerény; a madár hallgat az éjben, szerény... Jézus is szerény... a szentek hierarchiája is szerény, felhőben lakik. Óh Istenem, világíts lelkemnek, hogy lássak, de mindig szerény s alázatos maradjak.

Szerénnyé tesz az *erkölcsi rend*. Óh, itt a póz, a sarkantyú, a ropogós föllépés nincs helyén... Az erkölcsi rendnek sok a sebe s a gyöngéje. A földön az erkölcs foltos ruhában jár. Folt és rongy a ruhája. Azért szerény. Nem pózol, hanem meghúzza magát. Viharok járnak fölötte, s kövekkel kell megterhelnie a lapos háztetőt, mint az Alpesek szénagyűjtőit. Mennyi ok a szerénységre; szinte szégyenlős leszek szerénységemben, mikor lelkem gyöngéire s az *eszménytől való elmaradásomra* gondolok, de ez nem árt!

Életünk kerete is szerény. Sok szenvedés és bánat környez; siralom-völgyében élünk, dacára az ész vívmányainak; márpedig ily környezetben csak a szerénység stílszerű. Mi az irgalom nyomaiban járunk s lelkünk könyörülettel hajlik le a gyengéhez s a szerencsétlenhez. A reális emberi élet is nagyon szerény; születünk, dolgozunk, szenvedünk, meghalunk. Aki ezt átérzi, az szerény lesz. A királyné is szerény, ha gyermeke van ölében, mert akkor már nem fölséges asszony, hanem gyönge, csecsemőt szoptató anya. Fogjuk föl, karoljuk át az Isten sok nyomorgó gyermekét; legyünk jóindulattal az emberek iránt s szerények leszünk. *(Prohászka: ÖM, 6:18; 30)*

†

Az Apostol szavairól: „Örvendjetek mindenkor az Úrban!" (Fil 4,4)

Örömet parancsol nékünk az Apostol, de nem a világban, hanem az Úrban való örömet! Mert az Írás szerint: „Aki e világnak akar barátja lenni, az Úr ellenségévé válik" (Jak 4,4). S ahogy két úrnak nem szolgálhat az ember, úgy nem örvendhet a világnak is, az Úrnak is egyben... „Mert közel az Úr!" Az egész emberi nem az a nyomorult utas, aki félholtan útfélen fekszik, otthagyva a fosztogatóktól; — akit megvetett az áthaladó pap és levita, s akihez odajött gyógyítani és fölemelni az érkező Szamaritánus... Valaha azt mondták őneki ellenségei: „Ugye igazunk van, szamaritánus vagy, ördögöd van!" S ő felelé: „Nekem nincs ördögöm!" Tudta magáról, hogy épp ördögök kiűzője; de nem tagadta, hogy ő szamaritánus, vagyis „őrző" lenne (ez a szó értelme) — a betegek őrzője. Tehát igen: „Közel az Úr!" — Pedig talán, mik oly távoliak, mint Isten az embertől, halhatatlan a halandótól, az Igaz a bűnösöktől? Emberekről szólva is, olyanokról, akiknek erkölcseik eltérők, azt mondjuk: „Ez távol van amattól!" Még ha egymás mellé állnak is, szomszédban laknak, lánccal összekötődtek: — távoli a jámbor a gonosztól, távol az ártatlan a bűnöstől, az igaz a hamistól. Ha két emberről mondható ez, mit mondjunk Isten és emberről?

Óh halandó bűnös, mily messze voltál a halhatatlan igaztól! S ő nem lett bűnössé, mint te vagy, mégis halandó lett, átvette a büntetést, nem a bűnt, s eltörölt bűnt és büntetést! „Közel jött hát az Isten, semmiben sem aggódjatok"... „Nem bűneink szerint cselekedett velünk." Már fiai vagyunk. Mivel bizonyítjuk? Azzal, hogy meghalt érettünk az *Egyetlen*, hogy ne maradjon egyedülinek. Nem akart egymagára maradni, ki egymaga vállalta a halált. Isten egyetlen fia számos fiakat szerzett Istennek. Vérén vett magának testvéreket; elvettetve visszahozott, eladatva megvásárolt, meggyalázva megtisztelt minket, megöletve életre keltett. Kétkedel még, hogy neked adja az ő javait, ki nem vonakodott átvállalni a te bajaid? Ujjongjatok, testvérek, Őbenne, az Úrban, nem a világban! Azaz: örvendjetek az Igazságban, nem a gonoszságban, örvendjetek az öröklét reményében, nem a mulandó hiúság virágában! Így örvendjetek: és bárhol, bárhogy, bármeddig lesztek itt: „Közel van az Úr, semmiben se aggódjatok!" *(Sz Ágoston: 171. beszéd)*

ADVENT 4. VASÁRNAPJA

1: Betlehemből származik, aki kormányozni fogja népemet. S: Jézus eljött közénk. Engedelmességével és keresztáldozatával megszentelt minket! E: Szűz Mária látogatásakor Erzsébet ezt kérdezte: Minek köszönhetem, hogy az Isten anyja eljött hozzám?

Liturgiánk általában hűvös és értelmi, talán túl hűvös és túl tárgyilagos! Még ha hála- és örömdalokat éneklünk is, nemigen sikerül „ujjongani". Gyakran csak a hangunk erőlködik, szegény, magára-maradt hangunk. De hol a szív? Hol az isteni Lélek?

Nem vagyunk mindennap ujjongó kedvünkben, gyakran vasárnap sem. Mégis kell oly szárnyaló napoknak lenniük, melyekben szívünk és egész lényünk együtt lendül a Magnificat, Alleluja vagy Ámen zengésével. Az ilyen pillanatok annak jelei lehetnek, hogy Isten valóban itt van köztünk.

Első olvasmányhoz Mik 5,1-4

Mikeás próféta, Izajás kortársa, nem Jeruzsálem felé néz, hanem Betlehembe. A betlehemi Efrata nemzetséghez szól, amiből Dávid király eredt. Dávid házának királyai sajnos nem teljesítették küldetésüket; de Isten még egyszer új kezdetet nyit: Betlehemből új Dávid sarjad, a Megváltó. Dávid fia ő, de gyökerei ős előidőkbe nyúlnak. Több Ő, mint csak Dávidnak fia... *(5,1: 1Mz 35,19; Rut 4,11; 2Sám 7,16; Mt 2,6; Jn 7,42 ▫ 5,2: Iz 7,14; 9,5-6 ▫ 5,3: Ez 34,23-24 ▫ 5,4: Iz 9,6; Ef 2,14)*

Válaszos zsoltár Zsolt 80(79),2-3.15-16.18-19

Könyörgés segítségért és oltalomért

Szentleckéhez Zsid 10,5-10

A zsidókhoz írt levél Jézus halálát az ószövetségi áldozattétellel értelmezi. De az Ótörvény istentisztelete csak bevezető volt, még nem az, amit voltaképp Isten elvárt. Ott minden áldozat a jövőbe mutat: „Jézus testének föláldozására". Csak ezáltal szentelődünk meg egyszer s mindenkorra. E kijelentést megerősíti a 40. zsoltárból vett idézet (melyet a szentíró a görög Hetvenes-fordításból vesz, mely Kr.e. 300—150 közt az egész Ószövetséget, még a héberből elvesztett részeket is, görögül közli a 70 alexandriai rabbi tolmácsolásában). A sorokat Krisztus szájába adja, világba lépésekor, vagyis megtestesülésekor: „Jövök, hogy tegyem a Te akaratod!" — e szavakban Krisztus áldozatkészsége fejeződik ki mindnyájunk üdvösségére! *(10,5-9: Zsolt 40,7-9; 51,18-19; 1Sám 15,22; Ám 5,21; Mik 6,8 ▫ 10,10: Zsid 9,14.28; 10,14; Ef 5,2)*

Evangéliumhoz Lk 1,39-45

Mikor Mária rokonával, Erzsébettel találkozik, ez egyben az első találkozója az *előfutárnak* a Messiással. Beteljesül, amit Jánosról mondtak Lukácsnál (1,15); hogy már anyja méhében betölti a Szentlélek. Erzsébet felfogja a jelet, és örömmel, félő tisztelettel köszönti Máriát, fiatal rokonát. Boldognak magasztalja, mert hitt. Mária viszont Istennek, az Úrnak és Szabadítónak nagyságát dicséri! — Mindmáig ismételgeti a keresztény világ ezt az üdvözlést, Erzsébetnek Máriához szóló Üdvözlégyét; ahhoz, ki áldottabb minden asszonynál; és naponta zengi Mária dicsénekét, a Magnificatot. *(1,42: Bír 5,24; Jud 13,18 ▫ 1,45: Lk 1,26-38; Jn 20,29; Róm 4,17 ▫ 1,46-47: 1Sám 2,1; Iz 61,10; Hab 3,18)*

Szentségre várva

Az emberi természet Krisztus számára lehetőség volt, hogy „köztünk lakozzék", kinyilatkoztassa nekünk az Atyát, és tökéletes áldozatot ajánljon föl az Atyának: a halálig tartó engedelmesség és szeretet áldozatát. Mikor áldozatán részt veszünk (a szentmisén), az engedelmesség és a szeretet útját járjuk.

Elmélkedés

Óh Galilea Csillaga...

Óh Galilea Csillaga!
Föld tenger-éjén ragyogva,
vess boldog fényt e nyomorba!
Szívség, kegyesség Úrnője!
Istennél értem járj közbe:
Mosd Fiad vérén bűnöm le!
Míg angyal boldognak hívott,
ujjongva szíved fölizzott:
vendégül Úr jött, áhított!
Legtisztább-szentebb földi lény,
egek egén most örvendvén:
font koronáz a csillagfény!

Az Arcod áraszt szépséget.
Tölt, — Anya s örök-Szűz, — Téged
malasztteljes dicsőséged.
Irány jámbornak: fénytorony,
bűnösnek remény, bíztatón;
fönn ujjongás, angyalkaron!
Mindig-dicső, van trónhelyed
Te áldott Fiadé mellett.
Ő: Úr; s Te kérve kérleljed: —
Ha Néki tetszik, szűn dögvész!
a bűn, viszály is elenyész!
Hoz *Békehont* hű esdeklés...

(Savonarola)

†

„Íme jövök, hogy tegyem Akaratodat!" (Kell áldozat, s Krisztus az!)

Kell, most és mindig, míg bűnös földön Istent engesztelők járnak. A Végtelent így kell imádni... megsemmisüléssel. Kezdet óta ez öntudat gyújtja meg a pátriárkális oltárok tüzét; a teljes odaadást az elhamvasztás jelzi; a Golgotán pedig Jézus adja oda magát értünk teljesen, egészen. Kiönti a lelkét, a vérét, és új kifejezése lesz annak, hogy Isten az Úr és minden, s hogy őt imádni és szeretni s megbántott Fölségét minden áron meg kell engesztelni. Ez Jézus áldozatának lüktetése; lángoló szíve végső megerőltetéssel lükteti az érzéseket az ő nagy, sebzett, lázas, misztikus testébe.

Krisztus érző, imádó, engesztelő szíve a mi áldozatunk itt és most. Nehéz beletalálni magát ebbe a szegényes oltárok sokszor piszkos képe és összetákolt gyertyatartói alatt; könnyű volt a katakombák oltárain, hol a kővel letakart vértanú sírján állt a fakehely s mellette a kenyér. Könnyű volt a nikomédiai börtönben, hogy a földre láncolt Lucián presbiter saját mellére tette a poharat és a kenyeret. Törj át hiteddel látszaton; Krisztus van itt az áldozat érzelmeivel, és ha beléje hatolsz, megcsap az a tüzes, vérpárnás, sejtelmes, titokzatos légkör. Te hozd le a szent Szívet a fáradt, lelketlen környezetbe!

Áldozat a mise annak a lengyel papnak, ki Szibéria ólombányáiban, láncos lábbal, darócban áll a csepegő sziklánál, és így imádkozik a bor és kenyér fölött, hogy „Vedd föl, szent Atyám, mindenható Isten, ezt a szeplőtelen áldozatot"; lealázva, megbékolva keserű kényszer alatt jól tudja megérteni Krisztus szívét. A nagy Szenvedő drága és kedves lesz neki. — Szent volt az a mise, melyet az Ausztráliába deportált foglyoknak titokban, éjjel szolgáltak, s (az angol törvény-előírta) halálbüntetés sem tartotta őket távol tőle; érezték, hogy nagy és szent, amit ily áron vesznek, és hogy többe került Krisztusnak. — Szent volt a mise Hunyadinak, Skanderbégnek, Szobieszkinak, mielőtt megütköztek; érezték, hogy hősies erőfeszítéseknek itt fakad krisztusi forrása. Ez áldozatot, a kenyeret, törik meg nekünk; e tüzes vérből, e keserves kehelyből juttatnak nekünk... „Az Úr halálát hirdetitek" ti mise-bemutatók, hogy ráképesítsétek magatokat hasonló áldozatra. Az ő emlékezete lelket éleszt; életét, érzelmeit folytatni késztet. A misében Jézusban elmerülünk, és szeretetét s kegyelmét magunkkal visszük haza; kell, hogy megérezzék rajtunk a tömjén- s a mirha-illatot napközben. *(Prohászka: ÖM, 7:301; 40)*

†

Bölcsődal

Mit vonulsz pálmák ligetén,
te áldott angyali sereg!
Idehajolj, árny-libbentvén,
hol lomb takarja kisdedet.

S ti pálmafák, ti bólongók,
minden szellőre rezgetek:
Kis betlehemi Nyugovót
halk-altatón legyezzetek!

Szelídke alvást hozz enyhén,
Álom fuvalma, lengeteg!
Idébb hajolj rá, libbenvén
te lomb, takard a Kisdedet!

Az Ég Kicsinyje bágyadott,
fáradt fejecske már ledűlt.
A földért könnye áradott,
szemét kisírta érettünk...

Simíts kis homloka egén!
Fájó szívén könnyítsetek!
Idébb hajolj rá lebbenvén
te lomb, takard a Kisdedet.

Zord éj, — kinn fagyos szél vonít; —
ne férkőzzön szent Gyermekhez!
Takard be jól, ne fázzon itt!
Öleld szívedre! Melengesd!

Fogd át forróbban szív hevén!
S védd áldott angyali sereg!
Idébb hajolj rálibbenvén
te lomb, takard a Kisdedet!

(Lope de Vega)

Ajánlatos, hogy a községek, nagyvárosok, megfelelő alakban, tartsanak a római stációk szerint stációsünnepeket, főleg a böjti időben. A megyéspüspök vezeti az ilyen stációkat; időül a vasárnapok, esetleg egyes hétköznapok is; helyül pedig a helység fontos ősi temploma, kápolnája, a szentje sírhelye vagy egy zarándokhely választható.

NAGYBÖJT 1. VASÁRNAPJA

I: A választott nép hitvallása és imádsága az Úr előtt. S: A hit örök életet szerez. Aki Krisztusban hisz, megvallja hitét. E: Jézust a pusztában megkísérti a sátán.

Az ember kenyérrel él, ez (is) megkülönbözteti az állatoktól és az angyaloktól. De mivel ember, nem csak kenyérrel él. Kell az ige néki, hogy ébressze, gazdagítsa, előrevigye. Hallja anyjának hangját, s tudja, hogy szeretik. Hallja Isten hangját s megérti, hogy Valaki elismeri, befogadja: csak ezáltal lesz igazán emberré.

A vagyon nem boldogít. A fölösleg árt! Mindenek előtt szabaddá kell lennem, oly szabaddá, hogy semmi se álljon utamba, hogy igazi Én-emhez hű legyek s betöltsem küldetésem. Jézus mutatja ehhez az utat. Ő az Ige, kiben Isten szól hozzánk.

Első olvasmányhoz 5Mz 26,4-10

Az előírt hálaadó aratóének (5Mz 26): rövid régi hitvallás, vallomás Istenhez, ki a vándorlás nyomorából és veszélyeiből, az egyiptomi rabságból kihozta Izraelt és Kánaán dús földjét adta neki. A nép minden egyes tagja ezt az isteni vezetést önmagára, saját személyes történetére is érti, amelyre tudja, hogy válasszal tartozik. E válasz nemcsak a hitvallás, hanem a gyümölccsel teli kosár is, mit az oltárhoz visz. És válasz az öröm is, melyről a záró vers beszél: „Örvendj a javakon, melyeket Istened neked és házadnak adott!” *(5Mz 6,20-23; Józs 24,1-13; Neh 9,7-25)*

Válaszos zsoltár Zsolt 91(90),1-2.10-11.12-13.14-15

Istennél a menedék

Szentleckéhez Róm 10,8-13

„Isten kivezette népét Egyiptomból” — ez a mondat egy zsidónak összefoglalhatta egész hitét. „Isten föltámasztotta Jézust a halálból” — ez a hite és tényе az Újszövetségnek, ebben kiteljesül az ószövetségi üdvtörténet. A Föltámadásban való hitnek megfelel ez a vallomás: „Jézus az Úr!” A hit székhelye a „szív”, az a mély középpont, mely meghatározza életünket; a hitvallás helye pedig a közösség, az Egyház és tőle kiindulva az emberek világa, kiknek „mind ugyanazon Uruk van”, de csak akkor lehetnek híveivé, ha a jóhírt biztosan elviszik nekik. *(10,8-9: 5Mz 30,11-14; 1Kor 12,3; Róm 1,4; Fil 2,9-11 ▫ 10,11: Iz 28,16; Róm 9,33 ▫ 10,12: Róm 3,29; Gal 3,8; Kol 3,11 ▫ 10,13: Jo 3,5; ApCsel 2,21; 4,12)*

Evangéliumhoz Lk 4,1-13

Negyven évig tartott a pusztai vándorlás, negyven napot töltött Jézus a pusztában. A „puszta" jelenti a hit és a kísértés legsúlyosabb próbáját. Jézus a pusztában a keresztségben kapott Lélek erejével és a Szentírás igéivel harcol a Gonosz ellen. A szent szakasz végmondata jelzi, mily összefüggésben látja az evangélista Jézus megkísértését: A Gonosz (diabolus = ördög; görögben: „Ellenző, Rágalmazó") — nem adja föl a harcot, kivárja idejét: Jézus kínszenvedése napját. De az az idő mégsem a Kísértőé lesz, hanem Jézusé és az Ő végleges győzelméé. *(Mt 4,1-11; Mk 1,12-13 ◻ 4,1-4: Lk 3,22; 4,18; 4Mz 14,34; Zsolt 95,10; 5Mz 8,3 ◻ 4,5-8: Jn 12,31; 5Mz 6,13 ◻ 4,9-12: Zsolt 91,11-12; 5Mz 6,16 ◻ 4,13: Lk 22,3.53)*

Szentségre várva

Jézus hűsége és engedelmessége által jóvátette az emberi nem lázadását. Őmaga az Isten szájából származó Ige, Ő a mi igénk is, a mi válaszunk Istennek. Ő az élő Kenyér, a mi éltetőnk.

Elmélkedés

„Ezt a fajzatot más ki nem űzi, csak imádság és böjt." (Mk 9,29) Önmegtagadás vagy önkeresés

Keménynek látszik az Úr parancsa, hogy aki követni akarja, tagadja meg magát. De nem kemény, nem is súlyos, amit az parancsol, aki gyámolít, hogy meglegyen, amire felszólít... S igazság, amit mond: „Az én igám könnyű, az én terhem édes". Ami parancsnak nehéz, szeretetben megkönnyül. Tudjuk, mily nagy dolgokat tehet a szeretet. Hisz többnyire maga a szeretet elvetemült, kicsapongó is. Mennyi nyűgöt elviseltek, mennyi méltatlant és tűrhetetlent eltűrtek az emberek, hogy elérjék, amit szeretnek. Akár pénzt szerettek, mint a fösvény, akár rangot, mint a törtető, akár testi szépséget, mint a kéjenc. Ki sorolhatná el mind a sokféle „szeretetet"? De nézzétek, mennyit gyötri magát mind, aki szeret, s nem is érzi gyötrelmét! Sőt akkor inkább szenved, ha e kíntól visszatartanák. Ha ilyen a mi szeretetünk, — csak arra kell vigyázni, *mit válasszunk* szeretendőnek. Mit csodálod, ha a Krisztust szerető, a Mestert követő, szeretetében megtagadja tulajdon-magát? Mert ha elvész az ember önszeretetben, bizonyára megtalálja magát önmegtagadva.

Az embernek első veszte önszeretete volt. Ha Istent maga fölé tette volna, mindig szívesen maradt volna az Ő alattvalója. Nem fordult volna el az Úr akaratától, hogy önakaratát tegye. Mert ez az önszeretet: a magam akaratát keresni! Tedd fölébe Isten akaratát, tanuld szeretni magad, nem magad-szeretve! Mert hogy tudjátok, mily vétek az önszeretet, így szól az Apostol: „Akkor (a végnapokon) az emberek önmagukat szeretik". S ugye az ilyen csak magában bízik! Elhagyja Istent, csak magához vonzódik, s amihez az énje hajtja: kifelé. Mert az Apostol hozzáfűzi: „Önszeretők lesznek *és* a pénz szeretői" (2Tim 3,2)... Magához ragaszkodott, s íme kifelé ragadtatott! Mivel kiesett magából, kivonult magából —, térjen hát előbb vissza magába! Térjen magába, s térjen meg az Atyához: „Fölkelek és Atyámhoz megyek" — mint a tékozló. Tehát magán túl: magát leli. Mi az: „tagadja meg magát"? Ne bízza el magát! Érezze, hogy csak szegény ember ő, s hallgasson a prófétára: „Átkozott mind, ki emberben bízik!" — Ki ne akarná Krisztust oda követni, ahol a legfőbb boldogság van, a legfőbb béke, az örök biztonság? Jó *oda* követni Őt, de lásd, mily úton! Mert e szavakat a Mester nem akkor mondta, mikor halottaiból föltámadott. Még nem szenvedett, még várt rá a kereszt, becsületvesztés és szidalmak, ostorok és tövisek, sebek és támadások, gyalázat és halál. Mintha reménytelen lenne az út... Vonakodol, nem igen követnéd... De kövesd csak! Rögös ugyan az az út, amit mi magunknak törünk, ezt pedig kitaposta már Krisztus, végigjárta. Ki ne szeretne a fölmagasztalásig jutni? Mindenki örül a „magasnak" — de a lépcső effelé: az alázat. Mit nyújtogatod lábad magadon túlra? Zuhanni akarsz így, nem fölemelkedni. Kezdd lépcsőfokonként, és fölfele jutsz... Krisztus mindenkihez szól: „Ki követni akar, tagadja meg magát."

De csak a szüzeknek szól, a házasoknak talán nem? Csak az özvegyeknek és nem a férjeseknek? Csak szerzeteseknek, de nem szól a nőseknek? Vajon papoknak igen, de világiaknak nem kell az önmegtagadás? — *Mind* az egész Egyház, mind az egész Test és mindenegyes tagja, különféle hivatásában, mind *köteles* követni Krisztust, hordozván az ő keresztjét. *(Sz Ágoston: 96. beszéd)*

†

Kísértésekről

Kísértéseket ne kívánj, mert ez vakmerőség volna; azonban mindig készen légy és várd, mígnem elérkeznek és győzd le, mikor megtámadnak... A kísértésben nem annyira cselekszünk, mint szenvedünk, és ha abban nem gyönyörködünk, abból bűn vagy vétség nem ragadhat ránk. Bűnné csak akkor válik bennünk, ha okai mi vagyunk. Mindig becstelen és undok a rút dolognak helyt adni akár a szándékban, akár a szívben: a becstelenség pedig annyira a szív és szándék ráállásában, egyetértésében áll, hogy e nélkül a test „egyetértése" bűn nem lehet.

Mint ahogy a szüzek addig férjet nem kapnak, ameddig mondják: nem akarok férjhez menni: — úgy az ostrom és háborgatás alatt szenvedő lélek sem vall kárt mindaddig, amíg mondja: Nem akarok egyetérteni, ellenkezem!

Jóllehet a kemény és erőszakos kísértéseknek legyőzhetetlen és tántoríthatalan szívvel szükség ellenállni, és a rajtuk nyert győzelem fölötte hasznos, de talán mégis hasznosabb és nyereségesebb a kicsinyeknek ellenszegülni, mert valamint a nagyok minőségben fölülhaladják a kicsinyeket, úgy ezek számban és mennyiségben annyira győznek, hogy a rajtuk nyert győzelem majdnem egyenlő a legnagyobbal. A farkasok és medvék kétségkívül veszélyhozóbbak a legyeknél, de mégsem oly alkalmatlanok és nem veszik annyiszor igénybe figyelmünket, mint a legyek. *(Szalézi Sz Ferenc: Filótea, 4:2, 4:8)*

†

Tűz az aranynak próbája, az igaz embernek pedig a kísértés. *(Kempis Tamás)*

†

Erényed mit ér, ha még ki nem próbálta a *kísértő* harca? Nincs harc ellen nélkül, győzelem harc nélkül! *(Nagy Sz Leó)*

NAGYBÖJT 2. VASÁRNAPJA

1: Ábrahám hitt az Istennek, Isten pedig szövetséget kötött vele, és megígérte neki minden áldását.
S: A föltámadáskor Krisztus átalakítja gyarló testünket, és hasonlóvá teszi megdicsőült Testéhez.
E: Urunk színeváltozásakor megmutatkozott isteni dicsősége.

A legfontosabb, ha nem is egyetlen módja a világ megtapasztalásának: a látás és a hallás. Nyomorult lény, aki nem lát; talán még nyomorultabb, aki nem hall. E kettő testi képesség, a legszellemibb a testi tehetségekből — amelyeknek lelki kapcsolatát még ma sem értjük igazán. Hallásból, — tudomásul vevésből, — visz az út a tapasztalásba, megismerésbe, megértésbe, de a meghallásra, „szófogadásra" és tettre is!

„Őt hallgassátok!" — Jézust, aki számunkra Isten Igéje és Igazsága. Meghalljuk ez Igét, ha odafigyelünk „egész szívvel és minden erővel."

Első olvasmányhoz 1Mz 15,5-12.17-18

Ábrahám Istene útitárs: kísér utunkon és gondjainkban. Ábrahámnak számtalan utódot és Kánaán földjét ígéri. Ez hisz az ígéretben, rábízza magát Isten hűségére, de ahogy a megvalósulás késik, az isteni ígéret kínzó kérdéssé válik. Isten enged Ábrahám kérésének és „szövetséggel" *köti le magát*, hogy megtartja szavát! Kötelezi magát azzal, hogy tűzláng képében átmegy a kettéhasított állat részei közt (ősi nomád esküformát vállalva!). Lásd Jeremiást (34,18) ehhez az ókori, nekünk furcsa rítushoz. Ábrahám lemond a földi bizonyosságról, és egész jövőjét Istenre bízza. Az ő hite: a reménység! *(15,5-6: 1Mz 22,17; 5Mz 1,10; Zsid 11,12; Róm 4; Gal 3,6-7 ▫ 15,13-16: ApCsel 7,6-7; 2Mz 12,40; Gal 3,17; ApCsel 13,20 ▫ 15,17-18: Zsolt 105,11; Sir 44,21)*

Válaszos zsoltár Zsolt 27(26),1.7-8.8-9.13-14

Bizalom Istenben

Szentleckéhez Fil 3,17-4,1 vagy Fil 3,20-4,1

Filippi egyházába olyanok törnek be, kiket Sz Pál „Krisztus keresztjének ellenségeiként" bélyegez meg. A következő mondatok arra utalnak, hogy olyanokról van szó, akik vagy túlbecsülik a testet, vagy megvetik: a „zsidó-keresztények" szerint a körülmetélés szükséges az üdvösségre; a „pogány-keresztények" bölcseletük alapján lenézik a testet és „senki földjének" tekintik. Bizonnyal — mondja az apostol — nyomorult egy test a miénk. De Krisztus, a Föltámadott elég erős hozzá, hogy ezt a testet a maga megdicsőülésébe fölvigye. Vele „a mennyben" van máris a mi lakóhelyünk. Ő a mi jövőnk. Ő ítéli meg jelen életünket és annak értékét: Ő üdvözít minket, hogyha ezen átváltoztató hatalmának átengedjük magunkat. *(3,17: 1Kor 11,1; 2Tesz 3,7-9 ▫ 3,19: Róm 16,18; Gal 2,12 ▫ 3,20-21: Ef 2,6; Kol 3,1-4; Róm 8,23.29-30; 1Kor 15,47-49.23-28)*

Evangéliumhoz Lk 9,28-36

Jézus megmondta tanítványainak, hogy szenvedni fog, meghal és harmadnapon föltámad. A szenvedés és fölmagasztalás — más-más módon — Jézus megdicsőülését fejezi ki. Itt Jézus szemünk láttára úgy mutatja be magát, mint az égi fölségbe emelt Emberfiát. Az Olajfák hegyén viszont épp ezek a tanítványok a szenvedő Isten-szolgájának fogják Őt látni. Jézus „útját", melyet Jeruzsálemben kell bevégeznie, nyilván csak akkor értik meg, mikor a Föltámadott fölnyitja rá a szemüket (Lk 24,25-26). A felhőből jövő hang tanúskodik, hogy Jézus az Ő Fia, a Kiválasztott, az Egyetlen, — Őrá kell hallgatniuk! A fény-felhő Jézus föltámadását, mennybemenetelét és újrajöttét jelzi előre. *(Mt 17,1-9; Mk 9,2-10 ▫ 9,28: Lk 5,16; 6,12; 9,18; 11,1 ▫ 9,31: Lk 9,22; 13,33 ▫ 9,32: Lk 22,45-46; 2Pt 1,16-18; Jn 1,14 ▫ 9,35: Lk 3,22; Zsolt 2,7; Iz 42,1)*

Szentségre várva

Csak az idők végén, előbb nem lesz láthatóvá Krisztus dicsősége. A hívő azonban, aki az Ő igéjéből és Szentségével él, egyre inkább hasonlít a megdicsőült Mesterhez.

Elmélkedés

A táborhegyi imádkozás. „Uram, jó nekünk itt lennünk." (Mt 17,4)

Jézus imádkozik s színében elváltozva dicsőségbe öltözik. Mit jelent az? Rendesen arra utalunk, hogy Krisztus a Golgotán át jutott az Olajfák hegyére, honnan az égbe szállt; de nem figyelünk arra, hogy a Golgotára is a Táboron át jutott. Harcát győzelmesen azért tudta megvívni, mert lelkében átszellemült a rossz, a kín s a szenvedés. Fényben állt s élt lelke, azért tudta legyőzni a sötétséget. A Táboron mutatta be lelkének fölemelkedését, „ascensus in Deum" [Istenbe fölszállás]; szellemi munkára tanítja az embert, mellyel világ, idő, nyomor, mulandóság s a gyöngeség fölé emelkedik; munkára, mellyel fölszabadítja szívét, hogy ne tapadjon a göröngyhöz; munkára, mellyel ruganyosnak őrzi meg lelkét reakcióban a rossz ellen; bánatban is életvidoran és erősen; munkára, mellyel törekvésben, vágyban, küzdelemben elnyújthatja s kifeszítheti. Ez a munka az imádság. Így kell imádkozni: lélekben fölemelkedni s dicsérni, áldani s kérni, megkövetni az Urat. Mint a sas napfénnyel, úgy töltekezzünk isteni gondolatokkal és lelkesüléssel. Az emelkedés a zsoltár, a lendület, a himnusz. Megbeszéljük az Úrral ügyeinket, kérdezzük és várjuk feleletét: „loquere Domine: szólj Uram!"

S elváltozott színében, mialatt imádkozott, felöltözködött fénybe s tűzbe, s érezte az Isten örömeinek s vigaszainak ünnepét. Isteni gondolatok s érzések által elváltozunk; „species altera", más, különb emberekké leszünk. A bizalmatlan, csüggedő, félénk, földies emberből isteni ember válik. Ereje lesz a gyengének s lelke a csüggedőnek. Lélekkel legyőzi a testet s világot, a rosszat s a kísértést. Csak az a nyomorúság győz, mellyel szemben lelket nem állítunk; a szellemmel áthatott szenvedés nem csúnya s nem gyilkol; annál pusztítóbb a szellemtelen. Az a szív, mely megnyílni s oly érzéssel tud beszélni Istenével, hogy egyre vágyik a jobb után s töri magában a rosszat, tényleg a Tábor lejtőjén jár s az Isten vonzalmait élvezi. „Mutaberis in virum alienum": „elváltozol — bíztatja az olyat a lélek — elváltozol más emberré". A vágy elnyújtja, a szeretet megolvasztja, a fegyelem pedig új formába önti a lelket. Azért tehát dolgozzunk lelkünk hangolásán, ébresszük föl a megfelelő érzelmeket. Ne várjunk, míg az ár elsodor; ereszkedjünk mi magunk a mélybe.

Használjuk a *röpimákat*, ébresszük vágyainkat, fohászainkat a *szentírás* szavaival! *(Prohászka: ÖM, 6:209; 268)*

†

Csak Krisztus keresztjében dicsekszem!

„Tudtam-e nálatok más valamit, mint csak Jézus Krisztust, mégpedig a Megfeszítettet?" De ha csak ez egyet tudta Pál, nincs, amit ne tudott volna. Nagy dolog tudni-ismerni a Megfeszített Krisztust; de a gyermeki szemek elé úgy tette ezt a kincset: szinte beburkolva. „Krisztust, a Megfeszítettet" — mondja. Mily nagyság rejlik belül e kincsben! Más helyütt mintha féltene némelyeket, hogy Krisztustól elcsábítják bölcseletek és hiú öncsalások, azért a tudás kincseit és Isten bölcsességét ígérte Krisztusban. „Ne csábítson el senki titeket e világ elemei szerint, melyek nem Krisztus szerint valók." (Kol 2,8) — Meg ne csaljon a „bölcsek" neve. Ehhez a rejtett kincshez gyűljetek, hogy ez göngyölődjék ki nektek, — könyörögjetek! Ostoba bölcse e világnak, amit te keresel, az semmi! Amit nem keresel, minden! Mit használ, mikor égető szomj gyötör, és a forrást taposva tovább mégy? Megveted az alázatot, mert nem érted a fönséget. „Mert ha értették volna, a dicsőség Urát soha meg nem feszítik!" (1Kor 2,8) Nem tudtam mást, csak a megfeszített Krisztust, az Ő alázatát, melyet gúnyolnak a gőgösek, hogy beteljék rajtuk: „Megfeddéd a kevélyeket, átkozottak azért, kik elhajlanak parancsaidtól" (118. zs.). Mi más a parancsa, mint hogy higgyünk Őbenne és szeressük egymást — Őbenne! Kiben higgyünk? A Megfeszítettben! Amit nem akar meghallani a gőg, hallja meg az igaz bölcsesség! — Az a gőgös kihúzott nyakkal, dagadó torokkal, hangos nyelvvel, fölfújt orcákkal [Ágoston: pofákkal!] neveti Krisztust, a Megfeszítettet... Mi pedig, amennyire tudjuk, ne azt keressük, ami szívünkbe földagadhat, hanem ahová, s ahogyan szívünknek szabad fölkapaszkodnia. Mert megérdemli majd, hogy az Uralkodóval megdicsőüljön, ki megtanul a Megfeszítettel dicsekedni. — Mert sokan tudták, hová törekedjenek, de nem azt, mi úton! Szerették a magashon fényét, de nem akarták tudni az alázat ösvényét. Tudván pedig az Apostol, meggondolva és átelmélkedve, nemcsak a „hovát", de a „hogyant" is, így szól: „Távol légyen nekem másban dicsekednem, mint a mi Urunk Jézus Krisztus keresztjében." Mondhatta volna: a mi Urunk bölcsességében, igazat mondva! Mondhatta volna: fönségében, igaz szóval! Mondhatta volna: hatalmában — és igazat mond. De ő mondta: a keresztjében! Ahol e világ bölcselője szégyellte, az Apostol a kincset ott lelte! Nem vetette meg a szegényes burkolatot, megtalálta a drága tartalmat. — Magasra törtek a tanítványok is, kiktől Ő kérdezte: „Ki tudjátok inni a kelyhet, melyet Én fogok inni?" A fölmagasztalt Krisztus kell néktek: menjetek vissza a Fölfeszítetthöz! Az ő trónjain akartok uralkodni, fényleni? Előbb tanuljátok ezt mondani: Távol légyen másban dicsekednem, csak az Úr keresztjében! Ez a keresztény tan, az alázat parancsa és ajánlása. — Amiben támad a gőgös, abban dicsekszik a hűséges. Ezt a hősi jelet kaptad homlokodra, tisztelve hordd, s ne ijedezz, ha idegen nyelv megcsaholja! *(Sz Ágoston: 160. beszéd)*

NAGYBÖJT 3. VASÁRNAPJA

1: „Aki Van", az küldött engem hozzátok. S: Mózes és a pusztában vándorló nép sorsa legyen intő példa számunkra. E: Ha meg nem tértek, mindnyájan elvesztek!

„Ha újra kezdhetném!" — sóhajtunk olykor. Valami megtörtént velünk, valamit elnyertünk, valamit elvesztettünk — ezek határozzák meg mindenkori valóságunkat. Csak az adott valóságból kiindulva „kezdhetünk újra". Lehetséges ez? Megmásíthatja-e színét a szerecsen? Színét talán nem, de a szívét igen! Sőt talán azt sem tudja, de Isten kegyelme hatalmasabb: az tudja! Ez Jézus üzenete: megtérésünk *szükséges és lehetséges!* Ez nem üres szó. Ránk vonatkozik, és a mai napon! Kezdete az lenne, ha elhatároznánk, a megtérés kegyelméért *imádkozni* fogunk!

Első olvasmányhoz 2Mz 3,1-8.13-15

Mózesnek e szakasza alapvető szövege az Ószövetségnek. Elején Isten megjelenik Hóreb (=Sínai) hegyén Mózesnek, és megteszi Izrael szabadítójának, az Ószövetség közvetítőjének. A Mózes-kapta kinyilatkoztatással folytatódik Isten története Ábrahám, Izsák, Jákob népével. Isten maga áll jót a régi és új történet egységéért. Mint az Ószövetség prófétája és közvetítője, Mózes Jézusnak, az Újszövetség nagy Közvetítőjének és Létrehozójának előfutára. Isten úgy mutatkozik be, hogy atyáik Istene. A 13—15. versben azonban új, mélyebb értelmű névvel mutatkozik be: *Jahve* legyen az Ő neve, melyen Izrael ismerje és segítségül hívja. *Jahve* értelme: a Való, az igazán Létező, „Aki van", — a hatalmával mindig jelenvaló Isten. *(2Mz 6,2-13; ApCsel 7,30-35 ▫ 3,1-8: Iz 6; Jer 1; 5Mz 33,16; 2Mz 19,12; 33,20; Józs 5,15 ▫ 3,13-15: 1Mz 4,26; 17,1; Iz 42,8; Jn 17,6.26; 8,24)*

Válaszos zsoltár Zsolt 103(102),1-2.3-4.6-7.8 és 11

A jóságos és irgalmas Isten

Szentleckéhez 1Kor 10,1-6.10-12

Az apostol Izrael korai történetére s tanulságára emlékezteti Korintus egyházát. A Vörös-tengeren való átkelés, a manna és a sziklából fakadó víz: mindez Krisztusra utal, az új Mózesre és a Szentségekre, melyek Isten új népét éltetik. De sem a keresztség, sem az Oltáriszentség nem gépies biztosíték az üdvösségre. Isten az embertől a hit válaszát várja, s ennek naponkénti valóra váltását tettekben. *(10,1-6: 2Mz 13,21-22; 14,15-31; 16,4-35; 17,5-6; 4Mz 20,7-11 ▫ 10,10-12: 4Mz 17,6-15; Róm 15,4)*

Evangéliumhoz Lk 13,1-9

Jézus előbb már figyelmeztette hallgatóit a megtérés szükségére és sürgető voltára (Lk 12,35-39). Most két eseményre utal, a kortársakat megrendítő két csapásra, melyek éppoly könnyen bármelyikünket érhették volna. A terméketlen fügefa példája hasonló tanulsággal int. Az idő sürget: ne helyezkedjünk gondtalan kényelembe, csak azért, mert késik az ítélet. *(13,1-5: Jn 9,3; 8,24 ▫ 13,6: Mt 21,19.33-44)*

Szentségre várva

Akiket szeretek, mind szigorúan nevelem. Szedd össze hát erődet, légy engedelmes, térj Istenhez! „Ajtó előtt állok és zörgetek. Aki hallja szavam és ajtót nyit, ahhoz betérek, vele vacsorálok és ő Énvelem! (Jel 3,19-20)

Elmélkedés

Gyümölcstelen fa

Tanítván a jó és rossz fáról az Úr Jézus lehetetlennek mondja, hogy rossz fa jó gyümölcsöt teremjen. Változzék meg belül az ember, hogy tettei változhassanak! Nem terem jó gyümölcs, hanem csak a jó fán. Szíved változtasd, s tetteid megmásulnak! Irtsd ki bűnös vágyaid, ültess helyébe szeretetet! Mert ahogy minden rossznak gyökere a vágyakozás (1Tim 6,9): úgy minden jóé a szeretet. Miért töprengnek magukban a népek, vagy miért vitáznak, hogy mi az a jó? Óh ha tudnád, mi a Jó! Amire vágyódol, nem valami jó, amire *nem* vágyol, az a jó. Ha testi egészséget kívánsz, akkor jó az; de ne véljed nagyon jónak azt, ami a gonosznak is megvan. Arany-ezüstre vágyol, nos, ezt is jónak mondom, de csak ha jóra fordítod. Ha pedig nem, — rosszá válik. Épp ezért arany és ezüst a gonoszaknak rossz, a jóknak jó. Nem mivel a kincs teszi őket jókká, hanem már jókként találja őket. S mivel jó gazdát talál, jó használatra térül. Tiszteletre vágyol, s jó is ez; de csak úgy, ha jól élsz vele. Mily sokaknak szolgált vesztükre a tisztelet! Mily soknak volt e tisztelet jótettek támasza!

Az ember mindent megszerezni vágyik, kivéve önmagát. Mind e javak tehát kétélűek. Magára vesse hát ki-ki a szemét, magában tanulja, vitassa, kutassa — magát lelje föl. Ölje ki, ami benne szemet bánt; kívánja és ültesse, ápolja, ami tetszik. Mert ha üresnek találja magát a jobb javaktól, miért lesz mohó külső, kisebb javakra? Ugyan mit használ a teli kincsesláda, üres lélekkel? Javakat kívánsz, s javulni nem kívánsz? Nem látod, hogy pirulni kéne javaidon, ha házad teli velük, csak te vagy benne üres és rossz? Mid legyen rossz, mit akarnál rossznak? Mondd csak! Éppenséggel semmit! Rossznak sem feleségedet, sem fiadat, lányodat, sem szolgádat, szolgálódat, sem lakódat, sem köntösödet, még csizmádat sem szeretnéd — s mégis oly életre, a rosszra vágyol! Könyörgök: becsüld többre életedet a csizmádnál! Mind, amit körül szemed lát, finom, szép, neked tetsző: csak te maradj silány és undok? Ha felelhetnének javaid, melyek dugig töltik a házad, amik birtokára vágytál, vesztüktől fáztál, ugye kiáltanának rád: „Ahogy követeled, hogy mi jók legyünk, úgy mi is elvárjuk, hogy *jó* gazdánk legyen!" Néma szóval is fölszólalnak ellened a te Gazdádhoz: „Íme ennyi jót adtál ennek, és őmaga: gonosz. Mit ér neki, amit birtokol, mikor az nem övé, akitől mindezt bírja?"

Az az igazi jó, amit el nem veszíthetsz, ha nem akarod elveszteni. Elveszhet aranyad, bele nem egyeztél. Elmehet házad, becsületed, testi egészséged is — de azt a jót, amivel *te vagy* igazán jó, akaratod ellenére se meg nem kapod, se el nem veszted. Milyen ez a jó? — azt kérdem. — A zsoltár int: „Emberfiak, meddig lesztek még kőszívűek? Miért szerettek hiábavalóságot, hajszoltok hazugságot (olyat ami bármikor cserbehagy)? Tudjátok meg, hogy az Úr csodálatosan vezérli Szentjét!"

(Zsolt 4,3-4) Már meg is jött a Szent: Krisztus. Már megdicsőült, föltámadt, égbe szállott, már világszerte hirdetik nevét. „Hát ti meddig maradtok kőszívűek?” Három évig még várt a gazda, a terméketlen fa termést hoz-e. Mi marad hátra három év múlva más, mint a *fejsze*? „Miért hajszoltok hazugságot?” Még egyre csak hiú, haszontalan, egyre pompázó és tünékeny dolgokat; pedig Krisztus már megdicsőült — s ti a semmit keresitek?! Így kiált az Igazság, és mégis vágyatok csak Hiúság? „Meddig maradtok kőszívűek?” *(Sz Ágoston: 72. beszéd)*

†

Dicséret éppoly kevéssé gyógyíthatja rossz *beltudatnak* sebeit, miként gyalázás nem ejthet sebet, ha jó a *lelkiismeret*. *(Sz Ágoston)*

†

Ki van itt, a *tanultságnak* eme fényes otthonában, aki naponta nem tervezi a jog-, orvos-, bölcsész- vagy hittudományi karon, mint haladhatna jobban az ő szakjában, legalábbis doktorálva? Nos, Krisztusnak iskolája *szeretet-iskola!* A Végnapon, ha eljön a nagy általános vizsga, szóba sem kerül Aristoteles tana, Hippokrátes bölcs szabályai, vagy Justinián paragráfjai. Az a tananyag a szeretetről szól majd akkor. *(Bellarmin Sz Róbert)*

†

Bűn

Inkább bűntől tisztán jussak pokolba, mintsem mennyországba bűnnel mocskolva. — Ne mondd csekélynek, min Krisztusnak vére! amért elítél Isten bírószéke! Vagy nem elég kár: nem süllyedt örvénybe, de csúf üresen jut hajód a révbe? — Szokássá vált cégéres vétkek: már semmik, sőt szabály a népnek! — Sok élő testben lakozik holt lélek! *(Sz Ágoston)*

Jóra restség: Lankadoz a zsolozsmákon, kóros-szétszórt az imákon, vasmerev a szolgálatra, fürgén nyüzsög küldolgokba’, színlel, hogyha szót fogadna. *(Lajtorjás Sz János)*

A jóra-*lanyhaság* lelki gyöngülés. Magasztal földi jókat, ócsárol Istent: „szigorú és zordon az”! *(Lajtorjás Sz János)*

Addig maga bűnét senki föl nem ismeri, amíg *kíváncsian* a másokét figyeli. — Ember, ha önmagadra gondosan ügyelsz, csuda, hogy másra is rálesni időt lelsz! — Míg az ember nem ismeri önbűnét, hogy megsirassa, addig kíváncsin másét lesi, hogy megvitassa. *(Sz Bernát)*

†

Szelíd szívekben megpihen az Isten. *(Lajtorjás Sz János)*

NAGYBÖJT 4. VASÁRNAPJA

I: Isten népe bevonul az Ígéret földjére, és ott megünnepli a húsvéti lakomát. S: Isten Krisztusban kiengesztelődött a világgal. E: A mennyei Atya megbocsát tékozló fiának, ha őszintén megbánja bűneit.

Az ember elfuthat Istentől, rejtőzhet előle, mint Ádám próbált a paradicsomban. Megkísérelheti, hogy mellőzze Istent életében, nélküle boldoguljon. De Isten nem tudja feledni azt a lelket, akire egyszer rátekintett, — s mindegyikünkre rátekintett, — úgy nem tudja, ahogy az anya sem feledheti gyermekét. Jézus kibékít Istennel minket. Ő a szeretett Fiú, és szeretett fiúvá békíthet minket. „Ebben áll a szeretet: nem mintha mi szerettük volna Istent, hanem Ő előbb szeretett, és elküldötte az Ő Fiát engesztelésül bűneinkért." (1Jn 4,10)

Első olvasmányhoz Józs 5,9.10-12

Hogy a negyvenéves pusztai vándorlás után Isten népe bevonult Kánaán földjére, az nemcsak katonai-politikai vállalkozás volt. Ez Egyiptom elhagyása óta döntő lépése volt a vallási jövője felé. A múlt neve „egyiptomi gyalázat" lesz, a szolgaság és vallási tisztátalanság gyalázata. Ezt a gyalázatot törölte el Isten. Az Ígéret Földjéről való kovásztalan kenyér új korszakot nyit. Most birtokba vehetik azt a földet, amelyet az Úr ígért atyáiknak. Ott fognak élni, ha az isteni szövetséghez hívek maradnak. *(Gilgal, 5,9: Józs 4,19-20; 5,13-15 ◻ 5,10-12; 2Mz 12; 2Kir 23,22; 2Mz 16,35)*

Válaszos zsoltár Zsolt 34(33),2-3.4-5.6-7

Bizalom Istenben

Szentleckéhez 2Kor 5,17-21

A Krisztusban való megváltás annyit jelent, hogy Isten megbocsátott, s új emberré tett minket. Szent Pál ezt önmagán élte át. A „kiengesztelődés igéje" az ember helyzetét gyökeresen megváltoztatta. Pál újjászületést mond, új teremtést. De ez az új teremtés nem zárult le, ez folyamatban van a beteljesülés napjáig. S addig Isten a „kiengesztelődés igéit" az emberekre bízta, akik az Ő „követsége". Ezeknek kell mindig újra elmondaniuk, hogy mit tett Isten értünk, és ez milyen lehetőségekkel és követelményekkel jár. *(5,17: 1Kor 12,13; 2Kor 5,14-15; Gal 6,5; Kol 1,15-20 ◻ 5,18: Róm 5,8-10 ◻ 5,21: Iz 53,5-12; Róm 8,3; Gal 3,13; 1Jn 3,5; 1Pt 2,24)*

Evangéliumhoz Lk 15,1-3.11-32

Az eltévedt bárány, az elveszett drachma, a veszendőbe ment fiú — e három példázat Jézus válasza a vádra: Befogadja a bűnösöket és velük étkezik. A bűnre Isten végső felelete nem igazságtétel, hanem irgalom. A tékozló fiú bátyja az igazságot képviseli, úgy ahogy *ő érti*. A maga módján igaza van, de Isten nagyobb: Ő meg tud bocsátani, és ha megbocsát egy bűnösnek, azon úgy „örvend", mint a világ teremtésén. „Isten a szeretet", ez egyben annyi: „Isten az öröm!" *(15,19: Iz 55,6-9; Jer 3,12 ▫ 15,20: Iz 49,14-16 ▫ 15,31-32: 1Jn 4,10-11)*

Szentségre várva

„A bűnök bocsánatára" ontotta Jézus az Ő szent vérét: mindenkiért, — énértem is!

Elmélkedés

„És nagy éhínség támadt — Atyámhoz megyek." A tékozló fiú

Nagy éhínség — nemcsak a látható kenyér éhe, hanem a láthatatlan igazságnak is megéhezése. Amely elől valamely főemberhez menekül, mert a világ fejedelméhez futnak először az igazság kíváncsi firtatói. Hisz minden bűnös kíváncsiság az igazság vészes hiánya. Az *elme éhsége* úgy elhajtja Istentől, és szolgaságra veti, kanásza lesz tisztátalan sertéseknek, ilyenben lelik örömük a démonok. Ezért engedte az Úr sertéscsordába futni a megszállottnak tisztátalan szellemeit is. „És ő a moslékon élt", ami jól nem lakatta! E világ bölcselmeit értsük a moslékon, mik zengve izgatók, de nem izmosítók [sonantes, non saginantes], disznóknak valók, nem embereknek, — oda tehát, ahol ördögök örvendenek, nem ahol hívők igazulnak.

Végre egyszer ráeszmél, hol van, mit vesztett, kit lökött el; kit bántott meg! „S magába tér" — előbb magába, aztán az atyához. — Mert tán azt mondta: „Elhagyott az én szívem" (39. zs.) — ezért úgy kellett, hogy elébb szívébe térjen, s így tudja meg, mily távol esett atyjától. Az Írás is így fedd: „Térjetek szívetekhez, ti tévelygők!" (46. zs.) — Fölkél és hazatér: mert elhullva hevert azelőtt. S távolból már meglátja az Atya — tehát leste naponta! —, és elébe fut, hisz az ő szava cseng a zsoltárból: „Megismerted gondolataim a messzeségből." (114. zs.) Miféle gondolatokat? Amikkel magához szól: „És mondom majd atyámnak: Vétkeztem az ég ellen és Te ellened, nem vagyok méltó, hogy fiad legyek, csak béreseid közé engedj be..." Hiszen nem mondta még, csak elgondolta a mondókát. És Ő, Ő már messzi hallotta, mintha mondaná... Valaki valami nyomorában, kísértésben rágondol: „imádkozni kéne", és hogy mit mondana Istenének, mintha joggal kérne irgalmat, hiszen fia! „Nem félek Tőle míg szólok és sírok, nem félek, hogy meg nem hallgat az én Istenem." Aki így töpreng, azt már Ő meg is hallgatta, hisz gondolatát nem titkolhatta tőle.

„Haragudjatok, és ne vétkezzetek!" Minden bűnbánó ugyanis haragszik *magára*, s mert haragszik, bünteti magát. Innen mind az a bűnbánó indulat az igaz bűnbánóban, aki valóban kínlódik. Néha haját tépi, néha kínzó övet ölt, haraggal veri mellét. Magára dühöngőnek jelei ezek: amit kívül a kéz tesz, belül teszi a lelkiismeret.

S Aki ismerte távolban is gondolatait, fut feléje az Atya. Mi más „elébe futni", mint irgalmát előlegezni? „Irgalomra indulván" fut. Miért ez az irgalom indulata? Mivel már őmaga szíve is megtört a nyomorúságban [misericordia: miseria!]. És ráborul; karjait köréje vonja. Az Atya karjai: a megtestesült Fiú. Fiát adja a tékozlónak, hogy terhét már ne egymaga hordja!

Meggörnyedtnek látszik, aki súlyos batyut hord; — de aki Krisztus terhét, az ölelő karokat érzi vállán, már könnyen jár! Ilyen a Krisztus terhe: könnyű, jó hordani, mert fölfelé emel. Ha letennéd, jobban nyomna valami... S így nyakába borulva, emelte őt az Atya, nem lenyomta; tisztelte, nem terhelte [honoravit, non oneravit]. Hogyan is lenne képes Istent hordani az ember, ha csak a belül hordott Isten nem maga hordozná őt?!

Idősebb fiához szólt az atya: „Te mindig velem vagy!" — ne irigykedj szerencsétlen öcsédre. Nem mondja: „Megszegted parancsaimat" — mert igaz, amivel a bátyja vakmerőn dicsekszik. „De hisz mindenem a tiéd!" — úgy mondja, hogy mintegy annak tulajdonába adta. Valóban, minden, ami Istené, miénk is, — ha hűségben maradtunk, — de nem úgy, hogy alánk rendeltek. Mert mondhatod: a testvérem „enyém", másképp, mint azt: a rabszolgám „enyém". Vajon egyforma jogon tiéd a testvéred és a szolgád? Másképp mondod: a *házam*, mint: a *feleségem*. Másképp: fiaim, mint atyám, anyám. „Én Istenem" — mondod, de vajon úgy-e, ahogy: „én szolgám"?

Sőt *úgy* az én Istenem, ahogy ő az én *Uram*! Tehát van fölöttünk álló, kiben mint magunkéban örvendünk: a mi Urunk; és alattunk állók, kiken „uralkodhatunk". Minden a miénk tehát, ha mi Övéi vagyunk! — Ha öcséd megtértén örvendesz, s ha lakománk nem búsít téged, ha nem állsz kinn duzzogva, — mindenem a tiéd. „Ünnepelnünk kell tehát és ujjongnunk, mert Krisztus meghalt a bűnösökért" — miértünk, mind a két testvérért... *(Sz Ágoston: 11. beszéd)*

†

A Remény példabeszéde

A Tékozlóról példaszó: ért nagy sikert:
valószínűtlen szerencsére lelt.
Hitetlenek között is híre kelt!
Óh befutott bizony.
S marad tán egyetlenképpen
mint gyöngéd hű tövis, izzón
forrón, a bűnösök szívében.
Ha századszor is hallod,
az úgy cseng, mint először hallott:
„Egy embernek volt két fia..."
A példa szól vigasszal, szépen,
Lukácsnál, — bárhol, — földön-égen...
A példaszó visszhangot ébreszt,
egy mélységből kiáltó hangot:
világhoz, ember-néphez,
Az emberszíven, óh igen,
a hű szíven... s a hűtelen szíven.

(Charles Péguy után)

A tékozló fiú

Legnagyobb kincs az ember maga; tehetségei, erői, kegyelmei, ész, akarat, kedély, hit, szeretet, bizalom, bátorság, tisztaság! Mily szegény, ki ezt eltékozolta! Gyógyulást keres; de csak részben talál; foltoz, de új ruhája nem lesz; felejteni akar, de élettelje s életkedve nem térül meg. Hány ily koldus jár a világ országútjain, a vert hadak útjain! Mily könnyen megválnak sokan e fölséges kincsektől. Ez a legrettenetesebb tékozlás, ez a szomorú kincsprédálás. „Particula boni doni non te praetereat", ne vesztegesd el egy morzsáját sem az isteni javaknak. Gazdag vagy, éld világodat, vagyis telítsd öntudatodat s lelkedet erőid aktuálása s tehetségeid fölhasználása által.

„Magába térvén pedig, mondá: Fölkelek s atyámhoz megyek." Fölkelek hát — mondotta az ifjú — s visszamegyek. Becsület, szeretet, szépség, erő s öröm kell nekem; nem bírom ki e léleksorvasztó idegenben; életemet szégyenné s átokká nem nyomorítom el, s ha el is vesztettem sokat, de a veszteség tudata ne bénítsa meg erőimet, hogy amit még tehetek, azt mind megtegyem, s ami életképesség van bennem, azt mind kifejlesszem. — A bánat, ha rámutat is a veszteségekre, sohase bénítsa az új kikezdések szent lelkét. Isten akarja, hogy visszatérjek s éljek. Megteszem. — Nem várok, míg visszaszerzem, amit elvesztettem; nem mondom, hogy „rongyosan vissza nem mehetek, hanem dolgozom, szerzek s aztán megyek". Istennel szemben ez lehetetlen; itt csak kegyelemre vagyok utalva, s azt alázattal kell fogadnom!

„Meglátá őt atyja és hozzája futván, nyakába borult és megcsókolta őt." S elment és atyja fogadta; nem azért nemzette, hogy a benne rejlő életszikrát kioltsa; szeretetével új erőt, új kiindulást biztosított neki. Piszkos volt, megmosta; rongyos volt, fölruházta; elaljasodott, az összetartozás gyűrűjét húzta ismét ujjára, s a megszokott otthont s környezetet ünneplő szimfóniás házzá változtatta. — Ez kell nekünk: megtisztulunk, kegyelembe öltözködünk, az Istenfiának érzületét elsajátítjuk, s az istenközelséget s kegyelmet, mint szimfóniát s ünnepet élvezzük. *(Prohászka: ÖM, 6:241—242; 308)*

NAGYBÖJT 5. VASÁRNAPJA

1: Nagy dolgot visz végbe az Isten: vizet fakaszt népének a pusztaságban, és megnyitja számára a kegyelem forrását. S: Tekintsünk Krisztusért mindent értéktelennek, és így hasonlóak leszünk Hozzá a halálban. E: Aki közületek bűn nélkül való, az vesse a bűnösre az első követ.

Bűnösség kiengesztelést sürget, törvényszegés büntetést. Ez érthető. De vajon a büntetés igazán engesztelés is, amivel minden helyreáll? És ki szabja meg a büntetés mértékét? Nehéz e kérdésekről tárgyilagosan szólni. „Gyökerét kell kiirtani" — ilyesmit hallunk főleg az „igazságszeretőktől". De hogy érjük el a gyökerét? — Jézusnak szemére hányták, hogy bűnösökkel tart (így hívták akkor a törvényellenest, a társadalmon kívülit is). Az Ő viselkedése nem árt-e a társadalomnak? Jézus a gonosznak a gyökerébe akart vágni — a gonosznak, nem az embernek. Mert az embert szerette! És még egyre szereti...

Első olvasmányhoz Iz 43,16-21

Csak a múltban szólt és működött Isten? Vajon még most is segít? A nép panaszszavára a próféta üdvhirdetéssel felel. A múlt üdvélménye volt az egyiptomi kivonulás, helyesebben: kimentés — mert Isten végzett mindent. Most is kihozza majd népét a sötétből a fényre, a babiloni fogságból a hazájába. A választott nép üdvtörténetének új kezdete ez. A hazatérés minden korábbit árnyékba borít: még a természet is Isten mentő művének szolgál majd. Tehát nemcsak a nagyszerű múlt a népé, hanem a még nagyszerűbb jövő. A megmentett nép dolga lesz, hogy Isten nagy téteményeit elbeszélje a késő utódoknak. *(43,16-17: Iz 40,3; 2Mz 14,21-29; Zsolt 106,7-12 ▫ 43,18-19: Iz 65,17; 42,9; 48,6; Jel 21,5 ▫ 43,20: Iz 35,6-7; 2Mz 17,1-7; Zsolt 78,15-16 ▫ 43,21: 1Pt 2,9-10)*

Válaszos zsoltár Zsolt 126(125),1-2.2-3.4-5.6

Könnyek és újjongás

Szentleckéhez Fil 3,8-14

Megtértével Pál sok mindent maga mögött hagyott, főleg saját igaza s tökélye tudatát. Mi a nyeresége? Krisztus ismerete, a Megfeszített és Föltámadt Krisztusé. Nemcsak értelmi tudást, hanem a szív eleven tudását is megkapta, az egész emberét, az Úrral való mélységes együttlét élményét. De úgy érzi, még messzi a cél: a keresztény tökéletesség sosem befejezett, kész dolog: inkább abban áll, hogy a lélek átengedi magát újra meg újra Krisztus igazságának és erejének. *(3,9: Róm 3,21-22; 10.3-4; Gal 2,16 ▫ 3,10: Róm 1,4; 6,4; 8,17; Gal 6,17 ▫ 3,12: 1Tim 6,12.19; ApCsel 9,5-6 ▫ 3,13-14: Lk 9,62; 1Kor 9,24-27)*

Evangéliumhoz Jn 8,1-11

A házasságtörés történetét inkább Lukácstól várnánk, mintsem Jánostól (mintegy csatlakozva Lk 21,37-38-hoz). Zsuzsanna történetéhez (Dán 13) némileg hasonló.

De Jézus több Dániel prófétánál, Ő nem egy bűntelent véd meg, hanem egy bűnösnek ad bocsánatot. Neki már nem a törvénynek szóló külsőleges hódolás a fő, hanem a szív válasza a szeretet ajándékára és igényére. *(8,5-6: 5Mz 22,22-24; Lk 7,34; 20,20 ▫ 8,7: 5Mz 17,7 ▫ 8,11: Ez 33,11; Zsolt 103,13-14; Jn 5,14; 8,15)*

Szentségre várva

Jézus, az Emberfia ismeri az emberi szívet, és ismeri Isten szívét is! A bűnt is meg tudja bocsátani. Hiszen Ő Isten Báránya, ki elveszi a világ bűneit azáltal, hogy azokat magára veszi!

Elmélkedés

Magadra maradsz...

Minden a te dobogó szívedre nyomul.
Még kalapál, még alkot a kor, még tart az idő,
és nagy fájó ütésekkel előrehajt világ és történés.
Ez az óra nyugtalansága, és nyugtalan a te
szíved is, míg meg nem nyugszik énbennem.
Nyugtalan a Te szíved, míg mind meg nem nyugszunk Tebenned.
Idő és öröklét egymásba süllyed,
s a bűnnek kínja már eltünt a szeretet csöndjében!

(H. U. von Balthasar)

†

A megbocsátó, a szerető szív

Krisztus, a lélek ismeretlen mélyeinek egyetlen pszichológusa azt mondja: „Ahol ketten vagy hárman együtt vannak az én nevemben, én velük vagyok...” (Mt 18, 20). Gyónni küld, bűnvallomást kíván, másik emberlélekhez utasít, aki fejünkre tegye Isten megbocsátó kezét. Szent Pálnak a megtérés félelmetes pillanatában nem azt mondja: „vándorolj egyedül”, hanem elküldi Ananiáshoz: „ott majd megmondják neked, mit kell tenned”.

Emberlelkeket választ akarata irányító tengelyéül, emberszíveket használ tetteinek lépcsőjéül, mert tudja, hogy ember embert tud szeretni, ember embert tud követni, és valami fölséges mennyei pedagógiával más emberlelkekben mutatja meg a mi útjainkat.

Ennek a természetfölötti, isteni neveléstudománynak legsugárzóbb tette az inkarnáció. Az ember nem élhetett meg a testbe öltözött Isten nélkül. Kellett, hogy a Végtelennek emberarca, szerető tekintete, igés ajka legyen, és kellett, hogy a mennyei Szeretet emberszívben lüktessen végig egy földi életet. Ah, ez, ez mindennek a beteljesedése! Ez minden szomjazásunk kielégítése, ez a valóságos Isten-corpus, olyan, mint mi vagyunk, és sugárzó homloka, imádságos emberhangja van, áldó keze és leboruló térde van, édesanyja szőttesében jár közöttünk, és szentséges lábának körvonalát útjaink porába nyomja. És szíve van, igazi véres emberszíve, hogy legyen nekünk egy biztos, ragyogó Isten-kapunk, ahonnan egy ölelésnyire sincs a Végtelen. Megtudjuk-e valaha, mi ez a Szív nekünk? „Hiszünk a szeretetben" — mondja Szent János. Szeretném hozzáfűzni: „Adósai vagyunk a szeretetnek". Mind adósai vagyunk a nagy, végtelen Szeretetnek, s amint ezt sorra megéljük forró emberszívekben, érezzük, hogy szelíden lejtő lépcsőkön járunk az Istenszív sugárzó magaslatai felé. Igen, vannak édes, közelálló emberszívek, testvérek, szülők, hitvestársak, jó barátok; de az Isten-szív lelkemet áhítatos hallgatásba meríti, és hálám, örömöm, hódolatom szótlan imába öltözik. Én fényességes napom! Én boldogságom, legmélyebb örömöm, irányító, tündöklő sugárkévém. Minden szeretet egyfelé néz, mint ahogy minden iránytű egy hatalmas meridiánnak erőfolyamát szolgálja. Amely szív nem mutat Istenre, annak csak csúfneve a szeretet, mert „szeretet az Isten, és aki szeretetben marad, Istenben marad, és az Isten őbenne" (1Jn 4,16). *(Prohászka: ÖM, 7:7; 266)*

†

Van akit a bűne...

Az evangélium sosem bőbeszédű, de ez az elbeszélés már-már balladai jellegű. A mózesi törvény úgy rendelkezett, hogy ha egy asszonyt házasságtörésen érnek, kövezzék halálra. Jézus korában azonban ezt a törvényt nem lehetett végrehajtani, mert az izraeliták a rómaiak jóváhagyása nélkül nem hozhattak halálos ítéletet.

Most Jézus elé visznek egy olyan asszonyt, akit valóban rajtakaptak azon, hogy megcsalja az urát. De a tömeg irányítói nem az igazságra kíváncsiak, az asszony bűne és szégyene sem érdekli őket igazán. Ők Jézust akarják elveszíteni. Ha azt mondja: kövezzétek meg, följelentik. Ha azt mondja: bocsássátok el, elhíresztelik róla, hogy megalkuvó.

Jézus az asszonyra, majd vádlóira néz. „Aki közületek bűn nélkül való..." Egyszerre csönd támad, súlyos másodpercek telnek el. Aztán ritkulni kezd a vádaskodók csoportja. Végül Jézus — a szájtátók tágasabb gyűrűjében — egyedül marad az aszszonnyal. „Senki sem ítélt el téged?" „Senki, Uram." „Én sem ítéllek el, menj, és többet ne vétkezzél."

Ez a történet valójában nem a házasságtörő asszonyról szól, hanem Jézusról. Hogyan tud csöndet teremteni, hogy tudja a lelkiismeretet megszólaltatni ellenségeiben is, azokban is, akik előtt semmi sem szent, egy ember vétke és szégyene sem. S arról, hogy nem ítélni jött, hanem megbocsátani s a bocsánattal erőt adni a jóra.

De az elbeszélések egy kritikus pillanatában mégiscsak az asszony kerül figyelmünk középpontjába. Aztán pedig az ő szemével pillantunk Jézusra, az ő fülével figyelünk Jézus szavára. Az evangélium semmit sem mond arról, mi sodorta bűnbe ezt az asszonyt. Szenvedély, szokás, talán keserűség. Azt sem tudhatjuk, mit érzett, amikor fölfedezték, s titokban elkövetett cselekedete az utcára került. Érzett-e szégyent vagy éppen bűnbánatot? Talán nem volt benne más, mint keserű fölháborodás, hiszen ugyanakkor azt is látnia kellett, hogy itt senki sem ővele törődik. S akkor egyszerre váratlan fordulatot vettek az események. Egyedül maradt Jézussal, és Jézus megszólította őt. Az asszony is most szólal meg először. Két szava van, de az egyikkel Uramnak nevezi Jézust. S ez nagyon sokat elárul. Jézus nemcsak a tőrvetők lelkiismeretét indította meg. Ez az asszony, aki eddig néma és kiszolgáltatott szereplője volt az eseményeknek, most elismeréssel, bizalommal, áhítattal figyel rá. Azzal, hogy Uramnak nevezi Jézust, hitvallást tesz, és Jézus kezébe teszi le sorsát. Ez már bűnvallomás, sőt bűnbánat is. Erre hangzik föl Jézus felelete. Jézus nem hagyja jóvá s nem mentegeti azt, amit az asszony elkövetett. Nem azért jött, hogy jóváhagyja, hanem azért, hogy „elvegye" a világ bűneit. Most „elveszi" az asszonyét is. „Menj, és többé ne vétkezzél." Most már lesz erőd ahhoz, hogy ne vétkezz. Nem oda állítalak vissza, ahol akkor voltál, amikor még bűnbe nem estél. Bukásod szégyenéből kiemelkedve több vagy, mint voltál azelőtt. Épp a hiteddel, azzal, hogy találkoztál velem és bennem Isten kegyelmével, amely nem cinkosa, de nem is puszta ellenfele a rossznak.

Van, akit vaksága, csonkasága vezet Jézus elé, van, akit fiának-lányának betegsége, halála. Ezt az asszonyt a bűne juttatta oda, hogy Jézussal találkozott. Nem a bűne miatt érzett bánat, hanem egyszerűen az a tény, hogy vétkezett. Nyilván nem egyetemes törvény ez, s ha azt kérdezik, „maradjunk meg a bűnben, hogy a kegyelem bővebben kiáradjon?", Szent Pállal kell felelnünk; „Szó sincs róla!" (Róm 6,1-2) De nem szabad felednünk: Isten a bűnt is úttá teheti, amely hozzá vezet. *(Jelenits: Betű és lélek, 104)*

HÚSVÉT 2. VASÁRNAPJA (FEHÉRVASÁRNAP)

I: A hívők száma napról-napra növekedett. S: A föltámadt Krisztus meghalt ugyan, de mindörökké él. E: Jézus feltámadása után megjelenik a hitetlenkedő Tamásnak is. — Boldogok, akik nem látnak és mégis hisznek.

A hitnek, szeretetnek legveszedelmesebb ellensége a kétely: a furdaló kérdés, vajon mindez nemcsak áltatás és önámítás. Okoskodás, bizonyítás nem segít tovább, ezekbe is belemar a kétség. Csak egy nagy, mindent megmásító élmény számít: ha az Igazság maga nyilatkozik meg, vagy a szeretet önként átadja magát. — Tamást jobban kínozta kételye, mintsem a többiek megérthették volna, talán Jánost kivéve. Tamás hitt és szeretett (Ő volt az, aki, mikor Jézus nekivág a jeruzsálemi útnak a halálba, a habozó többinek odakiáltja: „Menjünk mi is, hogy meghaljunk Övele!" Ő szeretett!) — És Jézus nem hagyta magára: Sebét odamutatta neki, hogy a kételkedés sebei begyógyuljanak.

Első olvasmányhoz ApCsel 5,12-16

Az emberek egymás iránti testvéri szeretete világunkban valami nyugtalanító, sőt fölháborító jel. Minek a jele? Isten hatalmának, ugyanannak, mely az apostoli küldetést csodákkal erősíti meg. Nem a csodákban kellene hinnünk, hanem a Názáreti Jézusban, kinek föltámadását az apostolok hirdették. Ez a közös nagy hit hozta a közösségbe, az Egyházba a lelkeket, akkor is, ma is, mindörökre. A tanítványok közösségi és hitbeli egysége nélkül az apostoli üzenet, a Krisztus föltámadásáról szóló tanítás nem talál hitelre. *(5,12: ApCsel 2,42-47; 4,32-35; 3,11 ▫ 5,14: ApCsel 2,47; 4,4; 6,1.7; 9,31; 11,24 ▫ 5,15-16: Mk 6,56; Lk 4,40-41; ApCsel 8,6-8)*

Válaszos zsoltár Zsolt 118(117),2-4.22-24.25-27

Hála és dicsőítés

Szentleckéhez Jel 1,9-11.12-13.17-19

János Jelenéseit a meghívatás víziójának előadása vezeti be (1,9-20; itt sajnos rövidítve). — Az Emberfia főpap, király és bíró alakjában jelenik meg, s megbízza a látnokot, hogy írjon a hét kisázsiai egyházközségnek. Az Emberfia halott volt, és él, rendelkezik világok és idők fölött, eldönti az emberiség történelmét. „Az Úrnak napja" a hét első napja, a Föltámadásé, minden kereszténynek Krisztussal, a Föltámadottal való találkozás napja. *(1,13: Dán 7,13; 10,5-6; Ez 1,26 ▫ 1,17: Ez 1,28; Dán 8,18; Iz 44,6; Jel 1,8 ▫ 1,18: Jn 1,4; 5,21; Zsid 7,25; Oz 13,14)*

Evangéliumhoz Jn 20,19-31

Jézusnak itt elbeszélt megjelenését leírja Márk (16,14) és Lukács is (24,36-49). De csak János számol be arról, hogy ez alkalommal adta meg apostolainak a bűnbocsátó hatalmat. Abból, hogy Jézus apostolainak nemcsak arra ad hatalmat, hogy a bűnöket megbocsássák, hanem arra is, hogy megtartsák, következik hogy az apostoloknak és utódaiknak meg kell bírálniuk, ítélniük azt, kinek lehet megbocsátani, s kinek kell megtartani a bűnét. Ez az ítélkezés történik akkor, amikor a gyónásban a hívő a gyóntatónak föltárja a maga lelkiállapotát, megvallja bűneit.

A tanítványok nem voltak könnyen hívők. Kivétel nélkül mindegyik evangélista elbeszéli, hogy mily nehézkesek voltak. Azoknak sem akartak hinni, akik hírül adták, hogy látták és hallották az Urat. Tipikus példája ennek a hitetlenségnek Tamás apostol, aki nem volt a többi tízzel együtt, amikor eljött Jézus. Jézus éppen ezért is hagyta meg megdicsőült testén a szögek nyomát, oldalában a lándzsaszúrás helyét, hogy minden kétséget eloszlasson tanítványai lelkéből.

A 30—31. versek világosan és félreérthetetlenül megadják az evangélium célját. *(Biblia, 1239)* Lásd még az A év Húsvét utáni 2. vasárnapjának evangéliumát (129. oldal).

Szentségre várva

Nekünk is mondja ma az Úr: „Békesség nektek!" Ő maga a mi békénk. Tamás apostoltól megtanuljuk a hit válaszát: „Én Uram és én Istenem!"

Elmélkedés

„Boldogok, akik nem láttak, és hittek." (Jn 20,29)

Hit kell nekünk először is, mint odaadás Isten iránt, mert a végtelennek problémái közt semmi sem igazíthat el, csak a hit; az viszi a fáklyát. Tudományunk, kultúránk, esztétikánk csak pitymallatba s derengésbe állít. Nem vetjük meg ezeket, de nem érjük be velük. A szívbe Isten-félelem s Isten-szeretet kell. Lerázom magamról a szemfödők porát, az vakít és mérgez, még ha Goethe koporsójából való is. Lelkem az öntudat pitymallatában sipogó madár, mely a világi létből a „másik világ" életére ébred. Mélységes vágy van elöntve rajtunk; „fény vágya, mely minden nagy és örök jelképe" („die Sehnsucht nach dem Licht als Symbol alles Grossen und Ewigen"). Boldogok, akik nem láttak és hittek.

Hit kell nekünk mint *elmélyedés*: öntudatra ébredésünkben egyre mélyebb perspektívák nyílnak; ablak előtt állunk, melyből a létbe és annak ősokába látunk. Összefoglalunk gondolatainkban létet, célt, vágyat; érezzük a szellemi lét fölényét anyag és elmúlás fölött, s a halhatatlanság meggyőződésében lelkünk anyanyelvére ismerünk. Az elmúlás, a „buta vég", a megsemmisülés barbár nyelveit nem értjük; azok állati hangok. Lelki szemeimmel látom az Urat s hiszek benne.

Hit kell mint átalakulás és újjászületés. Nemcsak fölébredünk, de fényeskedünk; lelkünk megnyugvásában és örömében érzékünk van a krisztusi tökély és szépség iránt. A modern kultúra gyümölcseit, a fajgyűlöletet, a gazdasági érdekek kizárólagos méltatását, a műveltségnek félműveltséggé való eldurvulását, a tekintély megvetését, az önzés, az irigység, durvaság, szemtelenség túltengését sajnáljuk; de tudjuk, hogy minél jobban erőre kapnak ezek, annál mélységesebb vágy szállja meg a világot a lelki átalakulás után. — Újjászületni nem testből, vérből és önzésből, hanem Szentlélekből, az isteni élet lelkéből. Ez érzéssel térdelek le az Úr előtt, s mondom: Uram, hiszek, változtass át hasonlatosságodra! *(Prohászka: ÖM, 7:377; 133)*

Kegyelem = Élő Vizekért esengés imája

Én irgalmas Uram, én jó Istenem! Bárcsak juttatnál nekem a szent forrásnak vizéből, hogy az élő vizek kútjából igyam, azokkal együtt, kik szomjúznak Téged szent vígan! Ott laknék én is amaz égi honban, örök-ujjongva áradt jóságodban, és mondanám nagyboldogon:

Mily édes ez az Élő Vizek forrása, mely öröklétre örökön fakad, és soha-soha nem apad! Én Istenem! Te vagy a Forrás, az a szüntelen kívánatos, ki folyton szomjat oltón áradoz! Úr Jézus! adjad mindig e vizet, e mindig buzogót, hogy egyre égő szomjat enyhítsek.

Esengem nagy jótéteményeidért! Hiszen Te mindenünk vagy: napi életünk: táplálékunk, italunk, üdvösségünk, Istenünk! *(Sz Kolumbán imája, Dollen: Prayer Book of the Saints)*

†

Rengett a föld, s az Úr *föltámadt*. A Sír lett tája oly csodáknak, hogy katonák maguk is, kik ottan őrként álltak, tanúvá lettek általa, ha ugyan ajkukról Igazság szólana! De kapzsiság — mely tanítványt is a rabjává tett, — elfogta sírőrző vitézeket! „Lepénzelünk — szóltak nekik — s mondjátok, míg itt aluvátok, a tanítványok jöttenek és ellopták Őt tőletek!" Valóban (zsoltár teljesül): „Fürkész agyak kifogytak fürkészetekbűl [63,7: Defecerunt scrutantes scrutationes]. Mit is mondtál, boldogtalan eszesség?! Úgy elhagyád jámborság fényes mécsét, hogy berántott az álnok ravasz mélység! Tanácsolád: Aludtunk, jöttek s ellopák! Ti alvó szemtanúkat hoztok! Ti magatok alusztok, kik fürge fürkészetbe szörnyen fogyatkoztok! Mert: hogy láthatnak, akik szundítnak? Ha mitse láttak, mit is tanúsítnak!? *(Sz Ágoston: 63. zsoltárhoz)*

†

Hit

A hitet legtisztább szűzként bízta Krisztus ránk; eretnekek fáradoznak, hogy meggyalázzák, de nekünk hívőknek kötelességünk, hogy sértetlennek megőrizzük, védjük. *(Tertullián)*

Vannak, kiknek elvesztve hitüket, sosem jut eszükbe pokol, míg odajutva tulajdon „szemükkel" nem látják. A hitevesztett sokkal vakabb, mint a szemétől megfosztott. Nézd, mily szomorú mindig és fagyos-rideg a máshitűeknél. *(Vianney Sz János)*

HÚSVÉT 3. VASÁRNAPJA

1: Az apostolok a Szentlélek által tanúságot tesznek Krisztus mellett. S: Az Isten Báránya — Jézus Krisztus — méltó arra, hogy övé legyen a hatalom és a dicsőség. E: Jézus harmadszor jelenik meg tanítványainak a Tibériás tavánál. Kenyérrel és hallal vendégli meg őket.

Nem könnyedén állítjuk, hogy szeretjük Istent és Jézust, a Fiút, akiről hisszük, hogy az Atya fönségében él. Hogy Övének valljuk magunkat, az még több és még kevésbé magától értődő. Ha Jézusénak vallom magam, azt vallom, hogy elismerem: megfeszítették, eltemették és halottaiból föltámadott. Ha azt mondjuk, hisszük ezt, belőle valódi, személyes, életre szóló következményeket vállalunk. Amikor sokan félreértik Jézust, Péter vallja: „Tenálad vannak az örök élet igéi!" A Föltámadott már nem kérdi a hitéről, hanem csak a szeretetéről — háromszor... Hányszor kell Neki minket kérdeznie?

Első olvasmányhoz ApCsel 5,27-32.40-41

Másodszor vonják felelősségre Pétert a zsidó hatóságok. Megtiltották az apostoloknak Jézus tanai terjesztését. Péter újra korábbi válaszát mondja: „Inkább Istennek kell engedelmeskednünk, mint az embereknek." Az 5,30-32 versek rövid foglalata a Jézusról való igehirdetésnek, kit a zsidók megfeszítettek, Isten föltámasztott, és égbe magasztalt. Ő az Üdvözítő, népe Megváltója. A megváltás lényege bűnbocsánat, de ennek föltétele a megtérés, a Krisztushoz fordulás Isten igéje iránti engedelmességben. *(5,28-29: ApCsel 4,17-19; Mt 27,25 ▫ 5,30-32: 1Kor 15,3-7; ApCsel 2,23-24.32-33; 3,15; Zsid 2,10; 12,2)*

Válaszos zsoltár Zsolt 30(29),2 és 4.5-6.11-13

Hála a megváltásért

Szentleckéhez Jel 5,11-14

Mint valami ajtón keresztül, szemléli János az isteni világ titkait: A föláldozott Bárány, ki holtával legyőzte a halált, fogadja az égi és kozmikus hatalmak hódolatát, imádását. — A teremtmények, alkotójukhoz és megváltójukhoz imádással fordulva, maguk is isteni fényben tündöklenek. Ez az ő megváltásuk és boldogságuk. *(5,11-12: Dán 7,10; Iz 53,7; Fil 2,7-9)*

Evangéliumhoz Jn 21,1-19 vagy 21,1-14

Krisztus Egyházának lényegét és vezetői hivatását nem lehet egy rövid mondatba sűríteni: ahhoz a valóság túl gazdag és túl sokoldalú. A János evangélium utolsó fejezetében az Egyház főleg *„Péter hajója"* képében szerepel, mint egy fáradságos és gyakorta sikertelen halászvállalkozás. A vállalkozás sikere azonban bizonyos, ha a föltámadott Krisztus szavát követik. Aztán a halfogás képéről a *jópásztorra* fordul: Péter a nyáj őrzője lesz, amely nem az övé, hanem Krisztusé.

Nem Jánost, a törhetetlen hűségűt teszi Jézus a legfőbb pásztorrá, hanem Pétert, ki nemrég háromszor megtagadta, s most ugyancsak háromszor sírva bizonygatja szeretetét. Ennél világosabban nem jelezheti, hogy a pásztori meghívás csakis tiszta kegyelem. *(21,1-4: Lk 5,1-11; 24,41-43; Jn 20,19-23.26-29 ▫ 21,15-19: Jn 13,37-38; 18,17.25-27; Mt 16,17-19; Jn 6,68-69; Lk 22,31-32; Jn 13,36)*

Szentségre várva

„Mert az Élet megjelent, láttuk, tanúskodunk róla, és hirdetjük nektek az örök életet, mely az Atyánál volt, és megjelent nékünk. Amit láttunk és hallottunk, azt hirdetjük nektek, hogy ti is közösségben legyetek velünk." (1Jn 1,2-3)

Elmélkedés

„Szeretsz-e jobban ezeknél?"

Emlékeztek, ahogy Péter, az apostolok feje, Krisztus kínszenvedésén összezavarult. Magától zavarult, Krisztustól megújult. Volt előbb merész magabízó, lett aztán riadt megtagadó. — És most? Hallátok az Úr kérdését: „Simon János fia, szeretsz-e engem?" És ő felel: „Igen Uram, Te tudod, (jól tudod, mégis) szeretlek!" És újra meg újra kérdi, s a szeretet-válaszra, hogy a nyáját rábízza — „Szeretlek!" — mondod: „Hát akkor legeltesd juhaim, legeltesd báránykáimat!" Az egy Péterben jelződik minden pásztorok egysége, de a jó pásztoroké, kik tudják Krisztusnak nevelni Krisztus juhait, nem pedig önmaguknak! — Mikor azt mondta: „Életemet adom Érted!" — elbízta magát jövő erejében. Mert mindenki tudja, milyen ő, mikor szól, de milyen lesz majd a jövőben, ki tudja magáról előre? Most már bizony nem mer teljes választ adni az Úr kérdésére! Aki nem csak azt kérdi: szereti-é, de hogy „*jobban* mindezeknél!?" Krisztus a többiről is kérdi, ő nem tud mást rebegni, csak: „Szeretlek". Nem meri hozzátenni: „Jobban ezeknél... bárkinél..." Óh nem akart újra hazugságba esni! Elég volt a maga szívéről tanúskodnia, nem mer más szíveknek bírája lenni. — Péter most igaz, de vajon vele szemben Krisztus is az? Mikor úgy akarta az Úr, magára hagyta Pétert, és Péter akkor csak embernek bizonyult. S most, mikor úgy tetszett az Úrnak, betölté Pétert, és Péter igazzá lett. A Szikla tette Pétert igazzá. Mert „Krisztus volt a Szikla" (1Kor 10,4), ki igaz sziklává tette őt is. Előre jelenté most halálát. „Mikor ifjabb voltál, fölövezkedtél, kedvedre jártál. Ha majd elér a vénség, más övez föl téged, s odavisz, ahová nem akarsz." Ezt pedig mondá, jelezve, mily halállal dicsőíti meg őt Isten. Vagyis, Krisztusért kereszthalál vár reá. Mert ez az, hogy „Kiterjeszted a kezeid!" Hol van már az a megtagadó? S ekkor is mondja: „Kövess, te kövess engem." Nem ahogy rég mindegyik tanítványnak: a tanításba; hanem most: a „megdicsőülésbe". Vajon Krisztust tagadva, *akkor* a haláltól riadozott? Félt úgy szenvedni, ahogy Krisztus szenvedett... De most már nincs oka félni: látja Krisztust, a föltámadván élőt, akit látott volt halva a Fán függőt... A Föltámadott elsöpörte a halál félelmét, s joggal kérdezte Péter szerelmét. Háromszor tagadott a gyáva ijedett, háromszor vallott most hűséges szeretet. A hármas tagadás: igazság-elhagyás. A hármas megvallás: szeretet-vallomás. *(Sz Ágoston: 147. beszéd)*

†

„Szeretsz-e Engem”, a Szentség előtt...

„Most elárulom nektek — mondotta egy ízben Mercier bíboros — a szentség és boldogság titkát. Ha sikerül minden nap öt percre elnyomni fantáziátokat, becsukni szemeteket az érzékelhető dolgok, fületeket a földi lárma elől, hogy magatokba térjetek és ott, megkeresztelt lelketek szentélyében, amely a Szentlélek temploma, szólni az isteni Lélekhez ilyesformán: ,Lelkemnek Lelke, Szentlélek, imádlak Téged; világosíts meg engem; vezess engem; erősíts engem; vigasztalj engem; mondd meg nekem, mit kell tennem; add ki nekem parancsaidat. Ígérem, alávetem magamat mindannak, amit kívánsz tőlem és elfogadok mindent, amit csak reám bocsátasz. Csak ismertesd meg velem a te akaratodat!' — ha ezt megteszitek, boldogan, derűsen és vigasztalás közt telik életetek még a szenvedésekben is. Ez a magunk alárendelése a Szentléleknek — ez a szentség titka.”

Tehát mindennap tanácskozni a Szentlélekkel — ez a szentség titka! De ugyanezt mondhatjuk az Úr Jézusról is: Krisztus Urunk megígérte, hogy elküldi nekünk a Szentlelket, tehát mindennap tanácskozni Krisztussal, ez a szentség titka.

Ami itt történik az Oltáriszentség előtt — arról majd csak az utolsó ítélet napján fogunk értesülni: hány keresztjét már alig hordó lélek kapott megerősítést, hány sötétséggel küzdő lélek nyert megvilágosítást.

És ha nem is volna hosszabb időd, ha csak futó pillanatok állanak is rendelkezésedre, akkor se mulaszd el betérni a templomba. Elég ilyenkor, ha ennyit mondasz: „Úr Jézus! Hívtál, itt vagyok. Nincs sok időm, éget a munka. Add reám áldásodat.” Ha rövid az időd, toldjad meg szeretettel. Hiszen a szentségi Jézus ezt várja tőlünk.

Mikor ott térdelünk Előtte, tőlünk is azt kérdi, amit egykor Pétertől kérdett a Genezáret-tó partján: „Szeretsz-e engem?” (Jn 21,16) Mondd csak, Testvérem, ha az Úr kilépne a szentségházból és ugyanazt kérdezné tőled, mit tudnál felelni? Pedig Pétert megkérdezte másodszor is. Sőt harmadszor is.

Ki merne erre válaszolni? Péter sem mert. Ha azt mondja: „igen”, tiltakozik ellene régi tagadása. Ha azt mondja: „nem”, tiltakozik ellene lángoló szíve. Hát így felel: „Uram! te mindent tudsz, te tudod, hogy szeretlek téged” (Jn 21,17). És az Úr meg volt elégedve a válasszal. Az enyémmel is meglesz, ha elmondom az Oltáriszentség előtt: Uram, te mindent tudsz, tudod azt is, hogy szeretlek téged, vagyis hogy legalább akarlak szeretni. Annyi kísértés jön az életben, annyi csábítás, annyi veszedelem. Uram, add, hogy egyre jobban szeresselek!

Íme, Testvéreim, mennyi lelki erő, nyugalom, bíztatás árad az ilyen szentséglátogatásból! Fájdalom, vannak keresztények, akiknek minderről fogalmuk sincs, akik erről, mint valami újdonságról hallanak. És most talán csodálkoznak és sajnálkoznak, hogy miért is nem tudták ők ezt eddig, és miért engedték eddigi életükben kihasználatlanul zuhogni maguk mellett a lelki érésnek ezt a drága folyamát?

Az életben hányszor rászorultam volna lelki eligazításra, megvilágosításra, vigasztalásra! Itt várt volna a szentségi Krisztus, és én egy lépést sem tettem feléje! Ó, hiszen nem voltam én egészen rossz! Dolgoztam én a lelkemen, viaskodtam a bűnnel, harcoltam a kísértéssel, — de mennyivel más lett volna az eredmény, ha az

Oltáriszentség nagy energiáját fogtam volna be az élet turbinájába!

Valóban: mennyivel más arca volna nemcsak az egyén életének, hanem az egész emberiség életének is, ha az Oltáriszentség rejtett erői éltetnék, irányítanák, erősítenék minden küzdelmében... *(Tóth Tihamér: Üdvözlégy, Oltári Szentség!, 140)*

Márkai Szent Jakab, ferences, magyarhoni térítő, †1476

HÚSVÉT 4. VASÁRNAPJA

I: Pál és Barnabás a pogányok között is kezdi hirdetni az evangéliumot. S: Az Isten Báránya lesz a hűségesek pásztora, és az élővizek forrásához vezeti őket. E: Jézus, a Jó Pásztor, megoltalmazza övéit, és örök életet ad nekik.

Az Egyházban vannak pásztorok és főpásztorok; de már nyájról és karámról tán nem beszélünk oly szívesen. Senki sem akar juh („birka") lenni. Nem is kívánatos a gyámoltalanság, de szükséges a bárány szelídsége. Talán némelyek szerint ma így szólna az Úr: Én vagyok a Jó Bajtárs, ki életemet adom társaimért. Vagy azt mondja: Én vagyok a hű Jóbarát, egyre újabb barátokra lelek, barátaimmá lesznek azzal, hogy fölkeresem, fölkarolom őket. És akit megtaláltam, soha nem hagyom elveszni. Velem marad, és jön Atyámhoz, és ünnepünknek sosem lesz vége. (Van akinek így talán jobban hangzik, de „a Jó Pásztor, az áldozati bárány, a boldog megtalált" nyelvhasználat mégis mélyebben szívünkbe hat, és a szerető *alárendeltséget*, ezt a ma oly népszerűtlen, de keresztény tant fejezi ki!)

Első olvasmányhoz ApCsel 13,14.43-52

Húsvét, pünkösd után a Jóhír útra kelt „egész a világ-végekig!" — a szétszórtságban élő zsidókhoz, majd a pogánysághoz. Árnyoldala is lett e fejlődésnek: „Izrael", vagyis a kor zsidósága többségében elzárkózott a jóhír elől! Még a keresztény zsidók közt is voltak, akik Sz Pál térítő munkáját a pogányok között úgy tekintették, mint a választott nép és Isten törvénye elárulását! Hogy épp a szigorú Pál, törvényhű farizeusok törvényhű fia kapott hivatást a pogányokhoz, — ez a kereszténység egyik nagy rejtélye. *(13,14: ApCsel 13,4-5 ▫ 13,47: Iz 49,6; Jn 8,12; ApCsel 1,8 ▫ 13,50-52: Lk 9,5; 18,6; 28,25-28)*

Válaszos zsoltár Zsolt 100(99),1-2.3.5

Dicsérő ének

Szentleckéhez Jel 7,9.14-17

Az Isten trónja előtt álló tündöklő sereg látomása, János jelenéseiben oly víziók sorában áll, melyek istenítéletekről, katasztrófákról, világtörténelmi vészcsapásokról szólnak. A világ nem oly sötét, mint némelyek hinnék. Mert a föláldozott Bárány hatalmasabb a pokol minden támadásánál. A „Sárkány" megölheti ugyan Isten választottait, de nem akadályozhatja meg, hogy minden népből és nyelvből új nép gyülekezzék, Isten végső „Izraele", választott népe. A vértanúk az aratás zsengéi, általuk tölti be a teremtés elsődleges és eredeti célját: Hála és ujjongás közt imádni az Istent. *(7,14-15: Ef 1,7; Jel 21,3; 22,3 ▫ 14,16-17: Iz 49,10; Zsolt 23,2; Iz 25,8)*

Evangéliumhoz Jn 10,27-30

Az előző, Jelenésekből vett szöveg röviden fölvillantotta a Jó Pásztor képét. A Jelenésekben Jézus önmagát hívja Jó Pásztornak, a mai evangéliumban a záró versek magyarázzák meg újra a Jó Pásztort. A Jó Pásztor ismeri övéit, ezek engedelmesen hallgatnak rá. A nyáj az övé, és Ő is a nyájé. Védi őket minden veszélytől, élete árán is megmenti őket. A juhok ismerik pásztorukat, bízva követik Őt. Nincs többé fölöttük hatalma a gonosznak, még a halálnak sem. Aki Krisztusé, az Istené, hiszen: „Én és az Atya egy vagyunk." *(10,27-28: Jn 10,3-4.14; 10,10; 17,3; Róm 8,33-39; Jer 23,4 ▫ 10,29-30: Jn 3,35; Iz 43,13; 51,16; Jn 1,1-2; 20,31)*

Szentségre várva

A föláldozott Bárány egyben a Pásztor is; de ez a Pásztor a mi áldott legelőnk is, táplálékunk. Igéjével táplál és az Élet kenyerével, a tulajdon Testével.

Elmélkedés

A bárányát kereső Jó Pásztor

Ki győzné megszámlálni a sok drága eledeleket, melyekkel táplálja Krisztus az ő juhait!? — Táplálja *szent igéjének* és üdvösséges tanításának ételével. Ezzel épül lelki életünk, ezzel vastagodunk, növekedünk és minden üdvös munkákra erősödünk. Ebben oly gyönyörűséges édességet találunk, mellyel ájtatosan és vígan futunk az Isten parancsolatinak útján. Értette Sz Dávid ez eledelnek ízit... mert azt kiáltja: Isten igéje édesebb és gyönyörűségesebb a méznél; mivel nincs e világon nagyobb gyönyörűség, mint a szívnek öröme. De, hogy Isten juhai ízit érezzék és hízlalóvá tegyék Isten igéjét, szükség, hogy nemcsak egyszer és lágyan, hanem többször és kérődve megrágják. Ebben elmélkedjenek éjjel, nappal; okát, végét, módját megtekintsék... azokból Isten gondviselését, szerelmét, bölcsességét, igazságát megtapasztalják... Legeltet a mi Pásztorunk lelkünkbe öntött belső *ajándékival*, mennyei adományai gazdagságival: hitet, szeretetet, alázatosságot, tisztaságot, egyéb sok jókat öntvén lelkünkbe.

Éltető eledel a *Hit*. „Mert az igaz hitből él". (Róm 1,17) Vastagító étek a *Szeretet*, mert a belső ember erősbül, ki a szeretetben gyökerezik. Éhség-enyhítő és szomjúság-oltó az *Igazság*, mert akik éhezik és szomjúhozzák, megelégülnek.

Méltán kiálthatjuk tehát Sz Dáviddal: „Hatalmas pásztorom nékem az Isten, ki legeltet engem, és semmiben meg nem fogyatkozom"... Oly mezőbe helyezett, az ő Anyaszentegyházában, ahol az ő szent igéjének tisztasága, a sakrámentomok szentsége, az isteni ajándékok bősége táplál engem.

Szeressük, atyámfiai, ezt a Jó Pásztort, aki minket így szeret! Engedjünk annak, aki mireánk ily gondot viselt! Mert ha mannát megutálván, hagymán kapdosunk, ha rút zavaros tócsákat szomjúhozunk, mint a balgatag zsidók, soha éhünk és szomjúságunk meg nem enyhül.

Harmadszor és utolszor, a Jó Pásztor dolga, hogy az *elveszettet* felkeresse, a sérült vagy betegedett juhot meggyógyítsa. Sz Péter mindenekrül mondja, hogy olyanok voltunk, mint a *bujdosó juhok*... minden szempillantásban csak a pokolbéli farkas torkát várhattuk fejünkre!

És elhagyá az Isten Fia az angyalok sokaságát, hogy az *egy* elveszett juhot, Ádámot a maradékival fölkeresné, jöve a világ pusztájába, a végre, mint maga mondja, hogy fölkeresse és megszabadítsa, ami elveszett vala.

Atyám fiai! Keres minket a mi Pásztorunk! Akarja, hogy az ő kiáltását siketségre ne vegyük, hanem szavát hallgassuk, azaz igaz hittel valljuk, amit mond; szeressük, és kövessük, amit parancsol. Mert csak az a Krisztus juha, aki az Ő szavát fogadja. Necsak nevezettel légyünk juhok, de megismérjük, hogy gyarlók és erőtlenek vagyunk mint juhocskák. Azért megalázzuk magunkat és pásztorunktól el ne távozzunk. Mert veszni kell annak a juhnak, ki pásztorát elveszti. *(Pázmány: Húsvét utáni 2. [ma 3.] vasárnap)*

Boldog Báthory László, a Biblia-fordító pálos, †1484

HÚSVÉT 5. VASÁRNAPJA

1: Pál és Barnabás beszámol arról, hogy milyen nagy dolgokat cselekedett velük az Úr. S: Az Úr letöröl minden könnyet az üdvözültek szeméről. E: Jézus azt parancsolja: úgy szeressük egymást, ahogy Ő szeretett minket.

Majdnem kétezer évvel Jézus feltámadása után, a keresztény föl kell tegye magának a következő kérdéseket. Jobbak lettek-e az emberek azóta? Legalább a keresztények közt érezhető-e valami ereje a föltámadásnak, az újjáteremtésnek? A világ, a keresztényeké legalább, emberibbé lett-e? Nem túl nagy ár: a Megtestesülés, Kereszthalál, Föltámadás?

Némely kortársunk már a kereszténység *utáni* időről beszél, amely most kezdődik. És itt a tévedés: mi még messze a kereszténykor *előtti* időben küszködünk, a régi, fagyos világban. (Mely pár évszázadra fölmelegülni látszott, hogy újra meg újra elöntse a pogányság, még „keresztény" nevek alatt is. Sz Ágoston nagyszabású látomása Isten Városáról: a világtörténelem a két „Város" közti harc, mely a világvégig eltart). Az új embert és „új parancsolatot", mely kétezer éve *még mindig új*, nekünk kell megvalósítani, megkezdeni: még eddig se jutottunk. De minden kor dolgozik rajta. Krisztus kétezer év óta a világ lelkiismerete és a szentség állandó forrása. A mai ember mennyiséget néz, Ő minőséget hozott: — szenteket minden kornak és a nem-szenteknek hajtóerőt...

Első olvasmányhoz ApCsel 14,21-27

Első hithirdető útjukon Sz Pál és Sz Barnabás több egyházközséget alapít. Az evangélium oly meggyőző erővel lép föl, amely nem emberi. A szöveg az apostoloknak Antiókiába, kiinduló helyükre való visszautazásáról számol be.

E visszaúton újra meglátogatják az új alapításokat, ezeknek szigorú rendet szabnak az „idősek" = presbiterek (az angol „priest", a német „Priester" = pap szó eredetije!) élükre állításával. Így önállóan fönnmaradhatnak, és a jövő bajokat átvészelik. A közösség létszükséglete ez a vezető hivatal; de még fontosabb, hogy az új hívők hitben és reményben szilárdak legyenek. *(14,21-23: ApCsel 15,32.41; Róm 1,11; 5,3-4; Zsid 10,36 ▫ 14,27: 1Kor 16,9; Kol 4,3)*

Válaszos zsoltár Zsolt 145(144),8-9.10-11.12-13

Isten nagy jósága

Szentleckéhez Jel 21,1-5

Minden ítélet és vészcsapás látomás után, a Jelenések Könyve tanúskodik, hogy minden dolgok újjáteremtetnek Istenben. A világváros Babilon, az Istentől elpártolás székhelye, az istengyűlölő világ tébolygó hatalmának és kéjvágyának foglalata, — a sötétség tengerébe merül. A mulandóság elmúlik. S a végén csak Isten egyedül nagy. És „Isten-velünk" (Emmanu-El, Izajás látomása) — az új teremtés, az új Jeruzsálem áll maga: a megváltottak városa, s mint valami menyasszony, ragyogó tisztaságában és örömében elébe siet Urának. *(21,1-2: Iz 65,17-25; 66,22; Róm 8,19-23; Iz 52,1; 61,10 ▫ 21,3-4: Jel 7,15-17; 3Mz 26,11; Ez 37,27; Iz 7,14; 25,8; 35,10 ▫ 21,5: Iz 43,19; 2Kor 5,17)*

Evangéliumhoz Jn 13,31-33.34-35

Az új Jeruzsálem képe (előző olvasmányból) talán messzi, túl ünnepi, valószínűtlen nekünk. És most újra halljuk a szót: „új". *Új* parancsban! A jövő így a jelenbe hatol. Az új teremtést nemcsak szemünk elé festik, hanem feladattá teszik. Először Jézusban áll elénk, a Fiúban, kiben Isten szeretete láthatóvá és foghatóvá lett. Nekünk tanítványainak követnünk kell Őt! Szeretni Istentől jövő szeretettel. Ha megtennők *mind* mi keresztények, máris más világ lenne, az „új teremtés" láthatóvá lenne... *(13,31-32: Jn 12,31; 16,33; 17,5.22.24 ▫ 13,33: Jn 16,16-24; 8,21; 14,2-3 ▫ 13,34: Mt 25,31-46; 1Jn 2,7-8; 3Mz 19,18)*

Szentségre várva

„Abban ismertük meg Isten szeretetét, hogy Ő életét adta miérettünk; tehát nekünk is életünket kell adnunk testvéreinkért!" (1Jn 3,16)

Elmélkedés

Krisztus: „Valami Új" egyre föltör, kezdődik

Az is egy boldog, lelki járvány volt; valami epidémia, ennek a görög szónak találó értelmében, ti. valami idegen, nem földi, hanem máshonnan jött s közénk telepedett s itt tértfoglaló hatalomnak hódítása. Egy természetfölötti, égi lelkiség térfoglalása. Nem ilyen-e az egész kereszténység?! S elvonulnak előttem ezek az „epidemiás" alakok: Johannes a Matha, Petrus Nolascus, Felix Valois... s ezren, sok ezren utánuk... S ezek egyet akarnak, egy epidemiás gondolatot akarnak megvalósítani. „Mind ők mondogatták (dictitabant), hogy az afrikai rabok helyett váltságul magukat fogják adni." Ez a „dictitare" olyan álmodozó, nagyot akaró, de *hitelt nem találó* szóbeszéd; a világ azt föl nem fogja s nem hiszi; ők maguk is csak úgy hiszik, ha Isten őket megsegíti; mert ezt nélküle akarni sem lehet! Akarja-e aztán ezt a nagyot az Úr, hogy valaki vagy éppen százan, sőt ezren nemcsak pénzt adjanak a rabokért, hanem *önmagukat adják* cserébe, s hazaküldjék testvéri csókkal a kiváltott szenvedőket, — hogy az Isten ezt akarja-e, hogy tetszik-e ez isteni Fölségének, azt csak alázattal kérni s remélni lehet. S ez epidemiának volt 7000 vértanúja. A modern ember eszeveszetten csapja össze kezét e véres, lángoló folyam fölött. Igaz, hogy az autók egy év alatt Észak-Amerikában 14.000 embert gázoltak el, no, de ezek áldozatok, melyek meghalni nem akartak; de azok hősök, kik *úgy szerettek, hogy meghaltak.* Ez a különbség egy egész világ.

S e sorban még csak egyet említek, a fölséges Raymundus Nonnatust, ezt az élő váltságdíjat, ki a mórokhoz került rabságba, de úgy, hogy *akart,* hogy hazaküldött valakit, s ő maradt helyében, s úgy beszélt s térített, hogy a mórok lakatot vertek felső s alsó ajkára, s így aztán heroikus némaságban hirdette az Urat. Lakat volt a száján, de sugározta az Urat! És a többi, az a többi, ki akár ebben az „epidémiában", akár másban lett a nagy folyam lángoló hulláma. Egymás után vetődnek az égre más-más tűzben s színpompában égve.

Ez az a *mindig új folyam*, mindig új hullámokkal, a mélység vonzásainak mindig új temperamentumával telítve. S ismétlem, e folyamban úszunk mi is, vagyunk új hullámai, — nem a régi hullámok tükrözései, nem is csak a régi hősök „utánérzői", nem! Új hullámok vagyunk, s új megélői s megtapasztalói s megszenvedői annak a nagy égből szakadó s földön tértfoglaló s itt folyton terjedő lelki epidémiának, a jézusi szeretetnek.

Mi oly miliőben élünk is, s oly levegőt szívunk is, mely a mindig új életet, az új életre való fölrebbenést s abban való elindulást szolgálja.

Egy szóval jelzem e körülményt: mi a misztériumok földjén élünk; a nagy, szent titkok világában, melyek az életnek, a folyton megújuló életnek legerősebb ingerei és stimulánsai. Új élet ott lesz, hol folytonosan új ingerek hatnak ránk. Tűzeső fölülről s formák s színek bugyborékolása s gyűrűzése alulról. S ezek mind beszédes s kíváncsiskodó misztériumok. Valami „fascinatio nugacitatis" [apróságok bűvölete], jó értelemben véve e szót, csap felém. Oly közel van hozzám, hogy szinte érintem s tapintom, lefoglalom és élvezem. Íme, Isten jár itt a misztériumok aranyos, tarka, napsugaras, virágos köntösében, s mi mindig lába nyomaiban járunk. Isten és titkai s *misztériumai közt járunk*; mily páratlan s fölséges „via sacra", a szent titkok közt kanyargó út. Tehát ingerek, *folyton új életet*, új csodálkozást, álmélkodást, megdöbbenést meg-meglátást ébresztő út... ingerek és új élet útja (a szeretet fölfedező útja). *(Prohászka: ÖM, 24:1; 246)*

†

Az igazi szeretet

Mily kevéssé ismerik az Istennel egyesülés útját! Nem, határozottan nem, meghatódott érzelmes imák! *Az Úr tetteket kíván*! Ha beteget látsz, akinek szolgálatára lehetsz, ne törődj azzal, hogy elmulasztod az elmélkedést, hanem könyörülj meg rajta. Ha fáj neki valamije: neked fájjon; ha meg kell magadtól vonnod az ételt, hogy neki jusson: tedd meg és pedig necsak azért, hogy kedvében járj, hanem azért, mert az Úr kívánja tőled ezt az áldozatot. Ez az igazi egyesülés Isten akaratával. S ha előtted valakit dicsérnek, örülj neki jobban, mintha téged dicsérnének. Igaz ugyan, hogy ezzel nem mondtam nagyot, mert ha valaki alázatos, akkor úgy sem tudja elviselni, hogy dicsérjék. Ellenben annál fontosabb, hogy örülni tudjunk olyankor, amidőn előttünk nővéreink erényeit magasztalják. Ha pedig hibát látunk valamelyikben, tekintsük azt a magunkénak és takargassuk.

Sokat beszéltem erről a tárgyról, mert meg vagyok arról győződve, nővéreim, hogyha e tekintetben nem állunk erősen, akkor el vagyunk veszve. Adja Isten, hogy ne is legyen minálunk ebben sohasem hiba. Ha ellenben állhatatosan gyakoroljátok a felebaráti szeretet erényét, akkor biztosra vehetitek, hogy el fogjátok érni az egyesülést Isten Ő Szent Felségével. Amíg azonban e pontban csak egy hibát födöztök is fel magatokban; ha még annyi szívbeli és szellemi örömben volna is részetek: messze maradtatok Isten szeretetétől!

Adjon nektek tökéletes felebaráti szeretetet, a többit pedig bízzátok reá. Ha ti minden erővel igyekeztek ezt az erényt megszerezni; ha megfékezitek akaratotokat; ha azt óhajtjátok, hogy mindenben nővéreitek akarata teljesedjék, még ha az a ti jogaitokat sértené is; ha — bármennyire tiltakozzék is ellene az emberi természet — meg tudtok feledkezni saját érdekeitekről és csak a máséit tartjátok mindig szem előtt; ha készörömest vállaljátok magatokra másnak munkáját: akkor Ő többet fog nektek megadni, mint amennyit ti kívánni tudnátok. Ne gondoljátok, hogy ez nem kerül áldozatba; ne képzeljétek, hogy ez csak úgy magától megy. Gondoljátok meg, hogy mennyibe került az a mi Jegyesünknek, hogy bennünket szeretett. Mily kínos halált szenvedett el érettünk a keresztfán, csak azért, hogy megszabadítson az örök haláltól. *(Nagy Sz Teréz: A belső várkastély, ÖM, 1:346)*

†

Az ősellenség fél mibennünk az igazi szeretettől, vagyis alázatos szívségtől, — vadul, rossz szemmel nézi összhangú egységünket. *(Nagy Sz Gergely)*

†

Munkát az nem kerüli, kinek szívét szeretet fűti. Jól tudjátok: aki szeret, *munkában* az nem érez terhet. *(Sz Ágoston)*

†

Aki tagadja igazság létezését, vallja, nincs igazság; igazság lenne mégis, hogy nincs igazság. *(Aquinói Sz Tamás)*

†

Mert csak akkor ismerjük valóban az Istent, ha hittel hisszük, hogy Ő túl van és följebb mindeneknél, amit csak Őróla képzelhetünk! *(Aquinói Sz Tamás)*

†

Rázz le minden haragot: tekintsd egy kissé magadat! Eszmélj: akivel beszélsz — testvér; ő is úton van üdv felé! Isten szentté teheti, bár sok a bűne ma neki. *(Villanovai Sz Tamás)*

†

Mit rettegsz, óh bűnös? Hogy is kárhoztatna el Ő bűnbánatoddal, ki halálba megy, hogy el ne kárhozz! Hogy is vethetne el már megváltottat, ki épp a keresésedre jött megváltani! *(Villanovai Sz Tamás)*

HÚSVÉT 6. VASÁRNAPJA

1: Isten nem akarja, hogy a szükségesnél több teher nehezedjék a hívek vállára. S: Az Úr megmutatta Jánosnak a mennyei Jeruzsálemet, az üdvözültek városát. E: Jézus búcsúbeszédében megígéri apostolainak a Szentlelket, aki majd megvigasztalja őket, és megérteti velük Jézus tanítását.

A jó nem unalmas, az unalmas nem jó. Ahol élet van, ott mozgás, változás van. Minden század, sőt minden nap új kérdések és föladatok elé állítja az Egyházat. Ha mindent a „régiben hagyunk", voltaképp elhanyagoljuk embertársaink szükségletét és Krisztus megbízatását. — Krisztus a Szentlélek által jelen van Egyházában. Ő az Igazság és Béke Lelke, de egyben egy szent nyugtalanság, hajtóerő Lelke is. Ő az Egyházban az igazi nyugtalanító, „zavarkeltő" (van túl sok hamis is). Azzal nyugtalanít, hogy emlékeztet minket Krisztus igéjére és megbízatására. Ez épp nem ok nyomorúságra: „Ha igazán szerettek engem, akkor örültök..."

Első olvasmányhoz ApCsel 15,1-2.22-29

Már Kornélius megtérése és főleg a „pogány-keresztény" (pogányságból megtért) közösségek alapítása nehéz kérdéseket vetett föl az Ősegyházban. A zsidókeresztények még tartották a zsidó törvényeket (például szertartások, étkezés terén). Kötelezzük-e a pogányságból jötteket is körülmetélkedésre, szertartási törvényekre? Az „apostoli zsinat" döntése kiegyezés: gyökerében világos, hogy nem az Ótörvény üdvözít, hanem Krisztus hite, kegyelme. Középutat kerestek a mindennapi életre. Testvéries megértés, minden alapvető igazság megtartásával: ez volt a valódi keresztény megoldás! *(15,1-2: Gal 2,11-14; 5,2; 3Mz 12,3; Gal 2,1-2 ▫ 15,29: 1Mz 9,4; 3Mz 3,17)*

Válaszos zsoltár Zsolt 67(66),2-3.5.6 és 8

Hála, könyörgés, áldás

Szentleckéhez Jel 21,10-14.22-23

A Látnoknak megjelenő mennyei Város, Krisztus földi Egyháza mintájára, az apostolokra és prófétákra épül. Kozmikus méretekben, földöntúli ragyogásban ábrázolja e Várost. Nincs többé éj és nap, születés és elmúlás. És nincs templom: mert a szent már nem válik el a nem-szenttől, hiszen az egész Város szent és templom; betölti Istennek s a Báránynak tiszta jelenléte. — Ez a látomás a jövőbe néz. De ez a jövő magyarázza és irányítja egyben a jelent. *(21,10-14: Ez 40,2; Jel 21,2; Iz 60,1-2; Ez 48,31-35 ▫ 21,22-23: Jn 2,19-22; Iz 60,19-20; 2Kor 3,18)*

Evangéliumhoz Jn 14,23-29

Ha Jézus vissza is tér az Atyához, a tanítványok nem maradnak magukra, elhagyatva. Övék az Ige, Isten megváltó szeretetének Igéje: ezt őrizzék, ehhez ragaszkodjanak, ebben éljenek; és akkor az Egyház Isten élő jelenlétének hajléka lesz (l. szentlecke). Jézus a Lelket ígéri, ez beviszi őket Krisztus világának tágabb értelmébe, távlataiba, s e térben az üdvös nyugtalanságot is fönntartja majd. Búcsúajándékul Jézus a *békét* hagyja rájuk. Nem valami földi, összetákolt vagy megfagyott békét, a holtak békéjét, hanem az *Ő békéjét*; azt a bizonyosságot, hogy Jézus kedvéért Isten megbocsát nekünk, s fölvesz örök közösségébe. *(14,23-24: Jn 8,43.47; Jel 3,20; Jn 7,16; 14,10 ▫ 14,25-29: Jn 16,7.13-15; 16,33; Róm 5,1; 2Tesz 3,16; Jn 14,1-3)*

Szentségre várva

Isten házában nem vagyunk idegenek és jövevények, hanem Isten házanépe. Itt nincs helye semmi megkülönböztetésnek; mindnyájunkért emberré lett és meghalt Krisztus! Ő a mi Békénk.

Elmélkedés

A Vigasztaló tanít; Krisztus békéje

„A vigasztaló Szentlélek pedig, kit az Atya az én nevemben küld, az titeket megtanít mindenre s eszetekbe juttat mindent, miket nektek mondottam." A Szentlélek tanít; több világosságot ad, több megindulást, bensőséget, bánatot, tisztulást; új szívet ad s fogékonyságot; más világításban mutatja be az életet s a világot; bűntől el, jóra indít; föltárja a lélek igényeit s mélységeit; öntudatára ébreszt földöntúli, halhatatlan valónknak. „És ez a bizonyságtétel, hogy nekünk Isten örök életet adott", vagyis eltölt a hit, hogy örök életünk van. „És ez ő benne bizodalmunk, hogy amiben kérjük őt akaratja szerint, meghallgat minket". Magához vonz s erősebbé s jobbá tesz. Ilyenkor érezzük azután, hogy a Szentlélek a mi vigasztaló Lelkünk, akit Jézus küldött, s aki miatt minden úgy van velünk s körülöttünk, mintha maga az Úr volna köztünk. Azért imádom s szeretem a Szentlelket, lelkem Lelkét, lelkem kapcsát az Úrral.

„Békességet hagyok nektek, az én békémet adom nektek: nem mint a világ adja, adom én nektek. Ne háborodjék meg szívetek és ne féljen." Adott nekünk Jézus sokat: adott hitet s vértanúkat; adott szót, igét s apostolokat; adott bánatot s bűnbánókat; de a legjobb, hogy megnyugvást s békességet adott: békességet önmagunkban azáltal, hogy a testet a léleknek alárendelte, békességet Istennel s embertársainkkal azáltal, hogy igazságra s szeretetre tanított s abba be is vezet. E békességből való a vidámság s boldogság keservek közt is s a lélek egyensúlya a viharos életben. Jézus nagy súlyt fektet erre, s ezt örökségképp ránk hagyományozta. Arra kell iparkodnom, hogy e békességet soha el ne veszítsem, — hogy ki legyen öntve lelkemre s úgy kísérjen mint egy néma dal. Szenvedni lehet, áldozatot hozni kell; de a békességet nem szabad elvesztenem! „Exsurge psalterium et cithara!" [Kelj föl zsoltárdal és lant!] Zsoltárom el ne némulj, citerám szólj mindig! *(Prohászka: ÖM, 7:308; 47)*

†

A világ álbékéje és a szent nyugtalanság

Sohasem aggódom az olyan lélek miatt, amely igen erős kísértésekkel küszködik, mert ha istenfélő és szereti az Urat, ez csak nagy javára fog szolgálni. Ezt tapasztalatból tudom. Ellenben, ha olyant találok, aki teljesen nyugodt és soha nincs semmi küzdelme (volt alkalmam néhány ilyennel is találkozni), akkor, még ha nem is látok benne kézzelfogható hibát, mindig félek. Az ilyenek felől sohasem vagyok nyugodt, s ha már az ördög nem teszi őket próbára, megteszem én, amennyire csak tudom: hadd lássák, hogy hányadán vannak a tökéletességükkel.

Én nem irigylem ezeket a lelkeket. Gyorsabban haladnak a tökéletesség útján azok, akik ugyan nincsenek annyira imába merülve, ellenben annál több jut ki nekik az említett lelki küzdelemből. Természetesen itt nem beszélek olyanokról, akik már évek hosszú során küszködtek kísértésekkel, s annyira előre haladtak az önmegtagadásban, hogy teljesen meghaltak a világ számára. Az ilyeneknek ugyanis az Úr rendesen megadja a belső békét, de nem olyan értelemben, mintha saját hibáik iránt közömbösek tudnának lenni; sőt ellenkezőleg, ezeket mindig nagyon is fájlalják.

Egyszóval, az Úr különböző utakon vezeti a lelkeket; de azért, mint mondottam, kapjatok mindig észbe, valahányszor azt látjátok, hogy valami hibát követtetek el anélkül, hogy a lelkiismeretetek megmozdult volna. Mert hiszen, hogy bűnre, — akármennyire bocsánatos legyen is — feljajdul bennetek a lélek, az magától értődik, s hála Istennek, hiszem és látom, hogy ez nálatok így van. Azonban jegyezzétek meg ezt az egyet, s az én kedvemért gondoljatok sokszor reá: ha élő emberhez hegyes árt érintenek, vagy megszúrják akár egy egészen kicsiny tűvel, vajon nem érzi-e?... Már most tehát, ha a lélek nem halott, hanem élteti az Isten iránti szeretet, vajon lehet-e érzéketlen akárcsak a legcsekélyebb hiba iránt is? Óh, ha az Úr egyszer megadta valamely léleknek ezt a gyöngédséget, lehetetlen, hogy előbb-utóbb, még ha esetleg későn is, el ne jöjjön hozzá, élvezni társaságát. Óh Uram! Miért hagytuk el a világot?! Miért jöttünk ide?! Mi jobbat tehetünk, minthogy lakást készítünk lelkünkben a mi Jegyesünk számára, s az Úr, midőn eljön, égve találja a lámpát, nem zörget hiába és nem kénytelen visszafordulni. Milyen előkelő a mi állásunk! Senki sem tilthatja meg nekünk, hogy baráti szavakat intézzünk Jegyesünkhöz! Mert hiszen az övéi lettünk! Ezt csak mi magunk vagyunk képesek hibáinkkal megakadályozni... *(Nagy Sz Teréz: Gondolatok az Énekek Énekéről, ÖM, 3:338)*

HÚSVÉT 7. VASÁRNAPJA

I: István vértanú haldokolva így imádkozott: „Nyitva látom az eget, és az Emberfiát az Isten jobbján állni." S: „Jöjj el Uram, Jézus!" — kéri vágyakozva a keresztény lélek! E: Jézus imádkozik Egyházáért, az Egyház egységéért.

Azzal kezdődik a szent kereszténység, hogy Isten emberré lesz, oly ember, kiben Isten színtiszta örömmel fölismeri a maga képmását. Ember, kiben mi, embertársai, Isten képét látjuk meg. — Kereszténynek lenni: Krisztus emberségében résztvenni és istenségében is Hozzá hasonlóvá lenni, mert Őbenne és Ővele végre teljesen Istenhez fordulunk. Együtthaladva Vele mindnyájan a Középpont felé, *Őbenne* rátalálunk egymásra is. Emberi különbségek és vélemények már nem jelentenek akadályt az egységben. Csak ilyen, Krisztusban-egy kereszténységet fogadhat el Isten és fogadhat el a világ.

Első olvasmányhoz ApCsel 7,55-60

Sz István vértanú történetét az előző fejezet kezdte, a mostani végzi be. „Tanúim lesztek" — mondta az Úr búcsúzva (ApCsel 1,8), és István az első, aki tanúságát vérével pecsétli meg. Abban is követi Mesterét, hogy haldokolva ellenségeiért könyörög. István tanúskodik arról, amit látott: Jézust, a föltámadottat, az Isten jobbjára fölmagasztalt Urat. Vértanúsága fordulópont a kereszténység útján: most a Jóhír elindul Jeruzsálemből Judea, Szamaria felé és a pogánysághoz. *(7,55-56: Zsolt 110,1; Lk 22,69; ApCsel 2,33-34; 5,31 ▫ 7,58: 3Mz 24,10-14; Zsid 13,12 ▫ 7,59-60: Zsolt 31,6; Lk 23,46; 23,34)*

Válaszos zsoltár Zsolt 97(96),1-2.6-7.9

A világ uralkodója

Szentleckéhez Jel 22,12-14.16-17.20

A fölmagasztalt Krisztust a Jelenések Könyve nagy méltóságnevekkel jelöli meg. Ő „az első és utolsó": semmi sincs előtte, sem utána. Ő „Dávid gyökere és ivadéka", Hajnalcsillaga az új örök nappalnak. Napja közel: „Csakhamar eljövök!" — hirdeti. Ez vigaszul hangzik, de intésül is! *(22,12-13: Iz 40,10; 62,11; Róm 2,6-8; Iz 44,6 ▫ 22,16: Iz 11,1.10; 4Mz 24,17 ▫ 22,17: 1Kor 16,22; Iz 55,1; Zak 14,8)*

Evangéliumhoz Jn 17,20-26

Jézus imádkozott mindazok egységéért, akik övéi, Őbenne hisznek; imádkozott az Őbenne megvalósuló teljes egységükért. A búcsúima e részében az egységről és a megdicsőülésről szól. A tanítványok egységében az Atya és Fiú egysége tükröződjék. Az egység hiánya a gonosz műve: szétzúzza a hitet, ahelyett, hogy költögetné és támogatná. Hol lenne máshol látható az Úr, ha nem azok életében, kik hallották az igéit és látták fönségét (Jn 1,14)!? *(17,20-23: Róm 10,17; Jn 10,30; 17,5; 3,16 ▫ 17,24-26: Jn 14,3; 1,10; 14,9; 1,18)*

Szentségre várva

Szentségre várva: „Én vagyok a Szőlőtő, ti a szőlővesszők. Aki Énbennem marad és Én őbenne, az bő termést hoz; mert nálam nélkül semmit sem tehettek." (Jn 15, 5)

Elmélkedés

Jézust szeretni, itt, most!

Jézust szeretni itt, itt... Ez a levegője, benne a szeretet spórái, Jézus szíve szikrái... szerető lelkének, szemeinek, arcának tört sugarai úsznak.

Sokan várják, hogy Krisztus szóljon. Hogyan szóljon? Szól tettekkel, szakramentális módon. De érteni kell a szavát. Szól szeretettel, szeretetben, kimerülve, odaadva magát; s az érti meg, aki szeret. Igen, a szerető Úr Jézust, az ember fiait embersors sajátosságában, áldozatos lélek hűség, küzdés pszichéjének megfelelően; de a kemény fizis ütközéseiben a tisztuló éthosz reakcióit nevelve, szítva; a teremtményt hűség-próbára ráképesítve...

Ebben a lelki hangulatban nézni a Krisztust, hogy mit tesz s élvezni őt itt is! Ah, Uram, itt szeretni kell; a Krisztust megigézett, magához vonzott lélekkel kell megközelíteni, e nagy tervet s akarást és tettet méltányolni... A léleknek föl kell födöznie, apokalipsziseket kell megélnie... a szokásból, a gondolatból, az elkopott fogalmakból kiemelni a nagy tudatot; tudjátok, mi az Isten s a megtestesült Ige, az az Isten-ember, kivel tele volt a lelke Szent Pálnak s a szenteknek, ki „testis fidelis" [hűséges tanú], kiről nekünk is „bonam confessionem oportet facere" [jó vallomást], martíriumot kell tennünk. Tudjátok, ki az, aki megváltott egy nagy áldozattal; s aztán feltámadt s az égbe ment; s ez az égbe menés az évezredekbe ívelődik s a Krisztus utáni évezredek története fölött elvonul; egy nagy várakozásba köti, mint abroncs a dongákat! Mi várjuk őt! Istenem, milyen látvány lesz az a nagy apokalipszis, az a nagy föltárása a világtörténetnek. S halljátok: „Ő van itt!"... Ő... az, az! az Isten fia, az Isten-ember... a Nagy Tanú... A nagy összefoglaló, aki eljött s eljön, s akinek lába nyomában, a hadak útján, egy-egy indulat rohanó kerekei alatt fölszálló porszemecskék vagyunk... ő van itt...

Ide „éffort" [nekifeszülés] kell, ki kell dörzsölni a szemet!... s meg kell gyújtani a szívet... mert élettelenség, képtelenség, kényszerűség fojtogat különben. *A szikrát ne oltsuk ki!* Fújjuk meg. Gondoljuk el a motívumokat, melyek lelkeket érintenek. Gondoljuk el, mily édes, vigaszos műve és fogása és adása az irgalmas providenciának, mely közénk áll, köztünk él s szinte belénk sziporkázza, s lehetetlen, hogy elhagyjon minket. Egy nagy protestációja a Krisztus szeretetének a világ desperát hiedelme ellen, hogy ő elhagyott; az érzéstelenség s a szárazság sivatagja ellen, *mikor annyi az oázis, ahány szentségház*; a gyöngeség, a tikkadás, az elhalás kútkiszáradása ellen, mikor élő vizek forrásai fakadnak nyomában.

Gondoljunk hívásaira. Itt hív Isten. Nézz föl az oltárra: itt! Néhány lépésnyire tőled... itt! „Nemde lángolt a mi szívünk, mikor az úton így együtt megyünk", saját kis énünk s torzonborz lelkivilágunk kietlenségében, s mikor ezek az igék öntudatunkban, jelentésben, súlyban testesülnek meg? *(Prohászka: ÖM, 24:38; 382)*

Jézusnak mindenekfölött való szeretete

Boldog, aki érti, mi az, Jézust szeretni és magát Jézusért figyelemre sem méltatni. — Minden teremtményt, melyben kedved telik, Jézusért el kell hagynod; mert Jézus azt akarja, hogy egyedül őt szeressük minden fölött. A teremtmény szeretete csalárd és állhatatlan; Jézus szeretete hű és állhatatos. — Aki teremtményhez ragaszkodik, elmúlik a mulandóval; aki Jézushoz ragaszkodik, örökké szilárdan áll. — Szeresd Jézust és tarts ki barátságában, aki ha az egész világ elhagy is, téged el nem hagy, és nem engedi, hogy végleg elvessz. *(Kempis: KK, 2:7)*

†

Jézus meghitt barátsága

Mikor Jézus jelen van, minden jól van, és semmi sem látszik nehéznek, mikor pedig Jézus nincs jelen, minden terhes. — Mikor Jézus belsőnkben nem szól, keveset ér a vigasztalás; ha pedig Jézus csak egy szót is mond, nagy vigasztalást érzünk. — Nemde Mária Magdolna tüstént fölkelt helyéről, ahol sírt, mihelyt azt mondta neki Márta: „Itt van a Mester és hív téged." (Jn 11,28) — Boldog óra, mikor Jézus a siralomból lelki örömre hív. — Óh mily száraz és kemény vagy Jézus nélkül, mily balgatag és hiú vagy, ha Jézuson kívül valamit kívánsz. — Nem nagyobb kár-e ez, mint ha az egész világot elvesztenéd? — Jézus nélkül mit adhat neked e világ? — Jézus nélkül élni kemény pokol, Jézussal élni gyönyörűséges paradicsom. — Ha Jézus veled van, nem árthat semmi ellenség. — Aki Jézust megtalálja, nagy kincset talál, sőt minden jó fölött jóra talál. — Aki Jézust elveszti, igen sokat veszít, többet az egész világnál. — Legszegényebb az, aki Jézus nélkül él, leggazdagabb, aki jól van Jézussal. — Nagy mesterség Jézussal társalkodni, s nagy annak az okossága, aki Jézust meg tudja tartani. — Légy alázatos és békeszerető és veled lesz Jézus. *(Kempis: KK, 2:8)*

†

Megvallom, riadtan ámulok, és elvesztem magam az isteni Jóság gondolatában, parttalan, feneketlen nagy tenger az; az Istené, ki hív Benne megnyugodnom, oly rövid és oly csekély munkám után — hív és rendel az Ő *mennyébe*, a legfőbb Jóhoz, kit oly hanyagul kerestem, — és gazdag gyümölcseit ígéri azon könnyeknek, miket oly fukarul öntöttem érte itt. *(Gonzaga Sz Alajos)*

†

Elveszettnek tartsd az időt, midőn nem gondolsz Istenre! — Meg fogják Istent ismerni igazságban, Kit most nem ismernek irgalmában! — Irgalom forrását a határtalan könnyelműség kiszárítja. — Annyi vádló szégyenít meg aznap, ahányan hasztalan jó példát adtak! *(Sz Bernát)*

†

Szeretve lenni Urunk Istenünktől, egyesülve Övele, élni az Ő jelenlétiben, élni csakis Istenért! Óh mily csodás egy élet ez! — és mily halál! *(Vianney Sz János)*

PÜNKÖSD UTÁNI ELSŐ VASÁRNAP

SZENTHÁROMSÁG VASÁRNAPJA

I: Isten öröktől fogva tervei szolgálatára rendelte a Bölcsességet, mielőtt még bármit alkotott. S: Isten szeretete szívünkbe áradt, amikor eljött hozzánk a Szentlélek. E: A Szentháromság: Atya, Fiú, Szentlélek.

Keresztet vetünk és mondjuk: „Az Atyának és Fiúnak és Szentléleknek nevében. Ámen." Mi köze a kereszt jelének a három isteni Személyhez? Hisz ez az Emberfia jele, aki emberré lőn, s értünk megfeszítteték.

A Fiúban és általa van velünk Isten, Isten egész teljessége. Isten hozzánk fordult, kiszolgáltatta magát, hogy higgyünk szeretetében. Isten belsőleg hozzánk közelít a Szentlélekben, Általa van az Atya a Fiúban, s a Fiú az Atyában. És „Isten velünk" (Emmanu-El).

Első olvasmányhoz Péld 8,22-31

Az Ószövetségben még nincs semmi kinyilatkoztatás a háromszemélyű egy Isten titkáról. De szó van „az élő Istenről", a hozzánk szóló és cselekvő Istenről. Az Ő *Igéje*, Lelke, Bölcsessége áthat mindent és meghatározza az emberiség sorsát. A kifejezés: „Ige", „Lélek", „Bölcsesség", a régiek hívő gondolkozásában lassankint alakot és mélységet öltenek, úgy hogy az újszövetségi kinyilatkoztatás hordozóiként szolgálhatnak. A Példabeszédek könyvének 8. fejezete nagy költemény, megszólaltatja a Bölcsességet. Amit a szerző nyilván kora hétköznapi nyelvén Isten egy tulajdonságának mondott volna, itt személyként mutatja be, akinek története Isten örök létébe torkollik. Mikor ég és föld teremtettek, a Bölcsesség helye ott volt Istennél, de egyben a földön, az emberek közt is. Mintha hangtalanul félrehúzódna a fátyol, mely a Szentháromságot és a Megtestesülést rejti. „Isten Ereje és Isten Bölcsessége" Sz Pálnál Krisztusnak, a Megfeszítettnek a neve (1Kor 1,23). A keresztről nézve a legmegdöbbentőbb itt a záró mondat: „És örömmel voltam az emberek fiai között." *(8,22-26: Sir 24,3-6; Bölcs 7,22-8,1; Jn 1,1-3 ▫ 8,27-30: Jób 28,20-28; 38,8-11; Bölcs 9,9; Zsolt 104,7-9; Kol 1,16-17)*

Válaszos zsoltár Zsolt 8,4-5.6-7.8-9

Isten fönsége; — az ember méltósága

Szentleckéhez Róm 5,1-5

Nem jó tulajdonságaink vagy jótetteink miatt vagyunk „igazak" Isten előtt, hanem mert Krisztus meghalt, és holtából föltámadott értünk (Róm 4,24-26). Ebből tudjuk meg, hogy Isten meg akar váltani bennünket. Remélünk, mert tudjuk, hogy szeret! Azt azonban, hogy képesek legyünk hinni Isten szeretetében, és remélni, hogy részesülünk életében, annak a Szentléleknek a hatalma teszi bennünk, akit a keresztségben befogadtunk. *(5,1-2: Róm 3,23-25; 8,18-23 ▫ 5,3-4: Jak 1,2-4; 1Pt 1,12-14 ▫ 5,5: Zsolt 22,5-6; Róm 8,14-16; Gal 4,4-6; Ez 36,27; Róm 8,9; 1Kor 3,16; Ef 3,16-19)*

Evangéliumhoz Jn 16,12-15

Az a jövő, mit Jézus itt említ, a húsvét utáni idő, illetve a pünkösd, az „Egyház ideje", a Szentlélek kora. Jézus Isten Igéje, Isten Igazsága. De a tanítványok még nem tudják felfogni a teljes igazságot (és mikor tudják majd?!). A „teljes igazság" nem valami elmélet, valami hitrendszer, hanem Isten megjelenése Jézus személyében. Jézust „megdicsőíteni" — isteni küldetésének láthatóvá tétele és művének befejezése. A Szentlélek nem hoz új evangéliumot, de nemcsak emlékeztetni fogja a tanítványokat Jézus szavára és tetteire. Ez az emlékeztetés belsőbb, mélyebb beavatás lesz Isten belső szentélyébe. (Ide tartozik az egyházi Szenthagyomány őrzése, kifejlesztése, a hittételekben értelmi és élményi gazdagodás is — nem megváltoztatás és felcserélés, nem „új evangélium".) A Szentlélek által Jézus nyíltan hirdeti az Atyát: az Úr távoztával tehát semmiképpen *nem* zárult le („fagyott be") a kinyilatkoztatás. Tanai és főleg tettei mint mustármag fává terebélyesednek, mindig ugyanazok és egyre gazdagabbak: A Lélek kiáradása pünkösd reggelén nem lezárás, hanem kezdet. *(16,13: Jn 14, 6.16-17.26; 16,7; Róm 8,14-16 ▫ 16,15: Jn 17,10; Mt 11,27; Lk 15,31)*

Elmélkedés

Lelkünkön „Isten képe": A Szentháromság hasonlata

Figyelj, hallgatóm, igazat mondok-e! Ugye van tested? „Van", mondod. Honnan jössz, hol állasz, hová mégy; mitől van, hogy hallod szavaim, ugye füleden át? Látod mozgó ajkam: ugye testi szemmel? „Van!" — mondtad már, mit is bizonyítgatom?! De van más valami is, a test által működő. Füllel hallasz, de nem a füled hallja és érti meg! A halott szeme nem lát, mert elköltözött a *látó*! Nézd hát ezt a belső emberedet! Miért ott keresed a hasonlatát annak, Akit Háromként elválasztva bizonyítunk, és elválaszthatatlan működik. Mije van lelkednek? Emlékezz, szedd össze elmédet! Mert amit mondandó vagyok, nem követelem, hogy szavamra hidd, ne fogadd el, ha magad rá nem jöttél! Nézz befelé, lelkedbe!

Távol áll a Legfőbbtől az alsó, a változatlantól a változékony, teremtőtől a teremtmények, isteniektől emberiek. *Elsőnek* tehát beléd vésem: *végtelen különbség* áll fenn; — nehogy megvádoljanak hamis tanokkal! — De ez alacsony, változgató természetünkben is van valami hármas, melyekről egyenkint szólhatunk, de csak együtt működhetnek. Óh testies gondolkodásunk, óh makacs hűtlen lelkitudatunk! Mit kétkedel abban a végtelen Fönségben affelől, amit magadban is valahogy láthatsz!? Kérdezlek: Ember, tudsz *emlékezni*? Ha nem, most hogy tartod észben, amit épp előbb mondtam? Legalább ezt: „mondtam" — e két szótagot most még belül emlékként hallod? Hogy tudnád, hogy *kettő*, ha a második hangzásakor még az első nem élne benned? De miért győzködöm, miről győznélek meg? Nyilván *van* emlékezeted! Van hát *értelmed*? „De mennyire!" — mondod. Mert ha nem lenne, föl se ismernéd, hogy „ez az", amire emlékszel. Amit belül hordasz, arra rátér az értelmed, látod, belátod, látva megformálod, hogy tudod... Harmadjára kérdelek: Van megőrző emlékezeted, van ráismerő, meglátó értelmed, — csak e kettőről kérdem: *szándékkal* őrizted meg, értetted meg? „Hogyne, — mondod, — szándékkal nyilván!" E három van benned elválaszthatatlan: emlékezés, értés, akarás — külön néven a három mégis egység.

Nincs emlékezet, hacsak nem az akarat, értelem és emlékezet hozzájárulásával. Nincs értés, hacsak valamire rá nem lát, hacsak nem akarja... Van valami, *Valaki Három*, külön megközelíthető, megszólítható és mégis elválaszthatatlan együttműködő. Ha magadban, kis emberben, fölfödözted ezt, ahol a törékeny test is lehúzza a lelket: hidd az Atyát, Fiút és Szentlelket: hogy egyenkint látható a láthatatlanul együttvaló; fölvett teremtmény természetben külön megközelíthető s mégis együttműködő egy lényeg. Elég ennyi! Hogy mondhatnám, — dehogy mondom! — hogy az Atya: emlékezet, a Fiú: értelem (bölcsesség), a Szentlélek: akarat (szeretet)! Valami dereng; de nem merem mondani, hogy értsétek, ahogy tetszik. Hagyjuk a többit *fölöttünk álló értelmeknek, mi gyöngék* adjuk a gyöngéknek, amit tudunk! Nem egyenlőség ez, csak analógia, „valami hasonlóféle"... Hidd az *ezen felülit*, amit be nem látsz!... Mert ami *benned* van, ismerheted; — az alkotódban mi van, hogyan tudhatnád? Még ha *egyszer* valamit tudsz is *majd*, most még nem tudod. És ha majd tudod, és látod, vajon úgy ismerheted-e Istened, ahogy Isten önmagát ismeri?! Kedveseim, elegendő! Erőnk szerint erőlködtünk, ahogy próbálni ígértük. A többit, a *Mindent, ami még hozzá mondandó*, hogy szíveteket élessze: — kérjétek az Úrtól! *(Sz Ágoston: 52. beszéd)*

†

Ki érti a mindenható Szentháromság titkát? Pedig ki nem emlegeti? Ha ugyan tényleg azt említi, mert jaj, ritka lélek beszél úgy róla, hogy tudja is, mit beszél!

Tele a világ sok pörös zajjal, pedig ezt a titkot csak csöndes békében lehet szemlélni. Szeretném, ha az emberek három dolgot meghánynának-vetnének. Egészen más persze ez a három, mint ama Háromság, de éppen azért adom elibük, hogy fontolgatva, elmélkedve megértsék, milyen messze esik az ember egysége a Szentháromságétól. E három dolog: lenni, tudni, akarni.

Vagyok, tudok, akarok, vagyis: tudó és akaró vagyok; továbbá tudom, hogy vagyok és akarok, s végül: akarok lenni és tudni. Íme, csak aki ért hozzá, látja, mennyire egységes egy ez a három az eleven valóságban; egy, mint élet; egy, mint lélek; egy, mint lényeg; mennyire különböznek, s mégis a különbség mennyire nem tűri meg a szétválasztást!

Ez a példa mindenkinek keze ügyében van; figyelje meg tehát ki-ki önmagát, vizsgálódjék és feleljen! Ha azonban valaki nyitjára jön e dolognak, s nekem el is magyarázza, eszébe se jusson az a gondolat, hogy immár talán ama fölöttünk lévő Változatlannak is kileste titkát. Mert annak létezése is, értése is, akarata is változatlan; de hogy e három dolog alapja-e ott a Háromságnak; vagy minden személyben megvan-e mind a három úgy, hogy mind a három külön-külön mindegyik személyé, ki tudná hamar eldönteni? Vagy mindkét feltevés igaz amaz örök-titkos módokon egyszerűségében is, háromságában is végtelen Lényben, amely önmagának tárgya és célja, mert van, önmagát ismeri, s önmagát örökváltozatlanul ki is elégíti saját egymivoltának nagyszerű bőségével? Meg tudja-e ezt valaki magyarázni? Mer-e valaki e tárgyban vakmerően véleményt mondani?

Folytasd, hívő lelkem, vallomásodat: „Szent, szent, szent vagy Uram, Istenem. A Te nevedben kaptuk a szentkeresztséget, Atya, Fiú és Szentlélek; a Te nevedben keresztelünk, Atya, Fiú és Szentlélek; — mert minálunk is Egyszülöttjében teremtett az Úr eget és földet: Egyházának lelki és testi embereit. *(Sz Ágoston: Vallomások, 13:11)*

Boldog Temesvári Pelbárt, ferences hittudós és tüzes hitszónok, †1504

SZENTHÁROMSÁG VASÁRNAPJA UTÁNI VASÁRNAP

KRISZTUS SZENT TESTE ÉS VÉRE ÜNNEPE: ÚRNAPJA

I: Kenyeret és bort ajánlott föl. S: Jézus szent Teste és Vére az Ő áldozatát hirdeti. E: Mindnyájan ettek és jóllaktak a csodálatos kenyérből.

Isten nem maradt láthatatlan. A teremtésben ott látjuk ragyogó lábnyomait. Az embert a maga képére és hasonlatosságára alkotta. Ehhez a legnagyobb vállalkozásához, az emberteremtéshez jött a második és még nagyobb: Fiának megtestesülése. A harmadik nagy tette, mikor Fia testté lett, s testvéreiért az Élet Kenyerének színét öltötte föl, élő „Kenyérré" akart válni. (Prohászka Isten „excessusairól" — magából-kilépéseiről, kikeléseiről beszél: teremtés, megtestesülés, és a rákövetkező, az Oltáriszentség.) Aki ebből a Kenyérből eszik, átváltozik azzá, amit magába vesz (minden más kenyér a befogadóhoz hasonul, ez az isteni Kenyér a befogadót hasonítja át — istenivé). Az áldozó Isten szeretett Fiává lesz! Az Eucharisztiában, az Oltár Szentségében befejeződik, amit megkezdett a keresztség...

Első olvasmányhoz 1Mz 14,18-20

Melkizedek, Sálem (=Jeruzsálem) királya és főpapja az Ószövetség e helyén kívül (1Mz 14) még a 110. zsoltárban tűnik föl, s mindkét helyen titokzatosan fölmagasztosult papságában. Itt Mózesnél, „a magasságbeli Isten papja", egyazon Istené, kit Izrael Jahve néven tisztelt. Melkizedek Istent „ég és föld Alkotójául" tiszteli, kinek temploma az egész világ. Igaz Isten papja tehát, de rejtélyesen *kívül áll* Ábrahám népén. Most a föld legnemesebb termését hozza áldozatul az Úrnak: kenyeret és színbort; — még mielőtt frissítőül ajánlaná föl vendégének, Ábrahámnak. Pap és király ő — magában egyesíti a kettős fölszentelést, melyet később Áron és Dávid ivadékai közt szétválasztottak, s mely csak Krisztusban egyesül újra. Így Melkizedek, ez a „szent pogány" (mert nem zsidó) előképe Jézus Krisztusnak és az Ő áldozatának, a Kenyérnek és Bornak. Előképe egy jövő új áldozatnak, amely napkelettől napnyugatig az egész világon Istenhez fog szállni (vö. Mal 1,11).

Válaszos zsoltár Zsolt 110(109),1.2.3.4

Királyi papság

Szentleckéhez 1Kor 11,23-26

E szöveg az apostoli hagyomány legrégibb leírása az Oltári Szentség alapításáról. Sz Pál azon alkalommal szól róla, hogy a korintusi hívek a Szentségi áldozatot ünneplik ugyan, de a megelőző közös lakomán tapintatlanul megsértik az egyházi közösség szegényebb tagjait. Kevésbé van szó a tanról, inkább e gyakorlatról. (A tant magától értetődőnek jelzi, tehát közismertnek.) Nem lehet Krisztussal szentségi egységet élvezni, s ugyanakkor sérteni a testvéri szeretetet, semmibe venni a szegényt, akiért Krisztus meghalt! A Szentség az üdvösség ajándéka; az üdv: az Úrral való találkozás, aki mindnyájunkért föláldozta magát, és újrajövén mindeneken ítélni fog, s főleg aszerint, hogyan tisztelték az „Úr testét" — *méltó* áldozásban: a Szentségben és a testvérekben. (*Lk 22,14-20; 1Kor 10,16-17; 2Mz 12,14; 24,8; Zsid 8,6-13; Jer 31,31*)

Evangéliumhoz Lk 9,11-17

Mint más csodajeleivel is, az ötezer táplálásával az Úr a küldetését magyarázza és megerősíti: Isten uralma, hatalmi igénye és üdvözítő terve nem a múlté, hanem itt van jelen, és új, végleges megvalósulásra készül. Jézusnak van hatalma és van szíve: isteni hatalma, isteni szíve. Ha kérdezzük: „Hogy volt ilyen csoda lehetséges?" vagy: „Mire való volt az egész?" — vaksi a szemünk-agyunk! Mit tudsz te isteni lehetőségekről, mit a természetről (még az „atomkorban" is)?! Jézus korábbi kenyércsodákra akarta emlékeztetni híveit (kik még az Ószövetség hívei): főleg a pusztai vándorlás mannájára (2Mz 16; Jn 6,26-58). Ott a pusztában lett Izrael Isten népévé, Isten pedig nem hagyja éhezni a népét! De itt többről van szó: Jézus nemcsak éhezni nem hagyja Isten készülő új népét, hanem, ahogy Lukács előadja a kenyérszaporítást, tisztán jelzi, hogy az Oltári Szentségre utalás az! Ez kivált a 9,16 versben látszik: föltekint az égre, megáldja, megtöri a kenyeret, s kiosztja híveinek: lépésről-lépésre az utolsó vacsora! És utalás az ősegyház Szentségi áldozatára, ünneplésére, ahogy Lukács *jól ismerte már*. (*Mt 14,13-21; Mk 6,30-44; Jn 6,1-13; Iz 25,6*)

Szentségre várva

„Fölajánljuk Fölségednek ezt a tiszta, szent és szeplőtelen áldozati adományt, az örök élet szent Kenyerét és az örök üdvösség kelyhét. — Nézd kegyes és jóságos szemmel, és fogadd el, amint elfogadtad igaz szolgádnak, Ábelnak ajándékát, ősatyánknak, Ábrahámnak áldozatát, és azt a szent és szeplőtelen áldozati adományt, amelyet főpapod, Melkizedek mutatott be Néked." (I. kánon = szentségi főima)

Elmélkedés

Szentmise: Keresztáldozat

A szentmise áldozati adománya ugyanaz a Krisztus, aki a keresztfán fölajánlotta magát, hiszen ő van jelen valósággal az Oltáriszentségben. Ő az áldozatbemutató pap, mert fölötte hatalommal senki sem rendelkezik, s nem teheti oltárára ajándékul, hacsak maga nem jön s nem adja magát. Igaz, hogy ebben a megjelenésében és önmaga felajánlásában most igénybe veszi papjainak szolgálatát, de azok csak eszközök az ő kezében.

A lényegi azonosságot azonban az a tényező mutatja döntően, ami az adományt áldozati adománnyá teszi, az áldozat leglényegesebb mozzanata, *a szándék*: az akaratnak tudatos és teljes odaadása az Isten iránt, mindenestől való önátadás és csatlakozás az Istenhez. Ez a lelkület lobog Krisztusban a keresztfán. Csak valami módosítás még hozzájárul. *Teljes önátadása* egyúttal ellenszolgáltatás a mi Istentől való elfordulásunkért, teljes hódolata váltságot szerző imádás a mi lázadásunkért. S mi másra akarna utalni, mikor az ő testének és vérének Eucharisztiáját áldozatul adja kezünkre, mint éppen erre a tényezőre? Szavai ezt mondják; a *megtört test* és kiontott vér a „*bűnök bocsánatára*" adatik itt is, mint a keresztfán. S a bocsánatot igazában csak az az egyetlen, a keresztfán kicsattanó imádás vásárolta meg. Ezt az imádást akarta tehát belesűríteni az Úr az ő Eucharisztiájába.

Egész liturgiájában kétségtelenül a legjelentősebb esemény, hogy Krisztus *megjelenik az oltáron* a kenyér és bor színe alatt az átváltoztatáskor. Ezt kell tehát a mise tulajdonképpeni áldozati cselekményében a leglényegesebb mozzanatnak tekintenünk. S az Úr Jézus itt azt teszi, hogy megjelenik az ő házanépe között, földi országában, Egyházában. S megjelenésével elsősorban azt a szándékát dokumentálja, hogy rábízza, *kezére adja* magát ennek az Egyháznak: éljen vele a lelkek üdvösségére. A tridenti zsinat szerint — a szentmise, s benne épp a két szín alatt történő átváltoztatás „megjeleníti a keresztfán egyszer bemutatandó... véres áldozatot". Nem ismétli, *nem újrázza, hanem előttünk is jelenlevővé teszi* azt az egyetlen krisztusi tettet szentségi jelek fátyola alatt, de valósággal.

Így azután láthatjuk, hogy igazán nincs más áldozata a kereszténységnek, mint az Úr Krisztus keresztáldozata. Ez az új és mindig friss krisztusi tett és szándék valóság lévén alkalmas arra, hogy létalapot adjon a megszámlálhatatlan egyes miséknek, s egyúttal reális lehetőséget biztosítson minden kor számára, hogy az ember itt és most tudjon odaállni Istene elé olyan áldozattal, ami a Fölséges színe előtt is végtelen értékű, végtelenül kedves: igazán hozzá illő teljes hódolat és imádás a legsúlyosabb realitással, az Isten Fia életének fölajánlásával nyomatékozva. *(Szamek József; Bangha: Eucharisztia c. kötetben, 60)*

†

Krisztus itt él velünk

Krisztus szentségi életében megismétlődik az *utolsó vacsora* titka is, mégpedig a szó legteljesebb értelmében. Hiszen a szentmise nem egyéb, mint annak emléke, amit Jézus az utolsó vacsorán cselekedett. Megismétlődik a Kálvária titka; mert az Egyház tanítása szerint a szentmiseáldozat a keresztáldozattal lényegesen azonos, ennek titokzatos megújítása, s attól csak a feláldozás módjában különbözik.

De Krisztus földi életének egyéb mozzanatai is titokzatos módon, más-más alakban megismétlődnek eucharisztikus életében: rejtett élete, erényei, melyeket földi életében gyakorolt, még nyilvános életének mozzanatai is.

S amikor Krisztust a szentségben nyilvános imádásra kitesszük, vagy a városok terein és a falvak utcáin ünnepi körmenetben körülhordozzuk, nem ismétlődik-e titokzatos módon fényes színváltozása a hegyen, ünnepélyes bevonulása Jeruzsálembe? Minden beteglátogatás a szentséggel Jézus irgalmas földi körútjának megismétlődése, amikor „körüljára minden várost és falut, meggyógyítva minden betegséget és minden nyavalyát" (Mt 9,35). Az Eucharisztia Jézus földi életének titokzatos folytatása.

Azért Krisztus követésében is megkülönböztethetjük Krisztus földi és eucharisztikus életének utánzását. Utóbbit főleg Alacoque Sz Margit természetfölötti küldetése segítette elő az Egyházban [magánkinyilatkoztatások Jézus Szent Szívéről].

Krisztus földi élete más alakban is ismétlődik itt. Krisztus titokzatos módon tovább él Egyházában és minden lélekben, mely a megszentelő kegyelem által vele, a szőlőtővel, életközösségben él, vele, a fejjel, élő kapcsolatban marad. Ez a „titokzatos test" dogmája, Sz Pál, Sz János és a szentatyák tanításának egyik alapköve. „Van *egy* ember, mondja Sz Ágoston, aki az idők végezetéig él." A legmagasztosabb lelki tanulságok tárulnak fel előttünk, melyeket nemcsak hinnünk és élveznünk, hanem gyakorlati lelkiéletünk rúgóivá és forrásaivá is kell tennünk. *(Csávossy Elemér; Bangha: Eucharisztia c. kötetben, 77)*

Pázmány Péter érsekprímás,
Magyarhon második apostola, †1637

PÜNKÖSD MÁSODIK VASÁRNAPJA UTÁNI PÉNTEK

JÉZUS SZENT SZÍVE ÜNNEPE

1: Az Úr gondot visel híveire: mint igazi jó pásztor szívügye a nyáj és minden bárány. S: Isten szeretete kiárad szívünkbe. E: Az elveszett után megy, amíg meg nem találja.

Az irgalmas Istenről szóló híradást „jóhírül" csak a bűnösök tudják igazán fogadni. A farizeusok és írástudók „igazhitű nép" volt, jámbor és törvénytisztelő. Ezek Jézus magatartását a bűnösök felé éppoly bosszantónak találták, mint ezt a „jóhírt". Bűnösnek kell lennünk, hogy Isten irgalmát megérezzük és fölfogjuk? Nem kell *azzá lennünk*; csak megsejtenünk Isten végtelen szent voltát, és tudnunk, hogy *bűnösök vagyunk*! Nagyon is bűnösök ahhoz, hogy fölfogjuk az irgalom mérhetetlen nagyságát, amely Krisztusban hozzánk, bűnösökhöz jön...

Első olvasmányhoz Ez 34,11-16

Izrael pásztorai, azaz királyai és vezetői kudarcot vallottak. Visszaéltek hatalmukkal, nem törődtek a gyöngével, szegénnyel, csak magukat hízlalták. Ezért eljött rájuk az ítélet napja, a „sötét és komor nap", Jeruzsálem földúlása (Kr.e. 587). De most Isten maga lesz népe pásztora, maga vezeti vissza őket hazájukba, és kivált a gyöngére, elhagyottra lesz gondja. A folytatás még közli, hogy Isten egyetlen Pásztort rendel majd népéhez, s új szövetséget köt velük. Mikor és hogyan, ezt nem mondják meg a látnokok. Jézus a végső válasz, és benne teljesedik be az ígéret. *(Iz 40,11; 54,7-10; Jer 23,1-4; Jn 10,1-18; Lk 15,4; Zsolt 23,2)*

Válaszos zsoltár Zsolt 23(22),1-3.3-4.5.6

Az Úr az én pásztorom

Szentleckéhez Róm 5,5-11

A Lélek pünkösdi elküldése és a keresztség Isten üdvözítő szándékát bizonyítja. Szeretete egyenest személyesen jött hozzánk és akkor, mikor „mi még bűnösök voltunk". Tévesen hinnők azt, hogy Istennek ki kellett békülnie velünk: Ő mindig szeretett, különben nem halt volna meg a Fia értünk. *Nekünk* kellett kiengesztelődnünk Istennel, „meg kellett igazulnunk", és Isten volt, ki igazzá akart tenni, hogy ne kelljen kiöntenie haragját. Sz Pál két következést von le ebből: 1. — Ha Isten oly sokat tett értünk, mikor még bűnösök voltunk, akkor most csak kibékülve tudunk igazán számítani végtelen szeretetére! 2. — Semmi dicsekedni valónk nincs, mi nem dicsőíthetjük meg magunkat, csakis az Isten megfoghatatlan szeretete teheti azt, amely Jézusban elénk jött. *(5,5: Róm 8,14-16; Gal 4,4-6; Ez 36,27; Ef 3,16-19 ▫ 5,6-8: Róm 3,25-26; 1Pt 3,18; 1Jn 4,10.19; 2Kor 5,18-21)*

Evangéliumhoz Lk 15,3-7

Újra „mentegetőznie” kell Jézusnak a jámborok előtt, mert vámosokkal és bűnösökkel társalkodik. Igazolja magát küldetésével, azt is mondhatnónk: a Szívével! Orvosul jött, a betegek gyógyítására; pásztorul, hogy elveszett bárányait fölkutassa. Nincs nyugta, míg rájuk nem lelt. Még a „mennyben” is, tehát Istennél is, az öröm nem teljes, amíg akad egy elveszett bűnös. A menny minden alkalommal ragyogóbbá lesz, a föld barátságosabbá, valahányszor egy lélek, ki eltávolodott Istentől, a „bűnös”, újra feléje fordul és hazatér. Erről már az Ószövetség prófétái is szóltak, de csak Jézusban lett ez üzenet látható, megfogható: Akiben mindenek teljessége lakozik (Kol 1,19). *(Mt 18,12-14; Ez 34,11-16; Jn 10,1-18; Lk 19,10)*

Szentségre várva

A Jó Pásztor életét adja juhaiért. — „Én vagyok a Jó Pásztor. Ismerem enyéimet, s enyéim ismernek Engem, úgy ahogy az Atya ismer Engem és Én ismerem az Atyát.” (Jn 10,14-15)

Elmélkedés

Ima Jézus Szívéhez

Drága kincs a te Szíved, drága igazgyöngy, jóságos Jézus! Ki vetné el ezt a drágagyöngyöt? Íme én odaadom mindenemet, és megszerzem magamnak. Az Úr Jézus szíve legyen minden gondolatom. Ebben a templomban, e szentek szentjében, ennél a frigyszekrénynél imádom és dicsérem az Úr nevét, és Dáviddal mondom: Megtaláltam az én Szívemet, hogy imádjam Istenemet.

Én is megtaláltam a királyi Szívet testvéremnek, kegyes barátomnak, Jézusnak Szívét: hogyne imádnám? Imádom is, hisz az ő Szíve az enyém. Bátran mondom, hogy az enyém, hisz tagja vagyok a Krisztus testének, hogyne volna tehát az enyém, ami az övé! Megtaláltam hát a te Szívedet és az én szívemet, óh édes Jézus, és imádlak tégedet, én Istenem. Bocsásd be könyörgésemet a meghallgatás szentélyébe, vonj engem egészen Szívedre. Egészen moss meg engem gonoszságomtól, hogy méltóvá legyek Szívedben lakni egész életemben: hiszen azért verték át lándzsával oldaladat, hogy ajtó nyíljék a számunkra. Azért sebezték meg Szívedet, hogy benne lakhassunk. Azért sebezték meg, hogy a látható seben át meglássuk a szeretet láthatatlan sebét.

Valóban, nem mutathattad volna meg jobban szeretetedet, mint hogy nemcsak testedet, de szívedet is lándzsával engedted átszegni. Azért a testi seb megmutatja nekünk a lelkit. Ki ne szeretné ezt a lelkit? Ki ne szeretné ezt a megsebzett Szívet?

Óh drága szenvedés, óh csodálatos halál. Van e csodálatosabb, mint hogy a halál életet ad, a sebek gyógyítanak, oldalad megnyitása szívet szívvel egyesít. Óh édes halál, óh gyönyörűséges halál. Nem akarom elhagyni a kereszten függő Jézust, mert jó vele lennem. Készítek nála három hajlékot: egyet kezén, egyet lábán és egyet oldalában. Ott szólok majd az ő Szívéhez, és megnyerem tőle, amit kívánok. Óh mi Urunk Jézus Krisztus drága sebei! Ha beléjük költözöm, szeretetének legmélyére érek. Ott fogok lakni, és ő eláraszt oly nagy édességgel, hogy el sem tudom mondani. Óh mily vakok Ádám fiai, hogy nem akarnak e sebeken át az Úr Jézus lelkébe költözni. Óh boldog lándzsa, boldog szegek, melyek méltók voltak az Úr testébe hatolni! Ha én lettem volna ama lándzsa helyében, nem hagytam volna el Krisztus oldalát, hanem azt mondtam volna: Ez az én nyugodalmam mindörökre, itt akarok lakni, mert ezt választottam a magam számára. Amen. *(Sz Bernát imája, Sík: DB, 131)*

†

Jézus Szentséges Szívének ígéretei

Intelem: „Tüzet jöttem bocsátani a földre, és mit akarok, mint hogy meggyulladjon?" Az Úr Jézus szeretete irántunk mérhetetlen. Majdnem ugyanolyan mérhetetlen a mi hálátlanságunk is. Dacára annak, hogy úgy szerette az Úr Jézus a bűnös embert, hogy még halála után is szíven szúratta magát érettünk azért, hogy utolsó csepp vére is kifolyjon üdvösségünkre, — elfeledjük szentséges Szívének szeretetét, bántjuk, keserítjük napról-napra. Hogy az emberek ismét lángoló szeretetre gyulladjanak Jézus iránt, ő maga kívánta Alacoque Sz Margit által a XVIII. században a Szentséges Szíve iránt való ájtatosság terjesztését s a következő ígéreteket tette:

„1. megadom Szívem tisztelőinek mindama kegyelmeket, melyekre állapotuk szerint szükségük van; — 2. családjukban békességet szerzek; — 3. megvigasztalom őket szenvedéseikben; — 4. biztos menedékük leszek életükben, de főleg haláluk óráján; — 5. minden dolgukat, vállalatukat megáldom; — 6. a bűnösök Szívemben az irgalom forrására, tengerére találnak; — 7. a lanyha lelkek buzgókká válnak; 8. a buzgó lelkek még nagyobb tökéletességre emelkednek; — 9. megáldom a házakat, melyekben Szívem képét kifüggesztik, tisztelik; — 10. a papoknak olyan erőt adok, hogy még a legmegrögzöttebb bűnösöket is megtérítik; — 11. Szívembe írom és onnan soha ki nem törlöm azok nevét, akik ezen ájtatosságot terjesztik; — 12. Szívem túláradó irgalmasságában megígérem, hogy mindazoknak, akik kilenc egymásután következő hónap első péntekjén megáldoznak, megadom a végső állhatatosság kegyelmét, hogy tudniillik nem fognak szentségek nélkül kimúlni, és hogy Szívemben biztos menedékhelyük lesz haláluk óráján."

Valóban vigasztaló szavak!

Hála Isten, ez a szeretetteljes, imádó tisztelet Jézus szentséges Szíve iránt ma már szépen virágzik a hívők nagy lelki hasznára. Minden hónap első péntekjét Jézus szentséges Szíve tiszteletének szentelik. *(Böle: Rózsafüzér Királynője, 179)*

ÉVKÖZI 2. VASÁRNAP

I: Az Úr úgy szereti választott népét, mint a vőlegény menyasszonyát. Sion és Jeruzsálem a választott nép jelképe. S: Egy és ugyanazon Lélek osztogatja a különböző adományokat tetszése szerint. E: Jézus első csodája a galileai Kánában.

„Minden mulandó csak hasonlat" (Goethe): a víz és a bor, a szerelem és a házasság is. Rosszul jár az ember, ha kifogy a víz, vagy kihűl a szeretet.

Jó a bor, és jó a házasság. Mindkettő a földi „jelek" rendjébe tartozik: tehát magasabbra mutat, olyanra, ami maradandó. Vágyódást keltenek a forrás, a tenger felé: Isten öröme felé.

Első olvasmányhoz Iz 62,1-5

A babiloni fogságból való szabadulás után (Kr.e. 538) a hazatérőkre nagy ínség várt, a kezdet nagyon nehéz volt. Mi segíthetett? Hová maradt az ígért dicső üdvösség? A próféta, ki ez időkről szól, tudja, hogy a hit felelhet. A válasz pedig: a remény! A próféta nem hallgathat, nagy szavakat és neveket keres, hogy kifejezze: Isten szereti Jeruzsálemet, a várost és népét, hogy ez a szeretet a fő isteni ajándék és a jövő boldogságának záloga. A mai vasárnapi olvasmány Istennek népe iránti végtelen szeretetéről szól, és az evangélium kánai mennyegző elbeszélésére utal: a földi lakodalmat isteni jelképpé teszi. *(62,1: Iz 62,6-7; 63,7-9; 46,12-13 ▫ 62,2-3: Iz 52,10; 60,2-3.13-14; Jer 33,16; Ez 48,35; Bár 4,30; Iz 49,15-16 ▫ 62,4-5: Oz 2,25; Róm 9,25-26; Iz 49,14; Jer 3,1-13; Szof 3,15-17)*

Válaszos zsoltár Zsolt 96(95),1-2.2-3.7-8.9-10

A világ Királya és Bírája

Szentleckéhez 1Kor 12,4-11

A mai vasárnappal kezdődik a korintusi levél fölolvasása (1Kor 12-15). Itt az apostol előbb az egyház különféle lelki ajándékairól beszél; az adományok különbözők, de nincs ok viszályra. Isten gazdagságából s annak a Léleknek a szeretetéből áradnak, kit a Fiú küldött nekünk az Atyától. Minden hívő Isten-adta ajándékaival az egész Egyházat kell, hogy szolgálja. *(12,7: Iz 11,2; 1Kor 12,28-30; Róm 12,6-8 ▫ 12,8-10: 1Kor 2,6-16; 13,2; 1Jn 4,1-3; ApCsel 11,27; 2,4)*

Evangéliumhoz Jn 2,1-12

Ahogy a napkeleti bölcsek és Jézus keresztelkedése, úgy a kánai mennyegző csodája is „epifánia-esemény": Isten-jelenés, Jézus személyében Isten fönségének fölragyogása. És minden rákövetkező csoda: „jel", Jézus titkának kinyilvánulása. Az *első isteni „jelhez"* Anyja, *Mária* adja az indítást. Ő, ki a remélő és kérő Egyház képe. És Mária áll majd a kereszt alatt is, mikor Fia „órája" teljesen eljön. Jézus „órája": az ő messiási működése, és főként a keresztre magasztaltatása, az Ő fölemelkedése e világból az Atyához, a Megdicsőülésbe. *(2,1-5: Jn 19,25-27 {1Mz 3,24}; 1Mz 41,55 ▫ az „óra": Jn 7,30; 8,20; 12,23.27; 13,1; 17,1 ▫ 2,10-11: Lk 5,37-39; Jn 4,54; Jn 1,14)*

Szentségre várva

Kánában Jézus borrá változtatta a vizet; mikor eljött az órája, tanítványainak a „jó Bor" kelyhét nyújtotta: „Vegyétek és igyatok ebből mindnyájan, mert ez az Én Vérem, az új és örök szövetség Vére". Itt ez első, s ott a legnagyobb (mindennap visszatérő) csodája egyképpen a bor átváltoztatása. Így a legelső csoda is bevezető tanítás az Oltáriszentséghez, amelynek minket is meg kell *változtatnia!*

Elmélkedés

Kána: A Mindenkor Segítő Boldogasszony első csodája (Szent Fia által)

Van egy kedves Madonna-arc, a Mária-Mercedes, a Segítő Mária! Ez a Szent Szűz megjelenik három szent férfiúnak nehéz álmaikban, hogy buzdítsa őket a pogányok alatt nyögő keresztények kiváltására, ha kell, saját szabadságuk árán is. (És megjelenik egyre híva és hívatlan.)

Hogy képzelem el magamnak ezt a Szent Szüzet? Ég az arca, szent tűz hevíti keblét, segíteni jön, s gondolom, hogy „gyorsan jön", mint egykor [Erzsébethez]. A szent szeretet sürgeti, a könyörület lágyítja el szívét. Szemei előtt a rabtartók pincéi, azokban sok hervadó szív, sok elkeseredett s fohászkodó ember. Ave Maria... suttogják, ó segíts, ki minket nyomorogni látsz. Láncok csörömpölését hallja, s azalatt más rabságra is gondol, melybe a szenvedés, a kétely, a kétségbeesés taszítja az embert. Mi lesz velünk? Elfonnyad a lelkünk is... („óh irgalmas, óh kegyes, óh édes Szűz Mária!"). A Szent Szűz ezt el nem bírja, imádkozik, s jelenésben közli szent szívének lágy, erős s tevékeny szeretetét.

Szeretete lágy. Sokan látják az élet éjtszakai oldalait, hallják a panaszt, de lelkük nem veszi be. Nincs érzékük, gyengédségük. Mások nyögnek alatta, álmodnak vele, égeti őket az embernek kínja. Mi ez? — nehéz megmondani; alighanem finom, nagylelkű természet s gyengéd, mélységes kegyelem. Nevelik ezeket a körülmények, benyomások, tapasztalatok. Gondoljunk Szent Pálra, Amiensi Péterre, Klávér Szent Péterre. Sürgeti, hajtja, édesen kínozza őket Krisztus szeretete.

Szeretete erős; áttör a nagy tömeg érzéketlenségén, s fönn nem akad rajta, hogy csak kevesen tesznek, dolgoznak, áldoznak. Sebaj; ösztönszerűen tudja, hogy érző, lelkes szívek a haladás tűzhelyei, s hogy nemes lelkekből sugárzik a fény a nagy tömegek szellemi éjébe. A géniusz nem mindenkit csókol meg, az Isten sem. De aki érzi csókját, az nem panaszkodik ezért... Csókolj meg, Uram, adj lelket, gyullaszd föl szívemet; ha megszenvedek is érte, mégis boldog leszek. Zászlómon a jelszó: „Auspicium melioris aevi" [Szebb idők előjele]; harcaim, küzdelmeim biztatnak, hogy jobb lesz majd a világ, legalább az, amelyikért szenvedünk s áldozunk.

Szeretete tevékeny, nem tűr akadályt. Hisz lelkek szenvedése öntözi, s a nyomorúság földjére süti le szemét. Amit látott, az bele van égetve lelkébe; attól serken vére, szivárog könnye. Tövises az ilyen Illések és Pálok útja, s párnájuk kereszt és szegek. De az Isten gyönyörködik bennük: lelkük illat neki, s ha kilehelik lelküket, szívébe fogja föl azt...! *(Prohászka: ÖM, 7:453; 224)*

†

Máriához

A Paradicsomból kizártuk magunkat, ám te Mária, te fölnyitád az Élet-Fához nyíló kaput. Te Híd vagy, — át az életbe, te Lépcső, — föl a mennyekbe! Óh szeplőtelen Szűz, tiszta és fönséges, Te ments és védj, mert bűnömért reám is les az örök kárhozat-tűz! *(Damaszkuszi Sz János: Mária)*

†

Legyen nekem te Igéd szerint!

Általad, óh szentséges Úrnőnk, volt biztosítva az emberfajnak minden dicsőség, tisztelet meg szentség; s Ádámtól végsőkig megadatik: apostoloknak, prófétáknak, vértanúknak a kegyelem kiárad, s minden igaz, alázatos szívűnek!

Egyazon Személy, ki az Atyának egyszülöttje, egyszülöttje Máriának is! S mindaz, ki őket szétválasztja, magát választja el az Isten országától.

Ha valaki tagadja, hogy Máriának egyszülöttje Isten, azt soha nem fogadja az Egyszülöttnek Istensége ott fenn! *(Sz Efrém)*

†

Mária közbenjárása

Egy szelíd Szűz, ki Istennek adott méhében szállást — mintegy bérül, — kívánja: békét e világra, üdvösséget a veszendőre, életet halálra menőnek. *(Aranyszavú Sz Péter)*

†

Házasságról

Isten adott Ádámnak nem szolgát, nem is úrnőt! Egyenlőt: nem fej vagy a láb nyílt meg, de az oldal. *(Sz Ambrus)*

Mint házas feledet vágyol föllelni a nászon, — oly szűzin magadat tartsd neki nászod előtt. *(Sz Ágoston)*

A *házas* aktus (nemi élet) — akár az igazságosság erénye folytán, — hogy a másik fél jogos igényét megadja, akár a szentség erejéből, hogy gyermekek szülessenek Isten dicsőségére — mindkét okból érdemszerző (erényes) tett. *(Aquinói Sz Tamás)*

Aki a házasságot elítéli, mindenfajta ocsmányságot szabadjára enged... Vedd el ezt a tisztes, ártatlan szentséget, a nász szentségét az Egyháztól, — és mindenféle kicsapongásba taszítod a lelkeket! *(Sz Bernát)*

Mit törődik ördög azzal, hogy valaki így vagy amúgy tévelyeg; azon örül csak, — mindegyik maga ízlése szerint botorkál. — Mit ér a szűzi ép test, ha lélek megromolva? Alázatos hű házasélet kevély szüzeknél többet ér! *(Sz Ágoston)*

†

Jézus Szíve

Járuljunk hát az Ő Szívéhez, magasztos Szívhez, titokzatos Szívhez; a Szívhez, mely mindennel gondol és mindent tud-érez; a Szívhez, mindent szeretőhöz! Szeretet-tűzben emésztődik, legyünk mi is, járulva Hozzá, *szívszerűek*. *(Sz Bernát)*

ÉVKÖZI 3. VASÁRNAP

1: Ezdrás pap felolvasott az Úr törvényének könyvéből, hogy a nép jobban megértse Isten parancsait. S: Az Egyház Krisztus titokzatos teste, amelynek tagjai a keresztények! E: Jézusban beteljesedett a próféták jövendölése.

Az isteni kinyilatkoztatás nemcsak egy eszme, kitalálás, vagy valami álom. Történelmi esemény, bár a világi történelem nem sokat tud róla mondani, nem tud mit kezdeni vele... A kinyilatkoztatásnak megvan a helye és ideje. Isten szólott Ábrahámhoz, Mózeshez, a prófétákhoz. És szólott Jézus Krisztusban, Fia által! Isten szól ma is: emberekhez, Egyházához. Meghallja szavát az ember, aki köréje gyülekszik: az Egyház, akit Ő gyűjt egybe, hogy hallja és feleljen: nagy *Ámen*-nel, *Úgy legyen*-nel!

Első olvasmányhoz Neh 8,2-4.5-6.8-10

A 458. év ötödik hónapjában (Kr.e.) Ezdrás írástudó egy csoport zsidóval hazatért Jeruzsálembe. A hetedik hónapban összehívta a népet, hogy szent gyűlésben megújítsák a Sínai Szövetséget Istennel. Sínainál Isten szava hívta egybe a népet és alkotta meg az istenközösséget. A Szövetség megújítása is az isteni Törvény kihirdetésével történik. Megilletődve, állva hallgatja a nép, és hangos „Amen, amen" kiáltással újra magáévá teszi a törvényt, mely a Sínai Szövetség alapja. Jézus fog új törvényt és új szövetséget hozni. *(Iz 55,10-11; 5Mz 6,4-9; 30,14; Zsolt 33,6-9)*

Válaszos zsoltár Zsolt 19(18),8.9.10.15

Örvendés Isten törvényében

Szentleckéhez 1Kor 12,12-30 vagy 1Kor 12,12-14.27

A hasonlat a testről és szerveiről, melyeknek mind feladatuk van, azt szemlélteti, mily szükségesek és egymásra utaltak az egyházbeli lelki ajándékok. Ha valakinek külön adománya van, például a szentbeszédre, az nem ok arra, hogy lenézze azt, akinek ez nincs meg; inkább ok, hogy szolgálja őt! Aki csak kicsi, észrevétlen tehetséget kapott, ne érezze mellőzve magát! Épp a „kis szolgálatok" nagyon szükségesek az Egyház, „Krisztus Teste" fönnállásához, és rajtuk keresztül az adományok legnagyobbja tűnhetik ki: a Szeretet. *(12,12-13: Róm 12,4-5; Ef 4,4-6; Gal 3,26-28; Kol 3,11 ▫ 12,27: Róm 12,5; Ef 5,30 ▫ 12,28: Ef 4,11-12)*

Evangéliumhoz Lk 1,1-4;4,14-21

Művét bevezetve, Lukács szól az evangélium keletkezésének körülményeiről és céljáról. Az Egyház hitének szilárd alapon kell állnia, ezért ő az apostolok és más szemtanúk közt minden elérhető hagyományt összegyűjtött és rendszerezett Jézus szavairól, tetteiről, történetéről. (A fő tanú nyilván Jézus Anyja, Mária volt, aki „mind az igéket szívében őrizgette", ahogy Lukács idézi, és csak Tőle idézheti! Ez ad Jézus gyermeksége történetének Lukácsnál is *hiteles* alapot!) — Jézus első föllépésében már egész további működésére és sorsára lát utalást a szentíró. Jézus meggyőző erővel tanít, de mikor hallgatóinak dönteniök kell, elutasítják Őt. S egyben komor sejtésük támad, hogy életre-halálra szól a döntés: csak úgy lehet Őt végleg elutasítani és elbocsátani, ha megölik... *(1,1-4: Jn 15,27; ApCsel 1,1.8 ▫ 4,14-15: Mt 4,12-17; Mk 1,14-15; Jn 4,1-3.43 ▫ 4,16-21: Mt 13,54; Mk 6,1; Iz 61,1-2; Mt 3,16; Szof 2,3)*

Szentségre várva

Világ végig hirdeti Jézus az örvendetes hírt szegényeinek (ínségben élők, bűnösök, elesettek, mint mi...). Igéje igazság, Teste kenyér a világ életéért.

Elmélkedés

Irgalom és vigasztalás a nyomorulthoz

A tökéletlen lelkek mindig magukra hagyottak; velük szemben mindenki az illem sáncai mögé vonul, mivel attól félnek, hogy esetleg megsérthetnék, tehát félnek és elkerülik társaságukat. Amikor itt tökéletlenségről beszélek, akkor nemcsak a lelkiekre gondolok, mert hiszen még a szentek is csak az égben szabadulnak meg tőlük; hanem tökéletlenségnek veszem itt azokat a fogyatkozásokat is, amelyek éppen nem teszik az életet verőfényessé, amilyenek a helyes ítélet és a kellő nevelés hiánya, némelyek „nebántsvirág" érzékenysége. Tudom jól, hogy az ilyen betegségek, — mint az enyém is, — megrögzöttek, és nem nyújtanak reményt a felgyógyulásra; de azt is tudom, hogy az én jó Anyám nem fog az ápolásba belefáradni, s minden lehető eszközt fel fog arra használni, hogy legalábbis enyhítse fájdalmaim, ha esetleg a jó Isten úgy akarná, hogy évekig sínylődjem a betegágyban.

És mit tanultam én mindebből? Azt, hogy azoknak társaságát kell felkeresnünk, akiket a természetes hajlam szerint a legkevésbé szeretünk, és velük szemben az *irgalmas szamaritánus* szerepére kell vállalkoznunk. Néha elégséges egyetlen szó, egyetlen meleg, résztvevő mosoly arra, hogy az ember felderítsen egy szomorú, egy szárnyaszegett lelket. Én nem csupán azért vagyok víg, hogy mások arcára is az öröm pírját varázsoljam, mert ha csakis ez a cél vezetne, hamar ellankadna erőm, lelohadna bátorságom, mert tudom, hogy a legjobb szándékkal kimondott szó is fájdalmat okozhat, félreértést támaszthat. Hogy tehát sem időmet, sem erőmet haszontalan dolgokra ne pazaroljam, arra törekszem, hogy magának az Úr Jézusnak homlokáról oszlassam el a felhőket; tudom, ha ezt teszem, akkor a Szentírás tanácsát is követem.

„Mikor ebédet vagy vacsorát szerzesz, ne híjad barátidat és atyádfiait, se rokonaidat és gazdag szomszédaidat, netalán ők is meghíjanak és megnyerjed a viszonzást, hanem mikor lakomát adsz, hídd meg a szegényeket, bénákat, sántákat és vakokat, és boldog leszesz, mivel nem fizethetik vissza neked, mert meg fog az neked fizettetni az igazak feltámadásában".

Mi más lakomát készíthetnék az én drága kis testvérkéimnek, mint a szeretet lakomáját, a kedvességét és az örömét? Nem, nem, én más lakomát nem ismerek! S úgy akarok tenni, mint Sz Pál: örülni akarok az örvendezőkkel. Igaz ugyan, hogy ő sírt a sírókkal, tudom, hogy az én lakomáimon is néha-néha belevegyül a fájdalmam könnye is az öröm serlegébe, de akkor is arra fogok törekedni, hogy könnyeimen keresztül mosolyogjak, mert Isten a jókedvű adakozót szereti. *(Liziői Kis Sz Teréz)*

A szelídség kegyelméért

Én üdvözítő és megváltó Krisztusom, minden tökéletes erkölcsnek fényes tüköre! Te mindenkor nagy szelídséget mutattál még ellenségeidhez is, a te áruló tanítványod csókolgatását nem utáltad, az ellened felfegyverkezett szolga sebét meggyógyítottad, a zsidók gyalázásait és csapdosásait csendesen szenvedted, és végre halálod óráján hóhéraidért imádkoztál, és azt parancsoltad nekünk, hogy tőle megtanuljuk: nem az egek alkotását vagy csodatételeket, hanem a szelídséget. Kérem azért szent Fölségedet, adj igaz szelídséget az én szívembe, hogy engedelmes elmével szenvedjek minden háborúságot, jóakaratot mutassak mindenekhez, felebarátaim fogyatkozásait keresztényi szeretettel hordozzam. Ne legyen az én szívemben felebarátom ellen keserűség, nyelvemen haragtartásnak jele, cselekedetemben bosszúállás: hanem e világnak minden háborúi közös csendes és békességes lakása legyen szent Fölségednek az én lelkemben, ki élsz és uralkodol mindörökkön-örökké. Amen. *(Pázmány imája, Sík: DB, 247)*

†

Három életút

Három életút közül választ az ember. Az *esztéta* útja gyönyöré, lehet az alsó kéjé vagy magas művészeté. Ismérve: „tetszik, untat!" Az *etikust* az irányítja, mi jogos, jogtalan (természettörvényt néz szívében, és önbecsét: a „becsületét" óvja). A *vallási* út Isten felé vagy Tőle el, Ő akaratja döntő: a hit „igent" mond, bűn a „nem"! Jog, szépség mind az akarat szerint! A három embertípus nehezen vegyül s érthet szót egymással. *(Kierkegaard)*

†

Szabad akarat

A gonosz lehetővolta valahogy *szabadságunkhoz* van kötve. Mert szabad vagy szeretni, hát szabadon gyűlölhetsz is! Mert szabad szótfogadni, szabad hát föllázadni! Elég szabad, hogy jóságodért dicsérjenek, elég szabad lész, hogy gonoszságodért vád érhessen! *(Sheen)*

†

Én Uram, Jegyesem! A vágyva vágyott óra eljött! Itt az idő, hogy végre lássuk egymást, én szívem Vágya, Mesterem! Itt az idő, hogy végre útra keljek. Menjünk hát, menjünk! *(Nagy Sz Teréz halálos ágyán)*

†

Remény tárgya: jó, mely eljövendő s amit nehéz elérni, de lehető! — Isteni *Szeretet* az, ki jóságot önt létezőkbe és teremt beléjük! *(Aquinói Sz Tamás)*

†

Add, Uram, égi erőd, megtennem akaratod! S bármit akarsz, Te parancsold! *(Sz Ágoston)*

ÉVKÖZI 4. VASÁRNAP

I: Isten Jeremiást meghívja prófétájának. S: Szükséges a hit, a remény és a szeretet, de legnagyobb köztük a szeretet. E: Jézus az egész világ Üdvözítője, nemcsak a zsidóké.

Kit Isten e világon igéje hirdetésére meghívott, azt kiemelte a tömegből, „megszentelte", vagyis szolgálatára avatta. A próféta magában áll, ellenállásra számíthat. Még belső ellenállásra is, amíg nem azonosult az Igével, akit másoknak hirdet. — Jézust sem fogadták el a küldetésében. Magános volt, mint előtte mind a próféták. De ahogy Izajásnak mondta Isten: „Én veled vagyok," — úgy még inkább mondhatta Jézus: „Az Atya Velem van!"

Első olvasmányhoz Jer 1,4-5.17-19

Jeremiás prófétává lett, nem mert akarta, hanem mert kényszerült. „Én szemeltelek ki téged, — fölavattalak, — prófétává rendeltelek!"... „Hirdesd mindazt nekik, amiket rád bízok!" A próféta sejti, mily súlyos feladat „Isten szájának" lenni. Visszariad a megbízástól, az ellenállástól. De még inkább riadozik attól, hogy kitérjen a hívás elől, vagy utóbb hűtlenné váljon. Meghívatása óráján Jeremiás még ifjú, és mindig megőrzi majd ifjúnak a szívét. *(1,5: Iz 49,1.5; 50,4-5; Lk 1,15; Gal 1,15; Róm 8,29 ▫ 1,17-19: Jer 1,7-8; 15,20-21)*

Válaszos zsoltár Zsolt 71(70),1-2.3-4.5-6.15 és 17

Menedék az Istennél

Szentleckéhez 1Kor 12,31-13,13 vagy 1Kor 13,4-13

A „szeretet himnuszának" hívják ezt a fejezetet. De az apostol nem törekszik versírásra! A különféle lelki adományokról beszélt a közösségnek: ezek miatt Korintusban pártokra szakadtak a hívek. Most ő minden ilyen csip-csup kérdést félrelök: minden értéktelen *lom* a szeretet nélkül, és csak ez tart örökké. Emberi nagyságot és keresztényi tökélyt csak a szereteten lehet mérni; s főképp: ez az Isten mércéje, mérőpálcája. *(13,1-3: 1Jn 4,7-8; Mt 17,20; 21,21; 6,2 ▫ 13,4-7: Róm 13,8-10; 12,9-10; Fil 2,4; Péld 10,12; Róm 15,1; 1Pt 4,8; 1Kor 9,12 ▫ 13,8: ApCsel 2,4 ▫ 13,12-13: 2Kor 5,7; Gal 4,9; 1Tesz 1,3; Róm 5,1-5; 1Jn 4,16)*

Evangéliumhoz Lk 4,21-30

Jézus galileai fölléptével az emberi idő döntő órájához ért. Jézus Izajás próféta szövegét olvassa föl, és kijelenti: „Ma itt az Írás szava beteljesült!" A názáreti zsinagógában Jézus hallgatóira ez úgy hatott, mint mindig mindenkire, aki az evangéliumot csak hallja (de valóban *meg* nem hallja): elámulnak, tétováznak, úgy érzik, válaszút előtt állnak. Hinni az evangéliumban nem más, mint Jézus személyében hinni. És ez nagy döntés: Sz Lukácsnál már itt kicsendül, hogy Jézus küldetése nem talál befogadásra a zsidók közt, s a pogányokhoz megy majd. Igaz, Jézust sose lehet végleg megölni (a szívben sem), de el lehet utasítani, *elodázni követését*, s akkor megesik a szörnyű csapás: „Ő pedig elhaladt mellettük"... *(Mt 13,54-56; Mk 6,1-6 ▫ 4,21-22: Lk 4,18-19; Iz 61,1-2; 58,6; Lk 2,47; 4,15; Jn 7,46 ▫ 4,24: Jn 4,44 ▫ 4,25-27: 1Kir 17,1.9; Jak 5,17; 2Kir 5,14 ▫ 4,30: Jn 8,59)*

Szentségre várva

Krisztus oszthatatlan. Csak teljes egészen fogadhatjuk Őt be, igéjét — mint isteni kinyilatkoztatást, ígéretet és követelést, — és személyét, az élő Jézust.

Elmélkedés

A szeretet erős

Nagy dolog a szeretet, valóban nagy jó, mely egyedül megkönnyít minden terhet és egyformán elvisel minden egyenetlent. — Mert a terhet teher nélkül viseli és minden keserűséget édessé és jóízűvé tesz. — Jézus nemes szeretete nagy tettekre ösztönöz, és az akaratot mindig nagyobb tökéletességre ébresztgeti. — A szeretet fölfelé igyekszik, és nem tűri, hogy földi dolog lekötve tartsa. — A szeretet szabad, és minden világi hajlamtól ment akar lenni, hogy belső szemlélődésében semmi se akadályozza, földi előny le ne kösse, se kárvallás el ne csüggessze. — Aki szeret, röpül, fut, örül, szalad, és békót nem tűr. — Odaad mindent mindenért, és övé minden mindenben, mert minden fölött az egy legfőbb jóban nyugszik, amelyből minden jó ered és szétárad. — Nem nézi az ajándékot, hanem minden jó fölött ahhoz fordul, aki azt adja. — A szeretet gyakran nem ismer határt, hanem minden mértéken felül lángol. — A szeretet terhet nem érez, a fáradsággal nem gondol, többet akar, mint bír; a lehetetlenséget nem fontolgatja, mert azt hiszi, hogy mindenre van ereje és szabadsága. — Azért mindenre képes, és sokat visz véghez ott, ahol erejéből kifogy és leroskad az, akiben nincs szeretet. — A szeretet ébren van, s alva sem alszik. — Fáradságoktól el nem bágyad, szorongatások közt nem szorul; rémítésekre nem jön zavarba, hanem mint a sebes láng és az égő fáklya, fölfelé lobog, és mindenen keresztültör. — Akiben szeretet van, tudja, mit hirdet oly hangosan ez a szó. — Mert hangos kiáltás Isten fülében már maga a lélek égő kívánsága, mely így szól: Én Istenem, én szerelmem, te egészen az enyém vagy, én egészen a tied. — Öregbítsd bennem a szeretetet, hogy szívemben mindinkább megízleljem, mily gyönyörűség Téged szeretni és e szeretetben elolvadni és úszni. — Hadd szeresselek téged jobban, mint magamat, sőt magamat is csak teéretted, tebenned, meg mindazokat, kik téged szeretnek, amint meghagyja a szeretet törvénye, mely Istenségedből kisugárzik. — A szeretet gyors, őszinte, kegyes, nyájas, erős, béketűrő, hű, okos, vidám, nagylelkű, bátor, és soha magát nem keresi. — Mert amint valaki magát keresi, mindjárt csökken szeretete. *(Kempis: KK, 3:5)*

†

Sero Te amavi [Későn szerettem Beléd]

Későn szerettem én Beléd, óh Szépség, örökkön ősi, mindig új! — Későn szerettem én Beléd! Itt voltál lenn, én meg kívül tévelygék... — Ott kinn kerestelek; és *torzan*, ahogy voltam, a *szép* formáknak utána loholtam. — Szépek, mert mind Tőled eredt. Itt velem voltál, s jaj én nem voltam Veled! — Az „ügyek-dolgok" fogtak Tőled messze, a dolgok, mikből semmi sem létezne, — ha Tebenned nem gyökerezne... — Hívtál, kiáltva értem, és áttörted a süketségem', — és fölragyogtál izzó lángon, elűzted én vakságom'. — Hűs tavasz-illatod is meglehelt, a mellem mélyet lélegzett. — Ím most csak Érted lihegek. Ízleltelek, Rád szomjazok, Rád éhezek. — Érintettél, és kap a szíven lángra a Te békédnek sóvárgása! *(Sz Ágoston: Vallomások, 10:27)*

†

Kényelmes kereszténység

Ha a kereszténység támadás nélkül, igazolva találja magát e világban, s kényelmesen be tud rendezkedni, — hivatkozhat-e Krisztusra? A Jóhír küldése nem kényelmes hírnökség, sosem volt az, s ma legkevésbé az! A kereszténység nem e világból való; Isten szava ő a világhoz, és kihívja ennek ellenmondását!

„Tanítani, kedves fiatal barátom, az bizony nem tréfa! Nem olyanokról beszélek, akik üres szólamokkal vágják ki magukat a zavarból: vigaszos szelíd igazságokkal... Az igazság először is harcos, fölszabadító és csak aztán vigasztaló! Isten igéje az izzó vas! És ezt fogod tanítani, miközben csak vasfogóval nyúlsz hozzá, nehogy neked is összeégesse az ujjaid! Nem akarod két kezeddel megragadni? Nevetnem kell!" *(Georges Bernanos: Egy vidéki plébános naplója)*

†

Tudom, hogy lehetek *én* az Úristennek „gondviselője"! Annyira szereti a tisztítótüzi lelkeket, de nem bocsáthatja magához Igazságossága miatt. Hát én adom Neki a szenvedő lelkeket imákkal, kis áldozatokkal. Másokat is fölkérek erre: „viseljék gondját az Úrnak, hiszen Ő is Gondviselőnk. Valamit csak adhatunk Neki, aki ád mindent. *(Gondviselésről-nevezett Boldog Mária)*

†

Tekintélyuralom [autokratizmus] erőszakon alapul, tehát fizikai erőn; a *tekintély* viszont tiszteleten és szereteten, tehát ez erkölcsi erő. — Furcsa világlátvány tanúi vagyunk; kezdődött ez úgy négyszáz éve, a *tekintély* gyűlöletébe', és most arcra borul oly tekintély előtt, mely történelemben elsöprőbb minden másnál, mióta kereszténység fennáll. *(Sheen)*

ÉVKÖZI 5. VASÁRNAP

1: Izajás vállalja a prófétai küldetést. S: Az apostolok mindnyáján ugyanazt az evangéliumot hirdetik, hogy ugyanabban a Krisztusban higgyünk. E: A csodálatos halfogás láttán az apostolok mindenüket elhagyták, és követték Jézust.

Nem morfondírozással, töprengéssel tapasztalja meg az ember, hogy ki is ő. Megtudja, ha a tényekkel találkozik. Az ember számára kikerülhetetlen valóság a Te! Az emberi „Te", végül is minden „Te", az, aki egyedül képes mondani: Vagyok. — Akihez Isten szól, az megtudja, hogy ő ember, kicsi, gyámoltalan és veszendő bűnös. Ha ezt fölfogta, akkor Isten megtisztítja a maga végtelen irgalmában, a maga izzó igéjével. És aztán — küldetésére indíthatja.

Első olvasmányhoz Iz 6,1-2.3-8

Egyszerű s mégis fönséges nyelven mondja el Izajás, hogyan hívta meg népe Istene prófétának. A Templomban találkozik a szentséges, megközelíthetetlen Istennel, kinek jelenlétében fölfogja a maga bűnös voltát és kiengesztelődik. S akkor kapja a megbízást, hogy Isten igéjét teljesítse Izraelben, vagyis Izrael *ellen*! (Erről csak a 8. vers szól.) Mostantól fogva Izajás tudja, hogy Isten szolgájává fogadta. De együtt érez népével is, akit szeret, s akinek mégis kemény szavakat kell most szólnia. *(2Mz 3; Jer 1,4-10; 1Kir 22,19-23 ▫ 6,1-4: Zsolt 99; Jel 4,8; 4Mz 14,21; 2Mz 19,18; 40,34-35; 1Kir 8,10-11 ▫ 6,5-7: 1Mz 32,31; 1Sám 6,20; Jer 4,13; Lk 5,8 ▫ 6,8: 2Mz 4,10-12; Jer 1,5-7)*

Válaszos zsoltár Zsolt 138(137),1-2.2-3.4-5.7-8

Bizalom Isten segítségében

Szentleckéhez 1Kor 15,1-11 vagy 15,3-8.11

Sz Pálnál is meghívásról van szó, de nem annak körülményeiről, hanem indító okáról: „Isten kegyelméből vagyok, ami vagyok." De a szöveg voltaképpeni mondanivalója az őskeresztény üzenet Jézus haláláról és föltámadásáról. Ez a legrégibb írásbeli tanúság a föltámadáshitről 57 tájt íródott, tehát az evangéliumok előtt (kb. Sz Márkéval egy időben, vagy csak kevéssel előtte!). Jézus föltámadása Pálnak kétségtelen tény: ő maga látta az Urat a damaszkuszi úton, és egy sereg szemtanút ismer, akiknek Jézus testileg megjelent. Az Úr föltámadása alapvető tény: ezen alapszik a keresztény hívők minden reménysége. *(15,3-7: 1Kor 11,2.23; Róm 6,3; Lk 24,34-35; Mt 28,10.16-20 ▫ 15,8-10: ApCsel 9,3-5; Ef 3,8; 1Tim 1,15-16; Gal 1,13-14; ApCsel 8,3; 2Kor 11,23-24)*

Evangéliumhoz Lk 5,1-11

E fejezet új szakaszt nyit Lukács evangéliumában. Jézus a nagy nyilvánosság elé lép. A Jézus köré sereglett tömegben Sz Lukács már Isten új népének előképét látja. Épp e mai szövegben tűnik ki Péter a tanítványok közül. Az ő hajójából tanít Jézus, őneki szól: Evezz a mélyre! Péternek szól az ígéret: Mától kezdve emberek halásza leszel. Péter Jézus jelenlétében megriad Isten szentségétől (ahogy Izajás: 1. olvasmány). Itt még nem hangzik el a kifejezett hívás: kövess engem. De valami döntő történt Péter és társai életében... *(Mt 4,18-22; Mk 1,16-20; Jn 21,1-14)*

Szentségre várva

A Szentséges Isten színe előtt mindenki megérzi, mily bűnös. „Uram, nem vagyok méltó... De csak egy szóval mondd, és meggyógyul az én lelkem!" És a szó elhangzik; Ő a betegekhez jött, nem az egészségesekhez.

Elmélkedés

Az Egyház

Az Egyház óriási ténye kezd újra elevenné válni az emberek lelkében. Kezdünk megsejteni valamit abból a szenvedélyből, amellyel nagy szentek körülölelték és harcoltak érte... A gondolkodó kezdi észrevenni benne az ember lényének megfelelő valóságok végső hatalmas egybefoglalását.

A mai ember számára a legnagyobb kegyelem és a legsürgetőbb szükség, hogy szerethessük az Egyházat. Csak azért szeretni, mert benne születtünk, mi már nem vagyunk képesek, ehhez már túlságosan öntudatos bennünk a személyiség. Éppen ilyen kevés számunkra az a lelkesedés, amelyet beszédek és gyűlések idéznek elő, az efféle külsőségek immár az állami életben is elvesztették ránk hatásukat. Valami homályos érzelmesség sem elég már számunkra; ehhez a mi nemzedékünk nagyon is becsületes. Csak egy segít: az Egyház mivoltának és értelmének tiszta belátása. Mikor az Egyházról szólok, akkor a szó legmélyebb értelmében nem azt mondom: „te", hanem „én". Ha ezt megértem, akkor az Egyház számomra nem valami kívülről való kötelék, hanem véremből való vér, teljesség, amelyből élünk. Akkor az Egyház az én Istenemnek mindent átfogó országa, anyám és királyném, Krisztus jegyese. Akkor szerethetem, és nincs is addig békességem, amíg szeretni nem tudom.

De katolikusnak lenni annyit jelen, mint az Egyházat elfogadni és szeretni úgy, amint van, nem mint valami puszta eszmét vagy pusztán élményt. Az Egyházat szeretni kell a maga történeti és élő valóságában, — tragikumával együtt. Mert az Egyház is részes minden emberi dolognak tragikumában, hogy az abszolút értékek emberivel, tehát hiányossal, tökéletlennel vannak összekötve benne. Mert „az Ige testté lőn", és az Egyház nem más, mint a tovább élő, közösséggé vált Krisztus: Krisztus misztikus teste. Ám bírjuk az ígéretet, hogy a konkoly sohasem fogja elfojtani a tiszta búzát.

Krisztus él tovább az Egyházban, mégpedig a megfeszített Krisztus. Szinte kínálkozik a merész hasonlat: az Egyház hiányai és hibái az élő Krisztus keresztje. Aki Krisztust akarja, el kell fogadnia keresztjét is. Nem tudjuk elválasztani tőle.

Aki az Egyházat igaz valójában megismerte, nem lehet vele szemben közömbös. Megismertem: csodálnom kell. Csodálnom és szeretnem. Csodálom és szeretem nagyszerű *egységét*, amely az egész világot átfogja, amely lehetővé teszi nekem, hogy a világ bármely részében ugyanolyan templomban, ugyanazon a nyelven, ugyanabban a szent cselekményben egyesülhessek minden nyelvű és színű embertestvéreimmel, de ugyanakkor emberfölötti termékenységgel és gazdagsággal tud hozzáidomulni igényeimhez, kultúrámhoz, nemzetemhez, fajomhoz, mesterségemhez, sőt falumhoz: az egységben is tiszteli, élteti, és megnemesíti az egyéniséget és a szabadságot.

Csodálom és szeretem *szentségét*, amely a Krisztus szeplőtelen jegyesének ragyogó tisztasága. Örülök szentjeinek, az emberi nagyság e fölkent hőseinek, akik mégis bizalmas, meghitt, hozzám hasonló testvéreim. Csodálom és szeretem *apostoliságát*. Kibontakozik a nemzedékről nemzedékre szálló Szentlélek örökkévalósága és Prohászka nagyszerű víziója: a nemzedékeket áthidaló fölkenő karok történelmi lánca: az Úr Jézus az apostol vállára teszi kezét, az apostol az ő utódjára, az utód ismét az övére, és a szent lánc végén itt áll előttem az élő pápának, püspöknek, plébánosomnak, lelkiatyámnak meghitt atyai arca.

Csodálom és szeretem katolicitását, nagyszerű *egyetemességét*, a világ egyik szélétől a másikig, az első pünkösdtől a világ végezetéig mindenre és mindenkire kiterjedő ölelését. Csodálom és szeretem tanításának és moráljának egyetemességét, azt a történelmi csodát, amellyel elejétől végig világító fénnyel jár a tévedések, féligazságok és ellenséges elvakultságok között. Azt a szédületes biztosságot, amely egyszerre látja, becsüli, való helyére állítja és fölemeli, felsőbb egységbe foglalja a szellemet és az anyagot, a szabadságot és a törvényt, a közösséget és az egyént, a természetfelettit, az emberit és az istenit.

És szeretem gyermek módjára, szeretem édesanyai jóságát, amellyel odaállott mellém jóformán születésem pillanatában, és amellyel tudom, hogy mellettem fog állni az utolsó óra megpróbáltatásában. *(Guardini, Sík: DB, 320)*

†

Vértanúság — Üldözés

Vértanúvér a kereszténység vetőmagja; minél többször lekaszáltatunk, annál többre nő a csapatunk! — Börtönbe lökettek, leöletének, és egyre szaporodtak a keresztények! *(Tertullián)*

Egyház, ha üldözés ingatta, megszilárdult, kínzásban letipratva, fölmagasztosult. — Mindent elkövettem, hogy Anyám, a szent Egyház ellenségeit a magam ellenségeivé is tegyem. *(Sz Jeromos)*

†

Minden hittévely és szakadás (skizma) onnan származott, hogy semmibe vették az egyetlen Pap- és Bírót, akire Krisztus rábízta a Maga hatalmát. *(Sz Ciprián)*

†

Ha nem hinnők is az apostolok csodáit, hinnünk kell egyetlen és legnagyobb csodát: hogy az egész világ, csodák nélkül, kereszténýnyé vált! — Csoda nem természetet ingat meg, csak természet-ismeretünket. — Mit az Egyház rendel, azt apostoloktól ránkhagyottnak és rendeltnek valljuk, mégha nem leljük is tanácsaik és tanaik között. *(Sz Ágoston)*

†

Az ember hivatásának *félid-meddig* betöltésével kárhozik el! *(Tertullián)*

ÉVKÖZI 6. VASÁRNAP

1: A próféta figyelmezteti Joákim királyt, hogy ne az emberekbe, hanem Istenbe vesse bizalmát. S: Ha Krisztus nem támadt fel, semmit sem ér a hitünk. E: Jézus boldognak hirdeti a lélekben szegényeket, de jajt kiált a szívtelen gazdagokra.

Az embernek szüksége van biztonságra, ez jogos igénye! Lassacskán rájön, hogyan juthat ehhez az igényéhez: kapcsolatok, pénz, hatalom, biztosítások, viszontbiztosítások árán... — De a „megváltó forradalom" onnan felülről jön: „Boldogok", kik most szegények vagytok, kik sírtok,... éheztek..." — „Jaj nektek, kik most bővelkedtek és kielégültetek." A gazdag folytonos aggódás közt él, mivel féreg rágja gyökereit. A szegény reménykedve él, mert övé az ígéret!

Első olvasmányhoz Jer 17,5-8

Ez az olvasmány alakja szerint nem jövendölés, hanem egy bölcsesség bemutatása. Két fajta embert hasonlít össze: azt, aki emberben bízik és azt, aki Istenben. Jó, hogy emberek bíznak egymásban, szükséges is; itt nem erről van szó. Mert minden ember gyökerében gyönge és bágyatag („gyönge test"), még ha csellel vagy erőszakkal végtig csalja is magát és másokat. Aki Istenben bízik, az Isten hűségében, igazmondásában és segítő erejében hisz. Az ilyent talán nem kímélik a bajok, de van menedéke. Az ilyen mondat: „Átkozott az olyan ember... Áldott az ember..." — megállapít: ilyen a világ, így van ez! Jeremiás tán a szerencsétlen Szedekiás királyra gondolt így szólva: ez „bízott emberben", és Jeruzsálem összeomlását idézte elő. *(17,5-6: Ez 17,5-11; Zsolt 1,4-6; Jer 9,3; 13,24-25 ▫ 17,7-8: Zsolt 40,5; 1,1-3; 22,5-6; 25,2-3; 44,7-9)*

Válaszos zsoltár Zsolt 1,1-2.3.4 és 6

A két útról

Szentleckéhez 1Kor 15,12.16-20

A holtak föltámadása nemcsak a mi korunkban ejtette gondolkodóba az embereket. A korintusi hívőknek Krisztus föltámadása kétségtelen; és ehhez fűzi hozzá Pál: Ha nem lenne (általános) föltámadás, akkor Krisztus sem támadt volna föl. Akkor hitünk értelmetlen, és reményünk szánalmas öncsalás. „Márpedig Krisztus föltámadott!" — Aki azt hiszi, hogy egyes hitigazságokat kétségbe vonhat, értse meg végre, a krisztusi üzenet *oszthatatlan*, tételei szorosan egymásba kapcsolódnak. Ha egy tételét tagadod, sorra jön a többi is. Vagy *egészen* Ővele, vagy Ő ellene. „Aki nincs Velem, ellenem van." *(15,16-17: Róm 4,24-25; 6,8-10; 10,9)*

Evangéliumhoz Lk 6,17.20-26

A Máté evangélium hegyi beszédjének Lukácsnál az itt közölt tanítás felel meg. Sz Máté és Sz Lukács is a „boldogságokkal" kezdi („Boldogok..., Jó azoknak..."). Lukács rövidebben csak négy boldogságot említ Jézus beszédéből, ellenben a négy

„Jaj-nektek" kiáltást is adja. Jézus a szegényeknek ígér üdvöt, az éhezőknek, síróknak, üldözötteknek. Akik tudják, semmijük sincs, semmi igényüket meg nem valósíthatják, akik tehát képesek bizonytalanságukban *csak* Istenre hagyatkozni és Tőle venni jutalmukat. A jajok: ítéletmondás a gazdagokra, „jóllakottakra", a keményszívűekre, kik más nyomorúsága láttán nevetni tudnak. *(6,20-23: Mt 5,3-12; Róm 8,18-19; Iz 61,1-3; 65,13-14 ▫ 6,23: 2Krón 36,15-16; Neh 9,26; Lk 11,49; ApCsel 5,41; 7,52 ▫ 6,24-26: Zsolt 14,1; Mt 6,19-21; Lk 18,24-25)*

Szentségre várva

Isten lakomájára a szegények hivatalosak, mert a gazdag „nem ér rá". A szegény és az Istenre éhező, a nyomorult, aki érzi és megvallja ezt, az fog kielégülni — csak az!

Elmélkedés

Gazdag és szegény

„Elszomorodva ment el a gazdag ifjú", s mondá az Úr: „Mily nehéz a gazdagnak a mennyországba jutnia!... Könnyebb a tevének a tű fokán átmenni..." — Mintha azt mondaná: lehetetlen! És meghökkennek övéi, és mondják: „Ha így van, hát akkor ki üdvözül?" (Mert mind gazdag? Igen, vágyában legalábbis!) Ki üdvözül gazdagok (és kincsvágyók) közül? Szegények, hozzátok szólok, halljátok Krisztust! Hiszen ti vagytok többségben — legalább ti értsétek! Ha valaki közületek kérkedik, tolakszik szegénységével — vigyázzatok: el ne kapjon a gőg, s meg ne előzzenek az alázatos gazdagok! féljetek az istentelenségtől, nehogy jámbor gazdagok legyőzzenek! a részegségtől, nehogy a józan gazdag kerüljön fölétek! ne pöffeszkedjetek a szegénységgel, ahogy ők se a gazdagsággal!

És hallják a gazdagok, *ha ugyan itt* vannak: Hallják az Apostolt: „Parancsold az e világban gazdagoknak..." — mert vannak gazdagok a másik világon is: és ezek az itteni szegények; az apostolok is odatúl gazdagok, akik elmondhatták: „Mintha semmink se volna, pedig minden a miénk!" (2Kor 6,10) Tehát, evilág gazdagai figyeljetek: „ne bölcselkedjetek gőgösen!" Mert a vagyon első férge a gőg! Gonosz moly ez, mindent megrág, és hamuvá őröl. „Parancsold, ne bölcselegjenek gőgösen, s ne reménykedjenek ingatag gazdagságukban!" — nehogy gazdagon térj ágyba, és szegényen kelj föl. „Hanem az élő Istenben bízzanak." Tolvaj elhordja aranyaid, ki veheti el Istened? És mije van a dúsnak, ha Istene nincs?

Mit tegyenek hát vagyonukkal? Halljad mit: „Legyenek *jótettekben dúsak*!" Mi ez, mondjad, Apostol! Mert sokan bíz nem akarják érteni, amit nem akarnak megtenni. Ne hagyj nekik kibúvót rossz tettekre homályos beszéddel! Hallják meg, és értsék! Ne legyen mentségük, magukat kezdjék inkább vádolni, mondván, amit épp most hallottunk a zsoltáréneklésben: „Mert bevallom én bűnömet, előttem van az mindig!" (Zsolt 50, 5) — „Jótettekben" — vagyis legyenek *adakozók*, osszák meg a szegénnyel, amit kaptak. Neked van, neki nincs. Oszd meg vele; osztozkodj itt, és osztályrészese leszel neki odatúl is. Adj itt kenyeret, és kapsz odatúl! Azt a kenyeret, amit tán verejtékes munkával szerzel — az első ember „átka folytán"... És ott mi kenyeret? Ezt aki mondta: „Én vagyok az élő Kenyér, ki a mennyből szállt alá". Itt gazdag vagy, odatúl még szegény. Aranyad van, nincs nálad lévő Krisztusod! Oszd el, amid van, hogy legyen, amid nincs! „Legyenek gazdagok jótettekben, könnyen adjanak, osszák meg vagyonuk!"

Hallottuk a farizeust: „Tizedet adok mindenből..." Szégyen ránk, testvérek! Farizeusok és írástudók tizedet adtak mindenükből, pedig Krisztus őértük még nem ontotta vérét! Ne gondold hát, hogy valami nagy dolgot művelsz, ha kenyeret törsz a szegénynek, ami talán ezred része se minden vagyonodnak.

Megintettem a gazdagot! Most ti szegények, figyeljetek! Adjatok ti is, ne ragadozzatok, adjatok, amit tudtok: a vágyat, *kapzsiságot adjátok le*! Keressétek, ami elég, ne sóvárogjatok többre! A többlet földre nyom, magasba föl nem von. Megterhelés és nem megtisztelés. *(Sz Ágoston: 85. beszéd)*

†

Szegény és gazdag a mai gondolkozásban

A szegénnyel való együttérzést, mint a legtöbb elemi és elengedhetetlen dolgot, mindig is nehéz *meghatározni*, főleg a mi felvilágosult korunkban. Abból az egyszerű okból, hogy kivételesen nehéz *megtalálni*. Ez ösztönszerű lelkiállapot, melynél fogva úgy érezzük, hogy mindazok a dolgok, amelyekre nézve minden ember egyezik, kimondhatatlanul fontosak, s mindazok a dolgok, amelyekre nézve különböznek (tehát a puszta intellektus), nem fontosak. A mindennapi életben ehhez a felfogáshoz olyankor jutunk legközelebb, amikor bármely halálos vagy megdöbbentő eset elé kerülünk. Például így fogunk szólni: „Egy asszony a vízbe fúlt". És nem fogjuk ezt mondani: „Egy nagyműveltségű asszony a vízbe fúlt." Senki sem fogja ezt mondani: „ha rögtön oda nem rohan, és meg nem ragadja, egy igen finom hallású úr le fog ugrani arról a sziklától". Ez az érzés életbevágó dolgokkal szemben, mint a születés vagy halál, mindnyájunkban feltámad; bizonyos emberekkel velük születik, és velük marad a köznapi élet során is, mindenütt és mindenkor. Így volt meg Sz Ferencben. Nem is várhatjuk el talán, hogy ilyen ragyogó és ritka mértékben járjon át egy egész társadalmat. Talán soha semmiféle közösségben nem volt olyan mértékű, mint az első franciskánusok között. Talán soha semmiféle közösségben nem volt olyan csekély mértékű, mint a mi társadalmunkban.

Ha alaposan szemügyre vesszük a *mi korunkat*, látni fogjuk, hogy alapjában véve mennyire népellenes. Vallási és erkölcsi téren — *elméletileg* — elismerjük, hogy a művelt osztályok bűnei éppoly nagyok, sőt talán nagyobbak, mint a szegény és tudatlan osztályok bűnei. De gyakorlatilag a középkori etikával ellentétben egész figyelmünket azokra a bűnökre összpontosítjuk, amelyek a szegények bűnei. Például folyton emlegetjük az iszákosságot, mivelhogy nekünk napnál világosabb, hogy e részben a szegények *talán* bűnösebbek, mint a gazdagok. Viszont még a létezését is mindenkor tagadják annak, amit a *kevélység* bűnének mondanak, mert napnál világosabb, hogy e részben a gazdagok bűnösebbek, mint a szegények. Mindig hajlandók vagyunk megtenni szentnek vagy prófétának azt a művelt embert, aki sorra járja a kunyhókat és egy kis jó tanáccsal szolgál a műveletlennek. Csakhogy a középkor egészen másképp fogta fel a szentet és a prófétát. A középkori szent vagy próféta „műveletlen ember” volt, aki sorra járta a palotákat és egy kis jó tanáccsal szolgált a műhelteknek. A régi zsarnokok elég arcátlanok voltak ahhoz, hogy kifosszák a szegény embert, de nem voltak elég arcátlanok ahhoz, hogy prédikáljanak neki. Az urak nyomták el a szegényt, de a szegény volt az, aki az uraknak prédikált. Hogy nem vagyunk igazi nép-barátok, bizonyítja az, hogy egyre kérdezzük: mit csináljunk a szegény emberrel? Ha a nép oldalán volnánk, az kérdeznők, mit csináljon a szegény ember mivelünk? Nálunk a gazdag osztály mindig így szól magában: „Milyen törvényeket alkossunk nekik?” Egy tisztán nép-baráti államban mindig ezt mondanák: Milyen törvényeket szabjunk *mind magunkra?* Tiszta demokratikus állam talán még sohasem volt a világon. De a gyakorlatban még a feudális államok is annyiban demokratikusabbak voltak, hogy még a feudális fejedelem is tudta, hogy akármilyen törvényt hoz is, az minden valószínűség szerint őt is sújtani fogja. Ha megszegi a fényűzés ellen hozott törvényt, le fogják metélni a dísztollait. Ha pedig felségárulást követ el, lemetélik a fejét. *(Chesterton: Hagyományos hazugságok, 67)*

†

Az emberi jog lényege, hogy bárki amit méltónak vél, azt tisztelje, s másnak sincs útjában vagy hasznára egy másiknak hite. Valláshoz sem illő, hogy vallást rákényszerítsen, mert ezt önként kell fölvállalni! — Senki se vár tiszteletet a vonakodótól, még ember sem [— nemhogy Isten]. — Mi, keresztények, örvendünk, ha elítélnek, nem, ha fölmentenek! *(Tertullián)*

†

Vértanúság

Óh boldog Egyházunk! Isteni méltatás kegye úgy ragyog reája! A mi korszakunk a vértanúk dicső vérében tündöklik! Mert azelőtt a testvérek jótettein volt *hófehér,* most *bíborra* megfesti a mártírvér! Virágainak nincs híja: liljoma díszlik és rózsája. És kapnak koszorút, mely szent életbe hószínű, vagy kínszenvedve vérrel bíborult! *(Sz Ciprián)*

†

Üldözés

Barátaink tehát mindazok, kik jogtalan lesújtanak, megpróbáltatással, gyötrés, gyalázat, jogtiprás által bánatot, bántalmat, sőt vértanúságot s halált okoznak, — nagyon kell őket szeretnünk, mert öröklétet hoz nekünk, amit ők rajtunk „elkövetnek”. *(Assisi Sz Ferenc)*

†

Türelem

A szeretet: testvérség köteléke, békénk alapja, egység tartós volta, erőssége; hitet, erényt is túlhaladja! Jótettet, mártírságot meghalad, és mindörökre mivelünk a mennyhonban megmarad. De biz *türelmet* vedd belőle ki, magára hagyva elsorvad! *(Sz Ciprián)*

ÉVKÖZI 7. VASÁRNAP

1: Dávid megkíméli ellenfelének, Saulnak életét. S: Ahogy hasonlítunk földi képmásunkhoz, Ádámhoz, ugyanúgy hasonlítani fogunk égi képmásunkhoz, Krisztushoz is. E: Legyetek irgalmasak, miként a mennyei Atya is irgalmas!

Mire jutnánk, ha elkezdenők Jézus szavait szó szerint venni! Azokon segíteni, akik ártanak nekünk! Lemondani az erőszakról és vele „jogainkról"; adakozni, nem kérdezve, hogy megtérül-e!... Nem nagy a veszélye, hogy ilyen igéket szó szerint veszünk. De aki meri, aki belevág, az isteni szabadságnak, fölszabadultságnak valami fönséges, hűs leheletét szívja be: annak a Szeretetét, aki ingyen szórja adományait. Nevetni, ha arcon köpnek, segíteni, ahol nekünk hátat fordítanak, — ezek a szabad teremtői tettek!

Első olvasmányhoz 1Sám 26,2.7-9.12-13.22-23

Az üldözött Saul ki volt szolgáltatva az üldöző Dávid kegyének, de Dávid megkegyelmezett a királynak. Ma ezt úgy hívnánk: nagylelkűség. Dávid az Úr „igazságosságát és hűségét" magasztalja. Nem az ellenségszeretet vezérelte Dávidod, hiszen ő Sault Isten felkent királyának tisztelte.

Válaszos zsoltár Zsolt 103(102),1-2.3-4.8 és 10.12-13

A jóságos, megbocsátó Isten

Szentleckéhez 1Kor 15,45-49

Krisztus halála és feltámadása óta nem a halál a végső állomás az emberi életben. Ő a mi reménységünk, általa föltámadunk, benne élünk. „De hogyan támadnak föl a holtak? Miféle testük lesz?" E kérdésre Sz Pál itt futólagos, előzetes választ ad, utalva növényekre, állatokra, csillagokra. Mily sokféle az élet, és mily szép! De ezzel a voltaképpeni választ még nem mondta meg, nagyobb szavak kellettek hozzá: Halhatatlanság, részesülés Isten fönségében, erő és szellem. A föltámadott test a teremtő Lélek műve, és Isten hatalma alatt áll. Krisztus a második Ádám, az új ember, általa új korszak kezdődött a teremtésben. *(15,45: 1Mz 2,7 ▫ 15,47: Jn 3,13 ▫ 15,49: 1Mz 5,3; Fil 3,21)*

Evangéliumhoz Lk 6,27-38

Lukácsnál Jézus a négy boldogság és a négy jajj után mintegy kifejti a boldogságokat. Szól „tanítványaihoz és az egész néphez", mindenkihez, tehát hozzánk is ma! Lényegét a 27—28. vers mondja ki: Aki övé, annak szeretnie kell gyűlölőit is, áldania átkozóit. A következő mondatok részletezik, indokolják ezt. Miért tegyen így a keresztény? Jutalomért, amit el se tud képzelni? De véges-végül is: hogy Istenhez legyen hasonlóvá, ahogy a gyermek atyjához hasonlít... *(6,27-28: Mt 5,44 ▫ 6,29-31: Mt 5,39-40.42; Lk 12,33; Mt 7,12 ▫ 6,32-35: Mt 5,46; Lk 14,12-14; Mt 5,45; Sir 4,11 ▫ 6,36-38: Mt 6,14; 7,1-2; Mk 11,25-26; 4,24)*

Szentségre várva

Jézus nemcsak hirdette a szeretetet. „Ő szerette övéit kik e világban valának, mindvégig, végletekig szerette Őket." (Jn 13,1)

Elmélkedés

Igazi szeretet

Szeressük Istent és szeressük embertársunkat. Ezt a kettőt kell megvalósítanunk, s ha e két parancsot tökéletesen teljesítjük, akkor *egyesülve vagyunk Vele*. De amint mondtam, mennyire messze vagyunk attól, hogy ezt a két dolgot úgy tegyük meg (a mi nagy Istenünknek), amint azt illik megtennünk.

Hogy szeretjük-e Istent vagy sem, azt nehéz megmondani, bár erre vonatkozólag is vannak nagyon biztos jelek, amelyekből megérthetjük, hogy igazán szeretjük Őt: ellenben azt nem kell soká kutatnunk, hogy *szeretjük-e embertársunkat*. Legyetek meggyőződve, hogy minél jobban haladtok előre ez utóbbiban, annál jobban fogtok haladni az Isten iránti szeretetben is. Ő Szent Felsége ugyanis annyira szeret bennünket, hogy jutalmul felebaráti szeretetünkért ezerféle úton-módon fogja megnövelni az a szeretetet, amellyel Neki tartozunk. Eziránt nincs semmi kétségem. Nagyon fontos tehát, miképpen állunk e tekintetben; ha jól, akkor minden rendben van. Mivel nem lehetne meg bennünk a felebaráti szeretet, ha nem gyökereznék Isten iránti szeretetünkben.

Mivel ez a dolog annyira fontos, haladjunk vigyázattal, s figyeljük meg magunkat még a legjelentéktelenebb dolgokban is. Azután meg ne vegyük komolyan azokat a nagyszerű gondolatokat, amelyek tömegesen szoktak jelentkezni imáinkban: hogy így meg úgy, mi mindent fogunk megtenni embertársainkért, vagy pedig egy lélek megmentéséért! Mert ha azután tetteink nem hasonlítanak ezekhez a tervekhez, ne higgyük, hogy megtennők, ha alkalom nyílna rá. Ugyanezt mondom az alázatosságról és a többi erényekről is. Mert csodálatos cselfogásokat alkalmaz ám az ördög, ha el akarja velünk hitetni, hogy valamely erény megvan bennünk — holott nincs meg. Ilyenkor mozgósítja akár az egész poklot. S ebben igaza van, mert ezeken az elképzelt erényeken mindig meglátszik, hogy mi földben teremnek; ugyanis sohasem hiányzik bennük a *hiúság*, míg ellenben azok, amelyeket Istentől kapunk, mindig mentesek ettől és a kevélységtől.

Néha igazán mulatok azon, hogy egyes lelkek, mikor imába vannak merülve, mennyire szeretnének Isten kedvéért nyilvános sértegetést és megalázást tűrni, de ha azután valami kis hibát követnek el, mindent megtesznek, hogy titokban maradjon. Ha pedig nem követték el s valaki megvádolja őket, no hiszen, jaj annak! S ha már így van, akkor legalább ne vegye komolyan az ő látszólagos erős-fogadásait. Higgye el, hogy azok nem az akaratnak elhatározásai — mert az igazi akarati elhatározás egészen más dolog, — hanem inkább csak a képzeletének játékai.

Mily világosan meg lehet azt rajtatok látni, hogy közületek melyikben van meg az igazi felebaráti szeretet s melyikben nincs meg tökéletesen! Ha felfognátok, hogy mily fontos reánk nézve ez az erény, nem is törekednétek más után. *(Nagy Sz Teréz: A belső várkastély, ÖM, 1:344)*

Új parancsolat

„Új parancsolatot adok nektek, hogy szeressétek egymást, amint én szerettelek titeket." (Jn 13,34) Új parancsolat, azaz a réginek új, mert *krisztusi kiadása* vár reánk. Ez újság abban áll, hogy

1. Istent szereti bennünk Krisztus, és ezt a legfőbb szeretetet árasztja reánk. Nem tesz különbséget szeretetében, egy és ugyanabba a szeretetbe olvaszt Istent és embert; a kettő eggyé lett! Óh mennyire lehet szeretni, ha Istent szeretünk emberben. Nem Isten az ember, de a szív szeretetének lángja e kettőt egyszerre átnyalábolja. Ez ereje és pátosza. Próbáld meg az Istent az emberben szeretni, felebarátod sajátos egyéniségét isteni gondolatnak venni; tisztelni fogod őt s méltányos lész egyénisége iránt. A szeretet a méltányosságnak s nemes fölülemelkedésnek, és ezzel a jellemességnek is iskolája.

2. Krisztus az embert isteníleg, vagyis isteni hévvel szereti; „ignita caritate", tüzes lángoló szeretettel. Feléje törtetett elragadtatva; jött, mint „speciosus forma", szépségbe öltözködve; jött, mint aki életet hoz, „vitam aeternam" [örök életet]; jött, mint „sponsus sanguinum", az önfeledés, az odaadás, a véres áldozat jegyeseként. Utánunk járt, míg meghódított és élvezi a szeretet egyesülését. „Lieben ist die höchste Tat, geliebt sein der königlichste Besitz; beides der süsseste Genuss." [Szeretet a legfőbb tett; szeretve lenni legkirályibb kincs; mindkettő legvonzóbb élvezet.] Íme Jézusnak s ugyancsak a léleknek isteni élete! Ne bizalmatlankodjál; boldogítsd magadat erős, lelkes, hódító szeretettel. Szeress nagyon, szeress áldozattal, szeress kifogyhatatlanul, szeress, s ne hadd magadat legyőzetni nehézségekkel, sikertelenségekkel, közönnyel; szeress; jobb lesz a világ.

3. Ily friss, fiatalos szeretettől átjárt társaságot hagyott örökben: „Arról ismernek meg mindnyájan, hogy az én tanítványaim vagytok, ha szeretettel lesztek egymáshoz" (Jn 13,35); de életerős, friss, teremtő, nem buta, ügyefogyott szeretettel. Szeretet, mely életrevaló nemzedékeket teremt és nevel; „a bölcsesség fiainak nemzetsége engedelmesség és szeretet". Ezekkel a nyomokkal taposta meg a bölcsek útját; szent, fölséges út. *(Prohászka: ÖM, 7:306; 45)*

ÉVKÖZI 8. VASÁRNAP

I: Az ember beszéde sokat elárul belső világáról. S: Isten Jézus Krisztus által győzelmet adott nekünk a halál felett. E: A szív bőségéből beszél a száj.

Az ember megismerhető arcáról, kezéről, járásáról, a szaváról és a tetteiből is! Van igaz szó, amely az igaz, egyenes szívből jön. És van üres és gonosz szó: fecsegés, ámítás, hazugság... Vannak életadó, gyógyító és segítő, és vannak összezúzó, romboló, gyilkos szavak. Miről ismerni meg a jó szót? Miről a jó embert? Mondhatnánk: a csengéséről! Egy benső zengzetről. Jó csengés a szívből szól, Isten szívéből. Lélek szól lélekhez, lélek válaszol léleknek.

Első olvasmányhoz Sir 27,4-7

Szavai és tettei által mutatja ki az ember, mi van benne. Az igaz ember kötelessége, a bölcsnek adománya az, hogy nem hamarkodja el ítéletét, hanem tárgyilagosan mérlegel. Különösen óvatosan kell eljárnunk, amikor valakinek befolyást engedünk az életünkben. *(Ám 9,9-10; Sir 31,26; Péld 27,21; Mt 7,16; Lk 6,43-44; Sir 19,29.30)*

Válaszos zsoltár Zsolt 92(91),2-3.13-14.15-16

Isten hűségéről dicsérő ének

Szentleckéhez 1Kor 15,54-58

Minden élet fölött a mulandóság, a halandóság árnya lebeg. Csak Jézus föltámadása, mint keresztségünk ajándéka, adja meg a halhatatlanság reményét, az Istennel egyesült örök életet.

Isten örök világában nincs romlás, nincs halál. Át kell tehát változnunk, s a kezdet már megtörtént, a bűn, a halál tövise legyőzetett Jézus halálával és föltámadásával. Ez kötelez minket odaadó részvételre „az Úr művében", hálás dicséretre Isten iránt és a Jóhír szolgálatára. *(15,54-55: Iz 25,8; Oz 13,14 ▫ 15,57: Jn 16,33 ▫ 15,58: Zsid 6,11-12)*

Evangéliumhoz Lk 6,39-45

Hogyan ismerjük föl a vallási vezetőt, hogyan tudjuk eldönteni tanítása igazságát? Jézus kétirányú választ ad: Annak, aki tanító és vezető akar lenni; és azoknak, kik vezetettek (vagy „félrevezetettek"). Jézus itteni szavai más összefüggésben szerepelnek Máténál, és értelmükben sokat mondók (Mt 15,15-20: a zsidóság vallási vezetői ellen; Mt 7,15-20 és 12,33-35: hamis prófétákról; Mt 10,24-25: a tanítványok küldetéséről). — Aki mást vezetni kíván, annak éles, jó szeme és tiszta szíve legyen. Legyen „jó ember"! Tettein és szavain látszik ez, ahogy a jó fát is gyümölcséről ismerjük meg. *(6,39: Mt 15,14; 23,16.24 ▫ 6,40: Mt 10,24-25; Jn 13,16; 15,20 ▫ 6,43-44: Mt 12,33-35; 7,16-18)*

Szentségre várva

Jézus maga a „jó Fa", az Élet Fája. Ád is jó gyümölcsöt: igéi Isten igazságát árasztják, a Szentség Kenyerében isteni és emberi életben részesít bennünket.

Elmélkedés

Elhamarkodott ítéletek

Krisztus azt mondja Sz Pál ajkával: „Miért ítéled meg testvéredet?" és ismét: „Ne ítéljetek idő előtt, míg az Úr el nem jön." (1Kor 4,5) De miért mondja akkor Timóteushoz más helyütt: „Ints, kérj és feddj minden türelemmel!" (2Tim 4,2)? És újra neki: „a vétkeseket nyilvánosan fedd meg, hogy mind elriadjanak!" (1Tim 5, 20) Péterhez szólva az Úr maga mondja: „Ha vétkezik atyádfia, intsd meg négyszemközt... Ha nem hallgat rád, két-három tanú előtt. Ha azokra sem hallgat, jelentsd az Egyháznak: aki pedig az Egyházra sem hallgat, légyen neked, mint a pogány és a vámos! (Mt 18,15-18) Vagyis: kerüld el. Tehát nem csak feddeni, hanem büntetni is küldte a vezetőket. Miért adta volna a „kulcsok hatalmát", ha nem ítélhetnek, ha nincs joghatalmuk; hiába tudnak elméletben oldani és kötni. Ha nincs ítélkezés, végre is minden fölbomlik, Egyház, városok, otthonok... A következőkben azonban az Úr az értelmesnek világossá teszi a törvényt: „Miért látod a szálkát más szemében, mikor nem látod magadéban a gerendát?" Tehát nem tilt el attól, hogy ítélkezzünk (s főleg nem elöljárót), azokról szól, akik roskadoznak bűnök alatt, és másra taposnak, csak mert ez szerencsétlen és hibás. Gondol sok olyanra, aki marón ócsárolja szomszédját apró-cseprő hibákért, s maga gondtalan elköveti a legsúlyosabbakat. Ezekről szól! Mert a követőit nem terhelte ugyan súlyos bűn, mégis ezek is hibáztattak olyasmit, mint kezet nem mosni étkezés előtt vagy bűnösökkel és vámosokkal asztalhoz ülni... És ilyen bírálgatókról mondja máshol: „Megszűrik a szúnyogot és elnyelik a tevét!" (Mt 23,24)

Pál sem mondja, hogy egyáltalán ne ítéljünk, csak hogy ne ítéljük fölötteseinket, ne ítéljünk homályos esetekben, de a bűnös megfeddését éppen nem tiltja el! Ő is azokat a tanítványait feddi, akik ugyanazon hibákat elkövetve, szidják érte tanítóikat. Feddi a számtalan bűnben leledzőket, akik ugyanakkor rágalmazzák az ártatlant. Ilyenekre gondol az Úr is, és ijesztő könyörtelen büntetést emleget. „Mert *amily mértékkel* ti méritek, ahogy ti ítéltek, *úgy fogtok* ti is megítéltetni!" Nem a másik az, akit megítélsz, voltaképp, *magadra mondtál* kárhoztató ítéletet. Szörnyű törvényt hívsz ki magad fejére! Szigorú lesz a büntetés, amit magad készítesz. Mert ahogy a bűnbocsánatot minmagunknak kell elkezdenünk, hasonlóképp ez ítéletben is, kárhoztatásunk mértékét mi szabjuk meg. — „Vesd ki a gerendát", javulj! Úgy kellene, ki-ki maga hibáját lássa legjobban, főképp magát javítsa, hisz legjobban magát szereti! Ott kezdd, ahol legnagyobb a baj s legközelebbi!... *(Aranyszájú Sz János: Mások megítélése, 24. homília Mátéhoz)*

†

A vakmerő ítélet kerülése

Magadra fordítsd szemedet, és mások cselekedetét meg ne ítéld. — Mások megítélésében az ember hiába fárad, gyakrabban téved és könnyen vétkezik; de mikor magát megítéli és rostálja, mindig hasznos munkát végez. — Amilyen kedvünk van valamihez, úgy ítélünk is róla; mert a helyes ítéletet a rokonszenv miatt könnyen elferdítjük. — Ha kívánságunk tiszta szándéka mindig Isten volna, nem oly könnyen zavarna bennünket érzékiségünk idegenkedése. — De gyakran bennünk rejlik titokban, vagy kívülről is belénk akad valami, ami magával ragad. — Sokan alattomban magukat keresik abban, amit tesznek, és nem veszik észre. — Látszatra jó békességben vannak, míg az ő akaratuk és nézetük szerint folynak a dolgok. — De ha másképp történik, mint kívánják, csakhamar indulatosak lesznek, és megszomorodnak. — Az érzületek és ítéletek különbsége miatt elég gyakori versengések támadnak barátok és polgártársak, sőt szerzetesek és ájtatos emberek között is. — Régi szokást nehéz elhagyni, és a maga tetszésén túl senki sem lép örömest. *(Kempis: KK, 1:14)*

†

Szavunk — szívünk

Veszedelmes portéka a szó: életre szóló sebet ejthet, teljesen megváltoztathatja akár egy jótett értékét is. Nem hiába írja Sz Jakab: „Nézd, milyen kicsi a tűz, és milyen nagy erdőt felgyújt! A nyelv is tűz, a gonoszság egész világa... Vele áldjuk az Urat és az Atyát, és vele átkozzuk az embereket, akik Isten hasonlóságára vannak teremtve" (3,5-9).

A kereszténység az Ige vallása, egészen különös módon érzékennyé tett minket a szó iránt. Milyen érdekes figyelni Sz Pált! Többször elmondja, hogy nem az emberi bölcsesség elragadó szavaival akarja megnyerni hallgatóit, hanem Krisztus keresztjét hirdeti, a Lélek és az erő bizonyosságára támaszkodik. Mégis milyen gondosan fogalmaz! Ha keményen szól, nyomban visszakozik, ha sebet kell ejtenie, operáló késsel teszi, nem rozsdás bicskával.

Hát még ha azt tudnánk ilyen pontossággal, hogy Jézus hogyan beszélt! Sajnos az ő szava csak a hagyomány és az evangélisták alázatos közvetítésével jutott el hozzánk. Néha még így is majdnem lobot vet tőle a papír.

Jézustól azt is megtanulhatjuk, ami alfája és ómegája minden stilisztikának az irodalomban éppúgy, mint a köznapokban. A farizeusok azt mondták róla, hogy Belzebubnak, az ördögök fejedelmének nevében tesz csodákat. Erre így korholta őket: „Viperák fajzata! Hogy beszélhetnétek jót, amikor gonoszak vagytok? *A száj ugyanis a szív bőségéből szól"* (Mt 12,34).

A szánkra sem árt hát vigyáznunk, a szavak között is jó, ha eligazodunk. Legfőképpen azonban a szívünket kell hasonlóvá tennünk Jézuséhoz, akkor szavainknak sem lesz fullánkja. A valóságos emberi közlekedésben ügyetlen szavakon is átsugárzik az, amit Jézus a szív bőségének nevez, ahogy a szív sivárgása is átsüt mindenen, a választékosan udvarias nyelvi formákon is. Aki szól, tegye megfontoltan és tiszta szívvel! Aki pedig odafigyel a másik szavára, ám legyen érzékeny, de ne keressen vértanú-szerepet. Ne csak a szavakra figyeljen — riadtan és akadékosan —; fogadja be a szív üzenetét! *(Jelenits: Élet és Evangélium, 72)*

ÉVKÖZI 9. VASÁRNAP

1: Salamon király a templomszenteléskor imádkozik azokért is, akik majd más nemzetekből jönnek a jeruzsálemi templomba. S: Ha az apostol emberek tetszését keresné, nem Krisztus, hanem az emberek szolgája volna. E: Jézus példaképül állítja elénk a kafarnaumi százados hitét.

Nagy egyszerűsítéssel a régi évszázadok az emberiséget három csoportba osztották: pogányok, zsidók, keresztények; ilyen sorrendben, a keresztényekkel (ahogy kellene) persze legfelül. A „legfelüllel" manapság egy kissé bizonytalanul állunk. A keresztény nem *gépiesen* jobb a többinél, csak mert meg van keresztelve! Ez a kétség önnön tökélyünk iránt már Krisztus szavaiból is rég fölébredhetett bennünk, de Sz Pál tanításából is. Jézus itt a zsidók és a maga tanítványai elé egy „pogányt" állít példaként. A pogány megkapta a hit kegyelmét, mert jót tett, segített szolgáján. Hite: bizalom és áhítat.

Első olvasmányhoz 1Kir 8,41-43

A nagy templom-fölszentelő imában Salamon nemcsak a királyi házért s népéért imádkozik, hanem az „idegenekért" is, az oly pogányokért, akik majd idejönnek Izrael és az egész világ igaz Istenét imádni. A templom minden nép számára az Imádság Háza kell, hogy legyen. Isten elérhető mindenkinek és minden szükségünknek. — Az olvasmány az evangélium kedvéért került ide. Ebben is Isten népének barátságos nyitottságáról van szó a pogányság képviselői felé. Egyszersmind nyilvánvaló, hogy mától fogva nem a kőből épült templom, hanem Jézus maga az a „hely", ahol a segítő Isten találkozik az emberrel. *(2Krón 6,32-33; 5Mz 10,19; 4Mz 15,15-16; Zsolt 72,10-17; Jer 16,19-21; Jn 4,21-24)*

Válaszos zsoltár Zsolt 117(116),1.2

Dicsérő ének

Szentleckéhez Gal 1,1-2.6-10

A mai vasárnappal kezdjük a galatákhoz írt levél olvasmányait (a 14. vasárnapig). Galácia egyházainak maga Sz Pál vitte meg az Evangéliumot. Aztán más hithirdetők köztük zavart keltettek, állítván, hogy a pogányságból megtérteknek is meg kell tartaniok a zsidó szabályokat és szokásokat, főleg a körülmetélést, és vitatják Sz Pál apostoli tekintélyét is. Az első szavakból kiérződik, mily feszült-izgatottan írta (diktálta) Pál ezt a levelet. Nem személyéről van szó, tudja, hanem a tanítása, az evangéliuma tisztaságáról. Márpedig mindezt az igazolja, szavatolja, hogy Isten maga, a föltámadt Jézus, hívta meg Pált apostolul, és épp a pogányok térítőjéül rendelte. *(1,1-2: Róm 1,4; Gal 1,11-12; ApCsel 20,24 ▫ 1,7: ApCsel 15,1.24; 2Kor 11,4 ▫ 1,8-10: 1Kor 16,22; 1Tesz 2,4)*

Evangéliumhoz Lk 7,1-10

A kafarnaumi százados, egy pogány, szégyeníti meg a zsinagóga gyülekezetét, Jézusba, az „Úrba" vetett hitével és az Ő igéje gyógyító erejébe vetett bizalmával. Sz Lukács a századost jóságos, istenfélő embernek mutatja (tehát csak a zsidókkal szemben „pogány"); a „jámbor pogány" még a zsidóknak is példakép. De pogányoknak is, hogy tőle tanulják a zsidó hit (és belőle kinövő kereszténység) nagyrabecsülését. Lukács itt is, másutt is, „ökumenikus" evangélista, aki inkább azt hordja szívén, ami összeköt és kibékít, mintsem ami elválaszt, hogy egészen Jézushoz kössön mindenkit! *(Mt 8,5-13; Jn 4,46-53)*

Szentségre várva

Hála, alázat, örvendő megdöbbenés, minden benne van a százados szavaiban: „Uram, nem vagyok méltó, hogy hajlékomba jöjj... Csak egyetlen szóval mondjad..."

Elmélkedés

II. Vatikáni Zsinat a hitetlenekről

„Azok, akik az evangéliumot *még nem* fogadták be, Isten népével (az Egyházzal) oly kapcsolatban állnak, melynek alapja és módja más és más. Első helyen azt a népet kell említeni, *akié volt a szövetség* és kapta az ígéretet és amelyből Krisztus test szerint született. E népet, mely választott volta és atyái kedvéért Istennek oly kedves. „Mert az Isten nem vonja vissza *hívását* és összes kegyelmeit, melyeket adott." Hívja őket tovább is — mint Jézus tette! *Hívja* tehát az *Egyház is*: az itt élő Jézus. Isten üdvözítő akarata felöleli azokat is, kik Őt teremtőül elismerik, főleg az *Iszlám* híveit, akik Ábrahám hitutódainak vallják magukat, s kik velünk közösen az egy és irgalmas Istent imádják, az idők végén mindenek jövendő Bíráját. — Azoktól sincs távol Ő [őket is „felöleli", vagyis Jézusban, Egyházában magához hívja!] — akik árnyékokban és képekben keresik az ismeretlen Istent. Ő ad minden lénynek életet, létet, mindeneket. S Ő akar mindenkit üdvözíteni [vagyis részesíteni szent ajándékában Jézus Krisztusban, az Egyháza által]! *(II. Vatikáni Zsinat 16. §. — A [...] közbetett szavak világosabbá teszik a zsinati szöveg szándékát! Mert későbbi álszakértők úgy vették, hogy a hithirdetés eszerint nem fontos!)*

†

Megtérésekért imádság: A hitetlenek megtéréséért

Örökkévaló Isten, világ teremtője, emlékezzél meg, hogy a hitetlenek lelke is a Te alkotmányod, s hogy a Te képedre és hasonlatosságodra teremtetted őket. Íme, Uram, ezeket fenyegeti a Te gyalázatodra a pokol. Emlékezzél meg, hogy a Te Fiad, Jézus az ő üdvösségükért szenvedte a kegyetlen halált. Ne szenvedd, kérlek, Uram, tovább, hogy a hitetlenek gyalázzák a Te szent Fiadat, hanem engesztelődjél meg az istenes lelkeknek és az Anyaszentegyháznak, szerelmes szent Fiad jegyesének könyörgése által. Csak irgalmasságodra emlékezzél, feledd el földieknek hódoló bálványozásukat és hitetlenségüket, és add, hogy végre ők is megismerjék azt, akit Te küldöttél, a mi Urunkat, Jézus Kriszust, ki a mi üdvösségünk és feltámadásunk, ki által megmenekültünk és megszabadultunk, kinek áldás és dicsőség legyen örökkön-örökké. Amen. *(Xavéri Sz Ferenc imája, Sík: DB, 669)*

†

Megtérésekért imádság: Imádság a vallás ellenségeiért

Ó Uram, Jézus Krisztus, Te így imádkoztál a kereszten: „Atyám bocsáss meg nekik, mert nem tudják, hogy mit cselekszenek!" Ez bizonyára ráillik sok emberre, akik köztünk élnek. Ezek nem tudják, amit tudhatnának, vagy elfelejtették, amit egykor tudtak. Tagadják az Istent, de nem tudják mit cselekszenek. Nevetik a mennyország örömeit és a pokol gyötrelmeit, — nem tudják, mit cselekszenek. Elhagyják a benned való hitet, emberek Megváltója, megvetik és szidalmazzák a Szentegyházat és az ő papjait, — és nem tudják, mit cselekszenek. Tévútra vezetik a vándorokat, megfélemlítik a gyengéket, megrontják az ifjúságot, — és nem tudják, mit cselekszenek. Mások vágyódnak a vallás után és igazságnak veszik a tévedést, saját gondolataiknak hódolva, másokat félrevezetve és tőled távoltartva, — és nem tudják, mit cselekszenek.

Ó Uram, Te látóvá teheted őket. Emlékeztetünk jóságos szavadra, amelyet magad mondtál: „Atyám, bocsáss meg nekik, mert nem tudják mit cselekszenek!" De kérünk, őket is tanítsd meg most és segítsd belátásra, *mielőtt még késő lenne*. Adj nekik hitet abban, amit egykor meg kell tapasztalniok, ha idelenn hinni nem akarnak! Oszlasd szét csalódásaikat, melyek oly nyomorúságos elfogultságban tartják őket, és adj nekik inni az élő vízből, amely megszabadít a szomjúságtól mindenkit, aki csak iszik belőle. Amen. *(Newman bíboros imája, Sík: DB, 670)*

†

Modern hitetlenek és jelszavak

Személyiség. A legfrissebb divatszólam (catch-phrase: „csapdaszó") az, hogy „személlyé nőni!" Newman bíboros ráfelelné: Nincs is más mód fölnőni! A jelszóra: „Juss kapcsolatba érzéseiddel!" már a skolasztika felelt: Mi másképp juthatsz kapcsolatba bármivel? (Sz Tamás: Minden tudásunk érzékléssel kezdődik.) Valóban, a múlt századi liberális rég megelőzte kotyvalék-eszmékkel a modern tolvajnyelvet, bár előkelőbben fogalmazta.

Öröm. A szent (Istenre táruló) lelki szegénység nélkül az elme nem is tud a *gyökereit* áhító örömről. Szétszóródik össze-vissza újdonságokba. A „gazdag, aki megkapta jutalmát", a „gazdag, akit üres kézzel bocsátottak el" (Magnificat): oly gazdag, kinek feje a felhőkben van, ahol szívnek kéne lenni... A modern lihegés „jelentős" dolgokért, a föltűnőkért, semmi egyéb, csak a szent lelki szegénység hiánya! S mivel *ez* a szegénység a fő kincs, a másik oldal nem gazdag, csak kérészéletű éhenkórász. Az ilyen üres radikális érdekeltnek látszik, főleg abban, hogy érdektelen. Szórakozás, változgatások az csak, ami lekötheti. Innen az elektronikus média nagy hatása rája. Ha egyszer az fontosabb, hogy mi *új*, mintsem, hogy mi *jó*, — minden újságot jóságnak hihetünk!

Az „Isten halála"-kaland az emberi agybénulás ritka esete volt! Bármi, csak nem teológia; és hittanárai nem a hittudósok! Nem is lekicsinylőn mondom, csak vitathatatlan tényül. Ha a teológia „Istenről tudás", akkor nem lehet Hogyishíják professzor ötleteinek tára.

A radikális teológia olyan, mint a nedves víz. Mert ha egy teológia nem igazán gyökeres: radikális, akkor műkedvelő játék. De a mi Teremtőnk nem műkedvelő, ámbár „az egek zengik", hogy maga képére, maga kedvéből „művelt ki" minket!

Ha gyönge képmásává lettünk, nem Ő az oka! Egy dolog folyhat ebből: Nincsenek kusza teológiák, csak kusza teológusok. Isten nem az, aminek teremtményei hiszik és teszik, hanem amit Ő mondott: „Vagyok, aki Vagyok!"

A szent élet „praktikus", egyetlenül praktikus. Igazán csak egyetlen az életben, amit *jól* lehet gyakorolni. Jézus „csodálva" említi azt a pogányt, aki tudta, mit jelent hatalom alatt állónak lenni! Mi van abban, ha mondják neki: „Menj", s ő jön! „Tedd ezt", és — készséggel teszi! A győzelmes életre ilyen praktikus egyszerűség visz! *(George W. Rutler: Beyond Modernity)*

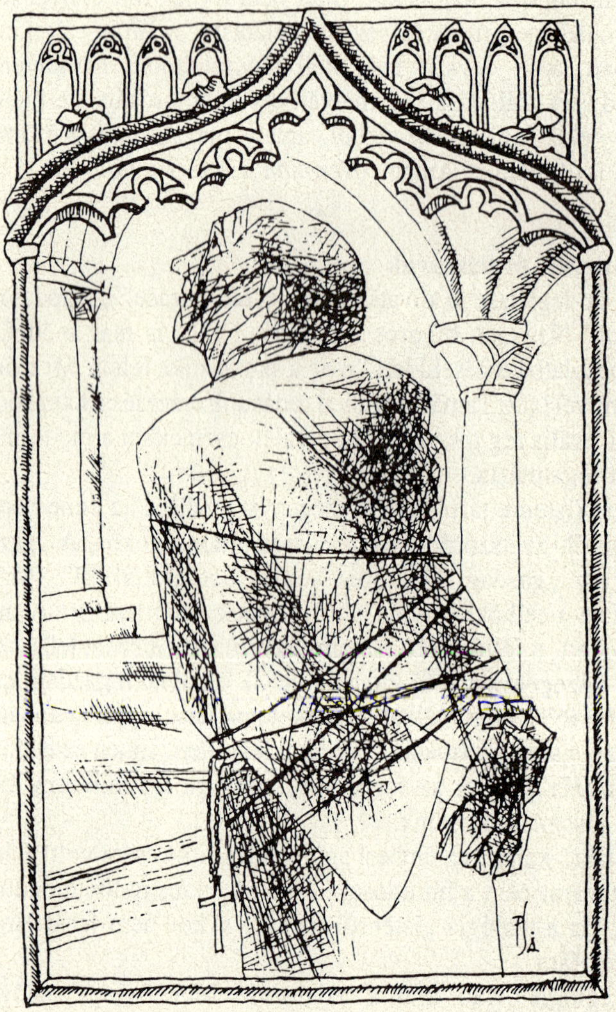

Tiszteletreméltó Csepellényi György, pálos vértanú, †1674

ÉVKÖZI 10. VASÁRNAP

1: Illés próféta életre kelti egy özvegyasszony fiát. S: Isten arra választotta ki Pál apostolt, hogy hirdesse Jézust a pogányoknak. E: Jézus megsajnálja a síró édesanyát, feltámasztja a naimi ifjút.

Az emberi élet: születés és pusztulás, nyerés és vesztés. A számára kimért idő, az anyag, amiből vétetett s amit magára fordít, a testi gyarapulás és szellemi-lelki erők ébredése, külvilági tapasztalatok és találkozás vele, aki a „Te" — mindez végül egy zord határba ütközik. Igazán vég ez a határ? Vagy átmenet valami új felé? — Sok nagy dolgot mondtak már életről és halálról. Jézus ismerte a *halált*, Ő is megremegett rá. A saját halálát is megjósolta, s azóta a mi halálunk sem egyéb, mint amivel Ő találkozott. Ma tudjuk már, hogy a halál: nem vég. Csak az utolsó nagy döntés és fordulat.

Első olvasmányhoz 1Kir 17,17-24

Illés próféta Isten embere volt, aki ismerte Isten útjait és bírta Isten erejét. A Krisztus előtti 8. században nagy bajnoka az igaz Isten hitének a kánaáni Bál-imádás ellen. Egész élete csodának látszik az Isten-közelség jeleivel. A biblia helytáll csodái hitelessége mellett e történetben is, bár az elbeszélő stílus kiszínezhette az eseményeket. A halott-támasztásnak semmi köze a mágiához, Isten művelte, az imádságot meghallgatva: „Az Úr pedig *meghallgatá* Illés imáját". Hasonló életre-keltésről olvasunk Elizeusnál is, aki Illés tanítványa és a csodatevésben is utódja. (Ezért nem indokolt, hogy a két eseményt egynek vegyük, melyet a szentkönyv kétszer mond el!) A mai evangéliumnak az a megjegyzése, hogy Jézus „visszaadja a feltámasztott ifjút anyjának", az ószövetségi előképet juttatja eszünkbe (1Kir 17,23). *(2Kir 4,18-37; Lk 7,11-17 ▫ 17,18-19: Zsolt 19,13; Ám 3,7)*

Válaszos zsoltár Zsolt 30(29),2 és 4.5-6.11-13

Hála a szabadításért

Szentleckéhez Gal 1,11-19

Sz Pál bizonyos benne, hogy küldetése és tanítása Jézus Krisztustól, Isten örök szándékából ered. De hogy győzze meg kételkedő támadóit? Nem tanai belső természetéből: mert ez csak a már-hívő lelket győzné meg. A kétkedőknek Sz Pál a saját múltjára utal. Ő rajongó harcosa volt a zsidó vallásnak, üldözte a Krisztusban hívőket. Őt csak maga Isten tudta megtéríteni, az, aki öröktől fogva a pogányok apostolának szánta. A Damaszkuszba vezető úton Krisztus hívta meg őt, és fényével egyszerre meg is vakította, meg is világosította. *(1,13-14: Fil 3,5-6; ApCsel 22,3-5; 26,4-5.9-11 ▫ 1,15: Iz 49,1; Jer 1,5; Róm 1,1 ▫ 1,16: ApCsel 9,3-6; Gal 2,7 ▫ 1,18-19: ApCsel 9,26-27; 12,7)*

Evangéliumhoz Lk 7,11-17

A naimi ifjú föltámasztásából a jelenlevő nép azt látta, hogy Jézus nagy próféta, talán a várt, a Mózestől ígért legnagyobb. A szentíró e tudósítással készíti elő a választ, amit Jézus adni fog János tanítványainak: „A vakok látnak, a siketek hallanak... a holtak feltámadnak." (Lk 7,22) Ószövetségi előzményül Illés csodájára emlékezhetünk, a jelenlevők is erre gondolva látják meg a nagy prófétát benne. De Jézus több prófétánál, Ő „az Úr", itt először hívja Őt így az evangélista. De ahogy Illés, úgy Jézus is felsőbb hatalommal parancsolja: „Kelj föl!" (Itt azonban: „*Én* mondom neked", az Isten szava!) Egyben mindez Isten irgalmas szeretetének megnyilvánulása („megesett rajta a szíve" — egy másik síró Anyát is látott a jövőben...). A tömegben riadtság, istenfélelem és hálás dicsőítés érzései kelnek, — ez már az Úr új népe itt. *(7,12-14: 1Kir 17,17; Lk 8,42.52.54 ▫ 7,15: 1Kir 17,23; 2Kir 4,36 ▫ 7,16: Lk 1,68)*

Szentségre várva

„Én vagyok a föltámadás és az élet. Ki Énbennem hisz, élni fog, még ha meghalt is." (Jn 11,25) — „Én vagyok az élő Kenyér. Ki e Kenyérből eszik, örökké élni fog. És a Kenyér, melyet adandó vagyok, az Én testem: átadom ezt a világ életéért — éltetésére." (Jn 6,51)

Elmélkedés

Az ifjú feltámasztása

A temetési tömeg riadozva csodálkozik, de mi, az övéi, hisszük, hogy minden idők halottai Krisztus szavára éppúgy kikelnek majd sírjukból. „Kik a sírokban vannak, újratámadnak" — mondja Izajás (26,19) és az Úr szavai: „Eljön az óra, mikor a holtak meghallják az Emberfia hangját, s akik hallják, élni fognak." (Jn 5,25) Az apostol hozzáfűzi: „Egy szempillantásban, a végső trombitára: mert megharsan a trombita, és a holtak kikelnek romlatlanul." (1Kor 15,52) Mi ez a trombita? Az Emberfia harsogó szava! A hang, mely semmiből hívta ki a világot, a végnapon halálból hívja újra; s ki porból Ádámot teremtett, a végén visszahívja őt a porból... — Ha Isten szava, ki Krisztusban harsog, hív és újrahív éjt-napot, évszakokat és éveket, parancsol létet, nemlétet, halált ad, életet hoz vissza — miért ne tenné bennünk is, amit tesz mindenben szüntelen!? Vagy épp csak nálunk fogy el isteni hatalma?!

Rázzátok föl lelketek a föltámadás hitére, látva ez egy föltámasztott ifjút is, higygyük, hogy a szent kereszt megszántja testünket mint az eke, hitünk az elvetett mag, a sír csak barázda, a bomlás csíra, a titkos sarjadás — a végnap várása. S mikor eljön az Urunk újraérkezésének tavasza, kikél a testünk üdén, az életadó aratásra. — Ha egy özvegy földi könnyei úgy megindították Krisztus szívét, hogy elébe megy az úton, hogy lesújt a halálra, visszahozza a kedves fiút, örömre vált zokogást, gyászos temetést születési ünnepre, *egy anya* kedvéért mindent, — mit meg nem tesz majd Ő, ragyogó erejében, a *Szent Anya, az Egyház* szüntelen esengésére? Az Ő jegyesének, a kiontott vérért, verejtékért! Hiszen az Egyház könnyet ont folytonos imákon és vért a mártírokban! Igen, Krisztus visszaadja Neki, az Anyának, „egyetlen fiát", ezt az egységet: a Keresztény Népet! *(Aranyszavú Sz Péter: 103. beszéd)*

Halál

Hogy eljön rád halál, nincs ennél biztosabb! Hogy megítéltetel, nincs annál szigorúbb! Ha pokol vár terád, nincs annál iszonyúbb! Hív Mennybe Irgalom? Nincs boldogan magasztosabb! *(XXIII. János pápa kisministráns korában látta a plébánia épületben e föliratot. Naplója szerint sose feledte, egész életére irányelve, lelkelője lett.)*

Az élet vége nem teljes pusztulás, hanem *halhatatlan* lét, örökkétartó otthonban. Ha e vigaszteljes tant, e szent reményt kilopják az embereknek életéből, a létezés egész értelme összeomlik. *(XXIII. János: Ad Petri cath.)*

Tiszteletreméltó Kelemen Didák, ferences, a Tiszántúl apostola, †1744

ÉVKÖZI 11. VASÁRNAP

I: Isten Nátán próféta által biztosítja Dávidot, hogy őszinte bűnbánatáért bocsánatot nyer. S: A megváltott emberekben Krisztus él a kegyelem által. E: Jézus a legnagyobb bűnösnek is megbocsát őszinte bűnbánatáért.

Minden bűnt engedetlenségnek is fölfoghatunk, lázadásnak Isten akarata ellen. De egyben gyöngeség is a bűn, betegség, tévelygés és útvesztés. Semmiképp sem emelkedés, hanem süllyedés és játék a pusztulással.

Jézus sosem dicséri a bűnt, de megbocsát a bűnösnek, a vétkes nőnek (aki érzi nyomorát és bánja tettét!). Jézus még a farizeusok szenteskedését, önfitogtatását sem feddi meg itt, csak helyreigazítja azt, aki igaznak hiszi magát. A bűnös nő a bánat és hála könnyeit sírta. Jézus látta hitét és megadta neki a békét is. A farizeusoknak csak egy példát mond, — tapintatosan.

Első olvasmányhoz 2Sám 12,7-10.13

Nátán úgy jön Dávid királyhoz mint próféta: „Isten szája"; elébe tárja vétkét: a házasságtörést és gyilkosságot. Dávid bűne hálátlanság, sőt megvetés „az Úr szavával", vagyis Isten parancsával szemben. S a király nagysága abban mutatkozik meg, hogy némán hallgatja a próféta bántó igazságait, beismeri tette gonoszságát, és aláveti magát Isten ítéletének. Ezért nyer bocsánatot. *(Zsolt 32; 51; 65,3-4; Bölcs 11,23-26)*

Válaszos zsoltár Zsolt 32(31),1-2.5.7.11

Hála a bocsánatért

Szentleckéhez Gal 2,16.19-21

A téves, zsidóktól eredő felfogással vitatkozva Sz Pál arra válaszol: Voltaképp mi tesz minket Isten szemében „igazzá"? Mit tegyünk, hogy Isten jónak ismerjen el és befogadjon? A kérdés sosem időszerűtlen, sem a válasz rá. Semmi egyéni igyekezet, még az isteni parancsok („a törvény cselekedetei": Gal 2,16) betöltése sem jöhet „igényeivel" Isten elé. Nem mintha az erkölcsi erőfeszítésnek nem volna értéke, de a döntő: Isten kegyelme! Isten felénk fordul, mert úgy akarja: megbocsát mindent, megad mindent Jézusban, a Megfeszítettben. Mitsem ér itt a „jogosultság", hanem valami nagyobb: hit a szeretetben. „Nálam nélkül semmit se tehettek" — mondta Jézus. A megszentelő kegyelem ad bármi értéket erkölcsi tetteinknek, mert azt már „Jézus tette" bennünk. *(2,16: Róm 3,20.21-28; Zsolt 143,2 ▫ 2,19-21: Róm 6,9-11; 8,2.10-11; Ef 2,4-8; Fil 1,21; 2Kor 5,14)*

Evangéliumhoz Lk 7,36-8,3 vagy Lk 7,36-50

Arról, aki a vendégségen Jézus lábait megkente s könnyeivel áztatta, csak annyit tudunk, hogy „bűnös nő", nyilvános bűnös, és Jézus megbocsát neki. Hogy a magdalai Mária (Magdolna) volt-e, az vita tárgya. A jelen szöveg („megbocsáttatott sok bűne") fölteszi, hogy ez az asszony tudta, Isten megbocsátott neki, és a köszönet hozta őt ide. Ez vág a két adós példázatához: akinek többet elengednek, jobban szeret. A szegény nő tudja, hogy sok benne a megbocsátani való, könnyei a bánat és hála könnyei. De mindenki, még a farizeus is kell, hogy tudja: Isten szíve előtt ő fizetésképtelen, csődbe jutott adós. — A záró rész valójában nem a mai evangéliumi történet befejezése, hanem előzetes összefoglalása Jézus igehirdetésének: Jézus faluról falura jár, Isten országának üzenetével gyűjti híveit. *(7,36-50: Mt 26,7-13; Mk 14,3-9; Jn 12,2-8; Lk 8,48; Mk 5,34; 10,52 ▫ 8,1-3: Mt 4,23; 9,35)*

Szentségre várva

A közösségi Szentség-ünneplés (a szentmise és szentáldozás) előföltétele, egyben gyümölcse is: a béke. A béke forrása a megbocsátás; az, hogy Isten megbocsát, „miképpen mi is megbocsátunk" — és akkor Magához bocsát...

Elmélkedés

A bűnös nő és a Bűnbocsátó

Látjátok ezt a városszerte híres nőt, a bűnéről hírhedtet: senki sem hívta a lakomára, csak úgy beront oda, ahol orvosa ül, és szent orcátlansággal gyógyulást kér tőle. Beosont, alkalmatlanul a vendégségre, nagyon is kész-alkalmasan a jótéteményre! Hisz tudta, mily nagy kórságban nyög; tudta, csak az gyógyíthatja, akihez jön. Odajárul hát, nem is fejéhez, csak lábaihoz az Úrnak, s ki oly soká gonoszul járkált, kereste most az igaz láb nyomát. Előbb pedig könnyeit árasztja: a szívnek a „vérét", s mosogatta a szent lábakat a bánat néma hódolatával. Törölte dús hajával, csókolta bűnös ajkával, kente a kenet illatával. Szótlanul szólott, nem beszélt, csak az áhítata. Aki pedig meghívta az Urat, a gőgösek ama fajtájából volt, kikről Izajás mondja: „Szólanak: messze távol tartsd magad, hozzám ne érj, mert *én* tiszta vagyok!" (Iz 65,5)

Te farizeus, az Úrnak meghívója és megcsúfolója, honnan veszed, hogy nem tudja Ő, ki ez a nő, mert tűri csókjait a lábán, a törlögetést, a kenetet? Ha hozzád jönne ugye, hallaná: „Távol tartsd magad!?" De az a tisztátalan az Úrhoz járult, hogy tisztán távozhasson; betegen jött, hogy gyógyultan menjen, jött bűne-vallva, s ment megigazulva. — „Akinek kevés bocsáttatik meg, kevésbé szeret." — „Nem sokat vétkeztem, mégis nagyon szeretek." — mondanád? De én annak hiszek, aki inkább ismer téged tenmagadnál! „Kevés a megbocsátni valód", hát kevés a szereteted! Mit tegyek hát — mondod — sokat vétkezzem-e, hogy legyen, amit ő megbocsásson és úgy növelje a szeretetem? Fogós kérdés! De az Úr, aki ezt az igazságot mondta, megoldja ezt az aggályt.

Ő a farizeusnak szólt, aki azt hitte: kevés, sőt semmi vétke sincs. Valamelyest szerette, különben nem hívta volna meg az Urat. De mily kevéssé! Elmaradt a vendéglátó csók, a (szokásos) lábmosó vizet sem adta, nem hogy könnyeket. S nem hódolt úgy, mint az a kis bűnös nő, aki tudta, miből gyógyul és Kitől! Óh te farizeus, azért szeretsz kevéssé, mert úgy *gondolod*, kevés a bűnöd. Nem mert kevés bocsáttatik meg, de mert úgy *hiszed*, hogy kevés. Nos hát? — vág ő közbe. Nem gyilkoltam, nem törtem házasságot, bűnhödjek-e ilyenekért? Azt kéne megbocsátani nekem, amit el se követtem? Két dolgot mondtál, hát e kettőt tárgyaljuk.

Azt mondod, kevés a bűnöd? Miért kevés? *Ki* vezetett így? (Óh hála Istennek, hallgatóim, látom bólintástokon, értetek már! Látom, már meg van ott oldva a kérdés!) Ez sokat elkövetett, sokban adós lett. Az ott Isten segítségével, keveset. Akinek *az* köszöni a megbocsátást, ugyanannak *ez* köszönje, hogy nem is esett adósságba. Nem fajtalankodtál abban a korábbi tudatlansággal teljes életedben, még jó és rossz közt sem tudva különbséget, még Őbenne se hívén, aki születéstől vezérelt? Ezt mondja hát a te Istened: „Magamfelé vezéreltelek, magamnak őrizgettelek." Bűnre nem volt csábítód! Én tettem, hogy elmaradt! Nem volt rá hely s idő, Én okoztam a hiányukat. De ha lett volna is csábító idő és hely — hogy beleegyezz, Én riasztottalak el! Ismerd el Annak kegyelmét, akinek adósa vagy *még azzal is, amit nem követtél el.* Nagyobb adósa, mert nagyobb kegyelme birtokosa. Adósom az, aki elkövet bűnt, s aminek bocsánatát láttad. Adósom te, azzal amit nem tettél, amitől tenni óvtalak. Mert nincs bűn, amit egy elkövet, más azt el nem követhetné — ha a Gondviselő, aki alkotta, *magára hagyja! (Sz Ágoston: 99. beszéd)*

†

Őszinte bánat jele, hogy a kínálkozó bűnalkalmakat könyörtelenül eltávolítjuk. — Óh visszásság! Szennyeződni nem szégyell, de mosakodni szégyell. *(Sz Bernát)*

†

Fönséges és dicsőséges Isten! Világosítsd szívemnek sötétjét! Mutass nékem jó utat a hitben, biztos reményt, szeretet tökélyét, érzést, tudást, hogy híven betöltsem, mit szent, igaz parancsod vár tőlem! *(Assisi Sz Ferenc)*

†

Veled leszek és egyben távol. Kegyelembe öltöztetlek, de azt hiszed majd, fosztva vagy az Isten irgalmától; mert benned lakva, elrejtőzöm úgy, hogy meg ne láss, Rólam ne tudj! Úgy titkolom tőled magam, hogy érezd, tudd: *te* mi is vagy — Jézustalan! *(Jézus Kortonai Sz Margithoz)*

†

Nem az fontos, hogy fontoskodva hirdessem: *Szeretem az Istent*; mert tudom, hogy változékony és ingatag vagyok! Egyedül az a fontos nekem, hogy Isten szeret engem! *(Alcoholic Anonymous)*

ÉVKÖZI 12. VASÁRNAP

1: Zakariás próféta megjövendöli Krisztus szenvedését. S: Akik megkeresztelkedtek, azokban Krisztus él. E: Az Emberfiának sokat kell szenvednie. Jézus követőinek is vállalniuk kell a keresztet.

Az „emberek” csak annyit tudnak Jézusról, hogy ember volt. Különleges, szokatlan ember, de mégis csak ember. „*És ti*”: Péter, Jakab, János; Kovács, Nagy és Kiss: ti mit tudtok, minek tartjátok Őt? Ki Jézus — Nektek?!

Ki Jézusról érdeklődik, saját maga is a kérdés tárgya lesz! Készen állok-e, hogy meghalljam a választ és a fölhívást?! Sőt a választ sem értem, a szavak nagyságát és súlyát föl se mérhetem, ha nem magamra vonatkoztatom őket azonnal és elutasítom a velük járó terhet...

Első olvasmányhoz Zak 12,10-11

Ki az az ismeretlen, akit Dávid és a főváros gyászol? *Történelmileg* nincs más felelet: egy királyi, prófétai személy, a nép egy „pásztora”, vértanú-hős. Halála nagy csapás a népnek, de mélyebb bánatnak és Isten-küldte megtérésnek a kezdete is, úgy mint az Isten szolgájának halála Izajásnál (Iz 53). Sz János evangéliuma szerint a kereszten Jézus az, „akit átszögeztek” (Jn 19,37, vö. Jel 1,7). Így érti a mai olvasmány is, ha összevetjük a Jézus szenvedéséről szóló többi prófétai szöveggel. *(4Mz 21,8; Jn 3,14.18; Ez 34,23-24; 36,25-27)*

Válaszos zsoltár Zsolt 63(62),2.3-4.5-6.8-9

Istenre várakozás

Szentleckéhez Gal 3,26-29

A Törvény, vagyis az Ószövetség célja: Krisztus. Ő Ábrahám ivadéka, akinek az ígéret szól: „Őbenne áldatnak meg a föld minden népei.” *Mind*: zsidók és pogányok, akik hit és keresztség által a Fiúhoz hasonulnak, és ők is „fiakká, örökössé” fogadtatnak. Zsidó és pogány különbözősége, egyáltalán minden faji, társadalmi különbség elveszti fontosságát, jelentéktelen lesz. Csak Krisztus a fontos. *(Jn 1,12; Róm 6,3-4; 8,14-17; 13,14; 10,12; Kol 3,11-12)*

Evangéliumhoz Lk 9,18-24

A mai szövegben három lényeges pont van: egy fontos beszélgetés, melynek tetőpontja Péter vallomása Krisztusról (s Krisztusé Péter főségéről, lásd Mt 16,13-19); az Emberfia szenvedésének megjövendölése; végül a fölszólítás: kövessük Őt a keresztlhordozásban. A három szorosan összefügg. Jézus „Isten Messiása”, akit Isten megígért a próféták által, s akinek életútja nem úgy fut, ahogy várnók, hanem ahogy Isten megszabta. Ezért Péter vallomását Jézus rögtön kiegészíti és tisztázza.

Messiás Ő, akinek a *szenvedés* útja van kijelölve. Követői, a hozzátartozók, a hívek — mind az Ő útját kell járják nap mint nap. Ez tehát elsősorban nem vértanúság; naponta föl kell venni a terhet, melyet Isten ránk rak. És ez „mindenkinek” szól! *(9,18-21: Mt 16,13-20; Mk 8,27-30; Lk 9,7-8 ▫ 9,22: Mt 16,21; Mk 8,31; Lk 24,25-26 ▫ 9,23-24: Mt 16,24-25; Mk 8,34-35)*

Szentségre várva

Azonos út Jézussal és azonos lakoma: mind a kettő elénk adva és föladatul kitűzve. Halálon át visz utunk a Vele való életközösségbe.

Elmélkedés

„Mindennap kövessem"

„És kezdé tanítani őket, hogy az ember fiának sokat kell szenvedni... És fogván őt Péter, kezdé feddeni. Ki megfordulván, megdorgálá Pétert, mondván: Hátra tőlem, ellenkező, mert nem érted, mik az Istenéi" (Mk 8,33). Mily élesen vág vissza az Úr; lelke felháborodásával felel. Jézus el van szánva áldozatát bemutatni; Jeruzsálembe akar menni s a halálba. De az emberi érzés Péterben kifogásolja ezt s rá akarja venni az Urat, hogy térjen ki az erőszaknak. Hátra tőlem — volt a felelet — mert akkor elvész az isteni föladat, s ellenségeinek meghódolva nem állná ki a tűz- és vérkeresztséget. Ha kímélné magát, elveszne minden. E kemény szóban: „hátra tőlem" hangzik újra az, hogy „Isten fia vagyok". Nálam is a rosszal való ellenkezés s a vele való megvívás nem baj, nem csapás, hanem isteni út s az erény feladata.

„Aki megtalálja életét, elveszti azt, s aki életét elveszti érettem, megtalálja azt." (Mt 10,39) Aki kényezteti magát s önkedvében jár el mindenütt, — aki a test és vér sugallatait követi legfőbb norma gyanánt, az azt gondolja: kitöltöttem kedvemet, éltem; pedig csalódott; nem értette meg az igazi életösztönt; világnál, testnél jobban kell szeretni a lelket, s a lélek önfenntartási ösztöne erősebb legyen, mint a világ s a test és vér szeretete. Ezek az erős lelkek, kik a *lélek önfenntartási* ösztönét érvényesítik világ és test fölött. A többiek gyönge lelkek; az élet ösztöne fölületes bennük; legyeket fogdosnak s homokból építenek kis mólókat. Óh Uram, az erős élet ösztöne, az örök élet fönntartásának vágya vigyen s emancipáljon engem; ez csillagom; e szerint igazodom, intézkedem s *hozom áldozataimat*! *(Prohászka: ÖM, 6:173; 224)*

†

Kényelemszeretet

Azt tudjátok, hogy mennyire szereti testünk a kényelmet, azt pedig egyszer s mindenkorra értsük meg, hogy rendkívül veszedelmes volna ebbeli törekvésével megbékülni. Sokszor elgondolkozom azon, s nem tudom megérteni, hogyan tudnak olyan nyugalmat és lelki békét élvezni azok, akik *nagy kényelemben élnek*. Vagy talán a mi Eszményképünk, a mi Világosságunk szentséges testének kevesebb kényelemhez volt joga, mint a miénknek?! Talán okot szolgáltatott arra, hogy annyi szenvedést kelljen elviselnie!? Vagy talán olvastuk valaha a szentekről, akikről biztosan tudjuk, hogy a mennyben vannak, hogy kényelemben éltek?! Tehát akkor hogyan lehet az ilyen életbe belenyugodni?! Ki mondta azt nekünk, hogy ez rendjén van? Mit jelentsen az, hogy az emberek a legnagyobb lelki nyugalommal töltik életüket teljes kényelemben; jól *esznek-isznak*, alusznak, *mulatnak*, minden elképzelhető módon szórakoznak, úgy, hogy az embernek az esze megáll. Úgy látszik, *mintha nem is volna másvilág*, vagy pedig mintha az ő életmódjuk volna a legbiztosabb útja az örök üdvösségnek.

Óh, testvéreim! Ha tudnátok, hogy milyen káros következményekkel jár mindez! A test elnehezedik, a lélek pedig elgyöngül, annyira, hogy ha látnók, azt hinnők róla, már a végét járja. Sokfelé olvashatjátok, hogy mekkora rossz az, ha az ember megbékül ezzel az állapottal. Mert hiszen, ha az illető tudná, hogy ez a dolog rossz, akkor lehetne remény arra, hogy megváltozik, azonban attól félek, hogy ilyesmi nem is jut eszébe. S ezen nem is csodálkozom, tekintve, hogy ez az életmód annyira általános. Arról azonban biztosítlak benneteket, hogy akármennyire jól érzi magát a test ilyen állapotban, ha az illető akar üdvözülni, ezerféle küzdelem vár reá, úgyhogy sokkal okosabban tenné, ha lassan és fokozatosan szoktatná magát a szenvedéshez, Krisztus követéséhez. *(Nagy Sz Teréz: Gondolatok az Énekek Énekéről, ÖM, 3:344)*

†

Óh Uram, Istenem! Benned a reményem.
Óh édes Jézusom! Szabadíts most engem!
A szorító láncban, nyomorult kínzásban
Hozzád vágyik lelkem.
Epedve, sóhajtva, térdemre roskadva,
imádlak, esenglek: szabadíts meg engem.

(Stuart Mária imádságos könyvébe írt latin verse kivégzése előtti napokból)

†

Vannak, kik mindenből *tőkét gyűjtenek*, még a télből is. Ha fáznak, dideregnek: e kicsi *kínt* ajánlják Istennek. — Ha valamit teszünk, ami *nincs kedvünkre*, mondjuk azt az Istenünknek: „Én Istenem, ezt néked szentelem azon nagy óra emlékére, mikor meghaltál értem!" — El kell fogadnod a *keresztet!* Ha bátran viseled, a mennybe ő visz el téged. *(Vianney Sz János)*

†

Betegség: Itt égess, itt vágj, csak az örökkévalóságban kíméljl! — Test betegsége: lélek egészsége. *(Sz Ágoston)*

†

Nem értem, de tény: *Önszeretet*, ki Istent elfeled, magát se szereti. Ki csak Istent szeret, magát egész' feledve, az önmagát is szereti. *(Sz Ágoston)*

†

Az *önző* minden helyzetbe úgy áll be, hogy ő legyen a parádé eleje. Egy nagyon pávázó püspökről mondták fiatal papok, hogy ő „egy-emberes körmenet". *(Sheen)*

ÉVKÖZI 13. VASÁRNAP

I: Illés próféta tanítványául választja Elizeust. S: Isten gyermekeinek szabadságát Krisztus szerezte meg nekünk. E: Az Emberfiának nincs hová fejét lehajtania: Jézus követése áldozatot kíván.

Ha tudni szeretnénk, hogy állunk a kereszténységgel, csak kérdezzük egyszer meg magunkat, mi is hiányzana életünkből, mi változna meg, ha máról-holnapra *nem lenne Krisztus és Egyháza.* Legtöbbünknek nem jut feladatul, hogy Krisztus mellett döntsünk, más már felelt helyettünk: „Hiszek... Ellene mondok... Ígérem!" (keresztszülőink). Azért később magunk is meghallottuk a hívást és a kérdést. Válaszolt szívünk, és „igent" mondott. Az „Igent" elfogadták. Érvényes és kötelez...

Első olvasmányhoz 1Kir 19,16.19-21

A tanítványok meghívásáról és követéséről szól e szakasz és az evangélium (és egészen más módon a galata-levél is). Ahogy Mózes megtette Józsuét utódjává Isten parancsára, úgy Illés is égi szóra továbbadja Elizeusnak próféta-küldetését. A köpenyeg rávetése ugyanazt jelenti, mint a kézrátétel. Elizeus azonnal így is érti. Átengedi magát, hogy Isten lelke megragadja. A családjától való elválás végleges: a búcsúlakoma rendezéséhez leöli marháit és tűzifául veszi ezek jármát. Csak látszólag ellentmondó e búcsú azzal, amit Jézus majd övéitől követel.

Válaszos zsoltár Zsolt 16(15),1-2 és 5.7-8.9-10.11

Bizalom imája

Szentleckéhez Gal 5,1.13-18

A „szabadság" szó kimagasodik a galata-levél kezdetén. A mai embernek e szó már többé nem az Ótörvénytől való mentességről beszél (mint a galáciai keresztényeknek) — más törvények, hatalmak és kényszerek fenyegetik a mai szabadságot és méltóságot, sőt az Istennek való hódolás lehetőségét is. Ezeket Pál röviden „a test kívánságainak" hívja, és gyűlöletet, hazugságot, bármi fajta mértéktelenséget ért rajta. Az a szabadság, mellyel Krisztus megszabadított minket, egyszerre ígéret és követelés. Az gyökeres döntés. Jézus teljesen szabad volt, így életét átadhatta értünk. *(5,1: Jn 8,32-36; Gal 2,19-20 ▫ 5,13-15: Róm 6,15; 1Pt 2,16; Róm 13,8-10; 3Mz 19,18 ▫ 5,16-18: Róm 8,4-6.14-17; Gal 5,25)*

Evangéliumhoz Lk 9,51-62

E rész új szakaszt nyit: Jézus útját Jeruzsálem felé, a halálba. Mert ott meg kell halnia és föl kell támadnia. Nagy elszántsággal lép útjára, mint egykor Illés, mikor a földtől távoznia kellett. Egészen Atyja kezére adja magát. Lemond arról, hogy erőszakkal vívja ki „jogait". E szakasz második felében három tanácsot ad Jézus követőinek. Gyökeres fölhívások ezek, az egész embert követelik. Nincs helye felemásságnak, visszariadásnak, huzavonának. Kinek kell Krisztust követnie? Aki hívást kap és elég bátor hozzá, hogy mindent átadjon Istennek, mint azt Jézus tette. *(9,51-56: Mt 19,1; Mk 10,32; Jn 4,9-10; 1Tim 3,16; 2Kir 1,10-12 □ 9,57-62: Mt 8,19-21; Lk 14,26-27.33; 1Kir 19,19-21)*

Szentségre várva

Jézus teljesen odaadó engedelmes, és *ezért* teljes szabad is. „Azért szeret az Atya, mert életemet adom, hogy újra fölvegyem. Senki sem ragadja el tőlem, szabad akarattal adom én át... Ezt a megbízást kaptam Atyámtól." (Jn 10,17-18)

Elmélkedés

Egyház és szabadság

Az Apostoli Egyház alkalmazkodással lesi el az idők szükségleteit, csitítja a korok panaszait, hegeszti a nemzedékek sebeit, s kielégíti a haladó gondolat s az emberi igények követelését. Az ilyen egyház népszerű, súlypontja a nép szívében van; hatalma a lelkek érzéke, melyből kiérzik, hogy ez Krisztus-arcú s nem kísértet; hatalma a lelkek ragaszkodása, melyek az ilyen egyházban *nem papi érdekeket*, nem klerikális osztályérdekeket, nem hatalmi törekvéseket látnak, hanem látják a *testvérek egyházát*, azt az egyházat, mely szellemből él, mely mint Krisztus gyalog jár, szeretetbe öltözik, mely nem közjogi helyzetére, előkelő állásaira, diplomáciára, politikára, hanem az első testvérnek pásztorbotjára: a keresztre, infulájára [püspöksüvegére]: a töviskoszorúra, gyűrűjére: a szegekre, talárisára: a szegénységre, s mindebben s ezen át szellemére, a világért megtört szívére támaszkodik. Tehát népszerű, s azért győzhetetlen hatalom.

Vigyázzatok tehát! A fejlődő állammal szemben küzdjetek a szabadságért, s első helyen: az egyház szabadságáért. Az állam is az életnek szerve, ahogy az életnek fokozásáért neki is a szabadságokat szolgálni, nem pedig elnyomni kötelessége.

Érvényesüljön az egyházban a szellem ereje, s akkor győzni fog!

Mert Góliátok ellen egy kő is elég, ha a parittyát Dávid forgatja! Érvényesüljön az egyházban az apostoli buzgalom, mert e lélek hatalmával tizenkét apostol elég volt a világ megtérítésére, s egy is elég volt a megmozgatására, ha Amiensi Péter, Bernát, Kapisztrán ajkán szólalt meg! Érvényesüljön az egyházban a Krisztus szeretete és kegyelme, mert e nélkül a világot megkötnie, arra kötél, békó, lánc nincs; de a Krisztus kegyelmével megkötötte azt már egy kötél is, Assisi Sz Ferenc kordája. *(Prohászka: ÖM, 13:176)*

†

Jogságot megtagadván, mi mások az országok, mint nagy rablószervezetek! *(Sz Ágoston)*

†

Követni Krisztust szenvedésbe, megalázódásba

Édes Istenem, hányszor elmélkedtek ezek a jó lelkek Krisztus Urunk kínszenvedéséről! Hányszor fontolgatták, hogy mily jó nekünk is szenvednünk! Hányszor óhajtották a szenvedést! Persze azt akarnák, hogy mindenki éppoly fegyelmezett életet éljen, mint ők s adja Isten, legalább azt ne gondolják, hogy csak azért éreznek fájdalmat, mert az a másik ember, mikor ellenük tett, Isten ellen vétkezett. Ne képzeljék valahogy azt, hogy ezzel a fájdalommal érdemeket szereznek!

Azt gondolhatnátok, hogy mindez, amit mondok, szép és jó, de végre is nem vonatkozik reátok, mert hiszen az ilyen dolgok nálunk nem lehetségesek. Vagyonunk nincsen, a becsületünkön pedig szintén nem rágódik senki. Megvallom, hogy e tekintetben igazatok van; csakhogy az említett dolgokból sok minden következik, ami nálunk is előfordulhat. Ez utóbbiakon vehetitek azután észre, vajon nem ragaszkodtok-e még mindig azon javakhoz, amelyekről lemondtatok. Mert sok apró dolog akad ám, amin kipróbálhatjátok, vajon tudtok-e szenvedélyeiteken uralkodni vagy sem. A lényeges az, hogy törekedjünk az *erényeket gyakorolni* és akaratunkat *teljesen alárendelni* Istenének. Folyjék a mi életünk úgy, amint azt Ő Szent Felsége óhajtja; ne a mi akaratunk teljesedjék, hanem az Övé. Ha pedig még nem volnánk ennyire, akkor — mint mondtam — legalább alázkodjunk meg. Ha őszintén alázatosak vagyunk, akkor bármennyire késlekedjék is, egyszer mégis csak eljön majd az isteni orvos és meggyógyít bennünket.

Azok az önsanyargatások, amelyeket ezek az emberek végeznek, éppoly józanok és mértékletesek, mint amilyenek ők maguk. Szívesen gyakorolják őket, mert ily módon is szolgálni akarnak az Úrnak — s eddig nagyon dicséretes a dolog — de nagy önmérséklettel űzik őket, nehogy valamiképpen megártsanak az egészségüknek. Attól ugyan nem kell őket félteni, hogy agyonkínozzák magukat: ahhoz sokkal több eszük van. A szeretetük nem akkora, hogy eszüket elhomályosítsa. Pedig én azt szeretném, ha maga a józan ész indítana bennünket arra, hogy ne elégedjünk meg Istennek ilyen szolgálatával. Mindig csak lépésről-lépésre haladni előre!... hiszen így sohasem érünk az útnak végére! Mivel pedig, amint hisszük, folyton megyünk s elfáradunk — mert azt elhihetitek, hogy ez az út nagyon fárasztó — még szerencse, ha el nem tévedünk. Ha innét valami más országba eljuthatnánk nyolc nap alatt, mit gondoltok, leányaim, okos dolog volna-e erre az útra egy egész esztendőt fordítani, lassan bandukolva, szélben, hóban, esőben, rossz utakon? Nem sokkal jobb-e hamarosan átesni rajta s nem tenni ki magunkat oly hosszú ideig annyi sanyarúságnak, nem is beszélve arról a veszedelemről, amely útközben a mérges kígyók részéről fenyeget? Mennyit tudnék én erről saját tapasztalatom alapján mondani! S adná Isten, hogy már előbbre volnék! Mert bizony sokszor azt hiszem, hogy mindig csak egy helyben tipródom. *(Nagy Sz Teréz: A belső várkastély, ÖM, 1:288)*

ÉVKÖZI 14. VASÁRNAP

1: A próféta jövendölésében Jeruzsálem a Messiás országát jelképezi. Magát Jeruzsálemet megszemélyesíti, és édesanyaként ábrázolja. A megjövendölt messiási országban béke uralkodik. S: Pál apostol boldogan viseli szenvedéseit Krisztusért. E: Jézus munkásokat hív aratásába, és hatalmat ad nekik az evangélium hirdetésére. Aki befogadja őket, Isten békéjét kapja jutalmul.

Jobban szeretjük a nyugalmat, mintsem a nyugtalanságot, s tán azt is hisszük, hogy ez erény. A lustaság nem erény és semmi köze a békéhez. A békét *ki kell vívni,* rendszerint háborúval! Keresni kell a békét, s megdolgozni érte. Az első lépés a kibékülés.

Jézus tanítványai legyenek e világon a béke követei és hordozói. Isten akarata a megbékülés, nem a gonoszsággal, hanem embertársainkkal és Ővele. Ő teszi az első lépést. Aki átéli és megérzi, hogy bocsánatot kapott, az újra tud kezdeni. Újra hallja a patak-csörgedezést, érzi a nap melegét, éled.

Első olvasmányhoz Iz 66,10-14

Könnyebb házat építeni, mint népet igazgatni, és közösséget megújítani. A babiloni fogságból való visszatérés után a város és a templom fölépítése mindössze fárasztó munka (Kr.e. 520—515). Annál nehezebb, amit Isten kívánt: a hit tisztaságát és a remény erejét fölújítani a népben! Ez idő prófétája, a jövőlátó nagy Izajás int és vigasztal. A jelen szakasz vigasztalás! A megosztott, elcsüggedt néphez szól, hogy van remény! Nem ember intézi a jövőt; csak Isten teheti, hogy erő, élet, béke és öröm sarjadjon. S ennek minden nép részese lesz egykor! A szentíró úgy érti, a népek „kincseiket" Jeruzsálembe hordják (a lelkük kincsét!) — az evangéliumban viszont Jézus küldi szét Jeruzsálemből a béke és Isten-uralom kincseit tanítványaival a világ népéhez. *(Iz 65,18; Zsid 12,22-23; 13,14; Zsolt 86,9-14; 122)*

Válaszos zsoltár Zsolt 66(65),1-3.4-5.6-7.16 és 20

Fölhívás dicsénekre

Szentleckéhez Gal 6,14-18

A galatákhoz írt levél végét tulajdon kezével írja Pál (aki diktálni szokott), méghozzá nagy betűkkel, megnyomott tollal. A lényeget sűríti! Az egész vitát: körülmetélt-e, kívülről áttért-e, zsidó vagy pogány — összegezi: Mióta a mi Urunk a kereszten meghalt, végtelenül többről van szó: arról, hogy „új teremtménnyé" váljunk. Az új teremtés alapja a hit és szeretet; a szeretetben hatékony hit. Ezzel áll szemben az, amit Pál „testnek" hív. „Isten Izraele (népe)" szemben áll a „test szerinti Izraellel". Most mint keresztény, Pál egészen új módon imádkozhatja, amit zsidóként naponta mondott: „Add nekünk, s *egész népednek* békédet, üdvösségedet, áldásodat, kegyelmedet, szeretetedet, s áraszd ki ránk irgalmadat!" (Zsidó napi ima: a tizennyolcszoros kérés). *(1Kor 1,31; 2,2; 7,19; Róm 3,27-30; Gal 5,6; 2Kor 5,17; 4,10)*

Evangéliumhoz Lk 10,1-12.17-20 vagy Lk 10,1-9

A tizenkettő küldetése után Sz Lukács hírt ad egy nagyobb csoport tanítvány szétküldéséről. A 72-es szám, s a 70-es is, megfelel Mózes első könyvében a „föld öszszes népei" számának. Minden néphez el kell jutnia az üzenetnek: közel az Isten országa.

Másképp is fontos a 72-es, az „egyetemes szám": a küldetés, a jóhír terjesztése minden tanítványának, bárhol is, bármikor is éljen, — küldetése, föladata. A termés bőséges. Követeinek Jézus örökérvényű utasításokat mond: szerénység, szegénység, önzetlenség, de ha kell, határozott föllépés! *(10,1-12: Mt 9,37-38; 10,7-16; Mk 6,8-11; Lk 9,3-5 ▫ 10,18: Jn 12,31-32; Jel 12,8-9; Iz 14,12 ▫ 10,19: 1Mz 3,15; Zsolt 91,13; Mk 16,18)*

Szentségre várva

„Ahogy engem az élő Atya küldött és Én az Atyában élek, úgy az is, aki eszi Testem, élni fog Énbennem." (Jn 6,57) Isten követe, küldöttje is így éljen és éltessen: „Ahogy az Atya küldött engem, én is úgy küldelek titeket." (Jn 20,21)

Elmélkedés

Kérjétek az Aratás Urát

Munkások kellenek, kik új világot teremtenek; élénken perceptív s keményen munkás lélekre van szükségünk. Munka kell; sziklákat kell fúrni, követ fejteni, aratni kell. Az apostoloknak *nem hivatalban kell ülniök* s várniok a tudakozódókat; ez egészen mellékes funkció. *Tűzeső hull* az apostoli férfiakra az apokaliptikus angyal füstölőjéből; nincs nyugalmuk; lelkük feszül, szemük lát, arcuk ég, szívük beszél; a szeretet tüze s a gondnak árnyéka jellemzi lelkületüket. Gyermekek, betegek, botrányosak, veszélyben forgók, bűnösök, jó lelkek, iskola, család, társadalom ezernyi szükséglete rajzik szemeik előtt; ők bíznak, imádkoznak, szenvednek, kitartanak! *(Prohászka: ÖM, 6:218; 279)*

†

Papi hivatásokért

Jézus, Urunk, Te azt mondottad, kérjétek az aratás urát, hogy munkásokat küldjön földjébe. Esedezve kérünk, szaporítsd országunkban a papi hivatásokat, Te, ki annyira óhajtod, hogy isteni Szíved szeretetének és irgalmasságainak hullámai eláradjanak a lelkeken, add kegyesen, hogy hívásodat a társadalom minden osztályában meghallják. A munkás és birtokos fia egyaránt. Mind a kettőnek szüksége van. Adj, kérünk, nagylelkű és áldozatkész papokat, imádságos és áldozatos eucharisztikus életeddel a legbensőbben egyesülve, hogy tevékenységükkel Isten dicsőíttessék, lelkeket mentsünk és hazánkat megújítsuk. Ezért kérünk Téged, óh Jézus, örök pap a Te szentséges Anyád, a Papok Királynéjának közbenjárására. Amen. *(Böle: Rózsafüzér Királynője, 330)*

Ima a Szűzanyához papokért

Óh Mária, papok királynője, könyörögj érettünk, nyerj sok és szent papot. Hiszem, hogy egy Isten van három személyben, hogy Isten Fia emberré lett, a kereszten meghalt, hogy bennünket megmentsen, hogy a jókra mennyország vár és a gonoszokra pokol. E végtelen fontosságú tanok hirdetésére kérj, eszközölj ki tanítókat, apostolokat az Úrtól! Amen. *(Böle: Rózsafüzér Királynője, 330)*

Mindszenty József, a vértanú prímás, †1975

ÉVKÖZI 15. VASÁRNAP

I: Mózes Isten parancsainak megtartására buzdítja a népet. S: Isten mindent Fia által és Fiában teremtett. E: A főparancs: a szeretet parancsa. Minden ember felebarátom!

Embertárs, aki számomra csak „a másik", akit kikerülök, hogy ne lássam ínségét, vagy mert a *modora* különbözik az enyémtől; az embertárs, aki közel van hozzám, az ajtóm előtt áll, s mégsem *fele*barátom — ez a helyzet a pokol. Ez gyűlölködés! Mert számunkra csak ez a két fajta életút adódik: szeretet és gyűlölet. Mindkettőnek sok foka, módja, árnyalata van. A szeretet: élet. A gyűlölet: szakítás és halál.

Jézus kinyilvánítja nékünk a szeretetet. Megmutatja, milyen Isten. Isten azt szereti, aki *rászorul* a szeretetére — s ugyan ki ne szorulna rá? Csak egyetlen parancs van végeredményben (Istent szeresd: — s benne, általa az embert!) — aki ezt teljesíti, az az isteni ember!

Első olvasmányhoz 5Mz 30,10-14

Isten Izraelt népévé választotta, nem mert valami különleges nép volt, hanem, „mert szerette őket, és megtartotta esküjét, amelyet egykoron tett atyáiknak" (5Mz 7-8). Erre nincs magyarázat, de világos a következménye: szeresse népe Istent teljes szívvel, egész lélekkel, minden erővel. Istent szeretni annyi, mint „hangjára hallgatni". De a nép, története folyamán messzi eltávolodott Istentől, ezért a fölszólítás: „Vissza kell térned!" A nép úgy tekintette a Törvényt, mintha nehéz volna megérteni és megtartani. Ezért mondja a próféta: „Nem haladja meg erődet! Az ige közel áll hozzád, képes vagy szerinte élni, — ha szereted az Urat!" *(Jer 31,33; Bár 3,15.29; Róm 10,6-8)*

Válaszos zsoltár Zsolt 69(68),14 és 17.30-31.33-34.36-37

Bizalom szükségben

Szentleckéhez Kol 1,15-20

A kolosszei-levél (ma és még három vasárnap) az Egyházba befurakodott hamis tanok ellen szól. E tanok nem utasítják el Krisztust, de azt állítják, hogy mellette még más erőket is tisztelni kell (szellemeket, démonokat!), akik az emberéletre irányt szabnak. A mi korunkban ez körülbelül a hit és babona keveréke, egyszerre szabadság és ösztönrabság hirdetése, amely képtelenné tesz szabadon, keresztényként hinni és élni: Sz Pál ezekkel szemben rámutat Krisztus egyetemes és központi hatalmára a világ és emberélet fölött. Azt, hogy Vérével váltott meg bennünket, csak akkor fogjuk föl teljes mélységében, ha megértjük; Megváltónk Teremtőnk is egyben. A világot s életünket nem kívülről tartja markában: ő mindenek előtt és mindenek legbelsejében él. Egyúttal Őbenne él teljességében maga az Isten. A teremtés műve csak akkor ér véget, ha a Krisztusban élő Isten és az Ő fényessége eltölt minden teremtett lényt, főként a megváltott embert. *(1,15-18: Bölcs 7,26; 8,22-23; Róm 8,29; Zsid 1,3; Jn 1,1-3; Ef 1,22-23 ▫ 1,18-20: 1Kor 15,20; Kol 2,9; Róm 5,10; 2Kor 5,18; Ef 1,10)*

Evangéliumhoz Lk 10,25-37

E szakaszban Sz Lukács három paranccsal áll elő: 1.) főparancs az Isten- és emberszeretet; 2.) a legszükségesebb követelmény: Isten szavát meghallani! 3.) a helyes kérés. A mai evangéliumi szakasz a törvényről, a szeretetről és az örök életről szól. „Mit tegyek?" — kérdi először is a törvénytudó. Aztán azt: „De ki a felebarátom?" Az első kérdésre a válasz a főparancsolat törvénye. A másodikra az irgalmas szamaritánus példabeszéde. Az a felebarátod, aki rád szorul; te vagy a „legközelebbi" az ő oldalán, ő a te „teendőd". Aki jót tesz, annak a végítéleten örök élet jut. A felebarát, „legközelebbi" — nemcsak „embertárs", ő az, akiben Isten felém jön és általa magához hív. („A *legközelebbi* embertárs" pedig, aki a kegyelem és keresztség által benned él: Jézus!) A jó cselekedet parancsa tehát: Isten iránti szeretet (engedelmesség) által emberszeretet, és emberszereteten át Isten-szeretet! Túlnyúlik ez tehát földi „szociális érzéseken, vagy indíttatásokon". *(10,25-28: Mt 22,35-40; Mk 12,28-21; 5Mz 6,5; 3Mz 19,18; 18,5)*

Szentségre várva

A törvénytudó nem tudja, ki a felebarátja, mivel nem hitt Jézusban, s Jézust nem ismerte (Sz Ambrus). Tudom-e én, ki a felebarátom? Krisztus lépett a „legközelebb" hozzám. Gyógyítja a sebeim, Szamaritánusom... Szeret, mert rászorulok a Szívére!

Elmélkedés

A szerető Isten viszonzást vár

„Gyönyörűségem az emberek fiaival lennem" — szól az isteni Bölcsesség (Péld 8,31). — De még nagyobb csoda, hogy engedi, hogy ember szeresse Őt! Van szó rá, kifejezni e kiváltságot, hogy a végtelen szépséget *szerethetjük*?... Azt hihetnénk, hogy ilyen szeretetünk orcátlan, tolakvó profanáció. Elég hagyni, hogy valami tompa állati ösztön, az ivó madár, a bámuló ökör érzésével álljunk Ő előtte. De ha végtelen irgalma, vonzódása, vágya a szeretetünk után megengedi, hogy tudatosan, szívből szeressük, akkor ugye bizonyára ez vérrel és szenvedéssel, kínnal és szégyennel és vezekeléssel megy, szörnyű ádáz áldozatokkal, ijesztő önátadással! Jaj, drága Uram, én Istenem: igen, valóban, így lett! De a vér, a kín, a szenvedés, szégyen és önelégetés nem a miénk, mind-mind az Övé! Ő sír, hogy mi nevethessünk; Ő vérzik, hogy mi épnek maradjunk; Ő szégyenül meg, hogy mi örvendjünk diadalban; Ő retteg, szorong, vért izzad, hogy könnyen nézhessünk mi a régi bűneinkre, úszva a föld napsugarában, Isten barátságában, édesen bizakodva az örökkévalóságban... Hagyja, hogy „magunk" megszerezhessük „magunknak" azt, amin a hitetlen mosolyogna, mint merő önáltatáson, egy puhaszívű Atya cselén, a szent szeretet oly gyerekes játékán. „A Bölcsesség játszik az emberek fiai közt" (Péld 8,30). S ha *mindez itt* lenn! — milyen lesz Ő hozzánk *odatúl?* Izajás és Sz Pál azt mondják, nem lehet kifürkészni, más szem kellene, hogy lássuk, más fül, hallani... Vége ezzel a csodáknak?! Nem! Még nagyobb is vár! *Csoda, hogy Ő szeret*! Még inkább az, hogy *átengedi* magát szeretetünknek [adhatunk neki embertársaink tenyerébe téve a Neki szántat, jön elénk koldulva egy emberi koldus álarcában]. De íme: az ember túltehet Istenen! Ez a csodák legcsodája: az, hogy az ember *nem* szereti Istent, mikor *szabad* neki szeretnie. Ez hihetetlen, pedig szemmel látjuk! Ha szívünk úgy meg nem kövesült volna e látványhoz hozzászokva, — elborzadást szülne bennünk minduntalan, akárcsak egy atyagyilkosság — legalábbis! Csak lassan kezdenők elhinni; lehetséges! Hogy feledik Őt, rendszeresen — ez a „dolgok rendje" — s már oda se nézünk neki. *Igazi* hit vérkönnyeket sírna ezen a gyalázaton. Jézus szerelméért: *tegyünk valamit erről!* Nincs megvetettebb koldus a földön! Tenni valamit, hogy *valamivel* jobban szeressék! *(Frederick W. Faber: Mindent Jézusért, 363)*

†

Ima a szeretet kegyelméért

Úristen! te annyira szerettél minket, hogy egyetlenegy Fiadat értünk adtad: az ő munkája, fáradságai, kínszenvedései által minket, háládatlan és pártos szolgáidat megváltottál. Ezért a te véghetetlen szerelmedért kérlek, gerjeszd fel szívemben ama tüzet, melyet szent Fiad a világra hozott. Írd és oltsd be lelkembe parancsolatodat, melyben azt hagytad, hogy téged mindenekfölött, felebarátainkat pedig mint magunkat és azonegy élő testnek tagjait szeressük, nemcsak szóval és nyelvvel, hanem valósággal és cselekedettel.

Adjad, Úristen, hogy nemcsak jóakaróimat, de *te éretted ellenségeimet is szeressem*, és a te szent Fiad példáját követvén, imádkozzam tiszta szívvel gonosz-akaróimért. Végy ki, Uram! énbelőlem minden gyűlölséget, irigységet és felebarátom ellen való nehézséget; hogy a tökéletességnek köteléke, az igaz szeretet lakozzék bennem, és miképpen te megbocsátod vétkeinket, úgy mi is igazán megbocsássunk ellenünk vétetteknek.

Téged pedig, Uram! oly állhatatos és buzgó szívvel szeresselek, hogy sem élet, sem halál, sem szegénység, sem gazdagság, sem öröm, sem háborúság el ne szakasszon szerelmedtől. *Ki ne szeretne téged Uram!* aki minden szépségnek, vigasságnak, gazdagságnak, gyönyörűségnek elfogyhatatlan kútfeje vagy? Csak kicsiny árnyéka a te szépségednek minden világi szépség, csak asztalodnak apró morzsaléka e világi dolgoknak jóvolta, melyben sok fogyatkozás van és meg nem elégítheti lelkemet. Azért térülj a te nyugalmadhoz, óh én lelkem, és *csak azt szeressed, aki minden jóval betölt* és megelégít. Szeresselek téged Uram! ki elébb szerettél engem. Örökkévaló szeretettel szerettél engem és tennenmagadért teremtettél engem; mikor elestem, felemeltél engem, mikor meghaltam, viszont megelevenítettél engem, amaz igaz pelikán madárnak, a mi Urunknak drága vérével.

Mindezekért, Uram! tartozom, hogy teljességgel neked adjam szívemet; és nem egyszer, hanem számtalanszor tartozom. Adjad azért, én édes Istenem! hogy az én lelkem gerjedezzen és megemésztessék szerelmedtől. Oltsd el, Uram, a te szerelmed tüzével bennem a világi kívánságoknak tüzét. Lágyítsd meg akaratomat a te akaratodra! Keményítsd meg a világi kívánságok ellen a mi szerelmes Urunk és Megváltónkért, ki él és uralkodik mindörökkön-örökké. Amen. *(Pázmány, Sík: DB, 241)*

ÉVKÖZI 16. VASÁRNAP

1: Az Úr két angyal kíséretében megjelenik Ábrahámnak. S: Isten kinyilatkoztatta üdvözítő akaratának szent titkát. E: Mária a jobbik részt választja: lelke üdvösségével törődik.

Meglepetésekre is számítsunk az életben. De ki számít komolyan arra, hogy itt Istennel találkozzék? Milyen Istennel találkozna az ember ebben a tudományos, képernyős és benzingőzös világban? Még az embernek is alig akad itt hely! Isten nem isteni alakban közelít meg. Ember formájában jár. Talán mint egy jó barát, egy idegen, egy külföldi, egy *koldus*. Nem akkor és úgy jön, ahogy mi szeretnénk. Úgy jön, ahogy van, ahogy Neki tetszik. Ő jön hozzám, — jön ma...

Első olvasmányhoz 1Mz 18,1-10

Titkosan, „álruhában" tér be Isten Ábrahámhoz (az evangéliumban Mártához és Máriához, kik Jézust befogadják, megvendégelik). Ábrahám esetében a hangsúly főleg a vendégszereteten van, a végén pedig Isten ígéretén. Ábrahám semmiképp se tudhatta, *ki* a betérő Idegen. De nem engedte továbbmenni anélkül, hogy jó ne lenne hozzá. — Isten a mi utunkon jár; de nekünk kell Őt behívnunk, sőt „bekényszerítenünk" (Lk 24,28-29), másképp házunk — életünk — üresen és szegényen marad. Isten nem várt alakban jár, talán épp alkalmatlan időben. Akkor fontos, hogy ébren legyünk, hogy fölkeljünk, elébe menjünk fogadni, szolgálni Őt, aki például egy vándor, vagy munkás „álruhájában" jön. *(1Mz 15,3-5; 17,15-21; Zsid 13,2; Róm 9,9)*

Válaszos zsoltár Zsolt 15(14),2-3.3-4.5

Kérdések lelkitudatunkhoz

Szentleckéhez Kol 1,24-28

Aki Krisztust szolgálja, az halála kínjában is osztozik. Sz Pál a kolosszeiek levelét börtönből írja, és szenvedésében bizonyságát látja Krisztussal való egységének, ezért a szenvedés neki öröm. Egész életében Isten Egyházát akarja szolgálni, és „Isten titkát" föltárni mindenkinek. Isten titka nem fogalom, nem tan, hanem személy: Krisztus. Ő a „remény és dicsőség" mindenkinek, még a pogányságnak is. „Krisztus bennünk" avagy (a jelen fordításban) „Krisztus köztünk" több egy szép elképzelésnél. „Krisztus bennünk": erő, hajtó erő, mely a világon szétszóródott testvéreinkhez visz. Ő bennünk a remény is, valami türelmetlen vágy a nap után, amikor megismerjük Őt teljesen, s magunkat is általa. *(1,24-25: Ef 3,1-13; 2Kor 7,4; 12,10 ▫ 1,26-27: Róm 16,25-26; Ef 2,13-22; 1Tim 1,1 ▫ 1,28: Ef 4,13)*

Evangéliumhoz Lk 10,38-42

A vendéglátó ugyan főleg az, aki ad, de valójában kap is, ő is megajándékozott. Ábrahámnál érthető volt ez, és Mária és Márta történetében még világosabb. Jézus meghívatja magát vendégül, de „csak egy a szükséges": az az ajándék, amit Ő hoz, és ami Őmaga. Nem ezért jött, hogy kiszolgáltassa magát, hanem hogy szolgáljon

(Mt 20,28). Szolgál minket igéjével, egész életével. Jézus teljesen az Ige: abban, amit mond, abban, amit tesz, szenved, ami Ő! Ezt az Igét meghallgatni, befogadni — az *egyetlen* szükséges. *(Jn 11,1; 12,1-3; Jn 6,27)*

Szentségre várva

Az Egyház, mely az oltárhoz gyűlik, nem zárt, hanem kitáruló közösség. „Én vagyok a Kapu" — mondta az Úr. Ő az ismeretlen jövevény, a Vendég is, aki belép. „Áldott, aki az Úr nevében jő!" (Zsolt 118,26)

Elmélkedés

Egy a szükséges

Mária és Márta nemcsak testi, hanem lelki, hitbeli testvérek is. Az Úr ragaszkodó hívei, hűséges szolgálói. Úgy fogadá be Őt Márta, ahogy vándorokat szokás... Pedig Urát fogadta a szolga, orvosát a beteg, Teremtőjét a teremtmény. Az Úr ugyanis szolga alakját ölti, s mint ilyen akar vendége lenni szolgáinak: méltóztatta őket, rájuk nem szorulva. Leereszkedik, táplálva magát.

Mikor pedig panasz szóval Márta belép, Mária hallgat — elrévülve, testben jelen, lélekben az Úrnál — s az Úr dönt. A hallgató Mária mesterére bízza, még ebben is tétlen, még válasszal se akarva dolgozni. A védelem: „Ő a jobbik részt választotta!" Mert az apostollal: „Ha lelkiek magvát vetettük nektek, oly nagy-e, hogy a testi javakat elfogadjuk tőletek aratásul?" (1Kor 9,11) Javak ezek is, buzdítunk ezekre, az Úr szavával is: ne legyetek restek a szentek (hívők) táplálásában, a jótettekben! Valaha ama régiek nem tudva ismeretleneket befogadtak, és angyalok voltak vendégeik. Jók ezek a „javak", de jobb a Mária választása. *Az* szükségből foglalatos, *ez* pedig a szeretetben elragadott. Aki szolgál, eléd fut, ha nem tud adni, keresi a hiányzót, eléd teszi a megleltet: a lelke kitárul, szétárad. Hisz Márta se panaszolt volna, ha elég neki a maga ereje. Sokféle, széthúzó a testi igény, mert földi. Ha javak is, de mulandó javak. S mit mond az Úr neki: „Mária a jobbik részt választá!" Nem rosszat, kevésbé jót, hanem a jobbat! Miért jobbat? „Mert el nem vétetik tőle!" Tőled egykor elmegy a földi terhek igénye — örök azonban az Igazság édessége. Amit választott, el nem veszti azt. El nem vétetik, sőt növekedik. Már ez életben növekedik, odatúl Istenbe kiteljesedik, sosem múlhat vagy veszhetik.

Mária azt mondja: „Nekem pedig jó az Úrhoz ragaszkodnom." (Zsolt 72,28) És odaült a Fejünknek lábaihoz. Minél alázkodottabban ült, lelke annál bővebben megtelült. Mert az éltető víz is a völgyek alázatához kerül: a dagályos dombokról menekül. Nem feddi tehát az Úr a munkát, csak megkülönbözteti ajándékát. „Sokban sürgölődöl, pedig egy a szükséges." Már rátalált az *egyre* Mária. Letűnik a sokaság dolga, marad a szent szeretet együttvolta. — A tiéd elvétetik csakhamar, javadra veszted el, hogy te is a jobbhoz hozzájuthass... Elmúlik a vesződség, s jutalom jön rá: a nyugalom. Te még hányodol tengeren, ő már a *Révben* itt pihen! *(Sz Ágoston: 103—104. beszéd)*

Munka

Mártában megnyilatkozik az élet ferde egyoldalúsága, mely csak a munkát tiszteli, de a belsőt, a lélek föléledését, az öntudat mélységét, szépségét, üdeségét, a kedély tisztulását s fölüdülését elhanyagolja. Helytelen dolog: Márta is üljön le, mikor ott a mester; merüljön el lelkébe; dolgozni ráér majd azután. — Ez a túlzott, egyoldalú munka az embert ingerültté, panaszkodóvá, elégedetlenné, igazságtalanná teszi. A munka iga s teher lesz, mely nyom s nem hivatás és kötelesség, mely boldogít. Le akarnók rázni magunkról ez igát, s kancsal, irigy szemmel nézünk azokra, kik kevesebbet dolgoznak. — Manap a munka tényleg oly teher, mely az emberiséget rémségesen nyomja; kényszeriga lett belőle, s mi szolgálunk neki. — Ne váljék a munkában formátlanná, keserűvé a lelkünk; vigyük beléje lelkünket, nemes motívumainkat, a jóindulatot. Ez az olaj a csikorgó tengelyeken. Istenért, emberért, hivatásból dolgozzunk, s ne panaszkodjunk, de egyszersmind működjünk közre, hogy az áldatlan állapot jobb társadalmi rendnek engedjen tért.

„És felelvén, mondá az Úr: Márta, Márta szorgalmatos vagy és sokban törődöl. Pedig egy a szükséges. Mária a legjobb részt választotta." Márta sokat teszesz, sokra gondolsz, de ne hanyagold el magadat s ne légy igazságtalan mások iránt. „Egy a szükséges", szükséges az Istennel egyesült s belőle táplálkozó lelküket. Isten legyen lelked, életed s törekvéseid középpontja s összes munkád s iparkodásod e középpont körül harmonikusan elhelyezkedett körvonal legyen; akkor lesz benned szimmetria, harmónia, béke s boldogság. Akkor igazul be rajtad, hogy nem „több árut, hanem több boldogságot termelsz."

Egy a szükséges tehát, a tiszta, szép, nemes, Istent szerető lélek. Aki ezt választja, a legjobb részt választotta, s ez az egyedül ésszerű, következetes s erőteljes eljárás; aki a lelket s önmagát elhanyagolja, az a meghasonlást hordozza magában; sorsa az elsötétedés, elkeseredés s üresség. — De az nem annyit jelent, hogy elvonulni, remeteségekbe zárkózni; maradjunk pályánkon s ne veszítsük el az „egy szükségest" szemeink elől semmiféle dolgunkban. *(Prohászka: ÖM, 6:221; 283)*

ÉVKÖZI 17. VASÁRNAP

I: Ábrahám könyörög az Úrhoz, hogy ne pusztítsa el Szodoma és Gomorra városát. S: A mennyei Atya — Krisztussal együtt — minket is életre támaszt. E: Jézus imádkozni tanítja apostolait. Az állhatatos imádság meghallgatást nyer.

Csak az talál jó barátot, aki képes jó barát lenni, rendelkezésre állani, és aki kész magát adni. Bízni tud, s a barátja bízik benne. Barátja bármit kérhet, ő megad neki mindent az erkölcs (Isten akarata) keretén belül. Ha barátja rászorul, mellette áll. Isten az Úr. Csak Ő nagy. Övé a hatalom és dicsőség. Isten legjobb barátunk is, végre is: az egyetlen! Mehetünk Hozzá, Ő mindig ott van számunkra, mindig fogad. És mi — kellünk Őneki!

Első olvasmányhoz 1Mz 18,20-32

Szodoma bűne egekbe kiált. De mi szerint ítél az Isten? A sokak bűne vagy a kevesek ártatlansága dönt? Ábrahám közbenjáró könyörgése — e történet — semmiképp sem naiv, mintha ember alkudozhatna Istennel. Isten igazságosságáról van szó: Istenről magáról. S ahogy Isten alább és alább enged, érezzük, hogy csak vezeti Ábrahámot, az Ő irgalma és igazságossága előre tudja, mit akar. Sejti is Ábrahám, amit a mai evangélium egyenest megmond: „Az egész Föld Bírája" barátunk is, atyánk is! Ő annyira velünk érez, föl se tudjuk fogni. Beérni kevés „igazzal" is, csakhogy sok istentelent megmentsen! A végén csak egyetlen Igaz lesz, aki a sokakat megmenti: az Ő egyetlen Fia! (S már csak a bűnösön fordul, visszalöki-e a bocsánatra táruló Karokat.) *(2Mz 32,11-14; Jer 5,1; Ez 22,30; Ám 7,1-8; Jer 7,16; Ez 9,8; 22,30; Róm 3,4-6.23-26)*

Válaszos zsoltár Zsolt 138(137),1-2.2-3.6-7.7-8

Bizalom a segítő Istenben

Szentleckéhez Kol 2,12-14

Az Ótörvényben a körülmetélés az Isten népéhez való tartozás jele volt, a népbe való befogadás „szentsége". Jézus alávetette magát e törvénynek, ahogy az elesett emberfaj minden terhét is magára vette; de csak azért, hogy mindazt örökre eltemesse tulajdon halálával, és hogy föltámadásával új embert alkosson. Ami Ővele történt, érettünk történt. A keresztségben Ővele föltámadtunk a bűn sírjából. „Ővele együtt": mától fogva ez a nagy fölszabadító valóság! *(Róm 6,4; 8,34; Ef 1,19-20; 2,1-6.14-15)*

Evangéliumhoz Lk 11,1-13

Jézust *imádkozni* látják tanítványai, s megkérik: „Uram, taníts minket imádkozni!" Ő a Miatyánkot adja nekik, minden ima alapformáját. Lukács Sz Mátéval szemben az „Úr imádságának" egy kissé rövidebb változatát adja, csak öt kéréssel a hét helyett. A középső kérés a kenyérért van, amelyre naponta rászorulunk, a test *és lélek* kenyereért. Előtte két hívás-kiáltás: Isten tiszteletéért („neve") és uralma eljöttéért. A bűn bocsánata és a gonosztól való megszabadítás — a kenyér után — a legfontosabb számunkra. Ha őszinte szívvel mondjuk ezt az imát, kezdünk az Ő tanítványaivá lenni. Sz Lukács még két imára buzdító jézusi tanítást csatol a Miatyánkhoz (11,5-8.9-13). Isten a mi Atyánk, megadja ajándékait, főleg az Ő Szentlelkét, de csak azoknak adhatja, akik imában készülnek és megnyílnak rá. *(11,1-4: Mt 6,9-13 ▫ 11,5-8: Lk 18,1-8 ▫ 11,9-13: Mt 7,7-11; Jn 14,13-14; 16,23-27)*

Szentségre várva

Uram, add meg a mi mindennapi kenyerünket, ami úgy kell nekünk! Add meg mindenkinek, aki éhezik s Rád éhezik. És a jóllakottnak adj mindennapi éhséget, szent éhséget a Te Igédre és Kenyeredre!

Elmélkedés

Miatyánk

Úgy akarta Ő, az Úr, hogy *Atyját* mi is Atyánkul szólítsuk. Nem irigyelte tőlünk. Vannak szülők, kik a második, harmadik gyermekük után már földiesen aggódnak, ha még egy születik, koldusságra szülik! Ez az örökség, amit Ő ígér, sokfelé osztódik és senki meg nem fosztódik, mert rövidséget nem lát. — Íme az ő jóságából mennyi *testvére* lett az Egyetlen Fiúnak! Megosztja velünk örökségét, akikért halált szenvedett. Van földi atyánk és anyánk: munkára és halálra születtünk! Új szülőkre leltünk: Isten-Atyánkra és Egyház-anyánkra, hogy örök életre szülessünk. Éljetek ilyen szülőkhöz méltón! [Hét kéréshez:]

1. „Szenteltessék meg a Te neved", hogy bennünk is szentül hasson, ami öröktül *úgyis szent*: vagyis mi legyünk általa szentté! Magunk számára szól a kérés, nem Istenért! Nem Istennek kérünk valami jót, kinek semmi rossz nem történhet... Bennünk, nekünk is szent legyen hát az Ő szent neve!

2. Kérjük, hogy jöjjön el az *Ő országa*; el is jön, még kéretlen is! De vágyni rá és kérni semmi más, mint azt kérni, tegyen *méltóvá minket* az eljöttére. Nehogy, Istenments', eljöjjön s minket meg ne leljen! Mert sokaknak nem jön el, amint mégis eljön azoknak, akiknek szól *akkor*: „Jöjjetek, Atyám áldottai!"

3. „*Akaratod* legyen, miképpen a mennyben, azonképpen a földön is." Sokképp érthető, időnkint egy-egyre értsd! Ég: az angyalok s a szentek. Ahogy ők nem bántanak meg Téged, mi se bántsunk! Mind az „ég": az apostolok, próféták, szentek — mi pedig vagyunk: a „föld"... — És újra: az Egyház maga az ég, ellenségei a „föld". Jót kívánunk ezeknek, hogy ők is higgyenek, hívőkké legyenek, bennük is beteljék Isten akarata! — Ismét: lelkünk az „ég", testünk a föld — ahogy a lélek föltámadva megújul, kövesse őt a test is. Az ész, megint, az az ég — mely igazságnak örül. És a föld mi? „Más törvényt látok tagjaimban, elmém ellen tusakodót!" Mikor múlik a tusa, test és lélek közt szent a béke: akkor lesz meg földön is az Ő akarata.

4. *Kenyér*: a földi, melyben foglaltatik ital is, ruha, hajlék is, de nem több! Vesszen a kapzsiság; elég, természetünk amit vágy, koplaljon ám a törtető világ! — S ha ez élet elmúlt, vajon kérhetni-e a *mindennapit*? Mert akkor a mindennap

lesz egy örök *Ma*. Most itt egyik napról másik napra kérsz; kell-e akkor nap mint nap, mikor az öröklét egyetlen nap!? Krisztus az igaz Kenyér mai napon és az örök napon. Az Oltári Szentség belső megszentülés; az asztali kenyér felett az oltári Kenyértől való mindennapi igaz Élet, már itt e „mai napon".

5. „Bocsásd meg *vétkeinket*" — minden földi rászorul e kérésre. Fölfuvalkodhat magától, de meg nem igazulhat. Jobb, ha a szegény vámost utánozza s nem a dagadozó farizeust! Most itt szerződést kötünk Istennel, s *aláírtuk: „Amiként* mi is megbocsátunk!" Tedd hát, bocsáss meg te is igazsággal, hogy a „Bocsáss meg nekünk"-et mondhasd el hatással. Ha a szem megzavarodik, nem állja a Nap fényét s ha kénytelen állni, kín neki az, nem gyönyör. Mi a harag? A bosszú kéje! Jólesik bosszút állni! De még nincs megbosszulva Krisztus, a mi Urunk, a szent vértanúk vére „még oltár alól kiált" (Jel 6,9), — még *vár* Isten türelme, hogy az „ellen" megtérjen. Kik vagyunk mi, Isten fölöttiek tán, hogy ne tudjunk az Ő ítéletére várni?! — Ha a harag a bosszú kéje: a *gyűlölet* beléd kövült harag! És már nem látod magad, hogy gerendává nőtt a szálka-harag? Hogy nőhetett ekkorára? Mert rögtön ki nem tépted! Mert hagytad fölkelni-nyugodni a Napot — gyűlő haragod felett, míg gyűlöletté gyűlt, fekélyült az a szálka benned! Gaz gyanakvás rakódott rá, s öntözted a gazt, tápláltad, s már fatörzs, gerenda: Remegj hát meg, ha mondatik: „Ki testvérét gyűlöli, az *gyilkos*!" Tisztogasd meg házad, a szívedet, gerenda, lom, skorpió, mérges kígyó, gyilkos gyomok szennyétől! Két szárnyad van, két alamizsnás iker-kincsed! Mik ezek? *Bocsáss* meg, s bocsánatot kapsz; *adj* és adatik néked! Egyet adsz a szívedből, a másikat kincsedből.

6. „Ne vigy *kísértésbe*!" De az apostol mondja: „Senki kísértésbe jutva ne mondja, hogy Isten kísérti őt!" (Jak 1,13) — mert magunk vágyakozásai kísértenek, s magunk választása ejt bűnbe. Keresztség után is bennünk maradnak e rossz vágyak, hogy újjászületett erővel legyőzzétek! Harc vár reátok magatokon belül! Nincs mit félni külső ellentől; győzd le magad, s legyőzted az egész világot! Álld a harcot, ki újjászült téged, az a döntő Bíród — rád viadalt enged, és koronát tart neked. Csak az elvetemültekről mondja az apostol: „Átadta őket Isten szívük gonosz vágyaira!" (Róm 1,24) Hogy adta át? Nem kényszerrel „belevitte", csak egyszerűen *elhagyta* őket, mert elhagyták Őt.

7. „De *szabadíts a gonosztól*" — mert semmit el nem ér a kísértés, ha Te oltalmazol a Gonosztól, aki körüljár... Kedveseim, szörnyű gonosz kísértés mind az élet, mikor az kerül próbára, hogyan érdemlünk bocsánatot, mihelyt elestünk... Kapzsiság kísértett, s megejtett — mert még a jó hasznos is olykor sebet kap, megbotlik... Kéjvágy fog el, és küzdesz, de szemed elkapta egy test szépsége már: seb ér, tántorulsz, visszaütsz és győzöl végül is. Megszabadított a Gonosztól! De marad azért, amire mondhasd: Bocsáss meg, amiként mi is megbocsátunk... Isten adjon győzelmet, nem is külellenségen, hanem a belsőn! Irgalma védi a mi gyöngeségünket, és belátva mondjuk: „Emlékezzél, hogy por vagyunk!" (Zsolt 102,14) — A porból embert alkotott, lelket belélehelt, s e „gyurmányért", semmiért, Egyetlenét halálra adta. Ki mondhatja meg, mennyire szeret minket ez a Mi Atyánk, ki tudja még csak valamennyire is elgondolni?! *(Sz Ágoston: 57—58. beszéd)*

ÉVKÖZI 18. VASÁRNAP

I: A Prédikátor a mulandó dolgok hiábavalóságát állítja elénk. S: Keressétek az odafönt valókat! E: Kerüld a kapzsiságot! Nem tudod, kire marad, amit szereztél.

Ha az ember látja, hogyan múlik el minden, halnak el emberek, s őmaga is halálra van szánva, könyörtelenül neki szegeződik a kérdés: Van valami *maradandó*? Mi lesz énbelőlem? Én maradok-e „Én"? Választ várok, magamra érvényes személyes választ, másképp kell hát föltennem a kérdést: Akire Isten rátekintett, akivel szóba állt, akit megszeretett, elmúlhat-e az ilyen valaha is, mintha sosem lett volna, sosem történt volna, mintha az élő nagy Istennel sosem találkozott volna?

Első olvasmányhoz Préd 1,2;2,21-23

A Prédikátor könyve az egész Ószövetségben nagy *pesszimizmusával* tűnik ki! A szentíró kínozza magát és olvasóit a gyötrő kérdésekkel, melyekre kora bölcsei, sőt hittudósai sem igen tudtak felelni. Mi az ember? Miért él? Hová tart? Vagyon és tudás, fáradozva szerzett, mit ér neki? (Az Ótörvény a földies népnek erényeiért földi jólétet, boldog családot stb. ígér, sok zsoltár is e hangon szól!) Hisz a halál mindennek véget vet. Mint lehelet, minden tovatűnik! Mi maradandó? — A mai evangéliumban e kérdések visszatérnek, de már egészen más fényben — a megváltásában! Igen, minden gazdagság széthull, de van valami jobb: „Istenben lenni gazdagnak", kincsek, melyek nem pusztulnak! *(1,2: Zsolt 62,10; Róm 8,20; Jak 4,13-16 ▫ 1,21-23: Préd 5,12.15; 6,2; Zsolt 104,23)*

Válaszos zsoltár Zsolt 95(94),1-2.6-7.8-9

Fölhívás Isten dicséretére. Intés

Szentleckéhez Kol 3,1-5.9-11

A hívő, megkeresztelt léleknek az új valóság ez: Krisztussal meghalni, s Vele életre kelni. Ezt a Krisztussal való új életet nemcsak a jövőre várjuk. Őbenne mi már most új teremtmények vagyunk. Ebből egyelőre keveset látunk, mint Krisztus maga, úgy mi is „Istenben rejtve" vagyunk. De az új teremtés azt jelenti, hogy már itt és most alakot akar ölteni. Azt is jelenti tehát, hogy a „régi ember" haljon meg, nemcsak az önmegtagadás (mai fülnek jámborul ható) szavaival, hanem határozott életiránnyal, amely Krisztus igazságát és szeretetét teszi láthatóvá bennünk. *(3,1-4: Kol 2,12-13; Fil 3,20-21 ▫ 3,5.9-11; Róm 6,11-12; 8,12-14; Ef 4,22-25; Gal 3,27-28)*

Evangéliumhoz Lk 12,13-21

Itt Sz Lukács Jézusnak azon tanításait gyűjti össze, amelyek gazdagságra és szegénységre vonatkoznak. „Az ember élete nem vagyonától függ" — jegyezze meg ezt jól Jézus tanítványa! Csak a szegénynek „jó hír" Jézus üzenete: „Ahol a kincsed, ott a szíved!" — hangzik a tanítás végén. Örökség, aratás, eredmény, siker általában jó mind, de az a veszély fenyeget, hogy érzéketlenné válsz embertársad felé, eltompulsz Isten igényei iránt. S akkor az ember oktalan lesz, más fordításban:

őrületbe fúl. Ez az őrült ugyanaz a nagyhangú istentagadó, ki „mondá szívében, nincs Isten!" (Zsolt 14,1) Ha az ember nem birtokol, hanem már „kincse" birtokolja őt, nem megszállója a földnek, hanem *megszállottja* — akkor többé nem képes fölismerni Isten valóságát, az örök tényeket, és egész élete elhibázottá válik, értelmét veszti. *(Jak 4,13-15; Zsolt 49,17-21; Sir 11,14-19; Mt 6,19-21; 1Tim 6,17-19; Jel 3,17-18)*

Szentségre várva

Krisztus gazdag volt és szegénnyé lett, önként. Oly szegénnyé, mint mi. Ebből az Ő szegénységéből élünk mi! Az Ő szeretetéből gazdagodtunk meg.

Elmélkedés

Földi és valódi gazdagság

Szól a gazdag: *„Lelkem, van sok jószágod, sok esztendőre eltéve, nyugodjál, egyél, igyál, vígan lakozzál"* (Lk 12,19). Lelkem nyugodjál, vígan lakozzál! Az élet gondja s művészete a boldog élet. S az út hozzá? Enni, inni, mulatni, gondot, harcot száműzi... élni, alkotni, teremteni, tenni... dolgozni, köveket fejteni, meszet égetni, házakat építeni... uralkodni, kertté változtatni az életet, élvezetet, virágot, illatot teremteni bele? *„Vigyázzatok, mert senkinek sem függ élete azok bőségétől, miket bír"*; hanem érteni kell magát, éhségét, szomját, lelke szavát; nem szabad a lélek kiáltásait az örökkévalóságba elfalazni, a csillagokat stukatúrával elfödni, a hit s remény szárnyait letörni; mert a vak, az elkínzott, az elfojtott élettelj boldogságra nem vezethet. Nem sokat bírni, hanem Istent, erényt, bizalmat, szeretetet átélni, ezek bőségétől függ az élet.

Mitől nyugszom meg? „Fideles in dilectione acquiescent illi": akik híven szeretnek s akik szeretetből hívek, azok nyugszanak meg. Ki kell zárnom: 1. a bűnt, 2. a nyugtalanságot, a lázas kapkodást, megzavarodást, bizalmatlanságot lelkem erős és hű fegyelmezésével. Szorgos hűség az Úrhoz, kicsiben is; érzésben is, hogy meg ne zavarodjék lelkem tiszta folyása; nem akarok egyes benyomásokhoz vagy sötét gondolataimhoz tapadni; terheltség, apátia ellen küzdök; lelkem alakító erő s tud „találni nagy nyugalmat".

„Az Isten pedig mondá neki: Esztelen, ez éjjel számon kérik tőled lelkedet, amiket tehát szereztél, kié lesznek? Így vagyon, aki... nem gazdag az Istenben." Isten mondja: esztelen! Az örök bölcsesség mondja, mely ápolja, szereti az életet s látja annak szörnyű pocsékolását, s elfajulását. Csak az Istenben, tehát igazságban, szentségben, erkölcsi erőben, szeretetben gazdag élet lehet boldog. Gazdag az, kiben Isten lakik, s kivel világosságát, szépségét, örömét, erejét közli. E kettőt különítsd el mindig: lelked belső világát attól, ami környékez, például ház, állás, ember, s érezd át, hogy te ezek dacára is tudsz világos, derült, meleg lenni. Kérlek, te alakíts életet, s ne várd mástól. *(Prohászka: ÖM, 6:232; 295)*

†

Kapzsi: lángol azért, hogy szerezzen, fázik attól, bármit vesszen! *(Sz Ágoston)*

Kapzsiság — fösvénység. A fösvénység gonoszsága

A fösvénység *bizalmatlanság* jele az *Istennel szemben*. Hiszen Isten *megígérte*, hogy atyai gonddal őrködik fölöttünk, és hogy nem lesz soha semmiben szükségünk, ha bizalommal vagyunk iránta. Felszólít bennünket, hogy tekintsük az ég madarait, amelyek nem vetnek és nem aratnak; a mezők liliomait, amelyek nem dolgoznak, nem fonnak és nem szőnek (Mt 6,25-34). Ezzel nem restségre akar bennünket buzdítani, hanem meg akar nyugtatni aggódásainkban, és fel akarja ébreszteni bizalmunkat mennyei Atyánk iránt: „Íme az ember, aki az Istent nem választotta segítőjének, hanem gazdagsága sokaságában bízott, és hatalmaskodott hiúságában" (Zsolt 51,9). Ez a bizalmatlanság Istennel szemben együtt jár a túlságos magabízással, a maga tevékenységének túlértékelésével. Az ilyen ember maga akar a maga gondviselése lenni, és így bizonyos bálványimádásba esik, mert a pénzt teszi meg Istenének. De senki sem szolgálhat egyszerre két úrnak: a vagyonnak és az Istennek: *„Nem szolgálhattok Istennek és a mammonnak"* (Mt 6,24).

Ez a bűn akkor súlyos, ha súlyosan vét az igazságosság ellen, ha valaki nem-igaz úton, mások súlyos megkárosításával szerzi vagyonát; ha súlyosan vét a szeretet ellen, amikor az ember nem adja meg a *köteles* alamizsnát; ha súlyosan vét az Istennek tartozó tisztelet ellen, amikor valaki annyira elmerül a vagyongyűjtésben, hogy megfeledkezik Isten iránt tartozó kötelességeiről. — Ha a fösvénység nem vét súlyosan ezek ellen a nagy keresztény erények ellen, akkor „csak" bocsánatos bűn. *Ha a tökéletesség szempontjából nézzük* a dolgot, a fösvénység igen komoly akadálya a tökéletességnek.

Ennek a szenvedélynek az a törekvése, hogy *száműzze* szívünkből az *Istent*: a szív, amely Isten temploma volna, a földi javak utáni vágytól, ezerféle aggódástól és törődéstől van elfoglalva. Márpedig, hogy Istennel egyesülhessünk, meg kell tisztítani szívünket minden teremtménytől, minden földi szorgoskodástól; mert Isten kívánja „az ő nyomorult teremtményeinek egész értelmét, egész szívét, minden idejét és minden erőit". Különösen a kevélységtől kell megtisztítani a szívünket; márpedig a vagyonhoz való ragaszkodás kevélységet szül, mert akiben ez megvan, az jobban bízik vagyonában, mint az Istenben.

Aki tehát a vagyonhoz köti a szívét, akadályt gördít az Isten szeretete elé, mert: *„ahol a kincsetek vagyon, ott leszen a szívetek is"* (Mt 6,21). Ha pedig elvonjuk szívünket a vagyontól, ezzel megnyitjuk Istennek; mert a gazdagságtól felszabadult léleknek maga az Isten a gazdagsága: toto Deo dives est [az egész Isten a vagyona].

A fösvénység *féktelenségre* és érzékiségre is vezet: mert aki sok pénzt harácsolt össze, élvezni is akarja, és mindenféle élvezeteknek adja magát. Ha pedig az élvezetektől is sajnálja a pénzt, akkor teljesen a pénz rabja. Mind az egyik, mind a másik esetben a pénz bálvány, amely elfordítja szívünket Istentől. Fontos dolog tehát, hogy leküzdjük ezt a szenvedélyt. *(Tanquerey: Aszkétika és misztika, 576)*

ÉVKÖZI 19. VASÁRNAP

1: Isten előre jelezte választott népének az egyiptomi rabságból való szabadulás éjszakáját. Izrael népe így felkészülten várta a kivonulás óráját. S: A hit hősei abba az országba vágyódtak, amelyet nem emberkéz épített. E: Mindig álljunk készen a végső számadásra, bármikor szólít is az Úr.

A virrasztás őrködés! Tudni, mi történik körülöttünk, készen állni a jövőre; a jelennek hűségesen szolgálni; hitben a jövőt vállalni merni — mindezt jelenti az, hogy „Virrasszatok". A nyáj aluszik — s mily mélyen tud aludni! A pásztor figyel a leskelő veszélyekre. Vigyáz, hogy óvjon, de vigyáz, hogy meglássa a remény jeleit is. Ott áll, ajtót csukni, de ha kell, ki is tárni... — A „kisded nyáj", melyhez Jézus oly gyöngéden szólt (s szól még ma is) — nem végleges, az Egyház alatt Jézus mindenkit ért, aki bele *akar* tartozni. Az Egyház nem lehet szűkre szabva, egyetemességéről nem mondhat le.

Első olvasmányhoz Bölcs 18,6-9

A Bölcsesség könyvének második fele az isteni Bölcsességről szól, amint az az ősatyákban s az egyiptomi kivonulásban megnyilvánult. „Azon éj" — az éjszaka, melyen Egyiptom elsőszülöttei meghaltak. Mint éles szablya csapott le azon éjjel Isten hatalmas igéje az égből, hogy ítélkezzék, s Izraelt megmentse (2Mz 12,12). Az „atyák", tehát a választott nép ősei, tudták előre, nékik azon éj a virrasztás éje volt; és minden nemzedéken át az maradjon! Isten végleges eljöttét várják és a végső szabadulást. Virrassz az Úr jövetelére — erre hív föl a mai evangélium is. *(18,6: 1Mz 15,13-14; 2Mz 11,4-7 ▫ 18,8: 5Mz 7,6; 14,2; 2Mz 12,25-27)*

Válaszos zsoltár Zsolt 33(32),1 és 12.18-19.20-22

A hű és jóságos Isten

Szentleckéhez Zsid 11,1-2.8-19 vagy Zsid 11,1-2.8-12

A zsidókhoz írt levél 11—12. fejezete teljesen a hitről szól. Ez a hit nem a múltba néz, hanem a jövőbe, mint Ábrahám hite, de Isten népéé is, mikor elhagyta Egyiptomot, és a tanítványé, ki az Úr újrajöttét várja. E hittel, mely voltaképp egybefolyik a reménnyel, az ember többé nem települhet meg e világban úgy, mintha itt lenne a célja, élete vége. Isten egy jobb, maradandó otthont tartogat, azoknak, akik hisznek Igéjében. Ebből születik a hívő sajátos álláspontja: elkülöníti magát e világtól; bár (épp ő!) teljesen komolyan veszi, de alapvetően szabad és szemben áll vele. *(11,1: Róm 1,16; 5,1-2; 9,10-13; Ef 1,13-14 ▫ 11,8-10: 1Mz 12,1-4; 26,3; Jel 21,10-20 ▫ 11,11-12: 1Mz 17,19; 18,10-15; 21,1-8; Róm 4,19-21; 1Mz 22,17 ▫ 11,13-16: Jn 8,56; 1Mz 23,4; Fil 3,20 ▫ 11,17-19: 1Mz 22,1-4; Jak 2,21-22; 1Mz 21,12)*

Evangéliumhoz Lk 12,32-48 vagy Lk 12,35-40

Csak Sz Lukács hagyja ránk Jézus meleg vigaszszavát a „*kisded nyájhoz*". A tanítványok serege a világban: *erőtlen kisebbség*, akkor is, ma is. De övék a jövő, az „ország", az Istennel való közösség. A következők is még a tanítványokhoz szóló tanítások gazdagságról-szegénységről (vö. 18. vasárnap). Az Ő követője legyen szabad testvérei és Isten szolgálatára, legyen éber, és legyen készen az Úr érkezésére! Az lesz majd a végső döntés, az ítélet; a hű és hűtlen szolgák, az okos és balga szüzek szétválasztása! E hasonlatok, példák éber virrasztást sürgetnek: ez maga a hit és szolgálat hűsége, amellyel mindegyikünk meg van bízva. *(12,32-34: Jn 10,14-17; Mt 6,19-21; Lk 22,29; 18,22 ▫ 12,35-40: 2Mz 12,11; 1Pt 1,13; Ef 6,14; Mt 25,1-13; Jn 13,4-5; Mk 13,35; Mt 24,43-44 ▫ 12,42: Mt 24,45-51)*

Szentségre várva

A „kisded nyáj", mely az oltár köré sereglik, ne érezze, (semmi ok rá!) hogy e világon fölösleges vagy elveszett. Épp ellenkezőleg: Innen az oltártól indul a világ megújulása és üdvössége! Itt az Élet Kenyere, mely megadatik „a világ életéért"...

Elmélkedés

Bizalom hibáink közt is

Gertrúd nagyon pontosan törekedett énekelni, de emberi gyarlóságból többször akadályozva volt benne, s elszomorodva így szólt magában: „Micsoda haszon származhatik az olyan törekvésből, melyet ily nagy állhatatlanság kísér?" Az Úr nem tudván elviselni Gertrúd szomorúságát, mintegy saját kezében isteni Szívét nyújtotta feléje egy égő lámpához hasonlóan, s így szólt hozzá: „Íme, lelki szemeid elé tárom Szívemet. Ajánld bizalommal neki pótlásra mindazt, amit magadtól nem tudsz tökéletesen megtenni. Így minden nagyon tökéletesnek fog föltűnni szememben. Valamint a hűséges szolga mindig készen áll ura bármely parancsára, úgy az én Szívem is mostantól fogva mindig segítségedre lesz abban, hogy mulasztásaidat pótolja."

Az Úrnak erre a fölfoghatatlan kegyességére Gertrúd megijedt és elcsodálkozott. Nagyon illetlennek vélte, hogy Urának Szíve az istenség kincstára és minden jónak foglalata, az ő kicsiségének, mint szolga urának, segítségére legyen mulasztásainak pótlásában. Az Úr azonban szánakozva zavarán, a következő hasonlattal bátorította őt: „Ha neked nagyon kellemes és hajlékony hangod volna, s hozzá még nagy gyönyörűséged is telnék az éneklésben és ott állanál egy rossz énekes mellett, akinek durva és kellemetlen hangja van, s nagy erőlködéssel is csak alig tud elérni valami eredményt; nem vennéd-e zokon, ha képességed és készséged ellenére sem bízná rád azt, amit ő maga oly nehezen tud megtenni? Éppen így az isteni Szívem is, mely ismeri az emberi gyarlóságot és állhatatlanságot, kimondhatatlan vágyódással várja és óhajtja, hogyha nem is szóval, legalább valami jellel *őrá bízd annak a pótlását*, amit magad nem tudsz tökéletesen elvégezni. Hisz Szívem mindenható erejével nehézség nélkül képes erre, s kifürkészhetetlen bölcsességével a módját is nagyon jól tudja. A lényegemhez tartozó jóság és szeretet következtében pedig örömmel vágyakozik meg is tenni." *(Nagy Sz Gertrúd: Az isteni szeretet követe, 3:23; 184)*

Minden bizodalmat és reménységet egyedül Istenbe kell vetni

Uram, mi az én bizodalmam ez életben? Vagy mi az én legnagyobb vigasztalásom az ég alatt? — Nemde, te vagy, én Uram, én Istenem, kinek irgalma végtelen? — Hol volt nekem jó dolgom nálad nélkül? Vagy mikor járhattam rosszul, ahol te jelen voltál? — Inkább akarok szegény lenni teéretted, mint gazdag nálad nélkül. — Inkább akarok teveled e világon bujdosni, mint nálad nélkül az égben lenni. — Ahol te vagy, ott a mennyország! Ahol te nem vagy, ott a halál és pokol! — Te vagy az én kívánságom és azért utánad kell fohászkodnom, hozzád kiáltanom és esedeznem. — Senkiben sem bízhatom meg teljesen, hogy majd szükségem idején hathatós segítséget nyújt, csak tebenned egyedül, én Istenem. — Te vagy az én reménységem és bizodalmam, te vagy az én leghívebb vigasztalóm és jóakaróm minden ügyemben. — Mindenki a maga hasznát keresi, te tisztán csak az üdvösségemet és lelki előmenetelemet akarod és mindent javamra fordítasz. — Akkor is, mikor különféle kísértéseket és szorongatásokat bocsátasz reám, mind az én hasznomra rendeled, mert ezerféleképp szoktad próbára tenni, akiket szeretsz. — S eme próbákban éppoly szeretetre és dicséretre vagy méltó, mint mikor mennyei vigasztalásokkal látogatsz. — Tebenned helyezem tehát, Uram Istenem, minden reményemet, tehozzád folyamodom, a te kezedre bízom minden bajomat és aggodalmamat; mert amit te kívüled látok, mind gyarlónak és állhatatlannak találom. — Mert nem használ nekem az én sok jó barátom; nem segíthetnek rajtam hatalmas pártfogóim; nem adhatnak üdvös tanácsot okos tanácsadóim; nem oltalmazhat meg semmiféle csendes és kies hely, ha te magad nem védelmezel, nem segítesz, nem erősítesz, nem bátorítasz, nem vigasztalsz, nem oktatsz és őrizel. *(Kempis: KK, 3:59)*

ÉVKÖZI 20. VASÁRNAP

1: Jeremiást meg akarják ölni, mert megjövendölte Jeruzsálem pusztulását. S: Türelemmel és állhatatosan vívjuk meg az életben ránk váró küzdelmeket. E: Krisztus evangéliumának sokan ellene mondanak. Innen támad a sok szakadás és békétlenség a világon.

Az élet és a halál jelképei: víz és tűz. A víz megtisztít, felüdít, de rombolhat, ölhet is. A tűz melenget, olvaszt és átalakít: drága adomány! Irányít és gyökeresen tisztít, kiégeti azt, aminek nem szabad megmaradnia. A vészcsapás, katasztrófa nemcsak dúlás és pusztulás lehet. Hozhat magával változást is: lehet, hogy jobbulást, lehet, hogy romlást. A fordulat új kezdet lehet. A pusztulás, ha az ember megragadja és úrrá lesz rajta, szabadulás lehet neki és talán sok másnak.

Első olvasmányhoz Jer 38,4-6.8-10

Ez a Jeremiás szakasz a próféta legsötétebb napjait rajzolja. A kaldeus (babiloni) hadsereg rövid időre elvonult Jeruzsálem alól, mert Egyiptomból veszély tűnt fel. A nemzeti zsidó körök remélik városuk végleges fölszabadultát, de Jeremiás kénytelen inteni: „Ne ámítsátok magatokat... nem vonulnak el ezek!" Így „Isten hírhozója" újra a „viszály és civódás embere az egész világra". Kiszáradt vízgyűjtőbe dobják, éhhalálra hagyják. Lesüllyedése a „halál világába", majd szabadulása előképe Jézus halálának és föltámadásának. *(1Mz 37,24; Zsolt 30,2; 40,2-3; 69,2-3.15-16)*

Válaszos zsoltár Zsolt 40(39),2.3.4.18

Hála és kérés

Szentleckéhez Zsid 12,1-4

Az Ótörvény nagy hívői harc és szenvedés által tűntek ki. De az Egyház még nagyobb példára tekinthet föl: arra, aki aki most megállta a „versenyt", a hit próbáját: Jézusra, a Megfeszítettre, az Istentől megdicsőítettre. A jövőért élt és szenvedett, a maga jövőjéért és a miénkért. Ő a mi hitünk ereje. Ő a mi utunk. A hitért való harc nem feltétlenül véres küzdelem. De megvannak a nehézségei, s a környezet hideg, gúnyos közönye sem kis veszély! *(12,1: 1Kor 9,24-26; Gal 5,7; Fil 3,12-14 ▫ 12,2: Zsid 2,10; 2Kor 8,9; Fil 2,6-8; Zsolt 110,1)*

Evangéliumhoz Lk 12,49-53

„Tűz" az Ó- és Újszövetségben jelképes kifejezése Isten ítéletének. Jézus Jeruzsálem felé halad, itt a döntés ideje. Jézus embersége fél is az órától meg vágyódik is rá. A „keresztség" ugyanazt jelenti itt, mint a „tűz" — lemerülés a kínszenvedés óceánjába. Tűz és keresztség: a kettő egyszerre ítélet, tisztulás és üdvösség is. A Megfeszített jellé válik, amelyen meghasonlanak, szétválnak szellemek és sorsok. A „tűz" és „keresztség" a Szentlélekre is érthető. Isten Lelke tűz, melyben minden megpróbáltatik, megtisztul és tisztaságában tökélyre jut. *(12,49-50: Mt 3,11; Jn 1,33; Mk 10,38; Lk 9,22 ▫ 12,51-53: Mt 10,34-36; Mik 7,6)*

Szentségre várva

„Aki Mellettem van, a tűznél van; aki távol áll Tőlem, Isten országától van távol." (Origenesnél megőrzött mondása Jézusnak)

Elmélkedés

A tusakodó mélybemerült Jézus (Olajfák hegyén)

„Jézusnak, az örök Atya Fiának szíve" a világ bűneinek mocsarában! „Jézus szíve, istenség temploma" piszok- és szennyözönben! „Jézus szíve, mely Istennel való kiengesztelésünket eszközölte", most az Isten szemei előtt a világ bűneivel tetézve; mintha egészséges ifjút megkötözve patkányok, százlábúak, férgek, élősdiek közé dobunk; életereje undorrá válik, és borzalom ijeszti halálra, mikor testén végigfutnak. — Sokan elernyedünk, betegei leszünk bánatunknak, örömtelenné válik életünk. A lánglelkű Illés próféta is, ki holtakat föltámasztott s tüzet hullatott az égből, hogy húzódik meg a boróka alatt s fáradt lelke hogy nyögi: Óh Uram, jobb nekem meghalni, mint élni e mocsárban — és íme, az olajfák alatt a Getszemáni kertben az Úr Jézust is ily utálat töri! „Leáztatott lelkem a porba, és szívem a földhöz ragadott." Minden Istenszerető lélek részt vesz Jézus ez undorában és lelke megernyedésében. Ha ifjaink elzüllenek, ha leányaink koszorúi szétfoszlanak, ha a szentségek megszentségteleníttetnek, ha gúnyolják az erényt, akkor érezzük, amit Krisztus érzett, undort és csüggedést. Ilyenkor jó a szenvedő Jézussal egyesülni, őt vigasztalni és az érzési közösségből erőt meríteni.

Bár leemelhetném legalább az én bűneim terhét szenvedő lelkedről, édes Megváltóm! Látja a poklot s a kárhozott lelkeket, és átérezte a lét érthetetlen átkát és összes borzalmait. Lelke lehajolt a *predesztináció örvénye* fölé, és sötétségében imbolygott, mint a kémény szikrája az óceán hullámai fölött. A lelkek elvesznek... ah, ez a Megváltó halálos bánata! Értitek-e már, hogy miért szomorú mindhalálig? Oldala mellől dől ki Júdás; világot váltó keresztje mellett haldoklik a bal lator kétségbeesett lelke, s holnap ilyenkor elnyeli azt is az örvény, azt is, meg más sok milliót! Óh kegyetlen, istentelen, borzalmas hatalom, bűn; rajta veszi ki érte sarcát az Úr! Ő fizet érte! A mélységből kiáltok hozzád Uram, hallgasd meg szómat s irgalmazz nekem!

Körülötte sziklák és tövisek, alvó tanítványok; a háttérben Jeruzsálem fölött a veszthozó viharfelhő. A halál borzalmaitól megszállt Jézus fölébreszti érzelmes, küzdelmes áhítatának összes erőit; véres verejtékben gyöngyözik imája, vágya, Istenhez való tapadása, vonzalma, bizalma; hideg, véres harmata ez tavaszi lelkének. Nem akar engedni. *Sokan engednek*; azt mondják, hogy nem bírják és *árulók, hittagadók*, bűnösök *lesznek*. Jézus bírja és akarja és átfogja imájában az Istent. Vérzik, de nem enged! Óh, azok miatt az engedékeny, haldokló lelkek miatt is agonizál Jézus, akik oly hamar fölhagynak a küzdelemmel; megmutatja nekik, hogyan kell ellentállni a rossznak „usque ad sanguinem", egészen a vérontásig. — S pereg a küzdőnek vére; a fáradt vér méreg, de ez a vér itt erő és élet; leszivárog fűre, az olajfa gyökereire; először ömlik ki a bűnös földre, hogy lemossa átkát. Olajjá válik, vértanúk kenetévé. Virágokban feslik ki, liliomokban, rózsákban és

Isten irgalmát és kegyelmét esdi ki, „jobban kiált Ábel vérénél." — E küzdőhöz közeledem szent alázattal, erre a véres, harmatos pázsitra leborulok én is. Ah, Krisztus arénája az én harcterem, az ő ügye az én dicsőségem; vérzek szívesen, de nem hátrálhatok! *(Prohászka: ÖM, 7:317—318; 60)*

†

A szeretet hajszol

Óh Isten! Te vagy élet, bölcsesség, igazság s minden boldogság! — Te vagy az örök, egyetlen Jóság! Én Uram, én Istenem! — e földi léten reményem s öröm a szívemen! És vallom, vallom sírón és köszönve: — a ten-képedre formáltad e lelket! hogy szeressek Beléd, és mindörökre — Hozzád tapadjon elme, vágy! Szeressek! Add Uram, — ráocsúdjak végleg: — *Szabad! s lehet* szeretnem! folyton, egyre jobban! Ujjongva birtokolni Téged! — S mert ily boldogság itt lenn nem juthat kimeríthetetlen: — csak azt add, addig is, hogy folyton nőjön szerelmem Érted itt e földön! — Ismerjelek, ismervén jobban-jobban, mohón haladjak a nyomodban, — haladjak itt lenn hajszolón és futva, s hogy ott a Nagy Remény öröme töltsön — a végtelenbe valósulva... *(Sz Anzelm)*

†

A Hetedik Stáció

Nem kövek győznek most, nem is az ólmozott korbács:
  a lélek inog itt, a lélek, végső erőforrás.
Halandó utunk közepén, ha lélek kimerül,
  sarkcsillagot iránytű veszt, égboltot hit felül!
S hosszú a szirtes út, a fölkúszás: zord végtelen;
  lecsúszol, — érzed! — hagy barát; sírsz volt-reményeken!
Nyüvődve elnyúlt évek, jaj! S Végzet: jeges-konok!
  Letör a titkolt kín: önvád, — e nagy Kereszt-súlyod!
Végül — zuhansz! Nem térdre, mint buzgó szív, kérelmén;
  csak nyomorultul, arccal le! végtusán-holt remény...
Test hull, elnyűtt, igen... De fáradt akarat még áll?...
  Uram, védd másodszor esőt! Vagy omlik lélek s máll...

(Paul Claudel)

ÉVKÖZI 21. VASÁRNAP

I: A próféta arról jövendöl, hogy a Messiás idejében a pogány népek megtérnek Isten országába. S: „Akit az Úr szeret, megfenyíti." E: Isten országában napkelettől napnyugatig mindenkinek helye van.

Indít-e, mozgat-e még minket a kérdés, hogy üdvözülünk-e? Tudjuk-e, hogy „kívül" vagy „belül" vagyunk? Talán túlságosan biztosak vagyunk abban, hogy az Egyház gyermekeiként a szentek közösségébe tartozunk. De sokan állnak „odakinn" kenyérre éhezőn, szeretetre fázón, — mert úgy érzik, hogy belül nincs számukra hely...

A keresztény világnak félelem és gyűlölet nélküli világnak kell lennie. De van (névleg) 1,75 milliárd keresztény (1995-ös adat), s a világ mégis tele gyűlölettel és félelemmel — félnek az élettől és egymástól. Nem mondhatjuk, hogy a keresztények (igazi keresztények) okozzák ezt; de a tétlenség, a tunya félreállás is lehet ok! „De itt-ott, időnkint föllép egy keresztény (igazi!) — s ahol föllép, a világ elcsodálkozik" — mondta nemrég egy egyház-támadó bírálónk. Itt-ott akad igazi keresztény, aki Krisztust egészen komolyan veszi, *minden tanát, minden parancsát.*

Első olvasmányhoz Iz 66,18-21

Izajás 66. fejezetének prófétája a jövőbe néz. Ezt a jelentől való menekülésnek is hívhatnók, de tulajdonképpen fontosabb kérdésekre ad feleletet a próféta: Istenről szól, aki eljön, hogy ítéljen, s utána üdvözítsen, mégpedig a föld minden népét. Mindenkinek látnia kell Isten „dicsőségét": az Ő hatalmas tetteit népe s minden nép történetében. *(66,18-19: Iz 45,20-25; Ez 34,13; „dicsőség": 2Mz 15,6-7; 33,18-23; Ez 43,1-4 ▫ 66,21: Iz 2,2-4; Mik 4,1-3; Iz 60,4-9; Lk 13,28-29)*

Válaszos zsoltár Zsolt 117(116),1.2

Dicsének

Szentleckéhez Zsid 12,5-7.11-13

Az ember mai helyzetét, a keresztényét is „gyöngeség" jellemzi (Zsid 5,12). E helyzetben lépett Isten Fia közénk, hogy segítsen. Átélte, megismerte a kísértést, szenvedést, a halált. A szenvedés törvényének alávetette magát; engedelmességet „tanult" (Zsid 5,8). Tanítványai is legyenek készen (s örüljenek neki); Isten őket is az engedelmesség szigorú iskolájára fogja. Az isteni nevelés célja az Isten világossága: az Élet. *(12,5-7: Péld 3,11-12; Jel 3,19; 5Mz 8,5 ▫ 12,11: Jn 16,20; Jak 1,2-4; 1Pt 1,6-7 ▫ 12,12-13: Iz 35,3-4; Péld 4,26)*

Evangéliumhoz Lk 13,22-30

E szakaszban Jézus három dologról beszél: a *szűk kapuról;* a zárt kapuról; s végül minden népnek Isten országába való bejutásáról. A szűk kapu az üdvözültek számát kérdezve kerül szóba. Jézus maga is „kisded nyájról" beszélt (l. Lk 12,32: 19. vasárnap). Sokkal fontosabb az üdvözültek számánál (csak Isten a tudója, Jézus kitér a kérdés elől), vajon *mi* is köztük leszünk-e?! A megtérést a halál órájáig halogatni több mint veszedelmes. Mindannyiunk életében, s a népekében is, eljön a sorsdöntő pillanat üdvözülésünk számára: „Mikor a ház Ura felkel, s a kaput bezárja!"... Egyetlen intő szava e komoly evangéliumi tanításnak: „*Törekedjetek* bejutni — minden erővel törekedjetek!", — törjétek magatokat! És a végén minden néphez az ígéret: több üdvözül, mintsem szűkkeblű teológusok képzelik. (Egy szentíró szerint: ha mennybe jutunk, három meglepetés vár ránk: sok ott van, akiről nem hittük volna, *sok nincs*, akiről hittük volna; és a harmadik: hogy *mi* is valahogy bekerültünk. Ha...) *(13,22-24: Lk 9,51; Mt 7,13-14 ▫ 13,25-27: Mt 25,10-12; 7,22-23; Zsolt 6,9 ▫ 13,28-29: Mt 8,12 ▫ 13,30: Mt 19,30; 20,16; Mk 10,31)*

Szentségre várva

Mindenkiért megújul a szentmise keresztáldozata, mindenkinek készül a szentségi lakoma is. Mindenki meg van hívva a krisztusi életre, Ábrahám utódai és a föld népei. A döntő kérdés: „kívül" vagy „belül" állunk-e: Jézus mellé állunk-e nemcsak szóval, hanem hittel és *tettel* is.

Elmélkedés

Nagy csapás ma ez életen, napjainknak nagy ínsége: nem, hogy sok az istentelen, de hogy mi oly mérsékelten vagyunk hívők, Jézus népe! *(Georges Bernanos)*

†

Az engedelmesség és alárendeltség

Valóban nagy dolog engedelmességben elöljáró hatalma alatt élni és magával szabadon nem rendelkezni. — Sokkal biztosabb engedelmesség alatt állni, mint másokat igazgatni. — Sokan inkább csak kénytelenségből vannak az engedelmesség alatt, mint szeretetből; ezeknek nagy a kínjuk, könnyen is zúgolódnak. Nem is jutnak lelki szabadságra, míg Istenért teljes szívből az engedelmesség alá nem vetik magukat. — Futkoss bár ide s tova, nem találsz nyugodalmat, csak az alázatos engedelmességben az elöljáró hatalma alatt. — A képzelődés a helyekről és helyváltoztatás sokakat megcsalt. — Igaz, mindenki örömest jár a maga esze szerint és azokhoz vonzódik, kik vele egyetértenek. — De ha Isten lelke van bennünk, szükséges, hogy néha a magunk tetszését is megvessük a békesség kedvéért. — Kicsoda oly bölcs, hogy mindent teljesen megért? — Azért túlságosan ne bízzál a saját véleményedben, hanem örömest halljad mások ítéletét is. — Ha helyes amit gondolsz, de Istenért elhagyod, és mást követsz, nagyobb hasznodra lesz. — Gyakran hallottam ugyanis, hogy biztosabb más tanácsát elfogadni és követni, mint tanácsot adni. — Az is megeshetik, hogy mind az egyik, mind a másik helyesen beszél; de azért más ítéletén meg nem nyugodni, noha maga a dolog és a józan ész azt kívánja, kevélységnek és makacsságnak jele. *(Kempis: KK, 1:9)*

Törekedjetek: törjétek magatokat Isten felé

Áldott legyen a buzgalom, mely Isten karjába vezet! Áldott legyen a lemondás erről az egynéhány nyomorult dologról, amely ily magas méltósághoz juttat! Gondoljátok csak meg, hogy ha egyszer az Úr karjain hordoz benneteket, mit törődtök ti majd akkor azzal, ha az egész világ kígyót-békát kiált reátok! Elég hatalmas Ő arra, hogy bárkivel szemben is megvédelmezzen benneteket. Egy szavába került és a világ meg volt teremtve. Ha Ő valamit akar, az már meg is van téve. Hiszen, ha csak az Ő szeretteinek lelki érdeke nem kíván mást, még beszédbe is ereszkedik velök! Akit Ő egyszer szeret, azt nagyon szereti. És mi, testvéreim, vajon miért nem mutatnók ki iránta szeretetünket, amennyire csak tőlünk telik? Gondoljátok meg, micsoda csere az, ha a mi szeretetünket adjuk oda az Övéért! Ő mindenható, mi pedig önmagunktól nem tehetünk semmit, s csak arra vagyunk képesek, amihez Ő ád erőt. Mert hiszen végre is, mit teszünk mi Teéretted, Uram Teremtőm? Úgyszólván semmit; olykor egy kis jószándékot ébresztünk, ez az egész. Ha pedig Ő Szent Felsége azt akarja, hogy azzal, ami semmi, érdemeljük ki azt, ami minden, ne legyünk együgyűek...

Óh Uram, ott van az egész baj, hogy nem függesztjük szemeinket állandóan Tereád! Mert ha nem néznénk mást, mint csak az utat, hamarjában a célnál volnánk. Így azonban ezerszer elesünk, megbotlunk, eltévedünk, s mindezt azért, mert, mint mondom, nem tartjuk folyton szem előtt az igazi Utat. Azt hihetné az ember, hogy még sohasem léptünk reá, annyira szokatlannak találunk rajta mindent. Igazán szomorú dolog, hogy mi minden fordul elő e tekintetben! Azért mondom, hogy úgy látszik nem is vagyunk keresztények, és sohasem olvastuk az Úr Jézus kínszenvedését. Mert ha csak egy kicsike kis mellőzés ér bennünket, már azt sem tudjuk elviselni, sőt azt hisszük, hogy nem is szabad zsebre tennünk. Ilyenkor azt mondják az illetők, hogy: nem vagyunk mi szentek! Ha valami hibát követünk el, testvéreim, sohase mentegessük magunkat azzal, hogy nem vagyunk angyalok, nem vagyunk szentek. Isten mentsen ilyesmitől! Fontoljuk meg, hogyha nem vagyunk is azok, azok lehetnénk Isten segítségével, ha megerőltetnők magunkat. Higgyétek el, ha mi megtesszük azt, ami tőlünk telik, Ő megadja hozzá a segítséget. Ha azt látjuk, hogy ez vagy az a dolog kedvesebb az Úr előtt, legyen akármennyire nehéz, vágjunk bátran neki, s az Ő kegyelmével sikert fogunk aratni. Ezt a bátorságot szeretném én mindig látni, mert ez állandóan növeli az alázatosságot, s bizonyos szent vakmerőséget ád nekünk. Isten a bátrakat segíti és nem személyválogató. *(Nagy Sz Teréz: A tökéletesség útja, ÖM, 1:92)*

ÉVKÖZI 22. VASÁRNAP

1: Aki megalázza magát, kegyelmet talál Istennél. S: Az ószövetségi áldozatok megszűnnek: Járuljunk Jézus örök áldozatához! E: A kevélyt megalázzák, az alázatost dicsőségre emelik. Szeretetből tegyük a jót, ne pedig a viszonzás reményében!

„Szolgálok, szolgálsz, szolgál": talán egy nyelvtankönyvből való, nem az életből? Mindenki megérti azt, hogy minden *minket* szolgál! Hogy valaki egy nagy dolognak szolgálatába áll, az még megjárja; de hogy *egymásnak* szolgáljunk, ember más embernek, mert *az* így akarja — ez oly ritka életünkben, hogy egyenest gyanúsnak látszik. Korunkban adódik még egy és más érdekes kérdés: mennyi az, amit *meg*szolgálunk, megérdemlünk; miért olyan ritka ma az alázat, olyan ritka tán, mint az ártatlanság és szűziesség...? De csak az alázatoshoz szól így az Úr: „Barátom, menj följebb!"

Első olvasmányhoz Sir 3,17-18.20.28-29

A mai evangélium is, ez a szakasz is Sirák fia könyvéből, többet ért szerénységen valami okos számításnál, amelytől azt várja az ember, hogy „kifizetődik". Az igazi bibliai alázatról van szó! Forrása az a szilárd tudat, hogy csakis Isten a nagy és hatalmas, és minden „tökélyünk", erényünk stb. az ő *ajándéka*. Mi irgalmára, lehajló szeretetére vagyunk ráhagyatva, és számíthatunk Rá! Ebből az értelmes számára megfelelő magatartás ered embertársai felé, a hatalmasok felé nyugodt önbiztosság, a gyöngékhez *nem* leereszkedés (mert már lenn vagyunk ővelük!), hanem szolgáló és segítő készség. [A német szó, „Demut=Dienmut" „szolgálókedv", a magyar talán több: *alázzuk, alá* rendeljük magunkat a testvérnek.] *(3,17-20: Sir 4,8-10; Mt 20,26-28; Lk 22,24-26; Péld 3,34; Mt 11,25 ▫ 3,28-29: Péld 2,1-5)*

Válaszos zsoltár Zsolt 68(67),4-5.6-7.10-11

Isten jóságának éneke

Szentleckéhez Zsid 12,18-19.22-24

A szentíró a Sínai Isten-jelenéssel szembeállítja az újszövetségi kinyilatkoztatást. Az Ószövetség ideiglenes, nem teljes kinyilatkoztatás „egy jobb rend idejéig" (Zsid 9,10). Az új Isten-jelenés nem oly ijesztően folyt le, de azért nem kevésbé kötelező erejű. A közvetítő nagyobb, nem Mózes, hanem az Istenember, Jézus Krisztus. „Sion hegye", az „Élő Isten városa", a „mennyei Jeruzsálem" jelzik e közvetlen Istenjelenlétet, amelyet a hívő már itt lenn élvez, s látható teljességét az örök életben. A hívő, olvasó hitéletére a lényeg (12,25; már nincs a mai részben): „Vigyázzatok, el ne utasítsátok azt, aki szól hozzátok..." *(12,18-19: 2Mz 19,16-19; 20,19; 5Mz 4,11-12; 5,22-23 ▫ 12,22-24: Jel 14,11; Zsid 11,10; 13,14; Jel 21,2.10; Róm 2,6; 2Tesz 1,6-8; Zsid 8,6; 9,15; 1Mz 4,10)*

Evangéliumhoz Lk 14,1.7-14

Sz Lukács sokszor vándornak vagy vendégnek tünteti föl Jézust. Az asztal körül egy-egy embercsoportot keres föl, hogy föltárja nekik is üzenetét. A farizeus házában a vendégeket az asztali illemről tanítja. Hasonló helyzetben, az utolsó vacsorán (Lk 22,24-27) e szabály rejtett tartalma is kitárul: nemcsak udvarias szerénységről van szó, hanem magáról a jézusi élet alapjairól: „Úgy vagyok itt köztetek, mint aki szolgál..." Még érthetőbbé válik a vendéglátóhoz szólva: abban, hogy kit kell meghívni, ne emberi („üzleti") számítás vezessen. Az „igazak": a tanítványok magatartásában Istennek saját önzetlen, ajándékozó szeretete mutatkozzék meg! *(Péld 25,6-7; Jn 13,1-15; Lk 18,14; Mt 23,12)*

Szentségre várva

„Ki a nagyobb? Az-e, aki asztalnál ül, vagy aki felszolgál? Nemde, aki asztalnál ül? Mégis Én úgy vagyok köztetek, mint aki szolgál." (Lk 22,27)

Elmélkedés

Alázatosság

Ne igen gondolj arra, ki fogja pártodat, vagy ki támad ellened, hanem azon fáradj és gondolkodjál, hogy minden dolgodban Isten legyen veled. — Legyen jó lelkiismereted, és Isten mindenben oltalmad lesz. — Mert akit Isten segíteni akar, nem árthat annak senki gonoszsága. — Ha tudsz hallgatni és tűrni, kétségkívül tapasztalod Isten segítségét. — Ő tudja idejét és módját szabadulásodnak, azért teljesen Őreá kell bíznod magadat. — Istené a segítés és minden gyalázattól való megszabadítás. — Sokszor igen hasznos az alázatosság növelésére, hogy fogyatkozásainkat mások is tudják és megdorgálják. — Mikor az ember hibáiért magát megalázza, akkor másokat is könnyen megengesztel, és kevés fáradsággal lecsillapítja, akik netalán neheztelnek reá. — Az alázatos embert oltalmazza és megszabadítja Isten; az alázatost szereti és vigasztalja; az alázatoshoz kegyesen leszáll; az alázatosnak bőven nyújtja nagy kegyelmét, és elnyomatása után felemeli dicsőségre. — Az alázatosnak kijelenti titkait, és édesdeden magához hívogatja és vonzza. — Az alázatos ember, ha gyalázzák is, csendes békében marad, mert Istenre és nem e világra támaszkodik. — Ne gondold, hogy valamennyire előrementél, ha magadat mindenkinél alábbvalónak nem tartod. *(Kempis: KK, 2:2)*

†

Ima az alázat gyakorlásáért

Lelkem békére talál, mikor Téged, Uram szolgai alakban és természetben lát oly mélyen megalázódva, hogy még apostolaid lábait is megmostad. Eszembe jutnak ekkor szavaid, melyeket mondtál, hogy engem az alázatosság gyakorlására oktass: *Példát adtam nektek, hogy ti is azt tegyétek, amit én cselekedtem. A tanítvány nincs az ő mestere fölött. Ha ti ezt értitek, boldogok lesztek, ha e szerint cselekedtek.* (Jn 13,15-16) Értem, Uram, szelíd és alázatos szívedből fakadó tanításodat, és kegyelmed segítségével gyakorolni akarom azt.

Meg akarom magamat alázni, alá akarom vetni akaratomat testvéreim akaratának anélkül, hogy nekik bármiben is ellentmondanék, nem is keresve, van-e joguk vagy nincs arra, hogy nekem parancsoljanak. Senkinek sem volt Veled szemben ez a joga; és Te mégis engedelmeskedtél nemcsak a Szent Szűznek és Szent Józsefnek, de még hóhéraidnak is. Most pedig a szent Ostyában még betetőzöd minden eddigi megalázódásodat. Milyen alázattal rendeled magad alá papjaidnak, óh dicsőség isteni Királya, minden különbség nélkül, akár szeretnek Téged, akár — fájdalom! — közönyösek vagy hidegek irántad. Ha akarják, siettetik, ha akarják, késleltetik a szentmiseáldozat idejét, Te mindenkor készen vagy hívásukra az égből leszállni.

Óh én Szerelmesem, a szent Ostya fehér leple alatt, mily szelíd és alázatos szívűnek látlak én Téged! Hogy engem alázatosságra taníts, nem alázhattad volna magadat mélyebbre. Szereteted viszonzásául én is utolsó akarok lenni, részt akarok venni megaláztatásaidban, hogy *részem legyen Veled* a mennyek országában.

Arra kérlek, isteni Jézusom, küldj nekem mindannyiszor valami megaláztatást, valahányszor mások fölé akarnám emelni magamat.

De Uram, Te ismered az én gyengeségemet; minden reggel elhatározom, hogy az alázatosságot gyakorolni fogom, és este mindig azt látom, hogy még oly sokszor elkövettem a kevélység hibáit. Ezt látva, a csüggedés kísért engem; de tudom, hogy a csüggedés is kevélység. Azért, én Istenem, egyedül beléd helyezem minden reményemet; Te mindent megtehetsz, alakítsd hát ki bennem ezt az erényt, amely után vágyódom. És hogy végtelen irgalmasságodtól megnyerjem ezt a kegyelmet, gyakran ismételni fogom: *Szelíd és alázatosszívű Jézus, tedd szívemet a Tiedhez hasonlóvá.* Amen. *(Egy szent végső szavai: Liziői Kis Sz Teréz utolsó hónapjaiból [1897], 171)*

†

Embert, amennyiben ember, felebarátja fölé az Úr soha nem rendel (csak helyetteséül). *(Szalézi Sz Ferenc: Filótea)*

†

Ember vagyok a Krisztus csépje szérűjén. Ha rossz ember, csak szalma én; ha jó vagyok, az Ő gabonája. *(Sz Ágoston)*

†

Alázat

Nagy az alázat ereje! Isten fönsége is meghajol neki. — Az igazán alázatos, ki megaláztatást alázatra felhasználja. *(Sz Bernát)*

Azon percben, hogy Isten látja: teljesen áthat semmi voltunk tudata, lenyújtja hozzánk segítő Kezét! *(Liziői Kis Sz Teréz)*

Túl kicsik vagyunk ahhoz, hogy mindig fölébe kerekedjünk a bajoknak. Noshát, egész egyszerűen — kicsik lévén — surranjunk át alattuk. *(Liziői Kis Sz Teréz)*

ÉVKÖZI 23. VASÁRNAP

I: Imádság bölcsességért, hogy mindenben igénytelenek és egyszerűek tudjunk lenni. S: Szent Pál tanítja, hogy a rabszolga is testvérünk Krisztusban. E: Csak az lehet Jézus tanítványa, aki Vele együtt vállalja a keresztet is.

Az alázatnak nincs köze bárgyúsághoz, ostobasághoz. Csak a romlatlan, tisztánlátó, bölccsé ért ember tud alázatos lenni! Az alázatnak elsősorban Istenhez van köze, Hozzá viszonyul, csak aztán emberekhez. — Az alázatos tudja a helyét, hivatását és célját. Járja a maga útját lépcsőfokról lépcsőfokra, tiszta látástól még tisztábbig. Érzi Isten terhét és szívesen hordja. Az alázatos Jézus nyomdokán jár.

Első olvasmányhoz Bölcs 9,13-18

Salamon király trónra lépve Istentől éleslátó, éber szívet kért, mely meg tudja különböztetni a jót a rossztól (1Kir 3,9). A Bölcsesség könyvének írója bölcsességet kér. Int bennünket: szükséges, hogy ezért imádkozzunk; tanulás és töprengés egymaga nem segít hozzá. A lélek világosságát és gyújtó szikráját nem lehet magunkba kényszeríteni. Ajándékként ki kell könyörögni, és úgy fogadni, főleg a nagy döntések óráiban. *(9,13: Iz 40,13; Róm 11,34; 1Kor 2,16 ▫ 9,15-16: Róm 7,14-25; Iz 38,12; Jn 3,6.12 ▫ 9,17-19: Bár 3,36-38; 4,1-4; Mt 11,27)*

Válaszos zsoltár Zsolt 90(89),3-4.5-6.12-13.14 és 17

Örök és jóságos Isten

Szentleckéhez Filem 9-10.12-17

Sz Pál visszaküldi Onézimust, a szökött rabszolgát gazdájához, Filémonhoz. Az apostol megkeresztelte Onézimust a fogságban, így „atyjává” lett, és testvéreként megszerette. Filémonnak is most úgy kell visszafogadnia mint testvérét, már nem mint rabszolgáját. Pál nem kívánja, hogy fölszabadítsa, nem feszegeti korának társadalmi kereteit. Nyilván nincs meggyőződve róla, hogy egy más társadalmi rendszer automatikusan magától jobbá és boldogabbá teszi a világot. Az embereknek kell megváltozniok, nem környezetüknek! Ha legalábbis a Krisztus-hívők, akik az Ő szeretete valóságában hisznek, egymást testvérként fogadnák, akkor szükségszerűen magától bekövetkezne egy eszményibb társadalmi rend. (Amely lehet többféle: nép, jellem, kor, gazdasági fejlődés szerint. Nincs „egyedül üdvözítő” földi rend...) *(9: Ef 3,1; 4,1; Kol 4,18 ▫ 16: Kol 3,22-4,1; Ef 6,5-9)*

Evangéliumhoz Lk 14,25-33

Sokan követik Jézust. Tudják-e, hogy útja Jeruzsálembe tart, a Golgotára visz? Végig fogják-e járni Vele az utat? Jézus kemény föltételeket szab az Ő követőinek: készséget lemondani családról, barátokról, becsületről, és életről is! Józanul föl kell mérnünk önerőinket és lehetőségeinket, mielőtt teljesen rá mernénk állni útjára. Lemondani vagyonról! Kérdezhetjük: Jézus követése szabad választásként áll-e hívei előtt? Csak a Jézushoz odaállás, a Hozzávaló hűség üdvözít, az bizonyos. De Jézus nem mindenkitől kívánja a teljes lemondást, a gyökeres szakításokat, és senkitől sem vár lehetetlent. Mindenkit az illető egyéni „jézusi útjára" hív. A nagy lemondást egyes választott lelkektől várja el, ez egy más, elsodró árja a nagy szeretetnek, amelyre övéit hívja: a lélek személyesen hallja meg a nagy hívást. *(14,25-27: Mt 10,37-38; 16,24; 19,29; Mk 8,34; Lk 9,23; Jn 12,26 ▫ 14,33: Mt 6,20-21; Lk 12,33-34)*

Szentségre várva

Minden szentségi ünneplés (szentmise és áldozás) újra meg újra életünk középpontjába tűzi Jézus keresztjét. Meghalni, hogy élhess, ez volt Jézus útja, ez tanítványaié is.

Elmélkedés

Krisztus követése

„Ha valaki utánam akar jőni, tagadja meg magát és vegye föl keresztjét, és kövessen engem" (Mt 16,24). Jézus int, akarja, hogy kövessük, hogy vegyük föl keresztünket s kövessük. Az a gondolatom jön: akarja-e, hogy vele menjünk. Kérdem ezt, mert látom, hogy mennyire szereti a magányos utakat. Egymaga jött, csendes éjben jött a világba; magányosan járt, lelkének mélyeit senki sem ismerte; magányosan vitte föl keresztjét a Golgotára; magányosan támadt föl, szálla alá a poklokra, fölment a mennyekbe. S kellett is e nagy utakat magányosan megjárnia; hiszen a *nagy lelkek útjai magányos utak.* Nem értik meg őket. De meg a mi lelki életünk útjai is magányosak; mások szerethetnek, gyámolíthatnak, buzdíthatnak, de az én öntudatom világában, mélységeiben vagy pusztáin végre is magam járok. Csak az Isten, kit lelkem mélyén látok, kiből én magam vagyok, csak ő van velem; ő lelkem lelke; ő bennem, én benne! Benne kell elmélyednem, hogy előre haladhassak, belé nőnöm, hogy kifejlődhessek; erejét, kegyelmét fölszívnom magamban, hogy isteni életet éljek. Óh igen, ide be, erre a magányos útra, ide a mélybe int az Úr. Itt szülessél újjá, itt szenvedj kereszthalált érzékiségedben, itt szállj alá poklokra lelki üdvöd aggodalmaiban, itt támadj föl sírból; itt menj föl a mennybe. Deus meus et omnia! (Istenem és mindenem!) Istenem, te gazdag világom; Istenem, te mély, erőteljes, fölséges életem; Istenem, te mindenem!

Ezek a belső mélységek borzalmasak is; az élet oly nagy rejtély, hogy el nem bírjuk, s valami mélységes bizalmatlanság vesz erőt rajtunk, kivált ha a lelkeknek tévedéseit s abnormitásait is szemléljük. Az élet mélységei a szubjektivizmus csalódásaival telvék. Szükségünk van tehát külső útmutatásra, mely az isteni életet objektív kiadásban állítja elénk, s ez Krisztus példája, érzése, lelkülete, kedélye, indulata, bensősége, imája, szava, beszéde, vágyai, küzdelmei... Íme az isteni élet mintája; jöjj, e nyomokon *kövess engem.* Nem értenéd meg jól az isteni életet; passzív intuíciókban vagy dionysosi erőszakoskodásba bonyolódnál, ha rá nem mutatnék az édes és erős isteni életre. E probléma körül elvesznek filozófusaitok, mint a legyek a légyvesztőn, Prometheusaitok megőrülnek, Don Juanjaitok megrothadnak, de életre nem tanítanak. Az élet adója s alakítója én vagyok; én adtam az eszményt is belétek: Krisztust. Ő a ti született közvetítőtök: kialakulása az isteni életnek. *(Prohászka: ÖM, 6:204; 261)*

†

Verbum crucis (A kereszt Igéje: hívó szava)

Villanovai Szent Tamás egykor prédikálni akart a Krisztus kínszenvedéséről, s alig hogy kimondta ezt a négy szót: „passio Domini Jesu Christi", elragadtatásba esett, s kiterjesztett karokkal, mereven állt a szószéken három óráig. Ez volt a hatalmas prédikáció: egy eleven kereszt. Ez volt a hatalmas szózat. Nem is lehet az Úr Jézus kínszenvedéséről másnak beszélnie, mint az apostoli lelkeknek, mint a stigmatizált szenteknek, azoknak, kik elmondhatták Szent Pállal: „Vivo ego, iam non ego; mihi mundus crucifixus est et ego mundo." [Élek én, de már nem én; nekem a világ meg van feszítve, s én a világnak.] De hát minek is keressünk mi más valakit, hogy szóljon hozzánk, hiszen Szent Pál szerint a verbum crucis maga szól lelkünkhöz! Az Isten igéje, de kivált a keresztről való ige kétélű kard, mely szívet-lelket átszegez. Ne is magyarázzátok annak az evangéliumot, aki az urat a katedra magaslatáról hallja! Ne mutassátok be annak Krisztust, aki ez új színváltozást látta, mely az Úr Jézust nem fenségébe, hanem gyalázatába, nem napsugárba, hanem szent vérének bíborába, nem fenséges glóriába, hanem töviskoszorúba öltöztette. Nem kell annak más beszéd, más evangélium, más kép; az Úr szól hozzá a leghatásosabban, s úgy szól, hogy összetöri szívét s átizzítja lelkét.

A keresztről leng a *kegyelem* s a hódító fölségnek szelleme, s azért a kereszt alatt lehet úgy imádkozni, mint másutt sehol. A kereszt töve alatt érezzük a gratia [kegyelem] szellemét. — Ahogy a természeti, úgy a természetfölötti rendre is rá van írva: „Isten akarata". Csak ami ez imádandó akarat szerint alakul; csak ami hitből való, az tetszik az Úrnak; így akarta ő. Akarta, hogy nélküle semmi neki tetszőt ne tehessünk; így azután az ember nem is hihet *gratia* nélkül; nem tehet jót gratia nélkül; silány és gyenge minden s az Isten előtt számba se jön, gratia nélkül. Ez az ő akarata; már pedig ő az Úr!

Ezen a hiten két vonás emelkedik ki. Az egyik az, hogy az Isten végtelen és felséges, a másik, hogy az ember hódoljon meg neki teljesen. Azt az első vonást, hogy az Isten nagy és felséges, hirdeti az egész természet, virág és óceán, harmatcsepp és villám, de kivált az a világ és mindenség fölött álló, független hatalom, mely teremt és gazdagon alkot, de meg is tör mindent, szép arcot, gyermekszemet, szerető szívet; nem szorul semmire, önmagának elég. Ezt a rideg fölséget hirdeti a szentírás: ego sum qui sum [én vagyok, aki vagyok]; én, ki a szent tüzet sárrá, a templomot rommá, az oltárt kőhalommá változtatom. Én, ki felhőben s tűzben lakom!... De bizonyára tekintettel lesz Fiára, akinek glóriás karácsony-éjt készített s kitűzte egére a három király szép csillagát s fészket rakott neki a názáreti házban? Talán őt kíméli meg, akinek megmondta, hogy szereti: „Ez az én szerelmes fiam, kiben nekem kedvem telt". Talán az az Úr Jézus, aki érezte, hogy az Isten szereti őt s szeretetében páratlan kegyelemben részesíté, talán ez az Úr Jézus, mondom, megállítja ezt a parancsoló, végtelen akaratot útjában? Nem! Mihelyt az Isten elé lép, abból is áldozat lesz, összetöri őt! Mert az Isten mindent megtör, mindent. Fiát is; Fiának is meg kell semmisülnie előtte!

Jeremiás próféta Jeruzsálem romjai közt értette át, hogy mily nagy, mily kérlelhetetlen az Úr; a hívő keresztény lélek a kereszt romjai alatt érti meg, hogy mi az Isten.

Azonban a szent kereszt nemcsak az Istennek fölségét hirdeti, hanem haragját is, mert az ember is nemcsak teremtménye az Istennek, hanem bűnös, lázadó szolgája! Bármit gondolunk, semmiben sem lehet bizalmunk, nem erényeinkben, melyek merő rongyok; nem törekvéseinkben, melyeket sokszoros hűtlenség diszkreditál; nem érdemeinkben, melyeket számtalan bűn homályosít el.

Az ember bármit csinál, ha vérben mossa is lelkét, nem lehet azokat a haragos, skarlát foltokat tisztára mosni. Ha akármily vízben fürdik, azt a leprát, azt a pokolvart nem lehet lemosni. Ha bűnösségünknek e vigasztalanságával és tehetetlenségével állunk az Isten színe elé, akkor a spiritus gratiae [kegyelem fuvallata] nem lágy szellőként, hanem zúgó viharként csap le ránk az isteni Megváltó keresztjéről. Fölveti az ember a szemét a keresztre, s látja a szenvedő, az összetört Krisztust: Krisztust, a világ virágját, az Isten örömét, s mégis összerázva s összetörve látja, mert *áldozat akart lenni* a bűnért. Prófétáit, szentjeit összetörte, s most Fiát töri össze az Úr, aki szent, szent, szent s a bűnt nem tűrheti senkin! Minél nagyobbat s erősebbet tör össze valamely erő, annál hatalmasabb s iszonyúbb ez az erő: milyen lehet tehát az Isten szentsége, mely összetörte az eget a lázadó angyalokban, összetörte a földet, s most összetöri Fiát: non pepercit [nem kímél senkit]! Mily égre kiáltó jel ez a szent kereszt! Hogy áll, hogy mered a bűnnek éjébe ez a véres tilalomfa; aki eszmél, az meghallja azt a halk suttogást. Jerusalem, Jerusalem convertere ad Dominum Deum tuum! [Jeruzsálem, Jeruzsálem, térj meg a te Uradhoz, Istenedhez!]

Ide fussatok, kik a bűntől félni, a bűnt utálni akarjátok! Jöjjetek ide, itt kell imádkoznotok bűnbánatért, itt kell imádkoznotok az örök kárhozattól rettegő lélekért. Itt kell elimádkoznotok a penitencia zsoltárait; az Úr Jézus intonálja azokat: miserere mei Deus [könyörülj rajtam, Istenem]! Itt tud az ember bánatot kelteni és végre is megnyugodni s bízni, hogy az Úr Jézus könnyei, vére által irgalmat talál, s mikor a bűnbánó lélek itt porba hullva térdel, úgy tetszik neki, mintha az egész világ elsüllyedne és kiemelkednék egy szirt, egyetlen egy, a romlás, az özönvíz árjából: és ez a Golgota. *Minden virág, fa elhervad, és csak egy fa áll, a keresztfa.* Minden érzelem lelohad, a vér leapad, a szülői, a gyermeki, a jegyesi szeretet kialszik, s csak egy érzelem lángol a világban, a bűnös léleknek irgalmat kereső vágya, mely megnyugszik az Úr Jézus keresztje alatt. *(Prohászka: ÖM, 17:142)*

ÉVKÖZI 24. VASÁRNAP

I: Mózes könyörgésére Isten megkönyörült népén. S: Krisztus azért jött, hogy üdvözítse a bűnösöket. E: Az egész mennyország örül minden megtérő bűnösnek.

Vékonyka fonál az emberi türelem, jaj, ha elszakad! Isten türelme hajókötél: az tart! Nem pótlék ez az Ő szeretetéhez, hanem ennek végsőkig feszítése. Ő vár, hogy karjaiba foghasson, ha elesünk; hogy átöleljen, mikor hazatérünk végre csavargásunkból.

A tékozló fiú szerepét tekintjük-e vagy az igazát követelő idősebbét, nem oly nagy a különbség! Isten mindkettőhöz türelmes, mindkettőt szereti. Csak akkor értjük ezt, ha bűnbe estünk, ha bocsánatra szorulunk, mert személyesen adósai lettünk — csak akkor tud ez a szerető türelem segíteni rajtunk. Akkor tár ajtót nekünk egy új, fönséges életbe.

Első olvasmányhoz 2Mz 32,7-11.13-14

Míg Mózes fönn tartózkodott a Sínai hegyen, lenn a nép aranyborjút készít magának bálványul. Isten ítélete súlyos. Nem akart többé Istene lenni a népnek: „a te néped" — mondja Mózesnek. Most Mózes, mint egykor Ábrahám (1Mz 18,16-32, l. 17. vasárnap), a nép nagy védőszónoka lesz. Figyelmeztetni meri Istent az Ábrahámmal és utódaival kötött szövetségére. Az Úr „hagyja magát meggyőzni" (mert kezdettől hajlandó volt, az Irgalmas). Haragudhat Isten? Megbánhat valamit Isten? A Szentírás úgy ábrázolja, mintha ember cselekedne hasonló helyzetben. Csak ily emberi nyelven és elképzelésben láthatjuk, mily nagy az Úr — „kezdő" haragjában és „végső", végleges irgalmában. *(32,8-10: 2Mz 34,12-14.17; 5Mz 9,7-8.12-14; Jer 31,32; 1Mz 12,2 ▫ 32,13: 1Mz 15,5; 22,16-17; 35,11-12)*

Válaszos zsoltár Zsolt 51(50),3-4.12-13.17 és 19

Könyörgés bocsánatért és újjáteremtésért

Szentleckéhez 1Tim 1,12-17

Sz Pálhoz második térítőútján Timóteus csatlakozott, aki kísérője és hű munkatársa lett. A Timóteushoz és Titushoz, e két tanítványához írt levelei (pasztorális levelei) úgy is tekintendők, mint az apostol lelki végrendelete. Képet adnak a Sz Pál szervezte egyházközségek helyzetéről az I. század második felében (Sz Pál †64—67 tájt). „Krisztus Jézus azért jött e világra, hogy megmentse a bűnösöket" — ez a mai lecke főtanulsága. Pál maga élő példa, hogyan hívja Isten a tévelygőt a hit útjára, s még nagy küldetést is rábízhat. Hála és öröm ettől fogva az apostol élete! *(1,13: ApCsel 8,3; 9,1-6; 1Kor 15,9-10; Gal 1,13-16 ▫ 1,17: 1Tim 6,15-16; Róm 16,27)*

Evangéliumhoz Lk 15,1-32 vagy Lk 15,1-10

Jézus vámosokkal és bűnösökkel ül asztalhoz: ez botrány a farizeusok szemében!

De Istennek nagy öröm, ha megbocsáthat a bűnösnek, nagyobb, mint ha az igazakat jutalmazhatja. Mert a szeretet nagyságát főleg a megbocsátásban mutatja ki. Itt nem arra árad ki, aki „valamiképp" megérdemli, hanem épp arra, aki méltatlan rá, akit „lehetetlen szívelni"! Erre utal — a farizeusi kifogások ellenébe — a mai három hasonlat: az elveszett *bárány*, az elveszett *pénzdarab* (drachma) s a példabeszéd a *tékozló fiúról* (vö. 4. böjti vasárnap). „Egyetlen megtérő bűnösön", ilyen csekélységen, csak a végtelen nagy Isten tud ujjongani! És csak a bűnös képes rá, hogy Istennek ilyen örömet szerezzen. Melyikünk nem bűnös!?... *(15,1-2: Mt 9,10-13 ▫ 15,3-7: Mt 18,12-14; Jn 10,11-12; Ez 34,4.16 ▫ 15,11-32: Oz 11 ▫ 15,17-19: Iz 55,6-7; Jer 3,12-13; Zsolt 51,4 ▫ 15,20-24: Iz 49,14-16; Jer 31,20; Ef 2,5; 5,14 ▫ 15,25-32: Lk 18,9-10)*

Szentségre várva

„Tekints Egyházad *áldozatára*, ismerd föl benne azt a Bárányt, akinek föláldozása árán *kiengesztelődni* akartál... Jóságos Atyánk vond magadhoz irgalmasan a világon szétszóródott valamennyi gyermekedet!" (III. szentségi főima)

Elmélkedés

„Jézushoz járulának a vámosok és bűnösök, hogy hallgassák Őt!" (Lk 15,1)

Hallottátok testvéreim, kik mennek a mi Megváltónkhoz: s nemcsak beszélgetésre, hanem asztalhoz is elfogadja őket. S látván ezt a farizeusok, *fölháborodtak*. Tanuljátok ebből, hogy az igazi jámborság együtt érez, a színlelt pedig fölháborodik. Ámbár az igazak is jogosan fölháborodnak bűnökön, de más az, amit a gőgnek gőze hajt, más, amit a hit és fegyelem buzgalma. Az ilyen felháborodik, de föl nem borul, elcsügged csüggedés nélkül, harcot indít a bűn ellen, de szeretetből. Mert ha kifelé a fegyelemért kikelnek is feddőzve, de befelé megőrzik szeretet által a szelídséget. Legtöbbször lelkükben maguk fölé böcsülik, akit feddnek: jobbnak hiszik maguknál azt, akit megítélnek. Így téve tehát, egyrészt testvérüket mentik a fegyelemben, másrészt önlelküket az alázatban. — Viszont a hamis igaztudatukban pöffeszkedők lenéznek másokat, semmi irgalom nem hajtja őket, hogy az ilyen gyötrődőhöz lehajoljanak, s mert bűntelennek hiszik magukat, ama bűnösöknél bűnösebbé lesznek! Igazán ehhez a népséghez tartoztak a farizeusok, akik ítélkeztek az Úrról, hogy bűnösöket magához fogad, s így ők kiaszott üres szívükkel az Irgalom forrását magát kárhoztatták. Betegek voltak, úgy, hogy nem is tudták, hogy betegek, — ezért, hogy eszméljenek, hogyan is vannak, az éji Orvos tapintatos borogatásával gondozza őket, jóságosan példaszóval leplezve feddi, és lohasztja dagadt szívükben a gőg sebes kelevényét. *(Nagy Sz Gergely: 34. homília)*

†

Megbocsátani „sértéseket"

A megbocsátásnak már bevégzett ténynek kell lennie. Ezért mondja az Úr imája „miképpen mi is *megbocsátunk*". Aki tehát őszinte szívvel tette meg az Úr előtt azt a kijelentést, hogy „Fiat voluntas tua", „Legyen meg a Te akaratod" — annak meg kellett már ezt is tennie vagy legalább eltökélt szándékának kell lennie ez iránt.

Hiszen azért *örültek a szentek* annyira, ha *sértegették és üldözték őket*, mert így volt valamijök, amit az Úrnak felajánlhattak *cserébe az Ő bocsánatáért*. De mit tegyen az ilyen szegény teremtés, mint én, akinek oly kevés alkalma volt valamit megbocsátani, ellenben annyija van, amiért bocsánatot kell kérnie? Ezt a dolgot jól meg kell gondolnotok, testvéreim. Lehetséges az, hogy ilyen nagy és fontos dolgot kérjünk az Úrtól, amilyen a bűneink bocsánata, amelyekkel az örök tüzet érdemeltük meg, s hogy ezt kérjük viszonzásul azért, mert mi nyomorult lények szintén megbocsátunk az elleneinknek? Ami engem illet, én még ezekből az *értéktelen megbocsátásokból* is oly keveset tudok neked felajánlani, Uram, hogy nekem teljesen ingyen kell megbocsátanod. Milyen tág tere nyílik itt a Te irgalmadnak! Áldott légy azért, hogy türelmes vagy az én végtelen szegénységemmel szemben. Így, amint vagyok és nem lévén semmim, nem tudom javamra fordítani azt, amit a Te Fiad mindnyájunk nevében ígér. Nem tudom, van-e kívülem más is hasonló helyzetben. Ha van, s ha nem fogná föl helyesen ezt a dolgot, a Te nevedre kérem, jegyezze meg magának, hogy nem szabad törődnünk azokkal a nevetséges csekélységekkel, amelyeket „sértéseknek" szokás nevezni. Valósággal úgy vagyunk ezekkel a becsületbeli kérdésekkel, mint a kis gyerekek, akik házakat építenek szalmaszálakból.

Óh Istenem, bárcsak megérteňők azt, hogy mi a becsület s hogy mi által vesztjük el a becsületünket! Most nem hozzátok beszélek, mert az már igazán nagy baj volna, ha még ezt sem értettétek volna meg; hanem önmagamat nézem a múltban, amidőn még nagyra tartottam a becsületet; s anélkül, hogy tisztában lettem volna a dologgal, osztoztam a világi emberek felfogásában. Igazán *szégyenlem magamat*, ha arra gondolok, hogy mennyi *mindenen sértődtem* meg. Pedig nem is tartoztam e tekintetben az igazán érzékenyek közé. Csakhogy természetesen téves volt a felfogásom a dolog lényegét illetően. Nem azzal a becsülettel törődtem, amelynek van értelme, mert használ a léleknek.

Nem tudom elhinni, hogy egy lélek, amely oly közel jutott a személyes Irgalomhoz s ott megértette saját mivoltát s azt, hogy mily sokat bocsátott meg neki az Úristen: hogy mondom, az ilyen ne legyen képes azonnal és a legnagyobb készséggel megbocsátani, és ne tudjon rögtön a legszívélyesebben érintkezni azzal az emberrel, aki őt megsértette. Tekintve ugyanis azt a sok vigasztalást és kegyelmet, az isteni szeretetnek annyi zálogát, amelyben ő részesül: öröme telik abban, hogy alkalma nyílik szeretetét valamiben kimutatni. *(Nagy Sz Teréz: A tökéletesség útja, ÖM, 1:202)*

ÉVKÖZI 25. VASÁRNAP

I: A próféta ostorozza a szegényekkel szemben elkövetett szívtelenséget. S: Könyörögjetek minden emberért Istenhez, aki azt akarja, hogy mindenki üdvözüljön! E: Okosan használjuk fel a ránkbízott javakat!

A szegénység maga nem erény, a vagyon még nem bűn. De az erőlködés, hogy valaki gazdag, hogy egyre gazdagabb legyen — nemcsak társadalmi összeütközések oka; hanem, ami rosszabb, a benső embert is emészti, mint egy gennyesedő kór.

Valamelyik bölcs mondta: az ember olyan, mint egy repedt fazék, amely sosem tölthető meg. Azt is mondhatnók, olyan mint a kút, amely csak a maga legmélyéből buzog, de nem kívülről. A mélyben, a szív közepén ott lakik Isten, Ő a mi teljességünk.

Első olvasmányhoz Ám 8,4-7

Ámosz próféta könyörtelenül ostorozta kora vallási és társadalmi visszásságait. Feddő beszédében, melyre egy nagy ítélet fenyegetései következnek, föltűnik a *gazdag, legfelső réteg*, ahogy magabiztosan és öntudatlanul sütkérezik a jólétben. Nemcsak egypár törvény megszegéséről van szó, hanem az általános magatartásról, amely homlokegyenest szemben áll azzal, amit az Úr elvár választott népétől. A mai szakasz részben feddőbeszéd (4—6. vers): a szegényeket, kisembereket elnyomják, megcsalják; ezek lezüllenek, a gazdagok viszont egyre dúsabbá híznak. Ehhez jön a fenyítő ítélet sújtó szava. Épp mert Isten úgy kedveli a népét, lesz az az ítélet szigorúbb! *(Ám 2,6-8; 5Mz 25,13; Mik 6,10-11; Oz 12,8; Ám 3,2)*

Válaszos zsoltár Zsolt 113(112),1-2.4-6.7-8

Isten fönsége és hódolat

Szentleckéhez 1Tim 2,1-8

Istentiszteleti kérdések nyitják meg e levélrészt a keresztény közösség napi életéből. A négy fajta *ima*: kérő, imádó, közbenjáró és hálaadó — egy egységnek értendő. A kifejezések halmozásával az ima sürgősségét és mindent-felölelését fejezzük ki. Mindenkinek szükséges a közbenjáró ima, mindenki adjon hálát azért is, hogy Jézus, nagy Közvetítőnk Isten felé eljött, és hogy megfizette váltságunk árát. Ez az „Igazság", mely mindenkit megment. Az Egyház mint mindenkiért közbenjáró és hálát adó áll Isten előtt: erre (is) megbízást kapott. A kezek, melyeket (régi ima módra) égre tárunk, „tiszták", ha készek a szeretet műveire testvéreik felé, önfegyelemre magukhoz — miként Jézus kezei, a keresztre szögezve széttárulnak fölénk. *(2,2: Róm 13,1-7; 1Pt 2,13-17; Tit 2,8 ▫ 2,4: 1Tim 4,10; Róm 3,29-30; Ef 4,4-6; Jn 8,32 ▫ 2,5-6: 1Kor 8,6; Zsid 8,6; 2Kor 5,15; Ef 5,2 ▫ 2,7: ApCsel 9,15; Gal 2,7)*

Evangéliumhoz Lk 16,1-13 vagy 16,10-13

Ha a hűtlen sáfár (vagyonkezelő) példáját magában nézzük, azt mondjuk, okos volt, legalábbis megoldotta végül a problémákat. Az adósságok csökkentésével bizonyára korábbi igaztalan (uzsorás) bűnt tett jóvá. A példabeszéd tanulsága: „Legyetek azért számítón okosak!" Válság, ítélet vár ránk, döntés az örök életről! — Ha a történetet más szemszögből nézzük, más tanulságot is nyújt: Mit kell tenni a vagyonnal? Mellékesen és mily magától értődőn, a vagyont „hamisnak" nevezi. Mert amíg van, aki nyomorog, senkinek sincs joga *fölösleghez*! Aztán eljön kire-kire az óra, mikor „nincs többé semmije". Okos az, ki míg megteheti, eldönti, kinek akar szolgálni, kinek a barátjává akar lenni. *(16,8: Jn 8,12; Ef 5,8; 1Tesz 5,5 ▫ 16,10-12: Mt 25,20-30; Lk 19,17-26 ▫ 16,13: Mt 6,24)*

Szentségre várva

Oltári Szentséget ünneplünk, egyazon Kenyeret esszük, s általa egy test leszünk Krisztussal, Krisztusban egymással. Tudatában vagyunk-e, hogy ez így van, és hogy felelősek vagyunk egymásért?

Elmélkedés

„Adj számot sáfárkodásodról!"

Nem akarja az Úr, hogy itt gyűjtsünk kincseket, melyeket a moly megesz és a rabló elvisz, hanem azt akarja, hogy a mi egész létünk súlypontja ott legyen, ahol igaz kincsünk van. Egész filozófiája pedig az, hogy: éljetek úgy az *idővel*, hogy az örökkévalóság biztosíttassék számotokra; buzdít tehát kivált arra, hogy jól használjuk fel az időt.

Az a kérdés vetődik fel tehát, hogyan kell megbecsülni az időt és ki becsüli meg azt? A világot két határtalan mérték méri: az egyik a *tér*, a másik az *idő*. A tér az nyugvó mérték, az idő mozgó mérték, és valamint minden mérték, úgy ez is a *tartalomtól* függ. Van egy véka arany, vagy egy véka zab; van egy órai pathmoszi elragadtatás, vagy egy órai vasúti unalmas várakozás; az ember gyűjthet a mértékbe gyöngyöket vagy szemetet. Ugyanazon térben állhat egymás után istálló és oltár; ugyanazon időben egymás mellett lehet egy tisztátalan állat és tiszta, ragyogó szűz. Újra tehát az a kérdés, hogyan lehet és mivel lehet az időnek üres mértékét kitölteni? Hogyan lehetne gyöngyöket és nem szemetet beleszedni, érdemet és nem büntetést, életet és nem halált?

Az idő a mozgás mértéke; az idő akkor nem üres, ha mozgást mér, az idő akkor üres, ha mozgást nem mér. A teljesebb mozgás az élet, a tökéletesebb élet még tökéletesebb tartalom, és a legtökéletesebb élet csupa gyöngy és színarany. Aki akarja az idő üres mértékét színarannyal és gyöngyökkel megtölteni, annak kell tökéletesen élnie. Élni, dolgozni, mozogni siet minden, ami van. Az Úr beleállította az űrbe a világot és az időbe a mozgást; felhúzta ezt a nagy világórát, s azért húzta fel, hogy járjon.... Minket azonban főleg az érdekel, hogyan kell nekünk dolgoznunk. És erre nézve világos a felelet, hogy a mi üdvösségünk nagy műve szintén az időben folyik s azt a nagy művet az Úr Jézus példája szerint lehetőleg teljesen és tökéletesen kell elvégeznünk. Ha az időt felhasználjuk s ha üres mértékébe a természetfölötti életnek aktusait, csupa gyöngyöt peregtetünk; ha az Úr Jézusnak *érdeméből* erényes törekvéseinknek értéket kölcsönzünk: akkor az időben üdvösségünket biztosítottuk. De ha a tátongó időt nem töltöttük ki és nem dolgoztunk, akkor legfeljebb szemetet gyűjtöttünk. Az embernek élete vagy Istennel töltekezik, vagyis természetfölötti élettel, vagy pedig semmivel; szemre ugyan látszólag valamivel, sőt *tán feltűnő és csillogó tettekkel*, tényleg azonban érték és érdem nélkül marad. Öntudatára is ébredt az soknak, kik nem Istenért éltek, hogy mily üresek napjaik, mily céltalan életük, mily hazug még az a nyelv is, melynek szólásmódjaival élnek. Kérdezte egyik latin a másikat: „Quot annos habes?" [Hány éved van?] Felelte a másik: „Sexaginta habeo." [Hatvan.] — „Illos dicis, quos non habes?" [Azokat mondod-e, amelyek nincsenek?] Úgy-e azt gondolod, hogy *az van, ami nincs*, mert hiszen abból, amit az ember élt, igazán már semmi sincs. Semmi sincs az időben, ha nincs meg érdemben. A hatvan éves Barlám remetét kérdezte egyszer Jozsafát király, hogy hány éves; azt felelte a remete: harmincöt; huszonötöt elhallgatott, mert haszontalan ifjúság hiúságában töltötte azokat. Ha az ember nem él Istenért és csak a világért, tényleg mintha nem élt volna. Egy jeles római szenátor, Limilius, aki a császár hű szolgája volt, de semmi mással nem törődött, azt íratta sírkövére: „Hic iacet Limilius vetulus septennis" [„Itt pihen a hétéves Limilius szenátor", egy gyerekes vén]; öreg gyermek! A szentírás pedig ezzel a desperált és szánalmas gondolattal szemben ismer más valamit, ismer nagykorú fiatalokat. Érett öreg kor: a szeplőtlen élet. Kicsoda érett öreg? Az, aki erényes. Kicsoda éretlen fiatal? Aki nem erényes.

És látjuk, hogy ezen a gondolaton gyúl ki voltaképpen a szentek buzgalma. Hogy ne említsünk különös szentet, kanonizált szentet: A vakációban a lazaristák piliscsabai lelkigyakorlatán vettem részt, melyet az öreg Lollok tartott, és amilyen érzelmes és buzgó ember, mihelyt az időről kezdett beszélni, rögtön sírva fakadt s hogy a maga gondolatait takarja, előadta, hogy egyszer ő buzgó apácától kérdezte, hogy mit sajnálna legjobban, ha meg kellene halnia, s a testvér felelte: az elveszett időt. Igazán, ha az ember az időt elveszti, nincs mód, hogy azt kárpótolja és valamiképp visszaszerezze, hanem beáll egy olyan önmagával nem bíró lemondás, amilyent látunk az öreg száz-egynéhány éves Jákob pátriárkán, aki Fáraónak kérdésére, hogy hány éves, azt feleli: „Az én vándorutam napjai kevesek és rosszak." Másképp hangzik a világ, másképp az erény felelete. Mit éltem? — kérdi a világ s feleli: kevés és rossz napot. Mit éltem? — kérdi az erény s feleli: *egy* örökkévaló napot. Rossz a világias élet napja nemcsak céltévesztésben, hanem önmagában is. „Adj számot!"

A lemondás után pedig jön az ítélet veszedelme! A legkegyetlenebb ítélet, amelyet a próféta említ az Istenről, így hangzik: Vocabit contra me tempus, hogy az tanúskodjék, felhívja ellenem az időt. Hány perc, hány óra, hány év! Szent Pál mondja: „Váltsátok meg időtöket!"

Annál jobban sietsz, minél többet dolgozol; minél teljesebb lesz életed, annál jobban váltod meg az időt a mulandóságtól, és ha megváltod egészen, akkor lész igazán gazdag! Ezt a kincset lelkedben hordozod. Valamint a fa éveit törzsének gyűrűiről számítjuk, úgy, hogy minél többet élt, annál törzsökösebb és erősebb: akképp izmosodjunk meg mi is; minél többet élünk, annál erényesebbek legyünk jótettekben. Ilyen életet az Isten megáld és megkoszorúz a legnagyobb kitüntetéssel, a tulajdonképpeni élettel.

Éljünk tehát a mulandóságban az örökkévalóságnak, hogy örökké éljünk! *(Prohászka: ÖM, 17:339)*

Márton Áron, Erdély püspök hőse, †1980

ÉVKÖZI 26. VASÁRNAP

1: A próféta azzal fenyegeti meg a dőzsölő gazdagokat, hogy megszégyenülnek és számkivetésre jutnak. S: Tartsuk meg a parancsokat Urunk eljöveteléig! E: A szívtelen gazdag elnyeri méltó büntetését, a szegény Lázár pedig üdvözül.

A francia Pascal mondta: „Ábrahám, Izsák és Jákob Istene, a kereszténység Istene: a szeretet és vigasztalás Istene. Eltölti az ember szívét és lelkét, azokét, akik övéi. Olyan Isten, aki belül érezteti velük egyszerre nagy nyomorukat és az Ő végtelen irgalmát." — Nemcsak a szegények nélkülözése tesz minden bővelkedést kétségessé. A veszély, melyben a gazdag forog, voltaképp (sőt épp) nem abban áll, hogy elvesztheti vagyonát, hanem hogy a vagyona tartja őt lekötve, szolgaként, a *vagyon lesz úrává,* zsarnokává. És ott a veszély, hogy a gazdag életében, lelkében már nincs hely Isten kincsei: szeretete és vigasza számára. Oly országokban, ahol a szegény-gazdag probléma nem pénzügyi, hanem lelki, még fenyegetőbb ez a veszély: elfoglal pénzes tőkést és pénzéhes szegényt egyaránt. Amit birtokolni *szeretne,* az éppúgy zsarnokává lesz, mint amit birtokol. A szociális kérdés anyagi-marxi kiélezése itt a legvészesebb. A földi éhség (és állandó emlegetése) a másik Kenyér éhét lopja ki a szívből és elméből. A földi éhség megoldása tehát csak első lépés, bár sokak szemében — tévesen — az „egyetlen szükséges."

Első olvasmányhoz Ám 6,1.4-7

A múlt vasárnapi feddőbeszédet folytatja Ámosz, hasonlóképp az ítélet-jövendölést. A Kr.e. 8. század tehetőseihez szól a feddés. „És mit törődtök ti József pusztulásával?" A korabeli nyelvhasználatban „József háza" = Izrael = Isten népe. (Mit törődik a gazdag Isten népével és *lelki* ügyeivel?) Büszkén emlékeznek tehát az ősatyára, aki Egyiptom alkirályává emelkedett, de elfelejtik, hogy épp testvérei adták el rabszolgává. A „József háza" cím tehát kötelezi őket, hogy legyen gondjuk szegényre, éhezőre: de a vagyonosak épp a fordítottját teszik. „Ezért kényszerülnek számkivetésbe", főleg a gondtalanok, a magabiztos felső réteg. Meg kell tanulniuk, hogy *mi* az Úr szemében a jog és igazság. *(Lk 6,24; Ám 5,7-15; 8,4-8; Jak 5,1-5)*

Válaszos zsoltár Zsolt 146(145),7.8-9.9-10

Isten az Úr és segítő

Szentleckéhez 1Tim 6,11-16

Előbbi szakaszában e levél a pénzvágyról szólt, mint minden gonosznak gyökeréről, mely még a hitet is kiölheti. Még egyházi elöljárók sem mentesek e veszélytől. Noha Timóteus nem szorul erre az intésre, de neki s nekünk szól egyenesen, hogy mit tegyünk, hogy rendezzük be életünket. Kétszer is említi itt a „jó hitvallást": Timóteus keresztelői hitvallását (avagy a püspökké szenteléskor tett fogadalmát) és Jézus nagy tanúságtételét, melyet az Úr igéjével, életével, kínszenvedésével és halálával tett Isten igazságáról. Őbenne fejeződött ki Isten szeretete, Őbenne lesz látható

Isten királyi fönsége. Ez bekövetkezik „az alkalmas időben", addig pedig tart az Egyház ideje, a virrasztás, próba és helytállás kora. *(6,11-12: Gal 5,22-23; 2Tim 2,22; Tit 2,2; 2Tim 4,7 ▫ 6,15-16: 5Mz 10,17; Zsolt 136,3; Dán 2,47; Jel 17,14; 2Mz 33,20; Jn 1,17-18)*

Evangéliumhoz Lk 16,19-31

Csak Sz Lukács őrizte meg a dúsgazdag emberről és a *szegény Lázárról* szóló példabeszédet (l. még 18. vasárnap). A többi szentírónál tisztábban hangsúlyozza a veszélyt, amelyet a vagyon jelent. Ezért nyilván külön utánajárt Jézus erre vonatkozó szavainak. A gazdagságról magáról Jézus nem fejtett ki külön tant. Őt a gazdag lelke érdekli, aki vagyonától függ, s nincs semmi mása, nem tekint kincsnek mást, csak az anyagit. Sem Mózes, sem a próféta, de senki halálból visszatérő sem tud áttörni ezen a rögeszmés páncélon, amely körülveszi a dúsgazdag szívét-agyát-fülét...

Fölvetődik a kérdés: „Hogy üdvözülhet egy ilyen *szegény gazdag*? A válasz Lukácsnál hangzik (Lk 18,27): „Ami emberileg lehetetlen, Istennél megvalósulhat." Mert mindnyájunknak, de a gazdagnak különösen, Isten ingyen adománya és műve, ha szívünk megnyílik az isteni hívásra. *(16,21: Lk 15,16 ▫ 16,22: Mt 8,11 ▫ 16,25: Lk 6,24-25 ▫ 16,31: Jn 5,46-47; 11,47-48)*

Szentségre várva

„Ismeritek a mi Urunk Jézus Krisztus kegyelmét, hogy értetek szegénnyé lett, bár gazdag volt, csak hogy az Ő szegénysége által ti gazdaggá legyetek!" (2Kor 8,9)

Elmélkedés

Kín Városa

A kárhozatot éppen a megbántott, megcsúfolt, kárvallott Szeretet teszi érthetővé, sőt — szükségessé! „Úgy szerette Isten a világot, hogy egyszülött Fiát adta érette!" — Ebben benne van az is: Az ember kísértve van a bűnre (*kárhozat*-veszélyben forog)! Nem kegyetlen dolog-e Isten részéről eltaszítani magától és a kínok emésztő tüzére vetni azt az embert, akit maga Isten alkotott olyan esékenynek és gyarlónak, hogy a bukás, vétkezés szinte második természete? Elméjének kötöttsége, szívének állhatatlansága, vágyainak csapongása, a külső világ csábítása, emberek és helyzetek nyomása, a konstitúció és öröklöttség terheltsége — nem inkább ezekből fakad-e a bűn, mint tudatos gonoszságból, Isten-tagadásból, Isten-ellenes lázadásból? Nem siet-e minden bűnösnek annyi mentő körülmény a segítségére, hogy a legszigorúbb bíró is, ha a törvény betűje értelmében kénytelen volna is elmarasztalni a vádlottat, éppen a mentő körülményekre való tekintettel, a törvény szellemében, mégis fölmentő ítéletet hozna? Az *univerzalisták*, az irgalmasszívűek örök-kárhozattagadásának körülbelül ez a teológiája és egyben a filozófiája.

És mégis igazat adtunk Danténak, aki a pokol föliratában azt a mondatot is olvasta, hogy „fecemi'l primo Amore" (az Ős-Szeretet alkotott engem): a *kárhozat* is az ős Szeretetnek, tehát a *mérhetetlenül irgalmas isteni szeretetnek műve*. Hogyan lehetséges ez?

Mindenekelőtt meg kell *tisztítani a szeretetet*, és vele az irgalmat is, azoktól a mozzanatoktól, melyeket emberi tökéletlenség, korlátoltság, elvtelenség rakott rá. Nevezetesen meg kell látni, hogy nem irgalom, hanem perverzitás az az irgalmas lelkület, mely csodálatosképp éppen a gazságot, vagy legalábbis a negatívumot keresi és találja meg irgalma tárgyául. Gondolok itt arra az irgalomra, mely egy fél világ törvényhozását meg tudja mozgatni például a törvénytelen anyaság érdekében, ugyanakkor, amikor a törvényes anyaság számára nincs egy szava; mely tud börtöntöltelékek érdekében humanitárius világmozgalmakat indítani, amikor a becsületes, csöndes szenvedők számára még szeme sincs, nemhogy szíve és szava; az az irgalom, mely tud állatkínzás ellen egyesületeket egyesület után alapítani, az emberkínzás azonban hidegen hagyja.

Az igazi irgalom és szeretet *egyetemes*. És ha van egyáltalán különbség hűség és lázadás, jámbor lelkület és istentelenség, fegyelem és züllés között, akkor az irgalom a hűeknek, a békés jámboroknak, fegyelmeseknek, áldozatosoknak is szól; s lehetetlen azt a lázadókkal, istentelenekkel és züllöttekkel szemben úgy gyakorolni, hogy irgalmatlanság ne legyen amazokkal szemben. Nem gondolom, hogy merné valaki irgalmas tettnek minősíteni, ha irgalom címén a fegyház lakóit egyszer csak úgy rászabadítanák a békés dolgozókra...

Isten a halált nem alkotta és nem örül az élők vesztének; az az Isten nem úgy áll az emberrel szemben, hogy lesi, mikor bonyolódik bele a bűn tőrébe, hogy azután hirtelen lecsapjon reá; hanem hosszútűrő és kegyes, és nem akarja, hogy egy bűnös is elvesszen, hanem, hogy megtérjen és éljen (2Pt 3,9). S ez a kárhozat nagy igazolása: az ítéletben és minden egyes elítéltnek lelkiismeretében kigyullad az ítélet megokolása: *Nem Isten ítélt el engem, hanem magam: nem Isten irgalmán múlt, hanem az én igyekezetemen.*

Az isteni irgalom és szeretet nem jár más úton, mint az isteni igazság és bölcsesség. Ez az örök Valóság kiváltsága és jellemzéke, amit Szent Ágoston az ő csattanós módján így fejez ki: „Istennek minden tulajdonsága az ő lényege". Tehát az ő irgalma egyben az ő igazsága stb., és a kettő egyúttal az ő bölcsessége. Ez a bölcsesség pedig szent bölcsesség, és mint ilyen, nem teheti meg, hogy fehérnek mondja azt, ami fekete, világosságnak azt, ami sötétség. Ha prófétája által jajt kiált azokra, kik az igazat hamisnak mondják és a hamisat igaznak (Iz 5,20), ez a jaj visszahullana Őreá magára, ha egyoldalú irgalomból eltörölné a kárhozatot. Mert akkor egy színvonalra süllyesztené a hűséget és hűtlenséget, istenességet és istentelenséget, alázatot és hybrist [gőgöt]. Hisz a végén csattan az ostor; és ha előbb-utóbb egy végre jutna igazság és gazság, egyforma értékű is volna, és mindegy volna a lelkiismeret számára, melyiket vállalja.

A kárhozat tehát nem más, mint *az erkölcsi rend megpecsételése*, mint elmozdíthatatlan határkő, mely szétválasztja a világosságot a sötétségtől. *(Schütz: Örökkévalóság, 256)*

†

Isten akarta, szegény, hogy e földön élne közöttünk, hogy dús, adni tudó bűneitől szabaduljon. *(Sz Ágoston)*

ÉVKÖZI 27. VASÁRNAP

I: Az igaz ember a hitből él. S: Bátor szívvel tégy tanúságot Jézus Krisztus mellett! E: A jó szolga nem pusztán kötelességből, hanem szeretetből végzi munkáját.

Barátomnak elhiszem, hogy igazat mond. Hiszem szavát, mert ismerem szívét. Isten hű, amit tesz igaz és helyes. Nem tartozik nekem számadással, vagy magyarázattal. Ő az Úr, Ő vezet és követelhet, dönt és intéz. De egyben barátom: ád és segít, és — hálás nekem!

Első olvasmányhoz Hab 1,2-3;2,2-4

Habakuk könyvének első része párbeszéd a próféta és Isten közt. A próféta panaszolja, hogy az istentelenség elhatalmaskodik; minden jogot megvet, az igazakat bántja. Ezt érthetni egyesekre, vagy az egész népre, amelyet külső ellenség fenyeget. Aggasztó, hogy még rosszabb jön! Isten nem köteles nekünk számot adni, mi viszont hinni, bízni és szótfogadni tartozunk Neki sötét órákban is. Ezt jelenti itt a szó: „hűség". E hűséggel lesz az igaz voltaképp igazzá. Élni fog, mert Isten is, kihez ő hű, él és hűséges! A görög bibliában (mely fordítás ugyan, de több száz évvel régibb kéziratot őriz, mint a héber eredeti) — a „hűségre" *pisztisz* a szó, amely egyszerre jelent hitet is, hűséget is. A mai evangéliumban is (melynek eredetije görög) a „hit" szóban a hűség, bizalom értelem is benne van. *(1,2-3: Zsolt 13,2-3; 22,2-3; 55,10-12; Jer 9,2-3; Ám 3,9-10 ▫ 2,2-3: Iz 8,10; 30,8; Dán 8,26; 10,14; 2Pt 3,4-10; Zsid 10,37 ▫ 2,4: Zsolt 37,3-6; Róm 1,17; Gal 3,11; Zsid 10,38)*

Válaszos zsoltár Zsolt 95(94),1-2.6-7.8-9

Fölhívás Isten dicséretére; intés

Szentleckéhez 2Tim 1,6-8.13-14

A római levélben azt írta Sz Pál: „Nem szégyellem az evangéliumot, mert Isten ereje az, s üdvözíti a benne hívőt!" (Róm 1,16) Ott hitvallásként hangzik, itt a Timóteushoz írt levélben intésül. Egyházi elöljáró is elcsüggedhet, örömet, kedvet veszthet (akárcsak Habakuk: 1. olvasmány). A tanítványnak mindig az üldözött és sokféleképpen megalázott Krisztust kell szolgálnia, követnie. A püspökre és papra „rábízott drága kincs" a *tiszta, teljes* evangéliumi igazság. Ez kell, hogy őt is eltöltse és átalakítsa, s akkor közölheti másokkal is, amit ő kapott. Minden hívő nemcsak a maga hitéért és hite teljességéért felelős, hanem a testvére hitéért is. *(1,6-8: 1Tim 4,14; Róm 8,15; 1,16 ▫ 1,13-14: 2Tim 4,3; 1Tim 6,20)*

Evangéliumhoz Lk 17,5-10

Jézus igehirdetése sokszor zavart keltett elkedvetlenítő kemény igazságaival. „Erősítsd hitünket" — ezt kérik Tőle az apostolok, mert riadtan állapítják meg, hogy Jézus követelményeihez még nem nőttek föl. Kell a hit, nemcsak ahhoz, hogy a vagyontól függetlenek legyenek (lásd múlt vasaárnap). A mai tanítás előtt kertelés nélkül hangzott a követelés, hogy meg kell bocsátanunk testvérünknek, akár *hétszer* is napjában! Ezt csak úgy tehetjük, ha magának Istennek irgalmát hordjuk szívünkben. — A jelen szöveg a szilárd hittel és az alázatos szolgálattal folytatja... A gazdáról és szolgájáról szóló példázat (amely Istent és a teremtményt érti) olyan társadalmi világot tükröz, amin *ma tán* berzenkedünk, fölháborodunk, mert a *merev* kötelességen és igazságtételen épül, testvéri részvét nélkül. Jézus itt nem fejtegeti véleményét: ez a szigorú „jogi helyzet". Isten felé nem állhatunk elő szociális és bármi „jogainkkal", emberi „méltósággal", vagy nem nyújthatjuk be „számlánkat". — „Én igaz voltam: fizess érte!" — ez farizeusi álláspont. Jézus tanítványa — legjobb esetben — midössze megtette a rábízott dolgot. Hogy erre meghívták, Isten tiszta kegye... („Haszontalan" szolgák vagyunk, hisz ami haszon, érték földi tetteinkbe jut — azt Krisztus megváltó vére adja bele, érték: mert „Krisztusban" tettük, Krisztus tette „kezünkkel".) *(17,5-6: Mk 9,24; Mt 17,20; 21,21 ▫ 17,8: Lk 12,37; 22,27; Jn 13,1-16)*

Szentségre várva

Az Oltári Szentség ünneplése és vétele hitünket mutatja, de egyben forrása is a hitnek, Tőle, Belőle táplálkozik egyre. Az isteni Igéből, a Szentségből és az Egyház hitéből él a hit mindegyikünkben.

Elmélkedés

A hit ereje Istentől

Isten maga biztat minket maga dicséretire, de ehhez hit kell, meg igyekezet.

Uram, te nagy és minden dicséretre igen méltó vagy; erős hatalmadnak, bölcs mivoltodnak sem vége, sem határa. S íme, teremtett világod aprósága: ember akar dicsérni téged. Nyakán a halál igája, lelkében bűne tüskéje s az a bizonyosság, hogy a kevélyeknek ellent állsz, s mégis ez a porszem kezed alkotása között: az ember dicsérni akar téged.

A te indításod az bennünk, hogy gyönyörűség dicsérnünk téged, mert *magadnak teremtettél minket*, s nyughatatlan a szívünk míg csak el nem pihen benned. — Szívem észrevett önmaga fölött, értelmem fölött valami örökké változatlan világosságot. — Nem úgy borult értelmem fölé, mint olaj a vízre, vagy ég a földre, — hanem sokkal magasabbról, — hisz ő az én teremtőm; — s én sokkal mélyebben álltam, hisz teremtménye vagyok! Akik az igazságot megismerték, ismerik ezt; s akik ezt ismerik, megismerték az örökkévalóságot. A szeretet is ismerős vele.

Óh örök Igazság! Óh igaz Szeretet! Óh kívánatos örökkévalóság! Istenem vagy; — hozzád száll sóhajtásom éjjel-nappal.

Mikor először megláttalak, felkaroltál, hogy megértsem, mennyire valóság az, amit megláttam, s mennyire méltatlan vagyok én arra, hogy rádtekintsek.

De azért, mintha hallottalak volna a magasból: Én a felnőttek eledele vagyok! Növekedjél s részed lesz bennem. Nem te változtatsz át engem magaddá, mint valami testi eledelt, hanem én változtatlak át téged magammá! — Azt is megértettem, hogy „a gonoszságért dorgálod az embert, és elepeszted lelkét, mint a pókot." S mikor tépelődtem, hogy talán nem is létezik az *Igazság*, mert sem a véges, sem a végtelen térségekben *nincs kiterjedése*, — messziről kiáltottad felém: „Én vagyok, aki vagyok!"

Meghallottam, de úgy, hogy a szívemmel hallottam meg, s többé nyoma sem volt bennem a kétkedésnek; sőt könnyebben *kétségbevontam volna saját eleven létezésemet, mint az Igazságét*, aki mellett az egész teremtett világ tanúskodik. [Későbbi tanítása jelentkezik Ágostonnak: „Ha valami egyáltalán létezik, elsősorban és gyökeresen Isten létezik."] *(Sz Ágoston: Vallomások, 1:1)*

†

Krisztus nem szeretett különbséget tenni kötelező minimum és önként vállalt különteljesítmény között. Inkább azt hirdette, hogy aki többet kapott, az többel tartozik. Ebben a példabeszédben (Lk 17,7-10) sem különleges teljesítményekre sarkallta övéit, hanem egyszerűen alázatosságra tanította őket. Akármit tettem, nem érdemlek különös elismerést; csak azt tettem, amivel tartozom. A szolga, a mégoly jó munkás szolga is, tartsa szeme előtt szolga voltát, s ne igényeljen magának valami megkülönböztetett megbecsülést.

Szerencsére Jézus nemcsak beszélt erről, hanem meg is mutatta, mit jelent vállalni a szolga szerepét egészen „a halálig, mégpedig a kereszthalálig" (Fil 2,6-8). Ezért, mert semmit sem igényelt, mert „nem kereste a maga dicsőségét" (Jn 8,50), „magasztalta föl" végül is az Isten, s a föltámadásban *Úrnak* bizonyította (Fil 2, 9-10). *(Jelenits: Betű és lélek, 90)*

†

Kolduló könyörgés bocsánatért (Deus-Homo, Rex coelorum)

Isten-Ember, Ég Királya,
Szánandókat tekintsd szánva!
Hajlók vagyunk, jaj, a bűnre;
s majdan por a porba tűn le.
Romba hulltunk, jöjj, emelj fel!
édes-hűséges kegyeddel...
Ember mi is? Ádám sarja,
Halál magva, veszni: sora.
Mi más ember? Féreg, tiport,
rozoga szer, szemétre szórt...
Haragra se méltass hitványt!
Mit tud? Végtig bűntől megszállt.
Nagy Isten, el ne kárhoztasd!
mást se képes: bűnt halmozgat...
Ítélnél ilyent, Igazság?
Műved ő... Ez nem vallna Rád!
Nem ér ennyit silány ember,
Égdörgőnek hogy feleljen!
Mint az árnyék, füst kavargó,
vagyunk aszott fű: — halandó...
Isten-Ember, Ég Királya,
szánandókat tekintsd szánva!

(Marbod)

ÉVKÖZI 28. VASÁRNAP

1: A szíriai Námán meggyógyul leprájából, és hálát ad az Úrnak. S: Aki hűségesen kitart Krisztus mellett, az uralkodik is Vele. E: Mindenért adjunk hálát az Úrnak, és dicsőítsük Őt.

Hogy élhessünk, mindnyájan *rá vagyunk utalva* embertársainkra. Jogunk van e segítséghez, és ha a közösség ezt megtagadja, „embertelenséggel" vádoljuk. De ha csak „előírás" szerint, kötelességszerűen kapnánk a szeretetet, akkor is lehetetlen lenne az élet. A legdrágább: maga az élet és a szeretet, csak ajándékként jöhet és úgy is kell fogadnunk, alázattal...

Nehezünkre esik segítségért folyamodni, s tán még nehezebb büszkeségünkben megköszönni az ajándékot. Ezt meg kell tanulnunk! Figyelmes és jószívű emberek nem várják míg kérnek tőlük, megelőzik a kérést. S ebben Istent utánozzák. Mert Isten azoknak is ad, akik nem kérik, hisz Ő a jóság. De aki nem köszöni meg, képtelen lesz rá, hogy az ajándékot igazában befogadja.

Első olvasmányhoz 2Kir 5,14-17

Elizeus próféta nem hatalmi szóval gyógyítja meg leprájából a szír főtisztet, Námánt. Legyen világos, hogy a gyógyítás nem a próféta, hanem Isten műve. A parancshoz szokott Námánnak szót kell fogadnia, s ezt meg is teszi. (Vö. evangélium leprásaival.) Námán jámbor pogány. Meg akarja köszönni a prófétának, hogy helyes útra igazította, az igazi Istent akarja tisztelni, aki meggyógyította. Nem maradhat Izraelben, mert hazája a pogány világ. Hitének viszont támaszra van szüksége, s ezért alázattal kéri, vihessen egy rögöt magával „Izrael szent földjéből". Némelyek tán megmosolyogják ma ezt a gesztust — kár lenne! A szigorú próféta maga is jósággal és valamiféle tisztelettel kezeli ezt az egyszerű, hitében bizonytalan lelket; úgy, ahogy a lelkipásztor kell, hogy segítse az újonnan megtértet, kinek őszintesége bizonyos, és akit már rábízhat Isten további titkos vezetésére. *(Lk 4,27; Jn 9,7; 1Sám 9,7)*

Válaszos zsoltár Zsolt 98(97),1.2-3.3-4

Hódolat és hűség Istennek

Szentleckéhez 2Tim 2,8-13

A Timóteushoz írt 2. levél egy végrendelet megkapó nyelvén íródott. Az apostol nyomába lépő püspök átveszi az ő veszélyteli életét. Egy ember teljes odaadását követeli az evangéliumban való hit és a „választottakhoz" (hívőkhöz) való felelősséget érző szeretet. „Jézus Krisztus föltámadt halottaiból": csak ez ad értelmet hívei életének is. A négy záró mondat a „ha..." kötőszóval, ősi hitvalló énekként cseng. Ma is igaz ez a vallomás! Két út áll előttünk: Krisztussal meghalunk a keresztségben, vagy hűtlenül megtagadjuk Őt. Megdöbbent a végmondat: „És ha mi hűtlenek vagyunk is, Ő hű marad..." Krisztus a „hűséges Tanú" (Jel 3,14). Tanítvány hűtlenné válhat, még egy püspök is elpártolhat, de Isten hű marad, s Ő üdvöt és dicsőséget szerez annak, ki Hozzá a hűségét megőrzi halálig s halálon túl is. *(2,8: Róm 1,3-4; ApCsel 13,22-23; Róm 2,16; 16,25 ▫ 2,9-10: Fil 1,12-17; Kol 1,24; 2,1 ▫ 2,11-13: Róm 6,5; 8,11; Fil 3,10-11; Róm 8,17; Mt 10,33; 1Kor 1,9; 10,13; 1Tesz 5,24; 2Tesz 3,3; Zsid 10,23)*

Evangéliumhoz Lk 17,11-19

Jeruzsálem felé haladva, Jézus egy falunál találkozik az emberi nyomorúság megtestesítőivel, tíz bélpoklossal (leprással). Jézusnak nem az a nehézsége, hogy ezek leprások: mind a tízet kigyógyítja; Neki az fáj, hogy csak *egy tér vissza hálát adni*. Csak őrajta teljesedhet be a *csoda egészen;* neki, a térdre borulónak mondhatja az Úr: „Állj föl és menj! A te hited megsegített téged." És ez az egy szamaritánus volt: aki hisz és most tudja, Isten nemcsak meggyógyította, hanem magához is fogadta. „Kiszámítottan", csak ez az idegen kapja meg Jézustól az üdvösség ígéretét. Képes köszönetet mondani! A többi „nem ér rá"; várja őket az élet, az új, élvezetes élet! És annak, aki igazi életet adhatna nekik, hátat fordítanak. *(17,12-13: 3Mz 13,45-46; Mt 9,27; 15,22; Lk 18,38 ▫ 17,14: 3Mz 14,2-3; Lk 5,14 ▫ 17,19: Lk 7,50; 18,42)*

Szentségre várva

Gyógyulást és üdvöt találtam már keresztségem napján, s azóta oly sokszor. Ez a gondolat már maga hálaadás: fejezzem is ki *hálámat sokszor átérezve, szívből*, s épp a Hála nagy Szentsége vételén (Eucharisztia = Igazi Hálaadás). „Hálát adunk, Uram, mert arra méltattál minket, hogy színed előtt állhatunk és *szolgálhatunk* Néked!" (II. szentségi főima) Legyen ez őszinte, s kövesse igazán *szolgálat!*

Elmélkedés

Hála

„Nemde, tízen tisztultak meg és kilence hol vagyon? Nem találtatott, ki megtérjen és dicsőséget adjon Istennek, hanem csak ez idegen nemzetbeli?" (Lk 17,17-18)

Hálát, szívből hálát adni a sok vett jóért, mely felém repül, mint a hópelyhek; nem bírom megszámlálni; arcomba csap, mint az erdő lehelete, ki tudja, mennyi s milyen virágkehelyből! Nem bízom el magam, de szívom, élvezem. Óh be jó, be jó azt tudni, hogy mennyi jót élvezek, mikor egészséges s erős vagyok, mikor az ég világosságát látom, s minden érzékem s tehetségem friss és ép. Kivált pedig, ha erős és ruganyos a lelkem. Igaz, néha szinte jogot formálok mindehhez, s elfelejtem, hogy mindez kegyelem. Hátha lábamat törtem volna, vagy éles szálka hasítja föl körmömet? Hátha vak vagy béna volnék akár testemben, akár lelkemben? Óh Istenem, hála neked a sok jóért, mennyországod rámszakadó darabkáiért...!

Hála a sok öntudatlan, föl sem ismert s föl nem használt jókért! Azok mint a gyermek élvezte javak... ezek mint elvonuló felhők! Óh igen, gyermek is vagyok, anyám ölében alszom; gondtalan s hanyag lélek is vagyok, kit sok kegyelem azzal vádol, hogy fel nem használom. — Vonzom a felhőket gondolataim magaslataival, bensőségem, alázatom, elmélyedésem erdei leheletével. Kerülöm a lanyhaságot, szorgos s pontos leszek a jónak felhasználásában.

Hála a bűn állapotában ignorált s megvetett kegyelmekért. Ezek már sértett hatalmak... a harag istennői. Nyomorúságom e mélységeiből zavar és szégyen száll felém. Mea culpa! „Ezekkel fizetsz-e az Úrnak bolond és esztelen nép? Vajon nem atyád-e ő, ki bírt téged és alkotott és teremtett?" (5Mz 32,6) Legyen hálám izzó, melyet a szeretet sugalmaz, alázatos, bűnösségemnek, érdemtelenségemnek és az Isten fölségének tudatától praktikus. Életem mondja a „Deo gratias"-t. *(Prohászka: ÖM, 6:253; 322)*

†

Hálaadás a szentgyónás után

A mély lelkek hálásak; fölértik, hogy a jót elsősorban a hála jó érzelmével kell viszonozni. Nagy jó ez is. A szentgyónás után a hálaadás nagy kegyelem s mélyenjáró érzelmek útja. Szívünk átérzi azt a végtelen kegyet, hogy Isten megbocsátott; hogy levette róla a terhet, mely láncnál rémesebb; megmosott vérében, fölemelt, megkoszorúzott, megdicsőített. Óh, ki érti föl a kegyelem titokzatos működését, mely belénk szivárgott s föléleszttette új tavaszra, örök életre lelkünket? Azért „canet juxta dies juventutis suae"; ifjúságának himnuszát zengi. Erre nevelem magam pontosan és híven.

Szívem mély érzelmeivel adok hálát; a lelkemet adom. — Bűnöm láncát Isten repesztette szét; szabad vagyok már, hogy neki adjam át magam. Az odaadás tette az én hálám. — A toblachi gróf bezárta várának félreeső tömlöcébe egyik ellenségét, s megfeledkezett róla úgy, hogy a szerencsétlen éhen halt. Ezért azután Rómába ment bűnbocsánatért, nehéz vasláncot kovácsoltatott nyakára s lábaira, s azzal járt-kelt élete végéig; azzal halt meg. Mily öröme lett volna, ha az Isten angyala leveszi róla e láncot bűnbocsánata jeléül! Mily hálát adott volna! Isten az én láncaimat levette rólam; énekelek! *(Prohászka: ÖM, 6:254; 323)*

†

Állandó ima

Sóhajts föl Istenhez szíved rövid, de sűrű kiáradásaival: Csodáld jóságát, hívd segítségét, vesd lélekben magad a Keresztje tövéhöz! Imádd jó voltát, beszélj Vele üdvösségedről. Add neki egész lelkedet, akár ezerszer naponta! *(Szalézi Sz Ferenc)*

ÉVKÖZI 29. VASÁRNAP

1: Izrael népe a pusztai vándorlás során győzelmet aratott az amalekíták fölött, mert Mózes imádkozott értük. S: Isten embere legyen tökéletes és minden jóra kész! E: Isten meghallgatja azokat, akik Őt állhatatosan kérik.

Hogy tudunk-e *imádkozni*, attól függ, hogy milyennek látjuk Istenünket és milyenek vagyunk mi magunk. Oly Istenhez, aki csak mozdulatlan, mozdíthatlan oka a történéseknek, nincs miért imádkozni. Távoli, rejtett Istenhez is csak úgy lehet, ha valahogy tudom, megsejtem, hogy ő a közeli, a jelenvaló Isten is. Nem akadály az imában az, hogy Isten végtelen nagy, s az ember hozzá képest homokszem; mert az Úr *istenségében nagy*: a legkisebbig elér, sőt betölti. És minden teremtett lény Általa és Őfeléje naggyá lesz.

Tudnunk kell: szegények és gyatrák vagyunk, és mégis, a földi létben egyetlenek, akik Istent el tudjuk érni, valamiképp megsejteni. (Az ember „capax Dei" — mondá egy régi hittudós: „képes Istent befogadni".) Képes vagyok rá, hogy Isten hatalmát és szeretetét hívjam, érte kiáltsak... Nem rendelkezhetünk Istennel, de mikor átengedjük Neki magunkat, mindent kérhetünk Tőle...

Első olvasmányhoz 2Mz 17,8-13

Még Saul és Dávid korában is bajt okoztak Izraelnek az amalekíták. Az egyiptomi menekülés korában a zsidóknál hatalmasabbak voltak. Folyt a harc legelőkért, itató helyekért. Mózes mellett vezérként akkor lép föl először Józsué. De nem ő és seregei vívják ki a győzelmet, hanem a vén Mózes, aki a hegyen reggeltől estig kitárt karral áll. Hogy Mózes eközben imádkozik, nincs szó szerint leírva, de ősidőktől úgy értik, hogy Mózes imája győz. A mai liturgia is ezen (egyetlen) értelemben adja a szent szöveget. *(Zsolt 44,2-9 ▫ amalekíták: 1Mz 14,7; 4Mz 13,29; 24,20; 1Krón 4,42-43)*

Válaszos zsoltár Zsolt 121(120),1-2.3-4.5-6.7-8

Isten népének őrállói

Szentleckéhez 2Tim 3,14-4,2

A hit ajándék, de tanulni is kell. A hit tételei és a hitben hűséges élet egyéni törekvés nélkül nem szerezhető, nem valósítható meg. Erre főleg az van kötelezve, aki az Egyházban felelősséget visel. *Hitének nőnie* és érnie kell a Szentírásból, átélt tapasztalatokból, önzetlen szolgálatból. Isten igéjének mindig *újként* kell hangzania anélkül, hogy megváltozna: újra mainak hatnia. Ember által jut az Ige emberhez. Így akarta Ő, erre hívta meg apostolait és utódjaikat. Csak aki maga van meggyőződve, áthatva, az tud meggyőzni, áthatni. Ezért szól Timóteushoz az ünnepélyes esküszó Jézus újrajövetelére hivatkozva. A Jópásztor elsőnek a pásztorokat fogja megítélni! *(3,14-17: 2Tim 2,2; 1,5; Jn 5,39; 2Pt 1,20-21 ▫ 4,1-2: ApCsel 10,42; Róm 14,9-10; 1Tim 6,14; 1Pt 4,5; ApCsel 20,20.31)*

Evangéliumhoz Lk 18,1-8

Jézus imádkozni tanította övéit: „Jöjjön el a Te országod!" Az Istenország eljövetele az Emberfia eljöttével lesz teljes. Addig *állhatatosan kell imádkoznunk*, próbákat kell kiállnunk. Egyre-újra nagy szorongattatás és bizonytalanságok ideje következik, még Isten választottai számára is. „Ha eljön Ő, talál-e hitet a világon?!" A kérdés éppen nem megnyugtatásul hangzik; oly kevéssé megnyugtató, mint ez a kor, melyben élünk! „Éjjel-nappal Istent kiáltani": ez csak akkor látszik túlzásnak, ha a világ nyomorúságát és saját nyomorunkat még nem fogtuk föl... *(18,1: Lk 11,5-9; Róm 12,12; Ef 6,18; 1Tesz 5,17)*

Szentségre várva

Eljön az Úr ítélni és üdvözíteni. Addig „esszük ezt a Kenyeret és isszuk ezt a Kelyhet" (1Kor 11,27), az üdvösség biztosítékát. Így növekszik hitünk és az Egyház. És képesek leszünk, hogy végleges eljötte után sóvárogjunk és hívogassuk, mint az őskeresztény kor. Marana-thá! = Urunk jöjj! Jöjj el, Uram Jézus! (Ezek az egész Szentírás utolsó szavai: Jel 22,20.)

Elmélkedés

Végig állhatatosság

A végső kitartás és *állhatatosság* ugyancsak nagy kegyelem. Mikor végignézek mindenen, látom külső bizonyságait e kegyelem nagyságának a történelem romjaiban és hajótöréseiben; s látom a belső élet nehézségét és leborulva, lekonyult fővel elmondom: „Jöjj el, Úr Jézus, jöjj el!"

Nem tudom, hogy mi lesz velem. De talán jobb is, ha nem látom előre szenvedésemet, küzdelmeimet, még azt gondolhatnám, hogy nem tartok ki. És minő óvszert ád nekem itt a kezembe a Szentírás? Mit kérdezzük? Azt mondja, hogy éljünk! Éljünk buzgón és lelkesülve! Vésődjék szívünkbe a kedves szentnek, Sziénai Szent Katalinnak szava: „építs magadnak cellát szívedben"; vonuljunk vissza oda, ahol a lélek él, el a külső világtól; oda, ahol elvonulva melegedhetik, miután künn megfázott; oda, ahol elvonulva felüdül, miután künn meggyengült; oda, ahova jön inni, inni kívánván az örök forrásból, miután künn nagy pusztában zarándokolt; oda, ahova üdülni jár, miután vérző lábbal járta az élet tereit és utcáit. Kell élnünk! Óh be jó az élet! Ó be jó, hogyha az ember szívében bírja az Úr Jézust; s be jó, hogyha az reggeltől estig szent bensőségben és összeszedettségben tudja tartani azt a nagy kincset, a buzgalmat! Óh be jó, ha az isteni kegyelemmel reggeltől estig közreműködik; mert rendkívül nagy kincs az Isten kegyelmének szüntelen tevékenysége eszünkben és szívünkben. Ne vesztegessük ezt a kincset, mely drágább minden ezüstnél és minden aranynál! Soha! Tartsuk meg szívünket mindig abban a gyengédségben, melynél fogva szüntelen vágyódjék az isteni kegyelem teljesebb kihasználása után. Tartsuk meg a mi lelkünket mindig abban a szent buzgalomban, hogy mindig minél többet akarjunk tenni az Úr Jézus dicsőségére. Óh, ha ez az életnek a titka, akkor jól fogjuk magunkat érezni és a gazdagságnak s gyengédségnek ezt az érzetét nem fogjuk odaadni semmiért. És úgy fogjuk magunkat érezni, hogy teljes vigaszban és teljes épségben és készségben fogjuk szolgálni az Úr Jézust. Kell-e ennél több? Mikor minden szív ez után sír és ez után vágyik? Ugye nem? No hát az évnek utolsó vasárnapján, az egyház oda fordítja szemünket és figyelmeztet, hogy minden elmúlik és kihűl és kipusztul, de mi nem akarunk elpusztulni, hanem élni; élni akarunk bensőségesen: élni akarunk buzgón és gyengéden. Jöjj el, Úr Jézus! *(Prohászka: ÖM, 17:338)*

†

Imádság: mibenléte és hatása

Az Imádság, ha mibenvoltát kérded: hogy lélek Istenhez tapad, hogy Urával beszélget! — Hatás szerint: világ mentése, Istennel megkötött béke. A könnyek anyja és leánya: bűnök kiengesztelése. — A kísértések fölött híd, szent bástya, min bú megtörik. Harcokat elszüntető, angyalművekben részvevő! — Minden léleknek tápláléka, eljövendő boldogság előárnyéka. Örökhű dologra készülő, erényt árasztó dús forrás. — Kegyelmet vonzó szent erő, a haladásra serkentő! A lelkünk napi étke, szellemünk oktató fénye. — Biztosban-megszilárdítás, reménybe mély alapvetés. A búsat felvidító, a koldust gazdagító. — A remeték *egy-kincse*, a harag jó bilincse. A haladásnak tüköre, a lelki nagyság hű lemérője. — Mivoltunknak kitárult megvallása, jövő dicsőség villanása. Ima az igazán esdőnek törvényszéke: lép Ura elé. — Bírónál csöndes pihenés: Végnap haragján enyhülés! Úgy *kezdd* imád, hogy elvonó sok kuszaság zaját „belépve" elszántan kizárd! — Az ima *közepe*, ha lélek nézi fölfelé a Titkot, amit kutatott s Istenben látni óhajtott. — S a *vége* — belesuhanni Istenségbe... — Más öröm az olyan imába érzik, amit közösségben végzel. Más azé, ismét, ki magában *lelkében* talál Urára! — Előbbit tán zavarva elkószált képzelgések is kínozzák. Utóbbi szívét eltölti alázat! — Keres, talán *hiába* dadog imája, s orcái végül könnyben áznak. *(Lajtorjás Sz János: Paradicsom lajtorjája)*

†

Imádkozzál, hálálkodjál!

Asztalhoz mégy, imádkozzál! Kenyeret törsz: hálát adj! A mindenek-táplálónak, Annak, akitől kaptad! — Borral edzed gyöngült tested: a Küldőjét ne feledd! Ki bort szívet földeríteni s kórt elűzni ád neked! — Elmúlt éhség? El ne múljék a Jótevő emléke! Ruhát öltesz? Ki öltöztet? Kap-e hálát cserébe?! — Köntöst veszel: forróbb szívvel Arra gondolj, ki *gondol*, hogy a nyárba', télbe' járva védve légy a bajoktól, — óv épséget, föd be szégyent, tested, lelked ápolja. (Úr föld-égbe', s évrül-évre mégis *van terád* gondja!) — Nap lehunytán, Hozzá bújván, hálád újra kifejezd! Napot fénylet nagy művének, éjbe tüzet gyújt-keleszt. — Egész éjben ám ne légyen gondod *csak* az aluvás! Éj közepén, kábán fekvén haszontalan a nyugvás; — idő felén ha fölkelél: szent az éj, angyal zenél! Pásztoroknak, vándoroknak boldog jóhírt üzen éj! *(Nagy Sz Vazul: 5. homília utáni imádság)*

ÉVKÖZI 30. VASÁRNAP

1: Az alázatos ember imáját meghallgatja Isten. S: Aki hűségesen harcol hitéért, elnyeri az örök élet koronáját. E: Aki magát megalázza, azt dicsőségre emelik.

Nem föltétlenül tiszteljük meg Istent azzal, hogy mondogatjuk: Ő előtte csak koldusok, férgek, semmi vagyunk. Bizonyos, hogy Isten végtelen nagy, elérhetetlen fönség; Ő más, és másként létezik (valóságosabban, mert önmagától). De teremtményeitől nem határolja el magát valami ellenséges sövénnyel, nagyságával nem nyom el minket, inkább fölemel.

Tetszésére szolgál, ha az ember Róla, Neki sok *gyerekességgel, balgán beszél*, még tolakodóan is. Ebben is nagyságát mutatja! És várja, hogy elcsöndesedjünk, szavaink és szívünk ürességét belássuk. Akkor magához fogadhat, betér hozzánk még inkább: érezteti, hogy legbensőnkben végig ott volt! És kezdjük belátni szegénységünket, egyben nagyságunkat...

Első olvasmányhoz Sir 35,15-17.20-22

Az Ószövetség folyton kijelenti, hogy Isten a szegények, elnyomottak mellett áll, az özvegyek és árvák oltalma, bár ennek kézzelfogható megnyilvánulásáról ritkán van szó. Ma a helyes és helytelen *áldozat-bemutatásról* beszél. Csak igaz ember mutathat be igaz áldozatot; nem az adományról van szó, hanem az emberről, őszinte Istenhez-fordulásáról; készségéről, hogy bajba jutott, rászoruló testvérein segítsen. Oly áldozatot fölajánlani, amit valaki jogtalanul szerzett „megvesztegetési" kísérlet Isten ellen, Őt megcsalni vakmerőség: — képtelen gondolat! De legyünk őszinték: olyan ritka ez, oly távol áll tőlünk? *(35,15-17: 5Mz 10,17-18; 2Mz 22,21-22; Kol 3,25; 1Pt 1,17)*

Válaszos zsoltár Zsolt 34(33),2-3.17-18.19 és 23

Bizalom Istenben

Szentleckéhez 2Tim 4,6-8.16-18

A szavaknál mindig fontosabb és hatásosabb a jó példa, a példás élet. Sz Pál apostol nemcsak igét hirdetett és leveleket írogatott, dolgozott is a maga kezével, semmi erőfeszítéstől nem riadt vissza, semmi veszélytől nem félt Isten ügyében. Élete végén bilincsben a keze, mások írják elő neki, mit tehet, mint nem. Magános öreg lesz, mindenkitől cserben hagyva. S mégsem elkeseredett, sőt! — teli van hálával és teli reménnyel! Hűségét és hitét megőrizte Urához és most az Úr érkezését várja. Ennek az apostoli életnek titka az égő szeretet. S a „szeretet nem ér véget" (1Kor 13,8). Életének föláldozása lesz az apostol utolsó szolgálata Istennek... *(4,6-8: Fil 2,17; 1Tim 1,18; 6,12-14; 1Kor 9,24-27 ▫ 4,16-18: 2Tim 1,15; Mt 10,19-20; Zsolt 22,22; Dán 6,17.21)*

Evangéliumhoz Lk 18,9-14

A farizeus és a vámos példája ma is szól azokhoz, kik saját igaz voltukról meg vannak győződve, maguktól el vannak telve, például azok, akik papíron „gyakorló" keresztények, s ezért mindenki mást lenéznek; akik jámborak, és jótetteikkel Istennél „elszámolnak", számlát nyújtanak be. Csak azt fogadja be Isten („megigazulva"), aki túladott minden önzésen jótettei révén és minden elbizakodottságon jámborságában. A vámos csak annyit tud „igaz voltáról", hogy az *nincs* meg neki; hogy üresen és bűnösen áll Isten előtt, irgalmára szorulva. Ama szegényekhez tartozik, akik éhezik és szomjúhozzák az Istentől jövő megigazulást. *(18,9-12: Lk 16,15; Mt 6,1.5; Mt 23,23.28 ▫ 18,13-14: Zsolt 51,3; Mt 23,12; Lk 14,11)*

Szentségre várva

„Közel áll Isten a megtört szívhez" (Zsolt 34,19). Ne kutass hát hegyi magaslatokat (lelkileg), mintha ott közelebb lennél Istenhez. Ha Feléje emelgeted magad (hogy becsülhesd magad) — visszahúzódik tőled; hozzád aláereszkedik, ha te magadat alázod... *(Sz Ágoston)*

Elmélkedés

Farizeus és a vámos

„Szükség mindenkor imádkozni". — Ha csökken a hitünk, az imánk is eltűnt! Imádkozik-e, aki nem hisz, vagy alig hisz? Hogy tehát imádkozni tudjunk, *higygyünk,* s hogy a hitünk ne fogyjon, imádkozzunk! — De hit is, ima is nem a kevélyé, csak az alázatosnak kegyelme! „Hálát adok Istenem, hogy nem vagyok oly gonosz, mint a többi!" — szól a kevély imája! Én „igaz", a többi „bűnöző"! És még az ott talált szegény vámos is csak nagyobb gőgre alkalom! „Nem bűnös, mint ez a vámos!" „Böjtölök... tizedet adok..." Kutasd a szavaiból, mit is *kér* Istentől, nem találsz semmit! Fölméne „imádkozni", s nem is Istent kéri, csak magát dicséri... Sőt aljasabbul: aki ott igazán imádkozik, azt ócsárolja! A vámos pedig *távol áll* vala alázatában... de közel jut Istenhez. Szíve tudata távol tartja, áhítata odavonzza. „Távol áll" — de Isten közel lép és odafigyel. Magasztos az Úr, és az alacsonyt mégis meglátja! A magasakat pedig, mint ezt a farizeust is: „messziről lenézi". Nézi, de nem néz át rajta, észreveszi! De halld még tovább a vámos alázatát: nem elég, hogy hátra húzódik, „még szemeit sem meri égre emelni". Hogy az Úr letekintsen rá, ő nem mer föltekinteni! Nem mer, nyomja lelkiösmerete, szívetudata, csak reménye, ami emeli. Halld még: verdesi mellét! Büntetésképp magát üti, az Úr azért a bűnvallót kíméli. „Uram, légy irgalmas hozzám, nyomorult bűnöshöz!" Lám így szól imája! Ne csodáld, hogy az Úr ott bűnét megbocsátotta, hol a bűnös magát vádolta [ignoscit... agnoscit].

Lássák most, hallják ama gonosz hangoskodók, azok az erényeikben pöffeszkedők! Akik mondják: „Isten emberré alkotott, én meg igazzá magamat alkotom." [Pelagiánusok, az eredeti bűnnek és kegyelem szükségének tagadói.] Óh te elvetemült, te farizeusnál rosszabb! Mert *az* gőgösködött, de mégis hálát adott Istennek! Hálát, hogy különb a többinél, és hálája dacára, mint gőgöst, fölfuvalkodottat feddi őt az Úr! Hálát ad, de mintha már többre nem szorulna. Tehát igaz vagy, tehát mitse kérsz, már „elteltél" jósággal, neked már nem „bűnre kísértő az evilági élet"

(Jób 7,1). Teli vagy, bővelkedel, nem kell mondanod: „Bocsásd meg a mi vétkeinket..." De mit mondjunk arról, aki istentelenül a kegyelmet támadja, ha még az is feddést kap, ki gőggel ugyan, a kegyelemért hálás? *(Sz Ágoston: 115. beszéd)*

†

Bűnös imája

Szemed elé tárjuk, Uram, bűneinket, és összehasonlítjuk ránk mért csapásaiddal. Ha nézzük a rosszat, amit elkövettünk: keveset bűnhődtünk, többet érdemeltünk. Súlyos volt bukásunk: enyhe lakolásunk. Vétkünk büntetését érezzük: és mégis szüntelen konokul vétkezünk. Görnyedünk, megtörünk ostorod alatt: gonoszságunk azért csak a régi marad. Lelkünk sír, gyötrődik: nyakunk meg nem hajlik. Életünk csupa fájdalom, sóhajtozás: de tetteinkben nincs semmi javulás. Nem jobbulunk, ha vársz; nem fog rajtunk, ha bosszút állsz. Mikor fenyítesz, megvalljuk bűneinket: látogatásod után feledjük könnyeinket. Ha ránk emeled karod, szavunknak nem állunk. Ha sújtasz: kolduljuk irgalmadat; ha irgalmaztál: ingereljük haragodat. Íme, előtted állunk, bűnbánó bűnösök; ha meg nem bocsátasz, jogosan vetsz kárhozatra.

Mindenható Atya! érdemünk nélkül is add meg, amit tőled kérünk, ki semmiből teremtettél, hogy tégedet kérjünk. Szent Fiad, a mi Urunk Jézus által. Amen. *(VIII. Orbán pápa imádsága, Sík: DB, 506)*

†

Az alázatosság litániája (magán imádságul)

1. A vágytól, hogy megbecsüljenek, — a vágytól, hogy népszerű legyek, — a vágytól, fölemeljenek: — *Szabadíts meg Jézus!* A vágytól, hogy tiszteljenek, — a vágytól, hogy dicsérjenek, — a vágytól, mások fölébe helyezzenek: — *Szabadíts meg Jézus!* A vágytól, hogy kikérjék jó tanácsaim, — a vágytól, helyeseljék eljárásaim, — a vágytól, vezethessem társaim: — *Szabadíts meg Jézus!*

2. A félelemtől, hogy tán megaláznak, — a félelemtől, hogy lenéznek vagy leráznak, — a félelemtől, hogy kitesznek korholásnak, — *Szabadíts meg Jézus!* A félelemtől, hogy árthatnak jó nevemnek, — a félelemtől, hogy mellőznek, elfelejtnek, — a félelemtől, hogy majd kinevetnek, — a félelemtől, velem rosszul bánnak, — *Szabadíts meg Jézus!* A félelemtől, hogy bűnt szememre hánynak, — a félelemtől, hogy gyanúval fogadnának, — *Szabadíts meg, Jézus!*

3. Hogy másokat énnálam jobban szeressenek, — hogy másokat többre becsüljenek, — világ szemében nőjön más, én hadd csökkenjek, — *Hogy ezt kívánjam, add kegyelmed!* Hogy mást válasszanak ki, engem félre téve, — hogy mást magasztaljanak, észre nem is véve, — mindenben más előzzön meg fölénybe, — *Hogy ezt kívánjam, add kegyelmed!* Legyenek mások mind szentebbek, jobbak nálam, — föltéve olyan szent leszek, mint Te kívántad! Amen. *(Merry del Val)*

†

Ha nincs mit tenned, nos miért nem *imádkozol* vagy *olvasol?* Miért nem mégy meglátogatni a mi Urunk Jézust, beszélve Hozzá, hallgatva Őrá? Mert ha imádkozunk, Istenhez szólunk, ha Írást olvasunk, Istenre hallgatunk. *(Sz Ambrus)*

ÉVKÖZI 31. VASÁRNAP

1: Isten irgalmas szeretettel szereti minden teremtményét. S: Aki életében megdicsőíti Krisztust, azt Krisztus is dicsőségre emeli. E: Az Emberfia azért jött, hogy keresse és üdvözítse, ami elveszett.

Vannak az Egyházban is, a világban is bűnösök és szentek. Alkalmasint, *magunkat* nem számítjuk csak úgy egyszerűen sem a szentekhez, sem a „tulajdonképpeni" bűnösökhöz. Kell tehát egy középútnak lenni, átlag-útnak, az átlag keresztény számára. És ez lenne a mi utunk: semmi fanatikus túlzás, hanem egy „egészséges középút". Igazában kényelmes középszerűséget értünk alatta.

A szentmise elején „beismerjük, hogy vétkeztünk", és Isten nyilván megbocsát, hiszen nincs semmi olyan rossz... Az igazi bűnösök különben sem járnak misére... Elég kínos is lenne, ha ilyesfajta épp mellettem ülne, ilyen társadalom-kívüli vagy éppen bűnöző! Csak Jézus volt boldog, mikor „ilyesfélére" talált, akin segíthetett, akit magához *ölelhetett*!

Első olvasmányhoz Bölcs 11,22-12,2

Isten bölcsessége sokféleképp kitűnt a történelemben, de legszebben a szelídség, a várni tudás, az irgalom formájában. Még az egyiptomiak fenyítésében is — Izrael népének megszabadításakor — kímélettel járt el. Teheti, mert nagy és hatalmas. És nem akarja a halált, Ő az „élet barátja", sőt teremtményeivel megosztja a maga „elmúlhatatlan lelkét". A bűnösöket is a nevelő gyöngédségével kezeli. — A lelki nagyság, mely a Bölcsesség könyvéből itt kisugárzik, átvisz minket az Isten újszövetségi kinyilatkoztatásához. *(11,23-27(22-26): Iz 40,15; Oz 13,3; Sir 18,12-13; Zsolt 145,9; Bölcs 1,13-14; 1Mz 1,31; Ez 33,11 ▫ 12,1-2: 1Mz 2,7; Zsolt 104,29-30; 1Mz 4,6-7; Ám 4,6)*

Válaszos zsoltár Zsolt 145(144),1-2.8-9.10-11.13-14

Istennek nagy jósága

Szentleckéhez 2Tesz 1,11-2,2

A tesszalonikaikhoz írt első levél Sz Pál legrégibb levele. Megfeddi ebben némelyek álbiztonságát, akik az Úrnak „közelgő eljövetelét" nem veszik komolyan (1Tesz 5, 3). A második levél más helyzetre utal: most az ellenkező végletbe esett rajongók hirdetik, hogy már „itt az Úr napja", a végnap! Nem érdemes már dolgozni, s a világ sorával törődni. — Az egyházi év végén olvasva (31—33. vasárnap) e szöveg tudatosítja a feszültséget, az Úrvárást, melybe az őszinte hívő élete bele van állítva. A világtörténelem (s minden élet) visszafordíthatatlanul egy irányba fut. Célja: a mi Urunk Jézus Krisztusnak eljövetele és egyesülésünk Ővele. Időpontjáról okoskodni nincs sok értelme. Fontos a „jóra elszánt akarat" és a „hit cselekedete". Isten adja és tökéletesíti mindkettőt. Kérnünk kell, de a kérést saját erőfeszítésünkkel is támogatnunk kell! *(1,11-12: Fil 2,13; Iz 24,15; 66,5; Mal 1,11 ▫ 2,1: Mt 24,31; 1Kor 15,23; 2Tesz 4,16-17)*

Evangéliumhoz Lk 19,1-10

A farizeus és vámos múlt vasárnapi példabeszéde után ma egy igazi vámossal találkozunk, helyesebben: Jézus találkozik vele és teljesen megváltoztatja életét. Találkozni valakivel annyi, mint belépni életébe, úgy, hogy kettejük útja többé nem válhat el teljesen. A találkozás kettőé, kettőn fordul. A vámos látni szeretné Jézust, és elég furcsán, felnőtt létére fára mászik ezért. Jézus fölnéz rá, és betér a vámos otthonába. Megrökönyödik a „jámbor", ujjong az ég. És ujjong a vámos szíve is: talán életében először érzi az igaz szeretetet. Jobban fog szeretni, mert több szeretetre szorul. Ilyen Isten szeretete! Leveszi a megtértről az elhibázott élet terhét, cserébe a megtérés és együttlét örömét adja. Amit az Ótörvény bölcse mondott az irgalmas Istenről, az „Élet Barátjáról" (1. olvasmány), azt ez a szent szöveg új, meglepő módon erősíti meg. *(19,5-7: Lk 5,30; 7,34; 15,2 ▫ 19,8: 2Mz 21,37; 22,3 ▫ 19,9-10: Róm 2,29; Gal 3,7-8; Lk 13,16; Ez 34,16)*

Szentségre várva

„Isten azzal bizonyítja hozzánk való szeretetét, hogy mikor még bűnösök voltunk, Krisztus meghalt érettünk. Most miután megigazultunk a Vére által, még sokkal inkább megment minket a haragtól (ítélettől). Mert ha mi, mikor ellenségek voltunk, kiengesztelődtünk Istennel, Fia halála által — mennyivel inkább üdvösséget nyerünk mint már kiengeszteltek (barátai)!" (Róm 5,8-10)

Elmélkedés

Zakeus

„És előre futván, fölhágott egy vad fügefára, hogy lássa őt" (Lk 19,1). Látni akarja a hatalmas, csodálatos embert; követésére még nem gondol. Útfélen áll, útféli fára mászik s néz. Ettől a tekintettől, melyet a kíváncsiság vet az Úrra, mint történeti egyéniségre, Zakeus el nem változott volna; látta volna, lemászott volna és élt volna tovább. Ezek a terméketlen gondolatok, érzések, tekintetek... nem az Isten magvai. Ha vannak is indítások, de új világot nem teremtenek. Hány eseményt nézünk, hány könyvet olvasunk; föl is ébredünk föladatainknak öntudatára... csupa látás, nézés, lelkesülés, de sok terméketlenséggel. A hideg, fényes eszmények imponálnak, de nem adnak teremtő, alakító lelket!

„Föltekintvén Jézus, meglátta őt." Jézus néz reá; Zakeus elfogja kegyes tekintetét, mely a lelkébe mélyed, az átjárja és megaranyozza. Ki tudná e bepillantó pillantást ecsetelni; *az Isten beömlése* s az erő közlése az; az ilyen tekintettől fölmagasztosul a lélek. — Nem ismerem meg őt, ha ő maga nem néz rám; kérve kérem tehát, hogy *ő nézzen*, ő jöjjön, ő hívjon s szólítson, ő a meleg, édes, erős élet, mely eltölt és szeret.

„És mondá neki: Zakeus! sietve szállj le, mert ma a te házadban kell maradnom." Mily sietség fogja el, a lélek lelkendezik benne; siet haza s előretör. Mily új világításban lát utcát, embert, házat, feleséget! Egy-két lelkes szót mond ennek is, annak is, a többit sugárzó arca mondja el. A tömeg izgalma most ünneppé lőn benne; a próféta jön és hozzá száll... már itt is van! Mily könnyű szolgálni az Úrnak,

mikor a nagy méltatás érzete szeretetté válik bennünk!

„Meghallván pedig Zakeus, mondá az Úrnak: Uram! íme javaim felét a szegényeknek adom, s ha valamikor valakit megcsaltam, négyannyit adok vissza." Íme „örvendve" fogadja az Urat s fölségének hódol az új, az átalakított ember érzelmeivel. Rabja voltam a pénznek; ezentúl nem leszek; megkárosítottam mást; ezentúl jóváteszem; csak bírjalak téged, szeretetedet, méltatásodat. — Mikor a jóság, a szépség, az erő, az élet ajtónkon kopog, ne zárjuk ki, hanem fogadjuk be örömmel s engedjünk hatalmának. Hisz' mérhetetlenül többet ad, mint vesz; pénzt, buta rögöt, testet-vért kíván s helyébe lelket, erőt, örömöt ad.

„Mondá neki Jézus: Ma lett üdvössége e háznak." Üdvösségem lesz, mikor Jézus bevonul, s *tudok megalázódni*; buzdulni, tisztulni, örülni, *áldozni*; mikor lelkem fölpezsdül jókedvemben s gondolataim lendülnek; mikor érzéseim kifeszülnek és tiszta szférákba emelkedem! Ne mondja senki, hogy nem bírja. Szeretni tudunk, szeressünk s áldozzunk! *(Prohászka: ÖM, 6:267; 340)*

†

Gyermekded óhaj — „Ma Hozzád kell betérnem!"

Jó volna, egy kis *kulcs* lennék,
„Szeretet Foglyát" zárni be;
s engedni ki, hogy érkezzék
bűnös szívek mentésire.

Jó volna, lennék *csöngetyűnk*,
ki Szentség jöttén csilingel,
ha Isten reggel lerepült, —
oly szívbe térni, kit kedvel...

Jó volna, lennék szép *kehely*,
ölelve forró Szív Vérit,
s fénylik imán és szembe fel!
S mutatják, emelik Égig...

Jó volna, lennék kis *virág*:
az Ostyához olyan közel!
vagy szentélyén vérszínű láng
ég pár órát, s fogy csonkig el...

Jó volna, lennék *oltár*: ott,
mint Jézus Anyja szent keblén,
pihenne; s kisdedül nyugodt
én is, a Szentség melegén.

De Istenem! legfontosabb
hogy szegény szívem jó otthont
adjon Neki: jól áldozzak
— szívből, ha Szív rám lángot ont!

(Abram J. Ryan)

ÉVKÖZI 32. VASÁRNAP

1: Isten feltámasztja övéit az örök életre. S: Erősítsen meg benneteket az Úr, hogy mindig a jót mondjátok és tegyétek! E: Krisztus a feltámadásban örök életet ad nekünk.

Nyugalom és csönd uralkodott a világon, míg az ember meg nem jelent. Hatalmas változások történtek a természetben, de senki se szólt csapásokról. Senki se szólt, senki se riadt meg, félt vagy remélt. Csak az emberrel jött a nyugtalanság, beszéd, félelem és remény, sőt a kétségbeesés is. Az ember fürkészi a tegnapot, holnapot, értelmet keres. Reményből él, sok kicsi reményből és egyetlen nagyból: Élek, élni fogok. Van tagadó alakja is a reménynek, ezt kétségbeesésnek, csüggedésnek hívjuk. Vannak, akik így beszélnek: „Minden elpusztul; semmi se maradandó, és jól van ez így!" Csak azok várják reménykedve az *örök életet*, akik ráébredtek az igazi életre — s nem oly sok az ilyen. Azok lényük gyökerével, lelkük legmélyebb vonzásával együtt haladnak amaz Élet felé!

Első olvasmányhoz 2Mak 7,1-2.9-14

A Makkabeus testvérek vértanú története azért fontos, mert itt tisztán kifejeződik a halhatatlanság és örök élet hite. Ember elpusztíthat életet, de csak Isten elég hatalmas, hogy a halálból életre hívjon. A bibliai hitben az ember elválaszthatatlan egység test és lélek közt. Az *egész* ember, testestül-lelkestül, kapta Istentől az örök élet reményét. A gonoszakra nincs „*életre* támadás" — ez nem annyit jelent, hogy rájuk csak halál vár s utána semmi. Dániel szerint (12,2) rájuk is föltámadás vár: „elvetettségre és örök gyalázatra". Csak az evangélium, s elsősorban Jézus föltámadása világosította meg jobban ezt a nehéz kérdést. *(7,1-2: 3Mz 11,7-8 ▫ 7,9: 2Mak 12,43-44; Iz 26,19; Jób 19,26-27; Zsolt 16,10-11; Bölcs 3,1-10 ▫ 7,14: Iz 66,24; Jud 16,17)*

Válaszos zsoltár Zsolt 17(16),1.5-6.8 és 15

Könyörgés

Szentleckéhez 2Tesz 2,16-3,5

Az intés a tesszalonikai egyházhoz szinte magától imádsággá lesz értük. Az ima egyszerre szól Jézushoz és az Atyához. Hivatkozik Isten szeretetére, aki szent Fiát küldte e világra, és a Fiú szeretetére, aki föláldozta magát értünk. Ezt kettős kérés követi az apostolért, hithirdetőért. A második ima a mi megmenekülésünkért egészen az elsőt szolgálja: „hogy ezzel az Úr igéje terjedjen és megdicsőüljön." Az „Úr igéje" az evangélium, mely az Isten uralmát hirdeti a világnak. „Megdicsőül" az Úr igéje, ha meghallgatjuk és elfogadjuk. De voltaképp mi nem tudjuk megdicsőíteni; Isten ád az igének erőt, hogy elérje az embert és megváltoztassa a szívét. *(2,16-17: Róm 5,2 ▫ 3,1-3: 1Tesz 5,24-25; Kol 4,3; 1Kor 1,9; 10,13; Mt 6,13 ▫ 3,4: 2Kor 7,16)*

Evangéliumhoz Lk 20,27-38 vagy Lk 20,27.34-38

Jeruzsálemben Jézus a zsidóság képviselőivel vitázik. A szadduceus-párt (felekezet) hitszabályul csak a Törvényt (Tórát), tehát Mózes öt könyvét ismerte el. Mivel itt a *holtak föltámadását* nem találták benne kifejezetten, e tant visszautasították, mint merő emberi hagyományt; — szemben a farizeusokkal, akik hitték e tant. Az itt előhozott történettel az előbbiek Jézust ki akarják nevettetni, mert a farizeusok tanát hirdeti. Ő azonban rámutat, hogy kérdésük téves alapból indul ki, amely föltételezi, hogy a jövendő élet a jelennek változatlan meghosszabbítása lesz — szegényesen sovány elképzelés! A valóság hatalmasabb: a halál legyőzetik, a föltámadtak Isten fönségében és életében részesülnek, a jelen világ testi törvényei letűnnek! Aztán bebizonyítja a szadduceusoknak Mózes 2. könyvéből (3,6), melyet ők is szent könyvül ismernek el, hogy Isten nem a holtak Istene: az lenne, ha Ábrahám, Izsák, Jákob holtak volnának. Nem a holtak, hanem az élők tisztelik az Istent (e három is élőként). Ezzel az is elhangzik: Csak aki Istennek él, s Őt tiszteli, az él igazán; halott az, aki nem Istennek él... *(Mt 22,23-33; Mk 12,18-27 ▫ 20,27-28: ApCsel 23,8; 5Mz 25,5-6; 1Mz 38,8 ▫ 20,37-38: 2Mz 3,6; Róm 6,10-11; 14,8-9)*

Szentségre várva

„Ha nem eszitek az Emberfiának testét és nem isszátok az Ő vérét, nem lészen élet tibennetek. Aki eszi az Én testemet, és issza az Én véremet, annak örök élete vagyon, és Én föltámasztom őt az utolsó napon... mert az Énbennem marad, és Én őbenne." (Jn 6,54-55)

Elmélkedés

Hagyományok

Sosem tudtam megérteni, honnan szedték azt a gondolatot, hogy a *demokrácia* ellentéte a tradíciónak, hagyománynak. Mert nyilvánvaló, hogy a hagyomány is csak demokrácia, amely kiterjeszkedik az időben. A közhagyomány azt jelenti, hogy jobban megbíznak a *közös* emberi hangok egységében, mintsem valami elszigetelt vagy önkényes véleményben. Az például, aki egy német történészt idéz az Egyház ellen, kizárólag az *arisztokráciára* hivatkozik. Egyetlen „szakértő fölényére", a tömeg rettentő tekintélyével szemben. Könnyű belátni, miért tisztelnek jobban egy legendát, mondát, s miért, hogy meg is érdemli ezt — jobban, mint egy történelmi mű. A mondát a falu többsége alkotja, szóval az egészségesek. A könyvet, az egyetlen művet, rendesen a falunak az az egy polgára írja, aki „bolond". A hagyomány ellenébe azt vetik, hogy a régiek tudatlanok voltak — aki így beszél, nos menjen egy politikai párthelyiségbe, és mondja ott, hogy a külvárosi szavazók, a nép: tudatlan. Ha fontos a közönséges nép egyhangú véleménye, napi politikai kérdésekben (melyek bőrünkre mennek!), semmi ok sincs, hogy fitymáljuk ezt a véleményt, ha monda vagy történelem kerül szóba. (Mindkettő legalábbis egyformán jogos.) A tradíciót úgy is meghatározhatjuk, hogy az a *szabadságjogok* kiterjesztése. Megadjuk a szavazati jogot a legelnyomottabb társadalmi osztálynak: *őseinknek*! Ez az elhunytak demokráciája! A tradíció, hagyomány nem hódol meg szolgailag a kisszámú gőgös oligarchiának (felsőosztálynak), akik véletlen *szerencsével még életben* vannak. Minden demokrata tiltakozik az ellen, hogy valaki születése miatt elessék jogaitól! A tradíció tiltakozik az ellen, hogy *halála miatt legyen jogvesztett!* A demokrácia arra tanít, ne mellőzzünk egy jó okos véleményt, még ha az csak az inasunktól jön is! A tradíció azt várja el, hogy ne mellőzzük a jó okos véleményt, még ha az csak az *apánktól* ered is... [Az elvakult demokrácia azóta fejlődött: nemcsak az apák és régiek, hanem az *élő* öregek is elesnek szerzett jogaiktól. Minél tapasztaltabb, annál jogtalanabb legyen! Jogot a kiskorúnak, több jogot! — „akit persze *mi*, a demokrácia drótrángatói dirigálhatunk, uszíthatunk".]

Én nem tudom szétválasztani az igazi demokráciát és igaz tradíciót: — a kettő nyilván egy gondolat. Az elhunytak hozzászólását is bebocsátották a tanácsba. A régi görögök kődarabbal szavaztak; ezek majd *sírkövekkel* szavaznak. Ha elfogultsággal vádolnak, rögtön be is vallom: mindig a *demokrácia, tehát a tradíció mellett voltam elfogult*... A keményen dolgozó néptömegnek hittem, nem azon alkalmatlan irodalmi körnek, melyhez történetesen magam is tartozom... *(Chesterton)*

†

Idő és öröklét

Az örökkévalóság, amint Boethius (Theodoriknak, a barbár gót királynak előbb minisztere, aztán kivégzettje, börtönében az igazi bölcsességgel vigasztalódó nagyszerű ember és tudós) — csattanósan mondja: a *mérhetetlen életnek* teljes és *egyszerre* való átfogása, „interminabilis vitae tota simul et perfecta possessio."

Az örökkévalóságnak lényeges mozzanata ez az *egyszerrevalóság*. Az időt jellemzi az egymásután, múlt, jelen, jövő libasora. Már Szent Ágoston észrevette, hogy annak a jelennek nincs fogható valósága. Amikor meg akarjuk fogni, már múlttá lett, már nincs; és amikor lessük-várjuk, még jövő, vagyis még nincs. De Szent Ágoston meg is találja a kivezető utat az idő paradoxonjából: Én az én emlékezetemmel mégis valamiképp tartom és jelenítem a múltat, reményemben és szándékomban valamiképpen elővételezem a jövőt. Ez más szóval annyit jelent: múltat és jövőt jelenbe oldani, az idő alkotó jellegét, az egymásutánt megszüntetni csak a szellem képes. A múltat mint emlékezetet, a jövőt mit föladatot még a véges szellem is képes valamiképpen a jelenben összpontosítani, és így a tűnő jelent valamiképpen tudja folytonosítani. Amit én csak valamiképpen tudok, azt az örök Szellem hiány nélkül képes megtenni. S ez az ő „más"-ságának egyik legfeltűnőbb vonása. Benne nincs múlt és nincs jövő; ő örök jelen. S az sem olyan, mint a mi jelenünk, melynek nincs maradása, mely csak határ: rajta keresztül siklik föltartóztathatatlanul a múltba a jövő. Isten jelene a létnek és életnek teljessége, hiány és félség nélkül fölosztatlanul és tudatosságban: „tota simul et perfecta possessio." *(Schütz: Az örökkévalóság, 83)*

ÉVKÖZI 33. VASÁRNAP

1: Az utolsó ítéletkor felkel az igazság napja: Isten megfizet mindenkinek cselekedetei szerint. S: Krisztus követője azt vallja: Aki nem akar dolgozni, ne is egyék! E: Semmi sem maradandó ezen a földön. Aki mindvégig állhatatos, az üdvözül.

Áhítjuk-e úgy az „Úr eljövetele napját", mint az őskeresztények? (Úgy kellene vágynunk!) Azok kiáltották, imájuk és köszöntésük volt: „*Marana-Thá*: Jöjj, Urunk Jézus!" Vagy félnünk kell azon naptól, amikor mindenre fény derül; amikor egyedül Isten hatalma és fönsége ragyog majd? Féljünk-e a naptól, amikor meglészen Isten akarata „miképpen a mennyben, azonképpen itt a földön is"? — Az a nap már félig *itt van,* de érkezőben is van. Itt van: Isten ítél és üdvözít, ma, itt és most! És eljön: az idő fut a vége, beteljesedése felé! Az öncsalásnak véget vet majd az igazság. A remény és a hűség Isten nagyságában beteljesül...

Első olvasmányhoz Mal 3,19-20

Malakiás próféta a babiloni fogságból való visszatérés valóságos korában élt (Kr.e. 5. sz.). A Templom újraépült, de hol marad a végidőkre ígért üdvösség? Malakiás úgy érzi, az ő kora a végidő, mikor Isten maga belenyúlt az időbe. Ő újra jelen van szentélyében, de hogyan áll a népe? A próféta kénytelen megfeddni, fenyegetni a népet, mint a régi látnokok a fogság előtt. Egyben vigasztalja is az istenfélőket, akik látják a gonoszak szerencséjét és elbizakodását. „Isten meghallja panasztok" — szól ezekhez — „eljön az igazságtétel napja!" Jahve Napja ítéletnek és üdvösségnek napja lesz. Mindkettőt apokaliptikus színekkel festi (vagyis az evangélium képeivel): a tűzzel — melyben minden gőg porrá ég, az igazság fölkelő napjával, mely a jámborokra fölragyog. *(3,19: Szof 1,14-18; Mal 3,2-3 ▫ 3,20: Zsolt 37,5-6; Lk 1,78-79; Jn 8,12)*

Válaszos zsoltár Zsolt 98(97),5-6.7-8.9

Hódolat és hűség

Szentleckéhez 2Tesz 3,7-12

„Végezzék dolgukat békésen és maguk-kereste kenyerüket fogyasszák." — Józan tanács ez olyanokra, kik sokfélével törődnek, csak nem közvetlen kötelességükkel, nem a maguk dolgával, hogy a maguk kenyerét megkeressék. Aki tud dolgozni, de dolgát nem teszi, — az rendet bont, és „tolvajjá lesz", azaz lelkiismeretlen *élősdivé* másokon. Hogy várják az Úr közeli érkezését, az nem mentség ilyen hitványságra; az Úr eljövetele éppenséggel felelős józanságot követel az őszinte hívőtől. Sz Pál joggal hivatkozhat itt a saját példájára. *(3,7-9: 1Kor 4,16; Gal 4,12; Fil 3,17; 1Tesz 2,9; ApCsel 18,3; 20,33-35; ApCsel 18,3; 20,33-35; 1Kor 9,12-18; 1Tesz 2,9; Fil 3,17)*

Evangéliumhoz Lk 21,5-19

Még a második Templomra is pusztulás vár — ez zsidó fülnek megdöbbentően hangzik, alig érthető. Szinte világomlást jelent. Mikor kérdik mindennek idejét és előjeleit, Jézus kitér az egyenes válasz elől. Nem az idő közelsége a legfőbb: „Ez még nem azonnal a vég". Katasztrófák előzik meg a népek együttélésében és a természetben, Jézus híveit üldözni fogják... S mindez nem okvetlen a teljes vég, csak jelei annak, hogy e világ el fog múlni. Addig is, az Emberfiának hatalomban és fönségben való eljövetele, a történelem minden történésének titkos értelme! Sz Ágoston is így értelmezi a történelmet: Isten Városa s a világ Városa, „a világias állam" harcban áll Krisztus győzelméig. Figyelő szemmel, nyugodt szívvel (és bátor hitvalló kiállással Krisztus mellett) kövesse ezt a hívő! *(21,5-6: Mt 24,1-2; Mk 13,1-2 ▫ 21,7-11: Mt 24,3-8; Mk 13,3-8; Dán 2,28; Iz 19,2; 2Krón 15,6 ▫ 21,12-19: Mt 24,9-14; Mk 13,9-13; Mt 10,17-22; Lk 12,11-12; Zsid 10,36.39)*

Szentségre várva

A nagy világesemények az Úr végső eljövetelének jelei. De az Oltáriszentség minden megünneplése is az Ő műve, és jelenlétének meggyőző bizonyítéka. „Irgalmas Istenünk, erősítsd meg hitben és szeretetben földi zarándokútját járó Egyházadat!" (III. szentségi főima)

Elmélkedés

Az Utolsó Napon

Akkor az igazak nagy bátran szembeszállnak azokkal, kik őket szorongatták és lábuk alá tapodták. — Akkor fölál és ítéletet mond, aki most alázatosan az emberek ítélete alá veti magát. — Akkor nagy bátorsággal lesz a szegény és alázatos, és retteg mindentől a felfuvalkodott ember. — Akkor megösmerszik, hogy igazán bölcs volt e világon, aki Krisztusért bolond és megvetett akart lenni. — Akkor tetszeni fog minden baj, amelyet békével szenvedtünk, és minden álnokság befogja a száját. — Akkor örvendez az ájtatos, és kesereg minden vallástalan ember. — Akkor hasznosabb lesz az állhatatos béketűrés, mint az egész világ hatalma. — Akkor nagyobb dicsérete lesz az egyszerű engedelmességnek, mint a világ minden ravaszságának. — Akkor jobban örül a tiszta és jó lelkiismeret, mint a tudós bölcselkedés. — Akkor többet ér a gazdagság megvetése, mint a föld fiainak minden kincse. — Akkor jobban örülsz ájtatos imádságodon, mint a jóízű lakomákon. — Akkor nagyobb örömed lesz a megőrzött hallgatásból, mint a hosszú csevegésből. — Akkor többet érnek a szent cselekedetek, mint a sok szép beszéd. — Akkor jobban tetszik a kemény élet és sanyarú bűnbánat, mint minden földi gyönyörűség. — Bizony, két örömed nem lehet: hogy itt e világon is gyönyörűségben élj és azután Krisztussal is uralkodjál. *(Kempis: KK, 1:24)*

†

Végítélet: leleplezés (igazságszolgáltatás Istennek, szenteknek, gonoszoknak)

Első félelmes dolog az utolsó ítéletben; hogy a Felséges Isten minden titkos bűnünket és elrejtett álnokságunkat világ elé terjeszti, hogy mindenki bizonysága legyen az Ő igaz ítéletének. Joél próféta szerint egybegyűjtetnek minden nemzetségek: nagyok és kicsinyek, urak és szegények, királyok és polgárok; mindenkinek, ki a világ kezdetétől élt, „Krisztus ítélőszéke elé kell állani"; és minden cselekedetük megítéltetik. Amit gondolunk és elménkben képezünk; amit elszánunk és végezünk magunkban; amit szólunk és mívelünk, azt az Isten írja és feljegyzi. Nem papirosból csinált könyvbe, mely megéghet, tönkremehet, hanem két állandó könyvbe írja.

Első Könyv az *Isten emlékezésének* változhatatlan tudománya. Azért mondja Szent Dávid: hogy „legkisebb fogyatkozásunk Isten szeme előtt vagyon; Isten könyvébe íratik". És ha nem is tartja számon: a bűnös hányszor megyen lopásra vagy egyéb latorságra, Isten minden lépésünket számba veszi, és írton írja könyvébe.

Második Könyv a mi tulajdon *lelkiisméretünk*. Mert, az Isten mondása szerint, a mi bűneink „vasvesszővel íratnak szívünkbe" (Jer 17,1), mint valami könyvbe. És, noha most be van csukva ez a könyv, és nem látszanak a rútságok, melyeket beléje írunk; de az ítéletkor megnyitja Isten ezt a könyvet. Mert Szent Pál Apostol azt mondja, hogy mindnyájan átlátszók (diaphani: 2Kor 5,10) leszünk, mint a kristály, fényesek leszünk, mint a tükör; úgy, hogy minden ember szívét és lelkiisméretét voltaképp mindenki megismeri; és mindenkinek saját gondolatai lesznek a vádlói és azok tesznek bizonyságot saját maguk ellen (Róm 2,15).

A ház levegője sűrűn teli apró porocskákkal; de ezeket csak úgy látjuk, ha egy lyukon besüt a verőfény sugára. Télen a hó befed ganéjt és tiszta földet egyformán, de mihelyt a verőfény elolvasztja a havat, mind rútsága s mind szépsége kitetszik annak, ami befedett volt: ugyanúgy az ítéletkor kinyilatkoztatja Krisztus, amit most nem látunk. Nincs oly rejtett titok, mely akkor ki ne tudódjék: mert kinek-kinek vádolója a maga saját vétke lészen (Mt 10,26)!

Boldog Isten, mily nagy pironság, minemű gyalázat lészen, mikor ennyi szem előtt orcánkra térülnek undokságaink! Lesznek oly balgatag szemérmetesek, kik inkább akarnak örök kárhozatra jutni, hogysem a gyónásban, egy ember előtt, nagy titkon kimondják ocsmányságukat. Mi lészen tehát, mikor az egész világ előtt, minden megnyilatkozik? Vajon, ha most a prédikációban, közületek egy jóhírnevű személynek, valamely nagy titkos és ocsmány vétkét szemére vetnék, nem halna-e meg szégyenében? Mi lészen tehát, mikor mindenki előtt kitudódik vétkünk? Édes atyámfia, mikor az ördög, a test, a világ késztet gonoszra, jusson eszedbe, hogy az egész világ előtt tudva lészen, amit mívelsz, és ezzel a gondolattal fojtsd meg a gonosz kísértéseket.

Az igazak vétkei is kitudódnak bezzeg akkor! Miképpen most, az evangéliomból, Szent Péter, Szent Pál, Mária Magdolna és egyebek vétkei világ elé tárulnak: de ebből semmi szégyen és szomorúság, semmi gyalázat és kisebbség az igazakra nem származik. Mert miképpen a harcra és a tengerenvaló veszedelmekre örömmel gondolunk és beszélgetünk róluk miután kimenekedünk belőlük: ők is vigassággal látják, hogy az ő esésükből, az Isten irgalmassága és igazsága ismerszik meg! Krisztus halálának méltósága dicsértetik. És mivel az ő rút sebük helye, az ártatlan Báránynak drága vérével megmosatott és bevonatott, minden rútság távol vagyon tőlük. A gonoszoknak pedig nagy kínukra lesz, hogy azokat Mennyországban látják, kik nagyobb vétkekben találtattak, de penitencia által kitisztultak: holott ők, restségek vagy gonoszságok miatt bűnökben bűzhödtek! *(Pázmány: VM, 2:28)*

ÉVKÖZI 34. (UTOLSÓ) VASÁRNAP: KRISZTUS KIRÁLY ÜNNEPE

1: Dávid, Krisztus Király előképe, a választott nép fölkent királya. S: A mennyei Atya nekünk is helyet ad szeretett Fia országában. E: Krisztus az örök élet Királya. „Uram, emlékezzél meg rólam ha országodba érsz!"

A mai politikai nyelvben a „király" szó sokakban idejét múlt hatalmi vagy hatalom nélküli parádét, fölvonulásokat idéz föl, a világ urai szokásaként. Kell-e Krisztusnak, hogy királya legyen egy gazdag, hatalmas és bonyolult szervezettel rendelkező Egyháznak?

Krisztus az a király, akit megrugdaltak, keresztre szögeztek, egykor és egyre, *ma is*. Ő nem száll le szent keresztjéről, Ő ott hal meg értünk ég és föld között lebegve — mert a keresztáldozat a világ végéig tart (Jel 5,6: a Bárány áll az égben mintegy megölve). Ő király, nem a keresztje dacára, hanem épp általa (is): a „sokakért", minden alattvalójáért kiontott vére árán. Általa kibékültünk Istennel, s a testvérekkel; általa szabaddá lettünk, az Ő békeországába jutottunk.

Első olvasmányhoz 2Sám 5,1-3

A bírák háborgó, zord idői után Izrael királyt kívánt, s végül kapott is (1Sám 8). Mégsem engedte Jahve, az Isten, ki népét kihozta a fogságból, hogy úgy éljenek, ahogy a többi nép „királyaikkal". Ő volt és marad népének *igazi királya;* a földi király Néki felelős. (A Szent Korona tanra emlékeztet!) A dávidi királyok története nagyrészt szerencsétlen, de a sor végén ott az a Király, aki „országának nem leszen vége" (Lk 1,33). Dávidnak sikerült egyesítenie a széthúzó törzseket. Jézus, Dávid fia, az örök Király a széthullottat újra egyesíti (Ez 37,22). Vére árán új népet alkot Istennek. *(1Krón 11,1-3; 1Sám 13,14; 18,13.16; 5Mz 17,15; 2Sám 3,10 ▫ Szof 3,14-15; Zak 14,9)*

Válaszos zsoltár Zsolt 122(121),1-2.4-5

Zarándokút Jeruzsálembe

Szentleckéhez Kol 1,12-20

Szeretett Fia, Krisztus, az Ige által teremté Isten a világot, Ő általa akarja megbékíteni és megváltani is. Krisztus a kezdete, folytatása, középpontja és végcélja a teremtésnek. Nélküle a világnak nem lenne sem léte, sem értelme. Az olvasmány súlyos kijelentései Isten titkának legmélyébe vezetnek. Istentől tudjuk meg, mivé lettünk Krisztus áldozatával („keresztjének vére által"). Van okunk hálára és ujjongásra! Már nem élünk bizonytalanságban, elveszettként („a sötétben"). A gonoszság (és a Gonosz) már nem hatalmaskodik rajtunk, Isten mellett élünk, az Ő fényének ragyogásában. Hiszen erre hívott minket. *(1,12-14: Ef 1,11-13; 1Pt 2,9; Ef 1,6-7; 2,2; 6,12 ▫ 1,15-17: Róm 8,29; 1Kor 8,6; 2Kor 4,4; Zsid 1,3; Jn 1,3.10.18 ▫ 1,18-20: Ef 1,22-23; 5,23-24; Jel 1,5; Jn 1,16; Kol 2,9; Ef 1,7.10; 2,13-14)*

Evangéliumhoz Lk 23,35-43

A Jézus királyságáról szóló tan főleg gyermeksége és szenvedése történetében hangzik el. Az Angyali Üdvözlet égi követének nagy igéi (Lk 1,33: „országának nem leszen vége") a kereszten látszatra hamisnak bizonyulnak. A Messiás, az Isten választottja, a „Zsidók Királya" — e nagy címek gúnyszóvá lesznek. A jobbról és balról melléje feszített két bűnöző a testet öltött gúny Jézus minden igéretére. De mégis: egyikük megszólal: „*Uram*, emlékezzél meg rólam..." Így szóltak évszázadok óta az imádkozók Izraelben, — az *Istenhez!* Így szól a bűnös és hozzáteszi: „...ha *országodba* — királyi hatalmadba — jutsz!" Most, „még ma", mikor semmi politikai félreértés nem eshet, Jézus királynak hívatja magát, és mint hatalmában levő király válaszol: „Még ma Velem leszel" — királyságomban! Pilátus előtt, tanúbizonyságra felszólítva, kijelenti, hogy Ő király. A Kereszten is Király, aki mindeneket magához emel, hogy megmentsen, főleg a bűnösöket! *(23,35-38: Mt 27,41-43; Mk 15,31-32; Lk 22,67-70; Zsolt 22,18; 69,22 ▫ 23,39-43: Mt 27,44; Mk 15,32; Iz 53,12; Fil 1,23)*

Szentségre várva

„És új éneket énekeltek: Méltó vagy, Uram,... mert megöltek, és véreddel megváltottad az embereket Istennek, minden törzsből, nyelvből és nemzetből, Istenünk országává és papjaivá tetted őket, és uralkodni fognak a földön." (Jel 5,9-10)

Elmélkedés

Krisztus országa

Mikor a Krisztus királyságának ünnepe még új volt és szokatlan, gyakrabban úgy emlegették, mint Krisztus szociális királyságát. — Teljesebb ha azt mondjuk: Krisztus a *mindenség királya*; alattvalója *minden teremtmény*, minden állapot és minden vonatkozás. Született jogcímén közvetlenül alája tartozik minden teremtmény. Hisz ő örökli itt az Atyának királyi méltóságát, neki adatott *minden* hatalom égen és földön; tehát uralma kiterjed az angyalokra és élettelen természetre is, az emberre és minden javára, és pedig nemcsak oldallagosan. Minden az Istené, égen és földön (Zsolt 49), és Krisztus ennek az isteni uralomnak jogos, örökös birtokosa. Krisztus uralma alá tartozik minden állapot, megkeresztelték és pogányok, üdvözülők és kárhozottak! — Aztán, a szociális állapotok és ellentétek: nemcsak a társadalmilag kicsinyek, elhagyatottak, ügyefogyottak, az evangélium favoritjai, hanem a hatalmasok és gazdagok is, a szellemvilág gazdagjai, a zsenik és kiválók! Az államok politikai és diplomáciai vonatkozásai is a Hegyibeszédnek, az evangéliumnak vezércsillaga és normája alatt állnak és szerinte ítéltetnek meg; nemcsak a tudományos akadémiák és kereskedelmi kamarák, orvosi, ügyvédi és bírói közületek *tartoznak* elfogadni döntő ítéletét. Krisztusnak alá van vetve minden szociális élethivatás. A régi keresztények úgy gondolták, hogy akárhány foglalkozást nem űzhetnek hitük sérelme vagy egyenest megtagadása nélkül (így a színészséget, elvtelen ügyvédkedést, némely kereskedelmet). Ma már tartunk ott, hogy kimondhatjuk: Ezen a kényes ponton nincs más elvi megoldás, mint hogy el kell tűnnie a keresztény közösségből minden olyan foglalkozásnak, melyet gyakorlatilag nem lehet megkeresztelni.

S kell-e külön méltatni azt a tényt, hogy miként Isten nem versenytársa a teremtménynek, hanem teremtője, úgy Krisztus országa nem riválisa a földi hazáknak, hanem éltetője, fönntartója és áldásosztogatója. Csak agitátor-fölületesség kérdezi: a keresztény (katolikus) először keresztény és azután magyar-e? Ez körülbelül olyan, mintha azon töprengenénk: az ember először ember-e és azután magyar, vagy fordítva. A valóság pedig az, hogy „non eripit mortalia, qui regna dat caelestia" [nem foszt meg földiektől, aki örök honba vesz föl].

A törvényhozó és ítélő Krisztus, aki kötelező normákat szab, követőit szervezet vashálóiba szorítja bele, a *modern individualizmusnak* elviselhetetlen gondolat. Ezért a liberális kritika híven tovább fejlesztette Luther örökségét, aki láthatatlan egyházat, Krisztus-hívők láthatatlan közösségét állította szembe a látható, híveit normákra kötelező és megfelelő szentesítésekkel kormányzó Egyházzal szemben. De a történeti Krisztus a legünnepélyesebb órában és a legünnepibb helyen a Jordán zúgó forrásainál, zordon hegyvidék fölséges magányában vette Péter vallomását: „Te vagy a Krisztus, az élő Isten fia", és akkor tette ezt a döntő kijelentést: „Te Péter vagy, és erre a kősziklára építem majd Egyházamat, és a pokol kapui nem vesznek erőt rajta; és neked adom a mennyek országa kulcsait." (Mt 16,18-19) Ez volt az igazi királyi tett! Látszat szerint minden hatalomtól megfosztva, az emberek elől menekülve, az addig is már nem egyszer nádszálnak bizonyult Péterre alapítja történelmi jövőjét, az *Egyházat,* és megadja alapszervezetét: Aki titeket hallgat, engem hallgat, aki titeket megvet, engem vet meg. — Az ő országa látható közösség lesz, hegyen épült város, nyáj, királyi ember és népe; és főpapi imádságában még egyszer végrendeletként meghagyja, hogy az ő követői mind eggyé legyenek, miként ő egy az Atyával. Helyetteseinek tekintette apostolait, akikre rábízta az Egyházat: „amint engem küldött az Atya, úgy küldelek én is titeket". Őt az Atya nevezetesen *törvényhozónak* küldte.

Ennek a szellemi törvényhozásnak megfelel a *szentesítés* jellege. Azon ugyanis semmiféle liberális erőszakoskodás nem változtat, hogy az evangélium az Úr Krisztus elgondolása szerint nem „csáki-szalmája", és az ő igéi *nem szabad választás és ízlés tárgyai*; aki nincsen vele, ellene van, és aki őt nem vallja meg az emberek előtt, azt ő sem vallja meg Atyja előtt.

Nem is jött békét hozni, az ún. rothadt békét, hanem *kardot és tüzet*, állandó elszánt harcot és elevenséget brutális ösztönösség, szellemi tunyaság ellen. A fölfelétekintés igénye mélyebben gyökerezik az emberi lélekben, mint kegyelet nélküli nemzedékek sejtik.

Innen van, hogy minden demokratizmus dacára ez a nemzedék is folyton beszél a gazdasági életben „koronázatlan királyokról"; a közéletben megbámulja az igazán fejedelmi gesztusokat; minél ritkábbak ma, annál őszintébben örül a királyi ötleteknek és gondolatoknak. A politikai életben, ha ez idő szerint ki is ábrándult a történeti királyokból, nagyon lehet, hogy szublimált formában visszafogadja.

Ez a nemzedék [1930!] és a közvetlenül következő *át fogja élni* a Bírák könyve szerzőjének pragmatizmusát, aki a zsidó történelem ama Sturm und Drang korának szörnyűségeit azzal a lapidáris refrénnel okolja meg: „Nem volt akkor király Izraelben, ki-ki tette, amit épp akart", és *meg fogja érteni* tulajdon tapasztalásból, mit jelent az, mikor a 13. század második felét a krónikás úgy jellemezte: die kaiserlose, die schreckliche Zeit [a császártalan, rémítő idő].

De minél határozottabban szellemiesedik a nyugati emberiség, mondjuk, minél előbbre halad a „szemek megnyílásának" folyamata, mely a paradicsomi bűnbeeséskor kezdődött, *annál kevesebb kedvük és indítékuk lesz az embereknek a maguk fajtájában keresni a királyt.* „Ne bízzatok a fejedelmekben, emberek fiaiban, nincs bennük üdvösség (Zsolt 145,3). A jövő nemzedékeket ellenállhatatlanul Krisztus királyságának kell vonzania, miként a legenda Kristófját, aki akart szolgálni, de *csak a legnagyobb* úrnak. Miképp leszen ez? Vajon úgy-e, mint Firenze 1495-ben egyenest népfölkiáltással: Evviva il Cristo re: „Éljen Krisztus Király!", Krisztust tette meg városa királyának és szabadsága védőjének, s újabb szorongattatásában a Palazzo Vecchio márványtáblájára fölvésette: „Jézus Krisztus a firenzei népnek közhatározattal megválasztott királya."

Bizonyos, hogy amely népnek nincs eszményibb *nemzeti hivatása*, annak nincs jövője. S viszont lehet egy nép számra nézve akármilyen csekély, lehet politikailag és gazdaságilag akármilyen elnyomott, ha nemes, nagy cél gyullad ki lelke egén, erőt, lendületet, jelentőséget és jövőt szerez. S van-e méltóbb cél keresztény nemzet számára, mint Krisztus királyságának nemzetileg is érvényt szerezni?

Itt kapcsolódnak ezek az egyetemes meggondolások a döntő *magyar* problémába. Trianon után tanácstalanul nézett borús egére és ködös jövőjébe a magyar. Múltjában volt hivatása; kereszténység védője, „defensor fidei" volt nemesebb és igazabb értelemben, mint mások. Miért ne tájékozódhatnék jövője múltja szellemében, csak nagyobb következetességgel, Krisztus királysága felé?

De nemzeti hivatássá tenni Krisztus királyságának érvényesítését — egyszer már fölcsillant e nemzet előtt ez a hivatás és lehetőség; 1919 után sok nemes lélek Európában így kezdett Magyarország felé nézni, áhítatos, titkos reménnyel... A gyökér nem volt elég mély, és a talaj nem volt elég erős. De a kezdet megvolt és a *magyar Szent Korona tana mintha bíztatna*, hogy a magyarban éppen ebben az irányban van fogékonyság: Krisztus Király Mária országán! *(Schütz: Krisztus, 221—235)*

†

Az Ítéletnapon, midőn elénkbe tárják minden tetteinket, mily kevesen tetszenek majd Istennek! — még a „legjobbak" között is! *(Vianney Sz János)*

†

Tökéletesedés

Boldog, aki napról napra csak előre törtet, ki nem azt nézi: tegnap mit tett, hanem ma mit tegyen, hogy végre már „tökéletes legyen!" *(Sz Jeromos)*

JANUÁR 18.

ÁRPÁD-HÁZI SZENT MARGIT

S: Eljegyeztelek benneteket egy férfinak, hogy mint tiszta szüzeket vezesselek el Krisztushoz. E: Íme, jön a Vőlegény, menjetek ki elébe.

A szentéletű IV. Béla királyunk leánya, Sz Kinga és Boldog Jolánta testvére: a „második magyar szent családból" (az első Sz Istváné). A tatárjáráskor született (1242), szülei az ország mentéséért Istennek ajánlották őt. Így került kisleányként a domonkos apácáknak veszprémi, majd a mai budapesti, Margit-szigeti zárdájába. Amint a fölajánlott-voltának tudatára ébredt, önként és mérték fölött vállalta a teljes önföláldozást hazájáért: élete egyetlen ima, vezeklés, testvérszolgálat, engesztelés, — Jézussal állandó együttjárás lett. Visszautasít minden enyhítést és világi hívást; 29-ik évét sem töltötte be, *elégett* az Isten szeretetében, hazája-népe lelki szolgálatában. Utolsó pár évében már zarándokolni kezdenek hozzá mindenünnen: betegek gyógyulásért, letörtek vigaszért — vagy csak látni őt! Jézus nevét híva hal meg 1271. január 18-án, de sírját csak március 1-én zárják le, mert mindjárt a temetés után csodák, gyógyulások tűnnek föl. Szentté avatása azonnal megindul, hiteles életrajzát rögtön holta után összegyűjtik (magyarul Ráskai Lea tollából 1500 tájáról maradt ránk), de valahogy a döntés elhalasztódott. Boldog vagy „Szent" jelzőjét hallgatólag elismerte az Egyház, míg végre 1943-ban XII. Pius hivatalosan is „Szent"-té avatta — épp a legválságosabb éveinkre — a nagy engesztelő Margitot.

Szentleckéhez 2Kor 10,17-11,2

Ajkunkat öndicséret ne hagyja el, csak az Úr dicsérjen minket — érdemünk szerint. A mi tetteink pedig csakis Őt dicsérjék. — Az Isten és a vallásos nép viszonyát Sz Pál az Ószövetségből merítve a jegyesek kapcsolatához hasonlítja (l. Énekek éneke). *(10,17: Jer 9,23-24; 1Kor 1,31 ▫ 10,18: Péld 27,2; 1Kor 4,5 ▫ 11,2: Én 4,7)*

Válaszos zsoltár Zsolt 45(44),11-12.14-15.16-17

Messiás, a Vőlegény

Evangéliumhoz Mt 25,1-13

Lásd A év 32. évközi vasárnap, 276. oldal.

Elmélkedés (A év)

Szüzek himnusza

Örvendezz Udvar, Mennyei!
Koszorús szüzek ezrei
vonultak hozzád, a Király
hadába kiket fölhivál.

Dicsőség trónusa előtt,
Sion leányi, lantverők:
zenére, dalra keljetek,
csöndön-imán merengjetek!

Szent nászmenetbe léptek fel,
piros1ó ontott vérükkel;
a hószín liliom pirul,
az Égen hajnaluk kigyúl.

Mind édességgel mámoros,
ki Fenséget néz, ámuldoz!
Lángolnak szerelem tüzén,
dicséret olvad méz ízén.

Szüzek Királynéja, örülj!
Mily édes csapat áll körül:
Fiad *fölküldte* hős hadát,
Így tisztel édesbjét: Anyát!

Óh Jeruzsálem lányai,
víg dalba kell kiáradni!
A Szeretetnek szóljon lant,
szenteljük tőle itt alant!

Dicsérjük szüzek Jegyesét,
Őt zengje Föld és Öröklét!
Ki fölvesz, szentek érdemén,
ég örömébe engedvén.

(14. sz. eleji ismeretlen költő)

Minden korszak megtalálja bajaira a gyógyfüvet; a XIII. század is ráakadt. Magas, rideg sziklákon termett; igénytelen, de zamatos és illatos volt; csupa tűz és olaj. Ez a gyógyfű a hitéletnek s a vallásos buzgalomnak elmélyedése volt, melyet Szent Domokos és Szent Ferenc föllépése jelez. Krisztus jegyesét, a szent szegénységet Szent Ferenc újra bevezette a világba, s íme számtalan lovagja támadt, kik szolgálatára elszánták magukat, s Szent Ferenc ideális kereszténységében s Szent Domokos hitbuzgóságában hódítólag járták be a világot.

Csodálatos idők, midőn a költők a szent szegénységre himnuszokat szereztek; midőn Giotto Szent Ferenc eljegyeztetését a szent szegénységgel megfestette, s az édes szellemet a nagyok palotáiba bevitte; midőn Assisi völgyeiben ötezer önkéntese a szent szegénységnek táborozott, földön aludt s kenyeret evett; midőn IX. Lajos Porciunkula ajtaján kopogott, s örömét lelte abban, hogy a koldustarisznyát nyakába akaszthatta; mikor Szent Ferenc haldokolva kérte társait, hogy adják oda valakinek köpenyét, hogy teljesen szegényen halhasson meg! Ó, ti csendes Appeninek, mi lett extatikus koldusaitokból?! A tarisznya megmaradt; de a koldusság sokban a szívre vetődött, azt senyveszti. Keljetek föl Umbria zárdái, s leheljétek a lemondás illatát a kábult világba! Ez a csodálatos bensőség, ez az elmélyedés, ez a költészet és lelkesülés föllépett a magyar királyi családban is. Liliomos, szűzi lelkek hulltak Szent Domokos fehér gyapjúruhájára; királyleányok zárkóztak el Szent Ferenc zárdáiba; ő, az isteni szeretet trubadúrja, ragadta el őket. Szent Margit, Szent Jolánta, magyarországi és Aragóniai Sz Erzsébet tűnnek föl e szent pátriárkák nyomaiban, s ezek közt egyike a legszebbeknek: Szent Margit.

Íme, a Margitszigeten méláz az az egy-két rom, a híres világmegvető Szent Margit emléke; itt, a hullámoktól körülvéve, a kontempláció mélyeiben fejlett ragyogó gyönggyé. Nem kell neki korona, sem királyi vőlegény; neki áldozat, penitencia, szeretet kell; áldozat ifjú életének huszonnyolcadik évében való elhervadásáig; de illata bűbájos, évszázadokra terjed. Minden szentbeszéd között, melyeket hallott, — írja a legenda — ez a mondat hatotta meg leginkább: Istent szeretni, önnönmagát megutálni; senkit meg nem utálni, senkit meg nem ítélni. „A szentséges szűz oly igen hozzá voná ez tanulságot, hogy ez időtől fogva az Úr Istennek szerelmében, mennyire teheti vala, gerjedősb vala, hogy nem ezelőtt." Szívében az önmegtagadás nem fojtotta meg a szeretetet; tudta szeretni szülőit, családját; szomorkodik az egyház bajain, sebeit érzi, s gyötrődik miattuk „szívének mélységében". „Metélik tagjait, mikor az egyház szenved"... ez Szent Margit érzése. Szeretete csak érdemet keres; ez az ő önzése. Föllángol a lelke, midőn „veszi vala Krisztusnak szent testét nagy, édességes ájtatossággal". Ő tartja a keszkenőt az áldoztatásnál, mert minél közelebbről kívánja látni Krisztus szent testét. S végre a legenda szerint: „meggyullada a mennyei jegyes szerelmében, kit kíván vala, kit szeret vala, kinek szerelméért atyját, anyját, világi országának birodalmát elhagyta, az ő ártatlan lelkét ajánlván Teremtőjének, az ő édességes, kívánatos jegyesének, elnyugovék sírban."

Ez Magyarország Margaritája, vagyis gyöngye. Kifejlik, virágzik s elhervad; de fiatal élete mégsem vész el, sőt a fiatalság emlékében örökös; örök tavaszban áll; arca bájaiból az örök szépség vonását hatszáz év el nem törülte. Szelleme erő, szinte erőszak, de csak a szeretet erőszaka; iránya meredek, az örökkévalóság sarkcsillaga felé tart; élete szigorú önmegtagadás és penitencia a lélek tisztulásának vágyában. Életet nem becsült; hírt nem keresett; tenni, alkotni nem kívánt; rejtőzött, s élete mégis tett, kihatás, áldás, dicsőség egyben. *(Prohászka: ÖM, 7:463; 237)*

†

Szüzekhez buzdításul

Szűz! Te Krisztus arája! Jegyest örökön te dicsőítsd!
Tisztítsd lelked a tanban, a bölcsesség-szeretetben!
Így ragyogón Ragyogóval öröklét éltet örökre!
Egyesülés! föld nászainál százszorta kiválóbb!
Testben is észnek-szívnek erényeit őrzöd, Uradnak!
Angyalok élte tiéd e szegény Föld bűnteli hátán!
Fölfelé útra kelendő szűz! üdvért a hegyekbe
futsz: Sodomára ne nézz soha vissza! Sóba kövülnél!
Test, Természet ijeszt? Erejük töri Hit meg a Lélek!
Elbizakodni de félj! utat elvét önkereső szem...
Szikra hiú szalmát gyújthat... De a Víz hamar olt: *könny*...
Tiszteletes szüziségre *sok őr* ügyel, Orvosoló is:
Úr-*félelme* szilárdít, *böjt* szabadít, üzi Rémet!
Virrasztás, ima, könny, a kemény föld ágyadul — áldás.
S főleg: tiszta szivedbül, Urad *lángolva szeressed!*
Ő lelohaszt idegen földízű vágyakat, — Égből!
Botlasz tán... Fölemel! S ki hajótört: szánja a nagy Szív!
Jó Szél hajtja hajód, pünkösdi! Reménybe vitorlát!
Földön csúszó nép, bizton, *sose hull*; csak a szárnyas!
Van, hogy a röpte kifogy; legtöbbje röpül igaz úton!
Nézd: Lucifer — lezuhant! De eget még angyali had tölt!
Egy — eladá az Urat; tizenegy fönn: Csillaga mennynek.
Teljes-hű szűzként őrizd magad Őneki — s eljő.
Sár, piszok érni ne tudja e hószinü krisztusi köntöst!
Fékre szemed fogjad, szüzi nyelved szóba vigyázzad!
Elmén pajkosság; nevető száj; láb ha csavargó:
kész a veszély! Inkább hajad összekuszáld, ruha piszkos! —
mintsem a *lélek!* Gyöngynél többre becsült a szememben,
több a selyemnél! Drága virág: liliom! S a fehérség:
tündöklés! Szép fürtön: minden erény koronája!

(Naziánzi Sz Gergely)

Elmélkedés (B év)

Tisztaság-szűziség

Kellett ahhoz több lélek, több szellem, hogy a tisztaság eszméje kigyúljon a lelkeken és szeretetével eltöltse a lelkeket, a világot. S ezt a lelket és kegyelmet az Úr Jézus lehelte s annak képét mintegy három kiadásban, ti. önmagában, a Szent Szűzben s Szent Józsefben léptette a világba. Ez az a szerető, lelkesülő, ez az a szenvedélyes tisztaság. Csupa élet és finomság, csupa lélek és érzékenység; valódi szellemi előkelőség.

Ez az ideális, krisztusi tisztaság legszembetűnőbben a Boldogságos Szűzben van eszményesítve, s az egyház biztosít róla, hogy jól fogtam föl a szent tisztaság pszichológiáját, mert az Énekek énekének szerető, tüzes, olvadozó kifejezéseit a Szent Szűz szeretetéről, Istennek hozzá való viszonyáról érti. Mily tüzes, mily olvadékony az Énekek énekének nyelve, mintha a földi szerelem kifejezéseit kölcsönözte volna ki: „Megsebeztem a szívem én húgom-jegyesem!" ... mondja a Jegyes, s a szeretett lélek hasonlóképpen eped: „Enyém a kedvesem és én övé!"

S megértették-e régen e tüzes, e szenvedélyes éneket? Gondolják-e, hogy a szűzies lelkeknek érzelmeit festi a Szentírás az Úr iránt? Nem, nem, azt nem értették meg akkor; de megértették, mikor a Szent Szűzben a keresztény tisztaság jelent meg a földön, megértették, mikor a Szent Szűz nyomába lépett Ágnes, Cecília, Katalin, mikor a középkori gyönyörű szűzi lelkek kimutatták, hogy hogyan lehet szeretni tüzesen, szenvedélyesen az Istent, szeretni azzal a jegyesi odaadással s az odaadás teljes boldogságával. Hogy csak egyet emeljek ki e ragyogó lelkek közül, hallják csak, hogy beszél Ágnes, mily nyelven, mily érzelmekkel: „Eljegyeztél magadnak gyűrűvel, Uram, Jézus Krisztus!" S nem hiába leány, de fölemlíti a drágaköveket s gyöngyöket, melyekkel jegyese fölékesítette nyakát és karját: „Villogó üde gyöngyökkel." Miféle érzések ezek? Kárhoztassuk, botránkozzunk-e rajtuk? vagy mentsük-e ki a fiatal leány képzelődésével? De e szüzek szentek; szentek és vértanúk; nyomukban indulnak a ragyogó lelkeknek hosszú sorai! Gertrúd, Róza, Julianna, ókor, középkor és újkor mind egyformán éreznek s beszélnek, s ha kifogásolni akarnók érzelmeiket, rámutatnak a szent Szívre: nézzetek, azt az utat is oda mi találtuk el; bízzatok hát érzelmeinkben! Igen, bízzunk bennük, mert az Úr szereti őket, s kinyilatkoztatta magát nekik.

Mondhatja már most valaki, hogy a tisztaság beteges irányzat? Mondhatja-e, hogy a keresztény egyház is félreértette az ember természetét? Dehogy értette félre, sőt nagyon is találóan jellemezte, mikor azt gondolta, hogy aki szeret s szeretetben örvend s élvez, s örömében boldog, az nem beteg. Beteg a jegyes, ha nem szeret, de a lélek, mely szeret, s szenvedélyesen szeret, az nem lehet beteg. *(Prohászka: ÖM, 17:284)*

†

Szeretet nélkül tisztaságod, mint olaj nélkül lámpa, nem ad világot: égjen szűzszívnek lángja, úgy lesz Istentől áldott. *(Sz Bernát)*

Elmélkedés (C év)

Szent Margitról

Isten, szüzesség kedvelője és őre, kinek ajándékából szolgálód, Margit, a szüzesség díszét a jócselekedetek érdemével egyesítette: engedd, kérünk, hogy az üdvös bűnbánat szellemével megújíthassuk lelkünknek épségét. A mi urunk Jézus Krisztus által. Amen. *(Sík: DB, 864)*

†

Margit királyleány kincsei

Szűz áldozatát befejezte,
Szenvedett, élt a nemzetért,
Most jegyesének szerelmében
Elégve már nyugodni tért.
Kincses ládája féltett kulcsát
A priorissza kezébe tette,
És lelke elvált: égi fényben
Maradt a földön drága teste.
S a kincsesláda mélye megnyílt
Szemnek kitárva titkai.
Óh, hajoljatok, jól lássátok
Szerető Atyámfiai!
„Óh, szegénységnek szeretői,
Kívánói és keresői
Ím, a királylány kincsei."

Itt van az ostor! Mennyi piros vér
Serkedt ki tüskéi nyomán!
Hány barázdát tört gyönge testén
Titoktartó mély éjtszakán.
Míg az ország két részre váltan
Ontotta a testvéri vért,
Atya s fiú-gyilkos tusában
Küzködve a hatalomért.
Sok átsírt, régi éjtszakának
Íme, kitárva titkai,
Nézzetek bele és lássátok,
Szerető Atyámfiai.
„Ó, szegénységnek szeretői,
Kívánói és keresői
Ím, a királylány kincsei."

Nézzetek övet! vas fogakkal
Ez vágott be testébe mélyen,
Hogy király-öccse életéért
Lelkét ne tépje úgy a szégyen.
S a többiért, kik elvetették
A régi erkölcstisztaságot...
Így engesztelte népeért
Az égi, örök igazságot.
Mártír-hitű, tiszta lelkének
Íme kitárva titkai,
Tekintsetek rá szégyenkezve
Szerető Atyámfiai,
„Ó, szegénységnek szeretői,
Kívánói és keresői
Ím, a királylány kincsei."

S ha visszavonás útján járva
Látta tévelygő nemzetét,
S hogy nem veti már bízón égre
Földhöz tapadt tekintetét,
E szöges saru tépte fáján,
Gyenge lába vérzett bele,
És úgy fogyott el mindig égve,
Emésztve szűzi élete.
Kincsesládája íme megnyílt.
Óh, hajoljatok, jól lássátok
Szerető Atyámfiai!
„Óh, szegénységnek szeretői,
Kívánói és keresői
Ím, a királylány kincsei."

(Hevesi M. Angelika)

FEBRUÁR 2.

URUNK BEMUTATÁSA: GYERTYASZENTELŐ BOLDOGASSZONY

I: Eljön templomába, akit ti kerestek: Isten, aki majd uralkodik fölöttetek. S: A Megváltó mindenben hasonló lett hozzánk. E: Meglátja a Messiást, aki igaz szívvel keresi.

Az Úr születése utáni 40. napot Jeruzsálemben már az 5. század elején rendesen ünnepelték „éppoly örömmel, mint húsvétot" (Aetheria zarándoknő útleírása). Róma 650 tájt vette át az ünnepet keletről. Az ünnep tartalmát Sz Lukács evangéliuma mondja el (2,22-40). Keleten neve: az „Úr Találkozása", tudniillik a templomban az Ószövetség szent embereivel, kiket Simeon és Anna képvisel. Nyugaton Mária-ünneppé lett, a zsidótörvény szerinti „tisztulás" ünnepe (mely törvény a Szeplőtelenre nem vonatkozott). A gyertyaszentelés és körmenet később alakult ki: innen a magyar név. A karácsonyi időszak zárónapja.

Első olvasmányhoz Mal 3,1-4

A fogságból hazatérve a nép nem volt független. Nagy céljuk a templom újraépítése. De Malakiás próféta idején (Kr.e. 450 körül) a templomi szolgálat éppoly laza és elhanyagolt, mint a családi, erkölcsi és szociális viszonyok. A próféta megtérést sürget papságtól és néptől; de tűrnie kell oly beszédet, hogy Isten nem jutalmazza a hűséget, nem igazságos, mert a gonoszaknak jó a soruk (2,17). Ezzel szemben a látnok Isten eljövendő ítéletét jósolja. De ez előtt meg kell tisztulnia a Templomnak és a papságnak. Egy hírnök előzi majd meg az Úr jöttét, készíti elő az Ő útját. Az Újszövetségben ez a jövendölés Keresztelő Sz Jánossal teljesül (Mt 17,10-13). A „nagyobb", aki követi: Jézus, az „Úr". *(Iz 40,3-5; Mk 1,2; Lk 1,76; 7,24-30; Jn 2,15; Mal 3,23-24)*

Válaszos zsoltár Zsolt 24(23),7.8.9.10

Az Úr bevonul szentélyébe

Szentleckéhez Zsid 2,14-18

Isten fia lealázkodott emberré válván és halált szenvedvén, így betöltötte Atyja akaratát, aki ily módon akarta „sok fiát a dicsőségre bevinni" (Zsid 2,10). A Fiú hozzánk, testvéreihez lett hasonló: fölvette testünket-vérünket, megpróbáltatást és halált szenvedett, így vált „irgalmas és hű főpappá Isten előtt", és levezekelte bűneinket. Benne új módon lettünk Isten fiaivá. Mindig „fiak" voltunk, amennyiben Istentől kaptuk létünket, de új, magasabb módon vagyunk fiak, mióta a Fiú, az egészen Szent, megszentelt minket, és fölemelt az Atyjával való egységbe. *(2,14-15: Jn 12,31; 1Jn 3,8; Jel 12,10 ▫ 2,16-18: Iz 41,8-9; Fil 2,7; 1Jn 2,2; 4,10; Zsid 4,15)*

Evangéliumhoz Lk 2,22-40 vagy Lk 2,22-32

Jézust szülei a Templomba viszik az Ótörvény szerint, így tartja Mária is az anyákra előírt törvényt. Jézus azonban nemcsak a törvény kedvéért jön a Templomba: Ő maga annak ura (Mal 3,1). Az agg Simeon fölismeri benne Izrael és a pogányság Üdvözítőjét, a Messiást. De a hálaéneket komor jóslat végzi be, ahogy már az Írás együtt jövendölte az Isten-Szolga szenvedését és megdicsőülését. Jézus jötte válságot idézett elő: itt a választás ideje! Rajta fordul Izrael és minden nép végzete: mellette vagy ellene! Mária pedig megtudja, hogy a Messiás anyjaként vele együtt kell járnia a szenvedés útját. Mária a szívében őrzi Simeon szavait, ahogy a pásztorokét is (Lk 2,19; Lukács újra utal ez események leghitelesebb forrására: Jézus Anyjára). De neki is idő kell, hogy megértse és lemérje a hallottak súlyát. *(2Mz 13,11-16; 3Mz 12,1-8; Iz 8,14-15; 42,6; 49,6; Mal 3)*

Elmélkedés (A év)

A Nizibisi Énekekből

Jézus magad és Szent Anyád,
szebb vagytok, mint egész világ!
Mert szeplő semmi sincs benned,
S Anyádba' ki lelhet bármily hibát!
Ki ér föl, szent vagy angyal, tehozzád...
Dicsőség Fiúnak! Fuvat már harsonákat!
Tárul ki sír, s a holt: Ítélő szóra támad!
Imitt az én Szerelmesem!
Föld: hulla, sír, élettelen!
De él irgalmas; égbe fölmegyen!
Menny-, földön, s mélyben, — így kiált nép:
Jöjjön, tiporja jogtiprást világvég!
Dicsőség Fiúnak! Fuvat már harsonákat!
Tárul ki sír, s a holt: Ítélő szóra támad!

(Sz Efrém)

†

Szűz Mária áldozata

Csak egy anya nem volt oly szerencsés, kitől Isten a bemutatást elfogadta úgy, hogy annak a gyermeknek életét kívánta — anya, ki úgy látszik, nem talált irgalmat — aki úgy látszik, ki volt szemelve, hogy megfizessen valamennyiért, s hogy ránehezedjék az Úr keze. S ez az anya nem a legrosszabb, nem a leghitványabb, nem a legnemtelenebb volt, hanem a legszebb, a legédesebb, a legnemesebb: a Boldogságos Szűz Mária. Miért? Mert ha áldozatot hozni minden léleknek ékessége és szépsége, nagy áldozatokat csak nagy lelkek képesek hozni: a legnagyobb áldozatot a legszebb lélek hozhatta.

Az áldozat a lélek ékessége. Mert az áldozat szeretetből fakad... S ez a legszebb dísze a közönséges, apostoli szentegyháznak. Az Isten mintha keresné s különös kedvét lelné az áldozatos lelkeken, s azok a lelkek is mintha kiéreznék, hogy mi tetszik az Úrnak; észreveszik, hogy áldozatot akar; szívet, mely úgy szeret, hogy érte tűrni, nélkülözni, sírni, szenvedni tud. Az igaz keresztények házait ez dicsőíti és fényesíti. S kivált a keresztény nők járuljanak a Boldogságos Szűzhöz, s mutassák be vele áldozataikat, ki fiát, mint a Szent Szűz, ha az Isten elviszi, — ki egészségét, boldogságát, hitvesét, — ki jószágát, becsületét, hírnevét, — ki szerelmét és szívének hajlamait. Ezek az igazán tiszteletreméltó lelkek. A világ nem tud róluk, de az Isten tud róluk, s ez elég! Az áldozat fönségén, mely oly gyakori, vigasztalódhatik meg lelkünk, s az áldozat kereszténysége biztosítja igazán a világ számára a kereszténységet. *(Prohászka: ÖM, 6:90; 114)*

Elmélkedés (B év)

Purificatio et oblatio [Tisztulás és áldozat]

Tisztulás és áldozat együtt jár a lélek élettörténetében. Két oldala az éremnek; két életnyilvánulása a törekvő szívnek. Az anya áldozata az asszony tisztulása, s nálunk is a tökéletesség az áldozat fokain jár föl-alá.

Az első fok az engedelmesség a törvény iránt; az első áldozat, melyet meg kell hoznunk. Akár Isten-anya, akár koldusasszony, természeténél fogva Isten szolgálója. Istennel szemben mindnyájunknak, a Szent Szűzön kezdve végig, imádó hódolat a kötelmünk, hódolat a megsemmisülésig. Szolgálok, Uram, engedelmességemben alakítasz engem; nem vagyok remek, de csak alakíts; készséggel fogadom minden illetésedet. A második fok a készség a jobbra. Jeligéje: éljen a jobb. Többet adni, minél többet. A harmadik fok a hősies szeretet. Magamat felejtem, mert Istent lelkesen szeretem. „Nagyobb szeretete senkinek sincs, mint mikor életét adja oda valaki..." Add oda életedet! Azt a Szent Szűz megértette. Megértette, hogy Fia áldozatával a magáét kell egyesítenie. Mit akarsz, Uram, tőlem? Mi vár rám a jövőben? Engedelmességet kívánsz-e, vagy vért s életet is? S mit adjak neked most, úgy-e valamit, ami áldozatomba kerülne, de amit üdvöm, haladásom követel tőlem? Ecce ego! [Itt vagyok!] *(Prohászka: ÖM, 6:91; 116)*

†

Máriára

Én lantom, ébredj! Dalaid
a Szűz dicséretére zengd!
Emeld föl hangod, énekeld
az ő csodás-nagy malasztit!

Óh Mária, Dávid leánya,
Világ Éltét hoztad világra!
Ki Téged szeret, örvend, ámul.
Ki érteni kezd: csöndre némul...

Hogy' fogja föl, hogy anya vagy,
és Szűzen szülted szent Fiad!?
Túl nagy ez mind, hogy szóba férjen.
Innen, ki nem hisz, fusson! Féljen!!

(Sz Efrém)

Jézus Világosság

Uram, sötétlő lelkeinkre vesd a Bölcsességed *ragyogó világát*, hogy fényre gyúl mind, hogy Téged követ, szolgál Neked újítva tisztaságát. Napkölte hív: ember, munkába kezdj! De te, Uram, szívünkbe úgy költözz be, hogy ez a Nap ragyogjon benn örökre, hogy Érted égő tüzet sose veszt. Uram, ragyogtasd ránk a Te napod, amely nem ismerhet sosem alkonyatot. *(Sz Efrém)*

†

Gyertyaszentelői könyörgés

Az éj sötétje elfutott.
Kedves Fény újra kigyúlott:
Igaz Tündöklő Szent Anyja,
tekints sok kicsi szolgádra!

Belső sötétünk űzzed el,
irts lelki fertőt tüzeddel!
Világosítsd érzékeink:
szeressék nappal műveit!

Szónk, szívünk halk-szerénnyé tedd!
Szívünkbe öntsed értelmed!
Tartsd fülünk', szemünk' bölcs féken,
s nem hull sikamlós ösvényen...

Taníts a bűntől iszonyra,
erénynek nőjön hű szomja!
Ma minden léptünk úgy vezesd,
hogy Béke-út égig meneszt!

Bírák előtt szolgáidért
imádj, ha végnapunk elért!
Esdd irgalmát, nehogy végleg
kárhoztasson nagy ítélet!

(11. századbeli ismeretlen)

Elmélkedés (C év)

A szolga (Simeon) elbocsátása

Most bocsásd el, Uram, szolgádat a te igéd szerint békességben, mert látták szemeim a te Üdvözítődet." Most bocsásd el szolgádat e szolgálatból, a külső, ködös, távol vidéken végzett szolgálatból, hol éjjel-nappal készségesen szolgáltalak; szolgáltalak télen, vagyis kedélyem elborulásaiban; szolgáltalak tavaszkor s nyáron, vagyis szívem vigaszaiban; küzdve, bízva szolgáltam neked. Szívesen megyek, mert te bocsátsz el; akaratodból jöttem, parancsodra megyek; éltet a remény, hogy jobb helyre bocsátsz el. Jobb jön ez után; hisz az Üdvözítő biztosít róla. Érzem a szaszszafrasz [fűszeres illatú gyógynövény] illatot a keserű hullámok felett az új világ virányairól. Üdvözlégy örök javak biztosítója, Üdvözítő! — Szívesen megválok földtől s élettől; mi tartson s mit szeressek rajtuk? Azért vannak, hogy lelkem az örök életre fejlődjék rajtuk, mint fészekben a madár a repülésre. Életem olyan, mint a télen kivágott fának tönkje, várja a tavaszt s az új fakadást. *(Prohászka: ÖM, 6:93; 119)*

†

Csodálandó Fény közelget

Kinek imája ront le bűnt,
ki neveddel hozol derűt,
és rózsát lehed felülmúl,
nektár foly édes ajkidrúl!

Szód lépesméznél ízesebb,
rózsánál pírod díszesebb.
Fehérebb, mint a hullott hó,
üdébb, mint virág harmattól.

Fénylesz, mint teljes tiszta Hold!
Ragyogsz, mint nyár Napján égbolt!
Császárnő égi Seregek felett,
Te győztes, kit Pokol remeg!

Ösvény, ki mennybe fölviszen:
például elénk ád Isten.
Hívj vissza messzi kóborgót!
Tanítsd, hogy mit elpazarolt, —
mint nyerje vissza tékozlód.

A híveid míg köszöntnek,
— vegyék áldásod özönnel!
Legalja bűnöst sem vetsz meg:
megtört szívét fölvezeted.

Így mind, ki érzi, mily gyönge,
Hozzád, — Szelíd-jó, — eljőve:
mutasd be mind szent Fiadnak,
Ki ránk Vérén vett irgalmat!

(Szent-Viktori Ádám)

†

Türelmes szenvedés

Viseld türelemmel másoknak rossz kedvét! Megvetést, nyers modort, mi tőlük éppen ért. Panasztalan tűrjed hőt, fagyot, szél-, esőt. Fáradt, rossz kedvű vagy? Mért éreznék ezt ők?! Minden betegséget megadón viselj, sőt Ég jóságáért hálaadó szívvel. *(Bosco Sz János)*

†

Szenvedés

Én vagyok, aki hagyom szenvedni azokat a lelkeket, akiket szeretek! Szenvedés szükséges mindenkinek, de mennyivel inkább választottjaimnak! Megtisztítja őket, és így fölhasználhatom, hogy általuk ragadjak el sok bűnöst a pokol tüzétől. A vigasz, amit egyetlen hű lélek ád, megfizet nekem annyi sokak hidegségéért és közönyéért. *(Jézus Josefa Menéndezhez)*

†

Ha most legyőzöd visszariadásod a szeretet által, az Ég kitárul egy veszendő léleknek, aki pokol torkában volt. Óh ha tudnád, hány lelket ment meg egypár kicsi hűséges tett! *(Jézus Josefa Menéndezhez, mikor egy nehéz ügyben szótfogadott elöljárójának)*

MÁRCIUS 19.

SZENT JÓZSEF, A BOLDOGSÁGOS SZŰZ MÁRIA JEGYESE

I: Isten megígéri prófétája által, hogy Dávid király családjából születik majd a Megváltó. S: Hitünk miatt mi is Ábrahám fiainak számítunk, és örököljük Isten országát. E1: Szent József az angyal szavára vállalta, hogy Jézus nevelőatyja legyen. E2: A tizenkét éves Jézus a templomban, Atyja házában.

Sz Józsefet Máté és Lukács evangéliuma említi. Mindkettőnél Dávid ivadéka, összekötő kapocs a Dávid-ház és a Messiás közt. A Szentírásból ismerjük életét: a hit és bizalom embere, a nagy hallgató, akit Isten beavatott a titkába, Szűz Mária hű hitveseként Ő Jézus nevelőatyja. Nem tudjuk, meddig élt: utoljára a 12 éves Jézus mellett szerepel a jeruzsálemi zarándoklaton. Egyházi hivatalos tisztelete későn, a 14—15. században kezdődik nyugaton; a római naptár 1621-ben veszi föl ünnepét. XI. Pius óta az egész Egyház oltalmazója.

Első olvasmányhoz 2Sám 7,4-5.12-14.16

Dávid templomot, „házat" akar építeni Isten szekrényének, a „Szövetség ládájának", de Isten ezt elhárítja Nátán próféta által. Nincs Neki szüksége kőhajlékra, és nemcsak egy helyen fogják tisztelni. Fontosabb a templomépítésnél Dávid házának fönnállása. Isten megígéri Dávidnak, hogy *Ő* épít „házat" neki, vagyis királyságát örökkétartóvá teszi. Az ígéret Salamonnak, Dávid fiának és utódaiknak is szól, — és már korán messiási jövendölésnek értették. S mikor eljött az idő teljessége, Dávid leánya (József rokona és jegyese): Szűz Mária életet ad a trón igazi, végleges örökösének. *(1Krón 17; Zsolt 132; 89; Lk 1,32-33)*

Válaszos zsoltár Zsolt 89(88),2-3.4-5.27 és 29

Dávid házának kiválasztása

Szentleckéhez Róm 4,13.16-18.22

Sz Pál az Ószövetségnek két oldalát különbözteti meg: a Törvényt és az Ígéretet. Az Ígéret régibb a Törvénynél, s csak az ad az embernek reményt. Mert senki tökéletesen nem teljesíti a Törvényt, s így nem lehet „igaz" az Isten előtt. Az Ígéret megvalósításáról Isten szava kezeskedik. Az Isten és ember közti viszonynak két lehetősége van: 1. a Törvény — a törvény megszegése — Isten haragja; 2. az Ígéret — a hit — a kegyelem. Ábrahám hitt az ígéretnek, bár valószínűtlennek látszott a beteljesedés, ám bízott Isten hatalmában és hűségében. Hit csak az élő Istenben lehet, „aki holtakat támaszt, s azt, ami nincs, létre hívja" (Róm 4,17). Ilyen hit tiszteli Istent, Istenként! *(1Mz 15,5-6; 17,4-8; 22,17-18; Gal 3,29; Iz 48,13; Zsolt 33,9)*

Evangéliumhoz Mt 1,16.18-21.24

A Sz Máté közölte családfa nem pontos őskutatáshoz akar adatot szállítani, hanem a Jézusról s Izrael értelméről való hittételhez. Jézus a Krisztus, a Messiás: az Ő története és származása minden nemzedéken át az igazi mozgatóerő. Ábrahám s Dávid óta Ő a megígért Megváltó. Benne célhoz jutott Izrael történelme. E nép s minden nép további útja Őrajta fordul. — A 18—23. versek központi mondata: „Isten velünk!" (vö. Mt 28,20). A megtestesülés titkáról, Isten teremtő-megváltó beavatkozásáról szólván a szent szöveg Izajást idézi. — József „igaz" ember a szentírási nyelven, vagyis istenfélő és jóságos: ezért akarja csöndben elbocsátani Máriát, nem ismervén a titkát. Most maga is tudója és segítője lesz az isteni műnek. Ákázzal, a régi királlyal ellentétben (Iz 7,12), József elfogadja Isten jelét és ajánlatát: Jézus atyja lesz a törvény szemében, s mint atyja: ő adja neki a Jézus nevet: „Isten üdvözít". *(Lk 1,27.35; Zsolt 130,7-8)*

vagy

Evangéliumhoz Lk 2,41-51

E szakasz zárja le Lukácsnál Jézus gyermeksége történetét. Míg Keresztelő Sz János a pusztában Jézus útját egyengeti, a Gyermek már kimutatja bölcsességét. Tizenkétéves korában szüleivel fölzarándokol a Templomba, de aztán a maga felelősségére otthagyja a szokásos utat, és három napra „Atyja házában" marad a hittanítók közt, figyelve és kérdezgetve, sőt oly bírálón kérdezve, hogy a törvény tudósai nyugtalankodni kezdenek. A tizenkétéves már kezd túlnőni szülein, tanítóin, sőt a hagyományos hit keretein is. De még nincs itt az Ő ideje; visszatér Názáretbe, és szót fogad szüleinek azon nagyobb engedelmesség előgyakorlataként, mely élete föláldozásáig fogja vinni Őt. *(2Mz 12,24-27; 5Mz 16,1-8)*

Elmélkedés (A év)

Gondviselés és igyekezet

Az Úr angyala megjelenék Józsefnek álmában, mondván: Kelj fel, vedd a gyermeket és anyját, és fuss Egyiptomba" (Mt 2,13). Isten a megtestesülés által a történelem útjaira lépett, s életében is érvényesülnek a történelem tényezői: gyöngeség, hatalom, szenvedély, bűn, igazságtalanság, szentség, türelem. Ő is fölhasználja a dolgok rendjét s menetét. Ahogy anyja van, úgy van gondviselő atyja, aki fölkel és fut vele. Isten gondunkat viseli, de föl kell használnunk a természet erőit s esetleg szembeszállnunk velük; mert a harc és ütközés a fejlődésnek útja, s nehézségekkel küzdve alakul ki gondolat, tudomány, fejlik ki ipar és gazdaság; mindezt pedig Isten gondolta s rendezte el így. Mily megadással megy a Szent Szűz a pusztán át; kegyetlen utakon jár, de Jézust viszi; íme az élet problémájának megoldása. Jézust kell bírnunk, bármily harcokban s nehézségek közt éljünk is. Először ezt kérdezem: szívemben van-e Jézus? A többivel boldogulok. *(Prohászka: ÖM, 6:105; 132)*

Szenvedni Jézussal

A benned élő Jézus a te Mindened! Ő a te kipótolód, úgyhogy ha az Ő nevében: Őbenne cselekedünk, az Atya *csak Egyetlen Fia tagjait látja bennünk.* — Úgy szeretném beléd vésni e nagy tényt és segíteni állandó gyakorlatára. Ehhez föltétlen át kell adnod magad Jézusodnak, tiszta bizalommal elfogadva, bármit küld rád vagy megenged. Tudd, gyermekem, hogy hozzád hasonló lélekben — ki mindent elhagyott Jézusáért, ki igazán csak Őt keresi — ebben folyton ott az öntudatlan ima, a nem-érzett, de igazi, — amely Istenhez száll kudarcai érzése között, mert vágyaink valódi imává lesznek Nála, aki a szívek-vesék vizsgálója. De ehhez az kell, hogy nagy erényed a türelem legyen. Ha mindent, még benső zúgolódást is elhagyunk, akkor a türelem által Jézus a kínszenvedése társául fogad. *(Marmion: Krisztussal szenvedés)*

Elmélkedés (B év)

Ecce fidelis servus [Íme, a hű szolga]

Szent József, az öreg, hű szolga. Szolga, ki másért tesz, másnak nevében s érdekében jár. Olyan ő itt a földön, mint az Atyaisten árnyéka; Isten tervein dolgozik, saját gondolata nincs. Mint Eliezer, Ábrahám szolgája, ura érdekében messze földön járt s teljesen megbízható volt. — A szentírás semmit sem tud róla; a szent titkok hátterében áll. A világ szintén semmit sem tud róla; csak az imádkozó lelkek érzik, hogy miféle szent, gazdag bensőség zárkózott lelkében. — Nekem is kitartóan s hűen kell szolgálnom az Urat; „fidelis servus", isteni címe az embernek.

Ez öreg, hű szolgát csend, szerénység s megnyugvás jellemzi. Külre nincs hivatása; a közéletben nem jutott neki szerep; mindazonáltal teljes és gazdag az élete, mert isteni. Szent Bonaventura mondja: „vita Dei adipiscitur per fidem summae veritatis, per amorem summae dilectionis, per imitationem summae virtutis"; isteni életünk lesz a legfőbb igazságnak, a legédesebb szeretetnek s a legszebb példaképnek lelkes átkarolása által; ha hiszünk lelkesen s teszünk szívesen. *(Prohászka: ÖM, 6:112; 141)*

†

Irgalom Istene

Isten óriási örök emlékművet épít *Irgalmából* fönn az égben. Kövek hozzá a nyomorultak, kik Irgalmát levonzották nyomorukkal! Mert irgalom: az jóság a nyomor láttán. Alapkő benne Krisztus, ki magához ölelte minden nyomorunkat. Szembenéz velük és végtelen kinccsé, értékké váltja át Atyja szemében. Ha minden reggel egyesíted fáradt, elnyűtt voltodat, bármi kínodat Jézuséval, Ő mind magára ölti, *magáévá teszi*. Mint áldott atyánk, Sz Benedek mondja: — „Tűrés által részesülünk, része vagyunk Krisztus szenvedéseinek." Mi sem vonhatja le jobban az Isten kegyeit és irgalmát, mint a tűrő egyesülés kínjainkban és gyöngeségeinkben Jézus kínjaival, gyöngeségével. *(Marmion: Krisztussal szenvedés)*

Elmélkedés (C év)

A szentcsalád

„És Jézus növekedék bölcsességben és időben és kedvességben Istennél és embereknél" (Lk 2,52). A természetfölötti élet hitből vett gondolkozás, érzés, akarás, cselekvés; a názáreti házban látok három ilyen izzított, lelkesített, mozgatott lelket: az isteni Megváltót, a Boldogságos Szüzet és Szent Józsefet.

Az ilyen szívek melegek. Istennel, a szentekkel, az anyaszentegyházzal, embertársainkkal szemben másképp kezdünk érezni. Az emberi lélek, amelynek hite meleg érzéssé olvadt, odatapad az Istenhez, úgy érzi magát, mint a gyermek édesanyjának karjaiban. Bajaival, gondjaival, küzdelmeivel teljesen megnyugszik Istenben. Közellétét úgy érzi, hogy szóbaáll vele; gyakran és könnyen gondol reá, hozzá fohászkodik, vele vigasztalódik, rajta buzdul és lelkesül; ezt az állapotot az imádság szellemének hívják. E lelkület erőt és vigaszt nyújt. Azonkívül folytonos tisztelettel és Isten-félelemmel tölt el, s megértjük, amit Alacoque Margit életében olvasunk, hogy mindent térdenállva szeretett végezni, érezte az Istennek közelségét, bárhol is. Ne maradjunk tehát a természetnél; a természetben nagyon sok jó van, de csak kikezdésképp, s hozzá tömérdek harc és küzdelem; a természet vad gyökér, oltsuk be; ne érjük be a vackorral, hozzunk nemes gyümölcsöt! *(Prohászka: ÖM, 6:109; 137)*

†

Gondviselés

Az isteni *gondviselésre* tartozik, hogy gondoskodjék minden lélek számára mindarról, mi szükséges az üdvösségre, — de föltéve, hogy ama lélek nem vet akadályt elébe.

Hogy ellásson mindenkit az üdvre szükségessel az isteni gondviselésnek fő dolgai: ezért fölhozhatni olyannak esetét, kit arra neveltek, hogy merő természetes okokból törekedjék jót kívánni, rosszat elkerülni, például még az érzéketlen őserdei vadak között is, — okvetlen azt kell tartanunk, hogy Isten föltárja neki, — ha kell, belső ihletéssel-sugalmakkal, — mit szükséges hinnie; sőt addig is menve [a hívenvágyó érdekébe], hogy hozzája irányít a hitnek egy hirdetőjét, mint ahogy a hívő pogány Korneliushoz küldte Pétert! *(Aquinói Sz Tamás)*

MÁRCIUS 25.

URUNK SZÜLETÉSÉNEK HÍRÜLADÁSA: GYÜMÖLCSOLTÓ BOLDOGASSZONY

I: Íme, anya lesz a Szűz, és fia születik. S: Krisztus önkéntes engesztelő áldozata az eredménytelen ószövetségi áldozatok helyébe lépett. E: Isten feltárja örök tervét Mária előtt, akit kiválasztott a Megváltó anyjának.

Kilenc hónappal karácsony előtt ünnepeljük Urunk Hírüladását (Annunciatio Beatae Mariae Virginis), azt, hogy az Angyal Máriához küldetik az üzenettel: Isten őt választotta a Messiás édesanyjául! Mária, népe és az emberiség képviselője, egyszerű Igen-nel válaszol: „Legyen nekem a te igéd szerint!" Mária életének központi titka az istenanyaság: minden erre irányul, innen ered és kap értelmet. — A keleti Egyház már 550 tájt e nap ülte ezt az ünnepet. Rómában a 7. században kezdték megülni.

Első olvasmányhoz Iz 7,10-14

Dávid királyi házának léte és vele maguk Isten ígéretei forogtak veszélyben, mikor Izajás próféta 735-ben Ákáz királynál küldöttségben járt. Isten megbízásából —, hogy bátorítsa a királyt, — jelet mutat neki. A király azonban nem hisz sem Istennek, sem a prófétának, a maga politikáját akarja csinálni. Isten mégis megadja a jelet Ákáznak, Dávid házának. Dávidnak majd utódot tamászt, kiben teljes valósággá lesz a jelképes név; Emmanu-El („Velünk az Isten"). Ez azonban csak prófétai előjel a Szűznek arra a Fiára, akit az evangélium meghirdet (7,14). Hogy ez a Fiú az igazi Eljövendő, mutatják a messiási jelzők is, melyeknek egy közönséges trónörökösre való alkalmazása istentelen hízelgés lenne. *(Iz 9,5-6; Mik 5,2; Mt 1,23)*

Válaszos zsoltár Zsolt 40(39),7-8.8-9.10.11

Az Isten-kívánta áldozat: a hála

Szentleckéhez Zsid 10,4-10

„Legyen nekem a te igéd szerint!" — válaszol Mária a meghívása óráján. „Íme eljövök, hogy megcselekedjem a Te akaratodat" (Zsid 10,7-9), a 40. zsoltár szavai, a zsidókhoz írt levél értelmében, — Jézus szavai egy isteni párbeszéd végén és egy új üdvrend elején. Az Ótörvény rendje elégtelen volt, és a Krisztus-küldetésnek kell azt tökéletesítenie. Megváltás, üdvösség nekünk nem oly áldozati szertartásból fakad, amely csak külső cselekmény; az Ószövetség jámborai sem értették úgy. Az Isten Fia eljött, hogy élete föláldozásával engesztelje ki értünk Istent. Megmutatta az utat Isten benső szentélyéhez, és maga ment be előttünk. Ugyancsak előttünk mondta ki a választ, mely rendezheti, megmentheti az életünket: „Íme eljövök, hogy megcselekedjem a Te akaratodat!" *(3Mz 17,11; Zsolt 40,7-9; Jn 4,34)*

Evangéliumhoz Lk 1,26-38

Az angyal olyan asszonyként köszönti Máriát, akit Isten mindenek fölött szeret, és eltölt kegyelmével. A nagy választottak sorának (Ábrahám, Dávid) Ő a betetőzése. Ő az új Sion, az igazi Jeruzsálem, akinek Isten külön szeretete és jelenléte jár ki. Amit Jézusról mond az angyal Máriának, messze fölülmúlja azt, amit Jánosról mondott (Lk 1,15-17). Rangja és neve az idők végére ígért Messiásnak jelenti ki Őt, olyannak, aki helyreállítja „Izrael és Juda egységét" (Dávid királyságát — lelkileg értve), és minden népek fölött örökkön uralkodik. A Szűz Fia Ő, igazi ember, mégis Isten világába tartozik. Mária válasza egészen más az angyal üzenetére, mint Zakariásé: egyszerű és hatalmas mondat: „Íme, legyen nekem a te igéd szerint!" *(Iz 7,14; Mt 1,21-23; Iz 9,5-6; Dán 7,14; 2Mz 40,34-35)*

Elmélkedés (A év)

Régi képírók festményük alá írták: „Csinálja vala" — értésre adván, hogy jobbítás lehet még. Protogenes pedig minden mesterségét megmutatván azt írá alája: „Elvégezte ezt Protogenes"... már jobb nem lehet! A Szentírás, mikor az Isten Fiának emberré létéről emlékezik, azt mondja: „Végbevitte ezt a nagyhatalmú Isten" (perfectum est): ennél szebb és nagyobb munkája nem lehet!! Azért írja Sz Tamás, hogy a három dolog közül, melynél nagyobbat Isten nem alkothat, egyik a Krisztus embersége, másik az Isten anyja. Nagyobb dolog a bűnös ember igazítása, mintsem az egek és föld teremtése. Hisz gyönyörűséggel, játszadozásképpen (ludens in orbe) vitte Isten végbe a világ teremtését, az igazulást pedig mily fáradsággal és munkával nyerte az Isten Fia!... Isten emberré létében az isteni személyt és azzal isteni természetét adta nékünk... annyival nagyobb az Isten Fia testesülése a teremtésnél!... Ez bezzeg fölöttébb való, mindeneket fölülmúló szeretet, melyet emberi elme meg nem érthet, emberi szó ki nem mondhat, emberi tehetség meg nem hálálhat, mert ez igazán az irgalmasságnak feneketlen tengere... Hogy lehet szerelmesebb irgalmasság, hogy a mi Istenünk miérettünk, elvetett teremtett-állatiért, kikre szüksége nem volt, sőt: ellenségiért, — szolgai ábrázatba öltözött, hogy veszedelmünkből kimentene! Orvoshoz sem mehettünk erőtlenségünk miatt, — hanem Ő jöve hozzánk. Ördög tömlöcében, bűnök láncával kötözve valánk, reménységünk nem lehetett szabadulásra! Hanem a Fiú Isten magát adá, hogy Őrajta kiváltakozzunk, aláhajla, hogy fölemelje az esettet, megüresíté magát, hogy mi gazdagodjunk!... *(Pázmány: Karácsonyi 2. beszéd)*

†

Az Ige testté lőn

S miután Ő [Jézus] érettünk testünkbe szorítá magát [augustiavit], az Igének emberi hazája lenni kezdett, kapott szülőket mindenek Szülője. Hogy hívogasson szeretet, hogy vonzhasson a szívmeleg, hogy győzzön érzelem, rábírjon embervolta olyanokat, kiket elűzött uralom, szétszórt a félelem, s hatalmi erőszak hontalanná tőn. *(Aranyszavú Sz Péter)*

Megtestesült Igén ujjongás

Atyja szívéből születvén égvilág-kezdés előtt,
Alfa-Ómegának hívott: mert Forrás Ő és a Vég,
Mindenhez, mi most vagyon, s volt s eljövendő bármikor!

Ő parancsolt s lőn teremtés! Mondta Ő — és létre jött:
Föld, egek, a tenger árka, létezők hármas műve,
mind mik élnek és mozognak, égi Nap és Hold alatt...

Ölte föl halandó formát, halni-készült testbe lép
emberként, hogy ősatyánknak sarját mentse vesztitől, —
vészes törvénnyel kiket vár, elmerítni Tartarus!

Óh de boldog származás ez! Szül Fiát Szűz: Életünk
szülte véle, üdvösségünk: hogy Szent Lélek szállt reá,
s hogy Világ-Megváltó gyermek fénylő arca megjelent.

Zengj, magassa boldog Mennynek, zengjetek csak, angyalok!
Minden égi had, hatalmak harsogjanak Istennek!
Nyelv egy sem maradhat néma, csendülj össze hanggal hang!

Ím, kit látnokok az ősi századokba' hirdettek,
kit próféták hű Írásban nékünk megígértenek:
fölragyog a vágyva-vágyott; virrasztók, ujjongjatok!

Üdvözlégy, holtak Bírája, élő nép Királya, üdv!
Üdvözlégy, Atyádnak jobbján, minden-hatalmú dicső:
Onnan jössz majd, igaz Bíró, megtorolni minden bűnt!

Együtt zeng, magasztal Téged: vének, ifjak serege,
kisdedek, anyák és szüzek, halk leányok ajka cseng:
egybecseng, száll égre Hozzád szűzi tiszta szív dala!

Vizek árja, ár suhanta, parti zord hullámtörés!
Zápor, hőség, dér, havak, mind, — erdő, láp, mező, hegyek,
nappal, éjfél — ünnepelnek, mindörökkön-örökké!

(Prudentius)

Elmélkedés (B év)

Szűz Máriáról

Adott az Égnek dicsőséget; a földünknek Urat, békét visszaárusított, hitet népeknek hozott. Véget a vétkek, rendet az élet révén kap erkölcs (isteni) mérséklet! —

Teljes tisztaság ő, teljes egyszerűség; teljesen igazság, teljes kegyelem, hűség; teljes könyörület, igaz voltú élet. *(Sz Jeromos)*

†

Testté lőn az Ige...

Itt, aki testünknek vak börtöni éjibe eljött,
Bűnösségünkhöz kötöződve hogy oldja kötöttet.
Lett beteg is, beteget, hogy gyógyítson! Nyomorulttá,
hogy nyomorult koldust fölemeljen. Méne halálra,
holtaknak hogy életet adjon. A számkivetett sors
lett az Övé, s kiüzötten száműztet haza juttat.
Zúzott kékjin a kékünk, öt sebein mi sebünk forr:
forr, beheged; bús kórt üz a kórján. Meghalt s a Halál fut.
Halni megy, Élő: s élnek a holtak. Szent örökös lép
vissza jogátul, a szolgáját juttatja örökbe...
Dús leszegényül, semmi hatalma, szegényre vagyont hagy...
Szolga szabadból lesz! szolgát szabadítni! Leszáll Ő
Legfőbbtül mélyig, s alacsonyt a magasba viszen föl!
Ússzon az éj fényben! s im ezért Fényünk behomálylik!
Bágyad igaz Nap, fogy: de kigyúljék újra a csillag!
Orvos esik kórrá, kórjátul a senyveteg épül.
Ég alakul földdé, fü-izsóppá törpül a cédrus!
Törpe, gigász aki volt! Fény füstté! Dús le nyomorba!
Kórba a gyógy! Szolgába Király, bíbor öltöze zsákba.
...Ő az, Szíve kinek megesett rajtunk s hagy el udvart,
Atyja örök palotáját; bús mi-sorunk' veszi föl most:
sínyli az undoraink. Bár bűntelen, Ő fizet értünk;
bűn-sulya földnek: övé! a *mi* vádunk, s mind a *mi* átkunk!

(Lille-i Alán)

†

Elmélkedés (C év)

Mária foganása

„Íme fogansz és fiat szülsz... ez nagy leszen" (Lk 1,31). Ez nagy leszen... Megváltó leszen; rajta élednek a népek; királya lesz a világoknak, s ez a nagy a tied lesz; kimondhatatlanul! Te e nagyságnak s hatalomnak hierarchiájába tartozol, — lelked a végtelenség szakadékainak búgó galambja, — te hívod őt, s ő meghallgat, s kebled lesz frigyszekrénye. Benned lesz, tied lesz; azután belőled kilép, hogy mindnyájunké legyen. Mit érzesz te tiszta, illatos, mély, alázatos lélek? Örülsz ugye, „primogenita" [elsőszülött]? S mi vagy nekünk te, te, az üdv forrása? Megváltónk arcod szépségét hordja magán, hangjában ráismerünk akcentusodra. Menynyire be vagy szőve üdvünkbe s reményeinkbe! Test és vér a szövetünk, egy vég.

A te lelked, a te kegyelmed, a te édességed van érzéseinkbe belekeverve; nekünk a köd is világos, a felhő is fényes, az éj is csillagos a te nevedtől, a te „irgalmas szemeidtől".

„Miképpen leszen ez, holott férfiút nem ismerek?" Elolvad a szíved édes szeretettől Istened iránt, kinek átadtad magadat, s épp ez átadás iránt tudakozódol. — A szűzies szeretet kérdezi, hogy más szeretetnek útjaira küldi-e őt az Úr? Első megnyilatkozása a szent tisztaság lehelete. Ezt a virágot szövi bele elsőnek menyasszonyi fátyolába; liliommal lép bele istenanyai hivatásába! Az istenanyai fölséget nem képzelheti szüzesség nélkül. Lám, mily ösztönöd van, Szent Szűz! Te született Isten-anya vagy; első szavad elárulja hivatásodat. — Nagy lelki tisztaság kell minden hivatásra; magas erkölcsi nívón álljon minden élet, akár a leányé, akár a hitvesé!

„Mondá pedig Mária: Íme az Úr szolgálóleánya, legyen nekem a te igéd szerint." „Fiat", „fiat" [legyen], mondja a Szent Szűz; visszhangja ez a teremtő „fiat"-nak; azután lehajtja szép fejét, mint a megtermékenyült virág, mint Isten-anya. Jézus lelke, kivel az Istenség második személye egyesült, mély hatalmas lüktetéssel megkezdte a Szent Szűz szíve alatt az isteni életet, megkezdte azt kísérletezés, tapogatódzás, tévedezés nélkül. S ez élet a Szent Szűzbe zárkózott, s az ő lelkére is kiáradt; e templomát eltöltötte fénnyel s nem köddel, eltöltötte örömmel, erővel; ez volt a legfölségesebb templomszentelés. Meghitt bizalmasságba vonta ezt a legédesebb lelket, gondolatainak, terveinek, hivatásának közösségébe. Szűzies, leányos szemei előtt nyíltak meg a legmélyebb perspektívák! Ezt az életet sejteni élvezet, kifejezni művészet, utánozni boldogság. *(Prohászka: ÖM, 6:46; 65)*

†

Mária dicsérete

Tied minden dicséret, óh szent Anyja Istennek!
Általad újonghat égi kar, szentek fönn az angyalokkal,
Megfut démon, s embert újra várja föl a mennyek útja.
Általad a bálvány-foglyai: pogány népnek hullnak láncai,
Igazságnak jutnak fényire: Keresztségre hozza szentige!
Te segítsz tévelygő népeket, — bűnbánatra hogy megtérjenek!
Tőled lőn, hogy szóltak próféták, üdvre jut apostoloktól a világ.
Szűz és Anya, Mária! ki tudná méltón zengni hatalmad Urunknál?!

(Alexandriai Sz Cirill)

JÚNIUS 24.

KERESZTELŐ SZENT JÁNOS SZÜLETÉSE VIGÍLIA MISE

I: Mielőtt megalkottalak anyád méhében, már ismertelek. S: Az üdvösséget keresték és kutatták a próféták. E: Feleséged, Erzsébet, fiút szül neked és Jánosnak fogod hívni.

A bevezetést lásd az ünnepi szentmisénél (627. oldal).

Első olvasmányhoz Jer 1,4-10

Jeremiás prófétai föllépése Józsiás királyságának 13. évében történt (kb. Kr.e. 626). Jeremiás prófétálása szorosabban kapcsolódik magánéletéhez, mint bármely más látnok esetében. Látszik ez már meghívatásában. Izajás próféta még így kiáltott: „Küldj engem!" (Iz 6,8) — Jeremiás azonban vonakodik a rábízott feladatot teljesíteni, és a következő 40 évi prófétai működése nem könnyebb, hanem egyre nehezebb lesz. Isten azonban nem menti föl küldetéséből. Ez el volt döntve már Jeremiás születése előtt! „Küldelek, — és te menni fogsz! hirdetni fogod!" — ezek parancsok. Az Úr segítséget is ígér: „Veled vagyok, megmentelek." — Ez az egyetlen támasza, ahogy a próféta elindul küldetése útján. *(Iz 49,1.5; Gal 1,15; 2Mz 3,11-12; 5Mz 18,18; Ez 2,6; 2Sám 23,2; Iz 59,21; Jer 18,7-10; 31,28)*

Válaszos zsoltár Zsolt 71(70),1-2.3-4.5-6.15 és 17

Menedék az Istennél

Szentleckéhez 1Pt 1,8-12

Különös ellentétekből áll a keresztény élete: sosem láttuk a történeti Jézust, mégis szeretjük; a megdicsőült Krisztust most még nem látjuk, mégis hiszünk Benne; ínség és veszély közt élünk, mégis teli az életünk „kimondhatatlan örömmel". Az örömből fakadó hit nemcsak gondolati tény, a hit célja nemcsak elméleti igazság, hanem az „üdvösség", az egész ember megmentése, a Krisztussal való teljes közösség. Ez a történelem kezdete, közepe és végcélja. — Az Ótörvény prófétái közül utolsóul mutat Krisztusra a Keresztelő. Neki nem kellett már töprengenie, mint például Dánielnek (Dán 9,4), hogy mily időben jön a Messiás, ő ujjával rámutathatott. Krisztus, egész nagysága és megváltói műve nyilván még homályosan derengett János előtt. És ezért mi, akik a „Krisztus utáni" korban élünk, nála is boldogabbak vagyunk (Mt 11,11). *(1,8-9: Jn 20,29; 2Kor 4,8-10 ▫ 1,10-12: Zsolt 22; Iz 53; Ef 3,10)*

Evangéliumhoz Lk 1,5-17

Mint a többi evangélista, Lukács is tudósít János fellépéséről, de ő az egyetlen, aki János gyermekségéről is beszél, mint Jézus gyermeksége történetének egy részéről. Az előfutár, útkészítő János és az utána jövő Nagyobb között — Lukács hangsúlyozza — nincs vetélytársi szerep, hanem kezdettől fogva szoros szövetség, sőt vérrokonság. Lukács ábrázolása ószövetségi példákat idéz föl: ott is üzenet jön egy-egy rendkívüli születés előtt. Malakiás (3,23-24) úgy jelzi Jánost, mint követet és prófétát, ki a közelgő Úrnak tör utat. Neve, János is ezt jelenti: „Isten kegyelmes". *(1Krón 24,19; 1Sám 1; 4Mz 6,2-3; Lk 7,33; Mt 17,13)*

Elmélkedés

Lásd az ünnepi szentmise elmélkedését (628. oldal).

JÚNIUS 24.

KERESZTELŐ SZENT JÁNOS SZÜLETÉSE ÜNNEPI MISE

I: Íme, a nemzetek világosságává tettelek. S: Jézus eljövetele előtt János a bűnbánat keresztségét hirdette. E: János az ő neve.

Márián kívül Keresztelő Sz János (Sz Iván) az egyetlen szent, akinek születését a liturgia megünnepli, mégpedig már az 5. századtól e napon, Jézus születésének ünnepe előtt hat hónappal. Sz Lukács evangéliumából tudjuk, hogy már születése előtt megszentelte Isten, mikor Mária meglátogatta Erzsébetet. Születésének rendkívüli eseményei az üdvtörténetben való fontosságára mutatnak: az Ó- és Újszövetség határán áll, arra hívatva, hogy Isten közelgő országát hirdesse, és Jézus jövetelére előkészítve, megtérésre hívja föl a népet. Még Jézus is aláveti magát János bűnbánati keresztségének. János a „pusztába" kiáltó szónak tekinti magát, az utána jövő Nagyobb előfutárának. Jézus az emberek legnagyobbjának hívja őt, az újra eljövendő Illéshez hasonlónak.

Első olvasmányhoz Iz 49,1-6

Izajás az Isten-Szolgáról beszél, egy jövendölésbeli személyről, kit a második rész újra említ. Nem világos, hogy kire céloz a látnok. A jelen olvasmány eleje Jeremiásra utalhat (vö. Jer 1,5, a vigília mise olvasmányában). Mint éles kard, olyanok az igék, melyeket Isten küldetésében kell hirdetnie. Feladata nehéz, sikerre alig számíthat. Csüggedés fogja el, amitől még egy látnok sincs megkímélve. Nem sikerből él, hanem egyes-egyedül Isten igéjéből, a hivatásába vetett hitből. A megbízatás, mely megújul (49,6), átlépi a saját népe határait: a „Szolgának" minden néphez el kell vinnie az igazságot és üdvösséget, mely Istentől ered. — Kézenfekvő, hogy e szöveget — legalábbis részben — Keresztelő Sz Jánosra vonatkoztassuk, mert őt is meghívta és megszentelte Isten már születése előtt. És Jézus is, az Isten-Szolgájáról szóló prófétai szavakban, a maga útját látja megjövendölni. *(Gal 1,15; Zsid 4,12; Jel 1,16; Lk 1,76-77; Iz 53,10-12; Jn 17,4)*

Válaszos zsoltár Zsolt 139(138),1-3.13-14.14-15

Ember a mindenható Isten előtt

Szentleckéhez ApCsel 13,22-26

Minden városban, ahová Sz Pál missziós útján megérkezik, először a helybeli zsidókhoz fordul. Krisztushoz akarja vinni e népet, hisz különleges hivatásukban. Eljön a zsinagógába, ahol az Írásokat olvassák, és próbálja kifejteni övéinek, az „istenfélőknek" az Írások értelmét. Abból indul ki, ami hallgatóival közös benne. Beszél az Egyiptomból való kiszabadulásról, Dávid királlyá választásáról, aztán Keresztelő Sz Jánosról és a Dávid-ház sarjáról; az ígért Megváltóról — Jézusról. János, az Úr barátja és útkészítője világosan megmondta hallgatóinak, hogy Jézus nagyobb őnála. *(Zsolt 89,21; 1Sám 13,14; Iz 44,28; Mal 3,1-2; Lk 3,16)*

Evangéliumhoz Lk 1,57-66.80

A születés és körülmetélés története a névadásban tetőzik. A név: „Isten kegyelmet adó", azaz „Isten kegyelmesnek mutatkozott"; „Isten a kegyelem". A szülők és rokonok János születésében Isten kegyelmének ajándékát látják. Még nem tudják, mit tartogat Isten e gyermeknek, csak érzik, hogy valami nagy dolog kezdődik el. Ámuló öröm tölti el azokat, akik a kis emberi eseményben megérzik Isten közelségét. *(1Mz 17,12; Lk 2,21; Iz 32,3; Lk 2,40; Mt 3,1)*

Elmélkedés (A év)

Próféta vagy-e te?

„Te ki vagy? Illés vagy-e te? és mondá: nem vagyok. Próféta vagy-e te? és felelé: nem." (Jn 1,21) A zsinagóga ezt nem a Messiást váró hitnek vágyával s alázatával kérdi; de e kérdésben, hogy „ki vagy te", mégis öntudatlanul fölsír a népek vágya, mely fölpanaszolja, hogy nincs prófétánk, nincs Illésünk, nincs Krisztusunk, pedig ez kellene nekünk; e nélkül elveszünk. — Próféta, Istent szemlélő, Istennel töltekező vezér kell nekünk; *apostol s nem aposztata* [hitehagyott]! Keressük a szellem embereit, kik a testiség sebeit gondozzák; keressük a lelki szabadság hőseit s hozzánk hasonló rabokat találunk; sasokról álmodunk és éji pillékbe ütközünk. Minden tiszta, krisztusi lélek közkegyelem; forrás a pusztában s tűzhely a hidegben. Mily hivatás szentnek, tündöklőnek, világoskodónak lenni s a szív alázatában sokak támogatására szolgálni. Ez is a lelki élet s a küzdelmek szép motívuma s minden állásban érvényesíthető.

Tudja azt Keresztelő Sz János, hogy mi a népek vágya, azért áll ott a Jordán partján, mintha vasból volna; áll mint az erő s a lelki épség szobra; a romlatlan s erényes élet őserdei leheletét leheli a nyegle, gyáva, mondjuk, modern, városi népre, abba a fejetlen s szívtelen nyüzsgő sokadalomba, az élvezet, a pletyka, a léhaság vásárába. Tekintete biztos s megtéveszthetetlen, öntudata mint a bércek fölénye a mocsarak fölött. Jönnek hozzá a hivatalos zsidóság küldöttei; fényes ruhájuk neki a vipera zománcának tükrözése. Heródesek állnak a háttérben, ínyenc, kéjenc házasságtörők. Mily találkozás! Mint hideg északi szél csap le szelleme a mámorra, a káprázatra, mint földrengés vág bele a spanyolfalak és kártyavárak közé. Emberek, félre a pózzal! Hámozódjatok ki érzékiségtek, világiasságotok hüvelyiből... eszméljetek! A lélek sír bennetek; siratja bűnös öntudatát, kegyetlen vigasztalanságát, örök veszedelmét. Ne kegyetlenkedjetek önmagatokkal. Juttassátok magatoknak az Isten kegyelmét, békéjét, szeretetét. Józanodjatok s nyúljatok erős kézzel a bűn s a szenvedély kötelékei közé. Az én fejemet holtan, torzan megkapja ugyan a táncosnő, de a ti öntudatos fejetekkel, hozzá még halhatatlan lelketekkel, játszik a világ, hogy végre is eldobja. Azért hangzik egyre az az erős szava az evangéliumnak: tartsatok penitenciát... a fejsze már oda van illesztve a redves fa gyökeréhez... a szórólapát kezemben van, a szél elviszi a pelyvát a tűzbe. Emberek, az első erő a penitencia, az újjászületés ereje. Erős bánatot kell éreznem bűnöm fölött, erő, komoly akarat legyen bánatom. *(Prohászka: ÖM, 6:24; 40)*

Megtérés. Új Ember fölvétele

Mert mikor az Apostol azt mondja: „Vessétek le azt a régi embert!" (Kol 3,9) — érti az *egészet*: szemet-szájat, mind sorra, kezet a kézért, főt a főért, szemet a szemért; fül a fülért, láb lábért menjen! Mindenestül, test-lelki, ami rombolt, s gonoszra vitt, tőrbe csalt, az Úr ellen támadt, törvényt tagadva bitangolt. Ebben áll a bűn igaz mivolta: hogy ne lásson emberi hű módra. Mert ferdén lát, ferdén hall és undok bűnre fut a lába, kezét gonoszra nyújtva ki. Ott benn a szív is tervez: bűnre lesve... Esdjük azért Istenünket: vesse rólunk le a régi embert! Ő csupáncsak az, ki megtisztít, és váltja testruhánkat... Akik rabbá tőnek, erősebbek! Markuktól csak Isten őrizhet meg! Megígérte: hozza szabadságunk „Újemberré", krisztusivá válunk!" *(Sz Makárius)*

Elmélkedés (B év)

A *Keresztelő példája* az elvek emberének! „Mit mentetek ki a pusztába látni? Széltől hányatott nádat-e?" Nádon azt értsük, aki merőben e világ dicsőségébe merül és önnön élete ürességeibe. Belül nincs meg az igazság gyümölcse, bár külre tetsző héj, semmi a benső érték! Minden szélfúvásra hajlong, vagyis tisztátalan, tisztulatlan szellemek hatásaira, mert képtelen szilárdan állani, hiú-üres a csontja velejéig! — Mikor tehát Jézus azt kérdi, azért mentetek ki tán, hogy ürességet lássatok, az Isten-ismeretnek *héját* látni-e, azt-e, aki a zűrös szelek-szellemek fúvásaira hajladoz, akkor Ő a másikat helyeselte, amit láttak ott, és helyeselte a hozzája menőket, a tőle tanulókat. Meg akarta mondani: hogy Jánosban semmi olyat nem láthattak, ami üres vagy ingatag. Látták a sziklaszilárdságot! *(Sz Hilárius)*

†

A Keresztelő bűnbánatot hirdet

„És megkereszteltetnek vala tőle a Jordánban, megvallván bűneiket." (Mt 3,6)

Fogjunk nagy szívvel lelkünk tisztításához; alázódjunk meg s gyónjunk meg alaposan. Ne mondjuk, hogy nem találunk bűnt. Lehet, hogy néha nincs nagyobb megzavarodásunk, de az nagyon néha van; mert az emberi szív, mint a víz a malomkerék alatt, egyre gyűrűzik karikákat s fodrokat vet s ki nem fogy. A szívben gondolatok, mozdulatok egyre váltakoznak. Hullámzását nem is érezzük, mert megszoktuk. Gondolataink oly számosak; mint az ég csillagai; szívünk érzelmei oly számíthatatlanok, mint a tenger hullámai. „Csalárd a szív", elrejti indító okait, hitegeti, szépítgeti, mert *szereti önmagát*; — hízeleg magának, ábrándozik arról, hogy mily jó; hisz jóakaratában, bámulja ösztöneit. Csak lassan kezdünk felülemelkedni e káprázatokon; hidegen tekintünk magunkra s akkor észreveszünk oly tüneteket, melyek mindjobban sürgetnek, hogy vigyázzunk magunkra; megrendítik önbizalmunkat; gyanakodva vizsgálgatjuk szívünk fodrait, redőit s kezdjük látni, hogy kevélyek, hiúk, gyávák, jellemtelenek, röstek, szeszélyesek, kelletlenek, sértők s merevek, zsarnokiak, összeférhetlenek vagyunk; — hogy megalkudtunk sok apróságon s eladtuk szívünk aspirációit, hogy durvák és műveletlenek vagyunk, hogy vastag önzés a bundánk, hogy beteges, erőtlen föllépés jellemez, — hogy nem tudunk erősen akarni s mint a kátyuba beleakadt szekér, dőlöngünk. Kár, hogy némely ember sohasem ébred, felöltözteti szívének fattyú érzelmeit az erény látszatos mezébe s elképzelt erkölcsi előkelőségének kultúráját fölépíti, mint hajdan az asszírok városaikat — sárból!

A bűn a részben is kétféle, hogy vannak bűnök *akaratból* és vannak *gyarlóságból*; néha hidegen, öntudatosan számítva, máskor homályos tudattal, ösztönszerűen vétkezünk. A második osztály nyit a törekvéseknek óriás tért. Gyarlóságból vétkezünk, ha türelmetlenül kifakadunk, ha képzelődünk, meggondolatlanul gyanakodunk, hirtelenkedve ítélünk, — rossz kedvünket le nem győzzük, kelletlenül elhagyjuk magunkat, fegyelmezetlenül oly szavakat mondunk, melyek kisiklanak és sértenek, a szórakozottság ellen nem küzdünk, — a lanyhaságnak engedünk, — hűtlenül viselkedünk, — különfélét gondolunk s nem őrizzük önmagunkat, — hiányzik a mérséklet, megfontolás. Megalkuszunk; bizonyos hibákat föl sem veszünk... Hány ilyen hiba van bennünk, melyet a fölvilágosult szem meglát s elkerülni iparkodik. Mea culpa!

Ne röstelkedjünk gyónásainkban ugyanazokkal a bűnökkel előállni. Ha szántszándékos a bűnünk, miért röstellnők magunkat megalázni? — Ha valaki hazudik, — ha társát egyre kíméletlenül traktálja, — ha úgy beszél, hogy mások is botránkoznak, akkor a röstelkedés a *jóakarat hiánya volna*. Ha nem igen szántszándékos a bűnünk, akkor meg nincs mit nagyon röstellni; a hiba megesett, de váltson ki törekvést is! Megismerjük magunkat s így gyónunk majd: én ezen hibám ellen nem küzdtem, vagy néha elhagytam magam, hibámmal szemben közönyös, nembánom voltam. Tehát fogjuk meg magunkat erős, hozzáértő kézzel s terjeszkedjünk ki 1) oly hibákra, melyeket szántszándékkal követtünk el, 2) melyeket már többször szívünkre vettünk, 3) melyek mások megütközésére szolgálnak, 4) azokra, melyek visszalökhetnek, 5) vagy melyek, ha csekélyek is, de nagy szenvedélyekre utalnak. *(Prohászka: ÖM, 6:23; 38)*

†

Igaz keresztény lélek

Ismérve ez igaz keresztény hitnek,
minél több munkát, harcot hogy kiállasz,
és igazságot híven teljesítesz,
és viselkedsz, mint aki mitsem tett!
Ki böjtölt, mondja: „Nem volt *böjt* ez!"
Imában helytállt. S érzi: Nem tartott ki!
„Csak kezdek még! *Szeretnék* belefogni!"
Igaz habár Isten szemébe,
azt hajtogatja tudva, félve:
„Igazság, jogság [justitia] nincs bennem. Nem *törtet*
eléggé szívem! Naponta kezdődhet
a munka, lelki!" Igen, minden napra
remény-örömnek-bizalomnak kapja

Kegyelmét: Jön Mennyország, Megváltója!
És este mondja: Szíve nem szabad! még földnek foglya...
De holnap, jó Uram, holnap Megváltást hozza...

(Sz Makárius)

Elmélkedés (C év)

Úgy áll János az Ó és Új Szövetség határán, mint valamely őrálló. Maga az Úr sejteti ezt: „A Törvény és a Próféták Jánosig" (vagyis Ószövetség). A régiség őre és az újdonság hirdetője. A régiségért: öreg szüléktől születik, az újdonság miatt anyja méhétől jövendő mondóvá lészen. — Ami történik, jelentést hordoz, lásd benne a nagy misztériumot! Mi más Zakariás elnémulása, mint rejtett jövendölés: már Krisztus igehirdetése előtt már valahogy eltitkolt s lezárt? S megnyílik annak érkeztével, és tisztán szól annak föllléptéről, aki a jövendölések szerzője. Zakariás hangjának felcsengése e születésen ugyanaz, mint a templomkárpit kettéhasadta Krisztus keresztjétől. — Megoldott a nyelv, mert megszületett a pusztai Szó. Mert a jövendő Urat előkészítő Jánosnak mondták: Ki vagy Te? S ő felel: „Én a pusztában kiáltó *Szó* vagyok!" — János a Szó, az Úr maga az *Ige*. János ideiglenes szó, Krisztus öröktől örökké az Ige. Vedd el az Igét (mondanivalót) — mivé lesz a Szó? Ahol nincs mit, Kit! — érteni, üresen kezd a szó zörgeni. Szó az Ige nélkül fület zaklat, szívet nem hajthat. — Az ige, mely szívemben megfogamzik, hogy a te szívedbe is eljusson, hangot adok — szólok hozzád: a *szó* elvezet az *ige* értéséhez, bár maga a szó légbe elhangzik, — a szívedben megfogamzik, az enyémben is ott lakozik. Hogy is mondta János: „Néki növekednie kell, nekem fogynom!" A szó elzengett, szolgálta és ellengett, mintha mondaná: „Már betölt az örömem!" (Jn 3,30) — Azért zengek-zajgok, hogy Őt hozzam szívetekbe, de nem lép be Ő, ha utat-kaput nem nyitok neki: „Készítsétek az Úr útjait!" — Testben akart jönni az Úr, — nem akárki, nem egy angyal, valami követ, — „*maga az Úr* jön, hogy üdvözítsen" (Iz 35,4). Nem „akárki", aki jön, de hogyan jön! Halandó testbe születvén dadogó csecsemőként, jászolba tevésre pólyákba köttetésre, tejjel táplálásra, évről-évre növekedni, végül halállal veszíttetni! Mindezek alázat jelei, önkicsinylő alázat, mely mireánk kiáradt. Kinek kicsinyítése? A magasságbelié! — „Asszonyok fiai közt — pedig nem születék nagyobb Keresztelő Jánosnál" — szól az Úr. Óh kimondhatatlan gonoszkodás! S míg elgondolom, mit mond a legnagyobb csak-emberfia Krisztusról: „Nem vagyok méltó saruszíját megoldani!" Mi alázatosabb mondható? Mi magasztosabb Krisztusról? S mi alázatosabb a megfeszítettnél? „A vőlegény barátja pedig ott áll és örvendve örvend a vőlegény hangján!" (Jn 3,29) Mily nagyokat szólt Krisztusról, mily dicső szavakat, mily magasztosakat! Mily méltókat! Ha ugyan az Úrról bárki is méltóan szólhat méltókat... S íme mégsem jár a Keresztelő a Mester tanítványai közt Péterrel, Andrással, a többivel. — Neki is voltak korábban tanítványai, — de mint szolga kénytelen elismerni Urát, teremtmény Teremtőjét — nem is kénytelen; tiszta szívből teszi! Mert a jó barát ő, nem irigykedő, nem magáért buzog, hanem a Vőlegény ügyében. *(Sz Ágoston: 293. beszéd)*

A zsoltáros emlékkönyvből

I.

A szólásom, mint a harmatcsepp hulljon,
És könnyem, mint a zápor zuhogjon!...

A napot bízta reám az Isten,
Hogy melegét a szívbe derítsem;
A kelő napot s a naplementét
Bízta rám; védjem az aggok lelkét,
Pirosítsam a gyermekek arcát,
Áldjam meg tűzzel az ifjak harcát,
Magam is égjek és mindent lássak,
Mindent megértsek és megbocsássak!...

Csak egy lépésre a fény az árnytól:
Sötétség voltam óh hányszor, hányszor!
Néztem az aggot. Elmegy. Hát elmegy!
Láttam, hogy sír... hát sírjon a gyermek!
Mosolyt kértek és én megtagadtam,
Elvettem és én semmit sem adtam.
Kitől vettem el?... Aztán kié lett?...
Égett az Isten napja s kiégett! —
(Nem, nem az égben, itt a szívemben:
Gazdag az Isten, sáfár az ember!...)

II.

Óh hányszor mondtam: Nem, Uram, nem, nem,
Nem fér már hozzám szemernyi szenny sem!
Óh hányszor mondtam: Nem, Uram, nem, nem,
Ígértem: semmit nem vétek, nem, nem!
Senkit sem bántok, én lejárt ember,
Senkit, én gyönge, vert, tehetetlen!
Óh hányszor mondtam, esküdtem hányszor,
És szívem nyugodt ablakát százszor
Bezúzta mégis szavam, szeszélyem,
Haragos telem, rút kevélységem,
A félelem, a gyávaság ökle
Szívem ablakát százszor betörte!

Halljátok, egek, amiket mondok,
Hallja a föld is (bölcsek, bolondok):
Szólásom, mint harmatcsepp hulljon,

A könnyem, mint a zápor zuhogjon,
Mert az Úr nevét hívom segélyül,
Mert a sötétben felsírok végül
És az Irgalmas új napját kérem...
Vétkem... én vétkem... igen nagy vétkem...
(Magyar Bálint)

†

Egy pap panaszkodott az Ars-i plébánosnak, hogy nincs sikere bizonyos bűnösöknek *térítésén*. A szent így válaszolt: „Imádkoztál, tudom. Sírtál és sóhajtoztál. De böjtöltél is? Virrasztottál? A puszta padlón is aludtál? A fenyítékkel sújtottad magad? [korbács!]... Míg mindezt meg nem tetted, ne hidd, hogy minden módot megpróbáltál." *(Vianney Sz János)*

†

Az Egyház a társadalom őre

Te a kisdedekhez mint gyermek szólsz oktatásaidban, az ifjakat lelkesíted, az öregnek gyámkezedet nyújtod, s mindenkit úgy karolsz föl állapotában, amint koruk s testi s lelki tehetségeik kívánják. Te a nőt is nem azért fűzöd gyöngéd szeretettel a férfi oldalához, hogy az a testi élvvágy alacsony tárgya legyen, hanem azért, hogy mint anya s a családélet őrangyala szeplőtelen hűséggel ragaszkodjék férjéhez. És a férfit nem azért emeled a családi méltóságra, hogy a nőt mint gyöngébb félt játékszernek tekintse, hanem a legnagyobb erénynek, a szeretetnek megtestesülésére. Te a gyermekeket szüleik hatalma alá rendeled ugyan, de a szolgai szabadság varázsával, hogy amazok a fensőbbséget istenesen gyakorolják fölöttük. Te a testvéri kötelékben magát a vallásos szövetséget tartod össze erős és szoros barátsággal. Te minden viszonyt úgy egyesítesz az emberek életében, hogy ezek a természet törvényeinek nagyrabecsülésével szeressék egymást kölcsönösen. Te a szolgát nem saját ügyefogyottsága szükségérzeténél fogva kényszeríted ragaszkodni urához, hanem inkább arra tanítod; hogy függő helyzetét kötelmeinek teljesítésében gyönyörrel édesítse. És az uraknak nem azt hirdeted-e, hogy mindenekben Istenre tekintsenek, midőn szelídséget, jó tanácsot s szeretetteljes hajlamokat követelsz tőlük? Te a polgárokat egymáshoz, a nemzeteket egy nagy családba, szóval az egész emberi nemet egy világtársadalomba nem azért akarod egyesíteni, hogy ne mint ősatyáink csak államokat képezzenek, hanem hogy testvérileg szeressék is egymást.

Figyelmezteted a királyokat népeik boldogítására, inted a nemzeteket alattvalói kötelmeik megtartására. Közlöd mindenkivel az illendő tisztelet, emberbaráti vonzalom és részvét kedves feladatait; nem tartod vissza az erkölcsi intéseket senkitől; fegyelmi ellenőrködésed páratlan, mikor igazságosan fenyítni kell, a büntetés el nem marad; szóval, minden, csak igazságtalan nem tudsz lenni, hogy gúnyt űznél híveidből; — életrendeltetésed mindenek fölött az önfeláldozó szeretet. *(Sz Ágoston: A Katolikus Egyház erkölcse, Simor János bíboros körleveléből, 1874)*

JÚNIUS 27.

SZENT LÁSZLÓ KIRÁLY ÜNNEPE

I: A hívőnek az Úr megmutatja az igaz utat. E: Szeresd Uradat Istenedet, és szeresd felebarátodat, mint saját magadat.

A magyar lovagkor és hősiesség mindenkori ihletője Sz László, ki példájával a hazáért, igazságért és elnyomottakért való fizikai harcot is szentté teszi! I. Béla és a lengyel Rikeza hercegnő fia, lengyelhoni száműzetésben született a hazai lázongások és német betörések idején (1040 körül). Így kapta lengyel nevét is („hatalom dicsője"), mely hamarosan népszerű, teljes magyar névvé lett. Önzetlenül segíti Salamont, majd testvérét az uralkodásban; csak mikor az előbbi a német császárnak játszaná át az országot, kel föl fegyveresen. Mikor trónra kerül (1077), minduntalan megbocsát az áruló, sőt pogányokkal szövetkező Salamonnak; bár az méltatlan rá. László kezdi a magyarságnak immár 900 éves küldetését, a kereszténység önfeláldozó védelmét. (Az ő idejében a kun-besenyő-úz keleti betörések ellen, később a mongol-török, sőt új formában a 20. században az új Krisztus-üldözők ellen folyik a harc...) Mint alkirály a *Tiszántúl, Erdély* védője, s e két magyar tartomány külön *védőszentje*. Ő kezdi a levert keleti pogányokkal betelepíteni a *Jászságot, Nagykunságot*; baráti meghívással (1091) csatolja a Szent Koronához *Horvátországot*, melynek békés társországi szabad együttléte 800 éven át a magyarsággal az ő szellemének hatása. Menedéket ád a gyilkosságért kiközösített Boleszló lengyel fejedelemnek; (s ez az irgalmas tette nem lett akadály az 1192-i „fölemeltetésében": szentté avatásában). Meghalt 1095. július 29-én, kívánsága szerint sírja Nagyváradon volt...

Első olvasmányhoz Bölcs 10,10-14

A szentíró bemutatja a bölcsesség működését a választott nép történetében. Ez a rész Jákob (10,10) és József (10,13) életére utalva leírja azt a sok adományt, amit a bölcs s istenfélő ember nyer.

Válaszos zsoltár Zsolt 112(111),1-2.3-4.5-7.7-8.9

Boldog az istenfélő ember

Evangéliumhoz Mt 22,34-40

Lásd A év 30. évközi vasárnap, 270. oldal.

Elmélkedés (A év)

Mily viszonyban áll a kereszténység a XX. századbeli állammal?

A társadalom a hatalommal szemben körülbástyázta magát szabadságokkal, s féltékenyen őrzi azokat. A hatalom szükséges, de a hatalom s a hatalom tengelyén alakult állam csak egy kategóriáját képezi az emberi életnek; az állam csak egy projekciója az életnek, s aki az életet a hatalommal, az állammal azonosítja, az még nem érti, hogy mi különbség van jog és erkölcs, kaszárnya és családi tűzhely, váróterem és falu, végrehajtó és apostol közt! Az elszegényíti az életet s elsorvasztja a fejlődés gyökereit, elmetszi a növekvés idegeit, s kiemeli a nemzetet a haladás útjáról.

A hatalomnak természete a terjeszkedés, s a XX. századbeli hatalom hű fog maradni természetéhez. Eddig is a terjeszkedés s a térfoglalás hagyományait követte, és semmiféle átalakulás nem változtatott e részben rajta. A francia revolúció sem törte meg az állami abszolutizmus ideálját s csak átvitte más hordozóra. A liberális állam sem tagadja meg természetét, sőt ha az ember s a nemzet önmagában jogforrás, tekintet nélkül Istenre s a kinyilatkoztatásra, akkor az *abszolutizmus s a liberalizmus két szomszéd*, akik értik egymást.

E túltengő állameszme megakasztja a nemzeti erők szabad fejlődését, az élet sokoldalú kivirágzását, s az államból valóságos fölszívó gépezet lesz, mely minden erőt elnyel; minden az államé: a víz, a levegő, a hal, a vad, a pálinka, a só, sör, szén, címek, hivatalok, hó, rongyok, bányák, gyárak, katonák, s az *egyház is*. A polgár visszavonul, s hagyja az államot gondoskodni jó időkről, kapadohányról, porcelánról és gondolatszabadságról, főispánokról, szolgabírókról, plébánosokról, kanonokokról, püspökökről.

E túltengő s elhatalmasodó állammal szemben legfontosabb föladatunk a társadalmi erők ébresztése: a társadalmi intézményeknek, független szervezeteknek megteremtése.

Hol van pedig a szó legnemesebb értelmében erkölcsi, társadalmi intézmény, hol van az emberi életet többoldalúan fölkaroló hatalom, mint az egyház? Magának az isteni tekintélynek, s a legnagyobb hagyományoknak hordozója, alkalmazkodásában kipusztíthatlan, életerőben kimeríthetlen! A leghatalmasabb erkölcsi áramlat, melyet Isten indított meg. Termékenyítő kihatása a szellemi élet összes terein páratlan. Ha valamit, hát azt az intézményt a szabadság jegye alá kell állítani, s az államra nem bízni. Szabadságokat egyáltalában nem szabad sem az államra, sem másra bízni; aki másra bízza, el is veszti azokat; de kivált ha a hatalomra bízza a szabadságot, kecskére bízta a káposztát, sírásóra a szántóföldet!

Mi apellálunk a szabadság szellemére, mi, az Isten fia szabadságának örökösei!

Az egyház is szabad legyen. Nincs nyomorultabb intézmény, mint az államegyház, a bürokrácia által travesztált egyház, mely a hatalom kegyelméből, s nem az Isten kegyelméből, nem a Szentlélek sugallataiból, hanem a miniszterek leirataiból él, s mely egy darabig kegyelt favorita, hogy aztán rabnő legyen.

Az ilyen egyház, a sekrestyék egyháza, mely sekrestyékbe szorul, mert kriptákba való. Az ilyen egyház nem képes áttörni a közélet tehetetlenségén, a köznapiasság eszménytelenségén, a lemondás tunyaságán! Ezt csak akkor teheti, ha fellépteti magán a szellem sajátos jellegeit, az eszmény radikalizmusát; csak akkor, ha leveti magáról a szolgaság kényszerzubbonyát, ha nem az egyházjog, hanem az egyház szeretete, nem a paragrafus, hanem a szellem, nem a polcok, hanem az erények, nem a címek, hanem a tehetségek érvényesülnek. *(Prohászka: ÖM, 13:174)*

Elmélkedés (B év)

Ima Szent László királyhoz

Isten kedves híve, országunk nagy királya, a magyaroknak büszkesége, Szent László! Te vitézséged által megvédelmezted édes hazánkat a vad népek dúlásai ellen, bölcs törvényeid és igazságos ítéleteid által megtisztítottad kedves nemzetedet a pogány erkölcstelenség maradványaitól és istenes szent életed által oly kedves voltál Isten színe előtt, hogy imádságodra igen sok csodát mívelt. Isten előtt való nagy kedveltségedre kérünk, *nyerj hazánknak állandó békességet*, hogy se külső, se belső harcok és villongások ne dúljanak köztünk; szerezd meg nekünk hatalmas közbenjárásod által a kegyelmet, hogy a nemzetünkön rágódó pogányságot, hitbeli közönyt és káromkodást kiirtsuk, nehogy az igazságos Isten végképp elvesse magától ezt a te népedet, melynek üdvösségéért annyit áldoztál, hanem inkább magasztaljuk és terjesszük az Isten dicsőségét e földön, hogy a másvilágon az ő színről-színre való látásában veled együtt örökké örvendhessünk. Amen *(Sík: DB, 865)*

Szent Lászlóhoz

Hadak útján, mint egy zászló,
úgy lobogtál, hős Szent László,
úgy csillogtál, mint lángoszlop,
Óh te erős, óh te boldog,
mindenkinél nagyobb voltál te egy fejjel
s mint forrásvíz, jóság zengett szívedben fel.

Minden ocsmány, sötét vétket,
bölcs törvénnyel büntettél meg,
s kik özvegyek s árvák voltak,
te a szegényt pártfogoltad.
Lelkedben élt a krisztusi szent szeretet,
üldözőktől megmentetted a szüzeket.

A támadót te legyőzted,
legenda szállt teelőtted,
s a legyőzött hadak látták
arcod csodás sugárzását,
s leborultak eléd, s te e pogány népnek
földet adtál s felvették a keresztséget.

Árpádháznak szent királya!
a kezedben égi pálma,
Krisztusnak hős, hű lovagja,
tekints áldón a magyarra.
Hozzád szárnyal ajkunkról a forró ének,
védd békénket s óvd a bajtól árva néped.

(Ölbey Irén)

†

Megérté a vad ellenség: Krisztus vitézei le nem győzhetők, de halni tudnak! És épp ezáltal győzhetnek, mert Krisztus híve halni nem remeg. *(Sz Ciprián)*

Elmélkedés (C év)

Nép: a sokaság értelmes egysége, melyet ugyanazon dolgok vagy eszmék kedvelése tart együtt. Milyen a nép, az attól függ, mit kedvel. — Gonoszok *országa*, mely nem engedelmes Istennek mint Urának, nem hódol áldozattal senkinek, csak önnönmagának. *(Sz Ágoston)*

Szent László király, te kellesz nekünk

„Testedben tiszta, lelkedben ékes",
Kemény a harcban, trónon felséges,
Hősi dal zeng a szívekben rólad,
Királyi ember, emberi király —
Azért neveztek bátor Lászlónak?

Mint éhes farkas ölt, dúlt az ellen,
Csatabárd villant erős kezedben:
Homlokod fénylett, égnek magaslott;
Lángos kerubnak látott a sereg —
És győzelemre vívtad a harcot.

Gyötrő hőségben az ajkuk tikkadt:
Elbágyadását víg hadaidnak
S elfonnyadását gyötrődve látod.
Bízó és kérő szemed égre néz —
S kemény sziklából forrást nyit bárdod.

Futó pogánynak mit súg a sátán?!
Aranyat szór el. Jaj, annak láttán
Bomlik a rend az üldöző sorban.
Áldást és átkot mond most a Vezér —
S csak ócska kavics szürkül a porban.

Ördög vetése, konkolya bűnnek:
Rút tolvajlások csak meg nem szűnnek.
Áll ítéletre bírói széked.
Királyi széken bűn a gyengeség —
Te kemény kézzel a gazt kitéped.

Testedben tiszta, lelkedben ékes,
Templomban szolga, trónon felséges,
A harcban fényes győzelmi zászló,
A jókat véded, amikor ítélsz —
Hozzád sír néped,halld meg,Szent László.

Kellene nékünk a tisztaság is,
A keménység is, a bátorság is,
Önzetlenség is, az igazság is —
Lesújtani s forrást fakasztani
Kellene a szent, félelmes bárd is.

Kellene király: Istent ismerjen.
Kellene bátor Vezér, ki merjen
Sokat a bárddal, imával többet,
S hittel, erővel szabadítsa föl
Örökségünket, a magyar földet.

Elfogy a könnyünk, elfogy a vér is.
Kellene béke: bor is, kenyér is.
Kellene jóság, kellene szentség,
Mit elrontottak ártó emberek,
Hogy a jók, szentek azt visszamentsék.

Kellene áldás. Kellene Isten,
Mert hogyha nem küld, ki megsegítsen,
Királyt ha nem küld,jaj,végünk,végünk —
Íme vállunkon trónra emelünk:
Szent László király, Te kellesz nékünk.

(Mentes Mihály)

†

A magyar eszmény Lászlóban lett kereszténnyé és szentté. Szent László nem tanít; ő nem apostol; de ő küzd, harcol s győz a kereszténységért. A nép hajlamait, harci hagyományait, bátorságát, vitézségét lépteti be az eddig inkább csak tűrő, szenvedő, csöndes megadású kereszténységbe, s ezzel vezeti be az egyházat a magyar népéletbe. A népnek ugyanis a hős, a dalia, a vitéz harcos tetszik. Az ősi dicsőség pogány egén ott ragyogtak a hősök; a magyar kar, a bátor szív, melytől egy világ reszketett, nem szűnt meg lelkesíteni a népet, s eddig ez mind hiányzott a kereszténységben; az emberek meg voltak ugyan keresztelve, de a nép lelke még nem; mert a nemzet akkor válik kereszténnyé, mikor eszményeit keresztelik meg. A régi vitézséget Szent László tüntette föl önmagán; e jellemvonása által szívén ragadta meg a nemzetet; öröme s eszménye László lett; dicshimnuszt zeng a legenda róla; alakjába beleszövődik a keresztény lelkesülés minden nagy gondolata s meleg érzelme.

A kereszténység ezentúl már nemzeti életté, a keresztény király a nép hősévé vált. Szent István koronája a hős Szent László fején a keresztény királyságnak s e királyságot megalapító vallásnak szimbóluma lett, mely minden más csillagot elhomályosít, mely vízválasztó magaslatot von Szent László kora óta a pogány s a keresztény Magyarország közé. Ez az a férfiú, ki alatt Magyarország végleg kivívta függetlenségét s belső békéjét, ki alatt nagyot haladt polgári s egyházi szervezkedésében, s hatalommá vált keleti Európában. Szent László dicsőséges alakja rámutat a nemzet életében érvényesülő világosságra. A vallás élet legyen, nemzeti élet is legyen. Erőteljes, dicsőséges nemzetek a vallásosság s a tiszta, szigorú erkölcs életét élik; erejüket onnan merítik; szemeiket odafüggesztik, bajaikra gyógyfüvet ott keresnek. Tegyük nemzetivé a keresztény erkölcsöt, azt a szigorú, tiszta erkölcsöt, melyet Szent László élt s törvényeiben védett; természetesen nem a betű, hanem a szellem szerint.

Gyomláljuk, szántsuk, műveljük Szent László példájára a keresztény életet. Építsünk templomokat, mint ő; tiszteljük a római pápában Szent Pétert, mint ő, aki az Egyház leghatalmasabb titáni harcában, melyet függetlenségért és szabadságért vívott, a jognak s az erkölcsi hatalomnak harcában a nyers hatalom ellen, VII. Gergely pápa pártján állt. Tehát az egyház szabadságharcának egyik zászlósa is volt. *(Prohászka: ÖM, 7:461; 233)*

JÚNIUS 29.

SZENT PÉTER ÉS SZENT PÁL APOSTOLOK VIGÍLIA MISE

I: Az apostolok Jézustól természetfeletti küldetést és hatalmat kaptak embertársaik javára.
S: Az apostol megbízatása nem emberektől van, hanem Istentől, aki már születésétől kiválasztotta őt.
E: Jézus az Egyház főpásztorává teszi Pétert, és megjövendöli vértanúságát.

A bevezetést lásd az ünnepi szentmisénél (642. oldal).

Első olvasmányhoz ApCsel 3,1-10

Péter és János a kezdeti Egyház legfontosabb apostolai (ApCsel 3 és 4). Az esti áldozatra (15 órakor) jámbor zsidóként fölmennek a Templomba imádkozni. Az úgynevezett Ékes-kapunál ülő béna közismert alak volt a Templomnál. A voltaképpeni templomkörzetbe vak, béna, testi nyomorék nem léphetett be, még kevésbé pogány. A két apostolnak nincs pénze, de övék a Szentlélek ereje, hogy szóval és tettel bizonyítsák, hogy Jézus élt (ApCsel 1,8; 2,43; 5,12). „A názáreti Jézus nevében" meggyógyítják a bénát. Ez nem varázslat vagy mágia, hanem hit és bizalom Annak a hatalmas jelenlétében, akit Isten „Úrrá és Krisztussá tett" (ApCsel 2,36). Csak aki hisz Benne, léphet föl, szólhat, könyöröghet az „Ő nevével". *(Iz 35,4.6; Lk 7,21-22; ApCsel 14,8-10)*

Válaszos zsoltár Zsolt 19(18),2-3.4-5

A teremtés hírüladása

Szentleckéhez Gal 1,11-20

A galatákhoz maga Sz Pál vitte az evangéliumot. Őt követték más hithirdetők, és hatásukra Pál apostoli tekintélyét kétségbe vonták. Pál meg van győződve, hogy küldetése és tanítása Jézustól való, végeredményben az örök Isten szándéka. Hogyan bizonyítsa ezt ellenzőinek? Emlékezteti őket a maga múltjára: fanatikus harcosa volt a zsidó vallásnak, üldözője a keresztényeknek. Csak Isten tudta őt megtéríteni (ApCsel 22,3-16), az, aki őt örök tervében a „pogányok apostoláúl" rendelte (vö. Jer 1,5; Iz 49,1). A damaszkuszi úton Krisztus hívta őt; fényével egyszerre megvakította és megvilágosította.

Evangéliumhoz Jn 21,15-19

Krisztus föltámadása utáni harmadik megjelenése a tanítványok előtt főleg Péternek szólt, aki a tanítványok vezetője volt. Jézus megerősíti e tisztjében, de az alapfeltételre mutat, a pásztor kötelességére: teljes hűség és szeretet. Csak mikor harmadszor is kérdi Jézus: Szeretsz-e Engem? — akkor fogja föl Péter felelőssége súlyát és tulajdon méltatlanságát. A túlterhelt háló, mely mégsem szakadt el, már utalás volt a mindent magába ölelő Egyházra. De Péter ne csak halásza, hanem gondos pásztora is legyen az egész nagy nyájnak. Aki háromszor megtagadta Őt, azt teszi meg Jézus a legfőbb pásztornak, és nem a töretlen hűségű Jánost. *(Lk 5,1-11; Jn 10; 15,14; ApCsel 20,28; 1Pt 2,24-25; Jn 6,68-69; Mt 16,17-19; Lk 22,31-32; 2Pt 1,14)*

Elmélkedés

Lásd az ünnepi szentmise elmélkedését (643. oldal).

JÚNIUS 29.

SZENT PÉTER ÉS SZENT PÁL APOSTOLOK ÜNNEPI MISE

I: Isten csodálatosan meghallgatja a hívek kérését, amikor állhatatosan imádkoznak Péterért. S: Isten örök boldogsággal jutalmazza azokat, akik hűségesen apostolkodnak az Ő ügyéért. E: Jézus Pétert teszi főapostollá és egész egyházának fejévé.

A mai ünnep talán annak a napnak a megünneplése, amikor a két szent apostol ereklyéit az appiai úti katakombákból átvitték a mai Sz Sebestyén templom közelében levő ókori szentegyházba. A hagyomány viszont az apostolfejedelmek kivégzése napjának tartja június 29-et, mely ünnepet először 354-ben említi a római naptár.

András testvére: Simon, a galileai Betszajda szülöttje, halász és házas ember volt. Élete szokásosan folyt, míg egy nap a Názáreti Jézus meghívta követőjéül. Ő nevezte el Kéfásnak, Sziklának (görög-latinban Petrusnak), s ezzel kimondta jövendő hivatását (Mt 16,13-20). Péter minden apostol-névsorban első helyen áll. Jézus távozta után ő vezeti a jeruzsálemi egyházat, ő veszi föl az első pogányt az Egyházba (ApCsel 10,11). Római letelepedése és vértanúhalála Néró császár idejében (Kr.u. 64—67 közt) ma történelmileg és régészettel is bizonyított tény; ahogy a szenthagyomány mindig is tartotta.

Pál halála évét általában 67-re teszik. Régebben egy második, külön emlékünnepe is volt június 30-án. Az 1970-i reform ezt eltörölte, de megtérése napját (Pál fordulása, január 25.) magasabb rangra emelte.

Első olvasmányhoz ApCsel 12,1-11

A jellemtelen Heródes-Agrippa királynak nem számít a vallás — se zsidó, se keresztény —, csak az, hogy jobban elfogadtassa magát a zsidóság vezetőivel. Jeruzsálemben Péter, Jakab és János a keresztény egyház oszlopai (Gal 2,9). Jakab kivégzéséről csak röviden számol be az Apostolok Cselekedetei (12,2). Péter elfogatását és szabadulását viszont tüzetesen elmondja. Húsvét hetében fogják el, hogy az ünnepek után elítéljék. (Ez Kr.u. 41. és 44. év között történik.) E végső szorongatásában az Egyháznak csak az imádság a fegyvere. (Ma talán politikai összeköttetéseket mozgatnának meg, vagy a közvélemény nyomásával kísérleteznének...) A szabadulás egyedül Isten műve. A feszült, átélt leírással a szerző (Sz Lukács) az Ószövetség nagy isteni szabadításai közé emeli e tényt. *(2Mz 18,10; Zsolt 106,10; Dán 3,95; Lk 1,68.71.74)*

Válaszos zsoltár Zsolt 34(33),2-3.4-5.6-7.8-9

Isten oltalmában

Szentleckéhez 2Tim 4,6-8.17-18

Sz Pál nemcsak beszélt, leveleket írt, hanem kétkezi munkával dolgozott is, semmi erőfeszítéstől nem riadt vissza, semmi veszélytől nem félt. Élete végén keze bilincsekben: más írja elő neki, mit tehet, mit nem. Magános öregember, akit mindenki cserben hagyott. Mégsem keserű, sőt: tele hálával és tele reménnyel. Megtartotta hűségét az Urához, s most vár az Ő eljövetelére. Ennek az apostoli életnek titka a szeretet; minden gazdag életnek az a titka! És a szeretetnek nincs soha vége (1Kor 13,8): életének föláldozása lesz az apostol utolsó istenszolgálata. *(Fil 3,4-16)*

Evangéliumhoz Mt 16,13-19

Jézus tanítványai számára az a legfontosabb, hogy Jézus tanait jól megértsék, s ehhez az is szükséges, hogy tisztán lássák személyét. E tisztánlátás a célja Jézus kérdésének: „Kinek tartják a népek az Emberfiát?" „Az emberek? — ti pedig? — és Simon Péter?" Ez a három foka a hitnek és fölismerésnek. Sz Márknál csak Péter válaszát halljuk: „Te vagy a Messiás!" Máténál többet: „...az élő Isten Fia". E választ már előkészítette Mt 14,33, ahol a tanítványok hirtelen megvilágosodással vallják: „Valóban, Te Isten Fia vagy!" Péterre és hitére építi Jézus az Egyházat. Péter a Szikla, aki ellenáll, s nem dől meg a pokoli erők támadásai és szorongatásai alatt, melyek megelőzik az Emberfia végső eljövetelét. De Jézus mégsem földileg „diadalmaskodó" Egyházat alapít, mert Őmagának, az Emberfiának is sokat kellett szenvednie és végül megöletnie (16,21). Péternek is meg kell tanulnia, hogy ne azzal törődjön, mit akarnak az emberek, hanem hogy mit akar Isten! *(Mk 8,27-29; Lk 9,18-20)*

Elmélkedés (A év)

Pápai tekintély

A Szent Péter téri obeliszk nagy jel gyanánt emelkedik ki a korszellem ez árjából. Harcot jelez a pápaság ellen. Szükségképpen! *Mert nincs trón, nincs erkölcsi hatalom, nincs intézmény, sőt nincs fogalom, mely szúróbb és élesebb ellentétet képezhetne a tekintélyt öntudatosan vagy öntudatlanul tagadó árral szemben, mint a pápaság.*

A pápaság Krisztus tekintélyének konkrét alakja: kifejezése, nyílt törvényképp kimondott kötelezése a mellét düllesztő embernek: *hinned kell, mert Én, az isteni tekintélynek földi szerve, mondom.* A pápa Krisztus helytartója, atyja, tanítója az egész emberiségnek *Isten kegyelméből.* A csalhatatlanság ezt az ő tanítói hatalmát teljesnek, föltétlennek, minden teremtményt kötelezőnek jellemzi, s engedelmességet követel *nem kegyelemképp, hanem kötelességképp.* Ez az engedelmességnek a legtisztább s legtulajdonképpenibb alakja. A pápa, ez a határozott egyedi ember követeli az engedelmességet nem a község, nem az összesség, nem a társadalom s emberiség nevében, hanem az *Isten nevében.* A tekintély elve, mely hatalomról szól s azt nem a nép akaratából és szuverenitásából eredezteti, hanem az Isten kegyelméből, a pápaságban bírja legtisztább kifejezését. De épp ezért a pápaság „sicut signum ad sagittam" [mint céltábla a nyílnak]. *(Prohászka: ÖM, 12:208)*

A szentek unokáihoz

Ki kell göngyölni azt a zászlót!
Hadd lengjen nyíltan szabadon,
Hadd lássa meg jól minden ember
Fönn, lenn és minden oldalon:
Itt a kereszt vitézi vannak
S az örökváros gyermeki,
Harcolni készek félvilággal,
Mely a keresztet megveti.

Tizennyolc század óta állunk
E vérrel áztatott helyen,
Hol mártíroknak pálmalombja
S a szent igazság megterem;
Azóta lábaink porába
Hullott már nem egy korona.
De mi hitványan egy körömnyi
Földet sem adtunk fel soha.

Voltunk már úgy, hogy a koporsó
Lett ágyunk és szent asztalunk,
S vérünk emésztő máglyatüzénél
Olvastuk meg, hányan vagyunk?
Három század kovácsolt egyre
Gyilkos rabláncokat nekünk,
De végre is fülökbe harsant
Magas győzelmi énekünk.

Mint Dániel három hős ifja
Daloltunk a tűz közepett,
Midőn pokollal ostromoltak
S csaknem ránk gyújtják az eget. —
Kiálltuk a düh vad csatáját
S az észnek éles gúnynyilát, —
— Mit félünk hát mi ennyi sebbel?
Többet nem adhat a világ!

Ki kell hát tűzni azt a zászlót,
Lobogjon bátran, szabadon,
Mely diadalmak hordozója
Volt annyi hosszú századon.
Nem élünk-e? — nem él az Egyház?
— Az Isten mozgó serege
Vagy elaludtunk a babéron?
Vagy szégyen a kereszt neve?!

Óh jaj nekünk, óh jaj, ha gyöngék
Már a leviták vállai,
S a szent szövetség könnyű terhét
Nem birják többé hordani!
Ha azt várjuk, hogy majd bedöntsék
A szép Angyalvár falait,
És rongyra és jászolra jusson
Az édes Jézus és a hit!

Ha azt várjuk, amíg fejünkről
Letépnek minden koszorút,
S a hitnek, jognak, szent erénynek
Nyilván izennek háborút!
Hogy számolunk be a jövőnek?
Vajjon fog-e hallgatni ránk?
Midőn a tettek hő nyarában
Oly gyáva-mélyen hallgatánk!

Velőt a csontba s vért a szívekbe!
A holtak is támadjanak!
Az illatok oltára égjen,
S épüljenek a szent falak! —
Isten, a legszentségesebb ügy
S két ezredév tekint felénk,
— Óh még megérjük, elpirul ránk
Az Egyház s elpirul az ég!

Ki kell hát tűzni azt a zászlót!
Hadd lengjen nyiltan, szabadon,
Mindegy, ha nincs is sas fölötte,
De szent Galamb áll őrt azon,
A Szentlélek, kiből születtünk,

S ki szíveinkben itt dobog;
Előre hát! míg ő közöttünk,
Az Egyház élni s győzni fog.

(Mindszenthy Gedeon)

†

Az Egyház

Míg aluván, testvérek, ilyen jelentést ada Isten:
Egy szép ifju beszélt hozzám: „Ki szerinted ez agg nő,
könyvecskét a kezedbe tevő?" — Mondám: „a Szibilla..."
— „Tévedsz! Több, magasabb!" — Ki tehát? — kérdém. — „Ez az *Egyház*."
Szólok: „S mért ily idős?" — Mert minden időknek előtte,
Úrnak Igéje teremté. Ősi, de ifju! *Miatta*,
Érte akarta, hozá mind létre *világot az Isten*!"
„Isten Szent Egyháza pedig lesz egy test, egy akaró ész,
egy lélek, egy hit, egy szeretet — lobogás..."

(Hermás: Második látomás; Pásztor 4,1)

†

Egyházért imádság

Nézz ránk, ó Isten, minden dolgoknak teremtője és irányítója, és hogy megérezzük magunkon kegyes pártfogásodat, adj nekünk erőt, hogy teljes szívünkből szolgálhassunk Neked.

Jótéteményeidet, Uram, jól látjuk magunk között, azért nagy a mi bizalmunk. Adj azért nekünk akaratot és képességet ama munkára, amely neked tetsző. Légy kegyes, Uram, a te népedhez és ne tagadd meg tőle az ideigvaló vigasztalást, hiszen a te akaratod, hogy az ideigvalón keresztül törekedjünk az örökkévaló felé. Add meg nekünk mindenekelőtt, ó Uram, örök ajándékaidat, hogy a *megtapasztalásra támaszkodva keressünk Téged* és a keresésben mindenkor újra megtapasztalhassunk.

Adj a te népednek mennyei áldást és tölts el bennünket lelki ajándékaiddal! Adj nekünk szeretetet, örömet, békét, türelmet, jóságot, szelídséget, bizakodást, hitet és tiszta szívet, hogy ajándékaiddal gazdagodva vágyakozásunk vezessen el hozzád. Amen. *(Nagy Sz Leó)*

Elmélkedés (B év)

Egyház: hódolás Krisztusnak

A liberális vajúdások mind oda lyukadnak ki, hogy elhomályosítják, vagy ha lehet, kiirtják az engedelmesség tiszta, szűz fogalmát; pedig az embernek ez lényegével járó hozománya, melyről neki — ennek az Istennel szemben *akarva-nem akarva hódolni* késztetett lénynek megfeledkeznie sohasem szabadna. Ha ezen fogalmán túlad, megbomlik közte s az Isten közt a kapocs, a híd, melyen egyes-egyedül érintkezhetnék vele, s ezt a következményt, melyre az elvek mentében bukkantunk, az emberiség szomorú, de logikus tényekkel illusztrálja. A leglogikusabb tény ez elvek nyomában: a hitetlenség. S nem köszöntött-e be? Mindenütt beköszöntött. Mihelyt a reformáció az egyházban az élő tekintélyt, a pápát elvetette, fölverte községeiket a szétágazó vélemények gaza, — csupa emberi vélekedés és tévely! Hogy viselkedett ez új elvű hittel szemben a tények logikája?

A tények logikája úgy fűzte a dolgokat, hogy a legtöbben megunták ezt az ezerképű és alakú hitlátszatot és a kinyilatkoztatást mint puszta történelmi tényt, vagy ami még radikálisabb, mint mítoszt a szuverén kritika bárdja alá bocsátották; *a vége hitetlenség lett.* S ismét; másképp fejlődtek-e az események akkor, midőn a csuklyás janzenizmus és az utána fiúszámba nőtt racionalizmus tőlük telhetőleg homályosították, sötétítették az *„élő tekintélyt az egyházban?"* Nem, az eredmény itt is az volt, hogy a katolikusok soraiban a hitkétely és a hitetlenség éppen e két században radikális pusztítást végzett.

Tehát mi eziránt tisztában vagyunk. A hit aktusa elsősorban az örök igazságnak járó hódolat a teremtett értelmektől. Aki a tekintélyt tagadja, aki az első tekintélyt, mely a földön az Isten nevében az értelmeknek célhoz vezetését igényli, csorbítja, támadja, elhomályosítja, s ezáltal a neki járó engedelmességet mint „a gyámsági szervezet alatt nyögő emberi szellem produktumát" bélyegzi, mely a „felnőtt s erejének öntudatával" szertenéző „erős szellemekben" önként összezsugorodik, — annak a szentszékben a tekintély és az engedelmesség régi elveinek megtestesülését *kell* támadnia s azt az új világ egyetlen lényeges ellenségének vallania.

Ezen ellentétek harcában, mely a metamorfózisok fantasztikájával vívatik, de csak egyféle kudarccal végződhetik, „Christus vincit", Krisztus győz. Győz pedig a szentszékben. Valamint az isteni tekintély itt a földön a szentszékben nyert konkrét alakot, s valamint a tekintély e megtestesülése ellen, a szentszék ellen dúl szükségképpen a harc: úgy a győzelem is, a Krisztus győzelme a szentszéknek juttatott hódolatban és elismerésben fog kifejezést nyerni. Ezt a kifejezést ragyogóbbnál ragyogóbb színekben varázsolják a világ elé a pápák egymást érő ünnepei. Minden hívőnek lelkébe vésődik a vasszükségesség érzete, hogy amily igazán akar hinni s végleg győzni, oly igazán kell a szentszékhez ragaszkodni és Krisztus harcát a szentszék lobogója alatt vívni, mert csak e lobogón áll az új monogram: Christus vincit! Mindenfelé szétforgácsolódás a szellemek világában, huzavona, szkepszis, a szekták szimbólumai tele vannak klauzulákkal, kibúvókkal, az egyéni hitvallások rezervákkal, a kereszténység racionalizmussá fajul s a reformátorok erősvárú hite desztillációban párolog el végképp... Csak itt a szentszék körül van *egység* a legfőbb isteni tekintély elismerésének s a neki járó készséges hódolatnak árán. A szentszéknek lelkes átkarolása az ész és szív odaadásával úgy veszi észre, hogy rajta teljesül a próféta szava: „Halljatok engem, kik igazat követtek és az Urat keresitek: figyelmezzetek a kősziklára, melyből kivágattatok; figyelmezzetek atyátokra, mert egyedül csak őt híttam és megáldottam és megsokasítottam". (Iz 51,1-2)

Így értjük az obeliszk első föliratát, a nagy világtörténeti program első pontját.

A gránitba vésett isteni jogok másik két pontja: Christus regnat, Christus imperat. *Krisztus uralmát és imperiumát hirdeti. (Prohászka: ÖM, 12:210)*

Egyházunk egységéért

Én Uram és én fönséges Istenem!
Az angyali sereget Te alkotád,
Te tárád ki az egeknek sátorát,
Te veted meg Földnek fundamentumát.
Mind: semmiből Szavad hozta, egy „Legyen!”

Hallgasd meg, kik szód’ fogadják s parancsid’,
Szentül félőt, hűn-szeretőt hallgasd itt!
Híveidet óvd meg, hisz’ Te hívtad mind...
Farkasoktól védd: a Földtől-álnoktól!
Cselt sző rájuk, s nyájat, Téged káromol...

Egyházadat építsd, gyűjtsed egységbe!
„*Egyek*” s „*tiéd*”: — világ erről ismérje!
Egy a hitük, egy szerelmük, egy Lelkük;
ez a Lélek hozzon éltet: Igédet!
Áradjon szét, tüzesítse tiédet!

Mindenek nagy Neved áldják: dicsérnek,
Atya-Fiú s megszentelő Szentlélek!

(Sz Cirill hithirdető imája versbe szedve)

†

XXIII. János pápa megnyitja a II. Vatikáni Zsinatot: előre óva, hit és erkölcs tanában nem lesz változás, a zsinat „pasztorációs jellegű”. Valóban ez összegezte az Egyház tanait!

És mindenek fölött: hűség az *Egyházhoz*: az egy és szent, katolikus és apostolihoz! Jézus nem alapított több, más-más egyházakat, csak egy és egyetlen Egyházat. *(XXIII. János pápa)*

Az Igazság szent letéteményét [depositum, örökség] óva kell őrizni! Föltétlenül életbevágó, hogy az Egyház egy percre se mulassza szemét tartani az *Igazságnak* szent *örökségén*, mely az Atyától ránk maradt. Ez bizonyos és változhatatlan tanításunk, amelynek minden hívő köteles szót fogadni! *(XXIII. János pápa)*

A Szentírás és Szenthagyomány alapján, e Zsinat azt tanítja, hogy a földön zarándokló *Egyház szükséges az üdvösségre*. Nyílt szavakkal kimondta Krisztus a keresztség szükséges voltát, és ezzel kimondta, szükséges az Egyház, mert a keresztség kapuján lépünk be az Egyházba. Krisztus jelen van itt nekünk Testben is, amely az Egyház; és Ő egyetlen Közvetítő, egyetlen Út az üdvösségre. *(II. Vatikáni Zsinat)*

Imák a pápáért

1. Isten! minden hívők Pásztora és Kormányzója, tekints kegyelmesen *N.* szolgádra, kit pásztorul állítottál Egyházadnak élére, s add neki, kérünk, hogy mindazoknak, akiknek elöljárója lett, javukra legyen szavával és példájával, hogy így a rábízott nyájjal együtt eljuthasson az örök életre. A mi Urunk Jézus Krisztus által. Amen.

2. Végtelen hálát adok neked, pásztorok fejedelme, örökkévaló Pásztor, Uram Jézus Krisztus! Te juhaidnak legfőbb pásztorává és Egyházadnak fejedelmévé rendelted Pétert, szent apostolodat és a többi római püspököket, amint egymás után következnek; örök időkre szóló Anyaszentegyházadat e sziklára építetted, hogy a pokol kapuja soha erőt ne vehessen rajta.

Könyörgök hozzád, felséges Istenem, aki oly hatalmasan oltalmaztad egykor Mózest most pedig Szent Péter székét, hogy jelenleg uralkodó *N.* pápánkat Egyházad számára egészségben megtartsad és engedd meg, hogy diadalt arathasson a katolikus hit ellenségein és a pokol kapuin. Amen. *(Canisius Sz Péter imája, Sík: DB, 666)*

Elmélkedés (C év)

Apostolok

Ez az isteni hatalmasság jelensége, melyen a zsidók maguk is fölötte csudálkoztak: hogy a tudatlan halászok, kik soha még egy bötűt sem tanultak; azok a gyarló és félelmes pórok, kik az urak és fejedelmek előtt szólni sem tudtak, a világi bölcseket, császárokat, királyokat meghódoltatták és a Krisztus jármában befogták.

Azt gondoljuk meg: milyen tudományra térítették és micsoda édesgetésekkel vonták az apostolok e világot. Maguk az apostolok, mint e világnak szemetei és moslékai, mindeneknek csúfjai voltak; pökték, szidták, üldözték, pálcázták mindenütt őket; s végül, mint nyilvános gonosztevőket, a pellengér alatt, gyalázatos halállal végezték ki őket e világból. Azokat is, kiket Krisztushoz akartak téríteni, semmi egyébbel nem biztatták e földön, hanem hasonló gyalázattal, veszedelemmel, üldözéssel. És nemcsak az emberi értelmet sokkal felülmúló, nagy és csudálatos dolgoknak hitére kötelezték az embereket, de még azt is kívánták, hogy e világnak gyönyörűségeitől megvonják magukat, és ahogy az ő Uruk a keresztfán gyalázatos halált szenvedett, úgy ők is keresztüket felvegyék, magukat megtagadják, vagyonukat a szegényeknek osszák, és egy szóval, oly életet éljenek, melyet e világ csupa sült bolondságnál egyébnek nem tart. Vajon, ha az a győzedelmes nyelvű Demosthenes, az a szépen beszélő Cicero, az a nagy elméjű bölcs Plátó az embereknek azt mondották volna, hogy az, ki őket követi és velük tart, e világnak gyűlölségét és gyalázatját kapja; ha azt kívánták volna tanítványaiktól, hogy a vagyonukat a szegényeknek adják, a másét ne kívánják, a gonoszért jóval fizessenek, a világi gyönyörűségnek ellene mondjanak; és mind ezekért fogságokat, kínokat, gyalázatokat, világ gyűlölségét ígérték volna: ha, mondom, ezek ilyen ígéretekkel hitegették volna az embereket magukhoz, vajon elhitethették volna-e, hogy örömest és víg szívvel hozzájuk adnák minden rendek magukat? Soha, bizony, az emberi bölcsesség ezt senkivel el nem hitethette volna. De az együgyű halászok, a tudatlan parasztok, ilyen „édesgető beszédekkel" térítették a világot Krisztushoz. Mert noha ezek igen erőtlen fegyverek volnának az emberek kezében, de az Istennek karja diadalmas erőt ad mindezeknek.

Nyilván ha az apostolok csak az emberek megcsalására gondolt tudományt akartak volna hirdetni, a csalogatásra lágyabb, szabadosabb, a testnek alkalmatosabb és a világ ítéletéhez illendőbb utat találhattak volna, mint Mahomet és a többi hamis tanító, kik mindenkor a testnek gyengéltetésére, a testi kívánságoknak szabadságára eresztették sok dologban az ő nyájukat, és emiatt (mivelhogy hajlandó a természet effélére) könnyen találtak követőket. Mindazáltal még a testi szabadság csalogatásaival is sem Epicurus, sem Mahomet, sem senki egyéb annyi sokaságot magához nem kapcsolt soha, mint amennyit az apostolok vezettek Krisztus hódolatára. És ezen csudálkozik Sz Ambrus: Tekints meg, úgymond, mennyivel *erősebb a hit az okoskodásnál*! A bölcsen okoskodó filozófusokat ím minden nap elhagyják: az „együgyű hitűek" viszont szaporodnak. Nincs hitelük a világ bölcseinek, de mindnyájan fejet hajtnak a halászoknak. Amazok kényeztetéssel, gyönyörűséggel csalogatják az embereket: ezek böjtöléssel és fájdalmokkal fejtik ki az ő hálójukból. És többen édesednek a nyomorúságokkal az igazság követésére, mintsem a kedves gyönyörűséggel a hamisságra...

Végezetül, méltó azt is eszünkbe juttatnunk az egész egyházi historiának folyásából, hogy sokkal többen tértek a keresztény hitre a mártírok kínját látván, mint a tanítók prédikálását hallgatván.

Ezen fölül e világi bölcsek és fejedelmek tőrrel, pajzzsal oltalmazzák az ő ősüktől reájuk szállott tévelygéseket: de mindazáltal — erő s hatalom nélkül, adomány és ígéret nélkül, fenyegetés és világi fejedelmek kényszerítése nélkül — az ilyen fene, dühös embereknek keménységét, bölcsességét, hatalmasságát a keresztyéni szelídségnek, együgyűségnek, alázatosságnak igájába fogják, megszelídítik, minden feslettségből kimosdatják. E dolgot szinte oly csudálatosnak kell tartani — mondja Aranyszájú Sz János —, mintha az ártatlan bárányok a dühös farkasokat meghódoltatták és birodalmuk alá hajtották volna. És ebből tetszett ki, úgymond, a mi Urunknak hatalmas ereje, hogy a bárányok meggyőzték a farkasokat, az erőtlenek hatalmaskodtak a világbírókon, a tudatlanok diadalmaskodtak a világi bölcsek ellen.

Meggondolván Sz Ágoston ennek a bizonyságnak erejét, azt írja, hogy senkinek nem szabad a keresztyén hitnek igazságárúl kételkedni. *(Pázmány: Kalauz, 2:3; Második bizonyság: A világ megtérésének módja)*

†

Hogy e férfiaknak *igehirdetése* valóban *isteni*, tisztán átallátjuk azt eszünkbe véve, milyen, ki hirdeti. Tizenkét műveletlen, tó-, folyamparton, pusztán élő maroknyi nép, hogy is gondolta ki! — ily óriás tervre törpék vállalkozván: Földet hódítani? Oly férfiak, kik tán nagyvárost se láttak: fórumra kiálltak? Hadat üzent s indult kis had nagy csatáknak, neki a világnak! *(Aranyszájú Sz János)*

Corpus Christi Mysticum [Krisztus titokzatos Teste]

És látjuk Őt sietni mifelénk:
megtért örömünk aranyfényébe homloka,
mert kitől nyájunk messze bolyonga,
utánunk jött, hogy összegyűjtse szétszórtat
s vállára beteget,
úgy lelt minket nyomorunk ölén,
s alázatot a kezünkbe tevén,...
nyájává újra elfogad.
Ott él a kelyhed színborában,
oltárkenyér-ostyában,
a vágyaidra Őt teszed, éhes ajkadra Őt veszed,
Szíve magányához hívod s tárul kapud, a Rá nyitott!
Atommá porlott: egybeforrott,
mert öröklétnek csöndje több erő, mint viharok.
Egy test vagyunk mi, egy vér,
egy lélek-szülte lángba: testvér.
Benned Uram, — úgy akarod —
világ igaz létére eszmél.

(Gertrud von Le Fort)

JÚLIUS 2.

A BOLDOGSÁGOS SZŰZ LÁTOGATÁSA: SARLÓS BOLDOGASSZONY

I: Az Úr, Izrael királya köztetek él. S: Segítsetek a szenteken, ha szükségben vannak, gyakoroljátok a vendégszeretetet. E: Erzsébet így szólt: „Hogyan lehetséges az, hogy az én Uramnak anyja jön hozzám?"

Gábor arkangyal a Megtestesülés hírüladásakor megmondta a Szentszűznek, hogy unokanénje, Erzsébet is fiat vár idős kora dacára. Mária, alázatosan titkolva, hogy mennyivel nagyobb kitüntetéssel a megtestesült Igét hordja — siet Erzsébet segítségére Juda földjének hegyi városkájába (a mai Ain-Karimba). Erzsébet isteni sugallatra fölismeri, dicsőíti Üdvözítője anyját Máriában. Mária az ószövetségi zsoltárok nyelvén fönséges magasztaló énekben tör ki: mert előbb is tele volt szíve ilyen hálás, dicsőítő, hódoló érzelmekkel! A még méhben viselt Keresztelő is ujjong. Mindezt ünnepeljük ma, Vizitáció napján: az alázatos segíteni sietést, a kiáradó hálát, boldogságot és a himnusz jövendölését: „Mától kezdve Boldognak hirdet engem minden nemzedék"!

A korábban csak helyenkint megült ünnepet VI. Orbán rendelte el az egész Egyházra 1389-ben, a bázeli zsinat ezt újra rögzítette július 2-ra. A keleti Egyházban a katolikus melkíták a Húsvét utáni pénteken ülik meg, a maronita szertartásúak pedig a Karácsony utáni 4. vasárnapon. Az 1969-i ünneprendezés ezt a napot május 31-re tette, hogy időrendben Keresztelő Sz János születése (június 24.) elé jusson — mert az evangéliumi szöveg ennek előzményét adja elő. A július 2-i dátum, Sarlós Boldogaszszony ünnepe, legföljebb a Szentszűz látogatása végéhez illik. A hagyomány szerint mi továbbra is július 2-án tartjuk ezt az ünnepet. Ez időtájt kezdődtek a magyar aratások, a régi időkben még sarlóval.

Első olvasmányhoz Szof 3,14-18

Lásd C év 3. adventi vasárnap, 447. oldal.

vagy

Szentleckéhez Róm 12,9-16

Sz Pál az Egyház, Krisztus titokzatos testének tagjairól beszél. A tagok különféle kegyelmi ajándékokat kapnak, de azokat úgy kell gyakorolniuk, hogy a többi tag javára is váljanak. A szeretet parancsát követve embertársainkban is az Úrnak szolgálunk. Ezzel az Istennek tetsző élettel tápláljuk az Egyház állandó növekedését a szeretetben. *(12,9: Ám 5,15 ▫ 12,10: Zsid 13,1-2; 1Pt 1,22 ▫ 12,12: Zsid 10,36; Lk 18,1 ▫ 12,13: 1Kor 16,1; Zsid 13,1-2 ▫ 12,14: Mt 5,44; ApCsel 7,60 ▫ 12,15: 1Kor 12,26 ▫ 12,16: Péld 3,7; Fil 2,2)*

Válaszos zsoltár Iz 12,2-3.4.5-6

Az Úr magasztalása

Evangéliumhoz Lk 1,39-56

Lásd C év 4. adventi vasárnap, 450. oldal. és Nagyboldogasszony, 663. oldal.

Elmélkedés (A év)

Mária öröme

„Fölkelvén Mária ama a napokban, sietve méne a hegyes tartományba, Juda városába." (Lk 1,39) Siet Hebronba a hegyek közé. Könnyen lépked-szárnyal. Túlboldog, extatikus lélek lendülete ez; „mit Höhensehnsucht" [magaslat vágyával] jár. Öröm, boldogság, érdeklődés, szeretet, hév, lelkesülés, harmónia tölti el lelkét. Hogy néz végig a virágzó vidéken, — hogy énekel feléje patak, erdő, virág. „Folyam zúgása, erdő susogása, sziklák meredélye: ez szívem lakása." Lendülete gyújt, éneklő lelke másokra is áthat, s íme Zakariás is énekel s Erzsébet szíve alatt a gyermek is „exultat", örvendez. Óh igen, hiszen a lélek ragyogóbb és melegebb és szebb, mint a napsugár, hát hogy ne hintene maga köré szépséget és örömöt. Ezt kell nekem is tennem.

Jézus szeretete hevíti a Szüzet; ez a tűz ég benne; ez hevül lelkében, ez csillog szemében, ez érzik meg lényén, keblén, keze érintésén. Szava ettől meleg, érintése ettől lelki; erő áramlik belőle. Íme a járókelő Sacramentum! Bizalomra, szeretetre, megnyugvásra kell segítenünk az embereket. Higgyük, hogy a krisztusi lélek belőlünk is árad majd; higgyük s érvényesítsük! Isten gyönyörűsége ez a siető Boldogasszony! Betlehemben barlangba rejtette s édes magányban akart vele lenni; most meg kivezeti s hegyeknek indítja: „surge, propera amica mea" [kelj föl, siess én kedvesem]... siess, siess. Isten viszi, ő meg magában viszi az Urat. Ez a mi erőnk, ha Istent hordozzuk. „Deum pati", Istent elbírni, ez a legnagyobb s legmélyebb akció. Isten szeretete vigyen el másokhoz; az ő szeretete vezessen ki magányunkból a családi, a társadalmi életbe. — Kérdezzük magunktól gyakran, ez a tekintet mozgat-e? Mozgat akkor, ha nemes, okos, tiszta szándék vezet. *(Prohászka: ÖM, 6:52; 73)*

†

Mária Nap-fényű

Mária, Nap-fényű, jóságos szűz!
Bűnömtől szabadíts! Jó Anya, el ne űzz!
Irgalmat esdj ki fönn: tisztítson, újítson!
Hisz drága kebleden Virág kelt, virítón!

Ő a te Istened, Ő Atyád és Fiad.
Ily nyomorú népért jött le, nálad fogant!
s Kinek mélye-csúcsa, szélte fölfoghatlan:
Kis embertestbe jött lakni oly boldogan.

Mily csoda fogható ehhez!? — Szeplőtelen
Te hordtad a Szentet anyai öleden!

(Walter von der Vogelweide)

Elmélkedés (B év)

Mária-himnusz halálos ágyról

Dicső Szüze te fényünknek!
Homályosul melletted csillag mind!
Szűz kebleden tartottad Üdvünket,
ott életet, Teremtő ajka szítt!
Mit bús bűnével Éva-ős veszít:
Termőföldet, méhed fizette meg.
Feledte száműzött a csillag-ösvényit...
S Ég ablaka! gyújtád feléje szent Jeled!
Legfőbb Királyunk szentelt ajtaja,
te dél tüzében biztos útirány!
Hirdesd megváltott nép: A Szűz ada,
szült Élet-üdvöt, fönn kaput nyitván.
Dicsőség Néked, Király mindenen!
ki szűztől szülten, értünk földre lépsz!
S Atyával Lélek! légyen végtelen
időkön át tiétek ünneplés!!

(Páduai Sz Antal)

Elmélkedés (C év)

Üdvözlégy égi Rózsakert

Üdvözlégy égi Rózsakert,
Atyánál díszlő, illat-telt!
Szűz liliom, te ünnepelt!
Viszonozd Ávénk, Mária!*

Üdvözlégy, Ige kastélya,
bűnösnek vigasz-hajléka!
Mily szent szállást kap Ég Fia!
Viszonozd Ávénk, Mária!

Üdvözlégy, Lélek szentélye,
ki Háromságot vendégle!
Illatszer tára, szekrénye!
Viszonozd Ávénk, Mária!

Üdvözlégy, bűnök gyógyszere,
minden bajosok menhelye!
Ily biztos bástya védelme!
Viszonozd Ávénk, Mária!

Üdvözlégy, vitézek vasa!
Elmélkedők fényforrása!
Imádkozók ujjongása!
Viszonozd Ávénk, Mária!

Üdv! Diadalmak öröme!
Édesség boldog özöne!
Mindenek közvetítője!
Viszonozd Ávénk, Mária!

Üdvözlégy, Hármas-Egységes,
Hozzád kiált a Föld, vétkes...
Mária anya-érdemén,
oldozd bűnünk, Örök Remény.

(12—13. századi ciszterci költőtől)

(A legenda szerint Bernát üdvözlésére: „Salve Regina!" — a Szent Szűz megjelent s viszonozta: „Salve Bernarde!" A refrén erre utalhat.)*

AUGUSZTUS 6.

URUNK SZÍNEVÁLTOZÁSA

I: Ruhája fehér volt, mint a hó. S: Hallottuk az égből jövő szózatot. ***E (A év):*** *Arca ragyogott, mint a nap.* ***E (B év):*** *Ez az én szeretett Fiam.* ***E (C év):*** *Mózes és Illés beszéltek Jézus haláláról.*

Az eseményről Sz Máté, Márk és Lukács tudósít (l. evangélium). A keleti Egyház már a 6. században megtartotta az ünnepet. Nyugaton 1457-ben III. Kallixtus pápa vezette be kötelezően az egész Egyházra, hálaadásul a törökök fölött aratott *nándorfehérvári nagy győzelemért*: Hunyadi János, Kapisztrán Sz János, meg a magyar népi fölkelők hőstettéért. (Ugyanerről emlékszik meg a pápától elrendelt déli Úrangyala harangszava: előbb még könyörgésül rendelte a győzelemért, utóbb örök időkre hálául, mert az egész európai kereszténység léte forgott kockán.)

Első olvasmányhoz Dán 7,9-10.13-14

Dániel 7,2-14 versei egy látomást írnak le, melyet Dániel „Belsazár király első évében" (Kr.e. 550—49) élt át. A szakasz szorosan a második fejezethez kapcsolódik; mindkettőben a négy egymásra következő világbirodalom szerepel. Ezekben Dániel az egész világtörténelmet jelképesen összefoglalja, mégpedig ellentétbe állítva Isten országával. A történelem démoni erejét a negyedik vadállat szarva jelzi (IV. Antiochus Epiphanes, Kr.e. 175—163), de Dániel szemében már le van győzve. A világ hatalmasaitól elvétetik a hatalom és az Emberfiának adatik, aki eljön az egek felhőiben (7,13-14). Ki ez az Emberfia? Máshol (7,18; 22,27) mintha általánosan a Magasságbeli szentjeit értené, de itt *egy* személyként szerepel. Jézus szívesen hívta magát az Emberfiának, jelezve, hogy a régi titokzatos ígéret Őrá vonatkozik, egyben kifejezve emberi alázatát és isteni fönségét. *(7,9-10: Jel 20,4; 1,14; Jn 5,22 ▫ 7,13-14: Mt 24,30; 26,64-65; Jel 1,7; 14,14; 11,15)*

Válaszos zsoltár Zsolt 97(96),1-2.5-6.9

Öröm a Világ Urán

Szentleckéhez 2Pt 1,16-19

„A mi Urunk Jézus Krisztus hatalma és eljövetele" (1,16) az apostoli igehirdetés főtárgya. Nem valami „kieszelt mesén" alapul a történet, hanem olyan szemtanúk elbeszélésén, akik a földi Jézus életét tanúsítják. A „szent hegyen" való megdicsőülés azon nap első fölragyogása volt, amelyen majd Jézus megmutatja végleges dicsőségét. Ez első és második (jövő) élmény közé esik az üdvösség, Istennel való együttlét, amit máris megkaptunk, de a hitnek drága kincse a jövőben lesz nyilvánvalóvá és teljessé. Azon eljövendő nap fényében a jelen világ „komor helynek" látszik. De az ígéret („prófétai szó") a hívőnek lámpás, mely utat jelez, és az eljövendő örök nappalig világít. *(Mt 17,1-5; Mk 9,2-7; Lk 9,28-35)*

Evangéliumhoz A év: Mt 17,1-9, B év: Mk 9,2-10, C év: Lk 9,28-36

Jézus színeváltozása mindhárom szentírónál (Mt, Mk, Lk) együtt jár Jézus Krisztus kínszenvedésének megjövendölésével. A tanítványoknak, kik Jézusban fölismerték a Krisztust, ismerniük kell Jézus útját, amely egyben az övék is. Ő az Emberfia, ki szenved, meghal, föltámad. Ő a jövendő Úr, Isten dicsőségében. E dicsőségről Jézus nem szóval tanítja övéit, amit egyelőre úgysem értenének, hanem jövőből előrevett jelenéssel, kinyilatkozással, mely szemnek és fülnek leleplezi Jézus rejtett méltóságát. A tündöklés, amelyben Ő megjelenik, az Írásokban az égi lények megjelenési formája. Mózes és Illés a kettő, kinek Isten népe hitét köszönheti: — mindkettőnek Sínai hegyén volt nagy találkozása Istennel (2Mz 33,18-23; 1Kir 19,9-13). Most is a „szent hegyen" találkoznak az Úrral (2Pt 1,18), hogy tanúskodjanak Őróla: benne teljesedtek be a Törvény és a Próféták. Azután eltűnnek: — a jövőben csak Jézus lesz az, akire a tanítványoknak hallgatniok kell. *(2Pt 1,16-18; Zsolt 2,7; Iz 42,1; Mt 3,17; Mk 1,11; Lk 3,22; 5Mz 18,15; ApCsel 3,22)*

Szentségre várva

Megjelenik az Úrnak fényessége-lángja! Minden buzgón áldozónak lelkét világosítja, szívét forrósítja. Tárjuk ki szívünk-lelkünket: „Jó nekünk itt lennünk!"

Elmélkedés (A év)

Választott tanúi előtt föltárja az Úr az Ő dicsőségét és oly tündöklésben ragyogtatja mindnyájunkkal közös emberi testét, hogy arca lett, mint a Nap, ruházata villogott, mint a hó. Főszándéka ezzel az volt, hogy a Kereszt jövendő botrányát eltávoztassa övéinek szívéből; hogy meg ne zavarodjék ezek hite az Ő önkéntes szenvedésének megaláztatásán: hiszen már megjelent nekik rejtett méltóságának fönsége! De nem kisebb gondoskodással alapozta meg ekkor szent Egyházunk reményét is, hadd lássa Krisztus egész titokzatos Teste, mily színváltozásnak lesz részese az egész; hogy a tagok is társai lesznek annak a fönségnek, amely a Főben már előre fölragyogott! — Mózes és Illés, tehát a Törvény és a Próféták, az egész Ószövetség képviseletében, megjelennek, beszélnek Ővele: hogy Igazán az öt jelenlévővel teljesedjék az Írás: „Két vagy három tanú bizonyságán megáll minden tény és ige." Mi szilárdabb, mi is erősebb ez Igénél, kinek hirdetésében az Ó- és Újszövetség harsonái együtt zengenek? Az evangéliummal megegyeznek a régi vallomások. Egybehangzanak, egymásra utalnak mindkét szövetség lapjai és könyvei! Akit előző jelek a titkok fátylában ígértek, azt jelennek és láthatónak ragyogtat a dicsőség fénye. — Elragadva ily titkok tárulásán, földieket semmibevéve, örök dolog vágya tör Péter lelkére, telve a látomás ujjongásával: itt akar maradni Jézussal a nyilvánvaló dicsőség boldogságában... De Jézus nem felel az ő kiáltására, jelzi, hogy bár nem helytelen, de időszerűtlen az a kívánság. A világ csak Krisztus halálában üdvözülhet és az Úr példája arra hívja hitünket, hogy bár ne kételkedjünk az igaz boldogságban, — de legyünk szilárdul meggyőződve, hogy e világ kísértései-bajai közt előbb a tűrnitudást kell kérnünk és gyakorolnunk, csak azután a dicsőséget. *(Nagy Sz Leó: Urunk Színeváltozása beszéde)*

Meglátják az Istent (Isten képe a tiszta lélek tükrén)

„Boldog azért, aki *tisztaszivű*: meglátja az Istent!” (Mt 5,8)
Úgy érzem, mit igér: nem *szembe*, magával Urat lát
az, ki a lelki szemét tisztítja imába, hü tettbe’,
Tán nagylelkü Urunk ugyanarra utal, mit egyébkor
nyíltan, boldogitón kijelent: hogy a „Mennyei ország
bennetek él!”... Benned! ha tanultad szíved üríteni
minden földre tapadt vágytól s bünös érzelem-űzni!
Úgy érzem, hogy *Igénk* tömörül s tanáccsal akarja
híni övéit a Szívre: „Halandó *hivek*, akikben
vágy eleped, hogy lássa-elérje a Jót, a Valódit! —
S hallván, isteni Fönség *túl* egeken magasúl föl,
foghatlan ragyog ott a Dicsőség; az a Szépség
mondhatlan! S a halandó lét átfogni ne vágyja... —
Mégse veszítse reményit a hű, hogy ’látni se tudja’
vágyai Álmát... Mert, hogy elérni te tudd, a szivedbe
oltva a módja! Ki alkota, rejt bele isteni Szikrát.
Mintegy lényegedül, mint egy kicsi „Testesülésben”
Képire alkotván, vésettél mint egy „utánzat”.
Mint a viaszba nyomott szobor „ott van”, a Szobrot
várja az éhes üreg! Sérült-torzult a viasz bár,
Rossz befödé, hiba lepte, romokba ha látni az Arcot?...
Ámha a buzgóság rakodott bűnszennyeket elmos,
Isteni Arcot az új ragyogó szépségbe’ találja!
Lám a vas is: feketűlt; s köszörűkövön elveti rozsdát;
újra ragyog-villog, szent Napnak tündököl arca!
Belsőember eként, — kit Urunk úgy hív, hogy a „szív” ő, —
szutykos rút helyin elrozsdált alak is csunya-rücskös —
s fényt kap, az *ősi hasonlóság* megtér, — kiemelték!
Mert ami jóra *hasonlít* — s tényleg! —, jó bizonyára!
Néz bele most a szivébe, s Akit vágyódva epedt, Azt
ott leli, *látja*! S olyan *boldog* most *tiszta szívével!*
Szent és tiszta, ragyog! képmása az Ősi Remeknek...
Tiszta s a földit-elűzött szív, bűntől-idegenség: —
nem más az, csak az *Isten, bennünk itt lakozó* [s mi
ráojtott venyigék, míg lükteti Vérit a Tőke].

(Nisszai Sz Gergely)

Elmélkedés (B év)

Paradicsom örömei (De Gaudiis Paradisi)

Örök élet forrásához szomjazik a száradt ész;
testünk, zárait megúnva, börtönéből törni kész.
Nyugtalan hányódik, vágy, ki szökni *haza*: messzi néz!

Nyög panaszlón, annyi terhen, baj-nyomorban küszködik.
Rég mit vesztett, bűnnel ejtett: egy boldog kor visszaint!
És jelen Baj csak nagyítja áldást, Jót: — mely veszve mind...

Fölfoghatnád, legfőbb Békén az örvendés mekkora?
Lakhelyed a gyöngyből épült palotáknak városa!
Fenn a tető sáraranyból, s benn fényt áraszt lakoma.

Tél csikorgó, nyár forrongó: benne sohasem dühöng,
örök tavasz rózsát fakaszt, lomb-virágot zöldülőt
fénylik fehér liljom, s bíbor fürt! balzsamban fürödött.

Itt a szentek nagytündöklőn csodafénybe ragyognak,
diadalmon örül egy-egy, örömén a másiknak!
Bizton már, múlt gonosz veszélyt győztesen leszámolnak...

Minden szennytül szabad-szentül: test küzdelmet nem szenved.
Hús-test ösztön lelkivé lőn, így lélekkel ért egyet.
Tiszta-teljes békét élvez s nem botránkoz' egy sem meg:

Változékonyság levetve, ős-ártatlan voltra tér.
Ráragyogó Igazságba merül; magas vonz, s a mély!
Édes élő Forrás felel rég sóvárgó szomjakér'.

Örökfolyton egy-és-azon létük: ujjongó élet:
bölcs, eleven, víg kedveken, baj őket már nem érhet!
Mind gyógy: ép itt; kór nem érint; ifjú nem lát vénséget.

Örök mában élnek, „Van"-ban. Az Elmúlás elmúlott!
Így mind virul, ifjul, vidul, — hulla, — romlás elhullott.
Halhatatlan léterőn veszt Halál jogot s elkullog...

Tudva *Tudót*: mindentudók! Nemtudni mit tudnának?
hisz egymásnak is belátnak titkaiba: kitártak!
Akarat *egy* s nem-akarat, együtt ész, szív, kívánat.

Bár némelyje más érdemre jutott más-más sorsokon:
mind közössé tesz szeretet, mert szeretett, — szentrokon.
Egyé vagyon s *köz*tulajdon — legfőbb Úrba olvadón!

Ott hol a Test, joggal gyűlnek össze a saskeselyűk.
Angyalokkal szent üdvözült egy asztalhoz ül együtt.
Két hazából jött polgárt mind éltet közös Kenyerük.

Mind rávágyón, mind elégült, egyre *többre! s töltve* vágy!
Betöltség ott meg nem untat, „éhez" s éhséget nem lát...
Sóvár mindig betöltődik, étkez, éhez szent étvágy!

Mindig-új dalt búg boldog hang, egybecsengő dallamot.
Ujjongásba fülgyönyört ki orgonázza? Angyalok!
A Királynak hangjuk árad: győztes éltet Ő adott!

Óh te boldog lélek, áldott! szembelátod Szent Királyod!
S trón alatt a világ-mindent: — forog Mű, a világok!
Napot, Holdat, tűz-bolygókat, csillag ezrit: fényt, lángot!

Krisztus: harcos hős pálmája! végy föl már e táborba!
Oldva övem ha letettem, s kopott kardot Zsámolyra:
vidd leszerelt veteránod, hű polgárnak szent honba...

(Sz Ágoston szövegéből és képeiből, 7—10. századi ismeretlen)

†

Az örökkévalóság napja és a jelen élet nyomorúságai

Óh, boldog lakás a magasságbeli városban! — Óh, örökkévalóság ragyogó napja, melyet az éj soha homályba nem borít, hanem az örök igazság sugaraival szüntelen megvilágít; nap, amely mindenkor örvendetes, mindig barátságos, melynek boldogsága sohasem fordul ellenkezőre. — Óh, bárcsak fölvirradt volna már ez a nap, és vége volna minden mulandónak! — Ragyog ugyan a szenteknek örökké sugárzó fényében, de csak távolról és tükörben világít a zarándokoknak e földön. — Tudják a mennyország polgárai, mily örvendetes az; megsiratják Évának számkivetett fiai, hogy oly keserves és unalmas emez. — E mulandóság napjai rövidek és gonoszok, teli fájdalommal és ínséggel. — Hol az embert sok bűn beszennyezi, sok szenvedély behálózza, sok félelem szorongatja, sok gond lefoglalja, sok haszontalanság szórakoztatja, sok hiúság ejti tőrbe. — Sok tévedés körülözönli, sok fáradtság emészti, kísértés zaklatja, gyönyörűség elpuhítja és ínség kínozza. — Óh, mikor szakad vége ennek a sok nyomorúságnak? Mikor szabadulok meg a vétkeknek ezen aláváló rabságából? — Mikor lesz, Uram, hogy egyedül csak rád gondolok? Mikor lelem egyedül tebenned örömömet? — Mikor leszek minden akadály nélkül teljes szabadságban, minden testi-lelki nyomorúság nélkül? — Mikor lesz állandó béke, háborítatlan és biztos béke, belső és külső béke, minden oldalról erős békesség? — Óh, áldott Jézus, mikor jutok színed látására? Mikor szemlélem országod dicsőségét? Mikor leszel mindenben mindenem? — Óh, mikor leszek veled országodban, melyet öröktől fogva készítettél választottaidnak? *(Kempis: KK, 3:48)*

Elmélkedés (C év)

Mennyországba vágyódás

Azt mondja az Írás: az Isten-szeretők örvendjenek, hogyha a világ vége eljött. Ujjongjanak, mert aki Kedvese a léleknek, hamar érkezik már! S amit nem szeretnek, múlik már, tűnve le! Fölragyog az Úr Jele! Távollegyen, hogy ki hűn Őt látni vágyik sírna világ hulltán, — követve világfit! Tudja: minden ledűl, omlik s ő felepül! Ki a *„Világ barátja"* nevére sóvárgott: Isten ellenévé általa az válik. Világ vége jöttin ha ki nem örülne — barátjaként tüntet — bakokhoz kerülve! Hívő szív elveti ennek a gondolatját is, mert új életet várt s rajta szívbül munkált! Mi más földi élet, mint csak útonjárás? Mi lenne, testvér, jaj, az útban-leállás! Hogy „elfordultál" s utaddal felhagytál? — Léssz, mint ki nem indult, holtabb a holtaknál? *(Nagy Sz Gergely: 1. homília)*

†

Mennyország

Mily nagy, mily édes, milyen bizonyos minden dolgoknak tudása odaát, hol semmi tévely, semmi zavar, hol Isten bölcsességét issza lélek, a Forrásból magából, nehézség nélkül, teljes szent gyönyörrel! *(Sz Ágoston)*

Nem az mondatott: „Beléphet Urad öröme tehozzád", hanem: „Menj be Uradnak örömébe!" — és ez bizonysága, hogy az öröm végtelenszer több, mintsem fölfoghatnók! Belépünk majd az Isteni-Örök Öröm hatalmas óceánjába, s betölt ez majd belül, kívül, körülárad és ölel mindenfelül. *(Bellarmin Sz Róbert)*

Tökéljed el, hogy ezután mindig a mennyországon tartod lelki szemeid, készen bármiről lemondani, bármit veszteni, mi visszatart vagy mellékútra visz, az Ég felé igyekvéseden! *(Szalézi Sz Ferenc)*

Mikor a mennyország minden öröme árad földi szívünkbe, mily nehéz az ilyen szívnek, még egyre itt száműzésben, megállni a hatalmas özönt úgy, hogy könnyözön ne könnyebbítse! *(Liziői Kis Sz Teréz)*

AUGUSZTUS 15.

SZŰZ MÁRIA MENNYBEVÉTELE: NAGYBOLDOGASSZONY VIGÍLIA MISE

I: A frigyszekrény méltóbb helyre kerül. S: Minden diadalunk és dicsőségünk Jézus Krisztus érdemei miatt van. E: Boldog édesanya, akitől a Megváltó született!

A bevezetést lásd az ünnepi szentmisénél (662. oldal).

Első olvasmányhoz 1Krón 15,3-4.15-16;16,1-2

A szövetségláda vagy frigyszekrény arab-akácból készült szekrény volt, aranyborítással, benne a két törvénytábla (2Mz 25,16). A pusztai vándorláson a nép előtt vitték. Dávid átszállíttatta a szentsátorral együtt Jeruzsálembe, és ezzel tette a várost vallási és politikai székhellyé. Salamon a frigyszekrényt a Templom legszentebb helyiségébe tétette. A király és a nép szemében a frigyszekrény az isteni vezetés és oltalom jelképe, de állandó intés is, hogy a nép éljen a szent és mindig jelenlevő Isten akarata szerint. Mikor a babiloni hódító földúlta a Templomot (Kr.e. 587), a frigyszekrény eltűnt. De a neki kijáró tiszteletet átruházták a későbbi második Templomra és Jeruzsálemre: itt az Isten trónja „lábainak zsámolya". Az Újszövetségben magasabb fokon Mária maga Isten népe, a szent Sion, akiben jelen az Isten. Ő az új szentsátor, akit beárnyékoz Isten fönsége, akitől az isteni Ige emberi természetet kapott és általa „közöttünk lakozék". *(2Sám 6; Zsolt 132; 48; 1Krón 28,2; Zsolt 99,5; Lk 1,39.43; Jn 1,14)*

Válaszos zsoltár Zsolt 132(131),6-7.9-10.13-14

Dávid kiválasztása

Szentleckéhez 1Kor 15,54-57

A holtak föltámadása „titok" (1Kor 15,51), föl nem fogható, csak isteni hatalomnak lehetséges. Nem az a fő, hogy „megszólal a végnapi harsona", hanem hogy Isten átváltoztat mindent; a mulandó és halandó halhatatlanságba öltözik. Halandó részünk, úgy ahogy van, nem léphet át Isten világába. „Íme, Én megújítok mindeneket!" — mondja Jézus (Jel 21,5). De ez a folyamat már megkezdődött; a halál tövise: a bűn, le van győzve Jézus halála és föltámadása által. Aki Jézusban él, már átlépett a halálból az életbe, és mindenek előtt az Ő anyja, Mária, ki szent Fia személyével és művével legbensőbben összetartozott. *(Iz 25,8; Oz 13,14; Róm 7,13; 6,14; Jel 20,14)*

Evangéliumhoz Lk 11,27-28

Ahol Jézus beszél és cselekszik, ott Isten uralma lép közénk. Aki Őrá tud hallgatni, megérzi önnön lényének és sóvárgásainak benső rokonságát a hallott Igével: tudja, hogy őneki szól, hogy őt befogadja az Ige. Új képességet kap örömre, új szabadságot az igére. A nő, aki a tömegből kikiáltott, nem türtőztette hangját: kényszert érez, hogy dicsérje azt az Asszonyt, aki Jézussal legszorosabb kapcsolatba áll: az Ő Anyját. Az Anya tisztelete valójában Jézus tisztelete. És Jézus válasza nem elutasítás, hanem két dolog tisztázása: 1. Máriát nemcsak azért kell boldognak magasztalni, mert testileg Jézus anyja, hanem mert „az Isten Igéje hallgatói és követői" között is Ő a legelső; 2. Mária a tökéletes Ige-hallgató és követő, de nem egyetlen ilyen, — mindenki, aki hallja és követi Isten szavát boldog, Jézushoz tartozik és Jézus igazi rokona (vö. Mt 12,49-50; Mk 3,34-35).

Elmélkedés

Lásd az ünnepi szentmise elmélkedését (663. oldal).

AUGUSZTUS 15.

SZŰZ MÁRIA MENNYBEVÉTELE: NAGYBOLDOGASSZONY ÜNNEPI MISE

I: A napba öltözött Asszony: Isten népének, az Egyháznak és az Egyház édesanyjának egységbe olvasztott képe. S: Krisztus áll a megdicsőült emberiség élén: a feltámadáskor az Ő dicsőségében részesülnek, akik hűségesek maradnak hozzá. E: Az alázatosakat felmagasztaló Isten Máriát emelte a legnagyobb méltóságra az asszonyok között.

1950. november 1-én hirdette ki XII. Pius, hogy Máriának az égi dicsőségbe testestül való fölvétele Egyházunk hittétele, továbbá, hogy az *ókortól fogva* tanúsított keresztény vallomások e tételről kinyilatkoztatásnak tekintendők. Az ünnep maga igen régi; a keleti Egyház kevéssel az efezusi általános zsinat után (431) már megülte. Sőt Mauritius bizánci császár (582—602) augusztus 15-ét állami ünneppé is tette. A nyugati (latin) Egyház a 7. századtól fogva tartja ezt az ünnepet.

A *dogma (hittétel)* fogalmazása: „Kihirdetjük, kijelentjük és eldöntjük mint Istentől kinyilatkoztatott hittételt, hogy a szeplőtelen, mindenkor szűz Istenanyja Máriát földi élete végén testével és lelkével fölemelte Isten az égi dicsőségbe.” *(XII. Pius)*

Első olvasmányhoz Jel 11,19;12,1-6.10

Néhány mondat a Jelenések hatalmas eseményét vázolja. Az Asszony, aki az égen „nagy jelül” tűnik föl, a Messiás-gyermek Anyja. Őbenne megtestesül Isten egész népe. A 12 csillag az Asszony feje körül Isten népének 12 törzsére utal. A szülés kínjai nem a Messiás földi, történelmi születésére vonatkoznak, hanem az Asszony szülte isteni nép megpróbáltatásaira története során, főleg az idők vége felé, míg végre a „teljes Krisztus megszületik”, és „a mi Istenünk uralma” láthatóvá lesz. A végső időkben Szűz Mária szerepe egyre nagyobb lesz az üdvösségtörténetben, s ezt az egyházatyák kezdettől fogva így értették a Jelenések könyvében. A Mária kultusz összefügg hitvallásunkkal; ez a mi időnk „nagy jele” (vö. Lourdes, Fatima, stb.). *(11,19: 1Kir 8,1.6; 2Krón 5,7 ▫ 12,1-2: Iz 66,7; Mik 4,10 ▫ 12,3-6: Dán 7,7; 8,10; Iz 7,14; Zsolt 2,9; Jel 9,15)*

Válaszos zsoltár Zsolt 45(44),10.11-12.16

A Király menyegzős éneke

Szentleckéhez 1Kor 15,20-27

Isten beleszólt az emberi történelembe, kimondta végleges Igéjét. Ez az Ige „testté lőn”, megfeszítették, de Isten „föltámasztá Fiát halottaiból”, és mindeneket Őneki alávetett. De csak akkor lesz teljes a győzelem, mikor az „utolsó ellenség”, a Halál is le lesz győzve. Jézus győzelme a föltámadásával már megtörtént. Az Egyház jelen életében ez a győzelem a keresztségben és az ebből fakadó életben nyilvánul meg. Az isteni mű akkor jut végcéljához, ha már nem lesz többé se bűn, se halál. Csak akkor valósul meg az embernek Istenhez való hasonlósága, Krisztushoz hasonulása, ha a haláltól való szabadulás, melyet Ő harmadnapra kivívott, kiterjed majd az egész üdvözült emberiségre. Ami Krisztussal (és az Ő nyomdokán és erejéből Máriával) történt, az mutatja, mily cél felé halad a megváltott ember. *(15,20-22: Róm 8,11; Kol 1,18; 1Tessz 4,14; Róm 5,12-21; 1Kor 15,45-49 ▫ 15,23-26: 1Tessz 4,16; Zsolt 110,1; Mt 22,44; Jel 20,14; 21,4)*

Evangéliumhoz Lk 1,39-56

Miután kimondta nagy Igen-jét, Mária siet Erzsébet meglátogatására: mindkét asszonyt Isten áldottá tette, és különleges módon belevonta üdvözítő terveibe. Az előfutár megérzi Ura közelségét és eltöltve Szentlélektől már anyja méhében kezdi jelezni a felnőtteknek azt, aki utána Eljövendő. Erzsébet örömmel és tisztelettel köszönti fiatalabb rokonát: hittel tanúskodik Mária titkáról és hitéről. Mária dicséneke, a Magnificat, az Istenanyja válasza Isten nagy tettére Őbenne, ami itt újra tudatosul benne. Ebbe a hálaénekbe kapcsolódik Isten népének minden hívője és jövő nemzedéke a saját magasztaló himnuszával. Mária élete és éneke egyaránt kifejezi az alacsony-sort és fölmagasztalást, alázatos hitet és a választottság szent tudatát. A himnusz Isten nagyságát, irgalmát és örök hűségét hirdeti. *(1Sám 2,1-10)*

Elmélkedés (A év)

Ma az élő Istennek szent és lelkes hajléka, aki Teremtőjét méhébe fogadta, elmegy megpihenni az Úrnak nem kézzel készült hajlékába. Atyja Dávid pedig ujjong, és körtáncot lejt az angyali kar, és ünnepelnek az arkangyalok, dicséneket zengenek az Erők, ujjonganak a Hatalmasságok, ünnepet ülnek Trónusok, magasztalják a kerubok, dicséretét hirdetik a szeráfok. Ma az új Ádámnak (Krisztusnak) édene az „élő paradicsomkertet" fogadja be, azt, akiben letörlesztődött kárhozatunk, elültetődött az Élet Fája, befödetett a mi csupasz kifosztottságunk. Ma a Szeplőtelen Szűz, kit semmi földies bűnös hajlam nem szennyezett, csak égi vágyak, gondok éltettek, — nem a földbe tért le, hanem mert őmaga volt Jézus élő égi hona, az égi hajlékba vétetett. Mindnyájunkra tőle származott az igaz Élet (Jézus), hogy is ízlelhetne ő halált? De mégis meghajolt a törvény előtt, melyet Az hozott, kinek ő földi életet adott. És mint a régi Ádám leánya: a régi ítélet alá esett (hiszen ezt a Fia sem, ki maga az élet, nem kerülte el); mint az élő Istennek anyja pedig: méltósággal fölvétetett ahhoz magához az égbe. *(Damaszkuszi Sz János aug. 15-i beszéde)*

†

Máriának szolgálni, az Ő udvarához tartozni legnagyobb tisztesség ami bárkit érhet. Mert az, aki az Ég Királynőjét szolgálja, már ott uralkodik is Övele; parancsa alatt élni több, mint uralmi trónon ülni. *(Damaszkuszi Sz János)*

Boldogságos Szűznek égi örömei
(Gaude Virgo, Mater Christi)

Örvendj, szép Szűz, Krisztus Anyja!
mert egyedül Néked adva,
— tisztaságos hajadon, —
hogy jutsz oly nagy méltóságra,
Mennyeknek szent Háromsága
Fiadhoz fönt: oda von!

Örvend szűzi szent virággal,
különleges kiváltsággal
túlhaladsz fönn tündöklő
angyali fejedelemséget,
szentek között fényességet, —
lelkedet Kegy eltöltőn!

Örülj szívlánggal átölelt,
szent akarat égbe növelt:
úgy az Úrba kötődöl!
Egy óhajra mindent elérsz;
Vágyol bármit, jut ki egész,
Édességes Szülöttől.

Örvendj, Isten hű Jegyese!
ahogy fényt tüzel Nap heve,
önt el mindent ragyogás!
Úgy eléred: mind e földön
teljes békéd tündököljön
csupa fény- és tűzforrás.

Örvendj, Erény gazdag Tára,
kinek lesvén, egy szavára
vár Ég udvari hada.
Százszor boldog-édes, Téged
Jézus áldott szülőjének
tisztel, méltó Szűzanya!

Örvendj, gyámja nyomorultnak,
mert ki Atyja jövős múltnak:
híveidhez külde el!
Velejáró kegyekkel *itt*,
ott: sugárzó trónra segít,
fönn, lenn ország ünnepel.

Örvendj, tiszta Szűz és Szülő,
Úrban bízva, egy se szűnő:
két dicsőség tündököl!
nem hanyatlik -fogy -változik, —
de mind marad, virágozik
mindörökké-örökkön.

Isten választott Arája,
jó utunk légy szent hazába!
Sosincs ott öröm híja!
Ott a béke honol fénybe!
Hallgass, jó szív, itt e népre,
Édes szűz, óh Mária!

(Becket Sz Tamás)

†

Tenger Csillagához esengő dal

Tenger csillaga, szűzileg egymaga lett ki anyává
Egyfiad: Ég Igaza s Nap-fénye maga, s Napot leigázá.
Fénylő ékkő, Rózsa, te égő, te díszbe megáldott.
Lépes méz, ki tetéz jóságban legjavaságot.
Bármelyik illat kába s elillant: illatozod túl!
Kellemed űz telet, új tavasz, új kelet általad indul.
Testbe'-szívedben szűz, az Isten benn megfogan, árad.

Szűz szüli, kín töri, Szentfa-halála váltja bün-árat!
Hogy nyomorút vigyen égbe föl út: Magas eljön a mélybe!
Feltör azonba', Halál hal a romba, hoz Isten új létre.
Szűz, te hatalmas! Ég Kegye halmoz s száll be lakásra!
Szűz-öl akit terem: Atyja egy-Istened képe s a mása.
Hajnali-csillagod anyja, te Magzatod' áldja világ mind.
S téged imával, éneki árral hűk szíve áhít.
Mert mi Urunknak utána: fajunknak vagy te reménye.
Furdal a lelkünk: ész meg a testünk mocska-merénye...
Áll ha Ítélet: poklot a néped, esengd ki! ne lásson!
Boldog örök Hon: hű odajusson — födje Palástod!

(Marbod püspök himnusza)

Elmélkedés (B év)

„Kívánok elválni s Krisztussal lenni" (Fil 1,23)

A Szent Szűz vágya évek haladtával Krisztus után nőttön nőtt. Az angyali köszöntésnek és Betlehemnek éjjele csillagaival folyton tükrözött lelkén; a Kálvária és a mennybemenet hegye s a pünkösd emlékei mint viharok tűzvésszé szították föl hozzá vágyó szeretetét. Megjött végre halálának napja s ezzel a hazavágyó vágynak tetőpontja; lelke röpült mint a galamb, mint a szeráf, s az apostollal imádkozta: „Kívánok elválni s Krisztussal lenni". Ki mondhatta azt inkább?

Idegenben született, tehát haza vágyott. A szeplőtelen fogantatás földje idegen e világban; nincs itt helye; úszó sziget. Minél nagyobb és finomabb a lélek, annál inkább érzi, hogy innen mennie kell; ki érezte ezt édesebben, mint a Szűz?

Csupa eszményi, túlvilági cél és törekvés miliőjében élt. Jézus volt mindene, ki az utat mutatta a teljesebb, gazdagabb világba. — Lelke, mint a nyílt tenger tükre, az eget tükrözte. Tiszta volt vize s mély, s vonzotta az eget. Levonta a Szentlelket, le az Igét s most az ég vonzotta s ragadta őt, ki Istennel teljes volt; szívében folyton visszhangzott Simeon éneke: Most bocsátod el Uram a te szolgádat békességben.

A világ nem vonzotta őt, mert az nem szereti Krisztust; sőt mert a világ hálátlanságának s bűneinek céltáblája az Úr: jel, melynek ellene mondanak. Az ilyen világ nem kell a Szűznek. Különben is neki a világ keresztre volt már feszítve. — Az első vértanúk forró vércseppjei gyöngyök és virágok voltak ugyan neki a földön, de hát hisz azok is a túlra mutattak.

A végtelen sok kegyelem, mely lelkét elárasztotta, az örök jóságba gravitált. A tengernyi érdem koszorút sürgetett. A jegyes jegyeséhez, az anya fiához készült menni, s az Isten is mondta: „Veni sponsa, coronaberis"; gyere édes lélek, Leányom, megkoronázlak. — Így készült a Szent Szűz haza. A halálra az készül legjobban, aki lélek szerint él. *(Prohászka: ÖM, 7:456; 228)*

†

Igaz áhítat Szűzanyánkhoz

Gondunk legyen rá, hogy hűséges elménk'
Urunk Anyjának „tárházul" szenteljük!
Hogy érjük el? Ő Szűz; és szűzi lelket kedvel.
Ő tiszta; s tiszta hű szíveket szível...
Azért a testen, elmén szűziek vagyunk,
s malasztot esd le ránk Nagyasszonyunk.
Mert minden *posványt* utál, mocskos érzést
úgy összezúz, mint viperáknak fészkét!
Elátkoz szennyet, rút bujálkodásnak
fő Ellene! ki kígyónyakra hágott!
Trágár beszédet-dalt nem tűr. Kacérkodóknak,
kendőzködő kenőcsi a Szűznek: undorok!
— Harag dagályát gyűlöli! Gonosz irigység,
embertelen düh, álság: nehogy sebesítsék, —
elkergeti! (Veszett szívünket *így* és ezzel menti!)
Hiú dicsvágyba törtetőt elejti.
A *gőg* fagyára hős Szíve tüzét
fuvallja s jeges dölyföt éget szét!
Mert minden bűn és bűnös kéj Szeplőtlennek — gyilkos méreg,
habár „gyönyör" *azoknak*. De *ellenszerrel* szent Orvosnőnk hat!
A böjt, önmérsék, zsoltár, Írás; és amit hoz:
— szűziség, szemérem-díszével virítoz,
állandó *békét* lelkünkön így ápol jómalaszttal.
Anyás csókjával sebzettet vigasztal.
Szelíd szívet melenget. Szívség [caritas], Irgalom
és Emberség: a fiai, akiket hord karon.
Rövidre fogva: bármi vétek szomorít, —
az Anyai Szívébe vág és vérez-háborít...
— *Erényeden*, mint hogyha „néki jutna kincs", — örül.
Azért, ha lelked óv erényt és bűnt kerül,
ha félve futsz hibákat,
s jótettekre buzgalmad vágtat: —
ő egyre eljön, segít, fölemel,
kegyelmet ránk kiesdekel!
És minden jó, mint hű kíséret,
megjön Vele! A Kisdedének,
a *Szent Fiának* társasága,
a Mindenek Ura-Királya
belép megtértnek otthonába...
És lesz szívünk az Isten vára...

(Damaszkuszi Sz János)

Elmélkedés (C év)

Máriát dicsérő ének

Mária, dicsérlek téged;
szívvel szolgállak, míg élek,
legtündöklőbb Hajnalcsillag!
Téged zenglek tegnap-holnap,
Általad mert Mennyek Atyja
Ég-föld Urát: Jézust adta!

Mint vakító-Nap ha felkel,
fény, tündöklés ujjong reggel,
s Hold, csillaghad: éj vigassza,
szent szelíd vagy, szűzi tiszta!
Menedékünk vagy Te. Tudjuk:
Rontó ránktör, hová fussunk!

Fénysugárzó Aranyhintó,
Úr-nyájába fölszállító!
Salamon igaz trónusa,
Gideon áldott gyapjúja,
Urunk választott edénye,
Fönséges Ige szentélye!

Legtündöklőbb Hajnalcsillag,
Téged zenglek tegnap-holnap!
Mária, téged dicsérlek,
szívvel szolgállak, míg élek.

(Angelus Silesius)

†

Asszumpció — Mennybevitel

Szeplőtlen szüzi szentély, égbeli fényt aki rejtél!
Óh igaz Istenanya, s örökkön mégis hajadon szűz!
Hajdan látnokitól jelképbe-szavakba kimondott!
Élet Fája, kit ültet Uristen az édeni kertbe!
Ábrahám sátrán hangzott az örömhir előre:
Önnön-Igéjin az Úr kijelentett szent anyaságot.
Mózes bokra! mely Ég tüzin ég, soha el nem is égve!
Üdv, Gedeon gyapjúja, magasbul a Harmat akit lep!
Ézsaiás zengett, Szűz, üdv! te fiat foganandó!
Fönnlebegő felhő, lepecsételt Könyv a Titokkal!
Látta Ezékiel *ezt* a Kaput, mely zárta a Szentet.
Dániel látta hegyet: Nagy Kő kiből indul: új Élet!

(Sz Nerzész)

AUGUSZTUS 20.

SZENT ISTVÁN KIRÁLY MAGYARORSZÁG FŐVÉDŐSZENTJE

I: Szent István király intelme: Járjunk az igaz úton. S: Szent István király üzenete: Szakítanunk kell a pogányokra jellemző életmóddal. E: Szent István király országa az Egyház sziklájára épült.

Magyarország első királya és apostola, született 972 körül, talán Esztergomban, meghalt 1038. augusztus 15-én (a világegyházban ünnepe augusztus 16.); Géza fejedelem és az erdélyi Sarolta fia. A nem teljesen megtért Géza után ő lett ezredévre a „keresztény magyar". Szóval, példával és átélt krisztusi kereszténységgel terjeszti a hitet. Több országból meghív hithirdetőket, öt apátsággal letelepíti a bencés szerzeteseket (fő központ Pannonhalma), tíz püspökség alapjait veti meg, plébániákat alapít, ezek mellett iskolákat is. Az ősi nemzeti alkotmány és nyugati (Nagy Károly császár-hozta) törvények alapján politikailag is szilárd nemzetté szervezi a Kárpát-medence (akkor majdnem színmagyar) népét. III. Szilveszter pápa elismerésül a Szent Koronát küldi neki, s ezzel 1000. karácsonyán (mely akkori szokás szerint az 1001. év *első* napja) Sz Asztrik érsek megkoronázza. Felesége a bajor herceglány Boldog Gizella, fia Sz Imre (Gellért neveltje). [Egy lánya (Ágota?) angolszász királyfi felesége, s gyermekük a skótok ünnepelt Sz Margit királynéja, tehát talán István unokája.] Valóban: a „magyar szentcsalád" családjaink eszményképe! Keménykezű uralkodó, ki leveri a pogány lázadást, kiveri a német császár hódító hadait, de irgalmas szamaritánus is, aki éjjel titkon járja a szegények hajlékait, alamizsnát osztani, életüket és sorsukat megismerni... Imre fiát (†1031) gyászolva hal meg fiutód nélkül, koronáját s országát („a Szent Korona földjét") a Nagy Boldogasszonynak ajánlva: akinek ünnepén (1038. augusztus 15.) száll az égbe ő is.

Első olvasmányhoz Péld 4,10-15.18-27

A Példabeszédek intelmei a helyes, igaz utat mutatják, és figyelmeztetnek a gonosz, hamis utak elkerülésére. Az evangélium erkölcstanának elemeit figyelhetjük itt meg, hisz az igazi vallás csak az emberi becsületességen alakulhat ki. *(10,14: Zsolt 1,1-4 ▫ 10,22: Péld 3,18 ▫ 10,23: Mt 15,19 ▫ 10,24: Zsolt 34,13-15 ▫ 10,25: Zsolt 101,6 ▫ 10,27: 5Mz 5,32)*

Válaszos zsoltár Zsolt 66(65),1-2.8.9.16.17

Légy áldott, Sz István király!

Szentleckéhez Ef 4,17-24

Lásd B év 18. évközi vasárnap, 389. oldal.

Evangéliumhoz Mt 7,24-29

A hegyi beszéd befejezésében Krisztus a hamis prófétáktól és a felületes vallásosságtól óv (7,15-23). Kereszténységünknek (akár országvezetők, akár egyszerű polgárok vagyunk) mélyen Istenben kell gyökereznie. Egy-két elejtett bibliai jelszó a kortesbeszédekben csak az embereket vezeti félre. Ugyanez vonatkozik a családra is: például a vasárnapi misehallgatás egyedül nem elég. Minden nap minden percében Krisztus apostolai legyünk! Hol lehetne a világ, ha a vezetők a politikát félretéve Krisztus tanításai szerint alakítanák sorsunkat? Az Ő tanításának igazságait kövesse a belpolitika és az Ő erkölcse irányítsa a külpolitikát!

Ha Sz István király nyomán továbbra is a keresztény szellemiség a családi és állami életünk alapja, ha arra a sziklára építjük családunk és hazánk házát, akkor a magyarság hittel és bizalommal nézhet a második millennium felé. (*Krempa: Daily Homilies, 2;88,* vö. A év 9. évközi vasárnap.) *(Lk 6,47-49 ▫ 7,27: Ez 13,10-13 ▫ 7,28-29: Mk 1,22; Lk 4,32; Jn 7,46)*

Elmélkedés (A év)

Nagyon szerettél

„Ha barátaiddal így bánsz, Uram, nem csoda, hogy kevés a barátod...”
(Nagy Sz Teréz)

Jaj azoknak, kiket szeretsz,
mert nyugtuk soha nincsen.
Testükbe bélyeget veretsz,
tüzes jeledet, Isten.

A lelkük szomjas örökké,
jaj, lelkük egyre éhez
Valakit, kit nem lát többé,
s kiért lassan elvérez.

Jaj annak, akit Te szeretsz:
rányomod tüzes csókod:
„Enyém vagy végleg! S most mehetsz!
Nem kell imád, se bókod!

Menj, vidd világgá nagy nevem,
mely homlokodon éget...
Veled vagyok, s nem látsz sosem.
Szeretlek, és elhagylak téged.”

Be boldogok, kiket szeretsz:
a Minden nékik börtön,
és mindenük: börtön, kereszt
s Te vagy, már itt e földön.

S én *boldog árva nép fia!*
Ím piros sebbe rejtél...
Száraz számon Te vagy ima...
Sebeddel, önmagaddal vertél:
Nagyon szerettél...

(Bujdosó Bálint)

†

Érzi a szent, hogy amilyen a bagoly szeme a nappal szemben, olyan az ember értelme a végtelennel szemben: *ki adja meg tehát neki, hogy a végtelenbe lásson*? Az, aki végtelen isteni gondolatot ad majd neki!

Csak az Isten gondolatai végtelenek; aki tehát a végtelenbe akar látni, annak az Isten gondolatait kell átvennie alázatos hitben. Az ember gondolatai végesek; az Isten gondolatai végtelenek: az alázatos hit pedig átkarolja s a vértanúság odaadásával átfogja a végtelen Istent s megnyugszik benne. S jól teszi, ha megnyugszik; mert hiszen az embernek a végtelennel szemben eszét füstölgő mécsnek kell tartania s önmagát gyermeknek néznie, s e gyámoltalanságban éreznie kell még a törhetlen szükségességet, hogy valamint alá van vetve testével a természet hatalmainak: úgy eszével is hódoljon a végtelennek s gyermekké legyen vele szemben: hívő, alázatos, engedelmes gyermekké, amilyenről Krisztus Urunk szólt: ha nem lesztek olyanok, mint a kisdedek, nem mentek be a mennyek országába.

E megalázás által fogadja magába az ember a végtelent, mint ahogy az örvény éppen mélysége által nyit utat magába a tengernek.

István király főjellemvonása ez az alázatos hit, *ez a tekintet a végtelenbe*. Ez a tekintet a végtelen lényben látja a háromszemélyű Istent, — íme a Szentháromság isteni gondolat, — örök szeretetéből látja kiáradni a világokat, — íme a teremtés isteni gondolat; — végtelen irgalmából látja testté lenni a második isteni személyt; látja, hogy az Isten beleoltja magát gondolatainkba s indulatainkba a kegyelem által;

látja, hogy az emberiség harcaiban, fejlődési és hanyatlási katasztrófáiban az igazságot egy tekintélyhez kötötte: az egyházhoz; látja, mondom, ez isteni gondolatokat, s tekintete oly egyszerű, mint a gyermeké, oly éles, mint a sasé, oly biztos, mint a hadvezéré.

S kérditek, volt-e áldás is rajta, vagy talán csak a fönséges csillagok hideg sugárához volt hasonló?

Ez a tekintet a végtelenbe, ez az egyszerű, biztos hit emelte azokat az alapokat, melyeken a középkori dómok állanak; ez teremtette meg azt a közszellemet, melynek fuvalmán a legragyogóbb, legmélyebb s eszményibb lelkek éledtek föl s nőtték ki magukat hősökké és vértanúkká. Kinek van ellenük kifogása? Kinek van kifogása azon szellem ellen, mely Istvánt ihlette, ki csak úgy épített oltárokat, mint hidakat és utakat, ki az oltáriszentség titokzatos szent ostyájából merített erőt szent jobbjának irgalmas műveire csak úgy, mint lovagi karjának véres tetteire? Kinek van kifogása azon szellem ellen, mely az Isten örök gondolatait kölcsönzi az embernek, mely megsiratja a királlyal is bűneit s ráveszi őt, hogy Krisztusért a szegényt fölkarolja s testvérképp kebléhez szorítsa? Kinek van kifogása azon hit ellen, mely Krisztus vérének egy cseppjéért Dietrich, flandriai gróffal elfelejteti hőn szeretett nejét, ki, hogy a szegényeknek szolgáljon, a jeruzsálemi egyháztól ajándékba kapott ereklyével, Krisztus szent vérének egy cseppjével váltotta meg magát férjétől, Dietrichtől; s valahányszor a nemes flandriai grófnak eszébe jutott a palesztíniai kórházban szolgáló szent és hősi neje s utána való bánat emésztette szívét: Krisztus vérének (ez) egy cseppjére gondolt s belé fojtotta szíve minden keservét.

Nézzétek István király korát és szellemét; azt az izzó, tüzes hitet, mely mint a görögtűz beleveszi magát a szívekbe s átizzítja s eltölti az embereket. Ez örök gondolatokban pihentek meg; ezek voltak vezérlő csillagaik; ezek árasztottak szívükbe békét és csendes megnyugvást s ezek nyitottak kedélyüknek, bensőségüknek mélységeket, melyekből az erkölcs s az erény gyöngyeit és koralljait emelték ki s tűzték örök dicsőségükre koronájukba. Gazdag, termékeny, tetterős, küzdelemre s győzelemre termett emberek!

A XIX. század gyermeke úgy emeli föl fejét Szent István óriás alakjára, mint az aranyborjú körül táncoló zsidók emelték föl szemeiket Mózes ragyogó arcára. István király szemeiben a *végtelenbe való tekintet* izzó, fönséges sugara ég, a modern kor fiainak beesett szemében pedig a haldokló hit lázas lobbanásai kísértenek: elfelejtettek a végtelenbe nézni; néznek tehát a végesbe, s gondolják, hogy véges emberi gondolatokkal beveszik a világot s megállják helyüket a földön. *(Prohászka: ÖM, 13:36)*

†

Sz István király tíz intelme fiának, Sz Imre hercegnek: 1. A katolikus hit megőrzése; 2. Az egyházi rend becsben tartása; 3. A főpapok tisztelete; 4. A főemberek és vitézek tisztelete; 5. Az igaz ítélet és a türelem gyakorlása; 6. A vendégek [nemzetiségek] befogadása és gyámolítása; 7. A bölcsek tanácsának keresése; 8. Elődök, hagyományok követése; 9. Az imádság megtartása; 10. A kegyesség, irgalmasság, valamint a többi erény gyakorlása.

Elmélkedés (B év)

Szent István király

Jól megjelölte ezt az ezredévet:
kereszttel írta rá kemény nevét,
hogy megpihenjen művein a lélek,
mint halhatatlan győzedelmi ék.
Alapkő lett, de kőnél súlyosabban
vetette el az épülő falakban
toronyszökkentő férfias hitét.

Amint alázatát mindegyre inkább
úrrá emeli roppant erején,
a bércre hág s egy országon tekint át,
hol hajnalpírban reszket még a fény.
Komor felhőkből bomlik ki a kék ég
s virrasztva várja népe ébredését
a századok szélfútta reggelén.

Nem tétován, de biztos mozdulattal
lendül előre tervező keze,
míg port kavar és szilaj kedvvel nyargal
a forró puszták zendülő szele.
Bölcs szemmel néz a fényes távolokba
s pillantásával féltőn átkarolja
a frissen szántott szűzi földeket.

Kegyes jobbjával törvényt ír, keményet,
hogy megkösse a rónák vad porát,
szőlő teremjen és kenyér fehérebb
s hogy mindenki meglelje otthonát.
Áldott szigor rendet hozó szelídség!
Arany szív, mely eltékozolja kincsét,
hogy új szívekben ragyogjon tovább!

Hát róla zengjen most a lelkes ének!
Uram, téged dicsérünk általa,
mert ő volt a te választott edényed,
apostolod, híved s a föld sava.
És ő volt ama bibliai sáfár,
kire be jó, hogy éppen rátaláltál,
midőn megvirradt napunk hajnala!

(Tűz Tamás)

†

Ima Szent István királyhoz

Nemzetünk apostola és hatalmas pártfogója, szeretett királyunk, Szent István, ki őseinket a pogány tévelygés sötétségéből az egyedül üdvözítő katolikus hit világosságára hoztad, bálványaikat leromboltad, megtért népednek templomokat és iskolákat emeltél, szegényeit, árváit és özvegyeit szerető atyaként tápláltad és így műveltté, boldoggá iparkodtál tenni nemzetedet; a te tömérdek fáradozásod, kiállott küzdelmeid és mindezekkel szerzett kimondhatatlan nagy érdemeid miatt fiúi és még most is *alattvalói bizodalommal fordulunk hozzád*, ó apostoli szent királyunk, és kérünk, ne vond meg hathatós pártfogásodat a te magyar népedtől, melyet annyi munkával megtérítettél. Kérj számára buzgó apostolokat; kérd az Istent, szüntesse meg köztünk a hitszakadás átkát és az erkölcstelen életet, hogy üdvösséges törvényeid és igaz atyai szívedből fakadt intelmeid szerint, a szeretetben egyesülve, az egy igaz hitben állhatatosan megmaradjunk, szent életed nyomdokait kövessük és így egykor veled együtt az örök boldogságban Urunkat, Istenünket vég nélkül áldjuk és dicsérjük. Amen. *(Sík: DB, 866)*

Elmélkedés (C év)

Szent Istvánban a középkori mély, alázatos kereszténység lépett föl a magyar történelem színterére. Az a kereszténység mélységes törekvés volt a végtelenbe s örökkévalóba, mely az egész európai emberiséget lefoglalta egyházával, római császárságával, királyságaival, énekeivel, művészetével, társadalmával, könyörületességével, gót dómjaival, keresztes-hadaival, s mely tetőpontra emelkedett főleg a XII., XIII. században. István király a XI. századbeli kereszténység megtestesülése volt; papja, királya, prófétája népeinek; kinek hitéből s buzgalmából milliókra áradt élet.

A középkori kereszténység a lelki szegények vallása, azoké az embereké, kik fölértették, hogy a Végtelennel szemben senki sem gazdag; mindnyájan koldusok vagyunk. Nemcsak koldusok, de bűnösök is, kiknek egy reményük van, a kegyelem; boldogulásukhoz egy útjuk, az ima s az erény. Ezek az emberek gyöngédek lettek a kereszt tövében, mint a gyermekek; tudnak sírni, mint a veronai síkon az a 20.000 ember, kik Vicenzai János beszédét hallgatták s egymás nyakába borulva kibékültek. Az a harcias középkor szeretett sírni; sírni énekeiben, sírni gót dómjaiban; azoknak a hősöknek, kik embert egy csapással kettészeltek, megrepedt a szívük Jeruzsálem láttára. Az első ezredvég kiváltképp a penitenciának korszaka volt; István király korában várták a világ végét, s a kereszténységen végigvonaglott az önsanyargatás vágya. Szent István a kereszténység ez ünnepélyes hangulatában ült a királyi trónon; koronája emlékeztette őt Krisztus töviskoszorújára; kormánypálcája pedig arra a győzelmes fára, mely a menny kapuit megnyitja. Szent István király e gyöngéd, bánkódó, engesztelő kor gyermeke volt. Szomjúhozza a megaláztatást; éjjel titkon körüljár, végzi az irgalmasság gyakorlatait; félreismerik, gyalázattal borítják, ez mennyei örömmel tölti el szívét. Kezeit csókolta becsmérlőinek s mély tiszteletből Krisztus szegénysége iránt a koldusoknak. Szent testvériségben simult a barátokhoz, és valamint a középkor legnagyobb lovagja s királya, IX. Lajos, távol Afrikában haldokolva, szülőföldje szent pásztorleányának, Genovévának ajánlja lelkét: úgy a koronát szerző, trónt alapító, törvényt alkotó István a szegények imáiba ajánlja magát, koronáját pedig a Szent Szűznek!

S amily keresztény király, oly vitéz harcos és hős volt Szent István. Nincs eszme, mely oly hősöket állított a világba, mint a kereszténység. A kardra áldást az Istentől kértek, s fegyvereiknek biztos győzelmet böjtben és imában kerestek. Montforti Simonnal rohantak egyenlőtlen harcokba, ha mondhatták vele: „Az egész Egyház imádkozik értem, nem hátrálhatok". Ők állítottak föl eleven sáncokat domború mellükkel a barbárság előnyomulása ellen; a középkori csaták az eretnekség, pogányság, tatár, török s a mórok ellen egyaránt a kultúra s a kereszténység ünnepei, keresztény hősök vérével pirosra festvék a történelem nagy naptáraiban. — Magyar kereszténység, ilyen a te apostoli királyod, Szented, hősöd! Íme, angyalomat küldöm neked, ki vezessen, — mondja róla is az Isten. Ajkairól hangzik a pátriárkális áldás, mely boldogságot ígér, ha a jelenbe belevisszük a múltnak hitét, erkölcsét, erejét, a hit fényét..., az erény termékenységét..., a jellem erejét. *(Prohászka: ÖM, 7:459; 231)*

AUGUSZTUS 29.

KERESZTELŐ SZENT JÁNOS FŐVÉTELE

I: Mondd el nekik mind, amit parancsolok neked! Ne ijedj meg tőlük! E: Heródiás leánya, tánca jutalmául azt kérte: Azt akarom, hogy most mindjárt add nekem egy tálon Keresztelő János fejét.

Keresztelő Sz János halálának ünnepe a nyugati egyházban 600 után tűnik föl, keleten viszont már Sz Jeromos (†420) említi sírját, a szentföldi Sebastéban, s így emléknapját. Sz János a liturgia legnagyobb szentjei közt van: próféta, apostol, remete, szűz és vértanú! Emberi tekintély nem korlátozza: feddi, tanítja, szelíden vagy mennydörgően a hozzásereglőket! Szent hévvel korholja a farizeusok kétszínűségét, a szadduceusok világiasságát, a vámosok zsarolását, a katonák garázdaságait. S mikor Heródes-Antipás, Galilea tetrárkája, negyedes-fejedelme házasságtörően bitorolja Heródiást, testvére nejét (aki különben még az ő kishúga, — lévén Heródes-Antipás a nagybátyja!) — János nyíltan, merészen kárhoztatja e botrányt. *Az Ige hirdetőinek mindig így kell tenniök;* a bűn nyílt feddése tanítói kötelesség. A tetrárka féli, tiszteli a prófétát, babonás tisztelettel is, de puhány — akárcsak Pilátus utóbb. — Makérus várába börtönzi őt, és tanítására kíváncsian látogatja. De Heródiás gyűlöli a Szentet! A fejedelem születése napján e nőnek lánya, Szalómé, holmi *csábos* táncot mutat be, s a (félig-ittas) fejedelem *vaktában* megesküszik, hogy jutalmul bármit kérhet. Heródes ezzel tovább halmozza bűneit, mert a gonosz nő rábírja lányát: János fejét kérje tálcán fölszolgálva! Bűnre nem kötelezhet még megfontolt eskü sem, mert az eskü: Isten tanúul hívása, és Isten nem támogathat tanúként egy súlyos bűnt! „Mikor lakomáról poroszló fut a börtönbe, azt hinnéd, hogy kegyelmező írást, szabadságot hoz a szentnek; hogy a női kérés irgalomért esd; hogy a jókedvű nagyúr vendégül hívja föl. Mi köze vérengzésnek a lakomához? Mi köze gyásznak a gyönyörhöz? Kiragadják a hős prófétát vendégségbe, vendéglátói paranccsal, — nem fölmentésre, hanem lenyakazásra, és fejét tálcán hozzák föl az asztalhoz! Ilyen étket kíván a vérszomj, ily lakomát fal a telhetetlen vadulás!" *(Sz Ambrus)*

Első olvasmányhoz Jer 1,17-19

Lásd C év 4. évközi vasárnap, 507. oldal.

Válaszos zsoltár Zsolt 71(70),1-2.3-4.5-6.15 és 17

Igazságos az Úr

Evangéliumhoz Mk 6,17-29

A Keresztelő halála egybeesik az apostolok első küldetésével, aminthogy az Egyház küldetése is követi majd Jézus halálát. Márk azért beszéli el ezt a történetet, hogy ezzel Jézus jövendő kereszthalálára utaljon. (Márk evangéliumában ez az egyetlen rész, melynek központja nem Jézus.) Keresztelő Sz János nemcsak a tanításban Jézus előfutárja, hanem a szenvedésben is. Amikor mi is hirdetjük az *örömhírt* (evangéliumot), életünk osztozik Jézuséval a szenvedésben és aztán a dicsőségben is. A szenvedés, a kereszt az Egyház életének állandó része: tagjai meghalnak és az Atyához térnek nap-nap után. De Jézus ugyanaz tegnap, ma s holnap. Ő a központja az Egyház életének, és Ő sugározza azt az energiát, mellyel az Egyház élete megszakítatlan nemzedékről nemzedékre. *(Mt 14,1-12; Lk 3,19-20; 9,7-9 ▫ 6,18: 3Mz 18,16 ▫ 6,23: Esz 5,3-6)*

Elmélkedés (A év)

A végig való állhatatosság kegyelméért

Mit használnak, én Istenem és üdvösségem! a jóságos cselekedetek a végig való megmaradásnak ajándéka nélkül? Mi haszna a szerencsés hajónjárásnak, ha a révparton elmerül a hajó? Vagy mi haszna a szántás-vetésnek és szépen-kelésnek, ha aratás idején elvész a gabona? Semminemű tökéletes élet, semmi jóságos erkölcs nem juthat a boldogságnak nyugodalmára a végig való megmaradás nélkül, mert te, igaz Isten, *mindeneket abban az állapotban ítélsz, melyben halála óráján találod* és amely felé dűl a fa, ott marad örökké.

Azért ezt a drága ajándékot, melyet csak te adhatsz egyedül, irgalmas Úristen! öntsd a te méltatlan szolgád lelkébe, hogy semmi háborúság és kísértet, semmi fáradság és kárvallás, semmi öröm és vigasság, semmi gyönyörűség és szomorúság el ne szakasszon engem a te szerelmedtől és az istenes élettől, a te szerelmes szent Fiadnak, a mi Urunk Jézus Krisztusnak drága szent vére hullásának érdeméért. Amen. *(Pázmány imája, Sík: DB, 258)*

†

Vértanúk. Az igazi Egyház jele: üldözöttség

„Íme, én küldök hozzátok prófétákat és bölcseket s írástudókat, és azok közül megöltök és megfeszítetek..., hogy rátok szálljon minden igaz vér..." (Mt 23,34). Küldök, kik szítsák köztetek a szellemet; az én úttörőim, az én vetületeim ők. Mindegyik közelebb iparkodott hozni az embereket Istenhez, de kortársai megölték, ti pedig most tisztelitek. Mily nagy baj, nem érteni az időt s a nagy érdekeket, melyeken dolgoznunk kellene, ahelyett gáncsoskodunk; a múltat dicsérjük, a jelent félreértjük. Ez téves s veszedelmes eljárás. Legyen érzékünk a sok jó iránt, mely most van, s ne állítsuk ellentétbe a múltat a haladással. — Itt vagyok, itt dolgozom, ez az én órám. Tudom, hogy nagy időket él mindig az, ki az Isten nagy gondolatainak kifejlődését látja korában, s dolgozik rajtuk.

Jézus mélyen megindult; utolsó napjait éli, s végigtekint az Isten irgalmas gondolatainak egész vonalán. A „rossz" az Isten elleni pártütés magaslatán áll. Menynyien dolgoztak az Úr ellen. Ő mindig Istenért s a lelkekért dogozott. Szíve vágya mint panasz s óvás hangzik el: mindent megtettem a lelkekért, népemért. Hazám, nemzetem hogyan szerettelek! Mint a tyúk szárnyai alá fogja csibéit, úgy fogtam le én fiaidat. — Sok munkám vész kárba; de azért haladok előre! Istent nézem, neki szolgálok; sikert nélkülözni tudok.

„Jeruzsálem, Jeruzsálem, mely megölöd a prófétákat... hányszor akartam én... és nem akartad”. Te nem akartál; fiaid elpártoltak, ők így akarták; hazájuk elpusztult, ők akarták; templomukból rom lett, ők akarták. A rossz akarat az ember végzete. Az üdv romjai és a pokol örvényei fölött elhangzik a fájdalmas szózat: Nem akartál. Isten pedig akar, azzal az édes akarattal, melynek mélyéből való az anya szeretete és a kotlós tyúk ösztöne! Higgyük, hogy csak akarnunk kell! Rosszakarat a tétovázó, lanyha, nemtörődő, kislelkű akarat is; jóakarat az erős, készséges, elszánt akarat; ez kell! *(Prohászka: ÖM, 7:285; 21)*

Elmélkedés (B év)

Buzdítás a vértanúságra (Exhortatio ad martyrium)

Örülni s ujjongni vágyott az üldözésén Mesterünk,
mert amikor üldöztetünk, készül a koszorú nekünk!
Az Úr bajnoka próbát áll, a vértanúra nyílt kapu vár.
Nem szegődtél katonának, hogy csak békén törd fejed,
hogy lenézd és megfuss onnan, hol előljár Mestered:
alázatnak, türelemnek kínszenvedő Mestere,
teendőnket tanította s előbb maga megtette!
Amely kínra fölbuzdíta, előttünk megszenvedte!
'Ha alóla kibújhatnánk, joggal félhetnők *halált*,
de halandó halni-szánva! nos, öleljük mostan át!
Úr ígérte, méltat, eljő; így keressünk meghalást:
halhatatlan örökséget fölvenni: átutazást.
Gyilkostól mit féljünk?! tudván, — a gyilokja: korona!
Evilági bajnok *készül* tusára, s gyakorolja.
Nagy dicsőnek azt tekinti: nép, a nagyúr láttára
győztesen ha odaállhat, s koronázza császára!
Íme itt fönséges pálya, mennybe! S vár a célba' díj!
Isten óvón tekint rája, kit fiává méltat-hív.
Szegzi szemét ránk, versenyünk' égő szívvel éli át!
„Néz az Isten!” — s harcol hiven mind Őérte hitcsatát.
Néz angyalnép, Krisztus nézi: hősök-e még hősei?!
Mily méltóság, dics, boldogság, Színe előtt küzdeni!
Krisztus-bíró ád koszorút; fegyverbe hát, testvérek!
Teljes erőnk fölgyürkőzzük, küzdelemre merészek!
Hit romlatlan, egész lélek: odaadó szent erény:
harcirendben előmenjen Istenhad a harctéren!
Fegyvert öltsön *hű*, nem vesztve a tegnapi hűséget!
Becsület hív hűségeset, bánat azt, ki megtévedt...

(Sz Ciprián: Epistulae 58, költői prózája versbe szedve)

Buzdítás a kínok után

Dorong előbb hogy megzúzott! egyseb, kék folt testetek!
Hitvallásra beiktatás: dicsőn átalestetek!
Nem riaszt ez, csak föllendít; test husángtól nem remeg:
fa ez! S Fában, Ő Fájában hű szívek reménylenek!
Üdvössége titkát benne látta meg a keresztény,
Öröklétre Fán megváltott, Fán koszorút szerezvén!
Arany-ezüst fém maradt tán otthon, olcsó vas talán;
lábatokra vas került ma! Isten boldog templomán:
szent tagokon gyáva bilincs, de a lelken béklyó nincs!
Testet kötnek, szabad: — lélek! Rozsdás vassal bár érints
aranyat, — csak arany marad! — szennyezés nem hatol át:
hitvallók ékszerül hordják, kitüntetést, katonák —
mert aranylánc: vasbilincs itt! — Nem gyalázat fog lábat,
dicsőségül vonszolják ők, mint győztes a prédákat.
Óh ti boldog láncolt lábak, nem kovács! föl *Úr* oldoz!
Boldog lábak, üdvnek útján mentek égi otthonhoz...
Világnak kötött lábak! — Úrnál örök szabadok!
Béklyó-, koloncca1 lehúzva, csúszva lassan haladtok: —
Krisztus fele majd sebesen — *még ma!* — Hozzá suhantok!
Hogy' szeretne ádáz vérszomj fogni gonosz karja közt!
Pedig *még ma* ott fenn lesztek: Krisztus szent hatalma győz.
Nem tüzes vas, szöges párna, mennyek *hűse*: az vár ma!
s *hőse* Krisztus ma vigasztal, ölel *sebzett* karjába!

(Sz Ciprián: Epistulae 16, költői prózája versbe szedve)

Elmélkedés (C év)

Vértanúk tanúságtétele (az első három században)

Nem elég az emberi nyelv azoknak a kegyetlen öldökléseknek elmondására, melyekkel az anyaszentegyházat kínozták üldözői. Mert minden város bírái és tanácsosai, minden vitézlő rend elöljárói, minden tartomány gondviselő fejedelme, Isten előtt nem tartott semmit kedvesebbnek, a hatalmas császároknál tiszteletre méltóbbnak, mint a keresztyének rontását, fogyatását: az volt jobb és böcsülendőbb közöttük, aki kegyetlenebb volt a keresztyénekkel. Azért egész seregeket, roppant városokat, sőt tartományokat, irgalmatlanul kínoztak. Minden ércbánya, minden városi tömlöc teli volt láncozott keresztyénekkel. Sokszor húsvét ünnepén, mikor egybegyűltek a keresztyének, egyszerre reájuk rontottak és elevenen eltemették a sokaságot. Sokszor egész városokat, lakosaival egyetemben, megégettek a keresztyén vallásért.

A halálok és kínozások nemét és hallatlan kegyetlenségét ki tudná megszámlálni? Némelyeket mézzel bekentek és a legmelegebb verőfényre kötöztek, hogy a legyektűl kínoztassanak. Némelyeknek körmük alját, sőt legkényesebb részüket hegyes nádakkal lyuggatták. És, hogy a kínnal együtt járjon a gyalázat és szemérem, a tisztességes asszonyokat egy lábukon felfüggesztették merő mezítelenül. Sokakat egybevont erős fiatal fák ágaihoz kétfelé kötöttek és úgy szaggattak darabokra. És lehetetlen — Eusebius szerint —, hogy a kínzások nemét és hallatlan kegyetlenségét elmondhassuk. Mert semmi korra, semmi rendre és nemre nem volt tekintet: kisdedeket, császári vérből származott urakat, gyenge szüzeket, apró gyermecskéket, egyaránt öldöklöttek: kit tűzzel, kit vízzel, kit fegyverrel vesztettek. És láttuk, mondja Eusebius, hogy a „Sok keresztyének ölésében a fejszék, melyekkel nyakaztattak, megtompultak, sőt eltörtek: a hóhérok elfáradtak". De az Anyaszentegyház bajnokai, annyira nem unták a szenvedést; hogy „Mihelyt valamely keresztyénre halálos ítéletet mondott a bíró, mindjárt sokfelől előálltak az Isten hívei, magukat keresztyéneknek kiáltották; a halálos ítéletet vígan és nevetve hallgatták és kimúlásuk utolsó pillanatáig énekelve adtak hálát, hogy Isten őket méltókká tette a szenvedésre. Egy szóval: purpurata est universa terra sanguine Martyrum: „Az egész földet megáztatta a Mártírok vére: az eget virágoztatta sokasága: a templomokat ékesítette temetőhelye: szenvedések napjától nevet kaptak az egyházak: egészség-nyerések sokasodnak a Mártírok temető helyeinél."

Hogy a többi Mártírról ne szóljunk: Urunk halála után háromszáz esztendő forgásában, Szent Pétertől Sylvester pápáig, aki Konstantinus első keresztyén császár idejében ült Romában, 3-4 híján valamennyi (37) római pápa vérével pecsételte és halálával erősítette az Anyaszentegyháznak győzhetetlen állandóságát. Mert, noha mindenki tudta, hogy ha valaki abban az időben római pápaságra emeltetik, mártíromságra, azaz, kegyetlen kínzásokkal végződő halálra választatik: mégis, senkit közülük az elődje halála, vagy a maga fejére várandó kínok vissza nem tartottak, hogy a Krisztus hajójának kormányához ne nyúljon, sőt, mint az elefántokról mondja a Szent Írás (1Mak 6,34), hogy vért látván édesedtek a harcoláshoz: úgy a szent jámborok halála és szenvedése gerjesztette az emberek szívét a szenvedésre. *(Pázmány: VM, 2:150)*

SZEPTEMBER 7.

SZENT ISTVÁN, MENYHÉRT ÉS MÁRK KASSAI VÉRTANÚK ÜNNEPE

1: Az igazak halálát Isten úgy fogadja, mint egészen elégő áldozatot. E: Ne féljetek azoktól, akik megölik a testet.

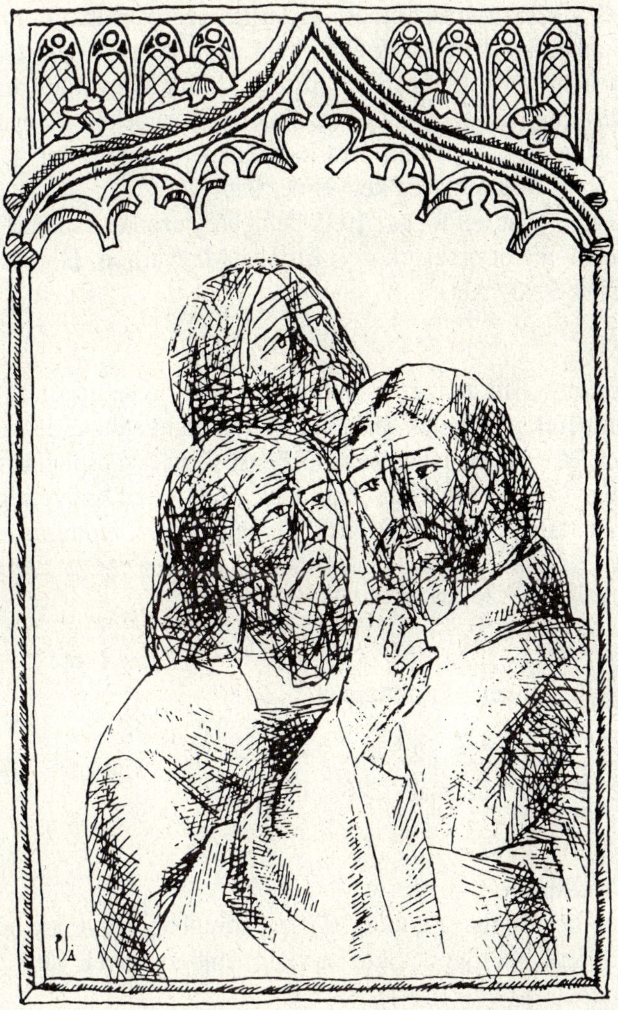

Pongrácz Sz István S.J., Grodecz Sz Menyhért, S.J. és Körösi Sz Márk Kassán és környékén térítettek százakat vissza a katolikus hitre. 1619 szeptemberében Kassát elfoglalták a Bethlen-felkelés (1618—1625) hajdúi, a nagy erdélyi fejedelem előcsapatai, s ezek egy ideig szabadon dúltak. A három apostoli pap kezükre esett, s mivel hitüket bátran vallották, szörnyű kínzások után szeptember 7-én megölték őket. A megérkező Bethlen Gábor engedélyezi tisztes temetésüket.

István és Menyhért jezsuiták, Márk esztergomi kanonok volt, mindhármuk Pázmány prímás nevelése. Pongrácz István 1582-ben az erdélyi Alvincen született, törzsökös magyar nemes családból, Grodecz Menyhért, aki 1585 körül született Teschenben, Sziléziában, lengyel-német eredet, Körösi Márk az akkor magyar szlavóniai Körösváron (ma Križevci) született 1588-ban. Pázmány neveltette őt is, mint *magyar anyanyelvűt* magyar pasztorációra, ahogy Pongráczot is; viszont Grodeczet lengyel nyelvével a szlovák pasztoráció és térítés szolgálatába állította. (A Dráva szlavóniai, déli oldalán a XVI. században még nagy magyar népi tömbök éltek: a század végére, s utána a török nagyrészt kiirtotta! Márk magyar anyanyelvű, melyet bizonyít: Pázmány magyar szolgálatra szánta; Kassa vidékén magyarokat térített; és a vértanú-akták szerint a hajdúk arra hivatkoznak, hogy mint magyar és mint nem jezsuita álljon át hozzájuk, és kegyelmet kap!)

1905-ben a három hőst boldoggá, 1995-ben pedig szentté avatták! Születésük és haláluk helye szerint ma öt ország hősei: Erdély, Magyarhon, Horvátország, Szilézia (Lengyelhon) és Szlovákia.

Első olvasmányhoz Bölcs 3,1-9

A Bölcsesség könyve itt az igaz és istenfélő ember sorsát írja le. A többiek szemében ezek az emberek meghaltak, halálukkal megsemmisültek, de valójában a „békességbe kerültek" (3,3), és Istennel való bensőséges kapcsolatuk révén minden jóban részesednek: szeretetben Nála maradnak (3,9). Az Ószövetség itt használja első ízben a halhatatlanság szót (3,4), mellyel megerősíti a zsoltáros reménykedését (Zsolt 16,10). A test feltámadásáról itt nincs szó. *(3,3: Iz 57,2; Jób 3,17-18 ▫ 3,7: Iz 1,31; Jer 5,14; Zak 12,6; Mal 3,19 ▫ 3,9: Jn 15,9; 17,3.26)*

Válaszos zsoltár Zsolt 126(125),1-2.2-3.4-5.6

Az Úr kiszabadít minket — ujjongjunk!

Evangéliumhoz Mt 10,28-33

Lásd A év 12. évközi vasárnap, 206. oldal.

Elmélkedés

Börtöni vértanúkhoz

Fontoljuk meg: börtön maga e világ! Ti szabadulóban vagytok e börtönből, nem bezárást várva. Sötétebb a tömlöctöknél a világ, emberi szívek vakítják el. *(Tertullián)*

†

Vértanúság

A víz [keresztség] tesz meghívottá, a vér kiválasztottá. *(Tertullián)*

Véres tercinák Kassa három hősiről

Egy Tűzoszlop vet fényt tiport Keletre[1]:
vagyunk nevére máig boldog-büszkék,
fűtőzvén nála százados telekbe'.

Három tanítványt *Kalauzol* az ösvény;
egyiket képzi új Kollégyiomba[2]
(magyar Egyház számára kapzsi-fösvény!)

Mert messzi lát Pázmány apostol-gondja:
Márk Rómában tanul egyházmegyének,
áll *István*, *Menyhért* Jézusi Hadsorba.

Jó *Pongrácz* István!... Küldi bús Erdélyed,
(ősnemből, mint Te!) s már „idős": huszonhét![3]
Grodecz Menyhért silézi lengyel-német,

Kit Magyarhonnak, szász- és tótnak szánt Ég.
Márk „benjamin", *Körösről*, végvárbul
— mégakkor magyar, nemcsak horvát tájék![4]

S mert *magyar*: Péter átkérte tanárul
székhelyre... Tán már Egyetem felcsillan![5]
Márk, meg nem éred! Csak *véred: falául*;

Új Déva-vár! Sok vér, sok könny elsírtan
száll égre, míg lenéz, megszán az Isten
s a büntető Kéz: simít (...*Márul* írtam!)

*

Kassán maroknyi nyájba' pásztor nincsen.
Kétszáz „pápista", ostromolt sziget,
Péter-pap, Reimer úr[6] parancsolt Hitben!

Királyé Kassa most, már élednek hívek:
a kard nem dúl, csak vád s viták fogyasztják...
S jött István, Menyhért védeni hitet.

Kis nyájnak Ige: szeretet, igazság —
gyógyít malasztja, bármi nyelven s hitben[7]
S jön Kálvin-nép is, hogy *titkon* hallgassák...

Jön Márk is most, hogy aratni segítsen!
Kettőzik nyájuk: Lélek jár, új pünkösd
Jaj „pünkösdi királyság?!"... Él de Isten!

19-es év, a véres![8] Új munkára gyürkőzz
szent három! Homonnán ignáci nyolcnap[9]
ujítja lángjuk s Dobokay. Tán üszkös

Esztergomnál Bűnbánót Te oldoztad?
Bús Bálintot! Jól emlékszel végszóra:
„Uram, tiéd volt katonád... Te rosszad..."[10]

Van, ugye Páter, sok olyan vén szolga,
ki vértanút, hőst indít égi útra
s ő nem méhet... Nincs „dimittis"[11] Simeonra...

A Három ment. Mily végzetre, már tudta!
Kórágyon Péchy[12] kérleli a papjuk:
— „Maradj atyám, itt, — dühét harc kifutja...

Erdély ura már támad! Törnek hajduk
előre; s nem tarthatja féken Bethlen!
Szabad hit (s dúlás!) Minden újra zajdult!"

És István szól: „Hát béres vagyok én, ijedten
ki elszalad, ha farkas nyájba ront?!
Helyem hívőknél, ott, hová küldettem!

S Kassára ment Menyhérthez, „szent bolond"!
Krisztus bolondja, Márk is, siet be!
nehogy lekéssen! hol marékkal ont

halált a düh!... Mert Dóczy egyezkedve
hamar kaput tár. Rákóczi hajdúja
mindent *igér*: „A pápisták félelme

ok nélkül! Hit mind *szabad*" — Ég tanúja! —
Nem bánt másvallást (...míg megvédik bástyák),
aztán: betódul, rájuk szabadúlva.

Már Jászón papságot kardélre hányták...
de *hitt* kapitány Dóczy. S most kötözve
s kifosztva húzza Fogarasba láncát...

Rákóczi György (a Nagynak őse, — törpe!)
szabad dulást hagy. S fogságra csuhások!
Éheztetés... Márkot külön börtönbe!

(Nem jézsovíta!): „Semmi bántódásod,
tiéd lesz birtok... Csak fogadd el Kálvint!"
— „Mondd György uradnak, *másé* föld, mit ácsong[13]

Enyém csak lelkem! s Istené! Nem kábít
el tőle ígéret, se kín! Lássátok,
hogy *Róma* hitén *van*, ki hű halálig!"

„*Magyar* pap: férfi! Állja a tusákat,
mert nagyot tenni, tűrni Róma ihlet..."
Belökték „más kettőhöz"...S himnusz szállott:

A Tedeum. És szivük olyan víg lett
(Tanú: sekrestyés, végig hallgatózván)
Most fölajánlták: — jöjjön bármi véglet —

Istennek, Szűzanyának. Halkan aztán
egymásnak gyóntak (s életük még félnap).
S most térdeltek a másnapi *zsolozsmán*.

Már Égbe' lesz a vesperás-kompléta.
Most kínzások: „Kincs hova ásott?" S dúltak
oltárt, padlókat. Zúzva Úr hajléka.

De Lélek-szentélyük áll épen Úrnak
s elszántan! „Pénzes zsáknak adsza titkát!"
Csak könyv! tépett talárt! s *ettül* vadulnak!

„Hát meghaltok!" — „De miért?" — Pápisták:
„Pogányok vagytok!" S hahotáztak... Ott túl:
György úr *is báloz*: síp, muzsikák, vígság!

Szomszéd ház, Lőcsey, vigan zeng zajtul.
„S volt pedig éj..." — Péntekre éj fordult már,
hogy Reimer ront be, Alvinczy, sok hajdu...

Lesújtja Istvánt buzogány ájulttá!
Verik föl. „Áttérsz vagy halsz!" Tépik nyersen,
pőrére fosztják. Fejre szíj szorul rá,

hogy szeme dülled, vér csorog, csont reccsen...
Tövis tán, korona? S Éj... *Első péntek*[14]...
(Még nem tünt föl! De szent kell,hogy siessen...)

És függ gerendán. (Fán!) S metélnek.
husába tüzes kard, szitkok szivébe,
Egy nevet suttog: „Jézus..." Híva Téged.

Majd:„József, Mária!" Függ fán s aláfoly vére...
Most Márk-, Menyhértre éppolyan düh támad.
Nem fárad hóhér... Csak *egy* fordul félre:

és rászól Márkra: „Hagyd te pápistákat!
Magyar lévén, magyarhitűvel társulj!
Élj igaz hitnek s a haza javának"...

— „Hazánk javát: azt vettem hivatásul,
igaz javát! Szegény testvérek, balgák!
Igaz hitet!" — S lehull feje — egy kardcsapástul.

Most Menyhértet is összekaszabolják.
S megint a Fő: István kerülhet sorra:
„Titkos írások konspirációját!"

Pápista hadsereg hová, mit forral?
„Jézus seregje", ugye nevetek?
„Mit írtál, nékik ördögnyomta tollal?

Hogy mitse tudsz? Folyton hazudsz? Neked,
Fejüknek, tudnod kell!" S az ujjait
szétzúzták, testét sütik: „perkeltet"

pokolnak!... Aztán hóhérjuk hajít
szent hármat, — ki kell mondanom az undort —
pöcegödörbe, ganaj-szenny-aljig!

Hogy „elevans de stercore"[15], Könyv úgy szólt,
beteljék rátok: — Legaljig taszítván —
most kínba, szennybe, megvetésbe fultok!

De kettő: hulla. Lelkük égben. — István
még élve, fuldokol, okádtató bűz, férgek
genny-sebmaró... „Löktek mártírt ily hitvány

pokolba?" — nyögted... „Olajfák közt érzett
ilyent is Ő, *jövőt átfuldokolva*?
Minden-Bűn undorát... Aljig-egészet?!

S akik befúlnak *más* szenny- és mocsokba
és *nem* kínlódnak... Őrült-kábolygóan
tán „diadallal" élvezik, mily ronda

posványban ülnek s rothadt-jól van
mindon mocsok... Míg egyszer: őrült — *ébred!*
Mint tűzbe rontó szegény pillangókban

a lámpavágy! melyen korommá égnek...
Imádkoztál ott mind a legaljáért? —
Mig fulladás, vérzés, utálat s — véged,

te legtiportabb mártír — egyszer rádért...

*

Rémülten leste padlás-, ajtórésbe
a szent tusákat hármuk sekrestyése[16].
Rémülten hallja Kassa polgársága —
a szent tusákat... Olyan síró-szégyen
fulasztott máshitűt: „Jaj légyen
már hit békéje! Országra, Kassára!"

Egy hősi nő, Gádóczy Zsófia,
kikövetelte mind; osonnia
Reimer bíró szeretne, nem lehet!
Fölemelé hóhér a testeket
kiket tisztán, tömjén közt eltemet
egy halk csoporttal Zsófia.

Megjött *bús* Bethlen — (lelkin minden rágott)
Hajduktól *ő is félt*, szorult is rájok:
soká vonódott... S Bécs már tárgyal békét...
Katalin nádorné egy víg estélyen
nem táncol addig — „megkövetem szépen" —
míg szent nem kapja *teljes tisztességét!*

A Fejedelem úr, Gábor őnagysága:
„Nagyasszony, tessék! Bármint rendelkezzék!"
A Forgáchné Pálffy Kata hármuk testét
kihantolá Kulcsos Kassába.
Piros selyem, a vértanúkhoz illő,
takart el sok piros sebet; és hívő
ezrek kísérték őket új Kriptába.

Nagyszombatban leltek vég-nyugodalomra
szent klarisszáknak lettek féltett gondja, —
míg meg nem harsan kürtje Gábrielnek!
Csodákkal tündököl ma Három *Boldog*
s ha buzgóbbak imáink, s égbe rontók: —
már rég Három nagy *Szentet*[17] ünnepelnek:

Kassán, Erdélybe, Körösvárt, Tessénybe[18],
az *akkor*-egyföld *eggyé váló* népe!
Mert *Szent* alkot, *szent* folytat, s ment Országot...
István és Menyhért, Márk, — Urunknál fenn!
Egykor hit, erkölcs békéjét hozátok
Hát mindezt: most is ránk-imádkozzátok!
— öntépő *„hívő eretnekre"*. Ámen. Ámen!

(Bujdosó Bálint)

(1: Pázmány; 2: Róma: Collegium Hungaricum; 3: a szenteléskor; 4: Meszlényi magától értetődőnek veszi, hogy horvát [lásd *Katolikus magyarságunk küldetésben*], pedig a) Pázmány magyar pasztorációra kéri át, b) a hajdúk épp erre hivatkozva csábítják, hogy hitükre álljon; 5: Nagyszombat; 6: Alvinczy Péter a másik Péter: Pázmány híres vitázó fele és Reimer kassai főbíró; 7: magyar, tót, német pasztoráció (N.B. Kassa a 16. sz.-ban 70—80%-ban magyar, a korábbi sok német beolvadt részben); 8: 1619: Bethlen fölkelése; 9: Exercitia (lelkigyakorlat); 10: Dobokay Sándor S.J. 1594-ben Esztergomnál tábori lelkész, a haldokló Balassi Bálint gyóntatója is. De ez tkp. unokaöccse, Dobokay homonnai rektor (Sándor †1611!): ez írta le emlékeit; 11: „Most bocsásd el szolgádat!" (Lk 2,29); 12: Péchy Zsigmond sárosi várában, betegágyon; 13: áhít (népi); 14: az első pénteki ájtatosság jó 60 év múlva indul, bár Hajnal Mátyás S.J. — kit a Három ismert — a Szent Szív kultusz előfutárja ekkor már; 15: Szegények ganéjból fölmagasztalója — az Úr; 16: Eperjessy; 17: a vers 1986-ban született; 18: Teschen régi magyarul)

†

Vértanúság

[Sz Ágnesről:] A könny-árak között ő egyet sem öntött! Csak állva ott, imádkozott; aztán nyújtotta lehajló nyakát. A hóhér szemiből, hogy *ő* fél, láthatád, kivégzést mintha ő várna. Kard remegett a jobbjában, elsápadott, a lányka vesztit látva, míg az nyugodtan hajlott térdre, önmagáért mitse félve. *(Sz Ambrus)*

Az ember nagyon is *fejét vesztheti,* és semmi ártalom nem éri, — sőt, mondom, éri érte kimondhatatlan nagy jó és örökös boldogság! *(Morus Sz Tamás vértanúsága előtt)*

SZEPTEMBER 8.

SZŰZ MÁRIA SZÜLETÉSE: KISBOLDOGASSZONY

I: Eljött az idő, amikor szül az, akinek szülnie kell. S: Akiket Isten eleve ismert, azokat eleve arra rendelte, hogy Fiához hasonlók legyenek. E: A Benne fogant élet a Szentlélektől van.

Szűz Mária születése napja meghitt ünnep az egyházi naptárban a nagy, „parancsolt" ünnepek közt: családi ünnep, az „Egyház Anyjának" napja. Hivatalosan Szergius pápa (687—701) rögzíti, de helyi egyházaknál már jóval korábban megülik: az angolszász Sz Villibrord kalendáriumában már 700 előtt, a gall (Auxerre-i) naptárban 600 körül, az írben még előbb, 500 tájt. Mivel Keresztelő János születését már Ágoston idejében ünnepelték (400) — haláláé mellett —, az Isten Anyja napját is ily korai időre tehetjük. Sz Epifánius püspök, aki a Szentföldön született 301 táján, már a Szent Szűz szeplőtelen fogantatását magasztalja (a megváltás elővételezett kegyelme Jézus Anyjára); — és hagyományból véve, még szüleit is megnevezi: Sz Annát és Joákimot! Mária szeplőtelen fogantatása és így születése is tehát az első századoktól a hívők tiszteletének tárgya; a hivatalos Egyház — mint oly sokszor — utólag erősíti meg a hagyományt. Ez a hagyomány *Názáretet* tartja szülőhelyének, de szintén régi adatok *Jeruzsálemet*, ahol ősi időktől Sz Anna házát tisztelik a bibliai Betezda-tó közelében. — „Ellenkezést vetek közéd, [Sátán] és az Asszony közé!" — mondja az Úr az „ősevangéliumban". — Az Asszony: Mária, s a harc az Ő születésével indul el. Szent Ambrus írja: „Ragyogjon az Ő élete és szüzessége tükörként előttetek, tisztaság és erény példájaként. Ki nemesebb az Isten Anyjánál? Testben, lélekben szűzi, minden álság, színlelés nélkül. Szívében alázat, szavaiban komolyság, elhatározásában bölcsesség. Ritkán és keveset szól. Buzgó imában és munkában; szívének nincs más tanúja, csak az Isten. Senkinek sem árt, mindenkihez jótékony, mindenben szerény és halk." Az Ő szentsége — az égiek csodálatának tárgya — egyszerű hétköznapi életben ragyogott, a hűségben, amelyből minden tette fakadt. *(Butler, Thurston, Attwater: Szentek élete)*

Első olvasmányhoz Mik 5,1-4

Lásd C év 4. adventi vasárnap, 450. oldal.

vagy

Szentleckéhez Róm 8,28-30

Lásd A év 17. évközi vasárnap, 224. oldal.

Válaszos zsoltár Zsolt 13(12),6.6

Öröm az Úr irgalmában

Evangéliumhoz Mt 1,1-16.18-23 vagy Mt 1,18-23

Lásd karácsony szentesti (vigília) mise, 33. oldal.

Elmélkedés (A év)

Aacheni himnusz
I. rész

Ujjongjunk és örvendezzünk,
örvendően zengedezzünk:
Allelúja!

Édes lant is csendüljön,
édes ének lendüljön
mézes dallam-hangúra
Életet hang nem fulaszt,
mindkettő együtt gyulaszt:
Szent csilingel kapuba!

Mert a Tenger-Csillag már ma
— ki Anya és Szűz, — leányka —
most e nap kitámadott.
Anna, volt ki eddig meddő
sarjától vőn reményt: termő
szent magzattal áldatott.

Joakim, kit váratlan lep,
föntrűl kap vigaszt, — úgy illett —
mert egy angyal égből jött.
Örvend rajta: ő is atya,
Ősatyákkal ujjonghat ma:
béfogadták szent körök!

Óh te boldog születésnap:
látni kezd hitetlen és vak!
múlnak sötét századok.
Angyal már meghirdeté,
hit lőn nékünk ismertté!
Zengjünk vidám szózatot!

Nől már méhe, ébredez,
sarjadoz új élethez:
hajt ki ága kis rózsát.
Kél már kél a liliom,
vad olajfán égi lomb
föld tövise bimbót ád!

Földi tettvágy bajra sürget!
Irgalmazz, tisztíts bennünket!
Hogy Te érdemeid által,
tisztán éljünk! S *fönt elvállalj!*

II. rész

Ujjongjunk és örvendezzünk,
örvendően zengedezzünk:
Allelúja!

Édes lant is csendüljön,
édes ének lendüljön
mézes dallam-hangúra
Életet hang nem fulaszt,
mindkettő együtt gyulaszt:
Szent csilingel kapuba!

Ő születvén mai nap:
álnok tüskén szép csillag,
Igazságba vonul át.
Zsinagógából kinőtt,
zord Ótörvényt Új kidönt:
tárja Egyház kapuját.

Üdvözlégy Szűz, rég kiszemelt,
Bűnös reménysége — kedvelt!
Kit Lélek megárnyékolt.
Mindig Szűz, szülés előtt te,
és alatt-után, Szeplőtlen,
érintetlen mindég volt!

„Tenger-Csillag": Szűz, úgy hívnak!
kiváltságos királynő vagy,
égnek-földnek úrnője.
Mindig megemlékezz rólunk,
ünneped kik udvaroljuk
víg zsoltárral, csengővel!

Földi tettvágy bajra sürget!
Irgalmazz, tisztíts bennünket!
Hogy Te érdemeid által,
tisztán éljünk! S *fönt elvállalj!*

†

Elmélkedés (B év)

A szent Szűz születése napja örömnap az *égben*. Isten ismét teremtett egy lelket, melyet a bűn nem homályosított el. Ez a teremtése nem romlik; ez a remeklése érintetlen. A teremtő Isten ismét mondhatja: Tota pulchra, egészen az enyém s ez a szép lélek ma indul meg az élet útjain. A legnagyobb kegyelem, külön őrangyal, különös gondviselés kísérik. Salve, salve, virgo gloriosa! [Üdvözlégy, üdvözlégy dicsőséges Szűz!]

Örömnap ez a *földön*, hajnalhasadás. Éjben álltunk s hiába vártuk a napot, végre ránk hasadt ez a leheletszerű, királyi bíborba öltözött hajnal; ez napot jelent. S mint az erdő madarai énekelnek a pirkadásban, úgy ébred lelkeinken imádó, háladó éneke. Csakhogy eljöttél édes, szép hajnal, életünk reménye! Mily erő s bizalom sugárzik belőled!

Örömnap a *kereszténységben*; megszületik végre az első Istengyermek, a született királynő; a mi Kisasszonyunk. Első is, legszebb is s leghatalmasabb; szemünk fénye s dicsőségünk, soraink elé áll. Mit tesznek a népek saját vérükből eredt s történetükkel összeforrt királynőkért? Vitam et sanguinem pre rege et domina Maria! [Életünket és vérünket, királynőnkért, Máriáért!]

Örömnapja az *életnek*; most fakad az erős, szeplőtelen, romlatlan életnek bimbaja; ez az az „inclyta vita", a kitűnő élet, „illustrans ecclesiam", Egyházat beragyogó, mely fényt áraszt ránk. Őszkor születik, mikor a természet halni készül, mintha jelezné, hogy az elhaló természetben kigyullad a kegyelmi élet s hogy ne féljenek hervadástól, kik Istenből élnek. Azért tehát örvendjünk e kedves őszi ünnepen, melynek igénytelenségében őserő s örök élet lüktet. „Nem halok meg, — énekli a lelkem — hanem élni fogok." *(Prohászka: ÖM, 7:450; 221)*

†

Mária mindazoknak anyja, kik kegyelem által élnek, miként Éva azoknak anyja lett, kik természet szerint meghalnak. *(Aranyszavú Sz Péter)*

Elmélkedés (C év)

Szerény kis ének (Szűz Mária ószövetségi előképei)

Máriánk! Szűz, hű, szelíd:
Szentháromság eltelít!
Most egy kissé figyelj itt:
mikor megköszöntlek.
Érzi szívem bűneit,
engedd: Eléd jöjjek...

Fiad: kő! kit parittyád
röpít s roskad Góliát...
Áron ágán nőtt virág:
szűzi „meddő" volt bár.
Csodát küld az Úr teréd:
Fiának léssz oltár!

Új Éden Neked hódol,
ég és föld s ki ott honol!
mert Üdvadót hordozol,
Szeplőtelen-tiszta!
Rád várt, ki csak tékozolt: —
fajunk térhet vissza...

Isten: gyermek lőn benned,
Gonoszt ekkép megverted.
Egyszarvú* — dühös-veszett,
Szűztől győzve hódol
Juháztatod, fékezed,
Szűz-kebledre bókol...

Te vagy Noé *galambja!*
Jelzel békét ragyogva:
ég szereti fajtánk...
Édes Úrnőm, harcomba'
állj itt végső csatán!

Mint Napvilág áthatol, —
üveg nem tör sugártól:
szeplőtelen világol
szűz-voltod, őt szülve!
Édes vigasz miránk foly,
Jóság lenéz bűnre...

Úrnőm, fogadd e kis dalt!
Bűnös szívből, mely kihajt...
Fékezd Ártóm a szilajt!
Vezesd kósza lelkem'...
Hoztam Rád sok szégyent-bajt,
gyógyíts, engesztelten...

(Robert Grosseteste)

(A mesés, szörnyű egyszarvút (unikornist) csak szűzleány szelidítheti meg.)*

†

És meghallod majd ámulva, hogy az az „Ácsmesterné", kopottas kis hajlékba', — az Úristennek volt Anyja! *(Aranyszájú Sz János)*

SZEPTEMBER 12.

SZŰZ MÁRIA NEVE NAPJA

1: Isten öröktől fogva tervei szolgálatára rendelte a Bölcsességet, mielőtt még bármit alkotott. S: Isten öröktől fogva meghívott minket az üdvösségre: legyünk hasonlóvá Fiához! E: Isten megígéri a Megváltó születését, aki Király mindörökké.

Az ünnep Mária közbenjáró segítségül hívását tanítja, hogy az Egyház és a hívők minden szükségükben az Ő anyai támogatását kérjék és ünnepeljék! A spanyol Cuencában kezdik ezt a napot megülni (1513), s hamar terjed a buzgó nép közt, nem hivatalosan. (A spanyol kereszténységben, mint annyiszor, a böjt, ünnep, áhítat gyakorlata alulról, a hívő néptől indul el). XI. Ince pápa 1683-ban aztán az egész nyugati Egyházra kiterjeszti, hálaadásul a nagy *keresztény győzelemért,* melyet a Bécset ostromló török fölött arattak. Ez a győzelem aztán lavinaként indítja el a fölszabadító hadjáratot, s 1698-ra *hazánk is* leveti a török jármot! Buda 1686-ban, szeptember 2-án kerül vissza (ennek emlékeként szeptember 2-ra teszi a pápa Sz István királyunk világünnepét, amely ma augusztus 16.). Mária szent nevének ünnepe, az Ő pártfogása, tehát szorosan magyar múltunkhoz tartozik. — Mária nevét úgy magyarázták latinul, hogy Ő a „Tenger Csillaga" (Stella *Maris*, maria = tengerek): Ő irányító csillagunk! Valójában a héber *Mirjam*, arámi *Mariam*, „úrnő" szó rejlik benne, szinte előrevetítése az ünnepe tartalmának: Ő a „Világ Királynője". (Az első *Mária* viszont Mózes húga, s mivel Mózes neve legvalószínűbben egyiptomi szó: „fiú", Mirjam-Máriá-ban is egyiptomi szót sejtenek: „a tökéletes kegybenálló". Ez a héber Miriam-„úrnővel" összecsengve, együttértve kerülhetett a Bibliába.) Mindenképp összefügg a szent név ünneplése *Jézus* legszentebb neve kultuszával. Ezt a ferencesek, Sziénai Sz Bernardin (†1444) és a mi Kapisztrán Sz Jánosunk terjesztette. Nyilvánvalóan hamar fölmerült utána, hogy Mária nevét is meg kell ünnepelnünk. Az új misekönyv (1969) mindkét szent névnek ünnepét kiiktatta az évi miserendből, csak Jézus szent Nevére ad votív (magánájtatosságból) mondható misét. Viszont ilyen votív mise engedélyezve van a régi misekönyv szövegei alapján is. A Jézus és Mária név nekünk magyaroknak sokat jelent! Évszázados élet-halál küzdelmeinknek csatakiáltása, segélyül hívása e két szent név. A racionalisták szerint a „szó" csak levegő-fújás, de valójában mindig gondolatot hordoz, s a név: hívás!

Első olvasmányhoz Péld 8,22-31

Lásd C év Szentháromság vasárnapja, 490. oldal.

Válaszos zsoltár Zsolt 45(44),11-12.14-15.16-17

Az Úr hívja menyasszonyát

Szentleckéhez Róm 8,28-30

Lásd A év 17. évközi vasárnap, 224. oldal.

Evangéliumhoz Lk 1,26-38

Lásd B év 4. adventi vasárnap, 298. oldal.

Elmélkedés

Mária neve

A név csak jel a gondolat, az érzés, az akarat, a szenvedély és szenvedés országában. Jel, mely fényt vagy sötétséget áraszt, édes örömöt vagy keserűséget ébreszt. Mit jelent hát nekem a név: „Mária?”

Fényességet, világosságot; a lelki világ hajnalfényét; minden erénynek, alázatnak, egyszerűségnek, engedelmességnek, elvonultságnak, Isten akaratán való megnyugvásnak sugárzatát; de különösen jelenti azt az érintetlen, fölséges tisztaságot, mely arcán, lényén, egész valóján elömlik, a megtestesült s megkoszorúzott szüzességet. Ez az érzékies, tisztátlan világnak tűzoszlopa. Romlott természetünkben egyre támadnak testi kívánságok; sokszor föllobog a tisztátlanság sötét tüze; kísért gondolatban, vágyban, szóban; belopódzik szemeinken, belopódzik mosolyogva, hízelegve, bűbájosan s a szégyenérzet megnehezíti e bűnök gyónását. Minél inkább szeretjük a szent Szüzet, kinek neve is tiszta sugárfény, annál mélyebb utálat s irtózat fog el a tisztátalansággal szemben. A Szentírás hangoztatja hatalmát: Ki az a szép s az a félelmetes, akár a seregek csataéle s honnan ez ereje? 1. Lelkének szépségéből s ragyogásából, mellyel legyőz mindent. Hódolunk neki s azáltal fölszabadulunk. „Mint a pálma nőttem föl”... 2. Közbenjárásból; ő az Isten gyermekeinek anyja és oltalma.

„Mária” annyit tesz, mint *keserűség*. Ő a keresztrefeszítettnek az anyja; tehát maga is oda volt szegezve. Illett reá a név: „Mária!” Keserűségének gondolatánál megszállja lelkünket a részvét s a fájdalom. Halkan suttogjuk nevét: „Mária, tenger keserűsége”, óh fogadd köszönetemet, sokat szenvedtél, sokat tűrtél, mert édesanyám lettél. Neved hallatára a tenger keserűsége jut eszembe, de neved mégis édes nekem. Ha keserű lesz valamikor életem, akkor a szent Szűz nevére gondolok, az biztat s vigaszt ad.

„Mária” annyit is tesz, mint *úrnő*, uralkodó. Midőn az izraeliták a Vörös-tengeren átkeltek és az egyiptomiak a hullámokba vesztek, Mária, Mózes nővére énekelte el a győzelmi éneket s utána vonultak az asszonyok mind dobokkal, énekkarokban. Ez a Mária előképe Szűz Máriának, aki ugyancsak tud győzni s himnuszt énekelni. Győzött a bűnön, mely őt soha meg nem zavarta s hatalmas volt az Isten fia szeretetétől, ki alávetette magát neki. Úrnője a nemzedékeknek, melyek neki hódolnak s őt boldognak mondják, hozzá futnak s nála megnyugodnak. Mária az én asszonyom. Un Dieu, un roi, une Dame [lovagok jelszava: Egy Isten, egy király, egy Úrnő]. *(Prohászka: ÖM, 7:451; 222)*

†

Óh szüzesség, te semmi szükséget nem látó bőség! Te nem hervadó koszorú, apostoli dicsőség! Te Isten temploma, Szent Lélek hajloka! Te csillag fátyolú angyal-élet mása, te szentek koronája! *(Sz Atanáz)*

Himnusz Mária nevéről

Óh, Mária! Öt aranybetű...
Néked zengek ma éneket.
Csendülj rímem s öt holt betű,
Csendülj szívem, szent csöngetyű!
Bár zengnéd úgy a szent nevet,
Mint mennyben az angyalsereg.

Miasszonyunk a neved
Május, az Isten mosolya.
Madonna! a te neved
Magyarország nagyasszonya.

Áhítat a te neved,
Ábrándos égi ária,
Áldozat a te neved,
Árvák gyámola, Mária!

Reményünk a te neved,
Rabságnak éjén tűzvilág.
Roráte... a te neved
Rejtelmes rózsa, szűzvirág.

Ibolya a te neved,
Illatár, ifjúság, ige.
Igézet a te neved,
Isten bűbájos ihlete.

Aranyház a te neved,
Ajtónk az égbe és aránk.
Alleluja... a te neved
Anyánk, mi édes jó Anyánk!

Ó, Mária! Öt aranybetű...
Fogadd kegyesen énekem,
S ha kedves e szócsengetyű,
Könyörögj értem, Öt Betű,
Hogy elmúlván bús életem,
Zenghesselek az égbe fenn.

(Cser Iván)

†

Tengerészek csillagra néznek, hogy a révparthoz érjenek. Így keresztények égbe vezérnek, föl Máriára nézzenek! *(Aquinói Sz Tamás)*

SZEPTEMBER 14.

SZENT KERESZT FELMAGASZTALÁSA

I: Akik a Felfüggesztettre néznek, meggyógyulnak. S: Megalázta magát, ezért az Isten felmagasztalta Őt. E: Az Emberfiát felmagasztalják a kereszten.

A Szent Kereszt szeptemberi ünnepe Jeruzsálemben keletkezett: 335. szeptember 13-án volt ott a Szent Sír fölötti, Konstantin császár által építtetett bazilika fölszentelése. Ugyanez a nap volt a Szent Kereszt *föltalálása* ünnepe (melyet az új naptárreform eltörölt: a május 3-i Szent Kereszt ünnep a korábbi római miserendben). A templomszentelést követő napon ünnepelték először a Szent Kereszt ereklyéjét, a nép előtt bemutatva (fölmagasztalva) és tiszteletre kitéve. E napra esett a Szent Kereszt visszaszerzésének ünnepe is: a pogány perzsa király Kozroész ugyanis elfoglalta Jeruzsálemet, és a kereszténység legdrágább ereklyéjét, mint kincset, elhurcolta. Diadalmas előretörésével majdnem elfoglalta az egész Keletrómai Birodalmat Bizánccal és Karthágóval együtt, de Heraklius, „az első kereszteshős" császár tízéves harcban visszaverte őt, megvédte a görög Egyházat, s visszaszerezte a szent kincset: 628-ban maga vitte vissza ünnepélyesen a Bazilikába, mint Krisztus: mezítláb, fehér koldus-köpenyben.

Első olvasmányhoz 4Mz 21,4-9

A rézkígyó története a zsidóság pusztai vándorlására esik, mikor kígyók gyötörték, öldösték a népet (4Mz 21,6). A segítséget nem valami varázslat hozta, hanem a nép bűnbánata, Mózes imája és azok hite, akik követték utasítását, és hívő bánattal néztek a rézkígyóra. (Ezt Isten sugallatára készíttette Mózes, és keresztfára emelte a nép elé — előképéül a Sz Keresztnek.) Egy későbbi szentírási adat (2Kir 18,4) elmondja, hogy egy rézkígyót babonásan tisztel a nép Jeruzsálemben. Ennek a jámbor Ezekiás király vet véget. A Jn 3,14 versében szereplő mózesi rézkígyót maga Jézus úgy említi Nikodémusnak, mint kereszthalála előképét. Csak a kereszten fölemelt Emberfia az igazi jele és kivívója a mi üdvösségünknek, mert a Kereszt az Ő túláradó szeretetét hordozza. *(5Mz 8,15; Bölcs 16,5-7; Jn 3,13-16)*

Válaszos zsoltár Zsolt 78(77),1-2.34-35.36-37.38

Isten népének története, mint tanítás

Szentleckéhez Fil 2,6-11

Sz Pál kijelentései Krisztusról összefüggenek az apostoli intéssel (2,5): „Ugyanazon érzést ápoljátok magatokban, mely megvolt Krisztus Jézusban." Intése a Krisztus-élményből kapja egész fontosságát. „Úgy éljetek, ahogy illik Krisztus evangéliumához" (1,27). A 6—11. versek: Krisztus-himnusz, melyet Pál készen talált vagy maga szerzett: szól az új valóságról, amely Krisztus megalázkodásával és fölmagasztalásával jött létre. Az ember Jézusban a láthatatlan Isten került közel hozzánk. Földi világunkban tette láthatóvá azt, ami a Fiú lénye és élete Isten örökkévalóságában: az Ő teljes és osztatlan Atyjához tartozása. De ez az odaadása emberileg megalázódást jelent Számára, engedelmességet, kereszthalált. Ez volt az út a Fiú dicsőségéhez: ezért adott Neki Isten hatalmat minden ember, minden világok és idők fölött. Most Ő a Kyrios: uralkodó és megváltó egyszerre. Ez az uralkodói cím nem múlta felül, nem helyettesítette *Jézus* nevét, hanem mindörökre érthetőbbé tette. *(2,6: Kol 1,15-20; Zsid 1,3 ▫ 2,7: Mt 20,28; 2Kor 8,9 ▫ 2,8: Mt 26,39-40; Róm 5,19; Zsid 12,2 ▫ 2,9-10: Ef 1,20-23 ▫ 2,11: ApCsel 2,36; Róm 1,4)*

Evangéliumhoz Jn 3,13-17

Jézus kinyilatkoztatása Nikodémushoz szól, mintegy a későzsidó zsinagóga képviselőjéhez (ennek jelenlétét a szöveg nemigen említi, a beszéd *nekünk* hangzik). Az emberfia: Jézus, az Isten magasból leszálló, értünk megtestesült, aztán dicsőségébe emelt Fia. Mivel leszállt hozzánk, s a keresztre fölmagasztosult, mivel Őbenne Isten irgalmazó szeretete ránk áradt, azért lehetséges: a mi újjászületésünk (3,5-6), üdvösségünk az ítélet órájában és életünk az Istennel való közösségben. Újjászületésünk nem emberi bölcsesség vagy igyekezet műve, hanem a Lélek ajándéka és a hit titka. Jézusnak keresztre magasztaltatását a rézkígyó példája magyarázza Nikodémusnak, a „tanítónak Izraelben". A fára szögezett kígyókép az üdvösség jelképe lett a pusztai népnek; de persze nem a kígyó mentette meg őket, hanem Isten irgalma. Isten megmenti az elveszettet, ez az örök Szeretet titka. Aki erre kitárul, az világosságban él, az „az igazságot műveli". *(3,13-14: Róm 10,6-7; 4Mz 21,8-9; Jn 8,28 ▫ 3,15: Jn 20,31; 1Jn 5,13 ▫ 3,16-17: Róm 8,32; 1Jn 4,9-10; Jn 3,36; 12,47; 5,22.30)*

Elmélkedés (A év)

„...Ott megfeszíték őt."

„És midőn ama helyre jutottak, mely Agykoponyáénak hívaték, ott megfeszíték őt". (Lk 23,33) Jézus lefekszik a keresztre, nyugágyára s kínpadjára. Lefekszik a nagy beteg. Ha máshol van ilyen, ahol szeretni tudnak, ott lábujjhegyen járnak; megkenik az ajtót, hogy ne csikorogjon; többször megvetik az ágyat; megigazítják a paplant, hogy ne nyomja a fájós részt; lesik a beteg lélegzetét, pihegését, rángatódzásait. Az Úr Jézus is nagybeteg lett; fázós, elgyengült, lázas volt testelelke..., ó ha tudtuk volna, s szamaritánusai lehettünk volna akkor! Pedig ő várta; elmondta paraboláját a nagybetegről... S íme mily ágy jutott neki; kötés, tépés, vatta helyett szegek, kalapácsok; karbol helyett ecet; balzsam helyett epe. Óh jöjjetek mentők! Hozzatok hordágyat; kímélettel emeljétek rá s vigyétek. Mit érdemelt Krisztus tőlünk, s mit nyert?

Természetes rémülettel s borzalommal feküdt Jézus a keresztre. Midőn végig nyújtózott, el akarta takarni a földet, s magát Isten s ember, ég s föld közé vetni; midőn kiterjesztette kezeit, föl akarta fogni az Isten villámait; midőn tövises párnájára lehajtotta fejét s az égre nézett könnyes, vérrel befutott szemeivel s pihegő melléből ellebbent az irgalom halk suttogása: akkor áradt ki lelke mint kiöntött olaj, az imádás, az engesztelés, a könyörgés és esdeklés imája. S betelt a föld ez ima illatával. Ez az olaj balzsam az Isten szívére s a bűnösök lelkére..., e könnyek a mi sebeink karbolos vizei..., ez az epével kevert bor a szamaritán bora lesz a latrok kezébe esett vándorléleknek sebeiben! Óh Uram, mibe kerültem neked, s hogy gondoztál engem! Most, mikor öntudatára ébredek végtelen szeretetednek, csak a hősies viszonzás útja nyílik meg számomra! Viszonzás a halálig!

Leszegezték, három szeggel két dorongra; leszegezték eleven húsban, s kiszakadt szívéből a legmélyebb s a legmegszégyenítőbb fájdalom fohásza; kezeiből s lábaiból kiserkent a vér. Szegény Krisztus! Láttam valahol pajtakapun leszegezve egy vércsét; szegény merész szárnyaló, — mondtam magamban; — de ah, itt le van szegezve az a királyi sas, ki a legmagasabb égből szállt le hozzánk, hogy vállaira vegyen s fölemeljen, s itt a koponyák dombján, a nagy szemétdombon, leszegezték s föltűzték a világ csúfjára! Leszegezték kezeit..., le lábait..., négy forrást nyitottak a lelkek új paradicsomának számára; szivárgott le a vér a keresztfa héján, bejárta repedéseit, öntözve mohát s leért a földre: az első üdvözítő csepp vér! Ah, hogy rendült meg tőle a föld, hogy cikázott végig rajta az élet villáma, de egyszersmind egy nagy, öntudatlan fájdalom, az a fájdalom, hogy az Isten vérére volt szükség bűneink lemosására!

Azután fölemelték az átok fáján dühüknek áldozatát, azt a ronggyá tépett szent testet, a kínszenvedő Jézust, az átok és káromlás céltábláját. „Átkozott, ki a fán függ...", visszhangzott a tömegben. Permetező négy sebét kitárta Krisztus az érzéketlen világra; véres sugarakat lövellt belőlük, hogy stigmatizálja a szíveket. Végigtekintett bágyadt szemeivel a gyűlölség és elvakultság viharzó tengerén; könnybe lábadt szeme, elhomályosult körötte a világ, megfürösztve látta könnyeiben...! S íme, a káromlásba megtérő lelkek vallomásai vegyülnek; a szenvedély tombolását itt-ott fölváltja a könyörület s szánalom érzete... mellét verve lopódzik haza a tömeg, s marad a keresztfa alatt a Szent Szűz s egy-két jó lélek. Ezek kezdik az új imát: Ecce lignum crucis, in quo salus mundi pependit... Imádunk téged Krisztus és áldunk, mert szent kereszted által megváltottad a világot. Főleg pedig belőlük fakad az, amit Krisztus elsősorban keres: a résztvevő, mély szeretet! *(Prohászka: ÖM, 7:347; 94)*

†

A Megfeszítetthez

Dicséret és dicsőség Néked, szerető urunk,
Jézus Krisztus, Mesterünk! Oldalad szent Sebeit,
— mely ont imádandó Vért, — s ahol ragyogva feltűnt
nagy irgalmad, míg tárta a tátongó Seb-kaput
véres vitézi dárda: — esdelek, Te jóságos
Jézus, — ki megváltottál keresztségben ősbűntűl, —
hogy most drága Vérедér', — melyet értünk szétöntél, —
védj bűntől, — mely győzni gyűl, — s múlt-ma-jövő vészitűl...
És keserű Holtodért, élő hitet adj nekem,

erős reményt, hű szívet, mely szakadton szeressen!
Szeressek szívszakadtig, lelki tűzbeolvadtig!
Jót cselekvőn helyt álljak, állhatattal szolgáljak!
Mindörökre kedvedre legyek! szívnek Szerelme! Amen

(Assisi Sz Klára)

Elmélkedés (B év)

„Az én igám édes." (A Kereszt vigasza és vigasztalansága)

Istenhez való szeretetünknek finomnak, érzékenynek kell lennie, és ez az engesztelés, jóvátevés szellemét táplálja... Nagy tévedés, ha semmibe vesszük a vallás boldogságát, az istentisztelet örömét, az ima „édességét", vigaszát, az önmegtartóztatás vidámságát és az érzelmes áhítatot. Igaz, hogy ha Isten megvonja ezeket, nem okvetlen haragjában és büntetésből teszi. Bármi az oka, egyszerű dolgunk az, hogy alávessük magunkat az Ő kifürkészhetetlen Akaratának... De a vigaszt nem szabad megvetni, mint semmit se, amit Ő küld: az hatalmas segítség a lelki életben; alázatos megadással kérhetjük, várhatjuk, *hálával* fogadjuk... Sokunknak bizony, sokszor mindnyájunknak, Isten „áldásai" érzéketlenül jönnek; az ima maga „penitencia", a gyónás kínlódás, a szentáldozás a száraz lélek áldozata. Amit Isten áldásul küld, az gyötör, mint valami seb, amit békével eltölteni ad, az nyugtalanít és zaklatja a lelket. Az ilyen elsötétült lélekben nincs fény, csak a maga feldúlt kedélyének homálya, nincs dal, csak zúgolódás. De vizsgálja meg magát: adott-e valaha hálát Istennek a javakért, vigaszokért? S gyakran, legtöbbször, ráakad élete legnagyobb mulasztására. Talán megtért előbbi hitetlenségből, de „kényszerűn" engedve a kegyelemnek, nem ujjongó hálával! Mikor bizton érezte magát a hitben és Egyházban, egyszerre nehézségeket lát mindenütt, kezdve a pápán és a „római szokásokon" lefelé. Képzelt visszaélések, hibák nyüzsögnek agya körül. Új szertartásokat kellett tanulnia és ez bosszantotta. A szentbeszéd keményen szólt, panaszkodnia „kell" hívő társainak erről, mintha mindennek ízlésük szerint kellene folynia... „Kár, hogy az egyháziak nem kérték ki az ő tanácsát"... A gyóntatószék kényelmetlen, a pap durva vagy közönyös, gépies. És a szegény megtért szerencsétlenebbnek érzi magát, mint volt előbb. Ugyan miért? Mert önmagába merül, önmaga érzéseit kinagyítja, vigaszt hajszol, részvétre éhezik Istentől-embertől. Az ilyen lélek nemigen esik térdre, mint egy gyermek, hogy alázattal hálálkodjék Istennek a csodálatos szeretetért, mely eddig hozta, óvta, vezette. *Nem érti a kereszt alázatát*, meghódolását. A megsemmisült hódolat és hála Isten előtt *lényege*, lelke imánknak, áhítatunknak, vallásos életünknek. *(Frederick W. Faber: Mindent Jézusért, 296)*

†

Veszélyesebb ha simogat, mintsem ha gyötör e világ; jobban vigyázz, ha kegyet ád, mintsem hóhérát küldi rád! *(Sz Ágoston)*

Megfeszített

Ki fölfüggeszté mind a földet,
Ő függ itt gyámoltalan!
Ki megrögzíté egek boltját,
itt leszögezve nem mozdulhat.
Ki földhöz fűzte teremtményit,
itt fára feszül leszögezve.
A Minden Urát itt gyalázzák,
az Istent magát meggyilkolják.
Zsidók Királyát halni vitte
maga az Ő zsidó népe.
Óh vad gyilkosság, rémes bűntett.
Az Úrral bánnak legvadabbul,
mezítlen testét nem méltatják,
hogy bámulóktól eltakarják.
A Fények mind fordítják arcuk.
A nappal éjjé kábult-torzult,
hogy rejtse Őt, ki fán kitéve
függ látványul a Mindenségre.

(Szárdisi Sz Melitó)

†

Imádság a szenvedő Jézushoz

Jézus, e világnak teremtője! kit semmi mérték igaz környékkel be nem fogadhat, ki markodban hordozod e földet: emlékezzél meg, kérlek, ama te keserves fájdalmaidról, melyeket szenvedtél, midőn a zsidók szentséges kezeidet meglyuggatták, tompahegyű szegekkel *keresztherz szegezték*; lábaidat is nagy erővel kinyújtóztatván, kemény szegekkel szaggatták és szent testedet is kegyetlenül a keresztfán úgy kiterjesztették, hogy megmerevedvén gyenge tested, minden csontjaidnak egyberagasztásai és forrasztásai elszakadoztak. Kérem szent Felségedet, ezért a drágalátos keserves kínszenvedéseidnek emlékezetéért öntsd szívembe a te félelmedet és szerelmedet. Amen. *Miatyánk, Üdvözlégy Mária.*

Óh Jézus, mi mennyei orvosunk! emlékezzél meg a sok vereségek miatt elszakadott *erőtlenségeidről*, sebeidnek kék helyeiről és szívednek bánatairól, melyeket a magas keresztfán szenvedtél megszaggatott tagjaidban, melyek közül csak egy sem maradott épen; úgy hogy semmi fájdalom nincs hasonló a te fájdalmaidhoz, midőn tetőtől fogva talpig egészség és épség nem volt benned. És mindazonáltal fájdalmaidról elfelejtkezvén szent Atyádnak kegyesen könyörgöttél tulajdon ellenségeidért, mondván: Atyám! bocsásd meg nekik, mert nem tudják, mit cselekszenek! Ezért az irgalmasságért és fájdalomért engedd, Uram, hogy a te keserves kínszenvedéseidnek emlékezete legyen az én bűneimnek bocsánatjára. Amen. *Miatyánk, Üdvözlégy.*

Óh Jézus, szerelmes királyunk és tökéletes jó barátunk! emlékezzél meg arról a bánatról, melyet szenvedtél, midőn mezítelen nagy kínokban és sanyarúságokban *keresztfán függöttél*; mikor mindnyájan a te barátaid és ismerőseid távol állottak tőled és egy vigasztalód sem volt az egyetlenegy szüléden kívül, akit megepedett keserűségében tanítványodnak ajánlottál. Kérlek téged, kegyes Jézus! ama fájdalomnak hegyes tőréért, mely akkor szent szüléd lelkét megszaggatta: hogy énrajtam is essék meg szíved minden testi és lelki nyomorúságomban, és adj vigasztalást háborúságaimnak idején, legfőképpen halálomnak óráján. Amen. *Miatyánk, Üdvözlégy.*

Óh Jézus, igazságnak tüköre, egyességnek jele, szeretetnek kötele! emlékezzél meg a te *sebeidnek megszámlálhatatlan sokaságairól*, melyek miatt tetőtől fogva talpig nem találtatott épség szűz testedben, mely drágalátos szent vérednek kiomlásával teljességgel be volt borítva. Kegyes Jézus! mit kellett egyebet cselekedned, amit meg nem cselekedtél volna? Írd be, kérlek, kegyes Jézusom! a te szent sebeidet drágalátos véreddel az én szívembe; hogy azokban olvashassam fájdalmaidat és háladásban végig megmaradjak. Amen. *Miatyánk, Üdvözlégy. (Sz Brigitta-Pázmány, Sík: DB, 888)*

†

Szent Keresztről (Recordare Sanctae Crucis)

Emlékezzél Szent Keresztre!
Életed folyton vezesse
boldog, teljeshű úton!
Szent Keresztre emlékezzél!
Róla-benne elmélkedjél,
egyre-mohón s nem-múlón!

Hogyha pihensz, ha dolgozol,
hogyha nevetsz, siránkozol,
fájdalom ér vagy öröm, —
hogyha jársz-kelsz, ha érkezel,
ha vigaszt lelsz, kínt érezel:
Kereszt ott lesz szív-tövön!

Kereszt minden törődésben,
durva sorba', üldözésben
az egyetlen orvosság!
Kereszt bajnak sok gyötrelmén:
édesség a hívő elmén,
igaz mentsvár, biztonság.

Kereszt: mennyország ajtaja,
át, szentek vonulnak rajta,
mindent legyőztek benne!
Kereszt gyógyszer e világra,
véle Isten nagy jósága
csodát művel megmentve!

Kereszt lélek üdvössége,
igaz, tündökletes fénye,
édessége szívünknek.
A boldognak élet-áldás,
tökélyesnek kincses tárház,
dicsőség, víg békület!

Kereszt: erény tükre, példa,
üdvön vezér örök célra,
hívők minden reménye.
Kereszt mennybe jutók jele,
dísz és vigasz; — arra fele
ösztönző vágy szívmélybe'...

Kereszt: drága díszű szálfa,
megszentelt, Úr vérén ázva!
Meghoz minden gyümölcsöt!
Miktől lelkek gyarapodnak,
égi étken táplálódnak
üdvözült szentek között.

Ihless, tüzelj, Kereszt Hőse,
Krisztus! holtod szívem' kösse:
sírjak! — míg sír nem temet.
Véled vágyom megsebződni:
fölvonzatni, átölelni
Fádon: szívből epedek!

(Sz Bonaventura)

Elmélkedés (C év)

A szentkereszt méltósága

Szentkereszt fölmagasztalásának ünnepén, midőn Gertrúd a keresztfa előtt tisztelettel meghajolt, így szólt hozzá az Úr: „Gondold meg, hogy nem függtem tovább a kereszten, mint csak a hatodik órától vesperás idejéig, és mégis oly nagy tisztelettel magasztaltam föl. Ítéld meg hát ebből, minő jótéteményekkel való jutalmazásra határoztam el magamat ama szívek iránt, amelyekben több éven át nyugszom." Gertrúd erre ezt jegyezte meg: „Óh Uram, hogy én oly kevés örömöt engedtem szívemben élvezned!" Az Úr így felelt: „Hát micsoda örömöm volt azon a fán? Csupán csak az én önként való szeretetem, mellyel mások előtt ezt választottam, bírt rá arra, hogy megtiszteljem. Éppen így jutalmazom meg önként való jóságomban azt, akit kiválasztottam."

A Szent Mise alatt azután Gertrúd a következő szavakkal nyert oktatást az Úrtól: „Tekintsd csak, minő példát adok választottaimnak a keresztnek ezen megdicsőítésével. Mert a többi tárgyakat, melyek engem földi életemben szolgáltak, nem részesítettem olyan nagy tiszteletben, mint keresztemet, a töviskoronát, lándzsát és szegeket, melyek szenvedésem eszközei voltak. Óhajtom tehát, hogy barátaim ebben utánozzanak engem. Irántam való tiszteletből és saját üdvösségükért nagyobb szeretetet tanúsítsanak ellenségeik, mint jótevőik iránt, mert ebből hasonlíthatatlanul nagyobb hasznot meríthetnek. De ha talán emberi gyarlóságból elmulasztanák is, hogy a szenvedett sérelmeket azonnal jótéteményekkel fizessék vissza, azért mégis kellemes áldozat lenne nekem az, ha legalább kevés vártatva törekednének a méltatlanságokat jótéteményekkel viszonozni. Éppen úgy, mint ahogy kínszenvedésem keresztje egy ideig a földben volt elrejtve és azután érte a fölmagasztalás. Az emberek üdvössége iránt való szeretetből is különösképpen szeretem a keresztet — tette hozzá még az Úr —, mert általa értem el az emberi nemnek minden erőmből óhajtott megváltását. Amint a jámbor emberek is néha nagyobb ragaszkodással vannak azon helyekhez és napokhoz, melyeken méltók voltak nagyobb lelki javakban részesülni." *(Nagy Sz Gertrúd: Az isteni szeretet követe, 4:34; 453)*

†

Szeresd a keresztet

A kereszt mindenkor kész és mindenütt vár reád. — Meg nem szabadulhatsz tőle, akárhová futsz, mert akárhová mégy, magaddal viszed énedet és mindenütt magadra találsz. — Tekints föl, tekints le, nézz kifelé, nézz befelé, mindenben keresztet találsz: és mindenütt béketűréssel kell lenned, ha belső békében akarsz élni és az örök koronát megnyerni. — Ha örömest hordozod a keresztet, az hordoz téged, és elvezet az óhajtott célra, ahol vége lesz a szenvedésnek, ámbár nem itt e földön. — Ha kedvetlenül hordozod, terhet szerzel magadnak, csak bajodat szaporítod és szenvedned mégis kell. — Ha egyik keresztet elveted, kétségkívül másikat találsz, talán nehezebbet. — Azt hiszed, hogy elkerülöd, amit halandó soha el nem kerülhetett? Melyik szent volt e világon kereszt és küzdelem nélkül? — Hiszen a mi Urunk Jézus Krisztus sem volt csak egy óráig is szenvedés és fájdalom nélkül, amíg élt.

„Szenvednie kellett — úgymond — Krisztusnak és halottaiból föltámadnia és úgy menni be dicsőségébe." (Lk 24,26) — Miképp keresel te más utat, mint ezt a királyi utat, a szent kereszt útját? — Krisztus teljes élete kereszt volt és kínlódás és te nyugalom és öröm után jársz? — Csalódol, hidd el, csalódol, ha egyebet keresel bajoknál és szenvedéseknél; mert ez az egész halandó élet tele van nyomorúsággal és körös-körül keresztekkel megrakva. — S minél magasabb fokra jutott valaki a lelki életben, annál nehezebb keresztekre akad gyakran, mert számkivetésének kínja a szeretettel jobban növekszik. — Aki azonban ily sokféleképp szenved, még sincs vigasztaló enyhülés nélkül; mert érzi, hogy keresztje békés elviseléséből a legszebb gyümölcs terem számára. — Mert mikor ezt kész szívvel vállára veszi, a szorongatás terhe az isteni vigasztalás reményévé változik. — És minél inkább megtörik a test a szenvedésben, annál jobban gyarapszik a lélek a belső kegyelem által. — Sőt néha a szenvedést és viszontagságot annyira megkedveli és mivel megszerette a hasonlatosságot Krisztus keresztjével, úgy megedződött, hogy nem is kíván fájdalom és háborúság nélkül élni; mert azt hiszi, hogy annál kedvesebb Isten előtt, minél többet és súlyosabbat szenvedhet érette. — Ez nem az ember ereje, hanem Krisztus kegyelme, mely oly nagyot bír és munkál a gyarló testben, hogy amitől természet szerint iszonyodik és menekül, azt nagy buzgón megragadja és megszereti. — Nem embertől telik az ki, hogy a keresztet viselje, a keresztet szeresse, testével keményen bánjék és zabolára fogja, hogy a tiszteletet kerülje, a gyalázatot örömest tűrje, magát megvesse és a maga megvetését kívánja, mindenfelé kárt és csapást kiálljon s e világon semminemű szerencsét ne kívánjon. — Ha magadra tekintesz, magadtól nincs ilyenre képességed. — *De ha az Úrban bízol, erőt kapsz az égből, és le bírod a világot és a testet győzni. (Kempis: KK, 2:12)*

†

Megbocsátás

Elérkezve az életem legnagyobb perce, — biztos vagyok, senki sem hiszi, hogy csalni akarok. Hát egyenest kivallom: üdvösségre nincs más út, csak keresztény út! Hitem tanítja: megbocsássunk az ellenségnek, mindnek, ki nékünk vétett! Boldogan bocsátok meg a császáromnak s mindnek, ki oka halálomnak. Könyörgök nékik: keressék Krisztus keresztségit, legyenek ők is keresztényné! *(Miki Sz Pál a kereszten)*

SZEPTEMBER 15.

A FÁJDALMAS SZŰZ ÜNNEPE

S: Engedelmességet tanult, és az örök üdvösség szerzője lett. E1: Íme, a te fiad! Íme, a te anyád! E2: Lelkedet tőr járja át.

A Szűzanya érző és vérző szívvel kísérte végig szent Fia életútját, osztozott szenvedéseiben — bárkinél jobban átélte az Úr Jézus fájdalmait, keresztútját, kínszenvedését. Erről az együttszenvedő, odaadó életről ősidőktől kezdve sokat elmélkedtek a hívők, az agg Simeon jövendölését nem feledve („a Te lelkedet is tőr járja át!" Lk 2,35). A „hét tőr", hét gyötrelem: 1. a Templomban bemutatás fenyegető jövendölése *Jézusról*; 2. az egyiptomi menekülés: „Kelj föl, vedd a gyermeket és fuss Egyiptomba"; 3. a 12 éves Jézus háromnapi keresése; 4. elfogatás az olajfák-hegyén, elítélés, keresztút: „hordozván Jézus önmagának az ő keresztjét"; 5. megfeszítés: „S áll keresztje alatt az Ő Anyja"; 6. levétel a keresztről: „s véve Őt anyja az ő karjaiba"; 7. sírbatétel. Az ünnep Németországban a nép közül indult ki a huszita káromlások ellenhatásaként, de a Hét Fájdalom Ájtatossága sokkal régebbi: a szervita rend épp a Fájdalmas Szűz tiszteletére alakult (1233). Mikor az Egyház üldöztetést szenved Napóleon alatt, VII. Pius kiterjeszti az ünnepet a világegyházra. Hazánkban a törökvilág nyomorúsága, pusztulása, a fölszabadulás (1686—1698) utáni végtelen nyomor idejét sok Mária jelenés és kegyhely jelzi: a Síró Boldogasszonyé és a Hétfájdalmú Szüzé. Így 1663-tól a Nagyszombati Boldogasszonyé, 1668 és 1699: Radnai, 1690: Buda-Krisztinavárosi, 1699: Győri (Irgalmas Boldogasszony), 1699: Sümegi, 1699: Erdélyi Mikolai (görög katolikus), 1729: Kiscell-Celldömölki. Mind síró, vért könnyező Mária! Leghíresebb a *pálosok* Sasvári Boldogasszonya lett, amelynek kegyhelyét 1564-ben gróf Czobor Imréné állítja és amely az 1600-as évek végétől nagy népi központ lett, a szlovákok nemzeti kegyhelye és ünnepe is (szeptember 15.). A másik híressé vált Mária-kegyhely a görög katolikusok *Máriapócs* kegyhelye, amely máig is összehozza a magyart, erdélyi románt, kárpataljai ruszint.

Szentleckéhez Zsid 5,7-8

Lásd B év 5. nagyböjti vasárnap, 313. oldal.

Válaszos zsoltár Zsolt 31(30),2-3.3-4.5-6.15-16.20

A szabadító Úr

Evangéliumhoz Jn 19,25-27

A másik Mária nem volt Szűz Mária édestestvére, hanem valamilyen rokona. Az apostolok közül csak Sz János, a *szeretett tanítvány* volt a kereszt alatt, s őrá bízta Jézus az édesanyját. Mária ettől kezdve Sz János házában élt. *(19,25: Mt 27,55-56; Mk 15,40; Lk 23,49)* vagy

Evangéliumhoz Lk 2,33-35

Lásd Szent Család ünnepe, B év, 43. oldal.

Elmélkedés (A év)

Jézus temetése

„És amikor már esteledett, eljöve Arimatheai József, bátran beméne Pilátushoz és elkéré Jézus testét" (Mk 15,42-43). Egy tekintetet vetek a Kálváriára nagypénteki esti jelenetére. Leereszkedik az est árnya; a tömeg részint mellét verve, részint megrögződve eloszlik; fáradt fájdalom borong a természeten s a harminchárom év előtti karácsonyéj utolsó akkordjaként halkan suttog az egyetlen Krisztus-hívő léleknek imája. A *Szent Szűz* ölében tartja s imádja Fiát. Nézi, csókolja sebeit. Az ő szíve az égő mécs a szent kereszt tövén.

A hit s a krisztusi szeretet mind az ő szívébe szorult. Magdolna bánata csak emberi: a Szent Szüzé krisztusi. *Érzelmei a szent kereszténység*: hit, áhítat, hála, bánat, fájdalom, tisztaság, vértanúság; ez érzelmekkel csókolja s imádja Krisztust. Salve Mater dolorosa, martyrumque prima rosa, virginumque lilium! [Üdvözlégy, Fájdalmas Anya, vértanúk első rózsája, szent szüzek liliomа!] *(Prohászka: ÖM, 7: 358; 109)*

†

Fájdalmas Szűz zsolozsma-himnuszai

I. Matutínum: Imperatrix Clementiae

Irgalomnak Császárnője!
Kegyelem harmatját öntsd be
szikkadt száradt rossz szívembe,
légyen végre tetszésedre...

Add kegyesen: megérezzem,
véled elszoruljon szívem,
sírjam Királyom halálát,
mely világot bűntől megvált.

Fiad gonoszabbul szenved
latrok legaljánál! Szentet
kinevetik, gúnynak tárgya,
hitetlen had tolong rája!

Dicső tisztelet, áhítat
Mária Fia Jézusnak!
Ki feszítve Kereszt-bitón
ott függ értünk szent Megváltónk!

II. Laudes: O, gloriosa Domina

Szent Úrnőnk, óh dicsőséges!
Szíved mily gyötrelmen vérez?!
míg Barabás szabadon megy,
„büntetést" csak Krisztus szenved!

Jó Pásztorunk'; jaj, megverék,
nyája elfut, mind, szerteszét!
Csak te maradsz s egy tanítvány
Kereszt alatt állva, sírván...

Nem csoda, hogy szíved elfúl:
látod dühük kegyetlen dúl!
S tudod: tiszta szüzünk te vagy;
igaz Isten-Ember fiad!

Dicső tisztelet, áhítat
Mária Fia Jézusnak!
Ki feszítve Kereszt-bitón
ott függ értünk szent Megváltónk!

III. Príma: Jesu, nate de Virgine

Jézus, Te szűztől született,
— s rá Titkos Lélek lehellett, —
Te itt szenvedsz kereszthalált,
kegyetlen szögtől verve át!

Nyomorunk, Irgalmas, kíméld,
Aggódó Anyád szívéért!
S ő könnyiért — oly bőven hullt! —
táruljon nékünk égbe út!

Dicső tisztelet, áhitat
Mária Fia Jézusnak!
Ki feszítve Kereszt-bitón
ott függ értünk szent Megváltónk!

IV. Tercia: Crucem pro nobis miseris

Vállad Keresztet hordozott,
bűnös-miértünk Áldozat!
Míg Máriád szent Öt-Sebed
vérével vegyít könnyeket.

Király, Te minden-alkotó!
gyalázva bitót hordozol!
a gyötrött anya, látva mind,
Veled liheg halálos kínt...

Jézus, világot megváltó,
önts hálát szívbe! Anyádtól
könny-áradat szakadjon ránk,
kiszáradt lelket hasson át!

Jószívvel nézz, Krisztus, miránk!
fogadd el esdeklő imánk!
Ő közbejárása folytán
örök fényeddel ragyogj ránk!

Dicső tisztelet, áhitat
Mária Fia Jézusnak!
Ki feszítve Kereszt-bitón
ott függ értünk szent Megváltónk!

V. Sexta: Fellis amaritudíne

A vad-keserű epével
édes vigaszt mind vetél el!
Sirassuk Megfeszült Urunk,
Ő ád vigaszt, míg búsulunk...

A Szűzanyádnak szívébe
sebek hatolnak oly mélyre!
Óh add: halálod gyümölcsét
ízleljük, Jézus, Üdvösség!!

Dicső tisztelet, áhítat
Mária Fia Jézusnak!
Ki feszítve Kereszt-bitón
ott függ értünk szent Megváltónk!

VI. Nóna: In ara crucis moriens

Kereszt oltárán meghalván,
seb tárul ránk szent Oldalán!
Ott kapu nyílt a mennyekbe,
az ősatyánk mit elveszte!

Hozzád kiált a hű néped
és Szűzanyánktól kérések:
nyíljék reánk is szent kapud,
s tiéd, ujjongva haza fut!

Dicső tisztelet, áhítat
Mária Fia Jézusnak!
Ki feszítve Kereszt-bitón
ott függ értünk szent Megváltónk!

VII. Vesperás: Castae Parentis viscera

Szűzi szülő szent szívébe'
szörnyű gyötrelmet szenvede:
akit fogant és szült: Igénk
tűri bőszült had ütlegét!

Ráesnek kegyetlen bakók,
Korbácsok, véres-szaggatók!

Ezt látva-hallva fuldokol
az anya szíve kínoktól!

De hogy halálra hurcolják,
az Anyja úton együtt járt!
Szív könnybe, vérbe hogy' áza!
Őt éri minden csapása...

Most szögezik a Szent Fára
s látod: lelkétől elvála!!
Minél drágább: te Fiadon, —
annál égőbb a fájdalom!

Dicső tisztelet, áhítat
Mária Fia Jézusnak!
Ki feszítve Kereszt-bitón
ott függ értünk szent Megváltónk!

VIII. Komplétás: Tuum deplorans anxié

Gyötrődve siratod Tiéd'.
Irgalmas Szűz, téged ki véd?!
Kereszt-oltárról vételék:
sírt végül ád Végtisztesség!

Sürgesd meg Nála, jó Anya,
hogy holta kincsét ránk adja!
Vegyen be végül örök Otthon:
Atyád, Fiad s Lélek fogadjon!

(Sz Bonaventura)

†

Elmélkedés (B év)

Óh, hogy fúródott hát mélyen lelkébe 33 éven át annak a keresztnek fája s mily tüskés lett szeplőtlen szeretetének csipkebokra s az a nagypénteki kegyetlen fájdalom, hogy lángolt, hogy sereglett benne. Ki felejt el téged édes, fájdalmas anyánk? Íme a „pietà", a részvét iskolája. Jézust mélyen megsajnálom, mert nagyon szeretem. Lelkemben forgatom, hogy mit, mennyit tett értem; viszont ez az emlékezés fölszítja szeretetemet, olaj lesz a tűzre. S mindebben az édes szent Szűz igazít majd el, tőle tanulok szánni és szeretni. — Az Úr Jézus a maga szenvedését s halálát nem vésette kőbe, fába; leírták ugyan néhány sorral az evangéliumban, de az ugyancsak kevés; hanem igen, belenyomta a szívekbe s a leghívebb, a legmélyebb, a legremeklőbb és ugyancsak szenvedéses lenyomatát a szent Szűz szíve őrizte. Szent sebeit, kékségeit, fájdalmait s fohászait a kereszténység vigaszára a szent Szűz szívére bízta. Itt vannak eltéve, itt sértetlenül megőrizve s aki a fájdalmas anya szívébe tud hatolni, az ott megtalálja a maga szomorú fölségében Krisztus élő s folyton sajgó kínszenvedését. Így kell hordoznom nekem is Uram szenvedését szívemben. Nem, nem felejthetem. S ez a szenvedés őrzi annak a tőrrel átdöfött szeráfnak is képét, ki a kereszt alatt áll s azt mondják róla: „az ő anyja". *(Prohászka: ÖM, 7:353; 101)*

Elmélkedés (C év)

A szent Szűznek kellett ott állnia, mert szereti Jézust. Az Úr Jézus magához csatolta őt méltóságban, kegyelemben s örömben, magához tehát bajban s bánatban is. Ő nem maradhatott el, nem maradhatott lent; amint megosztja fia koszorúját, trónját, szívét, úgy kell megosztania keservét. Ő a résztvevő bánatnak vértanúja.

Bánkódik vele, mert szereti őt. Eleget tesz, eleget szenved vele, mert nem szakadhat el tőle; vele bánkódik, siratja bűneinket s megnyitja sorát azoknak az ártatlan, de elragadóan szép lelkeknek, kik mások bűnéért szenvednek s magukat értük Istennek elégtételül bemutatják. E nyomokat Jézus taposta a kemény, önző világba, mint páratlanul mély s gyengéd érzésű lelkének nyomait. Sokak előtt ez beteges lelkületnek látszik; igen látszik, mert látószögük téves; de a legnagyobb szeretet szempontjából ez lángoló lelkület s győzelmes erő. Részvétünkben ne roskadjunk össze, hanem mint a lélek erősei viselkedjünk!

De a szent Szűz magára való tekintetből is áll a kereszt alatt. E kitüntetésben kellett részesülnie, hogy érdemei itt nőjenek föl egész az égig. Nagy hivatások kegyetlenek. Meztelen kardok közt vezet el útjuk; a szent Szűznek az a nagy hivatás jutott, hogy teljes odaadásban, a legnagyobb áldozatban törődjék meg; lelkének a Golgota sziklái közt a rettenetes keresztfán kellett fölkúsznia s ott elrebegnie azt, hogy: legyen meg a te akaratod! Lelkivilága mint a tenger háborgása, de e keserves tenger gyöngye a föltétlen odaadás. E lekonyult, alázatos, szép fej az Isten remekműve! Ő gondolta, ő mintázta. A földúlt lelkek sötét világába állította bele, mint a bánatos lelki szépség új motívumát. Mily különbség közte s Jób között! Türelem s megadás s bizalom itt is, ott is, de a szenvedés pátosza ez istenanyai szenvedésben utolérhetlen.

Látta, hogy a szenvedés szent fiának útja, tehát az ő hivatása is, s úgy vette azt, mint kitüntetést, mint koszorújába való vadrózsaágakat. Kívánt ez úton menni, hisz Jézus nyomaiban ment. — Mi pedig ez édes keserves Szűz nyomaiban járunk. Bosnyák Zsófia Sztrecsnó várából Teplickára járt templomba, télen is, hóban is, s ha szolgálócskája fázott, azt mondta neki: „Lépj az én nyomomba"; s íme a nyom meleg volt. Izzó lelkek hóban, fagyban is meleg, kőben, sziklában is puha nyomokat hagynak maguk után. Gyerünk nyomaikban! Mily dicsőséges s édes a Szűz lábnyomában járni; összetört sátánfejet, letör az hát tövist s bojtorjánt is! *(Prohászka: ÖM, 7:353; 102)*

SZEPTEMBER 24.

SZENT GELLÉRT VÉRTANÚ PÜSPÖK

I: Az igazak halálát Isten úgy fogadja, mint egészen elégő áldozatot. E: Ne féljetek azoktól, akik megölik a testet.

Velence szülöttje, a Sz György apátság bencés apátja; majd vértanúság vágyától hajtva a Szentföldre indul, de Magyarországon rábeszéli Sz István király, hogy itt közelebbi hivatás vár rá. Sz Imre (†1031) nevelője lesz, István apostoli térítőtársa és barátja. Majd a Bakonyban remete (1035), mikor kinevezi a szent király a csanádi egyházmegye első püspökévé. Fönnmaradt a Szent Szűzről írt latin munkája, amely, úgy látszik, az első magyar földön írt könyv. István halála után a pogánylázadás idején elhagyja Csanádvárat, Budára siet, hogy békét teremtsen, s a száműzetésből visszatérő Endrét üdvözölje, és a Sz István-i hagyományok felé fordítsa. Kelenhegynél (ma Sz Gellért hegye) dühödt pogányok juttatják vértanúságra őt és három püspök-társát (Beszteréd, Bőd és Beneta). Sz Gellértet a hegy tetejéről kocsival lezúdítják a meredeken, s a Duna parti köveken szétzúzzák fejét. A sziklán lemoshatatlan a vére, ezért a követ a belvárosi templom megőrizte a mohácsi vész idejéig.

Első olvasmányhoz Bölcs 3,1-9

Lásd a kassai vértanúk ünnepe (szeptember 7.), 680. oldal.

Válaszos zsoltár Zsolt 126(125),1-2.2-3.4-5.6

Az Úr kiszabadít minket — ujjongjunk!

Evangéliumhoz Mt 10,28-33

Lásd A év 12. évközi vasárnap, 206. oldal.

Elmélkedés (A év)

Az igaz hit ismérve

(2§) Sok, szentségben és tanban is kiváló hívőt így buzgón, feszült figyelemmel faggattam: hogyan tudnám én szabatosan, mintegy általános rövid módon megkülönböztetni a *katolikus* tannak igazságát eretneki eltévedéstől. Mindjétől csaknem mindenkor egyazon választ kaptam: Ha én, vagy bárki, le akarja leplezni a csalásokat, elkerülni tévtanoknak tőreit, — ha teljes-ép hitében teljes-épen meg akar maradni: szükség, hogy az Úr segítségével két módon szilárdítsa meg hitét. Legelsőbb, nyilván, az isteni Törvénynek tekintélyével [Szentírás]; azután a katolikus Egyháznak Szenthagyományával. Itt tán valaki kérdené: „Ha az Írások útszabása oly tökéletes és egymaga mindenhez elég irányító, miért kell hozzácsatolni az egyházi magyarázatok súlyát?" Azért, egész nyilván, mert a Szentírást épp mélységei miatt, nem mindenki veszi egy és ugyanazon értelemben. Ugyanazt a mondatot egyik egyképpen magyarázza, másik másképpen; úgy tetszik, — annyi vélemény van erről, ahány az emberfő. Novacián „e szakaszt" *így* fejtegeti, Szabellius meg *úgy*, Donátus még *amúgy!* Árius, Eunómius, Macedónius más módon, Photinus, Apollinár és Priszcillián meg más szeren. Jovinián, Pelágius, Célesztius újabb módon, jön aztán új: Nesztórius új értelmével. Így aztán sok és más-más tévely csavargásiért, legfőbb szükség, hogy a prófétai és apostoli értelmezés vonalát az egyházi katolikus normákhoz vonjuk! Magában a katolikus Egyházban is, minden gonddal azon legyünk: *Szilárdan tartsuk azt, amit hívők hittek mindenütt, és mindenkor és mind együtt!* [„In ipsa item catholica Ecclesia magnopere curandum est, ut id teneamus, quod ubique, quod semper, quod ab omnibus creditum est." — a híres tétel!] Mert ez hát a valóban és sajátosan „katolikus"! Innen ered a név, maga a jelentés kimondja: e név (kat'-holikosz) fölölel majdnem mindenkit „egyetemesen".

Ezen szabályt jól alkalmazzuk, ha „egyetemességre" törekszünk, a „régiségre" és „megegyezésre"! „Egyetemesben" járunk, ha valljuk, *egy* a hit, amely igaz: melyet mind az Egyház vallott, mind-világszerte, mind-múltjában; ha semmiképp se tágítunk az értelmektől, miket világosan és szentül leszögeztek szent elődeink, atyáink. És éppúgy, hogyha egyezőn ez ősi hagyománnyal, elfogadjuk döntéseit és tételit minden — vagy bizonnyal majdnem minden — együttes papnak, tanítónak.

(9§) Tehát katolikus keresztényeknek valami *más tant* meghirdetni, mint amit („letétbe") kaptunk: sosem volt szabad, sehol sem szabad, és sosem lesz szabad. És anathémával [kiközösítéssel] kizárni azokat, kik más valamit hirdetnek, mint amit egyszer s mindenkor *átöröklénk* — sosem volt és sehol sem, és sosem leszen „fölösleges". *(Lerini Sz Vince)*

†

Ima Sz Gellérthez

Isten, ki Szent Gellért vértanúd és püspököd ünnepével évenként megörvendeztetsz bennünket, engedd kegyelmesen, hogy akinek megüljük születése napját, annak oltalmán is örvendezhessünk. A mi Urunk Jézus Krisztus által. Amen *(Sík: DB, 867)*

Elmélkedés (B év)

Keresztény élet

Az ki a Krisztusé, minden nem-krisztusit utál,
épül Urába, aki bírni akarja Urát!
Ő: Isten, ki az égnek-földnek létrehozója,
értem a Szent Szűztől, — egy közülünk született.
Hátát ostornak, s ütlegnek adta az Arcát;
köpdösik, elgyötrik... Vállala fölfeszítést.
Nem, hogy ilyen türelemmel bármit szenvedne az *Égnek*,
— mitse veszít, s nem nyer, égi hiányt sose lát, —
ámde mi bűn bennem, hogy „tudja le": fölveszi-hordja...
Testinek én tagja, — Ő pedig lett az enyém.
Hal, s visel ott engem; s fölkél s győzünk *mi* halálon!
Szállva föl Atyjához, vitt túl a csillagokon!
Mit föl nem vennék hát ekkora drága reményért!?
vagy mi szakaszthat el itt Tőled, egyetlen Uram!?
Tűz perzseljen! Tépd zsigerem' foszlányba, te hóhér!
Túlröpülök kínon, fölszabadult ez a test!
Vak börtönbe dobassam; kössenek gúzsba bilincsek,
Elragadott szív száll Mesterihez szabadon!
Tőrével ha bakó készül nyakamat lesuhintni,
nem-rettenve talál: — gyors a halál s kicsi: kín!
Száműzetés nem ijeszt; velem Ő, ki az otthon, — akárhol.
Éhség? semmi nekem: Úr szava én kenyerem.

(Nólai Sz Paulin)

Jézusban erőnk

Ámde a nagy bizalom nem e gyatra énen alapszik.
Szóm Te adod, Jézus; tűrni a kínt, Te adod.
Mit mernénk mi magunk? Csak Benned mind a bizalmunk!
Harcra Te rendelsz ki, győzve, Te adsz diadalt.
Íme, reményem az Úr egyedül; Őt hinnem: az Élet.
Ő tett polgárrá *túlnani honba*, Szivén!
Mint az atyáinknak, át kell futnunk e mulandót:
Égre föleskündtem, harcos uton vonulok...
Nem kétlem, röviden csak tart jog e földi tanyához:
jó vele úgy élnem, hogy mi „enyém”, nem enyém.
Nem bámulni vagyont, nem törni a polcra: a dolgom!
Krisztus kincsei közt lenni szegény, sose félj!
Balsorsot fogadok csak azonképp, mint a szerencsét
Föld baja nem győz le, sem java nem kapat el!
Mindig hálaadón Krisztusnak hódolok, áldom.
Szüntelen ajkamon él Ő, akit elme dicsér.
Te hű *élettárs*, gyürkőzz velem erre a harcra!
Isten gyöngének külde segítni: nekem!
Gondos féken tarts, ha csapongok, búmba' vigasztalj!
Példa legyünk ketten: krisztusi élet ilyen!
Őrizd őrödet! Éljünk hű szívet egyre viszonzón:
Támasza botlónak, tartalak; állj magad is!
Nemcsak a testben egyek, azonos benn: szív meg a lélek
egy legyen! Kettőnket ihlet a Lélek az Egy!

(Nólai Sz Paulin)

Elmélkedés (C év)

Lángol a szív, míg Lélek szól

Langyos beszéd a szónoké, ha lángot lelken nem gyújt!
Szív lángját! Mely azokba áradt, kikre zúdult
az Igazság ajkáról ott az Úton [Emmausz]. S mondták égve:
— „Ott nemde lángolt mi szívünk, míg hozzánk Ő beszéle
és magyarázta az Írásokat!?” —
Ilyen Ige üszköt vet — láng-szókat!
Tüzel a szív, dermedt közöny-fagy olvad, esd az elme
magaslatok fuldokló vágyán föl-föl égiekbe!
A földi testkívánság idegen! Ősnagy. Szerelmek töltik,
sírások rázzák, lángadozva míg ekkép gyötrődik!
S e gyötrelem maga — éleszti, boldogítja sajgót...
Úgy jólesik, hogy hallja Úr parancsait. S ahányat hallott,
oly sok új fáklya lobban, ujjongót világítja...

Előbb ki bús, zsibbadt közönybe — most
minden szó újabb lángra szítja...

(Nagy Sz Gergely: 30. homília)

†

Ha jobban haladsz *keresztény* voltodban, az Istent is majd jobban féled; erkölcsi nevelést is jobban sürgetsz, családnak és közéletnek erkölcsét: — úgy egyre inkább méreget gyanú és gyűlölség! Csak azt, hogy létezel is: *veszélynek érzik ők*! Még mitse tettél, s már kikölt az ellentámadás; csak úgy, mint az őskeresztény hívekre vadult a császári Róma! Lehetnek ezek „jó polgárok”, a gyűlölő pogányok kezén ott volt egy valódi vétség, hogy a Führer-Nérót miért nem istenítik! *(Sheen)*

OKTÓBER 8.

SZŰZ MÁRIA, MAGYAROK NAGYASSZONYA, MAGYARORSZÁG FŐPÁTRÓNÁJA

I: Mária reménységünk az életre és minden erényre. S: Isten elküldte Szent Fiát, aki édesanyától született. E: Isten feltárja örök tervét Mária előtt, akit kiválasztott a Megváltó anyjának.

Istennek, Jézus Krisztusnak anyja: Magyarország Pátrónája, Védőasszonya. Az ország az Ő ajándéka, de Sz István végrendeletével öröksége, családja és birtoka is... Meggyökerezett tiszteletét hirdetik az ország alkotmányjogi kincsei: a Szentkorona, a koronázó palást, az országzászló is. Ezen a Mária-kép jóval idősebb, mint lobogónk hármas színe. Pecsétjeink, bélyegeink, okleveleink, Máriás pénzünk, hónapjaink, szombatjaink,... harckiáltásaink („a harci Jézus-Mária", Ady) — és munkakezdő fohászaink róla beszélnek. Egyetemünk, (az alapító) Pázmány Péter szerint, az Ő csarnoka. — Tisztelői, vallói közt vannak királyaink: Sz István, Sz László, IV. Béla, III. Endre, Károly Róbert, Nagy Lajos, II. és III. Ferdinánd, III. Károly, Mária Terézia; nagyjaink: Sz Gellért, Hunyadi (ki kardja markolatára a szentolvasót fűzte), Báthory, Esterházyak, Pálffyak, Koháry, Zrínyiek, II. Rákóczi Ferenc. Buda visszafoglalásakor a vár fokára Szűz Máriás zászlót tűzött az elsőként felkúszó magyar Mária-kongreganista Petneházy Dávid. Az országot hivatalosan felajánlották a Nagyasszonynak 1038-, 1317-, 1693- és 1896-ban. — Olyan útmutatóink, tanítóink oltották szívünkbe nevét, mint Sz Gellért, Bd Temesvári Pelbárt, Pázmány, Prohászka, Tóth Tihamér, Bangha. A magyar költészet, ima- és énekvilág, számtalan Mária-kegyhelyünk és zarándoklaink, a nép áhítata beszél róla.

A nemzet létkérdése: a „lenni vagy nem lenni" felörvénylett előtte mindegyre: a kereszténység fölvételén, mikor István és Gellért emelte magasra Nagyasszonyunk tiszteletét; Muhinál és Mohácsnál és végig dúlásokon, mikor népünk százezreit vitték rabszolgának, hullottak el a hit védelmében... „Nagy ínségben lévén így szólít meg hazánk: Magyarországról, édes hazánkról, ne feledkezzél el szegény magyarokról!"

Az ország pénze 1848-ig Mária képét viseli. Protestáns erdélyi fejedelmeink, Bocskay, Bethlen, a két Rákóczi György csakúgy Máriásokat veretnek, mint a katolikus II. Rákóczi Ferenc. Amikor ő megindul hadaival „Istenért és szabadságért", Máriás zászlók alatt vonul, pedig kurucai többsége nem-katolikus. Kiáltványa, a Recrudescunt 100 sérelme közt ott van, hogy Bécs elvitte a pócsi könnyező Mária-képet, s már nem imádkozhat előtte a magyar. Ezt a kiáltványt a nem-katolikus Ráday Pál szövegezi! A nagyhatalmú Szűzhöz esdekelt gyönge esendő népünk szüntelen: Élet, édesség, reménység. *(Mindszenty József 1946. május 25-i Mária-évi beszédéből)*

Ilyen 900 éves töretlen nemzeti hagyományt szentesített hivatalosan is XIII. Leó pápa, mikor 1896-ban, a honfoglalás ezeréves évfordulóján, „Magyarok Nagyasszonya" ünnepet rendelt el október 8-ra. Azelőtt augusztus 15-én, „Nagyboldogasszony"-kor ülték (mint neve is jelzi), mert 1038. augusztus 15-én halt meg Sz István, koronáját és országát Isten Anyja, Mária oltalmába ajánlva. *Immár ezer év — és ezer évi fönnmaradásunk — a bizonysága, hogy a Szűzanya ezt elfogadta, vállalta.*

Első olvasmányhoz Sir 24,23-31

Sirák fia könyve Kr.e. 200 körül keletkezett. A hellenizmus erős hatással volt a zsidóságra (főleg annak vezető rétegére). A könyv írója a zsidóság vallását, kultúráját féltve figyelmeztet, hogy az igazi bölcsességet a kinyilatkoztatott Törvényben kell megtalálni. Az egész könyv központi része a bölcsesség bemutatása (24,1-22). Utána közvetlenül — ami a mai rész — a bölcsességet a Törvénnyel azonosítja.

Válaszos zsoltár Jud 13,23-24.25.25

Áldott az Isten

Szentleckéhez Gal 4,4-7

Lásd Szűz Mária, Isten Anyja ünnepe (Újév), 48. oldal.

Evangéliumhoz Lk 1,26-28

Lásd B év, 4. adventi vasárnap, 298. oldal.

Elmélkedés (A év)

Magyarország Nagyasszonya

„Salve regina", ez a köszöntés hangzik minden nyelven. A hívő lovagias középkor pajzsra emelte az „Úr szolgálóleányát", s megadta neki a címet: „Regina", „Fölséges Asszony". Fölség ő tényleg lélekben, nemes, érintetlen erőben; Fölség koronás szépségében, mellyel a többi közül kiválik; nevezetesen pedig:

Angyali Fölség; tiszta, szeplőtelen, ragyogó fénnyel átjárt; angyalarcok mosolya tükrözik rajta, angyalszárnyak zománca ragyog körülötte. A „diadema speciei", a szépség koszorúzza. Bernadette látta a lourdesi Szüzet, azóta elhalt szemeiben minden földi szépség! A szépség nagy, kiváló hatalmasság a világon. Van igazság, van jóság is, de az aligha győzne szépség nélkül. Ez érvényesül, ez hódít kellemben, gráciában; a „gratia" ereje van a Szűzben. Hódító erő; előtte térdre hull mindenki. Nem az az erőtlen szépség, mely azt mondja: „Erő nincs bennem, csak szépség." Tota pulchra es, electa ut sol [teljes szép vagy, választottam, mint a nap]!

Apostoli Fölség; buzgó, lelkeket szerető és mentő hatalom, ki az Istenért lánggal égett; egy sem úgy, mint ő! Szent István apostoli Fölség lett, de ő csak az apostolok nyomán járt; de az apostolok maguk az apostoli erőt ott a Sion hegyén, a szent Szűzzel való imában nyerték. Az apostolok koronája a tüzes nyelv, az a tűz, melyet a Szentlélek gyújt s mi így gondoljuk, hogy ez a tűz pünkösdnapján a szent Szűz szép fejére szállt alá s onnét verődött szét a tizenkettőre. Mint a napsugár, mikor a tükörre vetődik s ott megtörik s tört sugarainak szivárványos sziporkázásával bomlik szét. Hol keressük hát az apostoli Fölséget? Akire leszáll a Lélek s akit a kegyelem szivárványos koronájával megkoronázott, az ő!

Vértanúi Fölség. A vér azáltal lett nemes és királyi, hogy harcokon folyt, sebhelyekből szivárgott a nagy, szent ügyért, a nemzetért, a gyöngékért. A királynak oda kell adni életét nemzetért; akkor lesz igazán király, ha az áldozat dicsfénye vegyül bele koronája ragyogásába. A szent Szűz vértanúi Fölség: Regina martyrum; Salve virgo gloriosa, Martyrumque prima rosa [Mártírok királynője; Üdvözlégy dicső Szűz, Mártírok piros rózsája]! Ez a vérpiros lélek, mely hét tőrrel van átdöfve, hogy fájdalmában sokak édesanyjává legyen! Ez a fölséges asszony a mi asszonyunk. Ezt állítja elénk s emeli trónra maga az Úr; fölkente; adott neki hatalmat. Prospere procede et *regna*! Hódíts s uralkodjál!

Salve regina! hódolunk, mert hatalmad meghódított. Hódolunk az angyali, az apostoli, a vértanúi Fölségnek. *(Prohászka: ÖM, 7:454; 225)*

Óh dicsőséges

I. vesperás

Óh dicsőséges,
gyönyörűséges
csillag, -tündök-fényes!
Világ Úrnője,
Anya, keggyel ékes!

Angyali szózat,
próféta-jóslat!
Dávidnak magzatja!
Salamon dalát
Terólad hangzatta.

Ég Királynője!
Bűnünk mentője,
égbolt erőssége,
bimbózó tavasz
szivárványos éke!

Mécs a sötétbe,
hajnal kikölte,
szétáradt Nap fénye!
Mindent beragyogsz
éjtszakánk enyésztve.

Szép ezüst Holdunk,
lanyhaság hol fut!
Segíts a bűnt oldnunk!
Mert fullaszt börtön:
vétekért zsoldunk.

Nap vetélytársa,
tömjén felszállta,
szép szelíd leányka,
Szeplőtlen Király
szépséged kívánta!

Ékszer aranyja,
hűs szőlőlanka,
Király ivótornya!
Légy te szegényeid
sisak-oltalma!

II. vesperás

Erény pálmája,
édes nektárja,
nárdus illatárja!
Vezesd tévelygőt
Ölelő honába!

Színbúza java,
tárt fény sugara,
ihletünk csillaga!
Halld, hogy sír néped
hozzád esdő dala!

Harcunk bajnoka,
örömünk oka,
szent erény liljoma!
Benned gyűl össze
Égi kincsek soka...

Liljom, fakadó!
Rózsa, pirkadó.
Szűz, egekbe ható!
Arany csillagunk'
öledben ringató!

Égi Szűzanya,
föld diadalma,
vezess örök honra!
Széjjelszórt néped
térítsd nyugalomra!

Vigasz veszélyben,
fény a sötétben
földnépre kitárt menny!
Vert szegényidet
éleszd újra! — Ámen!

(Pázmány latin himnusza)

(Balassi-versszakok magyaros ütemre)

Elmélkedés (B év)

Zsolozsma: Dicséretre (Laudes)

Óh hatalmas Szűz, mi Urunknak Anyja!
hű magyar néped koronája, tornya!
őseink lelke amiként ajánlta:
vedd a hűségünk!

Mert alig vésé a szivébe népnek
Szent királyunk Krisztusod áldott képét,
már hazánknak híva Nagyasszonyául
s gyámolitónkul.

Így ha jobbunkat Tefeléd kitárjuk,
partjainkról űzd tova, bármi bűn, kór
törne ránk, jaj tarts hiveidtől távol
ördögi ártást...

Áhitat lelkét, igaz út-futást adj!
Szerteronts mindent, fiaink' mi rontja,
s mind, amik dúlnák öregink nyugalmát
űzd, Menekítőnk!

Esdd ki, hogy bennünk hit örök tüzével,
égjen! őrizd, mit ezer év bizott Rád
kincsbe': lelkit-földit! idők-betelvén
gyűjts a Fiadhoz!!

(Magyarok Nagyasszonya ünnepi zsolozsmájában a Laudes himnusza)

†

Imák a hazáért

Mindenható, örök Isten! kérlek, őrizd meg kedves magyar hazánkat minden külső és belső veszedelemtől, és a boldogságos, mindenkoron szeplőtelen Szűz Máriának, Magyarország Nagyasszonyának, Szent Péter és Pál apostoloknak, Szent István első apostoli királyunknak és minden szenteidnek könyörgése által adj magyar népednek *egyességet és békességet*; távolíts el tőlünk minden háborúságot és tévelygést, hogy Anyaszentegyházadnak hite szerint neked mindvégiglen bátorságos szabadsággal szolgáljon. A mi urunk Jézus Krisztus által. Amen. *(Sík: DB, 855)*

Emlékezzél meg Istennek dicsőséges Anyja, magyarok Nagyasszonya, szentséges Szűz Mária! *emlékezzél meg örökségedről*, melyet hű szolgád, első királyunk és apostolunk, Szent István neked fölajánlott és végrendeletében neked hagyott. Tekints kegyes arccal országodra és dicső érdemeid által légy szószólónk és közbenjárónk szent Fiadnál, Jézus Krisztusnál. Amen. *(Esterházy Pál imája, Sík: DB 858)*

Elmélkedés (C év)

Virrasszunk!

Mi, a magyar fajnak egyes tagjai, akik egész éltükön keresztül szolgáltuk a nemzetiség és szabadság angyalát és semmi nem törhette meg szent hitünket, hogy egykor bizonyosan kimondhatatlan nemzeti díszre fog virulni a magyarság, *mi ne gyengüljünk gyáva panaszra*, habár létünk Istene csak áltatás lett volna is.

Álljunk ki — keblünket kettőztetett erőre lelkesítve — mindnyájan a gátra és akár volna most utolsó óránk, akár csak most fakadna nemzeti létünk szebb hajnala: *„virrasszunk!"*...

...Valóban virrasztanunk kell!

Virrasszunk pedig azért, nehogy pompás és hízelgő, de csak csábeszmékkel teljes szavakkal a maga legnagyobb kárára a sokaság a józanság útjából elcsábíttassék!

Virrasszunk, nehogy gyengéinek hízelegve, restségének tömjénezve, vérét felizgatva, indulatosságát felhasználva, álpróféták a közelégedetlenség mérgét a közösség közé hintsék!

Virrasszunk, nehogy hetvenkedések és minden érdekek egymás ellen és tűhegyre állítása által tökéletes forrásnak induljon a magyarság, és az egyesség isten-angyala helyett a viszálykodás ármánya üsse fel köztünk tanyáját!

Virrasszunk, nehogy büntetlenül emelhesse fel parancsoló szavát köztünk a felszínes elbizakodás, s gőgjében büntetlenül ne tiporhassa mindazt, mit a szerényebb, de éppen olyan őszinte, sőt tán őszintébb hazafinak keble rejt!

Virrasszunk, nehogy felbőszült garaboncként szilaj erővel ostoroztassanak honunk külön ajkú népei a magyarság megkedveltetésére, hanem annyira becsülje meg a magyar magamagát és másokat s a csinosodás, értelmi súly és jóízlés annyi bájával fogja magát körül, hogy erkölcsi erővel vonzza magához a honnak különféle felekezeteit!

Virrasszunk végre, nehogy rögtönzés, minden ok nélkül való gyanúsítás, ijesztgetés, és durva erőszak legyenek a megbecsült hazafiság jelei, hanem csak a tűrnitudás, mérséklet, józan tapintat és mély bölcsesség nyerje bérül a polgári érdemkoszorút! *(Széchenyi könyörgése, Sík: DB, 853)*

†

Ima a hazáért nehéz időben

Uristen! Igazság kútfeje, kegyelem kimeríthetetlen forrása, ki parancsolataidról megfeledkezett népedet néhanapján a szolgaság jármával sújtod, hogy megtörvén gőgjét, amint a büntetésben igazságot adtál, a megbocsátásban újból kegyelmet nyújts neki: *bevalljuk, Uram*, őseink nyughatatlanságát, beismerjük mindennapi vétkeinket, amelyekkel ellened támadván, valóban megérdemeljük ostorodat. Rászolgálunk, Uram, hogy nemzetünk dicsősége elenyésszék s gyermekeink idegen nép járma alatt görnyedjenek. Méltók vagyunk, hogy magvunk szakadván, eredetünk emlékezete és nemzetünk neve feledésbe merüljön, mivel elhajoltunk tőled, Istenünktől és Urunktól.

Mindazáltal, ó Uram, tekintsd a nyomorúság ez örvényébe hullott *népednek só-*

haját, hallgasd meg a szegények, az özvegyek és árvák Hozzád felsíró jajkiáltását. Tekintsd a bűnhődésre kész ártatlanoknak kiontott vérét s ne feledkezzél meg irgalmasságod cselekedeteiről, melyekkel hajdan oly kegyesen elárasztottad szolgaságban sínylő választott népedet.

És ha lelkünkben lángra lobbantanád felszabadulásunk vágyának tüzét, *vezéreld cselekedeteinket, erősítsd meg karunkat*, élesítsd fegyvereinket, hogy egyesült erővel szolgálhassunk kegyes akaratodnak. Adj, Uram, azoknak, *akiket vezéreinkül rendeltél*, hivatásukban bölcsességet, balsorsban bátorságot, a szerencsében mérsékletet, hogy végzéseid útján haladjanak,

Te jelöld ki, Uram, *táboraink határát*, vedd körül irgalmasságod köntösével, óvd meg az ellenségnek cseleitől s űzd el az álmot a virrasztók szeméről, nehogy készületlenül találtassunk. A Te angyalod legyen őrünk és vezetőnk a csatában, aki szétszórja a fegyverek golyóit s valamint Izraelt szárazon vitte át a tengeren, vezessen át bennünket is sértetlenül ellenségeink tömegén.

Add, végül, Urunk, legkedvesebb Atyánk, hogy felvétetvén néped kebelébe, *rendelésed útjáról le ne térjünk*, hanem igazságtételeid őreivé lévén, utunk nyugalomban és békességben vezessen Tehozzád, ki végtelen kegyelmednél fogva azt akartad, hogy kiszabaduljunk a szolgaságból és megváltassunk. A mi Urunk Jézus Krisztus által, ki a Szentháromságban veled él és uralkodik, mindörökkön-örökké. Amen. *(II. Rákóczi Ferenc imája, Sík: DB, 855)*

OKTÓBER 23.

KAPISZTRÁN SZENT JÁNOS

S: Isten reánk bízta a kiengesztelődés szolgálatát. E: Követlek Téged, bárhová mész is.

A közép-olaszországi Capistrano község szülötte (1386), ügyvéd és Perugia kormányzója, 30 éves korában megözvegyülve belép a ferences rendbe. Sziénai Sz Bernardinnak (ki a *„Jézus"* név tiszteletének apostola) élethosszig jó barátja. Kapisztrán is lelkes terjesztője a Sz Név tiszteletének. (Talán ő tanítja meg népünket a szép, csak magyar köszöntésre: *Dicsértessék* a Jézus Krisztus! [Laudetur Jesus Christus].) Utóbb pápai követ Európa-szerte, így először a huszita mozgalom visszatérítése során kerül kapcsolatba Magyarországgal. Őt bízza meg a pápa a török világhódító áradat ellen való keresztes védelmi hadjárat meghirdetésével (1453-tól). Ebben igazi támogatást csak a magyar néptől és a szentéletű Hunyadi János törökverő hőstől kapott. A két Jánost lelkes barátság köti össze, hadi téren Hunyadi műve, lelkileg Kapisztráné a nagy *nándorfehérvári* (ma belgrádi) diadal (1456. július 21—22.). Emléke a déli harangszó, Angelusz (Úrangyala) és Urunk Színeváltozása ünnepe is (lásd augusztus 6.). II. Mohamed Európa elleni nagy támadása összeomlott, Magyarországról is jó 70 évig távolmaradt még a török. Mindkét hőst a harcterek járványa vitte halálba még azon évben. Kapisztrán Sz János 1456. október 23-án halt meg. Sírja az akkor magyar szerémi Újlakon (Ilok) volt. A magyar honvédségnek hivatalosan is védőszentje 1945-ig.

Szentleckéhez 2Kor 5,14-20

Sz Pál apostoli munkájának hajtóereje Jézus irántunk való szeretete. Jézus megváltotta az embert, halálával úrrá vált a halál felett, ami Ádám óta az emberiség osztályrésze. Jézus föltámadásával az élet új forrása nyílt meg az emberi nem számára. Ha mi keresztények nem is ismerjük föl; új teremtmények vagyunk. Isten szemében múltunk nem számít, minden porcikánk újjáteremtődött Krisztusban. Ennek a változásnak a teológiája Sz Pál csodálatos átalakulásában gyökerezik. Sz Pál „fanatikus" riporterként mindenkit tájékoztat Jézusnak erről a csodálatos ajándékáról. Mi is annyira fogjuk ezt a szeretetet másoknak hirdetni, amennyire saját életünkben azt megéljük.

Ha új teremtmények vagyunk, annak látszania kell beszédünkön, ruházatunkon, otthonunkon, még szabadidőnk eltöltésén is — mindenünkön, mert nem lehetünk csak „félállásban" új teremtmények. (Vö. C év 4. nagyböjti vasárnap, 462. oldal és B év 12. évközi vasárnap, 372. oldal.) *(Krempa: Daily Homilies, 1;69)*

Válaszos zsoltár Zsolt 16(15),1-2 és 5.7-8.11

Az oltalmazó és iránytadó Isten

Evangéliumhoz Lk 9,57-62

Lásd C év 13. évközi vasárnap, 536. oldal.

Elmélkedés (A év)

Jézus neve

Jézus szent neve az emberiség Megváltójának, Üdvözítőjének neve, mely öt betűbe foglal össze mindent, amit hisz, s amit remél az ember Istentől, s nemcsak azt a kegyelmet jelenti, mely az égből ereszkedik le, de azt a fölemelkedést is, melyet az emberiségben a Jézus neve és kegyelme eszközölt. A hatalomnak neve ez, de nem a rettegésnek, nem a rémületes fölségnek, hanem az emberfia hatalmának neve, mely csendesen emel ki új s süllyeszt le a mélységbe régi világokat. Új név ez, mely mikor végig hangzott a világon, fölocsúdtak a kábult emberek, szégyenkezni kezdtek a meggyalázottak, az erkölcsi méltóság érzete vonult végig a fásult szíveken, s hol előbb fertő terjengett s bűn uralkodott, ott illatos kertek s virányos rétek leheltek életet s gyönyört. Ezt a nevet írta a bűneiből kikelt emberiség; ezt írták a szüzek és vértanúk. Ezt a nevet sercegik legtöbbször a tollak, ez a név száll szerteszéjjel a világba a nyomdák érchengerei közül. Ezt a nevet harangozzák harangjaink; ezt a nevet dicsérik gyermekeink s hívő népünk; imáink refrénje mindig ez a név, e névvel ajkainkon akarunk meghalni, s valamint ez a név volt erőnk küzdelmeinkben s harcainkban: úgy reméljük, hogy e névvel eltalál a vergődő, ez életből kibujdosott lélek a boldogságba a lelkeknek hazajáró útján. *(Prohászka: ÖM, 13: 103)*

Elmélkedés (B év)

Ima Kapisztrán Sz Jánosról

Isten, ki Szent János által győzelemre segítetted híveidet Jézus szentséges nevének erejével a kereszt ellenségeivel szemben, add meg kérünk, hogy az ő közbenjárására legyőzzük lelkünk ellenségeinek cselvetéseit, és kiérdemeljük tőled az igazság koronáját, ugyanazon a mi Urunk Jézus Krisztus által. Amen. *(Sík: DB, 864)*

†

Ki értük egyszer a halálon győzött, mindegyre győz ma bennünk! — Harcoljatok vitézül, küzdjetek szüntelen, tudván, hogy jelenlevő Urunk szeme láttára folyik e küzdelem! — De nem úgy, hogy vívódó szolgát csak nézné, hanem, hogy Ő maga vív mibennünk: és egyben koronáz és Ő koronáztatik. *(Sz Ciprián)*

Elmélkedés (C év)

Jézus Szent Neve

Virágos szép Név, benned, benned, —
kit nektárillatok belengenek, —
sereglik össze mindenség,
a négy égtájról édesség!
S e nagy szent had mind egyetért:
más illat, más zamat
ne merjen, — s más szavak! —
veled kiállni bűvért, zengzetért...
Csak az, ki Véled, szent Név, jár s ered!
édes Név, s minden betűjén,
Kelet fűszerje száll mint tömjén:
Szól, Téged él, kiált ki *hű sereg*...

Úgy lenne bár miként volt *hajdanán*:
Barátid' mikor Érted hajtja láng,
mosollyal győztek gúnyt! Dicsőn keresték

üldöztetést s halálba mentek! bármik vesztét
e Névért sírig-bátor szívvel átvérezték!
Világ szemébe mellükön merészen hordtak;
tanítni Téged poklok-torkán fölállottak!
Szívüknek legszívén viseltek forrón Téged,
— kínpad, -csavar honnan ki nem von Téged!
Minden piros seb: — hajnalod volt rájuk!
trónodra megjössz, köszöntik Királyuk!
Pirulva *Ten-véredtől* minden napod díszlik,
Szívükbe térsz: a Véred bennük, sebükben izzik!!
Szerelmük ötlete túlcsapja ész határit:
— dühöt győz, utat tör: ezer seb mitse számít!

Üdvözlégy, Név, imádatos!
Bizonnyal, nincs *egy* térd se,
hogy zengzeted ne görbítse!
S ha lenne ily gyalázatos,
— Óh jaj, *az mit* tesz azonnap,
ha kősziklák is hajolnak
s a halom mind bókol köszöntve,
hogy alázódjék le a völgybe!
a *porba*! ott ez ijedt éjek árnyán
búj össze mind, egymást biztatja árván
s hunyászan! rémes Fönséged amíg vakít
s Föld összeomlik, Ég elejti csillagit...
Akik most szeretet szelíd parancsán
imádni „nem kívánnak" —
szégyenbe hajlanak le porig rogyván
s Előtted füstté válnak...

(William Crashaw)

†

Keresztvetés: Minden tettünkre, minden beléptünkre, kezünk a kereszt jelét tűzze!
(Sz Jeromos)

OKTÓBER 25.

BOLDOG MÓR BENCÉS PÜSPÖK

I: Meglátja a föld minden határa, Istenünk szabadítását. E: Emberek halászává teszlek benneteket.

Ő az első magyar származású bencés a legelső, pannonhalmi monostorban, egyben az első magyar író, aki (latinul) megírja Sz István, Sz Imre, valamint Sz Benedek és Sz András bencés remeték életrajzát. A mű átdolgozva maradt ránk. A gyermek Sz Imre megérzi a szerzetes életszentségét, külön tisztelő csókokkal üdvözli; talán ez kelti föl rá a király figyelmét. Pécsi püspök lesz (1036?). Meghal 1070 tájt.

Az egyházmegyében „Szent Mór”, másutt „Boldog”. Tiszteléseт 1848-ban hagyta jóvá a Szentszék.

Első olvasmányhoz Iz 52,7-10

Lásd karácsonyi ünnepi mise, 39. oldal.

Válaszos zsoltár Zsolt 96(95),1-2.2-3.7-8.10

Dicsőséges az Úr

Evangéliumhoz Mk 1,14-20

Lásd B év 3. évközi vasárnap, 345. oldal.

Elmélkedés (A év)

Tudomány és hit

A modern kor fiainak beesett szemében a haldokló hit lázas lobbanásai kísértenek: elfelejtették a végtelenbe nézni; néznek tehát a végesbe, s gondolják, hogy véges emberi gondolatokkal beveszik a világot s megállják helyüket a földön. A modern korszellem úgy áll az egyházzal szemben, mint hajdan Góliát a seregek Urának tábora előtt; tetőtől talpig vasban, vértben, — a frázisos liberalizmus zsibong körülötte s üdvözli mint megmentőjét, — a [...] sajtó egyre hirdeti, hogy a dogma megdőlt, s hogy nincs ember ott a túloldalon, aki az emancipált ésszel, az intelligenciával síkra szálljon: de íme, a kereszténység pásztora Betlehemből botjával, mely a kereszt, s öt sima kövével, melyet a fájdalmak patakjából emelt ki, — öt szent sebével, elébe áll a Góliátnak s rámutat a vasas-ember homlokára: ó, földnek gyermeke — így szól — mindened vértezve, csak homlokod szabad, az leggyengébb részed. Mit rengeted a földet? mit feszíted meg inaidat? homlokodon talállak és leteremtlek! Lám! eszed gyenge; tudásod korlátolt; erőtlen s elégtelen vagy! Add meg magad! Te tudsz sokat, de mérhetlenül többet nem tudsz s nem is fogsz tudni soha. Te jól érted felhasználni a természet erőit, de mit használ, ha annál rohamosabban lejárod magadat? Mit vizsgálod a csillagok útját, ha a *csillagokba vezető utat elvesztetted*? Mondd meg, hová tudományoddal, lombikjaiddal, iránytűiddel, elektromos telepeiddel?

S e fontos kérdésre feleletet nyerünk előbb, mint sejtettük! Reméljetek! Bízzatok! Az emberi lélek sohasem mondhat le végleg arról, hogy a végtelenbe ne nézzen! Nem veszitek-e észre, hogy a művelt nemzedék egy részének kedélyvilágában csodálatos fölháborodás mutatkozik; sötét melankólia fogja el őket? Újra hinni, Istent szeretni kívánnának, újra gyermekek óhajtanának lenni; valami új, ismeretlen után epednek, ami kisegítené szívüket a kétségbeesésből.

Mit akarnak ezek? hinni akarnak; a végest megunták; a végtelenbe óhajtanak látni; törpéknek lenni szégyenkeznek s azért a szentek szellemét siratják, bár öntudatlanul; a szentek szellemét, melynek egyik jellege az: hogy a *végtelenbe lát. (Prohászka: ÖM, 13:37)*

†

Ima Szent Mór püspökhöz

Hallgasd meg, Uram, kérünk könyörgéseinket, melyeket Szent Mór hitvallód és püspököd ünnepén eléd terjesztünk, és annak érdemei által, aki oly méltón és érdemesen szolgált neked, szabadíts meg bennünket minden bűntől. A mi Urunk Jézus Krisztus által. Amen. *(Sík: DB, 867)*

†

Lelki olvasás: a Biblia

Légyen azért gyakorlatunk mindennapi olvasás!
S mit olvasunk, elmélkedjük; s követésre indulunk.
Izzadj ilyen küzdőtermen ha kísértés rádtörne,
kiképzetlen nehogy leljen, vánnyadt lévén s tudatlan.
Lelki tápot ki nem látott, sorvad szent tan hiányán.
Elvész az ő árva lelke *benn*, míg duzzad ép test, *kinn*.
Lesz kísértet-idő veszted — mert az Igét nem szeretted!

Napot hosszat azt fontoljad: Úr törvénye éltessen!
Nem átfutón, álmodozón: olvasd mohó éberen!
Földet vennél, vagy házat? bölccsel mégy, az ad tanácsot.
Jogügyben is körültekintsz, mert csalók közt megjárod!
Itten is áll; s *milyen* vásár! Szent ügyért: a lelkedért!
Fontold, mit érsz! Mily névvel élsz! S mire *töltsz*, nem földi juss!
Nem pénz, nem föld, nem ékszer, gyöngy, — végtelen több: a Krisztus!!
Nem kapod meg kincsen-díszen; ne kínáld a pénzedet!
„Beajánlót": jó barátot vígy magaddal: *szenteket!*
Mózes, Illés, Ézsajás és Jeremiás közbejár.
Péter és Pál, János ajánl: Ige társi, Jézusnál.
Vélük ülj le elmerülve tárgyald ott a Legfőbbet!
És napközbe' visszajőve, Igét szívedre öleld:
ahogy Dávid. Míg szív vágyik; vonzza egyetlen öröm,
Istent látni, Benne járni, itt és túl az időkön...

(Sz Ambrus)

Elmélkedés (B év)

Szentírás olvasásáról

Mi más ugyan a Szentírás: Istennek hozzánk írott levele! S ha máshová jutsz, Uram, és császárod néked küldene egy *írást* — addig nem nyugszol, szemedről álmot elhajszolsz, míg végig el nem olvastad, mit ír nagy *földi* urad. Ím, Ég Császára, földiek és angyaloknak szent Ura meglátni méltat, rád üzent, szívedhez szóval fordult. S az *életedről* adja itt eldöntő nagy írásait! De lám: dicső fia mohón olvasni nem szorgoskodik... Tanuljad, — esdek! — Teremtőd igéin folyton tépelődj! Tanuld ki Istened szívét — szavából, — mellyel szólogat, hogy jobban felgyúlj, vágyakozz, szomjazd az örök dolgokat. Hogy elméd' Ég vígságára forróbb vágy űzze! *(Nagy Sz Gergely levele Theodorus orvoshoz)*

Elmélkedés (C év)

Szentírás olvasása

Ha imádkozunk, Istenhez szólunk, ha olvasunk, Isten szól hozzánk. Ki mindig Istennel maradni vágyik, ne hagyja el szent könyveit és imáit! — Ha kézen nem forog vas, a rozsda ellepi; lelket, ha Szentírást nem olvas, borítják bűnnek szennyei. — Nem másként eredtek *tévelyek*, mint jó *Iratokat* nem jól értve meg. *(Sz Ágoston)*

Örülök rajta, hogy rendtársaim tanulják, forgatják az *Írást*; csak el ne hanyagolják (mi rá következik) az imádságot; Krisztus példával így hagyta ezt: Kiről azt olvassuk, többet időzött imában, mintsem olvasásban. *(Assisi Sz Ferenc)*

Legjobb, mit szemünkkel tehetünk, hogy Szentírást olvasunk és bánatkönnyeket sírunk! *(Canisius Sz Péter)*

Szentírásnak olvasásán Istenében lángra gyúl a lélek és megtisztítja ez a tűz: lefoszlik vétek. *(Sz Jeromos)*

A Szentírást forgasd folyton, kézbe-észbe az legyen! Nem elég, ha észbe tartod a parancsot: életedben tettre törjön, az működjön minden szódban, lépteden! Mintegy tömör foglalatba egy-egy intést, szent igét válassz Evangéliumból, amik szíved ihlették. Vésd is bele a szívedbe, e rövid szót bevéssed Úr ajkáról: „Mind amiket akartok, hogy testvérek megtegyenek néktek, ti is őnekik megtegyétek!" *(Sz Jeromos leveleiből)*

NOVEMBER 1.

MINDENSZENTEK

I: A szentek megszámlálhatatlan serege elnyeri hűsége jutalmát: élvezi Isten közelségét, és részesül dicsőségében. S: Isten gyermekeit szentté teszi az Ő kegyelme és az Ő látására sóvárgó reménység. E: Jézus a hegyi beszédben meghirdeti a keresztény lelkület erényeit, és örök jutalmat ígér értük.

Ez ünnep kezdetei a 4. századba nyúlnak. Szent Efrém szíriai egyházatya (†373 körül) és Aranyszájú Sz János (†407) már tud Mindenszentek ünnepéről, melyet május 13-án, illetve a pünkösd utáni első vasárnap ültek meg: e vasárnap neve a görög Egyházban ma is Szentek Vasárnapja. Nyugaton 609-ben tűnik föl először ez az ünnep, mikor május 13-án a „Szűz Mária, Vértanúk Boldogasszonya és minden vértanúk" tiszteletére avatják föl a római Pantheont. Nemcsak vértanúkat, hanem valóban minden szentet november 1-én Írhonban és Angliában kezdtek ünnepelni, a 700-as években, és ez az ünnep hamarosan általános lett.

Mindenszentek valamiképp égi aratási ünnep: „a pünkösd epifániája" nevét is kapta. Az elhaló búzamagból kinövő termést látjuk és csodáljuk. És ez az aratás még folyik: a szentek kara a teljesedés felé irányítja szemünket, a célhoz, amelyre Isten teremtett, rendelt. Még nyögünk a mulandóság terhe alatt, de az isteni kiválasztással meghívottak és megszenteltek közössége, a diadalmas Egyház hív és felemel minket. Hajt a remény, hogy mi is elérjük a kegyelem útján Isten gyermekeinek szabadságát és dicsőségét. A kezdés Ajándéka; a Szentlélek már miénk!

Első olvasmányhoz Jel 7,2-4.9-14

A történelmi vészcsapások látomásai sorában ott áll a ragyogó gyülekezet látomása: az üdvözültek az Isten trónja előtt. A világ sem oly sötét, mint ahogy nekünk olykor látszik. Üdvösség jön, „a mi Istenünktől és a Báránytól" (Jel 7,10). A Bárány (Jézus) áldozati halálával és fölmagasztalásával a halál le van győzve, élet ül diadalt a mulandó világ és rendje fölött. A testi halál ugyan még itt van, de mindazoknak, kik „megmosták ruhájukat és megfehérítték a Bárány vérében" — a halál csak annyi, mint a Báránynak volt: átmenet ínségből, üldöztetésből Isten világába, ahol nincs többé nyomorúság és halál. Krisztus keresztjéből merít a hívő erőt, hogy az életbe „belehaljon" és éljen. *(Ez 9,4.6; Jel 3,5; 6,11; Iz 6,1; Dán 12,1; Mt 24,21; Mk 13,19)*

Válaszos zsoltár Zsolt 24(23),1-2.3-4.5-6

A szentélybe vonulás

Szentleckéhez 1Jn 3,1-3

Aki nem hisz Istenben, és nem ismeri Jézust, meg nem érti, voltaképpen mi az, Isten gyermekének lenni. Elsősorban annyi, hogy Isten szeret és elfogad minket, teljesen, végleg. Aztán, hogy Isten „közelében" Jézus életével élünk; az isteni szeretet hat át. „A világ nem ismer minket": mi hívők is sokszor nehezen fogjuk ezt föl. Csak mikor kezdjük élni, *ami* vagyunk, és az „igazságot cselekedni", akkor kezdjük fölfogni élő igazságul, amit elménkkel hiszünk. (Sz Ferenc: „Tanto sà, quanto fà": annyit tud és ért az ember, amennyit tesz.) Képesek leszünk meglátni másokban is Isten jelenlétének fényét (és meglátni a szenvedő Jézust a bűnösben, de nem úgy, hogy hagyjuk ezt bűneiben, hanem részvéttel felemelve, kisegítve és vigasztalva benne Jézust). Földi értelmünkkel föl nem foghatjuk, el nem képzelhetjük, milyen lehet Urunkat, Jézus Krisztust színről színre, az Atya fönségében látnunk (Jn 17, 5.24). És e „látással" mi is beleváltozunk az Ő ragyogásába. *(3,1: Jn 1,12-13; 1Jn 3,10; Ef 1,5; Jn 15,21; 16,3 ▫ 3,2-3: Róm 8,29; 2Kor 3,18; Fil 3,21; Kol 3,4; 1Jn 2,6)*

Evangéliumhoz Mt 5,1-12

A boldogságok meghirdetése a Hegyi Beszédben szerencsekívánatoknak egy formája („Jó annak, aki..."), tárgyuk szerint: az Isten országába jutás föltételei. Mindenkinek szólnak, nemcsak az úgynevezett jámboroknak. Kijelentés és egyben felszólítás. Úgy látszik, a rövidebb alakja a boldogságoknak (Lk 6,20-23) korábbi; Mátéé már bővítés, későbbi körülmények és tapasztalatok alapján. Isten országának részesei az Isten új világába befogadottak ez ígéretek szerint: a szegények, szomorúak, éhezők. Ezzel az éheztetők, üldözők igazságtalanságai nincsenek persze jóváhagyva. Boldogok, akik Isten színe előtt tudják és elfogadják a tényt, hogy semmik, hogy semmit se tudnak és birtokolnak; akik teljesen Istenre hagyatkoznak. Az ilyen szegényeké s azoké Isten országa, kik Jézusért szidalmat, rágalmat, üldözést szenvednek. Nem pusztán azért boldog az ilyen, mert szegény vagy üldözött, hanem mert „igent" tud mondani rá, sőt örülni, hogy kezd Jézusához hasonlítani, és erőtlenségében érezni Isten erejét. *(5,5-9: Szof 3,11-13; Iz 55,1-3; 57,15; 61,1-2; Zsolt 34; Jn 15,3; Lk 10,5-6 ▫ 5,10-12: Mt 23,34; Jn 9,22; 16,2-4; ApCsel 5,41; 1Pt 3,13-17)*

Elmélkedés (A év)

Szentek

Oly nagy isteni szeretettel és túláradó örömmel vannak tele, hogy dicsőségüknek nincsen semmi híja és boldogságukban sem lehet fogyatkozás. — Minél nagyobb dicsőségben vannak a szentek, annál alázatosabbak magukban, de annál közelebb állnak is hozzám és annál kedvesebbek előttem. — Meg is van azért írva, hogy koronájukat Isten előtt letették, arcukra borultak a Bárány előtt, és „imádták azt, aki mindörökkön-örökké él". (Jel 5,14) — Sokan kérdezgetik, ki nagyobb a mennyországban, pedig szegények azt sem tudják, méltók lesznek-e a legkisebbek közé bejutni? — Nagy dolog a legkisebbnek is lenni a mennyek országában, ahol mindenki nagy, mert „mindenkinek Istenfia a neve" és az is lesz. (Mt 5,9) — „A legkisebb ezerré lesz", s a százesztendős bűnös meghal. (Iz 60,22) — Mert mikor a tanítványok azt a kérdést vetették föl, ki nagyobb a mennyek országában, ezt a feleletet kapták: „Ha csak meg nem tértek, s nem lesztek olyanok mint a kisdedek, nem mentek be a mennyek országába. Aki tehát megalázza magát, mint ez a kisded, az nagyobb lesz a mennyek országában." (Mt 18,3-4) — Jaj azoknak, akik méltatlannak tartják a kisdedekkel megalázódni, mert alacsony a mennyország ajtaja, be nem bocsátja őket. — Jaj a gazdagoknak is, akiknek már itt van vigasztalásuk; mert míg a szegények bemennek Isten országába, ők majd kívül állnak és jajveszékelnek. —

Örüljetek, ti alázatosak, és örvendezzetek, ti szegények; mert tiétek az Isten országa, de csak úgy, ha igazságban jártok. *(Kempis: KK, 3:58)*

†

A szentek mélysége

A szentek azért magasak, mert mélyek. Mély erők emelik ki a hegyeket is. Tűz és a tenger mélye az ő bölcsőjük. A szentek lelkét is a magány, az önmagábatérés, az odaadás és lelkesülés vájja mélyre, és a tűz dolgozik bennük, mely magával sodor néha félvilágot. Assisi Sz Ferenc, Sz Domonkos, Sz Klára a középkori vallásos lelkesedésnek útjelzői. Mily nagy ereje volt Sz Margit példájának; az ő műve, hogy hazánk akkor a vallásos ihletnek malasztjában egy sorban haladt a kereszténység más hű országaival. Ne féljünk hát a mélységtől, az önmagábatéréstől, „evezz ki a mélyre"; lelked a mélység; ha az sekély, akkor neked az Isten sem mély. *(Prohászka: ÖM, 7:415; 179)*

Elmélkedés (B év)

Szentek közössége

Az emberi életben három hatalom van, mely községeket alkot, nyelvet formál, otthont épít, kincseket gyűjt; ez a három: a *test és vér*, — a *tudás és művészet*, — az *Isten s az örök élet*. A test és vér családot s nemzetet alkot, melyben bár vannak szellemi szálak, tiszta erkölcsi elvek, mégis a szeretetet s hagyományokat a vérrokonság hordozza; édes otthont, illatos légkört, erőteljes és boldog életet ismer, sok küzdelemmel, sok csalódással. A test és vér otthonai s közösségei fölött állanak a szellem s a gondolat közösségei; nagyszerű községek új élettel, ragyogó atmoszférával; a gondolat egysége ignorálja a test és vér különbségeit, a nemzeti különállást; országa a határkövek s a vámfák között terjed. Hatalma a tudás, mely nem külön-út, hanem egyesít; legyőzi a természet féktelen erőit; megállítja a villámot, föltárja a földet, gyógyforrást nyit, betegségeket gyógyít! Nézzétek a szellem közösségét! E közösségnek országa a gondolat, ereje a feltalálás, kincse a tudás s vágya a haladás...

Haladni? Hová? A gondolat világa is, amily magas, oly elégtelen; szűk a természet kerete; kevés nekünk a fizikai erők leigázása, szerény a haladás, mely a halállal végződik, mert lelkunkben a végtelennek s az örökkévalónak érzéke s a halhatatlan életnek gondolata él. Lelkünk nem test és vér, nemcsak tudás és gondolat, hanem isteni lét és szeretet... Az igazán szép lelkek nem testből, sem tudásból, hanem Istenből születtek... s az Isten gyermekeinek községét alkotják. E község irányzata a Végtelen; feszülése az Istenszeretetnek ereje, atmoszférája az örök élet vágya, nyelve az igazi anyanyelv, az örök boldogság nyelve; kincsei halhatatlan érdemei; házai templomok, kerevetei zsámolyok, sírjai oltárok, testtartása a térdenállás, a pihegő mell, a ragyogó szem, a tiszta homlok, a félig nyílt ajak, az áhítat melegében kipirult arc; élete az erény, tendenciája a fölszabadulás halál s enyészet alól; ideálja a tökély, köteléke az Isten- s a felebaráti szeretet.

Mi lesz velünk? Mily közösségbe tartozunk? A test és vér közösségéből származunk, de abban végleg meg nem maradunk; fészket ott csak az élet tavaszára s nyarára rakunk. A szellem s a gondolat közösségében is élünk, a tudomány örömünk, kincseit élvezzük, ünnepeit üljük, de ez a fény maga utat mutogat nekünk ki e községből; a *szentek közösségébe utal*, ahol Isten lakik, ahol a hit egyesít, a szeretet hevít, ahol a tiszta érzések nyelvén beszélnek, ahol a legszebb lelkek nyílnak; velük hitben, érzelemben, erényben összeforrunk: cor unum et anima una [egy szív, egy lélek]. Példájuk kincsünk, kegyelmük erőnk, segítségük bizalmunk! *(Prohászka: ÖM, 7:414; 176)*

†

Mindenszenteki himnusz

Legfölsőbb anyja örömét
hirdesse Egyház szerteszét!
E nap visszatér évenként,
s fölsóvárog a mennyekért.

Ínségünk eme völgyiben
anyánk gyermekjén segítsen!
Állj készen itt, Ég őrhada!
Virrassz velünk ez éjtszaka!

Mert föld és test, vad szellemek
gonosz tusákat keltenek!
Mert záront annyi bűnös rém,
zaklat szívet szent ünnepén!

Az alvilági söpredék
mind gyűlöl Mindszent-ünnepét.
Együttes dühvel arra tör:
elűzze békét hívektől!

Itt minden egybekavarog:
remény, félsz, öröm, bú-bajok!
Alig egy óracskára, hogy
ég csöndes, — angyalszárny suhog...

...Mily boldog *ott fent* a Város,
hol folyton ünnepünk áll most!
Mily vidám az a szent Udvar,
távol van tőle gond, zavar.

Nincs lankadás, nincs vénülés,
se csel, rontóktul rémülés.
Egy ujjongó hang az egész,
mind Egyért hevül, szív meg ész!

Ott angyalok, szent polgár-had,
három rangsorba fölállnak:
fő Hármas-egynek szolgálnak,
víg hódolón zeng csodálat...

Csodálják *Őt*, elfogyhatlan,
Ránézve föl szent magasban
és ízlelik megúnhatlan
mindegyre-többre szomjúbban!

Érdem szerint ott ősatyák
az istenrészük megkapják.
Már eltűnt kába-vak sötét:
Úr fényén mind csak: fényesség.

Kiknek nem üljük ünnepit,
mind színről-színre nézhetik,
e szentek is, Királyukat!
S elönti mind fényáradat.

Szüzeknek Királynője itt
rend-rang fölé emelkedik.
Fönt mind az Úrnak esdekel,
bűn-súlyunkat engedje el!

A szentek dús fényébe föl
imáikon, s Úr kegyiből,
e jelen ínség végivel
Krisztus vigyen az égbe fel!

(Szent-Viktori Ádám)

Elmélkedés (C év)

„Boldogok a szelídek, mert ők bírják a földet." (Mt 5,5)

Boldogok a szelídek, kik nem dolgoznak erőszakkal, keménységgel, elbizakodottsággal; kiknek szelleme nem arrogáns s nem ismerik az önhittséget, mely kevélységre vezet. Mit használ az az uralkodó erő, mely alattvalóinak boldogtalanságától szenved? Az evangélium irányzata egyéni; a tökéletességet az odaadáson méri. Az erőnek, a hatalomnak arra kell törekednie, hogy minél több etika s minél kevesebb erőszak legyen a világon. Ez nem annyit jelent, hogy málék s erőtlenek legyünk, s hogy csak szeretettel akarjuk megoldani a világ problémáit; kell a világba erős kéz, kell jogszolgáltatás és szigor is; de ez csak alárendelt jellege a rendnek s nem a lélek boldogsága. *(Prohászka: ÖM, 6:145; 186)*

†

Szent életért ima

Add Jézus, ismerjem magam, s Téged ismerjelek!
Hogy semmit ne kívánjak, egyedül Tégedet!
Hogy gyűlöljem magam, Téged szeresselek!
Hogy mindent megtegyek, találni kedvedet!
Hogy alázzam magam, magasztalván neved!
Hogy mást se gondoljak, csak Jézus Tégedet!
Magamnak meghaljak, csak éljek Teneked!
Jön bármi rám, fogadjam, hogy nyújtja Te kezed.
Hogy szüntelen azt vágyjam: követni Tégedet!
Hogy fussak önmagamtól Hozzád; — s megleljelek.
Óh méltass és fogadj be, Tenálad védve meg!
Hogy féljek magamtól, és Téged féljelek!
Hogy választottaid közt ölelj föl engemet!
Bizalmatlan magamhoz, csak bízzam Tebenned.
Kész-szántan engedelmes, s a kedvedért legyek!
Mindentől elszakadjak, csak maradjak Veled.
Teérted kifosztatva fogadj szegényednek.
Óh tekints rám, jó Jézus, hogy hadd szeresselek!
Óh hívj már Jézusom, hadd lássam színedet!
S örök örökkön át ott túl élvezzelek! Amen.

(Sz Ágoston imája)

NOVEMBER 2.

HALOTTAK NAPJA

1: Az elesett katonák bűneiért engesztelő áldozatot mutattak be. S: Sem élet, sem halál nem szakíthat el minket Isten szeretetétől. E: Jézus az Út, az Igazság és az Élet.

A november 2-i halottak napja Sz Odiló clunyi apáttól (962—1048, apát 994-től) ered, ki emléknapul a Cluny anyaház alá tartozó minden bencésházba bevezette. Ez a rendelete (998) máig fönnmaradt. Hamarosan a bencés renden kívül is megülték; a 14. század elejétől Róma is átvette. — A halottakról, elhunyt szeretteinkről való megemlékezés és az értük való közbenjárás a purgatórium (tisztítóhely) katolikus hittételén alapszik. Azoknak, akik Isten kegyelmében hunytak el, de törlesztendő bűn és büntetés teher van még lelkükön, Isten színről-színre látása előtt tisztulniok kell. Ezt a Szentírás, szenthagyomány és ésszerű logikus érvek is egyöntetűen tanúsítják. (Vö. 2Mak 12,38-45 valamint Mt 12,32: „bűnök, melyek sem itt e földön nem bocsáttatnak meg, sem odatúl" [Krisztus] — erre épül Sz Ágoston bocsánatos bűnökről való magyarázata [Isten városa 21,24].) Az ősegyházban a holtakért való engesztelő imáról tanúskodnak Pál aktái (Kr.u. 160), Sz Perpétua és Felicitás iratai (202), Tertullián, Sz Ciprián egyházatya (†258), stb. — Továbbá Máté és Sz Pál szerint (Mt 5,26; 1Kor 3,15) a tökéletlen üdvözül végül, „de mintegy tűz által".

Az utóbbihoz hasonló pár utaláson kívül e jóvátétel módjáról semmit sem tudunk. Isten magának tartotta fönn föltétlen igazságosságának és irgalmának érvényesítését. Lelkileg nagy vigasztalás a hátramaradottaknak is, hogy *tehetnek valamit* — és sokkal többet, mintsem bármikor e földi életben — elköltözött szeretteikért imával, vezekléssel, szentmisével. A szentek közösségének és az érdemek egymásért való felajánlásának krisztusi tanából folyik ez.

Első olvasmányhoz 2Mak 12,43-45

E szentírási rész, mely Kr.e. 120 és 100 közt íródott, igen fontos, mert a testi föltámadásról ismételten tanúskodik. Krisztus korában ezt a tant tagadták a szadduceusok, de annak, aki igazán hisz Isten mindenhatóságában (2Mak 7,14.23), nincs nehézsége e tanítással. Itt a Szíria elleni szabadságharc egyes hősi halottairól van szó, akiknek ruhái közt temetéskor pogány isten-amuletteket találtak: az elesettek babonásságának jeleit. A kérdés fölmerült, hogy ezek bűneire várható-e bocsánat, hisz a hitért és igaz hitben haltak meg. Makkabeus Júdás válasza: a bűn engesztelésére áldozatot kell bemutatni. A szentíró helyeselve közli ezt, és hozzáteszi: az életben maradtak segíthetik az elhunytak üdvösségét! Ez az egyetlen hely az Ószövetségben, mely a halál utáni tisztulást és a holtakért való ima erejét vallja. *(12,44: 2Mak 7,9)*

Válaszos zsoltár Zsolt,23(22) 1-3.3-4.5-6

Az Úr az én Pásztorom

Szentleckéhez Róm 8,31-35.37-39

Nagy biztonság és bizonyosság szól e szakaszból. Négy kérdés ad alkalmat rá, hogy e biztonságot megalapozzuk: Ki van ellenünk? Ki vádolhat minket? Ki ítélhet el? Ki szakaszthat el Krisztus szeretetétől? E végső, döntő kérdés hosszabb magyarázatot igényel, mert bizonytalanság merülhet fel vele kapcsolatban. Vannak a magasságnak és mélységnek hatalmai, akik szeretnének elszakítani, talán tudnának is. De most Isten mellettünk áll, s mert Krisztus szeretete erősebb, mint a mi gyöngeségünk, nem képesek rá. Ő az Úr (8,39). A végső ellenség, a halál is már tehetetlen velünk szemben! Életünk alapvető ténye az a szeretet, amellyel Isten szeret minket, és az, amellyel mi felelünk Neki. Ez a szeretet túléli a halált a legtisztább beteljesedésig. *(8,32: Róm 5,6-11; Jn 3,16; 2Kor 5,14-21 ▫ 8,34: Zsid 7,25)*

Evangéliumhoz Jn 14,1-6

„Nem tudjuk, hová mégy!" — mondják a tanítványok. Nehezen értik, mit mond Jézus az eltávozásáról. Aggódnak. Jézus bátorítja, de főleg hitre buzdítja őket. Nem a bölcselők istenében, még a zsidók Istenében sem, hanem „Jézus Krisztus Istenében és Atyjában" való hitre. Jobban, mint az egész teremtésben, Krisztusban ragyog ránk Isten fönsége (2Kor 4,6). „Aki látott Engem — mondja Fülöpnek — látta az Atyát!" (Jn 14,9), mert Fülöp is, éppúgy mint Tamás, egyenes választ akar a kérdésre: „Hová mégy? Voltaképp ki vagy Te?" S ebben rejlik a másik kérdés: „Mi hová megyünk? Mik vagyunk mi, mivé leszünk végül?" Jézus isteni „Én *vagyok*"-kal felel. Az Én-en van az egész súly: „*Én* vagyok az Út, az Igazság, az Élet." Az Út elválaszthatatlan a céltól, aki ez úton jár az igazság után, az máris meglelte az Igazságot, s mert övé Jézus; már most megtalálta az Életet. *(14,1: Jn 14,27; 16,33 ▫ 14,3: Zsid 6,19-20; Jn 12,26; 17,24 ▫ 14,5: Jn 13,36; 16,5 ▫ 14,6: Jn 1,4; Zsid 10,19-20)*

Elmélkedés (A év)

Ahogy Isten barátsága és szeretete nőtt benne, Boldog Szuzó Henrik, a középkori német misztika írója, kezdte könnyen venni a tisztítóhely kínjait — (hisz a lelkek már biztosak üdvösségükben!). De az Úrnak nem tetszett ez. Mily ítélet lehet kicsi, amit a végtelen Szent mér ki a bűnre? Sok hittudós szerint a tisztulás legcsekélyebb kínja is nagyobb e föld minden kínjánál... De aztán: a lélek úgy megy be a tisztulás tüzébe, hogy „szemei rászögezve" Jézus arcára, maga elcsillapítva Őtőle — látja az Ő szent emberségét. A „tűz tengerébe", mint valami börtön rémületébe besugárzó ezüst holdfény, ragyog Jézus hűséges szerető szeme. E tudatban, Őt látva, a lélek ráébred, mily készületlen még a mennyre, és készségesen merül be, belemenekül a tisztulásba, csakhogy siettesse a boldog találkozót. Nem angyalok „vonszolják" oda, csak a szeretet hajtja. Ez a lélek szabad imádata Isten föltétlen tiszta szentsége előtt. „Tudom, még nem vagyok kész a mennyegzőre, *éget a vágy*, hogy tisztuljak rá!" Ez a tűz a lélek legbensőbb szeretete, és Isten is szereti itt és így legbensőbben, mint legjobb orvos a betegét... Génuai Sz Katalinnál olvassuk: nyelv ki nem mondhatja e tisztulás fontosságát. Kínját majdnem akkorának látom, mint a kárhozatét, de látom azt is, hogy a lélek a legkisebb hibát, foltot érezve magán, inkább ezerszeres kínba vetné magát, semhogy az Isteni Fönség színe előtt találja magát ilyen méltatlan mocskosan: s látja, hogy egyetlen út Istenhez a tisztulásé, mohón veti bele magát, és óriási irgalmat érez ennek lehetőségében, csak mert képes ezzel leküzdeni azt, ami elválasztja a végtelen Szeretettől... A lélek szereti ezt a szenvedést, sőt szenvedve örül neki, mert ez Isten szent akarata. *(Frederick W. Faber: Mindent Jézusért, 390)*

†

Halál tanít jó életre

Mit használ nekem az, folyamok hogy messzi utakra
  folyton folyva, vizük nem fogy, előre törőn.
Meg hogy a századokat túlélik újulva az erdők;
  helybe marad virulón táj, falu, tarka mező...
Megmarad ez! De szülőink jaj ugye, nem maradának!
  Csöppnyi időt töltő csak-jövevény vagyok itt!
S „nem vagyok én már itt", evilágon hasztalan élő.
  Mely *nekem* elpusztul, s hol ma kipusztulok én.
Hát *örök* élethez szolgáljunk itt a *rövidben.*
  Kurta vesződésnek hosszu nyugalma jön el.
Bár a vesződés tán itt „durva, sok" arra, ki lázong,
  s vad szivek úgy vélik, túl szigorú az a Rend!
Ám a türelmes hát csak könnyűnek érzi a poggyászt
  és megadó nyaknak nem tör a járma sebet.
Áll a *Parancs*: Istent ész minden erővel, — egész szív
  áldja, szeresse; legyen második: emberi gond.
Mit magadon nem akarsz történni, ne tedd meg a másnak!
  Sértve ne tudj bosszút állni, — felejteni tudj!
Érd be kevéskével! Kimagaslani fojtsd el a vágyad!
  Más ha lenéz, sose bánd! Nézni le mást, — sose merj!
Szóban: igaz! Takarékos! Test-lélek szüzi-tiszta
  Béke-barát sosem árt; „föld ura" béke hive?!
Tartja az önvagyonán ínségest étel-itallal;
  másét nem lesi az, osztja övét szabadon!
Mondd, e parancsokban mi kemény, hogy tartani féljünk?
  vagy van-e olyas, amit nem fogad el mi hitünk?
Mind ki hiszed, hogy igaz, mit zeng prófétai jóslat,
  Ki sose kétli, hogy *áll* Úr szava mindörökön;
s tudja, a Krisztus kínja kereszti halála a végén
  szent Atya győzelme, isteni nagy diadal;
s várja, hogy megjöjjön rettentő föllegi fönség,
  ébren várja, kezén töltve a mécs olaja!
Mind az ilyennek a föld: mocsok! Ég-kapu tárva-hivón vár.

Nem rabszolga, idők módja-divatja alatt!
Meg nem csalja ilyent a hamis föld „bölcseletével";
Nincs hiu gondja reá: lesse a csillagokat.
Az tapos úr-nép, trón, ostoba csorda kegyén is,
kincsen, mely a világ bűnei fő-gyökere!
Mindre taposva, az éghez szent epedésbe törekszik,
Krisztus ahogy akará, s angyali taps helyesel...
Durva dolog meg nem töri ezt, sem kéj, a hízelgő.
„Szerzeni", nincs, mi uszít; veszteni: nincs, mi riaszt.

(Nólai Sz Paulin)

†

Mily egészséges rendelvény ez: „Rá emlékezz — szól előírás — utolsó dolgaidra, és sosem vétkezel majd itt e földön!" Itt van elsőnek egy rövid orvosság, csak négy ismert gyógyfűből áll: mégpedig halál, ítélet, gyötrelem s ujjongás! *(Morus Sz Tamás)*

Elmélkedés (B év)

A tisztító tűzben szenvedő lelkeket mélységes öröm tölti el, öröm, csendes, szelíd, nyugodt, mély érzelem. Nincs a földön szent, ki úgy átérezné, hogy Isten az övé. Nincs lélek a földön, mely oly közel járna s állna az Úrhoz...! Ez érzésből fakad a béke, béke a szenvedésben is. Tudja, hogy tisztulásában szépül meg. „Ha egy lélek tisztulás nélkül jutna Isten szemléletére, tízszer többet szenvedne, mert látná a nagy ellentétet önmaga s a ki nem elégített isteni igazság közt; a végtelen jóságot ily állapotban el nem viselné." „Nem hiszem, hogy létezzék mélyebb megnyugvás s mélyebb megelégedettség az égen kívül, mint a tisztító tűzben."

A lélek abban a pillanatban, melyben a világból kilép, belátja egész valóját, tökéletlenségeit, rovásait. Félelmes fölségben emelkedik föl előtte az Isten szentsége, mellyel szemben a Szent Szűz tisztasága is csak árnyék; ha nem is sötét árnyék, de olyan, mint az akácfa gyenge árnyéka. Lát akadályokat önmaga és Isten közt, melyeket csak a tisztító tűz elégtétele háríthat el, s magára veszi a fájdalmat, melyet Isten ró ki rá, hogy eleget tegyen mindenért. Szívesen szenvednek, s az imát, a szentmiséket, a jócselekedeteket is, melyeket értük fölajánlunk, Isten kezei közé teszik; szenvednek, míg Neki tetszik. *(Prohászka: ÖM, 7:418; 183)*

†

Requiem

A csillagos tág ég alatt,
nyugtass el, ott ásd síromat.
Volt élnem jó, és halnom jó.
Ezt kéri még a nyugovó,

A sírra föl e verset vésd:
„Nyugszik, ki itt várt pihenést.
Ím hazatért a tengerész,
megjött vadász a vadonból..."

(Robert Louis Stevenson)

Krisztus kíséri a testtől váló lelket

Az Útravalóm Te vagy a nagy úton,
Istennek Egyszülötte!
Ha megéhezem, Te leszel az étkem,
Te mindeneknek üdve!
Az ártó Tűz nem érheti a testem:
megérzi bennem tested titkát!
A Keresztségem hordoz szent hajóként,
a nagyvízen nem-süllyedőn szállít át!
Ott túl meglátom, én Uram, az orcád,
ha Föltámadás Napja sugároz ránk...

Itt éltem én e földi bérlakáson, —
szól majd a lélek, — de a Házigazda
elszólított, már nincs itt mért tanyáznom...
Küldöttje szólt: „szobád ürítsd távozva"...
Óh Test, te földi otthonom, hű testvér,
maradj a por s kövek közt várva csöndbe,
Föltámadásnak kürtszavára lesvén,
s találkozunk, tán búsan?! *nem!* örömbe'!!

Siettek értem poroszlók, nem sejtém...
Ajtómban várt követ s ki látta léptit?!
Óh ments meg Uram! Ördög ne ítéljen!
mert gyűlöli ez mind áldott-tiéid'...
De én a szentjeidhez jussak palotádba,
dicséneket hogy zengjek, Téged áldva!

Mily keserű e pohár, mit Halál nyújt,
mily szörnyű perc, mily fájdalmas ez óra,
mely hív... De Hozzád, nagy találkozóra!
Szól lélek testhöz: „Maradj csöndbe! Válunk!
Te, hőn szeretett testvér, drága otthon...
Úr döntött, tőled el kell már szakadnom!"

Hogy rémül akkor bűnök elzüllöttje,
ha Messiás király az ítéletre
ül szörnyű trónba, mindent latra vetve...
A népek, törzsek állnak ott Előtte,
szív titka mind kitárul, mitse födve!
Óh rettenetes Törvényszék ez ottan!
Óh szörnyű Bíró, szörnyű végnapokban!
...Mily boldog az, ki most kegyedbe' járhat!
Irgalmas Úr! oltalmazd árva nyájad!

(Sz Efrém, verse modern formába költve)

Föltámadási himnusz

A halál szelidűl, örömet hoz
azzal: kimúlás hogy *utat* tör
igazaknak kínjaival föl,
s aki szenved: a csillagokig jut!

Mért jajgat a balga tulélő
tömeg itt, zokogás-sikolyok közt?!
Jól rendezik el jogokat fönn:
eszevesztve miért vita, gyász itt?!

Szomorú panasz itt mire? Szűnjék!
Bus anyák, hiu könnybe mit áztok?
A szerettin akárki minek sír,
hisz halni: az élet ujulta!

Elaszott mag ered ki tavaszra,
holt mind, temetőbe' pihenve
s ott hontja alatt, letakartan,
buza-múlta kalászra mereng föl!

Vegyed őrizetül, sir, e testet!
puha ölbe fogadd, te, a „dajka"!
Bizományba adott ez az ember!
Nemes, ám csak a *rész*, te vigyázz rá!

Lélek hona volt, nem is oly rég,
akit alkota Istene ajka,
forrón tüzelé az Igazság
Fejedelme, Urunk, s teszi bölccsé...

Hamar eljön igaz nagy idő, hol
a reményt örökéltű betölti.
Kinyilik rögöd is, föladandó
a reád bizatott Szeretettet!

És bár elapaszt a nagy óság,
évhosszat, a csont hamuvá hull.
Lehet, egy marok ez: maradék — por, —
Beleférhet a fél tenyerünkbe, —

— soha veszni nem engedik embert!
Kusza szél, levegő viszi port el?
Üres árva terekbe keringhet: —
Por, ideg, sziv: örökre az Úré!

De ha omladozót hivod, Isten! —
hivod: újra teremted erőddel!
Bármily területre parancsod elűzi:
s viszi lelket, — a testre talál majd.

Fut öreg kebelébe a Szentnek
nyűtt *Lázár*, emelkedik égbe,
koszorúzva akit vete *Dús* meg,
tüze közt *ez* epedve fölámul!

Megyek, Üdvözitőm, az igéddel!
pokolon Te, a győztes, utat társz...
Mondád te keresztrül a Jobbnak:
„Országba — Velem ma jövendesz..."

(Prudentius)

†

Elmélkedés (C év)

Halálra gondolás

A gondolat tettnél, szóknál előbb jár: Halálra és bűneidre gondoljál! Könnyet hajt ez, bánatot kelt szívedben. — Ezért szólok elsőbb róla könyvemben. Ha *mindennap* halált nézed: ma haltál! Végnapod ha ma idézed: zokognál! Természettől, halált féljük rettegőn. Lázadóként, félünk látni Teremtőnk! Hogy remeg a szív, ki nem békült, mutatja: Urához még nem téríté bánatja. Riadt Krisztus is haláltól, de nem így! Kettős természetnek adta jeleit... [Isten-*Ember*] — Minden étkek közül lényeg a kenyér: halált nézni legjobb minden tettednél. Erre eszmélj, míg népek közt forgolódsz, s jó lesz munkád, hű lesz imád! Feloldódsz rabságokból, vetsz magadtól kényelmet; föld el nem tölt, kegyei nem kellenek! Ha tömeg közt nem élsz, apró gond-bajod, halált nézve, mint füst-köd elpárolog! Jut eszedbe folyton ima: „készülő". Lelked őrzöd; hisz bármikor áthív Ő! Mondta egy szent: „Lehet-e, ma jámbor légy? nem gondolva: jön ma este tán vég!..." Jól mondották vén görögök: „Bölcsesség semmi egyéb, mint látni a vég — közelét!" *(Lajtorjás Sz János: Paradicsom lajtorjája)*

†

Föltámadás

A testet is bizonnyal Isten föltámadásra hívja, és örök életet ígér. Mikor embernek üdvösséget ígér, a testnek is ígéri együtt; mert más az ember: értelmes lény, testből-lélekből álló. Maga a lélek az ember? Nem, az az embernek a lelke! A tested hívod embernek? Nem, csak ember testének! Tehát egyik sem maga az ember, hanem az, ki a kettő együttese, az mondható embernek: Isten pedig „az embert" hívta életre, föltámadásra; nem a részt, hanem az egészet — aki lélek és test. *(Sz Jusztin)*

†

Tisztítótűz

„Uram, ne feddj meg engem rosszallóan, ne büntess méltó haragodban!" Ez életem Te megtisztíthatsz, olyanná váltva, hogy ne kelljen jutnom majd *javító lángra!* Amit Te tartogatsz, azoknak, kik üdvözülnek, végén, de előbb „mintegy tűzben" égvén. Mert mondatott: megüdvözül ő „majd, de mintegy *tűz* miatt" (1Kor 3,15). S mert mondatott, hogy „üdvözül", kevés rá gondunk, bizony: „tüzektűl"! De kétség nincs, bár üdvös lesz a tűz, kínzóbb leszen az bárminél, akármilyen kín, mely itt lenn ér... *(Sz Ágoston: 37. zsoltárhoz)*

†

Ima a haldoklókért

Óh Jóságos Jézus, ki a lelkedet szereted, esdve kérlek, szent Szíved haláltusájára és szeplőtelen Anyád fájdalmaira, tisztítsd meg Véredben az egész világ bűnöseit, akik most küzdenek a halállal, és még ma meghalnak. Amen.

Jézus Szíve, aki a halálküzdelmet elszenvedted, irgalmazz a haldoklóknak!

Ima a halottakért

Végtelenül jóságos, irgalmas Úristen! Könyörülj minden meghalt hívő lelkén, kik még a tisztítóhelyen szenvednek. Engedd, hogy kínjaiktól megszabaduljanak és örök birodalmadba felvétessenek. Annak pótlása végett, amivel ezek igazságodnak még tartoznak, felajánlom neked mindazt, amit szent Fiad e földön tett és szenvedett. Fogadd el, legkegyelmesebb Atyám, azok mulasztásaiért és hanyagságaiért szent Fiad jótetteinek és érdemeinek sokaságát; azon méltatlanságokért pedig, melyekkel téged illettek, Fiadnak kínjait, fájdalmait, sebeit és szenvedéseit, melyeket azokért elviselt; és ama büntetésekért, melyeket még el kell viselniök, a keserű halált, melyet szent Fiad érettük szenvedett. Engedd, hogy Fiadnak azokért is kiontott drága szent Vére tisztulásukra, enyhülésükre és szabadulásukra szolgáljon. Mutasd meg irántuk, mennyei Atyám, végtelen irgalmasságodat, és vedd fel őket magadhoz az örök boldogságba, hogy Téged a mennyben szenteiddel együtt szüntelenül dicsérjenek és magasztaljanak. Amen.

További búcsúimák:

1. A megholt hívekért egy *Miatyánk* és egy *Üdvözlégy Mária* ezzel a kis könyörgéssel: „Adj, Uram, örök nyugodalmat nekik és az örök világosság fényeskedjék nekik."

2. Istenem, áraszd szét áldásodat és irgalmadat minden emberre és a tisztítótűzben szenvedő lelkekre, kikért szeretetből, hálából vagy jó barátságból köteles vagyok imádkozni s kikért akarok is imádkozni. Amen. *(Böle: Rózsafüzér Királynője, 331)*

†

Lélek elválik testtől

A lélek, elhagyván a testet,
nagy kínba' gyötrőn reszket,
és nagy a bánata,
csapong szétszórtan szerte
idestova repesve:
mely útra hajlana?!
Sok gonosz szellem vágyja,
hogy velük mélyre szállna,
hol les rá gyehenna.
És angyalszép is vonzza,
hogy velük átutazna.
A sorsa dől el ma!!
Ez órán, árva Lélek,
neked oly semmit érnek
barátid, testvérid!
rokonság, szomszédid...
Mind kikkel jóba voltál,
most, Lélek, mind lenézed:
a kincset, sok-sok pénzed
vagyont, mit úgy habzsoltál!
...De látsz, jaj, annyi vétket,
rémít, riasztgat téged,
mert halmazával ott áll!
A lélek ott a testtől,
a lenn-hagyottól válva
szól búsan így hozzája:
„Most Bíróhoz megyek föl!
Halál kihívott engem.
Maradj itt békésen lenn!
Várj rám, s jövök leszállva!"
S test válaszol: „Járj békén,
jó őrzőm, drága néném.
Ő alkotott kettőnket együtt:
Rá Úrnak gondja lészen,
hogy túlröpülve vészen,
az örök hont Őbenne nyerjük!"

(Sz Efrém, verse modern versformába költve)

NOVEMBER 5.

SZENT IMRE

I: Az élet igazi értékét nem a hosszú, hanem a feddhetetlen, tiszta élet adja. S: Isten öröktől fogva meghívott minket az üdvösségre: legyünk hasonlóvá Fiához! E: Álljatok mindig készen!

Szent István apostoli királyunk és Boldog Gizella fia, tehát az első magyar trónörökös, „királyi herceg"; — 1007-ben született, Sz Gellért tanítványa. A kor megújuló lelki áramlata, a körülötte vonzó szent példák, de elsősorban a kegyelem fiatalon életszentségre, teljesen Istennek átadott életre hívja. Szüzességi fogadalmát házasságában is megtartja, jegyesével egyetértve. Így az ország ideiglenes földi kárt szenved, de a magyar ifjúság és család örök időkre hősi példát kap: hogy igenis a kegyelemben, Isten akaratából minden lehetséges. Hogy méltó, bölcs és lélekbe látó utódja lett volna a Szent Királynak — az a legendából tisztán kitetszik. Hogy nem álmodozó és beteges, „testtől, élettől száradó szent" — azt váratlan, véletlen halála tanúsítja. Egy vadászaton vadkan sebesíti halálra (1031. szeptember 2-án). A gondviselés nem földi, hanem égi uralmat szánt neki. „Fölemeltetése" (kanonizációja), Sz Istvánnal együtt 1083-ban következett be.

Első olvasmányhoz Bölcs 4,7-17

Az igaz és istenfélő ember korai halálát magyarázza ez az ószövetségi rész, megoldva a korai halál problémáját (l. 5Mz 5,16: „Tiszteld apádat és anyádat, hogy hosszúéletű legyél e földön"). Az élet értékét nem annak hossza, hanem bűntelensége adja. Az igazat az Úr megvédi, azáltal is, hogy elragadja korán, hogy a gonoszság ne ártson neki. Az Úr cselekedeteinek okait senki sem ismeri.

vagy

Szentleckéhez Róm 8,28-30

Lásd A év 17. évközi vasárnap, 224. oldal.

Válaszos zsoltár Zsolt 119(118),9-10.11-12.13-14

Isten szerinti a boldog élet

Evangéliumhoz Lk 12,35-40

Lásd C év 19. évközi vasárnap, 554. oldal.

Elmélkedés (A év)

Magyar megújhodás

Magyar fiatalok: *lélek, tiszta erkölcs, munka* teremti majd meg az új nemzedéket s veti meg a magyar keresztény társadalom megújhodásának alapját.

A megújhodáshoz először lélek, tűz, szellem kell. Íme, itt a pünkösdi tűz, keresztelkedjetek meg e tűzzel, s biztosítlak, hogy bennetek egy új élet serken, s egy új világ fejlik ki. Próbáljátok meg, sürgessétek, imádkozzatok: küldd ki lelkedet s minden megújul s elváltoztatod a föld színét.

A megújhodáshoz másodszor erkölcsi tisztaság kell; kell a meg nem szentségtelenített életerő, kell a tiszta vér miatt. Az erő a tisztasággal jár. Tudom ezt már a szüzesség nevéből, mely mindig az erőre emlékeztet: virginitas, vir, virtus, vis, viridis, veritas. Csak tiszta népek boldogulnak. Ha sok vért vesztenek is, sebaj, de a vér, ha tiszta, regenerálja magát. Kell-e erre más példa, mint a vértanúságunk 360 éves története. Szegények lettünk, hazánk pusztasággá, megyéink szandzsákokká süllyedtek; vérünk ömlött, s mégsem pusztultunk el, elsősorban azért, mert volt erőnk, s erőnk a tiszta vérből volt való.

Harmadszor a megújhodáshoz erős, munkás kéz kell. Nemzet naggyá és erőssé munka nélkül nem lehet. A munkához nagy energia kell, amihez pedig komoly világnézet az életről s az élet föladatairól, az időről s a jövendőség reményeiről; nagy kötelességérzet, melyet nem a törvény betűiből, hanem az Isten-félelemből merítünk. Érezzük át, hogy Isten szolgái vagyunk, kik talentumokkal dolgozunk! Csak az ilyen munka lesz hatalmassá. Nem az önzés, mely erkölcstelen és erőszakos; nem a gazdagodás vágya, mely munka nélkül átok. *(Prohászka: ÖM, 13:67)*

†

Szent Imréhez

Hófehér virágként sokan csak becéznek.
Mások, balgatagok, balgatagnak néznek.
Rövidlátók látnak vadászó vitéznek:
Én hű rajongással idézlek.

Nekem mindenem vagy: szentem, édes hősöm,
Kardos fejedelmem, magtalan is ősöm,
Kiben erős vagyok s az életet győzöm,
Gyermekkorom óta kedves ismerősöm.

Mint a közkatona deli hadnagyára,
Halón is előré-t suttogó ajkára,
Miként menekültek víhatatlan várra,
Úgy nézek rád, földünk patyolat virága!

Voltál mocsaraknak nagy levezetője,
Testi gerjedelmek bátor rendezője —
Vagy hegyre vágyó szív lelkes hajtó hője,
Ragyogó lelked már zászlónkká van szőve.

Vagy a nagy lendítő, vagy a nagy állító,
Helyettünk is sújtott szent villámhárító;
Mikor hazánk volna hínáros, szörnyű tó,
Tükrén nőtt szűz virág, Istent vidámító.

Mint a barna ágat illatos virágok,
Bájad eltakarja, szíved mennyit vágyott,
Mennyit tépelődött, Istent hogy imádott,
Amígnem meggyőzte vérét s a világot.

Nagy atyád földünkbe szúrta a keresztet,
Te azt a szívekbe még mélyebbre verted.
Tested kívánságát keresztre szegezted:
Üdvös rézkígyó lett, ki sziszegve vesztett.

Hej, az az én hősöm, ki sokért is bátor,
A hétfejű férget ellöki magától,
Százaknak szánt terhet vállaira vádol,
Vért lélekre váltó, igaz transzformátor.

Éjes éjtszakákon, ha letűnt már napja,
Botorkáló század fényét tőle kapja;
Planéta-lelkének pályántartó napja,
Ifjan, meddőn, holtan: mégis édesapja.

Szeretném, szeretném járni az országot,
Táborba hívni a magyar ifjúságot:
Hej, magyar ifjúság, nem érzed, nem látod?
Ihol a vezéred, ihol a királyod!

Szeretném, szeretném, véremmel szeretném,
Ha sok szív kigyúlna ezen a nagy eszmén,
Millió ifjakkal zengvén azt zenghetném:
Ő az út, a zászló, a tavasz, az eszmény.

(Székely László)

Elmélkedés (B év)

Tisztaság

Hát ha a zsurlónak kell a maga világa és az oroszlánnak a maga pusztája és az embernek tiszta levegő: mi kell a tiszta erkölcsnek? Van az erkölcsnek is hazai földje, zónája? Van annak is üdesége, friss folyása? Annak is van! Legyetek meggyőződve, sehol sincs az erény annyira otthon, mint az Oltáriszentség atmoszférájában. Mert a léleknek az kell, ami az oroszlánnak, ami a halnak: végtelen, boldogító szabadság! Nem sötétség, nem lebuj, hanem napfény. És mi az életre nézve a napsugár, az áttetszőség? Azok a nagy, felséges gondolatok, melyek lelkünkben teremtenek hatalmas világot, azt az öntudatot, hogy Isten van veled, te szabad lény vagy. Krisztus van veled, többet mondok, Krisztus van benned. Te Cézárnál, Napóleonnál nagyobb vagy; nem a hatalmat, hanem az élet szuverénitását véve. Te a szabadság gyermeke vagy. Nem csak a szabadságé, te az Isten gyermeke, az Isten temploma vagy. A benned suttogó imát jobban becsüli az Isten, mint Szent Péter templomát, mint a katakombákat. És hol érzed azt, hogy benned ily érték rejlik, hogy benned ily hatalom lakik? Hol érzed azt inkább, mint a szentáldozásban? Ott ébred az ember saját méltóságának, gazdagságának, istenfiúságának tudatára. Ez jó neki.

Források kellenek, melyek képesek bennünk a tiszta erkölcsöt fejleszteni. Ezzel a szent tisztaságra célzok, mert a szent tisztaság a legüdébb, a legkedvesebb erkölcsösség. Az ember megvakul a szenvedélyektől, kivált a hatodik parancs elleni vétkektől; sűrű lesz vére s kiszárad veleje. Belső világunk lapos és érzéki lesz, az élet színtelen és nem méltó hozzánk. Mi locsolja föl ezt a szárazságot? Az Oltáriszentség semmit sem lehel annyira, mint a szent tisztaságot. Mi más az ő szépsége, jósága, mint a választottak gabonája, szüzeket nevelő Bora. Ha vannak választott lelkek, ha vannak lelkek, melyeket a Pontificale Romanum „sublimiores animae" [felsőbbséges lelkek] névvel jelez, ezek a fensőbb lelkek, ezek a kiváltságos lelkek a szent tisztaság kedvelői. Az Oltáriszentség a szeplőtelen érintetlenséget, a lelki világnak szeplőtelen átlátszóságát teremti meg. Ahol ez nincs, ott az erkölcsnek ereje, szépsége, harmóniája hiányzik.

Mi kell még a szép belső világhoz? Meleg lendület. A meleg, a hő csupa energia, a lendület csupa erő. A mi szenvedő lelkünknek megnyugvása az Úr Jézus szíve. Ha szívére borulok, szenvedésem megenyhül. Az a töviskoszorú, mely őt szúrja, engem nem szúr; az a seb, mely őt döfi át, engem kímél. A kereszt, melyet ő is hordoz, nekem könnyebb. Ez az érzés nekem lendület és erő. Az áldozat ez érzelmeire akar minket oktatni az isteni Megváltó, midőn azt mondja „Tegyétek az én emlékezetemre." A szent áldozás nem nélkülözheti soha az Úr Jézus szenvedésének, türelmének motívumait. Azokat onnan száműzni nem lehet. De a tűrés, a szenvedés az áldozatnak csak alsóbb foka; van annak magasabb foka is, s az az *önkéntes áldozat*. Ha az ember nemcsak tűr, mert kereszt borul rá, hanem készakarva rászánja magát küzdelemre és szenvedésre egy nagyobb szeretetért, mely őt lelkesíti; testet, érzékiséget, világot, amennyiben ezek lépcsők lehetnek a léleknek, lábbal tapos, s azáltal önnönmagát, lelkét, életét fensőbbé varázsolja. Ez az áldozatkészség volt az egyháznak nagyszerű hozománya! „Oh beatam Ecclesiam..." kiált föl Szent Ciprián: „Óh boldog Egyház! volt valaha testvérek jótetteivel hófehér, most mártírok vérével lett bíborpiros!" Az egyház ruhája fényes, ezüst és arany brokát; „fuit quondam candida", a pünkösdi tűznek fényében; azután beleszőtte az Úristen abba az arany és ezüst brokátba a tüzes rózsákat, a vérpiros szálakat, s „facta est purpurea" [bíborrá vált]! Minden lélek, amely az Úr Jézust szereti, az áldozatos jelleget hordozza homlokán, s ez a szentáldozásban verődik ki rajta, mely az embert becsületessé, harcra s áldozatra készségessé teszi. Itt teremnek azok, akikre a költő szavait alkalmazhatjuk: „magnae animae prodigi" [pazar nagy lelkek], kik pazarolják a lelket, az életet, de úgy, hogy azután százszorosan megtérül az bennük. Amit adnak, azért százszoros kárpótlást kapnak. Minden áldozat, minden önmegtagadás fokozza az ember belső energiáját, a lélek küzdelmét máris győzelemmel koronázza. *(Prohászka: ÖM, 17:294)*

Elmélkedés (C év)

Sz Imre példája

Az Isten a magyar nép elé nemcsak szent, dicső királyt, hanem szent, királyi ifjút is állított. A szent király az országra emlékeztet, melyben szent a törvény, szent a kormány, szent az igazság; de a szent ifjú a szent családra utal; nem a názáretire, hanem az első, Árpád véréből való, királyi családra. Családokból áll az ország, s a gyermek a család virága; a szent család az ország boldogságának föltétele.

Valóban csodálatos dolog, hogy amint első ember az országban a király s első család a királyi család, a legelső királyi családnak első gyermeke, *a nemzet első fia*, egy szűzies ifjú, Szent Imre herceg. Isten adja, hogy a többi is ilyen legyen. Szent Imre azt hirdeti: Népem, ha élni akarsz, tiszta ifjúságod legyen. *Ha folyik ereidben magyar vér, akkor az tiszta, szűzi vér legyen*; nézd az első magyar ifjút! S az Isten azt a gondolatot a majdan törekvő nép szívébe bele akarta vésni azzal is, hogy Szent Imre még a házasságban is megóvta szüzességét. De hisz akkor magva szakad István családjának s nem lesz, ki a trónon Imrét kövesse?... Félre, emberi gondolatok! Szent Imre hivatása más; ő eszményt hirdet; példája kihat századokra, s nemzetének nagyobb szolgálatot tesz, ha az erény uralmát benne biztosítja, mint ha az országot a maga arasznyi uralmával boldogítja. *(Prohászka: ÖM, 7:460; 233)*

†

Ima Szent Imre herceghez

Isten kedves szentje, a magyar egyház virágos kertjének első liliomszála, szűz Szent Imre, áldom a nagy Istent, ki téged annyi malaszttal megszeretett, hogy a gyarló testben tisztán éltél és tisztaságodat eljegyzésedben is szeplőtelenül megőrizted. Hódolva köszöntlek és tisztellek ezért az egész anyaszentegyházzal együtt a szüzek isteni jegyesének, az Úr Jézusnak trónjánál, hogy *népünk ifjúsága* velem együtt a tiszta életet, amelyben te nekünk oly fényes például szolgálsz, nagyra becsülje, az ártatlanság útjába gördülő akadályokat elszánt erős akarattal legyőzze, teste-lelke tisztaságát megőrizze, s így *nemzetünk életerős, hősies keresztény nemzedékben újjászülessék*, fiainak üdvösségére, hivatásának hűséges betöltésére és a Te dicsőségedre. Ámen. *(Sík: DB, 867)*

†

Tisztaságról

Mint házasfeledet vágyol föllelni a nászon, — oly szűzin magadat tartsd neki nászod előtt. — Ne mondjátok, hogy szűzi a lelketek, mikor szemetek szennyezett. — Nagy kincsnek látok szűzi tisztaságot, de féltem elveszéstül: a rabló fennhéjázás reá lecsapni készül! — Szűzi tiszta az, ki szeretetből távol tart testi tüzet és lelki lánggal oltogat. — A Krisztusért vívott tusák között az a legvérezőbb, mi tisztaságért foly; mert folyton áll a küzdelem, s oly ritka: végső győzelem! — Keresztény lélek harca sose kész, és mindje közt a tisztaságért vítt nehéz. Itt naponként áll a viadal és ritkaság a diadal. Félelmes ellene a tisztaságnak — mindennap egyre támad. Fél, folyton ostromolva, várad! *(Sz Ágoston)*

†

A *szüzesség* természetnek fönséges féke alja természetre. *Szerelmet* űz ki szerelemmel, testnek tüzét kioltja lelki tüzekkel. — Elaltatott, lefojtott *vágyak* szívesen visszajárnak. *(Lajtorjás Sz János)*

NOVEMBER 19.

ÁRPÁD-HÁZI SZENT ERZSÉBET

I: Az asszony igazi ékessége az, hogy istenfélő. S: Nekünk is életünket kell adnunk testvéreinkért. E: Legyetek irgalmasok, mint Atyátok is irgalmas.

II. Endre királyunk és Gertrúd királyné leánya, 1207-ben született Pozsonyban (egyesek szerint Sárospatak királyi várában). Korán eljegyezték a német Türingi Lajossal, így gyermekkora egy részét is már jövendőbelije családjánál tölti.

Hamar megözvegyül — három kisgyermekkel, ellenséges környezetben —, mert férje, a szentéletű Lajos (Boldog Türingi Lajos, 1200—1227) kereszteshadba ment és járvány áldozatául esett. Erzsébet azonban már korán megtalálta az örök válaszokat és vigaszokat. A korai franciskánus mozgalomba élénk, tárt szívvel csatlakozik, mint első a harmadrendűek közt, a szegények, betegek, elesettek őrangyala, ki mindegyikben Krisztust látja. Kiűzetve kis árváival a kastélyból, egy darabig a koldusok életét éli. 1231. november 17-én hal meg (régi ünnepe a temetése napja, november 19.). A világegyházban a jótékonyság védőszentje Páli Sz Vince mellett, továbbá a magyar családanyáké.

Első olvasmányhoz Péld 31,10-13.19-20.30-31

Lásd A év 33. évközi vasárnap, 280. oldal.

Válaszos zsoltár Zsolt 34(33),2-3.4-5.6-7.8-9.10-11

Az Úr magasztalása

Szentleckéhez 1Jn 3,14-18

Sz János két, egymással ellentétes, szélsőséges példát ad életünk számára: Kain testvérgyilkosságát (3,12) és Krisztus keresztáldozatát. Saját életünk e kettő, mint egy mágnes két pólusa, között mozog. Melyik pólus felé tereljük életünket? *(Krempa: Daily Homilies, 3;45)* *(3,15: Mt 5,21-22 ▫ 3,16: Jn 10,11; 15,13; Róm 5,8 ▫ 3,17: Jak 2,15-16)*

Evangéliumhoz Lk 6,27-38

Lásd C év 7. évközi vasárnap, 517. oldal.

Elmélkedés (A év)

A női szív összes bájaival és vonzalmaival s a középkor mély kereszténységének szigorával, változatos fiatal élet varázsával s az égbeemelkedő erény érettségével lép elénk. Tizenhárom évvel már hitves, tizenkilenccel özvegy, huszonnégy évvel halott lett Erzsébet, a kereszténység öröme és dicsősége. A keresztény asszony-ideál, Szent Ferenc „nővére", Fra Angelico ecsetjének alakja, „spectaculum mundo et angelis" [látványosság a földnek és angyaloknak].

S mily révén lett a wartburgi leánykából a világ szentje s ünnepeltje? A szerencsésen hangolt, minden jóra hajló, gyöngéd, nőies, *aranyos szíve* s e szívre hulló *bő kegyelem által.* A hitből vett benyomások iránt csupa érzékenység, csupa lélek volt.

Gyermeksége óta indult ő meg e szerencsés irányban. Kis gyermekkorában, midőn még olvasni nem tudott, ott térdel a templomban megfordított könyvvel; játék közben egy lábon ugrálva kerülte meg a kápolnát s úgy tett, mintha odaesett volna falához, hogy azt megcsókolhassa; zálogot kiváltani nem csókkal, hanem „Üdvözlégy"-gyel kellett. Hibáit érző szívvel teszi jóvá; ha szemeit mise közben Lajoson felejti, mindjárt a vértől csepegő Úr Jézus jut eszébe, akinek áldozatánál ő most jelen van. A templomban nem imazsámolyra, hanem földre térdelt; leveszi fejéről koronáját, mert megakadt szeme Krisztus Urunk töviskoronáján. Megvan benne az

Isten-félelem s a hozzávaló vonzódás érzéke, az Isten jelenlétének érzéke, az áhítat s a felebaráti szeretet érzéke, a könyörület s az odaadás érzéke. S ezt a finom, bensőséges életet hintette szét környezetére is a „kedves Szent Erzsébet", sőt most is ott lebeg Erzsébet emlékével ez a hangulat Wartburg várán és vidékén. Csupasz és mohos a magas wartburgi kápolna, de mily meleg színben jelenik meg sötétlő, mohos fala lelkünkben a kis Erzsébet áhítatától. Ijesztő a régi keresztkép az eisenachi templomban; a töviskoszorúról s a véres erekről szinte borzadva vonjuk el tekintetünket; előtte Szent Erzsébetünket mély részvétben elolvadva látjuk. Hideg ott lenn a temető; dűlt keresztjei, behorpadt sírjai, zörgő avarja nem vonzanak; de ragyogó dicsőségben látjuk minden sírból fölemelkedni Krisztusnak hithű és szerető testvéreit, ha Szent Erzsébet gondolataival megyünk végig rajta. *(Prohászka: ÖM, 7:462; 235)*

†

Ima Szent Erzsébetről

Híveid szívét világosítsd meg, irgalmas Isten, és add, hogy Szent Erzsébet dicső közbenjárására kevésre becsüljük e világ forgandó szerencséjét és a mennyei vigasztalásnak örvendezzünk szüntelen. A mi Urunk Jézus Krisztus által. Amen. *(Sík: DB, 868)*

†

Szegénység

A szegénységet, hiányt, a kórokat s minden nyomort vedd Isten kezéből szent örömmel, s éppúgy vígan vedd a vigaszát, az örömét és minden kiáradását. Isten akaratán ilyen egyöntetű örömmel te meghalsz majd a szenvedélyeid ösztönzéseire. *(Sz Makárius)*

Nagy cselekedet az *alamizsnálkodás*: azt tehetjük, amit Isten tesz. A gazdagok fölöslege a szegények öröksége. — Nem nagyobb bűn meglopni a vagyonost, mint megtagadni adományt az ínségestől, mikor adhatnál. — Isten nem szorul a pénzedre, de a *szegény*: igen! Add át a szegénynek, és Isten kapja meg! — Minél tűrőbben elviseljük valakinek hibáit, annál jobban szeretjük. Ha nő a szeretet, csökken a földi vágy. *(Sz Ágoston)*

†

Jótettek

Ez a hármas szent hűség, én kedveseim, minden erényeknek összefoglalója: Ez formál Isten képére, hasonlóra! Ez a Szentlélekkel folyton egyesít. Mert *imában* marad meg a helyes *hit*; *böjtölésben* óvszik meg bűntelenség, adakozó irgalomban a szőlőtő s jó fa hozza jó gyümölcsét. *(Nagy Sz Leó)*

†

Alázatot kelt szegényekre nézni. Jaj nem oly szomorú, kin szűkös a ruházat, mint az, kin szűköl a szorult alázat... Szükség tehát, testünk hiányt ha nem lát, fontolgassuk, mint hiányolja belsőnk — sok javát! Így nem pöffeszkedel, a szegényt lenézve, hanem szorongón magadért a *nyomorodat* tartod észbe: mily rongyosabb vagy rongyosnál, kit nem segítsz, csak rugdosnál... *(Nagy Sz Gergely)*

†

Az *alamizsna* örökség és jogosság, mely kijár a szegénynek és melyet Jézus vetett ki ránk adóba. Lelki örömnek bő forrása, a tiszta szív és *imánk* állandósága. *(Assisi Sz Ferenc)*

†

Szeresd a *szegényt* és a szegénységet! Társuljon velük szíved és szavad. Így szólítsd: Sorsos testvér! Ám bőséget ne szó, csak kéz tudjon, mely ád és oszt, és ahogy tud, segít. *(Szalézi Sz Ferenc: Filótea, 3:15)*

Elmélkedés (B év)

Szent Erzsébet nem szentimentális. Kemény fegyelemben tartja testét; hidegetmeleget tűr; utazik lóháton hegyen-völgyön, s a bűnbánat ostorát suhogtatja maga fölött, ő, a fiatal jegyes s később boldog anya. Mezítláb jár a körmenetekben; szegény asszonynak öltözve látogatja nagypénteken Krisztus koporsóját. A hit ez örök poézise dacára Erzsébet mindig a földön jár; emberek körítik; anyósának nehéz a szíve rá, sok irigy s tüskés-szívű ember veszi körül. Erzsébet tűrni tud, s tud kedves feleség s előkelő asszony lenni. Erzsébet nem valami a világról fogalommal nem bíró, kis zárdanövendék. Egyszerűen öltözködik, s az egyszerűség s kedvesség mezei virágai szebben ékesítik őt, mint a gyöngyök a „francia királynét". Juditnak Isten ad szépséget, Szent Erzsébetnek is; mikor gyapjúruhában megjelenik a magyar követség előtt, — mert selymén s bársonyán már túladott, — elbűvöli a magyar urak lelkét.

Így élt boldogan, szíve férjén függött, háromszor lett áldott, boldog anya; de mivel hősies volt s nemcsak izzó rózsa, forró szívű feleség, hanem tiszta lélek, tehát hóvirág is volt: azért hóban, fagyban, kegyetlenkedésben, emberek részéről szívtelenségben kellett megpróbáltatnia s megnyílnia. A Wartburg-várból istállóba került, midőn kiutasíttatva, három gyermekével az eisenachi korcsmának istállójában húzta meg magát; onnan indult templomba, midőn éjféli zsolozsmára harangoztak a barátok, s kérte őket, hogy e nagy kegyelemért, e Krisztus-hasonlatosságért, hogy a Wartburgból téli éjben istállóba kerülhetett, Te Deumot zengjenek. *(Prohászka: ÖM, 7:462; 236)*

†

Önzetlen szeretet — karitász

Elég könnyű érezni jókhoz vonzalmat; akiknek jó a modoruk, — de ez csak *földi szeretet* és nem a *„karitász"*. Anya nem azért szereti beteg, nyomorék fiát, mert látni kedves őt, hanem mert *anya!* Azért esdenünk kell a Szentlelket, hogy öntse be szívünkbe is azt az önzetlen od'adást, melyet a természet önt anyaszívbe! *(Bellarmin Sz Róbert)*

Szent Erzsébet asszony himnusza

Kedves himnusszal daloljon
Úrnak: Egyház, szent hála!
Együtt örvend mind ujjongón
Sion anyja s leánya:
Aki fölszáll, föld-nyomorból, —
Jegyes hívja honába!

Király törzsnek volt szülötte,
gyermekkortól eljegyzett.
Feleségül aki vette,
hord kiváló jellemet.
Hite ifjan megihlette:
fogadna szűz életet.

Hittel hű nász nagy szentséggel,
magzattal is áldatott.
Jó bizonyságul a tétel,
ősatyánktul ránk hagyott:
hű együttest Úr pecsétel
s *növel: küld sok magzatot*!

Testi törvény egybekötvén,
lélek bennük ég tovább.
Hittel tölti, vágy nem földi:
— követték Uruk szavát:
Mert Istenhez fölszegődvén,
nézik Annak szándokát.

Boldog szent Nő! Ínségesnek
táplálója, hű anyja!
Hiú földi pompát megvet,
semmi néki ős-rangja,
megsanyargat, fékez testet,
keresztre a Bűnt vonja!

Hogy Erzsébet vizet kére,
ártatlanság rontója
bor-italt ád! fúrta mélybe,
s veszti vezeklés szöge...
Szigort old fel szelídségbe,
tűrést-vezeklést köte...

Mikor elveszíti férjit:
tisztán *átlép* világot,
csak Krisztust, kit rég lelkén vitt
ölti... — s koldusi zsákot!
Elszánt végleg! S ez időnek
lámpásaként világolt!

Szegénységnek igaz kincsét
fölbecsüli, öleli!
Oszt adományt most a Szentség,
bő aranyként öntheti.
Bűn-nyomorra árad mentség,
ezrek lelkit élteti!

Munkál orsón, úgy jut étke;
— még koldust is eteti!
Maga — porrá lett; „fölénybe'"
megveti, hogy megvetik...
Csak Téged tud, Krisztus! Néked
tartja becsüléseit...

Jézusunk, te Jó! Dicsőség
Néked most és örökkén!
Földi térnek küzdő hősét
támogasd e föld rögén.
S koronázd, ha futva ösvényt, —
győztes jön, de — megtörvén.

(13. századi müncheni kódexből,
Sz Erzsébet halála utáni nemzedéktől!)

Elmélkedés (C év)

Szent Ferencnek köpenyét küldte el neki IX. Gergely pápa; azóta nem kellett neki II. Frigyes koronája, aki kezét kérte; ott maradt a marburgi szegényházban, melyet ő alapított; ott szolgált, ott halt meg, s három év múlva kiemelték sírjából;

a hét választófejedelem vitte koporsóját, s II. Frigyes rátette a koporsóra azt a koronát, melyet Erzsébet elfogadni vonakodott életében.

Mit csodáljunk benne? Azt az örökszép hitéletet, mely őt a világból felsőbb, tisztább fénybe emelte, vagy azt a fesztelen, kedves lelkületet, mely erőszak nélkül mindent eligazít, eltűr s kellemével bilincsel és győz? Mit csodáljunk benne? Azt, hogy gyermek maradt végig, s huszonnégy évvel már a paradicsomot s a Golgotát bejárta? Azt-e, hogy Szent Ferenc köpenyét II. Frigyes koronájánál többre becsülte? Mit csodáljunk benne? Azt a Te Deumot az éjjeli, téli csöndben, vagy azt az éneket, melyet halálakor a legenda szerint Marburg vidékének éneklőmadarai zengtek a halottasház szerháján [ereszén]? Harmónia, Glória, Te Deum az egész élet. Íme az Istennel egyesült, gazdag fogékony léleknek élete; a tudomány szétszedi elemeit, a bölcsészet kommentálja; de azt megalkotni egyik sem képes: az Isten kertjében szokott az nőni, ott feslik, ott virul és illatozik. A magyar egyháznak alig van más emléke Szent Erzsébettől, mint egy darab száraz fa a nyoszolyájából az esztergomi székesegyház kincstárában; bár virágoznék ki a hétszázéves emlékeknek száraz fája Szent Erzsébet erényeinek követésében; bár éledne föl köztünk szelleme, a gyakorlati hit, mely az égbe néz, midőn a földön jár, mely nemcsak lát, de tesz is! *(Prohászka: ÖM, 7:462; 236)*

†

Szegények: jóltevőink! (Alamizsnálkodj)

A szegények: orvosai lelkünknek, jóltevő védői mindegyikünknek. Annyit te sosem adsz, amennyit tőlük kaphatsz. Adsz tán egy kopott gúnyát, pár garast. Az ínség attúl enyhül, tiéd is! Az Istentül megszáll érte szent Malaszt. Lásd mennyire aránytalan a kettő: jótetted, s érte ami neked jut. Az csak földi, ez meg égi, az mulandó, ez tart végig! Az megromlik, ez romlatlan, el sose fogy. Az őseink hát koldusok hadát a szent küszöbhöz állították, hogy a legönzőbb jégszívűt is meghassák! Akárminő rideg — meglátva ilyen nyomort, — rezdül ideg, a torka. Agg ínség áll ott, sok kíntul görnyedt ványadt... és rongyos, szennyes, gennyes és mankóján szédeleg, a lábán alig állhat; sokuk vak: beteg üreges szem rád hogy nézzen? csak reszket! oly roskadt a testük! *Kőszívű!* állhatsz veszteg!? Oly vén korra, oly nyomorra, ily vak-sebesre, ily rongyokra, szánandókra, hogy meg nem esne az emberszív? vagy érzéketlen lép tovább? (Hisz dús és fürge; telt a zseb, és ép a lába!) Közszemlére mind kitéve, nincs szükség a szóra itten, szól az Isten s Temploma: — Szentkút* is, hol kezed mosod, megmondja: — *Alamizsna* az, amelytől tiszta a lelked lesz! Piszkos kézzel a szentélybe nem mehetsz! *Bőkezű* légy! Szentül jöjj Úr testéhez! Koldusai ha *megáldottak*: mondhat majd az Úr „áldottnak". *(Aranyszájú Sz János: 3. homília, Enchiridion, 236)*

(* Az ókeresztény bazilika előtere udvar, közepén *tisztavizű medence*: az érkezők kezük itt mosták, mert az Úr testét kézbe kapták áldozva; e gyakorlat 400 után — visszaélések miatt! — eltűnt, de a kézmosás maradt jelképként. A misézö papnak máig is nemcsak jelkép: tiszta ujjaival *kell érintenie a Legszentebbet!*)

†

Könyörgés Szent Erzsébethez

Hétszáz év óta sokszor ünnepeltünk:
Árvák, szegények áldották neved,
Meg-megcsodáltuk köntösöd rózsáit
És Te Deumos szenvedésedet.
De így fölnézni Hozzád sose tudtunk:
— Miként a beteg orvosra tekint —
Óh Szent Erzsébet, most hajolj le hozzánk:
S bízni, szeretni tanulunk megint.

Nagy szakadéknál tétovázva állunk...
Pedig sürgős volt eddig az utunk!
Világ szőlőjét vérrel permetezzük,
S azt hittük, hegyre sohase jutunk.
Minden szomszédunk régen elköltözött,
S mi futva kúsztunk sarkuk nyomdokán:
Tüzes szőlőnknek szétpergett a cseppje.
Szomjazva álltunk bércünk homlokán,
És hogy felértünk, meghasadt a hegycsúcs:
Két félre osztva árva népedet,
S mintha elfelednők a közös anyát,
Nézünk egymással rút farkasszemet.

Döbbenten állunk szakadék két partján:
Szédít a mélység, riaszt a sötét,
És elfeledjük szívni nyílt tüdővel
A magasságok szűz leheletét.
Testvérek ők is, kik *odaát* állnak,
De ki nyújt nekik e partról kezet?
Ki érti szavuk a mélység-zúgásban?
Ki épít hidat az örvény felett?
Ívtartó pillért itt is, ott is raknak,
Jaj, de a mélyet mi hidalja át?
Innen szeretet ível-e keresztül?
Onnan gyűlölet veti át magát?

Nagy szakadéknál tétovázva állunk...
Óh, Szent Erzsébet, Te segíts nekünk!
Ki trónusodról kunyhóig hajoltál...
Te erős asszony, hozzád könnyezünk.
Fényes lelkedből aranyhidat építs,
Gazdagot, szegényt szívedre ölelj:
S a szeretetnek békesség-országa
Óh, jöjjön, jöjjön, jöjjön végre el.

(Hevesi M. Angelika)

DECEMBER 8.

SZEPLŐTELEN FOGANTATÁS (EREDENDŐ BŰN NÉLKÜL FOGANTATOTT SZŰZ MÁRIA, ISTEN ANYJA ÜNNEPE)

I: Isten ellenségeskedést támaszt az asszony Fia és a Gonosz között, és megígéri, hogy az asszony Fiáé lesz a diadal. S: Minden kegyelmet Krisztus érdemei miatt kapunk Istentől: a Szűzanya is Őmiatta lett kegyelemmel teljes. E: Isten feltárja örök tervét Mária előtt, akit kiválasztott a Megváltó anyjának.

A Szeplőtelen Fogantatás tana csírájában benne van a Szentírásban: az angyali üdvözlet Istentől való üzenetéből hamar kiértették a keresztények, hogy az Ádám áteredő bűne (a kegyelem hiánya s vele az üdvösségből kizártság) nem vonatkozik az Isten-Jézus Anyjára. Ő Isten „legsikerültebb", tökéletes teremtménye, „az Új Éva", aki bűn nélküli, és így valóban „minden kegyelemben élők Anyja" (Éva jelentése ugyanis „élő, élet anyja"). Tudnunk kell, hogy Mária természetes úton született a szüleitől, (az ő szeplőtelen fogantatását nem szabad összekeverni Jézus fogantatásával), és hogy ő is minden kegyelmét Jézus kereszthalálának érdeméből kapta, mintegy elővételezve.

E titoknak *liturgikus* ünneplése a 9. században Konstantinápolyból jutott át Dél-Olaszországba. Nyugati elterjedése Canterbury Sz Anzelm egyháztanító (†1109) érdeme, aki angliai egyházmegyéjében elrendelte az ünnepet. 1476-ban a ferences pápa, IV. Sixtus bevezette a római Egyházba (a ferences teológusok, szemben egyes dominikánus hittudósokkal, kezdettől fogva kiálltak a Szeplőtelen Fogantatás tana mellett, mely Sz Anzelm óta a skolasztikus viták tárgya lett). 1854. december 8-án IX. Pius pápa „definiálta", vagyis kötelezőleg szabatosan eldöntötte és hittételül jelentette ki e tant, mint amely „implicite" (utalásképp) benne volt mindig is a kinyilatkoztatásban. (Négy évre rá következtek a Szeplőtelen lourdes-i megjelenései Sz Bernadett pásztorlánynak, melyeket ugyan nem kötelező hinni, de lélektanilag mintegy „égi megerősítést" jelentettek a katolikus hívőknek.) A Szeplőtelen Szüzet több ország is védőszentjéül választotta, például az Egyesült Államok is.

A hittétel (dogma): „A szent és oszthatatlan Szentháromság tiszteletére, Isten Szűz Anyjának díszére és méltóságául a katolikus hit erősítésére, a keresztény vallás gyarapodására, — a mi Urunk, Jézus Krisztusnak, Sz Péter és Pál apostoloknak és a mi magunk tekintélyével kijelentjük, kihirdetjük és meghatározzuk: Az a tan, hogy a boldogságos Szűz Mária fogantatása első pillanatától kezdve, a mindenható Isten különleges kegyelméből és Jézus Krisztus, az emberi nem Megváltójának érdeméből, az *eredeti bűnnek* („Ádám bűnének") minden kárától érintetlenül meg volt óva: Istentől *kinyilatkoztatott tan*, tehát ezt minden igazhívőnek szilárdul és állandóan hinnie kell." *(IX. Pius „Ineffabilis Deus" apostoli levele, 1854. december 8.)*

Első olvasmányhoz 1Mz 3,9-15.20

Az elveszett paradicsom története igaz: Isten a társaságát és barátságát akarja adni az embernek: ez a „kert" lényege. De Ő csak olyant adhat, amit az ember képes elfogadni. Az ember szabad akaratából képes vágyódva kinyújtani a kezét válaszul Isten felajánlott barátságára, de képes elutasítani is azt dacosan, ökölbe szorított kézzel. Ádám azt kapja, amit szabadon akart, de csak azért, hogy utólag rájöjjön: koldus és „mezítelen". Magára maradt, sőt az egész természet megszenvedi, hogy az isteni rend fölborult. A mi pusztító, vad századunkban — jobban, mint bármikor — érezzük ezt, bár a jelképi „tövist és bojtorjánt" tán nem látjuk. De ez az ítélet nem utolsó szava Istennek. A megfosztottság, kegyből-kiesettség (az első, eredeti bűn átka) jóvátehető: Isten megígérte a visszatérést, az életet, a boldogságot, és ezt mindnyájunknak fölajánlja. A „kígyót", a titkos, emberfölötti gonosz ellenséget az asszony ivadéka majd legyőzi. Jön valaki, és fejére tapos a kígyónak (1Mz 3,15), véget vet a halálos esztelenségnek, új jövőt nyit az embernek. *(Róm 5,12-20; Oz 4,1-3; 1Jn 3,8; Róm 8,18-25; Jel 12)*

Válaszos zsoltár Zsolt 98(97),1.2-3.3-4

Megváltó és Segítő

Szentleckéhez Ef 1,3-6.11-12

E szakasz dicsőítő himnusszal kezdődik, mely Isten minden művét „áldásnak" magasztalja. Öröktől fogva ismert és szeretett minket Isten. Örök nagyságának kijelentése („dicsősége") és kegyelme a teremtés célja; értelme történelmünknek és egyéni életünknek. A teremtmény magában nem érheti el célját. Isten irgalma lenyúlik hozzánk, Krisztust egy új teremtés fejévé és központjává teszi, Megváltójává, kiben Isten egyesül a teremtményeivel. Bűnről e szakasz a 7. versben szól, közvetetten: Jézus vére által kaptunk megváltást és bűnbocsánatot, az istenközösség pecsétjéül pedig miénk lett a Szentlélek. Benne van reményünk: tudjuk, hogy Isten befogadott minket. *(1,3-4: Ef 2,6-7; Jn 15,16; 17,24; Ef 5,27 ▫ 1,5-6: Jn 1,12; Róm 8,29 ▫ 1,11-12: Kol 1,12)*

Evangéliumhoz Lk 1,26-38

Az angyal oly asszonyként üdvözli Máriát, akit Isten mindenek fölött szeret és kegyelmében részesít. Mária a nagy választottak sorában áll (Ábrahám, Mózes, Dávid), és mindet fölülmúlja. Ő az „új Sion", igaz Jeruzsálem (Isten-otthon), kinek Isten megkülönböztetett szeretete és jelenléte jár ki (Lk 1,15-17). Jézus címe és neve mutatja, hogy Ő az idők végére ígért Messiás, ki egyesíti Isten népe, „Juda és Izrael" királyságát, és örökre uralkodik minden népen. Ő a Szűz Fia, valódi ember, mégis Isten világából való (1,35). Mária másképp felel az angyalnak, mint Zakariás; egyszerű, csöndes, hatalmas mondattal: „Legyen nekem a te igéd szerint." *(Iz 7,14; Mt 1,21-23; Iz 9,5-6; Dán 7,14; 2Mz 40,34-35)*

Elmélkedés (A év)

A Boldogságos Szűz iránti áhítat

A Boldogságos Szűz valódi tisztelete abban áll, hogy őt mindenekelőtt példányképül vegyük, *s életünket az ő élete szerint szabályozzuk*. Erre kell törekedni minden keresztténynek: mert Mária élete rövid foglalata a keresztény minden kötelességének és tökéletességének. A hívőnek folyton e szent Szűztől kell megtanulnia, hogy mit kell kerülnie, elhagynia, javítania, megtartania és gyakorolnia.

Istennek az volt a szándéka, *hogy Mária életében a leghősiesebb erények példáját* és mintaképét állítsa elénk. Elmélkedjünk tehát minél gyakrabban a fölött, mit és hogyan tett Mária, és tapasztalni fogjuk, mily hatékony az ő példája. Ez nemcsak biztos életszabályul fog szolgálni számunkra, hanem az egyedül neki sajátos szép, meleg jámborság által lelkesíteni és erősíteni is fog bennünket.

A szent Szűz iránt való tisztelet második része abban áll, hogy *minden szükségünkben hozzá folyamodunk* és őt ismerjük el védőasszonyunkul és szószólónkul, miután kétségtelen, hogy Jézus Krisztus közbenjárását kivéve, Isten előtt senkié sem lehet hathatósabb, mint az ő szűz Anyjáé. Maga az Egyház is szünet nélkül hozzá folyamodik. Kérjük tehát őt, mint az Egyház kéri. Ajánljuk pártfogásába érdekeinket Istennél, mint az Egyház ajánlja a magáét.

De ne csak magunk számára kérjük ki közbenjárását, hanem *mindazok számára, kiknek boldogsága szívünkön fekszik*. Ha valamely háznak vagy családnak élén állunk, helyezzük pártfogásába az egész házat, az egész családot. Semmit ne határozzunk el, mielőtt tőle tanácsot nem kértünk; semmihez ne fogjunk, mielőtt őt segélyül nem hívtuk. Fölséges szokás ez, melynek üdvös hatását már annyi keresztény atya, annyi keresztény anya tapasztalta! Amihez csak fogtak, sikerült, amit csak kívántak, beteljesült, és családjukra az égi és földi áldások bősége szállott.

Végre szeressük a Mária *tiszteletére rendelt ájtatosságokat*. Mihelyt ezeket az Egyház hozta be, vagy erősítette meg, kell hogy előttünk tiszteletben álljanak. Kölcsönözzünk azoknak tekintélyt jó példánkkal és biztosítsuk fönnállásukat áhítatunkkal. Gyakoroljuk azokat, melyek leghasznosabbak, vagy melyek érzésünk szerint legtökéletesebbek; ha pedig nem gyakoroljuk, legalább tartsuk tiszteletben. Ne ítéljük el egyiket-másikat könnyelműen csupán azért, mert nem találkozik ízlésünkkel. Még azon esetben is, ha csak népies ájtatosságok volnának, tisztelettel kell irántuk viseltetnünk, mert a nép megszentelése által dicsőségének előmozdítására szolgálnak.

Vigyázzunk, hogy bele ne essünk a gyáva keresztények vagy *úgynevezett felvilágosodottak* hidegségébe és közönyösségébe, kiknek hite bágyadt és ingatag. Hanem ellenkezőleg, az Egyház hitétől lelkesülve, dicsekedjünk Mária iránt való buzgóságunkkal, és valamint maga Jézus Krisztus nem szégyellt az ő fia lenni, úgy mi is tartsuk megtiszteltetésnek, hogy az ő szolgái közé tartozhatunk. *(Bourdaloue, Sík: DB, 684)*

†

Boldogasszony fogantatására

Származás ünnepét
az egyház zengi ma,
a boldog szent Szűzét:
csengjen hang, szív, ima!
Ma lélek fölvidul,
vigadoz jámborul,
Jóságos Anyja ünnepén!

Fogantatása volt
az Élet kezdete;
szűz nemzedék hatolt
a régi helyibe.
Őtőle tisztul, kap
ihlést: megy Krisztusnak
elébe, szűz-had jegyesként.

Ma Szűz fogantatott,
így ősi jóslatok
lettek jelen-valók:
„Világ Királya, hogy
egy szűztől születik,
ki szűz marad mindig":
Ki üdvösségünk szülte meg!

Országok-szerte mind:
ily mű meg nem esék!
mely emberfajra hint
békének szent kegyét!
Hazánkba, égbe nyit
kaput! Kegyelmeit
árasztja ránk szent ünneped.

Könyörgünk, jó Úrnőnk,
te bűnöst emelő,
a vétkeink' töröld,
Anyánk, nagy megmentő!
Adj szívet, bánatost,
Isten karjába hozd
sok bűnösöd, a nyomorgót.

Legföntről add, Atyánk,
kegyben legfőbb, áldó,
ki földet alkotád!
S Jóság Fia: Megváltó!
És Lélek, szentelő,
Láng, vigaszos erő!
Ne nyeljen bősz, pokol-torok!

(12. századi francia költő, valószínűleg ciszterci)

Elmélkedés (B év)

Szeplőtlen fogantatásra: Vesperás

Boldog szülője Istennek:
Atya Igéjét viselted!
Ez éjnek idején nekünk —
kegyesen halld meg énekünk!
Űzd e világnak éjit el,
és minden napnak végivel,
Rád szállt *külön malaszton át*,
hozd békének ajándokát.

Hogy vígan múljon ez a nap,
mit Fogantatásod avat
szentté. Te hódolt szolgáid'
visszás hadak ne rontsák itt!
Ezt adja meg a Háromság,
Egy-Istenségű Igazság,
kit mind összhangú énekben
dicsérjük örök életen. Ámen.

(Olasz vagy francia ismeretlentől, a 14—15. századból)

Szeplőtlenünk dicsérete

Mit mondanék, mit hirdessek dicső Szent Szűzről?
Mert egymaga, — Istent kivéve, — minden lény felett áll!
Elragadóbb szeráfok- kerubolnál!
és minden angyalsereg tündöklő árjai felett!
Szentségét meghirdetni égi-földi nyelv elég nincs.
Kifogy mind angyalhang, *teremtett* Ég is...
Óh boldog Szűz, fehér Galamb, menny Jegyese!
Óh Mária, te Templom, Ég: Istennek szent hajlék!
Tiéd a Föld-Égbolt tündöklete:
— a Kelő Nap, Jézusunk!
Te fényes felhő! Tőled földre szent Villámul,
vakítva-fényletőn kegy ránk hull!
Malaszttal teljes, üdvözlégy!
Ég ajtaja miattad tárul!
Szentírók mind neved ünneplék:
a Kántikum eláradón beszél *arárul*:
„Húgom, zárt titkos szent Liget,
sövényzett kert! Nem-érintett
örök-Szeplőtelen!"
E Szűz a liliom, fehér,
ki fölnövén, terem
vérrel pirosló Rózsát: Krisztust!
Óh szent istenszülő! Szíved alá vevél,
szelíd és tiszta Juh — szeplőtlen Bárányt,
megtestesült Igénket!
Szentséges Szűz; Te sírd ki rajta hálánk!
Terajtad angyalhad szava ámulva elakad.
Az Ég ámuldoz ily csodán: a Megígértet,
egy Napba öltözött asszonyt,
akit kezdettől vár: most ím szemlélhet
Olén a Világ Fényessége,
az Ég csodája: Szűzi nász-szobáján
kikél az isteni Szent Bárány:
Isten Fia! Az Ég csodája: az Angyalok Ura
lett csecsemő a Szűz ölén...
Vádolták Évát angyalnépek!
Most Máriát zenghet dicséret!
Esett Évát Ő talpra állít,
édenből kivert Ádámot mennyekbe szállít!
Ég-föld között Ő úttörőnk:
egységet köt, Teremtés, meg az Úr között!

E szent Szűzre fölmérhetetlen malaszt árad.
Ezért köszönti Gábor, — (első hangján az Ég szavának —
az átkos Földhöz!) — *„Üdvözlégy, malaszttal teljes!"*
„Teljes." Mert benned ragyog mind az Ég!
Ezer erénnyel díszes Szűz, te! Üdvözlégy!
Üdvözlégy, teljesség! Arany-edény! tebenned Manna, égi!
Üdvözlégy, teljesség! Szomjast üdít, örök Forrásunk édességin!
Üdvözlégy, csodás szeplőtlen Anya!
Te Krisztust szülted, aki előtted vala!
Üdvözlégy, nagy Királynak Bíbora:
mert beléd öltözött az égföldnek Ura!
Üdvözlégy, titkos Könyv, megérthetetlen!
Ki az Igét, az Atya egy Fiát,
mégis tartván kezedben:
olvasni, látni, megszeretnünk:
— te mielénk adád!

(Sz Epifán)

Elmélkedés (C év)

Hogy ment legyen az összes emberek fekélyétől

A szeplőtelen fogantatás az Isten Anyjának egyedülvaló kiváltsága, hogy léte, fogantatása első pillanatától kezdve, az Isten Fiának megváltói érdemeire való tekintettel ment legyen az összes emberek fekélyétől, személyes bűnétől, az eredeti és személyes bűntől. A szeplőtelen fogantatás lehet jelzője is a Boldogságos Szűznek, szeplőtelenül fogantatott, vagy szeplőtelen fogantatású Szent Szűz. Ez a fogalom: *„szeplőtelen fogantatás"* nincs benn a kinyilatkoztatásban, bár amit az jelent, gyökerében benne van. Az új liturgiában megismerjük mind a két kinyilatkoztatást. Bekövetkezett a bűnbeesés, az első lázadás, zendülés a földön. Az első bűn, az első becsapás a gonosz lélektől, aki a kígyóba bújt és utána következik a lakolás. Ádámmal, Évával és a sátánnal szemben. „Ellenkezést vetek közötted sátán és az asszony között, a te ivadékod és az ő ivadéka között, az asszony ivadéka megrontja a te fejedet, te pedig szüntelen a sarka után leselkedel."

Évezredekkel ezelőtt hangzott el ez a szó. Az asszony ígéret lesz az eljövendő nemzedékeknek, és az asszonyon keresztül az ígéret övezi a Megváltót, a Szentháromság megtestesült második személyét. Az újabb újszövetség-kezdeti kinyilatkoztatás ismert. „Malaszttal teljes, az Úr van teveled". Ebben benne van a szeplőtelen fogantatás. Ha nem volna benne, akkor az annyit jelent, hogy az Isten anyja is uralma alatt áll, hatalmában van a sátánnak. Az Isten végtelen szentségénél fogva ez ki van zárva Őnála.

A szeplőtelen fogantatás 1854-től hittétel. Azonban a szeplőtelen fogantatás tisztelete, szentmiséje és általában ismerete egyidős az Egyházzal. A korai középkorban különböző egyetemek és hitközösségek kérték Rómát, hogy rendelje el a szeplőtelen fogantatás ünnepét és szentmiséjét. A XV. század második felében volt egy rövidéletű egyetemünk Pozsonyban: Mátyás király idejében Vitéz János prímás állíttatta és vezette ezt az egyetemet. Ez a pozsonyi egyetem is kérte a szeplőtelen fogantatás ünnepének az elrendelését. Azután a török időkben a magyar nép ismételten kérte. És amikor a nagyszombati egyetem 1635-ben létesült, Pázmány, az egyetem-alapító, elrendelte a Magyarok Nagyasszonyának ünnepét, tiszteletét és a szeplőtelen fogantatásának a szentmiséjét és szövegeit alkalmazta a Magyarok Nagyasszonyára. Úgyhogy amikor mi Magyarország Nagyasszonyát ünnepeljük, tudjuk azt, hogy ennek a fundamentuma a szeplőtelen fogantatás.

A mai ünnep, a szeplőtelen fogantatás tárgya nem egy naphoz fűződik. Akinek van naponta egyetlenegy Üdvözlégy Máriája, az hittel és esengéssel emlegeti a szeplőtelenül fogantatott Szűzanyát. Miből készült ez az *Üdvözlégy Mária*? Négy tényezője van ennek. Az első Gábor főangyal köszöntése. Ilyen értékű köszöntés sohase hangzott el a világtörténelem folyamán. Juditnak mondták azt, „te Jeruzsálem dicsősége vagy", az Ószövetségben kevesen kaptak ilyen kitüntető üdvözlést, de Judit üdvözlése messze van attól, amikor az Isten az angyal ajkán keresztül köszönti a Boldogságos Szűz Máriát: hogy „*malaszttal teljes, az Úrral van együtt!*" A második: Szent Erzsébet köszöntötte az őt látogató rokonát, a már várakozó Boldogságos Szűz Máriát. „*Áldott vagy te az asszonyok között és áldott a te méhednek gyümölcse*". Az Egyház hozzáteszi a *Jézus* szót. 431-ben az efezusi asszonyok szőtték tovább ezt az Üdvözlégy Máriát. Nestorius támadta Mária Isten-anyaságát. Az ilyen, a mienkhez hasonló, téveteg világ volt. Akkor összejöttek Efezusban zsinatra az Egyház püspökei, és kimondották a tévely elítélésével Mária Isten-anyai méltóságát. Nagy rezdülés támadt az efezusi asszonyok és nagyleányok között. Szinte mindegyik úgy érezte, hogy őt érte a kitüntetés. Fáklyákat vettek, mentek a zsinat színhelyére köszönteni a zsinati atyákat és hazakísérni őket szállásukra lobogó fáklyákkal és akkor mondták azt — mikor ideérünk gondolunk rájuk, és látjuk az ő fáklyafényüket és még ragyogóbb arcukat — „*Asszonyunk Szűz Mária, Istennek szent anyja, imádkozzál érettünk bűnösökért, most és halálunk óráján.*" Az Egyház ahogy a Jézus nevet odafűzte, beszőtte, most hozzáteszi: „*Amen*". Minden nap emlékezünk a szeplőtelen fogantatású Szűzanyára és gondolunk arra, hogy a női méltóság is meg van teremtve általa.

A mi édesanyáink, édesapáink az Egyház szellemében, a kinyilatkoztatás fényében tiszta férfiúsággal és tiszta leánysággal lépnek a házasságba. Így megvan bennük Máriának a szüzessége is, ha halványabb fényben is, de érintetlenségben. A házasság szentség, a házasságnak jogai vannak, de azt a medret, amiben az élet érkezik, azt nem szabad kézzel, szándékkal, különösen bűnös szándékkal megakasztani [abortusz!], mert az olyan lázadás, mint amiről most olvastunk: az ősszülők lázadása. A szeplőtelen fogantatás tanítása legyen mindnyájunkkal. Amen. *(Mindszenty József szentbeszédéből, amit a bécsi Pázmáneumban tartott 1972. december 8-án)*

DECEMBER 26.

SZENT ISTVÁN ELSŐ VÉRTANÚ

S: A Krisztusért elszenvedett vértanúság megnyitja a mennyországot. E: Krisztus tanítványának vállalnia kell a bátor tanúságtétel kockázatát. Ilyenkor a Szentlélek beszél abból, aki megvallja hitét.

A jeruzsálemi Egyház első hét diakónusa (szerpapja) közt Sz Istvánnak külön szerepe volt. A kegyelem és erő embere, telve Szentlélekkel. Kitűnik a hellenista: görög műveltségű zsidóság vezetőivel való vitatkozásban. E vita éles harccá válik, végül Istvánt a főtanács elé vonszolják, és ott halálra ítélik. Ő az első keresztény vértanú, az örök példa: a megfeszített és megdicsőült Krisztust hirdette, Őt látta: az Emberfiát állani az Atyja jobbján, Őróla tett tanúságot szavával és vérével.

Szentleckéhez ApCsel 6,8-10;7,54-59

Az „asztal szolgálatára" rendelt diakónusok nem voltak néma „fölszolgálók". Kegyelemmel és erővel teli férfiak ők, „telve bölcsességgel és Lélekkel". Föllépésük, mint az apostoloké: szóval és tettel toboroznak az Út számára, amelyet ők megtalálták; a Név számára, mely nekik minden reményt magába foglalt. Köztük a legkiválóbb István, ő ütközik a leghevesebb ellenállásba a zsinagóga emberei részéről. A diaszpóra görög nyelvű zsidói voltak ezek, s az István elleni pörben némileg Jézus elítéltetése újul meg. Először ellene izgatják a népet, az ügy a főtanács elé kerül, hamis tanúkkal jönnek elő (ApCsel 6,13-14). István beszéde a tanács előtt (ApCsel 7,2-53) programszerű. Vértanúsága jeladás az első nagyobb üldözésre, fordulat az ifjú kereszténység életében. Megkövezésénél tűnik föl először Saul, a későbbi Pál (s talán veszi a Lélek első hívó ösztönzéseit, melyek ellen rugdalózik egy ideig). *(6,8-10: Lk 21,15; ApCsel 21,21; Mt 26,59-61 ▫ 7,54-59: ApCsel 4,8; 9,17; Mt 22,44; Lk 20,42; 22,69; ApCsel 2,34-36; ApCsel 22,20; Lk 23,46.34)*

Válaszos zsoltár Zsolt 31(30),3-4.6 és 8.16-17

Isten kezének oltalmában

Evangéliumhoz Mt 10,17-22

Már a Hegyi Beszéd sejteti az üldözéseket, amelyekre Jézus követői számíthatnak (Mt 5,10-12). E szakasz a tanítványok hithirdető küldetésével függ össze; Jézus ismét beszél a végidőkről. Újra nyomatékkal figyelmeztet, mit várhatunk az „emberektől", azoktól, akik Isten útjairól nem akarnak hallani, és azt goldolják, az egész keresztény „babonát" ki kell irtani. Más-más módszerekkel dolgoznak: gúnyos közönyösséggel, lenéző semmibevevéssel, rágalommal, hátrányos visszaszorítással, elnyomással, durva erőszakkal — sok formája és lehetősége van a gyűlöletnek. De maguk az üldözők rosszabbul járnak az üldözötteknél. Nem tudják, mit cselekszenek; a tanítvány viszont tudja, Kiért szenved. „Én érettem... hogy tanúságot tegyetek." (Mt 10,18). Az üldözöttek hite oly tanúvallomás az üldözők előtt, mely ezeket vádolja, megszégyeníti, nyugtalanítja. Isten ereje nyilvánul meg a gyönge emberek hűségében és szeretetében. *(Mk 13,9-13; Lk 21,12-19 ▫ Jn 16,1-4; Lk 12,11-12; Jn 15,18-23)*

Elmélkedés (A év)

István vértanú

Adja meg az Úr, hogy úgy beszéljek röviden és üdvösen, ahogy Sz Istvánnak megadta: bátran és erősen! Így kezdte Ő: „Férfiak, testvérek és atyák! hallgassatok rám!" Mi szelídebb, mi megnyerőbb ennél? Megnyeri a hallgatót, hogy ajánlja neki a Megváltót. Behízelgőn kezdi, soká hallgatják. S mert az volt rá a vád, hogy Isten s a törvény ellen szólt, ő maga fejtegeti a törvényt, lesz annak hirdetője, melyről vádolták, hogy pusztító ferdítője. — S aztán eljött az ideje: „Íme, nyitva látom az egeket, s az Emberfiát állni az Isten jobbján!" Látja Krisztust, Őt vallván, Őérte mindjárt halván, Őhozzá átzuhanván. S végleheletén, mikor sűrűn zuhognak már a kövek, és kemény sebek zúzzák kemény szívektől: látja magát már oly közel nem a véghez, hanem az átlépéshez, hogy már búcsúzik, átmenőben a lelke, és ajánlja békén... Kinek? Neki, akit látott, akit imádott, kinek szolgált, kinek nevéről prédikált. Neki, kinek Jóhíréért lelkét kiadta, íme neki most lelkét általadja. „Uram Jézus, vedd át lelkemet!" Győzelmet Te adtál, diadalodba fogadj már! „Vedd a lelkem!" Ezek űzik, te befogadod, ezek kivetik, te bevezeted. Mondd neki: „Menj be Urad örömébe!" — Mert ezt jelenti, hogy „Vedd be a lelkem!" — Hová vette be? Halld magát az Urat: „Atyám, úgy akarom, hogy ahol Én vagyok, *ők is velem* legyenek!" (Jn 17,24) Lenni, ahol Jézus! Fölfoghatja-e ezt bármi elme?! Kinek beszéde győzné ezt csak meg is közelíteni? Hívő szív fogadja azt, ami a nyelv erejét meghaladja! „Ahol Én vagyok, szolgám is ott legyen!" S a görög a szolga helyett diakónust mond. „Ahol Én vagyok, az én diakónusom is ott legyen velem!" Jól mondtad, Diakónus: „Uram Jézus, fogadd be a lelkem! Te megígérted nekem! Jóhíredet olvastam, hirdettem, azt is: Ahol Én vagyok, diakónusom is ott leszen!"

Diakónusod voltam, szerény szerpapod csak, szolgáltam véremmel is, életemet adtam Érted; legyen Uram, ahogy ígérted! — S térdre hull. Miért? Mert tudja, most bűnösökért kezd imádkozni, minél gonoszabbakért, annál sürgetőbben kell, annál nehezebb a meghallgatás! A Kereszten függő Úr mondá: „Atyám, bocsáss meg nekik!" Kövektől görnyedő István térden mondja: „Uram, ne tudd be nékik bűnül ezt!" Jár a Pásztora nyomán, mint a hűséges bárány; jó kis bárány követi a Bárányt, kinek vére elvette a világ bűneit. — Hogy ne lenne hát ott, ahol *Az* van, akit híven követett, akit lépésről lépésre utánzott? *(Sz Ágoston: 319. beszéd)*

†

Vértanúság

Gyötrötten álltak ott, erősebbek kínzóiknál. Folyt a vértanú-vér, hogy üldözés tüzét kioltsa. Micsoda látvány volt az Úr szemében, mily magasztos, mily hatalmas. „Drágalátos halál" ez — mely halhatatlanságot szerez: önvére árán! *(Sz Ciprián)*

Testvérem, ez az én imám: találjon méltónak az Ég, hogy átok, vádak, összetipratás rám ontassék, sőt kivégeztetés is az Úr Jézus szent neviben, — csak meg ne ölessék Őt itt benn e szívben. *(Nólai Sz Paulin)*

Szent István vértanúról

Tegnap világ örvendezett,
örvendőn ült szent ünnepet:
Krisztus Urunk született!
Tegnap angyalkórus zengett
Ég-királynak, legfőbb Szentnek
vígan dallott éneket.

Első mártír és levíta
hitbe' ragyog, élte tiszta,
csodákkal világítván!
Amaz egy Fény alatt fénylik.
Fénylőn feddi bűnök népit,
hitetlent a hű István.

Fogcsikorgók, vadak módján,
legyőzettek, — fény ragyogván, —
világosság visszási.[1]
Hamis tanút gyűjtenek fel,
fent fogakkal, éles nyelvvel
kígyófajzat tör rá ki!

Küzdő bajnok! álld a helyed
buzgón; bizton várd béredet,
Harcod' végig megálljad!
Visszacáfolj hamis tanút,
torkukra verd álnok szavuk'
Sátán zsinagógának![2]

A *te* Tanúd *áll* Egekben:[3]
igaz és hű Tanú egyben,[4]
Ártatlanság Tanúja!
Tudod, neved is „Koronás",
véres kínt ily szent jogon vársz:
Vér számít koszorúra...

Nem hervadó koronáér'
tűrj: rövid kínt *földi* rádmér
s vár a *fönti* győzelmed.
Lesz halálod születésnap,
végső tusád ünneplést szab:
elkezd örök örömet.

Szentlélekkel eltöltve
behatol a Felsőkbe,
István látja mennyeket.[5]
Látja Isten Dicsőjit!
győzelemre ihlődik,
mennybe jutni mind eped!

Ím az Isten jobbján állót,
harcra hívó Jézust látod.
Nézd csak, István: pálmát tart!
Nyitva-tárva íme az Ég,
Krisztus néked fölmagaslék:
hangos bátran kiáltsad!

Magát Úr kezébe nyújtja:
Érte halni édes, tudja,
zord kövek bár zuhognak...
Saul — mindent ott kiszolgál:
köntöst s követ hóhéroknál
kővel jár még azonnap...

„Ne tudassék bűnül nekik,
kik mártírra kövük vetik" —
térdre hullva esedezik.
Szán dühöst, míg ver szíve...
Így az Úrban elnyugovék.
Krisztust követ szó is: a vég,
Krisztussal ki élt-halt mindég
mártíroknak elseje...

(Szent-Viktori Ádám)

([1] ApCsel 7,15; [2] Jel 2,9; [3] ApCsel 7,55; [4] Jel 1,5; [5] ApCsel 7,55)

Elmélkedés (B év)

Megbocsátás

Azt mondtam valahol, hogy a tisztaság a legnépszerűtlenebb keresztény erény. De talán nem volt igazam! Úgy gondolom, amiről ma beszélnem kell, még annál is népszerűtlenebb, az a krisztusi szabály, hogy: „Szeresd felebarátodat, mint tennen magadat". És Krisztus szerint a „felebarát" magában foglalja az *ellenséget* is, — így szemben állunk a szörnyű kötelességgel: megbocsátani ellenségünknek! Azt mondja mindenki, a megbocsátás szép gondolat, de csak amíg nincs mit megbocsátani; amint hogy *volt* a háború alatt! Ha akkor vetettük volna föl ezt az eszmét, harag üvöltése fogadta volna. Nemcsak hogy nehezen elérhető, emberfölötti erénynek hiszik az emberek, — de gyűlöletesnek, megvetni valónak is! Azt mondják: „Az ilyesféle beszédtől émelyeg a gyomrom." Hallgatóim fele is megkérdezné: „Tudni szeretném, hogy éreznél, ha meg kéne bocsátanod a Gestapónak, *és* lengyel vagy zsidó volnál?!"

Hát én is szeretném tudni! Épp ahogy, mikor hitem meghagyja, hogy meg ne tagadjam Krisztust a kínhalál fenyegetése közt sem, nagyon tűnődök, mit tennék ugyan, ha erre kerülne sor! Nem mondhatom meg mit tennék, jaj, nem is tudom! Csak azt mondom, mi is az a *kereszténység*! Nem én találtam föl, és nem ti! És abban, épp *központjában*, legfőbb helyén, azt lelem: „Bocsásd meg a mi bűneinket, miképpen mi is megbocsátunk az ellenünk vétőknek". Nincs legkisebb utalás sem, hogy másképp is kaphatunk bocsánatot! Nincs kiút más felé. Mit tehetünk? — Ez bizony elég nehéz, de úgy vélem, kettőt tehetünk, hogy megkönnyebbítsük. A matematikát sem az integrálszámítással kezdjük, hanem azzal: 2+2=4. Éppúgy, ha valóban tanulni akarjuk a megbocsátást (és ettől függ: tényleg akarjuk-e), kezdjük valami könnyebbel, ne a Gestapóval. Például megbocsátjuk a férjünknek, feleségünknek, szüleinknek, gyermekeinknek, szomszédainknak azt, amit tegnap mondtak vagy tettek... Ez bizonyára egy kicsit lefoglal egyelőre. És próbáljuk megérteni, mit jelent *úgy* szeretni felebarátot, mint önmagunkat. Úgy szeretem őt, mint magamat! Hát hogy is szeretem magamat?

Kezdjük azzal, hogy nincs is valami jó véleményem magamról, sőt nem is mindig élvezem a magam társaságát. Így nyilván a „szeresd felebarátodat" nem okvetlen azt jelenti: „találd őt vonzónak!" Rájöhettem volna erre előbb is, hiszen erőlködve, „úgy-akarva", nem láthatok valaki mást „vonzónak". Meg vagyok-e magammal elégedve, helyes fickónak látom-e magam? Nos, félek, néha igen! — és azok az én legrosszabb perceim! — De nem is ezért szeretem magam: „Ellenségem szeretése" sem kívánja nyilván, hogy jónak, helyesnek lássam őt. Hát ez nagy megkönnyebbülés! Sok derék ember azt hiszi, hogy az ellenségét meg kell tennie valami „nem is olyan rossz embernek, mint amilyennek *igazán* látszik"!

Lépjünk még közelebb! A legvilágosabb perceimben nemcsak nem hiszem magamat „helyes fickónak", hanem nagyon is undoknak találom magam. Rápillantok azokra, amiket elkövettem, és ijedezem, utálkozom! Nyilván szabad utálni oly dolgokat is, amiket az ellenségem tesz! És hirtelen eszembe jut, hogy keresztény tanítók régóta mondják nekem: gyűlölnöm kell a gonosznak *tetteit*, de nem szabad gyűlölnöm a gonosz *embert*, más szóval: „gyűlöld a bűnt, ne a bűnöst."

Azelőtt azt hittem, ez ostoba szőrszálhasogatás: hogy is gyűlölhetném az ő tetteit, ha a tettest nem gyűlölöm? De nagysokára ráeszméltem, hogy egész életemen át ott volt valaki, akivel ezt tettem — mégpedig: én magam! Bármennyire utálkozom, hogy mily gyáva, hunyászkodó, pöffeszkedő, kapzsi vagyok — folytonosan szeretem önmagamat. Semmi nehézségem evvel! Tény az, a hibáit azért utáltam, mert szerettem ezt a fickót! Szerettem magam, és bántott, hogy ilyeneket csinál ez a kedves fickó. Tehát: szent hitünk egy percre se kívánja, hogy ne gyűlöljük *tiszta* szívből a kegyetlenséget, az árulást. Kell gyűlölnünk! Az előbbiek semmiképp sem mondanak ennek ellen! De úgy gyűlöljük, ahogy mi magunkat, — sajnáljuk azt, aki elkövette; reméljük, hogy ha valamiképp lehet, valahogy, valahol mégis kigyógyul, újra ember lesz! (*Mindennél* fontosabb a javulása, *végső* jóléte!)

Tegyük föl, azt írja az újság: a sok szörnyűség nem mind egész hiteles. Az-e első érzésünk: „Hála Istennek, még sem olyan rosszak!" — vagy pedig búsan „lóg az orrunk" — sőt föltesszük, hogy az első változathoz ragaszkodunk, tisztán gyönyörűségből, hogy rossznak hihessük őket!? Félek, hogy ez az első lépés ahhoz, hogy ördögivé váljunk! Az ember kezdi hinni, hogy a fekete valamivel feketébb, — és *szeretné* így hinni! Ha ilyen hitnek engedünk, lassan a szürkét feketélljük, aztán a fehér is nekünk fekete. Végül rögeszmésen mindent — Istent, barátainkat, saját magunkat is — rossznak találunk és nincs megállás: örökre belerögződünk a *tiszta gyűlölet* világmindenségébe (pokol)!

Még egy lépés: az ellenséget szeretni azt jelenti-e, hogy nem büntetjük? Nem! Magam szeretete sem az, hogy sose büntetem magam — talán halállal is! Aki gyilkolt, az nagyon is keresztényül tesz, ha bűnbánóan bevallja a rendőrségen és vállalja az akasztófát! Tehát úgy hiszem, nagyon is helyes, ha keresztény bíró halálra ítél egy gyilkost, vagy keresztény katona megöli a támadó ellenséget! Szeresd magadat, *mert te* vagy te! Azt várja az Úr, hogy szeresd őt, az ártódat, — mert ő: *ő* — ember, Isten teremtménye! Megadta a szabályt: „mint tenmagadat". Talán mindez könnyebb, ha rágondolsz, hogyan szeret Ő minket. Nem a szép, vonzó, jó vonásainkért, hanem mi magunkért. Igazán nincs más szeretnivaló rajtunk, hisz a mifajta teremtmények olyan gyönyört lelnek a gyűlölködésben, hogy fölhagyni ezzel annyi, mint lemondani sörről-dohányról... *(C.S. Lewis: Mere Christianity, 3;7: Megbocsátás)*

†

Üldözés

Az evangélium hirdetése megosztja a családokat. A hívővé lett családtagnak el kell szenvednie a hitetlen családtag megvetését, sőt üldözését is. A keresztények „gyűlöletesek" lesznek, s ezt a történelem is igazolta. A római pogány írók azzal vádolták a keresztényeket, hogy „az emberi nem ellenségei", mert megvetik a pogány életörömet és a birodalom isteneit. Cornelius Tacitusz († 120k) írja: „Az emberi nem gyűlöletét bizonyították rájuk." Jézusnál ez a vád fordítva szerepel: nem a keresztények gyűlölik az emberi nemet, hanem az emberi nem a keresztényeket. De aki kitart, annak jutalma az örök üdvösség. Éppen az ellenséges környezet teszi lehetővé, hogy hősiesen kitartson a hitben és a gyűlölettel szemben a szeretetet mutassa meg. *(Jakubinyi: Máté evangéliuma, 127)*

Elmélkedés (C év)

Az első diakónus

Az Úr bölcsőjénél az egyházi évben áll: az első diakónus, a szeretet szolgája; ezt a hű szolgát állították ide. Kommentárja a megváltó szeretetének, szíve az övé és vére. A szívét a gyöngék szolgálatára ajánlja. Te is ezt tedd! Telve van kegyelemmel. Óh legyetek szolgák, kik a jászol mellé vágytok, a szeretet praktikus kiszolgáltatói. Krisztus szeretetet hozott; ti meg kiszolgáltatjátok először testvéreiteknek, azután minden embernek. Az anya, a tanító, a szolgáló, a hivatalnok, a postás, a kalauz mind Krisztus iránti szeretetből szolgáljon; akkor lesz öntudata édes és élete kincses.

Az első vértanú Krisztus, a vértanúk feje; Szent István utána indult. Kenyeret adott s követ kapott, de a kő édes volt; „lapides torrentis illi dulces fuere" [kövek zuhataga édes volt neki] s vére párázatában látjuk Saulus jelenetét Damaszkusz előtt. Szeretetet vetett s gyűlöletet aratott; de Stephanos a koszorút magasra tartja, s a jászol elé teszi: ez a tied. Lelkem, ez a véresen piros, ez a kegyelemben ragyogó „sponsa sanguinum" [név jegyese] a tied! Aki vérrel dolgozik, az erős kötelékeket szakít, ha gyilkos; s erős kötelékeket fűz, ha szeret, erős kötelékekkel fűzi magát az Úrhoz „in sanguine" [vérben]. Mi is mindennap reggel vérben szerződünk. Ó, a vér melege olvassza föl szívünk jegét s Krisztus véres áldozata sugalmazza lelkünket. Mit ne tennék Krisztusért, óh édes, óh véres, vérből való, véredben lekötő, véreddel éltető Jézusom! *(Prohászka: ÖM, 6:79; 101)*

†

A hit kegyelméért

Hála legyen neked, én mennyei szent Atyám, hogy annyi számtalan pogány nemzetek és hittől szakadott tévelygők közül kiválasztottál engem, és nem az én érdememért, hanem csak a te jóvoltodért igaz ismeretedre, régi keresztény vallásra vezéreltél. Mert ugyanis mit használna világra születnem, ha igaz hitnek fényességével nem világosítanál engem? — mivel a hit nélkül lehetetlen üdvözülnöm.

Óh én lelkemnek világossága, mely az Istennek megfoghatatlan fényességétől származol! Óh megcsalatkozhatatlan igazság, mely Isten ajándékából adatol zarándokságunk vezérlésére! Kövesse, Uram, az én lelkem a te igaz tudományodat e tudatlanságnak sötét völgyében, hogy ezáltal örök boldogságnak napjára juthassak.

Áldott légy, én Istenem! ki az igaz hit által megmutattad gazdagságodat; minden lelki áldomásokkal megáldottál minket. Erősítsed, Uram! végig, amit elkezdettél bennem! Oktasd az én tudatlanságomat, világosítsd vakságomat, szilárdítsad gyarlóságomat, öregbítsed hitemet. Őrizd meg igaz vallásodnak drága kincsét énbennem; segéljed gyenge hitemet, hogy igazán és kétség nélkül higgyek, semmi okoskodásoknak helyt ne adjak, hanem a hitnek engedelmessége alatt fogva tartsam értelmemet és érzékeimet.

Hogy pedig hasznos és gyümölcsös legyen bennem ez a te ajándékod, adjad szent kegyelmedet, hogy te előtted menyegzős ruha nélkül pusztán ne találtassék az én hitem; hanem szeretet által emeljem fel hozzád szívemet, elkövetett hibáimat töredelmes bánattal s a jobbulás erős fogadásával helyrehozzam.

Add, hogy jámbor és alázatos legyek, képmutatás nélkül, mindig vidám, könnyelműség nélkül, tisztaszívű és benned bízó, vakmerőség nélkül, engedelmes és jó példát adó, kevélység nélkül. Adj, édes Jézusom, éber és vigyázó szívet, hogy soha semmi rossz gondolat, aljas érzés vagy kemény kísértés tőled el ne tántorítson. Adj, kegyelmes Istenem, értelmet, amely téged keres, bölcsességet, amely föllel, és olyan jóviseletet, amely tetszik neked.

Engedd végre, hogy jótéteményeidet és fenyítéseidet mint a bűnbánat és kegyelem eszközeit, üdvösségemre használjam s végre részt vehessek a mennyei boldogság örökkévaló örömében, a mi Urunk Jézus Krisztus által. Amen. *(Pázmány imája, Sík: DB, 236)*

†

Vezeklés

Itt küldök egy vezeklő szőr-inget, ha nehéznek találod, hogy imáidban összeszedd az elméd; vagy hajtana a vágy, hogy tégy és tűrj valamit Uradért. — Bárhol testeden viselheted, bárhogy földteheted, fő, hogy *„kényelmetlen”*-nek találjad! Bizony nevetnem kell: rágondolok, te küldtél édességet, ajándékot nekem — s én vezeklő köntössel azt fizetem. *(Nagy Sz Teréz testvéréhöz)*

†

Miként csak éjjel fénylenek csillagok, az erény is csak balsorsban ragyog. *(Sz Bernát)*

DECEMBER 27.

SZENT JÁNOS APOSTOL ÉS EVANGÉLISTA

S: Amit láttunk és hallottunk, azt hirdetjük nektek. E: János gyorsabban futott, mint Péter, így előbb ért a sírhoz.

János apostol, a negyedik evangélium, három levél és a hagyomány szerint a Jelenések szerzője, idősebb Sz Jakab testvére, Betszaidában született, ahol atyjuk halászattal foglalkozott. Aligha volt oly puha serdülő, ahogy ábrázolják. Testvérével együtt heves vérmérsékletű, úgyhogy az Úr „Mennydörgés fiainak" hívja őket. János előbb a Keresztelő János híve, aztán Jézust követi. Az Úr különleges bizalmát mutatja, hogy haldokolva őrá bízza Édesanyját (Jn 19,26-27). Későbbi sorsáról keveset tudunk. (Talán még Máriával Efezusba vonult; az ő tanítványa Szmirnai Sz Polikárp őskeresztény püspök író, kinek viszont Sz Iréneus püspök író a tanítványa, így nagy szerepe van az első hagyományok írásos rögzítésében.) Evangéliuma hangsúlyozza, hogy Jézus Isten örök Igéje: származása, tettei, tanai, nyilatkozatai, halála és föltámadása, az apostolok küldése Isten Fiának műve, ki e világnak élete.

Szentleckéhez 1Jn 1,1-4

János első levele a tévtanítók ellen szól, kik az első század vége felé fenyegették az Egyházat. Velük szembe szögezi le a két nagy tényt: a helyes hit az, hogy Jézus Krisztus igaz Isten és igaz ember; és a hit csak oly életben valódi, melyet szeretet jár át. A szerző maga tanúskodik, hogy azt hirdeti, amit látott és hallott, sőt amit kezei tapintottak: „az örök Életet, ki az Atyánál volt, és megjelent nékünk", Jézus személyében. E Krisztusról szóló jóhírt adja tovább János; azt, amit maga kapott: a hitet és örömet. Az öröm, mint a hit is, mindig új élmény, adomány és föladat egyszerre. *(1,1-2: Jn 1,1.14 ▫ 1,3-4: Jn 5,23; 15,23; 14,9; 12,45; 15,11; 6,24)*

Válaszos zsoltár Zsolt 97(96),1-2.5-6.11-12

Isten királysága

Evangéliumhoz Jn 20,2-8

A tanítvány, akit „Jézus szeretett" (Jn 20,2) ugyanaz, aki az utolsó vacsorán Jézus melléhez hajolt s megkérdezte: „Uram, ki az, aki elárul?" János evangéliuma őt sosem említi a nevén, sosem azonosítja Zebedeus fiával, Jánossal. De a legkorábbi Egyház tudatában volt, hogy ugyanaz a személy. És a két apostol „versenyfutását" a Szent Sírhoz már úgy értelmezték, mint versenyt „a hivatal és a szellem", a jog és szeretet közt. Péter a hivatalos, János a szeretet-egyház képviselője. Máskor: Péter a zsidóságból kinőtt kereszténységé, János a pogányságból megtértéké, akik készségesebbek a hitre. De ez az evangéliumi szakasz mutatja, hogy ilyen szembeállítások alaptalanok. Mindkettő oly gyorsan futott, ahogy erejéből telt és mindketten csak az üres sírt látták. János „látta és hitt", de ő is, Péter is csak isteni megvilágosítás, a Jézussal való találkozás által jut a föltámadás hitére. *(20,2: Jn 13,23; 19,26; 21,7.20; 20,13 ▫ 20,6-7: Jn 11,44)*

Elmélkedés

„A tanítvány, akit az Úr szeretett", s ezért közel akarta magához Táboron éppúgy, mint az Olajfák kertjében — maga mellé ültette az utolsó vacsorán s keblén pihentette; keresztje mellé állította s anyját neki ajánlotta. S a tanítvány érzi e végtelen kegyet, szíve túlárad s hirdeti: én vagyok az, kit az Úr szeretett! Elbírja-e a pásztorleány a király szerelmét, ki koronáját osztja meg vele s trónjára ülteti; ha boldog is s büszke is, de a lelke tulajdonképpen mindig ittas a szeretettől s nem csoda, ha hajtogatja: én vagyok, kit az Úr szeretett. Nem száraz szó ez, nem elbeszélés és konstatálás, hanem pátosz, ének és boldogság. — Krisztus szeret engem; ez kincs és dicsőség. Szeretetében növekedhetem, fokozhatom azt, barátsággá szellemesíthetem; ez legnagyobb ambícióm! Finomság, szívtisztaság, barátság, hűség vezet oda.

Lelke e szeretettől lett finom; megtanult szeretni; az evangéliumot ő írta meg a szeretet jegyében. Szíve tele van, ajka beszédes, szeme éles; a mester titkait ő tudja; tudja, hogy ki árulja el; a Genezáreti tavon ő ismeri meg; a parton ő megy utána, pedig a Mester nem őt hívta, hanem Pétert. Sokáig él, hogy szeretni tanítsa az egyházat; nem vértanú, hogy a csendes, mély szeretetre utaljon, mely vérontás nélkül is egész szívet ad. Ez a mi szentünk; szerény, alázatos, hűséges, kitartó, igénytelen szeretetünk szentje. Ne álmodozzál vértanúságról; az talán csak álom; de szeress; azt kiválthatod.

Szeressük Jézust érzelemmel is. Hisz az Oltáriszentségben, pláne még a tért véve is, közel van; szőnyeges, virágos az oltára, selymes a tabernakuluma. Legyen körülötte minden tiszta, fényes, kedves.

Viseltessünk szeretetreméltóságával szemben természetes szívélyességgel; hiszen a szeretet érzelmes; vannak énekei s meleg tekintetei; vannak virágai s koszorúi. Aki mást szeret, az kellemes benyomásokat vesz tőle, mintha a tavasznak lehelete csapná meg arcát; „oleum effusum nomen tuum" [kiöntött olaj a te neved]. Jézus is akarja, hogy ragaszkodó szeretettel viseltessünk iránta, azért tetszett neki Mária kenete, s Simon farizeus ellen is azért van kifogása, mert nem volt iránta figyelmes, gyöngéd szeretettel; lábát meg nem mosta, csókot nem adott neki, haját meg nem kente.

Krisztus nem sztoikus; egyháza sem az; balzsammal keni meg kelyheit, hogy az Úrvacsora balzsamos, illatos legyen; s az Úrnapja virágos, koszorús ünnep. Ne kössük meg az emberi szívet; „diliges Dominum ex toto corde tuo"; corde, corde; szeresd az Istent a te érző szíved szeretetével. *(Prohászka: ÖM, 6:80; 101)*

†

Szent Jánoshoz

Atyától Ige ihleték,
Anyától testbe' vételék.
János hű tanúságot tőn:
az Ige vala kezdettől!

János, leginkább szeretett
minden apostolok felett,
kérvén az efézsomiak:
ád Jóhírt, s lőn a szentirat.

Szívén föltorla s kitöre
evangyél áradt özöne:
meríté azt végvacsorán
a Halni-készhez hajolván.

Keresztfán Urunk felszálla,
Anyját őnéki ajánlja,
hogy szegény tanítvány lépne
a Szent Fiú holt-helyébe...

A Szűz, ki férfit nem ismert,
de tisztaság-tudó, szentelt,
így kapja gondos vigaszát
sóvárgó élethosszon át.

Fogadta gondba szűz: Szüzet,
kit romlás, bűn nem fertezett,
Krisztus után a legfelsőt,
szolgálta védőn, szűzen Őt.

Jóságos boldog Szent János,
bűnünkre megbocsátást hozz,
hogy bilincsektől szabadon
szívünk az Úrnak szolgáljon!

Add ezt meg, boldog Háromság,
egyetlen Egység! Ezzel áldj,
hogy tiszta testben örvendvén,
éljünk Neked e földtekén.

(14. századi magyar pálos ismeretlen nyomán)

DECEMBER 28.

APRÓSZENTEK

S: Jézus Krisztusnak vére megtisztít minket minden bűntől. E: Heródes Betlehemben és annak egész környékén megöletett minden fiúgyermeket kétéves korig.

A betlehemi gyermekmészárlásról Máté számol be (2,16-18); e rémtettre Jeremiás próféta szavait alkalmazza (31,15). Már az 5. században ünnepelték a „kisdedvértanúkat" karácsony után, Areláti (Arles-i) Sz Cézárius, Sz Ágoston és más egyházatyák magasztalják őket, hogy megadatott nekik nemcsak tanúskodni, vértanúként halni Jézusért, hanem Ő helyette is halni. A vérkeresztség példáiul is emlegetik őket: hiszen Istennél bizonyosan ilyen öntudatlan áldozat sem marad jutalmatlan!

Szentleckéhez 1Jn 1,5-2,2

„Isten világossága" az a fény, amely kell nekünk, hogy emberként és keresztényül élhessünk. A teremtett fény Tőle vett hasonlat csak. Fény és élet úgy egybetartozik, mint sötétség és halál. Ez áll a fizikai életre, s még inkább a lelkire. Mióta az „igaz világosság" — Jézus — eljött, az ember — jobban mint valaha — egyértelmű döntés előtt áll: „élhet a világosságban" (1Jn 1,7), vagyis Isten kinyilatkoztatott igazságához igazodva a kegyelemben, vagy pedig maradhat sötétben, hazug életben. „Világosságban él", aki hiszi és vallja: „Jézus Krisztus eljött testben" (4,2; vö. 2,22), igazi emberré lett; aki szereti testvérét; aki tudja, bevallja, hogy bűnös (1,9). Aki elismeri bűnösségét, arra van megváltás, a fény erősebb a sötétségnél. *(1,5-10: Jn 1,9; 1Tim 6,16; Jak 1,17; Jn 3,19-21; 8,12; Iz 2,5; Róm 3,24-25; Zsid 9,14; Jel 1,5 ▫ 2,1-2: Róm 8,34; Zsid 7,25; 9,24; Kol 1,20)*

Válaszos zsoltár Zsolt 124(123),2-3.4-5.7-8

Hála a megváltásért

Evangéliumhoz Mt 2,13-18

A tisztelgés és imádás mellett a Kisded Messiás bölcsőjéhez eljön a gyűlölet és üldözés is. A „zsidók újszülött királya" nem kívánatos személy. Ahogy hall róla Heródes „megriad és vele együtt egész Jeruzsálem" (Mt 2,3). A zsidó legenda szerint a fáraó is megrémül Mózes születésén, de itt sokkal többről van szó: itt a bűnöktől Megváltó Messiás jött. A Gyermek sorsa már sejteti jövőjét: népe el fogja vetni Őt. Történelmileg a gyermekmészárlás nagyon is illik Heródesnek máskor is tanúsított jelleméhez, ahogy a forrásokból ismerjük. Legendai (talmudi) egyezések a Mózes és Jézus születése közt, például Heródes és a fáraó rémülete, csak egyirányú hatásból magyarázható: a Talmud legendája vesz át az evangéliumból; mert a legkorábbi Talmud szövegek kb. 200 évvel az evangélium után keletkeztek. *(2,15: Oz 11,1 ▫ 2,18: Jer 31,15)*

Elmélkedés

Himnusz az Aprószentekhöz

A vértanúknak szól e himnuszunk
az *aprószentek* győztén áldozunk.
Föld őket elveté, roncsolta vérbe,
de ujjongó ég fogadá keblére,
mert angyalaik Atyát színről látják —
s már kisdedek is Atyjuk fönn imádják:
Kicseng kis hangjuk fent; bűn hiusult:
Mert vértanúnknak szól e himnuszunk.

Az átkos zsarnok mind leöleté,
s Teremtő: trónra *őket* ülteté!
Őnála laknak, zaklatástól menten
fény s játszi béke közt a „Tündérkerten".
Gazdájuk Ő és Atyja mindegyiknek:
Szülői szívet s otthont nem veszítnek.
Kis vér: és menny! — jó csere kisdedé!
Mert átkos zsarnok mind leöleté.

„Rámából" sírás égre fölkiált,
jajongás, búgó, s jajt tetézi vád:
gyászolja Rákel kis gondok hiányát...
A kard elé anyák a mellük tárják.
De majd a gyászuk győzelemre fordul,
mert földi kín nem lázad égre mordul; —
de *még*: időkön, téren át kiált:
Siratja Rákel Rámában fiát...

Ne félj, te — kisded nyáj, kardot ne féld
s vadállatot, ki üldöz, ontva vért.
Az égi Pásztor békés friss mezőkre
terel, s ha vérzel, Ómaga visz ölbe'.
Sionban örök halmokon pihentet,
kisérik Bárányt hű bárányka-lelkek,
az Ötsebűt, a világváltó Vért!
Ne félj, te kisded nyáj, kardot ne féld!

Ott minden könnyet Jóság letöröl,
örök Atyánk ölel karjába föl.
Halál ott többé nem talál tirátok,
de élet, élet, nem-fogyó világok!
Kik könnyel vetnek, akik üldöztetnek,
örömmel aratnak, vén búkon nevetnek,
örök szent *Má*-ban ünnep tündököl...
Ott minden könnyet Jóság letöröl...

Hű kicsi Város mind e föld fölött,
boldog! mert hozzád jött le Újszülött.
Áldást ad első sok kis mártírjára,
kik ősre-*vérre* testvér-hős virága...
Ne mondjon mától senki „aprószentet"
se „kis várost", mert Istenig fölmentek!
Tiéd, s tiétek Ő, az Újszülött,
Kicsik, s hű Város mind e föld fölött!

(Sz Béda himnusza, mai versformába fordítva)

†

„Akkor Heródes látván, hogy kijátszatott, megöleti mind a gyermekeket, kik Betlehemben és környékén valának" (Mt 2,16).

A ragyogó gyermekarcra Betlehemben szenvedő kis arcok, véres fejecskék, a glóriás himnuszra anyák siralma emlékeztet. Heródes dühöngött s a kisdedek elvéreztek; de elvéreztek Krisztusért, Krisztus helyett. Nagy dicsőség! Ha fölfoghatnánk egy csapást is, melyet Krisztusra mér szentségtörő kar, mily boldogság az a kékség, az a seb; hátha még a halálthozó csapást fogtuk volna föl! Krisztus helyett szenvedni dicsőség. Az életnek nagyobb hivatása nem lehet, mint Istennel összeforrni hősi szeretetben. Rajta tehát, lelkendezzünk Krisztus helyett szenvedni, csapásait fölfogni... Krisztusért, nevéért áldozatot hozni! De a seb fáj s a könny keserű, s az ember érzi és nyögi. — Az Isten nem akarja, hogy ne érezzük; hisz az nem függ tőlünk; nem akarja, hogy meg ne rendüljünk; nem akarja, hogy a szomorúság árnya soha se lebbenjen el fölöttünk. Nem, nem; mi emberek vagyunk; szívünk dobban, idegeink reszketnek; de akaratunk hű. Ez elég; aztán megint mosolyogni iparkodunk.

S ki préseli e gyermekszívekből a vért? Heródes, vagyis a szenvedély, a bűn; vér csurog karmai közt... De mily különbség van a szenvedély áldozatai közt; lelket ölhet vagy vértanúkat avathat; degradált, prostituált lelkek vagy szentek lehetnek a szenvedély áldozatai. Minden attól függ, hogy ki milyen lelket állít ki a szenvedélylyel szemben. Én is lélekkel kezelem majd szenvedélyeimet. Nem bízom magamat ösztöneimre; állatnyomokon járnak. Mindig készen állok harcolni nemtelen érzéseim ellen, mert (így) mindig győzök, akkor is, ha küzdelmeimben tönkremennék. *(Prohászka: ÖM, 6:104; 131)*

DECEMBER 31.

SZILVESZTERI ESTI HÁLAADÁS

S: Antikrisztusok támadnak közülünk, kik nem tartoznak közénk. Minket a Szentlélek vezet. E: Az Ige megtestesült, és köztünk élt.

Mi keresztények az idő és az örökkévalóság gyermekei vagyunk; az időben élünk ugyan, de mégis az idő fölé emelkedünk. Mióta az Úr Jézus a keresztség szentségében megadta nekünk az istenfiúság örök életét, miénk határozott ígérete, hogy nem fogjuk megízlelni a halált. Ezért mi keresztények nem csüngünk az időn, számunkra ez az időbeli lét csak út a végcél felé, csupán eszköz az örökkévalóság elnyeréséhez. Sz Pál gyönyörűen mondja: „Az én életem Krisztus, a halál nekem nyereség" (életének tartalma már itt e földön Krisztus, s ezért a halál nem jelent számára veszteséget, sőt nagy nyereség, mert tökéletesen egyesít Krisztussal).

Az igazi kereszténynek, aki az Egyházzal él, az Úr Krisztus utáni honvággyal kell járnia e földi élet útjait, s nem szabad, hogy elbódítsák e világ látszatjavai. Tudatosan helyezkedjünk szembe a világgal, a mai világgal, amely világosan mutatja, milyen tiszavirágszerű az életünk. Ez a túlságosan a személyiségre, önmagunkra beállított kisszerű, szatócskodó, a földi dolgokhoz tapadó élet, ez a kufár számvetés pénzzel és anyagi javakkal, mindez az időhöz tartozik, s azért el is kell múlnia.

Hagyjátok hát, ami időbeli, és rejtőzzetek el az Egyház örökkévalóságába, vegyétek magatokra a liturgia örökkévalóságát. „Minden földi dolog elmúlik, de Te, Uram, mindig ugyanaz maradsz, mind megavulnak, mint a ruha, és mint az öltözetet elváltoztatod őket, és elváltoznak, Te pedig ugyanaz vagy, és éveid el nem fogynak!" Éljük tehát már itt a földön az örökkévalóság életét! Ez nem azt jelenti, hogy megvessük az időt; ellenkezőleg, amennyiben ez eszköz az örökkévalóságra, föl is kell használnunk, mert „eljön az éj, amikor már senki sem munkálkodhatik". Ha az idő út a mi célunk felé, járnunk kell rajta. Ezért használjátok jól fel az időt, vagy, mint Sz Pál mondja: vegyétek meg, váltsátok meg az időt. *(Parsch Pius: Üdvösség éve, 1:266)*

Szentleckéhez 1Jn 2,18-21

Az antikrisztus megjelölést a Krisztussal szembehelyezkedő katonai és politikai hatalmasságra értik. Jézus „hamis prófétának", Sz Pál a „bűn emberének", a „kárhozat fiának" nevezi őt. Sz János itt igen erős megbélyegzéssel azokra alkalmazza, akik különféle eretnek tanokkal elhagyták a krisztusi közösséget, s így kiváltak Krisztus Testéből. A közösség összetartozása Lélek és Igazság szerint ingatag lábon állt abban a kritikus időben. A különféle elszakadási kísérletek megosztották, meggyengítették az akkor éledő keresztény közösségeket, pedig erős, összetartó szeretetre lett volna szükségük. A hűek legyenek erősek a Szentlélekben, aki biztosítja, hogy a közösség az Igazság útján jár.

Az „utolsó óra” nem azt jelenti, hogy Jézus második eljövetele a közeljövőben történik, hanem hogy Jézus megváltásával az emberiség történetének végső, döntő korszaka már elkezdődött (annak viszont egyik jele az antikrisztusok megjelenése). *(2,18: Mt 24,5.24; 2Tesz 2,3; 2Jn 7; ApCsel 20,29 □ 2,19: ApCsel 20,30 □ 2,20: 2Kor 1,21; Jn 14,26)*

Válaszos zsoltár Zsolt 96(95),1-2.11-12.13

Ujjongás Isten dicsőségén

Evangéliumhoz Jn 1,1-18

Lásd karácsonyi ünnepi mise, 39. oldal.

A világnak sok csábító fénye villódzik körülöttünk, de csak a *Fény* képes szívünk-lelkünk sötétségét fénnyé varázsolni.

Elmélkedés (A év)

A legnemesebb imádság a hála imája

Van ima, mely a szív ösztönéből fakad, melyet végre is valamiféle önzés sugall. Roppant természetes, még ha természetfölötti is; érdek-ima. Nem dobunk rá követ. Az ember gyönge, tehát imádkozik, jól teszi; gyönge s belátja, hogy rászorul az Úrra; kér kegyelmet, liheg a lelke; hite is rászorítja: „nélkülem semmit sem tehettek”, s jóllehet az Isten folyton ad, mégis akarja, hogy kérjük. S a kérés vájja a kegyelmek árkát. — A veszedelem is késztet imádkozni, hiszen a pokol örvénye fölött vezet az út, s a halál leselkedik ránk. „Uram, ments meg, mert elveszünk!” kiáltották az apostolok, a nélkül, hogy előbb mondták volna „Uram, taníts meg imádkozni”; tudtak imádkozni, mert veszedelemben forogtak. Én is tudok imádkozni, ha nyomorúságom s szükségleteim öntudatára ébredek; az öntudatlan nem imádkozik, a kő, az állat, a bamba ember.

Van ima, melyet nem érdek, nem haszon, hanem szeretet sugall, szeretet Isten, lélek, jegyes, gyermek, jó barát iránt. Így kiált Sámuel az Úrhoz, mert szeret; így az apostol a lelkekért, az anya a gyermekért. Kiérzik az imákból a szeretet, de az is, hogy még mindig keresnek, akarnak valamit; magukat még csak felejtenék, de azokat, kiknek üdvét szívükön hordozzák, el nem felejthetik. Mintha azt mondanák: „Ah Uram, lelkemet adom értük, de mentsd meg lelküket! Szeretem őket, azért szenvedek!” Szent, nemes imádság ez, de ez is keres valamit.

De van végre ima, hol nem akarunk, nem keresünk semmit — hol csak elismerünk, csak adunk; hol az önzetlen lelkiség úgy árad szívünkből, mint az illat az éjjel nyiladozó virágból; hol lelkét, köszönetét, szeretetét leheli ki a szív. Ez akkor van, amikor hálát ad: Gratias agimus Tibi! Confitemini Domino, quoniam bonus. [Hálát adunk Neked! Magasztaljátok az Urat, mert jóságos!] A hála igaz szeretet. Ha kérdezed: mit kívánsz? feleli: semmit! Ha kérdezed: mit csinálsz? feleli: szeretek. Szeretem az Urat! Jó ő, jó, örökké jó, s kiárasztotta jóságát; akarta, hogy meleg legyen a világon — meleg, s hogy érezzék melegét! Akarta, hogy érezzék, hogy tőle van minden: az élet, az ébredés, az erő, a mély világ bennünk s a nagy világ körülöttünk, mely arra való, hogy lelkünket színezze, hangolja, alakítsa, gazdagítsa, szépítse, emelje... tőle van ez mind, tőle, a szerető Istentől. S mennyit tesz értünk! virraszt, dolgozik, segít, éltet, mindezt értem! Ah igen, a hála édes érzetével megkoszorúzza irgalmait bennem! Gratias, Deo gratias! S boldogítani akar örök élettel s bevezetni magához, hol többé nem kell már küzdenem s kérnem, mert lesz mindenem; de hálát adnom ott is örökké kell; a hálátadó imádás ez, a mennyország Istentisztelete; a hála a boldogult lelkek imája, s nem vagyok-e én is boldogabb, ha szívből-lélekből imádva-áldva hálát adni tudok! Ó igen, hála, hála az Úrnak. *(Prohászka: ÖM, 6:81; 102)*

Elmélkedés (B év)

Hála Isten jótéteményeiért az év végén

Nyisd meg, Uram, szívemet törvényed előtt, és taníts meg engem parancsaid szerint járni. — Add, hogy megértsem akaratodat, és nagy tisztelettel és figyelmes meggondolással emlékezzem jótéteményeidről általában és külön, hogy neked ezekért méltó hálát adhassak. — De tudom és megvallom, hogy a legkisebb jóért sem róhatom le a méltó hála és tisztelet adóját. — Érdemetlen vagyok minden jóra, amit velem cselekedtél; és ha szent Fölségedet tekintem, végtelen dicső voltán elalél az én lelkem. — Minden, amink van lelkünkben, testünkben, amit kívül vagy belül, természetes és természetfölötti módon bírunk, mind a te ajándékod, mind a te adományod, kegyes jóvoltodat hirdeti, akitől minden jót vettünk. Noha egyik többet, másik kevesebbet nyert, mégis mind a te ajándékod és nélküled a legparányibb jóban sem lehet részünk. — Aki többet kapott, nem dicsekedhetik érdemével, mások fölé nem helyezheti magát, sem kevélyen le nem nézheti a csekélyebbet; mert Isten előtt az a nagyobb és jobb, aki magának kevesebbet tulajdonít, a hálaadásban pedig alázatosabb és buzgóbb. — És aki mindenkinél gyarlóbbnak és méltatlanabbnak tartja magát, alkalmasabb nagyobb ajándékok elfogadására. — Aki pedig kevesebbet kapott, ne búsuljon, ne nehezteljen, se ne irigykedjék a gazdagabbra. — Hanem inkább tereád figyeljen és minden fölött a te jóvoltodat magasztalja, hogy oly bőségesen, ingyen és kegyesen, személyválogatás nélkül osztogatod ajándékaidat. — Minden tőled van, Uram, azért méltó, hogy mindenki mindenben téged dicsérjen. — Te tudod, kinek milyen ajándék hasznos; s hogy miért jutott ennek kevesebb, amannak több; ezt vizsgálni nem a mi dolgunk, hanem a tied, aki ismered kinek-kinek érdemeit. — Azért, Uram Istenem, nagy jótéteménynek tartom azt is, ha valaki nem sokkal bír, amiből külsőképpen és az emberek előtt dicséret és dicsőség háramlik reá. — Azért, ha valaki szegénységét vagy alacsony voltát meggondolja, e miatt nemcsak nem neheztel, nem szomorkodik, el nem csügged, hanem inkább vigasztalódik és örvendez. — Mert, te Úristen, a szegényeket, alázatosakat és a világtól megvetetteket választottad meghitt barátaiddá és házad lakóivá. Bizonyosságok erre apostolaid, kiket az „egész földkerekség fejedelmévé tettél" (Zsolt 44,17). — Azért aki téged szeret és jótéteményeidet elismeri, semminek sem örvendez annyira, mint a te akaratodnak és örök végzésed tetszésének. *(Kempis: KK, 3:22)*

†

Általános könyörgés

Óh Krisztus, szent Urunk! szilárdítsd *Egyházad* alapjait: — A szívek *egyiránya* mély gyökeret verjen! — A szentség útján vezesd lábaink'! — Papságot gazdagíts meg minden kegyelemben, — szerzetest okítsad állhatatossá, — tisztaságot tündököltess szüzeinken! — A házasoknak jámbor és hű életet, — a bűnbánóknak add könyörületed', — ne késsél gazdagokba jószívet ültetni! — Alantast tégy tűrő szelíddé! — A szegény népnek nyújts segélykezet, — az elaggottat erősítsd meg! — A megtérőket neveld szent igén! — Az Egyházban forrassz be szakadást, — hitetlenséget igazhitre térítsed, — eretnek hadat gőgjében alázd! — A tieid közé minket sorozzál! — Emlékezz, én Uram, ínséges voltomról, — bocsásd meg vétkeim, — hogy ahol bűn tombol, — gonoszság hol eláradott, kegyelmed túláradjon ott! — S ne vondd el híveidtől Szentlelked malasztját! — Irgalmazz minekünk, Megváltó Istenünk! — Irgalmazz minekünk, Megváltó Istenünk! — Irgalmazz minekünk, Megváltó Istenünk! — Adj híveidnek *egyirányú hű szívet! (Naziánzi Sz Gergely)*

Elmélkedés (C év)

Hálaadás

Mennyei szent Atyánk! Kinek végtelen kegyességéből ez évet eltöltöttük, hálát adunk Neked mindazon kegyelemért, mellyel isteni gondviselésed a lefolyt évben elárasztott; egyszersmind irgalmadban bízva alázatosan kérünk: legyen velünk szent malasztod jövőre is, hogy életünk hátralevő idejét a te dicsőségedre, embertársaink javára és lelkünk üdvösségére fordítsuk s így e rövid élet célját: a boldog örök életet tőled elnyerhessük.

Szent Fiad, a mi Urunk Jézus Krisztus által. Amen

†

Számvétel

Mindeneknek mindenható Teremtője, óh nagy Isten, néhány pillanat múlva vége lesz ismét egy esztendőnek. Kegyes Isten! időnek és örökkévalóságnak Ura! Számot adunk Neked, mire fordítottuk az esztendőt, melynek végét ezer meg ezer embertársunk el nem érte. Rettegünk e számadástól és belsőképp érezvén, hogy ismételten vétkeztünk, előre bocsánatért esedezünk.

Óh de kevés oly napja volt az esztendőnek, mely majd halálos ágyunkon megnyugtató visszaemlékezést fog bennünk gerjeszteni! Ellenben mily számtalan nap fog minket vádolni Előtted, rettenetes igaz Bíró! — hogy azokat a világ hiúságaiban töltvén elvesztettük, és szent parancsaid megszegésével megbántásodra, lelkünk kárára s felebarátaink sérelmére fordítottuk. Pirulva kell megvallanunk, hogy érdemetlenebbek voltunk ez éven át kezeidből vett ajándékaidra, mint más számtalanok, kiket ez évben a sír elnyelt.

És mégis nagyobb volt a te türelmed, mint a mi hálátlanságunk. Élni hagytál, noha meg nem érdemeltük. Kegyelmeidet nyújtottad, ámbár azokkal visszaéltünk. Irgalmas Úristen! mit mondjunk mi, gyümölcstelen fák, kiket kertedben mai napig megszenvedtél? Elismerjük, hogy azok a javak, melyekben ez éven át részesültünk, mind a te ajándékid s jóvoltodból szállottak ránk. Te, mint legjobb Atya, szüntelen gondunkat viselted; Te őrizted életünket, egészségünket, jólétünket. Te adtad mindennapi kenyerünket; Te adtál kegyelmet; Te világosítottad meg elménket, gyullasztottad fel szívünket, hogy Téged megismerjünk, Benned higgyünk, Benned bízzunk, Téged szeressünk. Te adtál kegyelmet, hogy a bűnt távoztassuk, hogy elkövetett bűneinkből Hozzád visszatérhessünk.

Szent Fiad, a mi kegyes közbenjárónk, sokszor emelte föl Előtted kezeit, hogy vétkeinkért ne büntess, sokszor esdeklett bűneink bocsánatáért az ő szentséges vére, többször nyertük meg fölszentelt szolgád, a lelkiatya által bűneink bocsánatát, mivel azt ígértük, hogy életünket megjobbítjuk. Elismerjük, Uram, hogy mindaz a szerencsétlenség és veszedelem, melyektől megmenekedtünk, a tűz, víz, jég és egyéb károk, a te atyai kegyes gondviselésed által fordíttattak el tőlünk.

És mi ennyi jótéteményedet hálátlansággal viszonoztuk; mi állhatatlan teremtmények számtalanszor tett fogadásunkról számtalanszor elfeledkeztünk; azok maradtunk, akik voltunk, vagy éppen rosszabbakká lettünk, és csak nagy irgalmasságod őrzött minket, hogy bűneinkben el nem vesztünk.

Óh Uram! ne szállj velünk ítéletre, mert ha gonoszságainkat tekinted Uram, Uram! ki állhat meg előtted? Töredelmesen bánkódó szívvel folyamodunk irgalmasságodhoz: töröld el számtalan vétkünket az ártatlan Bárány vérével, mely a kereszt oltárán az egész emberi nemért kiontatott. Úristen! könyörülj rajtunk! Íme örömest kívánunk veled megbékülni, készek vagyunk veled új szövetségre lépni s az új évben új életet élni jámborságban.

De mégis mit adjunk viszont Neked, óh nagy Isten! azokért a különféle jótéteményekért, melyekben a lenyugvó esztendőn át a te kegyelmedből részt vettünk! Óh vajha most, midőn előtted térdelünk, keresztüljárná lelkünket irántunk való isteni szeretetednek egész nagysága, és szívünk örökös háladatossággal telnék meg! De mivel ezen hálaérzést is egyedül atyai kezed adományából várhatjuk: Íme szent oltárodhoz futottunk, hol a te szent Fiad, a mi Urunk Jézus Krisztus jelen van a kenyér színe alatt, hogy szívünket, lelkünket és mindenünket szent oltárodra tévén, neked, mint jótevő Atyánknak, Urunknak és Istenünknek hálaáldozatul fölajánljuk!

Leborulva Téged imádjunk, dicsérjünk, magasztaljunk és esdekelve kérjünk, ne vond el tőlünk, méltatlanoktól, óh ne vond el szent kegyelmedet, hanem segíts, hogyha eddig az üdvösség napjait elvesztegettük, legalább végéhez közeledő életünk hátralevő részét üdvösségesen tölthessük el, e szempillanattól fogva neked mindenkor híven szolgáljunk s ez élet után hozzád juthassunk. A mi Urunk Jézus Krisztus által. Amen. *(Tárkányi Béla: Vezércsillag, 225)*

†

Köz-imádság (köznyomorban!)

Irgalmazz, én jó Uram! barátaim — rokonaim, jótevőim, társaim — lelkinek s mind, akik esdnek énértem! — S akik kérték: rájuk áldásod' kérjem! — Mindnyájunknak add jó bánat gyümölcsét. — Megtört lelket kegyelmeid eltöltsék! — Hiba múljon, s kiviruljon az erény, — Tetszésedre virágozzék szív kertjén! — Úgy éljen mind: rajtuk kedved találjad: — S forgolódván földön mind jó példának! — Irgalmadba végy püspököt, fejedelmet, — kormányzót mind, urat-népet védjed meg! — Szűz Mária! imádj értünk, hű Anyánk! — Minden szentek! esdjétek ég irgalmát! — Irgalmazz, nagy Istenünk, megholtaknak! — volt jóltevők, s minden lélek nyugalmat — Benned lásson! S hol imával tartozom: — fizess értem, Te törlessz! Irgalmazóm! — Bűntől oldozd híveidet! Békét hozz! — Szentjeid közt juttass végső hajlékhoz! — Szentséges Szűz, imádj értünk, s mindenért! — Isten minden szentje, Urunk' kérve kérd! Amen. *(Damiáni Sz Péter ritmikus prózájából)*

TANÁCSOK, MEGJEGYZÉSEK A KÖNYV HASZNÁLATÁHOZ

Hogyan olvassuk a könyvet?

A könyvet mind a szentmisére való felkészülésben, mind az utána való elmélkedésben használhatjuk. Olvasás közben feltétlenül szükségünk van az ó- és újszövetségi Szentírásra, mert a könyv helyszűke miatt nem tartalmazza a szentmisék kijelölt szentírási olvasmányait. Feltételezhetően minden keresztény család könyvespolcán ott a Szentírás, a könyvek könyve!

A könyv olvasásának ajánlott lépései a következők:

1. Mivel a könyv követi a vasár- és ünnepnapokat, először tudnunk kell a szóbanforgó liturgikus év típusát (A, B vagy C) és a vasár- vagy ünnepnap nevét. A második függelék öröknaptára (784. oldal) segít ezek meghatározásában.
2. Minden vasár- és ünnepnap címét a szentmise tanításának rövid, címszavas összefoglalása követi. Olvassuk ezt, ha gyors tájékozódásra van szükségünk. Az apró, dőlt betűs szedésben az **1:** az első olvasmányt (Húsvétkor **1-7**), **S:** a szentleckét és **E:** az evangéliumot jelenti. A két utóbbit megszámozzuk, ha a liturgia választást engedélyez, például Húsvétvasárnap két szentlecke: **S1, S2** közül választhatunk.
3. A bevezetés indító gondolatokat nyújt (vagy éppen provokál) a szentmise tanításával kapcsolatosan, vagy az ünnep történetét, hátterét magyarázza.
4. Ezután a szentmise olvasmányainak kommentárja következik. Ezek az ünnep olvasmányaihoz fűzött magyarázatok, gondolatok, amik segítik a szentírási szöveg megértését. A könyv nem tartalmazza az olvasmányok szövegét, de a magyarázatok címsorában *(Első olvasmányhoz, Szentleckéhez, Evangéliumhoz)* megtaláljuk a kijelölt szentírási szakasz helyét. Először keressük meg a Szentírásban a kijelölt részt, olvassuk el, s csak azután térjünk rá a könyvben adott magyarázatra!
5. A magyarázatok végén zárójelben található utalások elirányítanak a Szentírás más részeihez, melyek szorosan fűződnek az aktuális szakaszhoz. Ha időnk megengedi, ezeknek a kapcsolódó részeknek az áttanulmányozása nagyban elmélyítheti a liturgia tanításának megértését. A Szentírás használata természetesen itt is nélkülözhetetlen.
6. A könyv legértékesebb, leggazdagabb részét az *Elmélkedés* szemelvényei alkotják. Ezek bőséges válogatást adnak az egyetemes és a magyar lelki irodalom írásaiból, tanításaiból: sokszor több prédikációt is, szemelvényt, esetleg rövid, jelmondatszerű idézetet. Az itt olvasott gondolatokat őrizzük meg és vigyük magunkkal az elkövetkezendő napokra, illetve hétre és azok szellemében próbál-

junk élni. Szentírás nélkül, pusztán az *Elmélkedés* szemelvényeinek olvasása és tanulmányozása is hasznos és élvezetes, de a könyvet rendeltetésszerűen csak a Szentírással együtt lehet használni.

7. A könyv használhatóságát nagy mértékben segítik a függelékekben található különféle naptárak, táblázatok, mutatók. A 14. függelék tárgymutatóját például felhasználhatjuk olyan azonos témájú szemelvények kikereséséhez, melyek elszórtan, különböző ünnepek fejezeteiben találhatók.

A szentírási olvasmányok, hivatkozások megadása

Mivel a Szentírás könyvekre, azon belül fejezetekre, a fejezeteken belül pedig versekre tagolódik, egy szentírási szakaszt e háromnak a fenti sorrendben történő meghatározásával adunk meg. A könyv neve és a fejezet között szóközt hagyunk, a fejezet és vers között pedig vesszőt használunk. A folyamatos verseket az első és utolsó versszám (rövid) kötőjeles megadásával határozzuk meg. Ha egy vers kihagyással követi az előzőt, akkor vagy pontot teszünk eléje (ha ugyanabban a fejezetben van, mint az előző vers), vagy pontos vesszővel kezdve kiírjuk a fejezet- és versszámot (ha egy másik fejezetben van).

Például Pünkösdhétfőn az evangélium **Jn 15,26-27;16,1-3.12-15**. Ez a rész János evangéliumának 15. fejezetének 26—27. verse és a 16. fejezet 1—3. és 12—15. verse. Egy másik példa az A év virágvasárnapi passiója: **Mt 26,14-27,66**. Ez a Máté evangélium 26. fejezetének 14. versétől egészen a 27. fejezet 66. verséig terjedő szakaszt jelenti.

A szentírási könyvek rövidítésének jegyzéke a negyedik függelékben (804. oldal) található. A mai rövidítésektől csak egy helyen tértünk el: megtartottuk Mózes öt könyvének hagyományos jelölését (1Mz=Teremtés, 2Mz=Kivonulás, stb.).

A versszámhoz csatlakozó alfabetikus végződést (a,b,c) — ami a versek részleteit azonosítja — az egyszerűség kedvéért elhagytuk.

Az olvasmányok hosszabb és rövidebb változata

Sok esetben a liturgia a kijelölt olvasmány rövidebb változatát is használhatja. Ebben az esetben a könyv megadja a hosszabb szakaszt, majd a *vagy* szót követve a rövidebbet is.

Például a karácsonyi ünnepi mise evangéliuma **Jn 1,1-18 vagy Jn 1,1-5.9-14**. Ez azt jelenti, hogy a Jn 1,1-18 hosszabb szakasz helyett az áldozatot bemutató pap választhatja a rövidebb: Jn 1,1-5.9-14 változatot is.

Hivatkozások a magyarázatok végén

A magyarázatok után zárójelben, apró, dőlt betűvel a Szentírás más helyeire találunk utalásokat. Ezek olvasásával jobban megértjük a Szentírás tanításának egységét és az aktuális olvasmány viszonyát más szentírási helyekhez. Az utalások bizonyos egységekből állnak, melyeket a ▫ jel választ el egymástól. Minden ilyen egység először a szóbanforgó olvasmány egy részét jelöli ki (a könyv neve nélkül), majd az azt követő kettőspont után az ahhoz kapcsolódó szentírási helyeket adja meg pontosvesszővel elválasztva.

Például az A év első adventi vasárnapjának szentleckéje Róm 13,11-14 és a magyarázatot követő hivatkozások:

(13,11-12: 2Kor 6,2; Ef 5,8-16; 6,12-20 ▫ 13,13-14: Róm 12,2; Gal 3,27).

Ez azt jelenti, hogy a Róm 13,11-12 vershez a könyv javasolja a 2Kor 6,2, Ef 5,8-16 és Ef 6,12-20 részek áttanulmányozását és a Róm 13,13-14 vershez a Róm 12,2 és Gal 3,27 szentírási szakaszok elolvasását.

A válaszos zsoltár megadásának formája

A versek felsorolásában az egyes részeket — melyek után a hívők együtt mondják a választ — pont választja el. A zárójelben megadott második szám a zsoltár Vulgata szerinti számozását jelenti.

Például a karácsonyi vigíliai mise zsoltár szövegei: **Zsolt 89(88),4-5.16-17.27 és 29.** A felolvasó tehát a 89. zsoltár 4. és 5. versét olvassa először, mire a hívek együtt mondják a felolvasó által megadott választ, majd a 16—17. versek következnek, szintén a hívek válaszával, végül pedig a felolvasó a 27. és 29. verset olvassa fel, kihagyva a 28. verset.

Helyesírás, idézés, tipográfiai sajátosságok

A könyv szemelvényei számos szerzőtől, különféle korokból származnak. Ahol kellett — és lehetett —, ott a mai helyesírási gyakorlatnak megfelelően változtattunk az eredeti szövegen, hogy egységes, könnyen olvasható legyen. Több helyen azonban, ahol az az érthetőséget nem befolyásolta, megtartottuk az eredeti írásmódot (lásd például *jóbarát* és *jó barát, Oltáriszentség* és *Oltári Szentség;* vagy az Istenre, Krisztusra és Szentlélekre vonatkozó névmás, valamint a különböző ünnepek nevének *kis* és *nagy betűs* változata).

Egységesre alakítottuk a szemelvények szentírási hivatkozásait, de magát a szentírási idézetet megtartottuk az eredeti, klasszikus fordításban, úgy ahogy a szemelvény idézi.

Az olvasást megkönnyítendő, a könyv nem jelzi külön a rövidített, tömörített szemelvények kihagyott részeit.

A keresztnév előtti „*Sz*" (Szent) jelölésben magángyakorlatot követtünk (tehát például Sz István = Szt. István = Szent István).

Ha egy ünnep liturgiája azonos mindhárom évben, akkor az az ünnep csak az *A* évben szerepel és azt a címében szereplő *(A,B,C)* jelöli.

Az *Elmélkedések* szemelvényeit † választja el egymástól.

A vasár- és ünnepnapra vontakozó *év nélküli* utalás mindig arra a liturgikus évre vontakozik, ahol az utalás áll.

A [ ] zárójelben szereplő szöveg mindig a fordító magyarázata, megjegyzése.

Idegennyelvű idézet

A sok helyütt használt idegennyelvű (főleg latin) kifejezéseket, idézeteket a könyv mindig megadja magyar fordításban is, [ ] zárójelek között — hacsak az nem egyértelmű már a szemelvény eredeti szövegéből.

A liturgikus öröknaptár használata

A liturgikus öröknaptár (784—791. oldal) nyolcvan év (1995—2074) minden vasár- és ünnepnapját tartalmazza. Segítségével meghatározhatjuk, hogy egy adott napon milyen ünnepet ünneplünk, és megfordítva: milyen napra esik egy adott ünnep. Az 784. oldalon levő táblázatban leovassuk a kívánt naptári évhez tartozó évkódot (1—50) és a vasárnapok betűjét (A,B,C), a következő oldalakon (785—791.) levő táblázatokban pedig megkeressük az évkódnak megfelelő oszlopot és a dátum (hónap/nap) alapján megtaláljuk az ünnep nevét, mellette pedig a vasárnapok betűje szerint az oldalszámot.

Milyen ünnepet ülünk például 2000. május 14-én (5/14)? A 2000. év 'B' év, évkódja 6 (l. 784. oldal), és a 6-os oszlopban a 5/14-es dátumhoz Húsvét 4. vasárnapja tartozik (l. 785. oldal). Az ünnephez tartazó fejezet a 322. oldalon kezdődik.

Másik példa: milyen ünnep 2001. augusztus 5.? A 2001. év 'C' év, évkódja 7. A 7-es oszlopban 8/5-höz az évközi 18. vasárnap tartozik. A vasárnap szövege a könyv 551. oldalán kezdődik.

A vasár- és ünnepnapok a polgári naptárt követik, nem a liturgikusat, kivéve az évközi vasárnapokat, amelyek a lista végén együtt állnak. Mivel az egyházi év Adventtel kezdődik, vigyáznunk kell az Advent vasárnapjaival és a karácsonyi ünnepkör decemberi ünnepeivel, amelyek a naptári év végére esnek, de már a következő egyházi évhez tartoznak. Ebben az esetben a liturgikus év típusát a következő év alapján határozzuk meg.

Milyen ünnep például 2000. december 10., és hol találjuk a hozzá tartozó szöveget? A 2000. év kódja 6 (l. 784. oldal), így a 6-os oszlop 12/10-es dátuma Advent 2. vasárnapját adja (l. 785. oldal). Igaz ugyan, hogy a 2000. év liturgikus típusa 'B', de mivel Advent már a következő egyházi évhez (2001.) tartozik, a 'C' év szövegét kell követnünk a 445. oldalon kezdődően.

Az öröknaptár Vízkereszt és Karácsony kivételével — hely hiányában — nem tartalmazza a könnyen meghatározható mozgó ünnepeket (Nagyhét ünnepnapjai, Húsvéthétfő, Pünkösdhétfő) és a rögzített napra eső ünnepeket (szentek ünnepei).

Az öröknaptár Vízkeresztet (január 6.), Áldozócsütörtököt (Húsvét 6. vasárnapja utáni csütörtök) és Úrnapját (Pünkösd utáni második csütörtök) eredeti napjukra teszi, de a helyi egyházmegyei döntéstől függően az eredeti nap helyett ezek a legközelebbi vasárnap is megünnepelhetők.

Az öröknaptárban két vasárnap: Pünkösd és Szentháromság vasárnapja külön, a húsvéti ünnepkörben és évközi vasárnapként is szerepel. Ezek az évközi vasárnapok (a naptárban csillaggal jelöltek) csak a hétköznapi olvasmányok esetén használatosak (lásd az itt következő részben).

A hétköznapi olvasmányok

A könyv csak a vasár- és ünnepnapokat dolgozza fel, de a 6. függelék megadja mindkét évre (I. és II.) a hétköznapi olvasmányok listáját is. Hétköznapokon az evangélium előtt csak egy olvasmány van. A függelék heti bontásban adja meg az olvasmányokat, kivéve a december 17-től az első évközi vasárnapig terjedő időt (az itt hiányzó napok: december 25—28., január 1. és január 6. külön ünnepként megtalálhatók a könyvben). A megfelelő hetet mindig a szóbanforgó hétköznapokat közvetlenül megelőző vasárnap szabja meg, amit a 2. függelék öröknaptárával határozhatunk meg (az évközi első vasárnap Urunk megkeresztelkedésének vasárnapja).

Például melyek 2000. június 14. (6/14) olvasmányai? A hétköznapokat tekintve a 2000. év II-es típusú, évkódja 6 (l. 784. oldal), és a 6-os oszlopban a 6/14-es dátumhoz 6/11 az őt közvetlenül megelőző vasárnap (l. 785. oldal), ami az évközi 10. vasárnapnak felel meg. Így a 6. függelék 10. évközi hetéhez tartozó sorából (l. 816. oldal) szerdánál megkapjuk a nap két olvasmányát: 1Kir 18,20-39 és Mt 5,17-19 (2000. június 14. szerda, mert június 11. az előbbiek szerint vasárnap volt).

Ha egy hétköznapra ünnep esik, akkor a liturgia annak az olvasmányait követi. Például Urunk színeváltozása ünnepén, augusztus 6-án.

Miseszöveg

A 10. függelék tartalmazza a liturgiai reform által elfogadott új miseszöveget magyar és latin nyelven. A reform értelmében a mise bármilyen nyelven bemutatható, beleértve a latint is, tehát a pap követheti az *új latin szöveget* is. (Nem szabad ezt összetéveszteni a régi — az úgynevezett tridenti — mise szövegének a használatával, amit egyébként II. János Pál pápa 1984-ben engedélyezett az egymázmegyéknek az 1962-es *Római misekönyv* szövegének alapján.)

A Húsvét napjának meghatározása

Húsvét mozgó ünnep, minden évben a tavaszi napéjegyenlőség (március 21. körül) utáni első holdtöltét követő vasárnapra esik. Napjának meghatározása lehetetlen bizonyos csillagászati adatok nélkül. Az alábbi három táblázat segítségével viszont 1600 és 2999 között minden év Húsvétját meghatározhatjuk. A dátumot három lépésben kapjuk meg, amit 2001. Húsvétjának meghatározásával mutatunk be:

1. Elosztjuk az évet 19-cel és vesszük a maradékot. 2001 esetén a maradék 6, mert 2001 = 19 * 105 + **6**. Az ezen az oldalon levő első táblázatban megkeressük a maradéknak megfelelő sor és az év százasainak: **2000** megfelelő oszlop találkozásában levő dátumot: **4/8** (április 8.). Húsvétvasárnap az ez utáni első vasárnap, amit a következő két lépés határoz meg.
2. Először megkeresünk egy kódszámot a következő oldal tetején levő táblázatban az év százasainak megfelelő sor: **2000** és az év utolsó két jegyének megfelelő oszlop: **01** kereszteződésében: **2.**
3. Végül a következő oldal második táblázata megadja a Húsvétvasárnap dátumát az első lépésben kapott dátumnak megfelelő sor (4/8) és a második lépésben kapott kódszámnak (2) megfelelő oszlop kereszteződésében: **4/15**, vagyis április 15.

Az évszám 19-cel való osztásának maradéka	Az év százasa (első két jegye)						
	1600	1700 1800	1900 2000 2100	2200 2400	2300 2500	2600 2700 2800	2900
0	4/12	4/13	4/14	4/15	4/16	4/17	4/18
1	4/1	4/2	4/3	4/4	4/5	4/6	4/7
2	3/21	3/22	3/23	3/24	3/25	3/26	3/27
3	4/9	4/10	4/11	4/12	4/13	4/14	4/15
4	3/29	3/30	3/31	4/1	4/2	4/3	4/4
5	4/17	4/18	4/18	3/21	3/22	3/23	3/24
6	4/6	4/7	4/8	4/9	4/10	4/11	4/12
7	3/26	3/27	3/28	3/29	3/30	3/31	4/1
8	4/14	4/15	4/16	4/17	4/18	4/18	3/21
9	4/3	4/4	4/5	4/6	4/7	4/8	4/9
10	3/23	3/24	3/25	3/26	3/27	3/28	3/29
11	4/11	4/12	4/13	4/14	4/15	4/16	4/17
12	3/31	4/1	4/2	4/3	4/4	4/5	4/6
13	4/18	3/21	3/22	3/23	3/24	3/25	3/26
14	4/8	4/9	4/10	4/11	4/12	4/13	4/14
15	3/28	3/29	3/30	3/31	4/1	4/2	4/3
16	4/16	4/17	4/17	4/18	3/21	3/22	3/23
17	4/5	4/6	4/7	4/8	4/9	4/10	4/11
18	3/25	3/26	3/27	3/28	3/29	3/30	3/31

→ Az év végső két jegye / Az év első két jegye ↓	00,06,17 23,28,34 45,51,56 62,73,79 84,90	01,07,12 18,29,35 40,46,57 63,68,74 85,91,96	02,13,19 24,30,41 47,52,58 69,75,80 86,97	03,08,14 25,31,36 42,53,59 64,70,81 87,92,98	09,15,20 26,37,43 48,54,65 71,76,82 93,99	04,10,21 27,32,38 49,55,60 66,77,83 88,94	05,11,16 22,33,39 44,50,61 67,72,78 89,95
1600,2000,2400,2800	1	2	3	4	5	6	7
1700,2100,2500,2900	6	7	1	2	3	4	5
1800,2200,2600	4	5	6	7	1	2	3
1900,2300,2700	2	3	4	5	6	7	1

A dátum a 782. oldalról	Az előző táblázat kódja						
	1	2	3	4	5	6	7
3/21	3/26	3/25	3/24	3/23	3/22	3/28	3/27
3/22	3/26	3/25	3/24	3/23	3/29	3/28	3/27
3/23	3/26	3/25	3/24	3/30	3/29	3/28	3/27
3/24	3/26	3/25	3/31	3/30	3/29	3/28	3/27
3/25	3/26	4/1	3/31	3/30	3/29	3/28	3/27
3/26	4/2	4/1	3/31	3/30	3/29	3/28	3/27
3/27	4/2	4/1	3/31	3/30	3/29	3/28	4/3
3/28	4/2	4/1	3/31	3/30	3/29	4/4	4/3
3/29	4/2	4/1	3/31	3/30	4/5	4/4	4/3
3/30	4/2	4/1	3/31	4/6	4/5	4/4	4/3
3/31	4/2	4/1	4/7	4/6	4/5	4/4	4/3
4/1	4/2	4/8	4/7	4/6	4/5	4/4	4/3
4/2	4/9	4/8	4/7	4/6	4/5	4/4	4/3
4/3	4/9	4/8	4/7	4/6	4/5	4/4	4/10
4/4	4/9	4/8	4/7	4/6	4/5	4/11	4/10
4/5	4/9	4/8	4/7	4/6	4/12	4/11	4/10
4/6	4/9	4/8	4/7	4/13	4/12	4/11	4/10
4/7	4/9	4/8	4/14	4/13	4/12	4/11	4/10
4/8	4/9	4/15	4/14	4/13	4/12	4/11	4/10
4/9	4/16	4/15	4/14	4/13	4/12	4/11	4/10
4/10	4/16	4/15	4/14	4/13	4/12	4/11	4/17
4/11	4/16	4/15	4/14	4/13	4/12	4/18	4/17
4/12	4/16	4/15	4/14	4/13	4/19	4/18	4/17
4/13	4/16	4/15	4/14	4/20	4/19	4/18	4/17
4/14	4/16	4/15	4/21	4/20	4/19	4/18	4/17
4/15	4/16	4/22	4/21	4/20	4/19	4/18	4/17
4/16	4/23	4/22	4/21	4/20	4/19	4/18	4/17
4/17	4/23	4/22	4/21	4/20	4/19	4/18	4/24
4/18	4/23	4/22	4/21	4/20	4/19	4/25	4/24

A naptár használata: ebben a táblázatban leovassuk a kívánt naptári évhez tartozó évkódot (1—50) és a vasárnapok típusát (A,B,C), a következő oldalakon levő táblázatokban megkeressük az évkódnak megfelelő oszlopot és a dátum alapján megtaláljuk az ünnep nevét, mellette pedig a vasárnapok típusa szerint az oldalszámot. Bővebb magyarázatért lásd *A liturgikus öröknaptár használata* (első függelék, 780. oldal).

Naptári év	Évkód	Vasárnapok	Hétköznapok	Húsvét	Naptári év	Évkód	Vasárnapok	Hétköznapok	Húsvét
1995	1	C	I	4/16	**2035**	28	A	I	3/25
1996	2	A	II	4/7	**2036**	29	B	II	4/13
1997	3	B	I	3/30	**2037**	16	C	I	4/5
1998	4	C	II	4/12	**2038**	30	A	II	4/25
1999	5	A	I	4/4	**2039**	31	B	I	4/10
2000	6	B	II	4/23	**2040**	32	C	II	4/1
2001	7	C	I	4/15	**2041**	19	A	I	4/21
2002	8	A	II	3/31	**2042**	33	B	II	4/6
2003	9	B	I	4/20	**2043**	34	C	I	3/29
2004	10	C	II	4/11	**2044**	35	A	II	4/17
2005	11	A	I	3/27	**2045**	22	B	I	4/9
2006	1	B	II	4/16	**2046**	28	C	II	3/25
2007	12	C	I	4/8	**2047**	36	A	I	4/14
2008	13	A	II	3/23	**2048**	37	B	II	4/5
2009	4	B	I	4/12	**2049**	38	C	I	4/18
2010	5	C	II	4/4	**2050**	31	A	II	4/10
2011	14	A	I	4/24	**2051**	39	B	I	4/2
2012	15	B	II	4/8	**2052**	40	C	II	4/21
2013	8	C	I	3/31	**2053**	33	A	I	4/6
2014	9	A	II	4/20	**2054**	34	B	II	3/29
2015	16	B	I	4/5	**2055**	38	C	I	4/18
2016	17	C	II	3/27	**2056**	41	A	II	4/2
2017	1	A	I	4/16	**2057**	42	B	I	4/22
2018	18	B	II	4/1	**2058**	36	C	II	4/14
2019	19	C	I	4/21	**2059**	3	A	I	3/30
2020	20	A	II	4/12	**2060**	43	B	II	4/18
2021	5	B	I	4/4	**2061**	31	C	I	4/10
2022	21	C	II	4/17	**2062**	44	A	II	3/26
2023	22	A	I	4/9	**2063**	7	B	I	4/15
2024	23	B	II	3/31	**2064**	45	C	II	4/6
2025	9	C	I	4/20	**2065**	34	A	I	3/29
2026	16	A	II	4/5	**2066**	46	B	II	4/11
2027	24	B	I	3/28	**2067**	47	C	I	4/3
2028	25	C	II	4/16	**2068**	48	A	II	4/22
2029	18	A	I	4/1	**2069**	36	B	I	4/14
2030	19	B	II	4/21	**2070**	3	C	II	3/30
2031	26	C	I	4/13	**2071**	49	A	I	4/19
2032	27	A	II	3/28	**2072**	50	B	II	4/10
2033	21	B	I	4/17	**2073**	44	C	I	3/26
2034	22	C	II	4/9	**2074**	7	A	II	4/15

Vasár- és ünnepnap	Oldalszám			Évkód						
	A év	B év	C év	1	2	3	4	5	6	7
Karácsony utáni 2. vasárnap	54	54	54	—	—	1/5	1/4	1/3	1/2	—
Vízkereszt	57	57	57	1/6	1/6	1/6	1/6	1/6	1/6	1/6
Urunk megkeresztelkedése	61	61	61	1/8	1/7	1/12	1/11	1/10	1/9	1/7
Hamvazószerda	65	65	65	3/1	2/21	2/12	2/25	2/17	3/8	2/28
Nagyböjt 1. vasárnapja	87	300	453	3/5	2/25	2/16	3/1	2/21	3/12	3/4
Nagyböjt 2. vasárnapja	90	304	456	3/12	3/3	2/23	3/8	2/28	3/19	3/11
Nagyböjt 3. vasárnapja	92	307	459	3/19	3/10	3/2	3/15	3/7	3/26	3/18
Nagyböjt 4. vasárnapja	95	310	462	3/26	3/17	3/9	3/22	3/14	4/2	3/25
Nagyböjt 5. vasárnapja	98	313	466	4/2	3/24	3/16	3/29	3/21	4/9	4/1
Virágvasárnap	101	101	101	4/9	3/31	3/23	4/5	3/28	4/16	4/8
Húsvétéj: Föltámadás	115	115	115	4/15	4/6	3/29	4/11	4/3	4/22	4/14
Húsvétvasárnap	121	121	121	4/16	4/7	3/30	4/12	4/4	4/23	4/15
Húsvét 2. vasárnapja	129	316	470	4/23	4/14	4/6	4/19	4/11	4/30	4/22
Húsvét 3. vasárnapja	132	319	473	4/30	4/21	4/13	4/26	4/18	5/7	4/29
Húsvét 4. vasárnapja	135	322	477	5/7	4/28	4/20	5/3	4/25	5/14	5/6
Húsvét 5. vasárnapja	138	324	480	5/14	5/5	4/27	5/10	5/2	5/21	5/13
Húsvét 6. vasárnapja	141	328	484	5/21	5/12	5/4	5/17	5/9	5/28	5/20
Áldozócsütörtök	144	144	144	5/25	5/16	5/8	5/21	5/13	6/1	5/24
Húsvét 7. vasárnapja	151	331	487	5/28	5/19	5/11	5/24	5/16	6/4	5/27
Pünkösd	155	155	155	6/4	5/26	5/18	5/31	5/23	6/11	6/3
Szentháromság vasárnapja	164	333	490	6/11	6/2	5/25	6/7	5/30	6/18	6/10
Úrnapja (csütörtök)	167	336	494	6/15	6/6	5/29	6/11	6/3	6/22	6/14
Jézus Szent Szíve ünnepe	171	339	498	6/23	6/14	6/6	6/19	6/11	6/30	6/22
Advent 1. vasárnapja	22	290	442	12/3	12/1	11/30	11/29	11/28	12/3	12/2
Advent 2. vasárnapja	25	292	445	12/10	12/8	12/7	12/6	12/5	12/10	12/9
Advent 3. vasárnapja	28	295	447	12/17	12/15	12/14	12/13	12/12	12/17	12/16
Advent 4. vasárnapja	30	297	450	12/24	12/22	12/21	12/20	12/19	12/24	12/23
Karácsony	39	39	39	12/25	12/25	12/25	12/25	12/25	12/25	12/25
Szent Család ünnepe	42	42	42	12/31	12/29	12/28	12/27	12/26	12/31	12/30
Évközi 2. vasárnap	175	342	501	1/15	1/14	1/19	1/18	1/17	1/16	1/14
Évközi 3. vasárnap	178	345	504	1/22	1/21	1/26	1/25	1/24	1/23	1/21
Évközi 4. vasárnap	181	348	507	1/29	1/28	2/2	2/1	1/31	1/30	1/28
Évközi 5. vasárnap	184	351	510	2/5	2/4	2/9	2/8	2/7	2/6	2/4
Évközi 6. vasárnap	187	354	513	2/12	2/11	—	2/15	2/14	2/13	2/11
Évközi 7. vasárnap	190	357	517	2/19	2/18	*5/18	2/22	—	2/20	2/18
Évközi 8. vasárnap	193	360	520	2/26	*5/26	*5/25	—	*5/23	2/27	2/25
Évközi 9. vasárnap	197	363	523	*6/4	*6/2	6/1	*5/31	*5/30	3/5	*6/3
Évközi 10. vasárnap	200	366	527	*6/11	6/9	6/8	*6/7	6/6	*6/11	*6/10
Évközi 11. vasárnap	203	369	530	6/18	6/16	6/15	6/14	6/13	*6/18	6/17
Évközi 12. vasárnap	206	372	533	6/25	6/23	6/22	6/21	6/20	6/25	6/24
Évközi 13. vasárnap	210	375	536	7/2	6/30	6/29	6/28	6/27	7/2	7/1
Évközi 14. vasárnap	213	378	539	7/9	7/7	7/6	7/5	7/4	7/9	7/8
Évközi 15. vasárnap	216	381	542	7/16	7/14	7/13	7/12	7/11	7/16	7/15
Évközi 16. vasárnap	220	384	545	7/23	7/21	7/20	7/19	7/18	7/23	7/22
Évközi 17. vasárnap	224	386	548	7/30	7/28	7/27	7/26	7/25	7/30	7/29
Évközi 18. vasárnap	227	389	551	8/6	8/4	8/3	8/2	8/1	8/6	8/5
Évközi 19. vasárnap	231	392	554	8/13	8/11	8/10	8/9	8/8	8/13	8/12
Évközi 20. vasárnap	234	395	557	8/20	8/18	8/17	8/16	8/15	8/20	8/19
Évközi 21. vasárnap	238	398	560	8/27	8/25	8/24	8/23	8/22	8/27	8/26
Évközi 22. vasárnap	242	402	563	9/3	9/1	8/31	8/30	8/29	9/3	9/2
Évközi 23. vasárnap	245	405	566	9/10	9/8	9/7	9/6	9/5	9/10	9/9
Évközi 24. vasárnap	248	407	570	9/17	9/15	9/14	9/13	9/12	9/17	9/16
Évközi 25. vasárnap	252	411	573	9/24	9/22	9/21	9/20	9/19	9/24	9/23
Évközi 26. vasárnap	255	414	577	10/1	9/29	9/28	9/27	9/26	10/1	9/30
Évközi 27. vasárnap	259	417	580	10/8	10/6	10/5	10/4	10/3	10/8	10/7
Évközi 28. vasárnap	262	420	583	10/15	10/13	10/12	10/11	10/10	10/15	10/14
Évközi 29. vasárnap	265	423	586	10/22	10/20	10/19	10/18	10/17	10/22	10/21
Évközi 30. vasárnap	270	426	589	10/29	10/27	10/26	10/25	10/24	10/29	10/28
Évközi 31. vasárnap	273	429	592	11/5	11/3	11/2	11/1	10/31	11/5	11/4
Évközi 32. vasárnap	276	432	595	11/12	11/10	11/9	11/8	11/7	11/12	11/11
Évközi 33. vasárnap	280	435	598	11/19	11/17	11/16	11/15	11/14	11/19	11/18
Évközi 34. vasárnap	284	438	601	11/26	11/24	11/23	11/22	11/21	11/26	11/25

Vasár- és ünnepnap	Oldalszám			Évkód						
	A év	B év	C év	8	9	10	11	12	13	14
Karácsony utáni 2. vasárnap	54	54	54	—	1/5	1/4	1/2	—	—	1/2
Vízkereszt	57	57	57	1/6	1/6	1/6	1/6	1/6	1/6	1/6
Urunk megkeresztelkedése	61	61	61	1/13	1/12	1/11	1/9	1/7	1/13	1/9
Hamvazószerda	65	65	65	2/13	3/5	2/25	2/9	2/21	2/6	3/9
Nagyböjt 1. vasárnapja	87	300	453	2/17	3/9	2/29	2/13	2/25	2/10	3/13
Nagyböjt 2. vasárnapja	90	304	456	2/24	3/16	3/7	2/20	3/4	2/17	3/20
Nagyböjt 3. vasárnapja	92	307	459	3/3	3/23	3/14	2/27	3/11	2/24	3/27
Nagyböjt 4. vasárnapja	95	310	462	3/10	3/30	3/21	3/6	3/18	3/2	4/3
Nagyböjt 5. vasárnapja	98	313	466	3/17	4/6	3/28	3/13	3/25	3/9	4/10
Virágvasárnap	101	101	101	3/24	4/13	4/4	3/20	4/1	3/16	4/17
Húsvétéj: Föltámadás	115	115	115	3/30	4/19	4/10	3/26	4/7	3/22	4/23
Húsvétvasárnap	121	121	121	3/31	4/20	4/11	3/27	4/8	3/23	4/24
Húsvét 2. vasárnapja	129	316	470	4/7	4/27	4/18	4/3	4/15	3/30	5/1
Húsvét 3. vasárnapja	132	319	473	4/14	5/4	4/25	4/10	4/22	4/6	5/8
Húsvét 4. vasárnapja	135	322	477	4/21	5/11	5/2	4/17	4/29	4/13	5/15
Húsvét 5. vasárnapja	138	324	480	4/28	5/18	5/9	4/24	5/6	4/20	5/22
Húsvét 6. vasárnapja	141	328	484	5/5	5/25	5/16	5/1	5/13	4/27	5/29
Áldozócsütörtök	144	144	144	5/9	5/29	5/20	5/5	5/17	5/1	6/2
Húsvét 7. vasárnapja	151	331	487	5/12	6/1	5/23	5/8	5/20	5/4	6/5
Pünkösd	155	155	155	5/19	6/8	5/30	5/15	5/27	5/11	6/12
Szentháromság vasárnapja	164	333	490	5/26	6/15	6/6	5/22	6/3	5/18	6/19
Úrnapja (csütörtök)	167	336	494	5/30	6/19	6/10	5/26	6/7	5/22	6/23
Jézus Szent Szíve ünnepe	171	339	498	6/7	6/27	6/18	6/3	6/15	5/30	7/1
Advent 1. vasárnapja	22	290	442	12/1	11/30	11/28	11/27	12/2	11/30	11/27
Advent 2. vasárnapja	25	292	445	12/8	12/7	12/5	12/4	12/9	12/7	12/4
Advent 3. vasárnapja	28	295	447	12/15	12/14	12/12	12/11	12/16	12/14	12/11
Advent 4. vasárnapja	30	297	450	12/22	12/21	12/19	12/18	12/23	12/21	12/18
Karácsony	39	39	39	12/25	12/25	12/25	12/25	12/25	12/25	12/25
Szent Család ünnepe	42	42	42	12/29	12/28	12/26	12/30	12/30	12/28	12/30
Évközi 2. vasárnap	175	342	501	1/20	1/19	1/18	1/16	1/14	1/20	1/16
Évközi 3. vasárnap	178	345	504	1/27	1/26	1/25	1/23	1/21	1/27	1/23
Évközi 4. vasárnap	181	348	507	2/3	2/2	2/1	1/30	1/28	2/3	1/30
Évközi 5. vasárnap	184	351	510	2/10	2/9	2/8	2/6	2/4	—	2/6
Évközi 6. vasárnap	187	354	513	—	2/16	2/15	—	2/11	*5/11	2/13
Évközi 7. vasárnap	190	357	517	*5/19	2/23	2/22	*5/15	2/18	*5/18	2/20
Évközi 8. vasárnap	193	360	520	*5/26	3/2	—	*5/22	*5/27	5/25	2/27
Évközi 9. vasárnap	197	363	523	6/2	—	*5/30	5/29	*6/3	6/1	3/6
Évközi 10. vasárnap	200	366	527	6/9	*6/8	*6/6	6/5	6/10	6/8	—
Évközi 11. vasárnap	203	369	530	6/16	*6/15	6/13	6/12	6/17	6/15	*6/12
Évközi 12. vasárnap	206	372	533	6/23	6/22	6/20	6/19	6/24	6/22	*6/19
Évközi 13. vasárnap	210	375	536	6/30	6/29	6/27	6/26	7/1	6/29	6/26
Évközi 14. vasárnap	213	378	539	7/7	7/6	7/4	7/3	7/8	7/6	7/3
Évközi 15. vasárnap	216	381	542	7/14	7/13	7/11	7/10	7/15	7/13	7/10
Évközi 16. vasárnap	220	384	545	7/21	7/20	7/18	7/17	7/22	7/20	7/17
Évközi 17. vasárnap	224	386	548	7/28	7/27	7/25	7/24	7/29	7/27	7/24
Évközi 18. vasárnap	227	389	551	8/4	8/3	8/1	7/31	8/5	8/3	7/31
Évközi 19. vasárnap	231	392	554	8/11	8/10	8/8	8/7	8/12	8/10	8/7
Évközi 20. vasárnap	234	395	557	8/18	8/17	8/15	8/14	8/19	8/17	8/14
Évközi 21. vasárnap	238	398	560	8/25	8/24	8/22	8/21	8/26	8/24	8/21
Évközi 22. vasárnap	242	402	563	9/1	8/31	8/29	8/28	9/2	8/31	8/28
Évközi 23. vasárnap	245	405	566	9/8	9/7	9/5	9/4	9/9	9/7	9/4
Évközi 24. vasárnap	248	407	570	9/15	9/14	9/12	9/11	9/16	9/14	9/11
Évközi 25. vasárnap	252	411	573	9/22	9/21	9/19	9/18	9/23	9/21	9/18
Évközi 26. vasárnap	255	414	577	9/29	9/28	9/26	9/25	9/30	9/28	9/25
Évközi 27. vasárnap	259	417	580	10/6	10/5	10/3	10/2	10/7	10/5	10/2
Évközi 28. vasárnap	262	420	583	10/13	10/12	10/10	10/9	10/14	10/12	10/9
Évközi 29. vasárnap	265	423	586	10/20	10/19	10/17	10/16	10/21	10/19	10/16
Évközi 30. vasárnap	270	426	589	10/27	10/26	10/24	10/23	10/28	10/26	10/23
Évközi 31. vasárnap	273	429	592	11/3	11/2	10/31	10/30	11/4	11/2	10/30
Évközi 32. vasárnap	276	432	595	11/10	11/9	11/7	11/6	11/11	11/9	11/6
Évközi 33. vasárnap	280	435	598	11/17	11/16	11/14	11/13	11/18	11/16	11/13
Évközi 34. vasárnap	284	438	601	11/24	11/23	11/21	11/20	11/25	11/23	11/20

Vasár- és ünnepnap	Oldalszám			Évkód						
	A év	B év	C év	15	16	17	18	19	20	21
Karácsony utáni 2. vasárnap	54	54	54	—	1/4	1/3	—	—	1/5	1/2
Vízkereszt	57	57	57	1/6	1/6	1/6	1/6	1/6	1/6	1/6
Urunk megkeresztelkedése	61	61	61	1/8	1/11	1/10	1/7	1/13	1/12	1/9
Hamvazószerda	65	65	65	2/22	2/18	2/10	2/14	3/6	2/26	3/2
Nagyböjt 1. vasárnapja	87	300	453	2/26	2/22	2/14	2/18	3/10	3/1	3/6
Nagyböjt 2. vasárnapja	90	304	456	3/4	3/1	2/21	2/25	3/17	3/8	3/13
Nagyböjt 3. vasárnapja	92	307	459	3/11	3/8	2/28	3/4	3/24	3/15	3/20
Nagyböjt 4. vasárnapja	95	310	462	3/18	3/15	3/6	3/11	3/31	3/22	3/27
Nagyböjt 5. vasárnapja	98	313	466	3/25	3/22	3/13	3/18	4/7	3/29	4/3
Virágvasárnap	101	101	101	4/1	3/29	3/20	3/25	4/14	4/5	4/10
Húsvétéj: Föltámadás	115	115	115	4/7	4/4	3/26	3/31	4/20	4/11	4/16
Húsvétvasárnap	121	121	121	4/8	4/5	3/27	4/1	4/21	4/12	4/17
Húsvét 2. vasárnapja	129	316	470	4/15	4/12	4/3	4/8	4/28	4/19	4/24
Húsvét 3. vasárnapja	132	319	473	4/22	4/19	4/10	4/15	5/5	4/26	5/1
Húsvét 4. vasárnapja	135	322	477	4/29	4/26	4/17	4/22	5/12	5/3	5/8
Húsvét 5. vasárnapja	138	324	480	5/6	5/3	4/24	4/29	5/19	5/10	5/15
Húsvét 6. vasárnapja	141	328	484	5/13	5/10	5/1	5/6	5/26	5/17	5/22
Áldozócsütörtök	144	144	144	5/17	5/14	5/5	5/10	5/30	5/21	5/26
Húsvét 7. vasárnapja	151	331	487	5/20	5/17	5/8	5/13	6/2	5/24	5/29
Pünkösd	155	155	155	5/27	5/24	5/15	5/20	6/9	5/31	6/5
Szentháromság vasárnapja	164	333	490	6/3	5/31	5/22	5/27	6/16	6/7	6/12
Úrnapja (csütörtök)	167	336	494	6/7	6/4	5/26	5/31	6/20	6/11	6/16
Jézus Szent Szíve ünnepe	171	339	498	6/15	6/12	6/3	6/8	6/28	6/19	6/24
Advent 1. vasárnapja	22	290	442	12/2	11/29	11/27	12/2	12/1	11/29	11/27
Advent 2. vasárnapja	25	292	445	12/9	12/6	12/4	12/9	12/8	12/6	12/4
Advent 3. vasárnapja	28	295	447	12/16	12/13	12/11	12/16	12/15	12/13	12/11
Advent 4. vasárnapja	30	297	450	12/23	12/20	12/18	12/23	12/22	12/20	12/18
Karácsony	39	39	39	12/25	12/25	12/25	12/25	12/25	12/25	12/25
Szent Család ünnepe	42	42	42	12/30	12/27	12/30	12/30	12/29	12/27	12/30
Évközi 2. vasárnap	175	342	501	1/15	1/18	1/17	1/14	1/20	1/19	1/16
Évközi 3. vasárnap	178	345	504	1/22	1/25	1/24	1/21	1/27	1/26	1/23
Évközi 4. vasárnap	181	348	507	1/29	2/1	1/31	1/28	2/3	2/2	1/30
Évközi 5. vasárnap	184	351	510	2/5	2/8	2/7	2/4	2/10	2/9	2/6
Évközi 6. vasárnap	187	354	513	2/12	2/15	—	2/11	2/17	2/16	2/13
Évközi 7. vasárnap	190	357	517	2/19	—	*5/15	*5/20	2/24	2/23	2/20
Évközi 8. vasárnap	193	360	520	*5/27	*5/24	*5/22	*5/27	3/3	—	2/27
Évközi 9. vasárnap	197	363	523	*6/3	*5/31	5/29	6/3	—	*5/31	—
Évközi 10. vasárnap	200	366	527	6/10	6/7	6/5	6/10	*6/9	*6/7	*6/5
Évközi 11. vasárnap	203	369	530	6/17	6/14	6/12	6/17	*6/16	6/14	*6/12
Évközi 12. vasárnap	206	372	533	6/24	6/21	6/19	6/24	6/23	6/21	6/19
Évközi 13. vasárnap	210	375	536	7/1	6/28	6/26	7/1	6/30	6/28	6/26
Évközi 14. vasárnap	213	378	539	7/8	7/5	7/3	7/8	7/7	7/5	7/3
Évközi 15. vasárnap	216	381	542	7/15	7/12	7/10	7/15	7/14	7/12	7/10
Évközi 16. vasárnap	220	384	545	7/22	7/19	7/17	7/22	7/21	7/19	7/17
Évközi 17. vasárnap	224	386	548	7/29	7/26	7/24	7/29	7/28	7/26	7/24
Évközi 18. vasárnap	227	389	551	8/5	8/2	7/31	8/5	8/4	8/2	7/31
Évközi 19. vasárnap	231	392	554	8/12	8/9	8/7	8/12	8/11	8/9	8/7
Évközi 20. vasárnap	234	395	557	8/19	8/16	8/14	8/19	8/18	8/16	8/14
Évközi 21. vasárnap	238	398	560	8/26	8/23	8/21	8/26	8/25	8/23	8/21
Évközi 22. vasárnap	242	402	563	9/2	8/30	8/28	9/2	9/1	8/30	8/28
Évközi 23. vasárnap	245	405	566	9/9	9/6	9/4	9/9	9/8	9/6	9/4
Évközi 24. vasárnap	248	407	570	9/16	9/13	9/11	9/16	9/15	9/13	9/11
Évközi 25. vasárnap	252	411	573	9/23	9/20	9/18	9/23	9/22	9/20	9/18
Évközi 26. vasárnap	255	414	577	9/30	9/27	9/25	9/30	9/29	9/27	9/25
Évközi 27. vasárnap	259	417	580	10/7	10/4	10/2	10/7	10/6	10/4	10/2
Évközi 28. vasárnap	262	420	583	10/14	10/11	10/9	10/14	10/13	10/11	10/9
Évközi 29. vasárnap	265	423	586	10/21	10/18	10/16	10/21	10/20	10/18	10/16
Évközi 30. vasárnap	270	426	589	10/28	10/25	10/23	10/28	10/27	10/25	10/23
Évközi 31. vasárnap	273	429	592	11/4	11/1	10/30	11/4	11/3	11/1	10/30
Évközi 32. vasárnap	276	432	595	11/11	11/8	11/6	11/11	11/10	11/8	11/6
Évközi 33. vasárnap	280	435	598	11/18	11/15	11/13	11/18	11/17	11/15	11/13
Évközi 34. vasárnap	284	438	601	11/25	11/22	11/20	11/25	11/24	11/22	11/20

Vasár- és ünnepnap	Oldalszám			Évkód						
	A év	B év	C év	22	23	24	25	26	27	28
Karácsony utáni 2. vasárnap	54	54	54	—	—	1/3	1/2	1/5	1/4	—
Vízkereszt	57	57	57	1/6	1/6	1/6	1/6	1/6	1/6	1/6
Urunk megkeresztelkedése	61	61	61	1/8	1/7	1/10	1/9	1/12	1/11	1/7
Hamvazószerda	65	65	65	2/22	2/14	2/10	3/1	2/26	2/11	2/7
Nagyböjt 1. vasárnapja	87	300	453	2/26	2/18	2/14	3/5	3/2	2/15	2/11
Nagyböjt 2. vasárnapja	90	304	456	3/5	2/25	2/21	3/12	3/9	2/22	2/18
Nagyböjt 3. vasárnapja	92	307	459	3/12	3/3	2/28	3/19	3/16	2/29	2/25
Nagyböjt 4. vasárnapja	95	310	462	3/19	3/10	3/7	3/26	3/23	3/7	3/4
Nagyböjt 5. vasárnapja	98	313	466	3/26	3/17	3/14	4/2	3/30	3/14	3/11
Virágvasárnap	101	101	101	4/2	3/24	3/21	4/9	4/6	3/21	3/18
Húsvétéj: Föltámadás	115	115	115	4/8	3/30	3/27	4/15	4/12	3/27	3/24
Húsvétvasárnap	121	121	121	4/9	3/31	3/28	4/16	4/13	3/28	3/25
Húsvét 2. vasárnapja	129	316	470	4/16	4/7	4/4	4/23	4/20	4/4	4/1
Húsvét 3. vasárnapja	132	319	473	4/23	4/14	4/11	4/30	4/27	4/11	4/8
Húsvét 4. vasárnapja	135	322	477	4/30	4/21	4/18	5/7	5/4	4/18	4/15
Húsvét 5. vasárnapja	138	324	480	5/7	4/28	4/25	5/14	5/11	4/25	4/22
Húsvét 6. vasárnapja	141	328	484	5/14	5/5	5/2	5/21	5/18	5/2	4/29
Áldozócsütörtök	144	144	144	5/18	5/9	5/6	5/25	5/22	5/6	5/3
Húsvét 7. vasárnapja	151	331	487	5/21	5/12	5/9	5/28	5/25	5/9	5/6
Pünkösd	155	155	155	5/28	5/19	5/16	6/4	6/1	5/16	5/13
Szentháromság vasárnapja	164	333	490	6/4	5/26	5/23	6/11	6/8	5/23	5/20
Úrnapja (csütörtök)	167	336	494	6/8	5/30	5/27	6/15	6/12	5/27	5/24
Jézus Szent Szíve ünnepe	171	339	498	6/16	6/7	6/4	6/23	6/20	6/4	6/1
Advent 1. vasárnapja	22	290	442	12/3	12/1	11/28	12/3	11/30	11/28	12/2
Advent 2. vasárnapja	25	292	445	12/10	12/8	12/5	12/10	12/7	12/5	12/9
Advent 3. vasárnapja	28	295	447	12/17	12/15	12/12	12/17	12/14	12/12	12/16
Advent 4. vasárnapja	30	297	450	12/24	12/22	12/19	12/24	12/21	12/19	12/23
Karácsony	39	39	39	12/25	12/25	12/25	12/25	12/25	12/25	12/25
Szent Család ünnepe	42	42	42	12/31	12/29	12/26	12/31	12/28	12/26	12/30
Évközi 2. vasárnap	175	342	501	1/15	1/14	1/17	1/16	1/19	1/18	1/14
Évközi 3. vasárnap	178	345	504	1/22	1/21	1/24	1/23	1/26	1/25	1/21
Évközi 4. vasárnap	181	348	507	1/29	1/28	1/31	1/30	2/2	2/1	1/28
Évközi 5. vasárnap	184	351	510	2/5	2/4	2/7	2/6	2/9	2/8	2/4
Évközi 6. vasárnap	187	354	513	2/12	2/11	—	2/13	2/16	—	*5/13
Évközi 7. vasárnap	190	357	517	2/19	*5/19	*5/16	2/20	2/23	*5/16	*5/20
Évközi 8. vasárnap	193	360	520	*5/28	*5/26	*5/23	2/27	—	*5/23	5/27
Évközi 9. vasárnap	197	363	523	*6/4	6/2	5/30	*6/4	*6/1	5/30	6/3
Évközi 10. vasárnap	200	366	527	6/11	6/9	6/6	*6/11	*6/8	6/6	6/10
Évközi 11. vasárnap	203	369	530	6/18	6/16	6/13	6/18	6/15	6/13	6/17
Évközi 12. vasárnap	206	372	533	6/25	6/23	6/20	6/25	6/22	6/20	6/24
Évközi 13. vasárnap	210	375	536	7/2	6/30	6/27	7/2	6/29	6/27	7/1
Évközi 14. vasárnap	213	378	539	7/9	7/7	7/4	7/9	7/6	7/4	7/8
Évközi 15. vasárnap	216	381	542	7/16	7/14	7/11	7/16	7/13	7/11	7/15
Évközi 16. vasárnap	220	384	545	7/23	7/21	7/18	7/23	7/20	7/18	7/22
Évközi 17. vasárnap	224	386	548	7/30	7/28	7/25	7/30	7/27	7/25	7/29
Évközi 18. vasárnap	227	389	551	8/6	8/4	8/1	8/6	8/3	8/1	8/5
Évközi 19. vasárnap	231	392	554	8/13	8/11	8/8	8/13	8/10	8/8	8/12
Évközi 20. vasárnap	234	395	557	8/20	8/18	8/15	8/20	8/17	8/15	8/19
Évközi 21. vasárnap	238	398	560	8/27	8/25	8/22	8/27	8/24	8/22	8/26
Évközi 22. vasárnap	242	402	563	9/3	9/1	8/29	9/3	8/31	8/29	9/2
Évközi 23. vasárnap	245	405	566	9/10	9/8	9/5	9/10	9/7	9/5	9/9
Évközi 24. vasárnap	248	407	570	9/17	9/15	9/12	9/17	9/14	9/12	9/16
Évközi 25. vasárnap	252	411	573	9/24	9/22	9/19	9/24	9/21	9/19	9/23
Évközi 26. vasárnap	255	414	577	10/1	9/29	9/26	10/1	9/28	9/26	9/30
Évközi 27. vasárnap	259	417	580	10/8	10/6	10/3	10/8	10/5	10/3	10/7
Évközi 28. vasárnap	262	420	583	10/15	10/13	10/10	10/15	10/12	10/10	10/14
Évközi 29. vasárnap	265	423	586	10/22	10/20	10/17	10/22	10/19	10/17	10/21
Évközi 30. vasárnap	270	426	589	10/29	10/27	10/24	10/29	10/26	10/24	10/28
Évközi 31. vasárnap	273	429	592	11/5	11/3	10/31	11/5	11/2	10/31	11/4
Évközi 32. vasárnap	276	432	595	11/12	11/10	11/7	11/12	11/9	11/7	11/11
Évközi 33. vasárnap	280	435	598	11/19	11/17	11/14	11/19	11/16	11/14	11/18
Évközi 34. vasárnap	284	438	601	11/26	11/24	11/21	11/26	11/23	11/21	11/25

Vasár- és ünnepnap	Oldalszám			Évkód						
	A év	B év	C év	29	30	31	32	33	34	35
Karácsony utáni 2. vasárnap	54	54	54	—	1/3	1/2	—	1/5	1/4	1/3
Vízkereszt	57	57	57	1/6	1/6	1/6	1/6	1/6	1/6	1/6
Urunk megkeresztelkedése	61	61	61	1/13	1/10	1/9	1/8	1/12	1/11	1/10
Hamvazószerda	65	65	65	2/27	3/10	2/23	2/15	2/19	2/11	3/2
Nagyböjt 1. vasárnapja	87	300	453	3/2	3/14	2/27	2/19	2/23	2/15	3/6
Nagyböjt 2. vasárnapja	90	304	456	3/9	3/21	3/6	2/26	3/2	2/22	3/13
Nagyböjt 3. vasárnapja	92	307	459	3/16	3/28	3/13	3/4	3/9	3/1	3/20
Nagyböjt 4. vasárnapja	95	310	462	3/23	4/4	3/20	3/11	3/16	3/8	3/27
Nagyböjt 5. vasárnapja	98	313	466	3/30	4/11	3/27	3/18	3/23	3/15	4/3
Virágvasárnap	101	101	101	4/6	4/18	4/3	3/25	3/30	3/22	4/10
Húsvétéj: Föltámadás	115	115	115	4/12	4/24	4/9	3/31	4/5	3/28	4/16
Húsvétvasárnap	121	121	121	4/13	4/25	4/10	4/1	4/6	3/29	4/17
Húsvét 2. vasárnapja	129	316	470	4/20	5/2	4/17	4/8	4/13	4/5	4/24
Húsvét 3. vasárnapja	132	319	473	4/27	5/9	4/24	4/15	4/20	4/12	5/1
Húsvét 4. vasárnapja	135	322	477	5/4	5/16	5/1	4/22	4/27	4/19	5/8
Húsvét 5. vasárnapja	138	324	480	5/11	5/23	5/8	4/29	5/4	4/26	5/15
Húsvét 6. vasárnapja	141	328	484	5/18	5/30	5/15	5/6	5/11	5/3	5/22
Áldozócsütörtök	144	144	144	5/22	6/3	5/19	5/10	5/15	5/7	5/26
Húsvét 7. vasárnapja	151	331	487	5/25	6/6	5/22	5/13	5/18	5/10	5/29
Pünkösd	155	155	155	6/1	6/13	5/29	5/20	5/25	5/17	6/5
Szentháromság vasárnapja	164	333	490	6/8	6/20	6/5	5/27	6/1	5/24	6/12
Úrnapja (csütörtök)	167	336	494	6/12	6/24	6/9	5/31	6/5	5/28	6/16
Jézus Szent Szíve ünnepe	171	339	498	6/20	7/2	6/17	6/8	6/13	6/5	6/24
Advent 1. vasárnapja	22	290	442	11/30	11/28	11/27	12/2	11/30	11/29	11/27
Advent 2. vasárnapja	25	292	445	12/7	12/5	12/4	12/9	12/7	12/6	12/4
Advent 3. vasárnapja	28	295	447	12/14	12/12	12/11	12/16	12/14	12/13	12/11
Advent 4. vasárnapja	30	297	450	12/21	12/19	12/18	12/23	12/21	12/20	12/18
Karácsony	39	39	39	12/25	12/25	12/25	12/25	12/25	12/25	12/25
Szent Család ünnepe	42	42	42	12/28	12/26	12/30	12/30	12/28	12/27	12/30
Évközi 2. vasárnap	175	342	501	1/20	1/17	1/16	1/15	1/19	1/18	1/17
Évközi 3. vasárnap	178	345	504	1/27	1/24	1/23	1/22	1/26	1/25	1/24
Évközi 4. vasárnap	181	348	507	2/3	1/31	1/30	1/29	2/2	2/1	1/31
Évközi 5. vasárnap	184	351	510	2/10	2/7	2/6	2/5	2/9	2/8	2/7
Évközi 6. vasárnap	187	354	513	2/17	2/14	2/13	2/12	2/16	—	2/14
Évközi 7. vasárnap	190	357	517	2/24	2/21	2/20	*5/20	—	*5/17	2/21
Évközi 8. vasárnap	193	360	520	—	2/28	—	*5/27	*5/25	*5/24	2/28
Évközi 9. vasárnap	197	363	523	*6/1	3/7	*5/29	6/3	*6/1	5/31	—
Évközi 10. vasárnap	200	366	527	*6/8	—	*6/5	6/10	6/8	6/7	*6/5
Évközi 11. vasárnap	203	369	530	6/15	*6/13	6/12	6/17	6/15	6/14	*6/12
Évközi 12. vasárnap	206	372	533	6/22	*6/20	6/19	6/24	6/22	6/21	6/19
Évközi 13. vasárnap	210	375	536	6/29	6/27	6/26	7/1	6/29	6/28	6/26
Évközi 14. vasárnap	213	378	539	7/6	7/4	7/3	7/8	7/6	7/5	7/3
Évközi 15. vasárnap	216	381	542	7/13	7/11	7/10	7/15	7/13	7/12	7/10
Évközi 16. vasárnap	220	384	545	7/20	7/18	7/17	7/22	7/20	7/19	7/17
Évközi 17. vasárnap	224	386	548	7/27	7/25	7/24	7/29	7/27	7/26	7/24
Évközi 18. vasárnap	227	389	551	8/3	8/1	7/31	8/5	8/3	8/2	7/31
Évközi 19. vasárnap	231	392	554	8/10	8/8	8/7	8/12	8/10	8/9	8/7
Évközi 20. vasárnap	234	395	557	8/17	8/15	8/14	8/19	8/17	8/16	8/14
Évközi 21. vasárnap	238	398	560	8/24	8/22	8/21	8/26	8/24	8/23	8/21
Évközi 22. vasárnap	242	402	563	8/31	8/29	8/28	9/2	8/31	8/30	8/28
Évközi 23. vasárnap	245	405	566	9/7	9/5	9/4	9/9	9/7	9/6	9/4
Évközi 24. vasárnap	248	407	570	9/14	9/12	9/11	9/16	9/14	9/13	9/11
Évközi 25. vasárnap	252	411	573	9/21	9/19	9/18	9/23	9/21	9/20	9/18
Évközi 26. vasárnap	255	414	577	9/28	9/26	9/25	9/30	9/28	9/27	9/25
Évközi 27. vasárnap	259	417	580	10/5	10/3	10/2	10/7	10/5	10/4	10/2
Évközi 28. vasárnap	262	420	583	10/12	10/10	10/9	10/14	10/12	10/11	10/9
Évközi 29. vasárnap	265	423	586	10/19	10/17	10/16	10/21	10/19	10/18	10/16
Évközi 30. vasárnap	270	426	589	10/26	10/24	10/23	10/28	10/26	10/25	10/23
Évközi 31. vasárnap	273	429	592	11/2	10/31	10/30	11/4	11/2	11/1	10/30
Évközi 32. vasárnap	276	432	595	11/9	11/7	11/6	11/11	11/9	11/8	11/6
Évközi 33. vasárnap	280	435	598	11/16	11/14	11/13	11/18	11/16	11/15	11/13
Évközi 34. vasárnap	284	438	601	11/23	11/21	11/20	11/25	11/23	11/22	11/20

Vasár- és ünnepnap	Oldalszám			Évkód						
	A év	B év	C év	36	37	38	39	40	41	42
Karácsony utáni 2. vasárnap	54	54	54	—	1/5	1/3	—	—	1/2	—
Vízkereszt	57	57	57	1/6	1/6	1/6	1/6	1/6	1/6	1/6
Urunk megkeresztelkedése	61	61	61	1/13	1/12	1/10	1/8	1/7	1/9	1/7
Hamvazószerda	65	65	65	2/27	2/19	3/3	2/15	3/6	2/16	3/7
Nagyböjt 1. vasárnapja	87	300	453	3/3	2/23	3/7	2/19	3/10	2/20	3/11
Nagyböjt 2. vasárnapja	90	304	456	3/10	3/1	3/14	2/26	3/17	2/27	3/18
Nagyböjt 3. vasárnapja	92	307	459	3/17	3/8	3/21	3/5	3/24	3/5	3/25
Nagyböjt 4. vasárnapja	95	310	462	3/24	3/15	3/28	3/12	3/31	3/12	4/1
Nagyböjt 5. vasárnapja	98	313	466	3/31	3/22	4/4	3/19	4/7	3/19	4/8
Virágvasárnap	101	101	101	4/7	3/29	4/11	3/26	4/14	3/26	4/15
Húsvétéj: Föltámadás	115	115	115	4/13	4/4	4/17	4/1	4/20	4/1	4/21
Húsvétvasárnap	121	121	121	4/14	4/5	4/18	4/2	4/21	4/2	4/22
Húsvét 2. vasárnapja	129	316	470	4/21	4/12	4/25	4/9	4/28	4/9	4/29
Húsvét 3. vasárnapja	132	319	473	4/28	4/19	5/2	4/16	5/5	4/16	5/6
Húsvét 4. vasárnapja	135	322	477	5/5	4/26	5/9	4/23	5/12	4/23	5/13
Húsvét 5. vasárnapja	138	324	480	5/12	5/3	5/16	4/30	5/19	4/30	5/20
Húsvét 6. vasárnapja	141	328	484	5/19	5/10	5/23	5/7	5/26	5/7	5/27
Áldozócsütörtök	144	144	144	5/23	5/14	5/27	5/11	5/30	5/11	5/31
Húsvét 7. vasárnapja	151	331	487	5/26	5/17	5/30	5/14	6/2	5/14	6/3
Pünkösd	155	155	155	6/2	5/24	6/6	5/21	6/9	5/21	6/10
Szentháromság vasárnapja	164	333	490	6/9	5/31	6/13	5/28	6/16	5/28	6/17
Úrnapja (csütörtök)	167	336	494	6/13	6/4	6/17	6/1	6/20	6/1	6/21
Jézus Szent Szíve ünnepe	171	339	498	6/21	6/12	6/25	6/9	6/28	6/9	6/29
Advent 1. vasárnapja	22	290	442	12/1	11/29	11/28	12/3	12/1	12/3	12/2
Advent 2. vasárnapja	25	292	445	12/8	12/6	12/5	12/10	12/8	12/10	12/9
Advent 3. vasárnapja	28	295	447	12/15	12/13	12/12	12/17	12/15	12/17	12/16
Advent 4. vasárnapja	30	297	450	12/22	12/20	12/19	12/24	12/22	12/24	12/23
Karácsony	39	39	39	12/25	12/25	12/25	12/25	12/25	12/25	12/25
Szent Család ünnepe	42	42	42	12/29	12/27	12/26	12/31	12/29	12/31	12/30
Évközi 2. vasárnap	175	342	501	1/20	1/19	1/17	1/15	1/14	1/16	1/14
Évközi 3. vasárnap	178	345	504	1/27	1/26	1/24	1/22	1/21	1/23	1/21
Évközi 4. vasárnap	181	348	507	2/3	2/2	1/31	1/29	1/28	1/30	1/28
Évközi 5. vasárnap	184	351	510	2/10	2/9	2/7	2/5	2/4	2/6	2/4
Évközi 6. vasárnap	187	354	513	2/17	2/16	2/14	2/12	2/11	2/13	2/11
Évközi 7. vasárnap	190	357	517	2/24	—	2/21	*5/21	2/18	*5/21	2/18
Évközi 8. vasárnap	193	360	520	—	*5/24	2/28	*5/28	2/25	*5/28	2/25
Évközi 9. vasárnap	197	363	523	*6/2	*5/31	—	6/4	3/3	6/4	3/4
Évközi 10. vasárnap	200	366	527	*6/9	6/7	*6/6	6/11	*6/9	6/11	*6/10
Évközi 11. vasárnap	203	369	530	6/16	6/14	*6/13	6/18	*6/16	6/18	*6/17
Évközi 12. vasárnap	206	372	533	6/23	6/21	6/20	6/25	6/23	6/25	6/24
Évközi 13. vasárnap	210	375	536	6/30	6/28	6/27	7/2	6/30	7/2	7/1
Évközi 14. vasárnap	213	378	539	7/7	7/5	7/4	7/9	7/7	7/9	7/8
Évközi 15. vasárnap	216	381	542	7/14	7/12	7/11	7/16	7/14	7/16	7/15
Évközi 16. vasárnap	220	384	545	7/21	7/19	7/18	7/23	7/21	7/23	7/22
Évközi 17. vasárnap	224	386	548	7/28	7/26	7/25	7/30	7/28	7/30	7/29
Évközi 18. vasárnap	227	389	551	8/4	8/2	8/1	8/6	8/4	8/6	8/5
Évközi 19. vasárnap	231	392	554	8/11	8/9	8/8	8/13	8/11	8/13	8/12
Évközi 20. vasárnap	234	395	557	8/18	8/16	8/15	8/20	8/18	8/20	8/19
Évközi 21. vasárnap	238	398	560	8/25	8/23	8/22	8/27	8/25	8/27	8/26
Évközi 22. vasárnap	242	402	563	9/1	8/30	8/29	9/3	9/1	9/3	9/2
Évközi 23. vasárnap	245	405	566	9/8	9/6	9/5	9/10	9/8	9/10	9/9
Évközi 24. vasárnap	248	407	570	9/15	9/13	9/12	9/17	9/15	9/17	9/16
Évközi 25. vasárnap	252	411	573	9/22	9/20	9/19	9/24	9/22	9/24	9/23
Évközi 26. vasárnap	255	414	577	9/29	9/27	9/26	10/1	9/29	10/1	9/30
Évközi 27. vasárnap	259	417	580	10/6	10/4	10/3	10/8	10/6	10/8	10/7
Évközi 28. vasárnap	262	420	583	10/13	10/11	10/10	10/15	10/13	10/15	10/14
Évközi 29. vasárnap	265	423	586	10/20	10/18	10/17	10/22	10/20	10/22	10/21
Évközi 30. vasárnap	270	426	589	10/27	10/25	10/24	10/29	10/27	10/29	10/28
Évközi 31. vasárnap	273	429	592	11/3	11/1	10/31	11/5	11/3	11/5	11/4
Évközi 32. vasárnap	276	432	595	11/10	11/8	11/7	11/12	11/10	11/12	11/11
Évközi 33. vasárnap	280	435	598	11/17	11/15	11/14	11/19	11/17	11/19	11/18
Évközi 34. vasárnap	284	438	601	11/24	11/22	11/21	11/26	11/24	11/26	11/25

Vasár- és ünnepnap	Oldalszám			Évkód							
	A év	B év	C év	43	44	45	46	47	48	49	50
Karácsony utáni 2. vasárnap	54	54	54	1/4	—	—	1/3	1/2	—	1/4	1/3
Vízkereszt	57	57	57	1/6	1/6	1/6	1/6	1/6	1/6	1/6	1/6
Urunk megkeresztelkedése	61	61	61	1/11	1/8	1/13	1/10	1/9	1/8	1/11	1/10
Hamvazószerda	65	65	65	3/3	2/8	2/20	2/24	2/16	3/7	3/4	2/24
Nagyböjt 1. vasárnapja	87	300	453	3/7	2/12	2/24	2/28	2/20	3/11	3/8	2/28
Nagyböjt 2. vasárnapja	90	304	456	3/14	2/19	3/2	3/7	2/27	3/18	3/15	3/6
Nagyböjt 3. vasárnapja	92	307	459	3/21	2/26	3/9	3/14	3/6	3/25	3/22	3/13
Nagyböjt 4. vasárnapja	95	310	462	3/28	3/5	3/16	3/21	3/13	4/1	3/29	3/20
Nagyböjt 5. vasárnapja	98	313	466	4/4	3/12	3/23	3/28	3/20	4/8	4/5	3/27
Virágvasárnap	101	101	101	4/11	3/19	3/30	4/4	3/27	4/15	4/12	4/3
Húsvétéj: Föltámadás	115	115	115	4/17	3/25	4/5	4/10	4/2	4/21	4/18	4/9
Húsvétvasárnap	121	121	121	4/18	3/26	4/6	4/11	4/3	4/22	4/19	4/10
Húsvét 2. vasárnapja	129	316	470	4/25	4/2	4/13	4/18	4/10	4/29	4/26	4/17
Húsvét 3. vasárnapja	132	319	473	5/2	4/9	4/20	4/25	4/17	5/6	5/3	4/24
Húsvét 4. vasárnapja	135	322	477	5/9	4/16	4/27	5/2	4/24	5/13	5/10	5/1
Húsvét 5. vasárnapja	138	324	480	5/16	4/23	5/4	5/9	5/1	5/20	5/17	5/8
Húsvét 6. vasárnapja	141	328	484	5/23	4/30	5/11	5/16	5/8	5/27	5/24	5/15
Áldozócsütörtök	144	144	144	5/27	5/4	5/15	5/20	5/12	5/31	5/28	5/19
Húsvét 7. vasárnapja	151	331	487	5/30	5/7	5/18	5/23	5/15	6/3	5/31	5/22
Pünkösd	155	155	155	6/6	5/14	5/25	5/30	5/22	6/10	6/7	5/29
Szentháromság vasárnapja	164	333	490	6/13	5/21	6/1	6/6	5/29	6/17	6/14	6/5
Úrnapja (csütörtök)	167	336	494	6/17	5/25	6/5	6/10	6/2	6/21	6/18	6/9
Jézus Szent Szíve ünnepe	171	339	498	6/25	6/2	6/13	6/18	6/10	6/29	6/26	6/17
Advent 1. vasárnapja	22	290	442	11/28	12/3	11/30	11/28	11/27	12/2	11/29	11/27
Advent 2. vasárnapja	25	292	445	12/5	12/10	12/7	12/5	12/4	12/9	12/6	12/4
Advent 3. vasárnapja	28	295	447	12/12	12/17	12/14	12/12	12/11	12/16	12/13	12/11
Advent 4. vasárnapja	30	297	450	12/19	12/24	12/21	12/19	12/18	12/23	12/20	12/18
Karácsony	39	39	39	12/25	12/25	12/25	12/25	12/25	12/25	12/25	12/25
Szent Család ünnepe	42	42	42	12/26	12/31	12/28	12/26	12/30	12/30	12/27	12/30
Évközi 2. vasárnap	175	342	501	1/18	1/15	1/20	1/17	1/16	1/15	1/18	1/17
Évközi 3. vasárnap	178	345	504	1/25	1/22	1/27	1/24	1/23	1/22	1/25	1/24
Évközi 4. vasárnap	181	348	507	2/1	1/29	2/3	1/31	1/30	1/29	2/1	1/31
Évközi 5. vasárnap	184	351	510	2/8	2/5	2/10	2/7	2/6	2/5	2/8	2/7
Évközi 6. vasárnap	187	354	513	2/15	*5/14	2/17	2/14	2/13	2/12	2/15	2/14
Évközi 7. vasárnap	190	357	517	2/22	*5/21	—	2/21	—	2/19	2/22	2/21
Évközi 8. vasárnap	193	360	520	2/29	5/28	*5/25	—	*5/22	2/26	3/1	—
Évközi 9. vasárnap	197	363	523	—	6/4	*6/1	*5/30	*5/29	3/4	—	*5/29
Évközi 10. vasárnap	200	366	527	*6/6	6/11	6/8	*6/6	6/5	*6/10	*6/7	*6/5
Évközi 11. vasárnap	203	369	530	*6/13	6/18	6/15	6/13	6/12	*6/17	*6/14	6/12
Évközi 12. vasárnap	206	372	533	6/20	6/25	6/22	6/20	6/19	6/24	6/21	6/19
Évközi 13. vasárnap	210	375	536	6/27	7/2	6/29	6/27	6/26	7/1	6/28	6/26
Évközi 14. vasárnap	213	378	539	7/4	7/9	7/6	7/4	7/3	7/8	7/5	7/3
Évközi 15. vasárnap	216	381	542	7/11	7/16	7/13	7/11	7/10	7/15	7/12	7/10
Évközi 16. vasárnap	220	384	545	7/18	7/23	7/20	7/18	7/17	7/22	7/19	7/17
Évközi 17. vasárnap	224	386	548	7/25	7/30	7/27	7/25	7/24	7/29	7/26	7/24
Évközi 18. vasárnap	227	389	551	8/1	8/6	8/3	8/1	7/31	8/5	8/2	7/31
Évközi 19. vasárnap	231	392	554	8/8	8/13	8/10	8/8	8/7	8/12	8/9	8/7
Évközi 20. vasárnap	234	395	557	8/15	8/20	8/17	8/15	8/14	8/19	8/16	8/14
Évközi 21. vasárnap	238	398	560	8/22	8/27	8/24	8/22	8/21	8/26	8/23	8/21
Évközi 22. vasárnap	242	402	563	8/29	9/3	8/31	8/29	8/28	9/2	8/30	8/28
Évközi 23. vasárnap	245	405	566	9/5	9/10	9/7	9/5	9/4	9/9	9/6	9/4
Évközi 24. vasárnap	248	407	570	9/12	9/17	9/14	9/12	9/11	9/16	9/13	9/11
Évközi 25. vasárnap	252	411	573	9/19	9/24	9/21	9/19	9/18	9/23	9/20	9/18
Évközi 26. vasárnap	255	414	577	9/26	10/1	9/28	9/26	9/25	9/30	9/27	9/25
Évközi 27. vasárnap	259	417	580	10/3	10/8	10/5	10/3	10/2	10/7	10/4	10/2
Évközi 28. vasárnap	262	420	583	10/10	10/15	10/12	10/10	10/9	10/14	10/11	10/9
Évközi 29. vasárnap	265	423	586	10/17	10/22	10/19	10/17	10/16	10/21	10/18	10/16
Évközi 30. vasárnap	270	426	589	10/24	10/29	10/26	10/24	10/23	10/28	10/25	10/23
Évközi 31. vasárnap	273	429	592	10/31	11/5	11/2	10/31	10/30	11/4	11/1	10/30
Évközi 32. vasárnap	276	432	595	11/7	11/12	11/9	11/7	11/6	11/11	11/8	11/6
Évközi 33. vasárnap	280	435	598	11/14	11/19	11/16	11/14	11/13	11/18	11/15	11/13
Évközi 34. vasárnap	284	438	601	11/21	11/26	11/23	11/21	11/20	11/25	11/22	11/20

Január

1	Főünnep	Karácsony nyolcada (Kiskarácsony): Szűz Mária, Isten Anyja (Újév)
2	Emléknap	Nagy Szent Vazul (†379) és Nazianzi Szent Gergely (†389) püspökök és egyháztanítók
3		
4		
5		
6	Főünnep	Urunk megjelenése (Vízkereszt)**
7		Penyaforti Szent Rajmund áldozópap (†1275)
8		
9		
10		
11		
12		
13		Szent Hilárius (Vidor) püspök és egyháztanító (†368)
14		
15		Remete Szent Pál* (†342k)
16		
17	Emléknap	Szent Antal apát (†356)
18	Ünnep	Árpád-házi Szent Margit Szűz* (†1270)
19		
20		Szent Fábián pápa és vértanú (†250) Szent Sebestyén vértanú (†288k)
21	Emléknap	Szent Ágnes szűz és vértanú (†304)
22		Szent Vince diakónus és vértanú (†304)
23		
24	Emléknap	Szalézi Szent Ferenc püspök és egyháztanító (†1622)
25	Ünnep	Szent Pál apostol megtérése (Pál fordulása)
26	Emléknap	Szent Timóteus és Szent Titus püspökök (†1. sz.)
27		Merici Szent Angéla szűz (†1540)
28	Emléknap	Aquinói Szent Tamás áldozópap és egyháztanító (†1274)
29		
30		
31	Emléknap	Bosco Szent János áldozópap (†1888)
	Ünnep	Vasárnap, január 6. után: Urunk megkeresztelkedése

Amikor nincs jelezve az ünnep foka, akkor tetszés szerinti emléknap értendő.

* Jelzi a magyar naptár ünnepeit.

** Helyi egyházmegyei döntéstől függően, ha január 6. nem vasárnapra esik, helyette a január 2. és 8. közötti vasárnap is megünnepelhető.

Február

1		
2	Ünnep	Urunk bemutatása (Gyertyaszentelő Boldogasszony)
3		Szent Balázs püspök és vértanú (†316k)
		Szent Anzgár (Oszkár) püspök (†865)
4		
5	Emléknap	Szent Ágota szűz és vértanú (†250k)
6	Emléknap	Miki Szent Pál és társai japán vértanúk (†1597)
7		
8		Emiliáni Szent Jeromos (†1537)
9		
10	Emléknap	Szent Skolasztika szűz (†547k)
11		A Lourdes-i Boldogságos Szűz Mária (1858)
12		
13		
14	Ünnep	Szent Cirill szerzetes (†869) és Szent Metód püspök (†885), Európa társvédőszentjei
15		
16		
17		A szervita rend hét szent alapítója (†13. sz.)
18		
19		
20		
21		Damiáni Szent Péter püspök és egyháztanító (†1072)
22	Ünnep	Szent Péter apostol székfoglalása
23	Emléknap	Szent Polikárp püspök és vértanú (†155k)
24	Ünnep	Szent Mátyás apostol*
25		
26		
27		
28		

Március

1		
2		
3		
4		Szent Kázmér (†1484)
5		
6		
7	Emléknap	Szent Perpétua és Felicitás vértanúk (†203k)
8		Istenes Szent János szerzetes (†1550)
9		Római Szent Franciska szerzetesnő (†1440)
10		
11		
12		
13		
14		
15		
16		
17		Szent Patrik püspök (†461)
		Győr: A győri Könnyező Boldogasszony*
18		Jeruzsálemi Szent Cirill püspök és egyháztanító (†387)
19	Főünnep	Szent József, a Boldogságos Szűz Mária jegyese (†1. sz. eleje)
20		
21		
22		
23		Mongrovejói Szent Turibius püspök (†1606)
24		
25	Főünnep	Urunk születésének híradása (Gyümölcsoltó Boldogasszony)
26		
27		
28		
29		
30		
31		

Április

1		
2		Paolai Szent Ferenc remete (†1507)
3		
4		Szent Izidor püspök és egyháztanító (†636)
5		Ferreri Szent Vince áldozópap (†1419)
6		
7	Emléknap	De La Salle Szent János áldozópap (†1719)
8		
9		
10		
11	Emléknap	Szent Szaniszló püspök és vértanú (†1079)
12		
13		Szent I. Márton pápa és vértanú (†655)
14		
15		
16		Soubirous Szent Mária Bernadett szűz (†1879)
17		
18		
19		
20		
21		Szent Anzelm püspök és egyháztanító (†1109)
22		
23	Emléknap	Szent Adalbert püspök és vértanú* (†997)
	Főünnep	Esztergom: Szent Adalbert püspök és vértanú, a főegyházmegye védőszentje*
24		Szent György vértanú* (†303k)
		Sigmaringeni Szent Fidél áldozópap és vértanú (†1622)
25	Ünnep	Szent Márk evangélista (†1. sz.)
26		
27		
28		Chanel Szent Péter áldozópap és vértanú (†1841)
29	Emléknap	Sziénai Szent Katalin szűz és egyháztanító (†1380)
30		Szent V. Pius pápa (†1572)

Május

1		Szent József, a munkás
2	Emléknap	Szent Atanáz püspök és egyháztanító (†373)
3	Ünnep	Szent Fülöp és Szent Jakab apostolok (†1. sz.)
4		Szent Flórián vértanú* (†304)
5		
6		
7		Boldog Gizella* (†1059)
	Ünnep	Eger: A bazilika-főszékesegyház felszentelése*
8		
9		
10		
11		
12		Szent Néreus és Szent Achilleus vértanúk (†1. sz.)
		Szent Pongrác vértanú (†304k)
13		
14		
15		
16		Nepomuki Szent János áldozópap és vértanú* (†1393)
17		
18		Szent I. János pápa és vértanú (†526)
19		
20		Sziénai Szent Bernardin áldozópap (†1444)
21		
22		Szent Rita özvegy* (†1447)
23		
24	Emléknap	Szűz Mária, a keresztények segítsége
25		Tiszteletreméltó Szent Béda áldozópap és egyháztanító (†735)
		Szent VII. Gergely pápa (†1085)
		Pazzi Szent Mária Magdolna szűz (†1607)
26	Emléknap	Néri Szent Fülöp áldozópap (†1595)
27		Canterburyi Szent Ágoston püspök (†604)
28		
29		
30		Szent István király ereklyéinek átvitele* (1083)
31		

Főünnep	Húsvét 6. vasárnapját követő csütörtök: Áldozócsütörtök, Urunk mennybemenetelének ünnepe (helyi egyházmegyei döntéstől függően, csütörtök helyett a rákövetkező vasárnap is megünnepelhető)
Főünnep	Pünkösd utáni első vasárnap: Szentháromság vasárnapja
Főünnep	Szentháromság vasárnapja utáni csütörtök: Krisztus Szent Teste és Vére: Úrnapja (helyi egyházmegyei döntéstől függően, csütörtök helyett a rákövetkező vasárnap is megünnepelhető)

Június

1	Emléknap	Szent Jusztin vértanú (†165k)
2		Szent Marcellínus (†304) és Szent Péter vértanúk
3	Emléknap	Lwanga Szent Károly és társai vértanúk (†1886)
4	Emléknap	Szombathely: Szent Kerény (Kvirín) püspök és vértanú* (†309)
5	Emléknap	Szent Bonifác püspök és vértanú (†754)
6		Szent Norbert püspök (†1134)
7		
8		Csehországi Szent Ágnes szűz* (†1282)
9		Szent Efrém diakónus és egyháztanító (†373)
10		
11	Emléknap	Szent Barnabás apostol (†1. sz.)
12		
13	Emléknap	Páduai Szent Antal áldozópap és egyháztanító (†1231)
14	Ünnep	Szombathely: A székesegyház felszentelése*
15	Emléknap	Árpád-házi Boldog Jolán szerzetesnő* (†1298)
16		Szombathely: Szent Márton püspök ereklyéinek átvitele*
17		
18		
19		Szent Romuald apát (†1027)
20		
21	Emléknap	Gonzága Szent Alajos szerzetes (†1591)
22		Nolai Szent Paulin püspök (†431)
		Fisher Szent János püspök és Mórus Szent Tamás vértanúk (†1535)
	Ünnep	Pécs: A székesegyház felszentelése*
23		
24	Főünnep	Keresztelő Szent János születése
25		
26		Alexandriai Szent Cirill püspök és egyháztanító* (†444)
27	Ünnep	Szent László király* (†1095)
	Főünnep	Szeged-Csanád, Északi rész: Szent László király, az egyházmegye védőszentje*
28	Emléknap	Szent Iréneus püspök és vértanú (†202k)
29	Főünnep	Szent Péter és Szent Pál apostolok (†64/67)
	Főünnep	Pécs: Szent Péter apostol, az egyházmegye védőszentje*
30		A római Egyház első szent vértanúi (†64)

Főünnep	Pünkösd második vasárnapja utáni péntek: Jézus Szent Szíve
	Pünkösd második vasárnapja utáni szombat: A Boldogságos Szűz Mária Szeplőtelen Szíve

Július

1		
2	Ünnep	Szűz Mária látogatása Erzsébetnél (Sarlós Boldogasszony)*
3	Ünnep	Szent Tamás apostol (†1. sz.)
4		Portugáliai Szent Erzsébet (†1336)
5		Zaccaria Szent Antal Mária áldozópap (†1539)
6		Goretti Szent Mária szűz és vértanú (†1902)
7		
8	Ünnep	Szeged-Csanád, Északi rész: A székesegyház felszentelése*
9		
10		
11	Ünnep	Szent Benedek apát, Európa fővédőszentje (†547)
12		
13		Szent Henrik (†1024)
14		Lellisi Szent Kamill áldozópap (†1614)
15	Emléknap	Szent Bonaventura püspök és egyháztanító (†1274)
16		Kármel-hegyi Boldogasszony
17		Szkalkai Szent András és Szórád Szent Benedek remeték* (†1009 és †1012)
18	Emléknap	Boldog Hedvig királyné* (†1399)
19		
20		
21		Brindisi Szent Lőrinc áldozópap és egyháztanító (†1619)
22	Emléknap	Szent Mária Magdolna (†1. sz.)
23		Szent Brigitta szerzetesnő (†1373)
24	Emléknap	Árpád-házi Szent Kinga szűz* (†1292)
25	Ünnep	Szent Jakab apostol (†1. sz.)
26	Emléknap	Szent Joakim és Szent Anna, a Boldogságos Szűz Mária szülei
	Ünnep	Veszprém: Szent Anna, az egyházmegye védőszentje*
27		
28		
29	Emléknap	Szent Márta (†80k)
30		Aranyszavú (Chrysologus) Szent Péter püspök és egyháztanító (†450)
31	Emléknap	Loyolai Szent Ignác áldozópap (†1556)

Augusztus

1	Emléknap	Liguori Szent Alfonz Mária püspök és egyháztanító (†1787)
2		Vercelli Szent Özséb püspök (†371)
3		
4	Emléknap	Vianney Szent János Mária áldozópap (†1859)
5		Szűz Mária római főtemplomának felszentelése (353, Havas Boldogasszony)
6	Ünnep	Urunk Színeváltozása
7		Szent II. Sixtus pápa és társai vértanúk (†258)
		Szent Kajetán áldozópap (†1547)
8	Emléknap	Szent Domonkos áldozópap (†1221)
9		
10	Ünnep	Szent Lőrinc diakónus és vértanú (†258)
11	Emléknap	Assisi Szent Klára szűz (†1253)
12		
13	Emléknap	Boldog XI. Ince pápa* (†1689)
		Szent Ponciánus pápa és Szent Hippolitus áldozópap vértanúk (†236k)
14	Emléknap	Kolbe Szent Maximilián (Miksa) áldozópap és vértanú (†1941)
15	Főünnep	Szűz Mária mennybevétele (Nagyboldogasszony)
	Főünnep	Győr és Székesfehérvár: Szűz Mária mennybevétele (Nagyboldogasszony), az egyházmegye védőszentje*
16		
17		
18	Ünnep	Vác: A székesegyház felszentelése*
19	Emléknap	Szent Bernát apát és egyháztanító* (†1153)
		Eudes Szent János áldozópap (†1680)
20	Főünnep	Szent István király, Magyarország fővédőszentje* (†1038)
	Főünnep	Kalocsa: Szent István király, a főegyházmegye védőszentje*
21	Emléknap	Szent X. Pius pápa (†1914)
22	Emléknap	Boldogságos Szűz Mária királynő (Királynő Boldogasszony)
23		Limai Szent Róza szűz (†1617)
24	Ünnep	Szent Bertalan apostol (†1. sz.)
25		Szent Lajos (†1270)
		Kalazanci Szent József áldozópap (†1648)
	Ünnep	Kalocsa: A főszékesegyház felszentelése*
26		
27	Emléknap	Szent Mónika (†387)
28	Emléknap	Szent Ágoston püspök és egyháztanító (†430)
29	Emléknap	Keresztelő Szent János vértanúsága (1. sz.)
30	Ünnep	Pannonhalma: A székesegyház felszentelése*
31	Ünnep	Esztergom: A főszékesegyház felszentelése*

Szeptember

1		
2		
3	Emléknap	Nagy Szent Gergely pápa és egyháztanító (†604)
4		
5		
6		
7	Emléknap	Szent Márk, Szent István és Szent Menyhért áldozópapok, kassai vértanúk* (†1619)
8	Ünnep	Szűz Mária születése (Kisboldogasszony)
9		
10		
11		
12	Emléknap	Szűz Mária szent neve*
13	Emléknap	Aranyszájú (Chrysostomus) Szent János püspök és egyháztanító (†407)
	Ünnep	Győr: A székesegyház felszentelése*
14	Ünnep	A Szent Kereszt Felmagasztalása
15	Emléknap	A Fájdalmas Szűzanya
16	Emléknap	Szent Kornél pápa (†253) és Szent Ciprián püspök (†258) vértanúk
17		Bellarmin Szent Róbert püspök és egyháztanító (†1621)
	Emléknap	Győr: Aranyszájú Szent János püspök és egyháztanító (†407)
18		
19		Szent Januárius püspök és vértanú (†304k)
20	Emléknap	Kim Taegon Szent András áldozópap, Csong Haszang Szent Pál és társaik vértanúk (†1830—60)
21	Ünnep	Szent Máté apostol és evangélista (†1. sz.)
22		
23		
24	Ünnep	Szent Gellért püspök és vértanú* (†1046)
	Főünnep	Szeged-Csanád: Szent Gellért püspök és vértanú, az egyházmegye védőszentje*
25		
26		Szent Kozma és Damián vértanúk (†303k)
27	Emléknap	Páli Szent Vince áldozópap (†1660)
28		Szent Vencel király vértanú (†929)
		Ruiz Szent Lőrinc és társai vértanúk (†1633—1637)
29	Ünnep	Szent Mihály, Szent Gábor és Szent Rafael főangyalok
	Ünnep	Vác: Szent Mihály főangyal, az egyházmegye védőszentje*
30	Emléknap	Szent Jeromos áldozópap és egyháztanító (†419/420)

Ünnep	Szeptember utolsó vasárnapja: A Szentírás és a hitoktatás vasárnapja

Október

1	Emléknap	A Gyermek Jézusról nevezett (Lizi̋oi) Szent Teréz szűz (†1897)
2	Emléknap	Szent Őrzőangyalok
3		
4	Emléknap	Assisi Szent Ferenc (†1226)
5	Ünnep	Veszprém: a bazilika-székesegyház felszentelése*
6		Szent Brúnó áldozópap (†1101)
7	Emléknap	Rózsafüzér Királynője
8	Főünnep	Szűz Mária, Magyarok Nagyasszonya, Magyarország Főpátrónája*
9		Szent Dénes püspök és társai vértanúk (†250/258)
		Leonardi Szent János áldozópap (†1609)
10		
11		
12		
13		
14		Szent I. Kallixtus pápa és vértanú (†222k)
15	Emléknap	A Jézusról nevezett (Avilai) Szent Teréz szűz és egyháztanító (†1582)
16		Szent Hedvig szerzetesnő (†1243)
		Alacoque Szent Margit Mária szűz (†1690)
17	Emléknap	Antiochiai Szent Ignác püspök és vértanú (†107k)
18	Ünnep	Szent Lukács evangélista (†1. sz.)
19		De Brébeuf Szent János és Jogues Szent Izsák áldozópapok és társaik vértanúk (†1642—1650)
		Keresztes Szent Pál áldozópap (†1775)
20		
21		
22	Főünnep	A saját templom felszentelése (amennyiben annak napja nem ismeretes)*
23	Emléknap	Kapisztrán Szent János áldozópap* (†1456)
24		Claret Szent Antal Mária püspök (†1870)
	Ünnep	Szeged-Csanád: A székesegyház felszentelése*
25	Emléknap	Boldog Mór püspök* (†1070k)
	Főünnep	Pécs: Boldog Mór püspök, az egyházmegye társvédőszentje*
26		
27		
28	Ünnep	Szent Simon és Szent Júdás Tádé apostolok (†1. sz.)
29		
30		
31		

November

1	Főünnep	Mindenszentek
2		Halottak napja
3		Porres Szent Márton szerzetes (†1639)
4	Emléknap	Borromeo Szent Károly püspök (†1584)
5	Ünnep	Szent Imre herceg* (†1031)
6		
7		
8		
9	Ünnep	A Lateráni-bazilika felszentelése
10	Emléknap	Nagy Szent Leó pápa és egyháztanító (†461)
11	Emléknap	Tours-i Szent Márton püspök (†397)
	Főünnep	Szombathely: Tours-i Szent Márton püspök, az egyházmegye védőszentje*
12	Emléknap	Szent Jozafát püspök és vértanú (†1623)
13		Magyar szentek és boldogok*
14		
15		Nagy Szent Albert püspök és egyháztanító (†1280)
16		Skóciai Szent Margit (†1093)
17		Nagy Szent Gertrúd szűz* (†1301)
18		Szent Péter- és Szent Pál-bazilikák felszentelése
19	Ünnep	Árpád-házi Szent Erzsébet* (†1231)
20		
21	Emléknap	A Boldogságos Szűz Mária bemutatása a templomban
22	Emléknap	Szent Cecília szűz és vértanú (†250k)
23		Szent I. Kelemen pápa és vértanú (†100k)
		Szent Kolumbán apát (†615)
24	Emléknap	Dung-Lac Szent András áldozópap és társai vértanúk (†18. sz.)
25	Ünnep	Székesfehérvár: A bazilika-székesegyház felszentelése*
26		
27	Emléknap	Kalazanci Szent József áldozópap
28	Emléknap	Szeged-Csanád: Márkai Szent Jakab áldozópap* (†1476)
29		
30	Ünnep	Szent András apostol (†1. sz.)

	Főünnep	Utolsó évközi vasárnap: Krisztus, a Mindenség Királya

December

1		
2		
3	Emléknap	Xavéri Szent Ferenc áldozópap (†1552)
4		Damaszkuszi Szent János áldozópap és egyháztanító (†750)
5		
6		Szent Miklós püspök (†350k)
7	Emléknap	Szent Ambrus püspök és egyháztanító (†397)
8	Főünnep	A Boldogságos Szűz Mária Szeplőtelen Fogantatása
9		
10		
11		Szent I. Damazus pápa (†384)
12		Chantal Szent Johanna Franciska szerzetesnő (†1641)
13	Emléknap	Szent Lúcia szűz és vértanú (†304)
14	Emléknap	Keresztes Szent János áldozópap és egyháztanító (†1591)
15		
16		
17		
18		
19		
20		
21		Canisius Szent Péter áldozópap és egyháztanító (†1597)
22		
23		Kenty Szent János áldozópap (†1473)
24		
25	Főünnep	Urunk születése: Karácsony
26	Ünnep	Szent István első vértanú (†1. sz.)
27	Ünnep	Szent János apostol és evangélista (†100k)
	Ünnep	Eger: Szent János apostol és evangélista, a főegyházmegye védőszentje*
28	Ünnep	Aprószentek, vértanúk
29		Becket Szent Tamás püspök és vértanú (†1170)
	Emléknap	Esztergom: Becket Szent Tamás püspök és vértanú*
30		
31		Szent I. Szilveszter pápa (†335)

Ünnep	Karácsony nyolcada alatti vasárnap, vagy ha ilyen nincs, december 30.: A Szent Család: Jézus, Mária és József ünnepe

A SZENTÍRÁSI KÖNYVEK CÍME ÉS RÖVIDÍTÉSE

Ószövetség

1Mz	Teremtés könyve (Ter)	**Péld**	Példabeszédek könyve
2Mz	Kivonulás könyve (Kiv)	**Préd**	Prédikátor könyve
3Mz	Leviták könyve (Lev)	**Én**	Énekek éneke
4Mz	Számok könyve (Szám)	**Bölcs**	Bölcsesség könyve
5Mz	Második Törvénykönyv (MTörv)	**Sir**	Sirák fia könyve
Józs	Józsue könyve	**Iz**	Izajás könyve
Bír	Bírák könyve	**Jer**	Jeremiás könyve
Rut	Rut könyve	**Siral**	Siralmak könyve
1Sám	Sámuel I. könyve	**Bár**	Báruk könyve
2Sám	Sámuel II. könyve	**Ez**	Ezekiel könyve
1Kir	Királyok I. könyve	**Dán**	Dániel könyve
2Kir	Királyok II. könyve	**Oz**	Ozeás könyve
1Krón	Krónikák I. könyve	**Jo**	Joel könyve
2Krón	Krónikák II. könyve	**Ám**	Ámosz könyve
Ezd	Ezdrás könyve	**Abd**	Abdiás könyve
Neh	Nehemiás könyve	**Jón**	Jónás könyve
Tób	Tóbiás könyve	**Mik**	Mikeás könyve
Jud	Judit könyve	**Náh**	Náhum könyve
Esz	Eszter könyve	**Hab**	Habakuk könyve
1Mak	Makkabeusok I. könyve	**Szof**	Szofoniás könyve
2Mak	Makkabeusok II. könyve	**Ag**	Aggeus könyve
Jób	Jób könyve	**Zak**	Zakariás könyve
Zsolt	Zsoltárok könyve	**Mal**	Malakiás könyve

Újszövetség

Mt	Máté evangéliuma	**1Tim**	Timóteusnak írt I. levél
Mk	Márk evangéliuma	**2Tim**	Timóteusnak írt II. levél
Lk	Lukács evangéliuma	**Tit**	Titusznak írt levél
Jn	János evangéliuma	**Filem**	Filemonnak írt levél
ApCsel	Apostolok cselekedetei	**Zsid**	Zsidóknak írt levél
Róm	Rómaiaknak írt levél	**Jak**	Szent Jakab levele
1Kor	Korintusiaknak írt I. levél	**1Pt**	Szent Péter I. levele
2Kor	Korintusiaknak írt II. levél	**2Pt**	Szent Péter II. levele
Gal	Galatáknak írt levél	**1Jn**	Szent János I. levele
Ef	Efezusiaknak írt levél	**2Jn**	Szent János II. levele
Fil	Filippieknek írt levél	**3Jn**	Szent János III. levele
Kol	Kolosszeieknek írt levél	**Júd**	Szent Júdás levele
1Tesz	Tesszalonikaiaknak írt I. levél	**Jel**	Jelenések könyve
2Tesz	Tesszalonikaiaknak írt II. levél		

VASÁR- ÉS ÜNNEPNAPI OLVASMÁNYOK

Év	Olvasmány	Szentlecke	Evangélium
Advent 1. vasárnapja			
A	Iz 2,1-5	Róm 13,11-14	Mt 24,37-44
B	Iz 63,16-17.19;64,3-8	1Kor 1,3-9	Mk 13,33-37
C	Jer 33,14-16	1Tesz 3,12-4,2	Lk 21,25-28.34-36
Advent 2. vasárnapja			
A	Iz 11,1-10	Róm 15,4-9	Mt 3,1-12
B	Iz 40,1-5.9-11	2Pt 3,8-14	Mk 1,1-8
C	Bár 5,1-9	Fil 1,4-6.8-11	Lk 3,1-6
Advent 3. vasárnapja			
A	Iz 35,1-6.10	Jak 5,7-10	Mt 11,2-11
B	Iz 61,1-2.10-11	1Tesz 5,16-24	Jn 1,6-8.19-28
C	Szof 3,14-18	Fil 4,4-7	Lk 3,10-18
Advent 4. vasárnapja			
A	Iz 7,10-14	Róm 1,1-7	Mt 1,18-24
B	2Sám 7,1-5.8-11.16	Róm 16,25-27	Lk 1,26-38
C	Mik 5,1-4	Zsid 10,5-10	Lk 1,39-45
Karácsony, vigília (szentesti) mise			
A,B,C	Iz 62,1-5	ApCsel 13,16-17.22-25	Mt 1,1-25
Karácsony, éjféli mise			
A,B,C	Iz 9,1-3.5-6	Tit 2,11-14	Lk 2,1-14
Karácsony, hajnali mise			
A,B,C	Iz 62,11-12	Tit 3,4-7	Lk 2,15-20
Karácsony, ünnepi mise			
A,B,C	Iz 52,7-10	Zsid 1,1-6	Jn 1,1-18
Szent Család vasárnapja			
A,B,C	Sir 3,3-7.14-17	Kol 3,12-21	A év: Mt 2,13-15.19-23 B év: Lk 2,22-40 C év: Lk 2,41-52
Szűz Mária, Isten Anyja ünnepe (Újév)			
A,B,C	4Mz 6,22-27	Gal 4,4-7	Lk 2,16-21
Karácsony utáni 2. vasárnap			
A,B,C	Sir 24,1-4.12-16	Ef 1,3-6.15-18	Jn 1,1-18
Vízkereszt			
A,B,C	Iz 60,1-6	Ef 3,2-3.5-6	Mt 2,1-12

Év	Olvasmány	Szentlecke	Evangélium
Urunk megkeresztelkedése			
A,B,C	Iz 42,1-4.6-7	ApCsel 10,34-38	A év: Mt 3,13-17 B év: Mk 1,6-11 C év: Lk 3,15-16.21-22
Hamvazószerda			
A,B,C	Jo 2,12-18	2Kor 5,20-6,2	Mt 6,1-6.16-18
Nagyböjt 1. vasárnapja			
A B C	1Mz 2,7-9; 3,1-7 1Mz 9,8-15 5Mz 26,4-10	Róm 5,12-19 1Pt 3,18-22 Róm 10,8-13	Mt 4,1-11 Mk 1,12-15 Lk 4,1-13
Nagyböjt 2. vasárnapja			
A B C	1Mz 12,1-4 1Mz 22,1-2.9.10-13.15-18 1Mz 15,5-12.17-18	2Tim 1,8-10 Róm 8,31-34 Fil 3,17-4,1	Mt 17,1-9 Mk 9,2-10 Lk 9,28-36
Nagyböjt 3. vasárnapja			
A B C	2Mz 17,3-7 2Mz 20,1-17 2Mz 3,1-8.13-15	Róm 5,1-2.5-8 1Kor 1,22-25 1Kor 10,1-6.10-12	Jn 4,5-42 Jn 2,13-25 Lk 13,1-9
Nagyböjt 4. vasárnapja			
A B C	1Sám 16,1.6-7.10-13 2Krón 36,14-16.19-23 Józs 5,9.10-12	Ef 5,8-14 Ef 2,4-10 2Kor 5,17-21	Jn 9,1-41 Jn 3,14-21 Lk 15,1-3.11-32
Nagyböjt 5. vasárnapja			
A B C	Ez 37,12-14 Jer 31,31-34 Iz 43,16-21	Róm 8,8-11 Zsid 5,7-9 Fil 3,8-14	Jn 11,1-45 Jn 12,20-33 Jn 8,1-11
Virágvasárnap, körmenet			
A,B,C	—	—	A év: Mt 21,1-11 B év: Mk 11,1-10 vagy Jn 12,12-16 C év: Lk 19,28-40
Virágvasárnap			
A,B,C	Iz 50,4-7	Fil 2,6-11	A év: Mt 26,14-27,66 B év: Mk 14,1-15,47 C év: Lk 22,14-23,56
Nagycsütörtök, krizmaszentelési szentmise			
A,B,C	Iz 61,1-3.6.8-9	Jel 1,5-8	Lk 4,16-21
Nagycsütörtök, az utolsó vacsora szentmiséje			
A,B,C	2Mz 12,1-8.11-14	1Kor 11,23-26	Jn 13,1-15
Nagypéntek			
A,B,C	Iz 52,13-53,12	Zsid 4,14-16;5,7-9	Jn 18,1-19,42

Év	Olvasmány	Szentlecke	Evangélium
Húsvéti vigília, Urunk föltámadásának ünnepe			
A,B,C	1. 1Mz 1,1-2,2 2. 1Mz 22,1-18 3. 2Mz 14,15-15,1 4. Iz 54,5-14 5. Iz 55,1-11 6. Bár 3,9-15.32-4,4 7. Ez 36,16-28	Róm 6,3-11	A év: Mt 28,1-10 B év: Mk 16,1-8 C év: Lk 24,1-12
Húsvétvasárnap			
A,B,C	ApCsel 10,34.37-43	Kol 3,1-4 vagy 1Kor 5,6-8	Jn 20,1-9
Húsvéthétfő			
A,B,C	—	ApCsel 2,14.22-32	Mt 28,8-15
Húsvét 2. vasárnapja (Fehérvasárnap)			
A	ApCsel 2,42-47	1Pt 1,3-9	Jn 20,19-31
B	ApCsel 4,32-35	1Jn 5,1-6	Jn 20,19-31
C	ApCsel 5,12-16	Jel 1,9-11.12-13.17-19	Jn 20,19-31
Húsvét 3. vasárnapja			
A	ApCsel 2,14.22-28	1Pt 1,17-21	Lk 24,13-35
B	ApCsel 3,13-15.17-19	1Jn 2,1-5	Lk 24,35-48
C	ApCsel 5,27-32.40-41	Jel 5,11-14	Jn 21,1-19
Húsvét 4. vasárnapja			
A	ApCsel 2,14.36-41	1Pt 2,20-25	Jn 10,1-10
B	ApCsel 4,8-12	1Jn 3,1-2	Jn 10,11-18
C	ApCsel 13,14.43-52	Jel 7,9.14-17	Jn 10,27-30
Húsvét 5. vasárnapja			
A	ApCsel 6,1-7	1Pt 2,4-9	Jn 14,1-12
B	ApCsel 9,26-31	1Jn 3,18-24	Jn 15,1-8
C	ApCsel 14,21-27	Jel 21,1-5	Jn 13,31-33.34-35
Húsvét 6. vasárnapja			
A	ApCsel 8,5-8.14-17	1Pt 3,15-18	Jn 14,15-21
B	ApCsel 10,25-26.34-35.44-48	1Jn 4,7-10	Jn 15,9-17
C	ApCsel 15,1-2.22-29	Jel 21,10-14.22-23	Jn 14,23-29
Áldozócsütörtök, Urunk mennybemenetelének ünnepe			
A,B,C	ApCsel 1,11	Ef 1,17-23	A év: Mt 28,16-20 B év: Mk 16,15-20 C év: Lk 24,46-53
Húsvét 7. vasárnapja			
A	ApCsel 1,12-14	1Pt 4,13-16	Jn 17,1-11
B	ApCsel 1,15-17.20-26	1Jn 4,11-16	Jn 17,11-19
C	ApCsel 7,55-60	Jel 22,12-14.16-17.20	Jn 17,20-26
Pünkösdvasárnap, vigília mise			
A,B,C	1Mz 11,1-9 vagy 2Mz 19,3-8.16-20 vagy Ez 37,1-14 vagy Jo 3,1-5 (2,28-32)	Róm 8,22-27	Jn 7,37-39

Év	Olvasmány	Szentlecke	Evangélium
Pünkösdvasárnap, ünnepi mise			
A,B,C	ApCsel 2,1-11	1Kor 12,3-7.12-13	Jn 20,19-23
Pünkösdhétfő			
A,B,C	ApCsel 10,34.42-48	Ef 4,2-6	Jn 15,26-27;16,1-3.12-15
Szentháromság vasárnapja			
A	2Mz 34,4-6.8-9	2Kor 13,11-13	Jn 3,16-18
B	5Mz 4,32-34.39-40	Róm 8,14-17	Mt 28,16-20
C	Péld 8,22-31	Róm 5,1-5	Jn 16,12-15
Krisztus Szent Teste és Vére ünnepe: Úrnapja			
A	5Mz 8,2-3.14-16	1Kor 10,16-17	Jn 6,51-58
B	2Mz 24,3-8	Zsid 9,11-15	Mk 14,12-16.22-26
C	1Mz 14,18-20	1Kor 11,23-26	Lk 9,11-17
Jézus Szent Szíve ünnepe			
A	5Mz 7,6-11	1Jn 4,7-16	Mt 11,25-30
B	Oz 11,1.3-4.8-9	Ef 3,8-12.14-19	Jn 19,31-37
C	Ez 34,11-16	Róm 5,5-11	Lk 15,3-7
Évközi 2. vasárnap			
A	Iz 49,3.5-6	1Kor 1,1-3	Jn 1,29-34
B	1Sám 3,3-10.19	1Kor 6,13-15.17-20	Jn 1,35-42
C	Iz 62,1-5	1Kor 12,4-11	Jn 2,1-12
Évközi 3. vasárnap			
A	Iz 8,23-9,3	1Kor 1,10-13.17	Mt 4,12-23
B	Jón 3,1-5.10	1Kor 7,29-31	Mk 1,14-20
C	Neh 8,2-4.5-6.8-10	1Kor 12,12-30	Lk 1,1-4;4,14-21
Évközi 4. vasárnap			
A	Szof 2,3;3,12-13	1Kor 1,26-31	Mt 5,1-12
B	5Mz 18,15-20	1Kor 7,32-35	Mk 1,21-28
C	Jer 1,4-5.17-19	1Kor 12,31-13,13	Lk 4,21-30
Évközi 5. vasárnap			
A	Iz 58,7-10	1Kor 2,1-5	Mt 5,13-16
B	Jób 7,1-4.6-7	1Kor 9,16-19.22-23	Mk 1,29-39
C	Iz 6,1-2.3-8	1Kor 15,1-11	Lk 5,1-11
Évközi 6. vasárnap			
A	Sir 15,15-20	1Kor 2,6-10	Mt 5,17-37
B	3Mz 13,1-2.44-46	1Kor 10,31-11,1	Mk 1,40-45
C	Jer 17,5-8	1Kor 15,12.16-20	Lk 6,17.20-26
Évközi 7. vasárnap			
A	3Mz 19,1-2.17-18	1Kor 3,16-23	Mt 5,38-48
B	Iz 43,18-19.21-22.24-25	2Kor 1,18-22	Mk 2,1-12
C	1Sám 26,2.7-9.12-13.22-23	1Kor 15,45-49	Lk 6,27-38
Évközi 8. vasárnap			
A	Iz 49,14-15	1Kor 4,1-5	Mt 6,24-34
B	Oz 2,16.17.21-22	2Kor 3,1-6	Mk 2,18-22
C	Sir 27,4-7	1Kor 15,54-58	Lk 6,39-45

Év	Olvasmány	Szentlecke	Evangélium
Évközi 9. vasárnap			
A	5Mz 11,18.26-28	Róm 3,21-25.28	Mt 7,21-27
B	5Mz 5,12-15	2Kor 4,6-11	Mk 2,23-3,6
C	1Kir 8,41-43	Gal 1,1-2.6-10	Lk 7,1-10
Évközi 10. vasárnap			
A	Oz 6,3-6	Róm 4,18-25	Mt 9,9-13
B	1Mz 3,9-15	2Kor 4,13-5,1	Mk 3,20-35
C	1Kir 17,17-24	Gal 1,11-19	Lk 7,11-17
Évközi 11. vasárnap			
A	2Mz 19,2-6	Róm 5,6-11	Mt 9,36-10,8
B	Ez 17,22-24	2Kor 5,6-10	Mk 4,26-34
C	2Sám 12,7-10.13	Gal 2,16.19-21	Lk 7,36-8,3
Évközi 12. vasárnap			
A	Jer 20,10-13	Róm 5,12-15	Mt 10,26-33
B	Jób 38,1.8-11	2Kor 5,14-17	Mk 4,35-41
C	Zak 12,10-11	Gal 3,26-29	Lk 9,18-24
Évközi 13. vasárnap			
A	2Kir 4,8-11.14-16	Róm 6,3-4.8-11	Mt 10,37-42
B	Bölcs 1,13-15;2,23-24	2Kor 8,7.9.13-15	Mk 5,21-43
C	1Kir 19,16.19-21	Gal 5,1.13-18	Lk 9,51-62
Évközi 14. vasárnap			
A	Zak 9,9-10	Róm 8,9.11-13	Mt 11,25-30
B	Ez 2,2-5	2Kor 12,7-10	Mk 6,1-6
C	Iz 66,10-14	Gal 6,14-18	Lk 10,1-12.17-20
Évközi 15. vasárnap			
A	Iz 55,10-11	Róm 8,18-23	Mt 13,1-23
B	Ám 7,12-15	Ef 1,3-14	Mk 6,7-13
C	5Mz 30,10-14	Kol 1,15-20	Lk 10,25-37
Évközi 16. vasárnap			
A	Bölcs 12,13.16-19	Róm 8,26-27	Mt 13,24-43
B	Jer 23,1-6	Ef 2,13-18	Mk 6,30-34
C	1Mz 18,1-10	Kol 1,24-28	Lk 10,38-42
Évközi 17. vasárnap			
A	1Kir 3,5.7-12	Róm 8,28-30	Mt 13,44-52
B	2Kir 4,42-44	Ef 4,1-6	Jn 6,1-15
C	1Mz 18,20-32	Kol 2,12-14	Lk 11,1-13
Évközi 18. vasárnap			
A	Iz 55,1-3	Róm 8,35.37-39	Mt 14,13-21
B	2Mz 16,2-4.12-15	Ef 4,17.20-24	Jn 6,24-35
C	Préd 1,2;2,21-23	Kol 3,1-5.9-11	Lk 12,13-21
Évközi 19. vasárnap			
A	1Kir 19,9.11-13	Róm 9,1-5	Mt 14,22-33
B	1Kir 19,4-8	Ef 4,30-5,2	Jn 6,41-51
C	Bölcs 18,6-9	Zsid 11,1-2.8-19	Lk 12,32-48

Év	Olvasmány	Szentlecke	Evangélium
Évközi 20. vasárnap			
A	Iz 56,1.6-7	Róm 11,13-15.29-32	Mt 15,21-28
B	Péld 9,1-6	Ef 5,15-20	Jn 6,51-58
C	Jer 38,4-6.8-10	Zsid 12,1-4	Lk 12,49-53
Évközi 21. vasárnap			
A	Iz 22,19-23	Róm 11,33-36	Mt 16,13-20
B	Józs 24,1-2.15-17.18	Ef 5,21-32	Jn 6,60-69
C	Iz 66,18-21	Zsid 12,5-7.11-13	Lk 13,22-30
Évközi 22. vasárnap			
A	Jer 20,7-9	Róm 12,1-2	Mt 16,21-27
B	5Mz 4,1-2.6-8	Jak 1,17-18.21-22.27	Mk 7,1-8.14-15.21-23
C	Sir 3,17-18.20.28-29	Zsid 12,18-19.22-24	Lk 14,1.7-14
Évközi 23. vasárnap			
A	Ez 33,7-9	Róm 13,8-10	Mt 18,15-20
B	Iz 35,4-7	Jak 2,1-5	Mk 7,31-37
C	Bölcs 9,13-18	Filem 9-10.12-17	Lk 14,25-33
Évközi 24. vasárnap			
A	Sir 27,30-28,7	Róm 14,7-9	Mt 18,21-35
B	Iz 50,5-9	Jak 2,14-18	Mk 8,27-35
C	2Mz 32,7-11.13-14	1Tim 1,12-17	Lk 15,1-32
Évközi 25. vasárnap			
A	Iz 55,6-9	Fil 1,20-24.27	Mt 20,1-16
B	Bölcs 2,12.17-20	Jak 3,16-4,3	Mk 9,30-37
C	Ám 8,4-7	1Tim 2,1-8	Lk 16,1-13
Évközi 26. vasárnap			
A	Ez 18,25-28	Fil 2,1-11	Mt 21,28-32
B	4Mz 11,25-29	Jak 5,1-6	Mk 9,38-43.45.47-48
C	Ám 6,1.4-7	1Tim 6,11-16	Lk 16,19-31
Évközi 27. vasárnap			
A	Iz 5,1-7	Fil 4,6-9	Mt 21,33-43
B	1Mz 2,18-24	Zsid 2,9-11	Mk 10,2-16
C	Hab 1,2-3;2,2-4	2Tim 1,6-8.13-14	Lk 17,5-10
Évközi 28. vasárnap			
A	Iz 25,6-10	Fil 4,12-14.19-20	Mt 22,1-14
B	Bölcs 7,7-11	Zsid 4,12-13	Mk 10,17-30
C	2Kir 5,14-17	2Tim 2,8-13	Lk 17,11-19
Évközi 29. vasárnap			
A	Iz 45,1.4-6	1Tesz 1,1-5	Mt 22,15-21
B	Iz 53,10-11	Zsid 4,14-16	Mk 10,35-45
C	2Mz 17,8-13	2Tim 3,14-4,2	Lk 18,1-8
Évközi 30. vasárnap			
A	2Mz 22,20-26	1Tesz 1,5-10	Mt 22,34-40
B	Jer 31,7-9	Zsid 5,1-6	Mk 10,46-52
C	Sir 35,15-17.20-22	2Tim 4,6-8.16-18	Lk 18,9-14

Év	Olvasmány	Szentlecke	Evangélium
Évközi 31. vasárnap			
A	Mal 1,14-2,2.8-10	1Tesz 2,7-9.13	Mt 23,1-12
B	5Mz 6,2-6	Zsid 7,23-28	Mk 12,28-34
C	Bölcs 11,22-12,2	2Tesz 1,11-2,2	Lk 19,1-10
Évközi 32. vasárnap			
A	Bölcs 6,12-16	1Tesz 4,13-18	Mt 25,1-13
B	1Kir 17,10-16	Zsid 9,24-28	Mk 12,38-44
C	2Mak 7,1-2.9-14	2Tesz 2,16-3,5	Lk 20,27-38
Évközi 33. vasárnap			
A	Péld 31,10-13.19-20.30-31	1Tesz 5,1-6	Mt 25,14-30
B	Dán 12,1-3	Zsid 10,11-14.18	Mk 13,24-32
C	Mal 3,19-20	2Tesz 3,7-12	Lk 21,5-19
Évközi 34. vasárnap			
A	Ez 34,11-12.15-17	1Kor 15,20-26.28	Mt 25,31-46
B	Dán 7,13-14	Jel 1,5-8	Jn 18,33-37
C	2Sám 5,1-3	Kol 1,12-20	Lk 23,35-43

HÉTKÖZNAPI OLVASMÁNYOK

	Olvasmány (I. és II. év)	Evangélium (I. és II. év)
Advent 1. hete		
Hétfő	Iz 2,1-5 (vagy A évben: Iz 4,2-6)	Mt 8,5-11
Kedd	Iz 11,1-10	Mk 10,21-24
Szerda	Iz 25 6-10	Mt 15,29-37
Csütörtök	Iz 26,1-6	Mt 7,21.24-27
Péntek	Iz 29,17-24	Mt 9,27-31
Szombat	Iz 30,18-21.23-26	Mt 9,35-10,1.6-8
Advent 2. hete		
Hétfő	Iz 35 1-10	Mk 5,17-26
Kedd	Iz 40,1-11	Mt 18,12-14
Szerda	Iz 40,25-31	Mt 11,28-30
Csütörtök	Iz 41,13-20	Mt 11,11-15
Péntek	Iz 48,17-19	Mt 11,16-19
Szombat	Sir 48,1-4.9-11	Mt 17,10-13
Advent 3. hete		
Hétfő	4Mz 24,2-7.15-17	Mt 21,23-27
Kedd	Szof 3,1-2.9-13	Mt 21,28-32
Szerda	Iz 45,5.7-8.18.21-25	Lk 7,19-23
Csütörtök	Iz 54,1-10	Lk 7,24-30
Péntek	Iz 56,1-3.6-8	Jn 5,33-36
Advent 4. hete		
Dec. 17.	1Mz 49,2.8-10	Mt 1,1-17
Dec. 18.	Jer 23,5-8	Mt 1,18-24
Dec. 19.	Bír 13,2-7.24-25	Lk 1,5-25
Dec. 20.	Iz 7,10-14	Lk 1,26-38
Dec. 21.	Én 2,8-14 vagy Szof 3,14-17	Lk 1,39-45
Dec. 22.	1Sám 1,24-28	Lk 1,46-56
Dec. 23.	Mal 3,1-4.23-24	Lk 1,57-66
Dec. 24.	2Sám 7,1-5.8-12.14.16	Lk 1,67-79
Karácsony utáni napok		
Dec. 29.	1Jn 2,3-11	Lk 2,22-35
Dec. 30.	1Jn 2,12-17	Lk 2,36-40
Dec. 31.	1Jn 2,18-21	Jn 1,1-18
Jan. 2.	1Jn 2,22-28	Jn 1,19-28
Jan. 3.	1Jn 2,29-3,6	Jn 1,29-34
Jan. 4.	1Jn 3 7-10	Jn 1,35-42
Jan. 5.	1Jn 3,11-21	Jn 1,43-51
Jan. 7.	1Jn 3,22-4,6	Mt 4,12-17.23-25
Jan. 8.	1Jn 4,7-10	Mk 6,34-44
Jan. 9.	1Jn 4,11-18	Mk 6,45-52
Jan. 10.	1Jn 4,19-5,4	Lk 4,14-22
Jan. 11.	1Jn 5,5-13	Lk 5,12-16
Jan. 12.	1Jn 5,14-21	Jn 3,22-30

	Olvasmány (I. és II. év)	Evangélium (I. és II. év)
Hamvazószerda és az azt követő napok		
Hamvazószerda	Joel 2,12-18; szentlecke: 2Kor 5,20-6,2	Mt 6,1-6.16-18
Csütörtök	5Mz 30,15-20	Lk 9,22-25
Péntek	Iz 58,1-9	Mt 9,14-15
Szombat	Iz 58,9-14	Lk 5,27-32
Nagyböjt 1. hete		
Hétfő	3Mz 19,1-2.11-18	Mt 25,31-46
Kedd	Iz 55,10-11	Mt 6,7-15
Szerda	Jón 3,1-10	Lk 11,29-32
Csütörtök	Esz 14,1.3-5.12-14	Mt 7,7-12
Péntek	Ez 18,21-28	Mt 5,20-26
Szombat	5Mz 26,16-19	Mt 5,43-48
Nagyböjt 2. hete		
Hétfő	Dán 9,4-10	Lk 6,36-38
Kedd	Iz 1,10.16-20	Mt 23,1-12
Szerda	Jer 18,18-20	Mt 20,17-28
Csütörtök	Jer 17,5-10	Lk 16,19-31
Péntek	1Mz 37,3-4.12-13.17-28	Mt 21,33-43.45-46
Szombat	Mik 7,14-15.18-20	Lk 15,1-3.11-32
Nagyböjt 3. hete		
Tetszés szerint választható*	2Mz 17,1-7	Jn 4,5-42
Hétfő	2Kir 5,1-15	Lk 4,24-30
Kedd	Dán 3,25.34-43	Mt 18,21-35
Szerda	5Mz 4,1.5-9	Mt 5,17-19
Csütörtök	Jer 7,23-28	Lk 11,14-23
Péntek	Oz 14,2-10	Mk 12,28-34
Szombat	Oz 6,1-6	Lk 18,9-14
Nagyböjt 4. hete		
Tetszés szerint választható*	Mik 7,7-9	Jn 9,1-41
Hétfő	Iz 65,17-21	Jn 4,43-54
Kedd	Ez 47,1-9.12	Jn 5,1-3.5-16
Szerda	Iz 49,8-15	Jn 5,17-30
Csütörtök	2Mz 32,7-14	Jn 5,31-47
Péntek	Bölcs 2,1.12-22	Jn 7,1-2.10.25-30
Szombat	Jer 11,18-20	Jn 7,40-53
Nagyböjt 5. hete		
Tetszés szerint választható*	2Kir 4,18-21.32-37	Jn 11,1-45
Hétfő	Dán 13,1-9.15-17.19-30.33-62	Jn 8,1-11 (C évben: Jn 8,12-20)
Kedd	4Mz 21,4-9	Jn 8,21-30
Szerda	Dán 3,14-20.49-50.91-92.95	Jn 8,31-42
Csütörtök	1Mz 17,3-9	Jn 8,51-59
Péntek	Jer 20,10-13	Jn 10,31-42
Szombat	Ez 37,21-28	Jn 11,45-57
Nagyhét, Nagyszerdáig		
Nagyhétfő	Iz 42,1-7	Jn 12,1-11
Nagykedd	Iz 49,1-6	Jn 13,21-33.36-38
Nagyszerda	Iz 50,4-9	Mt 26,14-25

* A hét bármely napjára választható.

	Olvasmány (I. és II. év)	Evangélium (I. és II. év)
Húsvét utáni 1. hét (húsvét nyolcada)		
Hétfő	ApCsel 2,14.22-32	Mt 28,8-15
Kedd	ApCsel 2,36-41	Jn 20,11-18
Szerda	ApCsel 3,1-10	Lk 24,13-35
Csütörtök	ApCsel 3,11-26	Lk 24,35-48
Péntek	ApCsel 4,1-12	Jn 21,1-14
Szombat	ApCsel 4,13-21	Mk 16,9-15
Húsvét utáni 2. hét		
Hétfő	ApCsel 4,23-31	Jn 3,1-8
Kedd	ApCsel 4,32-37	Jn 3,7-15
Szerda	ApCsel 5,17-26	Jn 3,16-21
Csütörtök	ApCsel 5,27-33	Jn 3,31-36
Péntek	ApCsel 5,34-42	Jn 6,1-15
Szombat	ApCsel 6,1-7	Jn 6,16-21
Húsvét utáni 3. hét		
Hétfő	ApCsel 6,8-15	Jn 6,22-29
Kedd	ApCsel 7,51-8,1	Jn 6,30-35
Szerda	ApCsel 8,1-8	Jn 6,35-40
Csütörtök	ApCsel 8,26-36.38-40	Jn 6,44-51
Péntek	ApCsel 9,1-20	Jn 6,52-59
Szombat	ApCsel 9,31-42	Jn 6,60-69
Húsvét utáni 4. hét		
Hétfő	ApCsel 11,1-18	Jn 10,11-18 (B és C évben: Jn 10,1-10)
Kedd	ApCsel 11,19-26	Jn 10,22-30
Szerda	ApCsel 12 24-13,5	Jn 12,44-50
Csütörtök	ApCsel 13,13-25	Jn 13,16-20
Péntek	ApCsel 13,26-33	Jn 14,1-6
Szombat	ApCsel 13,44-52	Jn 14,7-14
Húsvét utáni 5. hét		
Hétfő	ApCsel 14,5-18	Jn 14,21-26
Kedd	ApCsel 14,19-28	Jn 14,27-31
Szerda	ApCsel 15,1-6	Jn 15,1-8
Csütörtök	ApCsel 15,7-21	Jn 15,9-11
Péntek	ApCsel 15,22-31	Jn 15,12-17
Szombat	ApCsel 16,1-10	Jn 15,18-21
Húsvét utáni 6. hét		
Hétfő	ApCsel 16,11-15	Jn 15,26-16,4
Kedd	ApCsel 16,22-34	Jn 16,5-11
Szerda	ApCsel 17,15.22-18,1	Jn 16,12-15
Csütörtök	ApCsel 18,1-8	Jn 16,16-20
Péntek	ApCsel 18,9-18	Jn 16,20-23
Szombat	ApCsel 18,23-28	Jn 16,23-28
Húsvét utáni 7. hét		
Hétfő	ApCsel 19,1-8	Jn 16,29-33
Kedd	ApCsel 20,17-27	Jn 17,1-11
Szerda	ApCsel 20,28-38	Jn 17,11-19
Csütörtök	ApCsel 22,30; 23,6-11	Jn 17,20-26
Péntek	ApCsel 25,13-21	Jn 21,15-19
Szombat	ApCsel 28,16-20.30-31	Jn 21,20-35

	Olvasmány I. év	Olvasmány II. év	Evangélium I. és II. év
Évközi 1. hét			
Hétfő	Zsid 1,1-6	1Sám 1,1-8	Mk 1,14-20
Kedd	Zsid 2,5-12	1Sám 1,9-20	Mk 1,21-28
Szerda	Zsid 2,14-18	1Sám 3,1-10.19-20	Mk 1,29-39
Csütörtök	Zsid 3,7-14	1Sám 4,1-11	Mk 1,40-45
Péntek	Zsid 4,1-5.11	1Sám 8,4-7.10-22	Mk 2,1-12
Szombat	Zsid 4,12-16	1Sám 9,1-4.17-19; 10,1	Mk 2,13-17
Évközi 2. hét			
Hétfő	Zsid 5,1-10	1Sám 15,16-23	Mk 2,18-22
Kedd	Zsid 6,10-20	1Sám 16,1-13	Mk 2,23-28
Szerda	Zsid 7,1-3.15-17	1Sám 17,32-33.37.40-51	Mk 3,1-6
Csütörtök	Zsid 7,25-8,6	1Sám 18,6-9; 19,1-7	Mk 3,7-12
Péntek	Zsid 8,6-13	1Sám 24,3-21	Mk 3,13-19
Szombat	Zsid 9,2-3.11-14	2Sám 1,1-4.11-12.17.19.23-27	Mk 3,20-21
Évközi 3. hét			
Hétfő	Zsid 9,15.24-28	2Sám 5,1-7.10	Mk 3,22-30
Kedd	Zsid 10,1-10	2Sám 6,12-15.17-19	Mk 3,31-35
Szerda	Zsid 10,11-18	2Sám 7,4-17	Mk 4,1-20
Csütörtök	Zsid 10,19-25	2Sám 7,18-19.24-29	Mk 4,21-25
Péntek	Zsid 10,32-39	2Sám 11,1-4.5-10.13-17	Mk 4,26-34
Szombat	Zsid 11,1-2.8-19	2Sám 12,1-7.10-17	Mk 4,35-41
Évközi 4. hét			
Hétfő	Zsid 11,32-40	2Sám 15,13-14.30; 16,5-13	Mk 5,1-20
Kedd	Zsid 12,1-4	2Sám 18,9-10.14.24.31-19,3	Mk 5,21-43
Szerda	Zsid 12,4-7.11-15	2Sám 24,2.9-17	Mk 6,1-6
Csütörtök	Zsid 12,18-19.21-24	1Kir 2,1-4.10-12	Mk 6,7-13
Péntek	Zsid 13,1-8	Sir 47,2-11	Mk 6,14-29
Szombat	Zsid 13,15-17.20-21	1Kir 3,4-13	Mk 6,30-34
Évközi 5. hét			
Hétfő	1Mz 1,1-19	1Kir 8,1-7.9-13	Mk 6,53-56
Kedd	1Mz 1,20-2,4	1Kir 8,22-23.27-30	Mk 7,1-13
Szerda	1Mz 2,4-9.15-17	1Kir 10,1-10	Mk 7,14-23
Csütörtök	1Mz 2,18-25	1Kir 11,4-13	Mk 7,24-30
Péntek	1Mz 3,1-8	1Kir 11,29-32; 12,19	Mk 7,31-37
Szombat	1Mz 3,9-24	1Kir 12,26-32; 13,33-34	Mk 8,1-10
Évközi 6. hét			
Hétfő	1Mz 4,1-15.25	Jak 1,1-11	Mk 8,11-13
Kedd	1Mz 6,5-8; 7,1-5.10	Jak 1,12-18	Mk 8,14-21
Szerda	1Mz 8,6-13.20-22	Jak 1,19-27	Mk 8,22-26
Csütörtök	1Mz 9,1-13	Jak 2,1-9	Mk 8,27-33
Péntek	1Mz 11,1-9	Jak 2,14-24.26	Mk 8,34-9,1
Szombat	Zsid 11,1-7	Jak 3,1-10	Mk 9,2-13

	Olvasmány		Evangélium
	I. év	II. év	I. és II. év
Évközi 7. hét			
Hétfő	Sir 1,1-4.6.8-10	Jak 3,13-18	Mk 9,14-29
Kedd	Sir 2,1-11	Jak 4,1-10	Mk 9,30-37
Szerda	Sir 4,11-19	Jak 4,13-17	Mk 9,38-40
Csütörtök	Sir 5,1-8	Jak 5,1-6	Mk 9,41-43.45.47-50
Péntek	Sir 6,5-17	Jak 5,9-12	Mk 10,1-12
Szombat	Sir 17,1-4.6-15	Jak 5,13-20	Mk 10,13-16
Évközi 8. hét			
Hétfő	Sir 17,24-29	1Pt 1,3-9	Mk 10,17-27
Kedd	Sir 35,1-12	1Pt 1,10-16	Mk 10,28-31
Szerda	Sir 36,1-2.4-5.10-17	1Pt 1,18-25	Mk 10,32-45
Csütörtök	Sir 42,15-25	1Pt 2,2-5.9-12	Mk 10,46-52
Péntek	Sir 44,1.9-13	1Pt 4,7-13	Mk 11,11-25
Szombat	Sir 51,12-20	Júd 17,20-25	Mk 11,27-33
Évközi 9. hét			
Hétfő	Tób 1,1-2; 2,1-8	2Pt 1,1-7	Mk 12,1-12
Kedd	Tób 2,9-14; 3,1	2Pt 3,12-15.17-18	Mk 12,13-17
Szerda	Tób 3,1-13.16-17	2Tim 1,1-3.6-12	Mk 12,18-27
Csütörtök	Tób 6,10-12; 7,1.7-14; 8,4-8	2Tim 2,8-15	Mk 12,28-34
Péntek	Tób 11,5-14	2Tim 3,10-17	Mk 12,35-37
Szombat	Tób 12,1-15.20	2Tim 4,1-8	Mk 12,38-44
Évközi 10. hét			
Hétfő	2Kor 1,1-7	1Kir 17,1-6	Mt 5,1-12
Kedd	2Kor 1,18-22	1Kir 17,7-16	Mt 5,13-16
Szerda	2Kor 3,4-11	1Kir 18,20-39	Mt 5,17-19
Csütörtök	2Kor 3,15-4,1.3-6	1Kir 18,41-46	Mt 5,20-26
Péntek	2Kor 4,7-15	1Kir 19,9.11-16	Mt 5,27-32
Szombat	2Kor 5,14-21	1Kir 19,19-21	Mt 5,33-37
Évközi 11. hét			
Hétfő	2Kor 6,1-10	1Kir 21,1-16	Mt 5,38-42
Kedd	2Kor 8,1-9	1Kir 21,17-29	Mt 5,43-48
Szerda	2Kor 9,6-11	2Kir 2,1.6-14	Mt 6,1-6.16-18
Csütörtök	2Kor 11,1-11	Sir 48,1-14	Mt 6,7-15
Péntek	2Kor 11,18.22-30	2Kir 11,1-4.9-18.20	Mt 6,19-23
Szombat	2Kor 12,1-10	2Krón 24,17-25	Mt 6,24-34
Évközi 12. hét			
Hétfő	1Mz 12,1-9	2Kir 17,5-8.13-15.18	Mt 7,1-5
Kedd	1Mz 13,2.5-18	2Kir 19,9-11.14-21.31-36	Mt 7,6.12-14
Szerda	1Mz 15,1-12.17-18	2Kir 22,8-13; 23,1-3	Mt 7,15-20
Csütörtök	1Mz 16,1-12.15-16 (vagy 1Mz 16,6-12.15-16)	2Kir 24,8-17	Mt 7,21-29
Péntek	1Mz 17,1.9-10.15-22	2Kir 25,1-12	Mt 8,1-4
Szombat	1Mz 18,1-15	Siral 2,2.10-14.18-19	Mt 8,5-17

	Olvasmány I. év	Olvasmány II. év	Evangélium I. és II. év
Évközi 13. hét			
Hétfő	1Mz 18,16-33	Ám 2,6-10.13-16	Mt 8,18-22
Kedd	1Mz 19,15-29	Ám 3,1-8; 4,11-12	Mt 8,23-27
Szerda	1Mz 21,5.8-20	Ám 5,14-15.21-24	Mt 8,28-34
Csütörtök	1Mz 22,1-19	Ám 7,10-17	Mt 9,1-8
Péntek	1Mz 23,1-4.19; 24,1-8.62-67	Ám 8,4-6.9-12	Mt 9,9-13
Szombat	1Mz 27,1-5.15-29	Ám 9,11-15	Mt 9,14-17
Évközi 14. hét			
Hétfő	1Mz 28,10-22a	Oz 2,16.17.19-22	Mt 9,18-26
Kedd	1Mz 32,23-32	Oz 8,4-7.11-13	Mt 9,32-38
Szerda	1Mz 41,55-57; 42,5-7.17-24	Oz 10,1-3.7-8.12	Mt 10,1-7
Csütörtök	1Mz 44,18-21.23-29; 45,1-5	Oz 11,1-4.8-9	Mt 10,7-15
Péntek	1Mz 46,1-7.28-30	Oz 14,2-10	Mt 10,16-23
Szombat	1Mz 49,29-33; 50,15-26	Iz 6,1-8	Mt 10,24-33
Évközi 15. hét			
Hétfő	2Mz 1,8-14.22	Iz 1,11-17	Mt 10,34-11,1
Kedd	2Mz 2,1-15	Iz 7,1-9	Mt 11,20-24
Szerda	2Mz 3,1-6.9-12	Iz 10,5-7.13-16	Mt 11,25-27
Csütörtök	2Mz 3,13-20	Iz 26,7-9.12.16-19	Mt 11,28-30
Péntek	2Mz 11,10-12,14	Iz 38,1-6.22.7-8	Mt 12,1-8
Szombat	2Mz 12,37-42	Mik 2,1-5	Mt 12,14-21
Évközi 16. hét			
Hétfő	2Mz 14,5-18	Mik 6,1-4.6-8	Mt 12,38-42
Kedd	2Mz 14,21-15,1	Mik 7,14-15,18-20	Mt 12,46-50
Szerda	2Mz 16,1-5.9-15	Jer 1,1.4-10	Mt 13,1-9
Csütörtök	2Mz 19,1-2.9-11.16-20	Jer 2,1-3.7-8.12-13	Mt 13,10-17
Péntek	2Mz 20,1-17	Jer 3,14-17	Mt 13,18-23
Szombat	2Mz 24,3-8	Jer 7,1-11	Mt 13,24-30
Évközi 17. hét			
Hétfő	2Mz 32,15-24.30-34	Jer 13,1-11	Mt 13,31-35
Kedd	2Mz 33,7-11; 34,5-9.28	Jer 14,17-22	Mt 13,36-43
Szerda	2Mz 34,29-35	Jer 15,10.16-21	Mt 13,44-46
Csütörtök	2Mz 40,16-21.34-36	Jer 18,1-6	Mt 13,47-53
Péntek	3Mz 23,1.4-11.15-16.27.34-37	Jer 26,1-9	Mt 13,54-58
Szombat	3Mz 25,1.8-17	Jer 26,11-16.24	Mt 14,1-12
Évközi 18. hét			
Hétfő	4Mz 11,4-15	Jer 28,1-17	Mt 14,13-21
Kedd	4Mz 12,1-13	Jer 30,1-2.12-15.18-22	Mt 14,22-36
Szerda	4Mz 13,1-3.25-14,1.26-30.34-35	Jer 31,1-7	Mt 15,21-28
Csütörtök	4Mz 20,1-13	Jer 31,31-34	Mt 16,13-23
Péntek	5Mz 4,32-40	Náh 2,1.3; 3,1-3.6-7	Mt 16,24-28
Szombat	5Mz 6,4-13	Hab 1,12-2,4	Mt 17,14-20

	Olvasmány I. év	Olvasmány II. év	Evangélium I. és II. év
Évközi 19. hét			
Hétfő	5Mz 10,12-22	Ez 1,2-5.24-28	Mt 17,22-27
Kedd	5Mz 31,1-8	Ez 2,8-3,4	Mt 18,1-5.10.12-14
Szerda	5Mz 34,1-12	Ez 9,1-7; 10,18-22	Mt 18,15-20
Csütörtök	Józs 3,7-10.11.13-17	Ez 12,1-12	Mt 18,21-19,1
Péntek	Józs 24,1-13	Ez 16,3-15.60.63 (vagy Ez 16,59-63)	Mt 19,3-12
Szombat	Józs 24,14-28	Ez 18,1-10.13.30-32	Mt 19,13-15
Évközi 20. hét			
Hétfő	Bír 2,11-19	Ez 24,15-24	Mt 19,16-22
Kedd	Bír 6,11-24	Ez 28,1-10	Mt 19,23-30
Szerda	Bír 9,6-15	Ez 34,1-11	Mt 20,1-16
Csütörtök	Bír 11,29-39	Ez 36,23-28	Mt 22,1-14
Péntek	Rut 1,1.3-6.14-16.22	Ez 37,1-14	Mt 22,34-40
Szombat	Rut 2,1-3.8-11; 4,13-17	Ez 43,1-7	Mt 23,1-12
Évközi 21. hét			
Hétfő	1Tesz 1,1-5.8-10	2Tesz 1,1-5.11-12	Mt 23,13-22
Kedd	1Tesz 2,1-8	2Tesz 2,1-3.13-17	Mt 23,23-26
Szerda	1Tesz 2,9-13	2Tesz 3,6-10.16-18	Mt 23,27-32
Csütörtök	1Tesz 3,7-13	1Kor 1,1-9	Mt 24,42-51
Péntek	1Tesz 4,1-8	1Kor 1,17-25	Mt 25,1-13
Szombat	1Tesz 4,9-11	1Kor 1,26-31	Mt 25,14-30
Évközi 22. hét			
Hétfő	1Tesz 4,13-17	1Kor 2,1-5	Lk 4,16-30
Kedd	1Tesz 5,1-6.9-11	1Kor 2,10-16	Lk 4,31-37
Szerda	Kol 1,1-8	1Kor 3,1-9	Lk 4,38-44
Csütörtök	Kol 1,9-14	1Kor 3,18-23	Lk 5,1-11
Péntek	Kol 1,15-20	1Kor 4,1-5	Lk 5,33-39
Szombat	Kol 1,21-23	1Kor 4,9-15	Lk 6,1-5
Évközi 23. hét			
Hétfő	Kol 1,24-2,3	1Kor 5,1-8	Lk 6,6-11
Kedd	Kol 2,6-15	1Kor 6,1-11	Lk 6,12-19
Szerda	Kol 3,1-11	1Kor 7,25-31	Lk 6,20-26
Csütörtök	Kol 3,12-17	1Kor 8,1-7.11-13	Lk 6,27-38
Péntek	1Tim 1,1-2.12-14	1Kor 9,16-19.22-27	Lk 6,39-42
Szombat	1Tim 1,15-17	1Kor 10,14-22	Lk 6,43-49
Évközi 24. hét			
Hétfő	1Tim 2,1-7	1Kor 11,17-26.33-34	Lk 7,1-10
Kedd	1Tim 3,1-13	1Kor 12,12-14.27-31	Lk 7,11-17
Szerda	1Tim 3,14-16	1Kor 12,31-13,13	Lk 7,31-35
Csütörtök	1Tim 4,12-16	1Kor 15,1-11	Lk 7,36-50
Péntek	1Tim 6,3-12	1Kor 15,12-20	Lk 8,1-3
Szombat	1Tim 6,13-16	1Kor 15,35-37.42-49	Lk 8,4-15

	Olvasmány		Evangélium
	I. év	II. év	I. és II. év
Évközi 25. hét			
Hétfő	Ezd 1,1-6	Péld 3,27-35	Lk 8,16-18
Kedd	Ezd 6,7-8.12.14-20	Péld 21,1-6.10-13	Lk 8,19-21
Szerda	Ezd 9,5-9	Péld 30,5-9	Lk 9,1-6
Csütörtök	Ag 1,1-8	Préd 1,2-11	Lk 9,7-9
Péntek	Ag 2,1-9	Préd 3,1-11	Lk 9,18-22
Szombat	Zak 2,5-9.14-15	Préd 11,9-12,8	Lk 9,43-45
Évközi 26. hét			
Hétfő	Zak 8,2-8	Jób 1,6-22	Lk 9,46-50
Kedd	Zak 8,20-23	Jób 3,1-3.11-17.20-23	Lk 9,51-56
Szerda	Neh 2,1-8	Jób 9,1-12.14-16	Lk 9,57-62
Csütörtök	Neh 8,1-4.5-6.8-12	Jób 19,21-27	Lk 10,1-12
Péntek	Bár 1,15-22	Jób 38,1.12-21; 40,3-5	Lk 10,13-16
Szombat	Bár 4,5-12.27-29	Jób 42,1-3.5-6.12-16	Lk 10,17-24
Évközi 27. hét			
Hétfő	Jón 1,1-2,1.11	Gal 1,6-12	Lk 10,25-37
Kedd	Jón 3,1-10	Gal 1,13-24	Lk 10,38-42
Szerda	Jón 3,10-4,11	Gal 2,1-2.7-14	Lk 11,1-4
Csütörtök	Mal 3,13-20	Gal 3,1-5	Lk 11,5-13
Péntek	Joel 1,13-15; 2,1-2	Gal 3,6-14	Lk 11,14-26
Szombat	Joel 4,12-21	Gal 3,22-29	Lk 11,27-28
Évközi 28. hét			
Hétfő	Róm 1,1-7	Gal 4,22-24.26-27.31-5,1	Lk 11,29-32
Kedd	Róm 1,16-25	Gal 5,1-6	Lk 11,37-41
Szerda	Róm 2,1-11	Gal 5,18-25	Lk 11,42-46
Csütörtök	Róm 3,21-30	Ef 1,1-10	Lk 11,47-54
Péntek	Róm 4,1-8	Ef 1,11-14	Lk 12,1-7
Szombat	Róm 4,13.16-18	Ef 1,15-23	Lk 12,8-12
Évközi 29. hét			
Hétfő	Róm 4,20-25	Ef 2,1-10	Lk 12,13-21
Kedd	Róm 5,12.15.17-19.20-21	Ef 2,12-22	Lk 12,35-38
Szerda	Róm 6,12-18	Ef 3,2-12	Lk 12,39-48
Csütörtök	Róm 6,19-23	Ef 3,14-21	Lk 12,49-53
Péntek	Róm 7,18-25	Ef 4,1-6	Lk 12,54-59
Szombat	Róm 8,1-11	Ef 4,7-16	Lk 13,1-9
Évközi 30. hét			
Hétfő	Róm 8,12-17	Ef 4,32-5,8	Lk 13,10-17
Kedd	Róm 8,18-25	Ef 5,21-33	Lk 13,18-21
Szerda	Róm 8,26-30	Ef 6,1-9	Lk 13,22-30
Csütörtök	Róm 8,31-39	Ef 6,10-20	Lk 13,31-35
Péntek	Róm 9,1-5	Fil 1,1-11	Lk 14,1-6
Szombat	Róm 11,1-2.11-12.25-29	Fil 1,18-26	Lk 14,1.7-11

	Olvasmány		Evangélium
	I. év	II. év	I. és II. év
Évközi 31. hét			
Hétfő	Róm 11,29-36	Fil 2,1-4	Lk 14,12-14
Kedd	Róm 12,5-16	Fil 2,5-11	Lk 14,15-24
Szerda	Rom 13,8-10	Fil 2,12-18	Lk 14,25-33
Csütörtök	Róm 14,7-12	Fil 3,3-8	Lk 15,1-10
Péntek	Róm 15,14-21	Fil 3,17-4,1	Lk 16,1-8
Szombat	Róm 16,3-9.16.22-27	Fil 4,10-19	Lk 16,9-13
Évközi 32. hét			
Hétfő	Bölcs 1,1-7	Tit 1,1-9	Lk 17,1-6
Kedd	Bölcs 2,23-3,9	Tit 2,1-8.11-14	Lk 17,7-10
Szerda	Bölcs 6,1-11	Tit 3,1-7	Lk 17,11-19
Csütörtök	Bölcs 7,22-8,1	Filem 7-20	Lk 17,20-25
Péntek	Bölcs 13,1-9	2Jn 4-9	Lk 17,26-37
Szombat	Bölcs 18,14-16; 19,6-9	3Jn 5-8	Lk 18,1-8
Évközi 33. hét			
Hétfő	1Mak 1,11-16.43-45.57-60.65-67	Jel 1,1-4; 2,1-5	Lk 18,35-43
Kedd	2Mak 6,18-31	Jel 3,1-6.14-22	Lk 19,1-10
Szerda	2Mak 7,1.20-31	Jel 4,1-11	Lk 19,11-28
Csütörtök	1Mak 2,15-29	Jel 5,1-10	Lk 19,41-44
Péntek	1Mak 4,36-37.52-59	Jel 10,8-11	Lk 19,45-48
Szombat	1Mak 6,1-13	Jel 11,4-12	Lk 20,27-40
Évközi 34. hét			
Hétfő	Dán 1,1-6.8-20	Jel 14,1-3.4-5	Lk 21,1-4
Kedd	Dán 2,31-45	Jel 14,14-20	Lk 21,5-11
Szerda	Dán 5,1-6.13-14.16-17.23-28	Jel 15,1-4	Lk 21,12-19
Csütörtök	Dán 6,12-27	Jel 18,1-2.21-23; 19,1-3.9	Lk 21,20-28
Péntek	Dán 7,2-14	Jel 20,1-4.11-21,2	Lk 21,29-33
Szombat	Dán 7,15-27	Jel 22,1-7	Lk 21,34-36

A SZENTÍRÁSI HELYEK MUTATÓJA

1Mz Mózes I. könyve (Teremtés)

1,1-2,2	ABC	Húsvétéj	115
2,7-9;3,1-7	A	Böjt 1. v.	87
2,18-24	B	Évk. 27. v.	417
3,9-15	B	Évk. 10. v.	366
3,9-15.20	ABC	Dec. 8.	751
9,8-15	B	Böjt 1. v.	300
11,1-9	ABC	Pünkösd vg.	153
12,1-4	A	Böjt 2. v.	90
14,18-20	C	Úrnapja	494
15,5-12.17-18	C	Böjt 2. v.	456
18,1-10	C	Évk. 16. v.	545
18,20-32	C	Évk. 17. v.	548
22,1-2.9.10-13.15-18	B	Böjt 2. v.	304
22,1-18	ABC	Húsvétéj	116

2Mz Mózes II. könyve (Kivonulás)

3,1-8.13-15	C	Böjt 3. v.	459
12,1-8.11-14	ABC	Nagycsüt.	106
14,15-15,1	ABC	Húsvétéj	116
16,2-4.12-15	B	Évk. 18. v.	389
17,3-7	A	Böjt 3. v.	92
17,8-13	C	Évk. 29. v.	586
19,2-6	A	Évk. 11. v.	203
19,3-8.16-20	ABC	Pünkösd vg.	153
20,1-17	B	Böjt 3. v.	307
22,20-26	A	Évk. 30. v.	270
24,3-8	B	Úrnapja	336
32,7-11.13-14	C	Évk. 24. v.	570
34,4-6.8-9	A	Szhrmsg v.	164

3Mz Mózes III. könyve (Leviták)

13,1-2.44-46	B	Évk. 6. v.	354
19,1-2.17-18	A	Évk. 7. v.	190

4Mz Mózes IV. könyve (Számok)

6,22-27	ABC	Újév	48
11,25-29	B	Évk. 26. v.	414
21,4-9	ABC	Szept. 14.	691

5Mz Mózes V. könyve (II. Törvénykönyv)

4,1-2.6-8	B	Évk. 22. v.	402
4,32-34.39-40	B	Szhrmsg v.	333
5,12-15	B	Évk. 9. v.	363
6,2-6	B	Évk. 31. v.	429
7,6-11	A	Jézus Szíve	171
8,2-3.14-16	A	Úrnapja	167
11,18.26-28	A	Évk. 9. v.	197
18,15-20	B	Évk. 4. v.	348
26,4-10	C	Böjt 1. v.	453
30,10-14	C	Évk. 15. v.	542

Józs Józsue könyve

5,9.10-12	C	Böjt 4. v.	462
24,1-2.15-17.18	B	Évk. 21. v.	398

1Sám Sámuel I. könyve

3,3-10.19	B	Évk. 2. v.	342
16,1.6-7.10-13	A	Böjt 4. v.	95
26,2.7-9.12-13.22-23	C	Évk. 7. v.	517

2Sám Sámuel II. könyve

5,1-3	C	Évk. 34. v.	601
7,1-5.8-11.16	B	Advent 4. v.	297
7,4-5.12-14.16	ABC	Márc. 19.	616
12,7-10.13	C	Évk. 11. v.	530

1Kir Királyok I. könyve

3,5.7-12	A	Évk. 17. v.	224
8,41-43	C	Évk. 9. v.	523
17,10-16	B	Évk. 32. v.	432
17,17-24	C	Évk. 10. v.	527
19,4-8	B	Évk. 19. v.	392
19,9.11-13	A	Évk. 19. v.	231
19,16.19-21	C	Évk. 13. v.	536

2Kir Királyok II. könyve

4,8-11.14-16	A	Évk. 13. v.	210
4,42-44	B	Évk. 17. v.	386
5,14-17	C	Évk. 28. v.	583

1Krón Krónikák I. könyve

15,3-4.15-16;16,1-2	ABC	Aug. 15. vg.	660

2Krón Krónikák II. könyve

36,14-16.19-23	B	Böjt 4. v.	310

Neh Nehemiás könyve

8,2-4.5-6.8-10	C	Évk. 3. v.	504

2Mak Makkabeusok I. könyve

7,1-2.9-14	C	Évk. 32. v.	595
12,43-45	ABC	Nov. 2.	729

Jób Jób könyve

7,1-4.6-7	B	Évk. 5. v.	351
38,1.8-11	B	Évk. 12. v.	372

* A csillaggal megjelölt oldal nem tartalmazza a szentírási rész magyarázatát, hanem utalást az ide vonatkozó magyarázat helyére.

Péld Példabeszédek könyve

4,10-15.18-27	ABC	Aug. 20.	669
8,22-31 *	ABC	Szept. 12.	688
8,22-31	C	Szhrmsg v.	490
9,1-6	B	Évk. 20. v.	395
31,10-13.19-20.30-31	A	Évk. 33. v.	280
31,10-13.19-20.30-31 *	ABC	Nov. 19.	744

Préd Prédikátorok könyve

1,2;2,21-23	C	Évk. 18. v.	551

Bölcs Bölcsesség könyve

1,13-15;2,23-24	B	Évk. 13. v.	375
2,12.17-20	B	Évk. 25. v.	411
3,1-9	ABC	Szept. 7.	680
3,1-9 *	ABC	Szept. 24.	705
4,7-17	ABC	Nov. 5.	738
6,12-16	A	Évk. 32. v.	276
7,7-11	B	Évk. 28. v.	420
9,13-18	C	Évk. 23. v.	566
10,10-14	ABC	Jún. 27.	635
11,22-12,2	C	Évk. 31. v.	592
12,13.16-19	A	Évk. 16. v.	220
18,6-9	C	Évk. 19. v.	554

Sir Sirák fia könyve

3,3-7.14-17	ABC	Sz Család	42
3,17-18.20.28-29	C	Évk. 22. v.	563
15,15-20	A	Évk. 6. v.	187
24,1-4.12-16	ABC	Kar. u. 2. v.	54
24,23-31	ABC	Okt. 8.	710
27,4-7	C	Évk. 8. v.	520
27,30-28,7	A	Évk. 24. v.	248
35,15-17.20-22	C	Évk. 30. v.	589

Iz Izajás könyve

2,1-5	A	Advent 1. v.	22
5,1-7	A	Évk. 27. v.	259
6,1-2.3-8	C	Évk. 5. v.	510
7,10-14	A	Advent 4. v.	30
7,10-14	ABC	Márc. 25.	620
8,23-9,3	A	Évk. 3. v.	178
9,1-3.5-6	ABC	Karácsony éj	35
11,1-10	A	Advent 2. v.	25
22,19-23	A	Évk. 21. v.	238
25,6-10	A	Évk. 28. v.	262
35,1-6.10	A	Advent 3. v.	28
35,4-7	B	Évk. 23. v.	405
40,1-5.9-11	B	Advent 2. v.	292
42,1-4.6-7	ABC	Úr megker.	61
43,16-21	C	Böjt 5. v.	466
43,18-19.21-22.24-25	B	Évk. 7. v.	357
45,1.4-6	A	Évk. 29. v.	265
49,1-6	ABC	Jún. 24.	627
49,3.5-6	A	Évk. 2. v.	175
49,14-15	A	Évk. 8. v.	193
50,4-7	ABC	Virágvasárnap	101
50,5-9	B	Évk. 24. v.	407
52,7-10	ABC	Karácsony	39
52,7-10 *	ABC	Okt. 25.	721
52,13-53,12	ABC	Nagypéntek	110
53,10-11	B	Évk. 29. v.	423
54,5-14	ABC	Húsvétéj	116
55,1-3	A	Évk. 18. v.	227
55,1-11	ABC	Húsvétéj	116
55,6-9	A	Évk. 25. v.	252
55,10-11	A	Évk. 15. v.	216
56,1.6-7	A	Évk. 20. v.	234
58,7-10	A	Évk. 5. v.	184
60,1-6	ABC	Vízkereszt	57
61,1-2.10-11	B	Advent 3. v.	295
61,1-3.6.8-9	ABC	Ncsüt. krizma	105
62,1-5	ABC	Karácsony vg.	33
62,1-5	C	Évk. 2. v.	501
62,11-12	ABC	Karácsony hj.	37
63,16-17.19;64,3-8	B	Advent 1. v.	290
66,10-14	C	Évk. 14. v.	539
66,18-21	C	Évk. 21. v.	560

Jer Jeremiás könyve

1,4-5.17-19	C	Évk. 4. v.	507
1,4-10	ABC	Jún. 24. vg.	625
1,17-19 *	ABC	Aug. 29.	674
17,5-8	C	Évk. 6. v.	513
20,7-9	A	Évk. 22. v.	242
20,10-13	A	Évk. 12. v.	206
23,1-6	B	Évk. 16. v.	384
31,7-9	B	Évk. 30. v.	426
31,31-34	B	Böjt 5. v.	313
33,14-16	C	Advent 1. v.	442
38,4-6.8-10	C	Évk. 20. v.	557

Bár Báruk könyve

3,9-15.32-4,4	ABC	Húsvétéj	117
5,1-9	C	Advent 2. v.	445

Ez Ezekiel könyve

2,2-5	B	Évk. 14. v.	378
17,22-24	B	Évk. 11. v.	369
18,25-28	A	Évk. 26. v.	255
33,7-9	A	Évk. 23. v.	245
34,11-12.15-17	A	Évk. 34. v.	284
34,11-16	C	Jézus Szíve	498
36,16-28	ABC	Húsvétéj	117
37,1-14	ABC	Pünkösd vg.	153
37,12-14	A	Böjt 5. v.	98

Dán Dániel könyve

7,9-10.13-14	ABC	Aug. 6.	654
7,13-14	B	Évk. 34. v.	438
12,1-3	B	Évk. 33. v.	435

14,7-9	A	Évk. 24. v.	248
15,4-9	A	Advent 2. v.	25
16,25-27	B	Advent 4. v.	297

1Kor Korintusiaknak írt I. levél

1,1-3	A	Évk. 2. v.	175
1,3-9	B	Advent 1. v.	290
1,10-13.17	A	Évk. 3. v.	178
1,22-25	B	Böjt 3. v.	307
1,26-31	A	Évk. 4. v.	181
2,1-5	A	Évk. 5. v.	184
2,6-10	A	Évk. 6. v.	187
3,16-23	A	Évk. 7. v.	190
4,1-5	A	Évk. 8. v.	193
5,6-8	ABC	Húsvétv.	121
6,13-15.17-20	B	Évk. 2. v.	342
7,29-31	B	Évk. 3. v.	345
7,32-35	B	Évk. 4. v.	348
9,16-19.22-23	B	Évk. 5. v.	351
10,1-6.10-12	C	Böjt 3. v.	459
10,16-17	A	Úrnapja	167
10,31-11,1	B	Évk. 6. v.	354
11,23-26	ABC	Nagycsüt.	106
11,23-26	C	Úrnapja	494
12,3-7.12-13	ABC	Pünkösd	155
12,4-11	C	Évk. 2. v.	501
12,12-30	C	Évk. 3. v.	504
12,31-13,13	C	Évk. 4. v.	507
15,1-11	C	Évk. 5. v.	510
15,12.16-20	C	Évk. 6. v.	513
15,20-26.28	A	Évk. 34. v.	284
15,20-27	ABC	Aug. 15.	662
15,45-49	C	Évk. 7. v.	517
15,54-57	ABC	Aug. 15. vg.	660
15,54-58	C	Évk. 8. v.	520

2Kor Korintusiaknak írt II. levél

1,18-22	B	Évk. 7. v.	357
3,1-6	B	Évk. 8. v.	360
4,6-11	B	Évk. 9. v.	363
4,13-5,1	B	Évk. 10. v.	366
5,6-10	B	Évk. 11. v.	369
5,14-17	B	Évk. 12. v.	372
5,14-20	ABC	Okt. 23.	717
5,17-21	C	Böjt 4. v.	462
5,20-6,2	ABC	Hszerda	65
8,7.9.13-15	B	Évk. 13. v.	375
10,17-11,2	ABC	Jan. 18.	606
12,7-10	B	Évk. 14. v.	378
13,11-13	A	Szhrmsg v.	164

Gal Galatáknak írt levél

1,1-2.6-10	C	Évk. 9. v.	523
1,11-19	C	Évk. 10. v.	527
1,11-20	ABC	Jún. 29. vg.	640
2,16.19-21	C	Évk. 11. v.	530
3,26-29	C	Évk. 12. v.	533
4,4-7	ABC	Újév	48
4,4-7 *	ABC	Okt. 8.	711
5,1.13-18	C	Évk. 13. v.	536
6,14-18	C	Évk. 14. v.	539

Ef Efezusiaknak írt levél

1,3-6.11-12	ABC	Dec. 8.	751
1,3-6.15-18	ABC	Kar. u. 2. v.	54
1,3-14	B	Évk. 15. v.	381
1,17-23	ABC	Áldozócsüt.	144
2,4-10	B	Böjt 4. v.	310
2,13-18	B	Évk. 16. v.	384
3,2-3.5-6	ABC	Vízkereszt	57
3,8-12.14-19	B	Jézus Szíve	339
4,1-6	B	Évk. 17. v.	386
4,2-6	ABC	Pünkösdhétfő	161
4,17.20-24	B	Évk. 18. v.	389
4,17-24 *	ABC	Aug. 20.	669
4,30-5,2	B	Évk. 19. v.	392
5,8-14	A	Böjt 4. v.	95
5,15-20	B	Évk. 20. v.	395
5,21-32	B	Évk. 21. v.	398

Fil Filippieknek írt levél

1,4-6.8-11	C	Advent 2. v.	445
1,20-24.27	A	Évk. 25. v.	252
2,1-11	A	Évk. 26. v.	255
2,6-11	ABC	Virágvasárnap	101
2,6-11	ABC	Szept. 14.	691
3,8-14	C	Böjt 5. v.	466
3,17-4,1	C	Böjt 2. v.	456
4,4-7	C	Advent 3. v.	447
4,6-9	A	Évk. 27. v.	259
4,12-14.19-20	A	Évk. 28. v.	262

Kol Kolosszeieknek írt levél

1,12-20	C	Évk. 34. v.	601
1,15-20	C	Évk. 15. v.	542
1,24-28	C	Évk. 16. v.	545
2,12-14	C	Évk. 17. v.	548
3,1-4	ABC	Húsvétv.	121
3,1-5.9-11	C	Évk. 18. v.	551
3,12-21	ABC	Sz Család	42

1Tesz Tesszalonikaiaknak írt I. levél

1,1-5	A	Évk. 29. v.	265
1,5-10	A	Évk. 30. v.	270
2,7-9.13	A	Évk. 31. v.	273
3,12-4,2	C	Advent 1. v.	442
4,13-18	A	Évk. 32. v.	276
5,1-6	A	Évk. 33. v.	280
5,16-24	B	Advent 3. v.	295

2Tesz Tesszalonikaiaknak írt II. levél

1,11-2,2	C	Évk. 31. v.	592

A SZENTMISE FELÉPÍTÉSE

I. BEVEZETŐ SZERTARTÁS

a) Bevonulás kezdőénekkel (introitus)
b) Az oltár köszöntése (meghajlás vagy térdhajtás, oltárcsók, tetszés szerint tömjénezés)
c) Keresztvetés, a közösség köszöntése
d) Bűnbánati cselekmény
e) Uram, irgalmazz... (Kyrie eleison)
f) „Dicsőség a magasságban..." (Gloria)
g) Könyörgés (collecta) hosszabb befejezéssel

II. AZ IGE LITURGIÁJA

a) Olvasmány az Ószövetségből, az Apostolok Cselekedeteiből vagy a Jelenések könyvéből
b) Válaszos zsoltár
c) Szentlecke az apostolok leveleiből, az Apostolok Cselekedeteiből vagy a Jelenések könyvéből
d) Alleluja, vagy evangélium előtti vers
e) Evangélium (tetszés szerint tömjénezés)
f) Szentbeszéd (homília)
g) Hitvallás (a niceai-konstantinápolyi vagy az apostoli hitvallás)
h) Egyetemes könyörgések

III. AZ EUCHARISZTIA LITURGIÁJA

1. Az adományok előkészítése

a) Felajánlási körmenet (felajánlási ének)
b) A kenyér felajánlása
c) A bor betöltése a kehelybe és vízzel való vegyítése
d) A bor felajánlása
e) A celebráns csendes imája (tetszés szerint tömjénezés), kézmosás
f) „Imádkozzatok testvéreim..."
g) Felajánlási könyörgés

2. Az eucharisztikus ima („kánon")

a) Hálaadás (prefáció) és „Szent vagy..." (Sanctus)
b) A Szentháromság magasztalása
c) Lélekhívás az átváltoztatásra (epiklézisz)
d) Az alapítás elbeszélése, a kenyér átváltoztatása és Úrfelmutatás, a bor átváltoztatása és Úrfelmutatás (tetszés szerint tömjénezés)
e) „Íme, hitünk szent titka!" és a nép válasza (akklamáció)
f) Megemlékezés (anamnézisz) és az áldozat felajánlása
g) Áldozási lélekhívás (epiklézisz)
h) Közbenjáró imádságok:
 1. a szentekhez örök üdvösségünkért
 2. a világért, az egyházért, a pápáért, a püspökért
 3. az egybegyűlt közösségért
 4. az elhunytakért
i) Záródicsőítés: „Őáltala, Ővele és Őbenne..." (záródoxológia)

3. A szentáldozás rítusa

a) Miatyánk
b) „Mert tiéd az ország..." (embolizmus a nép doxológiájával)
c) Béke rítus (békecsók)
d) Kenyértörés, a Szent Test és Vér egyesítése (immixtio)
e) Isten Báránya... (Agnus Dei)
f) A celebráns csendes imája az áldozás előtt
g) „Íme, az Isten Báránya..." Krisztus lakomájára való hívás, „Uram, nem vagyok méltó..."
h) A pap(ok) és segédkezők áldozása
i) Áldozási ének
j) A hívek áldozása
k) Szent csend
l) Áldozás utáni könyörgés

IV. BEFEJEZŐ SZERTARTÁS

a) (Hirdetések)
b) Áldás (zárókönyörgés (oratio super populum), ünnepélyes áldás)
c) Elbocsátás

(Liturgikus Lexikon, Bp., 1988, 176—177)

A SZENTMISE RENDJE

RITUS INITIALES

INTROITUS

Celebrans: In nómine Patris, et Fílii, et Spíritus Sancti.
***Fideles:* Amen.**

Grátia Dómini nostri Iesu Christi, et cáritas Dei, et communicátio Sancti Spíritus sit cum ómnibus vobis.
vel:
Dóminus vobíscum
Et cum spíritu tuo.

Fratres, agnoscámus peccáta nostra, ut apti simus ad sacra mystéria celebránda.

Confiteor Deo omnipoténti et vobis, fratres, quia peccávi nimis cogitatióne, verbo, ópere et omissióne: mea culpa, mea culpa, mea máxima culpa. Ideo precor beátam Maríam semper Vírginem, omnes Angelos et Sanctos, et vos, fratres, oráre pro me ad Dóminum Deum nostrum.

Misereátur nostri omnípotens Deus et, dimíssis peccátis nostris, perdúcat nos ad vitam ætérnam.

Amen.

BEVEZETŐ SZERTARTÁS

KEZDŐÉNEK

Pap: Az Atya, a Fiú és a Szentlélek nevében.
***Hívek:* Ámen.**

A mi Urunk, Jézus Krisztus kegyelme, az Atyaisten szeretete és a Szentlélek egyesítő ereje legyen mindnyájatokkal.
vagy:
Az Úr legyen veletek.
És a te lelkeddel.

Testvéreim! Vizsgáljuk meg lelkiismeretünket, és bánjuk meg bűneinket, hogy méltóképpen ünnepelhessük az Úr szent titkait!

Gyónom a mindenható Istennek és nektek, testvéreim, hogy sokszor és sokat vétkeztem, gondolattal, szóval, cselekedettel és mulasztással: én vétkem, én vétkem, én igen nagy vétkem. Kérem ezért a Boldogságos mindenkor Szeplőtelen Szűz Máriát, az összes angyalokat és szenteket, és titeket, testvéreim, hogy imádkozzatok érettem Urunkhoz, Istenünkhöz.

Irgalmazzon nekünk a mindenható Isten, bocsássa meg bűneinket, és vezessen el az örök életre.

Ámen.

KYRIE

Kýrie, eléison.
Kýrie, eléison.
Christe, eléison.
Christe, eléison.
Kýrie, eléison.
Kýrie, eléison.

KYRIE

Uram, irgalmazz!
Uram, irgalmazz
Krisztus, kegyelmezz!
Krisztus, kegyelmezz!
Uram, irgalmazz!
Uram, irgalmazz!

GLORIA

Glória in excélsis Deo et in terra pax homínibus bonæ voluntátis. Laudámus te, benedícimus te, adorámus te, glorificámus te, grátias ágimus tibi propter magnam glóriam tuam, Dómine Deus, Rex cælestis, Deus Pater omnípotens. Dómine Fili unigénite, Iesu Christe, Dómine Deus, Agnus Dei, Fílius Patris, Qui tollis peccáta mundi miserére nobis; Qui tollis peccáta mundi, súscipe deprecatiónem nostram. Qui sedes ad déxteram Patris, miserére nobis. Quóniam tu solus Sanctus, Tu solus Dóminus, Tu solus Altíssimus, Iesu Christe, cum Sancto Spíritu: in glória Dei Patris. Amen.

GLÓRIA

Dicsőség a magasságban Istennek és a földön békesség a jóakaratú embereknek. Dicsőítünk téged, áldunk téged, imádunk téged, magasztalunk téged, hálát adunk neked nagy dicsőségedért, Urunk és Istenünk mennyei Király, mindenható Atyaisten. Urunk, Jézus Krisztus, egyszülött Fiú, Urunk és Istenünk, Isten Báránya, az Atyának Fia, te elveszed a világ bűneit, irgalmazz nekünk; te elveszed a világ bűneit, hallgasd meg könyörgésünket. Te az Atya jobbján ülsz, irgalmazz nekünk. Mert egyedül te vagy a Szent, te vagy az Úr, te vagy az egyetlen Fölség, Jézus Krisztus, a Szentlélekkel együtt, az Atyaisten dicsőségében. Ámen.

COLLECTA

...

Amen.

KÖNYÖRGÉS

...

Ámen.

LITURGIA VERBI

AZ IGE LITURGIÁJA

LECTIO PRIMA

...

Deo gratias.

ELSŐ OLVASMÁNY

...

Istennek legyen hála.

PSALMUS

VÁLASZOS ZSOLTÁR

LECTIO SECUNDA

...

Deo gratias.

ALLELUIA

EVANGELIUM

Dóminus vobíscum.
Et cum spíritu tuo.
Léctio sancti Evangélii secúndum *N.*
Glória tibi, Dómine.
Verbum Dómini.
Laus tibi, Christe.

HOMILIA

CREDO

Credo in unum Deum. Patrem omnipoténtem, factórem cæli et terræ, visibílium ómnium et invisibílium. Et in unum Dóminum Iesum Christum, Fílium Dei unigénitum, et ex Patre natum ante ómnia sæcula. Deum de Deo, lumen de lúmine, Deum verum de Deo vero, Génitum, non factum, consubstantiálem Patri: per quem ómnia facta sunt. Qui propter nos hómines et propter nostram salútem descéndit de cælis. Et incarnátus est de Spíritu Sancto ex María Vírgine, et homo factus est. Crucifíxus étiam pro nobis sub Póntio Piláto; passus et sepúltus est et resurréxit tértia die secúndum Scriptúras, et ascéndit in cælum sedet ad déxteram Patris. Et íterum ventúrus est cum glória, iudicáre vivos et mórtuos; cuius regni non erit finis. Et in Spíritum Sanctum, Dóminum et vivificántem: qui ex Patre Filióque procédit. Qui

SZENTLECKE

...

Istennek legyen hála.

ALLELUJA

EVANGÉLIUM

Az Úr legyen veletek.
És a te lelkeddel.
Evangélium Szent *N.* könyvéből.
Dicsőség neked, Istenünk.
Ezek az evangélium igéi.
Áldunk téged, Krisztus.

HOMÍLIA

HITVALLÁS

Hiszek az egy Istenben, mindenható Atyában, mennynek és földnek, minden láthatónak és láthatatlannak Teremtőjében. Hiszek az egy Úrban, Jézus Krisztusban, Isten egyszülött Fiában, aki az Atyától született az idő kezdete előtt. Isten az Istentől, Világosság a Világosságtól, valóságos Isten a valóságos Istentől, született, de nem teremtmény, az Atyával egylényegű; és minden általa lett. Értünk, emberekért, a mi üdvösségünkért leszállott a mennyből. Megtestesült a Szentlélek erejéből Szűz Máriától, és emberré lett. Poncius Pilátus alatt értünk keresztre feszítették, kínhalált szenvedett és eltemették. Harmadnapra feltámadott az Írások szerint, fölment a mennybe, ott ül az Atyának jobbján, de újra eljön dicsőségben, ítélni élőket és holtakat, és országának nem lesz vége. Hiszek a Szentlélekben, Urunkban és éltetőnkben, aki az Atyától és

cum Patre et Fílio, simul adorátur et conglorificátur: qui locútus est per prophétas. Et unam, sanctam, cathólicam et apostólicam Ecclésiam. Confíteor unum baptísma in remissiónem peccatórum. Et exspécto resurrectiónem mortuórum, et vitam ventúri sæculi. Amen.

a Fiútól származik; akit éppúgy imádunk és dicsőítünk, mint az Atyát és a Fiút. Ő szólt a próféták szavával. Hiszek az egy, szent, katolikus és apostoli Anyaszentegyházban, vallom az egy keresztséget a bűnök bocsánatára, vallom a holtak feltámadását és az eljövendő örök életet. Ámen.

vel:

Credo in Deum, Patrem omnipoténtem, Creatórum cæli et terræ. Et in Iesum Cristum, Fílium eius únicum, Dóminum nostrum: qui concéptus est de Spíritu Sancto, natus ex María Vírgine, passus sub Póntio Piláto, crucifíxus, mórtuus, et sepúltus est; descéndit ad ínferos: tértia die resurréxit a mórtuis; ascéndit ad cælos; sedet ad déxteram Dei Patris omnipoténtis: inde ventúrus est iudicáre vivos et mórtuos. Credo in Spíritum Sanctum, sanctam Ecclésiam cathólicam, Sanctórum communiónem, remissiónem peccatórum, carnis resurrectiónem, vitam ætérnam. Amen

vagy:

Hiszek az egy Istenben, mindenható Atyában, mennynek és földnek Teremtőjében. És Jézus Krisztusban, az ő egyszülött Fiában, a mi Urunkban; aki fogantatott Szentlélektől, született Szűz Máriától; szenvedett Poncius Pilátus alatt; megfeszítették, meghalt és eltemettették. Alászállt a poklokra, harmadnapon feltámadt a halottak közül; fölment a mennybe, ott ül a mindenható Atyaisten jobbján; onnan jön el ítélni élőket és holtakat. Hiszek Szentlélekben. Hiszem a katolikus Anyaszentegyházat; a szentek közösségét, a bűnök bocsánatát; a test feltámadását és az örök életet. Ámen.

ORATIO UNIVERSALIS, SEU ORATIO FIDELIUM

EGYETEMES KÖNYÖRGÉSEK VAGY HÍVEK KÖNYÖRGÉSE

LITURGIA EUCHARISTICA

AZ EUCHARISZTIA LITURGIÁJA

Benedíctus es, Dómine, Deus univérsi, quia de tua largitáte accépimus panem, quem tibi offérimus, fructum terræ et óperis mánuum hómimum, ex quo nobis fiet panis vitæ.

Áldott vagy, Urunk, mindenség Istene, mert a te bőkezűségedből kaptuk a kenyeret. Felajánljuk neked, mint a föld termését és az emberi munka gyümölcsét. Ebből lesz számunkra az élet kenyere.

Benedíctus Deus in sæcula.

Áldott legyen az Isten mindörökké.

Benedíctus es, Dómine, Deus univérsi, quia de tua largitáte accépimus vinum, quod tibi offérimus, fructum vitis et óperis mánuum hóminum, ex quo nobis fiet potus spiritális.	Áldott vagy, Urunk, mindenség Istene, mert a te bőkezűségedből kaptuk a bort. Felajánljuk neked, mint a szőlőtő termését és az emberi munka gyümölcsét. Ebből lesz számunkra a lélek itala.
Benedíctus Deus in sæcula.	**Áldott legyen az Isten mindörökké.**
Oráte, fratres: ut meum ac vestrum sacrifícium acceptábile fiat apud Deum Patrem omnipoténtem.	Imádkozzatok, testvéreim, hogy áldozatunk kedves legyen a mindenható Atyaisten előtt.
Suscípiat Dóminus sacrifícium de mánibus tuis ad laudem et glóriam nóminis sui ad utilitátem quoque nostram totiúsque Ecclésiæ suæ sanctæ.	**Fogadja el az Úr kezedből az áldozatot nevének dicséretére és dicsőségére, mindannyiunk és az egész Anyaszentegyház javára.**
ORATIO SUPER OBLATA	FELAJÁNLÓ KÖNYÖRGÉS
...	...
Amen.	**Ámen.**
PREX EUCHARISTICA I SEU CANON ROMANUS	I. EUCHARISZTIKUS IMA vagyis A RÓMAI KÁNON
Te ígitur, clementíssime Pater, per Iesum Christum, Fílium tuum, Dóminum nostrum, súpplices rogámus ac pétimus, uti accépta hábeas et benedícas † hæc dona, hæc múnera, hæc sancta sacrifícia illibáta, in primis, quæ tibi offérimus pro Ecclésia tua sancta cathólica: quam pacificáre, custodíre, adunáre et régere dignéris toto orbe terrárum: una cum fámulo tuo Papa nostro *N.* et Antístite nostro *N.* et ómnibus orthodóxis atque cathólicæ et apostólicæ fidei cultóribus.	Könyörögve kérünk tehát, jóságos Atyánk, Fiad, a mi Urunk, Jézus Krisztus által: fogadd el és áldd † meg ezeket az adományokat és ajándékokat, ezt a szent és tiszta áldozatot. Elsősorban szent és katolikus Egyházadért ajánljuk fel neked: tartsd meg békében, őrizd meg egységben, és vezesd az egész földkerekségen szolgáddal, *N.* pápánkkal, *N.* főpásztorunkkal, és mindazokkal, akik az egyetemes és apostoli hitet hűségesen őrzik és vallják.
Meménto, Dómine, famulórum famularúmque tuárum *N.* et *N.* et	Emlékezzél meg, Urunk, szolgáidról, *N.* és *N.*-ről. Emlékezzél meg minden

ómnium circumstántium, quorum tibi fides cógnita est et nota devótio, pro quibus tibi offérimus: vel qui tibi ófferunt hoc sacrificium laudis, pro se suísque ómnibus: pro redemptióne animárum suárum, pro spe salútis et incolumitátis suæ: tibíque reddunt vota sua ætérno Deo, vivo et vero.

jelenlévőről is, akiknek hitét és buzgóságát ismered, akikért ezt a dicsőítő áldozatot felajánljuk, vagy akik ezt felajánlják önmagukért és övéikért, lelkük megváltásáért, üdvösségük és épségük reményében, és hódolatukat bemutatják neked, az örök, élő és igaz Istennek.

Communicántes, et memóriam venerántes, in primis gloriósæ semper Vírginis Maríæ, Genetrícis Dei et Dómini nostri Iesu Christi: *

A szentek közösségében tisztelettel megemlékezünk mindenekelőtt a dicsőséges, mindenkor Szűz Máriáról, Istenünk és Urunk, Jézus Krisztus édesanyjáról, *

In Nativitate Domini et per octavam
Communicántes, et (noctem sacratíssimam) diem sacratíssimum celebrántes, (qua) quo beatæ Maríæ intemeráta virgínitas huic mundo édidit Salvatórem: sed et memóriam venerántes, in primis eiúsdem gloriósæ semper Vírginis Maríæ, Genetrícis eiúsdem Dei et Dómini nostri Iesu Christi: *

Karácsonykor és nyolcadában
Amikor most megünnepeljük azt a szent (éjszakát) napot, amelyen a Boldogságos Szűz Mária e világra szülte az Üdvözítőt: a szentek közösségében tisztelettel megemlékezünk mindenekelőtt a dicsőséges, mindenkor Szűz Máriáról, Istenünk és Urunk, Jézus Krisztus édesanyjáról, *

In Epiphania Domini
Communicántes, et diem sacratíssimum celebrántes, quo Unigénitus tuus, in tua tecum glória coætérnus, in veritáte carnis nostræ visibíliter corporális appáruit sed et memóriam venerántes, in primis gloriósæ semper Vírginis Maríæ, Genetrícis eiúsdem Dei et Dómini nostri Iesu Christi: *

Urunk megjelenése (Vízkereszt) napján
Amikor most megünnepeljük azt a szent napot, amelyen egyszülött Fiad, isteni dicsőséged örök részese, mint valóságos ember, látható testben megjelent: a szentek közösségében tisztelettel megemlékezünk mindenekelőtt a dicsőséges, mindenkor Szűz Máriáról, Istenünk és Urunk Jézus Krisztus édesanyjáról, *

A Missa Vigiliæ paschalis usque ad dominicam II Paschæ
Communicántes, et (noctem sacratíssamam) diem sacratíssimum celebrántes Resurrectiónis Dómini

Húsvét vigíliájától Húsvét 2. vasárnapjáig
Amikor most megünnepeljük a mi Urunk, Jézus Krisztus testi feltámadásának szent (éjszakáját)

nostri Iesu Christi secúndum carnem: sed et memóriam venerántes, in primis gloriósæ semper Virginis Maríæ, Genetrícis eiúsdem Dei et Dómini nostri Iesu Christi: *

napját: a szentek közösségében tisztelettel megemlékezünk mindenekelőtt a dicsőséges, mindenkor Szűz Máriáról, Istenünk és Urunk, Jézus Krisztus édesanyjáról, *

In Ascensione Domini
Communicántes, et diem sacratíssimum celebrántes, quo Dóminus noster, unigénitus Fílius tuus, unítam sibi fragilitatis nostræ substántiam in glóriæ tuæ déxtera collocávit: sed et memóriam venerántes, in primis gloriósæ semper Virginis Maríæ, Genetrícis eiúsdem Dei et Dómini nostri Iesu Christi: *

Urunk mennybemenetele napján
Amikor most megünnepeljük azt a szent napot, amelyen Urunk, a te egyszülött Fiad, istenségével egyesített törékeny embervoltunkat jobbodra emelte: a szentek közösségében tisztelettel megemlékezünk mindenekelőtt a dicsőséges, mindenkor Szűz Máriáról, Istenünk és Urunk, Jézus Krisztus édesanyjáról, *

In dominica Pentecostes
Communicántes, et diem sacratíssimum Pentecóstes celebrántes, quo Spíritus Sanctus Apóstolis in ígneis linguis appáruit: sed et memóriam venerántes, in primis gloriósæ semper Virginio Maríæ, Genetrícis Dei et Dómini nostri Iesu Christi: *

Pünkösdvasárnap
Amikor most megünnepeljük Pünkösd szent napját, amelyen a Szentlélek tüzes nyelvek alakjában az apostolokra szállt: a szentek közösségében tisztelettel megemlékezünk mindenekelőtt a dicsőséges, mindenkor Szűz Máriáról, Istenünk és Urunk, Jézus Krisztus édesanyjáról, *

* sed et beáti Ioseph, eiúsdem Vírginis Sponsi, et beatórum Apostolórum ac Mártyrum tuórum, Petri et Pauli, Andréæ, (Iacóbi, Ioánnis, Thomæ, Iacóbi, Philíppi, Bartholomæi, Matthæi, Simónis et Thaddæi: Lini, Cleti, Cleméntis, Xysti, Cornélii, Cypriáni, Lauréntii, Chrysógoni, Ioánnis et Pauli, Cosmæ et Damiáni) et ómnium Sanctórum tuórum; quorum méritis precibúsque concédas, ut in ómnibus protectiónis tuæ muniámur auxílio. (Per Christum Dóminum nostrum. Amen.)

* valamint Szent Józsefről, a Szent Szűz jegyeséről Péter és Pál, András, (Jakab, János, Tamás, Jakab, Fülöp, Bertalan, Máté, Simon és Tádé) apostolaidról (Linusz, Klétusz, Kelemen, Szixtusz, Kornél, Ciprián, Lőrinc, Krizogonusz, János és Pál, Kozma és Damján) vértanúidról és minden szentedről. Az ő érdemeikért és könyörgésükre add, hogy mindenben érezzük oltalmadat. (Krisztus, a mi Urunk által. Amen.)

Hanc ígitur oblatiónem servitútis

Kérünk, Istenünk, fogadd

nostræ, sed et cunctæ famíliæ tuæ, quæsumus, Dómine, ut placátus accípias: diésque nostros in tua pace dispónas, atque ab ætérna damnatióne nos éripi et in electórum tuorum iúbeas grege numerári. (Per Christum Dóminum nostrum. Amen.)

megengesztelődve ezt az áldozati adományt tőlünk, szolgáidtól és házad egész népétől. Irányítsd a te békédben életünk napjait, ments meg minket az örök kárhozattól, és végy fel választottaid körébe. (Krisztus, a mi Urunk által. Ámen.)

A Missa Vigiliæ paschalis usque ad dominicam II Paschæ
Hanc ígitur oblatiónem servitútis nostræ, set et cunctæ famíliæ tuæ, quam tibi offérimus pro his quoque, quos regeneráre dignátus es ex aqua et Spiritu Sancto, tríbuens eis remissiónem ómnium peccatórum, quæsumus, Dómine, ut placátus accípias: diésque nostros in tua pace dispónas, atque ab ætérna damnatióne nos éripi et in electórum tuórum iúbeas grege numerári. (Per Christum Dóminum nostrum. Amen.)

Húsvét vigíliájától Húsvét 2. vasárnapjáig
Kérünk, Istenünk, fogadd megengesztelődve ezt az áldozati adományt tőlünk, szolgáidtól és házad egész népétől. Felajánljuk neked azokért is, akik új életre születtek vízből és Szentlélekből, és elnyerték minden bűnük bocsánatát. Irányítsd a te békédben életünk napjait, ments meg minket az örök kárhozattól, és végy fel választottaid körébe. (Krisztus, a mi Urunk által. Ámen.)

Quam oblatiónem tu, Deus, in ómnibus, quæsumus, benedíctam, adscríptam, ratam, rationábilem acceptabilémque fácere dignéris: ut nobis Corpus et Sanguis fiat dilectíssimi Fílii tui, Dómini nostri Iesu Christi.

Áldd meg, Istenünk, bőséges áldásoddal ezt az áldozati adományt, tedd rendelésed szerint magadhoz méltóvá és előtted kedvessé, hogy legyen ez számunkra szeretett Fiadnak, a mi Urunknak, Jézus Krisztusnak teste és vére.

Qui prídie quam paterétur, accépit panem in sanctas ac venerábiles manus suas, et elevátis óculis in cælum ad te Deum Patrem suum omnipoténtem, tibi grátias agens benedíxit, fregit, dedítque discípulis suis, dicens:

Ő ugyanis szenvedésének előestéjén tiszteletreméltó szent kezébe vette a kenyeret, és szemét az égre emelte, tehozzád, az Istenhez, mindenható Atyjához, majd hálát adva áldást mondott, megtörte, tanítványainak adta, és így szólt:

ACCÍPITE ET MANDUCÁTE EX HOC OMNES: HOC EST ENIM CORPUS MEUM, QUOD PRO VOBIS TRADÉTUR.

VEGYÉTEK, ÉS EGYETEK EBBŐL MINDNYÁJAN, MERT EZ AZ ÉN TESTEM, MELY ÉRTETEK ADATIK.

Símili modo, postquam cenátum est, accípiens et hunc præclárum cálicem in sanctas ac venerábiles manus suas, item tibi grátias agens benedíxit, dedítque discípulis suis, dicens:

A vacsora után ugyanígy tiszteletreméltó szent kezébe vette ezt a csodálatos kelyhet, majd ismét hálát adva áldást mondott, tanítványainak adta, és így szólt:

ACCÍPITE ET BÍBITE EX EO OMNES: HIC EST ENIM CALIX SÁNGUINIS MEI, NOVI ET ÆTÉRNI TESTAMÉNTI, QUI PRO VOBIS ET PRO MULTIS EFFUNDÉTUR IN REMISSIÓNEM PECCATÓRUM. HOC FÁCITE IN MEAM COMMEMORATIÓNEM.

VEGYÉTEK, ÉS IGYATOK EBBŐL MINDNYÁJAN, MERT EZ AZ ÉN VÉREM KELYHE, AZ ÚJ ÉS ÖRÖK SZÖVETSÉGÉ. EZ A VÉR ÉRTETEK ÉS MINDENKIÉRT KIONTATIK A BŰNÖK BOCSÁNATÁRA. EZT CSELEKEDJÉTEK AZ ÉN EMLÉKEZETEMRE.

Mystérium fídei:
Mortem tuam annuntiamus, Dómine, et tuam resurrectionem confitemur, donec venias.

Íme, hitünk szent titka:
Halálodat hirdetjük, Urunk, és hittel valljuk feltámadásodat, amíg el nem jössz.

seu:
Mystérium fídei:
Quotiescúmque manducámus panem hunc et cálicem bíbimus, mortem tuam annuntiámus, Dómine, donec vénias.

vagy:
Íme, megváltásunk szent titka:
Valahányszor esszük ezt a kenyeret, és iszunk ebből a kehelyből, halálodat hirdetjük, Urunk, amíg el nem jössz.

seu:
Mystérium fídei:
Salvátor mundi, salva nos, qui per crucem et resurrectiónem tuam liberásti nos.

vagy:
Íme üdvösségünk szent titka:
Üdvözíts bennünket, világ Megváltója, ki kereszted és feltámadásod által megmentettél minket.

Unde et mémores, Dómine, nos servi tui, sed et plebs tua sancta, eiúsdem Christi, Fílii tui, Dómini nostri, tam beátæ passiónis, necnon et ab ínferis resurrectiónis, sed et in cælos gloriósæ ascensiónis: offérimus præcláræ maiestáti tuæ de tuis donis ac datis hóstiam puram, hóstiam sanctam, hóstiam immaculátam, Panem sanctum vitæ ætérnæ et Cálicem salútis

Megemlékezünk ezért, Istenünk mi, a te szolgáid és a te szent néped, Fiadnak, Krisztus Urunknak áldott szenvedéséről, a halálból való feltámadásáról, dicsőséges mennybemeneteléről, és ajándékaidból felajánljuk magasztos Fölségednek ezt a tiszta, szent és szeplőtelen áldozati adományt: az örök élet szent kenyerét és az örök üdvösség kelyhét.

perpétuæ.
Supra quæ propítio ac seréno vultu respícere dignéris: et accépta habére, sícuti accépta habére dignátus es múnera púeri tui iusti Abel, et sacrifícium Patriárchæ nostri Abrahæ, et quod tibi óbtulit summus sacérdos tuus Melchísedech, sanctum sacrifícium, immaculátam hóstiam.

Nézd kegyes és jóságos szemmel, és fogadd el, amint elfogadtad igaz szolgádnak, Ábelnek ajándékát, ősatyánknak, Ábrahámnak áldozatát, és azt a szent és szeplőtelen áldozati adományt, amelyet főpapod, Melkizedek mutatott be neked.

Súpplices te rogámus, omnípotens Deus: iube hæc perférri per manus sancti Angeli tui in sublíme altáre tuum, in conspéctu divinæ maiestátis tuæ; ut, quotquot ex hac altáris participatióne sacrosánctum Fílii tui Corpus et Sánguinem sumpsérimus, omni benedictióne cæléstí et grátia repleámur. (Per Christum Dóminum nostrum. Amen.)

Könyörögve kérünk, mindenható Istenünk, szent angyalod vigye áldozatunkat mennyei oltárodra isteni Fölséged színe elé, hogy mi, akik erről az oltárról Fiad szentséges testében és vérében részesülünk, minden mennyei † áldással és kegyelemmel elteljünk. (Krisztus, a mi Urunk által. Ámen.)

Meménto étiam, Dómine, famulórum famularúmque tuárum *N.* et *N.*, qui nos præcessérunt cum signo fídei, et dórmiunt in somno pacis.

Emlékezzél meg, Urunk, *N.* és *N.* szolgáidról, akik a hit jelével előttünk távoztak el az élők sorából, és a béke álmát alusszák.

Ipsis, Dómine, et ómnibus in Christo quiescéntibus, locum refrigérii, lucis et pacis, ut indúlgeas, deprecámur. (Per Christum Dóminum nostrum. Amen.)

Kérünk, Urunk, hogy nekik és minden Krisztusban elhunyt hívőnek add meg a boldogságot, a világosságot és a békét a te országodban. (Krisztus, a mi Urunk által. Ámen.)

Nobis quoque peccatóribus fámulis tuis, de multitúdine miseratiónum tuárum sperántibus, partem áliquam et societátem donare dignéris cum tuis sanctis Apóstolis et Martýribus: cum Ioánne, Stéphano, Matthía, Bárnaba, (Ignátio, Alexándro, Marcellíno, Petro, Felicitáte, Perpétua, Agatha, Lúcia, Agnéte, Cæcília, Anastásia) et ómnibus Sanctis tuis: intra quorum nos consórtium, non æstimátor mériti, sed

Nekünk is, bűnös szolgáidnak, akik irgalmad bőségében bizakodunk, adj kegyesen közösséget szent apostolaiddal és vértanúiddal: Jánossal, Istvánnal, Mátyással, Barnabással (Ignáccal, Sándorral, Marcellinnal, Péterrel, Felicitással, Perpétuával, Ágotával, Lúciával, Ágnessel, Cecíliával, Anasztáziával) és minden szenteddel; és kérünk, bár meg nem érdemeljük, irgalmadból mégis bocsáss véniæ, quæsumus, largítor admítte.

be minket szentjeid körébe.

Per Christum Dóminum nostrum, per quem hæc ómnia, Dómine, semper bona creas, sanctíficas, vivíficas, benedícis, et præstas nobis.

Istenünk, te mindezeket a javakat mindenkor Krisztus, a mi Urunk által teremted, szenteled meg, élteted, áldod meg és adod nékünk.

Per ipsum, et cum ipso, et in ipso, est tibi Deo Patri omnipoténti, in unitáte Spíritus Sancti, omnis honor et glória per ómnia sæcula sæculórum.
Amen. *(Cont. pagina 854.)*

Őáltala, ővele és őbenne a tiéd, mindenható Atyaisten a Szentlélekkel egységben minden tisztelet és dicsőség mindörökkön örökké.
Ámen. *(Folytatás a 854. oldalon)*

PREX EUCHARISTICA II

II. EUCHARISZTIKUS IMA

Dóminus vobíscum.
Et cum spíritu tuo.
Sursum corda.
Habémus ad Dóminum.
Grátias agámus Dómino Deo nostro.
Dignum et iustum est

Az Úr legyen veletek.
És a te lelkeddel
Emeljük föl szívünket.
Fölemeltük az Úrhoz.
Adjunk hálát Urunknak, Istenünknek.
Méltó és igazságos.

Vere dignum et iustum est, æquum et salutáre, nos tibi, sancte Pater, semper et ubíque grátias ágere per Fílium dilectiónis tuæ Iesum Christum, Verbum tuum per quod cuncta fecísti: quem misísti nobis Salvatórem et Redemptórem, incarnátum de Spíritu Sancto et ex Vírgine natum. Qui voluntátem tuam adímplens et pópulum tibi sanctum acquirens exténdit manus cum paterétur, ut mortem sólveret et resurrectiónem manifestáret. Et ídeo cum Angelis et ómnibus Sanctis glóriam tuam prædicámus, una voce dicéntes:

(Mert) Valóban méltó és igazságos, illő és üdvös, hogy mindig és mindenütt hálát adjunk, Szentséges Atyánk, néked szeretett Fiad, Jézus Krisztus által. A te örök Igéd ő, általa alkottál mindent, és őt küldted, hogy Üdvözítőnk és Megváltónk legyen: ezért öltött a Szentlélektől testet, és született a Szent Szűztől. Majd akaratodat teljesítve, és szent népet szerezve néked, a keresztfán kitárt karral elszenvedte a kínhalált, hogy feloldja a halálnak átkát, és a feltámadásról bizonyságot adjon nékünk. (Mi) Ezért az angyalokkal és minden szenteddel együtt dicsőségedet hirdetjük, és egy szívvel mondjuk: (zengjük:)

Sanctus, Sanctus, Sanctus, Dóminus Deus Sábaoth. Pleni sunt cæli et terra glória tua. Hosánna in excélsis.

Szent vagy, szent vagy, szent vagy, mindenség Ura, Istene. Dicsőséged betölti a mennyet és a földet.

Benedíctus qui venit in nómine Dómini. Hosánna in excélsis.

Hozsanna a magasságban. Áldott, aki jön az Úr nevében. Hozsanna a magasságban.

Vere Sanctus es, Dómine, fons omnis sanctitátis.
Hæc ergo dona, quæsumus, Spíritus tui rore sanctífica, ut nobis Corpus et † Sanguis fiant Dómini nostri Iesu Christi.
Qui cum Passióni voluntárie traderétur, accépit panem et grátias agens fregit, dedítque discípulis suis, dicens:

Valóban szent vagy, Istenünk, minden szentség forrása.
Kérünk, szenteld meg ezt az adományt, áraszd le rá Szentlelkedet, hogy számunkra a mi Urunk, Jézus Krisztus teste és † vére legyen.
Ő mielőtt önként átadta magát a szenvedésre, kezébe vette a kenyeret, hálát adott, megtörte, tanítványainak adta, és így szólt:

ACCÍPITE ET MANDUCÁTE EX HOC OMNES: HOC EST ENIM CORPUS MEUM, QUOD PRO VOBIS TRADÉTUR.

VEGYÉTEK, ÉS EGYETEK EBBŐL MINDNYÁJAN, MERT EZ AZ ÉN TESTEM, MELY ÉRTETEK ADATIK.

Símili modo, postquam cenátum est, accípiens et cálicem, íterum grátias agens dedit discípulis suis, dicens:

A vacsora után ugyanígy kezébe vette a kelyhet is, majd ismét hálát adott, odaadta tanítványainak, és így szólt:

ACCÍPITE ET BÍBITE EX EO OMNES: HIC EST ENIM CALIX SÁNGUINIS MEI, NOVI ET ÆTÉRNI TESTAMÉNTI, QUI PRO VOBIS ET PRO MULTIS EFFUNDÉTUR IN REMISSIÓNEM PECCATÓRUM. HOC FÁCITE IN MEAM COMMEMORATIÓNEM.

VEGYÉTEK, ÉS IGYATOK EBBŐL MINDNYÁJAN, MERT EZ AZ ÉN VÉREM KELYHE, AZ ÚJ ÉS ÖRÖK SZÖVETSÉGÉ. EZ A VÉR ÉRTETEK ÉS MINDENKIÉRT KIONTATIK A BŰNÖK BOCSÁNATÁRA. EZT CSELEKEDJÉTEK AZ ÉN EMLÉKEZETEMRE.

Mystérium fídei:
Mortem tuam annuntiamus, Dómine, et tuam resurrectionem confitemur, donec venias.

Íme, hitünk szent titka:
Halálodat hirdetjük, Urunk, és hittel valljuk feltámadásodat, amíg el nem jössz.

seu:
Mystérium fídei:
Quotiescúmque manducámus panem hunc et cálicem bíbimus, mortem tuam annuntiámus, Dómine, donec

vagy:
Íme, megváltásunk szent titka:
Valahányszor esszük ezt a kenyeret, és iszunk ebből a kehelyből, halálodat hirdetjük Urunk, amíg el

véniás.

seu:
Mystérium fídei:
Salvátor mundi, salva nos, qui per crucem et resurrectiónem tuam liberásti nos.

Mémores ígitur mortis et resurrectiónis eius, tibi, Dómine, panem vitæ et cálicem salútis offérimus, grátias agéntes, quia nos dignos habuisti astáre coram te et tibi ministráre. Et súpplices deprecámur ut Córporis et Sánguinis Christi partícipes a Spíritu Sancto congregémur in unum.

Recordáre, Dómine, Ecclésiæ tuæ toto orbe diffúsæ, ut eam in caritáte perfícas una cum Papa nostro *N.* et Epíscopo nostro *N.* el univérso clero.

Meménto etiam fratrum nostrórum, qui in spe resurrectiónis dormiérunt, omniúmque in tua miseratióne defunctórum, et eos in lumen vultus tui admítte.
Omnium nostrum, quæsumus, miserére, ut cum beáta Dei Genetríce Vírgine María, beátis Apóstolis et ómnibus Sanctis, qui tibi a sæculo placuérunt, ætérnæ vitæ mereámur esse consórtes, et te laudémus et glorificémus per Fílium tuum Iesum Christum.

Per Ipsum, et cum ipso, et in ipso, est tibi Deo Patri omnipoténti, in unitáte Spíritus Sancti, omnis honor et glória per ómnia sæcula sæcolórum.

Amen. *(Cont. pagina 854.)*

nem jössz.

vagy:
Íme, üdvösségünk szent titka:
Üdvözíts bennünket, világ Megváltója, ki kereszted és feltámadásod által megmentettél minket.

Ezért Fiad halálának és feltámadásának emlékét ünnepelve, felajánljuk neked, Istenünk, az élet kenyerét és az üdvösség kelyhét, és hálát adunk, mert arra méltattál minket, hogy színed előtt állhatunk és szolgálhatunk neked. Kérve kérünk, gyűjtsön egybe a Szentlélek mindnyájunkat, akik Krisztus testében és vérében részesülünk.

Viseld szíveden Urunk, Egyházad sorsát az egész világon, tedd tökéletessé a szeretetben *N.* pápánkkal, *N.* püspökünkkel és az egész papsággal együtt.

Emlékezzél meg a feltámadás reményében elhunyt testvéreinkről, és mindazokról, akik irgalmadban bízva távoztak el a világból; bocsásd őket szent színed látására. Könyörülj, kérünk mindnyájunkon, hogy Isten anyjával, a Boldogságos Szűz Máriával, a szent apostolokkal és minden szenttel együtt, akik a világ kezdete óta kedvesek voltak előtted, részesei lehessünk az örök életnek, és dicsőítve magasztaljunk téged, Jézus Krisztus, a Te Fiad által.

Őáltala, ővele és őbenne a tiéd, mindenható Atyaisten a Szentlélekkel egységben minden tisztelet és dicsőség mindörökkön-örökké.

Ámen. *(Folytatás a 854. oldalon)*

PREX EUCHARFSTICA III

Vere Sanctus es, Dómine, et mérito te laudat omnis a te cóndita creatúra, quia per Fílium tuum, Dóminum nostrum Iesum Christum, Spíritus Sancti operánte virtúte, vivíficas et sanctíficas univérsa, et pópulum tibi congregáre non désinis, ut a solis ortu usque ad occásum oblátio munda offerátur nómini tuo.

Súpplices ergo te, Dómine, deprecámur, ut hæc múnera, quæ tibi sacránda detúlimus, eódem Spiritu santificáre dignéris ut Corpus et † Sanguis fiant. Fílii tui Dómini nostri Iesu Christi cuius mandáto hæc mystéria celebrámus.

Ipse enim in qua nocte tradebátur accépit panem et tibi grátias agens benedíxit, fregit, dedítque discípulis suis, dicens:

ACCIPÍTE ET MANDUCÁTE EX HOC OMNES: HOC EST ENIM CORPUS MEUM, QUOD PRO VOBIS TRADÉTUR.

Símili modo, postquam cenátum est, accípiens cálicem, et tibi grátias agens benedíxit, dedítque discípulis suis, dicens:

ACCÍPITE ET BÍBITE EX EO OMNES: HIC EST ENIM CALIX SÁNGUINIS MEI, NOVI ET ÆTÉRNI TESTAMÉNTI, QUI PRO VOBIS ET PRO MULTIS EFFUNDÉTUR IN REMISSIÓNEM PECCATÓRUM. HOC FÁCITE IN

III. EUCHARISZTIKUS IMA

Valóban szent vagy, Istenünk, és méltán dicsőít téged alkotásod, az egész teremtett világ, mert Fiad, a mi Urunk, Jézus Krisztus által, a Szentlélek erejével éltetsz és megszentelsz mindent, és népet gyűjtesz magad köré szüntelen, hogy napkelettől napnyugatig tiszta áldozatot mutasson be neked.

Kérve kérünk tehát, Istenünk, a Szentlélek által szenteld meg áldozati adományunkat, hogy teste és † vére legyen Fiadnak, akinek rendelése szerint ezeket a szent titkokat ünnepeljük.

Ő ugyanis azon az éjszakán, amelyen elárultatott, kezébe vette a kenyeret, és neked hálát adva áldást mondott, megtörte, majd tanítványainak adta, és így szólt:

VEGYÉTEK, ÉS EGYETEK EBBŐL MINDNYÁJAN, MERT EZ AZ ÉN TESTEM, MELY ÉRTETEK ADATIK.

A vacsora után ugyanígy kezébe vette a kelyhet, és neked hálát adva áldást mondott, majd tanítványainak adta, és így szólt:

VEGYÉTEK, ÉS IGYATOK EBBŐL MINDNYÁJAN, MERT EZ AZ ÉN VÉREM KELYHE, AZ ÚJ ÉS ÖRÖK SZÖVETSÉGÉ. EZ A VÉR ÉRTETEK ÉS MINDENKIÉRT KIONTATIK A BŰNÖK BOCSÁNATÁRA. EZT CSELEKEDJÉTEK AZ ÉN

MEAM COMMEMORATIÓNEM.

Mystérium fídei:
Mortem tuam annuntiámus, Dómine et tuam resurrectiónem confitémur, donec vénias.

seu:
Mystérium fídei:
Quotiescúmque manducámus panem hunc et cálicem bíbimus, mortem tuam annuntiámus, Dómine, donec vénias.

seu:
Mystérium fídei:
Salvátor mundi, salva nos, qui per crucem et resurrectiónem tuam liberásti nos.

Mémores ígitur, Dómine, eiúsdem Fílii tui salutíferæ passiónis necnon mirábilis resurrectiónis et ascensiónis in cælum, sed et præstolántes álterum eius advéntum, offérimus tibi, grátias referéntes, hoc sacrifícium vivum et sanctum.

Réspice, quæsumus, in oblatiónem Ecclésiæ tuæ et, agnóscens Hóstiam cuius voluísti immolatióne placári, concéde, ut qui Córpore et Sánguine Fílii tui refícimur, Spíritu eius Sancto repléti, unum corpus et unus spíritus inveniámur in Christo.

Ipse nos tibi perfíciat munus ætérnum, ut cum eléctis tuis hereditátem cónsequi valeámus, in primis cum beatíssima Vírgine, Dei Genetríce, María, cum beátis Apóstolis tuis et gloriósis Martýribus (Cum Sancto *N.*: *Sancto diei vel patrono*) et ómnibus

EMLÉKEZETEMRE.

Íme hitünk szent titka:
Halálodat hirdetjük, Urunk, és hittel valljuk feltámadásodat, amíg el nem jössz.

vagy:
Íme, megváltásunk szent titka:
Valahányszor esszük ezt a kenyeret, és iszunk ebből a kehelyből, halálodat hirdetjük, Urunk, amíg el nem jössz.

vagy:
Íme, üdvösségünk szent titka:
Üdvözíts bennünket, világ Megváltója, ki keresztd és feltámadásod által megmentettél minket.

Annak emlékét ünnepeljük tehát Istenünk, hogy Fiad üdvösségünkért szenvedett, csodálatosan feltámadt, fölment a mennybe, és második eljövetelét várva hálás szívvel felajánljuk neked ezt az élő és szent áldozatot.

Tekints, kérünk, Egyházad áldozati adományára, ismerd föl benne Fiad áldozatát, amely által kiengesztelődni akartál. Add, hogy mi, akik az ő testét és vérét magunkhoz vesszük, Szentlelkével eltelve egy test és egy lélek legyünk Krisztusban.

Ő tegyen minket neked szentelt örök áldozattá, hogy elnyerhessük az örökséget választottaiddal: elsősorban Isten Anyjával, a Boldogságos Szűz Máriával, szent apostolaiddal, a dicsőséges vértanúkkal, (Szent *N.*-nel: *napi- vagy védőszent*) és minden szenttel együtt.

Sanctis, quorum intercessióne perpétuo apud te confídimus adiuvári.

Az ő közbenjárásukban bízva reméljük, hogy mindenkor megsegítesz minket.

Hæc Hóstia nostræ reconciliatiónis profíciat, quæsumus, Dómine ad totíus mundi pacem atque salútem. Ecclésiam tuam, peregrinántem in terra, in fide et caritáte dignéris cum fámulo tuo Papa nostro *N.* et Epíscopo nostro *N.*, cum episcopáli órdine et univérso clero et omni pópulo acquisitiónis tuæ.

Kérünk, Istenünk, hogy engesztelő áldozatunk hozzon az egész világnak békét és üdvösséget. Erősítsd meg hitben és szeretetben földi zarándokútját járó Egyházadat: szolgádat, *N.* pápánkat és *N.* püspökünket, a püspökök testületét, a papságot és egész megváltott népedet.

Votis huius famíliæ, quam tibi astáre voluísti, adésto propítius. Omnes fílios tuos ubíque dispérsos tibi, clemens Pater, miserátus coniúnge.

Teljesítsd kegyesen házad népe kéréseit, hiszen te akartad, hogy színed elé álljunk. Jóságos Atyánk, vond magadhoz irgalmasan a világon szétszóródott valamennyi gyermekedet.

Fratres nostros defúnctos et omnes qui, tibi placéntes, ex hoc sæculo transiérunt, in regnum tuum benígnus admítte, ubi fore sperámus, ut simul glória tua perénniter satiémur, per Christum Dóminum nostrum, per quem mundo bona cuncta largíris.

Elhunyt testvéreinket pedig és mindazokat, akik a te kegyelmedben költöztek el ebből a világból, fogadd be jóságosan országodba, ahol, reményünk szerint, dicsőségedben velük együtt mi is örökre gazdagon részesülünk Krisztus, a mi Urunk által, mert általa árasztod el minden jóval a világot.

Per ipsum, et cum ipso, et in ipso, est tibi Deo Patri omnipoténti, in unitáte Spíritus Sancti, omnis honor et glória per ómnia sæcula sæculorum.

Őáltala, ővele és őbenne a tiéd, mindenható Atyaisten a Szentlélekkel egységben minden tisztelet és dicsőség mindörökkön-örökké.

Amen. *(Cont. pagina 854.)*

Ámen. *(Folytatás a 854. oldalon)*

PREX EUCHARISTICA IV

IV. EUCHARISZTIKUS IMA

Dóminus vobíscum.
Et cum spíritu tuo.
Sursum corda.
Habémus ad Dóminum.
Grátias agámus Dómino Deo nostro.
Dignum et iustum est.

Az Úr legyen veletek
És a te lelkeddel.
Emeljük föl szívünket.
Fölemeltük az Úrhoz.
Adjunk hálát Urunknak, Istenünknek.
Méltó és igazságos.

Vere dignum est tibi grátias ágere, vere iustum est te glorificáre, Pater sancte, quia unus es Deus vivus et verus, qui es ante sæcula et pérmanes in ætérnum, inaccessíbilem lucem inhábitans; sed et qui unus bonus atque fons vitæ cuncta fecísti, ut creatúras tuas benedictiónibus adimpléres multásque lætificáres tui lúminis claritáte. Et ídeo coram te innúmeræ astant turbæ angelórum, qui die ac nocte sérviunt tibi et, vultus tui glóriam contemplántes, te incessánter gloríficant. Cum quibus et nos et, per nostram vocem, omnis quæ sub cælo est creatúra nomen tuum in exsultatióne confitémur, canéntes:

(Mert) Valóban méltó, hogy neked hálát adjunk, (és) valóban igazságos, hogy dicsőítsünk, szentséges Atyánk, téged, mert egyedül te vagy az igaz és élő Isten. Te minden időt megelőzve létezel, mindörökre megmaradsz, és megközelíthetetlen fényben rejtezel. Te, egyetlen jóság és minden élet forrása, azért alkottál mindent, hogy teremtményeidet áldásoddal áraszd el, és mindenkit boldogíts világosságod fénye által. Az angyalok számtalan serege ezért áll színed előtt, éjjel-nappal szolgál néked, és arcod dicsőségét szemlélve szüntelenül dicsér téged. (Most) Velük együtt mi is, és szavunk által minden teremtmény a világon, ujjongva áldja szent neved és mondja:

Sanctus, Sanctus, Sanctus Dóminus Deus Sábaoth. Pleni sunt cæli et terra glória tua. Hosánna in excélsis. Benedíctus qui venit in nómine Dómini. Hosánna in excélsis.

Szent vagy, szent vagy, szent vagy, mindenség Ura, Istene. Dicsőséged betölti a mennyet és a földet. Hozsanna a magasságban. Áldott, aki jön az Úr nevében. Hozsanna a magasságban.

Confitémur tibi, Pater sancte, quia magnus es et ómnia ópera tua in sapiéntia et caritáte fecísti. Hóminem ad tuam imáginem condidísti, eíque commisísti mundi curam univérsi, ut, tibi soli Creatóri sérviens, creatúris ómnibus imperáret.

Magasztalunk téged, Szentséges Atyánk, mert hatalmas vagy; minden művedet bölcsességgel és szeretettel alkottad. A magad képmására teremtetted az embert, és gondjára bíztad az egész világot, hogy csak neked, a Teremtőnek szolgálva uralkodjék minden teremtményen.

Et cum amicítiam tuam, non obœdiens, amisísset, non eum dereliquísti in mortis império. Omnibus enim misericórditer subveniśti, ut te quæréntes invenírent.

Amikor pedig engedetlenségével barátságodat elveszítette, nem hagytad őt a halál hatalmában. Mindenkinek irgalmasan segítségére siettél, hogy aki téged keres, rád találjon.

Sed et fœdera plúries homínibus

Újra meg újra szövetséget is ajánlottál

obtulísti eósque per prophétas erudísti in exspectatióne salútis.

az embereknek, és tanítottad őket a próféták által, hogy várják az üdvösséget.

Et sic, Pater sancte, mundum dilexísti, ut, compléta plenitúdine témporum, Unigénitum tuum nobis mítteres Salvatórem. Qui, incarnátus de Spíritu Sancto et natus ex María Vírgine, in nostra condiciónis forma est conversátus per ómnia absque peccáto; salútem evangelizávit paupéribus, redemptiónem captívis, mæstis corde lætítiam.

Úgy szeretted a világot, Szentséges Atyánk, hogy amikor elérkezett az idők teljessége, Üdvözítőt küldtél nekünk: egyszülött Fiadat. Megtestesült a Szentlélek erejéből, született Szűz Máriától, és közöttünk élt: mindenben hasonlóvá lett hozzánk, a bűnt kivéve. Örömhírt hozott: üdvösséget a szegényeknek, szabadulást a foglyoknak, vigasztalást a szomorkodóknak.

Ut tuam vero dispensatiónem impléret, in mortem trádidit semetípsum ac, resúrgens a mórtuis, mortem destrúxit vitámque renovávit. Et, ut non ámplius nobismetipsis viverémus, sed sibi, qui pro nobis mórtuus est atque surréxit, a te, Pater, misit Spíritum Sanctum primítias credéntibus, qui, opus suum in mundo perfíciens, omnem sanctificatiónem compléret.

Hogy pedig üdvözítő akaratodat teljesítse, halálra adta önmagát, majd feltámadásával legyőzte a halált, és újjáteremtette az életet. És hogy ezután már ne önmagunknak éljünk, hanem annak, aki értünk meghalt és feltámadt, elküldte tőled, Atyánk, a híveknek első ajándékul a Szentlelket, hogy befejezze Krisztus művét a világban, és mindent megszenteljen.

Quæsumus ígitur, Domine, ut idem Spíritus Sanctus hæc múnera sanctificáre dignétur, ut Corpus et † Sanguis fiant Dómini nostri Iesu Christi ad hoc magnum mystérium celebrándum, quod ipse nobis relíquit in fœdus ætérnum.

Kérünk tehát, Istenünk, szentelje meg a Szentlélek ezt az adományt, hogy a mi Urunk, Jézus Krisztus teste és † vére legyen, és ünnepelhessük azt a nagy titkot, amelyet ő hagyott ránk örök szövetségül.

Ipse enim, cum hora venísset, ut glorificarétur a te, Pater sancte, ac dilexísset suos qui erant in mundo, in finem diléxit eos: et cenántibus illis accépit panem, benedíxit ac fregit, dedítque discípulis suis, dicens:

Amikor ugyanis eljött az óra, hogy te, Szentséges Atyánk, megdicsőítsd Fiadat, mert szerette övéit, akik a világban voltak, mindvégig szerette őket, a vacsora közben kezébe vette a kenyeret, áldást mondott, megtörte, majd tanítványainak adta, és így szólt:

ACCIPÍTE ET MANDUCÁTE EX

VEGYÉTEK, ÉS EGYETEK EBBŐL

HOC OMNES: HOC EST ENIM CORPUS MEUM, QUOD PRO VOBIS TRADÉTUR.

MINDNYÁJAN, MERT EZ AZ ÉN TESTEM, MELY ÉRTETEK ADATIK.

Símili modo accípiens cálicem, ex genímine vitis replétum, grátias egit, dedítque discípulis suis, dicens:

Ugyanígy kezébe vette a szőlőtő borával telt kelyhet, majd hálát adva, odaadta tanítványainak, és így szólt:

ACCÍPITE ET BÍBITE EX EO OMNES: HIC EST ENIM CALIX SÁNGUINIS MEI, NOVI ET ÆTÉRNI TESTAMÉNTI, QUI PRO VOBIS ET PRO MULTIS EFFUNDÉTUR IN REMISSIÓNEM PECCATÓRUM. HOC FÁCITE IN MEAM COMMEMORATIÓNEM.

VEGYÉTEK, ÉS IGYATOK EBBŐL MINDNYÁJAN, MERT EZ AZ ÉN VÉREM KELYHE, AZ ÚJ ÉS ÖRÖK SZÖVETSÉGÉ. EZ A VÉR ÉRTETEK ÉS MINDENKIÉRT KIONTATIK A BŰNÖK BOCSÁNATÁRA. EZT CSELEKEDJÉTEK AZ ÉN EMLÉKEZETEMRE.

Mystérium fídei:
Mortem tuam annuntiámus, Dómine et tuam resurrectiónem confitémur, donec vénias.

Íme, hitünk szent titka:
Halálodat hirdetjük, Urunk, és hittel valljuk feltámadásodat, amíg el nem jössz.

seu:
Mystérium fídei:
Quotiescúmque manducámus panem hunc et cálicem bíbimus, mortem tuam annuntiámus, Dómine, donec vénias.

vagy:
Íme, megváltásunk szent titka:
Valahányszor esszük ezt a kenyeret, és iszunk ebből a kehelyből, halálodat hirdetjük, Urunk, amíg el nem jössz.

seu:
Mystérium fídei:
Salvátor mundi, salva nos, qui per crucem et resurrectiónem tuam liberásti nos.

vagy:
Íme üdvösségünk szent titka:
Üdvözíts bennünket, világ Megváltója, ki kereszted és feltámadásod által megmentettél minket.

Unde et nos, Dómine, redemptionis nostræ memoriále nunc celebrántes, mortem Christi eiúsque descénsum ad ínferos recólimus, eius resurrectiónem et ascensiónem ad tuam déxteram profitémur, et, exspectántes ipsíus advéntum in glória, offérimus tibi eius Corpus et Sánguinem, sacrifícium tibi

Mi is megünnepeljük, Istenünk, megváltásunk emlékét: tisztelettel megemlékezünk arról, hogy Krisztus meghalt, alászállt a holtak országába, és hittel valljuk, hogy feltámadt, fölment jobbodra a mennybe, és dicsőséges eljövetelét várva felajánljuk neked testét és vérét, amely előtted acceptábile et toti mundo salutáre.

kedves áldozat, és az egész világ üdvösségére szolgál.

Réspice, Dómine, in Hóstiam, quam Ecclésiæ tuæ ipse parásti, et concéde benígnus ómnibus, qui ex hoc uno pane participábunt et cálice, ut, in unum corpus a Sancto Spíritu congregáti, in Christo hóstia viva perficiántur, ad laudem glóriæ tuæ.

Tekints, Istenünk, erre az áldozatra, melyet te magad készítettél Egyházadnak. Add meg jóságosan mindazoknak, akik ebből az egy kenyérből és egy kehelyből részesülnek, hogy a Szentlélek által egy testbe összegyűjtve, Fölséged dicséretére Krisztusban élő áldozattá váljanak.

Nunc ergo, Dómine, ómnium recordáre, pro quibus tibi hanc oblatiónem offérimus: in primis fámuli tui, Papæ nostri *N.*, Epíscopi nostri *N.*, et Episcopórum órdinis univérsi, sed et totíus cleri, et offeréntium, et circumstántium, et cuncti pópuli tui, et ómnium, qui te quærunt corde sincéro.

Most pedig, Istenünk, emlékezzél meg mindazokról, akikért ezt az áldozatot bemutatjuk neked: elsősorban szolgádról, *N.* pápánkról, *N.* püspökünkről, a püspökök testületéről, a papságról, azokról, akik ezt az áldozatot felajánlják, akik itt jelen vannak, egész népedről és mindazokról, akik őszinte szívvel keresnek téged.

Meménto étiam illórum, qui obiérunt in pace Christi tui, et ómnium defunctórum, quorum fidem tu solus cognovísti.

Emlékezzél meg azokról is, akik Krisztus békéjében hunytak el, és minden megholtról, akinek hitét egyedül te ismered.

Nobis ómnibus, fíliis tuis, clemens Pater, concéde, ut cæléstem hereditátem cónsequi valeámus cum beáta Vírgine, Dei Genetríce, María, cum Apóstolis et Sanctis tuis in regno tuo, ubi cum univérsa creatúra, a corruptióne peccáti et mortis liberáta, te glorificémus per Christum Dóminum nostrum, per quem mundo bona cuncta largíris.

Jóságos Atyánk, add meg mindnyájunknak, akik gyermekeid vagyunk, hogy Isten Anyjával, a Boldogságos Szűz Máriával, apostolaiddal és szentjeiddel elnyerjük a mennyei örökséget országodban, és ott az egész teremtett világgal együtt, amely megszabadult a bűn és a halál romlandóságából, dicsőítve magasztaljunk téged Krisztus Urunk által, mert általa árasztod el minden jóval a világot.

Per ipsum, et cum ipso, et in ipso, est tibi Deo Patri omnipoténti, in unitáte Spíritus Sancti, omnis honor et glória per ómnia sæcula sæculórum.

Őáltala, ővele és őbenne a tiéd, mindenható Atyaisten a Szentlélekkel egységben minden tisztelet és dicsőség mindörökkön örökké.

Amen.

Ámen

RITUS COMMUNIONIS

A SZENTÁLDOZÁS SZERTARTÁSA

Præcéptis salutáribus móniti, e divína institutióne formáti, audémus dícere:

Üdvözítőnk parancsára és isteni tanítása szerint így imádkozunk:

Pater noster, qui es in cælis: sanctificétur nomen tuum; advéniat regnum tuum; fiat volúntas tua, sicut in cælo et in terra. Panem nostrum quotidiánum da nobis hódie; et dimitte nobis débita nostra, sicut et nos dimíttimus debitóribus nostris; et ne nos indúcas in tentatiónem; sed líbera nos a malo.

Mi Atyánk, ki vagy a mennyekben, szenteltessék meg a te neved; jöjjön el a te országod; legyen meg a te akaratod, miképpen mennyben, azonképpen itt a földön is. Mindennapi kenyerünket add meg nekünk ma; és bocsásd meg a mi vétkeinket, miképpen mi is megbocsátunk az ellenünk vétkezőknek; és ne vígy minket a kísértésbe; de szabadíts meg a gonosztól.

Líbera nos, quæsumus, Dómine, ab ómnibus malis, da propítus pacem in diébus nostris, ut, ope misericórdiæ tuæ adiúti et a peccáto simus semper líberi et ab omni perturbatióne secúri: exspectántes beátam spem et advéntum Salvatóris nostri Iesu Christi.

Szabadíts meg, kérünk, Urunk, minden gonosztól; Adj kegyesen békét napjainkban, hogy irgalmadból mindenkor bűn és baj nélkül éljünk, míg reménykedve várjuk az örök boldogságot és Üdvözítőnknek, Jézus Krisztusnak dicsőséges eljöttét.

Quia tuum est regnum, et potéstas, et glória in sæcula.

Mert tiéd az ország, a hatalom és a dicsőség mindörökkön-örökké. Ámen.

Dómine Iesu Christe, qui dixísti Apóstolis tuis: Pacem relínquo vobis, pacem meam do vobis: ne respícias peccáta nostra, sed fidem Ecclésiæ tuæ; eámque secúndum voluntátem tuam pacificáre et coadunáre dignéris. Qui vivis et regnas in sæculórum.

Urunk, Jézus Krisztus, te azt mondottad apostolaidnak: Békességet hagyok rátok, az én békémet adom nektek. Ne vétkeinket nézzed, hanem Egyházad hitét, őrizd meg szándékod szerint békében, és add meg teljes egységét. Aki élsz és uralkodol mindörökkön-örökké.

Amen.

Ámen.

Pax Dómini sit semper vobiscum.

Et cum spíritu tuo.

Az Úr békéje legyen veletek mindenkor.

És a te lelkeddel.

(Hozzáadható:) Köszöntsétek egymást a béke jelével.

Legyen békesség köztünk mindenkor.

AGNUS DEI

AGNUS DEI

Agnus Dei qui tollis peccáta mundi, miserére nobis. Agnus Dei qui tollis peccáta mundi, miserére nobis. Agnus Dei qui tollis peccáta mundi, dona nobis pacem.

Isten Báránya, te elveszed a világ bűneit: irgalmazz nekünk. Isten Báránya, te elveszed a világ bűneit: irgalmazz nekünk. Isten Báránya, te elveszed a világ bűneit: adj nekünk békét.

Ecce Agnus Dei, ecce qui tollit peccáta mundi. Beáti qui ad cenam Agni vocáti sunt.

Íme, az Isten Báránya, íme, aki elveszi a világ bűneit. Boldogok, akiket meghív asztalához Jézus, az Isten Báránya.

Dómine, non sum dignus ut intres sub tectum meum, sed tantum dic verbo et sanábitur ánima mea.

Uram, nem vagyok méltó, hogy hajlékomba jöjj, hanem csak egy szóval mondd, és meggyógyul az én lelkem.

Corpus Christi.
Amen.

Krisztus teste.
Ámen.

POSTCOMMUNIO
...
Amen.

ÁLDOZÁS UTÁNI KÖNYÖRGÉS
...
Ámen.

RITUS CONCLUSIONIS

BEFEJEZŐ SZERTARTÁS

Dóminus vobíscum.
Et cum spíritu tuo.

Az Úr legyen veletek.
És a te lelkeddel.

Benedícat vos omnípotens Deus, Pater, et Fílius † et Spíritus Sanctus.
Amen.

Áldjon meg benneteket a mindenható Isten, az Atya, a Fiú † és a Szentlélek.
Ámen.

Ite, missa est.

Deo grátias.

A szentmise véget ért, menjetek békével.

Istennek legyen hála.

MAGYAR ÉLETSZENTSÉG

A TÖRTÉNELMI HAZA SZENTJEI ÉS BOLDOGJAI [1,2]

Magyarok Nagyasszonya a **Boldogságos Szűz**, kinek Szent István felajánlotta koronáját és országát halála előtt, 1038-ban. Ünnepe 1896 óta október 8., azelőtt augusztus 15.

Kereszténységünk első ötven éve

Szent István (†1038) első királyunk és apostolunk, aki 1000-től 1038-ig uralkodott. Egyházi ünnepe augusztus 16., magyar ünnepe augusztus 20.

Boldog Gizella, Szent István felesége (†1059; ünnepe május 7.), Szent Henrik német császár húga.

Szent Imre herceg, gyermekük (†1031. szeptember 2.; ünnepe november 5.), kinek latin Emericus nevéből ered Amerika földrész neve. A földrészt első feltérképezője, Americo Vespucci után nevezték el, ez nevét Emericus után kapta, aki védőszentje is volt.

Szent Adalbert (Béla) püspök Istvánt megkeresztelte, hazánkban hithirdetőként működött, majd a lengyelek és poroszok térítésére ment, és az utóbbiaktól nyerte el a vértanúság koronáját 997. április 23-án. A cseh-német eredetű bencés püspök így három nép apostola. Vele működtek és mentek további térítő útra: **Szent Bonifác** bencés (†1002 táján), aki a poroszoktól szenvedett vértanúságot; **Szent Benedek vagy Bedő** bencés vértanú (†1005 körül); **Szent Máté, Izsák, Keresztély és János** bencés vértanúk, mind a négyen a magyarok közt is térítettek (†1005 tájban). **Szent Urolf** lorchi püspök sok magyart megkeresztelt Óvár körül: a vezéreket megtérítette és velük keresztelkedtek meg harcosaik is. **Szent Virgil** ír szerzetes, Salzburg püspöke 784 körül térített az avar gyepükön, Árpád magyarjai közt pedig **Szent Guibert** és **Szent Vimmó** bencés 926—936 tájban.

Szórád Szent András (†1009) és **Szkalkai Szent Benedek** (†1012) bencés remeték Lengyelhonból költöztek Nyitra mellé (ünnepük július 17.).

Szent Gellért csanádi püspök (†1046. szeptember 24.) a róla elnevezett Gellérthegynél szenvedett vértanúságot három társával, **Boldog Beszteréd** nyitrai, **Boldog Bőd (Buldus)** egri és **Boldog Beneta** veszprémi püspökökkel.

[1] A tanulmányban szereplő vértanúk, szentek, szentéletűek, boldogok, boldogemlékűek, tiszteletreméltóak száma 237. Ezek közül középkori (a török uralomig) 102, újkori 102, ókori (honfoglalás előtti) 24 és magyar vérű idegen 9.

[2] Az itt felsoroltak közül harmincnégyről tartalmaz illusztrációt a könyv. A listát lásd a Tartalomjegyzék végén (9. oldal).

István, Imre, Gellért és a két nyitrai remete egyszerre került a szentek sorába — VII. Gergely pápa szentesítésével, 1083-ban. Így István az Egyház első szent királya, akit a pápa kanonizált — miután a nép már szentként tisztelte.

Szent István király idejében **Boldog Sebestyén** bencés, az első érsekprímás († 1007. december 30.), **Boldog Asztrik** kalocsai érsek, aki II. Szilveszter pápától a koronát hozta és Istvánt megkoronázta († 1036k; november 12.). **Boldog Mór**, pécsi püspök († 1070. október 25.), az első magyar származású írónk, az András- és Benedek-legendák szerzője; **Boldog Vác**, aki a róla elnevezett későbbi Vác város környékén volt remete († 1050k; november 26.). **Szent Göntér** (Gunther) német remete a Bakonyban élt 28 évig († 1045. október 9.), szent királyunk oltalma alatt. Ebben az időben jött magyar honba téríteni a kamalduliak alapítója, **Szent Romuald** (Rádony) apát és Querfurti **Szent Brunó** kamalduli szerzetes.

A XI. század végén

Szent László király, a lovagok példaképe († 1095. július 28.; ünnepe június 27.). Leánya, **Piroska**, Komnen János bizánci császár felesége, **Vendégszerető Szent Iréne** néven a keleti egyház szentje lett († 1134). **Boldog Salamon** király sok bajt okozó uralkodása után mint bűnbánó remete halt meg 1087 táján (szeptember 28. az emléknapja).

A XII. században

Boldogemlékű Zsófia az első Árpád-házi apáca, mint bencés szerzetes az ausztriai Admontban szerzett érdemeket. **Boldog Bánfi Lukács**, érsekprímás († 1178/1179; ünnepe augusztus 28.), hősiesen szembe szállt két bitorló királlyal. Ő a „magyar Becket Tamás". **Boldogemlékű Saul**, kalocsai érsek († 1202; ünnepe október 20.), szenttéavatási ügye a tatárjárás miatt elakadt.

A XIII. században

ismét bővelkedünk szentekben és boldogokban. A kolduló rendek által végzett nagy lelki megújhodásban hazánk is résztvett. A domokosok közül **Boldog Pál** 90 társával szenvedett vértanúhalált a tatároktól († 1242. február 10.). A lengyel **Boldog Szádok 49 vértanú-társának egy része magyar** volt († 1260. június 2.). A főúri Hahold nemzetség tagja **Boldog Bánfi Buzád**, aki hatalmas főúrból lett alázatos domokosrendi szerzetes (a tatárok ölik meg Pesten, 1241. április 28-án).

Az Árpád-ház szentjei közül egyik legkedvesebb II. Endre király leánya, **Magyarországi Szent Erzsébet**, a ferences harmadik rend tagja († 1231. november 17.). Legkisebb leánya **Boldog Gertrúd** premontrei apáca († 1300k). **IV. Béla** királyunk és felesége, **Laszkarisz Mária**, a szentség hírében haltak meg († 1270). Négy lányukat avatták szentté vagy boldoggá: **Szent Margit** domokos apáca († 1270. január 18.), az önmegtagadás nagy hősnője, aki hazájáért ajánlotta föl ifjú életét, **Szent Kinga** (vagy: Kunigunda, † 1292. július 24.) és **Boldog Jolánta** († 1298. június 15.), mindketten lengyel hercegek felesége lettek, majd később mint ferences apácák éltek

Lengyelhonban. **Boldogemlékű Konstancia** klarissza apácaként élt (†1301). Az Árpád-ház utolsó szentje **ifjabb Boldog Erzsébet** domokos apáca, III. Endre lánya, a svájci Töss kolostorában halt meg (1338. május 6.) mint a mély imaélet és derűs lélekkel viselt hontalanság hősnője. IV. Béla öccsének, **Boldogemlékű Kálmán** hercegnek felesége **Boldog Krakkói Szalómé** szűzi házassága és férje hősi halála után visszatért Lengyelországba (†1268. november. 17.).

Domokosrendi szerzetes volt még **Boldog Veszprémi Ilona** (†1270. november 15.), Szent Margitnak talán lelki ihletője, misztikus szent, aki Krisztus Urunk sebhelyeit viselte. Ő volt az első magyar stigmatizált. **Boldog Gellért** (†1270/1280), budai domokos szerzetes, Margit gyóntatója volt; a római olasz **Boldog Umbert**, aki domokos rendfőnök, majd egyetemes tartományfőnök volt és a magyar rendtartomány feje (†1277).

Boldog Miklós mártírt, Bosznia püspökét a bogumil eretnekek ölték meg (†1230. július 7.), **Boldog János** (†1252. november 4.), domokos tartományfőnök, IV. Béla király tanácsadója volt, jövőbelátó tehetségéről híres. **Boldog Imre** (Imecs) zárja be (†1231k) a XIII. századi domokos boldogok és szentek sorát hazánkban.

Boldog János az első magyar ferences, valószínűleg francia származású volt (†1287. február 23.). Ferencesek voltak még **Boldog Budai Pető** (†1287), **Boldog Esztergomi Egyed, Boldog Esztergomi Gál** (†1340) és **Boldog István** vértanú (†1288k).

A magyar pálos rendet

Boldog Özséb esztergomi kanonok alapította (†1270. január 20.), a „Fehér barátok” szigorú rendjébe gyűjtve Thébai Szent Pál remetéit. Nagy Lajos király Lengyelországba telepítette a rendet, ahol a lengyelek leghíresebb kegyhelyének, Częstochowa kolostorának atyái és pásztorai.

VIII. Orbán pápa rendelete szerint (1623-ban: az évszázados folytonos „boldog”-nak tisztelés — ha nincs is római jóváhagyása — fönntartható, elismerést kap!) a boldogoknak kijáró tisztelet illeti meg az alapító Özséb mellett a következőket: **Benedek** (†1290), a második pálos rendfőnök, **István** (†1300), a harmadik, **Lőrinc** (†1325), a negyedik rendfőnök, a jövőbelátó **Nosztrai Lukács**, akinek teste épen maradt (†1380k december 5.), a szelídségéről ismert **Jámbor Ferenc** (†1433), **Csodatevő Hektor** (†1333), **Zalánkeményi Péter** (†1492), **Ungvári Kálmán** (†1510). Közismert **Báthory László**, budai remete (†1484. február 27.), bibliafordító, akinek irodalmi munkája részleteiben fennmaradt a Jordánszky kódexben. (Családjából származott a későbbi erdélyi fejedelem és lengyel király, Báthory István is.) **Zákoly János**, akiből csanádi püspök lett (†1494. február 3.), **Szombathelyi Tamás**, rendfőnök (†1488), **Csanádi Albert**, vallásos latin költő (†1492; ünnepe május 28.). A „kunok grófja”, **Tharr Albert** alázatos fehér barátta lett (†1492k). **Huszár Gáspár** előbb törökverő hős volt, **Lórándházi István** rendfőnök (†1519. szeptember 6., Sümegen) Remete Szent Pál életrajzát írta meg. **Máté és Bálint** budaszentlőrinci testvérek, Máténak és később **Pál** testvérnek teste épen maradt. Kolostoraikat később a török dúlta fel. **Gergely** esztergomi kanonokból lett pálos szerzetes (†1482). **An-**

gyali Tamás, a baranyai Szent Lászlón, az elragadtatások hőse volt (†1524 után).

Az 1300-as években

domokosrendi misztikus **Boldog Csák Mór** (†1336. március 20.), eredetileg házasember volt, majd feleségével közös megegyezés alapján mindketten szerzetesek lettek. Kína első hithirdetője, a vértanúságot szenvedett **Boldog Eskandéli Máté** Budán született (†1309. október 8.). **Nagy Lajos** király maga is mélyen vallásos és szentéletű volt (†1370), ő alapította Máriacell kegyhelyet, ahol ideiglenesen Mindszenty József bíboros atyánk hamvai nyugodtak. Częstochowa egyik régi oltárképén ez a felirat díszlik: *„Sanctus Ludovicus, Rex Hungariae"*. Nagy Lajos lánya volt **Boldog Hedvig**, akit a lengyelek **Jadwiga** néven tisztelnek (†1399. február 28.). A lengyelek térítője volt, mert a pogány Jagelló Ulászlóhoz ment feleségül, s ez így népével együtt kereszténnyé vált. **Boldog Magyar Antal** ferences a betegek ápolására áldozta életét az itáliai Folignóban.

Az 1300-as évek a külmissziók magyar hőseivel is tündökölnek. A keletről fenyegető tatár betörések ellensúlyozására a tatárok közt és a délkeleti Oroszország törökjei közt terjesztették a megértés és szeretet vallását.

Legnevezetesebb a magyar hittérítők között **Boldog András** ferencrendi vértanú, akit négy társával az Al-Dunánál öltek meg (†1350), **Boldog Péterváradi István**, szintén ferences, aki előbb meginog a rettenetes kínzások hatására, de aztán bátran vállalja a hitét a török előtt (†1334). **Boldog Szász Antal** erdélyi ferences és két társa Bodonynál szenvedett vértanúságot (†1396). **Boldog Magyar Miklós** és **Boldog Magyarhoni László**, ferences vértanúk, a havaselvi oláh vajda vad pribékjeinek estek áldozatul. **Boldog Magyar Tamás és három társa** Afrikában szenvedtek vértanúságot. **Boldog Péter** ferencest a tatárok ölték meg (†1314).

A Kármel hegyéről elnevezett legelső kármeliták közt volt **Boldog Magyar Kozma** Jeruzsálemben (†1197) és **Budai Boldog Antal**, aki a töröktől veszti életét (†1399). Későbbi **pálos vértanúk** a **12** magyar hithirdető Dél-Amerikában, akiket az indiánok halálra kínoztak (†1550—70).

Az 1300—1400-as években

két nem magyar domokos rendi püspök került a magyar boldogok közé: a horvát **Boldog Gazóthi (Kazotics) Ágoston** (†1323. augusztus 3.) zágrábi püspök és az olasz **Boldog Dominici János**, aki sokáig pápai követ volt Budán, és ott is halt meg (†1419. június 10.). **Thomasius Szent Péter**, francia kármelita püspök is járt magyar földön szentszéki küldetésekkel, kereszteshadat is szervezett a török ellen (†1366. január 6.).

Ugyanilyen „befogadott" magyar szent **Kapisztrán Szent János** is (†1456. október 23.); magas bírói méltóságát cserélte fel a ferencesek egyszerű barna kámzsájával. Ő népszerűsítette a „Dicsértessék a Jézus Krisztus!" [Laudetur Jesus Christus!] köszönést is. Kereszteshadat toborzott Hunyadi János maroknyi seregének feltöltésére és résztvett a világraszóló nándorfehérvári diadalban. Utána pár hónappal a szentéletű **Hunyadi Jánost** és Kapisztránt is elvitte a fellépő járvány.

Mátyás király tanácsadója és védence volt a pálos **Boldog Gergely**. **Márkai Szent Jakab** olasz származású ferences, Szeged hitszónoka (†1476. november 28.) és a híres **Boldog Temesvári Pelbárt** (†1504. január 22.), akinek latin hittudományi könyveit egész Európa csodálta és használta. **Boldog Szébald** ágostonrendi szerzetes talán a Báthoryak fejedelmi véréből származott (†1494. augusztus 18.).

A török uralom alatt

az egész magyar nép vértanú nemzetté vált, — a 20. század váteszi püspökszónoka, Prohászka Ottokár szerint. Ebben az időben a török által „propter odium fidei", tehát a hit gyűlöletéből megölt szerzetesek a kánonjog szerint formaiságtól függetlenül a vértanúk közé számítanak.

A pálosok közül **Subáczy Antalt** és négy szerzetestársát (†1473), valamint Patacs, Remete, Bajcs, Esztegom, stb. pálos zárdák valamennyi barátját a török öli meg (†1526—41). 1526-ban, közvetlenül a mohácsi csata után, Budaszentlőrinc pálos kolostorának valamennyi szerzetesét kardélre hányják.

A ferencesek közül **Mikola Boldizsár** kolozsvári atyát a templomban szentmise közben ölik meg a hitújítók (†1556. augusztus 24.), 1526 és 1550 között egyedül Erdély területén 45 ferences hal vértanúhalált hitéért. 1553-ban Nagyváradon minden ferencest, rá három évre minden domokost lemészárolnak, mert nem hajlandók az új hitre térni. Nagyvárad minden kanonokját és papját leöldösik, mert ragaszkodnak katolikus hitükhöz. Egerben 1553-ban egy ferencest ölnek meg emiatt, felfeszítik! Ugyanabban az évben Beregszászon az összes ferencest lemészárolják (ünnepük október 27.).

A budai, pesti és esztergomi ferences zárdák szerzeteseit a török mészárolja le. Budán hal meg **Bresztóczi Miklós, Pesti Mátyás, Kölyüdi Balázs** és hat társuk, Pesten négy testvér és Esztergomban **Vásárhelyi Bernát, Tárkányi Ágoston**. (A töröktől vértanúságot szenvedettek hosszú listája megtalálható Meszlényi Antal művében a 250—253. lapokon.)

Az Európát védelmező, török elleni harc hozza Magyarhonba **Istenes Szent Jánost** (†1550. március 8.) Spanyolországból, aki akkor még katona, később az irgalmas rend megalapítója. **Brindizi Szent Lőrinc** egyházdoktor, kapucinus szerzetes, mint második Kapisztrán vezeti a magyar sereget a török ellen és Csókakőnél győzelmet arat (†1619. július 23.).

Az 1600-as években

újra föllángolnak a vallási harcok. Mindenki tud az 1673-ban gályarabságra ítélt 64 protestáns lelkészről, akik a Habsburg politikai és vallási abszolutizmus áldozatai, de kevesen ismerik a kor katolikus pap vértanúit.

Csepellényi György pálos atyát 1674-ben (május 24-én) gyilkolják meg katolikus hitéért Egerben. **Török Mártont** (†1674) Boldogkőről Kassára menet lövik agyon, a szintén pálos **Szvetenay Miklóst** (†1679. november 12.) Bozóknál kínzások közt végzik ki. A jezsuiták közül **Leleszy Jánost**, majd **Szimonidesz Jánost** ölik meg hithirdető körútjukon Erdélyben (1574). Nagyszombatban négy jezsuita hal meg hitéért: **Herédy Tamás**, **Korbély István** (†1678 és 1684), **Palugyay György** és **Végh Miklós** (†1674). 1679-ben valamennyi egri és jászói kanonokot lemészárolják, majd 16 esztergomi pap esik áldozatul a hitújítóknak. **Speráth Tamás** (†1681. szeptember 12.) piarista megszabadul, de a kínzásoktól szerzett sebeibe később belehal. **Balogh Ferenc** pálos protestánsként született, Erdélyben ölik meg mint hittérítőt (†1645; ünnepe május 22.). A pestisnek esett áldozatul a betegek ápolása közben **Pethő István, Süttő Lőrinc, Szörényi Ágoston, Bessenyei Miklós** pálosok és sokan mások (†1680—1704).

Székely Mózes unitárius katonái ölik meg **Váradi János** ferencest és társait Csíksomlyón (1601), **Néri Emmánuel** jezsuita laikus testvért Kolozsvárt (†1601). Görögkeleti szakadár szülei ölik meg **János** testvért Erdélyben, mert nemcsak katolikus lett, de ferences szerzetes is (†1603). 1619-ben Jászón a kanonokot mészárolják le hitéért, 1683-ban **Polacsek Jeromos** atyát gyóntatás közben ölik meg Pereszlényben, **Iglódi István** minoritát hitéért összeszabdalják (†1639), stb...

A sok mártír közül a három kassai vértanút Bethlen Gábor hajdúi végezték ki szörnyű kínzások közt (a nagy fejedelem tudta nélkül). Őket hivatalosan is 1995-ben szentté avatták. **Pongrácz István** jezsuita, magyar nemes, **Kőrösi Márk** szlavóniai születésű magyar, esztergomi kanonok és a sziléziai **Grodecz Menyhért**, világi pap nyerte el akkor Kassán a vértanúk koronáját (†1619. szeptember 7.).

Hajnal Mátyás jezsuita a Jézus Szíve tisztelet szentéletű úttörője (†1644. május 28.). A pozsonyi **Trinkel Zakariás** jezsuita szent élet után halt meg 1665-ben. A piaristák közül „venerábilis", vagyis tiszteletreméltó az olasz származású szepesi **Franki János** (†1662. július 29.) és **Kinczel István** (†1683. október 3.). Szentéletű ferences a csíksomlyói **Domokos Kázmér** (†1677. szeptember 5.), **Jegenyei Ferenc** (†1684. június 3.) és **Szalinai István** (†1652. január 9.).

E kor hőse Wesselényi Ferenc nádor első felesége, **Magyarbéli Bosnyák Zsófia** (†1644. április 28.), aki szentség hírében halt meg, teste épen maradt napjainkig. A másik Zsófia nagyaszony is a Szent Erzsébet-i jótékonyság és türelem hőse: Andrássy István kuructábornok neje, **Serédi Zsófia** (†1710k), teste épen maradt Krasznahorka várában. Szentéletű pálos szerzeteseink ebből az időből **Padarovich András** (†1630), **Nemesy Pál** (†1699), **Jelenszky Tamás** (†1671) és **Borkovics Márton** (†1632k).

Ha nem is szent, vallásunk nagy hőse **Pázmány Péter** bíboros, az ellenreformáció vezéralakja, aki a már szinte protestánssá vált magyarságot visszatérítette a katolikus hitre (†1637. március 19.). **Koháry István** szentéletű főúr sokáig földalatti börtönt szenved hithűségéért, majd kolostorok sorát alapítja, így a kecskeméti piarista házat is (†1731. március 29.). **Széchényi György** prímás (†1695. február 18.) az „adakozás csodája", nagy katolikus újjáépítő és nemzetbékítő.

A XVIII. században

a „barokk kor szentjei", a pálosok közül **Vizkelety Albert** (†1737), **Ordódy István** (†1748), **Rósa Ferenc** (†1771), **Váradi Lőrinc** híres hitszónok (†1768), **Motesiczky János** hittudós (†1720. szeptember 18.), aki az ősmagyar Divék nemből eredt (a Majthényi család oldalága).

Az erdélyi Mikházán **Péterfi Anzelm** ferences (†1774. április 11.) hű követője volt a híres székely minoritának, **Kelemen Didák** atyának, a lánglelkű hitszónoknak, „Tiszántúl apostolának” (†1744. április 28.), kinek boldoggáavatási pöre folyamatban van. Nagy támogatója **Károlyi Sándorné, Barkóczy Krisztina** (†1740k), aki férjével zárdák, kórházak alapítója, pestisesek ápolója (Koháry István unokája).

Fodor Ambrus csíkrákosi születésű ferences (†1754. február 7.), **Luzsénszky László** esztergomi segédpüspök (†1790. november 4.), **Hanácius Ferenc** piarista, a Szepesség apostola (†1710. június 1.) és **Szlopnyai Elek** piarista (†1752. február 24.) haltak meg szentség hírében.

1704-ben az újonnan betelepült rácok felkelése Baranyában több vértanút követelt. Siklóson **Horváth Domokos, Cvetkovics Lajos** ferencesek, Pécsett két másik ferences és a jezsuita **Borovecz Mihály, Móró István, Borhy György, Jakabovics Jakab**, valamint **Horváth György** kanonok és még sokan mások estek áldozatul a rác öldöklésnek.

Beszterczei Péter-Áron bazilita püspök szentség hírében halt meg 1760-ban a nagybányai jezsuiták közt. Teste épen maradt balázsfalvi nyugvóhelyén.

A következő hazánkfiai is méltók lennének az egész világ tiszteletére: **Ipolyi Gáspár** kanonok (†1762), akiről halála után derült ki, hogy vezeklőövet hordott hosszú éveken át; a jezsuita „Hungarus Hrussoviensis”, tudós **Fitter Ádám**, erdélyi püspök (†1741) és **Klobusitzky Péter**, szentéletű kalocsai érsek (†1843).

A XIX. században

boldoggáavatási eljárás indult meg **Hám János** szatmári püspök ügyében (†1857), akit hazafias magatartása miatt az osztrák kormány rendeletére a püspökségből „elbocsátottak”.

A XX. században

boldogavatás jelöltje a fiatal jezsuita novicius, **Kaszap István** (1916—1935. december 17.), valamint **Bogner Etelka-Margit**, vizitációs nővér (†1933. május 13.), a szent szemorvos professzor, **Batthyányi-Strattmann László herceg** (†1931. január 22.) és **Scheibl Szabin** ferences misszióstestvér (†1931. március 28., Hankau, Kína).

Dobay M. Etelka szerzetesnővér (†1942. május 5.), **Bíró Ferenc** jezsuita, a Szent Szív apostola (†1938. augusztus 26.), **Fischer-Colbrie Ágost**, kassai püspök (†1925. május 17.), **Kánter Károly** plébános, Budapest apostola (†1920. november 20.) és legfőképpen **Prohászka Ottokár**, Székesfehérvár lánglelkű püspöke, a modern Magyarország apostola (†1927). A hitleri terror vértanúi **Salkaházy Sára** szociális testvér, zsidók rejtegetéséért (†1944. december 27.), **Bernovits Vilma** ugyanazért, stb. **Apor Vilmos**, győri püspök (†1945. március 31.) és még sokan, sokan a háború vértanúi, áldozatai, hősei. **Katona Anikó** a hitoktatás mellett tüntető gyermek vértanú: a vörösök vascsövekkel verték agyon (†1947. március 20., Szeged). **Kiss Szaléz** a gyónási titok vértanúja (†1946. október). A ferencesek közül

Károlyi Bernát (†1954), **Körösztös Krizosztóm** (†1944), **Lukács Pelbárt**, **Kriszton Ráfael**, stb. a vörös terror vértanúi. Ugyanígy a jezsuiták közül: **Laskai Antal**, **Kajdi Ferenc**, a szalézi **Zanai László**, a pálos **Vezér Ferenc**. Plébános, hittanár, káplán vértanúink a vörös terrortól: **Hummel Kornél** (†1945. január, intézeti vak lányok védelméért), **Ruppert István** ugyanazért, **Horváth Pál** (†1975), **Ébner János** (†1989, Erdélyben). Legújabb időből a pozsonyi születésű **Natália** nővér, Mária látnoka (†1991, Kecskemét) és a szolnoki stigmatizált **Galgóczy Erzsébet** (†1965) a szent élet példái. Erdélyben a hősi **Márton Áron** püspök szenvedett hosszú börtönt és kínzásokat magyarságáért és hitéért (†1980).

Utoljára, de nem utolsósorban pedig **Mindszenty József** hercegprímást, Esztergom érsekét tiszteljük a vallás hősei közt, várva hivatalos elismertetését (†1975. május 6.).

†

A honfoglalás előttiekről

is megemlékezünk, akik magyar területen éltek, vagy valamely kapcsolatban álltak a magyarsággal a századok folyamán.

A honfoglalás előtti római kor szentjeit Pannónia vagy a Szerémség vértanúiként említjük. A legelső szentéletű keresztény a mai magyarok földjén **Szent Andornok** (Andronicus), Szent Pál tanítványa, Pannonia első püspöke (†100 körül). (Nevét ma megörökíti Heves vármegyében Andornok község.) Legendás vértanú család volt **Szent Lestár (Euszták)** és felesége, **Szent Theopiszta**, fiaikkal, **Szent Agapéttal** és **Szent Teopisztussal**.

A legismertebbek: **Szent Kerény (Quirinus)** (†309. június 4.) püspök és **Szent Rutilus**, akik Szombathelynél szenvedtek vértanúságot. **Szent Iréneus** (vagy: **Ernye**) püspök szintén életét adta hitéért. **Szent Sándor** római katonát a keresztények védelmezéséért végezték ki. **Cicelle**, **Epernius**, **Heraklius**, **Spirus** és **Szent Szosztrátus** is vértanúk (†300—305). Ugyancsak a Szerémségben lett vértanú **Anasztázia**, **Kasztor**, **Klaudius**, **Szimforián** és **Szimplicius**. Pannóniai volt **Agrikola** is. A leghíresebb Sabaria (a mai Szombathely) szülöttje, **Szent Márton**, gall-francia püspök (†397), aki Szent Patriknak volt talán nagybátyja. Pannóniában született Portugália védőszentje, **Bragai Szent Márton** is (†580) és a nyugati szerzetesség egyik úttörője, **Lerini Szent Antal** (†526), valamint horvát részen **Szent Jeromos** is (†420).

†

Az Árpád-ház

nemcsak hazánknak adott számos boldogot és szentet, hanem igen sok nemmagyar szentben is az Árpádok vére csörgedez anyai ágon. Nincs a világnak még egy uralkodóháza, mely ennyi szentet mutathatna fel.

Skócia nagy szentje, **Skót Szent Margit** (†1093) Baranya vármegyében született, apja Földönfutó Edward, anyja magyar, talán Szent István királyunk lánya. Egyik fia **Szent Dávid**, a szigetország kimagasló uralkodója (†1153).

Morvaország püspöke, **Boldog Zdik Henrik** (†1150) anyai ágon szintén az Árpád-ház sarja, és az Árpádoktól származik **Boldog Erzsébet**, premontrei szűz is (†1170k). Hazánkban született az angliai **Szent vagy Boldog Margit**, cisztercita apáca is (†1192).

A nemrég (1989) szentté avatott **Csehországi Szent Ágnes** (†1282) Prágában volt klarissza apáca. Apja Premyšl Ottokár cseh király, anyja a szentéletű Konstancia, III. Béla leánya. Magyar származású Toulouse város püspöke, az **Anjou Szent Lajos** is (†1297), nagyanyja révén. Portugália Izabella néven ismert nagyasszonyának, **Szent Erzsébetnek** (†1336) anyai ágon magyar vér csörgedezett ereiben, ugyanúgy a premontrei **Boldog Droxaui Hedvignek** is (†1170/80), aki I. Endrénk unokája.

†

Befejezés

Nagy Lajos királyunk idején, mikor a „magyar tenger vizébe hunyt el észak, kelet, dél hullócsillaga" (Petőfi), élte virágkorát az egyetlen magyar alapítású szerzetesrend, a pálosok rendje. A nyugati országokban vált akkor szállóigévé, éppen az ötezres létszámot elérő pálosrendi barátokkal kapcsolatban, ez a mondás:

„Aki életszentséget akar látni,
menjen Hungáriába..."

Forrásmunkák:

Katolikus lexikon I-IV; Balázs Benedikta: Pannónia virágoskertje; Zalka: Szentek élete; Tölgyes Lajos: Das Volk Mariens (im Mittelalter); Book of Saints by the Ramsgate Benedictines; Erdélyi László O.S.B.: A Pannonhalmi Szent Benedekrend története; Új Magyar Sion c. folyóirat „A magyar Egyház napjai" cikksorozata (1872—); Prileszky: Acta Sanctorum Hungariae ex Bollandi operibus*; Csete István S.J.: Panegyrici Sanctorum Patronorum Regni Hungariae*; Szentiványi Márton S.J.: Dissertatio Memorabilium Hungariae, Tyrnaviae*; György József O.F.M.: A ferencrendiek élete és működése Erdélyben; Fehér Mátyás: Magyar fények; Kisbán Emil: A magyar pálosrend története; Meszlényi Antal: Katolikus magyarságunk küldetésében; Szent Magyarok Lapja c. folyóirat 1942—44 évfolyamai, ezenkívül számos különböző helyeken megjelent cikk, történelmi adat, stb. (* 18. századi kiadványok).

NÉV ÉS FORRÁSMUNKA MUTATÓ

A pápák életrajzi adataiból a középső év pápaságuk kezdetét jelenti. A szentek, boldogok keresztnevüknél találhatók. A csillaggal megjelölt források fordítása Meskó Lajos munkája.

Aberkiosz (Abercius), kisázsiai püspök. Az idézett őskerereszténу sírfölirat 180 és 216 között készült. Artner Edgár fordította prózában és Meskó Lajos versben.

Sz Ágoston, 354—430, nagy latin egyháztanító, Ambrus megtérítettje, az afrikai Hippo püspöke, a keresztény hit nagy kifejtője. Idézetei a *Vallomások* (Confessiones) imádságos önéletrajzából (fordította Vass József), *Isten Városa* (Civitas Dei) történelembölcseleti művéből és latin szövegei a *BAC*-ból (*).

Sz Alajos, Gonzaga, 1568—1591, jezsuita klerikus. A tanuló ifjúság védszentje és pestis ápolásban a szeretet vértanúja (*).

Sz Albert, Nagy, 1206—1280, német domonkos püspök, egyházdoktor, természettudós. Aquinói Sz Tamás tanára, a fizika, vegytan, növénytan úttörője (*).

Alcoholic Anonymous, iszákosokat térítő amerikai szervezet, mély lelki-vallási tartalmú kiadványokkal. Az itt szereplő idézeteket Rauch László fordította.

Sz Ambrus, 340k—397, püspök, latin egyháztanító, Ágoston megtérítője (*).

Angelus Silesius (=Johannes Scheffler), 1624—1677, német vallásos költő, konvertíta (*).

Sz Antal, Páduai, 1195—1231, ferences egyháztanító, népszerű hitszónok. Kevés verse közül itt a Mária-himnusza szerepel (*).

Sz Anzelm, 1033k—1109, bencés egyháztanító. Olasz születésű, francia, majd angol főpap (*).

Sz Arisztides, Athéni, †123k. Az itt idézett hitvédő művét Hadrián császárhoz intézte. Az elveszett művet a közelmúltban lelték meg görög eredetiben és szír, örmény fordításban.

Artner Edgár, 1895—1972, budapesti egyetemi tanár, ókeresztény régész. Itt szereplő cikke *Az Eucharisztia* c. kötetből (lásd Bangha Béla).

Sz Atanáz (Athanasius), 295k—373, alexandriai püspök, egyházdoktor. Az ariánusok elleni föllépése sok üldöztetést, száműzetést hozott rá (*).

BAC, szentatyák, főleg Ágoston szövegei után forrásjelzés, a.m. Biblioteca de los Autores Cristianos: *Keresztény szerzők könyvtára*. Több száz kötetes kiadás sorozat, Madridban 1950—70 közt (és utána is) folyamatosan! A nem spanyol szerzők szövege kétnyelvű, Ágostoné tehát latinul és spanyolul van közölve (18 kötetben).

Balthasar, Hans Urs von, 1889—1963, svájci német hittudós. Idézete a *Schott*-ból véve (*).

Banducci, Marian, az abortusz elleni amerikai közéleti harcos (*).

Bangha Béla, 1880—1940, jezsuita hittudós, közíró, a katolikus sajtó előharcosa. Kiadta *Az Eucharisztia* c. több hittudóssal írt esszégyűjteményt (lásd Artner, Csávossy, Kühár, Szamek).

Sz Béda, Tiszteletreméltó, 673—735, angolszász egyháztanító, bencés hittudós (*).

Sz Benedek, 480—547k, apát, a bencés rend alapítója. *„Regulája"* a latin szerzetesség alapja (*).

Bernanos, Georges, 1888—1948, francia katolikus regényíró, mély lelki témákkal. Idézete a *Schott*-ból véve (*).

Sz Bernát, Nagy, 1090—1153, francia egyháztanító, a misztika: átélő teológia mestere, a ciszterci rend végleges alapítója (*).

Biblia, a Szent István Társulat kiadásában megjelent új magyar fordítás (1982). Néhány helyen az olvasmány magyarázat ennek a jegyzetéből véve.

Sz Bonaventura, 1218k—1274, olasz ferences egyháztanító, a misztika nagy hittudósa (*).

Bonhoeffer, Dietrich, 1906—1945, német luteránus lelkész, Boroszlóban (Szilézia) született. Hitler alatt bátran kiállt a vallásszabadságért — börtön és kivégeztetés lett a része (*).

Bossuet, Jacques Bénigne, 1627—1704, francia püspök, nagy hitszónok. Itt idézett imája *Sík: DB*-ből, kevélységről való írása *Tanquerey*-től.

Bourdaloue, Louis, 1632—1704, francia hitszónok. Idézete *Sík: DB*-ből.

Böle Kornél, 1887—1961, domonkos hitszónok, a Krédó egyletek szervezője. Szemelvényei a *Rózsafüzér Királynője* c. imakönyvéből valók.

Sz Brigitta, Svéd, 1304—1373, nyolc gyermek anyja, majd megözvegyül és rendet alapít. Írásai látomások és kinyilatkoztatások, főleg a szenvedő Krisztusról. Idézete *Sík: DB*-ből.

Buber, Martin, 1878—1965, osztrák, majd jeruzsálemi rabbi. Haszidi (nemtalmudi) irányú bölcselő, a lelki elmélyülés harcosa. Idézete a *Schott*-ból véve (*).

Bujdosó Bálint, Meskó Lajos, 1911—, piarista tanár költői álneve. 1945-től emigrációban él, részt vett a rend amerikai tartományának megalapításában.

Butler, Thurston, Attwater: Szentek élete. Négykötetes összefoglaló mű. Eredetileg 1756—1759 között jelent meg, mai változatában 1956-ban (*).

Chesterton, Gilbert Keith, 1874—1936, angol közíró, nagyhatású hagyomány-védő bölcselő, korbíráló. Az itt szereplő szemelvényeit Hevesi Sándor fordítása alapján idézzük.

Sz Ciprián (Cyprianus), 210—258, karthágói püspök, vértanú, lelkesítő lelkiíró (*).

Sz Cirill, 826/827—869, a szlávok apostola testvérével, Sz Metóddal (†885) együtt, aki a közös ószláv bibliafordítást befejezte (*).

Sz Cirill, Alexandriai, 370k—444, alexandriai pátriárka, egyháztanító. Küzd a nesztoriánizmus ellen, ami tagadta Krisztus Isten-emberi voltát, tehát Máriának, mint Isten Anyjának méltóságát (*).

Sz Cirill, Jeruzsálemi, 315k—387, görög egyháztanító, az első katekizmus írója, melyben először kapunk részletes adatokat az ókori Egyházról. *Catecheses* = Katekézis (Hitoktatás) címen 24 tanítása maradt fenn hitújoncoknak szánva. Érdekes: egy tanulója gyorsírással jegyezte le (350-ben), s még Cirill életében kiadta az utolsó ötöt (Catecheses Mystagogicae). Tán kevéssel halála után, püspök utódja kiegészítette (*).

Claudel, Paul, 1868—1955, mélyen hívő francia költő (*).

Crashaw, William, 1572—1626, angol római katolikus költő, az angol „metafizikai" (lelki-vallási) költők egyik nagy alakja (*).

Csávossy Elemér, 1883—1971, jezsuita hittudós, hitszónok, tartományfőnök (1924—27). Itt idézett cikke *Az Eucharisztia* c. kötetből (lásd Bangha Béla).

Cser Iván, Csenár János, 1899—?, Sopron megyei közjegyző költői álneve.

Didakhé, a *„Tizenkét Apostol tanítása"*, őskeresztény írás, ismeretlen szerzőtől, valószínűleg 100 körül (Kühár Flóris bencés fordításában).

Diognétus-levél, őskeresztény névtelentől magasrangú pogányhoz (talán épp Hadrián császárhoz). A hitvédő írás 125—180 közt készült, Sz Pál leveleinek hatása látható a ritmikus prózai fölsoroláson (*).

Eckhart János (Johannes), 1260k—1327, domonkos német hittudós, bölcselő. (Egyes misztikus tanait elítélte a Szentszék.)

Sz Efrém, 306k—373, szír egyháztanító, himnuszköltő. Itt szereplő idézetei Mária himnuszok (*) és egy imádsága a *Sík: DB*-ből.

Egyiptomi ismeretlen, vagy: **Oxyrhynchusi papyrus**, görög nyelvű hexameteres himnusz a Szentháromság dicsőítésére, 250 tájból (*).

Sz Epifán (Epiphanius), 315k—402, szentföldi születésű hitszónok, ciprusi püspök. Ő tartja fönn a szentföldi hagyományt a Szent Szűz szüleiről: Sz Annáról és Joákimról (*).

Esterházy Pál, 1635—1713, nádor, buzgó Mária-tisztelő, két imakönyvet írt. Itt idézett imája *Sík: DB*-ből.

Faber, Frederick William, 1814—1863, angol hittudós, lelkiíró, -költő. Idézetei az *All for Jesus (Mindent Jézusért)* c. művéből (*).

Faludi Ferenc, 1704—1779, jezsuita költő, erkölcsi író.

Fénelon, François de Salignac, 1651—1715, a francia Cambrais érseke, szentéletű hittudós, lelki vezető (*).

Sz Ferenc, Assisi, 1182—1226, a ferencrend alapítója, a szent szegénység és alázat apostola (*).

Sz Ferenc, Szalézi, 1567—1622, francia püspök, egyházdoktor, szónok, lelki vezető. Az itt közölt idézetek fordítója ismeretlen.

Sz Ferenc, Xavéri, 1506—1552, nagy jezsuita hithirdető, India apostola. Idézett imája *Sík: DB*-ből.

Fortunatus, Venantius, 530k—609, ókeresztény latin himnuszköltő, Poitiers (Piktávium) püspöke Galliában (*).

Foucauld, Károly, 1858—1916, francia tiszt, majd sivatagi remete (*).

Sz Franciska (Johanna-Franciska), Chantal, 1572—1641, családanya, özvegy, a vizitációs apácák alapítója. Szalézi Sz Ferenc tanítványa, a neves francia írónő, Mme Sévigné nagyanyja (*).

Fulbert, 960k—1028, Chartres-i püspök. Latin hitbeszédei, levelei és himnuszai értékesek (*).

Füglister, Notker, †1973, német püspök, Szentírás tudós.

Gáspár Jenő, 1894—1964, költő. Székelyföld szülöttje, a Nemzeti Újság katolikus napilap társ-szerkesztője az 1920—30-as években.

Sz Gergely, Nagy, 540—590—604, pápa, latin egyháztanító, a liturgia és az egyházi zene szervezője (gregorián ének). Itt himnuszai, szentbeszédei szerepelnek (*).

Sz Gergely, Naziánzi, 330k—390k, püspök, nagy görög egyháztanító, himnuszköltő (*).

Sz Gergely, Nisszai (Nyssai), 335k—395, püspök Kisázsiában, Sz Vazul testvére, himnuszköltő (*).

Sz Germán, Bizánci, 634k—732, bizánci pátriárka, „képvédő", termékeny lelkiíró (*).

Sz Gertrúd, Nagy, 1256—1301/1302, német ciszterci apáca. Írásai látomások és lelkiéleti tanok. Idézetei *Sík: DB*-ből és *Az isteni szeretet követe* c. művéből (fordította Dombi Márk, ciszterci, 1939).

Grosseteste, Robert, 1168k—1253, angol erkölcsbölcselő, szentéletű püspök és költő (*).

Guardini, Romano, 1885—1968, olasz származású német hittudós. Itt idézett szövegei *Sík: DB*-ből.

Hemmerle, Klaus, 1929—, német püspök Aachenben. Idézete a *Schott* ból véve (*).

Hermás, római őskeresztény író, valószínűleg I. Sz Pius testvére, allegorikus, jelképes látomások írója. Műveit 140 és 155 között írta (*).

Hevesi M. Angelika, 1896—1977 kalocsai iskola-nővér. Művei a 1920—30-as évekből.

Sz Hilárius, Piktávi vagy Poitiers-i, 315k—367, galliai püspök, egyháztanító, az ariánusok bátor ellenfele (*).

Sz Hippolitus (Ipoly), 170k—235/236, a rigorista párt ellenpápája I. Sz Kallixtus ellen, majd kibékül. A pogányoktól száműzve, vértanúként hal meg (*).

Hopkins, Gerald Manley, 1844—1889, angol jezsuita, szentéletű költő, gazdag nyelvű, átélt verseivel a modern költészet úttörője (*).

Sz Ignác, Loyola, 1491—1556, a jezsuita rend alapítója, a rendszeres lelkigyakorlat mestere (*).

Sz Iréneus, 130k—202, lyoni püspök, ókeresztény író. Polikárp szmirnai vértanú püspök tanítványa, aki pedig János apostolé (*).

Sz Izidor, Szevillai, 560k—636, latin egyháztanító, püspök (*).

Jakubinyi György, 1946—, Gyulafehérvár, a Sz István alapította ősi magyar egyházmegye érseke. Több idézet a *Máté evangéliuma* című művéből véve.

XXIII. János pápa, 1881—1958—1963, a II. vatikáni zsinat meghirdetője és megnyitója (*).

Sz János, Aranyszájú (Chrysostomus), 344—407, a „hitszónokok fejedelme", görög egyháztanító (*).

Sz János, Bosco, 1815—1888, olasz pap, ifjúság-nevelő és missziós rend (szaléziánusok) alapítója (*).

Sz János, Damaszkuszi, 650k—750, görög egyháztanító. Szűz Mária és a szentképek tisztelete mellett tanúskodik (*).

Boldog János, Dominici, 1356—1419, olasz születésű püspök, bíboros, latin himnuszköltő, magyarhoni pápai követ (†Buda). Budai sírját a török dúlta el (*).

Sz János, Lajtorjás (Klimakus), 579—649. Műve a *Paradicsom lajtorjája* — innen a jelzője, — lelkiéletre oktató mű (*).

Sz János, Vianney, 1786—1859, a francia Ars plébánosa, tömegeket térítő hitszónok, gyóntató, vezeklő (*).

Jelenits István, 1932—, piarista tanár, nagyhatású író, hitszónok, a rend tartományfőnöke 1985—1995-ig.

Sz Jeromos, 347k—419/420, latin egyháztanító, a máig használt Vulgáta, latin Szentírás fordítója (*).

Sz József, Kalazanci, 1556—1648, a piarista rend spanyol alapítója. Az itt szereplő tanításai, levelei a *Florilegium Calasanctianum*-ból (Róma, 1958) (*).

Jurgen, William A., 1928—, német származású amerikai patrológus. Forrásmű értékű műve a három kötetes *Faith of the early Fathers — Book of theological and historical passages, (A korai szentatyák hite. Teológiai és történelmi szakaszok lelőkönyve)*, 1970. Számos szemelvényünk innen származik (*).

Sz Jusztin, a Vértanú, †165k, hitvédő író. *Apológiáját* a keresztény hitről valószínűleg a jóindulatú Antoninus Pius császárhoz írta (*).

Sz Károly, Borromei, 1538—1584, Milánó érseke. Fiatalon bíboros pápai nagybátyja révén, de a „visszaélés” jól bevált: minden erény mintája és vezeklésben, ima, áldozat, szeretetszolgálat terén élenjáró. Az első modern szemináriumok szervezője (*).

Kasszián, 360k—435k, Joannes Cassianus, pap, lelkiíró. Ismertetése a keleti remeteségről indítást ad a szervezett zárdás életre nyugaton: Európában (*).

Sz Kelemen, Hofbauer, 1751—1820, Bécs apostola, redemptorista hitszónok, nagy hatással volt Széchenyi István családjára is. Itt közölt imája *Sík: DB*-ből.

Kierkegaard, Søren Aabye, 1813—1855, protestáns dán filozófus és teológus, az egzisztencializmus előfutára (*).

Sz Klára, Assisi, 1193—1253, Assisi Sz Ferenc földije és lelkes követője, a klarissza rend alapítója (*).

Sz Kolumbán, 530k—615, ír hithirdető, a „Nyugat apostola”. Ír, skót, frank, svájci, lombard földön térít; az olaszországi Bobbióban hal meg (*).

Krempa, Joseph: Daily Homilies (Alba House, 1985). Magyarázatok és elmélkedések gyűjteménye hétköznapokra, három kötetben. Néhány kommentár innen származik.

Kühár Flóris, 1893—1943, bencés hittudós, bölcselő. Itt idézett cikke *Az Eucharisztia* c. kötetből (lásd Bangha Béla).

Le Fort, Gertrud von, 1876—1971, német vallási költőnő, regényíró, konvertíta (*).

Sz Leó, Nagy, 400k—440—461, pápa, egyházdoktor (*).

Lewis, C. S. (=Clive Staples), 1898—1963, angol író, hitvédő, buzgó „anglo-katolikus” (a katolikus Egyház tanát valló, de azzal *még* nem egyesült). Szellemes bölcselő és regényíró. Itt a *Problem of Pain (A szenvedés problémája)* c. művéből idézünk (*).

Lille-i Alán (így is: **Alanus ab Insula: „Szigeti Alán”**), 1114k—1202, francia himnuszköltő, hittudós, Sz Bernát tanítványa (*).

Lope de Vega-Carpio, 1562—1635, nagy spanyol költő, 52 évesen pap lett, ki nem szószékről, hanem színpadról nevelt (*).

Lubac, Henri de, 1896—1991, francia jezsuita hittudós, „haladó irányú”. Idézete a *Schott*-ból véve (*).

Magyar Bálint, 1886—1957, papköltő az erdélyi Szilágyságban.

Sz Makárius, 300k—390k, vagy **ifj. Makárius**, †409, két thébaiszi remete Egyiptomban. Az itt közölt írások valószínűleg az ifjabb Makáriustól valók (*).

Manning, Henry E., 1808—1892, angol bíboros, előbb anglikán esperes, majd — megtérve — római katolikus pap, jeles hittudós és bölcselő (*).

Marbod (Maribaudus), 1035k—1123, himnuszköltő, művészi virtuóz a verselésben (*).

Sz Margit, Kortonai, 1247—1297, toszkán parasztlány. Ifjúkori bűnös élete során egy pillanatban megtér és nyilvános, kegyetlen vezeklés az élete azután. A ferencesek irányításával a lelki élet magaslatait éri el látomásokkal és gyógyítások adományával (*).

Boldog Mária, Gondviselésről-nevezett (Maria de Providentia), 1825—1871, a szenvedő lelkekért való engesztelés francia apostola (*).

Marmion, Joseph Columba, 1858—1923, kamalduli ír-belga apát, nagyhatású lelkiíró (*).

Sz Melitó, Szárdisi, †180/190, püspök, hitvédő író (*).

Menéndez, Josefa, 1890—1923, spanyol Szent Szív apáca. Misztikus, szenvedő-engesztelő, stigmatizált (*).

Mentes Mihály, 1891—1960, győri papköltő.

Merry del Val, Rafael, 1865—1930, szentéletű spanyol-angol bíboros, X. Sz Pius alatt a Hit-kongregáció feje (*).

Sz Miksa vagy Maximilián, Kolbe, 1894—1941, lengyel ferences vértanú (†Auschwitz). A Szeplőtelen Lovagjai Mária-társulat alapítója (*).

Mindszenthy Gedeon, 1829—1877, egri egyházmegyei papköltő, hitszónok.

Mindszenty József, 1892—1975, bíboros, Magyarország hercegprímása és lelki élharcosa a hitetlen kommunizmus ellen.

Mirandola, Giovanni (János) Pico della M., 1463—1494, modenai főnemes. Vagyonát hagyva teljesen a tudományokra veti magát, klasszikus és keleti nyelvekben szakérő lesz. Hitvédő író, költő (*).

Morriss, Frank, 1923—, amerikai katolikus közíró, erkölcs-bölcselő (*).

Napóleon, 1769—1821, a franciák császára. Mélyreható gondolatait száműzetésben, halála előtt közölte írásban (*).

Sz Nerzész, a „Kegyelmes”, 1102—1173, örmény püspök, költő, sokoldalú író.

Newman, John Henry, 1801—1890, angol bíboros, nagy vallásbölcselő, hitszónok. Itt közölt imádságai *Sík: DB*-ből.

Olier, Jean Jacques, 1608—1657, francia pap, a papnevelő szulpiciánus rend alapítója, lelkiíró.

VIII. Orbán pápa, 1568—1623—1644. Itt idézett imája *Sík: DB*-ből.

Origenes, 185k—254k, egyiptomi pap, biblikus és lelkiíró. Hatalmas munkásságának legtöbb műve elveszett. A megmaradtakból sok csak latin fordí-

tásban maradt ránk, így tanai néhol homályosak, vitatottak voltak (*).

Oxyrhynchusi papyrus, lásd Egyiptomi ismeretlen.

Ölbey Irén, 1902—1987, tanítónő, méltatlanul elfeledett költő.

VI. Pál pápa, 1897—1963—1978, a II. vatikáni zsinat levezetője (*).

Sz Pál, Miki, †1597, japán jezsuita. Társaival együtt szenvedett vértanúságot — ők Távol-Kelet első kanonizált szentjei (*).

Pálos, magyar ismeretlen, 14. századi latin vers Sz János apostolhoz. Döcögős magyar fordítása is megvan a Döbrentei-kódexban (szintén a 14. századból). A jelen fordítás a középkori fordításnak pár sorát átveszi (*).

Parsch Pius: Üdvösség éve (Budapest, 1936). Három kötetes mű, a modern liturgikus mozgalmak egyik előfutárja. Fordította Halamka Gyula, Bátky Miklós és Szamek József.

Pascal, Blaise (Balázs), 1623—1662, nagy francia bölcselő. *Gondolatok* (Pensées) c. művéből idézünk (*).

Sz Paulin, Nólai, 354k—431, püspök, himnuszköltő. Bordeaux szülötte, magas rangú főúr. Gyermekük halála után felesége apáca, ő remete, majd pap, püspök lesz. Székhelyén, a már előbb csengő készítő Nólában (Campania), ő készíttet nagy harangot, a hívők összehívására. Sok nyelvben e helynevekből származik a harang neve (*).

Pázmány Péter, 1570—1637, bíboros érsekprímás, a „bíboros magyar Cicero". Szemelvényei az *Isteni igazságra vezérlő kalauz*-ból, a *Válogatott Művei* három kötetes kiadásból és néhány imája *Sík: DB*-ből.

Péguy, Charles, 1873—1914, nagyhatású francia katolikus író, költő (*).

Sz Péter, Aranyszavú (Chrysologus), 400k—450k, ravennai püspök, latin egyháztanító (*).

Sz Péter, Canisius, 1521—1597, holland-német jezsuita, egyházdoktor, nagyhatású hittérítő szónok. Idézet a *Katekizmusá*-ból, imája *Sík: DB*-ból.

Sz Péter, Damiáni, 1007k—1072, olasz bencés püspök, egyháztanító. VII. Gergely segítője az erkölcsi reformokban (*).

Sz Péter-Julián, Eymard, 1811—1868, francia pap, az Oltáriszentségről Nevezett Papok Kongregációjának alapítója (*).

IX. Pius pápa, 1792—1846—1878, a liberalizmus éleshangú bírálója (*).

XI. Pius pápa, 1857—1922—1939. A kommunizmus és nemzeti összhatalmi rendszerek (totalitaristák) ellen óvó körleveleiből idézünk (*).

XII. Pius pápa, 1876—1939—1958. Körlevelei a családról, Egyházról jelentősek. Liturgikus reformok és jelentős, döntő erkölcsi irányelvek származnak tőle (*).

Poe, Edgar Allen, 1809—1849, amerikai költő, nem-katolikus. Zaklatott, de mélyen bűnbánó lelkű író (*).

Prohászka Ottokár, 1858—1927, székesfehérvári püspök, a „modern Magyarország apostola". Itt közölt idézetei *Összes műveí*-ből (25 kötet). Külön is: *Elmélkedések az Evangéliumról* (ahonnan a legtöbb szemelvény van), *Élő Vizek forrása, Az Élet Kenyere, Szentbeszédei, Dominus Jesus, Tudomány és Hit* kötetek. A hivatkozások (pl. ÖM, 6:4; 11) első száma az *Összes Művei* kiadás kötetszámát (itt 6.), a második a fejezetszámot (4.) és a harmadik a kezdő oldalszámot jelenti (11.). A fejezetszám néha elmarad.

Prudentius, 348—410k, spanyol születésű, a legnagyobb ókeresztény latin himnuszköltő (*).

Quoist, Michel, 1921—, francia pap, az egyik legolvasottabb mai egyházi író. Idézete az *Így élni jó* c. könyvéből véve (fordította Horváth Mária).

II. Rákóczi Ferenc, 1676—1735, fejedelem. *Vallomások* c. munkája bensőséges hitet mutat. Itt közölt imái *Sík: DB*-ből.

Ratzinger, Josef, 1925—, német hittudós, ma bíboros és a Hit-kongregáció feje (*).

Sz Róbert, Bellarmin, 1542—1621, jezsuita, olasz bíboros, egyházdoktor, nagy hitvédő író, az Ecclesiologia hittudósa (*).

Rutler, George William, 1945—, amerikai, emelkedő jelentőségű hittudós, konvertíta. Maga kijelentése szerint családja Magyarországról vándorolt Angliába, majd az USA-ba (*).

Ryan, Abram Joseph, 1838—1886, amerikai pap, költő és újságíró (*).

Salvianus, Marseille-i (Massiliai), †485k, gall püspök, lelkiíró, 430—470 közt írta *„Isten kormányzása"* c. művét (*).

Savonarola, Girolamo (Jeromos), 1452—1498, domonkos, nagy erkölcsreformáló hitszónok, máglyahalált hal (*).

Schott, Anzelm, 1843—1896, bajor bencés, a *„Schott nép-misekönyv"* első szerzője, a máig folytatott liturgikus apostolság elindítója (*).

Schott = Der grosse Sonntags — Schott; für die Lesejahren A-B-C. Első kiadása 1884-ben, Schott Anzelm bencés atya műve. Az itt közölt fordítások az 1975-i kiadásból valók. A kevés (és rövid) elmélkedés, amit innen vettünk, német teológusok (például K. Hemmer-le, N. Füglister, D. Bonhoeffer) vagy a Schott szövege. Lásd Schott Anzelm (*).

Schütz Antal, 1880—1953, piarista hittudós. Dogmatikai művei: *Krisztus, Házasság, Örökkévalóság*.

Sedulius, †430k, kezdetben világi témájú költő, majd pap. A liturgia is vett át műveiből (*).

Sheen, Fulton John, 1895—1979, amerikai püspök, nagyhatású hitszónok és lelkiíró (*).

Sík Sándor, 1889—1963, piarista vallásos költő, irodalmár. Főbb munkái: *Imádságoskönyv* az ifjúság számára, *Dicsőség! Békesség!* címen felnőtt-imakönyv (Kárpát, 1957), *Szentbeszédek, A kettős végtelen* (Válogatott munkák, I-II., Ecclesia, 1969), *Szent vagy, Uram!* egyházi énektár (Harmat Artúrral közösen), himnuszfordítások. Több idézet esetén a *Sík: DB* megjelölés az előbb említett *Dicsőség! Békesség!* imakönyvet jelenti.

Simor János, 1813—1891, bíboros, 1867-től hercegprímás. Hittudós, jeles hitszónok, jótékonyságáról híres. Sz Ágoston Egyházról szóló szövege Simor körleveléből véve.

Stevenson, Robert Louis, 1850—1894, skót író, költő. Sokat foglalkozott a szentségekkel (*).

Stuart Mária, 1542—1587, Skócia királynője, aki Istenért és a katolikus, apostoli Egyházért hal meg (*).

Suenens, Leon Joseph, 1904—1996, belga bíboros, hittudós, a II. vatikáni zsinat egyik vezéralakja (*).

Szamek József, 1900—1945 (Budapest ostrománál eltűnt), piarista dogmatikus. Itt idézett cikke *Az Eucharisztia* c. kötetből (lásd Bangha Béla).

Széchenyi István, Gróf, 1791—1860, a „legnagyobb magyar". Itt közölt imái *Sík: DB*-ből.

Székely László, 1894—1991, papköltő, teológiai tanár, majd Kőszegen plébános. Szent Imréről szóló verse a középkori magyar verselést követi.

A szentmise olvasmányai, a Magyar Katolikus Püspöki Kar kiadása kézirat gyanánt (Budapest, 1971, 1972, 1977 és 1984). Az olvasmányok rövid, címszavas összefoglalása minden vasár- és ünnepnap elején innen véve.

Szent-Viktori Ádám, 1100k—1180k, francia himnuszköltő hittudós (a Párizs melletti Sz Viktor apátságban), Ágoston és Bernát tanítványa (*).

Szvorényi József, 1816—1892, ciszterci paptanár, bölcselő író.

Sz Tamás, Aquinói, 1225k—1274, domonkos, olasz hittudós, egyháztanító. Ágoston mellett a katolikus hit fő magyarázója (*).

Sz Tamás, Becket (vagy Kantuári), 1118—1170, angol vértanú érsek (*).

Boldog Tamás, Kempis, 1379—1471, német ágostonos kanonok, a világhírű *Krisztus követése* (rövidítve: *KK)* szerzője. Az itt közölt fordítást Pázmány Péter nyomán Zsíros Ferenc jezsuita készítette.

Sz Tamás, Morus, 1478—1535, VIII. Henrik kancellárja, majd vértanúságot szenved az Egyház védelmében (*).

Sz Tamás, Villanovai, 1486—1555, Valencia érseke. Hithirdetőket küld az Újvilágba, a szegények gyámola (*).

Tanquerey, Adolphe, 1854—1932, szulpiciánus, francia erkölcstani hittudós. *Aszkétika és misztika* c. művéből idézünk itt, fordította Czumbel Lajos.

Tárkányi Béla, 1821—1886, egri egyházmegyés papköltő, a katolikus Káldy-bibliafordítás átdolgozója, számtalan mai egyházi énekünk szerzője. Idézetei a *Vezércsillag* c. imakönyvéből (1870k).

Teodulf, Orleans-i, 750k—821, püspök, korának legismertebb költője (*).

Sz Teréz, Kis vagy Liziői, 1873—1897, francia kármelita apáca, a gyermekded bizalmon épülő lelkiség tanítója. Az itt közölt szemelvények az *Egy szent végső szavai* (1929) c. kötetből, fordítója „névtelen".

Sz Teréz, Nagy vagy Avilai, 1515—1582, spanyol karmelita, a rend reformálója, „a misztika doktora", egyháztanító. Itt szereplő idézetei *Összes műveiből,* melyet Szeghy Ernő karmelita fordított.

Tertullián (Florens Tertullianus), 160k—230k, karthagói megtért ügyvéd, majd pap. Lelki lelkesítő írásai a latin irodalomnak is remekei, Sz Ciprián vértanú püspök tanítója, Sz Ágostont is ihleti. Élete végén Rómával meghasonulván zord montanista tanokhoz tért (*).

Theodorétus, Cirusi, 393—466, szír püspök, a nesztoriánusok és monofiziták elleni bátor, hithű vitázó. (*)

Sz Tivadar (Theodorus), Studita, 759—826, a görög szerzetesség megújítója, Studion kolostorában, mely a mai Athosz hegyi elődje. Hittudós, költő (*).

Tóth Tihamér, 1889—1939, hitszónok, veszprémi püspök. Szentbeszéd gyűjteménye, melyből itt idézünk: *Üdvözlégy, Oltári Szentség!*

Tűz Tamás, 1916—1992, győri születésű papköltő, Kanadában halt meg.

Vass József, 1877—1930, prelátus, a 20-as évek népjóléti minisztere, Sz Ágoston *Vallomásainak* avatott fordítója (anyja szegény mosónő volt).

Sz Vazul, Nagy (Bazilius), 329—379, nagy görög egyháztanító, a keleti szerzetes rend, a baziliták alapítója és az egyik bizánci liturgia szerzője — a másik a krizosztómi: Aranyszájú Sz Jánosé (*).

Sz Vince, Ferreri, 1350—1419, spanyol domonkos, nagy hitszónok. Itt közölt imája *Sík: DB*-ből.

Sz Vince, Lerini, †445k, pap, szerzetes író, a hithagyomány klasszikus megfogalmazója (*).

Sz Vince, Pallotti, 1795—1850, olasz pap, több vallási társulat alapítója. Az Actio Catholica előfutárja (*).

Vogelweide, Walter von der, †1230, német lovagköltő (*).

Sz Zénó, Veronai, †371/372, püspök, hittudós (*).

A SZEMELVÉNYEK JEGYZÉKE SZERZŐK SZERINT

A SZEMELVÉNYEK TÁRGYMUATÓJA

A

B

F

G

H

J

L

M

N

O

Ö

P

R

S

A PÁZMÁNY PÉTER ELEKTRONIKUS KÖNYVTÁR

A *Vasárnapi kalauz* elektronikus változata

Mivel e könyv célja Krisztus Igéjének terjesztése és a lelkipásztori munka támogatása, ezért a *szokásos szerzői jog fenntartása mellett* (l. a második oldalt) a könyvet a lelkipásztori munkában szabadon lehet használni: másolni, idézni — a könyv címének és a forrás helyének megjelölésével *(Vasárnapi kalauz, n. oldal)*.

Hogy a lelkipásztori munkát a mai modern számítástechnikai eszközökkel is támogassuk, a könyvet elektronikus formában is rendelkezésére bocsátjuk minden egyházi intézménynek és személynek — gratis. A könyv **teljes szövege** a Windows operációs rendszerben jól ismert és könnyen használható *Súgó („Help")* program formájában rendelkezésre áll. Bármely fejezete — külön begépelés nélkül — egy gombnyomással egy szövegszerkesztő programba vihető át, ahol azután szabadon alakítható. Ezzel az elektronikus könyvvel nagymértékben csökkenthetjük a prédikációk, elmélkedések összeállításához szükséges időt.

A könyv elektronikus változatát és a szükséges használati utasításokat az Internet hálózatról le lehet „tölteni" (lásd a túloldali World Wide Web címet) vagy postán lehet megrendelni. Minden érdeklődő egyházi intézménynek és személynek ingyen elküldjük a kért anyagot. A kérőleveleket a túloldali posta- vagy elektronikus (e-mail) címre kérjük.

A Pázmány Péter Elektronikus Könyvtár

Ez a könyv egyúttal része a nemrégiben alapított Pázmány Péter Elektronikus Könyvtárnak is, amelynek célja az, hogy mindenki számára hozzáférhetővé tegye a teljes magyarnyelvű katolikus egyházi-lelki irodalmat elektronikus formában. A lelkipásztori munka támogatása mellett elősegíti az egyházi kutatómunkát, könyvnyomtatást és az írott, *magyar keresztény* értékek bemutatását, megőrzését, terjesztését. A könyvállomány szintén mindenki számára ingyenesen rendelkezésre áll postán vagy az Internet hálózaton keresztül.

Minden szabadon másolható, szerzői jogvédelem alá nem eső egyházi kiadvány része lehet a Könyvtárnak: a Szentírás (többféle fordításban), imakönyvek, énekeskönyvek, kódexek, pápai dokumentumok, katekizmusok, liturgikus könyvek, teológiai munkák, szentbeszéd-gyűjtemények, keresztutak, lelkigyakorlatok, himnuszok, imádságok, litániák, istenes versek, szertartás-könyvek, lexikonok, stb.

A Könyvtár a kiadványokat kétféle alakban adja közre: formálatlan szövegként és az előbb említett Súgó („Help") program keretében. Az előbbi a további feldolgozást teszi lehetővé (könyvnyomtatás, kutatómunka) szakemberek számára, az utóbbi pedig a könnyű olvasást és felhasználást mindenki számára.

Az elektronikus könyvek számítógépbe vitelét önkéntesek végzik, központi irányítással. A munka egyszerű, bárki — aki már használt szövegszerkesztő programot — részt vehet benne.

Ezúttal kérjük olvasóink áldozatos segítségét ebben a munkában, mert csak sokak összefogásával fog gyarapodni az állomány!

A már meglevő állományról, a készülőfélben levő könyvekről, az önkéntes munka lehetőségeiről és a Könyvtár legújabb híreiről a következő címeken lehet tájékoztatót kapni:

1. levél: **St. Stephen's Magyar R.C. Church**
   223 Third St., Passaic, NJ 07055-7894, USA

2. elektronikus posta (e-mail): **felsoval@email.njin.net**

3. elektronikus hálózat (World Wide Web): **http://www.hungary.com/pazmany**

†

A könyvtár mottója egy szentírási idézet:

Ha ugyanis az evangéliumot hirdetem, nincs mivel dicsekednem, hiszen ez a kötelességem. Jaj nekem, ha nem hirdetem az evangéliumot! Ha önszántamból teszem, jutalmam lesz, ha nem önszántamból, csak megbízott hivatalnok vagyok. (1Kor 16-17)

ISBN 0-9651859-0-7